Springer-Lehrbuch

Weitere Bände in dieser Reihe
http://www.springer.com/series/1183

Klaus Laubenthal · Helmut Baier
Nina Nestler

Jugendstrafrecht

3. Auflage

Klaus Laubenthal
Helmut Baier
Universität Würzburg
LS für Kriminologie und Strafrecht
Würzburg
Deutschland

Nina Nestler
Universität Bayreuth
LS für Strafrecht und Strafprozessrecht
Bayreuth
Deutschland

ISSN 0937-7433
ISBN 978-3-662-45026-0   ISBN 978-3-662-45027-7 (eBook)
DOI 10.1007/978-3-662-45027-7
Springer Heidelberg NewYork Dordrecht London

Die Deutsche Nationalbibliothek verzeichnet diese Publikation in der Deutschen Nationalbibliografie; detaillierte bibliografische Daten sind im Internet über http://dnb.d-nb.de abrufbar.

© Springer-Verlag Berlin Heidelberg 2006, 2010, 2015
Das Werk einschließlich aller seiner Teile ist urheberrechtlich geschützt. Jede Verwertung, die nicht ausdrücklich vom Urheberrechtsgesetz zugelassen ist, bedarf der vorherigen Zustimmung des Verlags. Das gilt insbesondere für Vervielfältigungen, Bearbeitungen, Übersetzungen, Mikroverfilmungen und die Einspeicherung und Verarbeitung in elektronischen Systemen.

Die Wiedergabe von Gebrauchsnamen, Handelsnamen, Warenbezeichnungen usw. in diesem Werk berechtigt auch ohne besondere Kennzeichnung nicht zu der Annahme, dass solche Namen im Sinne der Warenzeichen- und Markenschutz-Gesetzgebung als frei zu betrachten wären und daher von jedermann benutzt werden dürften.

Gedruckt auf säurefreiem und chlorfrei gebleichtem Papier

Springer ist Teil der Fachverlagsgruppe Springer Science+Business Media (www.springer.com)

Vorwort

Das Lehrbuch Jugendstrafrecht stellt das Sonderstrafrecht für jugendliche und heranwachsende Täter in materieller und formeller Hinsicht systematisch dar.

Das Werk ist konzipiert für Studenten der Rechtswissenschaft, die mit dem Jugendstrafrecht innerhalb ihrer Wahlfachgruppe bzw. ihres Schwerpunktbereichs befasst sind. Zugleich wendet es sich an Rechtsreferendare, bei denen das Jugendstrafrecht zum gewählten Berufsfeld in der Zweiten Juristischen Staatsprüfung zählt. Darüber hinaus spricht das Buch all diejenigen an, die in ihrer beruflichen Praxis mit strafrechtlichem Reagieren auf Normbrüche junger Menschen zu tun haben: Jugendstaatsanwälte und Jugendrichter, Rechtsanwälte und Beistände, Mitarbeiter der Jugendhilfe sowohl in den Jugendämtern als auch bei freien Trägern, sowie alle sonst bei ihrer Berufstätigkeit mit dem Jugendstrafrecht Beschäftigten. Nicht zuletzt gibt es den Eltern der von Jugendstrafverfahren betroffenen jungen Menschen Hilfestellung.

Für die Neuauflage wurden sämtliche Passagen des Buches überarbeitet und aktualisiert. Neuerungen brachte insbesondere das Gesetz zur Erweiterung der jugendgerichtlichen Handlungsmöglichkeiten mit sich; aber auch die Änderungen der Möglichkeiten zur Verhängung von Sicherungsverwahrung sowie die insoweit erfolgte Umgestaltung des Vollstreckungs- und Vollzugsregimes machten eine völlige Neubearbeitung der entsprechenden Abschnitte erforderlich. Gleiches gilt für die teilweise tiefgreifenden Reformen der Ländergesetze zum Jugendstrafvollzug sowie erste Ansätze zur gesetzlichen Regelung des Jugendarrests. Insgesamt haben Vollstreckung und Vollzug von Maßregeln der Besserung und Sicherung ausführlichere Beachtung gefunden. Soweit Vorhaben des Gesetzgebers zwar angekündigt, aber noch nicht durchgeführt sind, wurden diese ebenfalls berücksichtigt.

Von Klaus Laubenthal wurden die Kap. 1, 2, 4.4 und 11 überarbeitet, von Nina Nestler die Kap. 4 (mit Ausnahme von 4.4), 5 und 12, von Helmut Baier die Kap. 3, 6, 7, 8, 9 und 10. Unser Dank für die engagierte Hilfe beim Zustandekommen dieser neuen Auflage des Lehrbuchs gilt in Würzburg der wissenschaftlichen Assistentin Frau Stephanie Schwab, den wissenschaftlichen Mitarbeiterinnen Frau Alexandra Lenzen und Frau Katharina Steinmeyer, den studentischen Mitarbeiterinnen Frau Janine Greubel, Frau Kathrin Kutzner und Frau Laura Paczesny sowie in Bayreuth den studentischen Mitarbeitern Frau Catharina Conzelmann, Frau Kristin Kleber, Herrn Albert Kochs und Herrn Stefan Lehner.

Würzburg,   Klaus Laubenthal
Bayreuth, im August 2014   Helmut Baier
                                                                     Nina Nestler

Inhaltsverzeichnis

1	**Jugendstrafrecht und Jugendkriminalität**	1
1.1	Jugendstrafrecht als Täterstrafrecht	2
1.2	Jugendkriminalität	4
2	**Historische Entwicklung des JGG**	11
2.1	Der Weg zum RJGG 1923	12
2.1.1	Jugendgerichtsbewegung und Jugendfürsorge	12
2.1.2	Das RJGG 1923	15
2.2	NS-Zeit und RJGG 1943	16
2.3	Das JGG 1953	18
2.4	Systemimmanente Reform und JGGÄndGe	19
2.4.1	Rezeption nordamerikanischer Diversionsbestrebungen	19
2.4.2	Verbreiterung des Reaktionsspektrums	20
2.4.3	Das 1. JGGÄndG 1990	22
2.4.4	Föderalismusreform und Jugendstrafvollzug	23
2.4.5	Das 2. JGGÄndG 2007	25
2.4.6	Erweiterungsgesetz 2012	26
2.5	Das Kinder- und Jugendhilfegesetz	29
3	**Geltungsbereiche des JGG**	31
3.1	Sachlicher und persönlicher Geltungsbereich	31
3.1.1	Sachlicher Geltungsbereich	31
3.1.2	Persönlicher Geltungsbereich	31
3.1.3	Subsidiäre Anwendung des allgemeinen Strafrechts	34
3.2	Die Verantwortlichkeit der Jugendlichen (§ 3 JGG)	35
3.2.1	Bedingte Strafmündigkeit	36
3.2.2	Reaktionsmöglichkeiten bei fehlender Verantwortlichkeit	40
3.2.3	Verhältnis von § 3 JGG zu den allgemeinen Vorschriften des StGB	41
3.3	Die Heranwachsenden im Jugendstrafrecht	45
3.3.1	Materielles Jugendstrafrecht bei einem Jugendlichen vergleichbarem Reifestand (§ 105 Abs. 1 Nr. 1 JGG)	48
3.3.2	Materielles Jugendstrafrecht bei Jugendverfehlung (§ 105 Abs. 1 Nr. 2 JGG)	55

        3.3.3   Die Handhabung von § 105 Abs. 1 JGG
                in der Rechtspraxis 57
   3.4 Rechtspolitische Überlegungen zu den Geltungsbereichen
        des JGG 60
        3.4.1   Neugestaltung der Strafmündigkeitsgrenze 60
        3.4.2   Reformvorschläge zu § 105 JGG 62

4 **Beteiligte des Jugendstrafverfahrens** 65
   4.1 Jugendgerichte 65
        4.1.1   Verhältnis Jugend- und Erwachsenengerichte 66
        4.1.2   Jugendgerichtsverfassung 68
        4.1.3   Verbindung mehrerer Strafsachen 77
   4.2 Jugendstaatsanwalt 79
   4.3 Polizei 80
   4.4 Jugendgerichtshilfe 82
        4.4.1   Aufgaben und prozessuale Beteiligungsrechte 82
        4.4.2   Organisatorische Rahmenbedingungen 86
        4.4.3   Mitwirkung im förmlichen Jugendgerichtsverfahren 88
        4.4.4   Haftentscheidungshilfe 101
        4.4.5   Der Rollenkonflikt des Jugendgerichtshelfers 102
   4.5 Erziehungsberechtigte und gesetzlicher Vertreter 104
        4.5.1   Rechte und Pflichten 105
        4.5.2   Einschränkung von Beteiligtenrechten 108
   4.6 Verteidiger 110
        4.6.1   Notwendige Verteidigung 111
        4.6.2   Verteidigung in Jugendsachen 115
   4.7 Beistand 116

5 **Besonderheiten des Jugendstrafverfahrens** 119
   5.1 Vorverfahren 120
        5.1.1   Persönlichkeitsdiagnose 120
        5.1.2   Justizielle Beschuldigtenvernehmung 124
   5.2 Informelle Verfahrensbeendigung 125
        5.2.1   Einstellung im Vorverfahren 126
        5.2.2   Einstellung nach Anklageerhebung 134
        5.2.3   Allgemeine und jugendstrafrechtliche Einstellungen 136
        5.2.4   Polizeidiversion 137
        5.2.5   „Teen Courts" 138
   5.3 Anordnung vorläufiger Maßnahmen 138
        5.3.1   Vorläufige Anordnungen über die Erziehung 139
        5.3.2   Untersuchungshaft 142
        5.3.3   Einstweilige Unterbringung 150
   5.4 Hauptverfahren 151
        5.4.1   Hauptverhandlung 153
        5.4.2   Urteil 161

5.5	Opferbeteiligung		164
	5.5.1	Aktivrechte	164
	5.5.2	Allgemeine Verletztenrechte	168
5.6	Vereinfachtes Jugendverfahren		169
	5.6.1	Verfahrenseinleitung	170
	5.6.2	Mündliche Verhandlung	171
	5.6.3	Entscheidung	173
5.7	Rechtsmittel		173
	5.7.1	Quantitative Begrenzung	174
	5.7.2	Qualitative Einschränkung	176
	5.7.3	Zurücknahme	178
	5.7.4	Verbot der reformatio in peius	178
	5.7.5	Teilvollstreckung bei Einheitsstrafe	180

6 Das jugendstrafrechtliche Rechtsfolgensystem ... 183
  6.1 Überblick über die Sanktionen des Jugendstrafrechts ... 184
  6.2 Allgemeine Vorgaben für die Auswahl jugendstrafrechtlicher Reaktionen ... 185
    6.2.1 Jugendstrafrecht und Verhältnismäßigkeitsprinzip ... 185
    6.2.2 Vorrang der Unterbringungsanordnung ... 187
  6.3 Anwendbarkeit von Rechtsfolgen des allgemeinen Strafrechts ... 188
    6.3.1 Nebenstrafen und Nebenfolgen ... 189
    6.3.2 Maßregeln der Besserung und Sicherung ... 190
    6.3.3 Sicherungsverwahrung ... 195
    6.3.4 Absehen von Strafe und Strafmilderung ... 210
  6.4 Kombination von Maßnahmen und Jugendstrafe ... 213
    6.4.1 Unzulässige Kombinationen ... 214
    6.4.2 Jugendarrest neben Jugendstrafe ... 215
    6.4.3 Untunliche Kombinationen ... 219
  6.5 Mehrheit von Straftaten eines Jugendlichen, § 31 JGG ... 220
    6.5.1 Grundsatz einheitlicher Sanktionierung, § 31 Abs. 1 JGG ... 220
    6.5.2 Einheitliche Sanktionierung durch Einbeziehung früherer Urteile, § 31 Abs. 2 JGG ... 221
    6.5.3 Nachträgliche einheitliche Entscheidung, § 66 JGG ... 226
    6.5.4 Ausnahmen vom Grundsatz der einheitlichen Sanktionierung, § 31 Abs. 3 JGG ... 227
  6.6 Mehrheit von Straftaten in verschiedenen Alters- und Reifestufen, § 32 JGG ... 231
    6.6.1 Voraussetzungen der einheitlichen Sanktionierung ... 232
    6.6.2 Erfordernis gleichzeitiger Aburteilung ... 233
    6.6.3 Schwerpunktbildung ... 235
    6.6.4 Weitere Anwendungsfälle des § 32 JGG ... 237

	6.7	Methodische Grundzüge der Festsetzung der „richtigen" Rechtsfolge 243
		6.7.1 Die besondere Bedeutung der Prognose im Jugendstrafrecht 243
		6.7.2 Prognosezwecke und -methoden im Überblick 244
	6.8	Die Sanktionswahl in rechtstatsächlicher Hinsicht 250

7 Erziehungsmaßregeln 253
- 7.1 Zweck der Erziehungsmaßregeln 254
- 7.2 Allgemeine Voraussetzungen der Erziehungsmaßregeln 254
  - 7.2.1 Sachliche Voraussetzungen 255
  - 7.2.2 Personelle Voraussetzungen 255
- 7.3 Rechtstatsächliches zu den Erziehungsmaßregeln 256
  - 7.3.1 Erziehungsmaßregeln in der Rechtspraxis 256
  - 7.3.2 Probleme bei Durchführung und Finanzierung 257
- 7.4 Die Erteilung von Weisungen nach § 10 JGG 259
  - 7.4.1 Allgemeines 259
  - 7.4.2 Der gesetzliche Weisungskatalog 263
  - 7.4.3 Sonstige richterliche Weisungen 275
  - 7.4.4 Verfahren und weitere Entscheidungen über Laufzeit und Änderung von Weisungen 281
  - 7.4.5 Ungehorsamsarrest 284
- 7.5 Hilfe zur Erziehung gem. § 12 JGG 288
  - 7.5.1 Allgemeine Voraussetzungen der Erziehungshilfe 289
  - 7.5.2 Die Erziehungsbeistandschaft 290
  - 7.5.3 Die Erziehung in einer stationären Einrichtung 291

8 Zuchtmittel 297
- 8.1 Rechtliche Einordnung der Zuchtmittel 298
- 8.2 Allgemeine Voraussetzungen der Ahndung mit Zuchtmitteln 299
- 8.3 Rechtstatsächliches zu den Zuchtmitteln 300
- 8.4 Verwarnung (§ 14 JGG) 301
  - 8.4.1 Wesen und Voraussetzungen 301
  - 8.4.2 Vollstreckung 302
- 8.5 Erteilung von Auflagen (§ 15 JGG) 303
  - 8.5.1 Allgemeines 303
  - 8.5.2 Einzelne Auflagen 304
  - 8.5.3 Weitere Entscheidungen 310
- 8.6 Jugendarrest (§ 16 JGG) 311
  - 8.6.1 Zweck, Geschichte und Perspektiven 311
  - 8.6.2 Zielgruppe des Arrests 314
  - 8.6.3 Arrestarten 316
  - 8.6.4 Legalbewährung nach Jugendarrest 318

9 Jugendstrafe 321
- 9.1 Grundlegendes 321
- 9.2 Rechtstatsächliches zur Jugendstrafe 323

9.3	Existenz und Perspektiven der Jugendstrafe		326
9.4	Formen der Jugendstrafe		328
	9.4.1	Jugendstrafe wegen schädlicher Neigungen (§ 17 Abs. 2 1. Alt. JGG)	328
	9.4.2	Jugendstrafe wegen Schwere der Schuld (§ 17 Abs. 2 2. Alt. JGG)	333
9.5	Strafzumessung (§ 18 JGG)		338
	9.5.1	Jugendstrafe als Strafe von bestimmter Dauer	338
	9.5.2	Die Strafrahmen des Jugendstrafrechts	339
	9.5.3	Keine Geltung der Strafrahmen des allgemeinen Strafrechts	341
	9.5.4	Bemessung der Jugendstrafe	343

10 Bewährungssanktionen 353
 10.1 Aussetzung der Jugendstrafe zur Bewährung 354
  10.1.1 Allgemeines 354
  10.1.2 Voraussetzungen der Strafaussetzung im Einzelnen 356
  10.1.3 Weitere Bewährungsentscheidungen 360
  10.1.4 Verfahren bei Bewährungsentscheidungen 369
  10.1.5 Widerruf der Strafaussetzung 372
  10.1.6 Erlass der Jugendstrafe 378
 10.2 Vorbewährung 379
  10.2.1 Wesen und Inhalt der Vorbewährung 379
  10.2.2 Voraussetzungen und Durchführung des Vorbehalts (§ 61 JGG) 379
  10.2.3 Weiteres Verfahren 382
 10.3 Strafaussetzung zur Bewährung und Rückfälligkeit 383
 10.4 Aussetzung der Verhängung der Jugendstrafe (§§ 27 ff. JGG) 384
  10.4.1 Allgemeines 384
  10.4.2 Verfahren beim Schuldspruch und weitere Entscheidungen 386
  10.4.3 Entscheidung nach § 30 JGG 388
  10.4.4 Perspektiven 391

11 Vollstreckung und Vollzug 393
 11.1 Jugendrichterliche Rechtsfolgendurchführung 394
  11.1.1 Zuständigkeitskonzentration 394
  11.1.2 Vollstreckung von Jugendarrest 396
  11.1.3 Vollstreckung von Jugendstrafe 397
  11.1.4 Vollstreckung von Maßregeln der Besserung und Sicherung 404
  11.1.5 Rechtsschutz gegen Vollstreckungsentscheidungen 408
 11.2 Jugendarrestvollzug 411
  11.2.1 Vollzugsgestaltung 412
  11.2.2 Rechtsschutz 414

11.3	Jugendstrafvollzug		414
	11.3.1	Inhaftierte in Jugendstrafanstalten	415
	11.3.2	Gesetzliche Regelung des Jugendstrafvollzugs	417
	11.3.3	Vollzugsgrundsätze und Vollzugsorganisation	421
	11.3.4	Vollzugsablauf	427
	11.3.5	Sicherheit und Ordnung	442
	11.3.6	Datenschutz	449
	11.3.7	Rechtsschutz	450
	11.3.8	Besonderheiten bei möglicher Sicherungsverwahrung	455
11.4	Vollzug von Maßregeln der Besserung und Sicherung		457
	11.4.1	Unterbringung im psychiatrischen Krankenhaus und in der Entziehungsanstalt	457
	11.4.2	Unterbringung in der Sicherungsverwahrung	458

12 Registerrecht und Strafmakelbeseitigung 461
12.1 Bundeszentralregister 462
12.2 Strafmakelbeseitigung 463
12.3 Erziehungsregister 465
12.4 Staatsanwaltschaftliches Verfahrensregister 466

Literatur 467

Sachverzeichnis 501

Tabellenverzeichnis

Tab. 1.1	Anteile der jugendlichen und heranwachsenden Tatverdächtigen an der Gesamtzahl der Tatverdächtigen und der Wohnbevölkerung 1987–2012 (1987 bis 1990 alte Bundesländer, 1991 bis 1992 alte Bundesländer einschließlich Gesamt-Berlin, ab 1993 Bundesgebiet insgesamt)	6
Tab. 1.2	Häufigkeit der Verurteilungen 1987–2012 (1987 bis 1990 alte Bundesländer, 1991 bis 1992 alte Bundesländer einschließlich Gesamt-Berlin, ab 1993 Bundesgebiet insgesamt)	7
Tab. 1.3	Aufgliederung tatverdächtiger Jugendlicher und Heranwachsender nach Straftaten im Jahr 2013	8
Tab 3.1	Anwendung von Jugendstrafrecht auf Heranwachsende für ausgewählte Straftaten(gruppen) bei Verurteilungen im Jahr 2012	59
Tab. 5.1	Jugendliche in Untersuchungshaft 1994–2013	151
Tab. 6.1	Jugendstrafrechtliche Sanktionen 2008–2012	251
Tab. 6.2	Maßregeln und Nebenstrafen/-folgen 2008–2012	252
Tab. 8.1	Zuchtmittel 2008-2012	301
Tab. 9.1	Dauer der Jugendstrafe	324
Tab. 9.2	Aussetzung der Jugendstrafe zur Bewährung	325
Tab. 11.1	Inhaftierte im Vollzug der Jugendstrafe 1992–2013, jeweils am 31.3	415
Tab. 11.2	Zu Jugendstrafe verurteilte Inhaftierte am 31.3.2013 nach Art der Straftat	416

Abkürzungen

a. A.	anderer Ansicht
Abl.	Amtsblatt
Abs.	Absatz
Abschn.	Abschnitt
a. E.	am Ende
a. F.	alte Fassung
AG	Amtsgericht
AGGVG	Gesetz zur Ausführung des Gerichtsverfassungsgesetzes
2. AGKonzentr.VO	Zweite Verordnung über die Konzentration amtsgerichtlicher Zuständigkeiten (Berlin)
AGVwGO	Gesetz zur Ausführung der Verwaltungsgerichtsordnung
AK	Alternativkommentar zum Strafvollzugsgesetz
Alt.	Alternative
a. M.	am Main
AnwK-StPO	Anwaltskommentar zur Strafprozessordnung
AO	Abgabenordnung
ArchWissPrax-sozArb	Archiv für Wissenschaft und Praxis der sozialen Arbeit
Art.	Artikel
Aufl.	Auflage
BayGVBl.	Bayerisches Gesetz- und Verordnungsblatt
BayObLG	Bayerisches Oberstes Landesgericht
BayStVollzG	Bayerisches Strafvollzugsgesetz
BaySvVollzG	Bayerisches Sicherungsverwahrungsvollzugsgesetz
BayUVollzG	Bayerisches Untersuchungshaftvollzugsgesetz
BbgJAVollzG	Brandenburgisches Jugendarrestvollzugsgesetz
BbgJStVollzG	Brandenburgisches Jugendstrafvollzugsgesetz
BbgJVollzG	Brandenburgisches Justizvollzugsgesetz
Bd.	Band
BeckRS	Elektronische Entscheidungsdatenbank in beck-online
BewHi	Bewährungshilfe
BFG	Berliner Forum Gewaltprävention
BGB	Bürgerliches Gesetzbuch
BGBl.	Bundesgesetzblatt
BGH	Bundesgerichtshof
BGHR	BGH-Rechtsprechung in Strafsachen

BGHSt.	Entscheidungen des Bundesgerichtshofs in Strafsachen
BK	Bonner Kommentar zum Grundgesetz
BR-Drs.	Drucksache des Bundesrates
BremJStVollzG	Bremisches Jugendstrafvollzugsgesetz
BremUVollzG	Bremisches Untersuchungshaftvollzugsgesetz
BRJ	Bonner Rechtsjournal
bspw.	beispielsweise
BT-Drucks.	Bundestagsdrucksache
BtMG	Gesetz über den Verkehr mit Betäubungsmitteln
BVerfG	Bundesverfassungsgericht
BVerfGE	Entscheidungen des Bundesverfassungsgerichts
bzgl.	bezüglich
BZRG	Bundeszentralregistergesetz
bzw.	beziehungsweise
DAR	Deutsches Autorecht
ders.	derselbe
d. h.	das heißt
dies.	dieselbe(n)
DIJuF	Deutsches Institut für Jugendhilfe und Familienrecht
Diss.	Dissertation
DÖV	Die Öffentliche Verwaltung
DRiG	Deutsches Richtergesetz
DRiZ	Deutsche Richterzeitung
DVJJ	Deutsche Vereinigung für Jugendgerichte und Jugendgerichtshilfe e. V.
EGBGB	Einführungsgesetz zum Bürgerlichen Gesetzbuch
EGGVG	Einführungsgesetz zum Gerichtsverfassungsgesetz
EGJVollz	Entwurf eines Gesetzes zur Regelung des Jugendstrafvollzuges
EGMR	Europäischer Gerichtshof für Menschenrechte
EGStGB	Einführungsgesetz zum Strafgesetzbuch
Einf.	Einführung
Einl.	Einleitung
EMRK	Konvention zum Schutze der Menschenrechte und Grundfreiheiten
EuGRZ	Europäische Grundrechte Zeitschrift
e. V.	eingetragener Verein
f.	folgende
FamFG	Gesetz über das Verfahren in Familiensachen und in den Angelegenheiten der freiwilligen Gerichtsbarkeit
FamRZ	Zeitschrift für das gesamte Familienrecht
FeV	Fahrerlaubnis-Verordnung
ff.	fortfolgende
FGG	Gesetz über die Angelegenheiten der freiwilligen Gerichtsbarkeit
Fn.	Fußnote
FPR	Familie Partnerschaft Recht

FS	Forum Strafvollzug
GA	Goltdammer's Archiv für Strafrecht
GBl.	Gesetzblatt
gem.	gemäß
2. GerZV	Zweite Gerichtszuständigkeits-Verordnung
GG	Grundgesetz
ggf.	gegebenenfalls
GK-SGB VIII	Gemeinschaftskommentar zum SGB VIII
Grdl.	Grundlagen
GVBl.	Gesetz- und Verordnungsblatt
GVG	Gerichtsverfassungsgesetz
GZVJu	Gerichtliche Zuständigkeitsverordnung Justiz
Halbs.	Halbsatz
HansOLG	Hanseatisches Oberlandesgericht
HessJStVollzG	Hessisches Jugendstrafvollzugsgesetz
HK-GS	Gesamtes Strafrecht Handkommentar
HK-JGG	Jugendgerichtsgesetz Handkommentar
HK-StPO	Heidelberger Kommentar zur Strafprozessordnung
h. M.	herrschende Meinung
HmbGVBl.	Hamburgisches Gesetz- und Verordnungsblatt
HmbJStVollzG	Hamburgisches Jugendstrafvollzugsgesetz
HmbStVollzG	Hamburgisches Strafvollzugsgesetz
HmbSVVollzG	Hamburgisches Sicherungsverwahrungsvollzugsgesetz
HmbUVollzG	Hamburgisches Untersuchungshaftvollzugsgesetz
HRRS	Onlinezeitschrift für Höchstrichterliche Rechtsprechung zum Strafrecht
Hrsg.	Herausgeber
HStVollzG	Hessisches Strafvollzugsgesetz
HUVollzG	Hessisches Untersuchungshaftvollzugsgesetz
i. d. R.	in der Regel
i. Erg.	im Ergebnis
i. e. S.	im engeren Sinne
insg.	insgesamt
i. S. d.	im Sinne der/des
i. S. v.	im Sinne von
i. V. m.	in Verbindung mit
i. w. S.	im weiteren Sinne
JA	Juristische Arbeitsblätter
JAVollzG NRW	Jugendarrestvollzugsgesetz Nordrhein-Westfalen
JAVollzG SH	Schleswig-Holsteinisches Jugendarrestvollzugsgesetz
JAVollzO	Jugendarrestvollzugsordnung
JBl.Rh-Pf.	Justizblatt Rheinland-Pfalz
JErmÜVO	Justizermächtigungsübertragungsverordnung
JGG	Jugendgerichtsgesetz
JGGÄndG	Änderungsgesetz zum Jugendgerichtsgesetz

JGGÄndGe	Änderungsgesetze zum Jugendgerichtsgesetz
JGGWübetrVO	Verordnung zur Weiterübertragung von Verordnungsermächtigungen nach dem Jugendgerichtsgesetz
JMBl.	Justizministerialblatt
JR	Juristische Rundschau
JschGerVO	Verordnung über die Errichtung gemeinsamer Jugendschöffengerichte
JStVollzG Bln	Jugendstrafvollzugsgesetz Berlin
JStVollzG BW	Jugendstrafvollzugsgesetz Baden-Württemberg
JStVollzG LSA	Jugendstrafvollzugsgesetz Sachsen-Anhalt
JStVollzG M-V	Jugendstrafvollzugsgesetz Mecklenburg-Vorpommern
JStVollzG NRW	Jugendstrafvollzugsgesetz Nordrhein-Westfalen
JStVollzG RLP	Jugendstrafvollzugsgesetz Rheinland-Pfalz
JStVollzG S-H	Jugendstrafvollzugsgesetz Schleswig-Holstein
JugStrSErmVO	Verordnung zur Übertragung von Verordnungsermächtigungen in Jugendstrafsachen
Jura	Juristische Ausbildung
JuS	Juristische Schulung
JuZuStVO	Justizzuständigkeitsverordnung
JVA	Justizvollzugsanstalt
JVollzDSG Bln	Justizvollzugsdatenschutzgesetz Berlin
JVollzGB I BW	Gesetzbuch über den Justizvollzug in Baden-Württemberg, Buch 1: Gemeinsame Regelungen und Organisation
JVollzGB II BW	Gesetzbuch über den Justizvollzug in Baden-Württemberg, Buch 2: Untersuchungshaft
JVollzGB III BW	Gesetzbuch über den Justizvollzug in Baden-Württemberg, Buch 3: Strafvollzug
JVollzGB IV BW	Gesetzbuch über den Justizvollzug in Baden-Württemberg, Buch 4: Jugendstrafvollzug
JVollzSVG NRW	Gesetz zur Verbesserung der Sicherheit in Justizvollzugsanstalten des Landes Nordrhein-Westfalen
JWG	Jugendwohlfahrtsgesetz
JZ	Juristenzeitung
Kap.	Kapitel
KG	Kammergericht
KJHG	Kinder- und Jugendhilfegesetz
KK	Karlsruher Kommentar
KMR	Kommentar zur Strafprozessordnung
KrimPäd	Kriminalpädagogische Praxis
krit.	kritisch
LG	Landgericht
lit.	Buchstabe
LJStVollzG RLP	Landesjugendstrafvollzugsgesetz Rheinland-Pfalz
LJVollzDSG RLP	Landesjustizvollzugsdatenschutzgesetz Rheinland-Pfalz
LJVollzG RLP	Landesjustizvollzugsgesetz Rheinland-Pfalz
LK-StGB	Leipziger Kommentar zum Strafgesetzbuch

LPK-SGB	Lehr- und Praxiskommentar zum Sozialgesetzbuch
LR	Löwe/Rosenberg. StPO und GVG Großkommentar
LT-Drs.	Landtagsdrucksache
LUVollzG	Landesuntersuchungshaftvollzugsgesetz
LUVollzG-Rheinland-Pfalz	Landesuntersuchungshaftvollzugsgesetz Rheinland-Pfalz
MDR	Monatsschrift für Deutsches Recht
MedR	Medizinrecht
MFunkVG	Mobilfunkverhinderungsgesetz
MiStra	Anordnung über Mitteilungen in Strafsachen
m. Nachw.	mit Nachweisen
MRK	Konvention zum Schutze der Menschenrechte und Grundfreiheiten
MschrKrim	Monatsschrift für Kriminologie und Strafrechtsreform
MünchKomm-StGB	Münchener Kommentar zum Strafgesetzbuch
m. w. Nachw.	mit weiteren Nachweisen
m. zahlr. Nachw.	mit zahlreichen Nachweisen
Nds.GVBl.	Niedersächsisches Gesetz- und Verordnungsblatt
NdsRpfl.	Niedersächsische Rechtspflege
n. F.	neue Fassung
NJ	Neue Justiz
NJVollzG	Niedersächsisches Justizvollzugsgesetz
NJW	Neue Juristische Wochenschrift
NK	Neue Kriminalpolitik
NK-StGB	Nomos Kommentar zum Strafgesetzbuch
Nr.	Nummer
NRW	Nordrhein-Westfalen
NS	Nationalsozialismus
NStZ	Neue Zeitschrift für Strafrecht
NStZ-RR	NStZ-Rechtsprechungs-Report
NVwZ-RR	Neue Zeitschrift für Verwaltungsrecht-Rechtsprechungs-Report
NZV	Neue Zeitschrift für Verkehrsrecht
ÖJZ	Österreichische Juristen-Zeitung
OLG	Oberlandesgericht
OLGSt.	Entscheidungen der Oberlandesgerichte in Strafsachen und über Ordnungswidrigkeiten
OWiG	Gesetz über Ordnungswidrigkeiten
PDV	Polizeidienstvorschrift
RdJB	Recht der Jugend und des Bildungswesens
Rdn.	Randnummer
RiJAVollzO	Richtlinien zur Jugendarrestvollzugsordnung
RiL	Richtlinie(n)
RiStBV	Richtlinien für das Strafverfahren und das Bußgeldverfahren

RJGG	Reichsjugendgerichtsgesetz
RJWG	Reichsjugendwohlfahrtsgesetz
RLJGG	Richtlinie(n) Jugendgerichtsgesetz
Rpfleger	Der Deutsche Rechtspfleger
RStGB	Reichsstrafgesetzbuch
S.	Seite(n)/Satz
SächsJStVollzG	Sächsisches Jugendstrafvollzugsgesetz
SächsStVollzG	Sächsisches Strafvollzugsgesetz
SächsUHaftVollzG	Sächsisches Untersuchungshaftvollzugsgesetz
SchlHA	Schleswig-Holsteinische Anzeigen
SGB	Sozialgesetzbuch
SJStVollzG	Saarländisches Jugendstrafvollzugsgesetz
SK-StGB	Systematischer Kommentar zum Strafgesetzbuch
SK-StPO	Systematischer Kommentar zur Strafprozessordnung
SLStVollzG	Saarländisches Strafvollzugsgesetz
SLV	Soldatenlaufbahnverordnung
sog.	so genannte(r/s)
StGB	Strafgesetzbuch
StPO	Strafprozessordnung
StraFo	Strafverteidiger Forum
StrBußGZV	Landesverordnung über die gerichtliche Zuständigkeit in Strafsachen und Bußgeldverfahren
StrRG	Gesetz zur Reform des Strafrechts
StrVert	Strafverteidiger
StVG	Straßenverkehrsgesetz
StVO	Straßenverkehrsordnung
StVollstrO	Strafvollstreckungsordnung
StVollzG M-V	Strafvollzugsgesetz Mecklenburg-Vorpommern
SUVollzG	Saarländisches Untersuchungshaftvollzugsgesetz
SVVollzG LSA	Sicherungsverwahrungsvollzugsgesetz Sachsen-Anhalt
Tab.	Tabelle
ThürErgVollzG	Thüringer Strafvollzugs- und Jugendstrafvollzugsergänzungsgesetz
ThürJStVollzG	Thüringer Jugendstrafvollzugsgesetz
ThürJVollzGB	Thüringer Justizvollzugsgesetzbuch
ThürUVollzG	Thüringer Untersuchungshaftvollzugsgesetz
u. a.	und andere; unter anderem/n
UJ	Unsere Jugend
USA	Vereinigte Staaten von Amerika
usw.	und so weiter
u. U.	unter Umständen
UVollzG-Berlin	Untersuchungshaftvollzugsgesetz Berlin
UVollzG LSA	Untersuchungshaftvollzugsgesetz Sachsen-Anhalt
UVollzG M-V	Untersuchungshaftvollzugsgesetz Mecklenburg-Vorpommern

UVollzG NRW	Untersuchungshaftvollzugsgesetz Nordrhein-Westfalen
UVollzG S-H	Untersuchungshaftvollzugsgesetz Schleswig-Holstein
UVollzO	Untersuchungshaftvollzugsordnung
v.	vom/von
Var.	Variante
VerfGH	Verfassungsgerichtshof
VG	Verwaltungsgericht
vgl.	vergleiche
VO	Verordnung
VRS	Verkehrsrechtssammlung
VuZ	Verurteiltenziffern
VV	Verwaltungsvorschriften
VVJug	Bundeseinheitliche Verwaltungsvorschriften zum Jugendstrafvollzug
VVStVollzG	Verwaltungsvorschriften zum Strafvollzugsgesetz
VwGO	Verwaltungsgerichtsordnung
WDO	Wehrdisziplinarordnung
wistra	Zeitschrift für Wirtschafts- und Steuerstrafrecht
z. B.	zum Beispiel
ZfJ	Zentralblatt für Jugendrecht (und Jugendwohlfahrt)
ZIS	Zeitschrift für Internationale Strafrechtsdogmatik
zit.	zitiert
ZJJ	Zeitschrift für Jugendkriminalrecht und Jugendhilfe
ZKJ	Zeitschrift für Kindschaftsrecht und Jugendhilfe
ZRP	Zeitschrift für Rechtspolitik
ZStW	Zeitschrift für die gesamte Strafrechtswissenschaft
ZuVoJu	Zuständigkeitsverordnung Justiz

Jugendstrafrecht und Jugendkriminalität

Ebenso wenig wie kriminelles Verhalten an sich ist auch die Fähigkeit, von der Gesellschaft vorgegebene Regeln zu beachten, nicht angeboren. Vielmehr durchläuft der Mensch einen **Sozialisationsprozess**, in dem er allgemeine soziale Verhaltensweisen erlernen und die Befolgung gesetzlicher Vorgaben verinnerlichen soll.

Gem. Art. 6 Abs. 2 GG kommt in diesem Sozialisationsprozess zunächst den Eltern das Recht sowie die Pflicht zu, den als Erziehung bezeichneten Lernprozess vorrangig vor anderen sog. Erziehungsträgern nach ihren Vorstellungen prinzipiell frei zu gestalten. Abgesehen vom Bereich des Art. 7 GG ist die Entscheidung der Eltern, wie sie ihrer Verantwortung gerecht werden, gegen staatliche Eingriffe geschützt, es sei denn, das Wächteramt des Staates i. S. d. Art. 6 Abs. 2 S. 2 GG[1] berechtigt diesen zur Intervention. Demgemäß bleibt der Staat in Fällen des strafrechtlich relevanten Normbruchs durch einen jungen Menschen befugt, in den Schutzbereich des Art. 6 Abs. 2 GG einzugreifen.[2]

Nach unserer Strafrechtsordnung erfordert die Sanktionierung einer Straftat ein schuldhaftes Verhalten. Dem Täter muss vorgeworfen werden können, dass er bei einem Normbruch fähig war, das Unrecht seines Handelns zu erkennen und nach dieser Einsicht auch zu agieren, d. h. sich frei für das Recht oder das Unrecht zu entscheiden. Da der junge Mensch diese Fähigkeit aber erst im Sozialisationsprozess erwerben soll, muss dies bei der staatlichen Reaktion auf Normbrüche der noch **in der Entwicklung befindlichen Täter** berücksichtigt werden.

Der Gesetzgeber hat sich deshalb dafür entschieden, Kinder unter 14 Jahren als absolut schuldunfähige Personen aus dem Anwendungsbereich des Strafgesetzbuchs herauszunehmen (§ 19 StGB). Während das StGB Erwachsenen – von der Ausnahme des § 20 StGB abgesehen – prinzipiell eine strafrechtliche Verantwortlichkeit unterstellt, wurde für die im Sozialisationsprozess stehenden jungen Menschen zwischen Kindheit und Erwachsenenstatus ein **Sonderstrafrecht für Jugendliche** geschaffen. Dieses Jugendstrafrecht berücksichtigt den individuell di-

---

[1] Dazu BVerfGE 4, S. 52 ff.; 47, S. 69 f.; 72, S. 122 ff.
[2] Dazu eingehend Grunewald, 2003a, S. 216 f.; Nothacker, 1984, S. 332 ff.

vergierenden, schwächeren Schuldvorwurf. Es eröffnet zudem im Bereich von **Jugendkriminalität** Spielräume für an den Sozialisationsbedürfnissen des jeweiligen Täters orientierte Reaktions- und Einwirkungsmöglichkeiten.

1.1 Jugendstrafrecht als Täterstrafrecht

3   Junge Menschen befinden sich in einem **Stadium des Rollenwechsels** zwischen der Kindheit und dem Erwachsenenalter. Dabei lässt sich Jugend nicht als eine bloße Statuspassage verstehen. Sie bleibt zwar weder von der Kindheit noch vom Erwachsenenstatus eindeutig abgrenzbar. Aufgrund veränderter Lebenssituationen hat die Jugendphase aber vermehrt die Bedeutung einer **eigenen Lebenslage** erlangt. Die sozio-kulturelle Verselbstständigung setzt mittlerweile sehr viel eher ein als noch vor einigen Jahren oder gar Jahrzehnten, was u. a. eine Folge veränderter gesellschaftlicher Rahmenbedingungen des Aufwachsens ist.[3]

In der Jugendphase sehen sich junge Menschen in einem **Spannungsfeld** vielfacher, teilweise divergierender **Verhaltensanforderungen**, welche den Sozialisationsprozess erschweren. Sie müssen in die bestehende Sozial- und Rechtsordnung erst hineinwachsen. Das bedingt die Erprobung sowohl eigener Handlungsfähigkeiten als auch der Regeln der Erwachsenenwelt als Handlungsgrenzen.

Mit der Jugendphase ist notwendigerweise eine gewisse Status- und Verhaltensunsicherheit verbunden. Dies erhöht das Abweichungspotenzial des Einzelnen, weshalb der **Sozialisationsprozess konfliktbehaftet** verläuft. Spannungen treten dabei in solcher Häufigkeit auf, dass dies im Bereich der weniger schweren Delinquenz sogar die Annahme von Normalität und Ubiquität rechtfertigt.[4]

4   Normverletzungen junger Menschen sind deshalb bei den meisten Tätern nicht Ausdruck manifester Erziehungsdefizite. Dennoch wird am **Erziehungsgedanken** als dem „Leitprinzip des Jugendstrafrechts"[5] festgehalten und dieser überwiegend gar für unverzichtbar erachtet.[6] Es ist die Rede vom Jugendstrafrecht als Erziehungsstrafrecht, was auch darauf zurückgeführt wird, dass das Jugendgerichtsgesetz in zahlreichen Normen selbst auf die Erziehung Bezug nimmt.[7] Der Bundesge-

---

[3] Dazu Dreizehnter Kinder- und Jugendbericht, 2009, S. 44 ff.; vgl. ferner Keiser, 2008, S. 40 ff. zum Begriff der Adulteration.

[4] Vgl. Kap. 1.2.

[5] Siehe z. B. Beschluss des 64. Deutschen Juristentages, in: Verhandlungen des 64. DJT, 2002, N 109.

[6] Böhm/Feuerhelm, 2004, S. 11; Böttcher, 2004, S. 22; Brunner/Dölling, 2011, Einf. II Rdn. 6; Grunewald, 2003a, S. 270 f.; Heinz, 2002, S. 575 f.; Kaiser, 1997, S. 454 ff.; Pieplow, 1989, S. 44 ff.; Schaffstein/Beulke, 2002, S. 50; Schlüchter, 1994, S. 31 ff.; Streng, 2012, S. 9 ff.; Walter/Wilms, 2004, S. 602; a. A. Albrecht H.-J., 2002, S. 97 ff.; Laubenthal, 2002, S. 813.

[7] Siehe §§ 2 Abs. 1 S. 2, 9 Nr. 2, 10 Abs. 1, 12, 17 Abs. 2, 18 Abs. 2, 21 Abs. 1, 24 Abs. 1 und 3, 31 Abs. 3, 35 Abs. 2 S. 2, 37, 38 Abs. 2, 45 Abs. 2, 46, 47 Abs. 2 S. 4, 48 Abs. 3 S. 2, 51 Abs. 1 S. 1, 52a Abs. 1 S. 2 und 3, 54 Abs. 2, 69 Abs. 2, 71 Abs. 1, 90 Abs. 1 S. 2 JGG.

richtshof betont in ständiger Rechtsprechung das „Primat der Erziehung" als „Basis aller Regelungen des Jugendstrafrechts".[8]

Mit § 2 Abs. 1 S. 2 JGG enthält das Jugendstrafgesetzbuch seit dem 2. JGGÄndG erstmals eine Bestimmung, die als Ziel des Jugendstrafrechts die Verhinderung erneuter Straffälligkeit normiert. Zu diesem Zweck sollen „die Rechtsfolgen und ... auch das Verfahren vorrangig am Erziehungsgedanken" ausgerichtet werden. Diese Intention als Zieldefinition soll bei der Anwendung des formellen und materiellen Jugendstrafrechts sicherstellen, dass kriminologische, pädagogische, jugendpsychologische und andere fachliche Erkenntnisse besondere Beachtung finden.[9] Gleichwohl lässt das Gesetz selbst in § 2 Abs. 1 S. 1 JGG erkennen, dass „nicht Erziehung selbst Ziel oder Anliegen des Jugendstrafrechts ist. Die Bedeutung des Erziehungsgrundsatzes liegt vielmehr darin, dass zur Erreichung des Ziels künftiger Legalbewährung primär erzieherische Mittel eingesetzt werden sollen und dass auch im Übrigen nach Möglichkeit erzieherische Gesichtspunkte berücksichtigt werden müssen."[10] Stehen demgemäß individualpräventive Aspekte im Zentrum der Unrechtsreaktion gegenüber einem jungen Straftäter, so bilden die gesetzlich vorgeschriebenen Rechtsfolgen keine bloß erzieherische Einwirkung, sondern spürbare Strafübel. Es vermochte sich zudem kein zeitüberdauerndes Erziehungskonzept zu entwickeln.[11] Die zahlreichen Ansichten von Erziehung im Kontext des Jugendstrafrechts reichen vielmehr von sozialisationstheoretischen Konkretisierungen bis hin zu erziehungswissenschaftlich geprägten Ausfüllungen.

Das Jugendstrafrecht ist demnach **kein Erziehungsrecht** – es bedeutet **Strafrecht**. Das Einstehenmüssen für einen Normbruch stellt keine Erziehung dar,[12] sondern eine den Sozialisationsprozess möglicherweise befördernde Lebenserfahrung. Auch wenn § 37 JGG fordert, dass die Richter bei den Jugendgerichten sowie die Jugendstaatsanwälte „erzieherisch befähigt und in der Jugenderziehung erfahren" sein sollen, so sind die in den Institutionen der formellen Sozialkontrolle auf die Jugendstraftat reagierenden Personen dennoch keine Erzieher.[13]

Mittels jugendstrafrechtlicher Reaktionen auf Normbrüche junger Menschen soll eine Steigerung der Bereitschaft zur Normbefolgung durch Vermittlung der Fähigkeit, weiteres normwidriges Verhalten zu vermeiden, erreicht werden. Angestrebt wird somit eine Beeinflussung der straffällig Gewordenen dahin gehend, dass sie zukünftig Entscheidungen treffen, die konform mit den Normen der Gesellschaft sind, in die sie integriert werden sollen. Reaktionsziel stellt damit eine **positive Legalbewährung** dar. Dies gilt umso mehr, als seit einigen Jahrzehnten auch der Gedanke der Non-Intervention das Jugendstrafrecht erreicht hat und das Nichtreagieren auf Jugenddelinquenz in vielen Fällen eher zur Zielerreichung geeignet erscheint als eine intervenierende Reaktion.

---

[8] BGHSt. 36, S. 42; BGH, NStZ 2002, S. 207.
[9] Vgl. Goerdeler, 2008, S. 137 ff.; ferner Dünkel, 2008, S. 102 ff.; dazu Kap. 2.4.3.
[10] BT-Drs. 16/6293, S. 9; Ostendorf, 2005, S. 415.
[11] Streng, 2012, S. 10.
[12] Böhm/Feuerhelm, 2004, S. 11; Kusch, 2006, S. 66.
[13] Weyel, 2003, S. 406 ff.; siehe auch Böhm/Feuerhelm, 2004, S. 11.

Nach § 2 Abs. 1 S. 1, 2 JGG bedeutet Erziehung im Sinne des JGG somit nichts anderes als eine **jugendgemäße Spezialprävention**.[14] Da die Verwendung des Erziehungsbegriffs durch das Gesetz selbst jedoch wirklichkeitsfremde Erwartungen an das jugendstrafrechtliche Vorgehen hervorruft,[15] die kriminologischen Erkenntnisse aber insgesamt erhebliche Zweifel an einem im Ergebnis positiven erzieherischen Ertrag jugendstrafrechtlicher Reaktionen entstehen lassen,[16] ist es folglich sachgerecht, wenn man den Terminus der Spezialprävention dem Erziehungsbegriff vorzieht.

Zur Erreichung des Reaktionsziels einer positiven Legalbewährung sind gem. § 2 Abs. 1 S. 2 JGG **jugendgemäße Strategien** zu wählen, die den Sozialisationsbedürfnissen des einzelnen jungen Menschen gerecht werden. Damit kommt der Vorgabe einer jugendgemäßen Spezialprävention die Funktion zu, das jeweilige Reaktionsmittel durch die Kriterien der Geeignetheit und der Erforderlichkeit zur Zielerreichung zu begrenzen.

6   Da den Einzelnen aber individuell divergierend ein im Vergleich zum Erwachsenenstrafrecht schwächerer Schuldvorwurf trifft, bedeutet ein jugendgemäßes Reagieren auf eine Jugendstraftat zugleich, dass der Betroffene nicht schlechter behandelt werden darf als ein Erwachsener in einer vergleichbaren Lage.[17] Dieses **Schlechterstellungsverbot**[18] schließt mit Erziehungsnotwendigkeiten begründete Differenzierungen zu Lasten der dem Jugendstrafrecht unterfallenden Täter aus.

1.2 Jugendkriminalität

7   Das deutsche Strafrecht kennt keine Straftatbestände, die speziell Verhaltensweisen von Jugendlichen unter Strafe stellen. Jugendkriminalität setzt deshalb voraus, dass die Handlung eines jungen Menschen unter die Merkmale eines allgemeinen Straftatbestands subsumiert werden kann.[19] Die Zuordnung delinquenten Agierens zum Bereich der Jugendkriminalität ergibt sich formal durch das Persönlichkeitsmerkmal des Alters eines Täters zum Tatzeitpunkt. Das Delinquenzverhalten junger Menschen unterscheidet sich jedoch von demjenigen anderer Altersgruppen vor allem aufgrund der Besonderheiten dieser Lebensphase. Jugendkriminalität stellt sich in qualitativer und quantitativer Hinsicht anders dar; insbesondere ist eine **Konzentration der Kriminalitätsbelastung** auf junge Menschen festzustellen. Dies zeigt

---

[14] Brunner/Dölling, 2011, Einf. II Rdn. 6; siehe auch Streng, 2012, S. 13.
[15] Albrecht H.-J., 2002, S. 56.
[16] Vgl. Ostendorf, 1998, S. 297 ff.; ders., 2005, S. 416; Streng, 2012, S. 12.
[17] Burscheidt, 2000; Eisenberg, 2014, § 45 Rdn. 9a; Keiser, 2002, S. 986; Nothacker, 1984, S. 306; Ostendorf, 2003, S. 389; Walter M., 2001, S. 769.
[18] Kritisch hierzu Bock, 1999, S. 629 f.; Böhm/Feuerhelm, 2004, S. 17 f.; Fahl, 2003, S. 63 ff.; Geisler, 2002, S. 452; Grunewald, 2002, S. 456; Kaiser, 1997, S. 454; Schaffstein/Beulke, 2002, S. 194 f.; Schlüchter, 1994, S. 81 ff.; Streng, 2012, S. 8; siehe auch Beulke, 1990, S. 692 f.
[19] Walter/Neubacher, 2011, S. 20 f.

sich nicht nur bei Betrachtung der registrierten Kriminalität, sondern findet auch als Ergebnis von Dunkelfeldstudien Bestätigung.

Im **Langzeitvergleich** lässt sich hinsichtlich der bekannt gewordenen Jugendkriminalität ein wellenförmiger Verlauf[20] beschreiben. So zeigte die Polizeiliche Kriminalstatistik ab dem Jahr 1955 einen zunächst deutlichen Anstieg der Zahlen jugendlicher und heranwachsender Tatverdächtiger, während die Entwicklung in den siebziger Jahren des 20. Jahrhunderts uneinheitlich verlief. Die weit verbreitete Dramatisierungsthese von der ständigen Zunahme der Jugendkriminalität bestätigte sich jedoch aufgrund der sinkenden Tendenz ab Beginn der achtziger Jahre nicht. War der Anteil Jugendlicher an der Gesamtzahl der Tatverdächtigen etwa von 9,8 % im Jahr 1965 auf 14,6 % im Jahr 1982 angestiegen, derjenige der Heranwachsenden von 8,9 auf 13,8 %, fiel er von 1984 an bis zum Jahr 1989 bei Jugendlichen wiederum auf 9,1 % und bei Heranwachsenden auf 10,8 %.

Seit der Erfassung der Tatverdächtigen des gesamten Bundesgebiets in der Polizeilichen Kriminalstatistik ab dem Jahr 1993 war bei den Jugendlichen zunächst wiederum ein deutlicher Anstieg bis auf 13,1 % in den Jahren 1999 und 2001 zu verzeichnen, wobei die Zahlen zunächst auf relativ hohem Niveau stagnierten und seit 2004 sogar rückläufig sind.[21] Vergleichbares gilt für die Gruppe der heranwachsenden Tatverdächtigen (s. Tab. 1.1). Hinsichtlich der Zahlen junger Tatverdächtiger bleibt ferner zu beachten, dass die polizeilich registrierte Kriminalität nachhaltig durch die **Anzeigebereitschaft** der Bevölkerung geprägt wird.[22] Insoweit ist seit Jahren ein Wandel festzustellen; vor allem hat die Toleranz der Gesellschaft gegenüber straffälligem Verhalten allgemein abgenommen.[23] Veränderungen in der Anzeigebereitschaft gehen mit gesellschaftlich-politischen Veränderungen einher. Bezogen auf die Jugenddelinquenz – insbesondere die Jugendgewalt – entwickelte sich bei uns eine sog. Kultur des Hinschauens, was letztlich einen Anstieg der Anteile registrierter junger Tatverdächtiger gegenüber denjenigen an der Wohnbevölkerung bewirkte (Tab. 1.2).[24]

Auch der Anteil junger Menschen an den **Verurteilungen** übersteigt denjenigen an der Gesamtbevölkerung. Dies gilt insbesondere für die Gruppe der **Heranwachsenden**, bei denen ab den neunziger Jahren des 20. Jahrhunderts ein fast kontinuierlicher Anstieg sowohl bei den Verurteiltenziffern (VUZ)[25] als auch bei den relativen Anteilen an den rechtskräftig Verurteilten festzustellen war, während zuletzt die Zahlen wieder rückläufig sind.

Eine Zunahme zeigte sich von Anfang der neunziger Jahre an auch bei den Verurteilungen von **Jugendlichen**, welche allerdings in den letzten Jahren ebenfalls zurückgehen. Auffällig ist zudem, dass der Anteil der Verurteilungen deutlich hinter

---

[20] Walter/Neubacher, 2011, S. 24.
[21] Siehe dazu auch Albrecht P.-A., 2008, S. 154; Heinz, 2008, S. 52; Ostendorf, 2008a, S. 149.
[22] Oberwittler/Köllisch, 2004, S. 144; Walter/Neubacher, 2011, S. 224.
[23] Kühn, 2010, S. 257 f.; Schwind, 2013, S. 73; dazu schon Bittscheidt/Lindenberg, 1998, S. 23 f.
[24] Zur Differenziertheit der medialen Berichterstattung Reichert, 2010, S. 69 ff.; ferner Berthel, 2004, S. 687 f.; so schon Neubacher, 1998, S. 430; Viehmann, 2004, S. 144 ff.
[25] Verurteilte je 100.000 Einwohner der gleichen Personengruppe.

Tab. 1.1 Anteile der jugendlichen und heranwachsenden Tatverdächtigen an der Gesamtzahl der Tatverdächtigen und der Wohnbevölkerung 1987–2012 (1987 bis 1990 alte Bundesländer, 1991 bis 1992 alte Bundesländer einschließlich Gesamt-Berlin, ab 1993 Bundesgebiet insgesamt). (Quelle: Bundeskriminalamt, Polizeiliche Kriminalstatistik 1987–2012; Statistisches Bundesamt, Statistisches Jahrbuch)

Jahr	Tatverdächtige	Jugendliche		Heranwachsende		Bevölkerungsanteil	
	Insg.	Insg.	%	Insg.	%	Jugendl.	Heranw.
1987	1.290.441	127.706	9,9	147.017	11,4	4,75	4,80
1988	1.314.080	120.968	9,2	141.419	10,8	4,40	4,48
1989	1.370.962	124.618	9,1	141.454	10,8	4,10	4,18
1990	1.437.923	141.244	9,8	149.823	10,4	3,96	3,86
1991	1.466.752	139.709	9,5	150.286	10,2	4,04	3,53
1992	1.581.734	151.103	9,6	160.739	10,2	4,09	3,28
1993	2.051.775	207.944	10,1	208.040	10,1	4,17	3,13
1994	2.037.729	223.551	11,0	196.437	9,6	4,28	3,11
1995	2.118.104	254.329	12,0	207.136	9,8	4,37	3,15
1996	2.213.293	277.479	12,5	219.928	9,9	4,46	3,21
1997	2.273.560	292.518	12,9	226.279	10,0	4,50	3,24
1998	2.319.895	302.413	13,0	237.037	10,2	4,46	3,33
1999	2.263.140	296.781	13,1	240.109	10,6	4,44	3,41
2000	2.286.372	294.467	12,9	247.586	10,8	4,45	3,47
2001	2.280.611	298.983	13,1	246.713	10,8	4,51	3,45
2002	2.326.149	297.881	12,8	245.761	10,6	4,60	3,42
2003	2.355.161	293.907	12,5	247.456	10,5	4,66	3,39
2004	2.384.268	297.087	12,5	250.534	10,5	4,69	3,42
2005	2.313.136	284.450	12,3	247.450	10,7	4,59	3,48
2006	2.283.127	278.447	12,2	241.824	10,6	4,43	3,56
2007	2.294.883	277.447	12,1	242.878	10,6	4,27	3,57
2008	2.255.693	265.771	11,8	237.190	10,5	4,07	3,58
2009	2.187.217	248.702	11,4	227.847	10,4	4,01	3,52
2010	2.152.803	231.543	10,8	216.764	10,1	3,92	3,33
2011	2.112.843	214.736	10,2	204.491	9,7	3,92	3,17
2012	2.094.118	200.257	9,6	196.255	9,4	3,92	3,08

demjenigen der Tatverdächtigenrate zurückbleibt. Dies lässt sich damit erklären, dass es sich bei der Delinquenz von Jugendlichen durchschnittlich um leichtere Kriminalität handelt, was seitens der Jugendstaatsanwälte bzw. Jugendgerichte eher zu einer informellen Verfahrenserledigung anstelle einer Verurteilung führt. Die Schere zwischen polizeilicher Registrierung und förmlicher Sanktionierung geht deshalb weiter auseinander (Tab. 1.3).

11   Eine Betrachtung der registrierten Jugend- und Heranwachsendendelinquenz unter **deliktsstrukturellen Aspekten** verdeutlicht die Beeinflussung der Kriminali-

1.2 Jugendkriminalität

Tab. 1.2 Häufigkeit der Verurteilungen 1987–2012 (1987 bis 1990 alte Bundesländer, 1991 bis 1992 alte Bundesländer einschließlich Gesamt-Berlin, ab 1993 Bundesgebiet insgesamt). (Quelle: Statistisches Bundesamt, Strafverfolgung 1987–2012 (Fachserie 10, Reihe 3))

Jahr	Verurteilte		Jugendliche			Heranwachsende		
	Insg.	VUZ	Insg.	%	VUZ	Insg.	%	VUZ
1987	691.394	1309	47.183	6,82	1474	82.798	11,97	2691
1988	702.794	1328	44.479	6,32	1529	80.271	11,42	2727
1989	693.499	1304	38.020	5,48	1399	73.078	10,53	2639
1990	692.363	1141	34.684	5,00	1172	66.972	9,67	2362
1991	695.118	1274	32.282	4,64	1278	64.344	9,25	2614
1992	712.613	1082	32.408	4,54	1047	64.043	8,98	2400
1993	760.792	1070	33.356	4,38	1055	67.118	8,82	2489
1994	765.397	1077	33.895	4,42	1084	66.006	8,62	2567
1995	759.989	1070	37.668	4,95	1167	64.887	8,53	2581
1996	763.690	1076	41.006	5,36	1240	65.789	8,61	2647
1997	780.530	1102	45.640	5,84	1355	70.196	8,99	2869
1998	791.549	1127	49.275	6,22	1473	71.930	9,08	2995
1999	759.661	1087	49.567	6,52	1508	73.011	9,61	2982
2000	732.733	1055	49.510	6,75	1521	73.487	10,02	2968
2001	718.702	1046	49.982	6,95	1557	74.995	10,43	3021
2002	719.751	1035	53.374	7,41	1636	75.218	10,45	3051
2003	736.297	1055	52.905	7,18	1589	75.468	10,24	3077
2004	775.802	1084	56.760	7,31	1660	77.876	10,03	3010
2005	780.659	1125	57.687	7,38	1662	77.229	9,89	3120
2006	751.387	1084	57.456	7,64	1666	75.339	10,02	3010
2007	897.631	1843	63.826	7,11	1614	91.411	10,18	2924
2008	874.691	1805	62.216	7,11	1638	86.163	9,85	2753
2009	844.520	1036	60.900	7,21	1682	85.891	10,17	2729
2010	813.266	988	55.388	6,81	1557	80.091	9,84	2618
2011	807.815	969	51.325	6,35	1446	76.428	9,46	2564
2012	773.901	918	44.984	5,81	1260	69.809	9,02	2449

tätsbelastung dieser Altersgruppe durch Delikte leichterer Schwere. Die Straffälligkeit ist eher durch **geringere Gefährlichkeit und Intensität** gekennzeichnet. Dies gilt, obwohl in den letzten Jahren die Begehung von Gewaltdelikten mit in den Vordergrund getreten ist. Das betrifft sowohl Raubdelikte als auch Körperverletzungsstraftaten.

Bei den **Körperverletzungsdelikten** waren im Jahr 2013 bei gefährlichen und schweren Körperverletzungen auf Straßen, Wegen und Plätzen zwei von fünf Tatverdächtigen Minderjährige oder Heranwachsende (2013: 40,2 %).[26] Allerdings stellt es nach § 224 Abs. 1 Nr. 4

---

[26] Siehe Bundeskriminalamt, Polizeiliche Kriminalstatistik 2013, S. 277.

Tab. 1.3 Aufgliederung tatverdächtiger Jugendlicher und Heranwachsender nach Straftaten im Jahr 2013. (Quelle: Bundeskriminalamt, Polizeiliche Kriminalstatistik 2013)

Straftat	Jugendliche		Heranwachsende	
	Insg.	%	Insg.	%
Diebstahl ohne erschwerende Umstände	60.277	15,0	34.021	8,5
Diebstahl unter erschwerenden Umständen	15.109	15	13.968	13,8
Raubdelikte	6520	21,3	5490	17,9
Gefährliche und schwere Körperverletzung	18.179	13,2	19.078	13,8
(Vorsätzliche leichte) Körperverletzung	26.523	8,3	29.213	9,2
Betrug	24.603	5,5	43.527	9,8
Sachbeschädigung	24.390	17,4	17.537	12,5
Rauschgiftdelikte	25.446	12,1	34.129	16,2

StGB bereits eine gefährliche Körperverletzung dar, wenn mehrere Täter gemeinschaftlich handeln. Solche Gruppentaten sind bei Jugendlichen eher verbreitet als bei Erwachsenen. Hinzu kommt, dass sich gerade im Bereich der von jungen Menschen begangenen Gewaltdelikte die **Anzeigebereitschaft** deutlich **erhöht** hat, es sich also nicht um einen Anstieg von Jugendgewalt handelt, sondern nur um die erhöhte dokumentierte Sichtbarkeit in der Statistik.[27] Auch beim **Straßenraub** stellen Jugendliche und Heranwachsende mehr als die Hälfte der registrierten Tatverdächtigen (2013: 56,2 %).[28] Ein Großteil hiervon ist ebenfalls im Zusammenhang mit Jugendgruppengewalt zu sehen, die auf der Opferseite am häufigsten männliche Jugendliche trifft. Bezogen auf die Zahl der Tatverdächtigen pro 100.000 Jugendliche gingen trotz steigender Aufklärungsergebnisse der Polizeiorgane die Raubdelikte Jugendlicher in den letzten zehn Jahren um ein Fünftel zurück.

13 Zeigt die von den Instanzen der formellen Sozialkontrolle registrierte Delinquenzbelastung schon im Hellfeld eine den Bevölkerungsanteil übersteigende Quote von Tatverdächtigen und Verurteilten unter 21 Jahren, haben kriminologische Untersuchungen darüber hinaus ein **Dunkelfeld** der Straftaten Jugendlicher und Heranwachsender ergeben, das ein Mehrfaches der offiziell bekannt werdenden Kriminalität beträgt. Anonyme Befragungen junger Menschen bestätigen die Hypothese von **Normalität** und **Ubiquität** dahin gehend, dass es kaum einen – insbesondere männlichen – Jugendlichen oder Heranwachsenden gibt, der nicht wenigstens einmal gegen Strafrechtsnormen verstoßen hat.[29] Die Dunkelfeldstudien über die Prävalenz delinquenten Fehlverhaltens belegen die Allgegenwärtigkeit von Kriminalität im Jugendalter als eine **normale Begleiterscheinung des Sozialisationsprozesses**.[30]

14 Ist es im Bereich der Delikte unterer und teilweise mittlerer Schwere im statistischen Sinne normal, als junger Mensch Normverstöße zu begehen, so zeigt der Vergleich vorhandener Erkenntnisse über das Dunkelfeld mit der behördlich

---

[27] Pfeiffer Ch., 2005, S. 2.
[28] Bundeskriminalamt, Polizeiliche Kriminalstatistik 2013, S. 141.
[29] Vgl. Boers u. a., 2010, S. 58; Heinz, 2002a, S. 124 ff.; Lamneck, 1982, S. 38; Schumann/Berlitz/Guth/Kaulitzki, 1987, S. 34 f.; Walter/Neubacher, 2011, S. 216.
[30] Albrecht P.-A., 2000, S. 18; Thiem-Schräder, 1989, S. 17.

1.2 Jugendkriminalität

registrierten Delinquenzbelastung, dass nur ein Teil der deliktischen Handlungen entdeckt bzw. sanktioniert wird. Der überwiegenden Mehrheit Jugendlicher und Heranwachsender gelingt es somit trotz Begehung einer oder mehrerer Straftaten, Konflikte mit den Instanzen der formellen Sozialkontrolle zu vermeiden. Stellen sowohl die Begehung leichterer gelegentlicher Normbrüche, als auch die **Nichtentdeckung** dieses Fehlverhaltens Regelfälle dar, scheint die Feststellung berechtigt, dass es „zwar normal" ist, „im Jugendalter zu delinquieren, jedoch anormal, deshalb auch sanktioniert zu werden".[31]

Die **Wahrscheinlichkeit, entdeckt zu werden**, nimmt jedoch auch bei jungen Tätern mit wachsender Anzahl seiner Straftaten zu. Dementsprechend fallen Jugendliche und Heranwachsende, die mehrere und schwere Delikte begehen, häufiger auf als diejenigen mit weniger bzw. leichteren Taten.[32] Die Deliktsbelastung der Registrierten beträgt daher in der Regel ein Mehrfaches der nicht Entdeckten. Dabei sind es insbesondere männliche Jugendliche und Heranwachsende der Unterschicht mit nachhaltigen Sozialisationsdefiziten, deren Normverstöße zur Kenntnis der Strafverfolgungsorgane gelangen.

> Die kriminologischen Erkenntnisse über Normalität und Ubiquität der Delinquenz widerlegen nicht nur das überkommene verallgemeinernde Leitbild von der Jugendstraftat als Symptom manifester Erziehungsdefizite. Sie entkräften zudem die sog. Einstiegsthese. Denn Normbrüche junger Menschen signalisieren regelmäßig keineswegs den Beginn einer kriminellen Karriere, die im Rückfall- oder sogar Gewohnheitsverbrechertum endet.

Sowohl Forschungsresultate prospektiv angelegter Längsschnittuntersuchungen als auch Studien über spätere Rückfälligkeit bereits behördlich registrierter junger Täter[33] haben verdeutlicht, dass delinquentes Handeln ganz überwiegend nur ein entwicklungstypisches, **episodenhaftes Verhalten**[34] darstellt, das auf dem Weg der Spontanremission zurücktritt. Die Delinquenz nimmt also bis zum Beginn des Jungerwachsenenalters wieder ab. Auch hinsichtlich der bis ins Hellfeld gelangten Jugendkriminalität gelingt es dem größten Teil der Betroffenen, ihr normabweichendes Verhalten nicht mehr fortzusetzen.

Dass die überwiegende Anzahl junger Tatverdächtiger nur einmal von den Strafverfolgungsinstanzen erfasst wird, deutet auf eine **Spontanbewährung** im Verlauf des Sozialisationsprozesses hin. Jugenddelinquenz ist damit weitgehend durch die Episodenhaftigkeit der Deliktsbegehung gekennzeichnet. Doch nicht nur die Einmalverstöße sind als passagere Erscheinungen zu werten, sondern auch diejenigen registrierter Zweimal- und Dreimaltäter, welche lediglich in einer bestimmten Phase ihrer Persönlichkeitsentwicklung polizeilich registriert werden.[35]

---

[31] So bereits Kaiser, 1977, S. 38; vgl. dazu Boers u. a., 2010, S. 58 f.
[32] Vgl. Walter/Neubacher, 2011, S. 262.
[33] Siehe z. B. Heinz, 1987a, S. 216 ff.
[34] Feltes/Putzke, 2004, S. 530; Heinz, 2002a, S. 124 ff.; Kropp, 2003, S. 238; Streng, 2012, S. 6; Walter/Neubacher, 2011, S. 298.
[35] Heinz/Storz, 1992, S. 159.

18 Während Einmaltäter einen Anteil von mehr als der Hälfte der Jungtäter stellen, entfällt auf sie nur ein deutlich geringerer Prozentsatz der bekannt gewordenen Straftaten Jugendlicher bzw. Heranwachsender. Demgegenüber begeht eine Minorität von etwa 5% der erfassten Delinquenten etwa zwei Drittel der polizeilich registrierten Jugendstraftaten eines jeweiligen Geburtenjahrgangs.[36] Doch auch solche **Mehrfach- und Intensivtäter**[37] sind für eine sog. kriminelle Karriere nicht zwangsläufig prädisponiert. Zwar berichten insbesondere retrospektive Studien zur Rückfallkriminalität von Täterlaufbahnen, die schon im Jugendalter begonnen haben.[38] Doch selbst bei Mehrfach- und Intensivtätern unter 21 Jahren bleibt kriminelles Verhalten überwiegend passager.[39] Hypothesen zur Entwicklung immer destruktiverer Verhaltensweisen, d. h. ein Ansteigen der Deliktsschwere mit der Häufigkeit der Straftaten, wurden bislang nicht bestätigt.[40] Lediglich bei einer kleinen Gruppe von Intensivtätern setzt sich chronische Jugenddelinquenz in kontinuierlicher Erwachsenenkriminalität fort.

19 Jugendkriminalität ist **überwiegend Jungenkriminalität**.[41] So wie bei den Tatverdächtigen insgesamt Frauen weit unterrepräsentiert sind (2013: 25,7%), stellt sich dies auch bei den jungen weiblichen Tatverdächtigen dar (2013: 14 bis 18 Jahre 30,1%, 18 bis unter 21 Jahre 23,2%).[42] Während die männlichen Jugendlichen und Heranwachsenden ein breites Deliktspektrum aufweisen, steht bei den weiblichen Jungtätern der einfache Diebstahl im Vordergrund. Die geringere Delinquenzbelastung zeigt sich nicht nur im Hellfeld, sie hat sich auch bei Täterbefragungen für das Dunkelfeld bestätigt.[43]

---

[36] Vgl. Maschke, 2003, S. 22; Walter/Neubacher, 2011, S. 265.
[37] Zur Begriffsbestimmung siehe Holthusen, 2013, S. 417 f.; Roth, 2004, S. 318 ff.; Walter/Neubacher, 2011, S. 252 f.; vgl. ferner Steffen, 2004, S. 63 ff.
[38] Siehe die Darstellung bei Schaffstein/Beulke, 2002, S. 6 f.
[39] Berthel, 2004, S. 688; Dünkel, 1990, S. 62; Kusch, 2006, S. 66.
[40] Dölling, 1990, S. 672.
[41] Dazu Heinz, 2002, S. 549 ff.; Preuss, 2004, S. 781 ff.; Schwind, 2013, S. 72.
[42] Bundeskriminalamt, Polizeiliche Kriminalstatistik 2013, S. 51.
[43] Siehe Heinz, 2002, S. 550.

Historische Entwicklung des JGG

2

Einzelne Aspekte einer **Sonderbehandlung junger Rechtsbrecher** finden sich im geschichtlichen Rückblick schon sehr früh.[1] Die Entwicklung hin zu einer vom allgemeinen Strafrecht abweichenden gesetzlichen Sonderregelung für noch in der Entwicklung befindliche Delinquenten beginnt jedoch erst im 19. Jahrhundert. In Deutschland nahm die **jugendstrafrechtliche Gesetzgebung** in den zwanziger Jahren des 20. Jahrhunderts ihren Anfang und setzte sich mit den Jugendgerichtsgesetzen von 1943 und 1953 fort. Ab den siebziger Jahren desselben Jahrhunderts kam es zu einer **Reform** des Jugendstrafrechts **durch die Praxis**, welche mit dem 1. JGG-Änderungsgesetz von 1990 gesetzlich systematisiert und durch das 2. JGGÄndG fortgeführt wurde.

20

Die vereinzelten Besonderheiten bei der Ahndung von Straftaten junger Menschen betrafen lange Zeit insbesondere die **Strafreife** sowie eine **mildere Bestrafung**.
So fehlte im römischen Recht Kindern unter 7 Jahren die Verantwortlichkeit. Im germanischen Recht differenzierte man teilweise zwischen einer Straflosigkeit des noch Unmündigen und einer sog. Halbbüßigkeit als reduzierter Bußzahlungspflicht. In den verschiedenen strafrechtlichen Kodifikationen des Mittelalters lag die Strafreife dann zumeist zwischen 7 und 14 Jahren. Die Constitutio Criminalis Carolina von 1532 gab dem Richter vor, bei jugendlichen Übeltätern den Rat von Sachverständigen einzuholen (Art. 179). Zugleich wurde in Art. 164 bei Dieben unter 14 Jahren auf die Todesstrafe verzichtet.
Im gemeinen Recht begann die strafrechtliche Verantwortlichkeit ab einem Alter von 7 Jahren; zuvor fehlte den infantes noch die Einsichtsfähigkeit. Bei den inpuberes (bis 14 Jahre) wurde orientiert an Entwicklungsstand und Einsicht in die Tatfolgen personenbezogen von Straffreiheit bis hin zur Todesstrafe differenziert, während den minores als den über 14-Jährigen prinzipiell schon die Erwachsenensanktionen drohten.
Die deutschen Partikularstrafgesetzbücher des 19. Jahrhunderts stellten überwiegend verbindliche Strafmündigkeitsgrenzen auf. Diese lagen meistens im Bereich zwischen 12 und 14 Jahren. Zugleich waren für höhere Altersstufen partiell Strafmilderungen vorgesehen. Das Reichsstrafgesetzbuch von 1871 legte in §§ 55 bis 57 das Strafmündigkeitsalter auf das vollendete 12. Lebensjahr fest. Ab 18 Jahren war man voll strafmündig, während dazwischen relative Strafmündigkeit bestand. Täter dieser Altersstufe wurden bei mangelnder

21

---

[1] Dazu eingehend Holzschuh, 1957; vgl. auch den Überblick bei Schaffstein/Beulke, 2002, S. 32 ff.

Einsichtsfähigkeit freigesprochen (allerdings mit der Möglichkeit der Unterbringung in einer Erziehungs- oder Besserungsanstalt). Anderenfalls erfolgte ihre Bestrafung, wobei die Unrechtsreaktionen jedoch Milderungen erfuhren.

2.1 Der Weg zum RJGG 1923

22 Der Gesetzgeber entschied sich mit dem Reichsjugendwohlfahrtsgesetz (RJWG) vom 9.7.1922[2] und dem Reichsjugendgerichtsgesetz (RJGG) vom 16.2.1923[3] für ein **dualistisches System des Jugendrechts**. Dieses hielt einerseits an der Einheit der Strafrechtsordnung fest, an strafrechtlichen Reaktionen auf delinquentes Verhalten junger Menschen, und berücksichtigte spezifische pädagogische Bedürfnisse durch Einfügung erzieherisch erachteter Aspekte in ein **Sonderstrafrecht für Jugendliche**. Entsprechend dem damaligen Verständnis vom Verhältnis zwischen Strafe und Hilfe sollte andererseits die **Jugendwohlfahrtspflege** auf gefährdete oder verwahrloste Minderjährige einwirken. Aufgabe des Vormundschaftsrichters blieb es, sich bei Verwahrlosungserscheinungen der noch nicht straffällig gewordenen Jugendlichen anzunehmen.

Die Reichsgesetzgebung der Jahre 1922 und 1923 bedeutete damit eine Absage an Bestrebungen, allen Formen jugendlicher Dissozialität in einem einheitlichen Jugendrecht zu begegnen. Sie schuf die bis heute fortwirkende **Trennung von Jugendkriminalrechtspflege und Jugendhilfe**.[4] Mit dem Nebeneinander von RJGG und RJWG hatte sich zwar das dualistische System durchgesetzt. Eine in der Praxis bereits vorherrschende Zweispurigkeit von Behörden, Verfahren und Interventionsstrategien erfuhr ihre gesetzliche Festschreibung. Beide Bereiche wurden aber sowohl durch die angestrebte Personalunion von Jugend- und Vormundschaftsrichter als auch durch die Mitwirkung der neu geschaffenen Jugendämter im Jugendstrafverfahren verknüpft.

2.1.1 Jugendgerichtsbewegung und Jugendfürsorge

23 Die Jugendgesetzgebung von 1922 und 1923 brachte die mehr als ein Vierteljahrhundert lang in Deutschland andauernde und vor allem von der Jugendgerichtsbewegung geprägte Reformdiskussion zu einem vorläufigen Abschluss. Sozialpsychologische Einsichten über die **Jugend als eigene Stufe** menschlicher Altersfolge, die Entdeckung des Jugendlichen in der „Kontrolllücke zwischen Schulbank und Kasernentor"[5] sowie Erkenntnisse über eine auffallend rasche Zunahme der Jugenddelinquenz seit dem erstmaligen Erscheinen der Reichskriminalstatistik im

---

[2] RGBl. I 1922, S. 633.
[3] RGBl. I 1923, S. 135.
[4] Zur Jugendgesetzgebung in der Weimarer Republik vgl. Hasenclever, 1978, S. 48 ff.; Peukert/Münchmeier, 1990, S. 9 ff.
[5] Peukert/Münchmeier, 1990, S. 6.

Jahr 1882 hatten eine **Zeitströmung** hervorgerufen, die sich der besonderen Probleme junger Menschen annahm.

In die gleiche Richtung führten Forderungen der sog. **modernen Strafrechtsschule**: An die Stelle Tatschuld vergeltender Strafe sollte ein spezialpräventives Täterstrafrecht mit dem Ziel der Verhütung weiterer Rechtsbrüche treten.[6] Dabei wurde der Gruppe der Jugendlichen wegen ihrer im Vergleich zu Erwachsenen größeren Beeinflussbarkeit im Hinblick auf eine Resozialisierung besondere Aufmerksamkeit gewidmet.[7]

2.1.1.1 Nordamerikanische Einflüsse

Entscheidende Anstöße hatte die Reformdiskussion durch Berichte über die in den Vereinigten Staaten von Nordamerika gewonnenen Erfahrungen mit jugendrichterlichen Reaktionen auf abweichendes Verhalten junger Menschen bekommen.[8] Dort wandten sich in der zweiten Hälfte des 19. Jahrhunderts **sozialpolitische gesellschaftliche Initiativen** in hohem Maße der Jugendfürsorge zu.

Es entstand ein **Probationssystem**, bei dem das Strafverfahren nach einem Schuldspruch einstweilen ausgesetzt wurde, um dem Betroffenen die Chance zu eröffnen, der Strafe durch gute Führung zu entgehen. Allerdings bedurfte der junge Rechtsbrecher hierbei Unterstützung. Innerhalb des Probationssystems schuf man deshalb mit der Person des Probation Officers ein Fürsorgeorgan, das – in den einzelnen Staaten jeweils unterschiedlich geregelt – ehrenamtlich oder hauptamtlich ausgeübt wurde.[9] Der Probation Officer sollte eine Doppelrolle als Vertrauensperson der Strafverfolgungsbehörden ebenso wie der Jugendlichen wahrnehmen.[10] Stellte das Gericht einen Angeklagten unter Überwachung durch den Probation Officer, wurde dieser einerseits zum Berater, indem er den Richter über seine Erkenntnisse zur Täterpersönlichkeit informierte. Zugleich hatte er andererseits die Aufgabe, den Jugendlichen während des gesamten Strafverfahrens zu betreuen und nach Verbüßung einer ggf. erforderlichen Strafhaft bei seiner gesellschaftlichen Wiedereingliederung zu unterstützen.[11]

Ende des 19. Jahrhunderts wurden in Nordamerika bereits **eigene Jugendgerichte** installiert, denen teilweise bei der Reaktion auf jugendliches Fehlverhalten ein breites Ermessen zustand.[12]

2.1.1.2 Gründung eines Jugendgerichtssystems

In Deutschland wurde der Gedanke einer durchgehenden Fürsorge aufgenommen, die unter einheitlicher pädagogischer Verantwortung den Jugendlichen durch alle Stadien des Strafverfahrens begleitet und auf einen Erfolg gerichtlicher Maßnah-

---

[6] Siehe v. Liszt F., 1905, S. 339 ff.
[7] Vgl. etwa Appelius, 1892.
[8] Vgl. Baernreither, 1905; Blumenthal, 1909; Gudden, 1910; Hartmann, 1906.
[9] Siehe Haeckel, 1927, S. 11; Ruscheweyh, 1918, S. 45.
[10] Baernreither, 1905, S. 64; Lenz, 1907, S. 859.
[11] Hartmann, 1906, S. 55.
[12] Vgl. Schüler-Springorum, 2001, S. 822 f.

men hinwirkt.[13] Auf dem Weg der Geschäftsverteilung wurden hier im Jahr 1908 erstmals bei den Amtsgerichten Frankfurt a. M., Köln und Berlin nach nordamerikanischem Vorbild[14] **Spezialstrafabteilungen für Jugendliche** eingerichtet, deren Beispiel bald andere Städte folgten.[15]

26 Schon die Praxis dieser ersten Jugendgerichte zeigte deutlich, dass deren Unterstützung durch Helferorganisationen unerlässlich blieb, damit sie ihre Aufgaben zureichend erfüllen konnten.[16] Die neuen Jugendgerichte waren auf eine enge **Zusammenarbeit mit Organen der Jugendfürsorge** angewiesen, die durch Ermittlungsberichte über Erziehungsverhältnisse, gutachtliche Erziehungsvorschläge sowie begleitende und nachgehende Erziehungshilfen das Verfahren förderten und dem Beschuldigten beistanden.[17] Nach dem Vorbild des Probation Officers[18] begann sich neben den Jugendgerichten auch eine Jugendgerichtshilfe zu entwickeln. Die Heranziehung des Laienelements in der Fürsorgebewegung hatte dabei eine Organisationsvielfalt zur Folge. Es dominierten Fürsorgeausschüsse, Jugendfürsorgeverbände bzw. Zentralen für private Fürsorge, städtische Fürsorgeämter und lose Helfervereinigungen.[19]

27 Auf der vollzuglichen Ebene wurde zwar in einzelnen Anstalten des **Freiheitsentzugs** schon seit dem Ende des 19. Jahrhunderts die Trennung junger Inhaftierter von erwachsenen Gefangenen praktiziert.[20] Zur Ermöglichung eines nach damaliger Vorstellung jugendgemäßen Erziehungsvollzugs erfolgte 1912 in Wittlich erstmals die Einrichtung einer besonderen Anstalt als **Jugendgefängnis**. Dort blieb die Behandlung der Straffälligen allerdings zunächst noch geprägt von Leibesübungen und militärischem Drill.[21]

Die im Justizverwaltungsweg erfolgte Einführung von Jugendstrafgerichten verstärkte den **Druck auf den Gesetzgeber**, straf- und strafverfahrensrechtliche Normen für Jugendliche zu schaffen. Besondere das Jugendstrafverfahren sowie die Jugendgerichtsverfassung betreffende Regelungen beinhalteten bereits die von der Reichsregierung 1909 vorgelegten „Entwürfe eines Gesetzes betreffend Änderungen des Gerichtsverfassungsgesetzes, einer Strafprozessordnung und eines zu beiden Gesetzen gehörenden Einführungsgesetzes".[22] Blieben die Entwürfe 1909 infolge von Problemen, die das Jugendstrafrecht nicht betrafen, vom Reichstag unerledigt[23], so wurde in der Folgezeit der Ruf nach einem Sondergesetz für

---

[13] Duensing, 1909, S. 166 ff.; Grünhut, 1928, S. 392.
[14] Siehe dazu Freudenthal, 1912.
[15] Vgl. Kraft, 2004, S. 46 f.
[16] Ruscheweyh, 1918, S. 151.
[17] Hasenclever, 1978, S. 35.
[18] Haeckel, 1927, S. 13.
[19] Vgl. Haeckel, 1927, S. 13 f.; Ruscheweyh, 1918, S. 151 ff.
[20] Dörner, 1991, S. 145.
[21] Dörner, 1991, S. 45.
[22] Verhandlungen des Reichstags. XII. Legislaturperiode, I. Session, Bd. 254, Anlage zu den Stenographischen Berichten Nr. 1310.
[23] Vgl. Schmidt Eb., 1965, S. 410 f.

Jugendliche immer lauter²⁴. Die Grundzüge eines eigenständigen Jugendgerichtsgesetzes formulierte dann der 1912 dem Reichstag vorgelegte, jedoch vom Gesetzgeber nicht verabschiedete „Entwurf eines Gesetzes über das Verfahren gegen Jugendliche".²⁵

2.1.2 Das RJGG 1923

Nach Unterbrechung der Reformarbeiten durch den Ersten Weltkrieg wurde zu Beginn des Jahres 1920 dem Reichsrat der Entwurf eines Jugendgerichtsgesetzes vorgelegt, dessen Regelungen auf dem Grundgedanken basierten, dass „Verfehlungen von Personen, die sich körperlich und geistig noch in der Entwicklung befinden, grundsätzlich anders bewertet werden müssen als Straftaten Erwachsener". Gefolgert wurde hieraus die Notwendigkeit eines Absehens von Strafe, wenn erzieherische Eingriffe genügten. Eine Entscheidung darüber bedingte, dass „alle für die Beurteilung der Persönlichkeit des Jugendlichen bedeutsamen Umstände möglichst frühzeitig erforscht werden".²⁶

28

Das im Jahr 1923 verabschiedete RJGG²⁷ als **Sonderstrafrecht für jugendliche Täter** ersetzte die §§ 55 bis 57 RStGB. Nach dem RJGG blieben Kinder straffrei, die Strafmündigkeit begann jetzt mit 14 Jahren. Jugendliche zwischen dem vollendeten 14. und 18. Lebensjahr waren bedingt strafmündig. § 3 RJGG verlangte für ihre Bestrafung, die Einsichts- und Handlungsfähigkeit positiv festzustellen.

Auf der Ebene der **Rechtsfolgen** fanden bei Jugendlichen prinzipiell die Sanktionen des Erwachsenenstrafrechts Anwendung, die jedoch eine Milderung erfahren konnten (§ 9 RJGG). Die Vollstreckung von Freiheitsstrafen durfte nunmehr auf gesetzlicher Grundlage (§ 10 RJGG) zur Bewährung ausgesetzt werden. Allerdings gab es noch keine Begrenzung des Mindestmaßes der Freiheitsstrafe zur Vermeidung der gerade für junge Menschen schädlichen Kurzzeitstrafen; es fehlte zudem an zureichender Betreuung der Betroffenen während der Bewährungszeit.²⁸ Eine wesentliche Neuerung brachten §§ 5, 7 RJGG. Danach hatten die Gerichte vor einer Bestrafung des Jugendlichen zu prüfen, ob **Erziehungsmaßregeln** ausreichten. Als solche standen Verwarnung, Überweisung in die Zucht eines Erziehungsberechtigten oder der Schule, Auferlegung besonderer Pflichten, Unterbringung, Schutzaufsicht oder Fürsorgeerziehung zur Verfügung. Ließ sich so die Verfehlung des Jugendlichen adäquat sanktionieren, sah das Gericht gem. § 6 RJGG von einer Strafe ab.

Das RJGG regelte auch Besonderheiten für das **Jugendstrafverfahren**.²⁹ Die zuvor bereits übliche Praxis der Aburteilung durch besondere Jugendgerichte wur-

---

²⁴ Vgl. Hasenclever, 1978, S. 23.
²⁵ Verhandlungen des Reichstags. XIII. Legislaturperiode, I. Session, Bd. 300, Anlage zu den Stenographischen Berichten Nr. 576.
²⁶ Verhandlungen des Reichstags. I. Wahlperiode 1920, Bd. 375, Anlage Nr. 5171, Begründung S. 8.
²⁷ Dazu Francke, 1926; Radbruch, 1923.
²⁸ Siehe auch Schaffstein/Beulke, 2002, S. 39.
²⁹ Vgl. auch Kraft, 2004, S. 100 f.

de gesetzlich normiert, die prinzipielle Nichtöffentlichkeit der Verhandlung (§ 23 RJGG) eingeführt. Ferner kam es zu Einschränkungen des Anklagegrundsatzes: Gem. § 32 RJGG durfte schon der Staatsanwalt mit richterlicher Zustimmung von der Anklageerhebung absehen, wenn zuvor eine Erziehungsmaßregel angeordnet und eine weitere Maßnahme nicht erforderlich war. Bei bereits erhobener Klage konnte die Einstellung des Verfahrens zudem durch das Jugendgericht erfolgen.

29 Schon § 3 Nr. 5 RJWG übertrug den Jugendämtern die Aufgabe der Mitwirkung im Jugendgerichtsverfahren. Dementsprechend bezeichnete § 42 RJGG als **Jugendgerichtshilfe** die Tätigkeit der Jugendämter auf der Grundlage der Vorschriften des RJGG, welche sie im Benehmen mit den Vereinigungen der Jugendfürsorge ausüben sollten. Das RJGG begründete eine Reihe von Mitteilungs- und Anhörungspflichten des Jugendgerichts bzw. der Staatsanwaltschaft gegenüber der Jugendgerichtshilfe. Neben Ermittlungshilfe und gutachterlichen Stellungnahmen konnte zudem ein persönlich bestimmter Jugendgerichtshelfer als Beistand bestellt werden; er fungierte als Erziehungsanwalt zur Wahrnehmung des öffentlich-rechtlichen Erziehungsanspruchs des Jugendlichen und des Staates. Nach Verhängung der Unrechtsreaktion sollte die Jugendgerichtshilfe überwiegend fürsorgerisch agieren.

2.2 NS-Zeit und RJGG 1943

30 Das Herrschaftsregime des sog. Dritten Reichs war neben dem Normenstaat, der sich in rechtlichen Regelungen ausdrückte, auch durch die Parallelexistenz eines auf die Ziele des Nationalsozialismus ausgerichteten Maßnahmenstaats gekennzeichnet. In diesem **Doppelstaat**[30] kam es einerseits zu einer Weiterentwicklung des Jugendstrafrechts im Sinne der von der Jugendgerichtsbewegung verfolgten Zielsetzungen. Andererseits erfuhr das Jugendstrafrecht im Verlauf der nationalsozialistischen Machtausübung vermehrte Umbildungen gemäß der damaligen Ideologie.[31] Auf der Ebene des **Maßnahmenstaats** führte schließlich die Auflösung der Grenzen zwischen Straf- und Polizeirecht zur Entwicklung von Jugendkonzentrationslagern („Polizeiliche Jugendschutzlager"). Dort erfolgte die Unterbringung jugendlicher Delinquenten ohne richterliche Anordnung; zugleich stellten die Lager ein Mittel zur Durchsetzung einer rassistischen und rassebiologischen Jugendpolitik dar.[32]

31 Im **Normenstaat** kam es zu **Fortentwicklungen** des RJGG.[33] Bereits lange vor der NS-Zeit diskutierte und geforderte Maßnahmen wurden kodifiziert. Zur Vermeidung der als schädlich erachteten kurzen Freiheitsstrafen führte der Normgeber durch „Verordnung zur Ergänzung des Jugendstrafrechts" von 1940[34] den Jugend-

---

[30] Fraenkel, 1984, S. 26 ff., 96 ff.
[31] Dazu Kleimann, 2013, S. 397 ff.
[32] Dazu Schüler-Springorum, 2001, S. 828; siehe auch Werle, 1989, S. 244 ff., 468 ff.; Wolff, 1992, S. 188 ff.
[33] Vgl. auch Kraft, 2004, S. 61 ff.
[34] RGBl. I 1940, S. 1336.

arrest als Zuchtmittel ein.³⁵ Ebenfalls auf dem Verordnungswege schuf man im Jahr 1941³⁶ die Möglichkeit einer Verurteilung zu Jugendgefängnis von unbestimmter Dauer als jugendstrafrechtliche Unrechtsreaktion. Beide Rechtsfolgen wurden dann in das als „Verordnung über die Vereinfachung und Vereinheitlichung des Jugendstrafrechts" verabschiedete RJGG 1943³⁷ aufgenommen. § 2 RJGG unterteilte die Reaktionsmöglichkeiten auf Straftaten Jugendlicher nunmehr in Strafe, Zuchtmittel und Erziehungsmaßregeln. Die zeitliche Untergrenze einer Unterbringung im Jugendgefängnis legte § 5 Abs. 1 RJGG auf drei Monate fest, die Höchstgrenze betrug zehn Jahre. Insoweit verloren die Strafrahmen des Allgemeinen Strafrechts ihre Bedeutung.

Veränderungen des Jugendstrafrechts im Sinne der **NS-Ideologie** zeigten sich bereits in der „Verordnung zum Schutz gegen jugendliche Schwerverbrecher" von 1939.³⁸ Danach sollten Delinquenten ab einem Alter von 16 Jahren, die zum Tatzeitpunkt die Reife eines Erwachsenen und eine besonders verwerfliche und verbrecherische Gesinnung hatten, nach Erwachsenenstrafrecht sanktioniert werden. Abgeschafft wurde dann mit dem RJGG 1943 die Strafaussetzung zur Bewährung. Die Altersgrenzen erfuhren eine Relativierung insofern, als schon 12-jährige Delinquenten bestraft und unter 18-jährige als „charakterlich abartige Schwerverbrecher" nach Erwachsenenstrafrecht behandelt werden konnten.³⁹ Das RJGG 1943 galt nur partiell. Denn gem. § 1 Abs. 2 S. 1 RJGG 1943 betraf es ausschließlich Verfehlungen deutscher Jugendlicher und sah eine sinngemäße Anwendung allein für „artverwandte" Jugendliche im Sinne von Volkszugehörigkeit vor.⁴⁰ Für Straftaten von nicht unter den Anwendungsbereich des RJGG fallenden jungen Menschen erfolgte die Ahndung durch die Polizei.⁴¹

Die in § 25 Abs. 1 RJGG 1943 festgelegte Heranziehung der Hitler-Jugend als ein „Organ der Jugendstrafrechtspflege"⁴² neben der Jugendgerichtshilfe bestätigte eine schon seit 1935 durch Allgemeinverfügung des Reichsjustizministers geregelte Praxis. Danach konnte die Hitler-Jugend in Jugendstrafverfahren gegen ihre Mitglieder zahlreiche Mitwirkungsrechte in Anspruch nehmen. Nach Inkrafttreten des RJGG 1943 oblagen den Strafverfolgungsbehörden schließlich umfangreiche Mitteilungspflichten gegenüber dieser Organisation, damit sie parallel zur Jugendgerichtshilfe gem. § 28 RJGG 1943 „die Volkszugehörigkeit des Beschuldigten, seine Lebens- und Sippenverhältnisse, seine Lebensgeschichte, seine Haltung in der Volks- und Jugendgemeinschaft und alle übrigen Umstände" ermittelte, „die zur Beurteilung seiner seelischen, geistigen und körperlichen Eigenart dienen können". In der Hauptverhandlung gewährte § 35 RJGG 1943 den Vertretern von Hitler-Jugend und Jugendgerichtshilfe hierzu ein Erklärungsrecht.

---

³⁵ Dazu Kleimann, 2013, S. 402 f.; Meyer-Höger, 1998, S. 14 ff., 58 ff.
³⁶ RGBl. I 1941, S. 567.
³⁷ RGBl. I 1943, S. 635.
³⁸ RGBl. I 1939, S. 2000.
³⁹ Dazu Kleimann, 2013, S. 401 f.
⁴⁰ Siehe Kleimann, 2013, S. 399.
⁴¹ RiL Nr. 1 zu § 1 Abs. 2 RJGG.
⁴² Peters, 1944, S. 105.

2.3 Das JGG 1953

34 In den ersten Jahren nach dem Zweiten Weltkrieg kam es schon durch die Jugendgerichte selbst zu einer Beseitigung der im RJGG 1943 enthaltenen Lockerung der Altersgrenzen. Auch die übrigen auf der Grundlage der NS-Ideologie vorgenommenen Entartungen des Jugendstrafrechts wurden wie diejenigen im Gesamtbereich des Strafrechts im Wege der **Rechtsbereinigung** entfernt.

Im Jahr 1952 begann schließlich das Gesetzgebungsverfahren über den „Entwurf eines Gesetzes zur Änderung des Reichsjugendgerichtsgesetzes".[43] Mit diesem sollte zunächst nur ein auf den bisherigen Regelungen basierendes, von nationalsozialistischem Beiwerk befreites Gesetzeswerk geschaffen, einige als dringend geboten erachtete Reformmaßnahmen nachgeholt und eine lediglich „vorläufige Neuregelung" verabschiedet werden.[44] Zustande kam jedoch ein neues, vom RJGG 1943 unabhängiges Jugendgerichtsgesetz vom 4.8.1953.[45] Dieses trat am 1.10.1953 in Kraft und stellt das **bis heute grundlegende JGG** dar.

35 Als absolute Grenze der **Strafmündigkeit** bestimmte § 1 Abs. 3 JGG 1953 die Vollendung des 14. Lebensjahres (seit dem 2. StrRG in § 19 StGB geregelt). Das Gesetz behielt die Dreigliederung der jugendstrafrechtlichen **Unrechtsreaktionen** in Erziehungsmaßregeln, Zuchtmittel und Jugendstrafe bei. Wieder eingeführt wurde die Aussetzung der Jugendstrafe zur Bewährung. Das JGG 1953 legte nach den Erfahrungen mit diesem Rechtsinstitut auf der Grundlage des RJGG 1923 nunmehr eine obligatorische Bewährungshilfe und -aufsicht fest. Neu war zudem die Einführung der bedingten Verurteilung in Form der Aussetzung der Verhängung der Jugendstrafe zur Bewährung (§§ 27 ff. JGG). Ferner erfolgte die **Einbeziehung der Heranwachsenden** in die Zuständigkeit der Jugendgerichte, die seitdem unter den Voraussetzungen des § 105 Abs. 1 Nr. 1 und 2 JGG die jugendstrafrechtlichen Rechtsfolgen auch auf die 18- bis unter 21-Jährigen anwenden dürfen. Die **Persönlichkeitserforschung** des jungen Rechtsbrechers stellte der Gesetzgeber schließlich an die Spitze des Abschnitts „Jugendstrafverfahren". Mit § 43 JGG sollte sichergestellt sein, dass die Ermittlungen sich nicht nur auf die Tataufklärung beschränken, sondern alle inneren und äußeren Verhältnisse umfassen, um die Ursachen der Straffälligkeit aufdecken und eine sorgfältige Diagnose für den Einzelnen erarbeiten zu können. Diese hervorgehobene Aufgabe wird vor allem der **Jugendgerichtshilfe** zugewiesen, deren ermittelnde, berichtende, beratende, überwachende sowie betreuende Aufgaben- und Tätigkeitsbereiche das JGG 1953 erstmals allgemein umreißt.

---

[43] BT-Drs. I 1952, S. 3264.
[44] BT-Drs. I 1952, S. 3264, Begründung S. 35.
[45] BGBl. I 1953, S. 751.

2.4 Systemimmanente Reform und JGGÄndGe

Als Konsequenz aus den kriminologischen Erkenntnissen zur Phänomenologie delinquenten Verhaltens junger Menschen[46] sowie der präventiven Effizienz jugendstrafrechtlicher Unrechtsreaktionen ergriffen mangels legislatorischer Impulse zunächst **Wissenschaft und Praxis** ab Mitte der siebziger Jahre des 20. Jahrhunderts die Initiative zu einer Reform des Jugendstrafrechts. Innerhalb des normativ vorgegebenen Rahmens des JGG 1953 entwickelten sich Strategien mit dem Ziel, die Anzahl förmlicher Verfahren zu reduzieren. Der Anstieg informeller Erledigungen nach §§ 45 und 47 JGG wurde von Bestrebungen zur **Umstrukturierung der justiziellen Erledigungspraxis** mit Hilfe zahlreicher lokaler Modellprojekte begleitet. Im Bereich der durch Verurteilung abgeschlossenen Verfahren führte die Berücksichtigung des Subsidiaritätsprinzips zu einer vermehrten **Ersetzung stationärer Sanktionen** durch ambulante Maßnahmen. Zugleich kam es zur Erprobung und Institutionalisierung neuer – insbesondere sozialpädagogischer – **Sanktionsalternativen**, die für Jugendrichter und -staatsanwaltschaft den Spielraum jugendgemäßer Unrechtsreaktionen erweiterten. Wesentliche von der sog. Inneren Reform entwickelte und in der Praxis bewährte Strategien hat die Legislative schließlich mit dem 1. JGGÄndG vom 30.8.1990[47] gesetzlich festgeschrieben.

36

2.4.1 Rezeption nordamerikanischer Diversionsbestrebungen

Delinquenz als ubiquitäre und ganz überwiegend nur passagere Erscheinungsform im Sozialisationsprozess verlangt eine **Reduzierung formeller Verfahren** gegen junge Straftäter. So haben empirische Studien[48] ergeben, dass gerade eine vorzeitige Einstellung die Rückfallquote verringert, d. h. die Chance einer Legalbewährung stellt sich – nicht nur für Ersttäter – bei informeller Erledigung besser dar als nach förmlicher Verurteilung. Damit werden Gefahren einer Wirkungsdynamik reduziert, die letztlich neue Rechtsbrüche begünstigen könnte. Die Wahl informeller Alternativen ist zudem geeignet, den Übergang zum Makel formeller Sanktionierung zu vermeiden bzw. zu verzögern. Stigmatisierende Wirkungen förmlicher Strafverfahren bleiben reduziert. Das Erfordernis eines **Abbaus überschießender justizieller Sozialkontrolle** zur Vermeidung einer weiteren Kriminalisierung mittels Zuschreibung durch die formellen Instanzen hat seit Ende der siebziger Jahre des 20. Jahrhunderts gerade im Jugendstrafrecht zu einer Rezeption nordamerikanischer Diversionsbestrebungen geführt.

37

> Als neue kriminalpolitische Strategie sowie als institutionalisierte Reaktionsalternative findet sich die Diversion erstmals in dem 1967 publizierten Schlussbericht der US-amerikanischen „President's Commission on Law Enforcement and Administration of Justice, Task Force Report: Juvenile Delinquency and Youth Crime". Die Kommission empfahl als

---

[46] Dazu Kap. 1.2.
[47] BGBl. I 1990, S. 1853 ff.
[48] Heinz, 1989, S. 21 ff.; Heinz/Spieß/Storz, 1988, S. 631 ff.; Heinz/Storz, 1992, S. 133 ff.

Reaktion auf delinquentes Verhalten junger Menschen eine Zurückdrängung des formellen Sanktionensystems sowie eine Neuentwicklung bzw. stärkere Nutzung weniger eingriffsintensiver, jedoch präventiv effektiverer Maßnahmen.[49]

38   Die meisten Straftaten Jugendlicher bzw. Heranwachsender im Bereich leichter und mittlerer Schwere verbleiben letztlich im Dunkelfeld; dennoch führt das Fehlen strafrechtlicher Reaktionen keineswegs zu einer Gefährdung des Entwicklungsprozesses. Eine **informelle Erledigung** der ins Hellfeld gelangten Normverstöße vermag daher häufig eher als ein formelles Verfahren zur **Sozialisation** des Delinquenten beizutragen. Dementsprechend wurde die jugendkriminalpolitische Diskussion eine Zeit lang von Diversionsstrategien geradezu beherrscht.[50] Die Ausschöpfung von Diversionsmöglichkeiten zählt bei uns inzwischen zu den jugendstrafrechtlichen Selbstverständlichkeiten.[51]

39   **Diversion** bedeutet eine „Umleitung" des Strafverfahrens um die förmliche richterliche Verurteilung herum, wobei dies durch den Staatsanwalt oder durch den Richter erfolgt.[52] Zur Diversion im Jugendstrafrecht rechnen dabei alle Maßnahmen, die nach dem ersten Kontakt des Täters mit Instanzen der formellen Sozialkontrolle und vor einem Verfahrensabschluss durch ein Urteil zu einem **Abbruch des Strafverfahrens** führen. Die Unterbrechung der Kette Ermittlungsverfahren – Strafprozess – Verurteilung wird nach der Rezeption nordamerikanischer Entkriminalisierungsideen mit dem Schlagwort Diversion bezeichnet.

2.4.2 Verbreiterung des Reaktionsspektrums

40   Sowohl innerhalb der durch Verurteilung förmlich abgeschlossenen als auch im Rahmen der gem. §§ 45, 47 JGG 1953 gegebenen Möglichkeiten machten Jugendstaatsanwaltschaften und Jugendgerichte in den achtziger Jahren des 20. Jahrhunderts in zunehmendem Maße von der Anordnung nicht-stationärer Maßnahmen Gebrauch.[53] In Konsequenz der als unbefriedigend empfundenen vorherigen Sanktionspraxis folgte in einer Reihe lokaler Modellprojekte[54] die **Erprobung** neuer, insbesondere nach sozialpädagogischen Gesichtspunkten ausgestalteter **ambulanter Unrechtsreaktionen**: Arbeitsweisungen, Betreuungsweisungen, erzieherische Gruppenarbeit, Schadenswiedergutmachung, Täter-Opfer-Ausgleich. Dominierende Ziele waren dabei, die Umstrukturierung der Erledigungspraxis sowie die Über-

---

[49] Vgl. eingehend Dirnaichner, 1990, S. 19 ff.
[50] Nachweise zu den wesentlichen in den Jahren 1980 bis 1989 erschienenen Veröffentlichungen finden sich in: Bundesministerium der Justiz (Hrsg.), 1989, S. 65 ff.
[51] Beulke, 2003, S. 315; siehe auch Grundies, 2004; Heinz, 2005, S. 170 ff.; ders. 2012, S. 132.
[52] Heinz, 1998, S. 245.
[53] Siehe Heinz/Storz, 1992, S. 35 ff.; Pfeiffer Ch., 1989a, S. 74 ff.
[54] Dazu Busch/Hartmann, 1984; Hering/Sessar, 1990; Kerner/Galaway/Janssen, 1986, S. 331 ff.; Kuhn/Rudolph/Wandrey/Will, 1989; Ludwig, 1989, S. 53 ff.; Marks, 1982, S. 126 ff.; Marks/Rössner, 1990; Pfeiffer Ch., 1989, S. 117 ff.; Schreckling, 1991; Steinhilper, 1985, S. 1 ff.

2.4 Systemimmanente Reform und JGGÄndGe

kriminalisierung durch verbesserte Ausschöpfung sozialpädagogischer und sozialarbeiterischer Einwirkungsalternativen zu vermeiden.[55]

Neben der Ersetzung freiheitsentziehender Sanktionen durch solche ambulanter Art eröffnete die allmähliche Verbreiterung des Reaktionsspektrums in den Diversionsprogrammen Möglichkeiten einer **Individualisierung der justiziellen Intervention**. Über die Verbesserung der Reaktionsbeweglichkeit hinaus haben die Praxismodelle auch zu einer vermehrten Berücksichtigung von Opferinteressen geführt. Man erkannte, dass gerade der Täter-Opfer-Ausgleich die Befriedungsfunktion des Strafrechts zu stärken vermag. Aufgrund seiner tatbezogen-erzieherischen Komponente wurde er für geeignet erachtet, dem Täter zu verdeutlichen, welche Tatfolgen er bei dem Deliktsopfer verursacht hat.

Die Diskussionen über Diversionsstrategien und deren praktische Umsetzung führten in den achtziger Jahren zu einer deutlichen Zunahme von Verfahrensbeendigungen durch Jugendstaatsanwälte.[56] Dabei basierte dieser Anstieg informeller Erledigungen nicht nur auf einer wachsenden Zahl von Einstellungen ohne Folgemaßnahmen. Auch die Diversionsentscheidungen nach bereits erfolgter bzw. angeordneter intervenierender Reaktion nahmen stark zu.[57] Gerade hinsichtlich des letzteren Bereichs wurden aber schon bald nach der Rezeption nordamerikanischer Diversionsideen Bedenken[58] vorgetragen, insbesondere die Institutionalisierung sozialpädagogischer Modelle zur Umsetzung intervenierender Diversionsstrategien könne in der Praxis zu einer **Ausweitung des Netzes sozialer Kontrolle** führen:[59] Diversion bilde somit eine nur scheinbare Rücknahme förmlicher Sanktionierung, die keine Ersetzung überkommener Verfahren und Unrechtsreaktionen bewirkt, sondern diese lediglich ergänzt und damit die Sozialkontrolle erweitert.

> Einen solchen als „**Net-widening**" bezeichneten Effekt belegten zwar in den USA empirische Erhebungen auf quantitativer Ebene[60], weshalb dort ursprüngliche Befürworter von Diversionsstrategien schon bald einen Fehlschlag dieser Kriminalpolitik konstatierten.[61] Ein Großteil der Jugendlichen, die ohne Einleitung strafrechtlicher Maßnahmen vom behördlichen Netz unerfasst geblieben wären, wurde im Rahmen von Diversionsprogrammen einem kontrollierten Zugriff zugeführt. Sie mussten sich sozialen Behandlungsmaßnahmen unterziehen, was in manchen Programmen sogar bis zu einer annähernden Verdoppelung der Kontrollierten führte.[62]

Im Gegensatz dazu konnten in Deutschland keine Belege dafür gefunden werden, dass § 45 bzw. § 47 JGG in der Praxis herangezogen wurden, um bei tatsächlich

---

[55] Vgl. Heinz, 1986, S. 22 f.
[56] Zur Entwicklung der Diversionsraten siehe Heinz, 2005, S. 171 f.; ders. 2012, S. 132.
[57] Vgl. Heinz/Storz, 1992, S. 35 ff.; Pfeiffer Ch., 1989a, S. 74 ff.
[58] Zu rechtsstaatlichen Einwänden gegen die Diversion siehe Heinz/Storz, 1992, S. 94 ff.; Kerner, 1989, S. 272 ff.; Schaffstein, 1985, S. 948 ff.
[59] Janssen, 1983, S. 47 ff.; Kerner, 1981, S. 707 f.; Kury, 1981, S. 223 ff.; Voß, 1983, S. 108 ff.
[60] Vgl. für viele Ludwig, 1989, S. 45 ff.
[61] So etwa Lemert, 1981, S. 34 ff.
[62] Vgl. Dirnaichner, 1990, S. 86 ff.; Kirchhoff, 1981, S. 272.

oder rechtlich komplizierten Sachverhalten eine Einstellung nach § 170 Abs. 2 StPO oder einen Freispruch zu vermeiden.[63]

2.4.3 Das 1. JGGÄndG 1990

44 Mit dem 1. JGGÄndG 1990 systematisierte die Legislative die Ergebnisse der sog. Inneren Reform des Jugendstrafrechts auf gesetzlicher Ebene. Hier kam es vor allem zu einer Festschreibung des für Jugendstaatsanwälte und -richter erweiterten Spielraums hinsichtlich jugendgemäßer Unrechtsreaktionen.[64]

45 Neu gefasst wurden im Bereich der Diversion § 45 und § 47 JGG. Dabei bringen die Regelungen ein am Subsidiaritätsprinzip orientiertes **Stufenverhältnis** zum Ausdruck. Sowohl bei der staatsanwaltschaftlichen als auch bei der richterlichen Einstellung ist die Diversion ohne Intervention den weiteren Regelungen vorangestellt:

- Nach § 45 Abs. 1 JGG kann der Jugendstaatsanwalt ohne richterliche Zustimmung von der Verfolgung absehen, gem. § 47 Abs. 1 Nr. 1 JGG nach Anklageerhebung der Richter das Verfahren einstellen, wenn die Voraussetzungen des § 153 StPO vorliegen.
- Gemäß § 45 Abs. 2 JGG sieht der Jugendstaatsanwalt von der Verfolgung ab, wenn bereits eine erzieherische Maßnahme eingeleitet oder durchgeführt ist, welche eine richterliche Beteiligung entbehrlich macht. Dabei steht nach § 45 Abs. 2 S. 2 JGG das Bemühen des Jugendlichen um einen Täter-Opfer-Ausgleich einer erzieherischen Maßnahme gleich.
- Eine Einstellung im Vorverfahren mit Einschaltung des Jugendrichters ermöglicht § 45 Abs. 3 JGG. Dieses formlose richterliche Erziehungsverfahren kommt erst dann in Betracht, wenn eine Erledigung mit Non-Intervention nach § 45 Abs. 1 JGG oder eine solche mit Intervention nach § 45 Abs. 2 JGG unangemessen erscheint und die Einschaltung des Jugendrichters aus erzieherischen Gründen geboten ist. Hat der Beschuldigte die Tat gestanden und hält der Jugendstaatsanwalt eine Ahndung durch förmliches Urteil für entbehrlich, kann er beim Jugendrichter bestimmte Maßnahmen anregen. Sofern der Anregung seitens des Jugendrichters entsprochen wird, stellt der Jugendstaatsanwalt das Verfahren ein.
- Abgesehen von der Diversion mit Non-Intervention gem. § 47 Abs. 1 Nr. 1 JGG kann der Jugendrichter nach Erhebung der Anklage mit Zustimmung des Staatsanwalts das Verfahren auch unter den in § 47 Abs. 1 Nr. 2 und 3 JGG normierten Voraussetzungen einstellen. Demnach ist erforderlich, dass eine erzieherische Maßnahme i. S. d. § 45 Abs. 2 JGG eingeleitet oder durchgeführt wird bzw. der Richter einen förmlichen Verfahrensabschluss durch Urteil für entbehrlich hält und er gegen den geständigen Täter eine der in § 45 Abs. 3 S. 1 JGG genannten Maßnahmen anordnet.

---

[63] Siehe dazu Heinz, 2005, S. 173.
[64] Zu Reformbestrebungen seit Beginn der 1990er Jahre Keiser, 2008, S. 36 ff.

2.4 Systemimmanente Reform und JGGÄndGe

Mit dem 1. JGGÄndG 1990 fügte der Gesetzgeber in der Praxis erprobte **ambulante Maßnahmen** nicht nur als informelle Reaktionsmöglichkeiten in §§ 45 und 47 JGG ein. Auch als Erziehungsmaßregeln sind danach im Weisungskatalog des § 10 Abs. 1 S. 3 JGG normiert:

- die Erbringung von Arbeitsleistungen (Nr. 4),
- die Unterstellung der Betreuung und Aufsicht eines Betreuungshelfers (Nr. 5),
- die Teilnahme an einem sozialen Trainingskurs (Nr. 6),
- das Bemühen um einen Täter-Opfer-Ausgleich (Nr. 7).

Zudem wurde bei den Zuchtmitteln der Katalog des § 15 Abs. 1 JGG um die Auflage der Arbeitsleistung (Nr. 3) ergänzt.

Das 1. JGGÄndG 1990 brachte ferner Erweiterungen im Bereich der Strafaussetzung zur Bewährung (§§ 21 Abs. 2, 30 JGG). Die Möglichkeiten zur Untersuchungshaftvermeidung (§§ 68, 70, 71, 72a JGG) wurden ausgebaut, die Anordnung von Untersuchungshaft insbesondere gegen 14- und 15-Jährige eingeschränkt (§ 72 Abs. 2 JGG). Eine Verstärkung erfuhr auch die Funktion der Jugendgerichtshilfe (§ 38 JGG).

Dass im Jugendstrafrecht **weiterer Reformbedarf** bestand, machte der Gesetzgeber selbst bereits im Zusammenhang mit der Verabschiedung des 1. JGGÄndG deutlich. So forderte der Deutsche Bundestag die Bundesregierung auf, bis zum 1.10.1992 den Entwurf eines 2. JGGÄndG vorzulegen.[65] In dem Parlamentsbeschluss wurden diejenigen Punkte aufgelistet, bei denen man weitere Bemühungen um eine Verbesserung für erforderlich erachtete, u. a.: **46**
- strafrechtliche Behandlung Heranwachsender,[66]
- Verhältnis von Erziehungsmaßregeln und Zuchtmitteln,
- Voraussetzungen der Verhängung von Jugendstrafe,
- vermehrte Mitwirkung von Verteidigern,
- Gefahr der Überbetreuung Jugendlicher,
- Stellung und Aufgaben der Jugendgerichtshilfe,
- Ermittlungs- und Rechtsmittelverfahren,
- Zusammenhang von Erziehungsgedanke und Verhältnismäßigkeitsprinzip,
- Aufwertung des Täter-Opfer-Ausgleichs sowie
- Sanktionspraxis der Jugendgerichte.

Der Gesetzgeber ist dem bislang nur zum Teil nachgekommen.

2.4.4 Föderalismusreform und Jugendstrafvollzug

Durch das Gesetz zur Änderung des Grundgesetzes (Föderalismusreformgesetz) vom 28.8.2006[67] wurden die Aufgaben des Strafvollzugs und des Untersuchungshaftvollzugs den Gegenständen der konkurrierenden Gesetzgebung entnommen und die **Kompetenz der Landesgesetzgebung** zugeordnet. Dies erfolgte durch die **47**

---

[65] BT-Drucks. 11/7421, S. 3.
[66] Vgl. dazu Kaiser, 2007, S. 290 ff.
[67] BGBl. I 2006, S. 2034.

Streichung der Worte „und den Strafvollzug" in Art. 74 Abs. 1 Nr. 1 GG a.F. und die Einfügung der Worte „(ohne das Recht des Untersuchungshaftvollzugs)" nach dem Wort „Verfahren". Gemäß Art. 125a Abs. 1 GG gilt das als Bundesrecht erlassene Strafvollzugsgesetz als partikulares Bundesrecht fort. Die Bundesländer besitzen jedoch die Kompetenz zur Verabschiedung jeweils eigener Landes-Strafvollzugsgesetze.

48 In seinem Urteil vom 31.5.2006 stellte das BVerfG[68] fest, dass für den Jugendstrafvollzug die verfassungsrechtlich notwendigen, auf die spezifischen Anforderungen des Strafvollzugs an Jugendlichen zugeschnittenen gesetzlichen Grundlagen fehlten. Zugleich setzte das Gericht der Legislative eine Frist bis zum Ablauf des Jahres 2007, eine verfassungsrechtlich konforme gesetzliche Regelung zur Durchführung des Jugendstrafvollzugs zu schaffen.[69]

Der verfassungsgerichtlichen Entscheidung folgend haben die Bundesländer Baden-Württemberg, Berlin, Brandenburg, Bremen, Hessen, Mecklenburg-Vorpommern, Nordrhein-Westfalen, Rheinland-Pfalz, Saarland, Sachsen, Sachsen-Anhalt, Schleswig-Holstein und Thüringen zunächst eigenständige Jugendstrafvollzugsgesetze erlassen, die überwiegend am 1.1.2008 in Kraft getreten sind.[70]

---

[68] BVerfGE 116, S. 69 ff.

[69] Ausführlich Kap. 11.3.2.2.

[70] Gesetz über den Vollzug der Jugendstrafe in Baden-Württemberg (Jugendstrafvollzugsgesetz – JStVollzG BW) v. 3.7.2007 (GBl. Nr. 11/2007, S. 298); Gesetz über den Vollzug der Jugendstrafe in Berlin (Berliner Jugendstrafvollzugsgesetz – JStVollzG Bln) v. 15.12.2007 (GVBl. Nr. 33/2007, S. 653); Gesetz über den Vollzug der Jugendstrafe im Land Brandenburg (Brandenburgisches Jugendstrafvollzugsgesetz – BbgJStVollzG) v. 18.12.2007 (GVBl. I Nr. 20/2007, S. 348); Gesetz über den Vollzug der Jugendstrafe im Land Bremen (Bremisches Jugendstrafvollzugsgesetz – BremJStVollzG) v. 27.3.2007 (GBl. Nr. 19/2007, S. 233); Hessisches Jugendstrafvollzugsgesetz (HessJStVollzG) v. 19.11.2007 (GVBl. I Nr. 25/2007, S. 758); Gesetz über den Vollzug der Jugendstrafe (Jugendstrafvollzugsgesetz Mecklenburg-Vorpommern – JStVollzG M-V) v. 14.12.2007 (GVBl. Nr. 19/2007, S. 427); Gesetz zur Regelung des Jugendstrafvollzuges in Nordrhein-Westfalen (Jugendstrafvollzugsgesetz Nordrhein-Westfalen – JStVollzG NRW) v. 20.11.2007 (GVBl. Nr. 27/2007, S. 539); Landesjugendstrafvollzugsgesetz Rheinland-Pfalz (LJStVollzG RLP) v. 3.12.2007 (GVBl. Nr. 16/2007, S. 252); Gesetz über den Vollzug der Jugendstrafe (Saarländisches Jugendstrafvollzugsgesetz – SJStVollzG) v. 30.10.2007 (Abl. 2007, S. 2370); Sächsisches Gesetz über den Vollzug der Jugendstrafe (Sächsisches Jugendstrafvollzugsgesetz – SächsJStVollzG) v. 12.12.2007 (Sächs. GVBl. Nr. 16/2007, S. 558); Gesetz über den Vollzug der Jugendstrafe in Sachsen-Anhalt (Jugendstrafvollzugsgesetz Sachsen-Anhalt – JStVollzG LSA) v. 7.12.2007 (GVBl. LSA Nr. 30/2007, S. 368); Gesetz über den Vollzug der Jugendstrafe in Schleswig-Holstein – Jugendstrafvollzugsgesetz – (JStVollzG S-H) v. 19.12.2007 (GVBl. Nr. 21, S. 563); Thüringer Gesetz über den Vollzug der Jugendstrafe (Thüringer Jugendstrafvollzugsgesetz – ThürJStVollzG) v. 20.12.2007 (GVBl. Nr. 13/2007, S. 221).

2.4 Systemimmanente Reform und JGGÄndGe

In Bayern[71] und Hamburg[72] wurden dagegen Gesetze verabschiedet, die den Erwachsenenstrafvollzug und den Jugendstrafvollzug regeln. In Niedersachsen[73] gilt nunmehr ein Justizvollzugsgesetz mit Vorschriften zum Erwachsenenstrafvollzug, Jugendstrafvollzug sowie zum Vollzug der Untersuchungshaft.

Hamburg hat jedoch schon 2009 das Kombinationsgesetz reformiert und ein eigenständiges Jugendstrafvollzugsgesetz[74] geschaffen. In Baden-Württemberg wurde umgekehrt der Jugendstrafvollzug im selben Jahr unter Aufhebung des Jugendstrafvollzugsgesetzes 2007 als Viertes Buch in das Justizvollzugsgesetzbuch[75] integriert. In Brandenburg trat das Jugendstrafvollzugsgesetz vom 18.2.2007 mit Inkrafttreten des Brandenburgischen Justizvollzugsgesetzes am 1.6.2013[76] außer Kraft. Dort gilt seitdem das Gesetz über den Vollzug der Freiheitsstrafe, der Jugendstrafe und der Untersuchungshaft. Seit 1.6.2013 kennt auch Rheinland-Pfalz ein Landesjustizvollzugsgesetz,[77] welches die Bereiche des Freiheitsstrafenvollzugs, desjenigen der Jugendstrafe sowie von Untersuchungshaft umfasst und damit sogleich das dortige Jugendstrafvollzugsgesetz abgelöst hat. Ein vergleichbares Vorhaben hat Thüringen umgesetzt: Mit Inkrafttreten des Thüringer Justizvollzugsgesetzbuches am 7.3.2014[78] wurde das Jugendstrafvollzugsgesetz aus dem Jahr 2007 obsolet.

2.4.5 Das 2. JGGÄndG 2007

Am 13.12.2007 verabschiedete der Bundesgesetzgeber schließlich das 2. JGGÄndG[79], das am 1.1.2008 in Kraft trat und erstmals mit § 2 Abs. 1 JGG den Erziehungsgedanken festschreibt. Den Anlass für das Gesetz bildeten insoweit ebenfalls die Entscheidung des BVerfG zur gesetzlichen Ausgestaltung des Jugendstrafvollzugs sowie die Umsetzung der darin enthaltenen Forderungen.[80] Fällt die

---

[71] Gesetz über den Vollzug der Freiheitsstrafe, der Jugendstrafe und der Sicherungsverwahrung (Bayerisches Strafvollzugsgesetz – BayStVollzG) v. 10.12.2007 (BayGVBl. Nr. 28/2007, S. 866).
[72] Gesetz über den Vollzug der Freiheitsstrafe, der Jugendstrafe und der Sicherungsverwahrung (Hamburgisches Strafvollzugsgesetz – HmbStVollzG) v. 14.12.2007 (HmbGVBl. Nr. 47/2007, S. 471).
[73] Gesetz zur Neuregelung des Justizvollzuges in Niedersachsen (Niedersächsisches Justizvollzugsgesetz – NJVollzG) v. 14.12.2007 (Nds. GVBl. Nr. 41/2007, S. 720).
[74] Gesetz über den Vollzug der Jugendstrafe in Hamburg (Hamburgisches Jugendstrafvollzugsgesetz – HmbJStVollzG) v. 14.7.2009 (HmbGVBl. Nr. 35/2009, S. 280).
[75] Gesetzbuch über den Justizvollzug in Baden-Württemberg (Justizvollzugsgesetzbuch – JVollzGB BW) v. 10.11.2009 (GBl. Nr. 19/2009, S. 545).
[76] Gesetz über den Vollzug der Freiheitsstrafe, der Jugendstrafe und der Untersuchungshaft im Land Brandenburg (Brandenburgisches Justizvollzugsgesetz – BbgJVollzG) v. 24.4.2013 (GVBl. Nr. 14/2013 I, S. 1).
[77] Landesjustizvollzugsgesetz (LJVollzG RLP) v. 8.5.2013 (GVBl. Nr. 7/2013, S. 79).
[78] Thüringer Justizvollzugsgesetzbuch (ThürJVollzGB) v. 27.2.2014 (GVBl. Nr. 2/2014, S. 13).
[79] BGBl. I 2007, S. 2894.
[80] BVerfGE 116, S. 69 ff.; dazu bereits Kap. 2.4.4.

Gesetzgebungskompetenz für den Bereich des Jugendstrafvollzugs nach der Föderalismusreform den Ländern zu, so verbleibt sie hinsichtlich des Rechtsschutzes dennoch nach wie vor beim Bund (Art. 74 Abs. 1 Nr. 1 GG). Das BVerfG räumte dem Gesetzgeber auch diesbezüglich bis zum Ablauf des 31.12.2007 eine Frist ein, um eine adäquate Regelung des gerichtlichen Rechtsschutzes im JGG zu schaffen, die mit dem 2. JGGÄndG eingehalten wurde.

50 Der Fortfall der Vollzugsvorschriften im JGG gab dem Gesetzgeber Anlass, § 2 JGG um eine ausdrückliche Zielbestimmung zu ergänzen.[81] Mit § 2 Abs. 1 S. 2 JGG auf eine gesetzliche Grundlage gestellt, soll der Erziehungsgedanke als Zieldefinition der Anwendung des formellen und materiellen Jugendstrafrechts sichern, dass kriminologische, pädagogische, jugendpsychologische und andere fachliche Erkenntnisse besondere Beachtung finden.[82]

Daran anknüpfend brachte das 2. JGGÄndG wesentliche Neuerungen vor allem mit der Ersetzung der §§ 91 f. JGG a.F. im Zusammenhang mit dem Rechtsschutz im Vollzug von Jugendarrest, Jugendstrafe sowie freiheitsentziehenden Sanktionen der Besserung und Sicherung.[83] Die Rechtsbehelfe sind nunmehr in § 92 JGG kodifiziert und auf die typische Situation Jugendlicher, die im Umgang mit Institutionen und Schriftsprache oft ungeübt sind[84], besser abgestimmt. Im Gegenzug erfuhr u. a. § 23 Abs. 1 S. 2 EGGVG eine entsprechende Modifikation.

51 Durch das „Gesetz zur Änderung des Untersuchungshaftrechts" vom 29.7.2009 wurde der Inhalt des § 91 JGG a.F. sodann in § 89b JGG (Ausnahme vom Jugendstrafvollzug) in den Unterabschnitt über die Vollstreckung der Jugendstrafe überführt.[85]

2.4.6 Erweiterungsgesetz 2012

In der jugendstrafrechtlichen Literatur[86] war seit längerem die Koppelung einer Aussetzung der Verhängung von Jugendstrafe zur Bewährung gem. § 27 JGG mit einem Dauerarrest nach § 16 Abs. 4 JGG als sog. **Einstiegsarrest** bzw. Warnschussarrest gefordert worden. Auch einige Gerichte hatten sich für ein solches Vorgehen ausgesprochen.[87] Begründet wurde dies zum einen damit, dass derjenige Jugendliche benachteiligt würde, bei dem mit Sicherheit keine schädlichen Neigungen vorliegen und dessen Straftat mit einem Dauerarrest geahndet wird. Dagegen komme bei dem Jugendlichen, der zwar schädliche Neigungen aufweist, bei dem diese aber

---

[81] BT-Drs. 16/6293, S. 9.
[82] Vgl. Goerdeler, 2008, S. 137 ff. sowie ausführlich dazu Kap. 1.1.
[83] Siehe dazu oben Kap. 2.4.4.; zudem Kap. 11.1.4, 11.2.2, 11.3.3.
[84] Ostendorf, 2013, § 92 Rdn. 1; HK-JGG/Wulf, 2011, § 92 Rdn. 11.
[85] BGBl. I 2009, S. 2274 ff., BT-Drs. 16/11644, S. 36.
[86] Bandemer, 1990, S. 421; Reichenbach, 2005, S. 138 ff.; Werwigk-Hertneck/Rebmann, 2003, S. 229 f.
[87] Z. B. LG Augsburg, NStZ 1986, S. 507; AG Winsen/Luhe, NStZ 1982, S. 120; AG Meppen, ZJJ 2004, S. 200.

noch nicht in einem für Jugendstrafe erforderlichen Umfang hervorgetreten sind, keine einschneidendere Unrechtsreaktion zum Tragen, wenn nach Ablauf der Bewährungszeit schließlich der Schuldspruch nach § 30 Abs. 2 JGG zu tilgen ist. Eine Verbindung der Aussetzung der Verhängung von Jugendstrafe zur Bewährung mit der Verhängung eines Dauerarrestes wurde zudem in Einzelfällen für zweckmäßig erachtet, wenn der betreffende Jugendliche über ein bloßes Vorgehen gemäß § 27 JGG hinaus nach Ansicht des Gerichts noch einer spezialpräventiven, am Erziehungsgedanken orientierten Besinnungsmaßnahme bedurfte. Nach dem Eindruck eines kurzfristigen Freiheitsentzugs würde er eher bereit sein, in der Bewährungszeit die Aufsicht und Leitung eines Bewährungshelfers anzunehmen und die Bewährungszeit ohne erneute Straffälligkeit durchzustehen. Für das Bundesverfassungsgericht kam die Anordnung eines Einstiegsarrestes zunächst nicht in Betracht. Nachdem sich gem. § 13 Abs. 1 JGG die Verhängung von Zuchtmitteln einerseits, von Jugendstrafe andererseits nach ihren Anwendungsbereichen ausschließen, lag für das Gericht in der gegenteiligen Ansicht ein Verstoß gegen das verfassungsrechtliche Analogieverbot (Art. 103 Abs. 2 GG).[88]

Auch in der jugendgerichtlichen Praxis war es zu einer faktischen Ausweitung der jugendrichterlichen Handlungsmöglichkeiten durch Ausformung des Rechtsinstituts der sog. **Vorbewährung**[89] gekommen. Dies folgte aus der im Jugendstrafrecht bestehenden Möglichkeit, dass die Aussetzung einer Jugendstrafe nach § 21 JGG gem. § 57 Abs. 1 S. 1 JGG auch noch nachträglich durch Beschluss erfolgen kann. Für die Vorbewährung wurden insbesondere spezialpräventive Vorzüge sowie die Möglickeit einer sichereren Prognose nach Beobachtung des Verhaltens des betroffenen Jugendlichen während der Vorbewährungszeit geltend gemacht.[90] Ferner kann die Möglichkeit der Vorbewährung in Zweifelsfällen dazu beitragen, den Grundsatz des Nachrangs der zu vollstreckenden Jugendstrafe zu gewährleisten und einen schädlichen sowie stigmatisierenden Jugendstrafvollzug zu vermeiden. Hielt das Jugendgericht noch weitere Ermittlungen wegen bisher nicht aufklärbarer Tatsachen für notwendig, welche die erforderliche Grundlage für die Prognose darstellten, und vermochte deshalb eine Prognoseentscheidung zum Zeitpunkt der Urteilsverkündung noch nicht abschließend getroffen zu werden, konnte es zunächst nur die Jugendstrafe verhängen. Deren Aussetzung zur Bewährung ließ das Gericht offen, ohne sich die Entscheidung hierüber explizit im Urteil vorzubehalten. Insbesondere wegen der damit verbundenen grundrechtsrelevanten Belastungen[91] wurde wegen des Fehlens von gesetzlicher Grundlage und rechtsstaatlicher Begrenzung das Rechtsinsitut der Vorbewährung kritisiert.[92]

Zudem war die Begrenzung der **Jugendstrafe** auf das **Höchstmaß** von zehn Jahren vor allem in Fällen von Heranwachsenden begangenen besonders grausa-

---

[88] BVerfG, NJW 2005, S. 2140.
[89] Dazu Werner-Eschenbach, 2005, S. 21 ff.
[90] OLG Dresden, NStZ-RR 1998, S. 318; Brunner/Dölling, 2011, § 57 Rdn. 3 ff.; Diemer/Schatz/Sonnen, 2011, § 57 JGG Rdn. 11; Flümann, 1983, S. 77; siehe auch BT-Drs. 17/9389, S. 15 ff.
[91] Vgl. BT-Drs. 17/9389, S. 1.
[92] Schaffstein/Beulke, 2002, S. 180.

men und schweren Moraldelikten als unzureichend angesehen worden. Mit einer Anhebung auf 15 Jahre sollte dem Ausmaß der Schuld besser entsprochen werden können.[93]

Das „Gesetz zur Erweiterung der jugendgerichtlichen Handlungsmöglichkeiten" vom 4.9.2012[94] hat durch § 8 Abs. 2 S. 2 JGG das **Koppelungsverbot von Jugendstrafe und Jugendarrest beseitigt.** Sowohl neben der Verhängung als auch der Aussetzung der Verhängung von Jugendstrafe gemäß § 27 JGG darf es zur Anordnung eines Jugendarrests kommen. Im ersteren Fall folgt aus § 16a Abs. 1 JGG zudem, dass die Jugendstrafe zur Bewährung ausgesetzt wird. Gemäß § 16a Abs. 1 JGG kann abweichend von § 13 Abs. 1 JGG in drei Fallgruppen zusätzlich Jugendarrest angeordnet werden.[95] Der Warnschussarrest ist neben der Jugendstrafe sowie ggf. erteilten Weisungen und Auflagen geboten, um dem Jugendlichen das Unrecht seiner Tat sowie die Folgen weiterer Straffälligkeit zu verdeutlichen (Abs. 1 Nr. 1); insoweit stellt § 16a Abs. 2 JGG klar, dass ein Arrest regelmäßig mangels maßgeblichem Verdeutlichungseffekt nicht geboten ist, wenn der Betreffende zuvor bereits Jugendarrest als Dauerarrest zu verbüßen hatte oder er sich nicht nur kurzfristig im Vollzug von Untersuchungshaft befand. Eine Arrestverhängung neben Jugendstrafe kommt zudem in Betracht bei Jugendlichen, die sich in einem sozialen Umfeld mit schädlichen Einflüssen befinden, welche eine erfolgreiche Bewältigung der Bewährungszeit gefährden und durch stationäre Behandlung im Arrestvollzug die Phase der Bewährung gezielt vorbereitet werden soll (Abs. 1 Nr. 2). Die Möglichkeit der Koppelung von Jugendarrest und Jugendstrafe besteht ferner, wenn im Einzelfall aufgrund sonstiger Umstände im Arrestvollzug selbst eine nachdrücklichere erzieherischere Einwirkung auf den Jugendlichen erreichbar ist oder dadurch die Erfolgsaussichten für eine erzieherische Einwirkung in der Bewährungszeit verbessert werden können (Abs. 1 Nr. 3).

Die in der Praxis entwickelten Gestaltungen im Hinblick auf die sog. **Vorbewährung** haben mit dem Gesetz zur Erweiterung der jugendgerichtlichen Handlungsmöglichkeiten einen gesetzlichen Rahmen im Verfahrensrecht gefunden. Gemäß § 61 Abs. 1 JGG hat das Gericht die Möglichkeit, ausdrücklich im Urteil (§ 61 Abs. 3 S. 2 JGG) den Vorbehalt einer nachträglichen Entscheidung über die Aussetzung der Jugendstrafe zur Bewährung zu erklären. Dies kann dann erfolgen, wenn bis zum Urteilszeitpunkt zwar umfassende Ermittlungen stattgefunden haben, diese jedoch die für eine Aussetzung gemäß § 21 JGG erforderliche günstige Prognose – die bei ihrem Vorliegen zu einer Aussetzung führen müsste – noch nicht erlauben (§ 61 Abs. 1 Nr. 1 JGG). Zudem haben in einem solchen Fall Ansätze in der Lebensführung des Betroffenen oder konkrete Umstände vorzuliegen, welche in absehbarer Zeit eine günstige Prognose begründen (§ 61 Abs. 1 Nr. 2 JGG). Sind die Ermittlungsmöglichkeiten zum Urteilszeitpunkt noch nicht ausgeschöpft, kann

---

[93] Vgl. BT-Drs. 17/9389, S. 1; dazu Kap. 9.3 und 9.5.2.
[94] BGBl. I 2012, S. 1854.
[95] Dazu Kap. 6.4.2.2.

unter den Voraussetzungen von § 61 Abs. 2 JGG ebenfalls vom Jugendgericht ein Vorbehalt ausgesprochen werden.[96]

Neben einer neuen Vorschrift über die Gestaltung von Belehrungen im Jugendstrafverfahren (§ 70a JGG) wurde mit dem Erweiterungsgesetz 2012 auch mit § 105 Abs. 3 S. 2 JGG die Möglichkeit eröffnet, bei Heranwachsenden **eine Jugendstrafe bis zur Höchstdauer von 15 Jahren** zu verhängen. Dies gilt aber nur in den Fällen, in denen die zeitliche Obergrenze von § 105 Abs. 3 S. 1 JGG bei Verurteilung wegen Mordes erfolgt und das Höchstmaß von zehn Jahren wegen der besonderen Schwere der Schuld nicht ausreicht.

2.5 Das Kinder- und Jugendhilfegesetz

Im Jahr 1990 wurde nicht nur das 1. JGGÄndG, sondern auch das **Sozialgesetzbuch Achtes Buch (SGB VIII)** über die Kinder- und Jugendhilfe verabschiedet. Das SGB VIII vom 26.6.1990[97] löste das Jugendwohlfahrtsgesetz ab.

52

Vorausgegangen war eine jahrzehntelange **Diskussion über eine Überwindung des dualistischen Systems** des Jugendrechts, die seit den sechziger Jahren des 20. Jahrhunderts wieder auflebte.[98] So sollten etwa die „Vorschläge für ein erweitertes Jugendhilferecht" der Arbeiterwohlfahrt[99] eine solche Entwicklung fördern. Der Konzeption, allen Formen dissozialen Verhaltens junger Menschen auf der Grundlage eines erweiterten Jugendhilferechts unterschiedslos mit Hilfe eines Systems individualisierender Behandlungsmethoden zu begegnen, folgte auch der 1973 vorgelegte Diskussionsentwurf einer vom Bundesjugendministerium berufenen Sachverständigenkommission.[100] Die Reformbemühungen um ein einheitliches Jugendhilferecht gingen in den siebziger Jahren allerdings noch vom überkommenen Bild eines entwicklungsgestörten, sozial beeinträchtigten und aus diesem Grunde erziehungsbedürftig erscheinenden jugendlichen Täters aus. Allein Jugendhilfe als Reaktion auf delinquentes Handeln bedeutet jedoch nicht nur die Gefahr einer Zweckentfremdung des Jugendhilferechts, sondern auch „eine Kaschierung repressiver Funktionen und Zwecke durch Umetikettierung in Maßnahmen der Jugendhilfe".[101] Schon der 1974 vorgelegte Referentenentwurf eines Jugendhilfegesetzes[102] stellte daher wiederum eine Abkehr vom Konzept einer Ablösung jugendkriminalrechtlicher Unrechtsreaktionen durch Jugendhilfe dar und hielt an der Trennung von JGG und JWG fest.

Mit dem Kinder- und Jugendhilfegesetz von 1990 als SGB VIII wurde die Trennung des Jugendrechts aufrechterhalten. War das JWG noch von seinem Ansatz her auf Eingriffe zur Aufrechterhaltung von Sicherheit und Ordnung ausgerichtet, liegt dem SGB VIII unter Aufgabe des Vorranges von Jugendfürsorge vor Jugendpflege

53

---
[96] Im Einzelnen in Kap. 10.2.2.
[97] BGBl. I 1990, S. 1163.
[98] Vgl. z. B. Peters, 1966, S. 49.
[99] Arbeiterwohlfahrt Bundesverband e. V., 1970.
[100] Hierzu auch Happe, 1975, S. 343 ff.
[101] Müller-Dietz, 1986, S. 110.
[102] Bundesminister für Jugend, Familie und Gesundheit, Referentenentwurf eines Jugendhilfegesetzes, 1974.

ein **lebensweltorientiertes Verständnis von Jugendhilfe** zugrunde.[103] Förderung der Entwicklung, Weckung individueller Anlagen, Begleitung und Hinführung zum selbstverantwortlichen Handeln stellen wesentliche Zielsetzungen des präventiv orientierten Gesetzes dar.[104] Die Jugendhilfe erfüllt daher Leistungen zugunsten der jungen Menschen.

54   Zu den anderen Aufgaben der Jugendhilfe gehört mit § 2 Abs. 3 Nr. 8 SGB VIII die **Mitwirkung in Verfahren nach dem Jugendgerichtsgesetz**. Diese Mitwirkung erfolgt gem. § 52 Abs. 1 SGB VIII nach Maßgabe der §§ 38 und 50 Abs. 3 S. 2 JGG, wobei die Bezugnahme auf diese beiden Normen des Jugendgerichtsgesetzes jedoch insoweit unvollständig bleibt, als auch andere Vorschriften (z. B. § 70 oder § 72a JGG) der Jugendgerichtshilfe Aufgaben zuweisen.

Eine wesentliche Zielsetzung des Gesetzgebers war es, im SGB VIII die eigenständige Stellung der Jugendhilfe im strafgerichtlichen Verfahren festzuschreiben.[105] Die Straftat eines Jugendlichen oder Heranwachsenden wird zu einem Anlass für eine **spezielle Form von Jugendhilfe**.

Das SGB VIII erfuhr u. a. Veränderungen durch das Gesetz zur Weiterentwicklung der Kinder- und Jugendhilfe vom 8.9.2005[106]; ferner durch das Gesetz zur Reform des Personenstandsrechts vom 19.2.2007[107], das jedoch nur zu geringfügigen Modifikationen führte. Weitere Neuerungen bedingten etwa das Gesetz zur Änderung des Zugewinnausgleichs und Vormundschaftsrechts vom 6.7.2009[108] oder das Kinder- und Jugendhilfeverwaltungsvereinfachungsgesetz (KJVVG) vom 29.8.2013[109], welche aber ohne Auswirkungen auf den Bereich des Jugendstrafrechts blieben.

---

[103] Siehe Faltermeier, 1991, S. 34; Rüfner, 1991, S. 2; Wabnitz/Wiesner, 1992, S. 497 f.
[104] Wiesner, 1992, S. 146.
[105] Siehe auch Wabnitz/Wiesner, 1992, S. 497 f.
[106] BGBl. I 2005, S. 2729 ff.
[107] BGBl. I 2007, S. 122.
[108] BGBl. I 2009, S. 1696.
[109] BGBl. I 2013, S. 3464.

3 Geltungsbereiche des JGG

3.1 Sachlicher und persönlicher Geltungsbereich

Zu unterscheiden ist zwischen dem sachlichen und dem persönlichen Geltungsbereich des JGG. Der erste betrifft die Handlungen und Unterlassungen, auf welche das Gesetz Anwendung findet, während der zweite die Personengruppen abgrenzt, für die das JGG gilt.

3.1.1 Sachlicher Geltungsbereich

Gemäß § 1 Abs. 1 JGG muss eine **Verfehlung** begangen worden sein, die nach den allgemeinen Vorschriften **mit Strafe bedroht** ist. Unter den „allgemeinen Vorschriften" in diesem Sinne hat man sowohl das StGB als auch sämtliche strafrechtlichen Nebengesetze zu verstehen. Ordnungswidrigkeiten können nach § 1 Abs. 1 OWiG mit einer Geldbuße geahndet werden, sind aber nicht mit Strafe bedroht, so dass sie vom JGG nicht erfasst werden.

Nichtsdestotrotz enthält das OWiG ebenfalls Sonderregelungen,[1] wenn der Betroffene, der den Tatbestand einer Bußgeldvorschrift verwirklicht, dem persönlichen Anwendungsbereich des JGG unterfällt, mithin Jugendlicher oder Heranwachsender ist.

3.1.2 Persönlicher Geltungsbereich

Das JGG betrifft die rechtswidrigen Handlungen Jugendlicher und Heranwachsender; auf Kinder und Erwachsene findet es somit keine Anwendung.

---

[1] Aufzählung bei Streng, 2012, S. 24 f.

3.1.2.1 Anwendung bei Jugendlichen und Heranwachsenden

58 Das JGG gilt in Ansehung der Verfehlungen Jugendlicher und Heranwachsender, § 1 Abs. 1 JGG. Die Altersgruppen sind in § 1 Abs. 2 JGG legal definiert: **Jugendlicher** ist, wer zur Zeit der Tat mindestens 14, aber noch nicht 18 Jahre alt ist, **Heranwachsender**, wer zum selben Zeitpunkt mindestens 18, aber noch nicht 21 Jahre alt ist. Personen, die zur Tatzeit jünger als 14 oder älter als 20 Jahre sind, unterfallen somit nicht dem persönlichen Anwendungsbereich des JGG. Uneingeschränkte Gültigkeit beansprucht das JGG für die Gruppe der Jugendlichen. Das materielle Jugendstrafrecht findet auf Heranwachsende nur unter den besonderen Voraussetzungen des § 105 Abs. 1 JGG Anwendung[2] und auch hinsichtlich des Prozessrechts gelten Besonderheiten (§ 109 JGG).

59 Entscheidende Bedeutung kommt somit dem **Tatzeitpunkt** zu; das Alter bei Strafverfolgung, Aburteilung oder Strafvollstreckung spielt für die Entscheidung über die Anwendbarkeit des Jugendstrafrechts keine Rolle.

Beispiel

J hat mit 17 Jahren einen Mord (§ 211 StGB) verübt. Wird die nicht verjährte (§ 4 JGG i. V. m. § 78 Abs. 2 StGB) Tat erst nach 50 Jahren aufgeklärt, findet auf den inzwischen im Rentenalter stehenden J gleichwohl Jugendstrafrecht Anwendung. Auf der Basis einer Betrachtung des Jugendstrafrechts als Erziehungsstrafrecht ergeben sich bei der Sanktionierung von Jugendtaten Erwachsener allerdings Probleme, denn die Erziehung Erwachsener scheidet aus.[3] Mit Hilfe des Rekurses auf den individualpräventiven Charakter des Jugendstrafrechts lassen sich derartige Schwierigkeiten vermeiden.

Der Tatzeitpunkt bestimmt sich gem. § 2 Abs. 2 JGG i. V. m. § 8 StGB nach der **Vornahme der Tathandlung** bzw. im Falle des Unterlassens nach dem Zeitpunkt, zu dem der Täter hätte handeln müssen. Wann der Erfolg eintritt, ist nicht maßgebend. Eine Unterlassungsstrafbarkeit kann es begründen, wenn ein Kind einen Tatbeitrag leistet, den es unter dem Gesichtspunkt der Ingerenz nach Erreichen des 14. Lebensjahres unschädlich zu machen verpflichtet bleibt.[4]

Beispiele

J sticht einen Tag vor seinem 18. Geburtstag mit Tötungsvorsatz auf O ein. O verstirbt vier Tage später an den Folgen der Stichverletzung. J ist in dem gegen ihn zu führenden Verfahren wegen eines vorsätzlichen Tötungsdelikts nach § 1 Abs. 2 JGG als Jugendlicher zu behandeln, weil hierfür maßgeblich der Zeitpunkt der Tathandlung, nicht aber derjenige des Erfolgseintritts bleibt. – K gibt

---

[2] Näher Kap. 3.3.
[3] Vgl. Budelmann, 2005, S. 94 ff., der deshalb ihnen gegenüber alle Sanktionen mit Ausnahme von Jugendstrafe wegen Schwere der Schuld für verfassungswidrig hält.
[4] Siehe Böhm/Feuerhelm, 2004, S. 37.

mit 13 Jahren seinen älteren Freunden Hinweise zur Begehung eines Einbruchdiebstahls. Soll dieser erst nach dem 14. Geburtstag des K ausgeführt werden, kann K zwar nicht wegen Beihilfe zum Diebstahl (§§ 242, 27 StGB) bestraft werden, nachdem er als Strafunmündiger die Hilfeleistung erbracht hat. In Betracht kommt aber eine Strafbarkeit wegen Beihilfe zum Diebstahl, begangen durch Unterlassen (§§ 242, 27, 13 StGB), sofern die Voraussetzungen des § 13 StGB vorliegen. Denn K bleibt unter dem Aspekt der Ingerenz verpflichtet, auch seine in strafunmündigem Zustand geleisteten Tatbeiträge zu neutralisieren.

Die **Altersberechnung** erfolgt mangels spezieller Regelung gem. §§ 186 ff. BGB, wie aus Art. 2 EGBGB abzuleiten ist.[5] Nach § 187 Abs. 2 S. 2 BGB wird der Tag der Geburt bei der Ermittlung des Lebensalters mitgerechnet. Bereits mit Anbruch des Geburtstages hat der Betroffene also die maßgebliche Altersgrenze erreicht. 60

Beispiele

Der am 10.8.1999 geborene J verübt am Morgen des 10.8.2013 einen Diebstahl. Jugendstrafrecht kommt auf ihn zur Anwendung, da er mit Beginn seines 14. Geburtstags dem persönlichen Anwendungsbereich des JGG unterfällt. – H, geboren am späten Abend des 1.9.1992, überfällt am Mittag des 1.9.2013 eine Bank. Er unterliegt nicht mehr dem Anwendungsbereich des JGG, da der tatsächliche Geburtszeitpunkt keine Rolle spielt, sondern er am 1.9.2013, null Uhr das 21. Lebensjahr vollendet hat. – Bei Geburt am 29.2. ist maßgeblicher Termin in Nicht-Schaltjahren nicht der 28.2., sondern der 1.3., § 188 Abs. 3 BGB.

Bei nicht behebbaren **Zweifeln** über den genauen Tatzeitpunkt oder über das Geburtsdatum gilt die jeweils günstigere Rechtsfolge, wobei keine abstrakt-generelle, sondern eine konkret-individuelle Betrachtungsweise erfolgt, wenn es um die Anwendbarkeit von Jugend- bzw. Erwachsenenstrafrecht geht.[6] Lässt sich nicht klären, ob der Verdächtige zur Tatzeit Kind oder Jugendlicher war, kommt eine Sanktionierung natürlich nicht in Frage. Unklarheiten bezüglich des Geburtsdatums treten bisweilen bei nichtdeutschen Beschuldigten auf. Die Angaben in deren Papieren genießen keine uneingeschränkte Beweiskraft.[7] Näheren Aufschluss verspricht u. U. eine gem. § 81a StPO mögliche Untersuchung durch einen Sachverständigen, z. B. durch Röntgen des Skeletts[8] oder – zur Abgrenzung zwischen Jugendlichen und Heranwachsenden – durch Untersuchung der Weisheitszähne.[9] 61

---

[5] Siehe Altenhain/Laue, in: MünchKomm-StGB, 2013, § 1 JGG Rdn. 7; Eisenberg, 2014, § 1 Rdn. 8; Streng, 2012, S. 25.
[6] Vgl. BGHSt. 5, S. 366; 47, S. 313; BGH, ZJJ 2007, S. 216; Altenhain/Laue, in: MünchKomm-StGB, 2013, § 1 JGG Rdn. 8 ff.; Diemer/Schatz/Sonnen, 2011, § 1 JGG Rdn. 25; Eisenberg, 2014, § 1 Rdn. 11; anders Böhm/Feuerhelm, 2004, S. 62 f.; zum Ganzen Kinzig, 2009, S. 387 ff.
[7] Siehe Reisenhofer, 2012, S. 36.
[8] Näher Eisenberg, 2014, § 1 Rdn. 11a; Ostendorf, 2013, § 1 Rdn. 12; Schmeling/Olze/Reisinger/Geserick, 2000, S. 2721; zu den Grenzen der Erkenntnismöglichkeiten aber auch BGH, StrVert 1997, S. 624; NStZ 2013, S. 290; OLG Hamburg, StrVert 2005, S. 206.
[9] Dazu Knell, 2012, S. 123 ff.

Das JGG gilt auch für – zivile wie militärische – Straftaten von **Soldaten** der Bundeswehr im Jugendlichen- bzw. Heranwachsendenalter. Insoweit finden sich in §§ 112a bis 112e JGG spezielle Bestimmungen, die den Besonderheiten des Soldatenverhältnisses geschuldet sind.

3.1.2.2 Keine Anwendung bei Kindern und Erwachsenen

62 **Kinder** sind Personen, die zum Tatzeitpunkt noch nicht 14 Jahre alt sind. Sie werden von § 19 StGB für schuldunfähig erklärt, weshalb auch das JGG für sie keine Geltung beansprucht. Die Strafunmündigkeit wirkt sich stattdessen als **Prozesshindernis** aus. Weil – anders gewendet – eine Prozessvoraussetzung fehlt, darf gegen Kinder ein Strafverfahren nicht durchgeführt werden.[10] Ein gleichwohl eingeleitetes Strafverfahren ist deshalb einzustellen, durch die Staatsanwaltschaft nach § 170 Abs. 2 StPO, bei bereits fortgeschrittenem Verfahrensstadium durch gerichtlichen Beschluss gem. § 204 StPO (im Zwischenverfahren) bzw. § 206a StPO oder durch Urteil in der Hauptverhandlung, § 260 Abs. 3 StPO.[11]

Rechtswidrige Taten schuldunfähiger Kinder deuten allerdings vielfach auf Erziehungsdefizite hin, weshalb ein **Eingreifen des Jugendamts** oder die Anordnung familiengerichtlicher Maßnahmen indiziert sein kann. Nr. 2 der Richtlinien zu § 1 JGG erlegt deshalb dem Staatsanwalt auf, bei der Einstellung eines Verfahrens wegen § 19 StGB zu prüfen, ob die Benachrichtigung einer der genannten Stellen geboten erscheint.

In Ansehung der Straftaten von Personen, die zum Tatzeitpunkt das 21. Lebensjahr vollendet haben, also **erwachsen** sind, beansprucht das JGG ebenfalls keine Geltung. Hier bleibt es bei der uneingeschränkten Anwendung der Vorschriften des allgemeinen Strafrechts.

3.1.3 Subsidiäre Anwendung des allgemeinen Strafrechts

63 Das JGG enthält diejenigen Sonderregelungen, die insbesondere die Voraussetzungen der strafrechtlichen Verantwortlichkeit junger Menschen und die speziellen Unrechtsreaktionen betreffen. Soweit das Gesetz strafrechtlich relevante Fragen nicht behandelt, **gelten die allgemeinen Vorschriften**, § 2 Abs. 2 JGG. Das betrifft für das materielle Recht insbesondere folgende Bereiche:

- die tatbestandlichen Voraussetzungen der Deliktsnormen, für die es bei den Bestimmungen des StGB und der strafrechtlichen Nebengesetze sein Bewenden hat,
- Rechtfertigungs-, Entschuldigungs-, Schuldausschließungs- und Strafausschließungsgründe,

---

[10] Zur Frage der Anwendbarkeit einzelner strafprozessualer Eingriffsbefugnisse, etwa des Festnahmerechts nach § 127 StPO, näher Brunner/Dölling, 2011, § 1 Rdn. 13a; Diemer/Schatz/Sonnen, 2011, § 1 JGG Rdn. 22; Ellbogen/Wichmann, 2007, S. 116 f.; Meyer-Goßner, 2014, § 127 Rdn. 3a, § 163b Rdn. 4; Roesler, 2008, S. 88 ff.; HK-JGG/Rössner, 2014, § 1 Rdn. 10 f.

[11] Dazu Altenhain/Laue, in: MünchKomm-StGB, 2013, § 1 JGG Rdn. 22; Brunner/Dölling, 2011, § 1 Rdn. 14; Hombrecher, 2008, S. 453; Schaffstein/Beulke, 2002, S. 56.

- die Regelungen über den Versuch einschließlich des Rücktritts[12] sowie
- die Vorschriften über Täterschaft und Teilnahme.

Für die **Einteilung** der rechtswidrigen Taten **in Verbrechen und Vergehen** gilt die Norm des § 12 StGB ebenso, wie es für Fragen der **Verfolgungsverjährung** mit den §§ 78 bis 78c StGB sein Bewenden haben soll, § 4 JGG. Dieser Klarstellung bedarf es deshalb, weil sich die Unterscheidung zwischen Verbrechen und Vergehen wie auch die Behandlung der Verjährung nach den Rechtsfolgen des allgemeinen Strafrechts richtet, diese im JGG aber keine Anwendung finden. Nichtsdestotrotz ist etwa der Versuch einer Tat (§§ 22 ff. StGB) durch einen Jugendlichen oder Heranwachsenden ebenso wie der Versuch der Beteiligung (§ 30 StGB) immer dann strafbar, wenn dies auch bei entsprechendem Handeln eines Erwachsenen der Fall wäre. Die Anwendung der Bestimmungen über die **Vollstreckungsverjährung** (§§ 79 ff. StGB) stößt insofern auf Schwierigkeiten, als diese einen Teil der jugendstrafrechtlichen Rechtsfolgen nicht erfassen und den Besonderheiten des Jungtäterstrafrechts nicht hinreichend Rechnung tragen.[13]

Mit den allgemeinen Vorschriften i. S. d. § 2 Abs. 2 JGG sind weiter die Bestimmungen des **Prozessrechts** gemeint, soweit das JGG keine Sonderregelungen vorsieht. Ebenso finden die Normen der §§ 3 bis 7 StGB über den räumlichen Geltungsbereich des deutschen Strafrechts Anwendung.[14]

3.2 Die Verantwortlichkeit der Jugendlichen (§ 3 JGG)

Hat ein Jugendlicher eine – objektiv wie subjektiv – tatbestandsmäßige, rechtswidrige und schuldhafte Handlung verübt, bedarf es zusätzlich der Prüfung der **besonderen Voraussetzungen** des § 3 JGG, bevor er sanktioniert werden kann. Mit deren Hilfe wird der Tatsache Rechnung getragen, dass von einem jungen Menschen kein so hohes Maß an Normeinsicht und Befolgungswille verlangt werden kann wie von einem Erwachsenen.

64

> In Streit geraten ist gerade in jüngerer Zeit die Frage, ob und an welchem Ort man bereits auf der Ebene der Tatbestandsmäßigkeit vergleichbare Erwägungen anzustellen hat. Teilweise wird einer vom allgemeinen Strafrecht divergierenden **Auslegung von Tatbestandsmerkmalen** unter Berücksichtigung spezifisch jugendtümlicher Vorstellungen das Wort geredet.[15] So könnte etwa ein Jugendlicher mit Heimtücke eine andere Vorstellung verbinden als die bloße Ausnutzung der Arg- und Wehrlosigkeit in feindlicher Willensrichtung, so dass man ihn trotz der Subsumierbarkeit seines Verhaltens unter die „üblichen" Voraussetzungen des Merkmals nicht nach § 211 StGB bestrafen dürfte. Derartige Initiativen

---

[12] Krit. zur Jugendstrafrechtskompatibilität von Rücktrittstheorien Mitsch, 2013, S. 144; vgl. auch Diemer/Schatz/Sonnen, 2011, § 2 JGG Rdn. 10.
[13] Näher Altenhain/Laue, in: MünchKomm-StGB, 2013, § 4 JGG Rdn. 6 ff.; Diemer/Schatz/Sonnen, 2011, § 4 JGG Rdn. 4 f.; Eisenberg, 2014, § 4 Rdn. 5 ff.; Ostendorf, 2013, § 4 Rdn. 4 f.
[14] Brunner/Dölling, 2011, § 1 Rdn. 5; Eisenberg, 2014, § 1 Rdn. 20.
[15] Vgl. Diemer/Schatz/Sonnen, 2011, § 2 JGG Rdn. 9; Eisenberg, 2006, S. 120 f.; Lüderssen, bei Jeßberger/Kreß, 2001, S. 850; ders., 2003, S. 290 ff.; Mitsch, 2013, S. 144; Ostendorf, 2013, § 1 Rdn. 10; Reisenhofer, 2012, S. 29.

verdienen jedoch keinen Beifall. Zunächst bleibt unberücksichtigt, dass es aufgrund des unterschiedlichen Entwicklungsstandes auch während des Jugendalters und daraus resultierender voneinander abweichender Vorstellungsbilder nicht bei einer einzigen jugendspezifischen Auslegungsvariante sein Bewenden haben kann. Vielmehr würde letztlich das Merkmalsverständnis eines jeden einzelnen Täters auf die Auslegung des objektiven Tatbestands zurückwirken – ein Ergebnis, welches sich mit den Prinzipien der Rechtssicherheit und Vorhersehbarkeit staatlichen Strafens und damit auch der Internalisierung des Strafrechts nicht in Einklang bringen ließe. Außerdem bedarf es eines solch komplizierten Weges gar nicht, weil durch die sorgfältige Prüfung subjektiver Merkmale[16] sowie der Vorschriften über Tatbestands- und Verbotsirrtum (§ 2 Abs. 2 JGG, §§ 16, 17 StGB) wie auch der Voraussetzungen des § 3 JGG entwicklungsbedingt abweichenden Vorstellungen sowie jugendlicher Unwissenheit in hinreichender Weise Rechnung getragen werden kann.[17]

3.2.1 Bedingte Strafmündigkeit

65 Nach § 3 S. 1 JGG ist ein Jugendlicher strafrechtlich verantwortlich, „wenn er zur Zeit der Tat nach seiner sittlichen und geistigen Entwicklung reif genug ist, das Unrecht der Tat einzusehen und nach dieser Einsicht zu handeln."[18] Man spricht insoweit von **bedingter Strafmündigkeit**. Anders als bei Erwachsenen wird nicht im Grundsatz vom Vorliegen der Schuldfähigkeit ausgegangen, die nur unter einem der in §§ 20, 21 StGB vorausgesetzten Ausnahmetatbestände beeinträchtigt sein kann. Vielmehr müssen Einsichts- und Handlungsfähigkeit gem. § 3 S. 1 JGG bei jugendlichen Delinquenten ausdrücklich geprüft und im Urteil positiv festgestellt werden. Das gilt auch dann, wenn das Verfahren gegen einen Jugendlichen vor einem für allgemeine Strafsachen zuständigen Gericht geführt wird, § 104 Abs. 1 Nr. 1 JGG. Denn aufgrund jugendlicher Unwissenheit und Unsicherheit fehlt es nicht selten an einer dieser Voraussetzungen, die erst im Verlauf des Sozialisationsprozesses erworben werden müssen. Es handelt sich bei § 3 JGG trotz seiner positiv gewendeten Formulierung im Ergebnis um einen **speziellen Schuldausschließungsgrund**,[19] der neben der Regel des § 20 StGB seinen eigenen Anwendungsbereich findet und im Gutachten auch im Bereich der Schuld zu prüfen ist.

66 Der **Praxis** wird vielfach vorgeworfen, sie mache sich die Prüfung von § 3 JGG zu leicht und bejahe die Einsichts- und Handlungsfähigkeit jugendlicher Delinquenten mit schematischen Erwägungen ohne hinreichende Würdigung des Einzelfalls[20] und ohne die Einholung

---

[16] Für § 211 StGB vgl. Eisenberg, 2013, S. 37.

[17] Wie hier Altenhain/Laue, in: MünchKomm-StGB, 2013, § 2 JGG Rdn. 23 ff.; Brunner/Dölling, 2011, § 2 Rdn. 11; Laubenthal, 2002, S. 813; HK-JGG/Rössner, 2014, § 2 Rdn. 25; Schaffstein/Beulke, 2002, S. 62; ablehnend Ostendorf, 2013a, S. 46; zum Problem ferner LG Ravensburg, NStZ-RR 2007, S. 354; Eisenberg, 2012, S. 23; ders., 2014, § 1 Rdn. 24 ff.; Streng, 2012, S. 24; Walter/Kubink, 1995, S. 53; Zieger, 2013, S. 36 f.

[18] Zum Diskussionsstand Köhnken/Bliesener/Ostendorf u. a., 2012, S. 131 ff.

[19] Vgl. Nix, 2011, S. 417; Schaffstein/Beulke, 2002, S. 63; Streng, 2012, S. 27; Weber S., 2011, S. 78 f.; a. A. Altenhain/Laue, in: MünchKomm-StGB, 2013, § 3 JGG Rdn. 5.

[20] Siehe Barnikol, 2012, S. 227 ff., 242 f.; Köhnken/Bliesener/Ostendorf u. a., 2012, S. 143 zum bestimmenden Einfluss entwicklungspsychologischer Alltagstheorien; ferner beispielhaft die Beurteilung der Sachlage durch BGH, NStZ 2007, S. 523 einerseits und Eisenberg/Schmitz, 2008, S. 95 andererseits.

3.2 Die Verantwortlichkeit der Jugendlichen (§ 3 JGG)

sachverständigen (entwicklungspsychologischen[21] bzw. jugendpsychiatrischen) Rates.[22] Eine Befragung von Jugendrichtern ergab, dass fast die Hälfte der 76 Auskunftspersonen noch nie die Verantwortungsreife verneint und ein knappes Drittel deren Voraussetzungen niemals ausführlich geprüft hatte.[23] Allerdings bleibt auch die Jugendgerichtshilfe nach § 38 Abs. 2 S. 1 und 2 JGG berufen, entsprechende Feststellungen zu treffen. In einfach gelagerten Fällen wird ihr Bericht es dem Richter zusammen mit seiner eigenen Sachkunde gestatten, selbst ohne die Beauftragung eines Sachverständigen über die Voraussetzungen des § 3 JGG zu entscheiden.[24] Zudem mag die Einholung eines Sachverständigengutachtens in derartigen Konstellationen im Hinblick auf die Belastung des Delinquenten, die Verzögerung des Verfahrens sowie das Auflaufen nicht unerheblicher Kosten unverhältnismäßig sein.[25] Auch das **Alter** des Jugendlichen ist insoweit nicht ohne Bedeutung. Je eher sich dieses demjenigen der Volljährigkeit nähert, als desto wahrscheinlicher gilt das Vorliegen von Einsichts- und Handlungsfähigkeit. Zwar befreit dieser Grundsatz nicht von der individuellen Prüfung. Bei einem 14- oder 15-jährigen Beschuldigten wird sich der Richter aber regelmäßig weniger auf seinen eigenen Sachverstand verlassen dürfen als bei einem 17-jährigen.[26] Im Schrifttum findet sich demgegenüber die Befürchtung ausgesprochen, bei jungen Intensivtätern, die bereits in kindlichem Alter eine Vielzahl von Delikten verübt haben, werde nach Erreichen des 14. Lebensjahres schon mangels adäquater Jugendhilfeangebote ohne weiteres die Strafmündigkeit bejaht, um endlich reagieren zu können.[27]

Selbst bei Inanspruchnahme sachverständigen Rates bleibt aber festzuhalten: Die **Entscheidung** über die strafrechtliche Verantwortlichkeit des jungen Menschen **trifft der Richter**, nicht der Gutachter, der dem Gericht hierbei lediglich durch Vermittlung der besonderen Kenntnisse seines Fachgebiets und deren Anwendung auf den konkreten Fall Hilfe leisten soll.[28] Gleichwohl dürfte es sich in der Praxis – nicht anders als bei der Prüfung der Voraussetzungen des § 20 StGB – so verhalten, dass die Gerichte regelmäßig den Sachverständigen und ihren Ergebnissen folgen.[29]

Der **relevante Zeitpunkt**, zu dem Einsichts- und Steuerungsfähigkeit gegeben sein müssen, ist derjenige **der Tat**. Das ergibt sich ausdrücklich aus dem Wortlaut des § 3 S. 1 JGG, liegt aber ebenso im Hinblick auf das verfassungsrechtlich anerkannte Schuldprinzip nahe. Hierin zeigt sich wiederum, dass das Jugendstrafrecht echtes Strafrecht unter Geltung rechtsstaatlicher Garantien darstellt. Einem nur auf Erziehung ausgerichteten Recht würde es nämlich eher entsprechen, auf den Zeit-

---

[21] So Ostendorf, 1986, S. 667 f.; Weber S., 2011, S. 89.
[22] Vgl. Albrecht P.-A., 2000, S. 99 f.; Bohnert, 1988, S. 250; Brunner/Dölling, 2011, § 3 Rdn. 3; Eisenberg, 2014, § 3 Rdn. 10; Ostendorf, 2013, Grdl. z. § 3 Rdn. 4; Schaffstein/Beulke, 2002, S. 63 f.; relativierend Petersen, 2008, S. 101; Schöch, 2001a, S. 137 f.; HK-GS/Verrel/Linke, 2013, § 19 StGB Rdn. 5; zum Vorgehen des Sachverständigen HK-JGG/Remschmidt/Rössner, 2014, § 3 Rdn. 35 ff.; zu Fragestellungen für die Jugendgerichtshilfe Nix, 2011, S. 419 f.
[23] Barnikol, 2012, S. 175, 231.
[24] Dazu OLG Hamm, NStZ-RR 2007, S. 124.
[25] Näher Kap. 5.1.1.2; krit. Altenhain/Laue, in: MünchKomm-StGB, 2013, § 3 JGG Rdn. 19.
[26] Siehe Eisenberg, 2014, § 3 Rdn. 22; Meier/Rössner/Schöch, 2013, S. 91; Ostendorf, 2013, § 3 Rdn. 5.
[27] In diesem Sinne Streng, 2012, S. 31.
[28] Dazu BGHSt. 7, S. 238 ff.; BGH, StrVert 2000, S. 19.
[29] Vgl. Streng, 2012, S. 30.

punkt der Urteilsfällung abzuheben.[30] Dieser spielt aber an dieser Stelle keine Rolle. Hat der Jugendliche im Zeitpunkt zwischen Tatbegehung und Aburteilung die Einsichts- und Handlungskompetenz mittlerweile erlangt, berührt dies also nicht das Fehlen seiner Verantwortlichkeit zur Tatzeit. Nach Verstreichen eines nicht nur unerheblichen Zeitraums zwischen Delinquenz und Entscheidungsfindung gilt es bei der Prüfung der Voraussetzungen des § 3 JGG die Möglichkeit einer **Nachreife** in Rechnung zu stellen.[31]

3.2.1.1 Die Einsichtsfähigkeit

68 Die Einsicht in das Unrecht der Tat setzt zweierlei voraus: **Verstandesreife und sittliche Reife**. Der Jugendliche muss intellektuell in der Lage sein, das Unrecht seines Handelns zu erkennen, und diese Erkenntnis ethisch-gefühlsmäßig nachvollziehen können. Einer Kenntnis der konkret verletzten Strafnorm bedarf es dabei nicht; es genügt das Bewusstsein, etwas (straf)rechtlich nicht Erlaubtes zu tun. Deshalb reicht es nicht, wenn der Delinquent sein Verhalten nur als unmoralisch oder unsittlich beurteilt.[32]

69 Die Einsichtsfähigkeit kann **teilbar** sein.[33] Sie darf deshalb nicht allgemein geprüft werden, sondern muss im Hinblick auf jede einzelne Rechtsverletzung festgestellt sein. Das gilt nicht nur dann, wenn ein Jugendlicher durch mehrere Handlungen gegen (unterschiedliche) Straftatbestände verstoßen hat, sondern auch bei Ideal- und Gesetzeskonkurrenz. Die Einsichtsfähigkeit mag hinsichtlich einer Rechtsverletzung vorliegen, hinsichtlich einer anderen aber ausscheiden.

> **Beispiele**
>
> Der 14-jährige J hat einen Diebstahl und einige Tage später einen Betrug verübt. War ihm klar, dass man keine fremden Sachen wegnehmen darf, vermochte er aber die Abgrenzung zwischen dem Ausnutzen einer günstigen Gelegenheit und der strafrechtlich relevanten Täuschung nicht nachzuvollziehen, liegt strafrechtliche Verantwortlichkeit nur hinsichtlich seiner ersten Tat vor. – J, der soeben 14 Jahre alt geworden ist, nötigt seine gerade noch 13-jährige Freundin mit Gewalt zur Vornahme sexueller Handlungen. Auch wenn J durchaus bewusst ist, dass die Rechtsordnung derlei Gewalthandlungen nicht billigt, kann ihm aufgrund des geringen Altersunterschieds doch die Einsicht fehlen, dass er zugleich ein Kind

---

[30] So Streng, 2012, S. 30.

[31] Vgl. Diemer/Schatz/Sonnen, 2011, § 3 JGG Rdn. 19; Meier/Rössner/Schöch, 2013, S. 92; Ostendorf, 2013, § 3 Rdn. 11.

[32] Dazu Brunner/Dölling, 2011, § 3 Rdn. 4; Eisenberg, 2014, § 3 Rdn. 15 f.; Ostendorf, 2013, § 3 Rdn. 7; krit. Bohnert, 1988, S. 250 f. Zur Beurteilung auf entwicklungspsychologischer Grundlage näher Barnikol, 2012, S. 25 ff.; Klosinski, 2008, S. 164 ff.; Nunner-Winkler, 2008, S. 148 ff.; HK-JGG/Remschmidt/Rössner, 2014, § 3 Rdn. 23 ff.

[33] Siehe BGH, ZJJ 2005, S. 205, mit Kritik bei Böhm, 2005, S. 289; Altenhain/Laue, in: Münch-Komm-StGB, 2013, § 3 JGG Rdn. 11; Brunner/Dölling, 2011, § 3 Rdn. 6; Eisenberg, 2014, § 3 Rdn. 5 ff.

sexuell missbraucht hat: Strafmündigkeit nur bezüglich der Verletzung von § 177 Abs. 1 StGB, nicht aber im Hinblick auf die Zuwiderhandlung gegen § 176 StGB.

Typische Lebensumstände, die besonderen Anlass geben, die Einsichtsfähigkeit genau zu untersuchen, sind insbesondere eine ausländische Abstammung des jungen Rechtsbrechers, wenn er den kulturellen Anschauungen des Herkunftslandes verhaftet blieb und sie von den hiesigen stark abweichen, ferner Sozialisationsdefizite infolge von Erziehungsmängeln, egal ob diese durch die Eltern oder die Unterbringung in Heimen oder anderen Institutionen hervorgerufen wurden.[34]

3.2.1.2 Die Handlungsfähigkeit

Das Vorliegen der Fähigkeit, die gewonnene Einsicht umzusetzen, wird durch die Bejahung der Einsichtsfähigkeit keineswegs indiziert.[35] Diese **Steuerungsfähigkeit** kann nämlich fehlen, selbst wenn der Jugendliche das Unerlaubte seines Tuns zu erkennen vermag. Von einem jungen Menschen lässt sich noch nicht in jedem Fall erwarten, unter den verschiedenen Antriebsgründen und Impulsen, die in ihm wirken, demjenigen der Rechtstreue den Vorrang einzuräumen. Man geht davon aus, dass das Fehlverhalten eines Jugendlichen deshalb eher hingenommen werden kann und wegen seiner geringeren Reife den Bestand und die Anerkennung der (Straf-)Rechtsordnung nicht entscheidend zu gefährden vermag.[36] Der BGH folgert allerdings – in durchaus zweifelhafter Weise – aus dem Wortlaut „reif genug" in § 3 S. 1 JGG, dass eine defizitäre Handlungsreife nicht per se der Verantwortlichkeit entgegenstehe.[37]

Typische Fälle, in denen die Handlungsfähigkeit fehlen kann, sind etwa die Verübung von Sexualdelikten infolge des starken Geschlechtstriebs während der Pubertät oder die Begehung von Straftaten unter dem bestimmenden Einfluss übermächtiger Bezugspersonen.[38]

70

71

72

Beispiele

Der 15-jährige J soll mit seinem Vater auf Diebestour gehen. Er sieht zwar ein, dass hier Unrecht getan wird, vermag der Autorität des Vaters aber keinen hinreichenden Widerstand entgegenzusetzen. – Der 14-jährige A gehört einer Bande von Jugendlichen und jungen Volljährigen an, die aus Anlass von Fußballspielen randaliert und Körperverletzungen zum Nachteil der Anhänger gegnerischer Vereine verübt. A erkennt das Unrecht des Tuns, kann dem Gruppendruck aber nicht standhalten und beteiligt sich deshalb an den Straftaten.

---

[34] Näher Diemer/Schatz/Sonnen, 2011, § 3 JGG Rdn. 17; Eisenberg, 2014, § 3 Rdn. 27 ff.; Ostendorf, 2013, § 3 Rdn. 7.
[35] Anders Bohnert, 1988, S. 255.
[36] Ausführlich Streng, 2012, S. 29.
[37] So BGH, NStZ 2013, S. 286; krit. Eisenberg, 2013a, S. 348.
[38] Dazu OLG Hamm, NStZ-RR 2007, S. 123; Eisenberg, 2014, § 3 Rdn. 24 f.; Schaffstein/Beulke, 2002, S. 65.

3.2.2 Reaktionsmöglichkeiten bei fehlender Verantwortlichkeit

73 § 3 S. 2 JGG gestattet es dem Jugendrichter, zur Erziehung eines Jugendlichen, der mangels Einsichts- oder Handlungsfähigkeit i. S. d. § 3 S. 1 JGG nicht strafrechtlich verantwortlich ist, dieselben Maßnahmen anzuordnen wie das Familiengericht. Die Vorschrift erlangt für den Fall Bedeutung, in dem das Fehlen der Strafmündigkeit erst in der Hauptverhandlung offenkundig wird, und dient dazu, einen als erzieherisch problematisch angesehenen **Freispruch ohne flankierende Maßnahmen zu vermeiden**.[39] Das setzt aus Gründen der Verhältnismäßigkeit nicht unerhebliches Fehlverhalten voraus.[40] § 3 S. 2 JGG **erweitert** lediglich die **Zuständigkeit** des Jugendrichters; die materiellen Voraussetzungen der familiengerichtlichen Maßnahmen müssen erfüllt sein, so dass der Richter sie zu prüfen hat.[41] Das pflichtgemäß auszuübende Ermessen des Jugendrichters beschränkt sich auf die Erwägung, ob er danach von seiner Anordnungskompetenz Gebrauch machen oder es bei der Zuständigkeit des Familiengerichts bewenden lassen möchte.[42]

74 **Zulässige Maßnahmen** i. S. d. § 3 S. 2 JGG sind insbesondere die folgenden:

- Regelungen des Aufenthaltsbestimmungsrechts oder anderer Bestandteile des Personensorgerechts bis hin zu dessen teilweiser oder vollständiger Entziehung, §§ 1666, 1666a BGB,
- Bestellung eines Pflegers zur Wahrnehmung der Angelegenheiten, für die den Eltern das Personensorgerecht entzogen wurde, § 1909 BGB.

In Betracht kommt ferner ein Zugriff auf folgende **Maßnahmen nach dem SGB VIII**:[43]

- Erziehungsbeistandschaft, §§ 27, 30 SGB VIII, wobei der Erziehungsbeistand nicht durch den Jugendrichter, sondern vom Jugendamt bestellt wird,
- Heimerziehung bzw. Unterbringung in einer sonstigen betreuten Wohnform, §§ 27, 34 SGB VIII,
- Inanspruchnahme von Familienhilfe, §§ 27, 31 SGB VIII sowie
- Erziehung in einer Tagesgruppe oder in Vollzeitpflege, §§ 27, 32, 33 SGB VIII.

---

[39] Siehe Schaffstein/Beulke, 2002, S. 67; Streng, 2012, S. 31 f.
[40] Näher HK-JGG/Remschmidt/Rössner, 2014, § 3 Rdn. 43 f.
[41] Brunner/Dölling, 2011, § 3 Rdn. 16; Eisenberg, 2014, § 3 Rdn. 42; Ostendorf, 2013, § 3 Rdn. 19; Streng, 2012, S. 32 f.
[42] Vgl. Brunner/Dölling, 2011, § 3 Rdn. 16; Diemer/Schatz/Sonnen, 2011, § 3 JGG Rdn. 35; enger Altenhain/Laue, in: MünchKomm-StGB, 2013, § 3 JGG Rdn. 34.
[43] Wie hier Albrecht P.-A., 2000, S. 100 f.; Böhm/Feuerhelm, 2004, S. 42; Diemer/Schatz/Sonnen, 2011, § 3 JGG Rdn. 36; Eisenberg, 2014, § 3 Rdn. 42; Ostendorf, 2013, § 3 Rdn. 19; Schaffstein/Beulke, 2002, S. 66; Streng, 2012, S. 32; anders Brunner/Dölling, 2011, § 3 Rdn. 16; vgl. ferner OLG Frankfurt, ZfJ 1993, S. 561.

Anordnungen nach § 3 S. 2 JGG werden in dem freisprechenden Urteil – in dem deshalb die Tatumstände festgestellt werden müssen – getroffen und nach den Vorschriften des JGG bzw. der StPO angefochten.[44]

3.2.3 Verhältnis von § 3 JGG zu den allgemeinen Vorschriften des StGB

Im Zusammenhang mit § 3 JGG bleibt zum einen die Anwendbarkeit der Irrtumsregelungen in §§ 16, 17 StGB zu bedenken, zum anderen die Frage nach dem Verhältnis der Norm zu den Bestimmungen über die Schuldunfähigkeit bzw. eingeschränkte Schuldfähigkeit, §§ 20, 21 StGB.

75

3.2.3.1 Das Verhältnis zu den Irrtumsregelungen (§§ 16, 17 StGB)

Der **Tatbestandsirrtum** gem. § 16 StGB steht prinzipiell in keiner Verbindung mit der Verantwortlichkeit nach § 3 JGG. Letztere erlangt keine Relevanz, wenn der junge Täter einen Umstand nicht kennt, der zum gesetzlichen Tatbestand gehört. Kommt allerdings gem. § 16 Abs. 1 S. 2 StGB Fahrlässigkeitsstrafbarkeit in Betracht, ist unter Heranziehung der Kriterien des § 3 JGG genau zu prüfen, ob der Delinquent für seinen Irrtum die Verantwortung trägt oder dieser auf jugendtümlicher Unwissenheit bzw. Unerfahrenheit beruht.[45]

76

Umstritten ist die Bedeutung der Bestimmung zur Verantwortlichkeit in § 3 JGG neben derjenigen über den **Verbotsirrtum** nach § 17 StGB. Nach einer Auffassung soll § 17 StGB von § 3 JGG verdrängt werden,[46] nach der gegenteiligen Meinung § 3 S. 1 JGG gegenüber § 17 StGB keine eigenständige Bedeutung erlangen, weil die Einsichtsfähigkeit nach § 3 JGG nicht trotz tatsächlich gegebener Unrechtseinsicht fehlen könne.[47] Dabei bleibt allerdings außer Acht, dass § 3 S. 1 JGG auf die Reife zur Einsicht und damit auf die Einsichtsfähigkeit abstellt, während für § 17 StGB die tatsächliche Unrechtseinsicht entscheidend ist.[48] An letzterer kann es aber auch dem einsichtsfähigen jungen Rechtsbrecher mangeln, etwa aufgrund einer unrichtigen Rechtsauskunft. § 3 JGG und § 17 StGB finden damit im Sinne einer dritten Position nebeneinander Anwendung.[49]

77

---

[44] Näher Brunner/Dölling, 2011, § 3 Rdn. 16; Diemer/Schatz/Sonnen, 2011, § 3 JGG Rdn. 39; Eisenberg, 2014, § 3 Rdn. 59; a.A. Bohnert, 1988, S. 255.

[45] Dazu Brunner/Dölling, 2011, § 3 Rdn. 12; Diemer/Schatz/Sonnen, 2011, § 3 JGG Rdn. 21; Eisenberg, 2014, § 3 Rdn. 31; Nix, 2011, S. 421; HK-JGG/Remschmidt/Rössner, 2014, § 3 Rdn. 28.

[46] In diesem Sinne Altenhain/Laue, in: MünchKomm-StGB, 2013, § 3 JGG Rdn. 23 f.

[47] Siehe Bohnert, 1988, S. 252 ff.; dagegen Chan Mora, 2012, S. 73 ff.

[48] Vgl. Nix, 2011, S. 421; Streng, 1997, S. 381; ders., 2012, S. 28.

[49] Wie hier Böhm/Feuerhelm, 2004, S. 39; Brunner/Dölling, 2011, § 3 Rdn. 13; Eisenberg, 2014, § 3 Rdn. 32; Ostendorf, 2013, § 3 Rdn. 2; HK-JGG/Remschmidt/Rössner, 2014, § 3 Rdn. 29; Streng, 2012, S. 29; Zieger, 2013, S. 41; i. Erg. auch Diemer/Schatz/Sonnen, 2011, § 3 JGG Rdn. 22; ferner Walter/Kubink, 1995, S. 57 ff.

Nach dem Gesagten gilt für die **Prüfungsreihenfolge**, dass § 3 S. 1 JGG vor § 17 StGB zu erörtern ist.[50] Bei der Untersuchung der Unvermeidbarkeit eines Verbotsirrtums dürfen die Anforderungen im Hinblick auf die noch nicht abgeschlossene Sozialisation des jungen Rechtsbrechers nicht überspannt werden.[51]

3.2.3.2 Das Verhältnis zu §§ 20 und 21 StGB

78 § 3 JGG deckt nicht alle Fälle fehlender Schuldfähigkeit bei einem jungen Rechtsbrecher ab, so dass daneben **auch § 20 StGB Anwendung finden** kann. Denn für § 3 JGG ist die Entwicklungsreife des Jugendlichen entscheidend, während § 20 StGB Störungen pathologischer Art erfasst.[52] Gemeinsam ist beiden Vorschriften, dass sie die Schuldfähigkeit betreffen und biologische mit psychologisch-normativen Faktoren verknüpfen. Reifemängel i. S. d. § 3 JGG sind nur solche, von deren Verschwinden im weiteren Verlauf des Sozialisationsprozesses selbst ohne Heilbehandlung ausgegangen werden kann, während die Defizite des § 20 StGB von der Entwicklung unabhängig und meist ohne Therapie dauerhaft vorhanden bleiben (Ausnahme: akute Intoxikationspsychosen in Folge von Alkohol- bzw. Rauschmittelkonsum[53]).[54]

> Die Anwendbarkeit von §§ 20, 21 StGB auch im Jugendstrafrecht lässt sich nicht nur mit § 2 Abs. 2 JGG belegen, sondern auch auf § 7 Abs. 1 JGG stützen. Die Unterbringung im psychiatrischen Krankenhaus (§ 63 StGB) kann nicht bei fehlender Verantwortlichkeit gem. § 3 S. 1 JGG, sondern nur auf der Basis der §§ 20, 21 StGB erfolgen.

79 In Betracht kommt auch eine **Konkurrenz** der Bestimmungen. So ist es möglich, dass mangelnde Verantwortlichkeit gem. § 3 JGG und eines der in § 20 StGB erfassten Defizite zusammentreffen, etwa im Fall von Schwachsinn oder Hirnschädigungen. Im Einzelnen gilt:

- Stellt sich die fehlende Schuld allein als Folge einer **Entwicklungsstörung** dar und kann mit einer Nachreifung gerechnet werden, findet nur § 3 JGG Anwendung.
- Beruht die Schuldunfähigkeit auf einem **pathologischen Zustand**, mit dessen Besserung im Wege der Reifung nicht zu rechnen ist (etwa angeborene Debilität), kommt nur § 20 StGB zur Geltung.
- Lässt sich nicht feststellen, ob die Schuldunfähigkeit nur auf fehlender Altersreife oder daneben noch auf einer der in § 20 StGB aufgezählten Störungen beruht,

---

[50] So Albrecht P.-A., 2000, S. 102; Böhm/Feuerhelm, 2004, S. 39; Brunner/Dölling, 2011, § 3 Rdn. 13; Eisenberg, 2014, § 3 Rdn. 32; Putzke/Feltes, 2012, S. 22.

[51] Ähnlich Eisenberg, 2014, § 3 Rdn. 32; Nix, 2011, S. 421; Ostendorf, 2013, § 3 Rdn. 2; Streng, 2012, S. 28; siehe auch Chan Mora, 2012, S. 333 ff.; anders Diemer/Schatz/Sonnen, 2011, § 3 JGG Rdn. 9, 24.

[52] Zu § 20 StGB aus jugendpsychiatrischer Sicht Klosinski, 2008, S. 166 f. m. w. Nachw.

[53] Dazu Gabber, 2007, S. 169 f.

[54] Vgl. Brunner/Dölling, 2011, § 3 Rdn. 10; Meier/Rössner/Schöch, 2013, S. 94 f.; Schaffstein/Beulke, 2002, S. 67; Streng, 1997, S. 380; ders., 2012, S. 33 f.

3.2 Die Verantwortlichkeit der Jugendlichen (§ 3 JGG)

hat es **in dubio pro reo** mit § 3 JGG sein Bewenden. Die Reaktionsmöglichkeiten des § 3 S. 2 JGG erscheinen gegenüber der Unterbringung nach § 63 StGB als das mildere Mittel.[55]

Umstritten ist die Lösung in den Fällen, in denen bei dem jungen Rechtsbrecher 80 sowohl Anzeichen einer Reifeverzögerung als auch solche eines entwicklungsunabhängigen, pathologischen Defizitzustands festgestellt werden können. Nach einer Auffassung soll § 20 StGB zur Anwendung kommen mit der Konsequenz, dass die Unterbringungsmöglichkeit nach § 63 StGB eröffnet ist,[56] nach einer weiteren Position dem Gericht ein Wahlrecht zwischen den Sanktionsmöglichkeiten gem. § 3 S. 2 JGG und denen nach §§ 20, 63 StGB zustehen.[57] Beiden Lösungsansätzen liegt ersichtlich das Bestreben zugrunde, gegen gefährliche junge Täter auch bei fehlender Verantwortungsreife im Wege der Unterbringung in einem psychiatrischen Krankenhaus einschreiten zu können. Vorzugswürdig erscheint jedoch die dritte Meinung, die nur den Rechtsfolgen des **§ 3 JGG den Vorrang** einräumt.[58] Dafür spricht nicht nur der Grundsatz der Verhältnismäßigkeit staatlicher Reaktion. Auch gestattet der Wortlaut des § 3 S. 2 JGG in Fällen eines Jugendlichen, der mangels Reife strafrechtlich nicht verantwortlich ist, lediglich die Anordnung familiengerichtlicher Maßnahmen. Dabei wird nicht vorausgesetzt, dass die fehlende Reife den einzigen Grund für den Strafausschluss bildet, weshalb man mit der Anwendung von §§ 20, 63 StGB gegen das Analogieverbot (Art. 103 Abs. 2 GG) verstoßen würde. Zudem lässt sich die Einweisung in die Psychiatrie gegebenenfalls auf der Basis der Unterbringungsgesetze der Länder bewerkstelligen.[59]

Für die **Prüfungsreihenfolge** ergibt sich nach der hier vertretenen Lösung das Erfordernis, zunächst § 3 S. 1 JGG zu erörtern.[60] Fehlt die Verantwortungsreife, kommt es auf die Voraussetzungen des § 20 StGB nicht mehr an.

Keine Probleme wirft die **Anwendung von § 21 StGB** neben § 3 JGG auf. 81 Schuldunfähigkeit nach § 3 JGG kann nicht mit (der Strafzumessungsregel) ver-

---

[55] Siehe Brunner/Dölling, 2011, § 3 Rdn. 10a; Diemer/Schatz/Sonnen, 2011, § 3 JGG Rdn. 30; Eisenberg, 2014, § 3 Rdn. 40; Weber S., 2011, S. 97 f.
[56] Brunner/Dölling, 2011, § 3 Rdn. 10; Diemer/Schatz/Sonnen, 2011, § 3 JGG Rdn. 28 f.
[57] In diesem Sinne BGHSt. 26, S. 67 ff.; OLG Jena, NStZ-RR 2007, S. 218 f.; Gabber, 2007, S. 172; Meier/Rössner/Schöch, 2013, S. 95; HK-JGG/Remschmidt/Rössner, 2014, § 3 Rdn. 34; Schaffstein/Beulke, 2002, S. 68; Schönke/Schröder/Perron/Weißer, 2014, § 20 Rdn. 44; Streng, 2012, S. 34 f.; HK-GS/Verrel/Linke, 2013, § 19 StGB Rdn. 12; Weber S., 2011, S. 96; Wenn, 1995, S. 59.
[58] Dafür Albrecht P.-A., 2000, S. 102; Altenhain/Laue, in: MünchKomm-StGB, 2013, § 3 JGG Rdn. 27; Böhm/Feuerhelm, 2004, S. 45 f.; Eisenberg, 2014, § 3 Rdn. 39; Putzke/Feltes, 2012, S. 22; Wiese, 2010, S. 317 f.; Zieger, 2013, S. 42; i. Erg. auch Ostendorf, 2013, § 3 Rdn. 20; Reisenhofer, 2012, S. 40 f.
[59] Vgl. OLG Karlsruhe, NStZ 2000, S. 485; Böhm/Feuerhelm, 2004, S. 45; zu den Voraussetzungen auch BVerfG, NJW 2007, S. 3560 ff.
[60] So auch Nix, 2011, S. 420; Reichling, 2008, S. 69; a. A. Brunner/Dölling, 2011, § 3 Rdn. 10; Diemer/Schatz/Sonnen, 2011, § 3 JGG Rdn. 27; vgl. ferner Rupp-Diakojanni, 1990, S. 66; Streng, 1997, S. 381; ders., 2012, S. 34.

minderter Schuldfähigkeit gem. § 21 StGB zusammentreffen.[61] Lässt sich die Verstandesreife laut § 3 S. 1 JGG bejahen, mag daneben gleichwohl die Schuldfähigkeit i. S. d. § 21 StGB erheblich vermindert sein, etwa in Fällen hochgradiger Alkoholisierung des jungen Rechtsbrechers.[62] Über § 7 Abs. 1 JGG wird dann der Weg zu den Unterbringungsmöglichkeiten der §§ 63 und 64 StGB eröffnet.

> **Beispiel**[63]
>
> Der zur Tatzeit 14 Jahre und acht Monate alte A beschäftigte sich in seiner Freizeit seit seinem zwölften Lebensjahr fast ausschließlich mit dem Betrachten brutaler Horrorvideos sowie damit, Masken und Kostüme von Horrorfilmfiguren herzustellen und sich mit ihnen zu verkleiden. Sein besonderes Interesse galt der Figur „Jason" aus der Serie „Freitag, der 13.", in welcher der „Held" wahllos auf bestialische Weise Menschen ermordet. Diese Filme waren nicht für Minderjährige freigegeben. A zog fast täglich das Kostüm des „Jason" an und erschreckte seine fünf Jahre jüngere Cousine, die das „Spiel" nicht durchschaute, sondern an das Auftreten der „echten" Filmfigur glaubte. Weder die Eltern noch andere erwachsene Mitglieder des Familienverbandes nahmen am Verhalten des A Anstoß oder versuchten, auf ihn einzuwirken. Am Tattag wollte A – mit Buschmesser und Beil bewaffnet – wieder als „Jason" seine Cousine erschrecken. Sein Großvater schickte ihn vor dem Haus jedoch verärgert weg, was die Cousine sah. Da A nicht wollte, seine Cousine würde glauben, „Jason" ließe sich einfach von einer anderen Person verjagen, kehrte er zurück, nachdem der Großvater sich entfernt hatte, und betrat das Haus. Überraschenderweise traf er dort jedoch nicht nur seine Cousine, sondern auch eine Nachbarin an. Weil A befürchtete, diese werde ihn lächerlich machen, sah er keine andere Möglichkeit, als das Rollenspiel fortzusetzen. Um seine Enttarnung durch die Nachbarin zu vermeiden, versetzte er ihr zwei Schläge mit dem Messer und verletzte sie. Sodann schlug er der Cousine zweimal mit dem Beil auf den Kopf, wodurch sie lebensgefährliche Verletzungen erlitt. Daraufhin floh A, bat anschließend jedoch seine Eltern, Hilfe zu holen.
>
> Das LG[64] wertete den Angriff auf die Nachbarin als gefährliche Körperverletzung, denjenigen auf die Cousine als versuchtes Tötungsdelikt. Die Verantwortlichkeit des A nach § 3 S. 1 JGG bejahte die Jugendkammer.[65] Einsichtsfähigkeit liege bei A vor, da seine Entwicklung grundsätzlich altersgemäß verlaufen sei. Zudem habe er das Irreale der Horrordarstellungen erkannt und die Unvereinbar-

---

[61] Wie hier Altenhain/Laue, in: MünchKomm-StGB, 2013, § 3 JGG Rdn. 29 f.; Eisenberg, 2014, § 3 Rdn. 34; Nix, 2011, S. 420; Ostendorf, 2013, § 3 Rdn. 4; HK-JGG/Remschmidt/Rössner, 2014, § 3 Rdn. 32; Schaffstein/Beulke, 2002, S. 68; HK-GS/Verrel/Linke, 2013, § 19 StGB Rdn. 12; anders BGHSt. 26, S. 67 ff.; Diemer/Schatz/Sonnen, 2011, § 3 JGG Rdn. 28; Gabber, 2007, S. 173; Streng, 2012, S. 34.

[62] Zu den Besonderheiten der Strafzumessung in diesem Fall Kap. 9.5.3.

[63] Nach LG Passau, NJW 1997, S. 1165 f.

[64] LG Passau, NJW 1997, S. 1166.

[65] Kritisch dazu Eisenberg, 1997, S. 1137 f.; Laue, 1999, S. 639 f.

keit des gespielten Verhaltens mit der Rechtsordnung sei ihm bewusst gewesen. Die Handlungsfähigkeit des A folgerte das Gericht aus seinen Überlegungen vor der Tat, der gegenüber den filmischen Vorbildern abweichenden Tatausführung sowie dem Nachtatverhalten. Die Kammer nahm jedoch weiter eine erhebliche Verminderung der Steuerungsfähigkeit i. S. d. § 21 StGB aufgrund des suchtartigen Konsums von Horrorvideos vor der Tat und des schweren Erziehungsversagens der erwachsenen Bezugspersonen an. A habe deshalb nicht über sozialadäquate Verhaltensmuster für Konfliktlösungen verfügt und keine Angst mehr vor Gewalttätigkeiten aufgewiesen.

3.3 Die Heranwachsenden im Jugendstrafrecht

Im Dritten Teil des JGG (§§ 105–112 JGG) finden sich **Sondervorschriften** für die Behandlung der Heranwachsenden, also die Gruppe der jungen Täter im Alter von 18 bis unter 21 Jahre, § 1 Abs. 2 JGG. Auf diese finden die Vorschriften des materiellen Jugendstrafrechts der §§ 4 bis 8, 9 Nr. 1, 10, 11 und 13 bis 32 JGG unter bestimmten, sogleich noch zu besprechenden Voraussetzungen entsprechende Anwendung, § 105 Abs. 1 JGG. Hilfe zur Erziehung nach § 12 JGG in Anspruch zu nehmen (§ 9 Nr. 2 JGG), darf dem volljährigen Heranwachsenden nicht auferlegt werden.[66]

Die **weiteren gesetzlichen Regelungen** betreffen folgende Themenkomplexe:

- Den Grundsatz einheitlicher Sanktionierung gem. § 31 Abs. 2 S. 1, Abs. 3 JGG bei vorangegangener rechtskräftiger Verurteilung nach allgemeinem Strafrecht (§ 105 Abs. 2 JGG),[67]
- das Höchstmaß der Jugendstrafe (§ 105 Abs. 3 JGG),[68]
- die Anordnung von Nebenfolgen gem. § 45 StGB (§ 106 Abs. 2 JGG),[69]
- den Vorbehalt der Anordnung von Sicherungsverwahrung und deren nachträgliche Anordnung (§ 106 Abs. 3 bis 7 JGG),[70]
- die Vorschriften über Gerichtsverfassung (§ 107 JGG), gerichtliche Zuständigkeit (§ 108 JGG) und Verfahren (§ 109 JGG),[71]
- Vollstreckung und Vollzug (§ 110 JGG),[72]
- die Beseitigung des Strafmakels (§ 111 JGG)[73] sowie
- das Verfahren gegen Heranwachsende vor den für allgemeine Strafsachen zuständigen Gerichten (§ 112 JGG).[74]

---

[66] Siehe Kap. 7.2.2.
[67] Näher Kap. 6.5.2.
[68] Dazu Kap. 9.5.2.
[69] Siehe Kap. 6.3.1.
[70] Ausführlich Kap. 6.3.2.2.
[71] Im Einzelnen Kap. 4.1.5.
[72] Dazu Kap. 11.
[73] Siehe Kap. 12.2.
[74] Vgl. Kap. 4.1.3.

Im Hinblick auf das **Höchstmaß der Freiheitsstrafe** bei der Anwendung allgemeinen Strafrechts wird dem Gericht Ermessen eingeräumt, an Stelle von lebenslanger Freiheitsstrafe auf eine solche von zehn bis fünfzehn Jahren zu erkennen (§ 106 Abs. 1 JGG). Unter Berücksichtigung der gegen die lebenslange Freiheitsstrafe grundsätzlich bestehenden Bedenken, des Bestrebens der Resozialisierung gerade junger, noch entwicklungsfähiger Rechtsbrecher und des Gedankens positiver Spezialprävention tritt in diesen (seltenen) Fällen der Sühnezweck in den Hintergrund, weshalb bei nicht ungünstiger Sozialprognose regelmäßig von der Milderungsmöglichkeit Gebrauch zu machen ist.[75]

Die Rechtsprechung hat in jüngerer Zeit allerdings eine **strengere Einzelfallprüfung** verlangt. Im sog. „Siegburger Foltermord-Fall", in dem Insassen einer Jugendstrafanstalt einen Mitgefangenen zu Tode gequält hatten, forderte der BGH als Grundlage der Strafmilderung eine tragfähige Tatsachenbasis für die Annahme, dass eine spätere Wiedereingliederung des Täters in die Gesellschaft erwartet werden kann.[76] Das BVerfG hat noch weiter gehend den Ausnahmecharakter des § 106 Abs. 1 JGG und den Sühnegedanken hervorgehoben.[77] Damit wird die bisher überwiegend vertretene Systematik quasi in ihr Gegenteil verkehrt.

> Außerdem lehnt die Judikatur es ab, von § 106 Abs. 1 JGG Gebrauch zu machen, wenn schon nach allgemeinem Strafrecht **lebenslange Freiheitsstrafe nicht in Betracht** kommt. So verhält es sich etwa, wenn infolge verminderter Schuldfähigkeit (§ 21 StGB) oder beim Versuch (§ 23 Abs. 2 StGB) die Strafe nach § 49 Abs. 1 Nr. 1 StGB gemildert wird und an die Stelle lebenslanger Freiheitsstrafe zeitige Strafe nicht unter drei Jahren tritt.[78] Die meisten Vertreter der Literatur befürworten demgegenüber eine doppelte Strafmilderung,[79] obwohl der Wortlaut des § 106 Abs. 1 JGG für diese Sichtweise nichts hergibt. Folgt man dieser Position, kommt § 49 Abs. 1 Nr. 3 StGB zur Anwendung, so dass das Mindestmaß der Freiheitsstrafe sich auf zwei Jahre ermäßigt.

83 Der Heranwachsende ist **ohne weiteres strafmündig**; § 3 JGG findet gem. § 105 Abs. 1 JGG keine Anwendung, so dass dessen Reife nicht besonders festgestellt werden muss (und darf!). Lediglich nach den allgemeinen Bestimmungen der §§ 20 und 21 StGB kann also seine Verantwortlichkeit ausgeschlossen oder eingeschränkt sein. Das gilt selbst dann, wenn der heranwachsende Rechtsbrecher nach seinem Entwicklungsstand noch einem Jugendlichen gleichzusetzen ist (vgl. 105 Abs. 1 Nr. 1 JGG).[80]

---

[75] Vgl. dazu BGHSt. 31, S. 190 f.; BGH, NStZ 1988, S. 498; Altenhain/Laue, in: MünchKomm-StGB, 2013, § 106 JGG Rdn. 6 ff.; Brunner/Dölling, 2011, § 106 Rdn. 1; Diemer/Schatz/Sonnen, 2011, § 106 JGG Rdn. 3 ff.; Eisenberg, 2012a, S. 473; ders., 2014, § 106 Rdn. 4; Ostendorf, 2013, § 106 Rdn. 4; HK-JGG/Rössner, 2014, § 106 Rdn. 3 f.; siehe ferner BGH, StrVert 1994, S. 609; StrVert 2003, S. 222.

[76] Siehe BGH, NJW 2008, S. 3298; krit. Eisenberg, 2008, S. 383 f.; ders., 2014, § 106 Rdn. 4; Freuding, 2010, S. 255; Ostendorf, 2013, § 106 Rdn. 4.

[77] So BVerfG, ZJJ 2009, S. 261; vgl. früher auch BGHSt. 7, S. 355 f.

[78] Vgl. BGH, StrVert 2004, S. 652; ebenso Altenhain/Laue, in: MünchKomm-StGB, 2013, § 106 JGG Rdn. 5; Böhm, 2005, S. 296; Freuding, 2010, S. 253; HK-JGG/Rössner, 2014, § 106 Rdn. 5.

[79] In diesem Sinne Eisenberg, 2014, § 106 Rdn. 3; Ostendorf, 2013, § 106 Rdn. 3; Streng, 2012, S. 39 f.; vgl. auch Brunner/Dölling, 2011, § 106 Rdn. 2.

[80] So BGHSt. 5, S. 209; Eisenberg, 2014, § 3 Rdn. 2; Schaffstein/Beulke, 2002, S. 70.

3.3 Die Heranwachsenden im Jugendstrafrecht

Nach § 105 Abs. 1 JGG kommt eine Anwendung von materiellem Jugendstrafrecht auf Heranwachsende unter **zwei Voraussetzungen** in Betracht:

84

- Entweder ergibt eine Gesamtwürdigung der Täterpersönlichkeit, dass der Heranwachsende zur Tatzeit nach seiner sittlichen und geistigen Entwicklung noch einem Jugendlichen gleichstand (Nr. 1) oder
- es handelt sich nach der Art, den Umständen oder den Beweggründen der Tat um eine Jugendverfehlung (Nr. 2).

In der ersten Konstellation geht es um täterimmanente, persönlichkeitsbezogene Aspekte, während im zweiten Fall die Bewertung der Tat in den Vordergrund tritt.

Der Entscheidung über die Anwendbarkeit von materiellem Jugend- oder Erwachsenenstrafrecht kommt **erhebliche praktische Bedeutung** zu, nachdem die Zahl der straffälligen Heranwachsenden höher liegt als diejenige der jugendlichen Rechtsbrecher. So standen etwa im Jahr 2012 96 348 Heranwachsende im Vergleich zu 75 001 Jugendlichen vor Gericht.[81] Dabei geht das Gesetz trotz der Formulierung spezieller Voraussetzungen für das Eingreifen des jugendstrafrechtlichen Instrumentariums nicht davon aus, die Anwendung von Jugendstrafrecht bilde die Ausnahme, während im Normalfall Erwachsenenstrafrecht zur Geltung komme.[82]

Für den **Aufbau** bei der Prüfung des § 105 Abs. 1 JGG gilt: Einfacher dürfte regelmäßig das Vorliegen einer Jugendverfehlung nach Nr. 2 im Vergleich zu den komplexen Voraussetzungen der Nr. 1 festzustellen sein. Demgemäß wird vertreten, dass § 105 Abs. 1 Nr. 2 JGG zuerst zu erörtern sei.[83] Liegt danach eine Jugendverfehlung vor, soll es sogar unzulässig sein, noch auf § 105 Abs. 1 Nr. 1 JGG zu sprechen zu kommen.[84] Verlangt aber der Bearbeitervermerk, im Gutachten zu sämtlichen relevanten Aspekten Stellung zu beziehen, und bleiben danach Nr. 1 und 2 von § 105 Abs. 1 JGG zu untersuchen, spricht nichts dagegen, die Prüfung in der Reihenfolge des Gesetzestexts vorzunehmen,[85] zumal es sich um gleichbedeutend nebeneinander stehende Tatbestände handelt.[86]

85

---

[81] Vgl. Statistisches Bundesamt: Strafverfolgung 2012, S. 24 f.
[82] Schon BGHSt. 12, S. 117; 36, S. 37; BGH, NJW 2002, S. 75; KG, StrVert 2013, S. 763; weiter Walter M., 2002, S. 208; ders., 2007, S. 512 f.; a.A. Altenhain/Laue, in: MünchKomm-StGB, 2013, § 105 JGG Rdn. 3 ff.
[83] Dafür Altenhain/Laue, in: MünchKomm-StGB, 2013, § 105 JGG Rdn. 11; Diemer/Schatz/Sonnen, 2011, § 105 JGG Rdn. 11; Eisenberg, 2014, § 105 Rdn. 3; Putzke/Feltes, 2012, S. 24.
[84] In diesem Sinne Brunner/Dölling, 2011, § 105 Rdn. 16; Ostendorf, 2013, § 105 Rdn. 28; HK-JGG/Remschmidt/Rössner, 2014, § 105 Rdn. 3; Schaffstein/Beulke, 2002, S. 76.
[85] So Laubenthal, 2013, S. 25 Fn. 11; vgl. auch Diemer/Schatz/Sonnen, 2011, § 105 JGG Rdn. 11.
[86] Vgl. BGH, NStZ 2001, S. 102; Diemer/Schatz/Sonnen, 2011, § 105 JGG Rdn. 24; Streng, 2012, S. 47.

3.3.1 Materielles Jugendstrafrecht bei einem Jugendlichen vergleichbarem Reifestand (§ 105 Abs. 1 Nr. 1 JGG)

86 Nach § 105 Abs. 1 Nr. 1 JGG wendet der Richter auf den Heranwachsenden Jugendstrafrecht an, wenn dieser bei Gesamtwürdigung seiner Persönlichkeit unter Berücksichtigung auch der Umweltbedingungen zur Zeit der Tat nach seiner sittlichen und geistigen Entwicklung noch einem Jugendlichen gleichstand.[87] Im Einzelnen gilt es, folgende Punkte zu prüfen:

3.3.1.1 Bedeutung des Tatzeitpunkts

87 Für die Entscheidung über die Anwendung von Jugend- oder Erwachsenenstrafrecht wird nicht auf den **Zeitpunkt** der Urteilsfällung, sondern auf denjenigen **der Tat** (§ 2 Abs. 2 JGG i. V. m. § 8 StGB) abgestellt. Das mag in Einzelfällen dazu führen, dass Erwachsene in vorgerücktem Alter wegen lange zurückliegender Taten den Sanktionen des Jugendstrafrechts unterworfen werden, obwohl diese sich ersichtlich zur spezialpräventiven Einwirkung im erreichten Lebensstadium nicht mehr eignen.[88] Will man dem Gesetzgeber nicht unterstellen, solche Konstellationen nicht bedacht zu haben, lässt sich § 105 Abs. 1 Nr. 1 JGG nur als Anerkennung **geminderter Schuld** der noch unreifen Heranwachsenden interpretieren.[89] In Fällen, in denen zwischen Tat und Verurteilung eine große Zeitspanne verstrichen ist, vermag man zur Begründung der Bestrafung ergänzend den Gedanken der Generalprävention heranzuziehen.[90] Demgegenüber wird in Sachverhalten mit kürzerer zeitlicher Distanz empfohlen, ergänzend zu überlegen, ob der Rechtsbrecher noch durch das jugendstrafrechtliche Instrumentarium günstig beeinflusst werden kann oder nicht.[91] Mit dem Gesetz erscheint ein solches Vorgehen allerdings kaum vereinbar.

88 Insbesondere Konstellationen, welche durch einen **längeren Zeitraum zwischen Tat und Aburteilung** gekennzeichnet sind, bringen eine weitere Schwierigkeit mit sich. Bisweilen wird sich der Reifezustand zum Tatzeitpunkt nicht mehr hinreichend sicher feststellen lassen. Die Rechtsprechung will dann unter Berufung auf den Vorrang des Erziehungsgedankens Jugendstrafrecht anwenden.[92] Zur Begründung wird in der Literatur ergänzend auf den Grundsatz in dubio pro reo

---

[87] Zu den Wurzeln dieser Formulierung im nationalsozialistischen Strafrecht siehe Walter M., 2007, S. 507 ff.

[88] Beispielhaft LG Arnsberg, ZJJ 2010, S. 424 ff.

[89] Siehe Altenhain/Laue, in: MünchKomm-StGB, 2013, § 105 JGG Rdn. 17; Eisenberg, 2014, § 105 Rdn. 33; Schaffstein/Beulke, 2002, S. 75; Streng, 2012, S. 41.

[90] Vgl. Jäger, 2003, S. 480.

[91] Dafür Schaffstein/Beulke, 2002, S. 75; vgl. ferner Brunner/Dölling, 2011, § 105 Rdn. 10; Eisenberg, 2014, § 105 Rdn. 33; Esser, 2003, S. 784.

[92] So BGHSt. 12, S. 116; 36, S. 40; BGH, NJW 2002, S. 75; KG, StrVert 2013, S. 763; OLG Brandenburg, Beschluss v. 4.1.2010–1 Ss 105/09, Rdn. 15; ferner Böhm/Feuerhelm, 2004, S. 51; Meier/Rössner/Schöch, 2013, S. 99; HK-GS/Verrel/Linke, 2013, § 19 StGB Rdn. 16; anders Altenhain/Laue, in: MünchKomm-StGB, 2013, § 105 JGG Rdn. 28.

verwiesen[93] und die leichtere Handhabung des Verhältnismäßigkeitsgrundsatzes wie die geringere Bedeutung generalpräventiver Erwägungen im Jugendstrafrecht hervorgehoben.[94] Diese Erwägungen treffen allerdings eher auf Sachverhalte zu, in denen aus anderen Gründen als demjenigen der Unmöglichkeit der Retrospektive über eine längere Periode hinweg Unklarheiten bestehen, etwa bei widersprüchlichen Sachverständigenfeststellungen. Alternativ wird vorgeschlagen, konkret die nach allgemeinem wie nach Jugendstrafrecht zu verhängende Sanktion festzulegen und dann die im Einzelfall weniger belastende zu verhängen.[95] Unter Berücksichtigung des prinzipiellen Verbots der Benachteiligung junger Rechtsbrecher gegenüber Erwachsenen in vergleichbarer Verfahrenslage[96] erscheint es vorzugswürdig, **Jugendstrafrecht zur Anwendung zu bringen**, dabei aber die Sanktionierung auf die Belastung bei (hypothetischer) Wahl der Rechtsfolge nach allgemeinem Strafrecht zu begrenzen.[97]

3.3.1.2 Der Jugendliche als Vergleichsmaßstab

Spricht das Gesetz davon, der Täter habe **einem Jugendlichen gleichstehen** müssen, ist dies insofern missverständlich, als es keinen besonderen Typus des 14- bis 17-Jährigen gibt, mit dem sich der betreffende Heranwachsende vergleichen lässt. Man vermag den Entwicklungsstand eines „normalen" über 17 Jahre alten Menschen nicht zuverlässig von demjenigen eines höchstens 17-Jährigen abzuschichten, weil die typisierenden Altersstufen des JGG keine Entsprechung in der tatsächlichen Reifeentwicklung finden. Hier erweisen sich die Grenzen vielmehr als fließend.[98] Demzufolge hat das Gesetz als Adressaten des Jugendstrafrechts einen Heranwachsenden im Blick, in dem noch in größerem Umfang **Entwicklungskräfte wirksam** sind[99] bzw. – anders formuliert – den „unfertigen, noch formbaren Menschen".[100]

3.3.1.3 Entwicklungsstand

Nach „seiner sittlichen und geistigen Entwicklung" muss der Heranwachsende noch einem Jugendlichen gleichzustellen sein. Dabei besteht weithin Einigkeit, dass „und" hier als „oder" zu lesen bleibt, es mithin genügt, wenn der Rechtsbrecher

---

[93] Betont auch von BGH, NStZ 2005, S. 645.
[94] Vgl. Ostendorf, 2013, § 105 Rdn. 29.
[95] So Albrecht, P.-A., 2000, S. 110; Diemer/Schatz/Sonnen, 2011, § 105 JGG Rdn. 29; Eisenberg, 2014, § 105 Rdn. 36a; Hombrecher, 2008, S. 453; Kinzig, 2009, S. 395 f.; HK-JGG/Remschmidt/Rössner, 2014, § 105 Rdn. 32; Schaffstein/Beulke, 2002, S. 75 f.
[96] Dazu Kap. 1.1.
[97] In diesem Sinne Brunner/Dölling, 2011, § 105 Rdn. 17; Streng, 2012, S. 47.
[98] Vgl. BGHSt. 36, S. 38 f.; BGH, NJW 2002, S. 75; ferner Busch Th. P., 2006a, S. 266; Eisenberg, 2012a, S. 468 f.; ders., 2014, § 105 Rdn. 7 f.; Günter, 2008, S. 170; HK-JGG/Remschmidt/Rössner, 2014, § 105 Rdn. 8 ff.
[99] BGHSt. 36, S. 37; BGHR JGG § 105 Abs. 1 Nr. 1 Entwicklungsstand 9; BGH, NStZ 2008, S. 696; NStZ-RR 2011, S. 218; NStZ 2013, S. 289; OLG Brandenburg, Beschluss v. 4.1.2010 – 1 Ss 105/09, Rdn. 15.
[100] BGHSt. 22, S. 42; vgl. auch KG, StrVert 2013, S. 763; OLG Celle, ZJJ 2012, S. 451.

alternativ nach seiner sittlichen oder geistigen Reife noch einem Jugendlichen entspricht.[101] Ein solches Textverständnis erscheint im Hinblick auf das Ziel einer pointiert spezialpräventiven Beeinflussung junger, noch formbarer Delinquenten sinnvoll. Dieser Auslegung kann ebenso wenig entgegengehalten werden, dass der Gesetzgeber den Gesetzestext nicht mittlerweile angepasst hat.[102] Denn hierzu bestand für ihn im Hinblick auf die einhellige Interpretation der Norm kein Anlass.

Nicht überschätzt werden darf die Bedeutung der **körperlichen Entwicklung**. Das Gesetz stellt auf den körperlichen Entwicklungsstand nicht ab. Nur mit Vorsicht mag von einer retardierten körperlichen Entwicklung auf eine geistig-sittliche Reifungsstörung geschlossen werden. Umgekehrt rechtfertigt der Abschluss der körperlichen Entwicklung im Hinblick auf deren Beschleunigung (Akzeleration) noch weniger die Vermutung, der Täter stehe für die strafrechtliche Verantwortlichkeit einem Erwachsenen gleich.[103]

91 In einem Fall, in dem der heranwachsende Rechtsbrecher zwar noch einem Jugendlichen sittlich-geistig gleichkommt, seine **Persönlichkeitsentwicklung** aber bereits als **abgeschlossen** beurteilt wird, soll Erwachsenenstrafrecht Anwendung finden.[104]

> **Beispiel**[105]
>
> Der 19-jährige H, der seit Jahren strafrechtlich in Erscheinung getreten ist, tötete nach einem Streit mit dem Vater seiner Freundin einen zufällig ausgewählten Passanten, um sich abzureagieren. Es ließen sich bei H schwere Schäden in Form frühkindlicher Deprivationssyndrome (also Folgen fehlender Fürsorge, etwa aufgrund unzureichender Zuwendung) nachweisen. Hieraus können nach Auffassung des BGH[106] schwere Persönlichkeitsstörungen resultieren, die sich als nicht behebbare Entwicklungsrückstände darstellen, ohne zu Schuldunfähigkeit zu führen. In diesem Fall soll Jugendstrafrecht nicht zur Anwendung kommen.

Obwohl diese Rechtsprechung auf den ersten Blick der auch §§ 105 f. JGG zugrunde liegenden Intention zu widersprechen scheint, junge Rechtsbrecher nicht vorschnell „abzuschreiben", verdient sie doch Zustimmung.[107] Aus der Verwendung des „noch" in § 105 Abs. 1 Nr. 1 JGG ergibt sich, dass Jugendstrafrecht nur gelten

---

[101] So BGH, NJW 1956, S. 1408; Brunner/Dölling, 2011, § 105 Rdn. 11a; Diemer/Schatz/Sonnen, 2011, § 105 JGG Rdn. 14; Eisenberg, 2014, § 105 Rdn. 9.

[102] Vgl. aber Putzke/Feltes, 2012, S. 24; Streng, 2012, S. 41 f.

[103] Zum Ganzen Brunner/Dölling, 2011, § 105 Rdn. 11 ff.; HK-JGG/Remschmidt/Rössner, 2014, § 105 Rdn. 23; Schaffstein/Beulke, 2002, S. 72 f.; Streng, 2012, S. 42.

[104] So BGHSt. 22, S. 42 f; BGHR JGG § 105 Abs. 1 Nr. 1 Entwicklungsstand 9; BGH, NJW 2002, S. 75 f.; OLG Köln, NStZ-RR 2011, S. 288 f.; Brunner/Dölling, 2011, § 105 Rdn. 13; zurückhaltend aber nunmehr BGH, NStZ-RR 2011, S. 219.

[105] Nach BGH, NJW 2002, S. 73 ff.

[106] BGH, NJW 2002, S. 75 f.

[107] A.A. Altenhain/Laue, in: MünchKomm-StGB, 2013, § 105 JGG Rdn. 26; Ostendorf, 2013, § 105 Rdn. 8; Schaffstein/Beulke, 2002, S. 76 f.; Streng, 2012, S. 46; Zieger, 2013, S. 96.

soll, sofern auf den heranwachsenden Täter weiterhin Entwicklungskräfte einzuwirken vermögen. Allerdings dürfte der Meinungsstreit stark an Bedeutung verlieren, weil die Chance weiterer Persönlichkeitsentwicklung im fraglichen Alter kaum je einmal hinreichend sicher ausgeschlossen werden kann.[108]

> Das zeigt nicht zuletzt die Geschichte des im obigen Fallbeispiel beschriebenen Täters, der nach dem geschilderten Mord vier Jahre in Freiheit verblieb und gleichwohl nicht mehr in gravierender Weise auffällig geworden zu sein scheint.[109] Davon zu unterscheiden ist die Konstellation, in der wegen einer **erheblichen Minderbegabung** mit der Entwicklung zu einem reifen Erwachsenen nicht gerechnet werden kann.[110] Hier steht letztlich die Abgrenzung zwischen § 105 JGG und §§ 20, 21 StGB in Frage. Kommt wegen Schuldunfähigkeit i. S. v. § 20 StGB nur eine Unterbringung im psychiatrischen Krankenhaus (§ 63 StGB) in Betracht, wirkt sich die Unterscheidung zwischen Jugend- und Erwachsenenstrafrecht lediglich im Hinblick auf die gerichtliche Zuständigkeit aus.[111]

3.3.1.4 Gesamtwürdigung

Zur Entscheidung der Frage nach der Anwendbarkeit von Jugend- oder Erwachsenenstrafrecht bedarf es schließlich einer **Gesamtbetrachtung** der Täterpersönlichkeit auch unter Berücksichtigung der Umweltbedingungen. Diese vorzunehmen obliegt dem Richter, dem ein erheblicher Beurteilungsspielraum eröffnet ist,[112] weshalb er die festgestellten Tatsachen in einer Gesamtschau eingehend zu würdigen hat.[113] Dabei toleriert es die Rechtsprechung vielfach, wenn kein Sachverständiger hinzugezogen wird.[114] Das gilt nicht, sofern Auffälligkeiten in der Entwicklung wie die Erkrankung an einer Aufmerksamkeitsdefizitstörung mit – alsbald abgebrochener – medikamentöser Behandlung zu konstatieren sind.[115] Es reicht zudem keinesfalls aus, dass das Gericht lediglich aus der Tat und ihren Umständen Folgerungen für den Reifezustand des Rechtsbrechers herleitet.[116]

92

Orientierungshilfe bei der vorzunehmenden Gesamtwürdigung bieten dem Richter die bereits im Jahr 1954 von der Deutschen Vereinigung für Jugendpsychiatrie erarbeiteten sog. **Marburger Richtlinien**.[117] Danach sind Kriterien für die Gleichstellung eines Heranwachsenden mit einem Jugendlichen das **Fehlen folgender Persönlichkeitszüge**:

93

---

[108] Vgl. Diemer/Schatz/Sonnen, 2011, § 105 JGG Rdn. 21; Eisenberg, 2006a, S. 142; ders., 2014, § 105 Rdn. 27 ff.; Meier/Rössner/Schöch, 2013, S. 100; Walter M., 2002, S. 209.
[109] Siehe Sobota, 2012, S. 211 f.
[110] So der Fall von OLG Köln, NStZ-RR 2011, S. 288 f.; dazu Eisenberg, 2011a, S. 207 f.
[111] Dazu Kap. 4.1.2.2 (2).
[112] Vgl. BGHSt. 36, S. 38; BGH, NJW 2002, S. 75; NStZ 2005, S. 645; NStZ 2013, S. 289; Diemer/Schatz/Sonnen, 2011, § 105 JGG Rdn. 35.
[113] Dazu KG, StrVert 2013, S. 764; OLG Brandenburg, Beschluss v. 4.1.2010 – 1 Ss 105/09, Rdn. 17; OLG Celle, ZJJ 2012, S. 451; siehe auch die tabellarische Übersicht bei Constien, 2011, S. 638.
[114] Etwa BGH, NStZ 1984, S. 467; NStZ-RR 1999, S. 26.
[115] OLG Koblenz, StrVert 2012, S. 593.
[116] Vgl. KG, StrVert 2013, S. 763; vertiefend Schaffstein/Beulke, 2002, S. 72.
[117] Deutsche Vereinigung für Jugendpsychiatrie, 1955, S. 60; siehe ferner Schmitz, 1955, S. 151 ff.; krit. Albrecht P.-A., 2000, S. 107; Meier/Rössner/Schöch, 2013, S. 97; Ostendorf, 2013, § 105 Rdn. 10; Putzke/Feltes, 2012, S. 25.

- einer gewissen Lebensplanung,
- der Fähigkeit zu selbstständigem Urteilen und Entscheiden,
- der Fähigkeit zu zeitlich überschauendem Denken,
- der Fähigkeit, Gefühlsurteile rational zu unterbauen,
- einer ernsthaften Einstellung zur Arbeit sowie
- einer gewissen Eigenständigkeit gegenüber anderen Menschen.

Als **jugendtümliche Züge** fanden sich benannt:

- ungenügende Ausformung der Persönlichkeit,
- Hilflosigkeit (die sich nicht selten hinter Trotz und Arroganz verstecke),
- naiv-vertrauensseliges Verhalten,
- Leben nur für den Augenblick,
- starke Anlehnungsbedürftigkeit,
- spielerische Einstellung zur Arbeit,
- Neigung zum Tagträumen,
- Hang zu abenteuerlichem Handeln,
- Hineinleben in selbstwerterhöhende Rollen sowie
- mangelnder Anschluss an Altersgenossen.

Kritisch ist anzumerken, dass die genannten Aspekte sich am Leitbild des reifen Erwachsenen orientieren und die für Jugendtümlichkeit sprechenden Merkmale vielfach auch bei straffälligen Erwachsenen auftreten. Ferner erscheint zweifelhaft, ob die Eigentümlichkeiten des Aufwachsens in der modernen Kommunikationsgesellschaft mit den Marburger Richtlinien noch hinreichend erfasst werden.[118] Auf Besonderheiten bei nichtdeutschen Delinquenten schließlich richtete man in den 1950er Jahren erst recht kein Augenmerk.

94 In einer um **Präzisierung** und Vermeidung moralischer Wertung bemühten Untersuchung[119] wurden als **relevante Reifekriterien** die folgenden genannt:

- realistische Lebensplanung (statt Leben im Augenblick),
- Eigenständigkeit gegenüber den Eltern (im Gegensatz zu starkem Anlehnungsbedürfnis und Hilflosigkeit),
- Eigenständigkeit gegenüber Peers und Partner,
- ernsthafte, nicht spielerische Einstellung zu Arbeit und Schule,
- äußerer Eindruck,
- realistische Alltagsbewältigung (Gegenbild: Tagträumen, abenteuerliches Handeln usw.),
- gleichaltrige oder ältere Freunde,
- Bindungsfähigkeit (statt Labilität in den zwischenmenschlichen Beziehungen),

---

[118] Vgl. Busch Th. P., 2006, S. 52; Eisenberg, 2014, § 105 Rdn. 25.
[119] Siehe Esser/Fritz/Schmidt, 1991, S. 359; krit. Busch/Scholz, 2003, S. 424; Günter, 2008, S. 176.

3.3 Die Heranwachsenden im Jugendstrafrecht

- Integration von Eros und Sexus, d. h. Identität von Liebes- und Sexualpartner, keine oberflächlichen sexuellen Beziehungen mit wechselnden Partnern sowie
- konsistente, berechenbare Stimmungslage (statt Stimmungswechsel ohne Anlass).

Moralisierend wirkt gleichwohl der vorletzte der genannten Aspekte, der zudem „epochal bedingt, einer hohen Variabilität unterworfen"[120] bleibt.

Nach einer neueren Arbeit (**Bonner Delphi-Studie**) sind folgende **Gesichtspunkte** zu bedenken, die nicht mit gleichem Gewicht zur Trennung zwischen jugendlichen und erwachsenen Tätern beitragen:[121]

95

- Autonomie (im Alltag, finanziellen Bereich und bei Entscheidungsprozessen),
- Bildung und Beruf (schulische wie berufliche Motivation einschließlich bisheriger Entwicklung),
- Emotionalität (Stabilität emotionaler Reaktionen und deren Bedeutung für die Handlungen des Delinquenten),
- Orientierung an Gruppen und Normen (Eigenständigkeit bei der Bildung eines Wertesystems und Akzeptanz gesellschaftlicher Normen),
- soziale Beziehungen und Partnerschaft (Fähigkeit zum Aufbau zwischenmenschlicher Beziehungen sowie von Intimpartnerschaften),
- Impulsivität und Konfliktmanagement, insbesondere Anwendung von Lösungsstrategien,
- soziale Verhältnisse (Wohnumfeld sowie ökonomische Bedingungen),
- familiäre Verhältnisse, ferner
- Normorientierung der Bezugspersonen.

Beispiele

Ein frühes Verlassen des Elternhauses unter Führung eines aussteigerähnlichen Lebens ohne Beruf, ohne festen Wohnsitz und festes Einkommen bei gleichzeitiger Drogenabhängigkeit spricht für die Gleichstellung eines Heranwachsenden mit einem Jugendlichen.[122] – Gleiches gilt bei einem Angeklagten, der im schulischen, beruflichen und sozialen Bereich versagt hat, Belastungen ausweicht und in den Tag hinein lebt, selbst wenn er während der Strafhaft in anderer Sache den Hauptschulabschluss nachgeholt und eine Lehre begonnen hat, aber nach seiner Flucht aus der Anstalt erneut in die Kriminalität abgeglitten ist.[123] – Einem Jugendlichen ähnelt ebenfalls ein 18-Jähriger, der nach Beendigung der Schule ohne Abschluss einer entgeltlichen Tätigkeit bei fehlender Ausbildungsperspektive nachgeht, unselbständig im elterlichen Haushalt lebt und sich im Übrigen al-

---

[120] HK-JGG/Remschmidt/Rössner, 2014, § 105 Rdn. 26.
[121] So Busch/Scholz, 2003, S. 428 ff.; siehe ferner die Variablen bei Busch Th. P., 2006, S. 224 ff.; ders., 2006a, S. 268 f.; zur Anwendung vgl. BGH, NStZ-RR 2011, S. 219.
[122] Dazu BGHR JGG § 105 Abs. 1 Nr. 1 Entwicklungsstand 6.
[123] So die Konstellation in BGHR JGG § 105 Abs. 1 Nr. 1 Entwicklungsstand 5.

lein dem Fußballspielen widmet.¹²⁴ – Erheblicher Alkoholkonsum und Abbruch der Ausbildung nach gravierender elterlicher Vernachlässigung während der Kindheit und Jugend deuten trotz Schulabschlusses und (notgedrungen) erlangter Selbstständigkeit in Bezug auf die alltägliche Versorgung eher auf fehlende Reife hin.¹²⁵ – Unbegleitete, illegale Einreise nach Deutschland aus einem fremden Kulturkreis im Alter von 14 Jahren, um „etwas mit Computern" zu arbeiten, Abbruch des als langweilig empfundenen Deutschkurses sowie Bestreiten des Lebensunterhaltes mit Sozialleistungen bzw. dem Verkauf unversteuerter Zigaretten bei Fehlen jeder weiterführenden Lebensperspektive indizieren keine fertig entwickelte Persönlichkeit.¹²⁶ – Ist ein 20-Jähriger nach abgeschlossener Lehre im erlernten Beruf erfolgreich tätig, steht er aber nicht deshalb schon einem Jugendlichen gleich, weil er ohne eigene Familie noch bei seinen Eltern lebt, gerne „Klamotten" kauft, Diskotheken besucht und Computerspiele spielt. Denn dabei handelt es sich um für junge Menschen weithin typische Umstände.¹²⁷ – Entwicklungskräfte sind auch dann nicht mehr wirksam, wenn ein in fester Beziehung lebender, nur aus wirtschaftlichen Gründen noch bei seinen Eltern wohnender fast 21-Jähriger nach gutem Schulabschluss gewissenhaft eine Ausbildung verfolgt, nachdem er eine andere Lehre wegen Unterforderung abgebrochen hat.¹²⁸ – Umgekehrt rechtfertigt die Tatsache, dass ein 19-Jähriger mit der (noch jüngeren) Mutter des gemeinsamen Kindes zusammenlebt, nicht per se die Gleichstellung mit einem Erwachsenen: Die frühe Vaterschaft nach Lern- und Kontaktschwierigkeiten in der Kindheit bei fehlender Verarbeitung der Trennung der Eltern sowie das Nichterlangen eines Schulabschlusses i. V. m. weiteren Defiziten im Leistungsbereich lassen eher an mangelnde Reife denken.¹²⁹

96 Als Beispiel für die **Umweltbedingungen**, die Beachtung finden müssen, kann der Kulturkonflikt genannt werden, in dem sich Heranwachsende mit Migrationshintergrund gefangen finden.¹³⁰ Auch in Kindheit und Jugend wirksame Umweltbedingungen, etwa Gewaltausübung seitens der Erziehungsberechtigten, vermögen u. U. noch bis in das Heranwachsendenstadium fortzuwirken.¹³¹ Problematisch erscheint es, wenn die Gleichstellung mit einem Jugendlichen (nur) unter Bezugnahme auf subkulturelle Lebenswelten abgelehnt wird. Das gilt etwa für die Erwägung, der Beschuldigte habe in der Drogenszene „wie ein Erwachsener" agiert; dies mag bei schulischem Scheitern und Vorliegen einer Persönlichkeitsstörung im Gegenteil ge-

---

[124] Nach LG Arnsberg, ZJJ 2010, S. 426.
[125] Siehe BGH, NStZ-RR 2011, S. 219; dazu Eisenberg, 2011, S. 202 f.
[126] Sachverhalt in KG, StrVert 2013, S. 763 f.
[127] Siehe BGH, NStZ 2011, S. 90.
[128] Fall von BGH, NStZ 2014, S. 409.
[129] Vgl. OLG Brandenburg, Beschluss v. 4.1.2010 – 1 Ss 105/09, Rdn. 18.
[130] Vgl. BGHR JGG § 105 Abs. 1 Nr. 1 Entwicklungsstand 2; OLG Hamm, StrVert 2001, S. 182; Eisenberg, 2014, § 105 Rdn. 22.
[131] Siehe Eisenberg, 2006a, S. 143; ders., 2014, § 105 Rdn. 19.

rade die Anwendung des Jugendstrafrechts nahelegen.[132] Selbst die Feststellung, der Angeklagte habe sich vom Elternhaus gelöst und seit geraumer Zeit im Rotlichtmilieu als Zuhälter „seinen Mann gestanden",[133] reicht allein noch nicht aus.

Umstritten ist, ob es auch eine **partielle Reifeverzögerung** geben kann. Bejaht man diese Frage, mag etwa die fehlende Reife in der Sexualsphäre dazu führen, dass hinsichtlich eines Delikts gegen die sexuelle Selbstbestimmung Jugendstrafrecht, im Hinblick auf einen zusätzlich verübten Diebstahl aber allgemeines Strafrecht Anwendung findet. Die Befürworter einer solchen Figur verweisen auf die Parallelen zu § 3 JGG sowie die ein partielles Reifungsdefizit nachgerade voraussetzende Jugendverfehlung i. S. d. § 105 Abs. 1 Nr. 2 JGG.[134] Dagegen spricht allerdings, dass das Gesetz mit der in § 105 Abs. 1 Nr. 1 JGG angestrebten Gesamtwürdigung eine ganzheitliche Entscheidung zur Reifefrage beabsichtigt und ggf. § 105 Abs. 1 Nr. 2 JGG Anwendung finden darf.[135]

3.3.2 Materielles Jugendstrafrecht bei Jugendverfehlung (§ 105 Abs. 1 Nr. 2 JGG)

Jugendstrafrecht kommt auch dann zur Anwendung, wenn es sich nach der Art, den Umständen oder den Beweggründen der Tat um eine Jugendverfehlung handelt, § 105 Abs. 1 Nr. 2 JGG. Der zunächst wenig eindeutige **Begriff der Jugendverfehlung** ist im Zusammenhang mit, aber auch in Abgrenzung vom Regelungsgehalt des § 105 Abs. 1 Nr. 1 JGG zu bestimmen.[136] Obwohl die Beurteilung insoweit eher tat- als täterbezogen erfolgt, darf nicht abstrakt auf die Deliktsschwere abgestellt werden. Im Gegensatz zur Intention des historischen Gesetzgebers, der nur weniger gravierende Taten als Jugendverfehlung werten wollte, können auch schwerste Taten diesen Charakter aufweisen,[137] während umgekehrt Taten geringerer Bedeutung gleichwohl die Anwendung des allgemeinen Strafrechts nach sich zu ziehen vermögen. **Keine Rolle** spielt es, ob ein Straftatbestand von Jugendlichen **überproportional häufiger** als von Erwachsenen verwirklicht wird sowie überdurchschnittlich oft unter den von Jugendlichen begangenen Delikten aufscheint.[138] Ansonsten würde die erste Voraussetzung des § 105 Abs. 1 Nr. 2 JGG überbetont und zudem die Entscheidung einer Rechtsfrage von den letztlich beschränkten Erkenntnismöglichkeiten kriminologischer Forschung abhängig gemacht.

97

---

[132] Dazu Eisenberg, 2008, S. 383.

[133] Vgl. BGH, Urteil v. 23.5.2012 – 5 StR 54/12, Rdn. 11.

[134] So Altenhain/Laue, in: MünchKomm-StGB, 2013, § 105 JGG Rdn. 25; Schaffstein/Beulke, 2002, S. 76; i. Erg. auch HK-GS/Verrel/Linke, 2013, § 19 StGB Rdn. 16; Eisenberg, 2014, § 105 Rdn. 11.

[135] Vgl. Brunner/Dölling, 2011, § 105 Rdn. 11; Diemer/Schatz/Sonnen, 2011, § 105 JGG Rdn. 21; Ostendorf, 2013a, S. 227; Streng, 2012, S. 47.

[136] Laubenthal, 2013, S. 26; Schaffstein/Beulke, 2002, S. 76.

[137] Vgl. BGHR JGG § 105 Abs. 1 Nr. 2 Jugendverfehlung 1 und 2; BGH, NStZ 2008, S. 696; Brunner/Dölling, 2011, § 105 Rdn. 14; Diemer/Schatz/Sonnen, 2011, § 105 JGG Rdn. 27; Eisenberg, 2014, § 105 Rdn. 35; Ostendorf, 2013, § 105 Rdn. 22.

[138] Etwa Altenhain/Laue, in: MünchKomm-StGB, 2013, § 105 JGG Rdn. 32; Eisenberg, 2014, § 105 Rdn. 35a; HK-GS/Verrel/Linke, 2013, § 19 StGB Rdn. 17.

98   Um eine Jugendverfehlung handelt es sich mithin immer dann, wenn Art und Umstände der Tatbegehung den **Ausdruck einer jugendtümlichen Verhaltensweise** bilden oder die Tat ihre Ursache gerade in solchen Begehungsgründen findet, die typischerweise in der jugendlichen Entwicklungsphase dominieren. Derartige **Motivationen** sind etwa fehlende Beherrschung,[139] jugendlicher Leichtsinn, Unüberlegtheit, die sich zudem in dilettantischer Tatbegehung manifestieren mag,[140] und soziale Unreife,[141] falsch verstandene Kameradschaft,[142] Abenteuerlust[143] oder Imponiergehabe – Letzteres insbesondere dann, wenn es spontanes und inkonsequentes Gebaren begleitet.[144] Für eine Jugendverfehlung spricht es ferner, falls sich die Tat als Ausdruck eines gruppendynamischen Prozesses darstellt.[145] Eine Jugendverfehlung kann selbst dann vorliegen, sofern das äußere Erscheinungsbild der Tat oder ihre Motive sich von der Begehung durch Erwachsene nicht unterscheiden.[146] Deshalb scheiden weder Aussagedelikte[147] noch Taten nach der AO (Verkauf nicht versteuerter Zigaretten),[148] Gewalt- und Rohheitsdelikte (Körperverletzung, Nötigung)[149] oder Verkehrsdelikte wie Fahren ohne Fahrerlaubnis, unerlaubtes Entfernen vom Unfallort, gefährlicher Eingriff in den Straßenverkehr oder Trunkenheit im Verkehr von vornherein aus dem Kanon jugendtümlicher Verhaltensweisen aus.[150] Nicht als jugendtypisch wurde allerdings der Betrieb einer größeren Cannabisproduktion (Handeltreiben mit Betäubungsmitteln in nicht geringer Menge, § 30a Abs. 1 BtMG) eingestuft,[151] desgleichen Taten, die sich durch ein hohes Maß an Organisationsvermögen bei planvollem Zusammenwirken mit einem weit älteren Mittäter auszeichneten (Weiterverkauf von Online-Bahnfahrkarten, die mit Kreditkartendaten Dritter bezahlt worden waren, als Computerbetrug, § 263a StGB).[152]

---

[139] Dazu BGHR JGG § 105 Abs. 1 Nr. 2 Jugendverfehlung 1; BGH, NStZ 2008, S. 696.
[140] Vgl. Wiese, 2010, S. 323.
[141] BGHR JGG § 105 Abs. 1 Nr. 2 Jugendverfehlung 2; BGH, NStZ-RR 1999, S. 27.
[142] AG Saalfeld, StrVert 2007, S. 15.
[143] So BGHSt. 8, S. 91; BGHR JGG § 105 Abs. 1 Nr. 2 Jugendverfehlung 3.
[144] Siehe BGH, NStZ 2001, S. 102.
[145] Dazu Eisenberg, 2008, S. 382; vgl. auch ders., 2014, § 105 Rdn. 19c; Streng, 2012, S. 48; speziell zur Skinhead-Zugehörigkeit OLG Zweibrücken, StrVert 1986, S. 306.
[146] Vgl. BGH, NStZ 2001, S. 102; OLG Hamm, StrVert 2005, S. 72; AG Rudolstadt, StrVert 2013, S. 43; Böhm/Feuerhelm, 2004, S. 51 f.
[147] AG Saalfeld, StrVert 2007, S. 15.
[148] KG, StrVert 2013, S. 764.
[149] Etwa AG Rudolstadt, StrVert 2013, S. 43; Eisenberg, 2014, § 105 Rdn. 35.
[150] Dazu OLG Brandenburg, Beschluss v. 4.1.2010 – 1 Ss 105/09, Rdn. 21; OLG Saarbrücken, NStZ-RR 1999, S. 285; AG Lübeck, StrVert 2013, S. 760; AG Rudolstadt, StrVert 2013, S. 764 f.; AG Saalfeld, StrVert 1994, S. 609; StrVert 2005, S. 66; ZJJ 2005, S. 324; StrVert 2007, S. 15; Brunner/Dölling, 2011, § 105 Rdn. 14c; Eisenberg, 2014, § 105 Rdn. 35b; Kölbel, 1998, S. 18 f.; Kühn, 2008, S. 131.
[151] Siehe BGH, StraFo 2005, S. 470.
[152] So BGH, NStZ 2014, S. 409.

3.3 Die Heranwachsenden im Jugendstrafrecht

Beispiele

In folgenden Konstellationen liegt die Annahme einer Jugendverfehlung nahe: H begeht einen Raub, weil seine Ausbildungsvergütung nicht ausreicht, um seiner Vorliebe für neue Kleidung zu frönen.[153] – H ist Mitglied einer Bande junger Menschen und verprügelt als Mutprobe den Angehörigen einer rivalisierenden Jugendgruppe. – H sprüht Graffiti, um durch häufige Verwendung seines „tags" in der Szene an Ansehen zu gewinnen.[154] – H raubt den Fan-Schal eines gegnerischen Fußballvereins.[155]

Ebenso wie bei der Prüfung der Voraussetzungen des § 105 Abs. 1 Nr. 1 JGG steht dem Tatrichter auch bei der Feststellung des Vorliegens einer Jugendverfehlung ein erheblicher **Beurteilungsspielraum** zu.[156] Die Entscheidung darf insoweit vom Revisionsgericht nur eingeschränkt überprüft werden. Hat dieses eine Verurteilung im Strafausspruch, aber unter Aufrechterhaltung der erstinstanzlichen Tatsachenfeststellungen aufgehoben, so ist das nunmehr entscheidende Gericht jedoch nicht an einer erneuten Prüfung der Voraussetzungen des § 105 Abs. 1 JGG gehindert, weil es hierbei um einen Wertungsakt geht.[157] In **Zweifelsfällen**, in denen nicht mit Sicherheit festgestellt werden kann, ob es sich um eine Jugendverfehlung handelt, soll Jugendstrafrecht zur Anwendung kommen.[158] Das verdient aus den zu § 105 Abs. 1 Nr. 1 JGG dargelegten Gründen[159] Zustimmung, sofern die Sanktionierung nicht härter ausfällt, als dies nach allgemeinem Strafrecht der Fall wäre.

99

3.3.3 Die Handhabung von § 105 Abs. 1 JGG in der Rechtspraxis

Seit Inkrafttreten des JGG im Jahr 1953 hat sich die Gruppe der Heranwachsenden, auf die Jugendstrafrecht zur Anwendung gebracht wird, stark vermehrt. Während im Jahr 1954 nur gut 20 % der Heranwachsenden nach Jugendstrafrecht abgeurteilt wurden, liegt der entsprechende Anteil seit über 20 Jahren bei **60 %** oder noch darüber.[160] Im Jahr 2010 betrug die Zahl 65,6 %, im Jahr 2011 lag sie bei 65,9 % und

100

---

[153] BGHR JGG § 105 Abs. 1 Nr. 2 Jugendverfehlung 2; siehe ferner BGH, StrVert 1991, S. 424.

[154] Vgl. Altenhain/Laue, in: MünchKomm-StGB, 2013, § 105 JGG Rdn. 34; Ostendorf, 2013, § 105 Rdn. 22; Streng, 2012, S. 48; a.A. OLG Düsseldorf, NJW 1999, S. 1200.

[155] Vgl. BGH, NStZ-RR 2011, S. 219.

[156] So BGHR JGG § 105 Abs. 1 Nr. 2 Jugendverfehlung 1; BGH, NStZ-RR 1999, S. 27; NStZ-RR 2003, S. 188; KG, StrVert 2013, S. 864; Diemer/Schatz/Sonnen, 2011, § 105 JGG Rdn. 26.

[157] Vgl. BGH, NStZ 2005, S. 644 f.; Böhm, 2005, S. 296.

[158] Dafür BGHR JGG § 105 Abs. 1 Nr. 2 Jugendverfehlung 1; BGH, NStZ 2008, S. 696; HK-JGG/Remschmidt/Rössner, 2014, § 105 Rdn. 33; zum Problem ferner Diemer/Schatz/Sonnen, 2011, § 105 JGG Rdn. 29; Meier/Rössner/Schöch, 2013, S. 101.

[159] Siehe Kap. 3.3.1.1.

[160] Vgl. die Zusammenstellung bei Diemer/Schatz/Sonnen, 2011, § 105 JGG Rdn. 2; Ostendorf, 2013, Grdl. z. den §§ 105 und 106 Rdn. 6.

im Jahr 2012 bei 65,8%.¹⁶¹ Diese Entwicklung mag damit zusammenhängen, dass die unselbständige Jugendphase sich zunehmend in das Erwachsenenalter hinein verlagert.¹⁶²

101   Bei der Anwendungshäufigkeit des Jugendstrafrechts zeigen sich geschlechts- und nationalitätenbezogene Differenzen: Männliche Heranwachsende werden in etwas größerem Umfang als weibliche nach Jugendstrafrecht beurteilt, ebenso deutsche im Vergleich zu nichtdeutschen Beschuldigten.¹⁶³ Ferner fallen sowohl regionale wie deliktsspezifische Unterschiede auf. Zum einen besteht – jedenfalls bezogen auf die alten Bundesländer – ein **Nord-Süd-Gefälle**, d. h. in einigen südlichen Bundesländern (namentlich Baden-Württemberg und Rheinland-Pfalz) wird vom Jugendstrafrecht in zum Teil erheblich geringerem Umfang Gebrauch gemacht als in manchen nördlichen Ländern. Ein genauerer Blick zeitigt allerdings Ergebnisse, die mit Alltagstheorien nicht korrelieren: So ist der Anteil der Verurteilungen nach Jugendstrafrecht in Bayern überdurchschnittlich hoch. In den neuen Ländern gelangt zudem Erwachsenenrecht generell häufiger zur Anwendung als in den alten.¹⁶⁴

Zum anderen gilt es eine **Deliktsspezifität** der Anwendung des Jugendstrafrechts zu konstatieren. Wie am Beispiel der Zahlen für das Jahr 2012 erhellt, kommt es bei Gewaltdelikten wie Körperverletzung und Raub eher zur Sanktionierung gemäß Jugendstrafrecht, während insbesondere Verkehrsstraftaten nach allgemeinem Strafrecht behandelt werden.¹⁶⁵ Die Reaktion auf Straftaten gegen das Leben und die sexuelle Selbstbestimmung liegt allerdings nur noch im Durchschnitt der Anwendung von Jugendstrafrecht insgesamt. Insofern lassen sich in den letzten Jahren Veränderungen ausmachen, die man nicht allein mit normalen Schwankungen erklären kann. So lagen im Jahr 2003 die Werte für die Anwendung von Jugendstrafrecht bei den Straftaten gegen das Leben wie die sexuelle Selbstbestimmung, bei gefährlicher Körperverletzung und Einbruchdiebstahl je nach Deliktsgruppe um etwa zehn bis 25 Prozentpunkte höher, während Verkehrsdelikte umgekehrt nunmehr deutlich öfter nach Jugendstrafrecht beurteilt werden.¹⁶⁶ Insbesondere im Hinblick auf die ersten beiden der genannten Straftatengruppen mag die über die letzten zehn Jahre deutlich vermehrte Anwendung des allgemeinen Strafrechts einen Ausdruck zunehmender Punitivität in der Gesellschaft darstellen, wobei sich dieser Tendenz auch Gerichte (und Gutachter) nicht gänzlich entziehen können und wollen. Das könnte insbesondere hinsichtlich der Delikte gegen die sexuelle Selbstbestimmung gelten, nachdem in diesem Bereich nicht nur ein Wandel gesellschaftlicher Vorstellungen

---

¹⁶¹ Statistisches Bundesamt (Hrsg.), Fachserie 10, Reihe 3 Strafverfolgung: 2010, S. 24; 2011, S. 24; 2012, S. 24.
¹⁶² So Ostendorf, 2003a, S. 125.
¹⁶³ Dazu Pruin, 2007, S. 72 ff., 100 ff.
¹⁶⁴ Daten bei Böhm/Feuerhelm, 2004, S. 54 f.; Ostendorf, 2013, Grdl. z. den §§ 105 und 106 Rdn. 8; Pruin, 2007, S. 61; dies., 2011, S. 215.
¹⁶⁵ Vgl. dazu auch Böhm/Feuerhelm, 2004, S. 53; Eisenberg, 2014, § 105 Rdn. 4b; Ostendorf, 2013, Grdl. z. den §§ 105 und 106 Rdn. 7; Streng, 2012, S. 40 f.
¹⁶⁶ Siehe Statistisches Bundesamt (Hrsg.), Strafverfolgung 2003, S. 20 f.; 1. Aufl., S. 47.

3.3 Die Heranwachsenden im Jugendstrafrecht

Tab 3.1 Anwendung von Jugendstrafrecht auf Heranwachsende für ausgewählte Straftaten(gruppen) bei Verurteilungen im Jahr 2012. (Quelle: Statistisches Bundesamt (Hrsg.), Fachserie 10, Reihe 3 Strafverfolgung 2012, S. 24)

Straftat(engruppe)	Anwendung von Jugendstrafrecht auf Heranwachsende in %
Straftaten gegen das Leben	63,2
Straftaten gegen die sexuelle Selbstbestimmung	66,5
Gefährliche Körperverletzung	76,3
Einfache Körperverletzung	76,4
Raub und Erpressung, räuberischer Angriff auf Kraftfahrer	90,4
Einfacher Diebstahl	73,0
Einbruchdiebstahl, Wohnungseinbruchdiebstahl	68,3
Straftaten nach dem BtMG	69,2
Straftaten im Straßenverkehr nach dem StGB	47,3

hin zu einer vermehrten Empathie für (potentielle) Opfer, sondern jedenfalls für Teilbereiche auch eine Verschärfung des Strafrechts zu beobachten ist (Tab. 3.1).

Zur **Erklärung** der deliktsspezifischen Geltung des Jugendstrafrechts bei Heranwachsenden werden insbesondere folgende Erwägungen angestellt: Die immer noch häufigere Anwendung des allgemeinen Strafrechts auf Verkehrsdelikte erklärt man mit der nur dann gegebenen Möglichkeit, im Wege des Strafbefehlsverfahrens zu entscheiden (vgl. §§ 109 Abs. 1 S. 1, Abs. 2 S. 1, 79 Abs. 1 JGG).[167] Hat sich die Einsicht durchgesetzt, dass Verkehrsdelikte nicht per se aus der Gruppe jugendtümlicher Verhaltensweisen ausscheiden, mag dies gleichwohl für die im Längsschnitt feststellbare zunehmende Beurteilung solcher Taten nach Jugendstrafrecht verantwortlich sein. Bei schwersten Delikten kommt es demgegenüber regelmäßig zu einer genaueren Persönlichkeitserforschung unter Einholung von Sachverständigengutachten, wodurch Reifedefizite eher entdeckt werden.[168] Im Übrigen könnte das Bestreben eine Rolle spielen, die flexiblen Sanktionsmöglichkeiten des Jugendstrafrechts nutzen und als unangemessen hoch bewerteten Strafrahmen des allgemeinen Strafrechts aus dem Weg gehen zu dürfen.[169]

Der uneinheitliche Umgang der Rechtspraxis mit § 105 Abs. 1 JGG stößt im Schrifttum nicht zu Unrecht auf **Kritik**. Angesichts der erheblichen Spielräume, die die Tatbestandsvoraussetzungen der Norm dem Richter einräumen, und der Anerkennung eines weiten tatrichterlichen Ermessens durch den BGH wird sich de lege lata am Befund, es handele sich um den für eine flexible, individualisierende Lösung zu zahlenden Preis,[170] nichts ändern lassen. Die mit den Marburger Richt-

---

[167] So Böhm/Feuerhelm, 2004, S. 53; Eisenberg, 2014, § 105 Rdn. 5; Ostendorf, 2013, Grdl. z. den §§ 105 und 106 Rdn. 7; ders., 2013a, S. 120; krit. Kölbel, 1998, S. 13.

[168] Vgl. Böhm/Feuerhelm, 2004, S. 53; Eisenberg, 2014, § 105 Rdn. 5b; Ostendorf, 2013, Grdl. z. den §§ 105 und 106 Rdn. 7; Streng, 2012, S. 49.

[169] Vermutet von Dünkel, 2008, S. 106; Pruin, 2006, S. 259; Streng, 2012, S. 49.

[170] In diesem Sinne Meier/Rössner/Schöch, 2013, S. 103.

linien begonnenen und bis in die Gegenwart fortgeführten Bemühungen um die Erarbeitung wissenschaftlich fundierter Entscheidungsgrundlagen vermögen die Mängel immerhin zu lindern. Speziell die bundesweit divergierende Anwendungspraxis des § 105 Abs. 1 JGG lässt aber Bedenken im Hinblick auf den auch grundrechtlich fundierten Gleichbehandlungsgrundsatz (Art. 3 Abs. 1 GG)[171] als begründet erscheinen.

3.4 Rechtspolitische Überlegungen zu den Geltungsbereichen des JGG

104 De lege ferenda werden Änderungen der Geltungsbereiche des JGG in zweierlei Hinsicht diskutiert: Zum einen geht es um eine Neufassung der in § 19 StGB, § 3 i. V. m. § 1 Abs. 2 JGG festgelegten Strafmündigkeitsgrenze von bisher 14 Jahren, zum anderen um Korrekturen der gegenwärtigen Behandlung der Gruppe der Heranwachsenden, wobei insoweit auch die zurzeit gültige Altersobergrenze von 21 Jahren im Streit steht.

3.4.1 Neugestaltung der Strafmündigkeitsgrenze

105 Im Hinblick auf die Abschichtung von Kindern und Jugendlichen stehen sowohl eine Absenkung wie auch eine Heraufsetzung der gegenwärtigen absoluten Strafmündigkeitsgrenze von 14 Jahren zur Debatte.

3.4.1.1 Absenkung des Strafmündigkeitsalters

106 Gerade in Reaktion auf die Verfehlungen vielfach auffälliger Kinder wird von manchen Seiten eine **Absenkung** des Strafmündigkeitsalters **auf 12 Jahre** erwogen.[172] Ein derartiges Vorgehen erscheint jedoch **nicht geboten**, denn es fehlt an einem Bedürfnis für kriminalrechtliche Interventionen in der Gruppe der 12- und 13-Jährigen. Das Kinder- und Jugendhilferecht hält einen hinreichenden Katalog möglicher Maßnahmen bis hin zur Unterbringung in geschlossenen Heimen bereit (§ 42 Abs. 1 S. 1 Nr. 2, S. 2 SGB VIII). Ein tatsächliches Fehlen solcher Heimplätze in ausreichender Zahl[173] bietet keinen Anlass für die Ausweitung des Jugendkriminalrechts.[174] Ferner ist die Zahl tatverdächtiger Kinder seit 1998 stark abgesunken

---

[171] Vgl. Böhm/Feuerhelm, 2004, S. 57; Schaffstein/Beulke, 2002, S. 80; Schöch, 2001a, S. 135; vgl. auch Putzke/Feltes, 2012, S. 26.

[172] Etwa von Brunner, 1997, S. 494 ff.; Hinz, 2000, S. 107 ff.; ferner von Paul, 2003, S. 205 für Intensivtäter; ablehnend Köhne, 2008, S. 372; Ostendorf, 2006, S. 324; Roesler, 2008, S. 244; Tierel, 2008, S. 121; HK-GS/Verrel/Linke, 2013, § 19 StGB Rdn. 3; zum Ganzen Ackermann, 2009, S. 58 ff.

[173] Nach Kunkel, 2013, S. 160 gibt es in ganz Deutschland 160 derartige Plätze, nach Schmidt C., 2007, S. 50 etwa 260.

[174] Vgl. Brunner/Dölling, 2011, Einf II Rdn. 35; Kreuzer, 2002, S. 2348 f.; Landau, 2002, S. N 47; Laubenthal, 2002, S. 812; krit. aber Roesler, 2008, S. 173 ff.

(von 152 774 auf 101 389 im Jahr 2008). Diese Tendenz hat sich in den letzten Jahren fortgesetzt: 96 627 tatverdächtigen Kindern im Jahr 2009 stehen nur 75 449 im Jahr 2012 gegenüber.[175] Zudem erscheint es nicht einsichtig, die strafrechtliche Verantwortlichkeit generell nach unten auszudehnen, wenn die Autonomie der Individuen im Rahmen der Gesellschaft – und damit eine Grundvoraussetzung für die Erhebung des mit dem Strafvorwurf verbundenen sozialethischen Unwerturteils – sich immer später entwickelt.[176] Auch die Grundrechtsrelevanz einer Herabsetzung der Strafmündigkeitsgrenze sollte nicht außer Acht bleiben, nachdem bereits durch die Erhebung eines kriminalrechtlichen Schuldvorwurfs in die Grundrechte der Betroffenen eingegriffen wird.[177] Es bleibt schließlich weiter zu bezweifeln, ob sich gegenüber unter 14-Jährigen die Verantwortungsreife i. S. d. § 3 S. 1 JGG in einer relevanten Zahl von Fällen wirklich belegen lässt. Dabei dürfte es zudem kaum ohne die Einholung von Sachverständigengutachten abgehen.[178] Im **internationalen Vergleich** schließlich fällt die bestehende Altersgrenze des deutschen Rechts von 14 Jahren trotz mancher Divergenzen im Einzelnen keinesfalls aus dem Rahmen.[179]

3.4.1.2 Anhebung des Strafmündigkeitsalters

Im Gegenzug sprechen keine hinreichenden Argumente für eine von manchen[180] geforderte **Heraufsetzung** der Strafmündigkeitsgrenze **auf 16 Jahre**. Angesichts der durch § 3 JGG eingeräumten Möglichkeit einer differenzierten Betrachtung sollten junge Menschen trotz der zunehmenden Komplexität der Lebensverhältnisse sowie der gegenüber früheren Zeiten verlängerten Pflichtschuldauer nicht in größerem Umfang als momentan von strafrechtlicher Verantwortlichkeit freigestellt werden.[181] Im Hinblick auf die Verhaltenserwartungen der Gesellschaft, den Gedanken des Opferschutzes und auch die Interessen junger Täter selbst, denen u. U. unangebrachte jugendhilferechtliche Konsequenzen drohen mögen, muss es bei der prinzipiellen Verantwortlichkeit 14- und 15-Jähriger bleiben.[182] Dem Anliegen, die Angehörigen dieser Altersgruppe vor den im Jugendstrafvollzug für ihre Soziali-

---

[175] Alle Zahlen aus: Polizeiliche Kriminalstatistik 2012, S. 58. Die Daten ab 2009 lassen sich wegen einer Änderung der Zählweise mit den Vorjahren nicht vergleichen.
[176] Vgl. Ellbogen/Wichmann, 2007, S. 118.
[177] Betont von BVerfGE 96, S. 249; 101, S. 287.
[178] Dazu Hommes/Lewand, 2003, S. 8 ff.; Landau, 2002, S. N 45 f.; Meier/Rössner/Schöch, 2013, S. 95 f.; Momsen, 2005, S. 181 ff.; Seeliger, 2003, S. 169 f.; Streng, 2012, S. 36.
[179] Vgl. Albrecht H.-J., 2002, S. D 83 f.; Dünkel, 2008, S. 105 f.; ders., 2013, S. 648 ff.; Heitlinger, 2004, S. 163 ff.; Pruin, 2007, S. 191 f.; Seeliger, 2003, S. 181 f.; zur Rechtslage in Österreich und der Schweiz ausführlich Ackermann, 2009, S. 75 ff.
[180] So Frehsee, 1993, S. 395; Ostendorf, 2013, Grdl. z. §§ 1 und 2 Rdn. 10; ferner Fischer A., 2000, S. 182 ff., der allerdings bei gravierenden Taten für 14- und 15-Jährige die strafrechtliche Sanktionierung beibehalten will.
[181] Siehe Laubenthal, 2002, S. 812.
[182] Vgl. Ackermann, 2009, S. 73; Albrecht H.-J., 2002, S. D 88 f.; Brunner/Dölling, 2011, Einf II Rdn. 35; Heitlinger, 2004, S. 313 f.; Streng, 2012, S. 37.

sation drohenden Gefahren zu bewahren, wird von der Praxis bereits heute weitgehend Rechnung getragen.[183]

3.4.2 Reformvorschläge zu § 105 JGG

108 Auch um den Mängeln bei der Handhabung des § 105 Abs. 1 JGG abzuhelfen, finden sich **fünf Ansätze zur Neuausrichtung** der strafrechtlichen Behandlung junger Erwachsener,[184] während andere es bei der gegenwärtigen Regelung bewenden lassen wollen.[185] Vorgeschlagen werden

- die generelle Einbeziehung Heranwachsender in das allgemeine Strafrecht,[186]
- ihre generelle Unterwerfung unter das Jugendstrafrecht,[187]
- die Einführung eines Regel-Ausnahme-Verhältnisses, demzufolge prinzipiell das Erwachsenenstrafrecht und nur in Ausnahmefällen Jugendstrafrecht gelten soll,[188]
- die Einbeziehung der 21- bis 24-Jährigen in das Jugendstrafrecht[189] sowie
- die Schaffung eines eigenständigen Jungtäterrechts für 18- bis 24-Jährige.[190]

109 Gegen Letzteres spricht, dass die Ziehung der oberen Altersgrenze bei 24 Jahren willkürlich erscheint, selbst wenn die Sozialisation bei 21-Jährigen noch nicht unbedingt abgeschlossen zu sein braucht. Außerdem werden viele der über 20-Jährigen bereits das jugendstrafrechtliche Instrumentarium erfolglos durchlaufen haben. Die **generelle Einbeziehung** der Heranwachsenden in das Erwachsenenstrafrecht

---

[183] Vgl. Seeliger, 2003, S. 166; zum Problem ferner Miehe, 2001, S. 162 ff.; Streng, 2012, S. 38.

[184] Überblick bei Laun, 2005, S. 627 f.

[185] Etwa Ackermann, 2009, S. 174 ff.; Dölling, 2008a, S. 127; Häßler, 2003, S. 18; Köhne, 2008, S. 370; Meier/Rössner/Schöch, 2013, S. 102; Momsen, 2005, S. 184; Pedal, 2008, S. 415; HK-GS/Verrel/Linke, 2013, § 19 StGB Rdn. 15; HK-JGG/Remschmidt/Rössner, 2014, § 105 Rdn. 7; Schaffstein/Beulke, 2002, S. 81; siehe auch Neubacher, 2009, S. 281 f., 287; Tierel, 2008, S. 119.

[186] In diesem Sinne Gebh/Drange, 2004, S. 121; Hinz, 2001a, S. 58; ders., 2004, S. 90; ders., 2005, S. 195; Kusch, 2006, S. 67; Landau, 2002, S. N 51.

[187] Dafür Albrecht H.-J., 2002, S. D 96; Albrecht P.-A., 2000, S. 111; Böhm/Feuerhelm, 2004, S. 61; Diemer/Schatz/Sonnen, 2011, § 105 JGG Rdn. 10; Dünkel, 2002, S. 92; Günter, 2008, S. 178; Kreuzer, 2002, S. 2350; Miehe, 2001, S. 164; Ostendorf, 2013, Grdl. z. §§ 105 und 106 Rdn. 10; Pruin, 2006, S. 263; dies., 2011, S. 222; Sieveking/Eisenberg/Heid, 2005, S. 190; Sonnen, 2007, S. 928; Streng, 2012, S. 50; krit. Laubenthal, 2002, S. 812 f.; vgl. auch Eisenberg, 2014, § 105 Rdn. 6d.

[188] Etwa BTDrs. 15/1472, S. 5; 15/5909, S. 2, 7; 16/1027, S. 8 f.; BR-Drs. 238/04, S. 12; 77/08, S. 3; Hinz, 2001, S. 109 f.; Kornprobst, 2002, S. 313; Paul, 2003, S. 206 f.; Werwigk-Hertneck/Rebmann, 2003, S. 228 f.; ablehnend Walter M., 2007, S. 514 f.

[189] So Kiesswetter, 2009, S. 321; Ostendorf, 2013, Grdl. z. den §§ 105 und 106 Rdn. 14.

[190] Vgl. Zweite Jugendstrafrechtsreform-Kommission der DVJJ, 2001, S. 346; Pruin, 2011, S. 222; Putzke, 2004, S. 140; Schroer, 2002, S. 312 ff.; ablehnend Albrecht H.-J., 2002, S. D 96; Böhm/Feuerhelm, 2004, S. 62; Ostendorf, 2013, Grdl. z. den §§ 105 und 106 Rdn. 13; Streng, 2012, S. 50 f.

erscheint insofern problematisch, als die unselbständige Jugendphase sich infolge einer Verlängerung der Ausbildung, des Erwerbs höherer Qualifikationen, gleichwohl bestehender Schwierigkeiten bei der Arbeitsplatzfindung sowie späterer Familiengründung zunehmend in das Erwachsenenalter hinein verlängert,[191] mithin eine strafrechtliche Gleichstellung Heranwachsender und sonstiger Volljähriger nicht veranlasst ist. Auch das **BVerfG** hat betont, dass diejenigen Besonderheiten, welche ein eigenständiges Jugendstrafrecht bedingen, „jedenfalls bei einem noch jugendhaften Entwicklungsstand größtenteils auch auf Heranwachsende zutreffen".[192] Diese Aspekte widerstreiten ferner der Einführung eines **Regel-Ausnahme-Verhältnisses** zugunsten der Anwendung allgemeinen Strafrechts, zumal die Anwendungspraxis zu § 105 JGG eine derartige Regel-Ausnahme-Vermutung nicht stützt. Praktisch wäre mit einer solchen Lösung wenig gewonnen, weil es im Zweifelsfall doch wieder der Feststellung des Entwicklungsstandes und u. U. der Begutachtung bedürfte. Will man die Heranwachsenden generell **den Jugendlichen gleichstellen**, so entspricht dies immerhin in den meisten Fällen der deutschen Justizwirklichkeit[193] sowie den aktuellen Entwicklungen zumindest in Europa.[194] Auch der Gesichtspunkt der Verfahrensökonomie lässt eine derartige Lösung wünschenswert erscheinen, da es keiner Gutachten über den Reifezustand mehr bedarf. Sollte dieses Vorhaben – womit in einem Klima zunehmender Punitivität nicht zu rechnen ist – verwirklicht werden, müsste allerdings durch zahlreiche Folgeänderungen der Tatsache Rechnung getragen werden, dass Volljährigen nicht mehr Erziehungsfähigkeit und -bedürftigkeit unterstellt werden dürfen. Der Erziehungsgedanke als jugendstrafrechtliches Grundanliegen der überwiegenden Auffassung[195] wäre deshalb in der Folge zumindest teilweise aufzugeben.[196]

---

[191] Ausführlich Pruin, 2006, S. 261 m. zahlr. Nachw.; dies., 2011, S. 216 ff.
[192] BVerfGE 116, S. 87 (zum Erfordernis spezieller Regelung des Jugendstrafvollzugs).
[193] Siehe auch Ostendorf, 2006, S. 324.
[194] Siehe Dünkel, 2003, S. 21 ff.; ders., 2008, S. 105 ff.; ders., 2013, S. 651 f.; Pruin, 2007, S. 199 ff.; zur Situation in Österreich und der Schweiz Ackermann, 2009, S. 179 ff.
[195] Dazu Kap. 1.1.
[196] Vgl. Albrecht P.-A., 2002, S. 160; Laubenthal, 2002, S. 813.

Beteiligte des Jugendstrafverfahrens

So wie das materielle Jugendstrafrecht ein Sonderstrafrecht für junge Rechtsbrecher darstellt, ist auch das formelle Jugendstrafrecht ein **besonderes Strafverfahrensrecht** für Jugendliche und Heranwachsende. Um den spezifischen Bedürfnissen junger Menschen besser gerecht werden zu können und um die spezialpräventive Effizienz zu erhöhen, hat der Gesetzgeber hinsichtlich der am Strafverfahren gegen junge Beschuldigte Beteiligten vom allgemeinen Verfahrensrecht abweichende Regelungen geschaffen.

Dies betrifft bereits die Gerichtsverfassung mit der Einrichtung besonderer **Jugendgerichte**. Anders als in Erwachsenensachen kommt den **Jugendstaatsanwälten** eine verstärkte Kompetenz zu, schon im Vorverfahren die Strafverfolgung zu beenden. Eine am Verfahren beteiligte Behörde ist auch die **Polizei**. Mit der **Jugendgerichtshilfe** existiert ferner ein Prozessorgan eigener Art, dem eine durch Beteiligungsrechte abgesicherte Mehrfachfunktion zukommt. Unterstützung im Strafverfahren kann der Betroffene nicht nur von seinen **Erziehungsberechtigten** bzw. dem **gesetzlichen Vertreter** erfahren; vielmehr darf er sich der Hilfe eines **Beistands** bedienen. Wie jeder andere Beschuldigte vermag der Jugendliche bzw. Heranwachsende einen **Verteidiger** zu wählen, wobei im Jugendstrafverfahren der Bereich der Pflichtverteidigung erweitert ist.

4.1 Jugendgerichte

Über die strafrechtlich relevanten Verfehlungen Jugendlicher entscheiden nach § 33 Abs. 1 JGG die Jugendgerichte. Gemäß § 33 Abs. 2 JGG sind dies:

- Jugendrichter,
- Jugendschöffengericht,
- Jugendkammer.

112 Die Zuständigkeit der Jugendgerichte umfasst nach § 107 Abs. 1 JGG auch die Heranwachsenden. Damit besteht sowohl für Verfahren gegen Jugendliche als auch gegen Heranwachsende ein **prinzipieller Vorrang** der Jugendgerichte. Dem liegt die Vorstellung zugrunde, „dass wegen der besonderen Aufgaben des Strafrechts bei der Ahndung von Taten jugendlicher und heranwachsender Straftäter nur Gerichte zur Entscheidung berufen sein sollen, die nach Besetzung und Ausstattung den Anliegen des jugendgemäßen Verfahrensablaufs und einer maßgeblich am Erziehungsgedanken orientierten Entscheidungsfindung gerecht werden können".[1]

113 **Ausnahmen** von der Vorrangzuständigkeit der Jugendgerichte für Jugendliche und Heranwachsende ergeben sich zum einen aus § 103 Abs. 2 S. 2 JGG. Danach ist in den Fällen einer Verbindung von Verfahren gegen Jugendliche und Erwachsene[2] die Wirtschaftsstrafkammer (§ 74c GVG) oder die Staatsschutzkammer (§ 74a GVG) zuständig, sofern die Strafsache gegen den Erwachsenen[3] nach den allgemeinen Vorschriften der §§ 74 ff. GVG zu deren Zuständigkeit gehört und aufgrund der Vorrangstellung des § 74e GVG nicht die Zuständigkeit des Schwurgerichts (§ 74 Abs. 2 GVG) gegeben ist; das wiederum würde nach § 41 Abs. 1 Nr. 1 JGG die Zuständigkeit der Jugendkammer eröffnen.
Zum anderen kennen die **Oberlandesgerichte** sowie der **Bundesgerichtshof** keine speziellen Spruchkörper für Jugendstrafsachen, so dass deren Zuständigkeiten durch die Regelungen des JGG über die Jugendgerichtsverfassung nicht berührt werden. Kommt es zu einem Verfahren vor einem Erwachsenengericht, so sollen gem. § 104 JGG für den Jugendlichen bzw. den Heranwachsenden (§ 112 S. 1 JGG) die Regelungen des JGG weitmöglichst zur Anwendung gelangen.

4.1.1 Verhältnis Jugend- und Erwachsenengerichte

114 Die Jugendgerichtsbarkeit gehört zur ordentlichen Gerichtsbarkeit und stellt einen **Zweig der Strafgerichtsbarkeit** dar; dies folgt bereits aus § 33 Abs. 2 JGG. Danach wird in Jugendsachen der Strafrichter als Jugendrichter, das Schöffengericht als Jugendschöffengericht und die Strafkammer als Jugendkammer tätig.

115 Zwar sollen gem. § 37 JGG die **Richter** bei den Jugendgerichten „erzieherisch befähigt und in der Jugenderziehung erfahren sein". Lässt man in der Praxis[4] jedoch hierfür die Elternschaft der Richterpersonen ausreichen oder erklärt man auf der landgerichtlichen Ebene im Wege der Geschäftsverteilung pauschal Strafkammern zugleich zu Jugendkammern, wird daran deutlich, dass Jugendrichter letztlich keine Erzieher sind.[5]

116 Die Jugendgerichte sind (im Gegensatz etwa zu den Arbeitsgerichten) keine selbstständigen justiziellen Behörden, sondern **Spezialabteilungen der Amts- und**

---

[1] BGHSt. 47, S. 316.
[2] Dazu unten Kap. 4.1.3.
[3] LR-Rieß, 2008, § 209a StPO, Rdn. 29.
[4] Dazu Adam/Albrecht/Pfeiffer, 1986, S. 53 ff.; Hauser, 1980, S. 2 f.; Simon, 2003, S. 62 ff.; Streng, 2008, S. 57.
[5] Siehe bereits oben Kap. 1.1.

4.1 Jugendgerichte

Landgerichte mit eigenen Geschäftsbereichen.[6] Mit ihrer Errichtung trägt das Gesetz – wie auch bei anderen Spezialabteilungen (z. B. für Wirtschaftsstrafsachen) – der Erkenntnis Rechnung, dass zu einer personen- und sachgerechteren Bearbeitung bestimmter Verfahrenskategorien Fachkenntnisse erforderlich sind, die sich ein Richter erst im Laufe seiner Tätigkeit zusätzlich aneignet. Die Jugendgerichte werden im Wege der Geschäftsverteilung (§§ 21e, 22, 59 GVG) mit Richtern der Amts- bzw. Landgerichte besetzt.

> Kommt es im Einzelfall zu einer Missachtung des – von Amts wegen zu beachtenden[7] – Vorrangs des Jugendgerichts und wird ein Jugendlicher versehentlich von einem Erwachsenengericht verurteilt, stellt dies folglich keinen Fehler auf der Ebene der sachlichen Zuständigkeit dar. Es bedeutet nur einen Eingriff in den Geschäftsbereich einer anderen Abteilung desselben Gerichts.

Sachliche Unzuständigkeit liegt vor bei Zuständigkeitsmängeln zwischen den Jugendgerichten selbst – insbesondere, wenn ein Spruchkörper (z. B. der Jugendrichter) die eigene Strafgewalt überschreitet und in die Strafgewalt eines Gerichts höherer Ordnung (bspw. des Jugendschöffengerichts) eingreift.[8] Dennoch wird in den einschlägigen Verfahrensvorschriften sowohl der StPO (z. B. §§ 225a Abs. 1, 270 Abs. 1) als auch des JGG (§§ 47a, 103 Abs. 2) das Verhältnis zwischen Jugend- und Erwachsenengericht als eine Frage der **sachlichen Zuständigkeit fingiert**. So darf sich etwa nach § 47a S. 1 JGG ein Jugendgericht nach Eröffnung des Hauptverfahrens nicht für unzuständig erklären, weil die Sache vor ein für allgemeine Strafsachen zuständiges Gericht gleicher oder niedrigerer Ordnung gehört.[9] Dies hat zur Folge, dass einem vom Jugendgericht verurteilten Erwachsenen kein Revisionsgrund gem. § 338 Nr. 4 StPO zur Seite steht.[10]

117

Die Fiktion als Zuständigkeitsproblem führt im umgekehrten Fall dazu, dass bei einem Verstoß gegen die jugendgerichtliche Vorrangzuständigkeit der absolute Revisionsgrund des § 338 Nr. 4 StPO durchgreift, der insoweit vom Revisionsgericht jedoch nur auf eine entsprechende Verfahrensrüge hin geprüft wird.[11] Das Erfordernis einer Präklusionsrüge nach § 6a StPO gilt jedoch nicht im Verhältnis von Jugend- und Erwachsenengericht.[12] Die Kompetenz, darüber zu entscheiden, ob Sachen vor das Jugendgericht gehören, liegt nach § 209a Nr. 2 StPO bei den Jugendgerichten selbst. Diese gelten insoweit gegenüber eigentlich gleichrangigen Gerichten als **Gerichte höherer Ordnung**.

118

---

[6] Vgl. BGHSt. 18, S. 82 f.; Hombrecher, JA 2009a, S. 374 f.
[7] BGHSt. 47, S. 313 f.
[8] Siehe BGHSt. 18, S. 83.
[9] Siehe auch BGHSt. 42, S. 40 f.; BGH, NStZ-RR 2004, S. 259.
[10] Eisenberg, 2014, §§ 33–33b Rdn. 40; LR-Rieß, 2008, § 209a StPO, Rdn. 46.
[11] BGH, StrVert 2008, S. 117 f.; BGHSt. 18, S. 79; Meyer-Goßner, 2014, § 338 Rdn. 34; Ostendorf, 2013, §§ 33 ff. Rdn. 8; a. A. Streng, 2012, S. 53.
[12] BGHSt. 30, S. 260; 47, S. 313; BGH, StrVert 2003, S. 454.

4.1.2 Jugendgerichtsverfassung

119 Die mit Jugendstrafverfahren befassten Spruchkörper der Jugendgerichte und ihre jeweiligen **Zuständigkeiten** regeln §§ 33 bis 42, 107, 108 JGG. Als besondere Spruchorgane der Amts- und Landgerichte entscheiden sie in erster Instanz bzw. in der Berufungsinstanz über Verfehlungen Jugendlicher. Sie sind auch für die Strafverfahren gegen Heranwachsende zuständig, sowohl wenn auf diese Jugendstrafrecht zur Anwendung gelangt als auch, wenn diese nach Erwachsenenstrafrecht zu sanktionieren sind. Für die Zuständigkeit des Jugendgerichts reicht es aus, sofern nur ein Teil einer einheitlichen Tat vor Vollendung des 21. Lebensjahres verwirklicht wurde.[13]

Die in §§ 39 bis 41, 108 JGG enthaltenen Regelungen über sachliche Zuständigkeit ersetzen die Zuständigkeitsvorschriften des GVG für das Erwachsenenstrafverfahren.

120 Neben den im JGG begründeten Zuständigkeiten der Jugendgerichte obliegt es diesen zudem, unter den Voraussetzungen der §§ 26, 74b S. 1 GVG in **Jugendschutzsachen** i. S. d. § 26 Abs. 1 S. 1 GVG zu entscheiden. In solchen Strafverfahren gegen Erwachsene kommt aufgrund der besonderen Sachkunde und Erfahrung von Jugendrichtern im Umgang mit jungen Menschen eine Aburteilung vor allem dann in Betracht, wenn diese als Zeugen benötigt werden oder eine Verhandlung vor dem Jugendgericht aus sonstigen Gründen zweckmäßig erscheint. Jugendschutzsachen können auch Straftaten sein, für die nach § 74 Abs. 2 GVG eigentlich das Schwurgericht zuständig ist.[14] Zu den Jugendschutzsachen gem. § 26 Abs. 1 S. 1 GVG zählen Delikte, bei denen ein Kind oder ein Jugendlicher durch die Straftat eines Erwachsenen verletzt oder unmittelbar gefährdet wurde (1. Alt.). Weiterhin sind Jugendsachen Zuwiderhandlungen Erwachsener gegen Vorschriften, die dem Jugendschutz oder der Jugenderziehung dienen (2. Alt.); in diesem Zusammenhang kommen insbesondere Verstöße gegen §§ 174, 176, 176a, 180, 235 oder 236 StGB in Betracht.[15]

121 Der Gesetzgeber hat die Aburteilung der Delikte von Jugendlichen und Heranwachsenden vor allem den **Amtsgerichten** übertragen. Dort wird die Befassung mit Jugendstraftaten beim Jugendrichter als der Zentralfigur des Jugendstrafverfahrens konzentriert. Dieser entscheidet in Fällen von geringerer Bedeutung als Einzelrichter. Er fungiert ferner als Vorsitzender des Jugendschöffengerichts, welches eine – im Gegensatz zum Erwachsenenrecht – erweiterte Zuständigkeit besitzt. Die bei den **Landgerichten** eingerichteten Jugendkammern werden erstinstanzlich lediglich bei besonders schweren Delikten tätig oder in Sachen von besonderem Umfang. Genau geregelt ist im Gesetz die Zuständigkeit sowohl des Jugendrichters als auch diejenige der Jugendkammer. Dem Jugendschöffengericht kommt eine Auffangzuständigkeit für diejenigen Fälle zu, in denen keine Zuständigkeit eines anderen Jugendgerichts besteht.

---

[13] BGH, StrVert 2003, S. 454.
[14] BGHSt. 42, S. 41.
[15] Dazu Laubenthal/Nevermann-Jaskolla, 2005, S. 299.

4.1.2.1 Der Jugendrichter

Aufgrund der **Konzentration** der Strafgerichtsbarkeit gegen junge Menschen beim Jugendrichter trifft dieser in der Praxis die große Masse von notwendigen Entscheidungen gegen Jugendliche und Heranwachsende.[16] Dabei nimmt er nach den Regelungen des JGG über die **Zuständigkeit** eine **Aufgabenvielfalt** wahr. Hierin wird das Streben des Gesetzgebers nach personeller Kontinuität des Entscheidungsorgans während der Gesamtdauer des Jugendgerichtsverfahrens einschließlich der Vollstreckung deutlich.

122

(1) Entscheidung erstinstanzlicher Jugendstrafsachen
Als **Einzelrichter** ist der Jugendrichter gem. § 39 Abs. 1 S. 1 JGG zuständig für Verfehlungen Jugendlicher und Heranwachsender (§ 108 Abs. 1 JGG), wenn bei konkreter Betrachtung des Einzelfalls[17] nur Erziehungsmaßregeln, Zuchtmittel, nach dem JGG zulässige Nebenstrafen und Nebenfolgen oder eine Entziehung der Fahrerlaubnis als **Rechtsfolgen zu erwarten** sind und der Staatsanwalt Anklage bei ihm erhebt.[18] Ergibt sich entgegen der ursprünglichen Annahme dann in der Hauptverhandlung, dass die Verhängung einer Jugendstrafe notwendig erscheint, wird – über die Zuständigkeitsregelung des § 39 Abs. 1 S. 1 JGG hinaus – aus prozessökonomischen Gründen die **Rechtsfolgenkompetenz** des Jugendrichters (der sog. Strafbann) **erweitert**. Nach § 39 Abs. 2 1. Halbs. JGG darf der Jugendrichter in diesem Fall auf Jugendstrafe bis zu einem Jahr erkennen.

123

Selbst wenn es dem Jugendrichter nicht verwehrt wird, auf Jugendstrafe von bis zu einem Jahr zu erkennen (§ 39 Abs. 2 1. Halbs. JGG), bedeutet dies jedoch keineswegs, dass die Staatsanwaltschaft auch zu ihm Anklage erheben darf, soweit eine Jugendstrafe zu erwarten ist. Es bleibt vielmehr bei dem Grundsatz des § 39 Abs. 1 JGG, von dem Abs. 2 der Norm lediglich eine Praktikabilitätserwägungen geschuldete **Ausnahme für die Hauptverhandlung** macht. Stellt sich im Verfahren vor dem Jugendrichter heraus, dass die Verhängung einer (geringen) Jugendstrafe erforderlich ist, so lässt sich dadurch eine Verweisung an das Jugendschöffengericht vermeiden.[19] Im Übrigen darf § 39 Abs. 1 JGG nicht dahingehend missverstanden werden, der Gesetzgeber habe dem Staatsanwalt ein Wahlrecht bei der Anklageerhebung zwischen Jugendrichter und Jugendschöffengericht eingeräumt. Eine derartige Auslegung der Norm würde der Garantie des gesetzlichen Richters (Art. 101 Abs. 1 S. 2 GG) nicht gerecht; vielmehr hat der Staatsanwalt seine Entscheidung nach pflichtgemäßem Ermessen zu treffen.[20]

124

---

[16] Vgl. auch Streng, 2012, S. 58.
[17] Schaffstein/Beulke, 2002, S. 202.
[18] Für eine Erweiterung der jugendrichterlichen Zuständigkeit auch bei Straferwartung von bis zu zwei Jahren Jugendstrafe Strewe, 2003, S. 287 f.
[19] So Brunner/Dölling, 2011, §§ 39–41 Rdn. 18; Diemer/Schatz/Sonnen, 2011, § 39 JGG Rdn. 12; Eisenberg, 2014, § 39 Rdn. 12; weiter gehend Ostendorf, 2013, § 39 Rdn. 9.
[20] Vgl. BVerfGE 22, S. 258 f.; Diemer/Schatz/Sonnen, 2011, § 39 JGG Rdn. 10; Eisenberg, 2014, § 39 Rdn. 8; Ostendorf, 2013, § 39 Rdn. 3; Schaffstein/Beulke, 2002, S. 203.

Der Jugendrichter ist befugt, die gem. § 7 JGG zulässigen **Maßregeln** der Unterbringung in einer Entziehungsanstalt (§ 64 StGB) sowie Führungsaufsicht (§ 68 StGB) anzuordnen. Dies folgt argumentum e contrario aus dem in § 39 Abs. 2 2. Halbs. JGG festgelegten Ausschluss von nur der Unterbringung im psychiatrischen Krankenhaus i. S. d. § 63 StGB.

125 Eine **Einschränkung** erfährt die sachliche Zuständigkeit des Jugendrichters gem. § 39 Abs. 1 S. 2 JGG in Fällen einer **Verbindung** von Sachen gegen Jugendliche oder Heranwachsende (§ 112 S. 1 JGG) einerseits und gegen Erwachsene andererseits nach § 103 JGG. Der Jugendrichter ist dann, selbst wenn die Voraussetzungen des § 39 Abs. 1 S. 1 JGG bezüglich des Jugendlichen vorliegen, unzuständig. Dies gilt jedoch nur, sofern hinsichtlich des Erwachsenen nach § 25 GVG der Einzelrichter am Amtsgericht unzuständig bleibt, d. h. gegen den nach Erwachsenenstrafrecht Abzuurteilenden eine Freiheitsstrafe von mehr als zwei Jahren erwartet wird.

126 Die auf die ursprüngliche Rechtsfolgenerwartung gründende sachliche Zuständigkeit des Jugendrichters und seine Rechtsfolgenkompetenz fallen auch auseinander, wenn auf die Verfehlungen **Heranwachsender** das **Erwachsenenstrafrecht** zur Anwendung gelangt. Gemäß § 108 Abs. 2 JGG darf zunächst im Hinblick auf § 25 Nr. 2 GVG eine Prognose keine Freiheitsstrafe von mehr als zwei Jahren erwarten lassen. Aus § 24 Abs. 2 GVG folgt aber, dass der Jugendrichter als Strafrichter am Amtsgericht als Ergebnis der Hauptverhandlung dann eine Freiheitsstrafe bis zu vier Jahren verhängen kann.[21]

(2) Sonstige Aufgaben

127 Nach § 34 Abs. 1 JGG obliegen dem Jugendrichter alle Aufgaben, die ein **Richter am Amtsgerichts im Strafverfahren** hat. Zu seiner Tätigkeit als erkennender Einzelrichter tritt diejenige als Vorsitzender des Schöffengerichts (§§ 33a Abs. 1 S. 1, 40 JGG). Da gem. § 33a Abs. 2 JGG dort die Jugendschöffen nur in der Hauptverhandlung mitwirken, trifft der Jugendrichter die außerhalb der Hauptverhandlung erforderlich werdenden Entscheidungen allein (§ 30 Abs. 2 GVG). Er ist zuständig für richterliche Handlungen im vorbereitenden Verfahren (z. B. Beschlagnahme- oder Durchsuchungsanordnungen, Haftbefehlserlass). Zudem entscheidet er über die Eröffnung des Hauptverfahrens (§ 199 StPO) und kann – beim Jugendschöffengericht allein allerdings nur außerhalb der Hauptverhandlung – das Verfahren gem. § 47 Abs. 1 JGG einstellen. In Jugendstrafsachen ist er außerdem Rechtshilfegericht (§ 157 GVG).

(3) Besonders zugewiesene Aufgaben

128 Im JGG sind dem Jugendrichter ferner spezielle Aufgaben zugewiesen. Dies betrifft etwa auf der Diversionsebene im Vorverfahren die Anordnung jugendrichterlicher Maßnahmen i. S. d. § 45 Abs. 3 S. 1 JGG auf Anregung durch die Staatsanwaltschaft. Nach § 77 JGG kann der Jugendrichter einen Antrag der Strafverfolgungsbehörde auf Entscheidung im vereinfachten Verfahren ablehnen. Während im Allgemeinen Strafrecht die Vollstreckung der Staatsanwaltschaft obliegt (§ 451 StPO), ist im Be-

---

[21] Eisenberg, 2014, § 108 Rdn. 9; Streng, 2012, S. 54.

reich des Jugendstrafrechts der Jugendrichter nach § 82 Abs. 1 JGG Vollstreckungsleiter.[22] Dabei nimmt er auch Aufgaben wahr, die in der StPO nach §§ 462a, 463 der Strafvollstreckungskammer zugewiesen sind. Bei ihm liegt gem. § 90 Abs. 2 S. 2 JGG ferner die Leitung des Vollzugs von Jugendarrest.[23]

(4) Familienrichterliche Aufgaben
Zum Zweck einer möglichst einheitlichen Wirkung von jugendstrafrechtlichen Reaktionen einerseits und familiengerichtlichen Erziehungsaufgaben andererseits hat der Gesetzgeber in § 34 Abs. 2 S. 1 JGG – als Soll-Vorschrift – auf der Ebene der Amtsgerichte eine Art Personalunion von Jugendrichter und Familienrichter vorgesehen. Diese **Aufgabenkonzentration** betrifft die in § 34 Abs. 3 JGG bezeichneten Maßnahmen zur Unterstützung im Rahmen der Personensorge für den Betroffenen sowie solche zur Abwendung von Gefährdungen des Minderjährigen. Aufgrund der Volljährigkeit bleiben § 34 Abs. 2 und 3 JGG auf Heranwachsende unanwendbar.

129

> Die Konzentration beider Aufgabenbereiche bei einem Richter mag dazu beitragen, in geeigneten Fällen das Einwirken auf den Jugendlichen im Hinblick auf eine höhere Effektivität für dessen weiteren Sozialisationsprozess aufeinander abzustimmen. Der Jugendrichter kennt aufgrund seiner Tätigkeit als Familienrichter bereits viele Problemjugendliche und deren soziales Herkunftsmilieu und kann so im Einzelfall täterangepasste Maßnahmen besser ergreifen.[24] Diesem Argument für eine Personalunion sind jedoch folgende **Bedenken** entgegenzusetzen[25]: Handelt es sich bei einem beschuldigten Jugendlichen um einen Minderjährigen mit justizieller „Vorbelastung" im familienrichterlichen Bereich, können sich die Kenntnisse des Richters kriminalisierend in Richtung auf eine der Art nach schwerere jugendstrafrechtliche Reaktion auswirken. Zudem besteht die Gefahr, dass für FGG-Verfahren in Familiensachen durch Mitwirkung des Jugendamts (§ 50 SGB VIII) erlangte personenbezogene Daten dann ohne Beachtung der besonderen Vorschriften für die Übermittlung und Nutzung von Sozialdaten der §§ 64, 65 SGB VIII im Jugendstrafverfahren Verwendung finden.[26]

130

4.1.2.2 Das Jugendschöffengericht

Neben dem Jugendrichter als Vorsitzendem wirken beim Jugendschöffengericht in der **Hauptverhandlung zwei Jugendschöffen** mit (§ 33a Abs. 1 S. 1 JGG). Außerhalb der Hauptverhandlung notwendige gerichtliche Entscheidungen trifft der Jugendrichter dagegen gem. § 33a Abs. 2 JGG ohne deren Beteiligung.

131

> Auf der Ebene der Amtsgerichte sieht die Jugendgerichtsverfassung keine Gerichte mit mehreren Berufsrichtern vor. Es gibt nicht – wie in Erwachsenenverfahren gem. § 29 Abs. 2 GVG – die Möglichkeit, dass unter Heranziehung eines zweiten Berufsrichters wegen des Umfangs der Sache diese vor einem erweiterten Schöffengericht verhandelt wird. Hält das Jugendschöffengericht wegen des **besonderen Umfangs** eine Aburteilung

---

[22] Dazu unten Kap. 11.1.
[23] Kap. 11.2.1.
[24] So Schaffstein/Beulke, 2002, S. 198; Streng, 2012, S. 58.
[25] Siehe dazu auch Eisenberg, 2014, § 34 Rdn. 8.
[26] Zum Datenschutz in diesem Zusammenhang vgl. Kap. 4.4.3.1 (4).

durch die Jugendkammer für erforderlich, steht ihm gem. § 40 Abs. 2 JGG die Möglichkeit offen, eine entsprechende Übernahmeentscheidung seitens der Jugendkammer herbeizuführen. Übernimmt die Kammer des Landgerichts das Verfahren, so muss es über die Eröffnung des Hauptverfahrens entscheiden. Der Übernahmebeschluss ersetzt nicht den Eröffnungsbeschluss.[27]

(1) Jugendschöffen

132 Die Beteiligung von ehrenamtlichen **Laienrichtern** in der Strafrechtspflege soll dazu dienen, das Strafverfahren und die dort getroffenen Entscheidungen für die Bevölkerung verständlicher sowie nachvollziehbarer zu machen und die Transparenz der Strafjustiz zu erhöhen.[28] Gemäß § 30 Abs. 1 GVG üben die Schöffen in der Hauptverhandlung das Richteramt in vollem Umfang und mit gleichem Stimmrecht aus wie der Berufsrichter.[29] Aufgrund der Besonderheiten des Jugendstrafverfahrens beinhaltet das Gesetz von den allgemeinen Vorschriften der §§ 36 ff. GVG teilweise abweichende Regelungen über die Auswahl von Jugendschöffen und stellt besondere Anforderungen an die als Jugendschöffen agierenden Personen.

133 Die **Schöffenwahl** erfolgt nicht aus einer von Gemeindevertretern, sondern vom Jugendhilfeausschuss (§§ 70 f. SGB VIII) des Jugendamts aufgestellten Vorschlagsliste. Der Schöffenwahlausschuss wird alle vier Jahre bei den Amtsgerichten gebildet und wählt unter Beachtung der Geschlechterparität (§ 35 Abs. 1 S. 2 JGG) die Jugendschöffen und Hilfsjugendschöffen für die nächsten vier Geschäftsjahre (§§ 40, 42 GVG); er wird von einem Jugendrichter geleitet. Da nach § 33a Abs. 1 S. 2 JGG zu jeder Hauptverhandlung je ein Mann und eine Frau heranzuziehen sind, erfolgt die Aufnahme der vom Ausschuss bestimmten Jugend- bzw. Hilfsjugendschöffen in besondere, nach dem Geschlecht getrennt geführte Schöffenlisten. Aus diesen wird dann öffentlich durch Auslosung festgelegt, in welcher Reihenfolge die Schöffen an den einzelnen Sitzungen teilnehmen (§ 45 Abs. 1 GVG).

134 Ebenso wie die Berufsrichter (§ 37 JGG) sollen auch die in Jugendstrafverfahren mitwirkenden Laienrichter gem. § 35 Abs. 2 S. 2 JGG **erzieherisch befähigt** und **in der Jugenderziehung erfahren** sein. Dies setzt zwar nicht notwendigerweise eine professionelle Qualifizierung oder Routine in der Jugendarbeit voraus. Der Intention des Gesetzgebers wird jedoch die Handhabung der Praxis[30] wenig gerecht, allein schon den Elternstatus für ausreichend zu erachten.

(2) Zuständigkeit

135 § 40 Abs. 1 S. 1 JGG normiert für Verfahren gegen Jugendliche das Prinzip der sachlichen Zuständigkeit des Jugendschöffengerichts, es sei denn, der Gesetzgeber hat eine Sache ausdrücklich der Kompetenz von Jugendrichter oder Jugendkammer überantwortet. Gleiches gilt gem. § 108 Abs. 1 JGG für Verfahren gegen Heran-

---

[27] BGH, StrVert 2003, S. 455.
[28] Zu Entwicklung und Funktionen des Laienrichtertums siehe Kissel/Mayer, 2013, § 28 Rdn. 2 f.; krit. Esser, JuS 2010, S. 147.
[29] Siehe auch Emig/Goerdeler u. a., 2004, S. 14 ff.; Gerstein, 1997, S. 51 f.
[30] Vgl. Gerken, 1988, S. 106 ff.; Streng, 2012, S. 58 f.

wachsende. Dem Jugendschöffengericht kommt damit in Jugendsachen die **allgemeine Zuständigkeit** zu.

Bei Anwendung von **Jugendstrafrecht** verfügt das Jugendschöffengericht über eine **unbeschränkte Rechtsfolgenkompetenz**. Der Spruchkörper darf bei Verfehlungen Jugendlicher und Heranwachsender sämtliche zulässigen jugendstrafrechtlichen Unrechtsreaktionen verhängen. Das gilt auch für die Maßregel der Unterbringung in einem psychiatrischen Krankenhaus (§ 7 JGG i. V. m. § 63 StGB); die Beschränkung in § 39 Abs. 2 JGG betrifft insoweit nur den Jugendrichter. Kommt dagegen auf die Straftat eines Heranwachsenden **Erwachsenenstrafrecht** zur Anwendung, unterliegt die Zuständigkeit des Jugendschöffengerichts nach § 108 Abs. 3 S. 1 JGG den Begrenzungen des § 24 Abs. 2 GVG. Es darf dann nur auf eine Freiheitsstrafe von bis zu vier Jahren erkennen. Ferner besteht in diesem Fall keine Kompetenz für die Anordnung einer Unterbringung gem. § 63 StGB oder für eine solche in der Sicherungsverwahrung (§ 108 Abs. 3 S. 2 JGG).

136

4.1.2.3 Die Jugendkammer

Die bei den Landgerichten eingerichteten Jugendkammern entscheiden – in jeweils unterschiedlichen Besetzungen – als erstinstanzliche Jugendgerichte oder als Berufungsgerichte.

137

(1) Erstinstanzliche Entscheidungen

Die Jugendkammer besteht nach § 33b Abs. 1 JGG als Jugendgericht des ersten Rechtszugs als **große Jugendkammer** aus drei Berufsrichtern einschließlich des Vorsitzenden sowie zwei Jugendschöffen. Auch auf der landgerichtlichen Ebene wirken jedoch die Schöffen bei Entscheidungen außerhalb der Hauptverhandlung nicht mit (§ 33b Abs. 3 i. V. m. § 33a Abs. 2 JGG). Für die Laienrichter der Jugendkammer gelten die durch § 35 JGG modifizierten Regelungen der §§ 36 ff. GVG entsprechend.[31] Einige Besonderheiten für die landgerichtliche Ebene finden sich in § 77 GVG.

138

> Gemäß dem im Jahr 1993 durch das Gesetz zur Entlastung der Rechtspflege eingefügten § 33b Abs. 2 JGG beschließt die große Jugendkammer, bei Eröffnung des Hauptverfahrens die Hauptverhandlung in der **verringerten Besetzung** mit nur zwei Richtern und zwei Schöffen durchzuführen. Voraussetzungen hierfür sind:
> - es handelt sich nicht um eine Sache, die nach den Vorschriften des Erwachsenenrechts (§§ 74 Abs. 2, 74e Nr. 1 GVG) zur Zuständigkeit des Schwurgerichts gehört;
> - nach dem Umfang oder der Schwierigkeit der Sache erscheint die Mitwirkung eines dritten Richters nicht notwendig.
>
> Der das Hauptverfahren eröffnenden Kammer steht bei ihrer Entscheidung über die Besetzung kein Ermessen zu. Sie verfügt aber bei der Auslegung der Merkmale des Umfangs

---

[31] Siehe oben Kap. 4.1.2.1 (1).

und der Schwierigkeit der Sache über einen weiten **Beurteilungsspielraum**.[32] § 33b Abs. 2 JGG tritt jedoch mit Ablauf des 31.12.2011 außer Kraft.[33]

139 Die große Jugendkammer ist als erkennendes Gericht im ersten Rechtszug nach § 41 Abs. 1 JGG **sachlich zuständig** für Strafsachen gegen Jugendliche und Heranwachsende,

- die nach den Vorschriften des Erwachsenenrechts (§§ 74 Abs. 2, 74e Nr. 1 GVG) zur Zuständigkeit des Schwurgerichts gehören (Nr. 1),
- die von ihr nach Vorlage (§ 40 Abs. 2 JGG) seitens des Jugendschöffengerichts wegen des besonderen Umfangs übernommen werden (Nr. 2),
- die gem. § 103 JGG verbunden sind, wenn für das Verfahren gegen Erwachsene eine große Strafkammer (§§ 74, 24 Abs. 1 GVG) zuständig wäre (Nr. 3),
- bei denen die Staatsanwaltschaft wegen der besonderen Schutzbedürftigkeit von durch die Straftat Verletzten, die als Zeugen in Betracht kommen, Anklage bei der Jugendkammer erhebt (Nr. 4),
- bei denen dem Beschuldigten eine Tat der in § 7 Abs. 2 JGG bezeichneten Art vorgeworfen wird und eine höhere Strafe als fünf Jahre Jugendstrafe oder die Unterbringung in einem psychiatrischen Krankenhaus zu erwarten ist (Nr. 5).

Die große Jugendkammer wird in den Fällen einer Anwendung von allgemeinem Strafrecht auf Verfehlungen von Heranwachsenden ferner gem. § 108 Abs. 3 S. 2 JGG dann zuständig, wenn die Sanktionserwartung bei einer Freiheitsstrafe von mehr als vier Jahren liegt oder von der Anordnung einer Unterbringung im psychiatrischen Krankenhaus oder in der Sicherungsverwahrung ausgegangen werden muss.

(2) Rechtsmittelgericht

140 Die Jugendkammer verhandelt und entscheidet gem. § 41 Abs. 2 S. 1 JGG über das Rechtsmittel der **Berufung** gegen Urteile des Jugendrichters und des Jugendschöffengerichts. Sie ist nach Satz 2 der Vorschrift i. V. m. § 73 Abs. 1 GVG ferner zuständig für **Beschwerden** gegen Verfügungen und Entscheidungen des Jugendrichters sowie gegen Entscheidungen des Jugendschöffengerichts. Darüber hinaus kommt ihr die Wahrnehmung aller sonstigen Aufgaben zu, die in allgemeinen Strafverfahren der Strafkammer zugewiesen sind.[34]

Wird die Jugendkammer als Rechtsmittelgericht tätig, so entscheidet sie als **kleine Jugendkammer** über die Berufungen gegen Urteile des Jugendrichters (§§ 41 Abs. 2 S. 1, 33b Abs. 1 JGG). Sie setzt sich dann in der Hauptverhandlung aus dem Vorsitzenden Richter und zwei Jugendschöffen zusammen. Die übrigen der

---

[32] BGHSt. 44, S. 328.
[33] Vgl. Art. 15 Abs. 2– Gesetz v. 11.1.1993 –, BGBl I 1993, S. 50, zuletzt geändert durch Gesetz v. 7.12.2008, BGBl I 2008, S. 2348.
[34] Brunner/Dölling, 2011, §§ 39–41, Rdn. 36 f.; Eisenberg, 2014, § 41 Rdn. 9; Schaffstein/Beulke, 2002, S. 203.

Jugendkammer obliegenden Aufgaben werden in der Besetzung als **große Jugendkammer** wahrgenommen.

Eine Entscheidung, die Besetzung der großen Jugendkammer zu verringern, soll nach der Rechtsprechung entgegen dem Wortlaut des § 33b Abs. 2 JGG auch erst anlässlich der Terminierung der Berufungsverhandlung zulässig sein.[35] Erforderlich hierfür ist ein förmlicher Beschluss.[36]

4.1.2.4 Örtliche Zuständigkeit

Die allgemeinen Regelungen der §§ 7 ff. StPO über die örtliche Zuständigkeit gelten auch für die Jugendgerichte (Gerichtsstände des Tatorts, des Wohnsitzes oder Aufenthaltsorts, des Ergreifungsorts sowie des Zusammenhangs[37]). Sie werden gem. § 42 Abs. 1 JGG um drei weitere Gerichtsstände ergänzt. Dies entspricht dem jugendstrafverfahrensrechtlichen Prinzip der **Entscheidungsnähe** und dient dem Zweck einer stärkeren Berücksichtigung von persönlichen Täterbindungen und einer Konzentration der Einwirkungsmöglichkeiten auf einen Jugendlichen bzw. Heranwachsenden bei einem Richter. Deshalb begründet § 42 Abs. 1 JGG eine **Vorrangzuständigkeit** der in dieser Norm genannten Gerichtsstände vor denjenigen der StPO.[38]

141

Die für jedes sachlich zuständige Jugendgericht des ersten Rechtszugs geltenden besonderen Gerichtsstände eröffnen eine örtliche Zuständigkeit auch bei demjenigen Richter,

142

- dem die familiengerichtlichen Erziehungsaufgaben für den Beschuldigten obliegen (Nr. 1),
- in dessen Bezirk sich der auf freiem Fuß befindliche Beschuldigte zum Zeitpunkt der Anklageerhebung aufhält (Nr. 2),
- der als Vollstreckungsleiter (§ 82 Abs. 1 JGG) für einen Beschuldigten fungiert, wenn jener zuvor bereits zu einer Jugendstrafe verurteilt wurde und diese noch nicht vollständig verbüßt hat (Nr. 3).

Liegen weitere bzw. mehrere besondere Gerichtsstände vor und besteht für den Staatsanwalt deswegen eine Auswahlmöglichkeit, gibt ihm § 42 Abs. 2 JGG im Sinne einer Ermessensbindung eine **Rangfolge** unter den jugendstrafrechtlichen Zuständigkeiten vor. In den Fällen der laufenden Vollstreckung einer Jugendstrafe soll er sich für die Erhebung der neuen Anklage am Gerichtsstand des Vollstreckungsleiters (Abs. 1 Nr. 3) orientieren. Dadurch können im Einzelfall Gefangenentransporte zu Gerichtsterminen in einer anderen Stadt vermieden werden. Zudem ist der Vollstreckungsleiter schon mit der Persönlichkeit des Beschuldigten und den Ein-

143

---

[35] OLG Koblenz, StrVert 2008, S. 117.
[36] OLG Brandenburg, NStZ 2009, S. 43; dazu Dölling, 2009, S. 196.
[37] Vgl. Kühne, 2010, Rdn. 128.
[38] Eisenberg, 2014, § 42 Rdn. 6.

wirkungsnotwendigkeiten befasst.³⁹ Ist der Gerichtsstand des Vollstreckungsleiters nicht eröffnet, soll die Anklage möglichst dem Gerichtsstand der familienrichterlichen Zuständigkeit (Abs. 1 Nr. 1) gemäß erfolgen, d. h. in demjenigen Gerichtsbezirk, in dem solche Erziehungsaufgaben wahrzunehmen sind. Von der Anklageerhebung bei den gem. § 42 Abs. 1 JGG vorrangig zuständigen Gerichten darf dabei nur in besonderen Ausnahmefällen abgewichen werden, so z. B. wenn anderenfalls erhebliche Erschwernisse für die Durchführung des Verfahrens bestünden.⁴⁰

> Aufgrund ihrer Volljährigkeit entfällt für Heranwachsende der besondere Gerichtsstand der familien- und vormundschaftsrichterlichen Zuständigkeit (§ 42 Abs. 1 Nr. 1 JGG). Demzufolge steht dieser dem Jugendstaatsanwalt auch nicht als Auswahlmöglichkeit in § 42 Abs. 2 JGG zur Verfügung.

144   Der Gesichtspunkt der Entscheidungsnähe kommt ferner in § 42 Abs. 3 JGG zum Ausdruck. Danach kann das Jugendgericht, bei dem das Hauptverfahren bereits eröffnet ist, die Sache mit Zustimmung der Staatsanwaltschaft **abgeben**, wenn es zu einem **Aufenthaltswechsel** des Jugendlichen oder Heranwachsenden nach Erhebung der Anklage kommt. Örtlich zuständig wird dann das Jugendgericht des neuen Aufenthaltsorts. § 42 Abs. 3 JGG erlangt auch bei unfreiwilligen Aufenthaltsänderungen Bedeutung⁴¹ (z. B. bei jugendgerichtlich angeordneter Heimerziehung gem. § 12 Nr. 2 JGG). Von einer Abgabe sollte allerdings abgesehen werden, sofern damit eine erhebliche Verfahrensverzögerung einherginge. Die Abgabemöglichkeit endet mit Urteilserlass im ersten Rechtszug; danach würde in unzulässiger Weise in den Instanzenzug eingegriffen.⁴²

145   Dem Grundsatz der Entscheidungsnähe steht jedoch die durch § 33 Abs. 3 JGG eingeräumte Möglichkeit der Einrichtung von **Bezirksjugendgerichten** auf der Ebene der **Amtsgerichte** entgegen. Mit dieser Norm werden die Bundesländer ermächtigt, durch Rechtsverordnung einen Amtsrichter zum Jugendrichter für den Bereich mehrerer Amtsgerichte zu bestellen (§ 58 Abs. 1 GVG) bzw. entsprechende Bezirksschöffengerichte (§ 58 Abs. 2, 3 GVG) zu bilden. Von dieser Ermächtigung haben die Länder überwiegend Gebrauch gemacht.⁴³ Die damit verbundene Änderung der örtlichen Zuständigkeit mag zwar einer Spezialisierung von Richtern dienen, die jugendrichterlichen Reaktionen auf Verfehlungen junger Menschen stärker vereinheitlichen und – gerade in Ballungsgebieten – Effektivitätsvorteile im Bereich der Justizverwaltungsorganisation mit sich bringen. Bezirksjugendrichtern

---

³⁹ Schaffstein/Beulke, 2002, S. 204; Streng, 2012, S. 56.
⁴⁰ Bzgl. § 42 Abs. 1 Nr. 2 JGG LG Verden, StrVert 2008, S. 118.
⁴¹ BGHSt. 13, 209; krit. Eisenberg, 2014, § 42 Rdn. 22.
⁴² BGHSt. 19, 179; Brunner/Dölling, 2011, § 42 Rdn. 12.
⁴³ Das betrifft: Baden-Württemberg: §§ 21 und 23 ZuVOJu; Bayern: § 30 GZVJu; Berlin: § 1 Abs. 2 2. AGKonzentr. VO; Hamburg: § 1 Nr. 1 JGGWÜbetrVO, § 1 JSchGerVO; Niedersachsen: § 1 Nr. 8 Subdelegationsverordnung-Justiz; Nordrhein-Westfalen: § 1 JugStrSErmVO, §§ 1 und 2 VO über die Zuständigkeit der Amtsgerichte in Jugendstrafsachen; Rheinland-Pfalz: §§ 1 und 2 StrBußGZV; Sachsen-Anhalt: § 1 Nr. 54 VO zur Übertragung von Verordnungsermächtigungen; Schleswig-Holstein: § 1 Nr. 17 JErmÜVO; vgl. die Nachweise in: Schönfelder, Deutsche Gesetze, Fn. 2 zu § 33 Abs. 3 S. 1 JGG.

sowie den gemeinsamen Jugendschöffengerichten mangelt es jedoch – vor allem in Flächenstaaten und ländlichen Regionen – regelmäßig an der Entscheidungsnähe. Die sonst zuständigen Jugendrichter sind dagegen eher mit den Verhältnissen vor Ort vertraut.[44]

4.1.3 Verbindung mehrerer Strafsachen

Gemäß § 2 StPO können **zusammenhängende Strafsachen** zu einem Verfahren verbunden werden. Dadurch soll insbesondere Doppelarbeit verhindert werden, was die Funktionsfähigkeit der Strafrechtspflege erhöht.[45] Eine Verbindung kommt in Betracht (§ 3 StPO), wenn bei einer Tat mehrere Personen als Täter, Teilnehmer bzw. wegen Begünstigung, Strafvereitelung respektive Hehlerei als an einer Vortat Beteiligte beschuldigt werden (sachlicher Zusammenhang) oder wenn einer Person mehrere Straftaten vorgeworfen werden (persönlicher Zusammenhang). Eine besondere Regelung enthält § 103 JGG (i. V. m. § 112 S. 1 JGG) für Fälle der Verbindung von Strafverfahren gegen Jugendliche bzw. Heranwachsende einerseits und Erwachsene andererseits. Dagegen trifft das JGG keine ausdrückliche Regelung über die Möglichkeit, mehrere Strafsachen gegen denselben jungen Beschuldigten zu verbinden.

146

4.1.3.1 Sachlicher Zusammenhang

Nach § 103 Abs. 1 JGG können die gegen Jugendliche bzw. Heranwachsende und die gegen Erwachsene geführten Strafsachen verbunden werden. Eine solche Verbindung zur gemeinsamen Verhandlung setzt voraus, dass

147

- dies nach den Vorschriften des allgemeinen Strafverfahrensrechts (§§ 2 bis 4 StPO) zulässig und
- es zur Erforschung der Wahrheit oder aus anderen wichtigen Gründen geboten ist.

Die **sachliche Zuständigkeit** für solche verbundenen Sachen liegt gem. § 103 Abs. 2 S. 1 JGG grundsätzlich beim **Jugendgericht**. Dieses hat dann die Taten der zum Tatzeitpunkt erwachsenen Angeklagten nach Erwachsenenstrafrecht mit abzuurteilen. Eine Zuständigkeit der Erwachsenengerichte für nach § 103 Abs. 1 JGG verbundene Strafverfahren besteht nur ausnahmsweise unter den Voraussetzungen des § 103 Abs. 2 S. 2 JGG in Staatsschutzsachen bzw. bei Straftaten, die in die Zuständigkeit der Wirtschaftsstrafkammer fallen.

148

Die **Entscheidung** über eine Verbindung von Jugendsachen einerseits und Erwachsenensachen andererseits steht zunächst im pflichtgemäßen Ermessen der **Staatsanwaltschaft**. Ihr obliegt es, diese in einer gemeinsamen Anklage bei Gericht anhängig zu machen.

---

[44] Krit. auch Eisenberg, 2014, §§ 33 bis 33b Rdn. 23 ff.
[45] Meyer-Goßner, 2014, § 2 Rdn. 2.

149 § 103 Abs. 1 JGG stellt eine **Ausnahmevorschrift** dar, die vorrangig verfahrensrechtlichen Gesichtspunkten dient.[46] Angesichts der besonders an spezialpräventiven Aspekten orientierten Ausgestaltung des Jugendstrafverfahrens bleibt eine Verbindung von Jugend- und Erwachsenensachen deshalb **in der Regel unzweckmäßig** und sollte nur zurückhaltend erfolgen.[47] Ein gemeinsames gerichtliches Vorgehen gegen einen Jugendlichen und einen Erwachsenen kann eine jugendgemäße Verhandlung sowie die optimale Rechtswahrnehmung nachhaltig beeinträchtigen.[48] Dies gilt umso mehr, wenn ein Jugendlicher eine Straftat unter dem Einfluss eines mitangeklagten Erwachsenen begangen hat.[49]

150 Hat die Staatsanwaltschaft nach § 103 Abs. 1 JGG verbundene Sachen beim Jugendgericht anhängig gemacht, muss dieses nicht notwendigerweise über jene Verfahrensgegenstände entscheiden. Vielmehr kann es die verbundenen Sachen nach seinem pflichtgemäßen Ermessen wieder **trennen**. Eine solche Trennung ordnet das Gericht vor allem an, wenn eine gesonderte Bearbeitung zweckmäßiger erscheint oder die eine Verbindung gebietenden Gründe entfallen sind. Ergeht der Trennungsbeschluss (§ 2 Abs. 2 StPO) vor oder gleichzeitig mit der Eröffnung des Hauptverfahrens, obliegt die Erwachsenensache dem allgemein zuständigen Gericht (§ 103 Abs. 3 JGG). Bei einer späteren Abtrennung (§ 4 Abs. 1 StPO) bleibt jedoch nach § 47a JGG das Jugendgericht zuständig. § 47a JGG ist lex specialis gegenüber § 103 Abs. 3 JGG.[50] Sind umgekehrt in Fällen des sachlichen Zusammenhangs Verfahren gegen Jugendliche bzw. Heranwachsende und solche gegen Erwachsene von der Staatsanwaltschaft getrennt anhängig gemacht, kann das Gericht diese unter den Voraussetzungen des § 103 Abs. 1 JGG wiederum **verbinden**.

4.1.3.2 Persönlicher Zusammenhang

151 Werden ein und demselben Betroffenen mehrere Straftaten vorgeworfen, ergibt sich aus dem **Grundsatz der einheitlichen Rechtsfolgenverhängung** im Jugendstrafverfahren, dass nach Möglichkeit diese Straftaten eines jungen Beschuldigten zugleich abzuurteilen sind. Aus diesem Grund ist möglichst frühzeitig eine Verbindung der Sachen herbeizuführen.[51] § 70 S. 2 JGG verpflichtet deshalb die Jugendgerichtshilfe, der Staatsanwaltschaft Mitteilung zu machen, sobald sie von weiteren gegen den Jugendlichen geführten Verfahren Kenntnis erlangt. Die erforderliche Verbindung wird dann mangels gesonderter Regelung im JGG nach den allgemei-

---

[46] Eisenberg, 2014, § 103 Rdn. 9.
[47] So auch Brunner/Dölling, 2011, § 103 Rdn. 8 ff.; Eisenberg, 2002, S. 583; Laubenthal, 2013, S. 14; siehe auch Nr. 114 S. 2 RiStBV; ferner RiL Nr. 1 zu § 103 JGG: „Die Verbindung von Strafsachen gegen Jugendliche und Erwachsene ist im Allgemeinen nicht zweckmäßig. Sie ist namentlich dann nicht angebracht, wenn der Jugendliche geständig und der Sachverhalt einfach ist oder wenn es sich bei den Erwachsenen um die Eltern des Jugendlichen handelt."
[48] Diemer/Schatz/Sonnen, 2011, § 103 JGG Rdn. 7; Ostendorf, 2013, § 103 Rdn. 5.
[49] Dazu Eisenberg, 2014, § 103 Rdn. 10a.
[50] Brunner/Dölling, 2011, § 103 Rdn. 13; Eisenberg, 2014, § 103 Rdn. 21; LRRieß, 2008, § 209a StPO, Rdn. 27; Schaffstein/Beulke, 2002, S. 206.
[51] Eisenberg, 2014, § 103 Rdn. 27; Ostendorf, 2013, § 103 Rdn. 4.

nen strafprozessualen Vorschriften durchgeführt (§ 2 JGG i. V. m. §§ 2 bis 4, 237 StPO).[52]

Bei mehreren Verfehlungen desselben Beschuldigten **in verschiedenen Alters- und Reifestufen**[53] ist § 32 JGG zu beachten, der Vorgaben für das Vorgehen bei deren gleichzeitiger Aburteilung enthält. Die Norm setzt ebenfalls die Möglichkeit voraus, diese Sachen zum Zweck einheitlicher Verhandlung und Entscheidung zu verbinden. Umstritten ist jedoch, ob sich das in § 32 JGG zugrunde gelegte Ermessen zu einer Rechtspflicht verdichtet. Die Rechtsprechung und ein Teil der Lehre lehnen dies mit der Begründung ab, § 32 JGG lasse die allgemeinen Vorschriften über die Verbindung von Strafsachen unberührt.[54] Im Hinblick auf den Zweck des Jugendstrafverfahrens, der in der Einwirkung auf den Täter liegt, sowie die Entscheidung des Gesetzgebers, auch den Heranwachsenden prinzipiell dem Jugendstrafverfahren zu unterwerfen, wird allerdings im Regelfall nur die Verbindung der Strafsachen als pflichtgemäß getroffene Entscheidung in Betracht kommen.[55]

152

4.2 Jugendstaatsanwalt

Gemäß § 36 JGG werden für Verfahren, die zur Zuständigkeit der Jugendgerichte gehören, Jugendstaatsanwälte bestellt. Damit ergibt sich deren **Tätigkeitsbereich** aus der Bezugnahme auf die sachliche Zuständigkeit der Jugendgerichte und betrifft die Strafverfahren gegen Jugendliche und Heranwachsende (§ 107 JGG) ebenso wie die Jugendschutzsachen der §§ 26, 74b GVG, welche vor dem Jugendgericht angeklagt werden.

153

> Im Gegensatz zum Allgemeinen Strafverfahrensrecht (dort gilt § 451 StPO) fungiert die Staatsanwaltschaft in Jugendstrafverfahren aber **nicht** zugleich als **Vollstreckungsbehörde**. Diese Aufgabe obliegt nach § 82 JGG dem Jugendrichter.

Wie die Jugendrichter, so sollen gem. § 37 JGG auch die Jugendstaatsanwälte **erzieherisch befähigt** und **in der Jugenderziehung erfahren** sein. Dieses Postulat des Gesetzgebers bleibt in der Praxis allerdings weitgehend unberücksichtigt.[56] Es lässt sich – ungeachtet der Überlegungen zu einer prinzipiellen Auflösung der Verknüpfung von justizieller Tätigkeit und Erziehungsaspekt[57] – auch aufgrund personeller Gegebenheiten in der Justiz[58] kaum realisieren. Die im Gesetz festgelegte Grundidee vom spezialisierten Jugendstaatsanwalt verliert zudem insofern an Be-

154

---

[52] Ostendorf, 2013, § 103 Rdn. 5.
[53] Dazu unten Kap. 6.6.
[54] BGHSt. 10, S. 101 f.; Brunner/Dölling, 2011, § 103 Rdn. 1; Eisenberg, 2014, § 103 Rdn. 31.
[55] In diesem Sinne Brunner/Dölling, 2011, § 103 Rdn. 1; Eisenberg, 2014, § 32 Rdn. 19; weiter gehend Ostendorf, 2013, § 103 Rdn. 4; krit. Diemer/Schatz/Sonnen, 2011, § 32 JGG Rdn. 25.
[56] Vgl. Albrecht H.-J., 2002, S. 117; Streng, 2012, S. 68.
[57] Siehe oben Kap. 1.1.
[58] Dazu Laubenthal, 2002, S. 814; vgl. auch die justizorganisatorischen Bedenken der Länder (BT-Drs. 17/12735, S. 18) zu § 36 Abs. 1 E-JGG (BT-Drs. 17/6261), der „Richter auf Probe und

deutung, als die Rechtsprechung selbst im Erscheinen und Mitwirken eines nicht i. S. d. § 36 JGG als bloßer Ordnungsvorschrift zum Jugendstaatsanwalt bestellten Staatsanwalts in der Hauptverhandlung keinen Revisionsgrund sieht.[59] Allerdings ist ein Geschäftsverteilungsplan, der willentlich nicht zu einer Konzentration der jugendstaatsanwaltschaftlichen Zuständigkeiten führt, mit den Vorgaben der §§ 36, 37 JGG unvereinbar.[60]

155 In der Hauptverhandlung kommt dem Jugendstaatsanwalt keine **Aufgabenstellung** zu, die über diejenige des allgemeinen Staatsanwalts hinausgeht. Nach § 78 Abs. 2 JGG bleibt seine Anwesenheit in der im vereinfachten Verfahren durchgeführten Verhandlung sogar entbehrlich. Eine besondere Stellung hat er dagegen im Vorverfahren; hier bildet die Staatsanwaltschaft die rechtsstaatliche Schaltstelle[61] für die außergerichtliche Erledigung zahlreicher Verfahren auf der Diversionsebene.[62] Ihre im Gegensatz zum Erwachsenenstrafverfahren deutlich erweiterten Möglichkeiten in § 45 JGG, von der Verfolgung abzusehen, haben insoweit zu einer Vorverlagerung der Kompetenz zur Verfahrensbeendigung von den Jugendgerichten auf die Jugendstaatsanwälte geführt.

4.3 Polizei

156 Am Jugendstrafverfahren beteiligt sind die Beamten des Polizeidienstes, die gem. §§ 160 ff. StPO – insbesondere als Ermittlungspersonen der Staatsanwaltschaft (§ 152 Abs. 1 GVG) – im Vorverfahren agieren. Obwohl die Lenkung des Ermittlungsverfahrens vom gesetzlichen Leitbild her der Staatsanwaltschaft obliegt, kommt in der Praxis der Kriminalpolizei **faktisch** eine **bedeutende Rolle** zu. Sie tritt regelmäßig als erstes Strafverfolgungsorgan mit einem tatverdächtigen Jugendlichen bzw. Heranwachsenden in Kontakt und kann durch ihr Verhalten wesentlich das Bild des jungen Beschuldigten von den Instanzen der formellen Sozialkontrolle und seine Einstellung ihnen gegenüber prägen.[63] So berichten jugendliche Beschuldigte bei Befragungen bspw., dass die Vernehmung durch die Polizei bei ihnen den größten Eindruck hinterließ.[64]

157 Nicht selten werden zunächst rein polizeiliche Ermittlungsverfahren durchgeführt und die Polizei übersendet dann erst nach Abschluss der Nachforschungen die Vorgänge an die Staatsanwaltschaft. Angesichts der besonderen Suggestibilität und

---

Beamte auf Probe ... im ersten Jahr nach ihrer Ernennung" als Jugendstaatsanwälte zwingend ausschließen wollte. Siehe auch oben Kap. 1.1 sowie Kap. 4.1.1.
[59] BGH, GA 1961, S. 358; OLG Karlsruhe, NStZ 1988, S. 241; OLG Hamm, JMBl. NRW 1994, S. 23; zustimmend Brunner/Dölling, 2011, § 36 Rdn. 1; krit. dagegen Eisenberg, 2014, § 36 Rdn. 12; Ostendorf, 2013, § 36 Rdn. 8; Schaffstein/Beulke, 2002, S. 200; Streng, 2011, S. 68.
[60] Eisenberg, 2002, S. 579.
[61] Böhm/Feuerhelm, 2004, S. 106.
[62] Dazu unten Kap. 5.2.
[63] Böhm/Feuerhelm, 2004, S. 111; Schäuble/Schneider, 2003, S. 239; Zieger, 2013, S. 116.
[64] Vgl. Heinz, 1999, S. 17.

der erhöhten Beeindruckbarkeit junger Menschen durch behördliche Maßnahmen[65] bedarf es einer Spezialisierung der in Jugendsachen tätigen Polizeibeamten im Sinne einer besonders ausgebildeten **Jugendpolizei**.[66]

Das JGG enthält jedoch keine Regelung, die sich auf die Arbeit der Polizei in Jugendstrafsachen bezieht; insbesondere werden ihr auch keine Aufgaben gesondert gesetzlich zugewiesen. Damit handelt sie nach Maßgaben der allgemeinen Vorschriften, wobei eine jugendgemäße Durchführung der polizeilichen Ermittlungstätigkeit durch die **Polizeidienstvorschrift** (PDV) „Bearbeitung von Jugendsachen"[67] sichergestellt werden soll.

Nach PDV 382 Nr. 1.6 ist die Bearbeitung von Jugendsachen **Jugendsachbearbeitern** als insoweit besonders geschulten Polizeibeamten übertragen. Soweit solche nicht zur Verfügung stehen, sind andere geeignete Beamte einzusetzen. Bereits dies verdeutlicht, dass trotz vermehrter Spezialisierung Jugendsachbearbeiter nicht flächendeckend vorhanden sind[68], weshalb selbst Mindeststandards[69] polizeilicher Jugendsachbearbeitung in der Praxis nicht durchgängig Beachtung finden können.

158

Im Rahmen der informellen Verfahrenserledigung nach § 45 Abs. 2 JGG[70] geben Diversionsrichtlinien einiger Bundesländer[71] den Polizeibehörden allerdings zu weitreichende Kompetenzen. Die sog. **Polizeidiversion** kann verfassungsrechtliche Grenzen (insbesondere das Gewaltenteilungsprinzip) überschreiten, wenn es nicht bei der Mitteilung diversionsgeeigneter Fälle an die Staatsanwaltschaft bleibt, sondern die Polizei faktisch selbst die Diversionsentscheidung trifft. Soll schon die Polizei darüber befinden, ob § 45 Abs. 2 JGG zur Anwendung kommt und schlägt sie sogar die Durchführung erzieherischer Maßnahmen vor[72], verstößt dies gegen den Regelungsgehalt des § 45 JGG mit einer Verfahrensherrschaft der Staatsanwaltschaft.[73] Gerade in Verfahren gegen junge Menschen, die überdurchschnittlich häufig nicht von einem Verteidiger beraten werden, sollte die Frage der Verfahrenserledigung beim Staatsanwalt verbleiben, so dass immerhin eine – wenn auch oftmals kursorische – Prüfung der Sache durch einen Volljuristen erfolgen kann. Gerade auch mit Blick auf den Grundsatz der Gewaltenteilung darf es nicht an der Polizei bleiben, über Eröffnung und Fortgang eines Strafverfahrens zu entscheiden. Der Polizeibeamte vermag allenfalls durch ein normverdeutlichendes Gespräch ohne Eingriffscharakter auf den Betroffenen einzuwirken. Dieses muss jedoch ohne (zwingenden) Einfluss auf das weitere staatsanwaltschaftliche Vorgehen bleiben.[74]

159

---

[65] Dazu Streng, 2011, S. 69; Zieger, 2013, S. 107 ff.
[66] Schäuble/Schneider, 2003, S. 239 f.
[67] PDV 382, im Internet abrufbar unter http://www.dvjj.de/download.php?id=38 (Stand: 21.6.2010); abgedruckt in: DVJJ-Journal 1/1997, S. 5 ff.
[68] Vgl. auch Eisenberg, 2014, Einl. Rdn. 26.
[69] Siehe Hübner/Kerner/Kunath/Planas, 1997, S. 26 ff.; Meffert/Hegemann, 2003, S. 45.
[70] Dazu unten Kap. 5.2.2.2.
[71] Derzeit haben Baden-Württemberg, Bremen, Hamburg, Niedersachsen, Nordrhein-Westfalen, Sachsen, Schleswig-Holstein, Saarland und Thüringen solche RiLen erlassen; abrufbar im Internet unter http://www.dvjj.de/artikel.php?artikel=765 (Stand: 21.6.2010); Nachweise zudem bei Beulke, 2003, S. 318 ff.
[72] So z. B. gem. Nr. 3.11.2 der DiversionsRiL Schleswig-Holstein.
[73] Feuerhelm, 2001, S. 18 ff.; Laubenthal, 2002, S. 815; Ostendorf, 2009, S. 103.
[74] So i. Erg. auch Beulke, 2003, S. 326; Böhm/Feuerhelm, 2004, S. 113; Brunner/Dölling, 2011, § 45 Rdn. 12; Heinz, 1999, S. 137 f.; Meffert/Hegemann, 2003, S. 41; Schaffstein/Beulke, 2002,

4.4 Jugendgerichtshilfe

160 Bei dem Bemühen um eine Verwirklichung der spezialpräventiven Zielsetzung des Jugendstrafrechts kommt der **Jugendhilfe** eine besondere Stellung zu. Sie wirkt in Form der Jugendgerichtshilfe als Verfahrensbeteiligte im Strafverfahren mit. Nach der traditionellen Aufgabenzuschreibung des § 38 Abs. 2 S. 1 und 2 JGG bringen die Vertreter der Jugendgerichtshilfe „die erzieherischen, sozialen und fürsorgerischen Gesichtspunkte im Verfahren vor den Jugendgerichten zur Geltung" und sie „äußern sich zu den Maßnahmen, die zu ergreifen sind".

161 Eine **Gerichtshilfe** gibt es auch in **allgemeinen Strafverfahren**.[75] Diese wird gem. Art. 294 EGStGB von den Landesjustizverwaltungen eingerichtet und ist Teil der Sozialen Dienste der Justiz. Die Aufgaben dieser Gerichtshilfe bleiben nicht nur auf die in § 160 Abs. 3 S. 2 StPO (Ermittlungshilfe bei der Tatsachengewinnung für die richtige Rechtsfolgenentscheidung) sowie in § 463d StPO (Ermittlungshilfe bei der Vorbereitung von Nachtragsentscheidungen nach §§ 453 bis 461 StPO) ausdrücklich genannten Funktionen beschränkt. Vielmehr wurde auf der Grundlage unterschiedlicher landesgesetzlicher Regelungen das Aufgabenspektrum erweitert (z. B. Haftentscheidungshilfe bei Untersuchungshaft, Mitwirkung beim Täter-Opfer-Ausgleich usw.). Die Erwachsenengerichtshilfe hat aber keine Stellung als Verfahrensbeteiligte.[76]

162 Im Gegensatz zur allgemeinen Gerichtshilfe der StPO kommt der Jugendgerichtshilfe als Teil der Jugendhilfe nach Einleitung eines Strafverfahrens gegen einen Jugendlichen eine durch Beteiligungsrechte abgesicherte **Mehrfachfunktion** zu; diese reicht über die in § 38 Abs. 2 S. 1 und 2 JGG benannten Aufgabenstellungen hinaus.[77]

4.4.1 Aufgaben und prozessuale Beteiligungsrechte

163 Die Aufgaben der Jugendgerichtshilfe[78] lassen sich in drei Bereiche untergliedern:

- Ermittlungshilfe,
- Kontrollfunktion,
- Betreuungshilfe.

164 Die Tätigkeit der Jugendgerichtshilfe als **Ermittlungshilfe** dient der Unterstützung der Ermittlungsbehörden sowie des Gerichts „durch Erforschung der Persönlichkeit, der Entwicklung und der Umwelt des Beschuldigten" (§ 38 Abs. 2 S. 2 JGG). Dies erfolgt insbesondere im Rahmen der nach § 43 Abs. 1 JGG durchzuführenden

---

S. 204.
[75] Dazu Schöch, 1983, S. 127 ff.; Seidler/Hering, 2005, S. 31 ff.; Thier, 2004, S. 67 ff.
[76] Meyer-Goßner, 2014, § 160 Rdn. 23.
[77] Vgl. Ostendorf, 2004a, S. 102 ff.; ders., 2006b, S. 155 ff.
[78] Vgl. die Übersicht bei Kunkel, 2013, S. 205; ferner Riekenbrauk, in: LPK-SGB VIII, 2014, § 52 Rdn. 31; Trenczek, in: Münder/Meysen/Trenczek, 2013, § 52 Rdn. 5.

4.4 Jugendgerichtshilfe

Persönlichkeitsermittlung, zu der die Jugendgerichtshilfe als Hilfsorgan[79] gem. § 43 Abs. 1 S. 4 i. V. m. § 38 Abs. 3 JGG möglichst früh heranzuziehen ist.

Daneben hat die Jugendgerichtshilfe eine **Kontrollfunktion**. Ihr obliegt es nach § 38 Abs. 2 S. 5 JGG, über die Erfüllung von Weisungen und Auflagen zu wachen. Im Rahmen dieser Tätigkeit sind dem Jugendrichter als Vollstreckungsleiter erhebliche Zuwiderhandlungen mitzuteilen (§ 38 Abs. 2 S. 6 JGG). Solche liegen vor, wenn der Betroffene beharrlich eine Weisung nicht befolgt, einer Auflage überhaupt nicht nachkommt oder durch nur teilweises Erfüllen der Verpflichtungen der mit der richterlichen Weisung bzw. Auflage jeweils verfolgte Zweck gefährdet wird.[80] In solchen Fällen hat der Vertreter der Jugendgerichtshilfe jedoch vor einer Benachrichtigung des Gerichts zunächst darauf hinzuwirken, dass es zu keinen weiteren Zuwiderhandlungen kommt. Dies ergibt sich auch aus seiner betreuend-helfenden Funktion[81], weshalb im Hinblick auf diese der Begriff der Erheblichkeit i. S. des § 38 Abs. 2 S. 6 JGG einschränkend zu interpretieren ist.[82]

165

Während der gesamten Verfahrensdauer soll die Jugendgerichtshilfe für den Jugendlichen gem. § 52 Abs. 3 SGB VIII eine allgemeine **Betreuungsfunktion** übernehmen. Diese umfasst erzieherische, soziale und fürsorgerische Aspekte.[83] Die Hilfeleistungen beinhalten je nach individuellen Erfordernissen soziale und betreuende Komponenten und können dazu dienen, bestimmte für die Straftat relevante äußere Umstände zu beseitigen bzw. abzuschwächen. Zudem soll schädlichen Auswirkungen des Strafverfahrens entgegengewirkt werden.[84]

166

Neben der Begleitung des jungen Menschen obliegt es der Jugendgerichtshilfe, dem **Diversionsgedanken** entsprechend[85] in geeigneten Fällen Möglichkeiten einer informellen Verfahrenserledigung zu prüfen, gegebenenfalls geeignete Hilfemaßnahmen einzuleiten bzw. selbst durchzuführen und die dafür erforderliche Abstimmung mit Staatsanwaltschaft und Gericht zu treffen.[86]

Die Jugendgerichtshilfe muss sich bei ihrer justiziellen Tätigkeit jedoch vor allem der strafrechtlichen **Problemfälle** annehmen, d. h. der jungen Intensiv- und Mehrfachtäter sowie solcher Jugendlicher und Heranwachsender, die verdächtigt werden, schwere Delikte begangen zu haben. Ihr Betätigungsfeld ist dagegen in denjenigen Bereichen zu reduzieren, in denen ein divertierendes Vorgehen nach § 45 bzw. § 47 JGG angezeigt erscheint. Denn bei leichter und zum Teil auch bei mittelschwerer Delinquenz bedarf es regelmäßig noch keiner sozialen Helfer, die umfassend in die Lebenszusammenhänge des Einzelnen intervenieren. Weder ein Absehen von weiterer Verfolgung ohne Intervention noch eine Einstellung des Verfahrens nach eingeleiteter oder durchgeführter erzieherischer Maßnahme

167

---

[79] Kunkel, 2013, S. 206.
[80] Lühring, 1992, S. 140.
[81] Eisenberg, 2014, § 38 Rdn. 17 f.; Riekenbrauk, in: LPK-SGB VIII, 2014, § 52 Rdn. 47.
[82] Brunner/Dölling, 2011, § 38 Rdn. 15; Diemer/Schatz/Sonnen, 2011, § 38 JGG Rdn. 35; Ostendorf, 2013, § 38 Rdn. 23.
[83] Siehe dazu Eisenberg, 1998, S. 306.
[84] Riekenbrauk, in: LPK-SGB VIII, 2014, § 52 Rdn. 54.
[85] Siehe Kap. 5.2.
[86] Kunkel, 2013, S. 206; Trenczek, in: Münder/Wiesner/Meysen, 2011, S. 353.

erfordern eine Erforschung der Täterpersönlichkeit und ihres sozialen Umfelds. Denn auch dies bedeutet letztlich einen belastenden Eingriff für den Betroffenen, eine intensivierte Sozialkontrolle sowie ein Übermaß an Informationsgewinnung und -verarbeitung. Die **Bagatelldelinquenz** ist deshalb der **justizinternen Diversion** zu überlassen; Diversion stellt insoweit kein Tätigkeitsfeld der Jugendgerichtshilfe dar. Wesentliche praktische Relevanz erwächst ihr allerdings bei der Organisation und Durchführung von ambulanten Maßnahmen, denen nach §§ 45, 47 JGG Bedeutung als Voraussetzung für eine informelle Verfahrenserledigung zukommt.

Dem Gedanken, dass die Jugendgerichtshilfe nicht mit jedem Fall auch nur leichtester Delinquenz befasst zu werden braucht, entspricht auch § 36a SGB VIII, der die **Steuerungsverantwortung** der Jugendhilfeträger normiert. Nach Abs. 1 S. 1 1. Halbs. der Vorschrift bleibt der Träger der öffentlichen Jugendhilfe nur dann zur Übernahme der Kosten ihres Tätigwerdens verpflichtet, wenn „sie auf der Grundlage seiner Entscheidung nach Maßgabe des Hilfeplans unter Beachtung des Wunsch- und Wahlrechts erbracht wird" (Entscheidungsprimat des Jugendamts).[87] Da dieses gem. Abs. 1 S. 1 2. Halbs. gleichfalls Geltung beansprucht, soweit Jugendliche oder Heranwachsende durch den Jugendrichter zur Inanspruchnahme der Jugendhilfe verpflichtet wurden, bedingt die Norm mitunter erhebliche **Kooperationsprobleme**.[88] Die Lösung für dieses Dilemma wird zum Teil darin gesucht, die fragliche Betreuungsweisung nicht als Jugendhilfemaßnahme, sondern als jugendrichterliche Erziehungsmaßregel einzuordnen[89]; in diesem Fall bliebe es an der Justiz, die Kosten zu tragen. Eine Alternative läge darin, dem Gericht die Möglichkeit einzuräumen, über das Vorliegen der Voraussetzungen von Jugendhilfeleistungen (§ 27 SGB VIII) selbst verbindlich befinden zu können.[90] Die geltende Rechtslage mag dazu führen, dass vom Verurteilten etwa eine Weisung nach § 10 Abs. 1 S. 3 Nr. 6 JGG (Teilnahme am sozialen Trainingskurs) nicht befolgt werden kann, weil das Jugendamt dies nicht für sinnvoll erachtet und kein entsprechendes Angebot bereitstellt.[91] Es besteht die Gefahr, dass durch die Regelung des § 36a Abs. 1 SGB VIII Art. 92 GG, wonach die rechtsprechende Gewalt Richtern anvertraut ist, sowie die richterliche Unabhängigkeit nach Art. 97 Abs. 1 GG tangiert werden.[92]

168   Über die allgemeine Betreuungsaufgabe der Jugendgerichtshilfe hinaus sieht das JGG **spezielle Betreuungstätigkeiten** vor. Im Rahmen einer Anordnung von Betreuungshilfe i. S. d. § 10 Abs. 1 S. 3 Nr. 5 JGG agiert der Jugendgerichtshelfer selbst als **Betreuungshelfer** (§ 38 Abs. 2 S. 7 JGG), wenn das Gericht keine andere Person damit betraut.

169   Wird der Jugendgerichtshelfer als Betreuungshelfer tätig, umfasst sein Aufgabengebiet mehr als bloße sog. Sprechstundenpädagogik. Zur Veränderung der Lebenssituation des

---

[87] Dazu Röchling, 2006, S. 165; Fischer, in: Schellhorn/Fischer/Mann/Kern, 2012, § 36a Rdn. 9 ff.; Schmid-Obkirchner, in: Münder/Wiesner/Meysen, 2011, S. 300 f.; Trenczek, in: Münder/Wiesner/Meysen, 2011, S. 354 f.; ferner DIJuF, 2007, S. 323 ff.

[88] Streng, 2012, S. 65 f.; ferner dazu Feuerhelm, 2001, S. 15 ff.

[89] Sonnen, 2007a, S. 137; krit. Franzen, 2008, S. 17 ff.

[90] Strafrechtsausssschuss der Justizministerkonferenz, 2007, S. 449; vgl. auch Möller/Schütz, 2007, S. 182 f.; a. A. Trenczek, 2007, S. 36 f.; krit. zum Ganzen Bareis, 2006a, S. 11 ff.; Kunkel, 2006a, S. 311 ff.

[91] Dazu Brandt, 2007, S. 190 ff.; Deutsches Institut für Jugendhilfe und Familienrecht (DIJuF), 2007, S. 323 ff.; Fischer, in: Schellhorn/Fischer/Mann/Kern, 2012, § 36a Rdn. 13; Kunkel, 2006, S. 313; Meier/Rössner/Schöch, 2013, S. 80 f.; Wiesner, 2012, S. 532 ff.

[92] Ostendorf, 2013, § 38 Rdn. 22; Streng, 2012, S. 65.

4.4 Jugendgerichtshilfe

Betreuten sowie einer Verbesserung individueller Kompetenzen bei der Problem- und Konfliktlösung muss die Ausführung von Betreuungsweisungen durch die Jugendgerichtshilfe ein breites Spektrum sozialarbeiterischer, -pädagogischer und therapeutischer Hilfsangebote umfassen. Diese können von der Einübung lebenspraktischer Kenntnisse bis hin zu Maßnahmen der Schuldenregulierung reichen.[93] Betreuungshilfe bedeutet allerdings auch einen Eingriff in die Lebenszusammenhänge des Betroffenen, um entsprechend § 10 Abs. 1 S. 1 JGG dessen Lebensführung zu regeln und seine Erziehung zu fördern und zu sichern.

Auch die Durchführung **sozialer Trainingskurse** i. S. d. § 10 Abs. 1 S. 3 Nr. 6 JGG erfolgt weitgehend durch die Jugendgerichtshilfe. Zwar sieht das Gesetz für den Fall der Erteilung einer solchen Weisung keine (subsidiäre) Pflicht der Jugendgerichtshilfe zur Durchführung dieser Maßnahme vor. Der Gesetzgeber[94] ging jedoch davon aus, dass soziale Trainingskurse den traditionellen Aufgaben der Jugendgerichtshilfe zuzurechnen sind und die Jugendämter auch ohne gesetzliche Verpflichtung solche Angebote vermitteln und organisieren.[95] 170

Gemäß § 38 Abs. 2 S. 9 JGG fungiert die Jugendgerichtshilfe ferner im Rahmen einer **nachgehenden Betreuung** von inhaftierten Jugendlichen als Haftbetreuungs- und Wiedereingliederungshilfe.[96] Während einer Bewährungszeit arbeitet sie nach § 38 Abs. 2 S. 8 JGG eng mit der Bewährungshilfe zusammen. Zum Bereich der nachgehenden Betreuung zählt schließlich auch die Mitwirkung der Jugendgerichtshilfe bei der Beseitigung des Strafmakels durch Richterspruch (§ 97 JGG). 171

Zur Erfüllung der zahlreichen Anforderungen sind den Vertretern der Jugendgerichtshilfe im JGG folgende gesetzlich normierte **Beteiligungsrechte** eingeräumt: 172

- Mitwirkungsrecht im gesamten Strafverfahren gegen einen Jugendlichen (§ 38 Abs. 3 S. 1 u. 2 JGG) bzw. gegen einen Heranwachsenden (§ 107 JGG);
- Recht auf Unterrichtung von der Einleitung und dem Ausgang eines Strafverfahrens gegen einen Jugendlichen (§ 70 S. 1 JGG) bzw. gegen einen Heranwachsenden (§ 109 Abs. 1 S. 2 JGG), bei Jugendlichen (§ 78 Abs. 3 S. 2 i. V. m. § 70 S. 1 JGG) auch im vereinfachten Jugendverfahren;
- Recht auf Unterrichtung bei vorläufigen Festnahmen sowie bei Erlass bzw. Vollstreckung von Haftbefehlen (§ 72a JGG);
- Verkehrsrecht mit dem in Untersuchungshaft befindlichen Beschuldigten (§ 72b JGG, § 148 StPO);
- Mitteilung von Ort und Zeit der Hauptverhandlung sowie Recht auf Anwesenheit in dieser (§§ 50 Abs. 3 S. 1, 48 Abs. 2 S. 1 JGG);
- Recht auf Äußerung (§ 38 Abs. 2 S. 2, Abs. 3 S. 3 JGG) in jedem Verfahrensstadium, rechtliches Gehör in der Hauptverhandlung (§ 50 Abs. 3 S. 2 JGG) sowie Anhörungsrechte bei bestimmten nachträglichen Entscheidungen (z. B. §§ 65 Abs. 1 S. 2, 87 Abs. 3 S. 4 JGG);

---

[93] Siehe Laubenthal, 1993, S. 164.
[94] BT-Drs. 11/5829, Begründung S. 22.
[95] Krit. zur Dominanz der Jugendgerichtshilfe bei der Durchführung sozialer Trainingskurse: Eisenberg, 2014, § 10 Rdn. 26c.
[96] Lüders, 2000, S. 3 zur (tertiären) Prävention durch die Jugendhilfe.

- Recht auf Kontakt mit dem Verurteilten während des Vollzugs einer Jugendstrafe (§ 38 Abs. 2 S. 9 JGG);
- Antragsrecht zur Beseitigung des Strafmakels bei Minderjährigen (§ 97 Abs. 1 S. 2 JGG);
- Recht auf Heranziehung im Ordnungswidrigkeitenverfahren, wenn die Mitwirkung der Jugendgerichtshilfe für dessen sachgerechte Durchführung nicht entbehrlich ist (§ 46 Abs. 1 OWiG i. V. m. § 38 JGG).

173 Mit den gesetzlich festgelegten Aufgaben und ausgestattet mit ihren prozessualen Rechten übernimmt die Jugendgerichtshilfe im Strafverfahren eine eigenständige Rolle als **Verfahrensbeteiligte**. Von der Rechtsstellung her wird sie aus der justiziellen Perspektive als **Prozessorgan eigener Art** bezeichnet.[97] Dies darf jedoch nicht den Blick dafür verstellen, dass es um Aufgabenerfüllung durch die Jugendhilfe geht, die im Handlungsrahmen des SGB VIII (Kinder- und Jugendhilfe) agiert[98], wobei die **Grundsätze und Standards der Jugendhilfe** gelten.[99] Zwischen den Justizorganen und der Jugendgerichtshilfe besteht kein Subordinationsverhältnis[100] mit Weisungsgebundenheit gegenüber Jugendstaatsanwaltschaft oder -gericht. Die Jugendgerichtshilfe stellt somit eine „Schaltstelle"[101] zur Jugendhilfe dar.

4.4.2 Organisatorische Rahmenbedingungen

174 Die Mitwirkung im Verfahren nach dem JGG zählt gem. § 2 Abs. 3 Nr. 8 SGB VIII zu den **anderen Aufgaben der Jugendhilfe**. Im Gegensatz zu den ansonsten im Dritten Kapitel des SGB VIII vorgenommenen umfassenden Regelungen und inhaltlichen Präzisierungen der anderen Aufgaben der Jugendhilfe hat der Gesetzgeber die jugendhilferechtliche Mitwirkung in Strafverfahren nach dem JGG im SGB VIII selbst nicht näher ausgestaltet. Dies erfolgt vielmehr gem. § 52 Abs. 1 SGB VIII nach Maßgabe der §§ 38 und 50 Abs. 3 S. 2 JGG. Dabei bleibt die Bezugnahme auf diese beiden Normen des JGG insoweit unvollständig, als auch andere Vorschriften des JGG der Jugendgerichtshilfe Funktionen zuweisen. Diese werden von Trägern der öffentlichen oder der freien Jugendhilfe wahrgenommen.

175 Die Mitwirkung im Verfahren nach dem JGG obliegt als eine andere Aufgabe i. S. d. § 2 Abs. 3 SGB VIII zunächst den Trägern der **öffentlichen Jugendhilfe** (§ 3 Abs. 3 S. 1 SGB VIII). Sachlich zuständig sind nach § 85 Abs. 1 SGB VIII die örtlichen Träger, d. h. Kreise, kreisangehörige Gemeinden, Gemeindeverbände bzw.

---

[97] BGH, NJW 2005, S. 766; Albrecht H.-J., 2002, S. 123; Brunner/Dölling, 2011, § 38 Rdn. 1b; Eisenberg, 2014, § 38 Rdn. 23; Schaffstein/Beulke, 2002, S. 225; dazu auch Riekenbrauk, in: LPK-SGB VIII, 2014, § 52 Rdn. 30.
[98] Trenczek, 2003, S. 24.
[99] Vgl. Bundesarbeitsgemeinschaft Jugendgerichtshilfe in der DVJJ, 2003, S. 9.
[100] Laubenthal, 1993, S. 35; Riekenbrauk, in: LPK-SGB VIII, 2014, § 52 Rdn. 27; Trenczek, 1991, S. 361.
[101] Sonnen, 2004, S. 175.

4.4 Jugendgerichtshilfe

kreisfreie Städte (§ 69 Abs. 1 SGB VIII i. V. m. den jeweiligen landesrechtlichen Regelungen). Jugendgerichtshilfe stellt eine **Pflichtaufgabe** der örtlichen Träger öffentlicher Jugendhilfe dar, welche zu ihrer Aufgabenerfüllung gem. § 69 Abs. 3 SGB VIII jeweils ein **Jugendamt** einrichten. Dessen örtliche Zuständigkeit ergibt sich für die Mitwirkung in gerichtlichen Verfahren aus § 87b i. V. m. §§ 86 Abs. 1 bis 4, 86a Abs. 1 bis 3 SGB VIII. Danach ist bei Jugendlichen regelmäßig der gewöhnliche Aufenthalt der Eltern maßgeblich, bei Heranwachsenden der eigene gewöhnliche Aufenthalt.

Stellt § 85 SGB VIII die Jugendgerichtshilfe in die Verantwortung des Jugendamtes, so liegt die weitere institutionelle Ausgestaltung der Aufgabenwahrnehmung aufgrund des kommunalen Selbstverwaltungsrechts in der Hand des örtlichen Jugendhilfeträgers. Dementsprechend finden sich in den Jugendämtern unterschiedliche **Organisationsformen**[102] der Jugendgerichtshilfe als

- eigene Abteilung des Jugendamtes,
- eigenständiges Sachgebiet des Allgemeinen Sozialen Dienstes,
- Arbeitsgruppe des Allgemeinen Sozialen Dienstes oder
- Vertiefungsgebiet der Allgemeinen Erziehungshilfe.

Teilweise werden die Aufgaben der Jugendhilfe im Strafverfahren in den Jugendämtern lediglich von einer einzigen Person wahrgenommen – sog. Ein-Personen-Jugendgerichtshelfer.[103]

Da die anderen Aufgaben der Jugendhilfe bei ausdrücklicher gesetzlicher Bestimmung Trägern der **freien Jugendhilfe** übertragen werden können (§ 3 Abs. 3 S. 2 SGB VIII) und dies § 76 Abs. 1 SGB VIII durch Verweis auf § 52 SGB VIII für die Mitwirkung im Jugendstrafverfahren zulässt, darf Jugendgerichtshilfe auch von freien Vereinigungen ausgeübt werden.[104] Insoweit sieht bereits § 38 Abs. 1 JGG ein Gebot des Zusammenwirkens von Jugendämtern und nichtamtlichen Verbänden vor. Hieraus – sowie aus der in § 4 Abs. 2 SGB VIII normierten Subsidiarität der staatlichen hinter den freien Trägern – folgt ein Recht der Vereinigungen auf Mitwirkung,[105] was eine generelle Nichtbeteiligung ausschließt.

Abgesehen von Funktionen mit hoheitlichen Befugnissen unterliegt die Übertragung von in § 76 Abs. 1 SGB VIII genannten Aufgaben prinzipiell keinen Beschränkungen. Das bedeutet für den Bereich der Jugendgerichtshilfe, dass auch die Mitwirkung in der Hauptverhandlung keine unübertragbare Aufgabe darstellt. Die Vertretung der Jugendgerichtshilfe kann dort – wie sich zudem aus § 52 Abs. 3 SGB VIII ergibt – durch Mitarbeiter des freien Trägers erfolgen.

---

[102] Dazu Laubenthal, 1993, S. 47 ff.; Mörsberger/Wapler, in: Wiesner 2011, § 52 Rdn. 60; Riekenbrauk, in: LPK-SGB VIII, 2014, § 52 Rdn. 21 ff.
[103] Dazu Gadow, 2012, S. 303 ff.
[104] Einschränkend jedoch Höynck, 2002, S. 804.
[105] Brunner/Dölling, 2011, § 38 Rdn. 2; Laubenthal, 1993, S. 44.

178 Im Einzelnen stehen **Aufgabenübertragung** bzw. Beteiligung von nichtstaatlichen Vereinigungen an der Jugendhilfe aber im Ermessen des Jugendamts. Voraussetzung ist nicht nur das Einverständnis des betroffenen Verbandes. Es muss sich zudem um einen nach § 75 SGB VIII anerkannten freien Träger handeln. Hinsichtlich dessen Mitarbeitern bedarf es angesichts der mit § 72 SGB VIII gesetzlich anerkannten Notwendigkeit einschlägiger fachlicher Qualifikationen zudem der Überprüfung der entsprechenden spezifischen Befähigung.[106] Kommt es jedoch zu einer Aufgabenübertragung durch ein besonderes öffentlich-rechtliches Auftragsverhältnis[107] an eine freie Vereinigung, so agiert diese nicht als eigenverantwortlicher Träger, sondern im Auftrag des Trägers der öffentlichen Jugendhilfe. Letztlich bleibt damit stets das Jugendamt für die Aufgabenerfüllung verantwortlich (§ 76 Abs. 2 SGB VIII).

4.4.3 Mitwirkung im förmlichen Jugendgerichtsverfahren

179 Nach § 38 Abs. 3 S. 1 und 2 JGG ist die Jugendgerichtshilfe im gesamten Verfahren heranzuziehen, was so früh wie möglich geschehen soll. Das erfordert schon zu Verfahrensbeginn ihre baldige Informierung; umso mehr gilt dies, als § 52 Abs. 2 S. 1 SGB VIII das Jugendamt zu einer frühzeitigen Prüfung verpflichtet, ob für den betroffenen jungen Menschen im Rahmen der sozialpädagogischen Betreuungsaufgaben der Jugendhilfe Leistungen in Betracht kommen. Nach einer Deliktsbegehung stellen jedoch regelmäßig nicht die Jugendgerichtshelfer, sondern die Vertreter der Strafverfolgungsorgane die ersten Kontaktpersonen zum Tatverdächtigen dar. Die Jugendgerichtshilfe nimmt ihre Tätigkeit also faktisch nicht aus Anlass einer Normverletzung auf, sondern erst infolge von Informationen über strafrechtliche Ermittlungen gegen einen jungen Tatverdächtigen. Eine **frühzeitige Einschaltung** setzt daher voraus, dass die Jugendgerichtshilfe durch die Ermittlungsbehörden über die Sache in Kenntnis gesetzt wird. Genauere Regelungen hierüber finden sich – neben den allgemeinen Mitteilungspflichten von der Verfahrenseinleitung gem. § 70 S. 1 JGG bzw. § 109 Abs. 1 S. 2 JGG sowie derjenigen in Haftsachen nach § 72a JGG – in verwaltungsinternen Richtlinien und Dienstanweisungen.

180 Die **Staatsanwaltschaft** wird durch Nr. 32 Abs. 1 MiStra angewiesen, die Jugendgerichtshilfe schon von der Einleitung eines Verfahrens zu unterrichten. Weiter schreibt RLJGG Nr. 6 S. 2 zu § 43 vor, dass die Staatsanwaltschaft auf eine Verständigung des Jugendamtes hinzuwirken hat, sobald der Stand der Ermittlungen dies erlaubt. Zwar geht das Gesetz mit §§ 160 ff. StPO vom Leitbild einer Verfahrensherrschaft der Staatsanwaltschaft im Vorverfahren aus. Jedoch kommt es auch bei Jugendsachen nicht selten zunächst zu rein polizeilichen Ermittlungsverfahren.[108] Als Ermittlungshilfeorgan der Staatsanwaltschaft übersendet die **Polizei** diese Ermittlungsvorgänge dann erst nach Abschluss ihrer eigenen Nachforschungen. Da die Polizei somit zwangsläufig mit der überwiegenden Zahl der Ermittlungsverfahren beschäftigt ist, hat die Staatsanwaltschaft gemäß der Richtlinie vor allem auf eine Unterrichtung des Jugendamts durch die Polizei hinzuwirken.[109] Eine solche Mitteilung sollte aber regelmäßig erst dann erfolgen, wenn ein hinreichender Tatverdacht gegen den

---

[106] Eisenberg, 2014, § 38 Rdn. 6.
[107] Kern, in: Schellhorn/Fischer/Mann/Kern, 2012, § 76 Rdn. 5.
[108] Zur polizeilichen Tätigkeit in Jugendsachen siehe Kap. 4.3.
[109] Siehe auch Brunner/Dölling, 2011, § 38 Rdn. 4.

Betroffenen vorliegt. Dies entspricht Nr. 4a RiStBV, wonach die Staatsanwaltschaft – insbesondere gegenüber anderen Behörden – nicht durch den Zweck des Ermittlungsverfahrens bedingte Bloßstellungen eines Beschuldigten zu vermeiden hat. Dementsprechend schreibt die bundeseinheitliche Polizeidienstvorschrift 382 „Bearbeitung von Jugendsachen" unter Nr. 3.2.7 vor, dass die Polizei das Jugendamt spätestens mit der Abgabe der Ermittlungsvorgänge an die Staatsanwaltschaft unterrichtet. Eine vorzeitige Informierung kommt nur dann in Betracht, wenn schon während der polizeilichen Ermittlungen Maßnahmen der Jugendhilfe notwendig erscheinen.

Erfolgt eine Heranziehung der Jugendgerichtshilfe gem. § 38 Abs. 3 S. 1 und 2 JGG durch die Strafverfolgungsorgane bzw. schaltet sich das Jugendamt aufgrund anderweitig erlangter Informationen von sich aus ein, wird es durch § 52 Abs. 2 S. 1 SGB VIII zu einer Prüfung der Gewährung von Jugendhilfeleistungen veranlasst. Es setzt die gem. § 52 Abs. 3 SGB VIII möglichst den gesamten Verfahrensablauf andauernde Betreuung des Betroffenen durch den Mitarbeiter des Jugendamtes oder des anerkannten freien Jugendhilfeträgers ein. Daneben zählen die Erforschung der Täterpersönlichkeit und die Weitergabe der dabei gewonnenen Erkenntnisse in Form eines Ermittlungsberichts zu den klassischen Tätigkeitsbereichen der Jugendgerichtshilfe. **181**

4.4.3.1 Ermittlungshilfe und Berichterstattung

Die Jugendgerichtshilfe führt als Organ der Persönlichkeitserforschung nach ihrer Heranziehung gem. § 43 Abs. 1 S. 4 i. V. m. § 38 Abs. 3 JGG eine psycho-soziale Diagnose durch. Dabei sollen nach § 43 Abs. 1 S. 1 JGG zur Erstellung einer **jugendstrafrechtlichen Persönlichkeitsbewertung** „die Lebens- und Familienverhältnisse, der Werdegang, das bisherige Verhalten des Beschuldigten und alle übrigen Umstände ermittelt werden, die zur Beurteilung seiner seelischen, geistigen und charakterlichen Eigenarten dienen können". **182**

Zur Erfüllung der ermittelnden und berichtenden Aufgaben muss die Jugendgerichtshilfe Informationen gewinnen. Dabei kann sie sich verschiedener Informationsquellen bedienen.

(1) Beschuldigter als primäre Informationsquelle
Unmittelbare und damit wichtigste Erkenntnisquelle ist der Beschuldigte selbst. Entscheidende Grundlage für den späteren Bericht muss deshalb immer das **Gespräch mit dem Betreffenden** sein. Dieses dient aber nicht nur der originären Informationsgewinnung. Haben Jugendstaatsanwaltschaft oder -gericht den Ermittlungsbericht angefordert, ermittelt die Jugendgerichtshilfe für diese als Prozesshilfeorgan.[110] Aus dem Grundsatz des rechtlichen Gehörs (Art. 103 Abs. 1 GG) ergibt sich deshalb ein Anspruch des Beschuldigten gegenüber der Jugendgerichtshilfe, vor deren Berichterstattung gehört zu werden.[111] Das direkte Gespräch zwischen **183**

---

[110] Kunkel, 2013, S. 206.
[111] Ostendorf, 2013, § 43 Rdn. 17.

Jugendgerichtshelfer und Betroffenem entspricht ferner dem Prinzip eines Vorrangs der Erhebung personenbezogener Daten beim Betroffenen selbst.[112]

184 Für den Jugendlichen oder Heranwachsenden besteht **keine gesetzliche Verpflichtung**, der Einladung zum Gespräch mit dem Jugendgerichtshelfer nachzukommen. Im Gegensatz zur staatsanwaltschaftlichen Beschuldigtenvernehmung kann sein Erscheinen im Jugendamt auch nicht zwangsweise durchgesetzt werden. Die in §§ 163a Abs. 3 i. V. m. 133 Abs. 2, 134 StPO normierten Befugnisse zur Vorführung des auf freiem Fuß befindlichen Beschuldigten bei der Strafverfolgungsbehörde sind auf die Ermittlungen der Jugendgerichtshilfe zur Persönlichkeitserforschung nicht entsprechend anwendbar.

185 Erscheint der Jugendliche oder Heranwachsende bei der Jugendgerichtshilfe, hat der Jugendgerichtshelfer zu akzeptieren, wenn dieser das Gespräch nur im Beisein eines **Verteidigers** führen möchte.[113] Denn § 137 Abs. 1 S. 1 StPO räumt dem Beschuldigten die Befugnis ein, sich in jeder Lage des Verfahrens des anwaltlichen Beistands zu bedienen.

186 Dem Betroffenen steht es frei, ob er dem Jugendgerichtshelfer Auskünfte geben möchte, denn als Beschuldigter ist er zu Angaben nicht verpflichtet.[114] Weder JGG noch StPO halten den Jugendgerichtshelfer explizit zu einer Belehrung des Jugendlichen über dessen **Auskunftsverweigerungsrecht** an. Die Notwendigkeit einer solchen Belehrung über das Schweigerecht folgt aber bereits aus dem Gebot des fairen Verfahrens (vgl. Art. 6 Abs. 1 EMRK), da die Jugendgerichtshilfe als Hilfsorgan für Jugendstaatsanwaltschaft bzw. -gericht Persönlichkeit und sozialen Nahraum des Delinquenten erforscht und dem Jugendgerichtshelfer selbst kein Zeugnisverweigerungsrecht zusteht. Insoweit enthält § 62 Abs. 2 S. 2 SGB VIII ein **Gebot der Transparenz** gegenüber dem Betroffenen. Demgemäß ist er „über die Rechtsgrundlage der Erhebung und über den Verwendungszweck aufzuklären, soweit dieser nicht offenkundig ist". Unterlässt der Jugendgerichtshelfer die **Belehrung**, kommt ein Verwertungsverbot entsprechend §§ 136 Abs. 1 S. 2, 163a Abs. 4 S. 2 StPO in Betracht.[115]

(2) Sekundäre Erkenntnisquellen

187 Neben der Befragung des Beschuldigten können sich Erkenntnisse für die jugendstrafrechtliche Persönlichkeitsbewertung auch aus Gesprächen mit seinen **Bezugspersonen** ergeben. Soweit möglich, sollen deshalb nach § 43 Abs. 1 S. 2 JGG Erziehungsberechtigter und gesetzlicher Vertreter, Schule und Ausbilder gehört werden. § 43 Abs. 1 S. 2 JGG enthält insofern allerdings nur eine beispielhafte Aufzählung. Die Jugendgerichtshilfe kann sich zur Gewinnung von Auskünften grundsätzlich aller denkbaren Informationsquellen bedienen.[116] Als sekundäre Erkenntnisquellen kommen über den in § 43 Abs. 1 S. 2 JGG genannten Personenkreis hinaus daher

---

[112] Laubenthal, 1993, S. 67.
[113] Eisenberg, 2014, § 38 Rdn. 43; Ostendorf, 2013, § 43 Rdn. 17.
[114] Eisenberg, 2014, § 38 Rdn. 43; Laubenthal, 1993, S. 69.
[115] Brunner/Dölling, 2011, § 38 Rdn. 11; Lühring, 1992, S. 16; siehe auch BGH, StrVert 2005, S. 63.
[116] Schaffstein/Beulke, 2002, S. 228.

ferner all diejenigen Personen in Betracht, die im Einzelfall in **amtlicher** Eigenschaft **Betreuungsfunktionen** wahrnehmen und deshalb mit dem Betroffenen in persönlichem Kontakt stehen.[117] Hierbei handelt es sich insbesondere um Betreuungshelfer (§ 10 Abs. 1 S. 3 Nr. 5 JGG, § 30 SGB VIII), Erziehungsbeistand (§ 12 Nr. 1 JGG, § 30 SGB VIII), Bewährungshelfer (§§ 24, 88 Abs. 6 JGG) oder militärische Disziplinarvorgesetzte (§ 112d JGG). Die wichtigsten sekundären persönlichen Auskunftsquellen stellen jedoch Eltern und gesetzliche Vertreter dar.

Findet ein Gespräch des Jugendgerichtshelfers mit den **Eltern** des Beschuldigten statt, sind diese ebenso wie der Betroffene selbst auf die späteren Verwendungsmöglichkeiten ihrer Angaben im jugendgerichtlichen Verfahren hinzuweisen. Die Eltern sind als mit dem Beschuldigten in gerader Linie Verwandte gem. § 52 Abs. 1 Nr. 3 StPO zur Zeugnisverweigerung berechtigt und vor jeder Vernehmung nach § 52 Abs. 3 StPO hierüber zu belehren. Deshalb hat auch der Jugendgerichtshelfer zu Beginn der Zusammenkunft mit den Eltern des Beschuldigten entsprechend § 52 Abs. 1 Nr. 3, Abs. 3 StPO diese auf ihr Recht hinzuweisen, das Gespräch zu verweigern.[118] Die Befragung von Angehörigen des Beschuldigten i. S. d. § 52 Abs. 1 StPO durch den Vertreter der Jugendgerichtshilfe stellt zudem eine Vernehmung nach § 252 StPO dar. Machen die Angehörigen erst in der Hauptverhandlung von ihrem Zeugnisverweigerungsrecht Gebrauch, dürfen ihre Angaben nicht durch den späteren Bericht der Jugendgerichtshilfe in die Hauptverhandlung eingeführt und verwertet werden.[119]

188

Bei der Persönlichkeitserforschung kommt als sekundäre Informationsquelle auch **behördlichen Akten** erhebliche Bedeutung zu. Jugendgerichtshelfer greifen häufig zur Erstellung ihres Berichts auf bereits vorhandene schriftliche Unterlagen des Jugendamtes über den Betroffenen zurück, in denen personenbezogene Daten gespeichert sind. Dabei handelt es sich nicht nur um diejenigen der Jugendgerichtshilfe selbst, sondern auch um solche, die das Jugendamt im Rahmen seiner Aufgaben und Leistungen in den übrigen Bereichen der Jugendhilfe erhoben hat. Herangezogen werden in anderen Sachgebieten angelegte Akten bzw. von einem anderen Jugendamt stammende Informationen. Darüber hinaus kann die Jugendgerichtshilfe Auskünfte bei Dienststellen außerhalb der Sozialverwaltung anfordern.

189

Hat der Jugendgerichtshelfer gem. § 38 Abs. 2 S. 2 JGG auch die Entwicklung des Beschuldigten zu erforschen und bezieht § 43 Abs. 1 S. 1 JGG Werdegang und bisheriges Verhalten in die zu ermittelnden Bereiche mit ein, so darf zur Erlangung von Auskünften über **Verfehlungen des Betroffenen als Kind** keine von Behörden des Polizeidienstes geführte Akte herangezogen werden. Einem Kind unter 14 Jahren fehlt bereits die Beschuldigteneigenschaft[120], so dass alle Ermittlungshandlungen – ebenso wie die eine Beschuldigteneigenschaft voraussetzenden strafprozessualen Zwangsmaßnahmen – unzulässig sind. Der Inhalt dennoch erstellter polizeilicher Unterlagen darf deshalb in einem späteren Strafverfahren gegen einen nunmehr Strafmündigen keine Bedeutung erlangen. Eine Berücksichtigung polizeilicher Feststellungen über Verhaltensweisen im Kindesalter begründet zudem die Gefahr, bereits bei jugendstrafrechtlicher Erstauffälligkeit ein Stigma der Rückfälligkeit zu schaffen, ohne dass die Unschuldsvermutung des Art. 6 Abs. 2 EMRK in der gesetzlich

190

---

[117] Laubenthal, 1993, S. 70 f.
[118] BGH, StrVert 2005, S. 63 f.; Laubenthal, 1993, S. 71; Ostendorf, 2013, § 43 Rdn. 18.
[119] BGH, StrVert 2005, S. 64.
[120] Meyer-Goßner, 2014, Einl. Rdn. 76.

vorgeschriebenen Weise widerlegt worden wäre.[121] Durch die Jugendgerichtshilfe verwertbar ist jedoch kinderdelinquentes Verhalten, das unabhängig von polizeilichen Vorgängen Anlass für Tätigkeiten der Jugendhilfe war und demzufolge in Akten des Jugendamts festgehalten wurde.[122]

191 Ein rechtlicher Anspruch auf **Einsichtnahme in Ermittlungsakten** steht dem Jugendgerichtshelfer nicht zu.[123] Der Gesetzgeber hat bislang der Jugendgerichtshilfe – im Gegensatz etwa zum Beistand[124] gem. § 69 Abs. 3 S. 1 JGG – eine solche Rechtsstellung im JGG nicht ausdrücklich eingeräumt. Ein Akteneinsichtsrecht folgt auch nicht schon allein aus der Verfahrensrolle der Jugendgerichtshilfe als Prozessorgan. Denn als solches hat sie keine einem Verteidiger entsprechende Rechtsstellung (§ 147 StPO) inne, sondern § 72b S. 1 JGG begründet für die Vertreter der Jugendgerichtshilfe ausdrücklich nur ein Verkehrsrecht mit dem Beschuldigten entsprechend demjenigen eines Verteidigers nach § 148 StPO. Es kann deshalb auch nicht von der stillschweigenden Einräumung eines Akteneinsichtsrechts für die Jugendgerichtshilfe ausgegangen werden. Hinzu kommt, dass das Gesetz sogar für den Sachverständigen im Strafverfahren formell kein Akteneinsichtsrecht normiert. Dessen Verlangen auf Akteneinsicht muss gem. § 80 Abs. 2 StPO nicht zwangsläufig und umfassend entsprochen werden.[125] Dennoch handhaben in der Praxis Staatsanwaltschaften und Gerichte trotz des fehlenden Rechtsanspruchs auf Einsichtnahme für die Jugendgerichtshelfer die Gewährung von Akteneinsicht großzügig.[126]

(3) Ermittlungsbericht

192 Hat der Jugendgerichtshelfer in dem durch § 43 Abs. 1 JGG vorgegebenen Rahmen Informationen über die Beschuldigtenpersönlichkeit, deren Entwicklung und Umwelt erlangt, bringt er gem. § 38 Abs. 2 S. 1 JGG „die erzieherischen, sozialen und fürsorgerischen Gesichtspunkte im Verfahren vor den Jugendgerichten zur Geltung". Dies geschieht durch Erstellung eines **Ermittlungsberichts**, dessen Rezipienten Jugendstaatsanwaltschaft und Jugendgericht sind. Dieser Bericht stellt eine bedeutende Grundlage für das Finden einer persönlichkeitsadäquaten Reaktion auf die Straftat dar. Dabei hat der Gesetzgeber nicht festgelegt, wie seitens der Jugendgerichtshilfe die Aspekte i. S. d. § 38 Abs. 2 S. 1 JGG im Verfahren zur Geltung zu bringen sind. Die Berichterstattung kann schriftlich und/oder mündlich erfolgen.

193 Vom **Inhalt** her liegt der Schwerpunkt des Ermittlungsberichts in der Darstellung des erhobenen Tatsachenmaterials. Hierbei hat der Jugendgerichtshelfer seine **Objektivitätspflicht** zu beachten.[127] Der Bericht muss die Informationen streng tatsachengetreu wiedergeben und im Hinblick auf deren Überprüfbarkeit die Angabe

---

[121] Frehsee, 1988, S. 317; siehe auch Eisenberg, 2014, § 43 Rdn. 24.
[122] Ostendorf, 2013, § 43 Rdn. 22.
[123] Eisenberg, 2014, § 38 Rdn. 27; a. A. Brunner/Dölling, 2011, § 38 Rdn. 7.
[124] Siehe dazu Kap. 4.7.
[125] Meyer-Goßner, 2014, § 80 Rdn. 3.
[126] Eisenberg, 2014, § 38 Rdn. 27.
[127] Laubenthal, 1993, S. 91; Schaffstein/Beulke, 2002, S. 228.

der jeweiligen Beweismittel enthalten. Dem in § 38 Abs. 2 S. 1 und 2 sowie § 43 Abs. 1 JGG normierten Auftrag entsprechend muss der Jugendgerichtshelfer sich einerseits auf diejenigen Tatsachen beschränken, die einer jugendstrafrechtlichen Bewertung der Beschuldigtenpersönlichkeit sowie der Erklärung möglicher Motive oder der Faktoren aus der sozialen Umwelt, die den Normbruch mit verursacht haben mögen, dienen. Nicht zu äußern hat sich der Vertreter der Jugendgerichtshilfe damit zur Schuldfrage. Andererseits sind Jugendstaatsanwaltschaft und -gericht in den Grenzen der gesetzlichen Aufgabenstellung alle Umstände mitzuteilen, die für die jugendrichterliche Entscheidung Bedeutung erlangen können.

Die Pflicht zur Übermittlung sämtlicher für die spätere Verhängung einer Unrechtsreaktion relevanter Informationen soll ausschließen, dass der Berichterstatter sich auf die Weitergabe solcher Erkenntnisse beschränkt, die nur eine bestimmte Rechtsfolgenentscheidung stützen und er dieser entgegenstehende Tatsachen zurückhält. So sind bei einem jugendlichen Tatverdächtigen stets Aussagen zur Feststellung seiner Verantwortlichkeit i. S. d. § 3 JGG notwendig, bei einem Heranwachsenden zu den Bedingungen des § 105 Abs. 1 JGG. Ist die Jugendgerichtshilfe im Rahmen ihrer Untersuchungen auf Tatsachen gestoßen, die Zweifel an der Verantwortungsreife des § 3 JGG oder bezüglich des Entwicklungsstands gem. § 105 Abs. 1 JGG begründen, regt sie die Heranziehung von Sachverständigen an.[128]
Die **Pflicht zur objektiven Berichterstattung** bedeutet jedoch keine Beschränkung der Jugendgerichtshilfe auf einen bloßen Faktenreport. Eine wertende Stellungnahme zu den ermittelten Primärtatsachen ist ebenso wenig ausgeschlossen wie das Anfügen von sekundären Erkenntnissen.[129] Die Zulässigkeit von Tatsachenbeurteilungen im Bericht der Jugendgerichtshilfe folgt bereits aus § 38 Abs. 2 S. 2 JGG, denn eine Äußerung zu den zu ergreifenden Maßnahmen auf der Rechtsfolgenseite setzt hinsichtlich § 3 bzw. § 105 JGG Reifebeurteilungen voraus, ferner Prognoseerstellungen und Hypothesen zu Auswirkungen von Unrechtsreaktionen. Da es letztlich Aufgabe des Jugendgerichts bleibt, das von der Jugendgerichtshilfe berichtete Tatsachenmaterial eigenverantwortlich auszuwerten, sollte der Jugendgerichtshelfer allerdings bei Beurteilungen Zurückhaltung üben und sich auf für die Gerichte hilfreiche Schlussfolgerungen beschränken.[130] Eigene Rückschlüsse des Jugendgerichtshelfers aus geschilderten Tatsachen müssen als solche erkennbar sein; Tatsachenmitteilungen und Bewertungen sind im Ermittlungsbericht deutlich voneinander zu trennen.[131]

(4) Datenschutzregelungen
Bei der Weitergabe von Erkenntnissen an die am Jugendstrafverfahren beteiligten Behörden hat die Jugendgerichtshilfe die gesetzlichen Regelungen über das **Sozialgeheimnis** in SGB I und SGB X sowie die Datenschutzbestimmungen der §§ 61 ff. SGB VIII zu beachten.[132] Das gilt auch für die Berichterstattung gem. § 38 Abs. 2 JGG in Bezug auf die bei der Persönlichkeitserforschung i. S. d. § 43 Abs. 1 JGG gewonnenen Informationen. §§ 38 Abs. 2 und 3, 43 Abs. 1 S. 4 JGG beschreiben

194

195

---

[128] Brunner/Dölling, 2011, § 38 Rdn. 12b.
[129] Laubenthal, 1993, S. 92.
[130] Brunner/Dölling, 2011, § 38 Rdn. 12d.
[131] Eisenberg, 2014, § 38 Rdn. 46; Ostendorf, 2013, § 38 Rdn. 7.
[132] Dazu Kaufmann, 2005, S. 433 ff.; umfassend zum Datenschutz Fieseler/Herborth, 2010, S. 245 f.; Kunkel, in: LPK-SGB VIII, 2014, § 61 Rdn. 1 ff.

nicht nur Aufgaben der Jugendgerichtshilfe[133], sondern stellen zugleich **Befugnisnormen** dar.[134] Zudem gibt § 62 Abs. 3 Nr. 2c SGB VIII mit dem darin enthaltenen Verweis auf § 52 SGB VIII der Jugendgerichtshilfe die Berechtigung zur Persönlichkeitsermittlung ohne Mitwirkung des Beschuldigten. Mit der durch das Gesetz zur Weiterentwicklung der Kinder- und Jugendhilfe vom 8.9.2005[135] erfolgten Streichung des § 61 Abs. 3 SGB VIII a. F. und der Einfügung der Verweisung auf § 52 SGB VIII in § 62 Abs. 3 Nr. 2c SGB VIII hat der Gesetzgeber klargestellt, dass die datenschutzrechtlichen Normen des SGB VIII auch für die Mitwirkung der Jugendhilfe im Jugendstrafverfahren Anwendung finden.[136]

196 Die Jugendgerichtshilfe kann somit nach § 35 Abs. 2 SGB I i. V. m. § 69 Abs. 1 Nr. 1 SGB X diejenigen Daten offenbaren, die zur Erfüllung ihrer aus § 52 Abs. 1 SGB VIII i. V. m. § 38 Abs. 2 JGG folgenden Aufgabe der Berichterstattung erforderlich sind – allerdings unter Beachtung der **jugendhilfespezifischen Einschränkungen** der §§ 64 und 65 SGB VIII:

- Eine Weitergabe bleibt nach § 64 SGB VIII nur zulässig, soweit dadurch nicht der Erfolg einer zu gewährenden Leistung in Frage gestellt wird.
- Personenbezogene Daten, die dem Mitarbeiter der Jugendgerichtshilfe zum Zweck persönlicher oder erzieherischer Hilfe anvertraut werden, dürfen von diesem nur unter den Voraussetzungen des § 65 Abs. 1 S. 1 Nr. 1 bis 5 SGB VIII offenbart werden.

197 Nach § 61 Abs. 1 S. 2 SGB VIII binden die gesetzlichen Regelungen über das Sozialgeheimnis sowie zum Schutz personenbezogener Daten im SGB VIII unmittelbar nur die Stellen des Trägers öffentlicher Jugendhilfe. Bei der Inanspruchnahme eines bei einem anerkannten **freien Träger** beschäftigten Jugendgerichtshelfers für Persönlichkeitserforschung und Berichterstattung muss deshalb das Jugendamt gem. § 61 Abs. 3 SGB VIII die zureichende Beachtung der datenschutzrechtlichen Grenzen sicherstellen. Insbesondere sind die freien Träger zu verpflichten, mit ihrer Klientel ein solches Maß an Vertraulichkeit im Umgang mit personenbezogenen Daten zu vereinbaren, das den gesetzlichen Vorgaben für die Träger der öffentlichen Jugendhilfe entspricht.

(5) Maßnahmenvorschlag

198 Gemäß § 38 Abs. 2 S. 2 a. E. JGG äußert sich der Vertreter der Jugendgerichtshilfe „zu den Maßnahmen, die zu ergreifen sind". Ein solcher Maßnahmenvorschlag erfordert jedoch keine konkrete Benennung einer Sanktion oder Sanktionenverbin-

---

[133] Anders aber Bundesarbeitsgemeinschaft Jugendgerichtshilfe in der DVJJ, 2003, S. 12; Diemer/Schatz/Sonnen, 2011, § 38 JGG Rdn. 12; Mann, in: Schellhorn/Fischer/Mann/Kern, 2012, § 61 Rdn. 113; Mrozynski, 2009, § 62 Rdn. 10.
[134] Brunner/Dölling, 2011, § 38 Rdn. 19b; Laubenthal, 1993, S. 74, 99; ders., 1995, S. 14 f.; Schaffstein/Beulke, 2002, S. 228.
[135] BGBl. I 2005, S. 2729 ff.
[136] Dazu Goerdeler, 2005, S. 318 f.

dung.¹³⁷ Der Jugendgerichtshelfer soll lediglich aus seiner fachlichen Sichtweise heraus darlegen, ob und in welcher Weise eine Behandlung des Beschuldigten notwendig bzw. möglich erscheint. Hinsichtlich der zu ergreifenden Maßnahmen hat er sich im Hinblick auf die alleinige richterliche Entscheidungsbefugnis auf das Für und Wider der in Betracht kommenden **Rechtsfolgen** zu beschränken. Äußerste Zurückhaltung bei der Benennung eines konkreten Sanktionsvorschlags schon zeitlich vor Beginn der Hauptverhandlung oder in dieser ist bereits im Hinblick auf den aus Art. 6 Abs. 2 EMRK folgenden Grundsatz geboten, wonach die Vermutung der Unschuld des Beschuldigten erst mit Rechtskraft einer Verurteilung endet.

> Der **Begriff der Maßnahmen** i. S. d. § 38 Abs. 2 S. 2 JGG umfasst nicht nur Erziehungsmaßregeln, Zuchtmittel und Jugendstrafe. Er ist in einem sehr weiten Sinn zu verstehen und daher nicht auf den Sanktionenkatalog des Jugendgerichtsgesetzes begrenzt. Zwar kann der Jugendgerichtshelfer in seiner Empfehlung nicht weiter gehen, als dies der Jugendrichter in seiner Entscheidung vermag. Es obliegt ihm jedoch nach § 52 Abs. 2 S. 1 SGB VIII, die Gewährung von Leistungen der Jugendhilfe vorzuschlagen und damit in geeigneten Fällen auch die Möglichkeit vorzubereiten, dass der Jugendstaatsanwalt gem. § 45 JGG von der Verfolgung absieht bzw. eine Einstellung des Verfahrens nach § 47 JGG erfolgt.

199

4.4.3.2 Jugendgerichtshilfe in der Hauptverhandlung

Folgt aus § 38 Abs. 3 S. 1 JGG ein Mitwirkungsrecht der Jugendgerichtshilfe im gesamten Verfahren gegen einen Jugendlichen bzw. Heranwachsenden, so ist jene vom Jugendgericht auch im Verfahrensabschnitt der Hauptverhandlung heranzuziehen. Nimmt ein Vertreter der Jugendgerichtshilfe teil, sollte die Identität von ermittelndem, betreuendem und berichtendem Jugendgerichtshelfer gewahrt sein (§ 52 Abs. 3 SGB VIII, § 38 Abs. 2 S. 4 JGG).

200

> Die Terminwahrnehmung durch einen sog. **Gerichtsgeher** gilt es zu vermeiden. Ein solcher erscheint lediglich bei Gerichtsterminen und vertritt dort den Verfasser des Ermittlungsberichts. Er bezieht – ohne den angeklagten Jugendlichen bzw. Heranwachsenden persönlich zu kennen – seine Informationen schließlich aus den von einem anderen Vertreter der Jugendgerichtshilfe erstellten schriftlichen Darlegungen. Eine wesentliche Aufgabe des Jugendgerichtshelfers in der Hauptverhandlung liegt jedoch auch darin, in Verbindung mit den vorherigen Ermittlungen die erst vor Gericht gewonnenen Eindrücke und Wahrnehmungen über den Betroffenen in die Stellungnahme einfließen zu lassen. Es soll deshalb derjenige Vertreter der Jugendgerichtshilfe in der Hauptverhandlung erscheinen, der zuvor den Angeklagten persönlich kennen gelernt und befragt hat.¹³⁸ Diese Soll-Regelungen in § 52 Abs. 3 SGB VIII und § 38 Abs. 2 S. 4 JGG haben allerdings zur Folge, dass in der Gerichtspraxis noch nicht gänzlich auf den Gerichtsgeher verzichtet wird. Dessen Einsatz dürfte sich aber weitgehend auf Fälle urlaubs- und krankheitsbedingter Vertretungen beschränken.

201

(1) Gerichtliche Heranziehungspflicht und Mitwirkungsrechte

Das Mitwirkungsrecht des § 38 Abs. 3 S. 1 JGG wurde vom Gesetzgeber durch § 50 Abs. 3 S. 1 JGG – der gem. § 109 Abs. 1 S. 1 JGG für Heranwachsende entspre-

202

---

¹³⁷ Laubenthal, 1993, S. 95; a. A. Ostendorf, 2013, § 38 Rdn. 19.
¹³⁸ Kunkel, 2013, S. 207.

chend gilt – abgesichert. Dem Vertreter der Jugendgerichtshilfe sind **Ort und Zeit** der Hauptverhandlung **mitzuteilen**. Ist dies erfolgt, hat das Gericht seiner Pflicht zur Heranziehung der Jugendgerichtshilfe i. S. d. § 38 Abs. 3 S. 1 JGG im Verfahrensabschnitt der Hauptverhandlung genügt.[139]

203 Die Mitteilung von Ort und Zeit der Hauptverhandlung muss **rechtzeitig** erfolgen. Zwar sieht das Gesetz im Gegensatz zur Ladung des Angeklagten (§ 217 StPO) sowie seines Verteidigers (§ 218 S. 2 i. V. m. § 217 StPO) für die Benachrichtigung der Jugendgerichtshilfe nicht die Einhaltung einer Frist vor. Gemäß Nr. 117 Abs. 2 S. 2 RiStBV ist eine am Verfahren beteiligte Behörde über den Hauptverhandlungstermin so frühzeitig zu benachrichtigen, dass ihr Vertreter sich ausreichend vorbereiten kann. Eine entsprechende Anwendung des § 217 StPO mit einer starren Benachrichtigungsfrist von einer Woche zwischen dem Tag der Mitteilung und dem der Hauptverhandlung wird dem Erfordernis der Rechtzeitigkeit insbesondere dann nicht gerecht, wenn es zuvor noch zu keiner Heranziehung der Jugendgerichtshilfe zur Durchführung einer Persönlichkeitserforschung gekommen war.[140] Insofern kann eine längere Zeitspanne erforderlich für eine hinreichende Vorbereitung sein.

204 Hat es das Jugendgericht unterlassen, der Jugendgerichtshilfe nach § 50 Abs. 3 S. 1 JGG Ort und Zeit der Hauptverhandlung mitzuteilen, bedeutet das eine **Beschränkung des Teilnahmerechts**. Dies stellt einen die **Revision** begründenden Gesetzesverstoß dar, der nach § 337 StPO zur Aufhebung des Urteils führt, soweit die Entscheidung auf der Gesetzesverletzung beruht.[141] Eine revisible Verletzung des § 50 Abs. 3 S. 1 JGG liegt auch dann vor, wenn das Jugendgericht zwar Ort und Zeit der Hauptverhandlung mitteilt, dies aber derart spät geschieht, dass der Jugendgerichtshilfe keine Gelegenheit mehr zu Ermittlungen i. S. d. § 38 Abs. 2 JGG verbleibt.[142]

Da die Hinzuziehung zwingend erfolgen muss, kann der Verstoß gegen die gerichtliche Mitteilungspflicht allein durch das Erscheinen des zuständigen Jugendgerichtshelfers in der Hauptverhandlung und seine Mitwirkung geheilt werden. Angeklagter, Verteidiger, Erziehungsberechtigte oder gesetzliche Vertreter vermögen eine entsprechende Wirkung nicht durch Verzicht auf eine Beteiligung der Jugendgerichtshilfe herbeizuführen, weil diese nicht zu ihrer Disposition steht. Das Unterlassen der Mitteilung von Ort und Zeit kann die Revision sogar trotz Vorliegens eines schriftlichen Ermittlungsberichts und seiner Verwertung im Prozess begründen. Denn es lässt sich nicht ausschließen, dass der Jugendgerichtshelfer gerade aufgrund der Hauptverhandlung im Einzelfall zu einer modifizierten Persönlichkeitsbeurteilung oder zu einem veränderten Maßnahmenvorschlag kommt.[143] Deshalb stellt die unterbliebene Heranziehung der Jugendgerichtshilfe regelmäßig

---

[139] BGHSt. 27, S. 251; BGH, NStZ-RR 2003, S. 344.
[140] Vgl. auch Ostendorf, 2013, § 50 Rdn. 12.
[141] BGHSt. 27, S. 250; BGH, NStZ-RR 2001, S. 27; Brunner/Dölling, 2011, § 38 Rdn. 8; Eisenberg, 2014, § 50 Rdn. 33; Schaffstein/Beulke, 2002, S. 225.
[142] BGH, StrVert 1982, S. 336.
[143] BGH, StrVert 1989, S. 308.

zugleich eine – die Revision begründende – **Verletzung der gerichtlichen Aufklärungspflicht** gem. § 244 Abs. 2 StPO dar.[144]

Das aus § 50 Abs. 3 S. 1 JGG folgende Anwesenheitsrecht der Jugendgerichtshilfe in der Hauptverhandlung hat der Gesetzgeber durch ein **Mitwirkungsrecht** ergänzt, um so ihre eigenständige verfahrensrechtliche Stellung als Prozessorgan abzusichern. Die in § 38 Abs. 2, Abs. 3 JGG und § 52 SGB VIII verankerten Befugnisse zur Äußerung in jedem Stadium des Verfahrens finden ihre Konkretisierung in § 50 Abs. 3 S. 2 JGG, der das **rechtliche Gehör** der Jugendgerichtshilfe **in der Hauptverhandlung** gewährleistet; ihr Vertreter erhält auf Verlangen das Wort. 205

Nimmt der Jugendgerichtshelfer an der Hauptverhandlung teil und verlangt er nicht das Wort, braucht er prinzipiell nicht zu einer Stellungnahme aufgefordert und gehört zu werden. Eine gerichtliche **Anhörungspflicht** besteht aber gem. § 38 Abs. 3 S. 3 1. Halbs. JGG bei beabsichtigter Weisungserteilung oder wenn die richterliche Aufklärungspflicht des § 244 Abs. 2 StPO nach den Umständen des Einzelfalls eine Anhörung des Jugendgerichtshelfers gebietet.[145] Kommt eine Betreuungsweisung nach § 10 Abs. 1 S. 3 Nr. 5 JGG in Betracht, soll der Vertreter der Jugendgerichtshilfe sich zudem gem. § 38 Abs. 3 S. 3 2. Halbs. JGG zur Frage äußern, welche Person zum Betreuer bestellt werden soll. 206

Über das Anwesenheitsrecht und das Äußerungsrecht hinaus stehen der Jugendgerichtshilfe in der Hauptverhandlung keine weiteren gesetzlichen Verfahrensrechte zur Seite.[146] Insbesondere hat sie weder ein allgemeines Fragerecht i. S. d. § 240 StPO noch ein förmliches Beweisantragsrecht.

(2) Keine generelle Teilnahmeverpflichtung

Mit der gerichtlichen Heranziehungspflicht korrespondiert keine gesetzlich festgelegte generelle Verpflichtung der Jugendgerichtshilfe, stets an der Hauptverhandlung oder sonstigen Terminen teilzunehmen.[147] Eine Mitwirkungspflicht kann insbesondere nicht aus § 50 Abs. 3 S. 1 JGG hergeleitet werden, denn diese prozessuale Heranziehungspflicht bindet nur das Gericht. § 38 Abs. 3 S. 1 JGG richtet sich dagegen nur an Jugendstaatsanwalt und -richter. Eine Anwesenheitspflicht in der Hauptverhandlung kann auch nicht allein aus der Betreuungsaufgabe gem. § 52 Abs. 3 SGB VIII gefolgert werden. 207

Die Entscheidung über eine Teilnahme steht grundsätzlich im **Ermessen der Jugendgerichtshilfe**, die selbst über Art und Umfang ihrer justiziellen Tätigkeit bestimmt. Sie kann selektiv vorgehen, an Verfahren teilnehmen, bei denen ihr dies aus pädagogisch-fachlicher Sicht indiziert erscheint und sich im Übrigen für eine Nicht-Intervention entscheiden. Allerdings wird sich dann aus jugendhilferechtli- 208

---

[144] BGHSt. 27, S. 251; Brunner/Dölling, 2011, § 38 Rdn. 8; Eisenberg, 2014, § 38 Rdn. 53, § 50 Rdn. 34; Schaffstein/Beulke, 2002, S. 226.

[145] Brunner/Dölling, 2011, § 50 Rdn. 13.

[146] Siehe auch Eisenberg, 2014, § 38 Rdn. 27 ff.; Laubenthal, 1993, S. 113; Schaffstein/Beulke, 2002, S. 226.

[147] Diemer/Schatz/Sonnen, 2011, § 38 JGG Rdn. 29; Eisenberg, 2014, § 38 Rdn. 23, § 50 Rdn. 26; Laubenthal, 1993, S. 110; Riekenbrauk, in: LPK-SGB VIII, 2014, § 52 Rdn. 28; Trenczek, 2003, S. 25; ders., in: Münder/Meysen/Trenczek, 2013, § 52 Rdn. 45.

chen Gründen im Hinblick auf § 52 Abs. 3 SGB VIII das Ermessen regelmäßig auf null reduzieren, wenn der Angeklagte eine Begleitung durch einen Vertreter der Jugendgerichtshilfe in der Hauptverhandlung wünscht und/oder benötigt.[148]

209 Im Einzelfall kann sich das Mitwirkungsrecht der Jugendgerichtshilfe in der Hauptverhandlung auch aus prozessualen Gründen zu einer **Anwesenheits- und Mitwirkungspflicht** verdichten. Dies ist der Fall, soweit das Gericht eine Beteiligung der Jugendgerichtshilfe in der Hauptverhandlung zur Erfüllung seiner Aufklärungspflicht gem. § 244 Abs. 2 StPO für notwendig erachtet.

210 Die **gerichtliche Aufklärungspflicht** umfasst auch sämtliche für die Beurteilung der Persönlichkeit des Angeklagten bedeutsamen Umstände. Die aufgrund der Persönlichkeitserforschung zu gewinnenden Erkenntnisse der Jugendgerichtshilfe können für die Auswahl der Rechtsfolge und die Bemessung der Unrechtsreaktion Bedeutung erlangen.[149] Legen insoweit konkrete Anhaltspunkte dem Gericht die Annahme nahe, dass von der Jugendgerichtshilfe über die richterlichen Feststellungen zur Person des Angeklagten hinaus weitere Aufklärung zur Gewinnung eines möglichst vollständigen Bildes von dessen Persönlichkeit, Entwicklung und Umwelt zu erwarten ist und dadurch Art und Höhe der Sanktion beeinflusst werden können, erscheint eine solche Mitwirkung geboten. Das Gericht muss dann entscheiden, ob eine Teilnahme in der Hauptverhandlung erforderlich wird. Der Jugendgerichtshilfe kommt insoweit kein Ermessen mehr zu, denn mit einer rechtsfehlerfreien gerichtlichen Aufgabenerfüllung muss in solchen Fällen eine Mitwirkungspflicht korrespondieren.[150]

211 Verdichtet sich nach den Erwägungen des Gerichts das Mitwirkungsrecht der Jugendgerichtshilfe im Einzelfall zu einer Mitwirkungspflicht, muss diese **formal konkretisiert** werden.[151] Die Anwesenheitspflicht setzt voraus, dass das Gericht die Jugendgerichtshilfe von der Unverzichtbarkeit ihrer Teilnahme in Kenntnis gesetzt hat.[152]

212 Lässt sich nicht ausschließen, dass die Mitwirkung der Jugendgerichtshilfe zu einer anderen Persönlichkeitsbeurteilung (z. B. im Rahmen von § 3 bzw. § 105 JGG) oder zu einer anderen Rechtsfolgenentscheidung geführt hätte, stellt eine unterbliebene Teilnahme regelmäßig eine die **Revision** begründende Verletzung der richterlichen Aufklärungspflicht nach § 244 Abs. 2 StPO dar.[153] Dies gilt jedoch nur, wenn das Gericht die entscheidungserheblichen Informationen nicht auf andere, gleichwertig verlässliche Weise (z. B. durch einen Sachverständigen) erlangen kann.[154]

---

[148] Trenczek, 2003, S. 26.
[149] BGHSt. 27, S. 251.
[150] Siehe auch OLG Karlsruhe, NStZ 1992, S. 251; Lühring, 1992, S. 50; Schaffstein, 1992, S. 252.
[151] Laubenthal, 1993, S. 112; Ostendorf, 2013, § 50 Rdn. 12.
[152] OLG Karlsruhe, NStZ 1992, S. 251; OLG Brandenburg, DVJJ-Journal 3/2002, S. 352; Mrozynski, 2009, § 52 Rdn. 4.
[153] BGHSt. 27, S. 250; BayObLG, FamRZ 1955, S. 254; Eisenberg, 2014, § 38 Rdn. 53; Laubenthal, 1993, S. 139; siehe auch BGH, NStZ 2012, S. 574.
[154] Vgl. BGH, StraFo 2006, S. 67.

(3) Erzwingbarkeit der Teilnahme

Hat sich im Einzelfall das Mitwirkungsrecht der Jugendgerichtshilfe zu einer Mitwirkungspflicht verdichtet und wurde dieses durch richterlichen Hinweis formal konkretisiert, besteht bei Ausbleiben eines Jugendgerichtshelfers für das Gericht **keine** Möglichkeit, unmittelbar durch **Weisung** auf die Jugendgerichtshilfe einzuwirken. Dies ergibt sich aus der rechtlichen und organisatorischen Unabhängigkeit des Jugendamts bzw. des freien Jugendhilfeträgers von den Justizbehörden. Um eine Mitwirkung der Jugendgerichtshilfe in der Hauptverhandlung herbeizuführen, werden deshalb als gerichtliche Maßnahmen in Betracht gezogen:

- die Auferlegung der durch Unterbrechung oder Aussetzung der Hauptverhandlung entstehenden Kosten,
- die Ladung des zuständigen Jugendgerichtshelfers als Zeuge.

(a) Kostenauferlegung

Ordnet das Gericht bei Fernbleiben des Vertreters der Jugendgerichtshilfe aus der Hauptverhandlung deren Unterbrechung in den zeitlichen Grenzen des § 229 Abs. 1 bzw. Abs. 2 StPO an oder verlangt aufgrund einer bislang nicht durchgeführten Persönlichkeitserforschung die richterliche Aufklärungspflicht sogar eine Aussetzung i. S. d. § 228 Abs. 1 StPO, werden durch eine solche Verfahrensverlängerung zusätzliche Kosten verursacht. Eine **Auferlegung** der durch pflichtwidriges Nichterscheinen entstehenden **Kosten** für eine verlängerte Hauptverhandlung sieht das Gesetz für den säumigen Zeugen (§ 51 Abs. 1 StPO), Sachverständigen (§ 77 StPO), Verteidiger (§ 145 Abs. 4 StPO), Angeklagten (§ 467 Abs. 2 StPO) und Schöffen (§ 56 GVG) vor. Dementsprechend soll in den Fällen einer Mitwirkungspflicht die Jugendgerichtshilfe zu einer Verfahrensteilnahme dadurch angehalten werden, dass dem Jugendgericht analog §§ 51, 77, 145 Abs. 4, 467 Abs. 2 StPO, § 56 GVG die Befugnis eingeräumt wird, der Dienstbehörde des zuständigen Jugendgerichtshelfers die Kosten der unterbrochenen oder ausgesetzten Hauptverhandlung aufzuerlegen.[155]

Ein derartiges Zwangsmittel gegenüber der Jugendgerichtshilfe ist jedoch schon deshalb unzulässig, weil es an einer **Rechtsgrundlage** dafür **fehlt**.[156] Auch wenn sich das Mitwirkungsrecht der Jugendgerichtshilfe zu einer Mitwirkungspflicht verdichtet, wird deren Vertreter dennoch kein notwendiger Verfahrensbeteiligter. Selbst in Fällen, in denen das Gericht seine Teilnahme im Hinblick auf § 244 Abs. 2 StPO zwingend für erforderlich erachtet, wird dies im Gegensatz zu §§ 48, 72, 216, 218 StPO nicht durch gesetzliche Ladungsförmlichkeiten gesichert, an welche die Kostenfolge anknüpft. Der gerichtlichen Heranziehungspflicht wird vielmehr bereits durch Mitteilung von Ort und Zeit der Hauptverhandlung nach § 50 Abs. 3 S. 1 JGG genügt. Der Jugendgerichtshelfer gehört deshalb – im Gegensatz etwa zu Angeklagtem oder Verteidiger – auch nicht zu den Personen i. S. d. § 338 Nr. 5

---

[155] So OLG Köln, ZfJ 1987, S. 183; Lühring, 1992, S. 65; Schaffstein, 1992, S. 253; Schaffstein/Beulke, 2002, S. 226 f.
[156] OLG Karlsruhe, NStZ 1992, S. 251; Brunner/Dölling, 2011, § 50 Rdn. 12; Diemer/Schatz/Sonnen, 2011, § 50 JGG Rdn. 28; Ostendorf, 2013, § 50 Rdn. 13.

StPO, deren Anwesenheit das Gesetz vorschreibt. Es mangelt zudem an der für eine analoge Anwendung der §§ 51, 77, 145 Abs. 4, 467 Abs. 2 StPO, 56 GVG übereinstimmenden Sach- und Interessenlage.

216 Eine Kostenabwälzung auf den öffentlichen Jugendhilfeträger zur Erzwingung einer Verfahrensbeteiligung läuft ferner ins Leere, wenn dieser die Erfüllung von Aufgaben der Jugendgerichtshilfe nach § 76 SGB VIII einem anerkannten Träger der **freien Jugendhilfe** übertragen hat. Denn einem derart beschäftigten Jugendgerichtshelfer gegenüber vermag eine Mitwirkungspflicht insoweit nicht begründet zu werden[157], so dass von einem in der Hauptverhandlung zur Vermeidung von Kostentragung erscheinenden Mitarbeiter des Jugendamts ohnehin keine Aufklärung zu erwarten ist.

(b) Ladung als Zeuge
Das Jugendgericht kann einer fehlenden Mitwirkung der Jugendgerichtshilfe im Verfahren durch Ladung ihres zuständigen Vertreters als Zeugen entgegenzuwirken versuchen. Eine **zeugenschaftliche Vernehmung** sowohl eines beim Jugendamt als auch des bei einem anerkannten freien Träger beschäftigten Jugendgerichtshelfers ist zwar zulässig.[158] Sie sollte jedoch – u. a. im Hinblick auf den Verhältnismäßigkeitsgrundsatz – auf unvermeidbare Ausnahmefälle beschränkt bleiben[159], in denen eine hinreichende Klärung auf andere Weise nicht möglich erscheint.

218 Dem Jugendgerichtshelfer steht bei seiner zeugenschaftlichen Vernehmung **kein Zeugnisverweigerungsrecht** zu.[160] Der Vertreter der Jugendgerichtshilfe wird in § 53 Abs. 1 StPO ebenso wenig benannt wie Sozialarbeiter und -pädagogen. Um eine funktionsfähige Rechtspflege zu erhalten, muss der Kreis der Zeugnisverweigerungsberechtigten auf die in § 53 Abs. 1 StPO bezeichneten Berufsangehörigen beschränkt bleiben. Damit lässt sich ein berufsrollenspezifisches Zeugnisverweigerungsrecht des Jugendgerichtshelfers auch nicht durch eine analoge Anwendung des § 53 Abs. 1 StPO konstruieren.[161]

219 Handelt es sich bei dem als Zeuge geladenen Vertreter der Jugendgerichtshilfe um eine Person des öffentlichen Dienstes, bedarf dieser keiner für jeden Einzelfall ausdrücklich erklärten **Aussagegenehmigung** des Dienstvorgesetzten i. S. d. § 54 StPO.[162] Dies folgt bereits aus der originären Aufgabenstellung der Jugendgerichtshilfe im justiziellen Bereich als Helfer des Jugendgerichts, die eine konkludent erteilte Aussagegenehmigung bedingt. Die Verweigerung einer Aussagegenehmigung nach § 54 StPO kommt nur in eng begrenzten Ausnahmesituationen in Betracht.[163] Durch eine generelle Nichterteilung der Genehmi-

---

[157] Laubenthal, 1993, S. 125.
[158] Dazu Baier, 1996, S. 146; Diemer/Schatz/Sonnen, 2011, § 50 JGG Rdn. 36.
[159] Laubenthal, 1993, S. 125.
[160] BVerfGE 33, S. 367; Brunner/Dölling, 2011, § 38 Rdn. 14; Diemer/Schatz/Sonnen, 2011, § 50 JGG Rdn. 36; Eisenberg, 2014, § 38 Rdn. 30; Meyer-Goßner, 2014, § 53 Rdn. 3; Schaffstein/Beulke, 2002, S. 230.
[161] BVerfGE 33, S. 380 f.; Meyer-Goßner, 2014, § 53 Rdn. 2.
[162] Meyer-Goßner, 2014, § 54 Rdn. 15.
[163] Eisenberg, 2014, § 38 Rdn. 30 f.; Laubenthal, 1993, S. 133.

gung zur Vermeidung von Erschwerungen bei der Aufgabenerfüllung der Jugendgerichtshilfe bei vertraulich erhaltenen Informationen[164] würde anderenfalls die Entscheidung des Gesetzgebers gegen ein Zeugnisverweigerungsrecht umgangen.[165]

4.4.4 Haftentscheidungshilfe

Eine besondere Notwendigkeit der Mitwirkung der Jugendgerichtshilfe in **Haftsachen** hat der Gesetzgeber mit § 72a JGG hervorgehoben. Danach ist sie zunächst schon vom Erlass des Haftbefehls unverzüglich zu benachrichtigen; anschließend erfolgt eine Unterrichtung von dessen Vollstreckung. Sie muss über die vorläufige Festnahme eines Jugendlichen informiert werden, wenn nach dem Stand der Ermittlungen die Vorführung vor den Haftrichter gem. § 128 StPO zu erwarten ist. Mit dem aus § 72a JGG folgenden Recht auf frühzeitige Heranziehung im Haftbefehlsverfahren korrespondiert eine **Handlungsverpflichtung**[166] der Jugendgerichtshilfe, wobei sie nach § 38 Abs. 2 S. 3 JGG in Haftsachen beschleunigt über das Ergebnis ihrer Nachforschungen zu berichten hat. § 72a JGG findet auch auf Heranwachsende Anwendung, § 109 Abs. 1 S. 1 JGG.

220

Die verstärkte Heranziehung der Jugendgerichtshilfe als Haftentscheidungshilfe dient vor allem folgenden **Zielen**: Zum einen soll sie dazu beitragen, die Entscheidungsgrundlagen für eine Anordnung von Untersuchungshaft zu verbessern. Zum anderen hat sie Alternativen zur Haft aufzuzeigen, um dadurch eine Haftvermeidung oder eine Haftverkürzung zu erreichen. Während des Vollzugs von Untersuchungshaft obliegt ihr zudem die Betreuung des Betroffenen.

221

Aufgabe der Jugendgerichtshilfe in Haftsachen ist es, sämtliche für die richterliche Entscheidung über eine Anordnung oder Aufrechterhaltung der Untersuchungshaft bedeutsamen Umstände zu ermitteln. Darüber hinaus kommt der Jugendgerichtshilfe die Aufgabe zu, Bedingungen zu erkunden oder zu schaffen, welche zum Eingreifen eines oder mehrerer der in § 72 JGG normierten speziellen Haftvermeidungsgründe führen. Im Rahmen ihrer Tätigkeit als **Haftvermeidungshilfe** ergibt sich für sie die Möglichkeit, die Haft verhindernden Maßnahmen bereitzustellen, zu prüfen und einzubringen.[167]

222

Hat der Richter einen Haftbefehl erlassen und erfolgt dessen Vollstreckung, obliegt der Jugendgerichtshilfe die **Haftbetreuung** (§ 52 Abs. 3 SGB VIII). Zum Zweck einer umfassenden Persönlichkeitsermittlung gestattet § 72b S. 1 JGG dem Vertreter der Jugendgerichtshilfe den Verkehr mit dem Beschuldigten in demselben Umfang wie einem Verteidiger. Aus § 72b S. 1 JGG i. V. m. § 148 StPO folgt damit, dass der Jugendgerichtshelfer mit dem Inhaftierten ohne besondere Erlaubnis unbeschränkt und unüberwacht mündlich sowie schriftlich verkehren darf.

223

---

[164] Siehe aber Ostendorf, 2013, § 38 Rdn. 12.
[165] Brunner/Dölling, 2011, § 38 Rdn. 14a; Laubenthal, 1993, S. 132.
[166] Laubenthal, 1993, S. 152; Philipp, 1990, S. 502.
[167] Dazu Kap. 5.3.2.2.

224 Die im Rahmen seiner Ermittlung zur Person des Tatverdächtigen gewonnenen Erkenntnisse teilt der Jugendgerichtshelfer Richter und Staatsanwalt mit. Zugleich soll er diese aber auch den Zielen der Haftbetreuung und der Haftverkürzung nutzbar machen.[168] Im Vordergrund steht dabei seine Funktion, **Haftverkürzungshilfe** zu leisten. Muss der Haftrichter gem. § 72 Abs. 1 S. 3 JGG bei Verhängung der Untersuchungshaft in der Begründung des Haftbefehls darlegen, weshalb Alternativmaßnahmen zur Untersuchungshaftvermeidung nicht ausreichen, stellt sich dem Jugendgerichtshelfer insbesondere bei dem Haftgrund der Fluchtgefahr die Aufgabe, die vom Gericht geltend gemachten Haft begründenden Defizitlagen abzubauen.[169] Dadurch können Haftgründe beseitigt oder zumindest eine Aussetzung des Haftbefehlsvollzugs erwirkt werden. Beschaffung von Wohnmöglichkeiten, polizeiliche Anmeldung, Hilfen zum Lebensunterhalt oder Bemühungen um einen Arbeits- bzw. Ausbildungsplatz dienen der Haftvermeidung ebenso, wie sie als Untersuchungshaft ersetzende Maßnahmen zum Zweck der Haftverkürzung Verbesserungen darstellen. Unerlässlich ist deshalb die **Teilnahme** der Jugendgerichtshilfe **an den Haftprüfungsterminen**, um dort einerseits Bericht zu erstatten und andererseits konkret realisierbare Haft verkürzende Alternativen stationärer oder ambulanter Art einzubringen.

4.4.5 Der Rollenkonflikt des Jugendgerichtshelfers

225 Die in SGB VIII und JGG normierte Aufgabenvielfalt konfrontiert den einzelnen Vertreter der Jugendgerichtshilfe mit **divergierenden Erwartungen**. Hieraus resultiert ein die Aufgabenerfüllung letztlich erschwerender Konflikt,[170] hinsichtlich dessen im Interesse der betroffenen jungen Menschen eine Problemreduzierung anzustreben ist.

Dass der Jugendgerichtshelfer im Rahmen der Persönlichkeitsermittlung durch das persönliche Gespräch mit dem jungen Straffälligen von diesem Auskünfte über dessen Entwicklung und sozialen Nahraum erhält, erfordert ein gewisses **Vertrauensverhältnis** zu dem Betroffenen. Auch die vom Gesetz intendierte umfassende Betreuung und die vielfältigen Möglichkeiten der Hilfestellung sind geeignet, bei demjenigen Beschuldigten den Eindruck und die Erwartung zu verstärken, dass es sich beim Jugendgerichtshelfer um eine Person handelt, der er volles Vertrauen entgegenbringen kann.

226 Zugleich wird der Jugendgerichtshelfer aber in das **soziale Kontrollsystem** eingebunden. Er fungiert als Ermittlungshilfe für Jugendstaatsanwalt und Jugendrichter und offenbart ihnen vom Beschuldigten mitgeteilte Informationen, ist also insoweit dem Gericht gegenüber zur Objektivität verpflichtet.[171] Dies vermag ein entstandenes Vertrauensverhältnis ebenso zu beeinträchtigen wie eine Stellungnah-

---

[168] Laubenthal, 1993, S. 158.
[169] Diemer/Schatz/Sonnen, 2011, § 72a JGG Rdn. 4.
[170] Dazu Schaffstein, 1999, S. 607 ff.
[171] Schaffstein/Beulke, 2002, S. 228.

me des Jugendgerichtshelfers im Hinblick auf zu ergreifende Maßnahmen. Das gilt umso mehr, wenn das Gericht dem unterbreiteten Sanktionsvorschlag folgt oder sogar eine mildere Unrechtsreaktion verhängt. Berichterstattung und Sanktionsvorschlag können zudem die Mitwirkungsbereitschaft des Jugendlichen an Betreuungsmaßnahmen im jugendhilferechtlichen Bereich reduzieren. Verschärft wird der Rollenkonflikt des Jugendgerichtshelfers schließlich durch dessen Kontrollfunktion im Rahmen der Vollstreckung von Weisungen und Auflagen.

Um ein zwischen angeklagtem Jugendlichen und Jugendgerichtshelfer entstandenes Vertrauensverhältnis zu schützen, wird die Schaffung eines gesetzlich verankerten **strafprozessualen Zeugnisverweigerungsrechts** für den Vertreter der Jugendgerichtshilfe gefordert.[172]

227

> Eine Einschränkung der strafprozessualen Zeugnispflicht de lege ferenda trüge zwar insoweit zu einer Lösung des Rollenkonflikts bei, als dann der Vertreter der Jugendgerichtshilfe etwa ihm vertraulich mitgeteilte Informationen nicht an die Justizorgane weitergeben müsste. Ein Zeugnisverweigerungsrecht hätte jedoch faktisch eine Veränderung der Stellung der Jugendgerichtshilfe im Jugendstrafverfahren zur Folge. Ist diese bislang als Prozesshilfeorgan dazu berufen, die bei der Persönlichkeitserforschung gewonnenen Erkenntnisse objektiv und umfassend an das Jugendgericht weiterzugeben, erhielte ein Vertreter der Jugendgerichtshilfe die Selektionsmacht dahin gehend eingeräumt, welche Informationen zur Kenntnis des Jugendgerichts gelangen und welche nicht.[173]

Wege zur Lösung dieses Intra-Rollenkonflikts[174] werden auch auf **organisatorischer Ebene** gesucht. Gefordert wird eine Trennung der Tätigkeiten, indem die Aufgaben der Beratung und Betreuung auf der einen sowie diejenigen der Ermittlung und der Berichterstattung auf der anderen Seite verschiedenen Jugendgerichtshelfern obliegen.

228

> Gleichgültig, ob man die beiden Bereiche auf zwei verschiedene Mitarbeiter des Jugendamtes übertragen will[175] oder ob man die ermittelnd-kontrollierende Tätigkeit beim Jugendamt belässt und freie Jugendhilfeträger i. S. d. § 76 SGB VIII die beratend-betreuenden Funktionen übernehmen sollen[176], kann auf diesem Wege der Rollenkonflikt nicht gelöst werden. Beiden Ansätzen stellt sich die Problematik der Konfliktlage spätestens dann, wenn es im Rahmen der Zusammenarbeit zu einem Informationsaustausch kommen muss. Denn zwischen ermittelnden, kontrollierenden und betreuenden Funktionen besteht ein innerer Zusammenhang, der Kooperation, Datenweitergabe und -verwertung erforderlich macht.[177]

---

[172] So DVJJ-Kommission zur Reform des Jugendkriminalrechts, DVJJ-Journal 1–2/1992, S. 23; Zweite Jugendstrafrechtsreformkommission der DVJJ, DVJJ-Journal 3/2002, S. 238; Mörsberger/Wapler, in: Wiesner, 2011, § 52 Rdn. 23; Trenczek, in: Münder/Meysen/Trenczek, 2013, vor §§ 50–52 Rdn. 38.
[173] Siehe auch Brunner/Dölling, 2011, § 38 Rdn. 14.
[174] Dazu Streng, 2012, S. 63 f.
[175] Schlink, 1991, S. 57.
[176] Vgl. Eisenberg, 2014, § 38 Rdn. 6a.
[177] Mörsberger/Wapler, in: Wiesner, 2011, § 52 Rdn. 25.

229 Auf organisatorischer Ebene wird ferner erwogen, die Jugendgerichtshilfe nach Trennung von der Jugendhilfe als sozialem Dienst in den Bereich der **Justiz einzugliedern**.[178]

> Eine solche Eingliederung bei der Justiz oder gar eine organisatorische Vereinheitlichung mit Erwachsenengerichtshilfe, Bewährungshilfe und Führungsaufsicht bedeutete jedoch eine Vereinnahmung der Jugendgerichtshilfe durch die Strafjustiz und die Einbindung in deren bürokratischen Apparat. Vor allem aber würde die Jugendgerichtshilfe der Jugendhilfe entzogen, der Intra-Rollenkonflikt allenfalls zugunsten des ermittelnd-überwachenden Bereichs modifiziert.[179]

230 Zu einer **Konfliktreduzierung** beizutragen vermag der Weg über ein Konflikteingeständnis seitens der Vertreter der Jugendgerichtshilfe und die **Offenlegung der Konfliktlage** gegenüber dem beschuldigten Jugendlichen bzw. Heranwachsenden.[180] Eine Reduzierung des Rollenkonflikts bewirken kann nicht zuletzt auch das Jugendgericht selbst, indem es unter Beachtung des **Verhältnismäßigkeitsgrundsatzes** eine Vernehmung des Jugendgerichtshelfers als Zeugen auf notwendige Fälle beschränkt.[181] Hält das Jugendgericht aufgrund seiner Aufklärungspflicht nach § 2 JGG i. V. m. § 244 Abs. 2 StPO die Erlangung von Erkenntnissen i. S. d. § 43 Abs. 1 JGG über die Beschuldigtenpersönlichkeit für zwingend erforderlich, steht ihm hierzu auch die Möglichkeit offen, gem. § 43 Abs. 2 JGG das **Sachverständigengutachten** eines freien Sozialarbeiters oder eines freien Sozialpädagogen einzuholen.

4.5 Erziehungsberechtigte und gesetzlicher Vertreter

231 Von der Strafverfolgung unbeeinträchtigt bleiben die aus Art. 6 Abs. 2 S. 1 GG folgenden Erziehungsrechte und -pflichten der Eltern gegenüber Jugendlichen.[182] Sie werden lediglich aufgrund des staatlichen Wächteramtes (Art. 6 Abs. 2 S. 2 GG) um die staatliche Erziehungsfunktion ergänzt, wenn trotz der elterlichen Erziehungsbemühungen Normverstöße von strafrechtlicher Relevanz begangen wurden.[183] Dabei genießen die Erziehungsvorstellungen der Eltern prinzipiell weiterhin Vorrang.[184] Kommt es jedoch zur Verhängung jugendstrafrechtlicher Unrechtsreaktionen, so beinhalten diese regelmäßig einen Eingriff in das elterliche Erziehungsrecht. Die spezialpräventive Zielsetzung des Jugendstrafrechts ist deshalb eher zu realisieren, wenn das staatliche Einwirken auf den straffällig gewordenen Jugendlichen bei

---

[178] Vgl. Albrecht H.-J., 2002, D 123; Albrecht P.-A., 2000, S. 320; Frommel/Maelicke, 1994, S. 34.
[179] Siehe Laubenthal, 2002, S. 814.
[180] Laubenthal, 1993, S. 55; siehe auch Eisenberg, 2014, § 38 Rdn. 43; Schaffstein/Beulke, 2002, S. 230.
[181] Siehe dazu oben Kap. 4.4.3.2 (3) (b).
[182] Ausführlich BVerfGE 107, S. 104 f.
[183] BVerfGE 74, S. 124 f.
[184] BVerfG, NJW 2003, S. 2005.

4.5 Erziehungsberechtigte und gesetzlicher Vertreter

dessen Eltern auf Zustimmung oder gar Unterstützung trifft. In jedem Fall sollte vermieden werden, dass Jugendstrafrecht und Erziehungsberechtigte diametrale Ziele verfolgen. Eine Beteiligung der Erziehungsberechtigten am Strafverfahren dient darüber hinaus[185] – insoweit ähnlich einem Verteidiger – der Unterstützung des Minderjährigen. Sie können zudem zur Aufklärung des Sachverhalts beitragen, weil sie die Persönlichkeit und möglicherweise sogar die Hintergründe der Tat besser kennen.

Der Gesetzgeber hat den Eltern keine Befugnis eingeräumt, den jungen Betroffenen kraft Gesetzes bei der Ausübung seiner Rechte im Jugendstrafverfahren zu vertreten. Der jugendliche Beschuldigte bleibt bei der Verfahrensdurchführung ein autonomes Rechtssubjekt, das alle prozessualen Rechte selbst wahrnehmen kann. Eine zureichende Respektierung der Elternrechte liegt darin, dass den Erziehungsberechtigten und dem gesetzlichen Vertreter im JGG eine unabhängige Stellung als Verfahrensbeteiligte zuerkannt wird, ausgestattet mit **selbständigen prozessualen Rechten und Pflichten**.[186] Dies eröffnet ihnen die Möglichkeit, auch eigene Positionen zu verfolgen. Denn das auf Art. 6 Abs. 2 S. 1 GG gründende Recht zur Wahrnehmung der Schutz- und Beistandsfunktion für das Kind schließt das Recht ein, auch im Jugendstrafverfahren **eigene Erziehungsvorstellungen** einzubringen.[187]

232

> Im Regelfall sind die **Erziehungsberechtigten** und **gesetzlichen Vertreter** eines Jugendlichen dessen Eltern. Demgemäß betrifft das durch Art. 6 Abs. 2 GG verfassungsrechtlich geschützte Elternrecht nicht diejenigen Erziehungsberechtigten und gesetzlichen Vertreter, die nicht zugleich die Eltern[188] des Beschuldigen sind (z. B. ein Vormund oder Pfleger). Wer Erziehungsberechtigter oder gesetzlicher Vertreter eines Minderjährigen ist, bestimmt sich nach dem Zivilrecht.[189] Sind mehrere Personen erziehungsberechtigt (bspw. beide Elternteile während der Ehe), kann jede von ihnen die im JGG zuerkannten prozessualen Rechte auch allein wahrnehmen (§ 67 Abs. 5 JGG). Steht in der Verhandlung vor dem Richter nur ein Erziehungsberechtigter zur Verfügung, wird der abwesende als durch den anwesenden vertreten angesehen; auch Mitteilungen und Ladungen brauchen nur an einen von ihnen gerichtet sein.

233

4.5.1 Rechte und Pflichten

Erziehungsberechtigte und gesetzlicher Vertreter stellen im Vorverfahren eine wichtige sekundäre persönliche **Auskunftsquelle** im Rahmen der **Persönlichkeitsermittlung** dar.[190] § 43 Abs. 1 S. 2 JGG schreibt deshalb vor, dass sie bei der Persönlichkeitserforschung gehört werden sollen.

234

Selbständige prozessuale Rechte in allen Stadien des Strafverfahrens eröffnet § 67 JGG. Die Norm schützt die Interessen von Erziehungsberechtigten und gesetz-

235

---

[185] Siehe auch Bohnert, 1989, S. 233.
[186] Dazu Müller/Kraus, 2003, S. 892 ff.; Richmann, 2003, S. 67 ff.; Schwer, 2004, S. 45 ff.
[187] BVerfG, NJW 2003, S. 2006.
[188] Zum Elternbegriff Jarass/Pieroth, 2014, Art. 6 Rdn. 46.
[189] Im Einzelnen Brunner/Dölling, 2011, § 67 Rdn. 1 ff.; Eisenberg, 2014, § 67 Rdn. 5 f.
[190] Dazu Kap. 4.2.3.1 (2).

lichen Vertretern und dehnt dem Beschuldigten zustehende **verfahrensrechtliche Positionen** auf diese aus:

236 • Gemäß § 67 Abs. 1 JGG betrifft das den Anspruch auf rechtliches **Gehör** (Art. 103 Abs. 1 GG). Hat der Jugendliche ein Äußerungsrecht (z. B. aus §§ 57 Abs. 1 S. 2 2. Halbs., 58 Abs. 1 S. 2, 65 Abs. 1, 88 Abs. 4 S. 2 JGG sowie aus zahlreichen Normen der StPO), so ist den Erziehungsberechtigten und dem gesetzlichen Vertreter in gleicher Weise Gelegenheit zur Äußerung zu geben. Dies gilt auch für die Gewährung des letzten Wortes nach § 258 Abs. 2, 3 StPO für in der Hauptverhandlung anwesende Erziehungsberechtigte und gesetzliche Vertreter. Das letzte Wort hat das Gericht ihnen von Amts wegen unverlangt,[191] selbst sofern das Zeugnis verweigert wurde und ohne Rücksicht auf einen im Verfahren mitwirkenden Verteidiger,[192] zeitlich vor[193] dem Angeklagten zu gewähren.

Ein Verstoß gegen §§ 258 Abs. 2, 3 StPO i. V. m. § 67 Abs. 1 JGG begründet als **Verfahrensfehler** i. S. d. § 337 Abs. 1 StPO die Revision bereits dann, wenn die bloße Möglichkeit des Beruhens des Urteils auf der Gesetzesverletzung besteht. Der Rechtsprechung des BGH[194] zufolge lässt sich dies nur in seltenen Fällen ausschließen. Dies gilt indes nicht mehr, sofern der Angeklagte zum Zeitpunkt der Hauptverhandlung bereits das Alter der Volljährigkeit erreicht und damit keinen Erziehungsberechtigten mehr hat.[195]

237 • § 67 Abs. 1 JGG gibt den Erziehungsberechtigten und dem gesetzlichen Vertreter ein **Fragerecht**. Dies schließt vor allem dasjenige des § 240 StPO ein, wonach Beschuldigter sowie Zeugen und Sachverständige befragt werden dürfen. Hinzu kommt das Recht auf **Antragstellung** (z. B. Beweisanträge oder Antrag auf Haftprüfung).

238 • Erziehungsberechtigte und gesetzlicher Vertreter haben nach § 67 Abs. 1 JGG das Recht auf **Anwesenheit** bei Untersuchungshandlungen ebenso wie der Beschuldigte. Dies gilt bereits für das Vorverfahren sowohl bei richterlicher als auch bei staatsanwaltschaftlicher Vernehmung des Jugendlichen.[196] Ein Anwesenheitsrecht besteht zudem bei jeder polizeilichen Beschuldigteneinvernahme.[197] Insoweit schreibt die einschlägige Polizeidienstvorschrift 382 „Bearbeitung von Jugendsachen" unter Nr. 3.6.4 und 3.6.5[198] sogar vor, dass der Jugendliche vor einer Vernehmung über das Recht auf Kontakt zu seinen Erziehungsberechtigten

---

[191] BGHSt. 21, S. 289; BGH, NStZ 2000, S. 553; BGH, NStZ-RR 2002, S. 346; LG Erfurt, NStZ-RR 2008, S. 291.
[192] OLG Köln, StrVert 2008, S. 119.
[193] Eisenberg, 2014, § 67 Rdn. 9a.
[194] BGHSt. 21, S. 290; BGH, StrVert 1998, S. 324; ebenso OLG Hamm, NStZ-RR 2007, S. 123 f.
[195] BGH, NStZ-RR 2009, S. 354; LG Verden, NStZ-RR 2009, S. 354.
[196] Eisenberg, 2014, § 67 Rdn. 11; Diemer/Schatz/Sonnen, 2011, § 67 JGG Rdn. 25 f.
[197] Eisenberg, 2014, § 67 Rdn. 11; Ostendorf, 2013, § 67 Rdn. 10; Streng, 2012, S. 71 f.
[198] Abgedruckt u. a. in: DVJJ-Journal 1/1997, S. 6 ff.; zur polizeilichen Tätigkeit in Jugendsachen siehe Kap. 4.3.

4.5 Erziehungsberechtigte und gesetzlicher Vertreter

bzw. zu dem gesetzlichen Vertreter sowie über deren Anwesenheitsrecht zu belehren ist.

- Mit dem Anwesenheitsrecht korrespondiert zwangsläufig eine **Benachrichtigungspflicht**. Nach § 67 Abs. 2 JGG sollen gesetzlich vorgesehene Mitteilungen an den Beschuldigten gleichermaßen an den Erziehungsberechtigten und den gesetzlichen Vertreter gerichtet werden. Benachrichtigungspflichten bezüglich Vernehmungen ergeben sich zudem aus § 168c Abs. 5 StPO bzw. § 163a i. V. m. § 168c Abs. 5 StPO.[199] Haben Erziehungspersonen als Prozessbeteiligte ein Anwesenheitsrecht in der Hauptverhandlung, geht mit diesem die aus § 50 Abs. 2 S. 1 JGG folgende Verpflichtung des Gerichts zur **Ladung** einher, auf die nur aus wichtigen Gründen verzichtet werden kann.[200]

239

Wurde vom Gericht die Ladung von Erziehungsberechtigten und gesetzlichem Vertreter angeordnet, haben diese eine **Pflicht**, dem Folge zu leisten. Denn es gelten für sie nach § 50 Abs. 2 S. 2 JGG die Regelungen des § 51 Abs. 1 StPO über die Folgen des Ausbleibens (Kostenauferlegung, Ordnungsgeld oder -haft, zwangsweise Vorführung) entsprechend. Auch § 71 JGG i. V. m. den Vorschriften des Gesetzes über die Entschädigung von Zeugen und Sachverständigen sind auf sie anzuwenden. Gerade diese Sanktionierung und Entschädigung „entsprechend" den für Zeugen geltenden Regelungen zeigt, dass Erziehungsberechtigte und gesetzlicher Vertreter keine Zeugeneigenschaft besitzen[201], sondern als selbständige Prozessbeteiligte agieren. Das hat zur Folge, dass bei ihrer Einvernahme von den Regeln des Strengbeweises abgewichen werden kann.

240

> Wird einem beschuldigten Jugendlichen bei seiner Vernehmung der von diesem gewünschte Kontakt zu seinen Erziehungspersonen ausdrücklich verwehrt, so führt dieser **Verfahrensfehler** entsprechend §§ 136, 137 StPO zumindest dann zur Unverwertbarkeit einer dennoch gemachten Aussage, wenn es sich um die Eltern des Betroffenen handelt. Denn ihre aus Art. 6 Abs. 2 S. 1 GG folgende Beistands- und Schutzfunktion zugunsten ihres Kindes hat im Strafverfahren auch verteidigerähnlichen Charakter.[202] Ein bloßes Unterlassen von Benachrichtigungen i. S. d. § 67 Abs. 2 JGG stellt nicht per se einen Revisionsgrund dar.[203] Im Einzelfall kann dies jedoch eine Aufklärungsrüge stützen.[204]

- Das bereits gem. § 137 Abs. 2 S. 1 StPO dem gesetzlichen Vertreter zustehende Recht auf eine selbständige **Verteidigerwahl** dehnt § 67 Abs. 3 JGG auf den Erziehungsberechtigten aus. Gleiches gilt für die Befugnis zur selbständigen Ein-

241

---

[199] Vgl. auch die Polizeidienstvorschrift 382 Nr. 3.6.3.
[200] Brunner/Dölling, 2011, § 50 Rdn. 9; Eisenberg, 2014, § 67 Rdn. 11d; Ostendorf, 2013, § 50 Rdn. 11.
[201] Schaffstein/Beulke, 2002, S. 213 f.; a. A. Bohnert, 1989, S. 234; Eisenberg, 2014, § 67 Rdn. 4.
[202] Ostendorf, 2013, § 67 Rdn. 19; Schaffstein/Beulke, 2002, S. 213.
[203] Weiter gehend aber Eisenberg, 2014, § 67 Rdn. 11b; Ostendorf, 2013, § 67 Rdn. 19.
[204] BGH, StrVert 1998, S. 324; Brunner/Dölling, 2011, § 67 Rdn. 9; Diemer/Schatz/Sonnen, 2011, § 67 JGG Rdn. 22; Schaffstein/Beulke, 2002, S. 213.

legung sämtlicher im Jugendstrafverfahren zulässiger **Rechtsbehelfe**, die dem gesetzlichen Vertreter schon nach § 298 Abs. 1 StPO zustehen.

4.5.2 Einschränkung von Beteiligtenrechten

242 § 67 Abs. 4 S. 1 JGG lässt einen partiellen oder gänzlichen **Entzug** der Beteiligtenrechte von Erziehungsberechtigten und gesetzlichem Vertreter zu, wenn sie verdächtig sind, an der Verfehlung des Beschuldigten mitgewirkt zu haben oder wegen einer solchen Beteiligung schon verurteilt wurden. Diese Möglichkeit zum Entzug wird dabei von schwerwiegenden Gründen abhängig gemacht, welche die prozessordnungsgemäße Rechtswahrnehmung in Frage stellen. § 67 Abs. 4 JGG betrifft deshalb alle der Erziehungsperson zustehenden Rechte und damit auch dasjenige auf Teilnahme an der gesamten Hauptverhandlung.[205] Liegen bei einer erziehungsberechtigten Person die Voraussetzungen des § 67 Abs. 4 S. 1 JGG vor, so erlaubt S. 2 den Entzug von Beteiligungsrechten zudem bei einem anderen Erziehungsberechtigten oder einem gesetzlichen Vertreter, soweit auch von diesem ein Missbrauch der Rechte zu befürchten ist. Notwendig bleibt aber insoweit eine nahe liegende und ernsthafte, durch tatsächliche Anhaltspunkte begründete Gefahr.[206]

> Kommt es zu einer vollständigen oder teilweisen Entziehung der Beteiligtenrechte sämtlicher Berechtigter, wird die Wahrnehmung der Interessen des Beschuldigten im Strafverfahren nach § 67 Abs. 4 S. 3 JGG zum einen dadurch gesichert, dass der Vormundschaftsrichter dem Jugendlichen einen **Prozesspfleger** bestellt. Bis zur Anordnung der Pflegerbestellung muss gem. § 67 Abs. 4 S. 4 JGG die Hauptverhandlung ausgesetzt werden. Sind sämtlichen gesetzlichen Vertretern und Erziehungsberechtigten ihre Rechte entzogen, schreibt § 68 Nr. 2 JGG zum anderen die Beiordnung eines **Pflichtverteidigers** vor.

243 Speziell für die **Hauptverhandlung** erlaubt § 51 Abs. 2 JGG die **Ausschließung** von Erziehungsberechtigten und gesetzlichen Vertretern, nur unter den Voraussetzungen der Nr. 1 bis 5. Demzufolge können sie ausgeschlossen werden, wenn

- erhebliche erzieherische Nachteile drohen, weil zu befürchten ist, dass durch die Erörterung der persönlichen Verhältnisse des Angeklagten in ihrer Gegenwart eine erforderliche künftige Zusammenarbeit zwischen den genannten Personen und der Jugendgerichtshilfe bei der Umsetzung zu erwartender jugendgerichtlicher Sanktionen in erheblichem Maße erschwert wird (Nr. 1),
- sie verdächtig sind, an der Verfehlung des Angeklagten beteiligt zu sein, oder soweit sie wegen einer Beteiligung verurteilt sind (Nr. 2),
- eine Gefährdung des Lebens, des Leibs oder der Freiheit des Angeklagten, eines Zeugen oder einer anderen Person oder eine sonstige erhebliche Beeinträchtigung des Wohls des Angeklagten zu besorgen ist (Nr. 3),

---

[205] BVerfG, NJW 2003, S. 2007.
[206] Eisenberg, 2014, § 67 Rdn. 18.

4.5 Erziehungsberechtigte und gesetzlicher Vertreter

- zu befürchten ist, dass durch ihre Anwesenheit die Ermittlung der Wahrheit beeinträchtigt wird (Nr. 4), oder
- Umstände aus dem persönlichen Lebensbereich eines Verfahrensbeteiligten, Zeugen oder durch eine rechtswidrige Tat Verletzten zur Sprache kommen, deren Erörterung in ihrer Anwesenheit schutzwürdige Interessen verletzen würde, es sei denn, das Interesse der Erziehungsberechtigten und gesetzlichen Vertreter an der Erörterung dieser Umstände in ihrer Gegenwart überwiegt (Nr. 5).

Wie sich aus der Überschrift des § 51 JGG („Zeitweilige Ausschließung von Beteiligten") ergibt, darf die Entfernung aus der Verhandlung nur vorübergehend erfolgen und sich damit lediglich auf einen bestimmten Verfahrensteil und eine spezifische Verfahrenssituation beziehen.[207] § 51 Abs. 2 JGG a. F. erlaubte einen Ausschluss von Angehörigen, Erziehungsberechtigten und gesetzlichen Vertretern bereits, „soweit gegen die Anwesenheit Bedenken" bestanden. Eine Ausschließung der Eltern von jugendlichen Beschuldigten nach § 51 Abs. 2 JGG a. F. blieb nach Auffassung des BVerfG jedoch im Hinblick auf Art. 6 Abs. 2 GG unzulässig.[208]

Beispiel

Weil er zwei Schulkameraden auf dem Pausenhof verletzt haben soll, wurde ein zur Tatzeit 14-jähriger Jugendlicher wegen Körperverletzung in zwei Fällen angeklagt. In der Hauptverhandlung vor dem Jugendrichter wollte der Vater als Erziehungsberechtigter des Angeklagten durch bereits zuvor angekündigte Beweisanträge und Fragen an die Zeugen beweisen, dass sein Sohn in einer Notwehrsituation handelte bzw. dies nicht zweifelsfrei ausgeschlossen werden konnte. Er verfolgte damit das Ziel, einen Freispruch seines Kindes zu erreichen. Im Gegensatz hierzu strebte der Jugendrichter nach Vernehmung des ersten Zeugen einen Täter-Opfer-Ausgleich an, mit dem Zweck der Verfahrensbeendigung auf der informellen Ebene. Der Vater wirkte auf den Jugendlichen ein, einem Täter-Opfer-Ausgleich bei gleichzeitiger Einstellung des Verfahrens nicht zuzustimmen. Daraufhin schloss der Jugendrichter den Vater nach § 51 Abs. 2 JGG a. F. von der Hauptverhandlung aus und es erfolgte sodann eine vorläufige Einstellung des Verfahrens nach § 47 JGG. Da in einem Fall der Täter-Opfer-Ausgleich nicht gelang, wurde das Verfahren später wieder aufgenommen. In der Hauptverhandlung kam es erneut zu einem Ausschluss des Vaters auf der Grundlage des § 51 Abs. 2 JGG a. F. Dem Jugendlichen wurde schließlich im Urteil auferlegt, gemeinnützige Arbeit zu leisten.

---

[207] A.A. Ostendorf, 2013, § 51 Rdn. 9; allerdings vertritt Ostendorf hier mittlerweile, dass obwohl im Rahmen von § 51 Abs. 2 ein Ausschluss für die gesamte Verhandlung erlaubt ist, stets ein bloß zeitweiliger Ausschluss als milderes Mittel vorrangig in Betracht gezogen werden sollte.
[208] BVerfG, NJW 2003, S. 2004 ff.

Auf die Verfassungsbeschwerde des Vaters hin hob das BVerfG[209] die gerichtlichen Entscheidungen auf und erklärte § 51 Abs. 2 JGG a. F. mit Art. 6 Abs. 2 GG für unvereinbar und deshalb für nichtig, soweit diese Norm die Ausschließung von Personen erlaubt, die Elternverantwortung i. S. v. Art. 6 Abs. 2 GG wahrnehmen. Das BVerfG erachtet § 51 Abs. 2 JGG a. F. als Grundlage für Eingriffe in das elterliche Erziehungsrecht als zu unbestimmt: „Der Ausschluss der Eltern aus der Hauptverhandlung gegen ihr Kind ist ein schwerwiegender Eingriff, der die Wahrnehmung von Elternrechten im Jugendstrafverfahren unterbinden und den auf Beistand seiner Eltern angewiesenen jugendlichen Angeklagten weitgehend schutzlos stellen kann. Es bedarf von Verfassungs wegen einer Grundlage, die die Betroffenen klar und vollständig mit dem in der Norm zum Ausdruck kommenden objektivierten Willen des Gesetzgebers bekannt macht ... Daran fehlt es aber bei einer Vorschrift wie § 51 Abs. 2 JGG a. F., die weder bestimmte Ausschlusstatbestände enthält noch deutlich den Zweck erkennen lässt, dem die Regelung dienen soll." Das BVerfG bemängelt, dass der Wortlaut der Norm keinen Hinweis enthält, worauf sich die Bedenken des Gerichts zu beziehen haben. Der Begriff „Bedenken" leistet keine präzise Umgrenzung von Eingriffsvoraussetzungen. Zudem lässt sich § 51 Abs. 2 JGG a. F. nicht entnehmen, welches Maß an Überzeugung der Richter bei der Annahme von Zweifeln, Vorbehalten oder Einwänden aufzubringen hat, damit diese für einen Ausschluss ausreichen.

4.6 Verteidiger

244 Der jugendliche bzw. heranwachsende Beschuldigte kann sich in jeder Lage des Jugendstrafverfahrens – von der Einleitung des Ermittlungsverfahrens bis hin zum Abschluss der Vollstreckung – des Beistands eines **Verteidigers** seiner **Wahl** bedienen (§ 137 Abs. 1 S. 1 StPO). Das Recht, für den Jugendlichen einen Verteidiger zu wählen, räumt das Gesetz auch dessen gesetzlichem Vertreter (§ 137 Abs. 2 S. 1 StPO) sowie seinen Erziehungsberechtigten ein (§ 67 Abs. 3 JGG). Neben der freigestellten Verteidigerwahl durch den Beschuldigten bzw. gesetzlichen Vertreter oder Erziehungsberechtigten wird mit dem Institut der **notwendigen Verteidigung** nach § 140 StPO in Fällen besonders schwerwiegender Beschuldigungen oder bei gravierender Hilfsbedürftigkeit des Betroffenen die Mitwirkung eines Verteidigers obligatorisch.[210] § 140 StPO findet für das Jugendstrafverfahren seine Ergänzung durch § 68 JGG. Einen besonderen Jugendverteidiger kennt das JGG hingegen nicht.

---

[209] BVerfG, NJW 2003, S. 2004 ff.; dazu Eisenberg/Zötsch, 2003, S. 226 ff.; Grunewald, 2003, S. 1995 ff.
[210] Dazu Beulke, 2012, S. 112 ff.

4.6.1 Notwendige Verteidigung

Ein junger Beschuldigter bedarf einer sachkundigen Verteidigung in viel größerem Umfang als ein Erwachsener. Dem soll § 68 JGG[211] dadurch Rechnung tragen, dass der Betroffene nicht nur dann eines notwendigen Verteidigers bedarf, wenn dies auch bei einem Erwachsenen in diesem Sinne erforderlich wäre (§ 68 Abs. 1 Nr. 1 JGG i. V. m. § 140 Abs. 1 und 2 StPO). Die Fälle notwendiger Verteidigung sind vielmehr für Jugendliche im Gesetz um vier weitere **Konstellationen** ergänzt:

245

- Dem Erziehungsberechtigten und dem gesetzlichen Vertreter sind ihre Rechte nach diesem Gesetz entzogen (§ 68 Nr. 2 JGG).
- Der Erziehungsberechtigte und der gesetzliche Vertreter nach § 67 Abs. 4 JGG wurden wegen des Verdachts einer Tatbeteiligung vom Verfahren ausgeschlossen (§ 68 Nr. 3 JGG).
- Zur Vorbereitung eines Gutachtens über den Entwicklungsstand des Jugendlichen gem. § 73 JGG kommt seine Unterbringung in einer Anstalt in Frage (§ 68 Nr. 4 JGG).
- Im Gegensatz zu § 140 Abs. 1 Nr. 5 StPO liegt ab dem ersten Tag der Vollstreckung von Untersuchungshaft oder einer einstweiligen Unterbringung gem. § 126a StPO in einem psychiatrischen Krankenhaus bzw. einer Erziehungsanstalt ein Fall notwendiger Verteidigung vor, solange der Betroffene noch nicht 18 Jahre alt ist (§ 68 Nr. 5 JGG). Dies gilt für sämtliche gegen den Jugendlichen laufende Verfahren.[212]

Gemäß § 109 Abs. 1 S. 1 JGG sind § 68 Nr. 1 und Nr. 4 JGG im Verfahren gegen einen **Heranwachsenden** entsprechend anzuwenden. Nr. 2 und 3 scheiden schon deshalb aus, weil der Heranwachsende keine Erziehungsberechtigten mehr hat; Nr. 5 setzt vom Tatbestand her einen Beschuldigten vor Vollendung des achtzehnten Lebensjahres voraus.

246

> Liegt ein Fall des § 68 JGG vor und wurde bereits ein Verteidiger nach § 137 Abs. 1 S. 1 StPO gewählt, dann stellt dieser zugleich den notwendigen Verteidiger dar. Anderenfalls muss das Gericht dem Beschuldigten gem. § 141 StPO einen sog. **Pflichtverteidiger** von Amts wegen beiordnen. Der Betroffene soll dabei nach § 142 Abs. 1 S. 1, S. 2 StPO Gelegenheit haben, einen Rechtsanwalt seines Vertrauens für seine Verteidigung vorzuschlagen.

247

Im Jugendstrafrecht dürfen keine niedrigeren rechtsstaatlichen Standards gelten als im Erwachsenenstrafrecht, weshalb § 68 Nr. 1 JGG auf die Regelungen über die Verteidigerbestellung bei Erwachsenen verweist. Somit gelangt auch im Jugendstrafverfahren der **Katalog des § 140 Abs. 1 StPO** zur Anwendung. Nach diesem

248

---

[211] Zur notwendigen Verteidigung im Jugendstrafverfahren siehe Beulke, 1987, S. 170 ff.; ders., 1997, S. 37 ff.; ders., 1999, S. 647 ff.; Kühn, 2010, S. 261 f.; Mager, 2009, S. 17 f.; Zieger, 2013, S. 165 ff.
[212] Möller, 2008, S. 15 f.

liegen für das Jugendstrafverfahren relevante Fälle notwendiger Verteidigung vor, wenn

- die Hauptverhandlung im ersten Rechtszug vor dem Landgericht oder dem Oberlandesgericht stattfindet,
- dem Beschuldigten ein Verbrechen zur Last gelegt wird,[213]
- das Verfahren zu einem Berufsverbot führen kann (von Bedeutung nur bei Verfahren gegen Heranwachsende, auf die Erwachsenenstrafrecht zur Anwendung gelangt, § 7 i. V. m. § 105 Abs. 1 JGG),
- gegen einen Beschuldigten Untersuchungshaft nach den §§ 112, 112a StPO oder einstweilige Unterbringung nach § 126a oder § 275a Abs. 6 vollstreckt wird,
- die Verteidigung infolge bereits drei Monate andauernder richterlich angeordneter oder genehmigter Unterbringung des Betroffenen in einer Anstalt behindert ist,
- zur Vorbereitung eines Gutachtens über den psychischen Zustand des Beteiligten eine Unterbringung zur Beobachtung gem. § 81 StPO in einem psychiatrischen Krankenhaus in Frage kommt,
- ein Sicherungsverfahren nach §§ 413 ff. StPO durchgeführt wird oder
- der bisherige Verteidiger durch rechtskräftigen Beschluss gem. §§ 138a ff. StPO von der Mitwirkung im Verfahren ausgeschlossen wurde.

249 Infolge des Verweises von § 68 Nr. 1 JGG auf die Vorschriften des allgemeinen Strafprozessrechts über die notwendige Verteidigung erweitert sich deren Anwendungsbereich auch im Jugendstrafverfahren durch die **Generalklausel des § 140 Abs. 2 StPO**. Nach Satz 1 dieser Norm bestellt der Vorsitzende auf Antrag oder von Amts wegen einen Verteidiger unter den Bestellungsvoraussetzungen des Gebotenseins wegen der

- Schwere der Tat,
- Schwierigkeit der Sach- oder Rechtslage oder
- Unfähigkeit des Beschuldigten, sich selbst zu verteidigen.

250 Die Unbestimmtheit dieser Rechtsbegriffe eröffnet den Gerichten **Beurteilungsspielräume**[214] und damit Möglichkeiten, Verteidigerbestellungen jugendstrafrechtlichen Erfordernissen gemäß zu behandeln. Angesichts der besonderen Schwierigkeiten gerade junger Menschen im Strafverfahren und ihrer altersbedingt eingeschränkten Fähigkeit, sich selbst angemessen zu verteidigen, bedarf es über die für Erwachsene zu § 140 Abs. 2 StPO entwickelten Kriterien[215] hinausgehend einer weiter reichenden Interpretation zugunsten einer gesteigerten Gewährleistung der Rechte Jugendlicher und Heranwachsender sowie deren Geltendmachung gegen-

---

[213] Kritisch zur Verknüpfung von Verbrechensvorwurf und notwendiger Verteidigung Geisler, 2002, S. 449 ff.
[214] Schaffstein/Beulke, 2002, S. 217.
[215] Dazu Beulke, 2012, S. 112 ff.; Meyer-Goßner, 2014, § 140 Rdn. 22 ff.

über Ermittlungsbehörden und Gerichten.[216] Anhaltspunkte für eine solche Auslegung bieten insbesondere die von einer Arbeitsgruppe der DVJJ konzipierten sog. **Kölner Richtlinien**[217] zur notwendigen Verteidigung im Jugendstrafverfahren. Diese haben jedoch in der justiziellen Praxis nur eine begrenzte Umsetzung erfahren.[218]

Die Bestellungsvoraussetzung der **Tatschwere** i. S. d. § 140 Abs. 2 S. 1 StPO richtet sich vor allem nach der zu erwartenden Unrechtsreaktion; die Verteidigungsfähigkeit korrespondiert insoweit mit den Rechtsfolgen.[219] Es bedarf dabei einer jugendspezifischen, extensiven[220] Interpretation derart, dass bereits die Erwartung eines Freiheitsentzugs in Form von Jugendstrafe – unabhängig von ihrer Dauer – an sich eine hinreichende Tatschwere für eine notwendige Verteidigung bedeutet.[221] Allein auf der Basis der in § 68 Nr. 1 JGG enthaltenen Bezugnahme auf die Regelungen für Erwachsene, die für diese entwickelte Schweregrenze von einem Jahr Freiheitsstrafe heranzuziehen,[222] wurde der spezifischen Strafsensibilität junger Menschen noch nicht Rechnung getragen.[223] Sie ließen zudem die Tatsache unberücksichtigt, dass im Jugendstrafrecht nach § 18 Abs. 1 S. 1 JGG das Mindestmaß der Jugendstrafe bereits bei sechs Monaten liegt. Die Strafgrenze von einem Jahr darf daher keine starre Grenze sein.[224] Demgemäß sollte die Schwere der Tat i. S. d. § 140 Abs. 2 S. 1 StPO auch dann bejaht werden, wenn eine Strafaussetzung zur Bewährung nach § 21 JGG in Betracht kommt oder ein Vorgehen gem. § 27 JGG erwogen wird.[225] Im Hinblick auf das Verhältnismäßigkeitsprinzip muss dies auch in den Fällen einer drohenden Unterbringung im Maßregelvollzug (§§ 63, 64 StGB)[226] sowie der Heimerziehung oder einer sonstigen betreuten Wohnform i. S. d. § 34 SGB VIII als Reaktion auf die Straftat (§ 12 Nr. 2 JGG) gelten.[227] Ausreichend wird zudem sein, dass ein Heranwachsender sich zur Zeit der Hauptverhandlung in Untersuchungshaft befindet und eine Jugendstrafe droht.[228]

Eine **schwierige Sach- oder Rechtslage** macht eine Verteidigung notwendig, wenn der junge Beschuldigte von seinen geistigen Fähigkeiten her den Tatvorwurf

---

[216] OLG Schleswig, StrVert 2009, S. 86.
[217] Abgedruckt in: NJW 1989, S. 1024 ff.; krit. dazu Kühn, 2010, S. 261.
[218] Siehe Beulke, 1999, S. 655 f.; Walter M., 1997, S. 23.
[219] Brunner/Dölling, 2011, § 68 Rdn. 20; Dölling, 2009, S. 199.
[220] Gau, 2007, S. 310; Spahn, 2004b, S. 300.
[221] Diemer/Schatz/Sonnen, 2011, § 68 JGG Rdn. 11; Eisenberg, 2014, § 68 Rdn. 24; Ostendorf, 2013, § 68 Rdn. 8; Spahn, 2004a, S. 83; Streng, 2012, S. 73 f.; Zieger, 2013, S. 171; a. A. OLG Brandenburg, NStZ-RR 2002, S. 184; OLG Hamm, NJW 2004, S. 1338; krit. auch Theiß, 2005, S. 58 ff.; OLG Hamm, NStZ-RR 2006, S. 26 f.; OLG Karlsruhe, StrVert 2007, S. 3 f.; OLG Saarbrücken, StrVert 2007, S. 9 f.; OLG Hamm, StrVert 2008, S. 120.
[222] So ausdrücklich OLG Hamm, NJW 2004, S. 1338.
[223] Kühn, 2010, S. 261; vgl. auch Eisenberg, 2005a, S. 427.
[224] OLG Hamm, NStZ-RR 2006, S. 26.
[225] Eisenberg, 2014, § 68 Rdn. 24a; Schaffstein/Beulke, 2002, S. 218.
[226] Ostendorf, 2013, § 68 Rdn. 8.
[227] Eisenberg, 2014, § 68 Rdn. 24.
[228] OLG Hamm, ZJJ 2004, S. 301.

nicht zureichend erfassen und sich nicht ausreichend verteidigen kann.²²⁹ Demgemäß wird die Sach- oder Rechtslage insbesondere dann als schwierig anzusehen sein,²³⁰ wenn es um komplizierte Beweisfragen geht,²³¹ die Voraussetzungen der §§ 3, 105 JGG bzw. §§ 20, 21 StGB zweifelhaft sind oder Wertungen im Rahmen einer Anwendung des § 32 JGG anstehen. Bedarf es für eine effektive Verteidigung einer Akteneinsicht, indiziert auch dies angesichts von § 147 Abs. 1 StPO eine Verteidigerbestellung. Gleiches gilt, wenn das Jugendschöffengericht die Sache gem. § 40 Abs. 2 JGG wegen ihres besonderen Umfangs an die Jugendkammer abgeben will.

253   Dass der Beschuldigte **sich nicht selbst verteidigen kann**, ist anzunehmen, sofern dieser sich nicht in der Lage sieht, seine Interessen im Strafverfahren zu wahren. Die Verteidigungsfähigkeit eines Beschuldigten richtet sich nach dessen geistigen Fähigkeiten, seinem Gesundheitszustand sowie sonstigen Umständen des Einzelfalls.²³² Sie bleibt bei einem jungen Menschen regelmäßig zu verneinen, wenn es sich um einen unerfahrenen, gehemmten, hilflosen oder trotzigen Jugendlichen handelt, der die Folgen seiner Tat und deren Auswirkungen nicht zu übersehen vermag. Dabei muss allerdings die Notwendigkeit einer Verteidigerbestellung in Relation zum Schuldvorwurf stehen.²³³ Außerhalb des Bereichs der Bagatelldelinquenz wird eine eigene Verteidigungsunfähigkeit etwa bei 14- und 15-jährigen Beschuldigten anzunehmen sein.²³⁴ Besonderes Augenmerk hat das Gericht auf die Verteidigungsfähigkeit ausländischer Beschuldigter zu richten, soweit diese nicht über zureichende Kenntnisse der deutschen Sprache verfügen und deshalb Kommunikationsprobleme zu Verteidigungsdefiziten führen.²³⁵ Solche Schwierigkeiten können in der Regel nicht durch Heranziehung eines Dolmetschers zureichend ausgeglichen werden.²³⁶

> Einen Fall der Unfähigkeit, sich selbst zu verteidigen, hebt § 140 Abs. 2 S. 1 a. E. StPO besonders hervor: Dem Angeklagten ist danach ein Pflichtverteidiger beizuordnen, wenn dem Verletzten seinerseits gem. § 397a StPO ein solcher beigeordnet wurde. Denn in diesem Fall sieht sich der Angeklagte einem am Verfahren beteiligten Opfer gegenüber, das sich des fachkundigen Rats eines Anwalts bedienen kann. Dies ist aber nicht nur geeignet, die Verteidigungsfähigkeit erheblich zu beeinträchtigen, wenn eine Beiordnung des Verteidigers durch das mit der Sache befasste Gericht erfolgt, sondern gilt – wie im Erwachsenenstrafverfahren – gleichermaßen auch dann, wenn der Verletzte auf eigene Kosten einen Rechtsanwalt heranzieht.²³⁷

---

[229] Brunner/Dölling, 2011, § 68 Rdn. 21.
[230] Dazu Schaffstein/Beulke, 2002, S. 218 f.; Spahn, 2004a, S. 83 f., jeweils m. zahlr. Nachw.
[231] OLG Hamm, StrVert 2009, S. 85.
[232] Meyer-Goßner, 2014, § 140 Rdn. 30; vgl. auch OLG Karlsruhe, StrVert 2007, S. 3 f.
[233] Schaffstein/Beulke, 2002, § 219.
[234] Siehe auch Spahn, 2004a, S. 84.
[235] Dazu Beulke, 1999, S. 657 f.; Henninger, 2003, S. 238 ff.; zur Kriminalität jugendlicher Migranten Boers/Walburg/Reinecke, 2006, S. 63 ff.; Walburg, 2007, S. 142 f.
[236] Sättele, 1998, S. 329.
[237] OLG Hamm, ZJJ 2004, S. 301 f.

Versäumt es das Gericht, dem Beschuldigten einen Pflichtverteidiger beizuordnen, so stellt dies einen absoluten Revisionsgrund i. S. d. § 338 Nr. 5 StPO dar, der ohne Beruhensnachweis zur Aufhebung des Urteils führt.[238]

Die Regelungen über die notwendige Verteidigung gelten sinngemäß auch im **Vollstreckungsverfahren**.[239] Insoweit verweist § 83 Abs. 3 S. 2 JGG auf § 68 JGG. Wendet sich der Verurteilte gegen eine jugendrichterliche Entscheidung zur Durchsetzung freiheitsentziehender Maßnahmen, kann deshalb § 140 Abs. 2 StPO entsprechend zur Anwendung gelangen. Dies kommt vor allem bei Entscheidungen über die Aussetzung erheblicher Reste von Jugendstrafe zur Bewährung nach § 88 JGG sowie bei solchen über Bewährungswiderrufe nach §§ 26, 58 JGG in Betracht.[240]

254

4.6.2 Verteidigung in Jugendsachen

Während § 37 JGG für Jugendrichter und -staatsanwälte sowie § 35 Abs. 2 S. 2 JGG für Jugendschöffen vorgeben, dass sie erzieherisch befähigt und in der Jugenderziehung erfahren sein sollen[241], besteht eine derartige gesetzliche Festlegung von Eigenschaften für Strafverteidiger in Jugendsachen nicht. Selbst eine in den früheren Richtlinien zu § 68 JGG enthaltene Eignungsbeschreibung entsprechend §§ 35 Abs. 2 S. 2, 37 JGG findet sich dort aktuell nicht mehr.[242]

255

Weil das JGG keinen besonderen Jugendverteidiger kennt und keine spezifischen Anforderungen an die Verteidigerpersönlichkeit stellt, kann jeder zugelassene Rechtsanwalt oder eine sonstige nach § 138 Abs. 1 StPO wählbare Person als Verteidiger im Jugendstrafverfahren mitwirken. Dabei sind diese prinzipiell – wie in Erwachsenensachen – **dem Interesse des Mandanten verpflichtete Organe** der Rechtspflege. Sie haben dem staatlichen Strafanspruch entgegenzutreten, sich für die Einhaltung prozessualer Garantien einzusetzen und die für den jungen Beschuldigten sprechenden Umstände geltend zu machen.[243]

256

> Inwieweit diese Aufgabenstellung eine erzieherische Befähigung erfordert und ob infolgedessen bestimmte Rechtsanwälte bei der vom Gericht im Fall notwendiger Verteidigung außen vor zu bleiben haben, ist durchaus umstritten. Da in Bezug auf die Verteidigerstrategien durch den Erziehungsgedanken keine Einschränkungen bestehen sollen, erscheint es konsequent, wenn eine solche Differenziertheit bei der Auswahl entbehrlich bleibt.[244] Dem-

---

[238] OLG Hamm, StrVert 2009, S. 85 f.; Meyer-Goßner, 2014, § 338 Rdn. 41; zur äußerst umstrittenen Möglichkeit einer rückwirkenden Beiordnung Möller, 2008, S. 12 ff.
[239] Kap. 11.1.
[240] So auch Schaffstein/Beulke, 2002, S. 221.
[241] Kritisch hierzu bereits in Kap. 1.1.
[242] Dazu Mager, 2009, S. 17.
[243] So i. Erg. auch Eisenberg, 2014, § 68 Rdn. 9 ff.; Ostendorf, 2013, § 68 Rdn. 3; Zieger, 2013, S. 139; vgl. ferner Mager, 2009, S. 16 ff.
[244] Diemer/Schatz/Sonnen, 2011, § 68 JGG Rdn. 6.

gegenüber erachten andere eine erzieherische Befähigung und somit eine Beschränkung des in Frage kommenden Personenkreises für notwendig.[245]

257 Die Aufgabenstellung des Verteidigers schließt es aus, diesem eine gleichbedeutende oder sogar primäre erzieherische Mitwirkungsverpflichtung zuzusprechen.[246] Angesichts des aus Art. 6 Abs. 3 lit. c EMRK folgenden Anspruchs auch des jungen Beschuldigten auf eine **effektive Strafverteidigung**[247] lässt sich nicht, gestützt etwa auf eine Bindung des Verteidigers an das Erziehungsprinzip, zwischen Reaktionen mit strafendem Charakter (anwaltliches Bemühen um Abwehr des Strafübels insbesondere bei Jugendstrafe) und solchen primär erzieherischer Art (erzieherische Mitverantwortung des Verteidigers bei nichtstationären Erziehungsmaßregeln und Zuchtmitteln) differenzieren.[248]

258 Der Verteidiger hat im Jugendstrafverfahren die gleichen **Rechte und Pflichten** wie in Erwachsenensachen.[249] Ihm stehen alle prozessualen Möglichkeiten zur Abwehr der jugendstrafrechtlichen Rechtsfolgen zur Seite. So kann er gem. § 147 StPO Akteneinsicht verlangen und mit dem in Untersuchungshaft bzw. im Jugendstrafvollzug befindlichen Inhaftierten mündlich und schriftlich verkehren (§ 148 StPO). Selbst wenn die Idee eines erzieherischen Zusammenwirkens der Verfahrensbeteiligten unter Einschluss des in die erzieherische Verantwortung genommenen Verteidigers überholt ist, stellt sich dessen Rolle in Jugendsachen im Verhältnis zum Erwachsenenverfahren dennoch faktisch als vielschichtiger und konfliktbeladener[250] dar. Steht er auch nicht in einer sog. erzieherischen Mitverantwortung, so verlangt die Verteidigung in einer Jugendsache gleichwohl ein gewisses Verständnis für die Probleme und Konfliktlagen junger Menschen, um den altersbedingten spezifischen Schwierigkeiten im Strafverfahren zureichend Rechnung tragen zu können.

4.7 Beistand

259 In jeder Lage des Jugendstrafverfahrens kann dem Beschuldigten ein Beistand[251] bestellt werden. Dies erfolgt auf Antrag oder von Amts wegen durch den Vorsitzenden des Gerichts, das für das Hauptverfahren zuständig oder bei dem das Verfahren anhängig ist, bzw. das für eine von der Staatsanwaltschaft gem. § 162 Abs. 1 StPO beantragte richterliche Vernehmung zuständig ist (§ 141 Abs. 4 StPO analog). Nach § 69 Abs. 1 JGG liegt die Bestellung im **Ermessen des Gerichts**. Sie ist ausge-

---

[245] Mager, 2009, S. 18.
[246] Dazu Brunner/Dölling, 2011, § 68 Rdn. 8 ff.; Fuchs, 1992, S. 32 ff.; siehe auch Bessler, 2000, S. 24 f.
[247] Eisenberg, 2014, § 68 Rdn. 10.
[248] Anders aber Kudlich, 1999, S. 879; Schaffstein/Beulke, 2002, S. 215 f.; Streng, 2012, S. 72 ff.
[249] Ostendorf, 2013, § 68 Rdn. 3.
[250] Streng, 2012, S. 74.
[251] Dazu eingehend bereits Hauber, 1982, S. 215 ff.

schlossen, wenn ein Fall der notwendigen Verteidigung i. S. d. § 68 JGG vorliegt bzw. bei Bestehen einer Wahlverteidigung, sofern dem Betroffenen ohne Vorhandensein eines Wahlverteidigers ein Pflichtverteidiger bestellt werden müsste.[252]

Die Bestellung eines Beistands gem. § 69 JGG bleibt auf **Jugendliche** beschränkt; § 109 Abs. 1 JGG verweist hinsichtlich Heranwachsender nicht auf diese Vorschrift. Da die Altersdifferenzierung ihren Grund auch in den vermehrten verfahrensbedingten Erfordernissen einer Unterstützung betroffener Jugendlicher findet,[253] ist insoweit nicht auf das Tatzeitalter abzustellen, sondern auf das Alter des Beschuldigten im Verfahren. Daher endet eine zuvor bestehende Beistandschaft mit Eintritt der Volljährigkeit.[254]

Beistände kennt auch das allgemeine Strafverfahrensrecht.[255] Nach § 149 StPO können Ehegatten, Lebenspartner oder gesetzlicher Vertreter eines Angeklagten auf seinen Antrag hin als Beistand zugelassen werden. Dieser darf jedoch keine prozessualen Rechte des Betroffenen wahrnehmen. Seine Befugnisse erschöpfen sich vielmehr in dessen Beratung und in der Stellungnahme zur Sache.[256]

Im Gegensatz zu § 149 StPO benennt § 69 JGG keine persönlichen Voraussetzungen für die Beistandschaft. § 69 Abs. 2 JGG bestimmt lediglich in negativer Hinsicht, dass Erziehungsberechtigte und gesetzliche Vertreter nicht zum Beistand bestellt werden können, wenn eine Interessenkollision zwischen Beistandschaft und Erziehung des Jugendlichen besteht. Abgesehen von diesem Fall kommt formal jede Person – wie sich argumentum e contrario § 69 Abs. 2 JGG sowie ferner aus § 51 Abs. 5 JGG ergibt – auch ein Angehöriger des Beschuldigten als Beistand in Betracht. Welche Voraussetzungen an diese Funktion zu stellen sind, bestimmt sich materiell durch die Rechts- und Aufgabenstellung. Der Beistand ist **Verfahrensbeteiligter** mit **eigener prozessualer Stellung**.[257] Ihm kommt primär eine **verfahrensrechtliche Unterstützerfunktion** zu.[258] Dies ergibt sich insbesondere aus der systematischen Zuordnung der Beistandsregelungen im JGG, der Nichtbestellung in Fällen notwendiger Verteidigung gem. § 69 Abs. 1 JGG, den durch § 69 Abs. 3 JGG eröffneten Verfahrensrechten sowie der mit § 52 Abs. 3 SGB VIII hervorgehobenen Betreuungsaufgabe der Jugendhilfe während des gesamten Strafverfahrens. Neben Letzterer hat jedoch der Beistand auch **persönliche Unterstützung** zu leisten, die sich in erster Linie auf altersbedingte Beteiligungsdefizite bezieht und

260

---

[252] Diemer/Schatz/Sonnen, 2011, § 69 JGG Rdn. 6; Streng, 2012, S. 75.
[253] Vgl. Streng, 2012, S. 75.
[254] Brunner/Dölling, 2011, § 69 Rdn. 10; Eisenberg, 2014, § 69 Rdn. 2.
[255] Zur Abgrenzung der beiden Beistandsarten siehe Eisenberg/Zötsch, 2003, S. 227 f.; Müller/Kraus, 2003, S. 894 f.
[256] Meyer-Goßner, 2014, § 149 Rdn. 3.
[257] Brunner/Dölling, 2011, § 69 Rdn. 1; Eisenberg, 2014, § 69 Rdn. 3.
[258] Diemer/Schatz/Sonnen, 2011, § 69 JGG Rdn. 2; Ostendorf, 2013, § 69 Rdn. 2; Wollweber, 1999, S. 621.

nicht das Ausmaß einer primär individuell fürsorgerischen Betreuung erreicht.[259] Diese persönliche Unterstützungsaufgabe begrenzt den Kreis der als Beistände in Betracht kommenden Personen auf solche, die ein für diese Tätigkeit notwendiges Vertrauensverhältnis zum Jugendlichen besitzen oder aufbauen können; dies sind außer den in § 69 Abs. 2 JGG genannten Erziehungsberechtigten und gesetzlichen Vertretern z. B. Verwandte, Freunde, Personen aus dem Ausbildungs- oder Arbeitsbereich.

261 Im Gegensatz zum Beistand nach § 149 StPO hat der Gesetzgeber die **Beteiligungsrechte** des Beistands i. S. d. § 69 JGG partiell denen eines Verteidigers angeglichen. Dies gilt zwar noch nicht für das Vor- und Zwischenverfahren, da § 69 Abs. 3 S. 2 JGG die Angleichung der prozessualen Rechte nur für die Hauptverhandlung vornimmt. Ebenso wie die Gewährung von **Akteneinsicht** (§ 69 Abs. 3 S. 1 JGG) steht jedoch die Entscheidung über seine Anwesenheit bei Untersuchungshandlungen (bspw. Haftprüfungstermin gem. § 118a StPO) im pflichtgemäßen Ermessen[260] von Staatsanwaltschaft bzw. Gericht. Anders als der Jugendgerichtshelfer hat der Beistand allerdings kein Verkehrsrecht nach § 148 StPO mit einem in Untersuchungshaft oder Strafvollzug befindlichen Jugendlichen.

262 Erscheint die Rechtsstellung des Beistands für die Phase der **Hauptverhandlung** (einschließlich eines vorweggenommenen Teils i. S. d. §§ 223, 225, 233 StPO) als derjenigen des Verteidigers weitgehend angeglichen, so ist er auch zu laden. Als Verfahrensbeteiligter kommt ihm nach § 48 Abs. 2 S. 1 JGG ein Anwesenheitsrecht zu. Dieses darf nicht auf der Grundlage des § 51 Abs. 2 JGG eingeschränkt werden,[261] weil es anderenfalls zu einer Beeinträchtigung der Beistandsfunktion käme. Der Beistand besitzt in der Hauptverhandlung Äußerungs-, Frage- und Antragsrechte (§§ 239, 240, 244, 251 Abs. 1 Nr. 4, 257, 258 StPO). Seine Beweisanträge sind wie diejenigen eines Verteidigers zu behandeln und zu bescheiden.[262] Obwohl sich die Einräumung von Rechten wie denen eines Verteidigers nach § 69 Abs. 3 S. 2 JGG auf die jeweilige Hauptverhandlung in sämtlichen Rechtszügen bezieht, vermag der Beistand keine Rechtsmittel einzulegen.[263]

In der **Praxis** besitzt die Beistandschaft kaum Bedeutung.[264] Die verfahrensrechtliche Unterstützung kann regelmäßig von dem juristisch ausgebildeten Verteidiger besser geleistet werden, die professionelle persönliche Hilfestellung von dem Mitarbeiter der Jugendhilfe. Hinzu kommt, dass der Beistand nur eingeschränkt rechtliche Beteiligungsmöglichkeiten außerhalb der Hauptverhandlung besitzt.

---

[259] Anders aber Brunner/Dölling, 2011, § 69 Rdn. 1; Eisenberg, 2014, § 69 Rdn. 3; Schaffstein/Beulke, 2002, S. 221.
[260] Eisenberg, 2014, § 69 Rdn. 7.
[261] Diemer/Schatz/Sonnen, 2011, § 69 JGG Rdn. 11; Ostendorf, 2013, § 69 Rdn. 7; Streng, 2012, S. 75; a. A. Eisenberg, 2014, § 69 Rdn. 8b.
[262] Eisenberg, 2014, § 69 Rdn. 8.
[263] Brunner/Dölling, 2011, § 69 Rdn. 9; Ostendorf, 2013, § 69 Rdn. 8; Streng, 2012, S. 75.
[264] Dazu Brunner/Dölling, 2011, § 69 Rdn. 2; Eisenberg, 2014, § 69 Rdn. 4; Ostendorf, 2013, Grdl. zu §§ 67–69 Rdn. 9.

Besonderheiten des Jugendstrafverfahrens

Jugendstrafrechtliche Reaktionen auf deliktisches Verhalten junger Menschen können dann am besten ihre spezialpräventive Wirkung entfalten, wenn sie nicht nur täterbezogen erfolgen, sondern auch möglichst zeitnah zur Tat. Das JGG enthält deshalb in §§ 43 bis 81 und 109 **besondere Verfahrensregelungen** für Jugendsachen. Diese ersetzen die entgegenstehenden Normen der StPO und des GVG. Damit gelten gem. § 2 JGG die allgemeinen Regelungen auch im Jugendstrafverfahren, es sei denn, das JGG enthält Spezialvorschriften für Jugendliche bzw. Heranwachsende. Der **Vorrang** besteht allerdings nicht nur für die einzelnen Bestimmungen im JGG. Er betrifft auch die generellen Grundsätze des JGG, soweit das allgemeine Verfahrensrecht diesen widerspricht und nicht jugendgemäße Folgen mit sich bringen würde.[1]

Das Jugendstrafverfahren untergliedert sich (wie das allgemeine Strafverfahren) in Vor-, Zwischen- und Hauptverfahren. Ein erlassenes Urteil kann mit Rechtsmitteln angefochten werden; ist es rechtskräftig, erfolgt die Vollstreckung. Zentrale Verfahrensprinzipien sowie Garantienormen zum Schutz des Beschuldigten vor inadäquaten oder gar willkürlichen Beeinträchtigungen seiner Rechts- und Freiheitssphäre gelten ebenso im Jugendstrafverfahren. Darüber hinaus ist dieses jedoch gekennzeichnet durch den Grundsatz der **Reaktionsbeweglichkeit**, um flexibel[2] auf die Persönlichkeit des jungen Straftäters und dessen Bedürfnisse eingehen zu können. Dem entsprechen auch die Regelungen über eine **Entformalisierung** des justiziellen Vorgehens. Die Möglichkeiten zu einer Befreiung von Förmlichkeiten dienen der Vermeidung oder Abmilderung von Stigmatisierungen und lassen zudem eine raschere Vorgehensweise zu. Ein solches Bestreben folgt auch aus dem **Subsidiaritätsprinzip**, der Direktive, möglichst gering eingreifende Maßnahmen zu nutzen. Dieses steht im Einklang mit dem **Beschleunigungsgrundsatz**. Eine Maßnahme zur Einwirkung auf einen jungen Delinquenten vermag umso mehr Wir-

263

264

---

[1] Eisenberg, 2014, § 2 Rdn. 4; ders., 1999, S. 281.
[2] Ostendorf, 2006a, S. 515 ff.

kung zu entfalten, je zeitnäher sie auf die Anlasstat folgt. Auch kann eine zu lange Verfahrensdauer bei den Betroffenen kontraproduktive Rationalisierungs- und Verdrängungsneigungen verstärken.

Zu beachten bleibt schließlich auf der verfahrensrechtlichen Ebene das **Schlechterstellungsverbot**. Danach dürfen Jugendliche und Heranwachsende auch in formell-rechtlicher Hinsicht in vergleichbarer Situation gegenüber erwachsenen Beschuldigten, Angeschuldigten bzw. Angeklagten nicht benachteiligt werden.[3]

5.1 Vorverfahren

265 Das Ermittlungsverfahren erstreckt sich von der ersten Tätigkeit der Polizei oder Staatsanwaltschaft nach Kenntniserlangung von der möglichen Begehung einer Straftat bis zur Einreichung der Anklage bzw. der Einstellung des Verfahrens durch die Staatsanwaltschaft. Zielrichtung des Vorverfahrens ist die **Erforschung des Sachverhalts** bzw. der Straftat.[4] Hinzu kommt im Jugendstrafverfahren die Durchführung von **Ermittlungen über die Persönlichkeit** des Beschuldigten (§ 43 JGG). Der Erfüllung dieser beiden Aufgaben der Strafverfolgungsorgane in Jugendsachen dient auch die Vorschrift des § 44 JGG über die richterliche und staatsanwaltliche Vernehmung in Fällen zu erwartender Jugendstrafe.

5.1.1 Persönlichkeitsdiagnose

266 Verdichtet sich für die Strafverfolgungsorgane der Anfangsverdacht gegen einen jungen Beschuldigten zu einem hinreichenden Tatverdacht, kommt für eine individualpräventiv wirkende Rechtsfolge Erkenntnissen über die betreffende Persönlichkeit und ihr soziales Umfeld besondere Bedeutung zu. In Fällen schwieriger Persönlichkeitsdiagnosen kann sogar die ambulante oder stationäre Begutachtung durch Sachverständige notwendig sein.

5.1.1.1 Allgemeine Persönlichkeitserforschung

267 Die Abstimmung von Täterbedürfnissen und Unrechtsreaktionen erfordert eine **psychosoziale Diagnose**. Hierfür gibt § 43 Abs. 1 S. 1 JGG den rechtlichen Rahmen vor, wonach „die Lebens- und Familienverhältnisse, der Werdegang, das bisherige Verhalten des Beschuldigten und alle übrigen Umstände ermittelt werden, die zur Beurteilung seiner seelischen, geistigen und charakterlichen Eigenart dienen können". Diese Aufgabenstellung gilt nach § 109 Abs. 1 JGG auch für tatverdächtige Heranwachsende, und zwar unabhängig davon, ob gem. § 105 Abs. 1 JGG Jugendstrafrecht zur Anwendung gelangt.

---

[3] Dazu oben Kap. 1.1.
[4] Kühne, 2010, S. 187.

Die Vorgabe des § 43 Abs. 1 S. 1 JGG richtet sich nicht nur an die Staatsanwaltschaft als Leiterin des Vorverfahrens, sondern – nach dessen Abschluss – im Hinblick auf die **Aufklärungspflicht** des § 244 Abs. 2 StPO auch an das **Gericht**. Sind wie bei einem spezialpräventiv ausgerichteten Jugendstrafrecht Kenntnisse über die Täterpersönlichkeit „für die Entscheidung von Bedeutung", so kann das Fehlen oder die je nach Fallgestaltung unzureichende Durchführung der Persönlichkeitsermittlung einen Revisionsgrund i. S. d. § 337 StPO darstellen.

Das eigentliche **Organ** der Persönlichkeitserforschung ist die **Jugendgerichtshilfe** (§ 38 Abs. 2 JGG)[5], wobei allerdings deren Vertreter bei dieser Erforschung nur mitwirkt.[6] Es bleibt auch hinsichtlich § 43 Abs. 1 JGG bei der Leitungsfunktion der Staatsanwaltschaft im Vorverfahren. Jugendstaatsanwalt (sowie ab Anklageerhebung das Jugendgericht) können neben der Jugendgerichtshilfe zudem eigene Ermittlungen zur Erforschung der Beschuldigtenpersönlichkeit anstellen (z. B. Akten beiziehen oder Berichte anfordern). Erforderlichenfalls hören sie die in § 43 Abs. 1 S. 2 JGG genannten Bezugspersonen (bspw. Erziehungsberechtigte, gesetzliche Vertreter, Lehrer oder Ausbilder) sowie weitere geeignete Auskunftspersonen (etwa Betreuungshelfer, Heimleiter, Bewährungshelfer) unmittelbar an. Geht es lediglich um Bagatelldelikte, mag allerdings schon die polizeiliche Ermittlungshilfe ausreichen.

268

In welchem Umfang es zu einer Persönlichkeitserforschung im Einzelfall kommen muss, richtet sich nach der Deliktsart und der Schwere der möglicherweise zu erwartenden Unrechtsreaktion. Dabei ist der **Verhältnismäßigkeitsgrundsatz** zu beachten.

5.1.1.2 Begutachtung durch Sachverständigen
(1) Anordnungsvoraussetzungen

Die Ermittlungen im Rahmen der allgemeinen Persönlichkeitsdiagnose haben sich bei einem Jugendlichen notwendigerweise auch auf die Frage der strafrechtlichen Verantwortlichkeit i. S. d. § 3 S. 1 JGG zu beziehen. Ebenso sind bei Heranwachsenden Erkenntnisse zur Entscheidung über die Anwendung von Jugendstrafrecht nach § 105 Abs. 1 JGG erforderlich. Stoßen die Ermittlungspersonen bei ihren Erhebungen auf Tatsachen, die Zweifel an der Verantwortlichkeit, der Entwicklungsreife, dem Vorliegen schädlicher Neigungen begründen oder treten Ermittlungsschwierigkeiten bei tatsächlichen Umständen im psychologischen oder psychiatrischen Bereich zu Tage, so stellt sich die Frage eines Sachverständigengutachtens. Gleiches gilt nach der Richtlinie Nr. 8 zu § 43 JGG bei der Annahme, dass die Tat mit einer psychischen Krankheit zusammenhängt, bei dem Betroffenen seelische, geistige oder körperliche Besonderheiten vorliegen bzw. er gar ohne erkennbare Ursachen verwahrlost ist.

269

---

[5] Zur Jugendgerichtshilfe eingehend Kap. 4.4; speziell zu Ermittlungshilfe und Informationsquellen Kap. 4.4.3.1.
[6] Dazu Laubenthal, 1993, S. 64.

270 Die Einholung eines Sachverständigengutachtens kann von der Jugendgerichtshilfe lediglich angeregt werden.[7] Die **Anordnungskompetenz** liegt im Vorverfahren beim Jugendstaatsanwalt, danach beim Jugendrichter. Allerdings sollte schon im Ermittlungsverfahren die Beauftragung in Absprache mit dem die Hauptsacheentscheidung treffenden Gericht erfolgen, das später seiner Aufklärungspflicht nach § 244 Abs. 2 StPO genügen muss.[8]

271 Wird gem. § 43 Abs. 2 S. 1 JGG eine Untersuchung des Beschuldigten „zur Feststellung seines Entwicklungsstandes oder anderer für das Verfahren wesentlicher Eigenschaften" notwendig, kommt nach § 43 Abs. 2 S. 2 JGG deren Durchführung durch einen **Sachverständigen** in Betracht. Der Gutachtenauftrag bleibt allerdings gegenüber der allgemeinen Persönlichkeitsdiagnose nach § 43 Abs. 1 JGG **subsidiär**. Die Begutachtung erfolgt nicht, sofern sie durch andere Mittel der Persönlichkeitserforschung ersetzt werden kann.[9]

272 Die Notwendigkeit einer Begutachtung festzustellen, liegt im pflichtgemäßen **Ermessen** des Anordnungsbefugten (Abs. 2 S. 1: „soweit erforderlich"). Dabei bleiben nicht nur die oben angeführten Anlasskriterien maßgebend. Ein Gutachtenauftrag und die damit verbundenen Belastungen für den Betroffenen müssen vor allem **verhältnismäßig** sein. Es bedarf insoweit einer Abwägung. Dabei sind einerseits neben der Auffälligkeit i. S. d. § 43 Abs. 2 S. 1 JGG die Art und Schwere des Delikts sowie die zu erwartenden Rechtsfolgen zu berücksichtigen. Auf der anderen Seite muss neben dem personellen, materiellen und zeitlichen Aufwand auch die Wahrscheinlichkeit eines Erkenntnisgewinns prognostiziert werden.[10] In die Einzelfallabwägung einzubeziehen ist der Aspekt des jugendstrafverfahrensrechtlichen Beschleunigungsprinzips. Um insoweit Verzögerungen zu verringern, sollte eine gem. § 43 Abs. 2 JGG für erforderlich erachtete Untersuchung eines Beschuldigten durch einen Sachverständigen nach Möglichkeit bereits im Vorverfahren veranlasst und durchgeführt werden.[11]

> Nach § 43 Abs. 2 S. 2 JGG soll mit der Begutachtung ein „zur Untersuchung von Jugendlichen befähigter" Sachverständiger beauftragt werden. Zu den fachspezifisch Befähigten zählen sowohl Psychiater als auch Psychologen; Letztere allerdings nur, soweit allgemein psychische Beurteilungen abzugeben sind.

(2) Stationäre Untersuchung

273 Die von einem Sachverständigen nach § 43 Abs. 2 S. 2 JGG durchgeführte Untersuchung eines Beschuldigten erfolgt in der Regel ambulant. Eine solche nicht stationäre Begutachtung reicht jedoch in manchen Fällen nicht aus. Deshalb lässt § 73

---

[7] Laubenthal, 1993, S. 65.
[8] Eisenberg, 2014, § 43 Rdn. 30.
[9] Brunner/Dölling, 2011, § 43 Rdn. 15a.
[10] Siehe auch Streng, 2012, S. 79 f.
[11] Schaffstein/Beulke, 2002, S. 235.

Abs. 1 S. 1 JGG unter bestimmten Voraussetzungen[12] eine Durchführung der Begutachtung in einer dafür geeigneten Anstalt zu.

Eine Einweisung zur stationären Untersuchung ist jedoch nur möglich, wenn es im Rahmen der Persönlichkeitsdiagnose um Ermittlungen über den **Entwicklungsstand** geht. Diese sind insbesondere von Bedeutung zur Feststellung der strafrechtlichen Verantwortlichkeit i. S. d. § 3 S. 1 JGG bei Jugendlichen; bei Heranwachsenden (§ 109 Abs. 1 S. 1 JGG) zur Entscheidung über die Anwendung von Jugendstrafrecht oder Erwachsenenstrafrecht gem. § 105 Abs. 1 JGG.

Zu beachten ist neben dem Anlasskriterium die **Verhältnismäßigkeit** einer Anstaltsunterbringung. Demgemäß bedarf es im Einzelfall zureichender konkreter Anhaltspunkte dafür, dass die Abweichungen vom normalen Entwicklungsstand erheblich sein können. Angesichts des mit der Begutachtung verbundenen Freiheitsentzugs muss sich entsprechend dem in §§ 81 Abs. 2 S. 1, 112 Abs. 1 StPO enthaltenen Rechtsgedanken der Anfangsverdacht bereits zu einem dringenden Tatverdacht verdichtet haben. Zudem darf die Anordnung nicht außer Verhältnis zur Schwere der Tat und der zu erwartenden Unrechtsreaktion stehen, weshalb § 73 JGG nur bei zu erwartender Jugendstrafe oder Heimerziehung angezeigt erscheint.

274

Die Entscheidung über eine Anstaltseinweisung steht im pflichtgemäßen Ermessen des **Gerichts**, bei dem das Verfahren bereits anhängig ist oder welches bei Anklageerhebung für die Eröffnung des Hauptverfahrens zuständig wäre (§ 73 Abs. 1 S. 2 JGG). Gegen den richterlichen Beschluss kann gem. § 73 Abs. 2 JGG sofortige Beschwerde eingelegt werden, die aufschiebende Wirkung hat. Nach § 68 Nr. 3 JGG stellt das Verfahren zur Entscheidung über eine stationäre Begutachtung i. S. d. § 73 JGG einen Fall der **notwendigen Verteidigung** dar. Deshalb ist neben dem Sachverständigen selbst vor einer Unterbringung der Verteidiger des jungen Beschuldigten anzuhören.

275

Die stationäre Begutachtung wird üblicherweise in einem psychiatrischen Krankenhaus durchgeführt, das sich für die Unterbringung junger Menschen eignet. Die Unterbringungsanordnung nach § 73 JGG gibt jedoch keine Befugnis zur Durchführung körperlicher Eingriffe oder Untersuchungen; dafür müssen die Voraussetzungen von §§ 81a, 81b StPO gegeben sein. Die **Dauer** des Freiheitsentzugs auf der Rechtsgrundlage des § 73 JGG darf sechs Wochen nicht überschreiten.

Die Unterbringung zur Vorbereitung des Sachverständigengutachtens nach § 73 JGG bezieht sich nur auf Ermittlungen über den Entwicklungsstand des jungen Beschuldigten. Bedarf es einer stationären Begutachtung über den **psychischen Zustand** des Betroffenen – insbesondere hinsichtlich seiner Schuldfähigkeit gem. §§ 20, 21 StGB – ermöglicht § 81 StPO eine **Beobachtungsunterbringung**. Danach darf unter Beachtung des Verhältnismäßigkeitsprinzips und bei Vorliegen eines dringenden Tatverdachts die Unterbringung und Beobachtung in einem psychiatrischen Krankenhaus für die Dauer von maximal sechs Wochen angeordnet werden.

276

---

[12] Vgl. auch Brunner/Dölling, 2011, § 73 Rdn. 2 f.; Eisenberg, 2014, § 73 Rdn. 3, 8; Streng, 2012, S. 80 f.

277 Ist im Einzelfall eine Anstaltseinweisung sowohl zur Untersuchung des Entwicklungsstands (§ 73 JGG) als auch des psychischen Zustands (§ 81 StPO) erforderlich, darf dies aber nicht zu einer Addition der Höchstfristen von § 73 Abs. 3 JGG und § 81 Abs. 5 StPO führen.[13] Dies gebieten nicht nur rechtsstaatliche Gründe.[14] Es geht jeweils um die Diagnose derselben Persönlichkeit, so dass die mit § 73 JGG und die mit § 81 StPO verbundenen Anlasskriterien zeitgleich einer stationären Beobachtung unterzogen werden können.[15] Stellt sich heraus, dass ein Jugendlicher bzw. Heranwachsender seine Tat in schuldunfähigem Zustand oder im Zustand der verminderten Schuldfähigkeit begangen hat, kann im Übrigen auch seine einstweilige Einweisung nach § 126a StPO in eine Einrichtung i. S. d. §§ 63, 64 StGB erfolgen, wenn eine solche freiheitsentziehende Maßregel später anzuordnen ist.[16]

5.1.2 Justizielle Beschuldigtenvernehmung

278 Nach § 44 JGG soll der Jugendstaatsanwalt oder der Vorsitzende des Jugendgerichts den Beschuldigten bereits vor Anklageerhebung vernehmen, wenn **Jugendstrafe zu erwarten** ist. Ein solches Vorgehen verschafft dem Gericht bzw. dem Staatsanwalt schon im Vorverfahren einen **unmittelbaren Eindruck** von der betreffenden Persönlichkeit. Denn der Beschuldigte wird sich – wovon zumindest die Richtlinie Nr. 1 zu § 44 JGG ausgeht – außerhalb der förmlichen Hauptverhandlung unbefangener verhalten. Durch dieses persönliche Bild mag gerade auch die Prüfung der strafrechtlichen Verantwortlichkeit erleichtert werden.

Das besondere Vernehmungsgespräch dient außerdem der **Tataufklärung**. In einem solchen Fall sind die Vorgaben des rechtsstaatlichen Verfahrens einzuhalten (insbesondere §§ 133 bis 136a, 168 bis 168c StPO). Die Einvernahme durch Justizpersonen kann diejenige der Polizei ersetzen (bei Erstvernehmung unter Beachtung von § 136 Abs. 1 StPO) oder ergänzen. Insoweit dient sie zugleich einer Kontrolle der in erster Linie am Strafverfolgungszweck orientierten Sachverhaltsaufklärung durch Polizeibeamte.[17]

Die Vernehmung nach § 44 JGG fördert die **Persönlichkeitserforschung**. Deshalb bleibt sie selbst bei bereits aufgeklärtem Sachverhalt angezeigt. Jugendstaatsanwalt oder richter können aufgrund des Gesprächs Erkenntnisse gewinnen, die ein weiteres Vorgehen nach § 43 Abs. 2 oder gem. § 73 JGG notwendig erscheinen lassen.

In der Praxis wird von der justiziellen Beschuldigtenvernehmung allerdings nur selten Gebrauch gemacht.[18] Die Ursache hierfür liegt vor allem in der zusätzlichen zeitlichen Belastung für Richter und Staatsanwälte. Zwar ist § 44 JGG lediglich eine **Soll-Vorschrift**. Eine unzureichende Sachaufklärung oder Defizite im Bereich

---

[13] A.A. Brunner/Dölling, 2011, § 73 Rdn. 4.
[14] Vgl. Ostendorf, 2013, § 73 Rdn. 4.
[15] So auch Streng, 2012, S. 80 f.; i. Erg. Diemer/Schatz/Sonnen, 2011, § 73 JGG Rdn. 11 ff.; Eisenberg, 2014, § 73 Rdn. 6.
[16] Dazu unten Kap. 5.3.3.
[17] Vgl. Eisenberg, 2014, § 44 Rdn. 4.
[18] Dazu Brunner/Dölling, 2011, § 44 Rdn. 6.

der Persönlichkeitsdiagnose können allerdings in der Revision eine Aufklärungsrüge begründen.[19]

> § 44 JGG betrifft unmittelbar nur beschuldigte Jugendliche. Selbst wenn auf einen Heranwachsenden Jugendstrafrecht zur Anwendung gelangt, gilt die Vorschrift nach § 109 Abs. 2 JGG für das Verfahren gegen diesen nicht entsprechend. Das schließt aber die Vernehmung eines beschuldigten Heranwachsenden in Fällen zu erwartender Jugendstrafe durch die Justizorgane im Vorverfahren nicht aus.

5.2 Informelle Verfahrensbeendigung

Erachtet der Jugendstaatsanwalt das Ergebnis seiner Ermittlungen für ausreichend und lässt dieses den Beschuldigten als hinreichend verdächtig erscheinen, erhebt er nach § 170 Abs. 1 StPO im förmlichen Strafverfahren die **Anklage**. Dabei bestimmt sich der Inhalt der Anklageschrift wie im allgemeinen Verfahrensrecht nach § 200 StPO. Der Anklage gleich steht im Jugendstrafrecht der Antrag des Staatsanwalts beim Jugendrichter, im **vereinfachten Jugendverfahren** gem. §§ 76 ff. JGG zu entscheiden.

279

Kommt die Staatsanwaltschaft zu der Überzeugung, dass ihre Ermittlungen keinen hinreichenden Tatverdacht ergeben haben oder kann aus rechtlichen Gründen (wenn etwa der Sachverhalt zu keiner rechtswidrigen oder schuldhaften Tatbestandsverwirklichung führt, Verfahrenshindernisse vorliegen oder Prozessvoraussetzungen fehlen) keine Anklage erhoben werden, dann erfolgt eine **Einstellung** des Verfahrens nach § 170 Abs. 2 StPO.

Den Vorgehensweisen liegt die Beachtung des **Legalitätsprinzips** zugrunde, d. h. der sich aus § 152 Abs. 2 StPO ergebende Verfolgungszwang bei Anfangsverdacht sowie der Anklagezwang (§ 170 Abs. 1 StPO) bei Bestätigung des Verdachts im Verlauf des Ermittlungsverfahrens.

Das Legalitätsprinzip wird jedoch vom **Opportunitätsprinzip** durchbrochen. Diesem zufolge steht es den Strafverfolgungsbehörden frei, trotz eines für die Anklageerhebung hinreichenden Tatverdachts aus Gründen der Zweckmäßigkeit das Verfahren einzustellen.[20] Im **allgemeinen Strafverfahrensrecht** geben vor allem §§ 153 ff. StPO sowie §§ 31a, 37, 38 BtMG hierfür Rechtsgrundlagen. Einen Gesichtspunkt für die Berücksichtigung von Opportunitätsaspekten stellt dabei die Geringfügigkeit der Straftat bzw. die mangelnde Deliktsschwere dar (§§ 153, 153a StPO). Die Einstellung kann ohne belastende Folgen bleiben (z. B. § 153 StPO) oder mit Auflagen und Weisungen als belastende Maßnahmen verbunden sein (§ 153a StPO).

280

Im Jugendstrafverfahren ist das Legalitätsprinzip nicht nur durch Einstellungsmöglichkeiten aus Gründen der Opportunität eingeschränkt. Hinzu kommt hier das

281

---

[19] Meyer-Goßner, 2014, § 244 Rdn. 80.
[20] Dazu Beulke, 2012, S. 223; Kühne, 2010, S. 362 ff.; siehe auch Erb, 1999.

Subsidiaritätsprinzip.[21] Der Anklagezwang tritt hinter dem Grundsatz einer an den spezialpräventiven Erfordernissen der jungen Beschuldigten orientierten Verfahrensgestaltung zurück. Demzufolge erübrigt sich für die **Staatsanwaltschaft** eine Anklageerhebung, wenn es keiner Ahndung der Straftat durch ein förmliches richterliches Urteil bedarf. Auf der **Diversionsebene**[22] sieht § 45 JGG deshalb besondere **informelle Reaktionsmöglichkeiten** für den Bereich des jugendstrafrechtlichen Ermittlungsverfahrens vor. Erscheint eine förmliche Sanktionierung im Rahmen des gerichtlichen Verfahrens entbehrlich, kann nach § 47 JGG selbst nach Anklageerhebung noch durch den **Richter** von der Verfolgung abgesehen werden. § 45 und § 47 JGG gelten (von § 47 Abs. 1 S. 1 Nr. 4 JGG abgesehen) auch für Heranwachsende (§ 109 Abs. 2 S. 1 JGG), wenn Jugendstaatsanwalt bzw. Gericht nach § 105 Abs. 1 JGG Jugendstrafrecht anwenden.

In §§ 45 und 47 JGG kommt ein am Subsidiaritätsprinzip orientiertes **Stufenverhältnis** zum Ausdruck. Sowohl bei der staatsanwaltschaftlichen als auch bei der richterlichen Einstellung ist die Diversion ohne Intervention den weiteren Regelungen vorangestellt.[23]

282 Das Absehen von der Verfolgung und die Einstellung des Strafverfahrens stellen keineswegs eine bloße Wohltat für den jungen Tatverdächtigen bzw. Angeklagten dar. Informelle Verfahrensbeendigungen nach § 45 und § 47 JGG sind gem. § 60 Abs. 1 Nr. 7 BZRG in das **Erziehungsregister** einzutragen. Gerichte und Behörden (wie z. B. die Schule) können über das Verfahren **informiert** werden (§ 70 JGG). Die Vorbefassung der Strafverfolgungsorgane vermag sich zudem bei neuer Straffälligkeit sanktionserschwerend auszuwirken.[24] Danach macht eine Verfahrenseinstellung Legalbewährung regelmäßig wahrscheinlicher, als im Fall einer Verurteilung.[25]

5.2.1 Einstellung im Vorverfahren

283 Aufgrund der Leitungsfunktion der **Staatsanwaltschaft** im Ermittlungsverfahren spricht das Gesetz dieser vor Anklageerhebung die Kompetenz zu, bei Vorliegen der Voraussetzungen des § 45 JGG **von der Verfolgung abzusehen**. Sie kann das Verfahren in geeigneten Fällen ohne Einschaltung des Jugendrichters einstellen (Abs. 1 und Abs. 2) oder unter vorheriger Beteiligung des Gerichts entscheiden (Abs. 3). Die Verfahrensbeendigung unter richterlicher Mitwirkung kommt angesichts des in § 45 JGG enthaltenen Stufenverhältnisses jedoch erst in Betracht, wenn eine Erledigung ohne Intervention nach Abs. 1 der Vorschrift oder eine solche mit Inter-

---

[21] Vgl. Brunner/Dölling, 2011, Einf. II Rdn. 18 ff.; Eisenberg, 2014, § 45 Rdn. 9; Schaffstein/Beulke, 2002, S. 236.
[22] Zur Rezeption nordamerikanischer Diversionsbestrebungen in Deutschland und zu deren gesetzlicher Verankerung siehe bereits Kap. 2.4; ferner Grote, 2006, S. 39 ff.
[23] Siehe Hombrecher, 2009, S. 890.
[24] Vgl. z. B. die Diversion in Österreich, dazu Burgstaller/Grafl, 2006, S. 115.
[25] Ostendorf, 2013a, S. 97 f.; Sonnen, 2005, S. 95 f.; Streng, 2012, S. 236.

vention gem. Abs. 2 unangemessen erscheint und die Einschaltung des Gerichts geboten ist.²⁶

5.2.1.1 Non-Intervention

Nach § 45 Abs. 1 JGG kann der Jugendstaatsanwalt bei Vorliegen der Voraussetzungen des § 153 StPO unter Verzicht auf jede Sanktionierung von der Verfolgung absehen. Für eine solche Einstellung mit Non-Intervention bedarf es – anders als bei § 153 Abs. 1 S. 1 StPO – **keiner richterlichen Zustimmung**. Hierdurch wird bereits deutlich, dass das Gesetz im Jugendstrafverfahren der gerichtlichen Beteiligung bei der Diversion im Vorverfahren einen geringeren Stellenwert zuweist als im allgemeinen Verfahrensrecht.

284

Angesichts des Verweises auf § 153 StPO muss es sich bei der Straftat um ein **Vergehen** handeln, bei dem die Schuld des Täters als gering betrachtet wird und kein öffentliches Verfolgungsinteresse besteht. Dies ist regelmäßig der Fall bei jugendtypischen Verfehlungen mit niedrigem Schuldgehalt und wenig gravierenden Tatfolgen, welche über die schon von der Tatentdeckung und dem Ermittlungsverfahren ausgehenden Wirkungen hinaus keine zusätzlichen erzieherischen Maßnahmen erfordern.²⁷ Zudem darf öffentliches Interesse an der Strafverfolgung nicht bestehen, wobei hier anders als nach allgemeinem Verfahrensrecht allein die Individualprävention maßgeblich ist. Die Möglichkeit einer Erledigung gem. § 45 Abs. 1 JGG ist nach der Intention des Gesetzgebers aber selbst bei Fällen der Mehrfachtäterschaft in Betracht zu ziehen.²⁸

5.2.1.2 Intervention mittels erzieherischer Maßnahmen

Der Jugendstaatsanwalt sieht gem. § 45 Abs. 2 S. 1 JGG von der weiteren Verfolgung der Straftat eines Beschuldigten ab, wenn bereits eine erzieherische Maßnahme eingeleitet oder durchgeführt wurde und dies eine richterliche Beteiligung entbehrlich macht. Dabei steht das Bemühen des Betroffenen um einen Täter-Opfer-Ausgleich der erzieherischen Maßnahme gleich (§ 45 Abs. 2 S. 2 JGG). Die Verfahrenseinstellung erfolgt hier – anders als im Fall des § 45 Abs. 1 JGG – unter völligem Verzicht auf eine weitere Unrechtsreaktion, sondern ist mit einer **Intervention** verbunden.

285

Der Begriff der **erzieherischen Maßnahmen** i. S. d. § 45 Abs. 2 JGG umfasst alle Vorgehensweisen von privater oder öffentlicher Seite im Rahmen bestehender Erziehungsaufgaben, die geeignet sein können, die Schuldeinsicht zu fördern und eine Verhaltensänderung zu bewirken. Er geht damit weiter als derjenige der Erziehungsmaßregel²⁹ des § 9 JGG.

---

²⁶ Zur Anwendungshäufigkeit siehe Heinz, 2009, S. 38.
²⁷ BT-Drs. XI/5829, S. 23.
²⁸ „... insbesondere dann, wenn der Jugendliche in erheblichem Abstand oder wegen einer Straftat auffällig wird, die mit der vorangegangenen Verfehlung weder im Hinblick auf das geschützte Rechtsgut noch nach der Art der Tatbegehung zu vergleichen ist, kann ein Absehen von der Verfolgung ohne weitere justizielle Reaktion gerechtfertigt sein." (BT-Drs. XI/5829, S. 24).
²⁹ Dazu unten Kap. 7.

(1) Einstellungskriterien

286 Die Einstellung mit Intervention kommt erst in Betracht, wenn ein Vorgehen nach § 45 Abs. 1 JGG ausscheidet. Ob die **Voraussetzungen** des § 45 Abs. 2 JGG für eine informelle Verfahrensbeendigung aufgrund durchgeführter oder eingeleiteter erzieherischer Maßnahme gegeben sind, entscheidet der Staatsanwalt im Rahmen des ihm von der Norm eröffneten **Beurteilungsspielraums**. Gelangt er zu der Auffassung, dass die Intervention den Beschuldigten zureichend fördert und eine jugendrichterliche Entscheidung entbehrlich macht, muss er zwingend nach § 45 Abs. 2 JGG verfahren („sieht ... ab"). Im Gegensatz zu § 45 Abs. 1 JGG bleibt die Erledigung nach Abs. 2 nicht auf **Vergehen** beschränkt. Sie kann in geeigneten Fällen vielmehr selbst bei Straftaten erfolgen, die nach § 12 Abs. 1 StGB ein **Verbrechen** darstellen.[30] Für das Absehen von der Verfolgung nach § 45 Abs. 2 JGG bedarf es keiner Zustimmung des Jugendrichters. Abgesehen vom Sonderfall der Staatsanwaltsintervention[31] ist auch kein Einverständnis des Beschuldigten erforderlich.

287 Dass ein **Geständnis keine Voraussetzung** für die Einstellung nach § 45 Abs. 2 JGG darstellt,[32] ergibt sich im Umkehrschluss aus dem Geständniserfordernis des § 45 Abs. 3 JGG, welches Abs. 2 nicht enthält. Zwar ist es zutreffend, dass es bei justizieller Intervention einer zureichenden Beachtung der Unschuldsvermutung bedarf. Das bedingt jedoch nicht, ein vom Gesetz selbst nicht gefordertes Einstellungskriterium zur Voraussetzung zu machen. Wer ein glaubhaftes Tat- und Schuldeingeständnis des Betroffenen für notwendig erachtet,[33] schließt diejenigen Beschuldigten aus dem Anwendungsbereich des § 45 Abs. 2 JGG aus, die zwar kooperationsbereit sind, die Tat aber aus Trotz oder Scham abstreiten.[34] Dies gilt auch in den Fällen, in denen der Jugendstaatsanwalt selbst im Hinblick auf eine erzieherische Maßnahme initiativ wird.[35] Hier ist von ihm gleichermaßen wie bei deren Anregung von anderer Seite zu gewährleisten, dass der Nachweis der Tatschuld eindeutig geführt wird und es sich um einen anklagefähigen Fall i. S. d. § 170 Abs. 1 StPO handelt.

(2) Interventionsdurchführung

288 Soweit erzieherische Maßnahmen i. S. d. § 45 Abs. 2 JGG von **Personen und Institutionen mit Erziehungsaufgaben** initiiert werden können, kommt hierfür eine Fülle denkbarer Vorgehensweisen in Betracht. So werden Maßnahmen von den Erziehungsberechtigten des Beschuldigten veranlasst und durchgeführt (z. B. Entzug von Taschengeld), es kann sich um familien- oder vormundschaftsrichterliche Anordnungen handeln (z. B. Unterbringung in einem Heim), oder die Maßnahmen erfolgen vonseiten der Schule oder im Arbeitsbereich. Angesichts des elterlichen

---

[30] Brunner/Dölling, 2011, § 45 Rdn. 18; Eisenberg, 2014, § 45 Rdn. 19a.

[31] Dazu unten (3).

[32] Ebenso Diemer/Schatz/Sonnen, 2011, § 45 JGG Rdn. 19; Eisenberg, 2014, § 45 Rdn. 18, 19a; Heinz, 1999, S. 133; Ostendorf, 2013, § 45 Rdn. 14.

[33] So Brunner/Dölling, 2011, § 45 Rdn. 24.

[34] Ostendorf, 1999a, S. 636, 644.

[35] A.A. Streng, 2012, S. 94 ff.

Erziehungsrechts gem. Art. 6 Abs. 2 GG gehen Interventionen im privaten Lebensbereich denjenigen staatlicher – insbesondere justizieller – Organe vor.[36] Keine eigenen Befugnisse im Rahmen des § 45 Abs. 2 JGG besitzt jedoch die Polizei.[37]

In der Praxis kommt neben Eltern, Schule und Ausbildenden dem Jugendamt besondere Bedeutung bei der Interventionsdurchführung zu.[38] Dort ist es die **Jugendgerichtshilfe**, die zusammen mit freien Trägern der Jugendhilfe nicht nur durch die Organisation, Bereitstellung und Durchführung ambulanter Angebote am Verfahren nach § 45 Abs. 2 JGG beteiligt ist. Sie vermag darüber hinaus selbst erzieherische Maßnahmen einzuleiten,[39] die es dann dem Jugendstaatsanwalt erlauben, von der weiteren Verfolgung abzusehen. § 52 Abs. 2 SGB VIII verpflichtet die Jugendgerichtshilfe, frühzeitig zu prüfen, ob für den Jugendlichen oder den jungen Volljährigen Leistungen der Jugendhilfe in Betracht kommen. Jugendstaatsanwalt oder -richter sind dem Verfahrensstand entsprechend über das Ergebnis dieser Prüfung sowie eine bereits erfolgte Einleitung bzw. Gewährung zu unterrichten, damit sie ihrerseits wiederum ein Vorgehen nach § 45 JGG (bzw. 47 JGG nach Anklageerhebung) erwägen können.

289

Den **Jugendhilfeleistungen** kann dann sanktionsvermeidende Wirkung zukommen, wenn sie ein divertierendes Vorgehen ermöglichen. Sollen sie die Voraussetzungen für eine Verfahrenserledigung schaffen, bedingt dies insoweit ein Einvernehmen von Staatsanwaltschaft und Jugendhilfe.[40] Größere praktische Relevanz erwächst der Jugendgerichtshilfe jedoch bei der **Organisation und Durchführung** von ambulanten Maßnahmen, denen dann Bedeutung für die informelle Verfahrenserledigung zukommt. Hierfür haben Jugendämter und private Vereinigungen mit ihren Angeboten von Betreuungshilfe, Verkehrsunterricht, erzieherischer Gruppenarbeit, sozialen Trainingskursen, sozialpädagogisch betreuten Wohngruppen usw. Voraussetzungen für frühzeitige Hilfeleistungen geschaffen. Aber schon ein bloßes Erziehungsgespräch des Vertreters der Jugendgerichtshilfe mit dem jungen Beschuldigten mag in vielen Fällen als Maßnahme ausreichen.

290

> Auch bei der Wahl der erzieherischen Maßnahme unter Einschaltung der Jugendgerichtshilfe ist das **Subsidiaritätsprinzip** zu beachten. Ambulante Maßnahmen können im Rahmen des § 45 Abs. 2 JGG durchaus eine nicht notwendige Beschwer der Betroffenen darstellen. Intervenierendes divertierendes Vorgehen i. S. d. § 45 Abs. 2 JGG unter sozialpädagogischer Beteiligung sollte deshalb eher bei Mehrfachauffälligen zur Anwendung kommen, deren Lebenssituation belastende Faktoren und noch unzureichende Handlungskompetenzen kennzeichnen.[41] Das Angebot und die Durchführung ambulanter sozialpädagogischer Maßnahmen durch die Jugendgerichtshilfe darf nicht zu einer Überbetreuung und Überpädagogisierung junger Rechtsbrecher führen. Bei betreuenden Aktivitäten ist deshalb immer zu beachten, dass jener mit den Diversionskonzepten verbundene Vorteil,

291

---

[36] Eisenberg, 2014, § 45 Rdn. 20.
[37] Dazu oben aber Kap. 4.3.
[38] Böhm/Feuerhelm, 2004, S. 101; Schaffstein/Beulke, 2002, S. 247.
[39] Anders Ostendorf, 2013, § 45 Rdn. 15.
[40] Laubenthal, 1993, S. 40.
[41] Siehe auch Trenczek, 2003, S. 35.

Jugendliche und Heranwachsende vor formell-strafrechtlichem Zugriff zu bewahren, nicht mit dem Nachteil „erkauft" wird, die Betroffenen unkontrollierten Pressionen sozialer Art auszusetzen. Der große Bereich der Bagatelldelinquenz bleibt deshalb – gerade im Hinblick auf seine Entdramatisierung – der justizinternen Diversion (insbesondere auch § 45 Abs. 1 JGG) zu überlassen.[42]

292 Ausdrücklich setzt das Gesetz in § 45 Abs. 2 S. 2 JGG das **Bemühen** des Täters, mit dem **Opfer** zu einem **Ausgleich** zu gelangen, einer erzieherischen Maßnahme gleich. Bei dem im Bereich der förmlichen jugendstrafrechtlichen Reaktionen als Weisung nach § 10 Abs. 1 S. 3 Nr. 7 JGG auferlegten Täter-Opfer-Ausgleich[43] soll mit Hilfe eines neutralen Vermittlers eine von den Beteiligten akzeptierte und mitgetragene Regelung gefunden werden. Diese soll nach Möglichkeit geeignet sein, die Straftat bedingende Konflikte beizulegen oder wenigstens zu entschärfen. Das konkrete Resultat der Konfliktregelung besteht zumeist in materiellen Wiedergutmachungsleistungen durch den Täter. Besondere pädagogische Einwirkung kann mit Hilfe dieser Maßnahme auch insofern erreicht werden, als sie durch das persönliche Zusammentreffen von Täter und Opfer dem Delinquenten die von ihm verursachten Tatfolgen verdeutlicht. Der Täter-Opfer-Ausgleich wird als ambulantes Angebot überwiegend von entsprechend geschulten Jugendgerichtshelfern durchgeführt und ist dabei vor allem in den Jugendämtern sowie bei den freien Vereinigungen der Jugendhilfe angesiedelt.[44]

293 Erfolgte die Durchführung einer erzieherischen Maßnahme und reicht dies für den Jugendstaatsanwalt aus, so stellt er das Ermittlungsverfahren ein. Gleiches gilt, wenn ein Täter-Opfer-Ausgleich erfolgreich war oder zumindest ernsthaft angestrebt wurde. Kommt es allerdings erst zur Einleitung einer Maßnahme, so kann der Staatsanwalt durchaus zunächst seine Entscheidung über das Absehen von der Strafverfolgung **aussetzen** und die Durchführung der Maßnahme bzw. ihr Gelingen abwarten.[45] Wird vor Beendigung der Maßnahme eingestellt, darf bei deren Abbruch durch den Betroffenen bzw. Misserfolg die **Wiederaufnahme des Ermittlungsverfahrens** erfolgen.

Die Verfahrenseinstellung bewirkt (wie bei § 45 Abs. 1 JGG) **keinen Strafklageverbrauch**. Im Gegensatz zu der Einschränkung des § 47 Abs. 3 JGG für gerichtliche Verfahrensbeendigungen kann das Vorverfahren – unter Beachtung des Vertrauensschutzprinzips und des Fairnessgrundsatzes – jederzeit fortgesetzt werden.[46]

(3) Die Staatsanwaltsintervention

294 Zwar steht die Leitung des Vorverfahrens der Staatsanwaltschaft zu und es obliegt ihr, bei gegebenen Voraussetzungen des § 45 Abs. 2 JGG von der Verfolgung abzusehen. Umstritten ist dabei aber, ob und inwieweit der Jugendstaatsanwalt selbst an der Einleitung einer erzieherischen Maßnahme beteiligt sein darf, wenn eine solche

---

[42] Laubenthal, 1993, S. 36.
[43] Dazu unten Kap. 7.4.2.1 (7).
[44] Vgl. Hassemer, 1998, S. 378 ff.
[45] Böhm/Feuerhelm, 2004, S. 105.
[46] Brunner/Dölling, 2011, § 45 Rdn. 20; Ostendorf, 2013, § 45 Rdn. 20; Streng, 2012, S. 99.

5.2 Informelle Verfahrensbeendigung

noch nicht erfolgt ist. **Bedenken** bestehen bislang vor allem im Hinblick auf das Gewaltenteilungsprinzip (Sanktionsverhängung durch den Staatsanwalt und nicht durch einen gem. Art. 92 GG eigentlich zuständigen Richter) und die Unschuldsvermutung.[47] Zudem wird auf den Aspekt der faktischen Druckwirkung hingewiesen, wonach junge Beschuldigte aus Furcht vor einer Sanktionierung im förmlichen Verfahren eher geneigt sein könnten, Einwände gegen eine von der Staatsanwaltschaft eingeleitete erzieherische Maßnahme zu erheben.[48]

Um dem Gewaltenteilungsprinzip Rechnung zu tragen, existiert weitgehend Übereinstimmung darin, dass dem Jugendstaatsanwalt – im Gegensatz zum Jugendrichter – **keine Anordnungskompetenz** für intervenierende Vorgehensweisen i. S. d. § 45 Abs. 2 JGG zukommt. Vielmehr besitzt der Jugendstaatsanwalt lediglich eine **Anregungskompetenz**, wenn er selbst eine erzieherische Reaktion herbeiführen will.[49] Er kann dem Betroffenen die Einstellung des Verfahrens nach Durchführung der Maßnahme **anbieten**.[50] Mit Hilfe eines derart gestalteten Freiwilligkeitskonzepts[51] der Anregung bzw. Vereinbarung vermag zugleich der Vorwurf eines gesetzlich nicht vorgesehenen Zwangs auf den jungen Beschuldigten entkräftet zu werden. Im Hinblick auf die Unschuldsvermutung setzt die aktive Staatsanwaltsdiversion wie jede anderweitig initiierte Reaktion des § 45 Abs. 2 JGG einen klaren Schuldnachweis voraus.

Soweit über die Anregungskompetenz an sich Einigkeit besteht, bleiben jedoch deren **Grenzen** strittig. Es wird geltend gemacht, dass die vom Jugendstaatsanwalt initiierten erzieherischen Maßnahmen unterhalb der Eingriffsintensität des § 45 Abs. 3 JGG liegen müssten.[52] Unter den dort genannten Voraussetzungen kann der Jugendrichter auf staatsanwaltliche Anregung hin eine Ermahnung aussprechen und bestimmte Weisungen oder Auflagen erteilen, deren Erfüllung wiederum zur Verfahrenseinstellung durch den Staatsanwalt führt.[53] In § 45 Abs. 3 JGG eine gesetzliche Funktionszuweisung dahin gehend zu sehen, dass die in der Norm bezeichneten Unrechtsreaktionen ausschließlich dem Richter vorbehalten seien, steht jedoch im Widerspruch zum eindeutigen Willen des Gesetzgebers.[54] Zudem zählt zu den in § 45 Abs. 3 JGG enthaltenen Weisungen auch der Täter-Opfer-Ausgleich (§ 10 Abs. 1 S. 3 Nr. 7 JGG), den § 45 Abs. 2 S. 2 JGG den erzieherischen Maßnahmen i. S. d. § 45 Abs. 2 S. 1 JGG ausdrücklich gleichstellt. Hinzu kommt, dass der Richter gem. § 45 Abs. 3 JGG Weisungen und Auflagen anordnen („Erteilung"), während der Staatsanwalt diese lediglich anbieten darf. § 45 Abs. 3 JGG begrenzt

295

296

---

[47] Siehe Dirnaichner, 1990, S. 352 ff., 400 ff.; Diemer/Schatz/Sonnen, 2011, § 45 JGG Rdn. 21.
[48] Vgl. Müller H. E., 1996, S. 445.
[49] Vgl. Feigen, 2008, S. 351 f.; Heinz, 1999, S. 136.
[50] Siehe auch Böhm/Feuerhelm, 2004, S. 102 f.; Brunner/Dölling, 2011, § 45 Rdn. 21; Eisenberg, 2014, § 45 Rdn. 20 ff.; Ostendorf, 2013, § 45 Rdn. 13.
[51] Streng, 2012, S. 100.
[52] So Böhm/Feuerhelm, 2004, S. 103; Diemer/Schatz/Sonnen, 2011, § 45 JGG Rdn. 21; Eisenberg, 2014, § 45 Rdn. 21; Ostendorf, 2013, § 45 Rdn. 13.
[53] Dazu unten Kap. 5.2.2.3.
[54] Siehe BT-Drs. 11/5829, Begründung S. 24.

insoweit nicht die Anregungskompetenz des Jugendstaatsanwalts.[55] Andererseits stellen die Reaktionen des § 45 Abs. 3 JGG die äußerste Grenze dar, über deren Eingriffsintensität die vom Staatsanwalt angeregte Maßnahme nicht hinausgehen darf.

297 Bietet der Staatsanwalt ein Absehen von der Verfolgung nach Durchführung einer von ihm initiierten Maßnahme an, so erfordert ein derartiges Vorgehen nach § 45 Abs. 2 JGG zwangsläufig ein **Einverständnis** des Beschuldigten. Von einem solchen kann bereits ausgegangen werden, wenn der Betroffene der Maßnahme nicht widerspricht, nachdem ihm Gelegenheit zur Ablehnung gegeben wurde.[56] Da dem Staatsanwalt keine Sanktionskompetenz zukommt und er nur anregen darf, hat er den Vorrang von **Erziehungsrechten** zu beachten. Bei der Staatsanwaltsintervention bedarf es deshalb auch dessen **Zustimmung**.[57] Sinnvoll erscheint es dennoch, auch hier ein Einverständnis anzustreben.[58]

5.2.1.3 Richterliche Mitwirkung im Vorverfahren

298 Eine Einstellung im Vorverfahren mit Einschaltung des Jugendrichters ermöglicht § 45 Abs. 3 JGG. Dieses **formlose richterliche Erziehungsverfahren** kommt erst in Betracht, wenn eine Erledigung mit Non-Intervention nach § 45 Abs. 1 JGG oder eine solche mit Intervention nach § 45 Abs. 2 JGG nicht ausreichend erscheint, es aber keiner Anklageerhebung bedarf und die Einschaltung des Jugendrichters zur Einwirkung auf den Betroffenen geboten ist. Hat der Beschuldigte die Tat gestanden und hält der Jugendstaatsanwalt eine Ahndung durch förmliches Urteil für entbehrlich, kann er beim Jugendrichter folgende **Maßnahmen anregen**, wobei diese zueinander wiederum in einem Stufenverhältnis[59] stehen:

- die Erteilung einer Ermahnung,
- die Auferlegung der Weisungen nach § 10 Abs. 1 S. 3 JGG: Erbringung einer Arbeitsleistung (Nr. 4), Bemühen um einen Täter-Opfer-Ausgleich (Nr. 7), Teilnahme an einem Verkehrsunterricht (Nr. 9) oder
- die Erteilung von Auflagen i. S. d. § 15 JGG (Schadenswiedergutmachung, Entschuldigung, Erbringung von Arbeitsleistung, Zahlung eines Geldbetrags zugunsten einer gemeinnützigen Einrichtung).

Wird der Anregung seitens des Jugendrichters entsprochen, stellt der Jugendstaatsanwalt das Verfahren ein – bei Weisungen und Auflagen, sobald der Jugendliche diesen nachgekommen ist.

299 Anders als in § 45 Abs. 1 und Abs. 2 JGG setzt das Vorgehen nach Abs. 3 ein Geständnis voraus. Dessen bedarf es notwendigerweise, weil die Überführung eines die Tat abstreitenden Beschuldigten zur Anordnung richterlicher Unrechtsreaktio-

---

[55] So i. Erg. auch Brunner/Dölling, 2011, § 45 Rdn. 26; Heinz, 1999, S. 137; Schaffstein/Beulke, 2002, S. 249 f.; Streng, 2012, S. 96 f.
[56] Heinz, 1999, S. 136.
[57] Brunner/Dölling, 2011, § 45 Rdn. 25; Streng, 2012, S. 96.
[58] Ostendorf, 2013a, S. 94 f.
[59] Meier/Rössner/Schöch, 2007, S. 160.

5.2 Informelle Verfahrensbeendigung

nen ein förmliches Verfahren mit den entsprechenden rechtsstaatlichen Garantien erfordert.[60] Allerdings kann auf der Ebene des formlosen richterlichen Erziehungsverfahrens nicht ausgeschlossen werden, dass gerade junge Betroffene eher geneigt sind, sich fälschlicherweise selbst eines Delikts zu bezichtigen, um dem Druck eines drohenden förmlichen Strafverfahrens zu entgehen.[61] Es sollte sich deshalb um ein nach Überzeugung des Jugendrichters **glaubhaftes Geständnis** handeln.[62] Schon um dies beurteilen zu können, ist regelmäßig eine mündliche **Anhörung** des Beschuldigten erforderlich, was gleichfalls der Grundsatz des rechtlichen Gehörs verlangt (Art. 103 Abs. 1 GG).

Ob der Jugendrichter der Anregung des Jugendstaatsanwalts entspricht, steht in seinem pflichtgemäßen **Ermessen**, ohne dass eine Bindung an die staatsanwaltliche Anregung existiert. Es kommen deshalb folgende **Verfahrensabläufe** in Betracht: 300

- Der Richter entspricht der Anregung. Ist der Beschuldigte dann etwaigen Weisungen oder Auflagen nachgekommen, muss der Staatsanwalt das Verfahren einstellen (§ 45 Abs. 3 S. 2 JGG).
- Der Richter erachtet den Fall als geeignet für ein formloses Erziehungsverfahren nach § 45 Abs. 3 JGG. Er hält jedoch eine andere als die angeregte Reaktion des § 45 Abs. 3 S. 1 für geeigneter und erteilt diese. Dann steht es wiederum im Ermessen des Staatsanwalts, ob er trotz abweichender richterlicher Entscheidung von der Verfolgung absieht oder das Verfahren weiter betreibt.
- Der Richter hält die Sache nicht geeignet für ein formloses richterliches Erziehungsverfahren. Dann lehnt er dessen Durchführung ab und der Staatsanwalt erhebt Anklage bzw. beantragt eine Entscheidung im vereinfachten Jugendverfahren.

Hat der Jugendrichter der staatsanwaltlichen Anregung entsprochen und eine Maßnahme festgesetzt, so kann dem Beschuldigten vom Jugendstaatsanwalt entsprechend § 47 Abs. 1 S. 2 JGG[63] eine Frist von maximal sechs Monaten gesetzt werden, binnen derer Auflagen bzw. Weisungen zu erfüllen sind. Geschieht dies nicht, erfolgt keine Einstellung, sondern der Jugendstaatsanwalt setzt das Strafverfahren fort. Angesichts dieser obligatorischen „Vorleistungspflicht" des Beschuldigten gem. § 45 Abs. 3 S. 2 JGG bedarf es **keiner** Möglichkeiten zur **zwangsweisen Durchsetzung** von Weisung oder Auflage mittels Ungehorsamsarrestes (§ 45 Abs. 3 S. 3 JGG). 301

Die Einstellungsverfügung des Jugendstaatsanwalts nach § 45 Abs. 3 JGG hat **beschränkte Rechtskraftwirkung**. Durch den Verweis von § 45 Abs. 3 S. 4 auf § 47 Abs. 3 JGG ergibt sich, dass nur aufgrund neuer Tatsachen oder Beweismittel von Neuem ermittelt bzw. angeklagt werden darf. Wurde entgegen § 45 Abs. 3 S. 2 JGG das Verfahren aber vor der Erteilung von Weisungen bzw. Auflagen einge- 302

---

[60] Schaffstein/Beulke, 2002, S. 250 f.
[61] Dazu eingehend Eisenberg, 2014, § 45 Rdn. 24a ff.
[62] Ostendorf, 2013, § 45 Rdn. 17; Streng, 2012, S. 100.
[63] Schaffstein/Beulke, 2002, S. 252.

stellt, erfüllt deren Nichtbefolgung die Voraussetzungen für ein Wiederaufnehmen des Verfahrens nicht.[64]

5.2.2 Einstellung nach Anklageerhebung

303 Hat der Jugendstaatsanwalt gem. § 170 Abs. 1 StPO die Anklageschrift eingereicht oder einen Antrag auf Entscheidung im vereinfachten Jugendverfahren (§ 76 Abs. 1 S. 2 JGG) gestellt, geht die Verfahrensherrschaft auf das **Gericht** über. Demgemäß kommt diesem nunmehr die Kompetenz zu, bei Vorliegen der Voraussetzungen von § 47 JGG das Verfahren einzustellen. Das kann sowohl im Stadium des **Zwischenverfahrens** als auch während des **Hauptverfahrens** erfolgen. Selbst noch nach Einlegung einer zulässigen Berufung oder Revision ist eine informelle Verfahrenserledigung durch das **Rechtsmittelgericht** vor dessen Urteilsverkündung möglich.

> Im Zwischenverfahren kann es dennoch zu einem Absehen von der Verfolgung durch den **Jugendstaatsanwalt** kommen. Denn hat dieser die Anklage eingereicht, so vermag er sie bis zur Eröffnung des Hauptverfahrens wieder zurückzunehmen (§ 156 StPO). Wird etwa nach Anklageerhebung eine erzieherische Maßnahme i. S. d. § 45 Abs. 2 JGG im außerjustiziellen Bereich durchgeführt und bleibt deshalb eine richterliche Beteiligung entbehrlich, lässt dies eine Verfahrensbeendigung noch auf staatsanwaltschaftlicher Ebene zu.[65]

304 Im Rahmen der Gerichtsdiversion nach § 47 JGG sind zwei Konstellationen zu unterscheiden. Die Vorschrift betrifft zum einen Fälle, in denen von einem schuldhaften Handeln des Angeschuldigten bzw. Angeklagten ausgegangen wird und die Einstellung der vorzeitigen Beendigung des förmlichen Verfahrens dient (§ 47 Abs. 1 S. 1 Nr. 1 bis 3 JGG). Daneben kann die Einstellung auch deshalb erfolgen, weil der Angeklagte wegen fehlender Reife strafrechtlich nicht verantwortlich ist (§ 47 Abs. 1 S. 1 Nr. 4 JGG).

5.2.2.1 Gerichtsdiversion

305 § 47 Abs. 1 JGG gibt dem Richter prinzipiell die gleichen Einstellungsmöglichkeiten, wie sie § 45 JGG im Vorverfahren der Staatsanwaltschaft zur Verfügung stellt. Er kann gem. § 47 Abs. 1 S. 1 Nr. 1 JGG ohne Intervention das Verfahren beenden. Unter Beachtung des auch in § 47 Abs. 1 S. 1 JGG zum Ausdruck kommenden Stufenprinzips darf er nach den in § 47 Abs. 1 S. 1 Nr. 2 und Nr. 3 JGG normierten Kriterien einstellen: Wenn er einen förmlichen Verfahrensabschluss durch Urteil für entbehrlich hält, weil

- eine erzieherische Maßnahme i. S. d. § 45 Abs. 2 JGG eingeleitet oder bereits durchgeführt ist oder
- er gegen den geständigen Angeschuldigten bzw. Angeklagten eine der in § 45 Abs. 3 S. 1 JGG genannten Maßnahmen (Ermahnung, Weisungen nach § 10 Abs. 1 S. 3 Nr. 4, 7 und 9, Auflagen) anordnet.

---

[64] Ostendorf, 2013, § 45 Rdn. 21.
[65] Vgl. Eisenberg, 2014, § 45 Rdn. 17.

5.2 Informelle Verfahrensbeendigung

Eine Einstellung nach § 47 JGG liegt im **Ermessen** des Gerichts. Die informelle Verfahrensbeendigung setzt stets die **Zustimmung des Staatsanwalts** voraus (§ 47 Abs. 2 JGG). Etwas anderes gilt nur, wenn ein vereinfachtes Jugendverfahren gem. §§ 76 ff. JGG durchgeführt wird und der Staatsanwalt nicht an der Hauptverhandlung teilnimmt (§ 78 Abs. 2 S. 2 JGG). Einer Zustimmung des Angeschuldigten bzw. Angeklagten bedarf es dagegen nicht.[66]

Aus § 47 Abs. 1 S. 2 bis 6 JGG sind als **Einstellungsarten** die **vorläufige** und die **endgültige** Verfahrensbeendigung zu entnehmen. Bei einer Einstellung unter Verzicht auf jegliche Sanktionierung nach § 47 Abs. 1 S. 1 Nr. 1 JGG erfolgt diese – abgesehen von § 47 Abs. 3 JGG – endgültig. Dagegen darf das Gericht in den Fällen von § 47 Abs. 1 S. 1 Nr. 2 und Nr. 3 JGG **zweistufig** vorgehen. Leitet es eine erzieherische Maßnahme i. S. d. § 45 Abs. 2 JGG ein oder erteilt es Weisungen bzw. Auflagen, vermag es das Verfahren mit staatsanwaltlicher Zustimmung zunächst vorläufig einzustellen (§ 47 Abs. 1 S. 2 JGG). Zugleich setzt der Richter dem Betroffenen eine Frist mit einer Dauer von bis zu sechs Monaten, innerhalb derer die Durchführung der erzieherischen Maßnahme zu erfolgen oder er die Weisung bzw. Auflage zu erfüllen hat. Kommt er der Anordnung nicht nach, verhängt das Gericht keinen Ungehorsamsarrest (§ 47 Abs. 1 S. 6 JGG), sondern kann das förmliche Strafverfahren fortsetzen. Werden die richterlichen Anordnungen dagegen befolgt, kommt es zur endgültigen Einstellung des Verfahrens gem. § 47 Abs. 1 S. 5 JGG.

Sowohl die vorläufige als auch die endgültige Einstellung ergehen durch **Beschluss** (§ 47 Abs. 1 S. 3, Abs. 2 S. 2 JGG). Hat die Staatsanwaltschaft bereits der vorläufigen Verfahrensbeendigung zugestimmt, ist für die endgültige Einstellung kein neues Einverständnis der Anklagebehörde mehr einzuholen (§ 47 Abs. 2 S. 1 JGG). Der endgültige Einstellungsbeschluss bedarf nach § 47 Abs. 2 S. 3 JGG einer **Begründung**. Dies ist erforderlich, um den Umfang der Rechtskraft feststellen zu können.[67] Die Gründe werden einem Jugendlichen[68] aber nicht mitgeteilt, soweit konkrete Anhaltspunkte Anlass zur Befürchtung geben, Teile der Beschlussbegründung könnten für die Erziehung von nachteiliger Wirkung sein.

Vorläufiger wie endgültiger Einstellungsbeschluss bleiben grundsätzlich **unanfechtbar** (§ 47 Abs. 1 S. 4, Abs. 2 S. 3 JGG). **Ausnahmsweise** kommt eine **Beschwerde** gem. § 304 StPO aber dann in Betracht, wenn nach § 47 Abs. 1 S. 1 Nr. 3 i. V. m. § 45 Abs. 3 S. 1 JGG nicht erteilbare Anordnungen ergingen oder Mitwirkungsrechte der Staatsanwaltschaft nicht beachtet wurden.[69]

Der endgültige Einstellungsbeschluss des § 47 Abs. 2 JGG erwächst nach § 47 Abs. 3 JGG in **beschränkter Rechtskraft**. Wegen derselben Straftat darf nur aufgrund neuer Tatsachen oder Beweismittel erneut Anklage erhoben werden. Insoweit gelten die gleichen Grundsätze wie bei einem die Eröffnung des Hauptverfahrens ablehnenden Gerichtsbeschluss (§ 211 StPO). Die neuen Tatsachen oder Beweismittel müssen somit gegenüber der bisherigen rechtlichen Beurteilung der Straftat

---

[66] Brunner/Dölling, 2011, § 47 Rdn. 14; Streng, 2012, S. 101.
[67] Streng, 2012, S. 100.
[68] Eisenberg, 2014, § 47 Rdn. 2, 23.
[69] Brunner/Dölling, 2011, § 47 Rdn. 14; Ostendorf, 2013, § 47 Rdn. 16; Streng, 2012, S. 100.

von so erheblicher Relevanz sein, dass sie dieser die Grundlage entziehen und zu einer anderen rechtlichen Beurteilung führen.[70]

5.2.2.2 Fehlende Strafmündigkeit

309 Eine endgültige Verfahrenseinstellung nach § 47 Abs. 1 S. 1 Nr. 4 JGG erfolgt, wenn sich erst im **Hauptverfahren** („der Angeklagte") herausstellt, dass bei einem **Jugendlichen** zum Tatzeitpunkt nicht die für seine strafrechtliche Verantwortlichkeit gem. § 3 S. 1 JGG notwendige Altersreife vorlag bzw. diese nicht nachgewiesen werden kann. Da § 3 JGG mangels Verweisung in § 105 Abs. 1 S. 1 JGG auf Heranwachsende keine Anwendung findet, scheidet auch eine Verfahrensbeendigung gem. § 47 Abs. 1 S. 1 Nr. 4 JGG bei dieser Altersgruppe aus (§ 109 Abs. 2 S. 1 JGG).

Grundgedanke der informellen Verfahrensbeendigung bei einem Strafmündigkeitsmangel gem. § 3 Abs. 1 JGG stellt das **Vermeiden eines Freispruchs** für den jungen Angeklagten wegen Fehlens seiner Schuld dar. Ein solcher könnte sich – so wird befürchtet[71] – erzieherisch ungünstig auswirken. Die Einstellung darf erforderlichenfalls zugleich mit familien- und vormundschaftsrichterlichen Maßnahmen verbunden werden (§ 3 S. 2 JGG).[72] Wie die übrigen informellen Verfahrensbeendigungen nach dem JGG ist auch diejenige des § 47 Abs. 1 S. 1 Nr. 4 JGG nach § 60 Abs. 1 Nr. 7 BZRG in das Erziehungsregister einzutragen.

5.2.3 Allgemeine und jugendstrafrechtliche Einstellungen

310 In der jugendstrafrechtlichen Literatur wird teilweise davon ausgegangen, dass die §§ 45 und 47 JGG diejenigen Einstellungsvorschriften der StPO für den Bereich des Jugendstrafrechts ersetzen, die ein Absehen von der Verfolgung aufgrund der Geringfügigkeit der Tat (§ 153 StPO) oder im Hinblick auf die Erfüllung von Weisungen bzw. Auflagen (§ 153a StPO) ermöglichen.[73] In den speziellen informellen Erledigungsmöglichkeiten des JGG eine abschließende, auf die besonderen Belange junger Straftäter zugeschnittene **Sonderregelung** zu sehen,[74] erscheint durchaus nahe liegend, zumal § 45 Abs. 1 JGG selbst auf § 153 StPO verweist und dem Jugendstaatsanwalt ein Absehen – im Gegensatz zu § 153 Abs. 1 StPO – bereits ohne Zustimmung des Jugendrichters ermöglicht.

311 Die Lehre vom Vorrang der §§ 45 Abs. 1, 47 Abs. 1 S. 1 Nr. 1 JGG gegenüber § 153 StPO sowie von §§ 45 Abs. 2 und Abs. 3, 47 Abs. 1 S. 1 Nr. 2 und Nr. 3 JGG gegenüber § 153a StPO steht jedoch im Widerspruch zum **Schlechterstel-**

---

[70] Eisenberg, 2014, § 47 Rdn. 24a; Ostendorf, 2013, § 47 Rdn. 14.
[71] Vgl. Brunner/Dölling, 2011, § 47 Rdn. 10; Schaffstein/Beulke, 2002, S. 67; krit. dagegen Eisenberg, 2014, § 47 Rdn. 12.
[72] Eisenberg, 2014, § 47 Rdn. 12.
[73] So Böhm/Feuerhelm, 2004, S. 102 ff.; Meier/Rössner/Schöch, 2007, S. 161 f.; Schaffstein/Beulke, 2002, S. 236 f.
[74] Siehe Brunner/Dölling, 2011, § 45 Rdn. 3; Hombrecher, 2009, S. 892.

5.2 Informelle Verfahrensbeendigung

lungsverbot. Demgemäß dürfen Jugendliche bzw. Heranwachsende gegenüber erwachsenen Betroffenen in vergleichbaren Situationen nicht benachteiligt werden.[75] Eine härtere Einstufung der jungen Delinquenten ergibt sich aber aus § 60 Abs. 1 Nr. 7 BZRG. Danach kommt es zur Eintragung der Verfahrenserledigungen nach §§ 45 und 47 JGG im **Erziehungsregister**. Einstellungen gem. §§ 153, 153a StPO haben dagegen keine registerrechtlichen Folgen nach dem BZRG. Ihre Eintragung erfolgt lediglich im länderübergreifenden staatsanwaltschaftlichen Verfahrensregister (§ 492 Abs. 2 S. 1 Nr. 5 StPO).

Ein divertierendes Vorgehen soll gerade stigmatisierende Wirkungen des Strafverfahrens reduzieren. Orientiert man sich zudem am Verbot der Schlechterstellung, so muss man der Einstellung nach § 153 Abs. 1 StPO den Vorrang vor derjenigen nach § 45 Abs. 1 JGG geben, wenn eine richterliche Zustimmung vorliegt.[76] Das Vermeiden einer Schlechterstellung kann dann zu einer Verfahrensbeendigung durch den Jugendstaatsanwalt bei der Erteilung von Auflagen oder Weisungen nach § 153a Abs. 1 StPO führen, wenn die besonderen Voraussetzungen von § 45 Abs. 2 und Abs. 3 JGG nicht vorliegen.[77] Entsprechendes gilt für richterliche Einstellungen nach §§ 153 Abs. 2 und 153a Abs. 2 StPO in Relation zu § 47 JGG.[78]

Unproblematisch stellt sich dagegen das Verhältnis von §§ 45, 47 JGG zu den **übrigen Nichtverfolgungsermächtigungen** des allgemeinen Strafrechts dar. Einstellungen vor allem nach §§ 153b, 154 oder 154a StPO liegen nicht – wie bei den jugendstrafrechtlichen Erledigungsnormen – in erster Linie Gesichtspunkte der Geringfügigkeit der Tat oder die mangelnde Deliktsschwere an sich zugrunde. Sie sind deshalb auch im Jugendstrafverfahren anwendbar. §§ 31a, 37 Abs. 1, 38 Abs. 2 BtMG gehen als speziellere Vorschriften den §§ 45, 47 JGG sogar vor.[79]

312

5.2.4 Polizeidiversion

Diskutiert finden sich neuerdings Diversionsmodelle, bei denen der Polizei Aufgaben mit nicht einschließlich präventiv-sicherheitsrechtlichem Charakter zugedacht werden. Vielmehr werden dabei Kompetenzen auf die Polizeibehörden verlagert, die repressiver Natur sind. Auch polizeiliche Beschuldigtenvernehmungen mögen eine ermahnende Ausgestaltung haben, zudem sehen die Diversionsrichtlinien der Länder zum Teil vor, dass die Polizei „Anregungen" für die zu ergreifenden Maßnahmen macht.[80] Eine „Polizeidiversion" ist indes abzulehnen – nicht nur mit Blick auf den Gewaltenteilungsgrundsatz (Art. 20 Abs. 2 GG). Sie tritt überdies zu der

---

[75] Dazu oben Kap. 1.1.
[76] Eisenberg, 2014, § 45 Rdn. 10a; Ostendorf, 2013, § 45 Rdn. 5; Streng, 2012, S. 100; Hanft, S. 370 verweist auf § 60 Abs. 1 Nr. 7 BZRG.
[77] Eisenberg, 2014, § 45 Rdn. 12.
[78] Eisenberg, 2014, § 47 Rdn. 9.
[79] Brunner/Dölling, 2011, § 45 Rdn. 3; Ostendorf, 2013, § 45 Rdn. 8, § 47 Rdn. 8; Streng, 2012, S. 102; vgl. die BT-Drs. 12/934, S. 5.
[80] Vgl. dazu oben Kap. 4.3.

Unschuldsvermutung (Art. 6 Abs. 2 EMRK) in Konflikt, da u. a. auf die Prüfung der Schuldfrage durch einen Volljuristen verzichtet würde.[81]

5.2.5 „Teen Courts"

Bei sog. Teen Courts handelt es sich meist um Projekte, bei denen Schüler unter Anleitung justizieller Organe (Staatsanwaltschaft oder Gericht) Straftaten ahnden und pädagogische Maßnahmen festsetzen.[82] Das Konzept stammt aus den USA und erfreut sich auch in der Bundesrepublik Deutschland zunehmender Beliebtheit. Zu bedenken bleibt allerdings, dass der Einsatz solcher Schülergremien die Bedeutung und Warnfunktion eines gerichtlichen Verfahrens kaum gerecht wird und sich dieses von sachlichen Grundlagen zunehmend entfernt.[83]

> Auch Initiativen wie bspw. das Projekt „Gelbe Karte"[84] können (und sollen) die nach dem JGG vorgesehenen Rechtsfolgen nicht ersetzen, sondern allenfalls darauf hinwirken, diese in den Augen der jungen Delinquenten begreiflicher erscheinen zu lassen.

5.3 Anordnung vorläufiger Maßnahmen

313 Bis zur Rechtskraft des Urteils können gegen einen dem Jugendstrafrecht unterfallenden jungen Tatverdächtigen bereits in dessen Rechtsstellung eingreifende vorläufige Maßnahmen angeordnet werden.

- Der Jugendstaatsanwalt bzw. -richter darf im Rahmen der **Persönlichkeitserforschung** gem. § 43 Abs. 2 JGG zum Zweck der Feststellung des Entwicklungsstandes oder anderer für das Verfahren relevanter Eigenschaften eine Untersuchung des Beschuldigten durch einen Sachverständigen veranlassen. Diese kann nach § 73 JGG auch stationär erfolgen.[85]
- In jedem Stadium des Verfahrens besteht für das Gericht die Möglichkeit, vorläufige **Anordnungen über die Erziehung** i. S. d. § 71 JGG zu treffen oder gem. § 72 JGG i. V. m. §§ 112 ff. StPO zur Sicherung von Strafverfahren und Strafvollstreckung **Untersuchungshaft** zu verhängen.
- Erscheint eine Begutachtung über den psychischen Zustand des Betroffenen notwendig, lässt § 81 StPO hierfür auch eine stationäre **Beobachtungsunterbringung** zu.[86]

---

[81] Dazu Grote, 2006, S. 72; Sessar, 2009, S. 564; vgl. ferner Engel, 1998, S. 257 f.
[82] Sabaß, 2004; ferner Block/Kolberg, 2007, S. 8; Ostendorf, 2006c, S. 385; Schöch/Traulsen, 2007, S. 379 ff.; Schöch/Traulsen, 2009, S. 19 ff.; Sonnen, 2009, S. 4.
[83] Ablehnend Ostendorf, 2013a, S. 122; Breymann, 2007, S. 4; Sessar, 2009, S. 565 f.; Rautenberg, 2006, S. 2749.
[84] Dazu Müller-Piepenkötter/Kubink, 2007, S. 61 ff.
[85] Dazu oben Kap. 5.1.1.2.
[86] Siehe oben Kap. 5.1.1.2 (2).

- Muss der Beschuldigte später mit großer Wahrscheinlichkeit in einem psychiatrischen Krankenhaus oder in einer Entziehungsanstalt untergebracht werden, darf unter den Voraussetzungen von § 126a StPO eine **einstweilige Unterbringung** in einer solchen Einrichtung erfolgen.

Soweit es sich bei den vorläufig angeordneten Maßnahmen um freiheitsentziehende handelt, kann dieser **Freiheitsentzug** nach §§ 52, 52a JGG Auswirkungen auf die Dauer der dann im Urteil verhängten stationären Reaktionen haben. Das gilt auch für Heranwachsende bei Anwendung von Jugendstrafrecht (§ 109 Abs. 2 S. 1 JGG). So kommt es gem. § 52 JGG zu einer **Berücksichtigung** von Untersuchungshaft und anderer wegen der Tat erlittener Freiheitsentziehung bei der Vollstreckung von Jugendarrest, wenn dessen Zweck bereits durch die vorläufige Maßnahme ganz oder teilweise erreicht wurde. Wie bei § 51 StGB erfolgt nach § 52a S. 1 JGG auch eine **Anrechnung** auf die **Jugendstrafe**. Gemäß § 52a S. 2 JGG kann dies aber auf richterliche Anordnung hin ganz oder partiell unterbleiben, wenn dies im Hinblick auf das Verhalten des Betroffenen nach der Tat angezeigt erscheint. Abweichend von der allgemeinen strafrechtlichen Anrechnungsregelung des § 51 StGB ergänzt § 52a S. 2 JGG die Möglichkeit des Absehens von der Anrechnung um erzieherische Gründe. Diese lassen vor allem dann gem. § 52a S. 3 JGG einen Anrechnungsverzicht angezeigt erscheinen, wenn im Falle einer Anrechnung keine zureichende Vollzugsdauer mehr für das notwendige Maß spezialpräventiven Einwirkens bliebe.[87] Die Absehensmöglichkeit aus erzieherischen Gründen des § 52a S. 2, 3 JGG bedeutet aber in Relation zu § 51 StGB eine Benachteiligung der zu Freiheitsentzug verurteilten Jugendlichen und Heranwachsenden.[88]

314

5.3.1 Vorläufige Anordnungen über die Erziehung

Ist gegen einen straffälligen Jugendlichen ein Urteil zu erwarten, kann das Gericht schon während des Strafverfahrens frühzeitig **spezialpräventive Einwirkungsmöglichkeiten** nutzen und braucht nicht erst den Eintritt der Rechtskraft abzuwarten. Es muss allerdings eine Einwirkungsbedürftigkeit auf die Lebensführung von solcher Dringlichkeit bestehen, dass ein Zuwarten bis zum rechtskräftigen Urteil unverantwortbar bleibt. Die vorläufig anzuregenden Maßnahmen zur Erziehung i. S. d. § 71 JGG sind regelmäßig nicht erzwingbare Vorgaben (Abs. 1). Darüber hinaus darf das Gericht aber nach Abs. 2 der Vorschrift auch eine zwangsweise Heimunterbringung veranlassen. In der Praxis erlangt § 71 JGG wenig Bedeutung.[89]

315

5.3.1.1 Nicht erzwingbare Maßnahmen

Vorläufige Anordnungen nach § 71 JGG dürfen erst erfolgen, sobald ein **hinreichender Tatverdacht** i. S. d. § 203 StPO besteht, was jedoch nicht bedeutet, dass bereits Anklage erhoben sein muss.[90] Vielmehr kann schon im Ermittlungsverfahren

316

---

[87] Dazu BGH, NStZ 1996, S. 233; Brunner/Dölling, 2011, §§ 52, 52a Rdn. 14; Schaffstein/Beulke, 2002, S. 272; krit. Ostendorf, 2013, § 52a Rdn. 7.
[88] Siehe auch Streng, 2012, S. 91.
[89] Vgl. Ostendorf, 2009, Grdl. z. §§ 71–73 Rdn. 4.
[90] Eisenberg, 2014, § 71 Rdn. 4; Trenczek, 2000, S. 81.

interveniert werden. Die Kompetenz hierzu liegt jedoch in allen Verfahrensstadien beim Gericht. § 71 Abs. 1 JGG differenziert dabei zwischen zwei Vorgehensweisen:

- Der Richter kann selbst vorläufige Anordnungen treffen (1. Alt.) oder
- er regt eine Leistungsgewährung nach dem SGB VIII an (2. Alt.).

317 Als richterliche **Anordnung** mit spezialpräventivem Charakter kommt eine Vielzahl von Maßnahmen in Betracht, welche die Lebensführung eines jungen Menschen vorläufig beeinflussen und keine strafgleiche Wirkung besitzen. Die Maßnahmen sind tendenziell mit Weisungen i. S. d. § 10 JGG vergleichbar.[91] In Frage kommen den Aufenthalt, die Unterbringung, die berufliche oder schulische Ausbildung oder das Freizeitverhalten betreffende Einflussnahmen mit lediglich **überbrückendem** Charakter. Die vorläufige Anordnung gem. § 71 JGG ergeht durch Beschluss, der zu begründen ist (§ 34 StPO). Zuvor sollen der Vertreter der Jugendgerichtshilfe sowie die Erziehungsberechtigten und gesetzlichen Vertreter gehört werden.[92]

Befolgt der Jugendliche eine angeordnete Maßnahme nicht, sieht das Gesetz hierfür (im Gegensatz zum sog. Ungehorsam bei Weisungs- und Auflagenerfüllung nach §§ 11 Abs. 3, 15 Abs. 3 S. 2 JGG) keine unmittelbare Sanktionierung vor.

> Ob auch die Einweisung des Jugendlichen in ein Heim in diesem Zusammenhang in Betracht kommt, ist umstritten. Die h. M. bejaht die Zulässigkeit, wobei jedoch die besonderen Voraussetzungen des § 71 Abs. 2 JGG nicht umgangen werden dürfen.[93]

Das Verhalten des Betroffenen kann jedoch bei der späteren Verhängung von Unrechtsreaktionen im Urteil Auswirkungen in Bezug auf deren Art und Höhe haben.[94] Da das Gesetz bezüglich der vorläufigen Anordnung auf die dringende Erziehungsbedürftigkeit abstellt und die Maßnahmen keinen Strafcharakter besitzen dürfen, gebietet Art. 6 GG nicht die Zustimmung der Erziehungsberechtigten.[95]

Soweit § 71 Abs. 1 2. Alt. JGG dem Gericht die Kompetenz zuspricht, dass es die Gewährung von **Leistungen** nach dem SGB VIII **anregen** kann, handelt es sich um eine letztlich überflüssige Ermächtigung. Solche Leistungen werden von den Jugendämtern gewährt. Diese sind nach § 38 Abs. 3 JGG bereits frühzeitig im Jugendverfahren heranzuziehen und haben gem. § 52 Abs. 2 SGB VIII auch eigeninitiativ zu prüfen, ob für den Jugendlichen Leistungen der Jugendhilfe in Betracht kommen.

---

[91] Brunner/Dölling, 2011, § 71 Rdn. 4.
[92] Siehe RiL Nr. 1 zu § 71 JGG.
[93] Diemer/Schatz/Sonnen, 2011, § 71 JGG Rdn. 7; Eisenberg, 2014, § 71 Rdn. 5.; a.A. Ostendorf, 2013a, S. 241 f.
[94] Siehe auch Streng, 2012, S. 81 f.
[95] Diemer/Schatz/Sonnen, 2011, § 71 JGG Rdn. 4; Ostendorf, 2013, § 71 Rdn. 3; Streng, 2013, S. 82; a. A. Eisenberg, 2014, § 71 Rdn. 4a.

5.3.1.2 Einstweilige Heimunterbringung

Eine spezielle Form der vorläufigen Anordnung über die Erziehung stellt die einstweilige Unterbringung eines Jugendlichen in einem geeigneten Heim der Jugendhilfe gem. § 71 Abs. 2 JGG dar. Sie erfolgt mittels eines sog. **Unterbringungsbefehls** des Jugendrichters. Dieser erlässt einen entsprechenden Beschluss, wenn die Heimunterbringung den Betroffenen vor einer weiteren Gefährdung seiner Entwicklung, insbesondere der Begehung neuer Straftaten, bewahren soll. Erforderlich ist somit eine **erhebliche Wiederholungsgefahr**.[96]

318

§ 71 Abs. 2 S. 1 JGG setzt die **Gebotenheit** der Maßnahme voraus. Diese ist nicht nur zur Wahrscheinlichkeit erneuten delinquenten Verhaltens in Beziehung zu setzen, sondern auch im Hinblick auf die zu erwartenden gerichtlichen Unrechtsreaktionen zu beurteilen. Damit kommt der nachhaltige freiheitsentziehende Eingriff der einstweiligen Heimunterbringung erst in Betracht, sobald die Verhängung freiheitsentziehender Maßnahmen auch im Urteil zu erwarten ist, wobei sich dies nicht nur auf die Jugendstrafe bezieht.[97] Auf der Ebene der Anordnungsvoraussetzungen bleibt ferner das **Subsidiaritätsprinzip** zu beachten. Denn die Gebotenheitsklausel verdeutlicht, dass eine Heimunterbringung entfällt, solange eine Intervention mittels vorläufiger Erziehungsmaßnahmen gem. § 71 Abs. 1 JGG genügt.

319

Neben den Anordnungskriterien des S. 1 enthält § 71 Abs. 2 S. 2 JGG Regelungen über das Anordnungsverfahren, die Vollstreckung der Heimunterbringung, Reaktionsmöglichkeiten des Betroffenen sowie die Beendigung der Maßnahme. Dabei wird auf die entsprechenden **Vorschriften der StPO** verwiesen, welche sinngemäß anzuwenden sind. Hinsichtlich der richterlich angeordneten einstweiligen Heimunterbringung gibt § 71 Abs. 2 JGG eine für Art. 6 Abs. 3 GG zureichende gesetzliche Grundlage. Angesichts des Erfordernisses der Entwicklungsgefährdung handelt es sich um eine Maßnahme gegen eine Beeinträchtigung des Kindeswohls.[98] Deshalb bedarf der Unterbringungsbefehl keiner Zustimmung der Erziehungsberechtigten[99]; allerdings sollte das Gericht sich um ein Einvernehmen mit diesen bemühen.

320

Bezüglich des **Unterbringungsvollzugs** gelten nach § 71 Abs. 2 S. 3 JGG die für das jeweilige Heim bestehenden Regelungen der **Jugendhilfe** (z. B. § 34 SGB VIII i. V. m. behördlichen Verwaltungsvorschriften und Hausordnungen). Geeignete Heime i. S. d. § 71 Abs. 2 S. 1 JGG sind nicht notwendigerweise entweichungssicher, d. h. geschlossene Einrichtungen. Dies ergibt sich bereits daraus, dass das Gesetz nicht nur auf die Erwartung von Jugendstrafe als Anordnungsvoraussetzung abstellt.[100] Auch in baulich nicht gesicherten Heimen vermag eine intensive Betreuung und feste Einbindung in pädagogische Förderprogramme ein Entweichen zu

321

---

[96] Ostendorf, 2013, § 71 Rdn. 3; Streng, 2012, S. 83; weiter gehend unter Hervorhebung des Kriteriums der Erziehungsgefährdung Böhm/Feuerhelm, 2004, S. 138; Brunner/Dölling, 2011, § 71 Rdn. 7.
[97] Laubenthal, 1993, S. 156.
[98] Streng, 2012, S. 83 f.
[99] So i. Erg. auch Diemer/Schatz/Sonnen, 2011, § 71 JGG Rdn. 4; Ostendorf, 2013, § 71 Rdn. 3; a.A. Eisenberg, 2014, § 71 Rdn. 4a.
[100] Siehe BT-Drs. 11/5829, Begründung S. 29.

verhindern.[101] Die **Geeignetheit** richtet sich daher nach dem Normzweck des § 71 Abs. 2 JGG, den Jugendlichen vor einer weiteren Gefährdung seiner Entwicklung zu bewahren und vor der Begehung von Wiederholungstaten zu schützen.

5.3.2 Untersuchungshaft

322   Gegen Jugendliche und Heranwachsende darf unter den Voraussetzungen von § 72 JGG i. V. m. §§ 112 ff. StPO Untersuchungshaft verhängt werden. Verhängung und Vollzug von Untersuchungshaft können jedoch gerade bei jungen Menschen desintegrierende Wirkungen entfalten und sind geeignet, das Gefährdungspotenzial im Bereich der Sozialisation Jugendlicher und Heranwachsender zu erhöhen. Die praktische Durchführung der Untersuchungshaft zählt daher zu den „trübsten Kapiteln" des deutschen Jugendstrafrechts.[102] Der Gesetzgeber hat mit § 72 JGG versucht, den Anwendungsbereich der Untersuchungshaft und deren Dauer im Verhältnis zum allgemeinen Strafrecht zu beschränken. Zugleich ist der Jugendgerichtshilfe mit §§ 38 Abs. 2 S. 3, 72 und 72a JGG als Haftentscheidungshilfe eine wesentliche Funktion zugewiesen, restriktive Verhängung und verkürzte Dauer von Untersuchungshaft gegen junge Menschen zu bewirken.

Mit dem Gesetz zur Änderung des Grundgesetzes vom 28.6.2006 (Föderalismusreformgesetz)[103] wurden die Aufgaben des Untersuchungshaftvollzugs den Gegenständen der konkurrierenden Gesetzgebung entnommen und der Kompetenz der Landesgesetzgebung zugeordnet. Dies betrifft auch den Vollzug der Untersuchungshaft bei Jugendlichen und Heranwachsenden. Beim Bund verblieben ist lediglich das Untersuchungshaftrecht als Teil des gerichtlichen Verfahrens, einschließlich der Anordnungsvoraussetzungen, der Dauer sowie des Rechtsschutzes. Weitere Neuerungen gingen mit dem Gesetz zur Änderung des Untersuchungshaftrechts vom 29.7.2009 einher.[104]

5.3.2.1 Beschränkte Zulässigkeit

323   Die Voraussetzungen für die Anordnung von Untersuchungshaft zur Gewährleistung der Durchführung eines geordneten Strafverfahrens und zur Sicherstellung einer späteren Strafvollstreckung[105] ergeben sich auch für Jugendliche und Heranwachsende zunächst aus §§ 112 ff. StPO. Es muss ein **dringender Tatverdacht** bestehen, d. h. ein hoher Grad von Wahrscheinlichkeit, dass der Verdächtige die Straftat begangen hat und alle Voraussetzungen der Strafbarkeit und Verfolgbarkeit vorliegen. Dies beinhaltet die Verpflichtung des Haftrichters, bei jugendlichen Tatverdächtigen – vor allem bei solchen, die das Strafmündigkeitsalter gerade erst

---

[101] So auch Brunner/Dölling, 2011, § 71 Rdn. 3; Laubenthal, 1993, S. 156; Ostendorf, 2013, § 71 Rdn. 7; Scholz, 2000, S. 237; Streng, 2012, S. 85.
[102] Schaffstein/Beulke, 2002, S. 266.
[103] BGBl. I/2006, S. 2034.
[104] BGBl. I/2009, S. 2274.
[105] BVerfGE 19, S. 349.

5.3 Anordnung vorläufiger Maßnahmen

überschritten haben – die Verantwortungsreife i. S. d. § 3 JGG umfassend zu prüfen und in der Haftbefehlsbegründung hierzu Stellung zu nehmen.[106] Außerdem muss ein **Haftgrund** gegeben sein:

- Der Beschuldigte ist flüchtig oder er hält sich verborgen (§ 112 Abs. 2 Nr. 1 StPO),
- Fluchtgefahr, d. h. die Gefahr, dass sich der Beschuldigte dem Strafverfahren und der Strafvollstreckung entziehen wird (§ 112 Abs. 2 Nr. 2 StPO),
- Verdunkelungsgefahr, weil das Verhalten des Beschuldigten den dringenden Verdacht begründet, er werde auf Beweismittel einwirken und auf diese Weise die Gefahr einer Erschwerung der Wahrheitsfindung hervorrufen (§ 112 Abs. 2 Nr. 3 StPO),
- die Tatschwere bei den in § 112 Abs. 3 StPO benannten Verbrechen,
- Wiederholungsgefahr, wenn der Beschuldigte eine der in § 112a Abs. 1 Nr. 1 und 2 StPO normierten Straftaten begangen hat und bestimmte Tatsachen die Gefahr begründen, dass er vor rechtskräftiger Aburteilung weitere erhebliche Delikte gleicher Art begehen oder die Straftat fortsetzen wird.

Die Untersuchungshaft darf zudem gem. § 112 Abs. 1 S. 2 StPO **nicht außer Verhältnis** zur Bedeutung der Sache und der zu erwartenden Strafe oder Maßregel der Besserung und Sicherung stehen.[107]

Trotz der gerade bei **14- und 15-jährigen** Tatverdächtigen konstatierten Gefahren einer Freiheitsentziehung in psychischer und in physischer Hinsicht,[108] verzichtet der Gesetzgeber nicht auf die Möglichkeit der Anordnung von Untersuchungshaft gegen Betroffene dieser Altersgruppe. Es wurden für diese Beschuldigten allerdings der Verhältnismäßigkeitsgrundsatz konkretisiert und die Anforderungen an den Haftgrund der Fluchtgefahr deutlich erhöht. Hat ein Jugendlicher zum Zeitpunkt der Haftentscheidung[109] das 16. Lebensjahr noch nicht vollendet, schränkt § 72 Abs. 2 JGG die Möglichkeit der Anordnung von Untersuchungshaft nach § 112 Abs. 2 Nr. 2 StPO ein. Ein 14- oder 15-jähriger Tatverdächtiger muss demnach bereits seine Fluchtbereitschaft manifestiert haben oder keinen festen Wohnsitz oder Aufenthalt in Deutschland besitzen. 324

Sowohl bei Erwachsenen wie auch bei Jugendlichen und Heranwachsenden[110] dominieren in der **Praxis** die Haftgründe der Flucht und der Fluchtgefahr.[111] Dabei wird die Fluchtgefahr derart interpretiert[112], dass häufig nicht der gesetzliche Zweck 325

---

[106] Eisenberg, 2014, § 72 Rdn. 3.
[107] Dazu OLG Hamm, NStZ-RR 2004, S. 152.
[108] Vgl. Albrecht P.-A./Schüler-Springorum, 1983.
[109] Brunner/Dölling, 2011, § 72 Rdn. 9; Eisenberg, 2014, § 72 Rdn. 6 f.
[110] Im Jahr 2008 wurde die Anordnung von Untersuchungshaft in 91,22 % der Fälle mit dem Haftgrund der Flucht bzw. der Fluchtgefahr begründet (Statistisches Bundesamt, Strafverfolgung 2008, S. 366).
[111] Vgl. bereits Jehle, 1995, S. 70.
[112] Siehe auch Albrecht P.-A., 2000, S. 233; Böhm/Feuerhelm, 2004, S. 144.

des § 112 Abs. 2 Nr. 2 StPO der Verfahrenssicherung, sondern sachfremde Erwägungen zu einer Anordnung von Untersuchungshaft gegen junge Menschen führen. Erzieherische oder generalpräventive Aspekte werden so zu verdeckten Haftgründen.[113] Obwohl auch für die Untersuchungshaft bei Jugendlichen und Heranwachsenden ausschließlich die Haftgründe der §§ 112 ff. StPO maßgeblich sind und bei deren Prüfung jugendspezifische Besonderheiten lediglich einschränkend Berücksichtigung finden, führen sie als sog. **apokryphe Haftgründe**[114] zum Erlass von Haftbefehlen: Krisenintervention zur Prävention weiterer Straftaten; Schocktherapie entweder im Sinne eines Einstiegsarrests zur Vorbereitung einer Strafaussetzung zur Bewährung oder bei Drogenabhängigen zur Erzeugung von Leidensdruck und der Erreichung von Therapiemotivation. Gesetzeswidrige Erwägungen stellen zudem einen miteinkalkulierten Geständniszwang dar oder der Einsatz von Untersuchungshaft erfolgt sogar als Ersatz für die fehlende Möglichkeit der Verhängung kurzzeitiger Freiheitsstrafen.

326　　Die Heranziehung solcher apokrypher Haftgründe und damit letztlich der faktische Missbrauch der lediglich Strafverfahren und Strafvollstreckung sichernden Untersuchungshaft wegen Fluchtgefahr als eine Art verkappte Sanktion[115] birgt nicht nur die Gefahr rechtsstaatlich kaum verantwortbarer regionaler Unterschiede hinsichtlich der Häufigkeitsziffern von Untersuchungshaftanordnungen in sich. Eine Zweckentfremdung der Untersuchungshaft bei Jugendlichen und Heranwachsenden zieht zudem eine Außerachtlassung des bereits gem. § 112 Abs. 1 S. 2 StPO zu wahrenden Grundsatzes der **Verhältnismäßigkeit** als einen Haftausschließungsgrund nach sich.

327　　Diese Praxis erscheint umso bedenklicher, als die nach § 112 Abs. 1 S. 2 StPO zu beachtende Verhältnismäßigkeitsmaxime durch das in § 72 Abs. 1 JGG normierte **Subsidiaritätsprinzip** zum Zweck der Vermeidung negativer Auswirkungen der Untersuchungshaft seine spezielle Ausgestaltung im Jugendstrafrecht findet. Freiheitsentzug zur Sicherung von Strafverfahren und Strafvollstreckung soll nur als **Ultima Ratio** zulässig bleiben. Deshalb sind gem. § 112 Abs. 1 S. 2 StPO i. V. m. § 72 Abs. 1 S. 2 JGG auch die besonderen Belastungen des Vollzugs für junge Menschen zu beachten. Zur Untersuchungshaft darf es nur kommen, wenn diese unter Berücksichtigung der Bedeutung der Sache sowie der zu erwartenden Rechtsfolgen angemessen erscheint.[116] Die Inhaftierung muss nicht nur **unerlässlich**, sondern auch **unersetzbar** sein. Demgemäß bestimmt § 72 Abs. 1 S. 1 JGG, dass Untersuchungshaft nur dann verhängt und vollstreckt werden darf, wenn ihr Zweck nicht

---

[113] Ostendorf, 2013, § 72 Rdn. 4.
[114] Dazu Böhm/Feuerhelm, 2004, S. 144; Bussmann/England, 2004, S. 281 ff.; Eisenberg, 2013, § 72 Rdn. 9; Hintz, 2004, S. 19 ff.; Hotter, 2004, S. 13 ff.; Kamann, 2009, S. 211 f.; Münchhalffen/Gatzweiler, 2009, Rdn. 248 ff.; Ostendorf, 2013, § 72 Rdn. 4; Streng, 2012, S. 84 f.; zur Justizpraxis ferner Ostendorf, 2013a, S. 106 ff.
[115] So bereits Heinz, 1987, S. 25.
[116] Eisenberg, 2014, § 72 Rdn. 5; Janssen, jurisPR-StrafR 2/2010 Anm. 2; Ostendorf, 2013, § 72 Rdn. 5 ff.

durch eine vorläufige Anordnung über die Erziehung oder durch eine andere Maßnahme erreichbar ist.

Wenn ein Ausweichen auf andere belastungsärmere Reaktionen im Einzelfall nicht erfolgt, hat der Haftrichter dies in der **Begründung** seines Haftbefehls nach § 72 Abs. 1 S. 3 JGG ebenso darzulegen wie die Beachtung des Verhältnismäßigkeitsprinzips. Die schriftliche Darlegungslast soll die ungesetzliche Praxis der Heranziehung apokrypher Haftgründe verhindern und den Haftrichter zu einer einzelfallbezogenen Prüfung von Haftalternativen zwingen. Ganz im Sinne des Verhältnismäßigkeitsgrundsatzes schreibt § 72 Abs. 5 JGG zudem vor, dass das Strafverfahren gegen einen in Untersuchungshaft befindlichen Jugendlichen mit besonderer **Beschleunigung** durchgeführt wird. Mit Beginn der Vollstreckung ist dem Betroffenen zugleich ein Verteidiger zu bestellen (§ 68 Nr. 4 JGG). 328

5.3.2.2 Haftvermeidung

Die besonderen Belastungen des Freiheitsentzugs sollen jungen Menschen nach Möglichkeit erspart bleiben. Dem Subsidiaritätsprinzip gemäß sind deshalb nach § 72 Abs. 1 S. 1 JGG vorrangige **Haftalternativen**[117] zu prüfen. 329

So kann die Untersuchungshaft in geeigneten Fällen durch **ambulante Hilfen** ersetzt werden. Insoweit kommen Leistungen nach dem SGB VIII ebenso in Betracht wie weisungsähnliche einstweilige Anordnungen i. S. d. § 71 Abs. 1 JGG unter Einbeziehung etwa von Meldeverpflichtungen. Derartige vorläufige Maßnahmen bleiben zur Haftvermeidung jedoch nur begrenzt effektiv.[118]

Untersuchungshaft kann auch durch **stationäre Alternativen** vermieden werden. Insoweit sind betreute Wohnformen, Aufnahme in Wohngemeinschaften oder in Familien zu erwägen.[119] Geht es um die Vermeidung von Inhaftierungen wegen Fluchtgefahr, so könnten geschlossene Heime der Jugendhilfe letztlich als Ersatz für den Freiheitsentzug in justiziellen Einrichtungen dienen. An solchen Heimen mangelt es aber in der Praxis, so dass auch ein Vorgehen nach § 72 Abs. 4 JGG in Form der Ersetzung des Haftbefehls durch einen Unterbringungsbefehl selbst bei Nichtvorliegen der besonderen Voraussetzungen von § 71 Abs. 2 JGG wenig praktische Relevanz besitzt.[120]

Besondere Bedeutung bei der Haftvermeidung kommt der **Jugendgerichtshilfe** zu, soweit sie im Rahmen ihrer Tätigkeit als Haftentscheidungshilfe[121] agiert. § 72a JGG bestimmt, dass die Jugendgerichtshilfe von der vorläufigen Festnahme eines Jugendlichen dann zu informieren ist, wenn dessen Vorführung vor den Haftrichter nach § 128 StPO erwartet wird. Auch vom Erlass eines Haftbefehls soll sie erfahren. Die Jugendgerichtshilfe wird dann in der Haftsache gem. § 38 Abs. 2 S. 3 JGG aktiv. 330

---

[117] Dazu Kamann, 2009, S. 208; Schäfer, 2002, S. 315 f.; ferner Eisenberg, 2010, S. 1507.
[118] Streng, 2012, S. 81 f.; vgl. KG, Beschluss v. 15.9.2009 – 4 Ws 103/09.
[119] Dazu Banike, 2004, S. 290 ff.
[120] Vgl. Hessler, 2001, S. 92; Kowalzyck, 2002, S. 301; siehe auch Hotter, 2004, S. 89 ff.
[121] Siehe Kap. 4.4.4.

331 Als **Haftvermeidungshilfe** hat die Jugendgerichtshilfe im Rahmen ihrer Ermittlungen nicht nur Erkenntnisse zur Entscheidung über die allgemeinen Voraussetzungen der Untersuchungshaft nach §§ 112 ff. StPO zu gewinnen. Darüber hinausgehend kommt ihr die Aufgabe zu, Bedingungen zu erkunden oder zu schaffen, welche zum Eingreifen eines oder mehrerer der in § 72 JGG normierten speziellen Haftvermeidungsgründe führen. Geht es etwa um Untersuchungshaft wegen Fluchtgefahr bei 14- oder 15-jährigen Tatverdächtigen, kann die Jugendgerichtshilfe gerade im Rahmen des § 72 Abs. 2 Nr. 2 JGG schon durch die Beschaffung einer Wohnmöglichkeit und polizeiliche Anmeldung des Jugendlichen die Anordnungsvoraussetzung des fehlenden festen Wohnsitzes oder Aufenthalts entfallen lassen und damit einen Haftvermeidungsgrund realisieren. Dass der Haftrichter gem. § 72 Abs. 1 S. 3 JGG ein Nichtausreichen Haft vermeidender Alternativen explizit begründen muss, eröffnet der Jugendgerichtshilfe verstärkt Möglichkeiten zur Bereitstellung, Prüfung und Einbringung solcher Maßnahmen.

Eine **effektive Tätigkeit** der Jugendgerichtshilfe[122] als Haftentscheidungshilfe mit dem Ziel der Haftvermeidung setzt voraus, dass schon im Vorfeld Strukturen zur Krisenintervention geschaffen wurden. Will die Jugendgerichtshilfe sicherstellen, dass sie vor Erlass der Haftbefehle frühzeitige Kenntnis von allen Verfahren erhält, bei denen Jugendliche und Heranwachsende von Untersuchungshaft bedroht sind, muss sie über eine entsprechende Informationsstruktur verfügen. Damit die Strafverfolgungsorgane die aus § 72a JGG folgenden Mitteilungs- und Heranziehungspflichten erfüllen können, bedarf es zur Herstellung der notwendigen Kontakte auf Seiten der Jugendgerichtshilfe auch eines Ansprechpartners. Haftvermeidungshilfe setzt deshalb die Einrichtung entsprechender Bereitschaftsdienste voraus. Neben der Abgabe eines Ermittlungsberichts kommt der Jugendgerichtshilfe im Termin zur Entscheidung über den Erlass eines Haftbefehls dann eine wesentliche Koordinierungsfunktion zu. Sie hat konkrete und realisierbare, für eine Ersetzung von Untersuchungshaft geeignete Leistungen der Jugendhilfe und sonstige in Betracht kommende Maßnahmen aufzuzeigen und vorzuschlagen. Dies erfordert nicht nur umfassende Kenntnisse der örtlich und überörtlich vorhandenen Hilfsangebote. Der Jugendgerichtshelfer muss für deren Verfügbarkeit gesorgt haben und bei erfolgreicher Haftvermeidung die Kontakte zwischen dem Festgenommenen und den für die Durchführung der angeordneten Alternativmaßnahmen zuständigen Personen bzw. Einrichtungen herstellen.

5.3.2.3 Vollstreckung und Vollzug

332 Zuständig für die Vollstreckung des Haftbefehls ist der Jugendrichter (§ 42 JGG, § 125 StPO), vorbehaltlich der Möglichkeit gem. § 72 Abs. 6 JGG aus wichtigen Gründen diese Aufgaben ganz oder zum Teil auf einen anderen Jugendrichter zu übertragen. Diese Übertragung muss jedoch stets auf einzelne Haftentscheidungen (z. B. nach §§ 116, 117, 118, 118a, 123, 124 StPO) beschränkt bleiben.[123]

Zentrale Vorschriften für den Vollzug der Untersuchungshaft bei Jugendlichen und Heranwachsenden (§ 110 JGG) enthalten die Untersuchungshaftvollzugsgesetze der Länder bzw. deren Strafvollzugsgesetze, soweit die Regelungen zur Untersuchungshaft in jene integriert sind.[124] Soweit solche Gesetze bislang nicht

---

[122] Dazu eingehend Laubenthal, 1993, S. 154 ff.
[123] Kamann, 2009, S. 219 f.
[124] Vgl. §§ 69–80 JVollzGB II BW; Art. 29–40 BayUVollzG, §§ 66–75 UVollzGBerlin; § 10 BbgJVollzGB; §§ 66–75 BremUVollzG; §§ 72–83 HmbUVollzG; §§ 43–53 HUVollzG; §§ 66–75 UVollzG M-V; §§ 157–166 NJVollzG; §§ 48–53 UVollzG NRW; § 10 LJVollzG; §§ 66–75 SUVollzG; §§ 66–75 SächsUHaftVollzG; §§ 66–75 UVollzG LSA; §§ 66–75 UVollzG S-H; § 10 ThürJVollzGB.

5.3 Anordnung vorläufiger Maßnahmen

existieren, bestimmt sich der Vollzug nach der bundeseinheitlich geltenden Untersuchungshaftvollzugsordnung (UVollzO), bei der es sich um bundeseinheitliche Verwaltungsvorschriften der Bundesländer handelt. Diese enthalten in Nr. 77 bis 85 UVollzO Vorgaben für „Junge Gefangene".

Soweit allerdings ausschließlich in die Zuständigkeit des Bundes fallende Verfahrensfragen betroffen sind, bilden allein §§ 119, 119a StPO sowie §§ 72b, 89c JGG die maßgeblichen Normen. § 119 Abs. 1 S. 2 StPO normiert dabei einen umfassenden und zugleich abschließenden Katalog von Maßnahmen, die aus strafverfahrensrechtlichen Gesichtspunkten heraus erforderlich werden mögen, ohne dass dabei vollzugliche Aspekte tangiert sind.

Dem **Trennungsgrundsatz**[125] gemäß wird Untersuchungshaft in besonderen Abteilungen der Justizvollzugsanstalten vollzogen. Vereinzelt existieren auch eigenständige Untersuchungshaftvollzugseinrichtungen. Neben der Trennung von Straf- und Untersuchungsgefangenen hat zudem eine Absonderung der jungen Untersuchungsgefangenen von den erwachsenen Inhaftierten zu erfolgen (vgl. Nr. 13, 78 UVollzO[126]). Dies gibt auch Art. 10 Abs. 2 des in bundesdeutsches Recht transformierten Internationalen Pakts über bürgerliche und politische Rechte vor.[127] Erwachsene Gefangene könnten sonst unerwünschten Einfluss auf die jungen Inhaftierten nehmen. Allerdings mangelt es in der vollzuglichen Praxis an einer zureichenden Beachtung der Trennung bei Unterbringung junger Tatverdächtiger selbst in speziellen Abteilungen der allgemeinen Untersuchungshafteinrichtungen. Soweit örtlich realisierbar, bleibt deshalb ein Haftvollzug in einer Jugendstrafanstalt bzw. einer Einrichtung des Jugendarrestvollzugs vorzuziehen.

333

Der Vollzug der Untersuchungshaft muss **erzieherisch gestaltet** werden.[128] Eine praktische Durchführung gerade unter sog. Erziehungsaspekten ist geeignet, über die nach § 119 StPO sowie die nach den für erwachsene Untersuchungsgefangene

334

---

[125] Vgl. § 8 Abs. 1 S. 4 JVollzGB II BW; Art. 5 Abs. 1 S. 1 u. 2 BayUVollzG; § 11 Abs. 1 S. 1 UVollzG Berlin; § 17 Abs. 1 S. 1 Nr. 2, S. 2 BbgJVollzG; § 11 Abs. 1 S. 1 BremUVollzG; § 11 Abs. 1 S. 1 HmbUVollzG; § 62 Abs. 2 S. 1 HUVollzG; § 11 Abs. 1 S. 1 UVollzG M-V; § 172 Abs. 2 S. 1 NJVollzG; § 3 Abs. 1 S. 1 UVollzG NRW; § 17 Abs. 1 S. 1 Nr. 2, S. 2 LJVollzG; § 11 Abs. 1 S. 1 SUVollzG; § 11 Abs. 1 S. 1 SächsUHaftVollzG; § 11 Abs. 1 S. 1 UVollzG LSA; § 11 Abs. 1 S. 1 UVollzG S-H; § 17 Abs. 1 S. 1 Nr. 2, S. 2 ThürJVollzGB; zum vollzuglichen Trennungsprinzip Laubenthal, 2003, S. 26 f.

[126] § 70 Abs. 1 JVollzGB II BW; Art. 34 Abs. 1 BayUVollzG; § 11 Abs. 2 S. 1 UVollzG-Berlin, § 17 Abs. 1 S. 1 Nr. 3, S. 2 BbgJVollzG; § 11 Abs. 2 S. 1 BremUVollzG; § 11 Abs. 2 S. 1 HmbUVollzG; § 62 Abs. 3 S. 1 HUVollzG, § 11 Abs. 2 S. 1 UVollzG M-V; § 50 Abs. 1 UVollzG NRW; § 17 Abs. 1 S. 1 Nr. 3, S. 2 LJVollzG; § 11 Abs. 2 S. 1 SUVollzG; § 11 Abs. 2 S. 1 SächsUHaftVollzG, § 11 Abs. 2 UVollzG LSA; § 70 Abs. 2 S. 1 UVollzG S-H; § 17 Abs. 1 S. 1 Nr. 3, S. 2 ThürJVollzGB.

[127] BGBl. II 1973, S. 1534.

[128] § 72 Abs. 2 S. 1 JVollzGB II BW; Art. 30 Abs. 1 BayUVollzG; § 67 Abs. 1 S. 1 UVollzG-Berlin; § 10 Abs. 1 i. V. m. § 9 Abs. 1 BbgJVollzG; § 67 Abs. 1 S. 1 BremUVollzG; § 73 Abs. 1 S. 1 HmbUVollzG; § 44 Abs. 1 S. 1 HUVollzG; § 67 Abs. 1 S. 1 UVollzG M-V; § 158 Abs. 1 S. 1 NJVollzG; § 49 Abs. 1 UVollzG NRW; § 10 Abs. 1 i. V. m. § 9 Abs. 1 S. 1 LJVollzG; § 67 Abs. 1 S. 1 SUVollzG; § 67 Abs. 1 S. 1 SächsUHaftVollzG; § 67 Abs. 1 S. 1 UVollzG LSA; § 67 Abs. 1 S. 1 UVollzG S-H; § 10 Abs. 1 i. V. m. § 9 Abs. 1 S. 1 ThürJVollzGB.

geltenden Regelungen zulässige Beschränkungen hinausgehend zusätzliche Reglementierungen für die jungen Gefangenen mit sich zu bringen.[129]

So können bspw. Besuche, Schriftwechsel und Telefongespräche untersagt werden, wenn die Personensorgeberechtigten nicht einverstanden sind. Ebenso besteht die Möglichkeit, Kontakte abzubrechen, sofern von ihnen ein schädlicher Einfluss ausgeht.[130]

Es gilt jedoch auch für sie bis zu ihrer rechtskräftigen Verurteilung die **Unschuldsvermutung** des Art. 6 Abs. 2 EMRK. Diese darf selbst aus wohlgemeinten Erziehungsüberlegungen heraus nicht unterlaufen werden.[131] Sind die Inhaftierten noch Jugendliche, bedeutet der gesetzliche Erziehungsauftrag einen Eingriff in das **elterliche Erziehungsrecht** aus Art. 6 Abs. 2 GG. Soweit die Eltern ihrer Erziehungspflicht nachkommen, müssen sich deshalb die durch das subsidiäre Erziehungsrecht des Staates begründeten erzieherisch intendierten Eingriffe auf das für den Zweck des Freiheitsentzugs und die Aufrechterhaltung der Sicherheit und Ordnung in der Anstalt Unvermeidliche beschränken.[132]

335 Konkretisiert werden soll der gesetzliche Erziehungsauftrag durch die Vollzugsbestimmungen für junge Inhaftierte in der **UVollzO**. Diese beinhaltet Regelungen über

- Persönlichkeitserforschung (Nr. 79),
- Arbeitspflicht (Nr. 80 Abs. 2 S. 1),
- Bildungsmaßnahmen und Unterricht (Nr. 80 Abs. 3),
- Bezug von Büchern, Zeitungen und Zeitschriften (Nr. 80 Abs. 5),
- Lebenshaltung mit Rauchverbot für unter 16-Jährige (Nr. 81),
- Sport (Nr. 82),
- Außenkontakte (Nr. 83).

> Eben diese Bereiche finden sich auch in den Untersuchungshaftvollzugsgesetzen der Länder geregelt.

Die in Nr. 80 Abs. 2 UVollzO enthaltene **Arbeitspflicht** war jedoch mit Art. 6 Abs. 2 EMRK nicht vereinbar.[133] In der Praxis fehlt es zudem an zureichenden

---

[129] Vgl. § 72 Abs. 3 JVollzGB II BW; Art. 30 Abs. 3 BayUVollzG; § 67 Abs. 3 UVollzG-Berlin; § 10 Abs. 4 BbgJVollzG; § 67 Abs. 3 BremUVollzG; § 73 Abs. 3 HmbUVollzG; § 46 Abs. 4 HUVollzG; § 67 Abs. 3 UVollzG M-V; § 49 Abs. 5 UVollzG NRW; § 10 Abs. 4 LJVollzG; § 67 Abs. 3 SUVollzG; § 67 Abs. 3 SächsUHaftVollzG; § 67 Abs. 3 UVollzG LSA; § 67 Abs. 3 UVollzG S-H; § 10 Abs. 4 ThürJVollzGB.

[130] § 74 Abs. 2 JVollzGB II BW; Art. 32 Abs. 2 BayUVollzG; § 72 Abs. 3, 4 UVollzG-Berlin; §§ 35 Nr. 2 u. Nr. 4, 40 Nr. 2 u. Nr. 4 BbgJVollzG; § 72 Abs. 3, 4 BremUVollzG; § 78 Abs. 3, 4 HmbUVollzG; § 49 Abs. 1 Nr. 1 u. Nr. 2 HUVollzG; § 72 Abs. 3, 4 UVollzG M-V; § 160 Abs. 2 NJVollzG; § 52 Abs. 1 UVollzG NRW; §§ 34 Nr. 2 u. Nr. 4, 39 Nr. 2 u. Nr. 4 LJVollzG; § 72 Abs. 3, 4 SUVollzG; § 72 Abs. 2, 3 SächsUHaftVollzG; § 72 Abs. 3, 4 UVollzG LSA; § 72 Abs. 3, 4 UVollzG S-H; §§ 35 Nr. 2 u. Nr. 4, 40 Nr. 2 u. Nr. 4 ThürJVollzGB.

[131] Streng, 2012, S. 89.

[132] Eisenberg, 2014, § 89c Rdn. 30a.

[133] Hintz, 2004, S. 116; Streng, 2012, S. 89; a.A. i. Erg. Brunner/Dölling, 2011, § 121 Rdn. 2.

5.3 Anordnung vorläufiger Maßnahmen

Arbeitsangeboten selbst für Arbeitstätigkeiten auf freiwilliger Basis.[134] Vielmehr beklagen sich die Betroffenen über die alltägliche Langeweile im Vollzugsalltag. Die Untersuchungshaftvollzugsgesetze der Länder enthalten demgegenüber eine solche Arbeitspflicht nicht bzw. normieren sogar explizit die Nichtverpflichtung.[135]

Die Zuständigkeit für die nach den Untersuchungshaftvollzugsgesetzen zu treffenden Anordnungen liegt bei der Justizvollzugsanstalt, in der die Untersuchungshaft vollzogen wird.[136] Lediglich soweit Beschränkungen bedingt durch die Haftgründe notwendig werden (vgl. § 119 StPO), richtet sich die Zuständigkeit nach § 126 StPO i. V. m. §§ 34, 107 JGG und steht damit dem Jugendrichter zu.

336

Gegen **Anordnungen der Justizvollzugsbehörde** im Vollzug der Untersuchungshaft kann der Untersuchungsgefangene den **Rechtsweg** beschreiten.

337

Hierbei ist zu differenzieren:

- Wird vom Anstaltsleiter eine Anordnung zur Regelung des Vollzugsablaufs ohne Bezug zu den Haftgründen erlassen, kann der Inhaftierte gem. § 119a Abs. 1 S. 1 StPO Antrag auf gerichtliche Entscheidung stellen. Nach Abs. 1 S. 2 der Norm steht es ihm ferner frei, einen Verpflichtungsantrag bei Untätigkeit der Anstalt einzureichen. Die gerichtliche Zuständigkeit folgt in diesem Fall aus § 126 Abs. 1 S. 1 StPO i. V. m. §§ 34, 107 JGG.
- Soweit es sich um Anordnungen handelt, die das Gericht gem. § 119 Abs. 1, Abs. 2 S. 1. StPO zur Abwehr von Flucht-, Verdunkelungs- oder Wiederholungsgefahr trifft, kann der Inhaftierte gleichfalls gem. § 119 Abs. 1 StPO eine gerichtliche Entscheidung bei dem nach § 126 Abs. 1 S. 1 StPO i. V. m. §§ 34, 107 JGG zuständigen Spruchkörper beantragen. Hat jedoch ein Oberlandesgericht oder der Ermittlungsrichter beim Bundesgerichtshof die fragliche Anordnung getroffen, ist das Rechtsmittel der Beschwerde statthaft (vgl. § 304 Abs. 4 S. 2 Nr. 1, Abs. 5 StPO).[137]

Wird der Inhaftierte oder ein außen stehender Dritter (z. B. ein abgewiesener Besucher) durch die **richterliche Entscheidung** gem. § 119 Abs. 1 StPO in seinen Rechten betroffen, kann er dagegen mit demselben Rechtsbehelf wie der Inhaftierte vorgehen und somit gerichtliche Entscheidung beantragen.

Bei **heranwachsenden** Untersuchungsgefangenen, die zur Tatzeit Jugendliche waren und das 21. Lebensjahr noch nicht vollendet haben, wird gem. § 89c S. 1 JGG die Untersuchungshaft nach den Vorschriften für den Vollzug der Untersuchungshaft an jungen Gefangenen und nach Möglichkeit in den für junge Gefangene vor-

338

---

[134] Siehe auch Böhm/Feuerhelm, 2004, S. 149.
[135] § 34 Abs. 1 JVollzGB II BW; Art. 12 Abs. 1 BayUVollzG; 24 Abs. 1 UVollzGBerlin; § 24 Abs. 1 BremUVollzG; § 29 Abs. 1 HmbUVollzG; § 20 Abs. 1 HUVollzG; § 24 Abs. 1 UVollzG M-V; § 152 Abs. 1 NJVollzG; § 11 Abs. 1 UVollzG NRW; § 24 Abs. 1 SUVollzG; § 24 Abs. 1 SächsUHaftVollzG; § 24 Abs. 1 UVollzG LSA; § 24 Abs. 1 UVollzG S-H.
[136] § 3 JVollzGB II BW; Art. 6 BayUVollzG; § 3 Abs. 1 S. 1 UVollzG-Berlin; § 3 Abs. 1 S. 1 BremUVollzG; § 3 Abs. 1 S. 1 HmbUVollzG; § 3 Abs. 1 S. 1 HUVollzG; § 3 Abs. 1 S. 1 UVollzG M-V; § 134 Abs. 1 S. 1 NJVollzG; § 4 UVollzG NRW; § 3 Abs. 2 S. 1 LJVollzG; § 3 Abs. 1 S. 1 SUVollzG; § 2 Abs. 1 SächsUHaftVollzG; § 3 Abs. 1 S. 1 UVollzG LSA; § 3 Abs. 1 S. 1 UVollzG S-H.
[137] BT-Drs. 16/11644, S. 31.

gesehenen Einrichtungen vollzogen. Fakultativ besteht diese Möglichkeit gem. § 89c S. 2 JGG auch nach Vollendung des 21. Lebensjahres fort, wobei hierüber das Gericht nach seinem Ermessen entscheidet (§ 89c S. 3 JGG). Eine Einwilligungsnotwendigkeit besteht jedoch bei 21- bis 23-jährigen Inhaftierten dem Gesetzeswortlaut nach nicht; lediglich die für die Aufnahme vorgesehene Einrichtung ist zuvor zu hören.

339 Die früheren Regelungen in § 119 StPO a.F. und § 93 JGG a.F. sowie die Konkretisierungen in der UVollzO auf der Ebene von Verwaltungsvorschriften stellten keine rechtsstaatlich zureichende gesetzliche Grundlage für den Vollzug der Untersuchungshaft an Jugendlichen und Heranwachsenden dar. Mit der Aufgabe des besonderen Gewaltverhältnisses als Legitimationsgrundlage durch das BVerfG[138] ergab sich angesichts der Freiheitsbeschränkungen für den (Jugend-)Untersuchungshaftvollzug die Notwendigkeit, diesen aus rechts- und sozialstaatlichen Gründen gesetzlich zu regeln.

340 In der **Praxis** ist seit den neunziger Jahren des 20. Jahrhunderts ein deutlicher Rückgang des Vollzugs von Untersuchungshaft sowohl bei Jugendlichen als auch bei Heranwachsenden festzustellen (Tab. 5.1[139]). Dies legt nahe, dass die gesetzlichen Vorgaben zur Haftvermeidung Wirkung entfaltet haben.

5.3.3 Einstweilige Unterbringung

341 Während der Untersuchungshaft verfahrenssichernde Bedeutung zukommt, stellt die einstweilige Unterbringung nach § 126a StPO eine **vorbeugende Maßnahme** zum Schutz der Allgemeinheit dar. Sie ist eine auch gegen Jugendliche und Heranwachsende zulässige[140] Vorwegnahme der Unterbringung gem. § 7 JGG i. V. m. §§ 63 und 64 StGB und bezweckt anders als ein Vorgehen nach § 73 Abs. 1 JGG nicht die Ermittlung von Erkenntnissen über den Entwicklungsstand oder nach § 81 StPO die Begutachtung des psychischen Zustands.[141]

§ 126a Abs. 1 StPO lässt die einstweilige Unterbringung in einem psychiatrischen Krankenhaus bzw. in einer Entziehungsanstalt zu, wenn

- dringende Gründe die Annahme rechtfertigen, dass der Beschuldigte eine rechtswidrige Tat im Zustand der Schuldunfähigkeit (§ 20 StGB) oder der verminderten Schuldfähigkeit (§ 21 StGB) begangen hat und
- das Gericht im Urteil seine Unterbringung gem. § 63 StGB oder nach § 64 StGB, § 93a JGG anordnen wird und
- die öffentliche Sicherheit diese Maßnahme erfordert.

---

[138] BVerfGE 33, S. 1 ff.
[139] Die Zahlen beziehen sich jeweils auf das Jahresende bzw. ab dem Jahr 2003 auf den Stichtag des 30.11.
[140] Meyer-Goßner, 2014, § 126a Rdn. 1; Pfeiffer G., 2005, § 126a Rdn. 1.
[141] Dazu Kap. 5.1.1.2 (2).

Tab. 5.1 Jugendliche in Untersuchungshaft 1994–2013. (Quelle: Statistisches Bundesamt (Hrsg.), Statistisches Jahrbuch 1996, S. 372; 1997, S. 378; 1998, S. 364; 1999, S. 363; 2000, S. 359; 2001, S. 372; 2002, S. 355; 2003, S. 368; 2004, S. 277; Rechtspflege Bestand der Gefangenen und Verwahrten 31. März 2003–30. November 2013, S. 8, 23, 38, 53, 67, 83, 98, 111, 128, 143, 156)

Jahr	Untersuchungsgefangene insgesamt	Jugendliche	Heranwachsende
1994	20.203	834	2210
1995	19.787	892	2199
1996	20.440	934	2232
1997	19.935	933	2154
1998	19.049	854	2216
1999	17.661	893	2135
2000	17.524	903	2120
2001	17.431	923	2097
2002	16.853	814	1864
2003	16.785	742	1837
2004	15.783	685	1586
2005	15.228	652	1547
2006	13.330	597	1319
2007	12.357	544	1205
2008	11.577	496	1166
2009	11.138	415	1017
2010	10.781	374	1009
2011	10.793	349	957
2012	10.982	347	978
2013	11.271	321	954

342 Die einstweilige Unterbringung erfolgt durch einen richterlichen **Unterbringungsbefehl** (§ 126a Abs. 2 S. 1 i. V. m. §§ 125, 126 StPO). Gegen diesen kann der Betroffene das Rechtsmittel der Beschwerde nach § 304 StPO einlegen. Will er sich gegen Maßnahmen des Unterbringungsvollzugs selbst wenden, muss er gem. § 126a Abs. 2 S. 1 StPO entsprechend § 119 Abs. 6 StPO vorgehen.

5.4 Hauptverfahren

343 Der Jugendstaatsanwalt beendet das Strafverfahren durch Einstellungsbeschluss gem. § 170 Abs. 2 StPO, wenn die Ermittlungen zu keinem hinreichenden Tatverdacht geführt haben oder rechtliche Gründe dessen Fortsetzung entgegenstehen. Trotz hinreichenden Tatverdachts kann er aus Zweckmäßigkeitserwägungen auch informell reagieren und unter Beachtung der Vorgaben von § 45 JGG und §§ 153 ff. StPO von der weiteren Verfolgung absehen.[142] Anderenfalls hat er bei Bestätigung

---

[142] Siehe Kap. 5.2.

des Anfangsverdachts einschließlich der Bejahung der Verantwortungsreife nach § 3 S. 1 JGG sowie dem Fehlen von Prozesshindernissen den Fortgang des Verfahrens zu veranlassen. Richtet sich die Strafverfolgung gegen einen Jugendlichen, stehen ihm zwei Vorgehensweisen zur Verfügung:

- Es wird gem. § 170 Abs. 1 StPO im förmlichen Verfahren **Anklage** erhoben oder
- es wird beim Jugendrichter beantragt, die Sache im **vereinfachten Jugendverfahren** gem. §§ 76 ff. JGG[143] zu entscheiden.

344 Im Verfahren gegen Jugendliche besitzt der Staatsanwalt keine weiteren Verfahrensoptionen. Sowohl das **Strafbefehlsverfahren** (§§ 407 ff. StPO) als auch das **beschleunigte Verfahren** (§§ 417 ff. StPO) bleiben gem. § 79 JGG **unzulässig**. Für Letzteres fehlt es an einem Bedürfnis, weil das JGG ein eigenes – ebenfalls der Beschleunigung dienendes – vereinfachtes Jugendverfahren kennt. Der Durchführung von summarischen und weitgehend schriftlichen Strafbefehlsverfahren steht entgegen, dass dabei keine zureichende Persönlichkeitsdiagnose i. S. d. § 43 JGG möglich ist. Zudem mag der Jugendliche unter dem Eindruck des justiziellen „Befehls" Hemmungen haben, dagegen mit einem Einspruch nach § 410 StPO vorzugehen.[144]

Wählt der Jugendstaatsanwalt die Anklageerhebung, richtet sich der Inhalt der **Anklageschrift** nach §§ 199 Abs. 2, 200 StPO.

> Bei der Darstellung des wesentlichen Ermittlungsergebnisses soll die Anklagebehörde gem. § 46 JGG darauf achten, dass die Kenntnisnahme des Inhalts durch den Betroffenen möglichst keine Nachteile für seine Erziehung verursacht. Überdies ist bei der Formulierung besonderes Gewicht auf eine für junge Beschuldigte verständliche Fassung zu legen.[145]

345 Mit der Einreichung der Anklageschrift beim zuständigen Jugendrichter (bzw. der Jugendkammer) geht die Verfahrensleitung auf das Gericht über. Dieses prüft im **Zwischenverfahren** die Voraussetzungen für den Erlass eines Eröffnungsbeschlusses nach §§ 203 ff. StPO. Ein solcher ergeht in nichtöffentlicher Sitzung, wenn das Gericht sich bezüglich des hinreichenden Tatverdachts und des Vorliegens der Verfahrensvoraussetzungen den Bewertungen des Jugendstaatsanwalts anschließt. Anderenfalls lehnt es die Eröffnung ab (§ 204 StPO). Der Richter hat darüber hinaus die Möglichkeit, unter den Voraussetzungen des § 47 JGG das Verfahren einzustellen.[146]

346 Ergeht der Eröffnungsbeschluss, lässt das Jugendgericht darin die Anklage zur Hauptverhandlung zu, und es bezeichnet das Gericht, vor dem sie stattfinden soll (§ 207 Abs. 1 StPO). Dieses Gericht bereitet dann gem. §§ 213 ff. StPO die Hauptverhandlung vor. Dabei hat es insbesondere zu beachten, dass gem. § 50 Abs. 3 S. 1

---

[143] Dazu Kap. 5.6.
[144] Vgl. Streng, 2012, S. 107.
[145] RiL Nr. 1 Abs. 1 S. 1 zu § 46 JGG.
[146] Dazu Kap. 5.2.3.

5.4.1 Hauptverhandlung

Der **Gang der Hauptverhandlung** erfolgt prinzipiell nach den gleichen Regelungen der §§ 226 bis 275 StPO wie derjenige gegen einen Erwachsenen. Allerdings muss sich das Gericht bemühen, sein Vorgehen so zu gestalten, dass für den jungen Angeklagten keine Nachteile hinsichtlich seiner weiteren Persönlichkeitsentwicklung entstehen. Zugleich kann eine verständnisvolle Verhandlungsführung die Einsicht des jungen Menschen in das von ihm begangene Unrecht und eine entsprechende Verantwortungsübernahme fördern.[148] Das JGG enthält darüber hinaus einige besondere Regelungen, welche die Hauptverhandlung im Jugendstrafverfahren modifizieren.

5.4.1.1 Nichtöffentlichkeit

Um eine Kontrolle des Verfahrensgangs durch die Allgemeinheit zu ermöglichen, lässt § 169 S. 1 GVG die Teilnahme unbeteiligter Dritter an der Hauptverhandlung zu. Diese Öffentlichkeit des Verfahrens gehört zwar zu den grundlegenden Einrichtungen des Rechtsstaats.[149] Da sie jedoch keinen Verfassungsrechtssatz des Grundgesetzes darstellt,[150] kann die Öffentlichkeit zum Schutz widerstreitender Interessen eingeschränkt werden. Um den spezifischen Belangen junger Angeklagter gerecht zu werden, normiert § 48 Abs. 1 JGG für Verfahren allein gegen **Jugendliche** ausdrücklich den **Ausschluss der Öffentlichkeit** für die Verhandlung vor dem erkennenden Gericht einschließlich der Verkündung von Entscheidungen. Soweit § 48 Abs. 1 JGG nicht greift, kann unter den Voraussetzungen des § 48 Abs. 3 S. 2, § 109 Abs. 1 S. 4 bzw. § 104 Abs. 2 i. V. m. § 48 JGG die Nichtöffentlichkeit vom Gericht angeordnet werden.

Mit der prinzipiellen Nichtöffentlichkeit des jugendgerichtlichen Verfahrens verfolgt der Gesetzgeber den **Zweck**, dem Öffentlichkeitsgrundsatz des § 169 S. 1 GVG „die Gedanken der Erziehung und des Schutzes der Jugend" überzuordnen.[151] Dem Betroffenen soll insbesondere die bei einer öffentlichen Verhandlung und Verurteilung zu erwartende Bloßstellung – gerade auch bei Erörterung seiner persönlichen Entwicklung – erspart bleiben. Daraus möglicherweise erwachsende Schwierigkeiten in beruflicher oder sozialer Hinsicht werden vermieden.[152] Neben der Reduzierung publizitätsbedingter Stigmatisierungen wirkt die Nichtöffentlichkeit ferner Gefährdungen im Bereich der Wahrheitsfindung entgegen – einerseits

---
[147] Siehe Kap. 4.4.3.2 (1).
[148] Schaffstein/Beulke, 2002, S. 254 f.
[149] Kissel/Mayer, 2013, § 169 Rdn. 4.
[150] BVerfGE 15, S. 307.
[151] Vgl. BGHSt. 22, S. 25.
[152] BGHSt. 42, S. 296; 44, S. 44.

hinsichtlich durch die Anwesenheit von Zuhörern gehemmter Angeklagter, andererseits bezüglich geltungssüchtiger junger Menschen.[153] Hinzu kommt, dass das Fehlen von Öffentlichkeit die richterliche Konzentration auf spezialpräventive Erfordernisse fördern kann.[154]

350 Der Ausschluss der Öffentlichkeit im Jugendverfahren gem. § 48 Abs. 1 JGG bewirkt aber nicht zwangsläufig eine Reduzierung der Verhandlungsteilnahme auf die notwendigen Verfahrensbeteiligten i. S. d. § 338 Abs. 1 Nr. 5 StPO. **Zur Anwesenheit berechtigt** sind nach § 48 Abs. 2 S. 1 JGG alle sonst am Verfahren Beteiligten wie Vertreter der Jugendgerichtshilfe, Verteidiger, Beistand, Erziehungsberechtigte oder gesetzliche Vertreter. Ein Anwesenheitsrecht kraft Gesetzes kommt gem. § 175 Abs. 3 GVG schließlich dem Dienstaufsicht führenden Beamten der Justizverwaltung zu. Darüber hinaus kann das Gericht bestimmten anderen Personen – durch ausdrücklichen Beschluss oder durch stillschweigende Duldung[155] – die **Anwesenheit gestatten**. Dies betrifft gem. § 48 Abs. 2 S. 1 JGG zum einen den durch die Straftat Verletzten[156], zum anderen bei bestehenden Aufsichts- bzw. Betreuungsverhältnissen den Bewährungshelfer, den Betreuungshelfer sowie den Erziehungsbeistand. Das Gleiche gilt, sofern dem Jugendlichen Hilfe zur Erziehung in einem Heim oder einer vergleichbaren Einrichtung gewährt wird, für den Leiter der Einrichtung (§ 48 Abs. 2 S. 2 JGG). Nach § 48 Abs. 2 S. 3 JGG kann der Vorsitzende **aus besonderem Grund** weitere Personen zur nichtöffentlichen Sitzung **zulassen**. Das Gesetz selbst nennt hierfür beispielhaft Ausbildungszwecke (z. B. bei Studenten der Rechtswissenschaft oder Rechtsreferendaren). Auch die Zulassung von Medienvertretern kommt in Betracht.[157] In einem solchen Fall ist der Vorsitzende aber nach der Richtlinie zu § 48 JGG gehalten, darauf hinzuwirken, dass weder der Name des Jugendlichen noch eine Bildaufnahme von diesem publiziert werden.

§ 48 JGG normiert einen für das Jugendstrafverfahren fundamentalen Grundsatz, der den jungen Angeklagten vor einer Bloßstellung und Stigmatisierung bewahren soll. Dem wird nur hinreichend Rechnung getragen, wenn sich diese Zwecksetzung über den Zeitraum der Hauptverhandlung hinaus auf das Verfahren im Übrigen erstreckt. Daher bleibt bspw. auch eine öffentliche Zustellung von Ladungen gem. § 40 Abs. 3 StPO unzulässig.[158]

351 Der Grundsatz der Nichtöffentlichkeit der Hauptverhandlung gegen einen **Jugendlichen** erfährt zum einen eine **Ausnahme**, wenn das Verfahren vor den für allgemeine Strafsachen zuständigen Gerichten durchgeführt wird (insbesondere bei deren Erstzuständigkeit gem. § 102 JGG sowie bei Verbindungen nach § 103 Abs. 2 S. 2 JGG). In diesem Fall gilt das Öffentlichkeitsprinzip (vgl. § 104 Abs. 1 JGG); es

---

[153] Brunner/Dölling, 2011, § 48 Rdn. 3; Schaffstein/Beulke, 2002, S. 255.
[154] Streng, 2012, S. 112 f.
[155] Kissel/Mayer, 2013, § 175 Rdn. 16.
[156] Zur Opferbeteiligung siehe Kap. 5.5.
[157] A.A. Pelster, 2006, S. 428.
[158] Eisenberg/Haeseler, 2006, S. 303 ff.; a. A. KG, JR 2006, S. 301 ff.; Nowak, JR 2008, S. 238.

5.4 Hauptverfahren

kann jedoch gem. § 104 Abs. 2 i. V. m. § 48 Abs. 1 JGG aufgrund einer richterlichen Ermessensentscheidung die Öffentlichkeit ausgeschlossen werden.

Das Öffentlichkeitsprinzip überwiegt auch zunächst nach § 48 Abs. 3 S. 1 JGG zudem jugendspezifische Aspekte, wenn die Hauptverhandlung gegen **Mitangeklagte** geführt wird und neben dem Jugendlichen Tatgenossen **aus anderen Reifestufen** vor dem Jugendgericht stehen. Gemäß § 48 Abs. 3 S. 2 JGG ist das Gericht aber auch hier befugt, die Öffentlichkeit durch Beschluss auszuschließen, wenn dies im Interesse der Erziehung des jugendlichen Angeklagten geboten erscheint. Dabei soll zugunsten des jungen Angeklagten § 48 Abs. 3 S. 2 JGG weit ausgelegt werden.[159]

352

Im Strafverfahren vor dem Jugendgericht gegen einen zum Tatzeitpunkt (§ 1 Abs. 2 JGG) **Heranwachsenden** gilt § 48 JGG nicht. Allerdings kann auch hier gem. § 109 Abs. 1 S. 4 JGG ein Ausschluss im Interesse des Betroffenen erfolgen, wobei der Öffentlichkeitsgrundsatz letztlich eine nachrangige Bedeutung besitzt.[160] Wird die Öffentlichkeit nach § 109 Abs. 1 S. 4 JGG ausgeschlossen, umfasst die Entscheidung auch die Urteilsverkündung, sofern das Gericht nicht etwas anderes bestimmt.[161] Die Frage der Nichtöffentlichkeit ist ferner dann auf der Basis von § 109 Abs. 1 S. 4 JGG zu entscheiden, wenn Taten angeklagt werden, die der Betroffene zum Teil als Heranwachsender und zum Teil als Erwachsener begangen hat.[162]

353

Wurden die angeklagten Taten **teilweise als Jugendlicher und teilweise als Heranwachsender** begangen, richtet sich die Öffentlichkeit bzw. Nichtöffentlichkeit nach § 48 JGG.[163] Die Hauptverhandlung wird dann nichtöffentlich durchgeführt. Die Öffentlichkeit bleibt selbst dann ausgeschlossen, wenn es hinsichtlich der als Jugendlicher verwirklichten Delikte zu einer vorläufigen Einstellung des Verfahrens kommt.

354

> **Beispiel**
>
> Einem Angeklagten wird vorgeworfen, teilweise als Jugendlicher, teilweise als Heranwachsender gewerbsmäßig mit Betäubungsmitteln Handel getrieben zu haben. Am zweiten Tag der gem. § 48 JGG nichtöffentlichen Hauptverhandlung erhebt die Staatsanwaltschaft Nachtragsanklage mit dem Vorwurf, der Betroffene habe als Heranwachsender in weiteren 20 Fällen Beihilfe zum unerlaubten Handeltreiben mit Betäubungsmitteln geleistet. Die Nachtragsanklage wird in das Verfahren einbezogen. Daraufhin erfolgt die Einstellung des Verfahrens

---

[159] BGHSt. 44, S. 44.
[160] BGHSt. 44, S. 45.
[161] BGH, StrVert 1998, S. 323; krit. Eisenberg, 1998a, S. 53.
[162] Ostendorf, 2013, § 48 Rdn. 3.
[163] BGHSt. 22, S. 21; 23, S. 178; 44, S. 44; Brunner/Dölling, 2011, § 48 Rdn. 11; Diemer/Schatz/Sonnen, 2011, § 48 JGG Rdn. 3 f.; Eisenberg, 2014, § 48 Rdn. 3; Ostendorf, 2013, § 48 Rdn. 3; Schaffstein/Beulke, 2002, S. 255; a. A. Mitsch, 2002, S. 247; Streng, 2012, S. 112; Wölfl, 1999a, S. 172 f.

wegen der Vorwürfe aus der ersten Anklageschrift nach § 154 Abs. 2 StPO. Es wird weiter nur noch über die Vorwürfe aus der Nachtragsanklage verhandelt. Anschließend ergeht in nichtöffentlicher Sitzung das Urteil. In der Begründung seiner Revision führt der Angeklagte (bzw. sein Verteidiger) aus, die Verhandlung hätte nach der Einstellung des Verfahrens wegen der als Jugendlichem zur Last gelegten Taten öffentlich weitergeführt werden müssen, weil ein Beschluss nach § 109 Abs. 1 S. 4 JGG nicht ergangen ist.

Der BGH[164] hat einen Verstoß gegen die Regeln über die Öffentlichkeit der Verhandlung verneint.[165] Der Senat führt dazu aus, dass der § 48 JGG zugrunde liegende Schutzgedanke nicht dadurch seine Bedeutung verliert, dass das Verfahren – soweit es sich auf die Taten der Altersstufe des Jugendlichen bezieht – in der Hauptverhandlung vorläufig eingestellt wird. Denn das Gericht kann unter den Voraussetzungen des § 154 Abs. 4 StPO die Einstellung noch während der Hauptverhandlung rückgängig machen und das Verfahren wieder aufnehmen. Damit bleibt der Angeklagtenstatus zu Beginn der Verhandlung entscheidend.

355 Die Hauptverhandlung vor einem Jugendgericht wird öffentlich geführt, wenn sie sich ausschließlich gegen **Erwachsene** richtet.[166] Das gilt vor allem auch in Jugendschutzsachen gem. §§ 26, 74b GVG[167], soweit nicht ein Angeklagter wiederum in den Anwendungsbereich des JGG fällt.

356 Gesetzesverletzungen im Zusammenhang mit der Frage der Öffentlichkeit der Hauptverhandlung können für die **Revision** von Bedeutung sein. So stellt eine Verletzung der Öffentlichkeit der Hauptverhandlung einschließlich der Urteilsverkündung (§§ 169, 173 GVG) nach § 338 Nr. 6 StPO zwar einen absoluten Revisionsgrund dar. Eine unter Verstoß gegen § 48 JGG durchgeführte Hauptverhandlung bedeutet aber keine ungesetzliche Beschränkung des Öffentlichkeitsprinzips, sondern eine Erweiterung der Öffentlichkeit. Einer fehlerhaften Anwendung der Vorschriften über die Nichtöffentlichkeit oder über die Ausschließung der Öffentlichkeit kommt deshalb nur die Qualität eines relativen Revisionsgrundes i. S. d. § 337 StPO zu.[168]

5.4.1.2 Anwesenheit des Angeklagten

357 Die Vorschriften des allgemeinen Strafverfahrensrechts über die Anwesenheit des Angeklagten in der Hauptverhandlung sind im JGG für Jugendliche modifiziert. Zum einen trifft diese eine gesteigerte Anwesenheitspflicht. Zum anderen haben die Möglichkeiten der Entfernung des Angeklagten aus dem Sitzungszimmer eine Erweiterung erfahren.

---

[164] BGHSt. 44, S. 44.
[165] Ebenso LG Wuppertal, StrVert 1998, S. 322 f.; krit. hierzu Streng, 2012, S. 112; Wölfl, 1999a, S. 172 f.
[166] Kissel/Mayer, 2013, § 169 Rdn. 5.
[167] Dazu Kap. 4.1.2.
[168] BGHSt. 23, S. 82; Kissel/Mayer, 2013, § 169 Rdn. 59; Meyer-Goßner, 2014, § 338 Rdn. 47.

5.4 Hauptverfahren

(1) Anwesenheitspflicht

Gemäß § 230 Abs. 1 StPO darf gegen einen ausgebliebenen Angeklagten keine Hauptverhandlung stattfinden, nach § 231 StPO ist es dem Erschienenen untersagt, sich aus der Verhandlung zu entfernen. Es besteht damit eine prinzipielle Anwesenheitspflicht vom Aufruf der Sache an bis zur Urteilsverkündung. Die **unmittelbare Präsenz** des Angeklagten soll dem Gericht insbesondere einen unmittelbaren Eindruck von seiner Person, seinem Auftreten und seinen Erklärungen vermitteln und damit der Erforschung des wahren Sachverhalts dienen.[169] Bei Verstoß gegen den Anwesenheitsgrundsatz liegt gem. § 338 Nr. 5 StPO ein **absoluter Revisionsgrund** vor. 358

Die StPO enthält jedoch zahlreiche Ausnahmen von der Anwesenheitspflicht (z. B. §§ 231 Abs. 2 bis 233, 329 Abs. 1, 350 Abs. 2 StPO). Im Verfahren gegen einen Jugendlichen kommt es aber umso mehr darauf an, dass der Richter sich einen persönlichen Eindruck von der Persönlichkeit verschafft und ihm dadurch eine zureichende Grundlage für spezialpräventiv wirksames Einwirken ermöglicht wird. Gemäß § 50 Abs. 1 JGG müssen deshalb zusätzlich zu den Ausnahmetatbeständen der StPO **besondere Gründe** sowie eine **staatsanwaltliche Zustimmung** vorliegen. Die gesteigerte Anwesenheitspflicht des § 50 Abs. 1 JGG gilt mangels Verweises in § 109 JGG nicht für Heranwachsende. Allerdings sollte gerade im Hinblick auf die Entscheidung nach § 105 Abs. 1 JGG über die Altersreife der Grundgedanke des § 50 Abs. 1 JGG beachtet werden.[170] 359

> Bezüglich des Vorliegens besonderer Gründe führt die Richtlinie Nr. 1 S. 2 zu § 50 JGG aus: „Im Jugendstrafverfahren ist der persönliche Eindruck, den der Richter von dem Jugendlichen erhält, von entscheidender Bedeutung. Eine Hauptverhandlung in Abwesenheit des Angeklagten wird deshalb nur in Erwägung zu ziehen sein, wenn es sich um eine geringfügige Verfehlung handelt, aufgrund des Berichts der Jugendgerichtshilfe ein klares Persönlichkeitsbild vorliegt und das Erscheinen des Jugendlichen wegen weiter Entfernung mit großen Schwierigkeiten verbunden ist oder wenn gegebenenfalls eine Abtrennung des Verfahrens gegen den abwesenden Jugendlichen mit Rücksicht auf eine umfangreiche Beweisaufnahme unangebracht ist."

Soll die Hauptverhandlung in Abwesenheit des Angeklagten bei geringfügigen Verfehlungen in Betracht kommen, erscheint es nahe liegender, insoweit ein Vorgehen nach §§ 76 ff. JGG bzw. gem. § 47 Abs. 1 Nr. 3 i. V. m. § 45 Abs. 3 S. 1 JGG zu prüfen.[171] Dies gilt insbesondere auch für die allgemeinen Regelungen von § 232 StPO (Hauptverhandlung trotz Ausbleibens) und § 233 StPO (Entbindung von der Erscheinenspflicht), welche die Ausnahmen von der Anwesenheitspflicht u. a. von einer niedrigen Reaktionserwartung abhängig machen. Sollen diese Vorschriften über § 50 Abs. 1 JGG zur Anwendung gelangen, müssen allerdings die dort bezeichneten Sanktionen mit denen des Jugendstrafrechts in Einklang gebracht werden. Demgemäß setzt ein Vorgehen nach § 232 bzw. § 233 StPO in Verfahren gegen 360

---

[169] BGHSt. 26, S. 90.
[170] Brunner/Dölling, 2011, § 50 Rdn. 4; Eisenberg, 2014, § 50 Rdn. 2; Streng, 2012, S. 114 f.
[171] Eisenberg, 2014, § 50 Rdn. 18.

Jugendliche voraus, dass lediglich Erziehungsmaßregeln bzw. Zuchtmittel nicht freiheitsentziehender Art zu erwarten sind.[172]

(2) Vorübergehende Ausschließung

361 Eine zeitweilige Entfernung des Angeklagten auf gerichtliche Anordnung hin lässt das **allgemeine Strafverfahrensrecht** ausnahmsweise im Interesse der Wahrheitsfindung (§ 247 S. 1 StPO), zum Schutz von Zeugen (§ 247 S. 2 StPO), zum Schutz der Gesundheit des Angeklagten (§ 247 S. 3 StPO) sowie gem. § 231b StPO i. V. m. § 177 GVG als Maßnahme zur Aufrechterhaltung der Ordnung während der Verhandlung zu.

362 Neben die Ausschlussmöglichkeiten des allgemeinen Verfahrensrechts tritt in Verfahren gegen Jugendliche der Fall des zeitweiligen Ausschlusses nach § 51 Abs. 1 JGG. Dieser erfolgt auf **Anordnung des Vorsitzenden** hin. Gegen die Sachleitungsentscheidung kann der Betroffene nach § 238 Abs. 2 StPO die Entscheidung des Gerichts herbeiführen. § 51 Abs. 1 JGG gilt nicht für die Hauptverhandlung gegen Heranwachsende (§ 109 JGG).

363 Die **jugendspezifische Entfernungsmöglichkeit** des § 51 Abs. 1 JGG als eine extensive Durchbrechung des Anwesenheitsprinzips bezieht sich nicht – wie diejenige von Angehörigen, Erziehungsberechtigten oder gesetzlichem Vertreter des § 51 Abs. 2 JGG[173] – allgemein auf Verhandlungsteile. Sie beschränkt sich vielmehr auf die Dauer solcher Erörterungen, die **erzieherische Nachteile** befürchten lassen.[174] Zwar verpflichtet § 51 Abs. 1 S. 2 JGG den Vorsitzenden, den entfernten Jugendlichen nach seiner Rückkehr über dasjenige zu **unterrichten**, was in seiner Abwesenheit verhandelt wurde; dies erfolgt jedoch nur, soweit es für seine Verteidigung erforderlich ist.[175] Demgegenüber bestimmt § 247 S. 4 StPO weiter gehend, dass nach einer Entfernung aufgrund allgemeiner Ausschlussgründe der Betroffene über den wesentlichen Inhalt des während seiner Abwesenheit Ausgesagten oder Verhandelten zu informieren ist. Schon angesichts der mit der Normanwendung einhergehenden Schlechterstellung in vergleichbarer Verfahrenslage[176] bleibt § 51 Abs. 1 JGG als **Ausnahmevorschrift** eng auszulegen.[177] Dies gilt vor allem auch deshalb, weil eine Unterrichtung nicht die eigene Wahrnehmung des Angeklagten zu ersetzen vermag.

In der **Praxis** sind es vor allem Stellungnahmen von Sachverständigen, Jugendgerichtshelfern oder Erziehungsberechtigten über Krankheiten bzw. Anlagen des Jugendlichen oder Äußerungen über das Erziehungsverhalten der Eltern, die zu einer Entfernung führen.[178] Eine Verhandlung gegen einen abwesenden jungen Angeklagten ist aber geeignet, bei die-

---

[172] Dazu Ostendorf, 2013, § 50 Rdn. 10.
[173] Siehe Kap. 4.5.2.
[174] Dazu Ostendorf, 2002, S. 848.
[175] Vgl. BGH, NStZ 2002, S. 216 f.
[176] Zum Schlechterstellungsverbot oben Kap. 1.1.
[177] So i. Erg. auch Albrecht P.-A., 2000, S. 370; Eisenberg, 2014, § 51 Rdn. 6.
[178] Vgl. Böhm/Feuerhelm, 2004, S. 72.

sem **Misstrauen** hervorzurufen[179], weshalb „Geheimnistuerei"[180] auf der Grundlage von § 51 Abs. 1 JGG möglichst vermieden werden sollte. Gerade Sachverständige und Vertreter der Jugendgerichtshilfe müssen in der Lage sein, ihren Vortrag ohne abträgliche Wirkungen für die weitere Persönlichkeitsentwicklung zu formulieren.

Erfolgt im Einzelfall eine Entfernung wegen befürchteter erzieherischer Nachteile, so bleibt zu beachten, dass zu den Erörterungen i. S. d. § 51 Abs. 1 S. 1 JGG weder die Urteilsverkündung noch die Urteilsbegründung zählen.

5.4.1.3 Absprachen

Im Wege einer Absprache im Strafverfahren[181] konnte nach **früherer Auffassung** die Rechtsfrage der Anwendung von Jugend- oder Erwachsenenstrafrecht nicht umgangen werden. Man sagte, die Tatbestandsvoraussetzungen des § 105 Abs. 1 JGG[182] seien vom Gericht zu prüfen und stünden nicht zur Disposition der Verfahrensbeteiligten.[183]

364

Nach der **ausdrücklichen Normierung** der Materie durch das Gesetz zur Regelung der Verständigung im Strafverfahren[184] ist nunmehr die über § 2 Abs. 2 JGG anwendbare Bestimmung des **§ 257c StPO** zu beachten. Diese ist vom BVerfG trotz mancher Bedenken gegen die Umsetzung durch die Praxis als prinzipiell mit dem Rechtsstaatsprinzip und dem Schuldgrundsatz vereinbar akzeptiert worden, wobei der Entscheidung keine Verurteilungen nach Jugendstrafrecht zugrunde lagen.[185] Gem. § 257c Abs. 3 S. 3 StPO können nur der Schuldspruch sowie Maßregeln der Besserung und Sicherung (§ 61 StGB) nicht Gegenstand einer Verständigung sein, wohl aber nach Abs. 2 S. 1 die **Rechtsfolgen**, soweit sie als Urteilsinhalt in Betracht kommen. Damit ist ein „Deal", als dessen Bestandteil eine Entscheidung auf der Basis des Jugend- bzw. Erwachsenenrechts vom Gericht verbindlich zugesagt wird, nicht von vornherein ausgeschlossen. Allerdings darf eine Absprache stets nur „in geeigneten Fällen" erfolgen (§ 257c Abs. 1 S. 1 StPO). Im Hinblick auf die besondere individualpräventive Zielrichtung des Jugendstrafrechts (§ 2 Abs. 1 JGG)[186] wird es deshalb nach § 43 JGG weiterhin regelmäßig der sorgfältigen gerichtlichen Prüfung des § 105 Abs. 1 JGG bedürfen, weshalb die Weichenstellung, ob **Jugend-**

365

---

[179] Schaffstein/Beulke, 2002, S. 256.

[180] Böhm/Feuerhelm, 2004, S. 73.

[181] Grundlegend zu deren Voraussetzungen Beulke, 2012, S. 257 ff.; Jahn/Müller, 2009, S. 2625 ff.; Kindhäuser, 2013, S. 223 ff.; Kirsch, 2010, S. 96 ff.; empirische Angaben zu Absprachen im Jugendverfahren bei Pankiewicz, 2008, S. 245 ff.

[182] Näher Kap. 3.3.

[183] So BGH, NStZ 2001, S. 555; NStZ-RR 2006, S. 187; ferner Böhm/Feuerhelm, 2004, S. 49; Eisenberg, 2001a, S. 557; Esser, 2003, S. 787; Lindemann, 2009, S. 82; Noak, 2002, S. 447; Pankiewicz, 2008, S. 225.

[184] Vom 29.7.2009, BGBl. I 2009, S. 2353.

[185] Siehe BVerfG, NJW 2013, S. 1058 ff.

[186] Diesen Zusammenhang greift auch BVerfG, NJW 2013, S. 1063 (Rdn. 69) auf.

oder Erwachsenenrecht zugrunde zu legen ist, höchstens in Ausnahmefällen den Bestandteil einer Absprache bilden kann.[187]

366 Davon zu unterscheiden ist der Fall, dass das Gericht – gegen ein Geständnis (§ 257c Abs. 2 S. 2 StPO)[188] – eine **Ober- und/oder Untergrenze** der Sanktion, insbesondere einer Jugendstrafe, angibt, eine bestimmte **Art der Sanktionierung** (z. B. Erziehungsmaßregeln oder Zuchtmittel) oder eine Bewährungsentscheidung (§§ 21, 27,[189] 57 JGG bzw. § 56 StGB bei Anwendung von materiellem Erwachsenenrecht) einschließlich der – in einem zum Urteil gehörigen Beschluss ausgesprochenen (§ 58 Abs. 1 S. 1 JGG) – Bewährungsbedingungen (§§ 22 ff. JGG) zusichert. Ein solches Vorgehen nach § 257c Abs. 3 S. 2, Abs. 2 S. 1 StPO erscheint auch im Jugendverfahren prinzipiell möglich.[190] Das gilt in erster Linie gegenüber Jugendlichen, bei denen ausschließlich eine Sanktion nach dem JGG gewählt werden kann. Bei Heranwachsenden darf man es in den Fällen, in denen die Absprache sich nach dem oben Gesagten nicht auf die Wahl zwischen Jugend- und Erwachsenenrecht beziehen kann und diese Frage auch noch nicht rechtskräftig entschieden ist (etwa nach Teilaufhebung eines Urteils in der Revisionsinstanz) als zulässig ansehen, wenn das Gericht alternativ Grenzen bzw. Gestaltungsmöglichkeiten für Jugend- bzw. Freiheitsstrafe aufzeigt.

Jedenfalls der verteidigte Beschuldigte wird durch die Mitwirkung am „Deal" nicht überfordert, und es bleibt Aufgabe der anderen Verfahrensbeteiligten einschließlich des zur Unterrichtung seines jungen Mandanten berufenen Verteidigers, dem Eindruck, Recht sei beliebig disponibel, entgegenzuwirken. Die in der Ablegung eines Geständnisses zu erblickende **Verantwortungsübernahme** kann auch beim jungen Rechtsbrecher das Bedürfnis nach spezialpräventiver Einwirkung herabsetzen und ggf. die für eine Bewährungsentscheidung erforderliche Erwar-

---

[187] In diesem Sinne BT-Drs. 16/11376, S. 8; HK-GS/König/Harrendorf, 2013, § 257c StPO Rdn. 6; Meier/Rössner/Schöch, 2013, S. 233 f.; großzügiger Meyer-Goßner, 2014, § 257c Rdn. 7; AnwK-StPO/Püschel, 2010, § 257c Rdn. 6; HK-StPO/Temming, 2012, § 257c Rdn. 23; ablehnend Altenhain/Laue, in: MünchKomm-StGB, 2013, § 105 JGG Rdn. 8; Beulke, 2012, S. 263; Brocke, 2013, S. 445; Brunner/Dölling, 2011, § 18 Rdn. 6e; Diemer/Schatz/Sonnen, 2011, § 105 JGG Rdn. 35; Eisenberg, 2014, § 105 Rdn. 1; Graf/Eschelbach, 2012, § 257c Rdn. 7; Heller, 2012, S. 276 f.; Knauer, 2010, S. 18 f.; KK-Moldenhauer/Wenske, 2013, § 257c Rdn. 18; Niemöller/Schlothauer/Weider, 2010, S. 91; Ostendorf, 2013, § 105 Rdn. 25; Ott, 2010, S. 889; Reisenhofer, 2012, S. 128; HK-JGG/Rössner, 2014, § 2 Rdn. 27; Streng, 2012, S. 124; LR-Stuckenberg, 2013, § 257c Rdn. 28; SK-StPO/Velten, 2012, § 257c Rdn. 9; HK-GS/Verrel/Linke, 2013, § 19 StGB Rdn. 14; Zieger, 2013, S. 214 f.; tendenziell ferner Radtke/Hohmann/Ambos/Ziehn, 2011, § 257c Rdn. 15.

[188] Krit. aber Heller, 2012, S. 273 ff.; Pankiewicz, 2008, S. 118 ff.

[189] A.A. Eisenberg, 2014, § 27 Rdn. 5.

[190] Vgl. LG Berlin, ZJJ 2012, S. 204; Brunner/Dölling, 2011, § 18 Rdn. 6e; Diemer/Schatz/Sonnen, 2011, § 5 JGG Rdn. 27; Eisenberg, 2012b, S. 206; ders., 2014, § 2 Rdn. 33 ff.; Graf/Eschelbach, 2012, § 257c Rdn. 7; KMR-v. Heintschel-Heinegg, 2009, § 257c Rdn. 20; Knauer, 2010, S. 19; Meier/Rössner/Schöch, 2013, S. 234; Meyer-Goßner, 2014, § 257c Rdn. 7; Ostendorf, 2013, § 18 Rdn. 16; ders., 2013a, S. 61 f.; Ott, 2010, S. 889 f.; Reisenhofer, 2012, S. 127 f.; HK-JGG/Rössner, 2014, § 2 Rdn. 27; Streng, 2012, S. 125; Zieger, 2013, S. 215; sowie zur alten Rechtslage BGHSt. 52, S. 169; BGH, NStZ 2001, S. 556; Eisenberg, 2008a, S. 698 f.; Fahl, 2009, S. 614 f.; Fezer, 2008, S. 1059; Lindemann, 2009, S. 82 f.; differenzierend Heller, 2012, S. 272 ff.; Pankiewicz, 2008, S. 129 ff.

5.4 Hauptverfahren

tung eines zukünftigen rechtschaffenen Lebenswandels begründen. Auch gilt es das Verbot einer Schlechterstellung gegenüber dem erwachsenen Täter[191] zu beachten. Schließlich bleibt erforderlichenfalls das Urteil im Instanzenzug **überprüfbar**, nachdem gem. § 302 Abs. 1 S. 2 StPO ein Rechtsmittelverzicht als Bestandteil einer Verständigung ausgeschlossen ist.[192]

> Die Entscheidung des BVerfG wirft für das Jugendstrafrecht allerdings eine neue Frage auf. Das Gericht hat es in erweiternder Auslegung des § 257c Abs. 2 S. 3 StPO für unzulässig erklärt, über die (Nicht-)Anwendung von **besonders oder minder schweren Fällen** Absprachen zu treffen, weil die gesetzgeberische Zuordnung solcher Gesichtspunkte zu Strafzumessungsregeln einerseits, Qualifikations- bzw. Privilegierungstatbeständen andererseits auf Zufälligkeiten beruhe.[193] Selbst wenn die hierdurch bedingten Strafrahmenverschiebungen sich im Jugendstrafrecht nicht unmittelbar auswirken (§ 18 Abs. 1 S. 3 JGG), sind die einschlägigen Aspekte doch bei der Zumessung der Jugendstrafe zu berücksichtigen.[194] Das mag im Einzelfall sowohl zu einer Besserstellung wie zu einer Benachteiligung des jungen Rechtsbrechers gegenüber einem Erwachsenen in vergleichbarer Lage führen.

5.4.2 Urteil

Im **allgemeinen Strafverfahren** wird am Ende der Hauptverhandlung gem. § 268 StPO durch den Vorsitzenden (§ 238 Abs. 1 StPO) das Urteil verkündet. Es erfolgt eine Verlesung der Urteilsformel mit ihrem Ausspruch über Schuld oder Unschuld des Angeklagten sowie über die Rechtsfolgen. Anschließend eröffnet der Vorsitzende mündlich die Urteilsgründe, wobei sich deren notwendiger Inhalt aus § 267 StPO ergibt; das gilt auch für die schriftlichen Urteilsgründe. Gemäß § 464 StPO muss das Urteil zudem eine Kostenentscheidung beinhalten. Hinsichtlich Urteilsverkündung und -inhalt sowie Kostentragung normiert das JGG jedoch **Modifikationen**. Ferner können im Urteil Auswahl und Anordnung bestimmter Unrechtsreaktionen dem Familien- oder Vormundschaftsgericht übertragen werden.

367

5.4.2.1 Verkündung und Begründung

Hinsichtlich der Urteilsverkündung wird § 268 StPO bei **jugendlichen Angeklagten** (gem. § 109 Abs. 2 S. 1 JGG nicht bei Heranwachsenden) durch § 54 Abs. 2 JGG ergänzt. Soweit erzieherische Nachteile zu befürchten sind, kommt es zu keiner mündlichen oder schriftlichen **Mitteilung der Urteilsgründe**. Da § 51 Abs. 1 JGG keine Ausschließung des Angeklagten während des Verkündungstermins zulässt, betrifft die verkürzte mündliche Urteilsbegründung auch alle anderen Verfahrensbeteiligten. Aus diesem Grund sollte von ihr nur zurückhaltend Gebrauch gemacht

368

---

[191] Dazu Kap. 1.1.
[192] Zu Umgehungsstrategien der Praxis siehe aber BGHSt. 55, S. 82; Meyer-Goßner, 2014, § 302 Rdn. 26 f. m. w. Nachw.
[193] BVerfG, NJW 2013, S. 1063 f.; dazu relativierend für das allgemeine Strafrecht BGH, NStZ 2013, S. 540 f.; KK-Moldenhauer/Wenske, 2013, § 257c Rdn. 18.
[194] Näher Kap. 9.5.3.

werden.¹⁹⁵ Ein Jugendrichter wird regelmäßig in der Lage sein, die Urteilsgründe so zu formulieren, dass diese nicht die weitere Persönlichkeitsentwicklung des Betroffenen gefährden. Entschließt sich der Vorsitzende dennoch zu einer eingeschränkten Bekanntgabe der Gründe, gilt dies auch für die Mitteilung der schriftlichen Urteilsgründe an den Angeklagten. Dieser erhält dann nur einen **Urteilsauszug**. Demgegenüber haben die Erziehungsberechtigten bzw. der gesetzliche Vertreter nach § 67 Abs. 2 JGG ein Recht auf Mitteilung der vollständigen Urteilsgründe.¹⁹⁶

> Bei der Urteilsverkündung soll der Jugendrichter sich um eine dem Entwicklungsstand des jungen Menschen gerecht werdende **Ansprache** bemühen. Demgemäß heißt es in der Richtlinie Nr. 2 zu § 54 JGG: „Die mündliche Eröffnung der Urteilsgründe soll dem Wesen und dem Verständnis des Jugendlichen angepasst sein. Alle nicht unbedingt gebotenen rechtlichen Ausführungen können unterbleiben." In der Praxis wird deshalb der junge Angeklagte überwiegend direkt angesprochen und nicht in der üblichen dritten Person.¹⁹⁷

369 Eine gegenüber § 267 Abs. 3 S. 1 StPO **erweiterte Begründungspflicht** enthält § 54 Abs. 1 S. 1 JGG. Wird der Angeklagte schuldig gesprochen, muss neben der Schilderung und Bewertung der Tat diese auch in Zusammenhang mit seinen Lebensverhältnissen gebracht werden. Daher sollen nach § 54 Abs. 1 S. 2 JGG namentlich die seelische, geistige und körperliche Eigenart des Verurteilten Berücksichtigung finden. Es ist der Bedeutung der Täterpersönlichkeit für die Rechtsfolgenbestimmung Rechnung zu tragen.¹⁹⁸ Die möglichst komplexe **Täterschilderung** soll vor allem den später mit der Durchführung der angeordneten Unrechtsreaktion beschäftigten Personen und Einrichtungen die in der Persönlichkeit des Sanktionierten liegenden Ursachen für den Normbruch sowie entsprechende Ansätze für Einwirkungsmöglichkeiten aufzeigen.

Nach § 109 Abs. 2 S. 1 JGG gilt § 54 Abs. 1 JGG auch für **Heranwachsende**, deren Verfehlungen nach Jugendstrafrecht geahndet werden.

5.4.2.2 Reaktionsüberlassung

370 Kommt es zur Verurteilung eines Jugendlichen durch das Jugendgericht, kann dieses Auswahl und Anordnung von **Erziehungsmaßregeln** nach § 53 S. 1 JGG dem **Familienrichter** überlassen. Allerdings kommt eine solche Reaktionsüberlassung nur sehr selten vor.¹⁹⁹ Eine Überweisung an das aufgrund seiner Befassung mit Familienverhältnissen im Einzelfall sachnähere Familiengericht mag dann angezeigt sein, wenn sich Jugendschöffengericht oder Jugendkammer als Kollegialgerichte nicht über eine Erziehungsmaßregel einigen können.²⁰⁰ Dagegen ergibt eine Über-

---

¹⁹⁵ Eisenberg, 2014, § 54 Rdn. 42; Streng, 2012, S. 118; Zieger, 2013, S. 208 f.
¹⁹⁶ Brunner/Dölling, 2011, § 54 Rdn. 19.
¹⁹⁷ Vgl. Schaffstein/Beulke, 2002, S. 258.
¹⁹⁸ Dazu Schaffstein/Beulke, 2002, S. 258; Streng, 2012, S. 114.
¹⁹⁹ Vgl. Streng, 2012, S. 118.
²⁰⁰ Brunner/Dölling, 2011, § 53 Rdn. 1.

5.4 Hauptverfahren

weisung der Sache durch den Jugendrichter an sich selbst als Familienrichter keinen Sinn.[201]

§ 53 S. 1 JGG setzt neben der expliziten Beschränkung auf die Unrechtsreaktion der Erziehungsmaßregel voraus, dass das Jugendgericht **nicht zugleich** auf **Jugendstrafe** erkennt. Dies ist bedeutsam für die Fälle einer Verbindung nach § 8 Abs. 2 S. 1 JGG. Wie sich aus § 109 JGG ergibt, gilt § 53 JGG nicht für Heranwachsende.

Hat das Jugendgericht in seinem Urteil eine Überlassung nach § 53 S. 1 JGG festgelegt, so ist das Familiengericht gem. § 53 S. 2 JGG an die **Reaktionsauswahl** der Erziehungsmaßregel **gebunden**, es sei denn, es hätten sich für das Urteil maßgebende Gründe zwischenzeitlich geändert. Das familiengerichtliche Verfahren bestimmt sich nach den **Vorschriften des FamFG**.[202]

371

> Erfolgt die Anordnung einer für erforderlich gehaltenen Weisung i. S. d. § 10 JGG, bleibt der Familienrichter auch für **nachträgliche Modifizierungen** zuständig. Er kann gem. § 11 Abs. 2 JGG die Weisung ändern, verhängen oder von ihrer Befolgung befreien. Insoweit findet § 65 Abs. 1 JGG im Sonderfall des § 53 JGG keine Anwendung.[203] Kommt der Jugendliche der familiengerichtlich angeordneten Weisung schuldhaft nicht nach, bleibt für die Verhängung eines **Ungehorsamsarrests** gem. § 11 Abs. 3 JGG jedoch nach § 65 Abs. 1 JGG das überlassende Jugendgericht zuständig. Denn der Familienrichter besitzt keinerlei Kompetenz zur Anordnung der freiheitsentziehenden Maßnahme des Jugendarrests.

In Verfahren gegen **Jugendliche** vor den **allgemeinen Strafgerichten** schreibt § 104 Abs. 4 JGG **zwingend** die Überlassung von Auswahl und Anordnung der Erziehungsmaßregeln an den Familienrichter vor. Das gilt selbst bei Verbindung von Jugendstrafe und Erziehungsmaßregeln nach § 8 Abs. 2 S. 1 JGG. Es soll hier stets das in Erziehungsfragen sachnähere Gericht entscheiden.[204]

372

Gilt § 53 JGG (vgl. § 109 JGG) ebenso wie § 104 Abs. 4 JGG (vgl. § 112 S. 1 JGG) nur für Jugendliche, enthält § 112 S. 3 JGG dennoch für **Heranwachsende** eine § 104 Abs. 4 JGG vergleichbare Regelung. In Verfahren vor den für **allgemeine Strafsachen** zuständigen Gerichten überlassen diese in Fällen der Erforderlichkeit von Weisungserteilungen deren Auswahl und Anordnung demjenigen Jugendrichter, in dessen Zuständigkeitsbereich sich der Heranwachsende aufhält.

5.4.2.3 Kostenentscheidung

Im Gegensatz zur allgemeinen Kostentragungspflicht des Verurteilten nach § 465 StPO kann das Gericht im Verfahren gegen einen Jugendlichen nach § 74 JGG[205] davon **absehen**, ihm Kosten und Auslagen aufzuerlegen. Die Vorschrift verfolgt das Ziel, den Betroffenen angesichts des **präventiven Zwecks** des JGG von den Kosten und gerichtlichen Auslagen zu entlasten, um ihn vor einem zusätzlichen

373

---

[201] So auch Ostendorf, 2013, § 53 Rdn. 5; a.A. Diemer/Schatz/Sonnen, 2011, § 53 JGG Rdn. 7.
[202] Dazu eingehend Marschner/Volckart, 2001, S. 407 ff.
[203] Eisenberg, 2014, § 53 Rdn. 13.
[204] Streng, 2012, S. 119.
[205] Dazu eingehend Körner S., 2004.

Bestrafungseffekt in Form einer wirtschaftlichen Beeinträchtigung zu schützen.[206] Eine Kostenbelastung kann gerade auch einem Neuanfang des zur Jugendstrafe Verurteilten nach seiner Entlassung entgegenstehen.[207]

> Umstritten ist, ob § 74 JGG auch bezüglich der notwendigen Auslagen des Jugendlichen Anwendung findet. Diese aus dem Anwendungsbereich auszuschließen, widerspräche jedoch dem Sinn und Zweck der Vorschrift.[208]

Nach der Richtlinie Nr. 1 S. 1 zu § 74 JGG sollen Jugendliche daher nur dann Kosten des Verfahrens und entstandene Auslagen tragen, „wenn anzunehmen ist, dass sie aus Mitteln bezahlt werden, über die sie selbstständig verfügen können und wenn ihre Auferlegung aus erzieherischen Gründen angebracht erscheint". Eine Kostentragung aus erzieherischer Notwendigkeit dürfte aber nur im Ausnahmefall gegeben sein.[209]

Die Möglichkeit eines Absehens nach § 74 JGG gilt gem. § 109 Abs. 2 S. 1 JGG auch für verurteilte Heranwachsende, wenn nach § 105 Abs. 1 JGG Jugendstrafrecht zur Anwendung gelangt.

5.5 Opferbeteiligung

374 Die vermehrte Aufmerksamkeit für die Situation des Deliktsopfers findet im Jugendstrafrecht vor allem auf der Rechtsfolgenseite Berücksichtigung. Dieses kann gerade beim Täter-Opfer-Ausgleich[210] seine Belange einbringen. Für das Strafverfahren selbst ist das Opfer im Wesentlichen als Zeuge von Bedeutung. Angesichts der **besonderen Täterorientierung** des Jugendstrafrechts mit seiner vermehrt spezialpräventiven Ausrichtung bleibt das Opfer aber gegenüber dem allgemeinen Strafrecht in der Berücksichtigung seiner Interessen zusätzlich eingeschränkt. Teilweise erfolgt dies durch **ausdrücklichen Ausschluss** von opferbezogenen Regelungen der StPO für das Jugendstrafverfahren. Eine Unanwendbarkeit allgemeiner Regelungen kann sich zudem aus § 2 JGG ergeben. Danach bleiben Vorschriften für den jugendstrafrechtlichen Bereich auch dann ausgeschlossen, soweit sie **mit Grundsätzen des JGG unvereinbar** sind.

5.5.1 Aktivrechte

375 Eine verfahrensrechtlich starke Aktivrolle, die dem Deliktsopfer eine offensive Prozessstrategie ermöglichen würde, könnte in der Praxis eine justiziell weniger steuerbare Verfahrensdynamik mit der Gefahr einer Ablenkung von der Persönlichkeit des

---

[206] OLG Thüringen, DVJJ-Journal 1/1998, S. 82.
[207] BGH, StrVert 1998, S. 351.
[208] Eisenberg, 2014, § 74 Rdn. 15a; a.A. BGH, NStZ-RR 2006, S. 224.
[209] Schaffstein/Beulke, 2002, S. 259.
[210] Dazu Kap. 7.4.2.1 (7).

jungen Beschuldigten zur Folge haben.[211] Deshalb erfahren vor allem die echten Aktivrechte des Opfers im Jugendstrafverfahren **Einschränkungen**. Das betrifft insbesondere die Privatklage, zum Teil die Nebenklage sowie das Adhäsionsverfahren. Dagegen gelten keine Besonderheiten für die Strafanzeige (§ 158 StPO) und den Strafantrag (§§ 77 ff. StGB). Wird das Ermittlungsverfahren gem. § 170 Abs. 2 StPO eingestellt, ist auch im Verfahren gegen Jugendliche das Klageerzwingungsverfahren nach § 172 StPO zulässig.

5.5.1.1 Privatklage

Im allgemeinen Strafrecht gibt das Privatklageverfahren gem. §§ 374 ff. StPO dem Verletzten bei bestimmten Delikten die Möglichkeit, ohne Verfolgungstätigkeit der Staatsanwaltschaft die jeweilige Tat einer gerichtlichen Entscheidung über die Verhängung einer Strafe zuzuführen. Wegen der in § 374 StPO bezeichneten Delikte wird die öffentliche Klage nur dann von der Staatsanwaltschaft erhoben, wenn dies im öffentlichen Interesse liegt (§ 376 StPO). Im Strafverfahren **gegen** einen **Jugendlichen** bleibt dagegen nach § 80 Abs. 1 S. 1 JGG die Privatklage **unzulässig**, um die Verfahrensinitiierung und -gestaltung nicht den subjektiven Bestrebungen Privater zu überlassen. Das gilt auch in Verfahren gegen Jugendliche vor den allgemeinen Gerichten (§ 104 Abs. 1 Nr. 14 JGG).

376

Die **Opferinteressen** nimmt stattdessen allein der **Staatsanwalt** wahr. Dessen Eingriffsmöglichkeiten bei Privatklagedelikten nach § 376 StPO werden deshalb durch § 80 Abs. 1 S. 2 JGG ergänzt.[212] Die Staatsanwaltschaft darf diese auch dann verfolgen, wenn zwar nicht das öffentliche Interesse, wohl aber Gründe der Erziehung oder ein berechtigtes Interesse des Verletzten, das dem Erziehungszweck nicht entgegensteht, dies erfordern. Wird das Ermittlungsverfahren gegen einen Jugendlichen eingestellt, weil es an den Verfolgungsgründen des § 80 Abs. 1 S. 2 JGG fehlt, ist die Durchführung eines Klageerzwingungsverfahrens hiergegen unzulässig.[213]

§ 80 Abs. 2 S. 1 JGG lässt aber als besondere Form der Privatklage die **Widerklage** gegen einen Jugendlichen zu. Hat dieser als Verletzter selbst Privatklage erhoben, so kann der Beschuldigte gem. § 388 StPO die Bestrafung des Klägers beantragen, wenn er seinerseits durch eine von diesem verübte Straftat verletzt wurde, die ebenfalls zu den Privatklagedelikten gehört und zwischen beiden Taten ein Zusammenhang besteht. Der Strafrichter darf dann gegen den jugendlichen Widerbeklagten allerdings nur auf Zuchtmittel erkennen. Jugendstrafe bleibt gem. § 80 Abs. 2 S. 2 JGG ausgeschlossen. Die Auswahl und Anordnung von Erziehungsmaßregeln ist dem Familienrichter überlassen (§ 104 Abs. 4 S. 1 JGG).

377

Die Unzulässigkeit des Aktivrechts der Erhebung von Privatklage bezieht sich nur auf zum Tatzeitpunkt Jugendliche. Bei **Heranwachsenden** ist dagegen die Durchführung eines Privatklageverfahrens möglich; § 80 JGG gilt nicht entsprechend. Dies betrifft sowohl die Anwendung von Jugendstrafrecht (§ 109 Abs. 2 S. 1 JGG) als auch diejenige von Erwachsenenstrafrecht (§ 109 Abs. 1 S. 1 JGG) gegen Heranwachsende.

---

[211] Dölling, 1996, S. 79; Höynck, 2005, S. 40; Wölfl, 2000, S. 10.
[212] Pfeiffer G., 2005, § 376 Rdn. 5.
[213] Meyer-Goßner, 2014, § 172 Rdn. 2; krit. Wölfl, 2000, S. 12.

5.5.1.2 Nebenklage

378 Die Nebenklage gem. §§ 395 ff. StPO ermöglicht es dem durch eines der in § 395 StPO bezeichneten Delikte Verletzten, sich der von der Staatsanwaltschaft erhobenen **öffentlichen Klage anzuschließen**. Die zur öffentlichen Klage akzessorische Nebenklage dient dem persönlichen Genugtuungs- und Restitutionsinteresse des Opfers und hat zugleich eine Kontroll- und Aufklärungsfunktion.[214] Demgemäß kommen dem Nebenkläger Mitwirkungsrechte zu.

Um den Verfahrensgang des spezialpräventiv orientierten Jugendstrafverfahrens von Gestaltungseinflüssen Dritter möglichst freizuhalten, bleibt die Nebenklage deshalb in Verfahren **gegen Jugendliche** nur nach Maßgabe von § 80 Abs. 3 JGG **zulässig**.[215] Das betrifft auch die Verfahren gegen Jugendliche vor den allgemeinen Strafgerichten (§ 104 Abs. 1 Nr. 14 JGG).

Nebenklageberechtigt sind in Strafverfahren gegen Jugendliche somit gem. § 80 Abs. 3 S. 1 JGG nur:

- durch ein Verbrechen (§ 12 Abs. 1 StGB) gegen das Leben oder die körperliche Unversehrtheit Verletzte (§§ 212, 211, 221 Abs. 2, 225 Abs. 3, 226 Abs. 1, 2 StGB);
- durch ein Verbrechen gegen die sexuelle Selbstbestimmung Verletzte (§§ 176a Abs. 1, 2, 3, 176b, 177 Abs. 1, 3, 4, 178, 179 Abs. 5, 7 StGB);
- durch ein Verbrechen gegen die persönliche Freiheit Verletzte (§§ 239 Abs. 3, 239a, 239b StGB).

Hinzukommen muss eine besondere Betroffenheit des Opfers, das durch die Tat seelisch oder körperlich schwer geschädigt worden oder einer solchen Gefahr ausgesetzt gewesen sein muss. Dies erfordert jeweils eine sorgfältige Prüfung im Einzelfall, wobei es die Intention des Jugendstrafrechts[216] zu berücksichtigen gilt.

Ferner sind nebenklagebefugt

- durch ein Verbrechen nach § 251 StGB (i. V. m. §§ 252, 255 StGB) Verletzte;
- Kinder, Eltern, Geschwister, Ehegatten oder Lebenspartner des Opfers, sofern dieses durch die Tat getötet wurde (§ 80 Abs. 3 S. 2 JGG, § 395 Abs. 2 Nr. 1 StPO).

Der Katalog des § 80 Abs. 3 JGG ist abschließend. Über die Nachklagebefugnis entscheidet gem. § 80 Abs. 2 S. 2 JGG, § 396 Abs. 2 S. 1 StPO das zuständige Gericht.

Umstritten ist, ob mit der Zulassung der Nebenklage auch die Verletztenrechte gem. § 406d ff. StPO im Jugendstrafverfahren geltend gemacht werden können.

---

[214] Beulke, 2012, S. 391.
[215] Krit. zur früheren Rechtslage Siegismund, 2002, S. 869 ff.
[216] Dazu Kap. 1.1.

Dies betrifft vor allem das Akteneinsichtsrecht nach § 406e StPO sowie das Recht, sich eines Rechtsbeistands zu bedienen, § 406 g Abs. 1, 3 StPO.[217]

Ein Beitritt des Verletzten zum öffentlich initiierten Verfahren gegen einen **Heranwachsenden** durch Anschlusserklärung gem. § 396 StPO bleibt schon nach allgemeinem Verfahrensrecht möglich. Das gilt unabhängig davon, ob Jugendstrafrecht oder Erwachsenenstrafrecht angewendet wird (§ 109 Abs. 1 S. 1, Abs. 2 S. 1 JGG).

Die Beschränkung der Nebenklage gegen einen Jugendlichen des § 80 Abs. 3 JGG erstreckt sich auch auf verbundene Verfahren[218], in denen neben Jugendlichen Heranwachsende oder Erwachsene mit abgeurteilt werden. Die Anschlussmöglichkeit als Nebenkläger bleibt **gegen nicht jugendliche Mitangeklagte** aber uneingeschränkt bestehen.[219] Denn bei § 80 Abs. 3 JGG handelt es sich um eine Ausnahmevorschrift ausdrücklich für das gegen Jugendliche gerichtete strafrechtliche Vorgehen. Für eine derartige gespaltene Nebenklage spricht, dass der Jugendliche sich dann gerade nicht im Zentrum der Bemühungen des Nebenklägers befindet und ein drohender mittelbarer Nachteil für den jungen Angeklagten nicht außer Verhältnis zu den zu berücksichtigenden Opferinteressen steht. Dem Gericht obliegt die Aufgabe, bei Beteiligung eines Nebenklägers gegen einen älteren Mitangeklagten durch entsprechende Verhandlungsführung Gefahren eines nicht jugendgemäßen Verfahrensablaufs entgegenzuwirken oder diese durch eine Verfahrenstrennung (§ 103 Abs. 3 JGG) auszuschließen.[220]

379

> Dies ist jedoch nicht unumstritten. Nach a.A. bleibt jedoch bei wegen gemeinsamer Tatbegehung angeklagten Jugendlichen und Erwachsenen bzw. Heranwachsenden die Nebenklage ausgeschlossen. Lediglich soweit es um die Taten geht, die dem über 18-Jährigen allein zur Last gelegt werden, soll eine Nebenklage möglich sein. Dem liegt die Überlegung zugrunde, dass sich die Wirkungen der Nebenklage notwendigerweise auf den Jugendlichen erstrecken würden. Die Auffassung führt jedoch zu einer beachtlichen Verkürzung der Rechte des Verletzten, aus dessen Sicht die Involvierung des Jugendlichen in das Verfahren eine reine Zufälligkeit bleibt.[221] Aus diesem Grund wird eine Entscheidung nach dem konkreten Einzelfall angezeigt sein.[222]

5.5.1.3 Adhäsionsverfahren

Um in erster Linie den Bedürfnissen der Persönlichkeit des jungen Angeklagten Rechnung tragen zu können, finden gem. § 81 JGG im Verfahren gegen einen **Jugendlichen** die Vorschriften der StPO über die Entschädigung des Verletzten **keine Anwendung**. Das gilt nach § 109 Abs. 2 S. 1 JGG auch, wenn **Heranwachsende** nach Jugendstrafrecht abzuurteilen sind.

380

---

[217] Bejahend Ostendorf, 2013a, S. 122 f.; Streng, 2012, S. 109 f.; a.A. Diemer/Schatz/Sonnen, 2011, § 80 JGG Rdn. 14.
[218] Dazu Kap. 4.1.3.
[219] Zu § 80 Abs. 3 JGG a.F. BGHSt. 41, S. 288 ff.; BGH, StrVert 2003, S. 23; Brunner/Dölling, 2011, § 109 Rdn. 6; Diemer/Schatz/Sonnen, 2011, § 80 JGG Rdn. 14 ff.; Meyer-Goßner, 2014, vor § 395 Rdn. 6; Mitsch, 1998, S. 161; Rössner, 2001, S. 172; a.A. Eisenberg, 2014, § 80 Rdn. 13.
[220] BGHSt. 41, S. 292; dazu auch Höynck, 2005, S. 37.
[221] LG Zweibrücken, StrVert 2009, S. 88 f.
[222] Ostendorf, 2013a, S. 143.

381 Das Adhäsionsverfahren gem. §§ 403 bis 406c StPO gibt dem Opfer die Möglichkeit, aus der Straftat erwachsende **bürgerlich-rechtliche Ansprüche**, die eigentlich vor den Zivilgerichten zu verfolgen sind, unmittelbar **im Strafverfahren** durchzusetzen. Dieses Anhangsverfahren gelangt in der Praxis schon im Erwachsenenstrafrecht kaum zur Anwendung, so dass für eine Übertragung auf den Bereich des Jugendstrafrechts ohnehin kein Bedarf besteht.[223]

Das gilt umso mehr, als das JGG auf der Rechtsfolgenseite bereits Möglichkeiten der Verantwortungsübernahme des Täters durch **materielle Ausgleichsleistungen** eröffnet. Gemäß § 10 Abs. 1 S. 3 Nr. 7 JGG kann die Weisung erteilt werden, sich um einen Täter-Opfer-Ausgleich zu bemühen, in den in geeigneten Fällen auch Schadensersatzvereinbarungen einbezogen werden. Ausgleichszahlungen an das Deliktsopfer im Rahmen eines Täter-Opfer-Ausgleichs sind auch geeignet, eine informelle Verfahrensbeendigung nach § 45 Abs. 2 S. 2 bzw. § 47 Abs. 1 Nr. 2 JGG zu begründen. Ferner lässt § 15 Abs. 1 Nr. 1 JGG als Zuchtmittel die Auflage zu, „nach Kräften den durch die Tat verursachten Schaden wieder gutzumachen". Im Übrigen bleibt der durch eine Jugendstraftat Verletzte auf den Zivilprozess beschränkt, um seine Schadensersatzansprüche gerichtlich durchzusetzen.

5.5.2 Allgemeine Verletztenrechte

382 Derjenige, dessen rechtlich geschützte Interessen nach dem Tatvorwurf durch das Delikt wenigstens mittelbar beeinträchtigt sind, besitzt als Verletzter[224] ein **Anwesenheitsrecht** in der **Hauptverhandlung**. § 48 Abs. 2 S. 1 JGG gewährleistet dieses selbst für die nichtöffentliche Verhandlung.

Auch die **Zeugenschutzregelungen** von StPO und GVG[225] gelten über § 2 JGG für das Jugendstrafverfahren. Das betrifft insbesondere die Schutzvorschriften der §§ 68 ff. StPO. So bleiben etwa nach § 68a StPO nicht unerlässliche bloßstellende Fragen an den Zeugen unstatthaft.

383 Die **Verletztenrechte** nach **§§ 406d bis 406h StPO** sind gem. § 2 JGG in Jugendstrafverfahren prinzipiell anwendbar, soweit sie nur die Verletztenstellung an sich voraussetzen.

> Das gilt für die Möglichkeit des Verletzten, nach § 406d Abs. 1 StPO **Auskünfte** über den Ausgang des Verfahrens zu erhalten. Um Deliktsopfer vor unerwarteten Begegnungen mit dem Beschuldigten bzw. Verurteilten zu schützen, sind gem. § 406d Abs. 2 StPO dem Verletzten zudem auf seinen Antrag hin Anordnung und Beendigung freiheitsentziehender Maßnahmen sowie erstmalige Vollzugslockerungen und Hafturlaub mitzuteilen. Insofern dürfte jedoch nur eine sehr restriktive Informationsgewährung mit den Grundsätzen des JGG vereinbar sein, um dem jungen Beschuldigten nicht die Chance auf einen möglichst unbelasteten Neuanfang in Freiheit zu nehmen.[226]

---

[223] Laubenthal, 2002, S. 816; a.A. Weißer Ring, 2004, S. 3.
[224] Zum Verletztenbegriff BGHSt. 4, S. 202, 17, S. 248.
[225] Dazu Hilger, 2004, S. 78 ff.; Hüls, 2005, S. 22 ff.; Laubenthal/Nevermann-Jaskolla, 2005, S. 294 ff.
[226] So auch Höynck, 2005, S. 36.

Gemäß § 406 f. StPO kann der Verletzte sich auch in Verfahren gegen Jugendliche eines **Rechtsanwalts als Beistand** bedienen. Erfolgt dies bei der Vernehmung des Verletzten als Zeugen (§ 406 f. Abs. 2 StPO), erfordert das im Hinblick auf § 2 JGG zugleich eine Verteidigerbestellung nach § 68 Nr. 1 JGG i. V. m. § 140 Abs. 2 S. 1 StPO für den Jugendlichen.[227] Gemäß § 406e StPO kann der Rechtsanwalt für den Verletzten auch **Akteneinsicht** nehmen.

Soweit § 80 Abs. 3 JGG im Jugendstrafverfahren die Nebenklage zulässt, bestehen auch diejenigen Verletztenrechte, die an die **Nebenklagebefugnis** anknüpfen. Das betrifft zum einen die Darlegung berechtigter Interessen in § 406d Abs. 2 S. 2 und § 406e Abs. 1 S. 2 StPO. Vor allem aber ist die Bestellung eines **Opferanwalts** für den nebenklageberechtigten Verletzten nach § 406 g StPO möglich.[228] Sonst liefe eine solche extensive Ausprägung der Verletztenbeteiligung der Grundkonzeption der jugendgerichtlichen Verfahrensdurchführung zuwider. Die Anwendung von § 406 g StPO könnte zu Veränderungen im Ablauf sowie zu Verzögerungen führen. Zudem würden Privatinteressen des Verletzten in das Verfahren hineingetragen.[229]

5.6 Vereinfachtes Jugendverfahren

Stellt der Jugendstaatsanwalt das Ermittlungsverfahren nicht nach § 45 JGG bzw. §§ 153 ff. StPO auf der Diversionsebene ein und hält er einen weiteren Verfahrensfortgang mit den strengen Förmlichkeiten von Zwischenverfahren (§§ 199 ff. StPO) und Hauptverhandlung (§§ 226 ff. StPO sowie den jugendverfahrensrechtlichen Sonderregelungen[230]) für nicht erforderlich, kann er statt der Anklageerhebung (§ 170 Abs. 1 StPO) ein vereinfachtes Jugendverfahren betreiben. Er beantragt dann beim Jugendrichter (§ 39 JGG), die Sache im Verfahren nach §§ 76 ff. JGG zu entscheiden. Die Durchführung eines vereinfachten Jugendverfahrens bietet sich vor allem an in Fällen **leichter Delinquenz** mit **einfachen Sachverhalten**.[231]

384

> In der **Praxis** spielt das vereinfachte Jugendverfahren eine nicht unwesentliche Rolle. So wurden im Jahr 2012 44.984 Jugendliche durch Strafgerichte verurteilt.[232] In 10.769 Fällen hatten Jugendrichter im gleichen Jahr über Anträge von Jugendstaatsanwälten auf Entscheidung in vereinfachten Jugendverfahren zu befinden, und sie lehnten deren Durchführung in nur 223 Sachen ab.[233] Die Anordnungshäufigkeit des Verfahrens nach §§ 76 ff. JGG gründet wesentlich auf der damit verbundenen verfahrensökonomischen Entlastung von Jugendgerichten und Staatsanwaltschaften.[234] Zugleich kann mit dem vereinfachten Jugendverfahren aber auch effizienter reagiert und angesichts der reduzierten Förmlichkeitserfordernisse auch jugendgemäßer agiert werden.[235]

---

[227] Eisenberg, 2014, § 48 Rdn. 16; Schaffstein/Beulke, 2002, S. 275.
[228] Anders noch gem. § 80 Abs. 3 JGG a.F. BVerfG, NJW 2002, S. 1487; BGH, ZJJ 2004, S. 197; a.A. OLG München, NJW 2003, S. 1543; Dähn, 1998, S. 679 f.; Hüls, 2005, S. 28.
[229] OLG Stuttgart, NJW 2001, S. 1588.
[230] Dazu Kap. 5.4.
[231] Lemke, 2003, S. 252.
[232] Statistisches Bundesamt: Rechtspflege Strafverfolgung, 2012, S. 20.
[233] Statistisches Bundesamt: Rechtspflege Strafgerichte 2012, S. 24, 28.
[234] Eisenberg, 2014, §§ 76–78 Rdn. 3.
[235] Streng, 2012, S. 120 f.

5.6.1 Verfahrenseinleitung

385 Das vereinfachte Jugendverfahren ist Ausfluss des Beschleunigungsgrundsatzes. Es dient einer zeitnäheren justiziellen Antwort auf die Anlasstat und vermindert kontraproduktive Wirkungen einer längeren Verfahrensdauer. Es kommt jedoch nur dann zu einem Vorgehen nach §§ 76 ff. JGG, wenn sich die **Sache** hierfür **eignet** (§ 77 Abs. 1 S. 1 JGG).

Eine Antragstellung des Jugendstaatsanwalts kommt somit in Betracht, wenn

- es sich um einen Fall kleinerer oder mittlerer Delinquenz handelt,
- die Sache anklagereif ist (§ 76 S. 2 JGG),
- weder von einer umfangreichen Beweisaufnahme (§ 77 Abs. 1 S. 1 JGG) noch von Schwierigkeiten bei der Persönlichkeitserforschung auszugehen ist,
- die Rechtsfolgenerwartung die Anordnung von Hilfe zur Erziehung i. S. d. § 12 Nr. 2 JGG oder die Verhängung von Jugendstrafe unwahrscheinlich macht (§ 77 Abs. 1 S. 1 JGG) und sich ausschließlich auf Weisungserteilung, Erziehungsbeistandschaft, Zuchtmittel, Fahrverbot, Entziehung der Fahrerlaubnis einschließlich Sperre von nicht mehr als zwei Jahren, Verfall und Einziehung als Rechtsfolgen von geringerer Schwere bezieht (§ 76 S. 1 JGG).

Ein Vorgehen nach § 76 ff. JGG bleibt **unzulässig** in Verfahren gegen Heranwachsende (§ 109 JGG). Gleiches gilt in Jugendstrafverfahren vor den für die allgemeinen Strafsachen zuständigen Gerichten (§ 104 JGG).

386 In den für das vereinfachte Jugendverfahren in Betracht kommenden Fällen steht die Entscheidung über eine Antragstellung gem. § 76 S. 1 JGG im **Ermessen** des Jugendstaatsanwalts.[236] Nach der Richtlinie Nr. 1 zu § 76 JGG soll die Antragstellung der Regelfall sein, wenn die Voraussetzungen von § 76 S. 1 JGG vorliegen und ein Absehen von der Verfolgung nach § 45 JGG ausscheidet. Der Antrag ist an **keine** besondere **Form** gebunden (§ 76 S. 1 JGG). Er kann gegen einen dem Jugendrichter unmittelbar vorgeführten Tatverdächtigen sogar fernmündlich oder per Fax bzw. E-Mail gestellt werden. Nimmt der Staatsanwalt nicht an der Verhandlung teil, legen vor allem die Aspekte einer Begrenzung des Verfahrensgegenstands und der Transparenz die Schriftform nahe. Damit ein zureichend konkreter Antrag vorliegt, muss dieser vom **Inhalt** her zumindest die Tat i. S. d. § 264 StPO sowie die anzuwendende(n) Norm(en) des Strafgesetzbuchs eindeutig bezeichnen.[237]

387 Der Antrag des Jugendstaatsanwalts auf Entscheidung im vereinfachten Jugendverfahren tritt an die Stelle der Anklageschrift (§ 76 S. 2 JGG). Mangels Einreichung der Anklage findet **kein Zwischenverfahren** statt und es ergeht demzufolge auch kein Eröffnungsbeschluss. Jedoch kann der Jugendrichter die Eröffnung des Verfahrens gem. § 206a StPO analog ablehnen, sofern allgemeine Verfahrenshindernisse vorliegen. Verneint er den hinreichenden Tatverdacht, erfolgt zur Vermei-

---

[236] Eisenberg, 2014, §§ 76–78 Rdn. 8.
[237] Siehe RiL Nr. 2, 3 zu § 76 JGG.

dung der ungerechtfertigten weiteren Durchführung des Strafverfahrens ferner dessen Beendigung in entsprechender Anwendung von § 204 StPO.[238]

Erachtet der Jugendrichter die Sache als für ein vereinfachtes Jugendverfahren **ungeeignet**, lehnt er dessen Durchführung gem. § 77 Abs. 1 S. 1 JGG durch **Beschluss** ab. Seine Entscheidung bleibt unanfechtbar (§ 77 Abs. 1 S. 3 JGG). Da sich die fehlende Eignung (z. B. wegen des nicht vorhersehbaren Erfordernisses einer umfangreichen Beweisaufnahme) im Einzelfall auch erst während der mündlichen Verhandlung ergeben kann, bleibt der Beschluss über die Ablehnung des vereinfachten Verfahrens noch bis zum Zeitpunkt der Urteilsverkündung möglich (§ 77 Abs. 1 S. 2 JGG). Zwar folgt aus § 77 Abs. 2 JGG, dass in Fällen einer jugendrichterlichen Negativentscheidung der Jugendstaatsanwalt die Anklageschrift einreicht. Dies schließt jedoch nicht aus, dass er das Verfahren nach der Ablehnungsentscheidung stattdessen selbst gem. § 45 JGG einstellt.[239]

388

Bis zum Beginn der Vernehmung des Angeklagten zur Sache in der mündlichen Verhandlung kann der Jugendstaatsanwalt seinen Antrag nach § 76 S. 1 JGG wieder **zurücknehmen**.[240] Dies hat aber keine automatische Überleitung der Sache in das förmliche allgemeine Jugendverfahren zur Folge, da Einreichung der Anklageschrift und der Eröffnungsbeschluss des § 203 StPO als Prozessvoraussetzungen noch fehlen.

5.6.2 Mündliche Verhandlung

Das vereinfachte Jugendverfahren unterscheidet sich vom allgemeinen förmlichen Jugendverfahren durch die Möglichkeit des erweiterten **Abweichens von Verfahrensregelungen** des allgemeinen Strafverfahrensrechts. Im Gegensatz zum formlosen Erziehungsverfahren der §§ 45, 47 JGG darf jedoch nur nach Durchführung einer **mündlichen Verhandlung** durch Urteil entschieden werden (§ 78 Abs. 1 S. 1 JGG).

389

Bejaht der Jugendrichter die Voraussetzungen für die Durchführung eines vereinfachten Jugendverfahrens und kommt eine informelle richterliche Verfahrenserledigung nach § 47 JGG nicht in Betracht, ist keine Entscheidung über die Eröffnung der Hauptverhandlung erforderlich. Angesichts des Zwecks einer schnellen und jugendgemäßen Ahndung der Verfehlung kann er gleich den **Termin** zur mündlichen Verhandlung **bestimmen**,[241] wobei dieser zeitnah liegen sollte.

Gemäß § 78 Abs. 3 S. 1 JGG darf in der mündlichen Verhandlung „zur Vereinfachung, Beschleunigung und jugendgemäßen Gestaltung des Verfahrens... von Verfahrensvorschriften abgewichen werden". Hierbei handelt es sich jedoch nur um eine **partielle Entformalisierung**, da nicht alle Verfahrensregelungen zur Disposition gestellt sind. So legt § 78 Abs. 3 S. 1 JGG unmittelbar fest, dass die Verfah-

390

---

[238] Brunner/Dölling, 2011, §§ 76–78 Rdn. 12 f.; a. A. Eisenberg, 2014, §§ 76–78 Rdn. 14; Streng, 2012, S. 121.
[239] Ostendorf, 2013, §§ 76–78 Rdn. 13.
[240] Eisenberg, 2014, §§ 76–78 Rdn. 13.
[241] BGHSt. 12, S. 182.

rensvereinfachung keine Beeinträchtigung der **Wahrheitsfindung** zur Folge haben darf. Damit sind die Pflichten zur richterlichen Sachaufklärung gem. § 244 Abs. 2 StPO ebenso wenig disponibel wie der Grundsatz der Unmittelbarkeit der Beweisaufnahme nach § 250 StPO.[242] Nicht vorenthalten werden können dem jungen Angeklagten seine **verfassungsrechtlich garantierten Rechte** wie der Grundsatz des rechtlichen Gehörs oder das Nemo-tenetur-Prinzip.[243]

Gesetzliche Festlegungen der Verfahrensgestaltung finden sich zudem in § 78 Abs. 3 S. 2 JGG. Danach müssen die persönlichen Rechte und Pflichten von Erziehungsberechtigten und gesetzlichen Vertretern (§ 67 JGG) gewahrt werden. Zu beachten sind auch die Regelungen des § 70 JGG über die Mitteilungen von Verfahrenseinleitung und -ausgang an Jugendgerichtshilfe, Familienrichter und Schule. § 78 Abs. 3 S. 2 JGG verweist ferner auf die Vorschrift über die Anwesenheit des Angeklagten (§ 50 Abs. 1 JGG). Bleibt dieser dem Termin der mündlichen Verhandlung ohne zureichende Entschuldigung fern, ist jedoch der Erlass eines Haftbefehls oder eine zwangsweise Vorführung gem. § 230 Abs. 2 StPO ausgeschlossen.[244] Insoweit existiert nur der umständliche Weg über eine Antragsrücknahme und die Durchführung des allgemeinen förmlichen Jugendstrafverfahrens.

391 Zwar findet sich in §§ 76 bis 78 JGG keine explizite Regelung zum **Mitwirkungsrecht des Verteidigers**. Da der Jugendliche in seiner Verteidigung aber nicht beschränkt werden darf, begrenzt das vereinfachte Verfahren nicht die Möglichkeiten des jungen Angeklagten, seine Rechte durch einen Verteidiger wahrnehmen zu lassen. Somit kann auch von den Vorschriften über die notwendige Verteidigung (§ 68 JGG) nicht abgewichen werden.[245] Gerade in Fällen der notwendigen Verteidigung wegen eines Verbrechens (§ 68 Nr. 1 JGG i. V. m. § 140 Abs. 1 Nr. 2 StPO) erscheint jedoch die Geeignetheit der Sache für ein vereinfachtes Verfahren ohnehin fraglich zu sein.

Soweit keine zwingend zu beachtenden Verfahrensvorschriften berührt werden, ist der Jugendrichter in der Verfahrensgestaltung frei. Die **Form der mündlichen Verhandlung** liegt in seinem Ermessen. Vor allem braucht er angesichts des Beschleunigungszwecks keine Ladungsfristen zu beachten. Von der strengen Abfolgeregelung des § 243 StPO über den Gang der Hauptverhandlung kann abgewichen werden, die Verhandlung darf ohne Robe und außerhalb eines Sitzungssaals erfolgen.

392 Gemäß § 78 Abs. 2 S. 1 JGG hat der **Staatsanwalt keine Teilnahmeverpflichtung**. Allerdings verliert er nach § 78 Abs. 2 S. 2 JGG einzelne Rechte, wenn er auf die Anwesenheit in der mündlichen Verhandlung verzichtet. Es bedarf dann weder seiner Zustimmung zur Einstellung des Verfahrens im Termin noch zur Durchfüh-

---

[242] Eisenberg, 2014, §§ 76–78 Rdn. 23; Schaffstein/Beulke, 2002, S. 276.
[243] Dazu Beulke, 2012, S. 80 ff.
[244] Brunner/Dölling, 2011, §§ 76–78 Rdn. 17; Streng, 2012, S. 122.
[245] OLG Düsseldorf, NStZ 1999, S. 211; Eisenberg, 2014, § 68 Rdn. 3; Ostendorf, 2013, § 68 Rdn. 2; Streng, 2012, S. 123; Zieger, 2013, S. 166.

rung der Verhandlung gem. § 50 Abs. 1 JGG in Abwesenheit des Angeklagten. Der abwesende Jugendstaatsanwalt vermag das Urteil jedoch nach wie vor anzufechten.

5.6.3 Entscheidung

Der Jugendrichter kann auch in der mündlichen Verhandlung das Verfahren gem. §§ 47 JGG oder §§ 153 ff. StPO **einstellen**. Das gilt selbst dann, wenn der abwesende Jugendstaatsanwalt zuvor einer solchen Verfahrenserledigung widersprochen hat.[246]

Kommt es zu keiner informellen Beendigung des Verfahrens, entscheidet der Jugendrichter gem. § 78 Abs. 1 S. 1 JGG durch **Urteil**. Allerdings besitzt er dabei eine **eingeschränkte Rechtsfolgenkompetenz**. § 78 Abs. 1 S. 2 JGG schreibt vor, dass der Jugendrichter nicht auf Hilfe zur Erziehung i. S. d. § 12 Nr. 2 JGG, auf Jugendstrafe oder Unterbringung in einer Entziehungsanstalt erkennen darf. Hinzu kommt die allgemeine Kompetenzbegrenzung[247] des Jugendrichters nach § 39 Abs. 2 JGG, die eine Unterbringung im psychiatrischen Krankenhaus gem. § 63 StGB ausschließt. Da § 76 S. 1 JGG nur auf die Rechtsfolgenerwartung abstellt und § 78 Abs. 1 S. 2 JGG die Rechtsfolgenkompetenz lediglich hinsichtlich bestimmter Unrechtsreaktionen begrenzt, darf im Urteil als Ergebnis eines vereinfachten Jugendverfahrens auf alle sonst im Jugendstrafrecht allgemein zulässigen Rechtsfolgen erkannt werden. Ausgeschlossen bleibt aber angesichts der Benennung der Jugendstrafe in § 78 Abs. 1 S. 2 JGG die ihrer Verhängung vorgelagerte Aussetzung zur Bewährung nach § 27 JGG.[248] Auch im Urteil des vereinfachten Verfahrens kann der Jugendrichter Auswahl und Anordnung von Erziehungsmaßregeln gem. § 53 JGG dem Familienrichter überlassen.[249]

393

5.7 Rechtsmittel

Der **Beschleunigungsgrundsatz** prägt auch den jugendstrafrechtlichen Rechtsmittelzug gegen Urteile. Deren Anfechtung bleibt gem. § 55 JGG gegenüber den Rechtsbehelfsmöglichkeiten des allgemeinen Verfahrensrechts eingeschränkt.

394

> Mit der **Berufung** (§§ 312 ff. StPO) können erstinstanzliche Urteile einer Überprüfung in tatsächlicher und in rechtlicher Hinsicht zugeführt werden. In der Berufungsinstanz als zweiter Tatsacheninstanz ist die Einführung neuer Tatsachen und Beweismittel in das Verfahren zulässig (§ 323 Abs. 3 StPO).
> Die **Revision** (§§ 333 ff. StPO) richtet sich gegen erst- und zweitinstanzliche Urteile. Sie kann nur darauf gestützt werden, dass das Urteil in rechtlicher Hinsicht fehlerhaft ist (§§ 337, 338 StPO).

---

[246] Diemer/Schatz/Sonnen, 2011, § 78 JGG Rdn. 7.
[247] Dazu Kap. 4.1.2.1 (1).
[248] Brunner/Dölling, 2011, §§ 76–78 Rdn. 3; Eisenberg, 2014, §§ 76–78 Rdn. 30.
[249] Dazu Kap. 5.4.2.2.

395 § 55 JGG sieht eine **Beschränkung der Rechtsmittelmöglichkeiten** im Jugendstrafverfahren insofern vor, als

- eine Entscheidung bezüglich der Sanktionswahl unanfechtbar bleibt, wenn lediglich bestimmte weniger gravierende Rechtsfolgen angeordnet werden (Abs. 1) und
- jeder Anfechtungsberechtigte nur ein Rechtsmittel einlegen kann (Abs. 2).

Die Besonderheiten des § 55 JGG gelten auch für Heranwachsende bei Anwendung von Jugendstrafrecht (§ 109 Abs. 2 S. 1 JGG). § 55 JGG findet zudem Beachtung in Verfahren gegen Jugendliche (§ 104 Abs. 1 Nr. 7 JGG) – bzw. gegen Heranwachsende bei Anwendung von Jugendstrafrecht (§ 112 S. 1 und 2 i. V. m. § 104 Abs. 1 Nr. 7 JGG) – vor den für allgemeine Strafsachen zuständigen Gerichten.

Die Regelung des § 55 JGG begrenzt somit die Anfechtbarkeit von Entscheidungen in Jugendsachen in quantitativer und in qualitativer Hinsicht. Damit soll ein **rascher Abschluss** des Verfahrens gefördert werden.[250] Der Gesetzgeber des JGG 1953 sah insoweit die Gefahr, dass der betroffene Jugendliche eine späte Vollziehung von Unrechtsreaktionen als ein unverständliches Übel ansehen könnte, sobald er die innere Beziehung zu der zu sanktionierenden Straftat verloren habe.[251]

396 Die Einschränkungen von § 55 Abs. 1 und 2 JGG tangieren zwar den Grundsatz des Verbots der Schlechterstellung Jugendlicher und Heranwachsender gegenüber erwachsenen Angeklagten in vergleichbarer Verfahrenslage. Die dazu vorgetragenen **Bedenken**[252] lassen sich jedoch insoweit entkräften, als auch der Jugendstaatsanwaltschaft nur die begrenzten Möglichkeiten der Rechtsmitteleinlegung zur Verfügung stehen[253] und gerade jugendspezifische Reaktionen zur spezialpräventiven Einwirkung eine Rechtswegverkürzung notwendig machen.[254]

Daneben steht den Jugendlichen bzw. Heranwachsenden zudem die Anhörungsrüge gem. § 55 Abs. 4 JGG i. V. m. § 356a StPO zur Verfügung,[255] die von der Beschränkung nach § 55 Abs. 1 und 2 JGG jedoch nicht erfasst wird.[256]

5.7.1 Quantitative Begrenzung

397 Gemäß § 55 Abs. 2 S. 1 JGG kann bei zulässig eingelegter Berufung gegen das zweitinstanzliche Berufungsurteil keine Revision mehr eingelegt werden. Diese **Verkürzung des Rechtsmittelzugs** auf nur ein einziges Rechtsmittel betrifft nur

---

[250] RiL Nr. 1 S. 1 zu § 55 JGG.
[251] BT-Drs. 1/3261, Begründung, S. 46; vgl. Röhling, 2009, S. 18, 19; krit. jedoch Eisenberg, 2014, § 55 Rdn. 35.
[252] Dazu Diemer/Schatz/Sonnen, 2011, § 55 JGG Rdn. 4 f.; Ostendorf, 2013, Grdl. zu §§ 55–56 Rdn. 4.
[253] So z. B. auch Schaffstein/Beulke, 2002, S. 261.
[254] Diemer/Schatz/Sonnen, 2011, § 55 JGG Rdn. 5.
[255] Dazu Eschelbach/Geipel/Weiler, 2010, S. 325 ff.
[256] Eisenberg, 2014, § 55 Rdn. 23a.

die **Urteile** des **Jugendrichters** sowie des **Jugendschöffengerichts** als erstinstanzliche Entscheidungen. Denn gegen erstinstanzliche Urteile der Jugendkammer bzw. des Strafsenats des Oberlandesgerichts steht auch im allgemeinen Verfahrensrecht allein die Revision zur Verfügung.

> Der prinzipielle Ausschluss eines Rechtsmittels gegen ein Berufungsurteil gem. § 55 Abs. 2 JGG begegnet **keinen verfassungsrechtlichen Bedenken**. Insoweit hat das BVerfG[257] festgestellt, dass sich ein Anspruch auf einen (bestimmten) Instanzenzug verfassungsrechtlich nicht begründen lässt. Die mit § 55 Abs. 2 JGG verbundenen gesetzgeberischen Intentionen insbesondere im Hinblick auf möglichst baldige rechtskräftige Entscheidungen in Jugendsachen stellen zudem sachlich einleuchtende Gründe dar, weshalb die Rechtsmittelverkürzung auch nicht gegen den Gleichheitssatz des Art. 3 Abs. 1 GG verstößt.

Stünden einem Anfechtungsberechtigten gegen ein erstinstanzliches Urteil im allgemeinen Verfahrensrecht zwei Rechtsmittel zur Verfügung, so gibt § 55 Abs. 2 S. 1 JGG ihm hinsichtlich der Anfechtung des jugendgerichtlichen Urteils ein **Wahlrecht**. Er kann entweder Berufung (gegen Urteile des Jugendrichters zur kleinen, gegen solche des Jugendschöffengerichts zur großen Jugendkammer[258]) oder Revision (zum Strafsenat des Oberlandesgerichts) einlegen. Die Wahl muss nicht notwendigerweise zeitgleich mit Einreichen der Anfechtungsschrift ausgeübt werden. Die Entscheidung zwischen Berufung und Revision kann auch später innerhalb der Revisionsbegründungsfrist des § 345 StPO erfolgen.[259] Wird nur die Anfechtung des Urteils erklärt und die Art des Rechtsmittels nicht konkretisiert, ist dieses als Berufung zu behandeln.[260] Die endgültige Rechtsmittelwahl bedarf der für die Rechtsmitteleinlegung vorgeschriebenen Form und muss gegenüber demjenigen Gericht erfolgen, dessen Urteil angefochten wird.[261]

398

Wollen **mehrere Anfechtungsberechtigte** gegen das jugendgerichtliche Urteil vorgehen, so schließt § 55 Abs. 2 S. 2 JGG eine Umgehung der quantitativen Rechtsmittelbegrenzung von S. 1 der Norm aus. Hat der Angeklagte, der Erziehungsberechtigte oder der gesetzliche Vertreter eine zulässige Berufung eingelegt, steht keinem dieser Verfahrensbeteiligten mehr das Rechtsmittel der Revision gegen das Berufungsurteil zu.

399

Vom Grundsatz des **nicht** revisiblen Berufungsurteils in Jugendsachen gibt es mehrere **Ausnahmen**:

400

- Zwar steht demjenigen, der zulässig die Berufung eingelegt hat (z. B. dem Angeklagten), gegen das von ihm veranlasste Berufungsurteil keine Revision mehr zur Verfügung. Ein anderer Rechtsmittelführer (z. B. die Staatsanwaltschaft) kann diese jedoch einlegen, wenn er zuvor nicht selbst Berufung eingelegt hatte. Denn § 55 Abs. 2 JGG gibt jedem potentiellen Rechtsmittelführer jeweils ein

---

[257] BVerfG, NJW 1988, S. 477; vgl. aber einschränkend BVerfG, NJW 2004, S. 209 f.
[258] Dazu Kap. 4.1.2.3.
[259] Brunner/Dölling, 2011, § 55 Rdn. 15.
[260] Diemer/Schatz/Sonnen, 2011, § 55 JGG Rdn. 53; Streng, 2012, S. 286.
[261] BayObLG, NStZ-RR 1998, S. 51.

Rechtsmittel.[262] Das gilt selbst dann, wenn sich durch ein Berufungsurteil die Situation des Verurteilten – vorbehaltlich dem Verbot einer reformatio in peius[263] – verschlechtert.[264] Die Beschränkung greift dann jedoch nur hinsichtlich der jeweils angeklagten Tat; werden in einer Berufungsverhandlung weitere, von der Berufung nicht umfasste Taten mit einbezogen, so ist bezüglich dieser die Revision zulässig.[265]
- Haben mehrere Rechtsmittelberechtigte verschiedene Rechtsmittel, d. h. der eine Berufung und der andere Revision eingelegt, ist die Revision entsprechend § 335 Abs. 3 S. 1 StPO i. V. m. § 2 JGG als Berufung zu behandeln. Damit dem ursprünglichen Revisionsführer nicht infolge des von einem anderen eingelegten Rechtsmittels die von ihm gewählte Revision verloren geht, kann er später jedoch das Revisionsverfahren gegen das Berufungsurteil herbeiführen, ebenso wenn er wegen der Berufung des anderen sein eigenes Rechtsmittel wirksam zurücknimmt.[266]
- Da der Beschleunigungszweck des § 55 Abs. 2 JGG in diesem Fall nicht betroffen wird, ist auch eine Revisionserstreckung analog § 357 StPO i. V. m. § 2 JGG möglich. Erfolgt in der Revisionsinstanz die Aufhebung eines Urteils zugunsten eines Angeklagten, so ist diese Entscheidung gem. § 357 StPO auch auf den Mitangeklagten zu erstrecken, selbst wenn diesem Jugendlichen oder Heranwachsenden im Hinblick auf § 55 Abs. 2 JGG die Revisionseinlegung versagt war.[267]
- Hat das Berufungsgericht gegen das Verschlechterungsverbot des § 331 Abs. 1 StPO verstoßen[268], muss zur Absicherung dieses Prinzips als Ausnahme von § 55 Abs. 2 JGG die Revision hiergegen möglich sein.[269]
- Zudem vermag die quantitative Begrenzung des Rechtsschutzes gem. § 55 Abs. 2 S. 1 JGG im Einzelfall Einfluss auf die Möglichkeit der Wiedereinsetzung nach §§ 44, 45 StPO zu entfalten.[270]

5.7.2 Qualitative Einschränkung

401 Neben der Begrenzung auf nur ein Rechtsmittel für jeden Anfechtungsberechtigten gem. § 55 Abs. 2 JGG normiert § 55 Abs. 1 JGG eine eingeschränkte Statthaftigkeit

---

[262] Dazu Schäfer, 1998, S. 334 f.
[263] Dazu Kap. 5.7.4.
[264] OLG Oldenburg, Nds.Rpfl 2009, S. 192.
[265] KG, NStZ-RR 2007, S. 216.
[266] BayObLG, NStZ-RR 2001, S. 49; OLG Koblenz, NStZ-RR 2008, S. 218; Bode, 2000, S. 133; Brunner/Dölling, 2011, § 55 Rdn. 17; Diemer/Schatz/Sonnen, 2011, § 55 JGG Rdn. 87; Ostendorf, 2013, § 55 Rdn. 38.
[267] OLG Koblenz, StrVert 2009, S. 90; Diemer/Schatz/Sonnen, 2011, § 58 JGG Rdn. 91; Eisenberg, 2014, § 55 Rdn. 70; Mohr, 2006, S. 501; Satzger, 2007, S. 181 ff.; Streng, 2012, S. 286 f.; Swoboda, 2006, S. 379 f.; a. A. BGHSt. 51, S. 34; Meyer-Goßner, 2014, § 57 Rdn. 7.
[268] Dazu Kap. 5.7.4.
[269] Brunner/Dölling, 2011, § 55 Rdn. 11; Eisenberg, 2014, § 55 Rdn. 73; Ostendorf, 2013, § 55 Rdn. 38.
[270] KG, NStZ-RR 2006, S. 120.

5.7 Rechtsmittel

der Rechtsmitteleinlegung bei **weniger gravierenden Rechtsfolgen**. Ausgeschlossen bleibt nach § 55 Abs. 1 S. 1 JGG ein auf den Rechtsfolgenausspruch beschränktes Rechtsmittel für Entscheidungen, in denen lediglich

- Erziehungsmaßregeln angeordnet,
- Zuchtmittel verhängt oder
- Auswahl bzw. Anordnung von Erziehungsmaßregeln dem Familienrichter überlassen wurden (§ 53 JGG).

Solche Urteile können in der Schuldfrage angefochten werden, nicht aber allein wegen des Umfangs der Maßnahmen. Zudem scheidet ein Vorgehen gegen die **Sanktionswahl** mit dem Ziel aus, andere oder weitere Erziehungsmaßnahmen oder Zuchtmittel anzuordnen oder nach § 53 JGG vorzugehen. Ein insoweit eingeschränktes Rechtsmittel bleibt **nicht statthaft**. Von der Regelung des § 55 Abs. 1 S. 1 JGG **ausgenommen** ist nach S. 2 der Norm ausdrücklich nur die freiheitsentziehende Heimunterbringung des § 12 Nr. 2 JGG. 402

Die durch § 55 Abs. 1 JGG beschränkte Anfechtung von Entscheidungen hinsichtlich der Sanktionswahl gilt für **alle Rechtsmittel**. Sie bezieht sich nicht nur auf Berufung und Revision gegen Urteile. Betroffen sind auch Beschwerden gegen gerichtliche Beschlüsse, in denen Erziehungsmaßregeln oder Zuchtmittel angeordnet werden (z. B. § 65 Abs. 1 JGG). § 55 Abs. 1 JGG gilt zudem entsprechend für das Wiederaufnahmeverfahren (§§ 359 ff. StPO).[271] 403

Den Rechtsmittelberechtigten bleibt in den Fällen des § 55 Abs. 1 S. 1 JGG die **Anfechtung** der jeweiligen Entscheidung in der **Schuldfrage**. Ferner kann die **Ungesetzlichkeit** der angeordneten Rechtsfolgen geltend gemacht werden, insbesondere ein Grundrechtsverstoß.[272] Die beschränkte Rechtsfolgenanfechtung bezieht sich nach dem Wortlaut des Gesetzes auf Entscheidungen, in denen „lediglich" Erziehungsmaßregeln oder Zuchtmittel bzw. ein Vorgehen nach § 53 JGG angeordnet wurden. Erfolgt aber eine **Verbindung** dieser Maßnahmen **mit anderen Rechtsfolgen**, die § 55 Abs. 1 S. 1 JGG nicht betrifft (z. B. eine Kombination von Aussetzung der Verhängung einer Jugendstrafe nach § 27 JGG mit Erziehungsmaßregel), darf gegen den Strafausspruch insgesamt vorgegangen werden.[273] 404

Über diese Anfechtungsmöglichkeiten für alle Rechtsmittelberechtigten im Rahmen des § 55 Abs. 1 JGG hinausgehend kann die **Staatsanwaltschaft** die Entscheidung zugunsten des Angeklagten auch mit dem Ziel anfechten, eine **andere Sanktion** als die in § 55 Abs. 1 S. 1 JGG bezeichnete zu erreichen. Insoweit darf sie durchaus eine Heimerziehung gem. § 12 Nr. 2 JGG anstreben.[274] 405

---

[271] Eisenberg, 2014, § 55 Rdn. 26.
[272] Brunner/Dölling, 2011, § 55 Rdn. 11; Streng, 2012, S. 288; a. A. Diemer/Schatz/Sonnen, 2011, § 55 JGG Rdn. 5.
[273] Diemer/Schatz/Sonnen, 2011, § 55 JGG Rdn. 6; Schäfer, 1998, S. 331.
[274] Diemer/Schatz/Sonnen, 2011, § 55 JGG Rdn. 8; a. A. Brunner/Dölling, 2011, § 55 Rdn. 11; Eisenberg, 2013, § 55 Rdn. 43.

406 § 55 Abs. 1 S. 1 JGG enthält nur eine Einschränkung der Anfechtungsmöglichkeiten des Rechtsmittelberechtigten. Die Vorschrift begrenzt **nicht** die aus dem allgemeinen Verfahrensrecht folgende **Entscheidungskompetenz des Rechtsmittelgerichts**.[275] Wird ein Rechtsmittel gegen den Schuldspruch einer zu Erziehungsmaßregeln, Zuchtmitteln oder einem Vorgehen nach § 53 JGG verurteilenden Entscheidung eingelegt und lässt das Gericht den Schuldspruch unverändert, darf es dennoch – trotz § 55 Abs. 1 S. 1 JGG – den Rechtsfolgenausspruch hinsichtlich von Erziehungsmaßregeln oder Zuchtmitteln ändern (bspw. statt eines verhängten Arrests eine Verwarnung aussprechen).[276]

5.7.3 Zurücknahme

407 Die **Zurücknahme eines Rechtsmittels** richtet sich auch im Jugendstrafverfahren über § 2 JGG nach der allgemeinen Regelung des § 302 StPO. Diese erlaubt es einem Rechtsmittelberechtigten, die erklärte Anfechtung einer gerichtlichen Entscheidung wieder durch eine entsprechende Prozesserklärung aufzugeben. Nach Abs. 1 S. 1 der Vorschrift darf ein von der Staatsanwaltschaft zugunsten des Beschuldigten eingelegtes Rechtsmittel nicht mehr ohne dessen Zustimmung zurückgenommen oder beschränkt werden. Gleiches gilt für den Verzicht auf Rechtsmittel, bei dem im Übrigen ohnehin sorgfältig zu prüfen bleibt, ob der Jugendliche bzw. Heranwachsende im konkreten Fall in der Lage war, diesen hinreichend eigenverantwortlich zu erklären.[277]

§ 302 StPO wird ergänzt durch § 55 Abs. 3 JGG. Danach kann der **Erziehungsberechtigte** oder der **gesetzliche Vertreter** ein von ihm eingelegtes Rechtsmittel nur mit Zustimmung des Angeklagten zurücknehmen. Selbst wenn Letzterer auf Rechtsmittel verzichtet hat, bleibt es bei dieser Regelung des § 55 Abs. 3 JGG, denn der Verzicht des Angeklagten kann gerade im Hinblick auf die seitens der anderen Verfahrensbeteiligten zu seinen Gunsten erfolgten Anfechtung erklärt worden sein.[278] § 55 Abs. 3 JGG gilt auch für eine nachträgliche Rechtsmittelbeschränkung.[279]

5.7.4 Verbot der reformatio in peius

408 Das **Verschlechterungsverbot** der §§ 331 Abs. 1 und 358 Abs. 2 StPO betrifft auch das Jugendstrafverfahren.[280] Dieses Prinzip soll demjenigen, der berechtigt ist, zu-

---

[275] BGHSt. 10, S. 198 ff.; Brunner/Dölling, 2011, § 55 Rdn. 12; Eisenberg, 2014, § 55 Rdn. 53; Ostendorf, 2013, § 55 Rdn. 25; Streng, 2012, S. 289; a. A. Schaffstein/Beulke, 2002, S. 263.
[276] Dazu Wölfl, 2004, S. 55 ff.
[277] Allgemein d'Alquen/Daxhammer/Kudlich, 2006, S. 220 f.
[278] Streng, 2012, S. 291 f.
[279] Brunner/Dölling, 2011, § 55 Rdn. 5.
[280] BGHSt. 10, S. 202; eingehend Baumann, 1999, S. 33 ff.

5.7 Rechtsmittel

gunsten des Verurteilten ein Rechtsmittel einzulegen, die Befürchtung nehmen, es könne durch sein Vorgehen dem Angeklagten ein Nachteil im Sinne **gravierenderer Rechtsfolgen** entstehen.[281]

Ein Urteil, gegen das **Berufung** oder **Revision** eingelegt wurde, darf in Art und Höhe der Rechtsfolgen der Tat nicht zuungunsten des Angeklagten verändert werden, sofern

- nur der Angeklagte,
- sein Erziehungsberechtigter,
- sein gesetzlicher Vertreter oder
- die Staatsanwaltschaft

zugunsten des Angeklagten das Rechtsmittel eingelegt hat.

409 Untersagt das Verschlechterungsverbot nur die Verhängung schwererer Unrechtsreaktionen, so kann es zu Veränderungen im Schuldspruch oder zur Verhängung anderer Rechtsfolgen als den im angefochtenen Urteil angeordneten kommen. Zum Nachteil des Angeklagten darf jedoch auch der Rechtsfolgenausspruch verändert werden, wenn die Staatsanwaltschaft zuungunsten des Angeklagten ein Rechtsmittel eingelegt hat. Zwar gilt das Verschlechterungsverbot prinzipiell auch für **Maßregeln der Besserung und Sicherung**. Es bleiben jedoch gem. §§ 331 Abs. 2, 358 Abs. 2 S. 2 StPO die Unterbringung in einem psychiatrischen Krankenhaus sowie in einer Entziehungsanstalt nach § 7 JGG i. V. m. §§ 63, 64 StGB hiervon ausgenommen. Diese stationären Maßregeln dürfen selbst bei alleiniger Rechtsmitteleinlegung durch den Angeklagten angeordnet oder zu seinem Nachteil ausgetauscht werden.[282]

410 Das Verbot der Veränderung von Art und Höhe der Rechtsfolgen zuungunsten des Angeklagten erfordert eine Beurteilung der Schwere der Unrechtsreaktionen zueinander. Hierbei kommt es auf eine **Gesamtbetrachtung** der Rechtsfolgenanordnung insgesamt im konkreten Fall an.[283] Dies bereitet vor allem dann Schwierigkeiten, wenn mehrere Unrechtsreaktionen verbunden werden.[284] Bei einigen Rechtsfolgen erscheint die **Rangfolge** offensichtlich.[285] So verbietet das Verschlechterungsverbot etwa die Verhängung einer höheren Jugend- statt einer allgemeinen Freiheitsstrafe[286] nach dem StGB. Umgekehrt darf eine niedrigere Freiheitsstrafe statt einer Jugendstrafe ausgesprochen werden, wenn eine Reststrafenaussetzung zur selben Zeit möglich ist.[287]

---

[281] BGHSt. 27, S. 178.
[282] BGHSt. 37, S. 5.
[283] Pfeiffer G., 2005, § 331 Rdn. 3.
[284] BGHSt. 24, S. 11.
[285] Zum Ganzen eingehend Baumann, 1999, S. 113 ff.; Brunner/Dölling, 2011, § 55 Rdn. 21 ff.; Diemer/Schatz/Sonnen, 2011, § 55 JGG Rdn. 34 ff.; Eisenberg, 2014, § 55 Rdn. 75 ff.; Ostendorf, 2013, § 55 Rdn. 15 ff.; Schaffstein/Beulke, 2002, S. 264 f.; Streng, 2012, S. 291.
[286] BGHSt. 29, S. 271.
[287] BGHSt. 29, S. 274.

Wenig problematisch erscheint das Verhältnis von Jugend- und Freiheitsstrafe ohne bzw. mit Bewährung[288]:

Freiheitsstrafe ohne Bewährung (§ 38 StGB)
↓
Jugendstrafe ohne Bewährung (§ 17 JGG)
↓
zur Bewährung ausgesetzte Freiheitsstrafe (§ 56 StGB)
↓
zur Bewährung ausgesetzte Jugendstrafe (§ 21 JGG)
↓
zur Bewährung ausgesetzte Verhängung der Jugendstrafe (§ 27 JGG)

Der Freiheits- bzw. Jugendstrafe folgen auf einer **gedachten Schwereskala** absteigend die Heimerziehung i. S. d. § 12 Nr. 2 JGG sowie anschließend der Jugendarrest (§ 16 JGG).[289] Besondere Abstufungsprobleme ergeben sich für die übrigen Erziehungsmaßregeln und Zuchtmittel. Gerade angesichts der Verschiedenartigkeit denkbarer Weisungen und Auflagen kann es für diesen Bereich keine abstrakte Schwere-Rangfolge geben. Hier bedarf es eines konkreten Reaktionsvergleichs im Einzelfall.[290]

5.7.5 Teilvollstreckung bei Einheitsstrafe

411 Prinzipiell dürfen Strafurteile vor dem Eintritt der formellen Rechtskraft nicht vollstreckt werden (§ 449 StPO). Diese liegt vor, wenn die Entscheidung nicht mehr mit Rechtsmitteln angefochten werden kann. Rechtskraft vermag indes auch bloß hinsichtlich eines Teils der Urteilsformel einzutreten. Eine solche **Teilrechtskraft** besteht als vertikale etwa dann, wenn bei einer Mehrzahl von abgeurteilten Taten der Rechtsbehelf diese nur teilweise betrifft. Von horizontaler Teilrechtskraft spricht man dagegen, wenn z. B. nur die Rechtsfolgenentscheidung mit Rechtsmitteln angegriffen wird mit der Folge, dass der Schuldspruch in (Teil-)Rechtskraft erwächst.[291]

412 Eine **gesetzliche Ausnahme** von § 449 StPO stellt die Teilvollstreckung einer Einheitsstrafe gem. § 56 Abs. 1 JGG dar. Diese gilt nach § 109 Abs. 2 JGG auch für verurteilte Heranwachsende bei Anwendung von Jugendstrafrecht.

---

[288] OLG Brandenburg, StrVert 2009, S. 89.
[289] Brunner/Dölling, 2011, § 55 Rdn. 23; Streng, 2012, S. 291.
[290] Eisenberg, 2014, § 55 Rdn. 78; Schaffstein/Beulke, 2002, S. 265.
[291] Zum Ganzen Meyer-Goßner, 2014, Einl. Rdn. 184 ff., § 449 Rdn. 9 ff.; Pfeiffer G., 2005, § 449 Rdn. 4.

Gemäß § 56 Abs. 1 JGG ist eine **Vollstreckung aus nicht rechtskräftigem Strafausspruch** möglich, wenn

- für in Tatmehrheit stehende Straftaten eine Jugendstrafe nach § 31 JGG, § 32 JGG analog oder § 66 JGG als Einheitsstrafe verhängt wurde (Abs. 1 S. 1),
- die Schuldfeststellungen bei einer oder mehreren, jedoch nicht bei allen Taten beanstandet sind (Abs. 1 S. 1) und
- die Anordnung einer Teilvollstreckung dem wohlverstandenen Interesse des Jugendlichen entspricht (Abs. 1 S. 2).

§ 56 Abs. 1 JGG knüpft an die **vertikale Teilrechtskraft** an; der Schuldspruch darf noch nicht hinsichtlich aller Straftaten rechtskräftig sein. Damit scheidet eine partielle Vollstreckbarkeit des Urteils aus, wenn bereits der gesamte Schuldspruch in Rechtskraft erwachsen ist und der Strafausspruch teilweise angefochten wird.[292]

Mit § 56 Abs. 1 S. 2 JGG wird die Durchbrechung von § 449 StPO von einer **unbestimmten Regelung** abhängig gemacht. Man geht davon aus, dass ein **wohlverstandenes Interesse** des Betroffenen dann eine Teilvollstreckung angezeigt erscheinen lässt, wenn der Verurteilte in einer gefährdenden Umgebung lebt und dies eine rasche Vollstreckung der freiheitsentziehenden Reaktionen erfordert. § 56 Abs. 1 S. 2 JGG soll auch nahe liegen, wenn eine Herausnahme aus der Untersuchungshaft und ein früherer Beginn des Vollzugs der Jugendstrafe mehr spezialpräventive Effizienz des Freiheitsentzugs verspricht.[293]

413

Die Erklärung eines Teils der Strafe als vollstreckbar steht im pflichtgemäßen **Ermessen des Rechtsmittelgerichts**. § 56 Abs. 1 S. 3 JGG legt dabei fest, dass die Höhe des zu vollstreckenden Teils sich nach der Dauer der Jugendstrafe für diejenigen Taten bestimmt, hinsichtlich derer der Schuldspruch nicht angefochten wurde.

414

> **Beispiel**
>
> Der 17-jährige J wird vom Jugendschöffengericht wegen zweier in Tatmehrheit stehender Körperverletzungsdelikte zu einer Jugendstrafe von 18 Monaten verurteilt. Ihm wurde vorgeworfen, im Verlauf eines Volksfestes an zwei verschiedenen Tagen jeweils Festzeltbesucher angegriffen und erheblich verletzt zu haben. J akzeptiert die Verurteilung wegen der ersten Tat. Er legt aber Berufung gegen die Verurteilung wegen der zweiten Tat ein und behauptet, insoweit sei er mit einem anderen Jugendlichen verwechselt worden. Befindet sich J in Untersuchungshaft und wird nach Kenntnis der Jugendkammer als Berufungsgericht in der Jugendstrafanstalt gerade ein mehrmonatiges Antiaggressivitätstraining angeboten, für das J sich eignet, ist eine entsprechende Teilvollstreckung vor Ergehen der Berufungsentscheidung im Behandlungsinteresse des Betroffenen möglich.

---

[292] Brunner/Dölling, 2011, § 56 Rdn. 3; Eisenberg, 2014, § 56 Rdn. 9; a. A. Diemer/Schatz/Sonnen, 2011, § 56 JGG Rdn. 3; Ostendorf, 2013, § 56 Rdn. 4; Streng, 2012, S. 292.
[293] Brunner/Dölling, 2011, § 56 Rdn. 4.

415 Gegen den Beschluss des Rechtsmittelgerichts über die Erklärung eines Teils der Strafe als vollstreckbar ist gem. § 56 Abs. 2 JGG das Rechtsmittel der sofortigen Beschwerde (§ 311 StPO) gegeben. Da es sich bei § 56 JGG um eine Ausnahme von § 449 StPO handelt, hemmt die Einlegung der sofortigen Beschwerde entgegen § 307 Abs. 1 StPO den Vollzug der Entscheidung über die teilweise Vollstreckung der Einheitsstrafe.[294]

---

[294] Eisenberg, 2014, § 56 Rdn. 14.

6 Das jugendstrafrechtliche Rechtsfolgensystem

Das jugendstrafrechtliche Rechtsfolgensystem weist weit reichende Unterschiede **416** im Vergleich zu den im Erwachsenenstrafrecht möglichen Sanktionen auf. Dieses kennt als Hauptstrafen die – zeitige oder lebenslange – Freiheitsstrafe (§§ 38 f. StGB) sowie die Geldstrafe (§§ 40 ff. StGB). Das Jugendstrafrecht zeichnet sich demgegenüber zum einen durch eine viel **größere Bandbreite** der Reaktionsformen auf delinquentes Verhalten aus. Zum anderen stellt die Geldstrafe keine bei Anwendung von Jugendstrafrecht vorgesehene Sanktion dar.[1] Diese Divergenzen bei den Rechtsfolgen sind dem Grundgedanken des Jugendstrafrechts geschuldet. Indem das Gesetz dem Richter eine Vielzahl von Reaktionsmöglichkeiten zur Verfügung stellt, soll er in die Lage versetzt werden, diejenige unter ihnen auszuwählen, welche sich zur erzieherischen Einwirkung auf den jungen Rechtsbrecher am besten eignet. Demgegenüber erscheint die Geldstrafe bei jungen Menschen aufgrund oftmals fehlender finanzieller Mittel nicht sinnvoll – ein weiterer Aspekt, der gegen die Unterwerfung Heranwachsender unter das allgemeine Strafrecht spricht.[2]

Anderes gilt, sofern gegenüber Heranwachsenden nach § 105 Abs. 1 JGG allgemeines Strafrecht zur Anwendung kommt. In diesem Fall bleibt es dem Grunde nach bei den im StGB vorgesehenen Rechtsfolgen. Durch die Regelung des § 106 JGG werden jedoch einzelne Bestimmungen modifiziert.[3]

Als problematisch erweist sich der Fall, in dem mehrere Straftaten zur Aburteilung anstehen, auf die – isoliert betrachtet – teils Jugendstrafrecht, teils allgemeines Strafrecht anzuwenden wäre. § 32 JGG ordnet für diesen Fall an, dass diese **Straftaten in verschiedenen Alters- und Reifestufen** je nach dem Schwergewicht einheitlich jugendstrafrechtlicher oder allgemeiner Sanktionierung unterworfen werden.

---

[1] De lege ferenda deren Auferlegung auch gegenüber Jugendlichen befürwortend Kusch, 2006, S. 67 f.; zur Geldauflage als einer eine Zahlungspflicht auslösenden Reaktion näher unten Kap. 8.5.2.4.

[2] Vgl. Heinz, 2008a, S. 65.

[3] Dazu unten Kap. 6.3.

Als Voraussetzung jeglicher strafrechtlichen Reaktion – egal ob nach Jugend- oder Erwachsenenstrafrecht – verlangt das Gesetz stets eine Verfehlung, die nach den allgemeinen Vorschriften mit Strafe bedroht ist (§ 1 Abs. 1 JGG). Es muss sich also um ein objektiv wie subjektiv tatbestandsmäßiges und rechtswidriges Verhalten handeln, das im StGB oder einem strafrechtlichen Nebengesetz als Verbrechen im materiellen Sinn mit Kriminalstrafe belegt ist.

417 Auf die Behandlung von **Ordnungswidrigkeiten** findet das differenzierte jugendstrafrechtliche Instrumentarium dagegen keine Anwendung. Bei Ordnungswidrigkeiten geht es um rechtswidrige und vorwerfbare Handlungen, die aufgrund gesetzlicher Anordnung mit einer Geldbuße geahndet werden können (§ 1 Abs. 1 OWiG). Hier bleibt es auch gegenüber Jugendlichen bei der Möglichkeit der Verhängung einer Geldbuße, sofern diesen unter den Voraussetzungen des § 3 S. 1 JGG die Zuwiderhandlung gegen die Rechtsnorm zum Vorwurf gemacht werden darf. Auch im Übrigen beanspruchen weithin die Verfahrensregelungen des OWiG Geltung. Den Bußgeldbescheid (§ 65 OWiG) erlässt die örtlich und sachlich zuständige Verwaltungsbehörde, § 35 OWiG. Ein gerichtliches Verfahren findet nur auf Einspruch hin statt (§§ 67 ff. OWiG). Eine Sonderregelung besteht allerdings für den Fall, dass Einspruch eingelegt wurde. Im Verfahren gegen Jugendliche und Heranwachsende entscheidet hierüber der Jugendrichter, § 68 Abs. 2 OWiG. Spezielle Vorschriften enthält das Ordnungswidrigkeitenrecht ferner im Vollstreckungsverfahren gem. § 98 OWiG für den Fall, dass der junge Rechtsbrecher die Geldbuße nicht zahlt.

418 Unberührt von den jugendstrafrechtlichen Rechtsfolgen bleibt auch die **zivilrechtliche Verantwortlichkeit** für Ansprüche, welche aus delinquentem Verhalten resultieren können. Diese richtet sich nach den Anspruchsgrundlagen des Bürgerlichen Rechts. Insoweit regeln §§ 828 Abs. 3, 829 BGB in spezieller Weise die Voraussetzungen der deliktischen Schadenshaftung Jugendlicher, während Heranwachsende zivilrechtlich den älteren Volljährigen gleichstehen.

6.1 Überblick über die Sanktionen des Jugendstrafrechts

419 Als originäre Folgen von strafrechtlichen Verfehlungen Jugendlicher sieht das Gesetz drei Kategorien von Sanktionsarten vor: Erziehungsmaßregeln (§§ 5 Abs. 1, 9 ff. JGG), Zuchtmittel (§§ 5 Abs. 2 1. Alt., 13 ff. JGG) und Jugendstrafe (§§ 5 Abs. 2 2. Alt., 17 ff. JGG).

An **Erziehungsmaßregeln** werden die Erteilung von Weisungen (§§ 9 Nr. 1, 10 f. JGG) sowie die Anordnung, Hilfe zur Erziehung in Anspruch zu nehmen (§ 9 Nr. 2 JGG), bereitgehalten. § 12 JGG benennt die möglichen Maßnahmen der Erziehungshilfe näher: In Betracht kommt zum einen Erziehungsbeistandschaft (§ 12 Nr. 1 JGG i. V. m. § 30 SGB VIII), zum anderen Heimerziehung (§ 12 Nr. 2 JGG, § 34 SGB VIII).

Zuchtmittel sind die Verwarnung (§§ 13 Abs. 2 Nr. 1, 14 JGG), die Erteilung von Auflagen (§§ 13 Abs. 2 Nr. 2, 15 JGG) sowie der Jugendarrest (§§ 13 Abs. 2 Nr. 3, 16, 16a JGG).

Jugendstrafe wird entweder wegen schädlicher Neigungen (§ 17 Abs. 2 1. Alt. JGG) oder Schwere der Schuld (§ 17 Abs. 2 2. Alt. JGG) für bestimmte Dauer (§ 18 JGG) verhängt. Ihre Vollstreckung kann zur Bewährung ausgesetzt werden

(§§ 21 ff. JGG). Lässt sich zum Urteilszeitpunkt nicht sicher sagen, ob schädliche Neigungen im erforderlichen Umfang vorliegen, so darf sogar die Entscheidung über die Verhängung der Jugendstrafe für eine bestimmte Zeit ausgesetzt werden (§§ 27 ff. JGG).

Gegen **Heranwachsende**, für die Jugendstrafrecht gilt, kommen diese Sanktionen mit einer Ausnahme ebenfalls zur Anwendung. § 105 Abs. 1 JGG verweist nicht auf die nach §§ 9 Nr. 2, 12 JGG vorgesehenen Erziehungsmaßregeln des Kinder- und Jugendhilferechts.

6.2 Allgemeine Vorgaben für die Auswahl jugendstrafrechtlicher Reaktionen

Das Jugendstrafrecht kennzeichnet die Abstufung der Sanktionsformen. Im Gesetz verdeutlicht findet sich dies in § 5 Abs. 2 wie in § 13 Abs. 1 und § 17 Abs. 2 JGG: Zuchtmittel oder Jugendstrafe kommen nur in Betracht, „wenn Erziehungsmaßregeln nicht ausreichen", bei Zuchtmitteln ist „Jugendstrafe nicht geboten" und als Voraussetzung der Jugendstrafe wegen schädlicher Neigungen dürfen „Erziehungsmaßregeln oder Zuchtmittel zur Erziehung nicht ausreichen". Gleiches gilt für die wegen der Schuldschwere vorgesehene Jugendstrafe.[4] Diese muss sich als gegenüber Zuchtmitteln „erforderlich" darstellen. Insoweit spricht man vielfach von der **Subsidiarität** der (gravierenderen im Verhältnis zu den weniger einschneidenden) Rechtsfolgen oder von der **Ultima-Ratio-Funktion** der Jugendstrafe. 420

Als weiteres wichtiges allgemeines Prinzip bleibt der in § 31 JGG enthaltene Gedanke zu nennen. Selbst bei einer Mehrheit von Straftaten soll der Grundsatz der **einheitlichen Rechtsfolge** gewahrt werden. Das gilt nicht nur in Fällen tateinheitlich begangener Straftaten, für die § 52 StGB im allgemeinen Strafrecht eine vergleichbare Regelung vorsieht. Anders als im Erwachsenenstrafrecht setzt das Gericht auch dann lediglich eine Sanktion fest, wenn nach allgemeinen Grundsätzen ein Fall von Tatmehrheit vorläge und nach §§ 53 ff. StGB eine Gesamtstrafe gebildet werden müsste.[5] 421

6.2.1 Jugendstrafrecht und Verhältnismäßigkeitsprinzip

Die Vorgaben des Gesetzes gehen von einer **generell-abstrakten Einordnung** der Rechtsfolgen hinsichtlich ihrer Schwere aus. Erziehungsmaßregeln gelten als weniger einschneidend im Vergleich zu Zuchtmitteln und diese sollen weniger gravierend wirken als die Jugendstrafe. Erziehungsmaßregeln ordnet der Richter lediglich „aus Anlass der Straftat" an (§ 5 Abs. 1 JGG), während eine Straftat mit Zuchtmitteln oder Jugendstrafe „geahndet" wird (§ 5 Abs. 2 JGG). Die unterschiedliche Wortwahl impliziert eine Rangfolge im Hinblick auf die Schwere des in der 422

---

[4] Streng, 2012, S. 126.
[5] Näher unten Kap. 6.5.

Sanktionierung zum Ausdruck kommenden Unwerturteils und damit auch des mit jener verbundenen Eingriffs in die Grundrechte des jungen Rechtsbrechers. Dabei bleiben jedoch drei Aspekte ausgeklammert: zum Ersten die konkrete Auswirkung der jeweiligen Maßnahme, zum Zweiten der Gedanke der Diversion und zum Dritten der für die gesamte Rechtsordnung und damit auch die jugendstrafrechtlichen Sanktionen Geltung beanspruchende Grundsatz der Verhältnismäßigkeit.

423 Unbeschadet der gesetzgeberischen Wertung vermag sich bei **konkreter Betrachtung** im Einzelfall eine Erziehungsmaßregel viel stärker auf die Freiheiten des Delinquenten auszuwirken als ein Zuchtmittel oder eine Jugendstrafe. Man vergleiche etwa die Verwarnung (§§ 13 Abs. 2 Nr. 1, 14 JGG) oder die zur Bewährung ausgesetzte Jugendstrafe (§ 21 JGG) mit der lediglich als Erziehungsmaßregel ausgestalteten Heimerziehung nach § 12 Nr. 2 JGG, § 34 SGB VIII.

424 Unter Berücksichtigung des aus dem Rechtsstaatsprinzip (Art. 20 Abs. 3, 28 Abs. 1 S. 1 GG) erwachsenden[6] **Verhältnismäßigkeitsgrundsatzes** hat man deshalb von einer die gesetzliche Abstufung wie folgt modifizierenden **Rangfolge** der jugendstrafrechtlichen Reaktionsformen auszugehen:[7]

- In erster Linie ist von formellen Sanktionsformen zugunsten informeller Erledigungsstrategien (§§ 45, 47 JGG) abzusehen (**Diversion**).[8]
- Erscheint eine informelle Erledigung nicht möglich, muss diejenige formelle Sanktion Anwendung finden, welche die besten Aussichten für die spezialpräventive Beeinflussung des Delinquenten hin zur Resozialisierung bietet (**Geeignetheit** i. S. d. Verhältnismäßigkeitsgrundsatzes).[9]
- Unter mehreren gleich erfolgsträchtigen Sanktionen verdient diejenige den Vorzug, welche die geringste Beeinträchtigung für die Freiheitsrechte des Betroffenen beinhaltet (**Erforderlichkeit** i. S. d. Verhältnismäßigkeitsgrundsatzes).[10] Ambulanten Maßnahmen gebührt danach bei gleicher Eignung der Vorrang vor stationären Reaktionsformen einschließlich der Heimerziehung. Jugendstrafe bildet also – zumal wenn sie vollstreckt werden soll – die **Ultima Ratio** der jugendstrafrechtlichen Sanktionen.[11] Dies ergibt sich bei der verfassungsrechtlichen Fundierung auch des Jugendkriminalrechts bereits aus dem Verhältnismäßigkeitsgrundsatz selbst.

425 Der Grundsatz der **Verhältnismäßigkeit im engeren Sinn** erlangt demgegenüber – wie generell im Strafrecht – **kaum Bedeutung**. Dabei geht es um die Frage, ob das

---

[6] So BVerfGE 76, S. 359; 80, S. 120; dazu auch Ostendorf, 2006, S. 322.
[7] Ähnlich Altenhain/Laue, in: MünchKomm-StGB, 2013, § 5 JGG Rdn. 21; Eisenberg, 2014, § 5 Rdn. 20; Meier/Rössner/Schöch, 2013, S. 111 ff.; HK-GS/Rössner/Lenz, 2013, § 46 StGB Rdn. 60; Schaffstein/Beulke, 2002, S. 93; Streng, 2012, S. 127; siehe ferner Ostendorf, 2013, § 5 Rdn. 3.
[8] Dazu bereits Kap. 5.2.1.
[9] Hierzu ausführlich Lenz T., 2007, S. 61 ff.
[10] Siehe dazu auch Lenz T., 2007, S. 167 ff.
[11] Vgl. BVerfGE 116, S. 85; Brunner/Dölling, 2011, § 17 Rdn. 2; Gusy, 2006, S. 651; Schaffstein/Beulke, 2002, S. 150.

6.2 Allgemeine Vorgaben für die Auswahl jugendstrafrechtlicher Reaktionen

geeignete und erforderliche Mittel im Hinblick auf den mit ihm verfolgten Zweck ergriffen werden darf oder ob die staatliche Reaktion gegen das Übermaßverbot verstößt.[12] Durch die Einordnung bestimmter Verhaltensweisen als Straftaten, die Statuierung von rechtfertigenden oder entschuldigenden Gegengründen sowie die Festlegung möglicher Rechtsfolgen hat der Gesetzgeber selbst bereits über die prinzipielle Verhältnismäßigkeit kriminalrechtlicher Sanktionierung mit den von ihm zur Verfügung gestellten Maßnahmen entschieden. Eine Ausnahme hiervon gilt es nur für den Fall anzuerkennen, dass selbst die im Einzelfall mildeste denkbare Sanktion über das Bedürfnis einer spezialpräventiven Einwirkung hinausreicht. Diese Abweichung von den im allgemeinen Strafrecht gültigen Prinzipien rechtfertigt sich mit dem Charakter des Jugendstrafrechts als Täterstrafrecht.[13] Derartige Fälle werden allerdings nur äußerst selten vorkommen. Zudem sollten sie in der Praxis durch informelle Erledigungsstrategien, also im Wege der Diversion, oder gar durch ein Ausweichen auf rein jugendhilferechtliche Maßnahmen einer Lösung zugeführt werden.

6.2.2 Vorrang der Unterbringungsanordnung

Nach § 5 Abs. 3 JGG wird von Zuchtmitteln (§ 13 Abs. 2 JGG) oder von Jugendstrafe abgesehen, wenn die Unterbringung in einem psychiatrischen Krankenhaus oder einer Entziehungsanstalt (vgl. §§ 63 f. StGB) die **Ahndung entbehrlich** macht. Die Regelung dient somit dem Zweck, die im allgemeinen Strafrecht mögliche Kumulation strafender und bessernder bzw. sichernder Unrechtsreaktionen zugunsten der Einspurigkeit freiheitsentziehender Maßnahmen im Jugendrecht zu vermeiden.[14] Im Umkehrschluss folgt allerdings aus § 5 Abs. 3 JGG, dass die Verurteilung zu Jugendstrafe und die gleichzeitige Anordnung der Unterbringung nicht grundsätzlich ausgeschlossen sind.[15] In diesem Fall muss das erkennende Gericht ausweislich des Urteils § 5 Abs. 3 JGG aber geprüft haben.[16]

426

Die Norm setzt einerseits stets **schuldhaftes Handeln** des Delinquenten voraus, weil anderenfalls schon nach allgemeinen Grundsätzen die Ahndung eines Verhaltens mit Zuchtmitteln oder Jugendstrafe nicht in Betracht kommt.[17] Andererseits fehlt es gem. § 63 StGB an den Voraussetzungen einer Unterbringung im psychiatrischen Krankenhaus, wenn die Schuldfähigkeit überhaupt nicht beeinträchtigt war. Betroffen sind insoweit also Fälle, in denen der Täter im Zustand verminderter

---

[12] Vgl. BVerfGE 65, S. 54; 92, S. 326 f.; zum Ganzen auch Lenz T., 2007, S. 206 ff.
[13] In diesem Sinne Streng, 2012, S. 127 f.; vgl. auch Diemer/Schatz/Sonnen, 2011, § 10 JGG Rdn. 22, § 5 JGG Rdn. 6 f.
[14] BGHSt. 39, S. 95; BGH, NJW 2009, S. 2695; Diemer/Schatz/Sonnen, 2011, § 5 JGG Rdn. 19; siehe auch BGH, NStZ-RR 2002, S. 182 f.; NStZ-RR 2003, S. 186; NStZ-RR 2009, S. 354; Rose, 2010, S. 197.
[15] BVerfG, NStZ-RR 2007, S. 187.
[16] BGH, NStZ-RR 2014, S. 28.
[17] Streng, 2012, S. 131.

Schuldfähigkeit (§ 21 StGB) straffällig geworden ist.[18] Die Unterbringung in einer Entziehungsanstalt nach § 64 StGB verlangt demgegenüber keine Verminderung der Schuldfähigkeit.[19]

427 § 5 Abs. 3 JGG räumt seinem Wortlaut gemäß dem Richter kein Ermessen ein;[20] bei der Klärung der Frage nach der Entbehrlichkeit der Ahndung bedarf es allerdings der Ausfüllung eines **unbestimmten Rechtsbegriffs**. Regelmäßig werden bei Vorliegen der Voraussetzungen einer Unterbringungsanordnung Zuchtmittel oder Jugendstrafe keinen Zweck mehr erfüllen können,[21] weil sie bei Durchführung der Unterbringung als einschneidender Maßnahme weder den Jugendlichen zusätzlich spezialpräventiv zu beeinflussen vermögen noch zum Schuldausgleich geboten erscheinen. Bei Kapitaldelikten hegt der BGH hieran allerdings nunmehr Zweifel.[22] Ist danach ausnahmsweise die Kumulation von Maßregel und Strafe geboten, bleibt dies bei der Bemessung letzterer zu berücksichtigen.[23] Die Subsidiarität dürfte ferner hinsichtlich der in § 5 Abs. 3 JGG nicht genannten Erziehungsmaßregeln (§ 9 JGG) gelten. Deren Kombination mit einer Unterbringungsanordnung gem. § 5 Abs. 3 JGG wird als zwar zulässig, jedoch untunlich beurteilt.[24]

> Wird die Unterbringungsanordnung auf die Revision des Angeklagten hin aufgehoben, erstreckt das Revisionsgericht die Urteilsaufhebung auf die gem. § 5 Abs. 3 JGG getroffene Entscheidung, von Jugendstrafe abzusehen. Das Verbot der reformatio in peius[25] steht diesem Vorgehen wegen § 358 Abs. 2 S. 2 StPO nicht entgegen.[26]

6.3 Anwendbarkeit von Rechtsfolgen des allgemeinen Strafrechts

428 Wie sich bereits aus § 10 StGB und § 2 Abs. 2 JGG ergibt, bleibt eine Anwendung der Rechtsfolgen des allgemeinen Strafrechts möglich, sofern im JGG keine gegenteilige Anordnung getroffen ist. § 8 Abs. 3 JGG konkretisiert diesen Grundsatz dahin gehend, dass neben Erziehungsmaßregeln, Zuchtmitteln und Jugendstrafe auf ausdrücklich für anwendbar erklärte Nebenstrafen und Nebenfolgen des allgemeinen Strafrechts erkannt werden darf. § 7 JGG regelt die Anwendbarkeit von Maßregeln der Besserung und Sicherung gem. §§ 61 ff. StGB.

---

[18] Vgl. Böhm/Feuerhelm, 2004, S. 164; Brunner/Dölling, 2011, § 5 Rdn. 2.
[19] BGH, StrVert 1998, S. 75; NStZ-RR 2010, S. 276; Fischer Th., 2014, § 64 Rdn. 14.
[20] Altenhain/Laue, in: MünchKomm-StGB, 2013, § 5 JGG Rdn. 24; a.A. BGH, NStZ-RR 2014, S. 28.
[21] Vgl. Brunner/Dölling, 2011, § 5 Rdn. 2; Eisenberg, 2014, § 5 Rdn. 28; HK-JGG/Rössner, 2011, § 7 Rdn. 5; anders Ott, 2010, S. 887; wohl auch BGH, NStZ 2004, S. 296; NJW 2009, S. 2695; NStZ-RR 2010, S. 276.
[22] Siehe BGH, StraFo 2011, S. 288.
[23] Vgl. BGH, NStZ-RR 2010, S. 276.
[24] So Streng, 2012, S. 132 f.
[25] Dazu Kap. 5.7.4.
[26] BGH, NStZ-RR 2013, S. 311; krit. dazu Eisenberg, 2013b, S. 167 f.

6.3.1 Nebenstrafen und Nebenfolgen

Als **Nebenstrafe** bezeichnet das StGB ausdrücklich lediglich das Fahrverbot (§ 44 StGB). Dessen Verhängung bleibt auch im Jugendstrafrecht statthaft, wie sich aus § 76 S. 1 JGG ergibt. Dabei kommt die Anordnung eines Fahrverbots nicht nur als Nebenstrafe im eigentlichen Sinn, d. h. neben einer Jugendstrafe, sondern auch als „Nebenerziehungsmaßregel" oder „Nebenzuchtmittel" in Betracht.[27] Gleiches gilt trotz des Wortlauts des § 8 Abs. 3 JGG für die Verbindung mit einem Schuldspruch i. S. d. § 27 JGG.[28]

429

Wie § 76 S. 1 JGG weiter klarstellt, finden auch der **Verfall** (§§ 73 ff. StGB) des aus der Tat gezogenen Gewinns als Maßnahme eigener Art[29] sowie die **Einziehung** der durch die Tat hervorgebrachten oder zu ihrer Begehung bestimmten Gegenstände (producta vel instrumenta sceleris – praxisrelevant bei jungen Tätern etwa für verbotene Waffen[30] oder Betäubungsmittel) gem. §§ 74 ff. StGB Anwendung, wobei die Einziehung in manchen Konstellationen (Neben-)Strafcharakter aufweist.[31] Es spielt für die Anwendbarkeit der Vorschriften über den Verfall keine Rolle, ob ihm im konkreten Fall die Funktion als Nebenstrafe eignet. Auch die Einziehung von Schriften und **Unbrauchbarmachung** nach § 74d StGB bleiben als Bestandteil der Einziehungsvorschriften zulässig.[32] Es sollte jedoch vermieden werden, mit Hilfe der Vorschriften über Einziehung und Verfall die Wirkungen einer – dem JGG nicht bekannten[33] – Geldstrafe zu erzielen. So werden der Verfall bzw. die Einziehung des **Wertersatzes** entgegen §§ 73a, 74c StGB zu unterbleiben haben, wenn der Jugendliche entreichert ist.[34] Anders sieht dies nunmehr für § 73a StGB der BGH, der sich dabei auf den Charakter des § 6 JGG als abschließende Ausnahmevorschrift und die sich aus § 15 Abs. 1 S. 1 Nr. 1 und 4, Abs. 2 Nr. 2 JGG erge-

430

---

[27] Vertiefend Kühn, 2008, S. 132; gänzlich ablehnend Halecker, 2009, S. 183 ff.; zu Vorhaben, den Anwendungsbereich des Fahrverbots im Jugendstrafrecht zu erweitern, etwa BR-Drs. 238/04, S. 20 f.; 77/08, S. 3; BT-Drs. 16/1027, S. 7 f.; 16/8695, S. 10; Merk, 2008, S. 71; krit. zu derartigen Tendenzen Halecker, 2009, S. 196 ff.; Heinz, 2008, S. 55 f.; Köhne, 2008, S. 372; Laubenthal, 2002, S. 816 f. Die Große Koalition aus CDU/CSU/SPD in der 18. Legislaturperiode plant die Einführung eines Fahrverbots als Hauptstrafe im allgemeinen wie im Jugendstrafrecht, Koalitionsvertrag v. 27.11.2013, S. 146; ablehnend Berwanger, 2014, S. 89 f.

[28] Wie hier Diemer/Schatz/Sonnen, 2011, § 27 JGG Rdn. 14; Lackner/Kühl, 2014, § 44 Rdn. 5; HK-JGG/Meier, 2014, § 27 Rdn. 12; Ostendorf, 2013, § 27 Rdn. 9; Schönke/Schröder/Stree/Kinzig, 2014, § 44 Rdn. 9; anders Bareis, 2006, S. 273; Eisenberg, 2014, § 27 Rdn. 20; Fischer Th., 2014, § 44 Rdn. 13.

[29] Fischer Th., 2014, § 73 Rdn. 2a ff. m. zahlr. Nachw. auch zu Gegenpositionen.

[30] Siehe Hombrecher, 2008, S. 457.

[31] Näher zu den unterschiedlichen Fallgruppen Fischer Th., 2014, § 74 Rdn. 2.

[32] Brunner/Dölling, 2011, § 6 Rdn. 5; Eisenberg, 2014, § 6 Rdn. 6; HK-JGG/Rössner, 2014, § 6 Rdn. 4.

[33] Dazu bereits oben zu Beginn von Kap. 6.

[34] Wie hier Eisenberg, 2014, § 6 Rdn. 7 f.; Ostendorf, 2013, § 6 Rdn. 3; Reisenhofer, 2012, S. 164 f.; HK-JGG/Rössner, 2014, § 6 Rdn. 3; a.A. Altenhain/Laue, in: MünchKomm-StGB, 2013, § 6 JGG Rdn. 8; Diemer/Schatz/Sonnen, 2011, § 8 JGG Rdn. 10 f.; Fischer Th., 2014, § 73a Rdn. 2a; vgl. ferner Nibbeling, 1997, S. 65 f.

benden Zahlungsverpflichtungen beruft.³⁵ Dabei bleibt jedoch außer Acht, dass die Schadenswiedergutmachung nicht durch Geldleistungen zu erfolgen braucht und die Zahlung eines Geldbetrages nach § 15 Abs. 2 Nr. 2 JGG nur angeordnet werden soll, soweit Gewinn oder Entgelt noch vorhanden sind.³⁶

431 Von bestimmten Nebenfolgen des allgemeinen Strafrechts, denen besondere Prangerwirkung zukommt, darf im Verfahren gegen Jugendliche kein Gebrauch gemacht werden. Das betrifft einmal den **Verlust der Amtsfähigkeit und der Wählbarkeit** nach § 45 Abs. 1 StGB (§ 6 Abs. 1 S. 1, Abs. 2 JGG). Ferner bleibt die öffentliche **Bekanntgabe der Verurteilung**, die §§ 103 Abs. 2, 165, 200 StGB nach öffentlich kundgetaner falscher Verdächtigung oder einem entsprechenden Beleidigungsdelikt ermöglichen, unstatthaft, § 6 Abs. 1 S. 2 JGG. Während die letztgenannte Maßnahme Heranwachsende, die nach allgemeinem Strafrecht abgeurteilt werden, treffen kann, steht es gegenüber diesen im Ermessen des Gerichts, vom Ausspruch über den Verlust der Amtsfähigkeit und der Wählbarkeit Abstand zu nehmen, § 106 Abs. 2 JGG. Über den Verlust des Stimmrechts wird bereits nach allgemeinen Vorschriften (§ 45 Abs. 5 StGB) nur im Wege der Ermessensentscheidung befunden.

6.3.2 Maßregeln der Besserung und Sicherung

432 Hinsichtlich der Maßregeln der Besserung und Sicherung beschränkt § 7 JGG den Kreis der nach den allgemeinen Regeln vorgesehenen Maßnahmen. Die besonders einschneidende Maßregel des Vorbehalts der Unterbringung in der Sicherungsverwahrung kann allerdings auch gegenüber jungen Rechtsbrechern angeordnet werden (§§ 7 Abs. 2, 106 Abs. 3 S. 2, Abs. 4 und 6 JGG). Gleiches gilt für die nachträgliche Sicherungsverwahrung nach Beendigung der Unterbringung in einem psychiatrischen Krankenhaus (§§ 7 Abs. 4, 106 Abs. 7 JGG).³⁷

6.3.2.1 Nicht statthafte Maßregeln

433 Nach § 7 Abs. 1 JGG bleibt im Verfahren gegen Jugendliche und Heranwachsende, auf die nach § 105 Abs. 1 JGG Jugendstrafrecht Anwendung findet, kein Raum für die bereits im Strafurteil ausgesprochene primäre Unterbringung in der Sicherungsverwahrung (§§ 61 Nr. 3, 66 StGB) sowie die Anordnung eines Berufsverbots (§§ 61 Nr. 6, 70 StGB). Es erschien dem Gesetzgeber (jedenfalls bisher) nicht möglich, bei Menschen, deren Persönlichkeitsentwicklung noch nicht abgeschlossen ist, die für die Sicherungsverwahrung erforderliche Fortdauer der Gefährlichkeit bereits mit dem Zeitpunkt der Verurteilung hinreichend sicher zu prognostizieren, nachdem für den gebotenen **Lebenslängsschnitt** noch kein ausreichendes Material vorliegt.³⁸

---

³⁵ BGHSt. 55, S. 174 ff.; befürwortend Altenhain, 2011, S. 272 ff.; Brunner/Dölling, 2011, § 6 Rdn. 5; ablehnend Eisenberg, 2010a, S. 580 f.; vgl. Streng, 2012, S. 128 f.
³⁶ Siehe Kap. 8.5.2.1. und 8.5.2.4.
³⁷ Dazu unten Kap. 6.3.3.
³⁸ Vgl. Goerdeler, 2003, S. 189; Streng, 2012, S. 129, 275.

6.3 Anwendbarkeit von Rechtsfolgen des allgemeinen Strafrechts

Eines **Berufsverbots** bedarf es bei einem jungen Menschen regelmäßig nicht, da er sich noch in der Ausbildung befindet oder einer sonstigen stark fremdbestimmten und überwachten abhängigen Tätigkeit nachgeht, mithin kaum in die Lage geraten wird, Taten „unter Mißbrauch seines Berufs oder Gewerbes oder unter grober Verletzung der mit ihnen verbundenen Pflichten" zu verüben, wie dies § 70 Abs. 1 S. 1 StGB voraussetzt.[39]

434

6.3.2.2 Bei Jugendlichen und ihnen gleichgestellten Heranwachsenden zulässige Maßregeln
Es bleibt damit Raum für folgende Maßregeln:

435

- Die **Unterbringung in einem psychiatrischen Krankenhaus** gem. § 63 StGB, wenn eine Tat im Zustand fehlender (§ 20 StGB) oder verminderter (§ 21 StGB) Schuldfähigkeit begangen wurde und vom Täter aufgrund seiner Prädisposition die Gefahr weiterer erheblicher Taten ausgeht. Damit die Unterbringung bei noch in der Entwicklung befindlichen Jugendlichen nicht mehr Schaden als Nutzen stiftet, muss man die Verhältnismäßigkeit i. S. d. § 62 StGB stets genau prüfen.[40] Eine solche Maßregel bildet – stärker noch als die Jugendstrafe – eine besonderen Ausnahmefällen vorbehaltene Ultima Ratio.[41] Das gilt umso mehr, als § 67d StGB keine Befristung für diese Unterbringungsform vorsieht. Allerdings bleiben durchaus Fälle denkbar, in denen die staatliche Schutzpflicht für hochrangige Individualrechtsgüter der übrigen Gemeinschaftsangehörigen eine solch primär sichernde Reaktion auf Normverstöße gebietet.[42]
- Die **Unterbringung in einer Entziehungsanstalt** i. S. v. § 64 StGB, sofern von dem Betroffenen aufgrund eines Hanges zum übermäßigen Konsum alkoholischer Getränke oder sonstiger berauschender Mittel (etwa Betäubungsmittel i. S. d. BtMG) nach einer hierdurch ursächlich bedingten Anlasstat die Verübung weiterer erheblicher Symptomtaten zu befürchten ist. Die Maßregel darf nur dann angeordnet werden, wenn die hinreichend konkrete **Aussicht eines Behandlungserfolgs** besteht, also entweder Heilung oder zumindest die Bewahrung vor Rückfällen für eine erhebliche Zeit verbunden mit dem Unterbleiben weiterer Hangtaten zu erwarten ist (§ 64 S. 2 StGB).[43] Daran fehlt es nicht nur bei in der Person des Süchtigen liegenden Gründen, sondern auch dann, wenn auf absehbare Zeit kein für einen jungen Menschen geeigneter Therapieplatz

436

---

[39] Vgl. Schaffstein/Beulke, 2002, S. 91 f.; Streng, 2012, S. 129.
[40] Siehe BGH, NStZ-RR 2007, S. 106; Altenhain/Laue, in: MünchKomm-StGB, 2013, § 7 JGG Rdn. 8; Brunner/Dölling, 2011, § 7 Rdn. 2; Diemer/Schatz/Sonnen, 2011, § 7 JGG Rdn. 4 f.; Ostendorf, 2013, § 7 Rdn. 10; HK-JGG/Rössner, 2014, § 7 Rdn. 6; Streng, 2012, S. 130; strenger Eisenberg, 2014, § 7 Rdn. 9; krit. Albrecht P.-A., 2000, S. 145 f.
[41] In diesem Sinne BGHSt. 37, S. 374; BGH, NStZ 2000, S. 470; OLG Jena, NStZ-RR 2007, S. 219; Schöch, 2005, S. 886.
[42] Im Ergebnis auch Meier/Rössner/Schöch, 2013, S. 126; zum Problem aus psychiatrischer Sicht Lammel, 2010, S. 251 ff.; Stöver/Weissbeck/Wendt, 2008, S. 260 f.
[43] Vgl. schon BVerfGE 91, S. 1; ferner BGH, NStZ-RR 2010, S. 141 f.; zu den Voraussetzungen im Einzelnen Fischer Th., 2014, § 64 Rdn. 18 ff.

zur Verfügung steht.⁴⁴ Die allein zunächst nicht vorhandene Mitwirkungsbereitschaft des Süchtigen rechtfertigt ein Unterlassen der Anordnung aber nur, sofern sie aller Voraussicht nach auch während der Behandlung nicht geweckt werden kann.⁴⁵ Verspricht die Weisung, sich einer Entziehungskur zu unterziehen (§ 10 Abs. 2 S. 1 JGG), den gleichen Erfolg, darf die Unterbringung als eingriffsintensivere Maßnahme nicht angeordnet werden.⁴⁶

437
- Die **Führungsaufsicht** nach §§ 68 ff. StGB wird entweder vom Gericht unter bestimmten Voraussetzungen angeordnet (§ 68 Abs. 1 StGB) oder tritt kraft Gesetzes ein (§ 68 Abs. 2 StGB). Setzt § 68 Abs. 1 StGB Freiheitsstrafe voraus, wird hierunter wegen § 7 Abs. 1 JGG auch die Jugendstrafe gefasst.⁴⁷ Besondere Bedeutung erlangt weiter § 68f Abs. 1 S. 1 StGB. Ist eine Freiheitsstrafe, worunter man ebenfalls eine Jugendstrafe zu verstehen hat (§ 2 Abs. 2 JGG),⁴⁸ oder eine Gesamtfreiheitsstrafe von mindestens zwei Jahren wegen vorsätzlicher Straftat(en) oder eine (Gesamt-)Freiheitsstrafe von mindestens einem Jahr wegen einer der in § 181b StGB genannten Sexualstraftaten **vollständig vollstreckt** worden, so untersteht der Haftentlassene einer Aufsichtsstelle und ihm wird – im Regelfall für zwei bis fünf Jahre (§§ 68c Abs. 1 bis 3, 68e Abs. 1 StGB) – ein Bewährungshelfer zur Seite gestellt. Beide sollen helfend und betreuend wirken (§ 68a Abs. 1 und 2 StGB). Zudem können Weisungen zur Regelung der Lebensgestaltung bis hin zur Durchführung von Therapien (§ 68b Abs. 1 bis 3 StGB) erteilt werden. Die Maßnahme dient so nicht nur dem Sicherungsinteresse der Allgemeinheit, sondern – letztlich damit in Verbindung stehend – auch der Resozialisierung des Einzelnen.⁴⁹ Das hat man deshalb als sinnvoll zu beurteilen, weil Personen, die ihre Strafe komplett verbüßt haben, nur auf diesem Weg trotz **prinzipiell schlechter Sozialprognose** durch einen Bewährungshelfer unterstützt werden können. Um Vollverbüßung handelt es sich auch, wenn eine Aussetzung des Strafrestes zur Bewährung (§ 88 JGG) widerrufen wurde.⁵⁰

438 Streitigkeiten erwachsen nach wie vor aus der Übertragbarkeit der Voraussetzung einer **mindestens zweijährigen Freiheitsstrafe** auf die Einheitsjugendstrafe.⁵¹

---

⁴⁴ So Eisenberg, 2014, § 7 Rdn. 19; Ostendorf, 2013, § 7 Rdn. 5; Paul, 2005, S. 252; a.A. Altenhain/Laue, in: MünchKomm-StGB, 2013, § 7 JGG Rdn. 16; Brunner/Dölling, 2011, § 7 Rdn. 4; Diemer/Schatz/Sonnen, 2011, § 7 JGG Rdn. 7; HK-JGG/Rössner, 2014, § 7 Rdn. 7.

⁴⁵ Vgl. BGH, ZJJ 2007, S. 415; NStZ-RR 2010, S. 141; aber auch BGH bei Böhm, 2005, S. 289; Eisenberg, 2014, § 7 Rdn. 19; Paul, 2005, S. 255.

⁴⁶ Für viele Albrecht P.-A., 2000, S. 147; Brunner/Dölling, 2011, § 7 Rdn. 4; Eisenberg, 2014, § 7 Rdn. 20; Paul, 2005, S. 259 ff.

⁴⁷ Etwa BVerfG, NStZ-RR 2008, S. 217; Altenhain/Laue, in: MünchKomm-StGB, 2013, § 7 JGG Rdn. 18; Schönke/Schröder/Stree/Kinzig, 2014, § 68 Rdn. 15; krit. aber Eisenberg, 2014, § 7 Rdn. 65.

⁴⁸ So Sommerfeld M., 2009, S. 249 f.; Schönke/Schröder/Stree/Kinzig, 2014, § 68f Rdn. 4a; i.Erg. ferner BVerfG, NStZ-RR 2008, S. 217 f.; Satzger/Schluckebier/Widmaier/Jehle, 2014, § 68f Rdn. 3; Schneider H., in: LK-StGB, 2008, Vor § 68 Rdn. 28; a.A. AG Hameln, ZJJ 2008, S. 83 und 84; Pollähne, 2008, S. 7 ff.

⁴⁹ Vgl. Fischer Th., 2014, Vor § 68 Rdn. 2; Schaffstein/Beulke, 2002, S. 90.

⁵⁰ Eisenberg, 2014, § 7 Rdn. 67; Schaffstein/Beulke, 2002, S. 91.

⁵¹ Zum Grundsatz der Einheitlichkeit der Rechtsfolgen unten Kap. 6.5.1.

6.3 Anwendbarkeit von Rechtsfolgen des allgemeinen Strafrechts

Beispiel

A wurde im Jahr 1994 wegen vorsätzlichen unerlaubten Erwerbs von Betäubungsmitteln unter Einbeziehung zweier früherer Urteile aus den Jahren 1992 und 1993 zu einer Jugendstrafe von zwei Jahren und vier Monaten verurteilt. Das Urteil aus dem Jahr 1992 (Jugendstrafe zur Bewährung von einem Jahr und zwei Monaten) erging ebenfalls wegen vorsätzlicher Verstöße gegen das Betäubungsmittelgesetz. Es wurde seinerseits in das Urteil aus dem Jahr 1993 einbezogen, welches weiter teils vorsätzlich, teils fahrlässig verübte Normverstöße im Straßenverkehr betraf und auf zur Bewährung ausgesetzte Jugendstrafe von einem Jahr und acht Monaten lautete. Nach Verbüßung der vollständigen Einheitsjugendstrafe von zwei Jahren und vier Monaten wandte A sich gegen die vom zuständigen Gericht getroffenen Anordnungen zur näheren Ausgestaltung der Führungsaufsicht.

Das OLG München[52] beanstandete die Annahme, Führungsaufsicht trete kraft Gesetzes ein, nicht. Obwohl nach § 31 JGG einheitlich über die Unrechtsfolgen entschieden werde, zwinge dies nicht zu der Annahme, § 68f Abs. 1 S. 1 StGB finde nur dann Anwendung, wenn bei hypothetischer Betrachtung für eine einzige der begangenen vorsätzlichen Taten eine Jugendstrafe von mindestens zwei Jahren verhängt worden wäre. Denn im Jugendstrafrecht stehe nicht die Tat, sondern die erzieherische Einwirkung auf den Delinquenten im Vordergrund. Führungsaufsicht könne dem jungen Täter nach länger dauerndem Strafvollzug gerade in erzieherisch wertvoller Weise nützen. Die Verurteilung zu einer voll verbüßten Einheitsjugendstrafe von mindestens zwei Jahren soll deshalb den Anforderungen genügen, die das Gesetz an den Eintritt von Führungsaufsicht stellt. Lägen dieser Sanktion teils Vorsatz-, teils Fahrlässigkeitstaten zu Grunde, hätte lediglich die Schwere der Vorsatztaten allein eine Jugendstrafe von mindestens zwei Jahren rechtfertigen müssen. Das bejahte der Senat vorliegend.

Die Gegenposition, der zufolge für **eine der mehreren Vorsatztaten** isoliert eine Jugendstrafe von zwei Jahren oder längerer Dauer hätte verwirkt sein müssen,[53] hielt diese restriktive Sichtweise insbesondere aus Gründen der Verhältnismäßigkeit für geboten.

Die zweitgenannte, früher herrschende Position, die in der ersten Auflage ebenfalls vertreten wurde, erscheint nicht mehr haltbar, weshalb im Ergebnis nunmehr der Sichtweise des OLG München zu folgen ist. Denn § 68f Abs. 1 S. 1 StGB wurde im Jahr 2007 **geändert**.[54] Verlangte die alte Gesetzesfassung „eine Freiheitsstrafe von mindestens zwei Jahren wegen **einer** vorsätzlichen Straftat", begnügt sich die

---

[52] OLG München, NStZ-RR 2002, S. 183 f.; ebenso OLG Bamberg, NStZ-RR 2007, S. 94; Ostendorf, 2004, S. 199.
[53] So OLG Hamm, NStZ-RR 1998, S. 61; OLG Dresden, ZJJ 2004, S. 435; KG bei Böhm, 2004, S. 257; OLG Stuttgart, OLGSt. JGG § 7 Nr. 1; OLG Zweibrücken, NStZ-RR 2005, S. 246; Böhm, 2003, S. 257; Böhm/Feuerhelm, 2004, S. 168; Eisenberg, 2003, S. 128.
[54] Durch Art. 1 Nr. 9 G zur Reform der Führungsaufsicht vom 13.4.2007, BGBl. I 2007, S. 513.

Bestimmung jetzt mit „Freiheitsstrafe oder Gesamtfreiheitsstrafe von mindestens zwei Jahren wegen **vorsätzlicher Straftaten**". Zwar gibt es im Jugendstrafrecht mit seiner Einheitsstrafe keine Gesamtstrafe. Gleichwohl hat der Gesetzgeber – wenn auch unbeabsichtigt – klargestellt, dass Freiheitsstrafe gleich Jugendstrafe von zwei Jahren oder mehr wegen **einer oder mehrerer vorsätzlicher Straftat(en)** als Anknüpfungspunkt der Führungsaufsicht genügt.[55] Im Lichte der neuen Gesetzesfassung, die Vorsatztaten junger und erwachsener Täter gleich behandelt, besteht die Gefahr einer Schlechterstellung jugendlicher Rechtsbrecher unter Berufung auf das Erfordernis erzieherischer Beeinflussung im Übrigen nicht mehr. Einer hypothetischen Betrachtung bedarf es damit nur dann, wenn in die mehr als zweijährige Jugendstrafe neben einer oder mehreren Vorsatztaten auch eine oder mehrere Fahrlässigkeitstaten eingeflossen sind.[56] Ggf. ist die **Verhältnismäßigkeit** der Führungsaufsicht (§ 62 StGB) im Rahmen der Entscheidung nach § 68f Abs. 2 StGB oder durch die Festsetzung nur für die Mindestdauer von zwei Jahren (§ 68c Abs. 1 S. 1 StGB)[57] zu wahren.

439 • Die nicht mit dem Fahrverbot als Nebenstrafe[58] zu verwechselnde **Entziehung der Fahrerlaubnis** nach § 69 StGB. Zugleich wird eine befristete oder endgültige Sperre für deren Wiedererteilung angeordnet (§ 69a Abs. 1 S. 1 und 2 StGB). Ein von einer deutschen Behörde ausgestellter Führerschein (als die Fahrerlaubnis verkörpernde Urkunde) wird eingezogen, § 69 Abs. 3 S. 2 StGB. Besitzt der Täter keine Fahrerlaubnis, bleibt die isolierte Festsetzung einer Sperrfrist möglich (§ 69 a Abs. 1 S. 3 StGB). Als Voraussetzung bedarf es der Verurteilung bzw. der durch Schuldunfähigkeit bedingten Nichtverurteilung wegen einer mit dem Führen eines Kraftfahrzeugs zusammenhängenden Anlasstat, welche die mangelnde Eignung zum Führen von Kraftfahrzeugen indiziert.[59] Eine Verurteilung in diesem Sinne liegt auch ohne Strafausspruch vor, so dass der Schuldspruch unter Aussetzung der Verhängung von Jugendstrafe nach § 27 JGG ausreicht.[60] Nach § 69 Abs. 2 StGB besteht bei Vergehen der Straßenverkehrsgefährdung (§ 315c StGB), der Trunkenheit im Verkehr (§ 316 StGB), bestimmten Fällen

---

[55] So auch BVerfG, NStZ-RR 2008, S. 218; LG Berlin, NStZ 2009, S. 46; ZJJ 2009, S. 265; LG Hannover, ZJJ 2008, S. 82 f.; Altenhain/Laue, in: MünchKomm-StGB, 2013, § 7 JGG Rdn. 19; Brunner/Dölling, 2011, § 7 Rdn. 11; Diemer/Schatz/Sonnen, 2011, § 7 JGG Rdn. 11 f.; Fischer Th., 2014, § 68f Rdn. 4; Ostendorf, 2013, § 7 Rdn. 14; HK-JGG/Rössner, 2014, § 7 Rdn. 11; Schneider H., in: LK-StGB, 2008, Vor § 68 Rdn. 29; Sommerfeld M., 2009, S. 248; Streng, 2012, S. 130; anders LG Hannover, ZJJ 2008, S. 82; Eisenberg, 2014, § 7 Rdn. 66; krit. Fiebrandt, 2008, S. 278 f.

[56] Wie hier OLG Jena, NStZ-RR 2010, S. 262 (zu § 53 StGB); Brunner/Dölling, 2011, § 7 Rdn. 11; anders wohl Diemer/Schatz/Sonnen, 2011, § 7 JGG Rdn. 11.

[57] Vgl. LG Berlin, ZJJ 2009, S. 266.

[58] Dazu Kap. 6.3.1.

[59] Überblick über einschlägige Anlasstaten bei Fischer Th., 2014, § 69 Rdn. 38 ff.; restriktive Tendenzen hinsichtlich der Symptomatik lassen BGH, StrVert 2004, S. 132 ff.; NJW 2005, S. 1957 ff. erkennen.

[60] Für viele Fischer Th., 2014, § 69 Rdn. 7; Schaffstein/Beulke, 2002, S. 91; Streng, 2012, S. 131.

des unerlaubten Entfernens vom Unfallort (§ 142 StGB) sowie entsprechenden Rauschtaten (§ 323a StGB) regelmäßig eine **Vermutung** für die mangelnde Eignung des Täters. Diese Regelwirkung soll nach überwiegender Auffassung aufgrund des Gemeinschaftsinteresses an der Sicherung vor ungeeigneten Kraftfahrern auch im Jugendstrafrecht Beachtung erlangen.[61] Dafür spricht, dass ein Abweichen von der Vermutung bei einzelfallbezogener Prüfung und Gesamtwürdigung der Täterpersönlichkeit unter Berücksichtigung von Reifeveränderungen gleichwohl nicht ausgeschlossen ist.[62]

Spricht das Gesetz davon, dass die Maßregeln angeordnet werden „können", ist dies nicht im Sinne der Einräumung eines nach dem StGB nicht bestehenden Ermessens zu interpretieren. Die Wortwahl soll nur verdeutlichen, dass die nicht genannten Maßregeln eben keine Anwendung finden dürfen.[63] Keine positive Aussage trifft das JGG zur Frage, mit welchen jugendspezifischen Unrechtsreaktionen man die vorgesehenen Maßregeln der Besserung und Sicherung zu kombinieren vermag. Im Umkehrschluss lässt sich aus §§ 5 Abs. 3, 8 JGG folgern, dass eine **Verbindung** der Maßregeln mit sämtlichen jugendspezifischen Rechtsfolgen in Betracht kommt.[64] Die Kombination mehrerer Maßregeln der Besserung und Sicherung ist nach der allgemeinen Vorschrift des § 72 StGB zu beurteilen.[65]

440

6.3.3 Sicherungsverwahrung

Auch bei der Unterbringung in der Sicherungsverwahrung handelt es sich um eine (stationäre) **Maßregel der Besserung und Sicherung** (§ 61 Nr. 3 StGB), die nur aus Gründen der Übersichtlichkeit in einem eigenen Abschnitt behandelt wird.

441

6.3.3.1 Zweck der Maßregel und historische Entwicklung

Das Institut der Sicherungsverwahrung sollte nicht nur der sozialen Reintegration des Einzelnen, sondern in erster Linie dem Schutz der Allgemeinheit vor besonders gefährlichen Rechtsbrechern dienen (vgl. § 129 StVollzG) und erlaubt es deshalb,

442

---

[61] So OLG Nürnberg, NStZ-RR 2011, S. 386; Altenhain/Laue, in: MünchKomm-StGB, 2013, § 7 JGG Rdn. 21; Brunner/Dölling, 2011, § 7 Rdn. 13; Ostendorf, 2013, § 7 Rdn. 15; HK-JGG/Rössner, 2014, § 7 Rdn. 13; a.A. AG Oldenburg, Blutalkohol 2008, S. 324; Eisenberg, 2014, § 7 Rdn. 73; krit. auch Kühn, 2008, S. 132. AG Rudolstadt, ZJJ 2013, S. 423 f.; Böhm/Feuerhelm, 2004, S. 168 und Streng, 2012, S. 131 betonen die Gefahr der Generierung von Folgekriminalität wie unerlaubtes Entfernen vom Unfallort, § 142 StGB, sowie Fahren ohne Fahrerlaubnis, § 21 StVG; dazu auch AG Saalfeld, VRS 106, S. 287.

[62] Altenhain/Laue, in: MünchKomm-StGB, 2013, § 7 JGG Rdn. 21; Diemer/Schatz/Sonnen, 2011, § 7 JGG Rdn. 15; Reisenhofer, 2012, S. 169; Wölfl, 1999, S. 70 f.

[63] BGHSt. 37, S. 374; Altenhain/Laue, in: MünchKomm-StGB, 2013, § 7 JGG Rdn. 7 m. zahlr. Nachw.; Ostendorf, 2013, § 7 Rdn. 3.

[64] Vgl. Albrecht P.-A., 2000, S. 156; Eisenberg, 2014, § 8 Rdn. 5; Streng, 2012, S. 134.

[65] Altenhain/Laue, in: MünchKomm-StGB, 2013, § 8 JGG Rdn. 21; Brunner/Dölling, 2011, § 8 Rdn. 7; HK-JGG/Rössner, 2014, § 7 Rdn. 5.

als solche verurteilte Personen auch über das Ende des Vollzugs einer Freiheitsstrafe (bzw. der Unterbringung in einem psychiatrischen Krankenhaus) hinaus in Unfreiheit zu halten. Ihnen wird durch den das Maß ihrer Schuld übersteigenden Freiheitsentzug ein gravierendes **Sonderopfer** auferlegt, das sich nur um besonders wichtiger Rechtsgüter willen legitimieren lässt.

> Während man bis in die 1990er Jahre hinein über eine gänzliche Abschaffung der Maßregel nachdachte, hatten seitdem – in der Folge einiger Aufsehen erregender Taten – gegenläufige rechtspolitische Tendenzen die Oberhand gewonnen.[66] Dabei wurden nicht nur im Erwachsenenrecht die Gelegenheiten, Sicherungsverwahrung anzuordnen, stark ausgebaut, sondern der Gesetzgeber hat schrittweise ihre Verhängung auch im Jugendstrafrecht ermöglicht. Das allgemeine Strafrecht kannte schließlich **drei Arten** der Maßregel:

- die originäre Unterbringung in der Sicherungsverwahrung, die zugleich mit einer Verurteilung angeordnet wird, als ursprünglich einzige Ausprägung der Reaktionsform (§ 66 StGB),
- den Vorbehalt der Anordnung im Strafurteil bei nicht mit hinreichender Sicherheit möglicher Gefahrprognose (§ 66a StGB) sowie
- die echt nachträgliche Anordnung (§ 66b StGB a.F.), wenn sich die Gefährlichkeit eines Täters erst nach seiner Verurteilung, aber vor Beendigung des Strafvollzugs manifestierte.

443   Bei der Schaffung der **vorbehaltenen Sicherungsverwahrung** ging es dem Gesetzgeber inhaltlich darum, auch zum Verurteilungszeitpunkt nur möglicherweise weiterhin gefährliche Personen ggf. später in Unfreiheit halten zu können, während er in regelungstechnischer Hinsicht Friktionen mit der Rechtskraft des (ersten) Urteils und dem Verbot der Doppelbestrafung (Art. 103 Abs. 3 GG) vermeiden wollte.[67] Mit der Einführung einer **echt nachträglichen Sicherungsverwahrung** hatte die Legislative derlei Bedenken um des Sicherungsinteresses willen zurückgestellt, so dass Sicherungsverwahrung später grundsätzlich selbst dann noch verhängt werden durfte, wenn zum Zeitpunkt der Verurteilung keine Anhaltspunkte für eine fortbestehende besondere Gefährlichkeit ersichtlich waren. Es handelte sich also um eine in erster Linie präventiv ausgerichtete Eingriffsbefugnis, bei der der Bezug zu früherer Delinquenz im Vergleich zu den anderen Formen der Sicherungsverwahrung gelockert wurde und die deshalb zudem zu Bedenken im Hinblick auf das Rückwirkungsverbot (Art. 103 Abs. 2 GG) und den Grundsatz des Vertrauensschutzes als Bestandteil des Rechtsstaatsprinzips (Art. 20 Abs. 3 GG) Anlass gab. Das BVerfG erklärte zunächst gleichwohl auch diese am weitesten reichende Sanktionsart als Ausprägung unechter Rückwirkung für prinzipiell verfassungskonform.[68]

444   Nachdem das Jugendstrafrecht die Maßregel der Sicherungsverwahrung ursprünglich gar nicht vorgesehen hatte, wurde die Reaktionsform in Ansehung junger Rechtsbrecher schließlich ebenfalls zur Verfügung gestellt. In ihrer primären Form

---

[66] Zum Ganzen Kinzig, 2008, S. 9 ff.; Laubenthal, 2004, S. 703 ff.; Meier, 2009, S. 298.

[67] Vgl. Laubenthal, 2004, S. 736 f.; Streng, 2012, S. 278; zu verfassungsrechtlichen Bedenken Böllinger/Dessecker, in: NK-StGB, 2013, § 66a Rdn. 11; aber auch Rissing-van Saan/Peglau, in: LK-StGB, 2008, § 66a Rdn. 10 ff.

[68] Siehe BVerfGE 109, S. 236; BVerfG, NJW 2006, S. 3483; ferner BGHSt. 50, S. 295; Rissing-van Saan/Peglau, in: LK-StGB, 2008, § 66b Rdn. 31 ff.; krit. Laubenthal, 2004, S. 750; Ullenbruch, 2007, S. 64.

wie gem. § 66 StGB kannte das **Jugendstrafrecht** die Sicherungsverwahrung weiterhin nicht (§§ 7 Abs. 1, 106 Abs. 3 S. 1 JGG a.F.). Zum Nachteil von Heranwachsenden, die nach allgemeinem Strafrecht abgeurteilt wurden, konnte seit dem Jahr 2003 jedoch die Sicherungsverwahrung vorbehalten werden (§ 106 Abs. 3 S. 2 und 3 JGG a.F.). Eine echt nachträgliche Sicherungsverwahrung kam ab 2008 in Betracht sowohl bei Jugendlichen und ihnen gleichgestellten Heranwachsenden (§ 7 Abs. 2 und 3 JGG a.F.) wie auch bei nach allgemeinem Strafrecht abgeurteilten Heranwachsenden schon seit 2004 (§ 106 Abs. 5 und 6 JGG a.F.).[69]

Die in der Literatur vielfach geäußerten verfassungsrechtlichen Bedenken zumal gegen die nachträgliche Sicherungsverwahrung speziell gegenüber jungen Tätern wollte der BGH nicht teilen.[70] Die gefestigte Position der deutschen Gerichte wurde jedoch auf europäischer Ebene nicht unterstützt. Hatte die Literatur von Anfang an die **Vereinbarkeit insbesondere der nachträglichen Sicherungsverwahrung mit der EMRK** in Zweifel gezogen,[71] hat mit Urteil vom 17.12.2009 sowie nachfolgenden Entscheidungen der EGMR jedenfalls einen kleinen Teil des Regelungskomplexes für konventionswidrig erklärt. Das betraf zwar ausdrücklich nur die im Jahr 1998 im Erwachsenenrecht erfolgte Aufhebung der Höchstdauer erstmaliger (originärer) Sicherungsverwahrung (§ 67d Abs. 1 StGB a.F.[72]) auch mit Wirkung für solche Fälle, in denen die Anordnung vor der Gesetzesänderung ergangen war. Aus der Begründung der Entscheidung ließen sich jedoch weiter reichende Folgerungen herleiten. Denn der Gerichtshof hat auf der Basis von Art. 5 Abs. 1 S. 2 lit. a) EMRK einen hinreichenden Kausalzusammenhang zwischen der strafrechtlichen Verurteilung und der Sicherungsverwahrung gefordert, Art. 5 Abs. 1 S. 2 lit. c) EMRK nicht als taugliche Rechtsgrundlage anerkannt sowie – anders als das BVerfG für Art. 103 Abs. 2 GG und das Vertrauensschutzgebot[73] – das Rückwirkungsverbot in Art. 7 Abs. 1 EMRK ebenfalls auf die Maßregel der Besserung und Sicherung erstreckt und diese damit als Strafe im Sinne der Norm interpretiert, auch weil der Vollzug sich von dem einer Strafe nicht wesentlich unterschied.[74] Der vom BGH unternommene Versuch, jedenfalls im Einzelfall die Vereinbarkeit der nach § 7 Abs. 2 JGG a.F. angeordneten Sicherungsverwahrung mit der Auffassung des EGMR darzutun und darüber hinaus einen Vorrang des Schutzes potentieller Opfer vor dem Freiheitsgrundrecht Untergebrachter zu begründen,[75] überzeugte kaum[76] und ist durch die weitere Entwicklung im Wesentlichen überholt. Die Judikatur des EGMR hatte die Freilassung einiger Untergebrachter zur Folge.

445

---

[69] Dazu etwa Brandt R., 2008; Bruhn, 2010, S. 168 ff.; Flaig, 2009; Karmrodt, 2012, S. 55 ff.; Kemme, 2011, S. 100 ff.; Rüter, 2011, S. 93 ff.; Wüstenhagen, 2008.

[70] Siehe BGH, NJW 2010, S. 1542 ff.; anders Eisenberg, 2010, S. 1508 f.; Kinzig, 2008a, S. 248 f.; ders., 2010a, S. 691 f.; Kreuzer/Bartsch, 2008, S. 659 ff.; Mushoff, 2008, S. 465 ff.; Ullenbruch, 2008, S. 2612 f.

[71] Für viele Bender, 2007, S. 163 ff.; Diehm, 2006, S. 515 ff.; Flaig, 2009, S. 96 ff.; Mushoff, 2008, S. 449 ff.; Renzikowski, 2006, S. 284; Ullenbruch, 2008, S. 2613 f.; Schulz, 2005, S. 254; Wüstenhagen, 2008, S. 153 ff.; anders Milde, 2006a, S. 294 ff.; Rissing-van Saan/Peglau, in: LK-StGB, 2008, § 66a Rdn. 16, § 66b Rdn. 47 ff.; Wollmann, 2007, S. 154 f.

[72] Danach endete kraft Gesetzes die erstmalige Sicherungsverwahrung in jedem Fall spätestens nach zehn Jahren.

[73] Siehe BVerfGE 109, S. 180 ff.; BVerfG, NJW 2006, S. 3484; NJW 2009, S. 981; NJW 2010, S. 1515 f.

[74] Etwa EGMR, NJW 2010, S. 2495 ff.; NJW 2011, S. 3427; NJW 2013, S. 1791.

[75] BGH, NJW 2010, S. 1544.

[76] Dazu Kinzig, 2010, S. 238 f.; Kreuzer, 2010, S. 477 f.; Laue, 2010, S. 203 f.; Müller H. E., 2010, S. 211 f.

446 Die Legislative wollte darauf mit dem „Gesetz zur Neuordnung des Rechts der Sicherungsverwahrung und zu begleitenden Regelungen" vom 22. Dezember 2010[77] eine **konventionskonforme Rechtsgrundlage** für die Sicherungsverwahrung schaffen. Dabei wurde primär die Möglichkeit zur nachträglichen Verhängung von Sicherungsverwahrung gegen Erwachsene gem. § 66b StGB a.F. weitgehend beseitigt. In Ansehung nach Jugendstrafrecht Verurteilter hatte der Gesetzgeber diese Entscheidung jedoch nicht nachvollzogen; § 7 Abs. 2 JGG a.F. blieb vorerst in Kraft.

447 Die weitere Entwicklung wurde vom **BVerfG** bestimmt, das im Urteil vom 4. Mai 2011 seine früheren Positionen revidierte. Es übernahm nunmehr weithin die seitens des EGMR vertretenen Sichtweisen und erklärte nicht nur die rückwirkende Verlängerung und Anwendung der Unterbringung, sondern die Vorschriften der §§ 66 bis 66b StGB sowie die korrespondierenden Normen des Jugendstrafrechts (§§ 7 Abs. 2 und 3, 106 Abs. 3 S. 2 und 3, Abs. 5 und 6 JGG a.F.) für **verfassungswidrig**. Der mit dem Institut verbundene Eingriff in das Freiheitsgrundrecht (Art. 2 Abs. 2 S. 2 GG) sei nur unter strikter Wahrung des Verhältnismäßigkeitsgrundsatzes sowie bei Einrichtung eines „freiheitsorientierten und therapiegerichteten" Vollzugsregimes statthaft. Ein entsprechendes, detailliert geregeltes Vollzugskonzept vermisste das BVerfG aber.[78]

448 Für einen Übergangszeitraum bis zum 31. Mai 2013 durften die verfassungswidrigen Bestimmungen allerdings in modifizierter Form weiter angewandt werden.[79] Rechtzeitig vor Ablauf der Übergangsperiode hat die Legislative reagiert. Während die Bundesländer detaillierte Bestimmungen zum Vollzug der Sicherungsverwahrung sowie der vorangegangenen Strafhaft schufen, hat der Bundesgesetzgeber das „Gesetz zur bundesrechtlichen Umsetzung des Abstandsgebotes im Recht der Sicherungsverwahrung" vom 5.12.2012[80] erlassen. Dieses beinhaltete nicht nur eine Leitnorm für den Vollzug der Sicherungsverwahrung (§ 66c StGB),[81] sondern führte auch zu Änderungen hinsichtlich der Anordnungsvoraussetzungen der Maßregel. Wie sich aus § 66c Abs. 1 Nr. 1 lit. b) StGB ergibt, besteht das **Ziel** der Sicherungsverwahrung nunmehr in einer der Wiedererlangung der Freiheit dienenden Minimierung des von den Betroffenen ausgehenden Gefahrenpotentials, nicht aber in der bloß sichernden Verwahrung. Gleichwohl wurden §§ 66 bis 66b StGB beibehalten, nachdem das BVerfG die Bestimmungen nicht um ihres Inhalts willen, sondern im Hinblick auf die vollzuglichen Mängel für verfassungswidrig erklärt hatte.[82] Im Jugendstrafrecht kam es jedoch für Neufälle zur **Abschaffung der echt nachträglichen Sicherungsverwahrung**.

---

[77] BGBl. 2010 I, S. 2300.
[78] BVerfGE 128, S. 326 ff.; dazu etwa Hörnle, 2011, S. 488 ff.; Payandeh/Sauer, 2012, S. 289 ff.; Satzger, 2013, S. 244 ff.; Schöch, 2012, S. 14 ff.; Streng, 2011, S. 827 ff.
[79] Dazu BVerfGE 128, S. 405 f.
[80] BGBl. 2012 I, S. 2425.
[81] Zu den vollzuglichen Aspekten näher Kap. 11.3.8. und 11.4.2.
[82] Siehe BT-Drs. 17/9874, S. 11.

Damit stellt sich die **Sachlage im Anwendungsbereich des JGG** nunmehr wie folgt dar: 449

- Die originäre Verhängung von Sicherungsverwahrung im Ersturteil (entsprechend § 66 StGB im allgemeinen Strafrecht) kommt nach wie vor nicht in Betracht.
- Das Gericht kann im Urteil die Anordnung der Sicherungsverwahrung vorbehalten. Das ist möglich sowohl gegenüber Jugendlichen, Heranwachsenden bei Anwendung materiellen Jugendstrafrechts als auch Heranwachsenden unter Verurteilung nach allgemeinem Strafrecht (§§ 7 Abs. 2, 106 Abs. 3 S. 2, Abs. 4 und 6 JGG).
- Nachträgliche Sicherungsverwahrung bleibt entsprechend § 66b StGB zukünftig nur nach Erledigung der Unterbringung in einem psychiatrischen Krankenhaus statthaft, unabhängig davon, ob Jugendliche oder Heranwachsende betroffen sind (§§ 7 Abs. 4, 106 Abs. 7 JGG).

Anders verhält es sich jedoch für **Altfälle**.[83] Nach den Übergangsregelungen in Art. 316e und f EGStGB finden auf solche die neuen Bestimmungen nicht uneingeschränkt Anwendung. Vielmehr kommen die bis zum 31. Mai 2013 geltenden Bestimmungen namentlich über die echt nachträgliche Anordnung der Sicherungsverwahrung bei Begehung einer Anlasstat vor dem 1. Juni 2013 unter Bedingungen, die man der Übergangsregelung des BVerfG nachempfunden hat, weiter zum Tragen.[84] Sieht der Gesetzgeber darin keinen Verstoß gegen Prinzipien von GG und EMRK,[85] erscheint dies durchaus zweifelhaft.[86] Zudem erlangen die grundsätzlichen Bedenken gegen die Sinnhaftigkeit der nachträglichen Verwahrung in originärer Form weiterhin Bedeutung. 450

6.3.3.2 Vorbehaltene Sicherungsverwahrung

Das Institut der vorbehaltenen Sicherungsverwahrung soll im allgemeinen Strafrecht primär diejenigen Konstellationen erfassen, in denen die für die Anordnung der Maßregel erforderliche Gefährlichkeit zum Zeitpunkt der Verurteilung wegen der Anlasstat noch nicht feststellbar ist (vgl. § 66a Abs. 1 Nr. 3 StGB). Diesbezüglich zeigt sich im Jugendstrafrecht ein Unterschied. Der Vorbehalt gem. §§ 7 Abs. 2 S. 2 Nr. 1, 106 Abs. 3 S. 2 Nr. 2 JGG setzt gerade keine Unsicherheiten über zukünftiges Gefahrenpotenzial voraus, sondern verlangt schon zur Zeit seines Ausspruchs das **Bestehen der** näher umschriebenen **Gefahrenlage**.[87] Die vorbehaltene Sicherungsverwahrung stellt sich deshalb im Jugendstrafrecht als eine der originären Maßregelanordnung gegenüber Erwachsenen angenäherte Rechtsfolge dar, die 451

---

[83] Siehe BGH, NJW 2013, S. 2296; krit. Brettel, 2013, S. 768 ff.
[84] Dazu Renzikowski, 2013, S. 1641; HK-JGG/Rössner, 2014, § 7 Rdn. 29 ff., § 106 Rdn. 16 ff.; Wolf Th., 2013, S. 368 f.; näher zur alten Rechtslage Voraufl., S. 188 ff.
[85] Siehe BT-Drs. 17/9874, S. 12, 30 ff.; 17/11388, S. 24.
[86] So auch Eisenberg, 2014, § 7 Rdn. 43.
[87] Vgl. Altenhain/Laue, in: MünchKomm-StGB, 2013, § 106 JGG Rdn. 18; Brunner/Dölling, 2011, § 106 Rdn. 12; Diemer/Schatz/Sonnen, 2011, § 106 JGG Rdn. 6; Kinzig, 2008, S. 37; Ostendorf, 2013, § 106 Rdn. 11; Streng, 2012, S. 278.

nur in besonderem Maß unter der aufschiebenden Bedingung steht, dass die Gefährlichkeit im Strafvollzug herabzusetzen nicht gelingt.[88]

Nach sämtlichen Vorschriften des JGG steht dem Gericht **Ermessen** zu, ob es den Vorbehalt der Unterbringung in das Urteil aufnehmen will (§§ 7 Abs. 2 S. 1, 106 Abs. 3 S. 2, Abs. 4 JGG).

Das Verfahren läuft **zweistufig** ab: Ist im Ersturteil der Vorbehalt ausgesprochen worden, wird in einem späteren Verfahren über die Anordnung der Sicherungsverwahrung entschieden.[89]

(1) Jugendliche und gleichgestellte Heranwachsende

452 **§ 7 Abs. 2 S. 1 Nr. 1 JGG** knüpft zunächst an das Vorliegen einer besonders gravierenden **Anlasstat** an. Es muss sich entweder um ein Verbrechen gegen das Leben, die körperliche Unversehrtheit bzw. die sexuelle Selbstbestimmung oder um einen Raub mit Todesfolge (§ 251 StGB) handeln, wobei das Gesetz letzterem Delikt räuberischen Diebstahl bzw. räuberische Erpressung, jeweils mit Todesfolge (§ 252 bzw. § 255 i. V. m. § 251 StGB), gleichstellt. Unter Verbrechen gegen Leben, körperliche Unversehrtheit oder sexuelle Selbstbestimmung sind nur Verbrechen im formellen Sinn (§ 12 Abs. 1 StGB) zu verstehen, soweit sie sich im StGB im 16., 17. oder 13. Abschnitt des Besonderen Teils finden.[90] Brandstiftung mit Todesfolge (§ 306c StGB) z. B. zählt nicht zu den tauglichen Anlasstaten, obwohl es sich der Sache nach hierbei (auch) um ein Verbrechen gegen das Leben handelt. Zusätzlich muss das Opfer durch die Anlasstat **seelisch oder körperlich schwer geschädigt** oder der konkreten[91] Gefahr einer solchen Schädigung ausgesetzt worden sein.

453 Schließlich muss der Betroffene für die Anlasstat zu einer **Jugendstrafe von mindestens sieben Jahren** verurteilt werden. Es reicht prinzipiell eine Einheitsjugendstrafe nach § 31 Abs. 1 oder 2 JGG aus, wie die Formulierung „oder auch" zeigt. Da bei einer Einheitsjugendstrafe keine Strafzumessung wie bei der Festsetzung einer Gesamtstrafe erfolgt,[92] lässt sich hier nicht bestimmen, welche Strafe für die maßgebliche Anlasstat konkret verwirkt war. Der Gesetzgeber hegt insoweit nur die Erwartung, jene werde angesichts der geforderten Schwere in der Regel die Höhe der Einheitsjugendstrafe wesentlich geprägt haben.[93] Zwingend ist dies nicht: Bildet man etwa eine Einheitsstrafe für einen unter den in § 213 StGB genannten Umständen[94] begangenen Totschlag und Freiheitsberaubung mit Todesfolge (§ 239 Abs. 4 StGB), dürfte eher das zweite Delikt als Nicht-Katalogtat i. S. v. § 7 Abs. 2

---

[88] Vgl. Streng, 2012, S. 278.

[89] Dazu Kap. 6.3.3.4 (1).

[90] Schon BT-Drs. 16/6562, S. 9; Liste der Anlasstaten bei Ostendorf, 2013, § 7 Rdn. 22; vgl. auch BGHSt. 51, S. 25 ff. (zu § 66b Abs. 1 StGB a.F.).

[91] Brunner/Dölling, 2011, § 7 Rdn. 15; Karmrodt, 2012, S. 83.

[92] Näher Kap. 6.5.1.

[93] So BT-Drs. 16/6562, S. 9; 17/9874, S. 23; krit. Bartsch, 2013a, S. 186; Eisenberg, 2007, S. 1144; ders., 2014, § 7 Rdn. 45; Karmrodt, 2012, S. 78 f.; Kreuzer, 2010, S. 475; Nestler/Wolf, 2008, S. 157; Ostendorf/Petersen, 2010, S. 246 f.

[94] Zur Bedeutung derartiger Umstände bei der Bemessung der Jugendstrafe Kap. 9.5.3.

S. 1 Nr. 1 JGG die Höhe der Jugendstrafe bestimmen. Pflichtgemäßer Ermessensausübung entspricht es dann, den Ausspruch des Vorbehalts wegen des Ausnahmecharakters der Regelung abzulehnen; im Hinblick darauf, dass die Erwartung der Legislative im Gesetzestext keinen Ausdruck gefunden hat, erscheint gleichwohl die Gegenauffassung begründbar.[95]

Weiter müssen i. S. d. **Gefährlichkeitsprognose** Tatsachen erkennbar sein, die auf eine erhebliche Gefährlichkeit des Angeklagten für die Allgemeinheit hinweisen, so dass er mit hoher Wahrscheinlichkeit erneut Straftaten von der Qualität tauglicher Anlasstaten verüben wird. Beliebige schwere Taten reichen nicht aus.[96] Gemeint ist weit mehr als die bloße Möglichkeit, der Betroffene könne weitere einschlägige Taten verüben; auch ein Überwiegen der Wahrscheinlichkeit genügt noch nicht.[97] 454

Zu der Erwartung weiterer Taten muss schließlich die **Prognose einer schweren seelischen oder körperlichen Schädigung** der Opfer oder zumindest einer konkreten Gefahr solcher Folgen hinzutreten, nachdem auf sämtliche Voraussetzungen der Taten gem. § 7 Abs. 2 S. 1 Nr. 1 JGG verwiesen wird. Schwere seelische Schäden können nicht empirisch, sondern nur in wertender Abwägung vorhergesagt werden.[98] Auf einen – bei jungen Tätern allerdings besonders schwierig und wohl kaum auf der Basis bloß einer Straftat festzustellenden – Hang hatte der BGH für die insoweit identische Vorschrift des § 7 Abs. 2 JGG a.F. – zu Gunsten einer „spezifischen Gefährlichkeit", die aber letztlich wohl nichts anderes meint als eine hohe Gefahr der Begehung besonders gravierender Katalogtaten – verzichtet.[99] Dass es eines Hanges hier nicht bedarf, folgt nunmehr auch aus dem Umkehrschluss zu § 106 Abs. 3 S. 2 Nr. 2 JGG, wo ein solcher ausdrücklich verlangt wird.[100]

In die erforderliche **Gesamtwürdigung** einzubeziehen sind die Person des Jugendlichen sowie seine Tat(en), § 7 Abs. 2 S. 1 Nr. 2 JGG. Schon aus dem Wortlaut des Gesetzes folgt, dass die Maßregel auch zulasten von **Ersttätern** ergriffen werden kann. Anregungen, als taugliche Grundlage für die schwierige Prognoseentscheidung wiederholte Delinquenz zu verlangen, hat der Gesetzgeber nicht aufgegriffen. Unter dem Blickwinkel der Verhältnismäßigkeit trifft die Regelung deshalb nach wie vor auf Bedenken.[101] 455

---

[95] Anders Kinzig, 2008a, S. 246, der eine hypothetische Betrachtung anstellen will; dagegen Bruhn, 2010, S. 182 (jeweils zu § 7 Abs. 2 JGG a.F.).
[96] Siehe Eisenberg, 2014, § 7 Rdn. 46; Ostendorf, 2013, § 7 Rdn. 24.
[97] Vgl. Eisenberg, 2014, § 7 Rdn. 46; zu § 7 Abs. 2 JGG a.F. Brunner/Dölling, 2011, § 7 Rdn. 17; Diemer/Schatz/Sonnen, 2011, § 7 JGG Rdn. 47; HK-JGG/Rössner, 2014, § 7 Rdn. 22 f.
[98] Siehe BGHSt. 52, S. 34. Rissing-van Saan/Peglau, in: LK-StGB, 2008, § 66 Rdn. 200, lassen die abstrakte Gefahr genügen.
[99] Dazu BGH, NJW 2010, S. 1540 f.; LG Regensburg, ZJJ 2009, S. 383; Brunner/Dölling, 2011, § 7 Rdn. 17; Diemer/Schatz/Sonnen, 2011, § 7 JGG Rdn. 42; anders LG Berlin, NStZ 2010, S. 97; Eisenberg, 2014, § 7 Rdn. 46; Kinzig, 2008a, S. 246; Ullenbruch, 2008, S. 2614; vgl. auch BT-Drs. 16/6562, S. 7; BGH, NStZ 2013, S. 226 f.; Kinzig, 2010a, S. 690.
[100] Bartsch, 2013a, S. 186 will das Hangerfordernis auf § 7 Abs. 2 JGG übertragen.
[101] Ebenso Eisenberg, 2014, § 7 Rdn. 34.

(2) Jugendlichen nicht gleichgestellte Heranwachsende

456 Während der Gesetzgeber ursprünglich davon ausging, dass auch bei heranwachsenden Rechtsbrechern die erforderliche Prognose hinsichtlich ihrer zukünftigen Gefährlichkeit noch nicht gestellt werden könne, und deshalb auch diese Gruppe nicht über ihre Strafzeit hinaus zu verwahren gestattete, ist er schon im Jahr 2003 von einer solchen Sichtweise abgerückt.[102] Seitdem gilt die Anordnung des Vorbehalts der Unterbringung in der Sicherungsverwahrung als prinzipiell statthaft, wobei die Voraussetzungen in der Folge geändert wurden.

457 Nunmehr steht die Maßregel für zwei unterschiedliche Konstellationen zur Verfügung (§ 106 Abs. 3 S. 2 und Abs. 4 JGG).

Die Voraussetzungen des **§ 106 Abs. 3 S. 2 JGG** entsprechen teilweise denjenigen des § 7 Abs. 2 S. 1 JGG. Der Katalog tauglicher Anlasstaten stimmt mit dem dort aufgeführten überein; es genügt insoweit allerdings eine Verurteilung zu mindestens fünf Jahren Freiheitsstrafe (§ 106 Abs. 3 S. 2 Nr. 1 JGG). Eine Gesamtstrafe, in der keine entsprechend hohe Einzelstrafe für zumindest eine Katalogtat aufgegangen ist, reicht nicht.[103] Die Maßregel kann allerdings nunmehr – wie bei Jugendlichen – gegen Ersttäter verhängt werden.[104] Darüber hinaus stellt § 106 Abs. 3 S. 2 Nr. 2 JGG nicht auf die hohe Wahrscheinlichkeit der Gefahr weiterer Anlasstaten ab; es muss zumindest wahrscheinlich sein, dass bei dem Betroffenen ein **Hang zur Begehung von Anlasstaten** vorliegt und er deshalb zum Verurteilungszeitpunkt gefährlich ist. Der geforderte Hang zu Straftaten meint eine durch Anlage oder Übung erworbene intensive Neigung zu Rechtsbrüchen, ein entsprechendes „eingeschliffenes Verhaltensmuster".[105] In diesem Erfordernis liegt eher eine Beschränkung der Anordnungsvoraussetzungen,[106] während der Wahrscheinlichkeitsgrad im Vergleich zu § 7 Abs. 2 S. 1 Nr. 2 JGG herabgesetzt ist. Angesichts der Probleme, schon bei Heranwachsenden einen Hang zu weiteren schweren Straftaten hinreichend sicher zu prognostizieren, zieht die Regelung gleichwohl Kritik auf sich.[107] Im späteren Verfahren über die Anordnung der Maßregel ist das Hangerfordernis nicht noch einmal zu prüfen.[108]

458 **§ 106 Abs. 4 JGG** erweitert den Anwendungsbereich des Vorbehalts auf eine Anlassverurteilung wegen eines oder mehrerer Vergehen des **sexuellen Missbrauchs von Kindern** gem. § 176 StGB (Nr. 1). Kumuliert müssen weiter erfüllt

---

[102] Im Gesetz zur Änderung der Vorschriften über die Straftaten gegen die sexuelle Selbstbestimmung und zur Änderung anderer Vorschriften v. 27.12.2003, BGBl. I 2003, S. 3007.

[103] HK-JGG/Rössner, 2014, § 106 Rdn. 9; a.A. Bartsch, 2013a, S. 185; Ostendorf, 2013, § 106 Rdn. 9.

[104] Siehe BT-Drs. 17/9874, S. 25; krit. Bartsch, 2013a, S. 185; Streng, 2012, S. 280; zum alten Recht vgl. BGHSt. 52, S. 320 f.

[105] Vgl. BGH, NStZ 1988, S. 496; NStZ-RR 2008, S. 337; NStZ-RR 2009, S. 11; umfassend Fischer Th., 2014, § 66 Rdn. 47 ff.; krit. Kemme, 2011, S. 106 ff.

[106] Siehe Eisenberg, 2014, § 106 Rdn. 20; Ostendorf, 2013, § 106 Rdn. 10.

[107] Streng, 2012, S. 280; vgl. zur alten Rechtslage schon Goerdeler, 2003, S. 187 f.; Kinzig, 2007, S. 162; Mushoff, 2008, S. 466 ff.; Ostendorf, 2006, S. 325; Werner-Eschenbach, 2005, S. 215 ff.; aber auch Milde, 2006a, S. 221 f.

[108] Krit. Renzikowski, 2013, S. 1641.

sein die übrigen Voraussetzungen von § 106 Abs. 3 S. 2 JGG sowie diejenigen des § 66 Abs. 3 StGB mit Ausnahme der sich aus der Verweisung auf § 66 Abs. 1 S. 1 Nr. 4 StGB ergebenden (Nr. 2). Zudem ist erforderlich, dass es sich bei den maßgeblichen früheren und künftig zu erwartenden Taten um das Vergehen des § 176 StGB oder die in Abs. 3 S. 2 Nr. 1 genannten schweren Delikte handelt, durch die das Opfer seelisch oder körperlich schwer geschädigt oder einer solchen Gefahr konkret ausgesetzt worden ist oder würde. Bedingt durch die Unübersichtlichkeit ihrer Voraussetzungen infolge der doppelten Verweisung mit einer Weiterverweisung in § 66 Abs. 3 S. 1 StGB erscheint die Vereinbarkeit der Norm mit dem Bestimmtheitsgrundsatz durchaus zweifelhaft. Der Gesetzgeber hielt eine solche Regelung in „Extremfällen" für geboten, weil seiner Auffassung nach Missbrauchsdelinquenz in jungen Jahren die künftige Begehung schwerer Sexual- und Gewaltdelikte zu indizieren vermöge, selbst wenn dies in der überwiegenden Zahl der Fälle nicht zutreffe.[109] Wie der Rechtsanwender dabei die einen von den anderen scheiden soll, bleibt offen; man mag deshalb mit gutem Grund vermuten, es sei dem Gesetzgeber nur darum zu tun, sich für alle Eventualitäten auf Kosten der Gerichte gegenüber vereinzelten Opfern abzusichern.[110]

Aus der Verweisung auf § 106 Abs. 3 S. 2 JGG folgt, dass der Betroffene wegen einer oder mehrerer Taten nach § 176 StGB zu einer Freiheitsstrafe von mindestens fünf Jahren verurteilt werden muss.[111] Weiter bedarf es der Wahrscheinlichkeit hangbedingter Gefährlichkeit. Wird auf die übrigen Voraussetzungen des § 66 Abs. 3 StGB Bezug genommen, ergibt sich daraus die Anwendung nur auf **Wiederholungstäter**: Der Betroffene muss wegen einer oder mehrerer, vor der neuen Tat begangener Taten (sog. Symptomtaten) schon einmal zu Freiheitsstrafe von mindestens drei Jahren verurteilt worden sein und wegen einer oder mehrerer dieser früheren Taten vor der jetzigen Anlasstat mindestens zwei Jahre Freiheitsstrafe verbüßt oder sich im Vollzug einer freiheitsentziehenden Maßregel der Besserung und Sicherung befunden haben (§ 66 Abs. 3 S. 1, Abs. 1 S. 1 Nr. 3 StGB).[112] Bei diesen Symptomtaten kann es sich ebenfalls um solche nach § 176 StGB handeln; wie aus § 106 Abs. 4 Nr. 3 JGG folgt, darf aber ebenso an die gravierenden Delikte im Katalog von Abs. 3 S. 2 Nr. 1 angeknüpft werden.[113] Nicht erforderlich wird es nach dem Wortlaut der Norm sein, dass auch die Symptomtat(en) im Heranwachsendenalter verübt wurde(n). Das gilt umso mehr, als auch die Jugendstrafe (in entsprechender Höhe) als Freiheitsstrafe i. S. d. § 66 StGB angesehen wird.[114]

459

Beispiel

(sog. Siegburger Foltermord): Der 19-jährige A und zwei Mittäter waren zusammen mit dem späteren Opfer O Zellengenossen in der JVA S. Sie misshandelten den O etwa einen halben Tag lang, indem sie mannigfache Körperver-

---

[109] Vgl. BT-Drs. 17/9874, S. 25; krit. Eisenberg, 2014, § 106 Rdn. 23.
[110] So Ostendorf, 2013, § 106 Rdn. 13 a.E.
[111] BT-Drs. 17/9874, S. 25; Eisenberg, 2014, § 106 Rdn. 24.
[112] Vgl. Ostendorf, 2013, § 106 Rdn. 13.
[113] Siehe BT-Drs. 17/9874, S. 25; anders wohl Ostendorf, 2013, § 106 Rdn. 13.
[114] Siehe Kap. 9.1.

letzungshandlungen an ihm vornahmen, ihn mindestens zwei Mal zur Ausübung des Oralverkehrs zwangen und den Griff eines Handfegers in seinen After einführten, wodurch O massive und stark blutende Verletzungen davontrug. Um nicht wegen dieser Taten zur Rechenschaft gezogen zu werden, entschlossen sie sich schließlich, O zu erhängen und einen Selbstmord vorzutäuschen. In Ausführung dieses Plans brachten die Täter den O nach mehreren gescheiterten Erhängungsversuchen letztendlich zu Tode. A, der vielfach vorgeahndet war, wurde wegen des Geschehens in der JVA vom LG unter Anwendung von allgemeinem Strafrecht wegen Mordes (Mordmerkmale Grausamkeit, Verdeckungsabsicht und sonstige niedrige Beweggründe; Einzelstrafe 13 Jahre), gefährlicher Körperverletzung in fünf Fällen, Vergewaltigung in zwei Fällen (Oralverkehr) sowie besonders schwerer Vergewaltigung in Tateinheit mit gefährlicher Körperverletzung (Einführen des Handfegers; Einzelstrafe sechs Jahre) zu einer Gesamtfreiheitsstrafe von 15 Jahren verurteilt. Die Möglichkeit des Vorbehalts der Unterbringung in der Sicherungsverwahrung gem. § 106 Abs. 3 S. 2 JGG (a.F.) hat das LG nicht erörtert.

Letzteres beanstandete der BGH.[115] Zwar sind die Anordnungsvoraussetzungen heute andere. Es wäre aber auch auf der Basis von § 106 Abs. 3 S. 2 JGG aktueller Fassung die Verhängung des Vorbehalts zu bedenken: Eine Verurteilung zu einer Freiheitsstrafe von mindestens fünf Jahren wegen eines Verbrechens gegen das Leben, wobei das Opfer körperlich schwer geschädigt worden ist (§ 211 StGB), liegt vor. Damit kommt es auf die Gesamtwürdigung von Täter und Taten, die Hangfeststellung und die Gefährlichkeitsprognose gem. § 106 Abs. 3 S. 2 Nr. 2 JGG an.

6.3.3.3 Nachträgliche Sicherungsverwahrung

460 Das Gesetz ermöglicht die nachträgliche Anordnung der Sicherungsverwahrung zum Nachteil **aller Altersgruppen**, für die das JGG Bedeutung erlangt. In Rede steht dabei aber nach aktuellem Gesetzesstand nicht mehr wie früher die originäre Verhängung der Maßregel in Fällen, in denen sich die Gefährlichkeit des Betroffenen erst im Strafvollzug erweist. Vielmehr knüpfen die Regelungen an die **Erledigung der Unterbringung im psychiatrischen Krankenhaus** gem. § 63 StGB an (§§ 7 Abs. 4, 106 Abs. 7 JGG). Die Vorschriften geben dem Gericht Ermessen.

Zumindest in **Altfällen**, in denen die Unterbringung im psychiatrischen Krankenhaus angeordnet worden war, bevor der Gesetzgeber die Möglichkeit der Anschlussunterbringung in der Sicherungsverwahrung geschaffen hat, erlangt das Vertrauensschutzprinzip bestimmende Bedeutung.[116] Diese Konstellation hat der Gesetzgeber bei Schaffung von Art. 316f EGStGB nicht bedacht, weshalb insoweit erneut Reformbedarf besteht.

---

[115] BGHSt. 52, S. 316, 320 f.; dazu etwa Eisenberg, 2008, S. 384; Freuding, 2010, S. 256 f.; Rau/Zschieschack, 2009, S. 39.
[116] Siehe BVerfG, EuGRZ 2013, S. 236 ff. (zu § 66b StGB); dazu Bartsch, 2013a, S. 186.

(1) Jugendliche und nach Jugendstrafrecht verurteilte Heranwachsende

§ 7 Abs. 4 JGG setzt voraus, dass der Betroffene wegen einer gravierenden Anlasstat i. S. v. § 7 Abs. 2 S. 1 Nr. 1 JGG im psychiatrischen Krankenhaus untergebracht war und die Unterbringung nach § 67d Abs. 6 StGB für erledigt erklärt wird, weil die die Unterbringung begründende, fehlende oder zumindest verminderte **Schuldfähigkeit** (§§ 20, 21 StGB) im Zeitpunkt der Erledigungserklärung **nicht mehr besteht**. Dabei spielt es keine Rolle, ob die Heilung bzw. wesentliche Besserung des Zustandes gelungen ist oder ob die Beeinträchtigung der Schuldfähigkeit zum Zeitpunkt des früheren Urteils irrig angenommen worden war, etwa auf der Basis eines unzutreffenden Gutachtens.[117]

461

Weiter muss die Unterbringung im psychiatrischen Krankenhaus wegen mehrerer tauglicher Anlasstaten angeordnet worden sein oder der Betroffene muss wegen einer oder mehrerer einschlägiger Taten, die vor der zur Unterbringung nach § 63 StGB führenden Tat begangen worden sind, schon einmal zu einer Jugendstrafe von mindestens drei Jahren verurteilt oder in einem psychiatrischen Krankenhaus untergebracht worden sein (§ 7 Abs. 4 Nr. 1 JGG). Betroffen sind also **Wiederholungstäter**.

Schließlich bedarf es einer **Gesamtwürdigung** des Betroffenen, seiner Taten und ergänzend seiner Entwicklung bis zum Zeitpunkt der Entscheidung, die mit hoher Wahrscheinlichkeit den Schluss gestattet, der Betroffene werde erneut gravierende Taten i. S. d. § 7 Abs. 2 S. 1 Nr. 1 JGG verüben (§ 7 Abs. 4 Nr. 2 JGG).

462

Als **problematisch** erweisen sich nicht nur die mit der Prognosestellung zumal bei jungen Menschen generell verbundenen Schwierigkeiten. Zudem erscheint die bis zur Erledigungsentscheidung eingetretene weitere Entwicklung, die sich ja unter den besonderen Bedingungen der Unfreiheit im psychiatrischen Krankenhaus vollzogen hat, lediglich eingeschränkt aussagekräftig. Schließlich lässt sich die Legitimation zur weiteren Verwahrung von Personen bezweifeln, die sämtliche Taten in schuldunfähigem Zustand verübt haben. Hat dieser Aspekt bisher ihre Unterbringung gerechtfertigt, ist er nunmehr gerade entfallen.[118] Ferner bleibt zweifelhaft, ob in diesem Fall überhaupt die hohe Wahrscheinlichkeit der Begehung weiterer Taten ermittelt werden kann.

(2) Nach allgemeinem Strafrecht verurteilte Heranwachsende

§ 106 Abs. 7 JGG ermöglicht ebenfalls in Verfolgung des vom Gesetzgeber propagierten weitreichenden Schutzkonzepts[119] die nachträgliche Einweisung in die Sicherungsverwahrung, wenn eine Unterbringung des Heranwachsenden in einem psychiatrischen Krankenhaus für erledigt erklärt worden ist (§ 67d Abs. 6 StGB), sich im Maßregelvollzug aber seine fortdauernde besondere Gefährlichkeit erwiesen hat. Die **Voraussetzungen** sind weithin mit den in § 7 Abs. 4 JGG geforderten identisch. Zwar verweist das Gesetz hinsichtlich der begangenen wie der für die

463

---

[117] So BGH, NStZ 2009, S. 323 (für § 66b Abs. 3 StGB a.F.).
[118] Siehe Streng, 2012, S. 281 f.
[119] Vgl. BTDrs. 15/2887, S. 1; 15/2945, S. 2; 15/3346, S. 2. Poseck, 2004, S. 2561 f. gehen die Regelungen gleichwohl nicht weit genug.

Gefährlichkeitsprognose maßgeblichen Taten auf den Kanon des § 106 Abs. 3 S. 2 Nr. 1 JGG; die Aufzählung stimmt aber mit derjenigen in § 7 Abs. 2 S. 1 Nr. 1 JGG überein. Wurde der heranwachsende Rechtsbrecher wegen Verstößen gegen § 176 StGB im psychiatrischen Krankenhaus untergebracht, bildet dies – anders als für den Ausspruch des Vorbehalts gem. § 106 Abs. 4 JGG gegenüber schuldfähigen Tätern – keinen tauglichen Anknüpfungspunkt für den Maßregeltausch nach Erledigung der Unterbringung im psychiatrischen Krankenhaus. Ist der Betroffene wegen relevanter Vortaten zu einer Freiheitsstrafe verurteilt worden, bedarf es einer solchen von mindestens drei Jahren (§ 106 Abs. 7 Nr. 1 JGG).

Einen Hang braucht man hier – anders als für den Ausspruch des Vorbehalts der Anordnung gem. § 106 Abs. 3 S. 2 Nr. 2 JGG – nicht.[120] Diese Diskrepanz zwischen den Voraussetzungen von vorbehaltener und nachträglicher Sicherungsverwahrung tritt zu den bereits gegen § 7 Abs. 4 JGG vorgebrachten Bedenken noch hinzu.[121]

6.3.3.4 Verfahren

464 Eine gemeinsame Vorschrift für das zu beachtende Verfahren bei der späteren Entscheidung nach Anordnung des Vorbehalts sowie bei der nachträglich erwogenen Sicherungsverwahrung findet sich in **§ 81a JGG**. Die Norm, die gem. § 104 Abs. 1 Nr. 15 JGG auch vor allgemeinen Gerichten und im Verfahren gegen Heranwachsende über § 109 Abs. 1 S. 1 JGG Anwendung findet, erklärt § 275a StPO und §§ 74f, 120a GVG für sinngemäß anwendbar. Im Falle des schon bestehenden Vorbehalts gelten zusätzliche Regelungen.

(1) Anordnung der vorbehaltenen Sicherungsverwahrung

465 Bereits bei der Verurteilung wegen der Anlasstat wird der **Vorbehalt im Urteil** ausgesprochen (vgl. § 260 Abs. 4 S. 4 StPO). Dem muss eine sachverständige Stellungnahme zu Person und Gefährlichkeit des Angeklagten vorausgehen, § 246a Abs. 1 S. 1 StPO.

Für das Verfahren, in dem später über die Verhängung der **vorbehaltenen Sicherungsverwahrung** entschieden wird, erlangt nach §§ 7 Abs. 2 S. 2 2. Halbs., 106 Abs. 6 2. Halbs. JGG weiter § 66a Abs. 3 S. 1 StGB Bedeutung. Es bedarf einer Entscheidung des erstinstanzlichen Gerichts (große Jugendkammer am LG oder Strafsenat am OLG, §§ 74f Abs. 1, 120a Abs. 1 GVG) in Urteilsform (§ 275a Abs. 2 i. V. m. § 260 Abs. 1 StPO), die spätestens sechs Monate vor der vollständigen Verbüßung der Jugend- oder Freiheitsstrafe ergehen soll (§ 275a Abs. 5 StPO). Nach dem **Ende der Strafvollstreckung** darf die Anordnung nicht mehr erfolgen, § 66a Abs. 3 S. 1 StGB. Die erforderliche Hauptverhandlung findet im Wesentlichen nach den für das Verfahren erster Instanz geltenden Vorschriften statt (§ 275a Abs. 2 und 3 StPO). Als Entscheidungsgrundlage ist ein Sachverständigengutachten vorgeschrieben, § 275a Abs. 4 S. 1 StPO.

466 Das Gericht muss Täterpersönlichkeit und Taten, die im ersten Urteil zum Ausspruch des Vorbehalts geführt haben, unter ergänzender Berücksichtigung der seit-

---

[120] Vgl. zu § 106 Abs. 6 JGG a.F. BGH, NStZ 2009, S. 324; a.A. Brandt R., 2008, S. 223.
[121] Vgl. Streng, 2012, S. 283; ferner Kap. 6.3.3.3 (1).

herigen Entwicklung **erneut** in ihrer Bedeutung **würdigen** (§§ 7 Abs. 2 S. 2 1. Halbs., 106 Abs. 6 1. Halbs. JGG). Das erscheint insofern bedenklich, als damit letztlich das **Vollzugsverhalten** entgegen dem Wortlaut des Gesetzes („ergänzend") wesentliche Bedeutung für die Prognose erlangen wird. Dieses Dilemmas war sich der Gesetzgeber von Anfang an bewusst, wenn er der Regelung die Ansicht zugrunde legte, bei Jungtätern sei die Gefährlichkeitsprognose zum Urteilszeitpunkt noch nicht möglich, was die Verlagerung des Entscheidungszeitpunkts an das Ende des Strafvollzugs gebiete.[122] Ausgeblendet werden dabei nicht nur erneut die Unterschiede zwischen dem Leben in Freiheit und der vollzuglichen Kunstwelt, sondern auch die gerade bei Jugendlichen nicht unübliche Trotzhaltung gegenüber Autoritäten, die eine in Wirklichkeit nicht oder zumindest nicht auf Dauer bestehende Gefährlichkeit zu suggerieren vermag.[123] Neuer, also zum Zeitpunkt des ersten Urteils noch nicht bekannter oder erkennbarer Fakten bedarf es zur Anordnung der Sicherungsverwahrung nicht. Lässt sich die weitere Gefährlichkeit in dem Sinne hinreichend sicher prognostizieren, dass für den Ausspruch des Vorbehalts taugliche Taten erneut zu erwarten sind, verpflichten §§ 7 Abs. 2 S. 2, 106 Abs. 6 JGG das Gericht zur Verhängung von Sicherungsverwahrung; hier besteht kein Ermessen mehr. Möglich bleibt es allerdings, die Unterbringung unter den Voraussetzungen des § 67c Abs. 1 StGB zur Bewährung auszusetzen, wie § 7 Abs. 2 S. 3 JGG für den Fall der Anwendung materiellen Jugendstrafrechts klarstellt.

Hat das Gericht rechtzeitig Sicherungsverwahrung angeordnet, gestattet § 275a Abs. 6 S. 3 StPO den Erlass eines **Unterbringungsbefehls**, um zu vermeiden, dass der als gefährlich angesehene Täter vor Rechtskraft der Unterbringungsanordnung nach Ende der Strafverbüßung in Freiheit gesetzt werden muss.

(2) Nachträgliche Anordnung der Sicherungsverwahrung

Den **Antrag** auf nachträgliche Anordnung der Sicherungsverwahrung soll die Staatsanwaltschaft unverzüglich stellen, nachdem die Unterbringung im psychiatrischen Krankenhaus für erledigt erklärt worden ist, § 275a Abs. 1 S. 4 StPO. Es bedarf der Gutachten **zweier Sachverständiger**, die im Maßregelvollzug nicht mit der Behandlung des Betroffenen befasst gewesen sein dürfen (§ 275a Abs. 4 S. 2 und 3 StPO). Hat das Jugendschöffengericht die Anlasstat abgeurteilt,[124] ist für die Verhandlung über die nachträgliche Sicherungsverwahrung das übergeordnete Landgericht zuständig, § 74f Abs. 2 GVG. Sofern dringende Gründe für die nachträgliche Anordnung der Sicherungsverwahrung sprechen, kommt ebenfalls der Erlass eines Unterbringungsbefehls in Frage, § 275a Abs. 6 S. 1 StPO.

467

6.3.3.5 Kritik
Insgesamt stellen sich die Regelungen als Ausdruck eines forcierten **Sicherheitsdenkens** dar, selbst wenn der Gesetzgeber die originär nachträgliche Sicherungsverwahrung als zweifelhafteste Form der Maßregel mit Wirkung für die Zukunft

468

---

[122] Vgl. BT-Drs. 16/6562, S. 7; krit. Kinzig, 2008a, S. 246.
[123] Dazu Graebsch, 2008, S. 285 f.; Mushoff, 2008, S. 472 f.; Ostendorf/Bochmann, 2007, S. 148.
[124] Zu dieser Möglichkeit näher oben Kap. 4.1.2.2.

beseitigt hat.[125] Die Bedenken betreffen in erster Linie die generellen **Schwierigkeiten bei der Beurteilung der Gefährlichkeit** junger Täter,[126] insbesondere wenn eine einzige Tat als Basis für die Prognose ausreichen soll. Dieser Aspekt hatte den Gesetzgeber neben der Belastung für die weitere Entwicklung der Betroffenen sowie der Vorwirkungen für den Strafvollzug ursprünglich von der Einführung der vorbehaltenen Sicherungsverwahrung im Jugendstrafrecht zugunsten der nachträglichen Anordnung abgehalten.[127] Erst nachdem europäisches Recht die Preisgabe der zweiten Form geboten hatte, kam es zur Schaffung genereller Anordnungsvorbehalte, ohne dass grundlegend neue Erkenntnisse über die Möglichkeiten der Gefahrfeststellung gewonnen worden wären. Darüber hinaus belegen die Kriminalstatistiken gerade **keinen** – noch dazu exorbitanten – **Anstieg der Häufigkeit schwerster Straftaten**, der die extensive Anwendung einer so einschneidenden Sanktionsform wie der Sicherungsverwahrung rechtfertigen könnte. Jüngere Untersuchungen zur Rückfallhäufigkeit von vermeintlich hochgefährlichen Haftentlassenen, bei denen die nachträgliche Sicherungsverwahrung (nach Erwachsenenstrafrecht) erwogen wurde, aber mangels Vorliegen der gesetzlichen Voraussetzungen nicht angeordnet werden konnte, deuten im Gegenteil auf eine Überschätzung des Gefährdungspotenzials durch die Sachverständigen hin.[128]

469 Zudem zeigten einige Entscheidungen des BGH zur Sicherungsverwahrung im Jugendstrafrecht auf der Basis der bis zum 31. Mai 2013 geltenden Regelungen eine bedenkliche Tendenz zu großzügiger Norminterpretation. Dies belegte nicht ohne weiteres, dass die einem Mantra gleich wiederholte Formel von der Ultima Ratio der Sicherungsverwahrung zumal bei jungen Rechtsbrechern[129] wirklich ernst genommen wurde. Gleichwohl sollte die Vermutung, zur Verhängung von Sicherungsverwahrung im Jugendstrafrecht werde es nur in wenigen Fällen kommen, auch für die Zukunft Gültigkeit beanspruchen,[130] zumal nicht nur nach § 2 Abs. 2 JGG i. V. m. § 62 StGB die Verhältnismäßigkeit der Maßregel stets zu beachten bleibt. Vielmehr müssen die Gerichte auch nach dem 1. Juni 2013 die seitens des BVerfG[131] verlangte **strikte Verhältnismäßigkeitsprüfung** vornehmen und dürfen

---

[125] Krit. zu § 106 Abs. 3 bis 6 JGG a.F. schon Baier, 2004, S. 557; Braum, 2004, S. 105 ff.; Dünkel, 2004, S. 47 f.; Kinzig, 2004, S. 658; Laubenthal, 2004, S. 749 f.; Waterkamp, 2004, S. 272; weiter Brandt R., 2008, S. 78 f.; demgegenüber aber Hinz, 2007, S. 276.

[126] Siehe BT-Drs. 16/9643, S. 7 f.; Eisenberg, 2014, § 7 Rdn. 34 f., § 106 Rdn. 16; Graebsch, 2008, S. 284 f.; Karanedialkova-Krohn/Fegert, 2007, S. 290 ff.; Ostendorf, 2013, § 7 Rdn. 21; Streng, 2011, S. 833; ders., 2012, S. 275; anders aber BVerfGE 128, S. 373 f.; HK-JGG/Rössner, 2014, § 7 Rdn. 16.

[127] Vgl. BT-Drs. 16/6562, S. 7.

[128] Siehe Alex, 2013, S. 165 ff.; Alex/Feltes, 2010, S. 160 f.; Müller/Stolpmann/Fromberger u. a., 2011, S. 253 ff.

[129] In diesem Sinne etwa BT-Drs. 15/1311, S. 26; 16/6562, S. 9; BGHSt. 52, S. 319; BGH, NJW 2010, S. 1541; Brunner/Dölling, 2011, § 7 Rdn. 14; ferner BVerfG, NJW 2009, S. 982; NJW 2010, S. 1515.

[130] Siehe schon Diemer/Schatz/Sonnen, 2011, § 106 JGG Rdn. 9.

[131] BVerfGE 128, S. 389 f.; BVerfG, EuGRZ 2013, S. 238.

Sicherungsverwahrung in jeder Form nur zum **Schutz höchster Verfassungsgüter** anordnen.¹³²

Bedenken verfassungsrechtlicher Art, und zwar im Hinblick auf den **Gleichbehandlungsgrundsatz** (Art. 3 Abs. 1 GG) erwachsen im Übrigen auch aus dem Bestreben des Gesetzgebers, den Kreis tauglicher Anlasstaten im Rahmen von §§ 7 Abs. 2, 106 Abs. 3 JGG klein zu halten.¹³³ Eine Begründung für den Einschluss des Raubes mit Todesfolge (§ 251 StGB) bei gleichzeitiger Nichtberücksichtigung etwa der Brandstiftung mit Todesfolge (§ 306c StGB), der das Gesetz nach den Strafrahmen für Erwachsene generell-abstrakt den gleichen Unwertgehalt beimisst, lässt sich den Gesetzesmaterialien nicht entnehmen. Auch aus den kriminologischen Erkenntnissen über die Besonderheiten der Delinquenz junger Menschen dürfte sie nicht zu gewinnen sein. 470

Als problematisch erweist sich die vorbehaltene Sicherungsverwahrung weiter wegen ihrer **Vorwirkungen auf den Vollzug der Jugendstrafe**.¹³⁴ Es werden durch die Ungewissheit nicht nur die Möglichkeit der Inhaftierten zur Lebensplanung und der Grundsatz der Berechenbarkeit staatlicher Sanktionierung nachhaltig beeinträchtigt,¹³⁵ sondern in der Konsequenz könnte der Strafvollzug an der **Erwartung einer späteren Verwahrung** ausgerichtet werden, was zum Unterlassen insbesondere von Vollzugslockerungen bzw. vollzugsöffnenden Maßnahmen führen mag. Das gilt unbeschadet der durch § 66c Abs. 2 StGB (i. V. m. § 7 Abs. 3 S. 5 JGG) vorgeschriebenen Therapieausrichtung des Vollzugs, denn besondere Regelungen für Vollzugsöffnung bei drohender Sicherungsverwahrung existieren nicht. Eine solche Vollzugsgestaltung wiederum verschafft dem jungen Gefangenen schwerlich die Möglichkeit, sich die Grundlagen für eine günstige Prognose bei der Entscheidung über die Sicherungsverwahrung zu erarbeiten. Wirkt der Gefangene an seiner Behandlung aktiv mit, besteht – wie die Praxis bereits erwiesen hat¹³⁶ – zudem die Gefahr, dass er im Rahmen von Therapiemaßnahmen oder Explorationen innere **Tatsachen** (etwa problematische Neigungen) **offenbart**, die später gerade zur Begründung seiner fortbestehenden Gefährlichkeit dienen. Gibt er sich demgegenüber nur zum Schein angepasst, können ihm wichtige Therapiemöglichkeiten entgehen.¹³⁷ Die Hoffnung des Gesetzgebers auf positive Veränderungen durch Einwirkung des Jugendstrafvollzugs¹³⁸ mag deshalb trügen. 471

---

¹³² So BGH, NStZ 2013, S. 524; NJW 2013, S. 3735 (jeweils zu § 66 StGB); ferner EGMR NJW 2012, S. 1707; NJW 2013, S. 1793.
¹³³ Krit. im Hinblick auf die Schuldindifferenz der Maßregeln Nestler/Wolf, 2008, S. 157.
¹³⁴ Vgl. Eisenberg, 2014, § 106 Rdn. 16; Kinzig, 2008a, S. 249 f.; Kreuzer/Bartsch, 2008, S. 657; Nestler/Wolf, 2008, S. 156; Streng, 2012, S. 276; Ullenbruch, 2008, S. 2611; anders BGH, NJW 2010, S. 1543.
¹³⁵ Dazu Ullenbruch, 2008, S. 2611.
¹³⁶ Siehe BGH, NJW 2010, S. 1539; LG Regensburg, ZJJ 2009, S. 385; zum Fall Eisenberg, 2009, S. 219 ff.
¹³⁷ Dazu BT-Drs. 16/9643, S. 5; Ostendorf, 2006, S. 325 f.; ders., 2013, § 7 Rdn. 21; siehe auch Freuding, 2010, S. 257; Mushoff, 2008, S. 474; Streng, 2012, S. 276.
¹³⁸ So BT-Drs. 16/6562, S. 7; vgl. auch BGH, NJW 2010, S. 1543; Hinz, 2007, S. 276.

472 Schließlich sind Bedenken im Hinblick auf die **Vereinbarkeit** des gegenwärtigen Normenbestands **mit der EMRK** keineswegs ausgeräumt.[139] Nicht nur gegen die nachträgliche Anordnung nach Erledigung der Unterbringung im psychiatrischen Krankenhaus,[140] sondern auch gegen die vorbehaltene Sicherungsverwahrung wird vorgebracht, sie lasse sich mangels hinreichenden zeitlich-kausalen Zusammenhangs[141] nicht als „Freiheitsentziehung nach Verurteilung" i. S. v. Art. 5 Abs. 1 S. 2 lit. a) EMRK qualifizieren.[142] Haft zur Verhinderung der Begehung einer Straftat gem. Art. 5 Abs. 1 S. 2 lit. c) EMRK setzt voraus, dass die fragliche deliktische Handlung näher konkretisiert ist, woran es bei den potentiellen Sicherungsverwahrten regelmäßig fehlen wird, zumal nach Art. 5 Abs. 3 S. 1 EMRK Zweck der Festnahme die gerichtliche Verurteilung sein muss.[143] Die Freiheitsentziehung zum Nachteil psychisch Kranker gestattet zwar Art. 5 Abs. 1 S. 2 lit. e) EMRK; jene bedingt aber eine adäquate Unterbringung in einer Klinik oder vergleichbaren Einrichtung.[144] Ein entsprechender Zustand liegt schließlich keineswegs bei allen Betroffenen vor, zumal noch nicht geklärt ist, ob jede Form einer die Schuldfähigkeit nicht beeinträchtigenden Persönlichkeitsstörung überhaupt unter den im englischen Text verwendeten Begriff „unsound mind" fällt.[145] Letzteres könnte der nach Erledigung des Aufenthalts in der Psychiatrie bestehenden Unterbringungsmöglichkeit zum Verhängnis werden. War der Betroffene ohne Schuldspruch wegen Schuldunfähigkeit im psychiatrischen Krankenhaus untergebracht worden, fehlt es schließlich schon an einer Verurteilung gem. Art. 5 Abs. 1 S. 2 lit. a) EMRK, da eine solche im Verfahren gem. § 275a StPO ebenso wenig erfolgt.[146]

6.3.4 Absehen von Strafe und Strafmilderung

473 Nach **§ 60 S. 1 StGB** sieht das Gericht von Strafe ab, wenn die Folgen der Tat, die den Täter getroffen haben, so schwer sind, dass die Verhängung einer Strafe offensichtlich verfehlt wäre. Der Sanktionierung darf in diesem Fall unter keinem ihrer spezial- wie generalpräventiven Ziele eine Funktion zukommen und diese Zweck-

---

[139] Zusammenfassend Eisenberg, 2014, § 7 Rdn. 39 ff., § 106 Rdn. 13 ff.
[140] Dazu BVerfG, EuGRZ 2013, S. 238; Kreuzer, 2011, S. 127 f.; Zimmermann, 2013, S. 172.
[141] Zu diesem Erfordernis EGMR, NJW 2010, S. 2496; NJW 2012, S. 1708.
[142] So Kinzig, 2011, S. 179; Merkel G., 2012, S. 523; Rüter, 2011, S. 289 f.; Windoffer, 2011, S. 594, 597; a.A. BVerfGE 131, S. 296 ff.; Kreuzer, 2011, S. 128; Laue, 2010, S. 203; Ullenbruch/Morgenstern, in: MünchKomm-StGB, 2012, § 66a Rdn. 36 ff.; Zimmermann, 2013, S. 171.
[143] Siehe EGMR, NJW 2011, S. 3425.
[144] Vgl. EGMR, NJW 2011, S. 3423; dazu ferner Diehm, 2006, S. 515 f.; Eisenberg, 2010, S. 1508; Kinzig, 2010, S. 236; ders., 2010a, S. 692; Mushoff, 2008, S. 459; Wollmann, 2007, S. 153.
[145] Bejahend BVerfGE 128, S. 397; BGH, NJW 2011, S. 2744; zur Auslegung EGMR, EuGRZ 2012, S. 389; JR 2013, S. 81; Renzikowski, 2011, S. 536 ff.; Schöch, 2012, S. 23 ff.; Streng, 2011, S. 832.
[146] Dazu EGMR, JR 2013, S. 80 f.; Ullenbruch/Morgenstern, in: MünchKomm-StGB, 2012, § 66b Rdn. 37.

verfehlung muss klar zu Tage treten.[147] Nachdem im lediglich spezialpräventiv ausgerichteten[148] JGG eine vergleichbare Regelung fehlt, besteht nach § 10 StGB, § 2 Abs. 2 JGG die Möglichkeit, die Bestimmung auch im Jugendstrafrecht zur Anwendung zu bringen, um den jungen nicht gegenüber einem erwachsenen Täter zu benachteiligen.[149] Die Einstellung des Verfahrens gem. § 47 JGG stellt keine gleichwertige Alternative dar, zumal das Gericht insoweit der Zustimmung der Staatsanwaltschaft bedarf (§ 47 Abs. 2 S. 1 JGG). Die Voraussetzungen für ein Absehen von Strafe liegen insbesondere dann vor, wenn fahrlässige Normverstöße einen eigenen körperlichen oder wirtschaftlichen Schaden des Handelnden zur Folge hatten. Auch der Verlust naher Angehöriger fällt hierunter.

Beispiel

Dem 19-jährigen T unterlief ein Fahrfehler, worauf der von ihm geführte Wagen gegen einen Baum schleuderte und sich überschlug. Die Schwester des T erlitt dabei tödliche Verletzungen; auch eine weitere Fahrzeuginsassin wurde an der Gesundheit geschädigt. Der von ihm verschuldete Unfall rief bei T eine tiefe Krise hervor, als deren Folge er sein Studium abbrechen musste und eine Tätigkeit als Hilfsarbeiter ergriff. Es steht zu erwarten, dass ihn das Geschehen sein Leben lang belasten wird. T wurde nach Jugendstrafrecht wegen fahrlässiger Tötung in Tateinheit mit fahrlässiger Körperverletzung zu einer Geldauflage (§ 15 Abs. 1 S. 1 Nr. 4 JGG) verurteilt.

Das BayObLG[150] hob diese Verurteilung hinsichtlich der Rechtsfolgen auf, weil der Tatrichter nicht geprüft hatte, ob nach § 60 StGB von Strafe abgesehen werden könne. Unter Strafe i. S. d. § 60 StGB sei nicht nur Jugendstrafe zu verstehen. Auch Zuchtmittel wie die Geldauflage fielen darunter. Die Verletzung der weiteren Fahrzeuginsassin schließe ein Vorgehen nach § 60 StGB nicht ohne weiteres aus. Das verdient Zustimmung: Gerade der spezialpräventive Zweck des Jugendstrafrechts rechtfertigt ggf. ein Absehen von Strafe in den Fällen, in denen diese Konsequenz auch bei einem Erwachsenen gezogen werden müsste.

Ausgeschlossen ist das Absehen von Strafe dann, wenn für die Tat Freiheitsstrafe von **mehr als einem Jahr** verwirkt ist (§ 60 S. 2 StGB). Das gilt entsprechend für die Höhe der Jugendstrafe.[151] Umstritten ist es, ob man auch **Erziehungsmaßregeln** (§§ 9 ff. JGG) als Strafe gem. § 60 StGB anzusehen hat. Obwohl diese nach § 5 Abs. 1 und 2 JGG keinen ahndenden Charakter aufweisen, muss man die Frage

474

---

[147] BGHSt. 27, S. 300; Fischer Th., 2014, § 60 Rdn. 5.
[148] Dazu Kap. 1.1.
[149] Für viele Altenhain/Laue, in: MünchKomm-StGB, 2013, § 2 JGG Rdn. 21; Altermann, 2009, S. 202 f.; Brunner, 1992, S. 389; Diemer/Schatz/Sonnen, 2011, § 5 JGG Rdn. 25; Eisenberg, 2014, § 5 Rdn. 11; Keiser, 2002, S. 986 f.; Ostendorf, 2013, § 5 Rdn. 23; Scheffler, 1992, S. 491 f.; a.A. Böhm/Feuerhelm, 2004, S. 165.
[150] BayObLG, NJW 1992, S. 1520 f.
[151] Fischer Th., 2014, § 60 Rdn. 3; anders Altermann, 2009, S. 217.

bejahen.¹⁵² Bei der gebotenen zurückhaltenden Bewertung des mit dem JGG verfolgten erzieherischen Anspruchs¹⁵³ vermag der Aspekt des Erziehungsbedürfnisses die allgemeine Geltung des § 60 StGB nicht zu überspielen.

475 Wenn nach **sonstigen Vorschriften** ein Absehen von Strafe oder Strafmilderung in Betracht kommen (etwa §§ 23 Abs. 3, 113 Abs. 4 S. 1, 314a Abs. 2 StGB), sind jene im Jugendstrafrecht ebenso wie § 60 StGB anzuwenden.¹⁵⁴ Das gilt auch für die in § 46a StGB vorgesehenen Konsequenzen eines Täter-Opfer-Ausgleichs jenseits der Erteilung einer Weisung nach § 10 Abs. 1 S. 3 Nr. 7 JGG.¹⁵⁵ Die „Kronzeugenregelung" des **§ 46b StGB (Aufklärungs- und Verhinderungshilfe)** soll im Jugendstrafrecht mangels Vereinbarkeit mit dem Erziehungsauftrag keine Anwendung finden,¹⁵⁶ wobei es gleichwohl als geboten angesehen wird, die Mitwirkungsbereitschaft im Rahmen der Bemessung einer Jugendstrafe zu berücksichtigen.¹⁵⁷ Knüpft § 46b Abs. 1 S. 1 StGB an die Strafrahmen der erfüllten Tatbestände an, läuft dies deren Nichtgeltung im Jugendstrafrecht (§ 18 Abs. 1 S. 3 JGG) in der Tat zuwider. Jedoch lässt sich das Anliegen, einen aufklärungsbereiten Jugendlichen nicht schwerer zu sanktionieren als einen Erwachsenen in vergleichbarer Situation,¹⁵⁸ nur bei entsprechender Anwendung zumindest von § 46b Abs. 1 S. 4 StGB realisieren, zumal die den Behörden geleistete Unterstützung den Wegfall des Interventionsbedarfs indizieren kann. Allein die genannte Vorschrift gestattet ein Absehen von Strafe, wobei an die Stelle von Freiheitsstrafe von nicht mehr als drei Jahren Jugendstrafe entsprechender Höhe tritt.

Liegen die Voraussetzungen vor, um von Strafe abzusehen, darf nach § 153b StPO (anwendbar über § 2 Abs. 2 JGG) von Staatsanwaltschaft bzw. Gericht mit Zustimmung der jeweils anderen Stelle das Verfahren eingestellt werden.¹⁵⁹ §§ 45, 47 JGG passen bereits nach ihrem Wortlaut auf diesen Fall nicht ohne weiteres.¹⁶⁰

---

¹⁵² So BayObLG, NJW 1992, S. 1521; Altermann, 2009, S. 214; Brunner/Dölling, 2011, § 5 Rdn. 8; Eisenberg, 2014, § 5 Rdn. 11; Keiser, 2002, S. 987; Petersen, 2008, S. 156; HK-JGG/Rössner, 2014, § 5 Rdn. 16; a.A. Bringewat, 1992, S. 318; Streng, 2012, S. 133; zweifelnd Groß, in: MünchKomm-StGB, 2012, § 60 Rdn. 2.

¹⁵³ Dazu Kap. 1.1.

¹⁵⁴ BayObLG, NJW 1992, S. 1520; Diemer/Schatz/Sonnen, 2011, § 5 JGG Rdn. 25.

¹⁵⁵ So Brunner/Dölling, 2011, § 5 Rdn. 8; Eisenberg, 2014, § 5 Rdn. 11; Meier/Rössner/Schöch, 2013, S. 128; HK-JGG/Rössner, 2014, § 5 Rdn. 17.

¹⁵⁶ Eschelbach, in: Satzger/Schluckebier/Widmaier, 2014, § 46b Rdn. 11; HK-JGG/Rössner, 2014, § 2 Rdn. 27; Weber S., 2011, S. 136; ferner Eisenberg, 2014, § 2 Rdn. 27a.

¹⁵⁷ Dafür Maier, in: MünchKomm-StGB, 2012, § 46b Rdn. 17.

¹⁵⁸ So Schönke/Schröder/Kinzig, 2014, § 46b Rdn. 3; vgl. Eisenberg, 2014, § 2 Rdn. 27a.

¹⁵⁹ Vgl. HK-JGG/Blessing/Weik, 2014, § 45 Rdn. 12; Diemer/Schatz/Sonnen, 2011, § 45 JGG Rdn. 10; Eisenberg, 2014, § 45 Rdn. 13; Keiser, 2002, S. 987; Streng, 2012, S. 133; anders Meyer-Goßner, 2014, § 153b Rdn. 5; Radtke/Hohmann/Radtke, 2011, § 153b Rdn. 10 m. w. Nachw.

¹⁶⁰ Keiser, 2002, S. 987; a.A. LR-Beulke, 2008, § 153b Rdn. 6.

6.4 Kombination von Maßnahmen und Jugendstrafe

§ 8 Abs. 1 und 2 JGG enthält nähere Vorgaben für die Kombination jugendstrafrechtlicher Reaktionen. Es geht dabei um deren gleichzeitige Verhängung,[161] wie sich aus der Wortwahl des Gesetzes ergibt („neben[einander]"). Das Schicksal von Rechtsfolgen, die in mehreren Verfahren angeordnet werden, regeln §§ 31 Abs. 3, 66 Abs. 1 S. 2 JGG gesondert. Maßnahmen des Familiengerichts nach §§ 1666, 1666a BGB werden durch ein eventuelles jugendstrafrechtliches **Koppelungsverbot** ebenfalls prinzipiell nicht berührt.[162]

476

Generell dürfen Erziehungsmaßregeln und Zuchtmittel miteinander verbunden werden. Auch die Kombination von mehreren Erziehungsmaßregeln bzw. Zuchtmitteln ist statthaft. Neben Jugendstrafe als Ultima Ratio bleibt jedoch nur ein Teil der sonstigen Reaktionsmöglichkeiten anwendbar. § 8 Abs. 1 und 2 JGG manifestieren deutlich den **spezialpräventiven Anspruch** des Gesetzes, indem die Regelungen um eines Maximums an Einwirkung willen den Richter in die Lage versetzen sollen, die für den Einzelfall am besten geeigneten Maßnahmen zusammenzustellen.[163] So mag etwa die Verhängung eines einzelnen Zuchtmittels den einen Delinquenten nicht hinreichend beeindrucken, während für den anderen neben der Ahndung durch ein Zuchtmittel oder Jugendstrafe noch die Unterstützung in der Lebensführung durch eine Weisung vonnöten ist. Als problematisch erweist sich allerdings die **praktische Umsetzung** dieser Grundgedanken. Erstens stellt die Ermittlung der optimalen Kombination nicht unerhebliche Anforderungen an die prognostischen Kräfte des Richters. Zweitens besteht die Gefahr eines schematischen Gebrauchs der weiten gesetzlichen Handlungsermächtigung, indem Rechtsfolgen mit gegenläufiger Zielsetzung „zu Sanktionscocktails zusammengemixt"[164] werden, die in erzieherischer Hinsicht aufgrund des Fehlens von Klarheit und Konsequenz eher kontraproduktiv wirken[165] oder bei denen man den Grundsatz der Verhältnismäßigkeit der Unrechtsreaktion aus den Augen verliert.[166]

477

Erziehungsmaßregeln und Zuchtmittel lassen sich prinzipiell sowohl untereinander als auch wechselseitig kombinieren (§ 8 Abs. 1 S. 1 JGG). Neben Jugendstrafe dürfen Weisungen (§ 10 JGG) und Auflagen (§ 15 JGG) erteilt sowie Erziehungsbeistandschaft (§ 12 Nr. 1 JGG) angeordnet werden, § 8 Abs. 2 S. 1 JGG. Keine Rolle spielt es insoweit, ob Jugendstrafe vollstreckt oder zur Bewährung ausgesetzt wird (§ 21 JGG) bzw. nach § 27 JGG bereits die Entscheidung über ihre Verhängung aufgeschoben bleibt. Prinzipiell dürfen somit **ambulante** und **stationäre Maßnahmen** zugleich Anwendung finden.

478

---

[161] Näher Brunner/Dölling, 2011, § 8 Rdn. 2a; Eisenberg, 2014, § 8 Rdn. 13.
[162] Schaffstein/Beulke, 2002, S. 102; zum Fall des § 53 JGG Kap. 6.4.1.
[163] Vgl. BGHSt. 18, S. 208; Brunner/Dölling, 2011, § 8 Rdn. 1; Schaffstein/Beulke, 2002, S. 102.
[164] Streng, 2012, S. 134; zur Kritik weiter Albrecht P.-A., 2000, S. 155 f.; Eisenberg, 2014, § 8 Rdn. 2; Hauser, 1980, S. 12; einen Einzelfall bespricht Reinecke, 1994, S. 194 f.
[165] Dazu Eisenberg, 2014, § 8 Rdn. 3.
[166] So Ostendorf, 2013, § 8 Rdn. 8; HK-JGG/Rössner, 2014, § 8 Rdn. 8; für eine Abschaffung der Möglichkeit, Erziehungsmaßregeln und Zuchtmittel zu verbinden, deshalb Lenz T., 2007, S. 150.

6.4.1 Unzulässige Kombinationen

479 Als unzulässig haben solche Sanktionenmischungen zu gelten, deren jeweilige Zielsetzungen sich nicht in Einklang bringen lassen. Die **Unvereinbarkeit** kann entweder vom Gesetzgeber positiv festgestellt worden sein oder sich aus einer teleologischen Betrachtung herleiten lassen. Besondere Bedeutung erlangt dabei der Grundsatz der **Einspurigkeit freiheitsentziehender Sanktionen** (Koppelungsverbot). Die gleichzeitige[167] Auftürmung mehrerer stationärer Unrechtsreaktionen erscheint nicht nur sinnlos, sondern sie ist unstatthaft. Folgende Kombinationen bleiben dem Richter danach verwehrt:

480
- Erziehungsbeistandschaft und Heimerziehung (**§ 12 Nr. 1 und 2 JGG**) stehen nur alternativ zur Wahl („oder"), um die Wirkung der Erziehungshilfe nicht durch konträre Anordnungen des Erziehungsbeistands zu gefährden.[168]
- **Heimerziehung** oder sonstige Formen des betreuten Wohnens nach § 12 Nr. 2 JGG i. V. m. § 34 SGB VIII und **Jugendarrest** gem. § 16 JGG (§ 8 Abs. 1 S. 2 JGG). Es soll vermieden werden, dass der Delinquent sich infolge seiner Arresterfahrungen dem nachfolgenden Erziehungsangebot verschließt.[169] Verhängt der Jugendrichter Arrest und überlässt er dem Familiengericht nach **§ 53 S. 1 JGG** die Auswahl und Anordnung von Erziehungsmaßregeln, darf das Verbot des § 8 Abs. 1 S. 2 JGG nicht auf diesem Wege umgangen, mithin keine Maßnahme nach § 34 SGB VIII ergriffen werden.[170]

481
- Heimerziehung i. S. d. § 12 Nr. 2 JGG und **Jugendstrafe** (§ 8 Abs. 2 S. 1 JGG). Der Grund für diese Regelung kann nicht nur darin gesehen werden, dass man im Jugendstrafvollzug dem Bedürfnis nach einer längeren Einwirkung auf den Täter zu genügen vermag.[171] Denn daran fehlt es im Fall der Strafaussetzung zur Bewährung (§ 21 JGG).[172] Insoweit gewährleisten die Erteilung von Weisungen und Auflagen sowie der Einfluss des Bewährungshelfers (§§ 23 f. JGG) die Möglichkeit einer günstigen Entwicklung. Zudem geht es darum, die erzieheri-

---

[167] Dazu bereits Kap. 6.4. Im Rahmen des Zulässigen hält sich der Rechtsanwender also, wenn er etwa auf während der Heimerziehung (§ 12 Nr. 2 JGG) begangene Straftaten mit einer weiteren stationären Sanktion reagiert, Altenhain/Laue, in: MünchKomm-StGB, 2013, § 8 JGG Rdn. 8, 12; Böhm/Feuerhelm, 2004, S. 164; Diemer/Schatz/Sonnen, 2011, § 8 JGG Rdn. 3; Streng, 2012, S. 134. Albrecht P.-A., 2000, S. 157; Eisenberg, 2014, § 8 Rdn. 17; Meier/Rössner/Schöch, 2013, S. 208 bewerten die Verhängung eines Arrests in diesem Fall als unzweckmäßig.

[168] Vgl. Schaffstein/Beulke, 2002, S. 103; Streng, 2012, S. 134; zurückhaltender Eisenberg, 2014, § 8 Rdn. 12.

[169] So Albrecht P.-A., 2000, S. 156 f.; Schaffstein/Beulke, 2002, S. 102.

[170] Wie hier Altenhain/Laue, in: MünchKomm-StGB, 2013, § 8 JGG Rdn. 9; Diemer/Schatz/Sonnen, 2011, § 8 JGG Rdn. 3; Ostendorf, 2013, § 8 Rdn. 6; Streng, 2012, S. 135; a.A. Brunner/Dölling, 2011, § 8 Rdn. 2a; zweifelnd Eisenberg, 2014, § 8 Rdn. 16.

[171] So aber Albrecht P.-A., 2000, S. 157; Schaffstein/Beulke, 2002, S. 103.

[172] Zur Anwendbarkeit von § 8 Abs. 2 S. 1 JGG auf diesen Fall siehe Altenhain/Laue, in: MünchKomm-StGB, 2013, § 8 JGG Rdn. 13; Diemer/Schatz/Sonnen, 2011, § 8 JGG Rdn. 8; anders Schöch, 2005, S. 887.

6.4 Kombination von Maßnahmen und Jugendstrafe

schen Hilfsangebote des Kinder- und Jugendhilferechts nicht mit gravierender Delinquenz zu überfordern.[173] Die **Aussetzung der Verhängung** von Jugendstrafe nach § 27 JGG darf ebenfalls nicht mit Heimerziehung verbunden werden, weil im Falle der Verhängung von Jugendstrafe (§ 30 Abs. 1 JGG) gegen das Koppelungsverbot des § 8 Abs. 2 S. 1 JGG verstoßen würde und die dem Schuldspruch nachfolgende Bewährungschance sinnvoll nur in Freiheit ergriffen werden kann.[174] Daran hat sich durch die Einfügung von §§ 8 Abs. 2 S. 2 n.F., 16a JGG[175] nichts geändert.

- Die Verwarnung (§ 14 JGG) setzt als **Zuchtmittel** gem. § 13 Abs. 1 JGG gerade voraus, dass Jugendstrafe nicht geboten ist, bleibt neben dieser also bereits ihren Voraussetzungen nach ausgeschlossen.[176]   **482**

6.4.2 Jugendarrest neben Jugendstrafe

Lange umstritten war die Möglichkeit der Kombination eines Schuldspruchs gem. § 27 JGG mit Jugendarrest (sog. Koppelungs-, Warnschuss- oder Einstiegsarrest).   **483**

Beispiel:[177]

Das Jugendschöffengericht spricht den Jugendlichen A der Nötigung schuldig und stellt das Vorliegen eines besonders schweren Falles nach § 240 Abs. 4 S. 2 Nr. 1 StGB fest. Es setzt die Entscheidung über die Verhängung der Jugendstrafe nach § 27 JGG aus und erkennt gleichzeitig auf Jugendarrest.

6.4.2.1 Diskussion bis zum Jahr 2012

Einige Untergerichte[178] sowie Stimmen in der Literatur[179] erachteten ein solches Vorgehen für zulässig. Derjenige Jugendliche, bei dem mit Sicherheit keine schädlichen Neigungen vorliegen und dessen Verfehlung deshalb mit einem Dauerarrest geahndet wird, würde anderenfalls benachteiligt. Denn bei dem Jugendlichen, dessen schädliche Neigungen noch nicht in dem für die Verhängung einer Jugendstrafe erforderlichen Umfang hervorgetreten seien, unterbleibe eine einschneidendere Unrechtsreaktion, wenn der Schuldspruch nach Ablauf der Bewährungszeit gem. § 30 Abs. 2 JGG zu tilgen ist. Dies könne von dem Delinquenten als Freispruch missverstanden werden. Zudem erscheine in manchen Fällen neben   **484**

---

[173] Schaffstein/Beulke, 2002, S. 103.
[174] Im Ergebnis BGHSt. 35, S. 288 f.; Altenhain/Laue, in: MünchKomm-StGB, 2013, § 8 JGG Rdn. 13; Böhm, 1989, S. 297 f.; Brunner/Dölling, 2011, § 27 Rdn. 16; HK-JGG/Meier, 2014, § 27 Rdn. 12; Ostendorf, 2013, § 27 Rdn. 11; Schaffstein/Beulke, 2002, S. 185 f.; Streng, 2012, S. 136, 273.
[175] Dazu sogleich Kap. 6.4.2.2.
[176] Vgl. OLG Schleswig, bei Döllel/Dreeßen, SchlHA 2004, S. 261; Streng, 2012, S. 134.
[177] Nach BGHSt. 18, S. 207.
[178] Etwa LG Augsburg, NStZ 1986, S. 507; AG Meppen, ZJJ 2004, S. 200 ff.; AG Winsen/Luhe, NStZ 1982, S. 120.
[179] So Bandemer, 1990, S. 425; Brunner, 1986, S. 508 f.; Putzke, 2009, S. 637; Ranft, 2006, S. 471; Reichenbach, 2005, S. 138 ff.; Tenckhoff, 1994, S. 369.

dem Schuldspruch eine spezialpräventive Besinnungsmaßnahme als geboten. Unter dem Eindruck eines kurzen Freiheitsentzugs werde der Betroffene sich eher der Aufsicht und Leitung durch den Bewährungshelfer fügen und die Bewährungszeit straffrei überstehen.

485 Ganz überwiegend wurde jedoch die Gegenauffassung vertreten.[180] Den Befürwortern einer Koppelung von Schuldspruch und Jugendarrest warf man vor, den Grundsatz der Einspurigkeit freiheitsentziehender Unrechtsreaktionen außer Acht zu lassen. Werde nach § 30 Abs. 1 JGG wegen schlechter Führung auf Jugendstrafe erkannt, bewirke dies nach Verbüßung des Jugendarrests eine unzulässige Doppelbestrafung. Zudem divergierten die **Reaktionszwecke** von Jugendarrest einerseits, Jugendstrafe andererseits. Bei der für den Jugendarrest geeigneten Klientel handelt es sich um Personen, die aller Voraussicht nach bereits in Folge des mit Arrestverbüßung verbundenen Ordnungsrufs keine gravierenden Straftaten mehr verüben werden. Dagegen solle mit der Jugendstrafe auf diejenige Tätergruppe eingewirkt werden, die einer längeren und intensiveren spezialpräventiven Beeinflussung bedürfe. Auch sei gegen viele Rechtsbrecher bereits Arrest vollzogen worden, bevor nach § 21 bzw. § 27 JGG vorgegangen werde.

486 Das BVerfG hatte den Meinungsstreit im Jahr 2005 auf der Basis der seinerzeitigen Gesetzeslage entschieden. Seiner Auffassung nach verstieß die Anordnung von Jugendarrest neben der Aussetzung der Verhängung einer Jugendstrafe wegen des Wortsinns von § 13 Abs. 1 JGG gegen das verfassungsrechtliche **Analogieverbot** (Art. 103 Abs. 2 GG).[181]

> Seitens konservativer politischer Kräfte wurde seit längerem die Einführung der Sanktionsverbindung de lege ferenda gefordert.[182] Während die Bundesregierung aus CDU/CSU/SPD im Jahr 2006 diesen noch als „eher kontraproduktiv für eine wirksame Bekämpfung der Jugenddelinquenz" bezeichnet und im Übrigen als Voraussetzung für Verschärfungen des Jugendstrafrechts nach „einer soliden empirischen und kriminologischen Grundlegung" sowie „einer breiten fachlichen Unterstützung" verlangt hatte,[183] beschloss die CDU/CSU/FDP-Koalition in der 17. Legislaturperiode gleichwohl, das Institut des Einstiegsarrests zur „Erweiterung und Verbesserung der pädagogischen Reaktionsmöglichkeiten" neben der Aussetzung der Verhängung (§ 27 JGG) oder der Vollstreckung (§ 21 JGG) der Jugendstrafe – und konsequenter Weise auch im Fall der Vorbewährung gem. § 61 JGG[184] – einzuführen.[185]

---

[180] BGHSt. 18, S. 207 ff.; BayObLG, NStZ-RR 1997, S. 216; StraFo 1999, S. 383 f.; OLG Celle, NStZ 1988, S. 315; OLG Hamm, StraFo 2004, S. 325; Albrecht H.-J., 2002, S. D 142 f.; Bockemühl, 1999, S. 53; Böhm/Feuerhelm, 2004, S. 164, 273; Breymann/Sonnen, 2005, S. 672 f.; Brunner/Dölling, 2011, § 27 Rdn. 14; Buckolt, 2009, S. 253 f.; Eisenberg, 2010, S. 1509; Götting, 2010, S. 247 ff.; Heinz, 2008, S. 56; Keiser, 2002, S. 1080; Kreuzer, 2002, S. 2351; Laubenthal, 2002, S. 817; Ostendorf, 2006, S. 325; Schaffstein/Beulke, 2002, S. 184; Spahn, 2004, S. 205; Vietze, 2004, S. 60 ff.; v. Beckerath, 1997, S. 34; Werner-Eschenbach, 2005, S. 82; krit. auch Radtke, 2009, S. 436 ff.; Verrel/Käufl, 2008, S. 178 ff.; anders Findeisen, 2007, S. 29 f.; Hinz, 2001, S. 112; Jäckel, 2010, S. 541; Vietze, 2004, S. 109 ff.

[181] BVerfG, NJW 2005, S. 2140 f.; dazu Baier, 2005, S. 687 f.

[182] Etwa BR-Drs. 238/04, S. 21 f.; 77/08, S. 3; BT-Drs. 15/1472, S. 7 f.; 16/1027, S. 7 f.; ferner Merk, 2008, S. 71; Müller-Piepenkötter/Kubink, 2008, S. 177 ff.; Werwigk-Hertneck/Rebmann, 2003, S. 229 f.

[183] BT-Drs. 16/1027, S. 10.

[184] Dazu näher Kap. 10.2.

[185] Koalitionsvertrag zwischen CDU, CSU und FDP für die 17. Legislaturperiode, S. 72; Grosse-Brömer, 2010, S. 66.

6.4.2.2 Rechtslage seit 2013

Mit dem insoweit am 7. März 2013 in Kraft getretenen Gesetz zur Erweiterung der jugendgerichtlichen Handlungsmöglichkeiten[186] wurden insbesondere §§ 8 Abs. 2 S. 2 (n.F.), 16a JGG eingefügt und der Grundsatz der Einspurigkeit freiheitsentziehender Unrechtsreaktionen stark relativiert.[187] Die Normen gelten auch für Heranwachsende bei Anwendung materiellen Jugendstrafrechts (§ 105 Abs. 1 JGG). Neben der Verhängung einer Jugendstrafe oder der **Aussetzung ihrer Verhängung** (§ 27 JGG) kann danach abweichend von § 13 Abs. 1 JGG zudem Jugendarrest angeordnet werden, allerdings unter speziellen, in § 16a JGG normierten Voraussetzungen. Das betrifft weiter die **Aussetzung der verhängten Jugendstrafe zur Bewährung** (§ 21 JGG) sowie die Konstellation der sog. Vorbewährung, bei der sich das Gericht die **Entscheidung über die Aussetzung** der Jugendstrafe zur Bewährung **in einem späteren Beschluss** vorbehält (§ 61 Abs. 3 S. 1 JGG). In diesem nachträglichen Beschluss darf der Arrest nicht mehr verhängt werden, sondern stets nur im Urteil.[188] Unzulässig bleibt die Kombination von unbedingter, also nicht zur Bewährung ausgesetzter Jugendstrafe und Jugendarrest; das gleichzeitige Nebeneinander stationärer Sanktionen wäre in jedem Fall sinnlos.

487

§ 16a Abs. 1 JGG nennt **alternativ** drei Möglichkeiten, unter denen die Verhängung von Jugendarrest neben Jugendstrafe in Betracht kommt:

488

- Selbst unter Berücksichtigung der Belehrung über die Bedeutung der Bewährungsentscheidung (§§ 60 Abs. 1 S. 2, 61 Abs. 3 S. 4, 64 S. 2, 70a JGG) wie der durch die Verhängung von Weisungen und Auflagen gegebenen Beeinflussungsmöglichkeiten (§§ 23, 29 S. 2, 61b Abs. 1 S. 1 JGG) bleibt die Arrestverhängung geboten, um dem Delinquenten seine Verantwortlichkeit für das begangene Unrecht und die Folgen weiterer Straftaten **zu verdeutlichen** (Nr. 1). Regelmäßig fehlt es daran, wenn bereits früher Jugendarrest als Dauerarrest (§ 16 Abs. 4 JGG) verbüßt oder nicht nur kurzfristige[189] Untersuchungshaft vollzogen worden ist (§ 16 Abs. 2 JGG). Denn die Einwirkung in einer stationären Maßnahme hat keinen Erfolg gezeitigt, wie die erneute Straffälligkeit belegt. Deshalb erstaunt, dass bereits verbüßte Jugendstrafe nicht als Kontraindikation genannt wird.[190] Der Gesetzgeber dachte hier insbesondere an Konstellationen, in denen die Bewährungsentscheidung anderenfalls als Freispruch empfunden werden könnte oder Mitangeklagte (nur) zu Jugendarrest verurteilt werden.[191] Solchen Fehldeutungen soll primär schon durch eine den Anforderungen des § 70a JGG genügende Belehrung entgegengewirkt werden.

---

[186] Vom 4.9.2012, BGBl. 2012 I, S. 1854; dazu Kinzig/Schnierle, 2014, S. 210 ff.
[187] Zur Frage der Anwendbarkeit auf vor Inkrafttreten begangene Taten LG Münster, ZJJ 2013, S. 324; Gernbeck/Höffler/Verrel, 2013, S. 311 ff.; Holste, 2013, S. 289; ders., 2013a, S. 661 ff.; HK-JGG/Wulf, 2014, § 16a Rdn. 2.
[188] BT-Drs. 17/9389, S. 9, 11; Eisenberg, 2014, § 16a Rdn. 11.
[189] Für enge Auslegung Ostendorf, 2013, § 16a Rdn. 4; vgl. auch Verrel, 2013, S. 70.
[190] So auch Streng, 2012, S. 136.
[191] BT-Drs. 17/9389, S. 12 f.

- Arrest ist geboten, um den jungen Rechtsbrecher für eine begrenzte Zeit **aus einem schädlichen Lebensumfeld herauszunehmen** und durch die Behandlung im Arrestvollzug auf die Bewährungszeit vorzubereiten (Nr. 2). Das setzt allerdings voraus, dass eine entsprechende Behandlung, etwa durch die Erarbeitung von Verhaltensrichtlinien nebst Nachbetreuung, tatsächlich erfolgt und sich der Arrest nicht auf eine vorübergehende Isolierung beschränkt.[192]
- Arrest ist geboten, um im Arrestvollzug nachdrücklicher **in erzieherischer Weise** auf den Jugendlichen **einzuwirken** oder um auf diesem Wege die Erfolgsaussichten für die erzieherische Einwirkung in der Bewährungszeit zu verbessern (Nr. 3). Genau betrachtet handelt es sich bei der intensiven Betreuung einerseits, der Begründung länger andauernder Betreuung andererseits um zwei unterschiedliche Fallgruppen.

489 Durch die normierten Voraussetzungen soll verhindert werden, dass der Arrest als bloße Übelszufügung ohne besonderen Zweck verhängt wird.[193] Dem Gericht steht **Ermessen** zu, ob es Arrest verhängen will. Bei der Entscheidung ist die Verhältnismäßigkeit zu wahren: Lässt sich das verfolgte Ziel, etwa die intensive spezialpräventive Beeinflussung, voraussichtlich auch mit ambulanten Maßnahmen oder sonstigen milderen Mitteln erreichen, bedarf es keines Jugendarrests. Jede seiner Formen (§ 16 JGG[194]) kann neben Jugendstrafe verhängt werden; dabei werden allerdings insbesondere die mit § 16a Abs. 1 Nr. 2 und 3 JGG verfolgten Ziele eine nicht ganz kurzzeitige Einwirkung bedingen, so dass in erster Linie mit der Verhängung von **Dauerarrest** (§ 16 Abs. 4 JGG) zu rechnen ist.

490 Friktionen mit dem Verbot der Doppelbestrafung hat der Gesetzgeber beseitigt: Der Arrest wird **auf die** später verbüßte **Jugendstrafe angerechnet** (§§ 26 Abs. 3 S. 3, 30 Abs. 1 S. 2, 61b Abs. 4 S. 3 JGG). Bedenken gegen die Verfassungskonformität der neuen Gesetzeslage bestehen nicht.[195] Als positiv ist auch zu werten, dass gem. § 21 Abs. 1 S. 3 JGG die Verhängung des Jugendarrests die Aussetzung der Jugendstrafe zur Bewährung erst zu bewirken und so zur Vermeidung längerer Inhaftierung beizutragen sich eignet.[196] Andere Einwände gegen die Sinnhaftigkeit der Sanktionenkombination bleiben allerdings bestehen.[197] Das gilt umso mehr im Hinblick auf die bisher vorliegenden, wenig erfreulichen Erkenntnisse zur Legal-

---

[192] Siehe BT-Drs. 17/9389, S. 13; Eisenberg, 2014, § 16a Rdn. 4; Verrel, 2013, S. 71; zur Anwendung auf eine gewaltbereite Fangruppe LG Münster, ZJJ 2013, S. 325; zur Bedeutung von Art. 6 GG HK-JGG/Wulf, 2014, § 16a Rdn. 31.

[193] BT-Drs. 17/9839, S. 9; krit. Ostendorf, 2013, § 16a Rdn. 2 ff.

[194] Näher Kap. 8.6.3.

[195] Vgl. HK-JGG/Wulf, 2014, § 16a Rdn. 6; a.A. Dünkel/Flügge/Lösch/Pörksen, 2010, S. 177 f.; Ostendorf, 2013, § 16a Rdn. 15.

[196] Vgl. Verrel, 2013, S. 74; krit. aber Eisenberg, 2013c, S. 47; Radtke, in: MünchKomm-StGB, 2013, § 21 JGG Rdn. 23.

[197] Krit. zur Neuregelung Altenhain/Laue, in: MünchKomm-StGB, 2013, § 8 JGG Rdn. 17; Eisenberg, 2014, § 8 Rdn. 3; Hügel, 2012, S. 420 ff.; Kolberg/Wetzels, 2012, S. 117; Kreuzer, 2012, S. 101 f.; Ostendorf, 2012a, S. 608 ff.; HK-JGG/Wulf, 2014, § 16a Rdn. 14 ff., 28 f., 31 f., 36; Zieger, 2013, S. 58.

bewährung nach Jugendarrest.[198] Ob sich daran etwas durch intensivere Betreuung und Behandlung der Arrestanten in der Folge gesetzlicher Normierung des Vollzugs[199] ändern wird, bleibt abzuwarten.

Nur ein kleiner Kreis von Tätern dürfte überhaupt die Voraussetzungen für den Jugendarrest neben einer Jugendstrafe erfüllen, etwa ein erstmals abgeurteilter Delinquent, der eine Vielzahl von Taten aus dem Bereich der mittleren Kriminalität verübt hat. Wie häufig die Praxis § 16a JGG anwenden wird, lässt sich angesichts des kurzen Zeitraums seit Bestehen der Möglichkeit nicht zuverlässig sagen.[200] Bedenklich erscheint es aber, wenn in Urteilen lediglich mit pauschalen Wendungen à la „dem Angeklagten muss der Ernst der Lage deutlich gemacht werden", dem bloßen Hinweis auf bisher noch nicht erfolgten Freiheitsentzug, nur unter Wiedergabe des Gesetzeswortlauts oder gar ohne jede Subsumtion unter § 16a JGG Arrest verhängt wird.[201] Eine solche Handhabung, die den Voraussetzungen der Sanktion nicht gerecht wird, eignet sich nicht, die Befürchtung eines **net-widening-Effekts** zu widerlegen, also einer Ausschöpfung des neuen Instrumentariums auch in Fällen, in denen es nach alter Rechtslage allein mit der Bewährungssanktion sein Bewenden gehabt hätte.

6.4.3 Untunliche Kombinationen

Einige Sanktionenverbindungen werden vom Gesetz zwar nicht verboten, müssen jedoch im Hinblick auf die spezialpräventive Beeinflussung des Delinquenten als wenig zweckmäßig beurteilt werden. Darunter fallen insbesondere:

491

- Weisungen (§ 10 JGG) neben Erziehungshilfe nach § 12 Nr. 2 JGG, weil den ersteren neben der umfassenderen zweiten Maßnahme keine Bedeutung mehr verbleibt.[202]
- Verwarnung (§ 14 JGG) neben Jugendarrest (§ 16 JGG): Der Arrest übernimmt die Missbilligungsfunktion.[203]
- Erziehungsbeistandschaft (§ 12 Nr. 1 JGG) neben zur Bewährung ausgesetzter Jugendstrafe (§ 21 JGG) oder dem Schuldspruch nach § 27 JGG.[204] In beiden Fällen steht der Jugendliche unter Bewährungsaufsicht, so dass nach **§ 8 Abs. 2 S. 3 JGG** die Erziehungsbeistandschaft ruhen würde.

---

[198] Dazu Kap. 8.6.4.
[199] Siehe Kap. 11.2.; zum Problem ferner Endres/Breuer, 2014, S. 129 ff.; Findeisen, 2007, S. 27; Gernbeck/Höffler/Verrel, 2013, S. 309 f.; Meier/Rössner/Schöch, 2013, S. 209 f.; Müller-Piepenkötter/Kubink, 2008, S. 179; Verrel/Käufl, 2008, S. 181.
[200] Erste Fallzahlen in ZJJ 2013, S. 339.
[201] Vgl. AG Plön, ZJJ 2013, S. 327; AG Reutlingen, ZJJ 2014, S. 176 f.; ferner AG Döbeln, ZJJ 2013, S. 327; AG Nürnberg, ZJJ 2013, S. 326; dazu Eisenberg, 2013d, S. 329 ff.; Sonnen, 2014, S. 38.
[202] So Albrecht P.-A., 2000, S. 157; Eisenberg, 2014, § 8 Rdn. 15; Ostendorf, 2013, § 8 Rdn. 7; Schaffstein/Beulke, 2002, S. 103.
[203] Albrecht P.-A., 2000, S. 157; Altenhain/Laue, in: MünchKomm-StGB, 2013, § 8 JGG Rdn. 10; Böhm/Feuerhelm, 2004, S. 163; Schaffstein/Beulke, 2002, S. 103; Streng, 2012, S. 134; Zieger, 2013, S. 46; für Verbot HK-JGG/Rössner, 2014, § 8 Rdn. 6.
[204] Vgl. Böhm/Feuerhelm, 2004, S. 164; Ostendorf, 2013, § 8 Rdn. 3.

6.5 Mehrheit von Straftaten eines Jugendlichen, § 31 JGG

492 Als Ausdruck des **spezialpräventiv** orientierten Jugendstrafrechts lässt sich die Bestimmung des § 31 JGG erklären, der zufolge auf mehrere Straftaten eines Jugendlichen nur mit einer Sanktion reagiert wird. In Verfolgung dieses Gedankens können frühere Urteile mit späteren in ihren Rechtsfolgen zusammengezogen werden. Insoweit kommt es zu einer Durchbrechung der Rechtskraft des Strafausspruchs.[205] Ausnahmen vom **Einheitsprinzip** lässt das Gesetz aus wiederum erzieherischen Gründen zu.

6.5.1 Grundsatz einheitlicher Sanktionierung, § 31 Abs. 1 JGG

493 Hat ein Jugendlicher mehrere Straftaten verübt, die zusammen abgeurteilt werden, setzt das Gericht einheitlich Erziehungsmaßregeln, Zuchtmittel oder eine Jugendstrafe fest, § 31 Abs. 1 S. 1 JGG. Im Rahmen des nach § 8 JGG Zulässigen[206] dürfen dabei Erziehungsmaßregeln, Zuchtmittel und Jugendstrafe miteinander und untereinander kombiniert werden, § 31 Abs. 1 S. 2 JGG. Unter Jugendstrafe ist hier neben der vollstreckbaren sowohl die zur Bewährung ausgesetzte Jugendstrafe (§ 21 JGG) als auch der Schuldspruch nach § 27 JGG zu verstehen.[207] Die gesetzlichen Höchstgrenzen von Jugendarrest (§ 16 Abs. 2 bis 4 JGG) und Jugendstrafe (§§ 18 Abs. 1, 105 Abs. 3 JGG) dürfen nicht überschritten werden, § 31 Abs. 1 S. 3 JGG. Als Voraussetzung für das Eingreifen von § 31 JGG bleibt stets die Anwendung von (materiellem) Jugendstrafrecht zu fordern. Bei Straftaten in verschiedenen Alters- und Reifestufen, für die – isoliert betrachtet – teils Jugendstrafrecht, teils allgemeines Strafrecht gelten würde, bedarf es somit vorrangig der Prüfung des § 32 JGG.[208] Erst wenn danach die Rechtsfolgen einheitlich dem Jugendstrafrecht zu entnehmen sind, wird der Weg frei für die Anwendung von § 31 JGG.

494 Die Bestimmung bezweckt, ein spezialpräventiv nicht förderliches Nebeneinander unterschiedlicher Rechtsfolgen für mehrere verschiedene – unter Umständen in ihrem Unrechtsgehalt weit divergierende – Straftaten zu vermeiden und stattdessen die im Hinblick auf die Formung des Täters am besten geeignete(n) Sanktion(en) anzuwenden.[209] Sie weicht deshalb von den Grundsätzen des allgemeinen Strafrechts über die Strafzumessung bei mehreren Gesetzesverletzungen erheblich ab. Übereinstimmung besteht nur insofern, als das Konkurrenzverhältnis (Tateinheit oder Tatmehrheit[210]) im **Tenor des Strafurteils** festzustellen (und in den Gründen

---

[205] BVerfG, NStZ 2001, S. 447; Kerner, 1990, S. 364.
[206] Näher Kap. 6.4.
[207] So Diemer/Schatz/Sonnen, 2011, § 31 JGG Rdn. 15; Eisenberg, 2014, § 31 Rdn. 12.
[208] Dazu Kap. 6.6.
[209] Vgl. Brunner/Dölling, 2011, § 31 Rdn. 3; Schaffstein/Beulke, 2002, S. 99; Streng, 2012, S. 137.
[210] Dazu ausführlich etwa Kühl K., 2012, S. 883 ff.; Rengier, 2013, S. 544 ff.; Roxin, 2003, S. 797 ff.; Wessels/Beulke/Satzger, 2013, S. 317 ff.

6.5 Mehrheit von Straftaten eines Jugendlichen, § 31 JGG

ggf. näher darzulegen) bleibt.[211] Die Unterschiede zwischen Jugend- und allgemeinem Strafrecht liegen in Folgendem:

- Bei **Tateinheit** (Idealkonkurrenz, § 52 StGB) wird zwar – ähnlich der Regelung des § 31 Abs. 1 JGG – auch nach allgemeinem Strafrecht bloß eine Strafe verhängt, nachdem im Rechtssinne nur eine Tat vorliegt. Diese kann jedoch im Anwendungsbereich des JGG schon deshalb nicht demjenigen Gesetz entnommen werden, „das die schwerste Strafe androht" (§ 52 Abs. 2 S. 1 StGB), weil die Strafrahmen der Deliktstatbestände keine Anwendung finden (vgl. § 18 Abs. 1 S. 3 JGG).
- Bei **Tatmehrheit** (Realkonkurrenz, § 53 StGB) bildet man nach allgemeinen Grundsätzen für jede Tat eine Strafe. Durch Erhöhen der höchsten Einzelstrafe gelangt man dann zu einer Gesamtstrafe (zu den Einzelheiten § 54 Abs. 1 und 2 StGB[212]). Von diesem Procedere weicht das § 31 JGG zugrunde liegende Prinzip der einheitlichen Sanktionierung augenfällig ab.

495

Beispiel

Der 16-jährige J hat am 2. Mai 2013 einen Diebstahl und am 10. Juni 2013 einen Raub verübt. Die Taten werden im Oktober 2013 zusammen abgeurteilt. Obwohl materiell-rechtlich Tatmehrheit gem. § 53 StGB anzunehmen ist, wird das Fehlverhalten unter Anwendung von §§ 31 Abs. 1, 8 JGG einheitlich (z. B. mit einem Dauerarrest, § 16 Abs. 4 JGG) sanktioniert.

Unbeschadet des Grundsatzes der Einheitlichkeit der Rechtsfolge(n) darf bei der Auswahl und Bemessung der Sanktion(en) die Tatsache Berücksichtigung finden, dass auf mehrfaches Unrecht reagiert werden muss.[213] Die Festsetzung eines **angemessenen Ausgleichs** für die begangenen Taten bleibt somit im Rahmen der spezialpräventiven Zielsetzung des Jugendstrafrechts statthaft.

496

6.5.2 Einheitliche Sanktionierung durch Einbeziehung früherer Urteile, § 31 Abs. 2 JGG

§ 31 Abs. 2 JGG geht insofern mit dem § 55 StGB immanenten Ansatz konform, als beide Bestimmungen eine nachträgliche Neufestsetzung von Rechtsfolgen gestatten. § 55 StGB ermöglicht jedoch nur dann die nachträgliche Bildung einer Gesamtstrafe, wenn die den Gegenstand des zweiten Verfahrens bildende Straftat vor der früheren Verurteilung begangen wurde. Nach dem Ziel des § 31 JGG, die Auferlegung konträrer, (möglicherweise von verschiedenen Gerichten) nacheinander verhängter Sanktionen zu vermeiden, spielt die zeitliche Reihenfolge keine Rolle. Es hat vielmehr eine Einbeziehung des früheren Urteils oder mehrerer früherer Urteile

497

---

[211] Siehe Eisenberg, 2014, § 31 Rdn. 4; Hombrecher, 2008, S. 457; Meier/Rössner/Schöch, 2013, S. 122; Ostendorf, 2013, § 31 Rdn. 4.

[212] Ausführlich Meier, 2009, S. 161 ff.; Streng, 2012a, S. 331 ff.

[213] Vgl. Schaffstein/Beulke, 2002, S. 99; Streng, 2012, S. 137.

zu erfolgen. Im neuen Urteil wird wiederum einheitlich in den Grenzen des § 8 JGG über die Rechtsfolgen entschieden.[214]

498 Als Voraussetzung müssen in einem früheren Verfahren jugendstrafrechtliche Rechtsfolgen festgesetzt, aber **noch nicht vollständig** ausgeführt, verbüßt oder sonst **erledigt** sein, § 31 Abs. 2 S. 1 JGG. Bei einem **Heranwachsenden** findet § 31 Abs. 2 S. 1 JGG auch dann Anwendung, wenn er wegen eines Teils der Straftaten früher nach allgemeinem Strafrecht verurteilt wurde, nunmehr aber Jugendstrafrecht zur Anwendung kommt, § 105 Abs. 2 JGG. Auf diese Weise vermag eine frühere Reifebeurteilung im Lichte neuer Erkenntnisse korrigiert zu werden.[215] Nicht einbeziehungsfähig sind in Deutschland vollstreckbare Strafen aus ausländischen Erkenntnissen; die dadurch entstehende Härte ist aber im Rahmen der Strafzumessung zu berücksichtigen.[216] Gleiches gilt in Ansehung bereits vollständig verbüßter Jugendstrafen.[217] Hat der Täter einen Teil der Straftaten als Heranwachsender, einen anderen Teil als Erwachsener verübt, so kommt nach überwiegender Auffassung sogar die Einbeziehung eines nach allgemeinem Strafrecht gefällten Urteils in Betracht, wenn nur die neue Verurteilung unter Heranziehung des Jugendstrafrechts erfolgt.[218] Umstritten ist die Behandlung der Konstellation, in der die später abzuurteilende Tat vor dem Erreichen des 18. Lebensjahres verübt wurde. Während die Rechtsprechung hier eine einheitliche Sanktionierung in treffender Weise für nicht möglich erachtet,[219] wird in der Literatur wiederum vorgeschlagen, § 105 Abs. 2 JGG analog anzuwenden.[220]

6.5.2.1 Allgemeine Voraussetzungen

499 Eine Einbeziehung scheidet etwa aus, sofern Gebote oder Auflagen erfüllt sind, ein Verbot keine Geltung mehr beansprucht, Jugendarrest oder Jugendstrafe vollständig verbüßt wurden, aber auch dann, wenn eine Weisung oder Auflage faktisch nicht mehr erfüllt werden kann.[221] Erledigt ist ebenfalls eine zur Bewährung ausgesetzte, aber bereits erlassene Jugendstrafe (§ 26a S. 1 JGG).[222] Denn eine erneute Berücksichtigung bereits vollständig erledigter Sanktionen verstieße gegen das Verbot der Doppelbestrafung (Art. 103 Abs. 3 GG). Anders beurteilt der BGH die Rechtslage in Fällen, in denen die noch mögliche Einbeziehung einer früheren Entscheidung in ein zweites Urteil rechtsirrig unterblieb und letzteres im Wege der **Revision** aufgehoben wurde. In der neuen Hauptverhandlung muss danach eine Einbeziehung

---

[214] Zur Frage der Vollstreckung rechtskräftiger Jugendstrafe nach Einbeziehung, aber vor Rechtskraft der einbeziehenden Entscheidung vgl. Bohlander, 1998, S. 236 ff.; Zieger, 2013, S. 85.
[215] BGH, StrVert 1987, S. 307; siehe ferner BGH, NStZ 2009, S. 43.
[216] Näher BGH, StrVert 2011, S. 589 f.
[217] BGH, NStZ-RR 2010, S. 259.
[218] BGHSt. 37, S. 34; OLG Celle, NStZ-RR 2010, S. 27; Diemer/Schatz/Sonnen, 2011, § 105 JGG Rdn. 34; Streng, 2012, S. 143; abweichend Ostendorf, 2013, § 32 Rdn. 9; siehe auch BGHSt. 36, S. 274; Böhm/Büch-Schmitz, 1991, S. 132; näher Kap. 6.6.4.1.
[219] BGHSt. 27, S. 295.
[220] So Brunner/Dölling, 2011, § 105 Rdn. 25; Eisenberg, 2014, § 105 Rdn. 44c; Ostendorf, 2013, § 105 Rdn. 33; näher Kap. 6.6.4.2.
[221] Einzelheiten bei Brunner/Dölling, 2011, § 31 Rdn. 7; Eisenberg, 2014, § 31 Rdn. 18 ff.
[222] Dazu BGH, bei Böhm, 2005, S. 292.

selbst dann erfolgen, wenn mittlerweile die Sanktion aus dem ersten Urteil vollständig verbüßt ist.²²³ Dieses Vorgehen verdient nur Zustimmung, falls eine Anrechnung ohne Probleme in Betracht kommt, etwa bei Jugendstrafen, nicht aber in anderen Konstellationen. Im umgekehrten Fall, in dem eine **rechtskräftige Vorverurteilung** bereits in ein anderes – noch nicht rechtskräftiges Urteil – einbezogen worden war, scheidet ihre Berücksichtigung in einem dritten Urteil (zunächst) aus.

> **Beispiel**
>
> Der 17-jährige T wurde vom LG im Jahr 2002 unter Einbeziehung eines amtsgerichtlichen Urteils aus dem Jahr 2000 zu einer Einheitsjugendstrafe von sechs Jahren verurteilt. Das Urteil des AG war bereits in ein noch nicht rechtskräftiges Urteil des Jugendschöffengerichts aus dem Jahr 2001 einbezogen worden. Auf die Revision des T hin beanstandete der BGH²²⁴ dieses Vorgehen zu Recht. Das Urteil des AG hätte so behandelt werden müssen, als ob es noch nicht rechtskräftig – und damit nicht einbeziehungsfähig – gewesen wäre. Denn anderenfalls besteht die Gefahr einer doppelten Verwertung der Vorverurteilung. Das Verfahren gem. § 66 JGG bietet keine adäquaten Korrekturmöglichkeiten. Ist das Urteil aus dem Jahr 2001 zum Zeitpunkt der neuen Hauptverhandlung rechtskräftig, muss dieses bei der erneuten Festsetzung der Rechtsfolge ebenso wie die Entscheidung des AG aus dem Jahr 2000 einbezogen werden.

Sind die in einem früheren Urteil festgesetzten Rechtsfolgen nur **teilweise erledigt** (z. B. ist der Jugendarrest verbüßt, die daneben auferlegte Arbeitsleistung nach § 15 Abs. 1 S. 1 Nr. 3 JGG aber noch nicht vollumfänglich erbracht), erfolgt eine Einbeziehung nur hinsichtlich der noch nicht erledigten Sanktionen. Welche Rechtsfolgen dies betrifft, ist im Tenor des einbeziehenden Urteils klarzustellen.²²⁵ Generell gilt, dass das **frühere Urteil** selbst einbezogen wird, nicht nur die in ihm festgesetzten Rechtsfolgen.²²⁶ Der Schuldspruch einschließlich der ihn tragenden Sachverhaltsfeststellungen entfaltet für den neuen Richter Bindungswirkung.²²⁷ Ohne Bedeutung bleibt dabei, von welchem Gericht das einzubeziehende Urteil stammt und welches Gericht nunmehr über die Einbeziehung zu entscheiden hat.²²⁸ Es darf somit auch eine Entscheidung des LG in ein neues Erkenntnis des AG einfließen, sofern dessen sachliche Zuständigkeit (§§ 39 f. JGG²²⁹) dabei gewahrt bleibt. Diese **Durchbrechung der Gerichtsordnung** gilt selbst dann, wenn ein Schuldspruch nach § 27 JGG zur Einbeziehung ansteht und die bisher nicht getroffene Entschei-

500

---

²²³ So BGHR JGG § 31 Abs. 2 Einbeziehung 6; BGH, StrVert 2001, S. 179; StraFo 2011, S. 288 f.
²²⁴ BGH, NJW 2003, S. 2037; vgl. auch BGHSt. 20, S. 292.
²²⁵ BGHSt. 42, S. 299; HK-JGG/Buhr, 2014, § 31 Rdn. 8; Dölling, 1998, S. 356.
²²⁶ BGHSt. 42, S. 300; Eisenberg, 2014, § 31 Rdn. 37.
²²⁷ Vgl. HK-JGG/Buhr, 2014, § 31 Rdn. 37; Diemer/Schatz/Sonnen, 2011, § 31 JGG Rdn. 28; Ostendorf, 2013, § 31 Rdn. 21; Streng, 2012, S. 139.
²²⁸ Zu Problemen bei der Anwendung von § 31 Abs. 2 JGG in der Berufungsinstanz siehe Schweckendieck, 2005, S. 141 f.
²²⁹ Näher Kap. 4.1.2.

dung über die Verhängung der Jugendstrafe nach § 30 JGG allein in die Zuständigkeit eines Gerichts höherer Ordnung fallen würde.[230] Denn die Entscheidung nach § 27 JGG ist – wie § 31 Abs. 2 S. 1 JGG dies verlangt – der Rechtskraft fähig.

6.5.2.2 Berücksichtigungsfähige Rechtsfolgen

501 Die Anwendung von § 31 Abs. 2 S. 1 JGG setzt schließlich voraus, dass im früheren Verfahren auf eine der in der Norm genannten Rechtsfolgen erkannt wurde. **Diversionsmaßnahmen** nach §§ 45, 47 JGG dürfen nicht einbezogen werden.[231] Der BGH hält es für möglich, Urteile einzubeziehen, in denen eine **Unterbringung** im psychiatrischen Krankenhaus (§ 63 StGB) oder in der Entziehungsanstalt (§ 64 StGB) verhängt wurde, sofern das Gericht im Hinblick auf § 5 Abs. 3 JGG von der gleichzeitigen Anordnung von Zuchtmitteln oder Jugendstrafe abgesehen hatte.[232] Gleiches gilt bei anderen am Gedanken der **Prävention** orientierten Maßregeln der Besserung und Sicherung, Nebenstrafen und Nebenfolgen.[233]

6.5.2.3 Inhalt der einbeziehenden Entscheidung

502 Besteht bei der Einbeziehung hinsichtlich des Schuldspruchs und der ihn tragenden Feststellungen eine Bindungswirkung für den neuen Richter, nimmt man anderes im Hinblick auf die im früheren Urteil ausgeworfenen Rechtsfolgen an. Auf der Hand liegt, dass eine Verböserung zulässig bleibt, nachdem eine oder mehrere weitere Straftat(en) den Anlass für das Vorgehen nach § 31 Abs. 2 JGG bilden. Nach überwiegender Auffassung gilt jedoch reziprok eine gleichbleibende oder gar **mildere Sanktionierung** als statthaft.[234] Ein solches Abweichen vom ursprünglichen Sanktionsniveau wird wiederum mit dem Erziehungszweck des Jugendstrafrechts begründet. Die Gegenauffassung befürchtet, so gerade in erzieherisch kontraproduktiver Weise den Eindruck hervorzurufen, ein Mehr an Delinquenz lohne sich.[235] Zutreffend erscheint ein vermittelnder Standpunkt: In Fällen, in denen die Gefahr einer derartigen Fehlvorstellung aufgrund besonderer Umstände nach menschlichem Ermessen nicht besteht, spricht nichts gegen eine dem Delinquenten günsti-

---

[230] Dazu Eisenberg, 2014, § 40 Rdn. 8; Ostendorf, 2013, § 31 Rdn. 9; Streng, 2012, S. 138; v. Beckerath, 1997, S. 106 ff.; a.A. Brunner/Dölling, 2011, § 41 Rdn. 41; differenzierend HK-JGG/Buhr, 2014, § 31 Rdn. 18; Diemer/Schatz/Sonnen, 2011, § 31 JGG Rdn. 52.

[231] So Brunner/Dölling, 2011, § 31 Rdn. 7; HK-JGG/Buhr, 2014, § 31 Rdn. 9; Diemer/Schatz/Sonnen, 2011, § 31 JGG Rdn. 17; krit. Albrecht P.-A., 2000, S. 152; Eisenberg, 2014, § 31 Rdn. 6.

[232] BGHSt. 39, S. 92 ff.; BGH, StrVert 2011, S. 591; HK-JGG/Buhr, 2014, § 31 Rdn. 18; Ostendorf, 2013, § 31 Rdn. 7; weiter gehend Brunner, 1993, S. 515; Diemer/Schatz/Sonnen, 2011, § 31 JGG Rdn. 19; Eisenberg, 2014, § 31 Rdn. 16; a.A. HK-GS/Steinmetz, 2013, § 54 StGB Rdn. 23.

[233] Diemer/Schatz/Sonnen, 2011, § 31 JGG Rdn. 19; Dölling, 1998, S. 355; a.A. HK-JGG/Buhr, 2014, § 31 Rdn. 18; vgl. auch BGHSt. 42, S. 300; Ostendorf, 2013, § 31 Rdn. 7.

[234] Dafür BGHSt. 37, S. 39 f.; BGH, StrVert 1992, S. 432; NJW 2004, S. 1748; OLG Koblenz, NStZ-RR 2008, S. 323; AG Bernau, ZJJ 2007, S. 418; HK-JGG/Buhr, 2014, § 31 Rdn. 42; Diemer/Schatz/Sonnen, 2011, § 31 JGG Rdn. 39; Eisenberg, 2014, § 31 Rdn. 42; Ostendorf, 1991a, S. 186; Wapler, 2007, S. 424 f.; Zieger, 2013, S. 85.

[235] In diesem Sinne Altenhain/Laue, in: MünchKomm-StGB, 2013, § 105 JGG Rdn. 54; Streng, 2012, S. 139; vgl. auch Seiser, 1997, S. 375.

gere Sanktionierung. So verhält es sich zum Beispiel, wenn die neu abzuurteilende Tat zeitlich vor der früheren Verurteilung lag und der Jugendliche mittlerweile auf den „rechten Weg" zurückgefunden hat.

> Im Rahmen der Urteilsbegründung bedarf es für die Strafzumessung einer Gesamtwürdigung sämtlicher Taten, auch derjenigen aus einbezogenen Urteilen, weil eine einheitliche neue Sanktion verhängt wird. Dazu müssen die Feststellungen zu den früheren Taten und die insoweit angestellten Strafzumessungserwägungen kurz referiert werden.[236] Den besonderen Anforderungen der jugendstrafrechtlichen Sanktionsfindung genügt es nicht, wenn lediglich die einbezogene Strafe „tat- und schuldangemessen" erhöht wird.[237]

Nach § 31 Abs. 2 S. 2 JGG steht die **Anrechnung von** bereits verbüßtem **Jugendarrest** auf eine neu verhängte Jugendstrafe im (pflichtgemäßen) Ermessen des Richters. Dieser wird sich dabei von der Erwägung leiten lassen, ob eine solche Berücksichtigung des Arrests im Hinblick auf die positive Beeinflussung des Jugendlichen sinnvoll erscheint oder nicht. Keinen Gegenstand richterlichen Ermessens bildet die Anrechnung verbüßten Kombinationsarrests gem. § 16a JGG auf eine Jugendstrafe; jene erfolgt, um eine Schuldmaßüberschreitung auszuschließen,[238] auch hier kraft Gesetzes (§ 31 Abs. 2 S. 3 JGG i. V. m. §§ 26 Abs. 3 S. 3, 30 Abs. 1 S. 2 JGG). Probleme treten ferner auf, wenn eine Verurteilung zu Jugendstrafe mit Bewährung in eine Verurteilung zu Jugendstrafe ohne Bewährung einbezogen wird und der Täter bereits **Bewährungsleistungen** wie eine Geldzahlung oder Arbeitsleistung (§§ 23 Abs. 1 S. 4, 15 Abs. 1 S. 1 Nr. 3 und 4 JGG) erbracht hat.

503

Beispiel

Gegen A wurde wegen mehrerer Verstöße gegen das BtMG eine zur Bewährung ausgesetzte Jugendstrafe verhängt. Als Bewährungsleistung hat er 90 Arbeitsstunden erbracht. Wegen einer neuerlichen Betäubungsmittelstraftat wird er unter Einbeziehung des früheren Urteils zu einer Jugendstrafe von drei Jahren und zwei Monaten verurteilt, ohne dass eine Anrechnung der Arbeitsleistung erfolgt.

Der BGH[239] beanstandete dieses Vorgehen nicht. Anders als das allgemeine Strafrecht in §§ 58 Abs. 2 S. 2, 56f Abs. 3 S. 2 StGB sehe das Jugendstrafrecht eine die Strafvollstreckung verkürzende Anrechnung derartiger Leistungen auf die Gesamtfreiheitsstrafe nicht vor. Es sei keine an rechnerischen Aspekten ausgerichtete, sondern eine von der früheren Beurteilung unabhängige Neufestsetzung der Rechtsfolgen vorzunehmen, die – anders als nach Erwachsenenrecht – auch zu einer im Vergleich zur ersten Strafe günstigeren Sanktionierung führen könne. § 31 Abs. 2 S. 2 JGG zeige, dass der Gesetzgeber nur eine spezielle Anrechnungsproblematik habe regeln wollen.

---

[236] Siehe BGH, NStZ 2009, S. 43; NStZ-RR 2013, S. 287; KG, StrVert 2013, S. 762; OLG Celle, ZJJ 2012, S. 452; OLG Koblenz, ZJJ 2011, S. 91.
[237] OLG Karlsruhe, StraFo 2011, S. 365.
[238] BT-Drs. 17/9839, S. 9.
[239] BGHSt. 49, S. 90 ff.; ebenso OLG Koblenz, NStZ-RR 2008, S. 324; Diemer/Schatz/Sonnen, 2011, § 31 JGG Rdn. 44; HK-GS/Steinmetz, 2013, § 54 StGB Rdn. 31.

Als vorzugswürdig erweist sich jedoch die Gegenauffassung, der zufolge eine **Anrechnung erfolgen** darf.[240] Dafür spricht einerseits das Verbot der Schlechterstellung junger Beschuldigter gegenüber Erwachsenen in vergleichbarer Lage, andererseits mit § 26 Abs. 3 S. 2 JGG (für den Fall des Widerrufs der Strafaussetzung zur Bewährung) die dem Jugendstrafrecht sehr wohl immanente Möglichkeit, Bewährungsleistungen zur Anrechnung zu bringen.

504 Die nach § 52a JGG im früheren Urteil getroffene Entscheidung über die **Anrechnung von Untersuchungshaft** wird mit der Einbeziehung ebenfalls gegenstandslos, so dass hierüber neu befunden werden muss.[241]

6.5.3 Nachträgliche einheitliche Entscheidung, § 66 JGG

505 § 66 JGG verschafft dem Prinzip der einheitlichen Sanktionierung für den Fall Geltung, in dem bereits mindestens zwei rechtskräftige Urteile ergangen sind, eine Einbeziehung nach § 31 Abs. 2 JGG aber bisher – etwa wegen Unkenntnis des zweiten Richters vom ersten Urteil oder fehlender Rechtskraft[242] – unterblieben ist. Die Vorschrift findet auch im Verfahren gegen nach Jugendstrafrecht abgeurteilte Heranwachsende Anwendung (§§ 105 Abs. 2, 109 Abs. 2 S. 1 und 2 JGG). Im allgemeinen Strafrecht enthält § 460 StPO eine vergleichbare Regelung. Solange und soweit die festgesetzten Erziehungsmaßregeln, Zuchtmittel und Strafen noch nicht vollständig erledigt sind, trifft der Richter eine **nachträgliche Einbeziehungsentscheidung**. Ausgeschlossen bleibt ein solches Vorgehen allerdings, sofern eine Einbeziehung nach § 31 Abs. 3 JGG unterlassen worden war, § 66 Abs. 1 S. 2 JGG.[243]

506 Das Gesetz nimmt in wenig nachvollziehbarer Weise und im Gegensatz zu § 31 JGG die Konstellation aus dem Anwendungsbereich des § 66 JGG aus, in der nach § 27 JGG ein **Schuldspruch unter Aussetzung der Verhängung der Jugendstrafe** ergangen ist.[244] Angesichts des eindeutigen Wortlauts der Bestimmung bleibt die Gegenauffassung[245] nur de lege ferenda vorzugswürdig; die Entscheidung des Gesetzgebers kann nicht unter Berufung auf die allgemeine Verweisung in § 66 Abs. 1 S. 1 JGG auf § 31 JGG überspielt werden, weil diese nur eines von mehreren Tatbestandsmerkmalen betrifft. Insoweit kommt eine Nachtragsentscheidung also nicht in Betracht.

---

[240] So OLG Köln, VRS 100, S. 66; Brunner/Dölling, 2011, § 31 Rdn. 15; HK-JGG/Buhr, 2014, § 31 Rdn. 50; Eisenberg, 2004, S. 688; ders., 2014, § 31 Rdn. 51; Müller H. E., 2004, S. 393; Ostendorf, 2006a, S. 526 f.; ders., 2013, § 31 Rdn. 23; vgl. ferner Streng, 2012, S. 140.

[241] Vgl. BGHSt. 25, S. 355; BGH, NStZ 1996, S. 233; Brunner/Dölling, 2011, § 31 Rdn. 14; HK-JGG/Buhr, 2014, § 31 Rdn. 43; Diemer/Schatz/Sonnen, 2011, § 31 JGG Rdn. 47; Eisenberg, 2014, § 31 Rdn. 43.

[242] Vgl. Brunner/Dölling, 2011, § 66 Rdn. 3; HK-JGG/Meier, 2014, § 66 Rdn. 1; Schaffstein/Beulke, 2002, S. 101.

[243] Dazu Kap. 6.5.4.

[244] So BGHSt. 51, S. 138; Diemer/Schatz/Sonnen, 2011, § 66 JGG Rdn. 7; Eisenberg, 2014, § 66 Rdn. 22 ff.; HK-JGG/Meier, 2014, § 66 Rdn. 4; Streng, 2012, S. 144 f.

[245] Etwa Brunner/Dölling, 2011, § 66 Rdn. 2; Dölling, 2008, S. 695; Ostendorf, 2013, § 66 Rdn. 7.

Nach überwiegender Auffassung gilt bei Anwendung des § 66 JGG **kein Verbö-** 507
serungsverbot, so dass die neu festgesetzte Strafe die Summe der früheren Sanktionen übersteigen darf.[246] Das erscheint zutreffend, weil gerade die Massierung von Normverstößen einen zuungunsten des Delinquenten zu berücksichtigenden Strafzumessungsaspekt darstellt.[247]

Das **Verfahren** regelt § 66 Abs. 2 JGG. Auf Antrag des Staatsanwalts oder bei 508 entsprechender Einschätzung der Zweckmäßigkeit durch den Vorsitzenden ergeht die Entscheidung nach Hauptverhandlung durch Urteil, ansonsten ohne mündliche Verhandlung durch Beschluss, § 66 Abs. 2 S. 1 und 2 JGG. Ein stillschweigendes Unterlassen der rechtlich möglichen Einbeziehung ist nicht statthaft.[248] Nach § 66 Abs. 2 S. 3 JGG i. V. m. § 462a Abs. 3 StPO entscheidet die gerichtliche Instanz, welche die gravierendste Rechtsfolge verhängt hatte bzw. es gilt – bei mangelnder Tauglichkeit dieses Kriteriums – das Posterioritätsprinzip. Eine Ausnahme sieht § 66 Abs. 2 S. 4 JGG vor: Geht es um die Einbeziehung einer bereits teilweise verbüßten Jugendstrafe, ist der als Vollstreckungsleiter[249] fungierende Jugendrichter (§§ 82 Abs. 1, 85 Abs. 2 bis 5, 88 Abs. 6 S. 3 i. V. m. 58 Abs. 3 S. 2 JGG) ausschließlich zuständig. Er wird dabei hinsichtlich der zu verhängenden Rechtsfolgen frei von den seiner Kompetenz nach § 39 Abs. 2 JGG auferlegten Beschränkungen.[250]

6.5.4 Ausnahmen vom Grundsatz der einheitlichen Sanktionierung, § 31 Abs. 3 JGG

§ 31 Abs. 3 S. 1 JGG gestattet es dem Gericht als **Ausnahme zum Grundsatz des** 509 **§ 31 Abs. 2 JGG**, von der Einbeziehung schon abgeurteilter Straftaten abzusehen, wenn dies aus erzieherischen Gründen zweckmäßig erscheint. Der BGH will die Vorschrift eng auslegen, so dass von ihr nicht schon Gebrauch gemacht werden darf, weil etwa die mehreren Taten gänzlich unterschiedliche Normverstöße betreffen oder verschiedene Schweregrade aufweisen. Es bedarf vielmehr des Vorliegens erziehungsspezifischer Gründe, die das Nebeneinander mehrerer Sanktionen ausnahmsweise notwendig erscheinen lassen.[251] Ist dies der Fall, können nach § 31 Abs. 3 S. 2 JGG **Erziehungsmaßregeln und Zuchtmittel** für erledigt erklärt werden, wenn man auf Jugendstrafe erkennt. Eine Umwandlung von Sanktionen selbst in solche milderer Art (etwa von Dauer- in Freizeitarrest) gestattet die Bestimmung

---

[246] Dafür Brunner/Dölling, 2011, § 66 Rdn. 5; Diemer/Schatz/Sonnen, 2011, § 66 JGG Rdn. 15; HK-JGG/Meier, 2014, § 66 Rdn. 9; a.A. HK-GS/Schulz, 2013, § 55 StGB Rdn. 21; Ostendorf, 2013, § 66 Rdn. 11.
[247] Vgl. Streng, 2012, S. 144.
[248] Siehe OLG Celle, NStZ-RR 2010, S. 27.
[249] Näher Kap. 11.1.
[250] Brunner/Dölling, 2011, § 66 Rdn. 10; Eisenberg, 2014, § 66 Rdn. 11; Ostendorf, 2013, § 66 Rdn. 15; Streng, 2012, S. 144.
[251] Siehe BGHSt. 36, S. 43 f.; BGHR JGG § 31 Abs. 3 Nichteinbeziehung 2; BGH, NStZ 2002, S. 207 f.; StrVert 2011, S. 590; OLG Koblenz, NStZ-RR 2008, S. 323.

nicht.²⁵² § 31 Abs. 3 JGG findet über § 105 Abs. 2 JGG auch in Ansehung Heranwachsender Anwendung.

510 Im Verfahren nach § 66 JGG bleibt der Richter bei ansonsten unveränderten Umständen an eine frühere Entscheidung über die Nichteinbeziehung gebunden, § 66 Abs. 1 S. 2 JGG. Anderes gilt nur dann, wenn die erzieherische Zweckmäßigkeit im Lichte mindestens eines weiteren Judikats, das bei der Anwendung des § 31 Abs. 3 JGG nicht berücksichtigt wurde, abweichend beurteilt werden darf.²⁵³ Von einer Nichteinbeziehungsentscheidung kann auch dann nicht gesprochen werden, wenn im früheren Urteil die Möglichkeit der einheitlichen Festsetzung u. U. übersehen wurde.²⁵⁴ Die Nachtragsentscheidung nach § 66 JGG selbst kann im Übrigen ebenfalls zu dem Ergebnis führen, dass gem. § 31 Abs. 3 JGG keine Einbeziehung vorgenommen wird.²⁵⁵

6.5.4.1 Anwendungsfälle des § 31 Abs. 3 JGG

511 Von der Einbeziehung sollte etwa in folgenden Beispielsfällen nicht Gebrauch gemacht werden:

- **Erziehungsmaßregeln oder Zuchtmitteln** aus dem ersten Urteil kommt keine eigenständige Funktion mehr zu, weshalb sie nach § 31 Abs. 3 S. 2 JGG für erledigt erklärt werden dürfen.²⁵⁶
- Die **neuen Taten** weisen keine wesentliche Bedeutung auf und es wird nicht zum Mittel der Einstellung nach § 154 Abs. 2 StPO, auch unter Anpassung eventueller früherer Bewährungsentscheidungen, gegriffen.²⁵⁷
- Die neue Tat ist aus **erziehungspsychologischer Sicht** mit den früheren nicht vergleichbar, etwa als Gelegenheitstat gegenüber vorangegangener Delinquenz als Ausdruck schädlicher Neigungen.²⁵⁸
- **Strafaussetzung zur Bewährung** (§ 21 JGG) erscheint ausnahmsweise geboten, wäre aber bei einer Einheitsstrafe – anders als bei zwei Jugendstrafen – wegen ihrer Höhe nicht mehr möglich.²⁵⁹ Als Beispiel ist daran zu denken, dass bei

---

²⁵² OLG Celle, NStZ-RR 2001, S. 91.

²⁵³ Vgl. Diemer/Schatz/Sonnen, 2011, § 66 JGG Rdn. 10; Ostendorf, 2013, § 66 Rdn. 4.

²⁵⁴ Dazu BGHSt. 51, S. 137; Dölling, 2008, S. 695; Eisenberg, 2014, § 66 Rdn. 18; HK-JGG/Meier, 2014, § 66 Rdn. 6.

²⁵⁵ So Brunner/Dölling, 2011, § 66 Rdn. 6; Eisenberg, 2014, § 66 Rdn. 8; HK-JGG/Meier, 2014, § 66 Rdn. 10; Streng, 2012, S. 143.

²⁵⁶ Brunner/Dölling, 2011, § 31 Rdn. 22a, 24c; Streng, 2012, S. 142.

²⁵⁷ Dafür Brunner/Dölling, 2011, § 31 Rdn. 22b; Diemer/Schatz/Sonnen, 2011, § 31 JGG Rdn. 60; Streng, 2012, S. 142; anders HK-JGG/Buhr, 2014, § 31 Rdn. 33; Eisenberg, 2014, § 31 Rdn. 31; Ostendorf, 2013, § 31 Rdn. 17.

²⁵⁸ Vgl. Diemer/Schatz/Sonnen, 2011, § 31 JGG Rdn. 59; Eisenberg, 2014, § 31 Rdn. 29; Streng, 2012, S. 142.

²⁵⁹ So OLG Brandenburg, NStZ-RR 2008, S. 389; Brunner/Dölling, 2011, § 31 Rdn. 22g; Diemer/Schatz/Sonnen, 2011, § 31 JGG Rdn. 58; Eisenberg, 2014, § 31 Rdn. 32; Ostendorf, 2013, § 31 Rdn. 18; Ranft, 1990, S. 466; Zieger, 2013, S. 87; differenzierend HK-JGG/Buhr, 2014, § 31

länger zurückliegenden Taten die Strafverbüßung eine positive Entwicklung des Delinquenten gefährden könnte.²⁶⁰

Soweit in der Literatur propagiert wird, auch dann § 31 Abs. 3 JGG anzuwenden, wenn frühere Maßnahmen ergänzt werden sollen, ein solches Vorgehen aber wegen des **Koppelungsverbots**²⁶¹ in einer Entscheidung nicht zulässig bleibt,²⁶² verdient dies keinen Beifall. Eine derartige Umgehung eines unbeschadet der Einfügung von § 8 Abs. 2 S. 2 JGG n.F. nach wie vor grundlegenden jugendstrafrechtlichen Prinzips erscheint nicht statthaft.²⁶³

512

6.5.4.2 Sonderfall: Überschreitung der Höchstgrenzen jugendstrafrechtlicher Rechtsfolgen?

Nicht unerhebliche praktische Bedeutung kommt Konstellationen zu, in denen eine Zusammenziehung mehrerer Verurteilungen zur Folge hätte, dass einzelne Taten deshalb nicht mehr angemessen geahndet werden könnten, weil die gesetzliche Obergrenze einer Sanktion (etwa zehn Jahre bei der Jugendstrafe gem. § 18 Abs. 1 S. 2 JGG) schon in einem Judikat ausgeschöpft wurde. Als Ausweg böte sich einerseits an, von der Möglichkeit des § 31 Abs. 3 JGG Gebrauch zu machen. Andererseits könnte eine Lösung darin bestehen, trotz der Anwendung von § 31 Abs. 2 JGG die **Strafrahmenobergrenze zu überschreiten**. Den richtigen Lösungsweg diskutiert man für zwei Fallgestaltungen:

513

- Der Täter wurde in einem früheren Verfahren verurteilt; danach begeht er eine weitere Straftat, für die bereits isoliert betrachtet nur die Höchststrafe in Betracht kommt.

Beispiel:²⁶⁴

J erhielt wegen zahlreicher Diebstähle eine Jugendstrafe von einem Jahr und vier Monaten; später verübte er einen Mord, „der in seiner Furchtbarkeit kaum seinesgleichen findet".

- Gegen den Täter wurde bereits in einem früheren Verfahren die Höchststrafe verhängt; anschließend stehen weitere – möglicherweise erst nach der Verurteilung begangene – Taten zur Ahndung an.

Rdn. 35; zurückhaltend OLG Düsseldorf bei Böhm, 1983, S. 449; HK-GS/Steinmetz, 2013, § 54 StGB Rdn. 27.
²⁶⁰ Vgl. OLG Koblenz, NStZ-RR 2008, S. 323 f.
²⁶¹ Dazu Kap. 6.4.1.
²⁶² In diesem Sinne Brunner/Dölling, 2011, § 31 Rdn. 22 f.; Streng, 2012, S. 143; Zieger, 2013, S. 87.
²⁶³ Wie hier Albrecht P.-A., 2000, S. 153; HK-JGG/Buhr, 2014, § 31 Rdn. 30; Diemer/Schatz/Sonnen, 2011, § 31 JGG Rdn. 62; Ostendorf, 2013, § 31 Rdn. 14.
²⁶⁴ BGHSt. 36, S. 41, 44.

Beispiel:[265]

J war wegen Mordes zu einer Jugendstrafe von zehn Jahren verurteilt und in den Strafvollzug aufgenommen worden. Bei einem Ausbruchsversuch machte er sich der Gefangenenmeuterei und Freiheitsberaubung schuldig.

514 Die Judikatur gestattet es in besonders gelagerten Fällen, vom Prinzip einheitlicher Sanktionierung auch dann unter erzieherischen Aspekten gem. § 31 Abs. 3 JGG abzuweichen, wenn dies zur Folge hat, dass bei **Kumulation der Rechtsfolgen** das Strafmaß die Grenzen der Einheitsstrafe übersteigt. Anders als in § 31 Abs. 1 S. 3 JGG werde in § 31 Abs. 3 JGG keine Bindung an die Höchstgrenzen von Jugendarrest und -strafe angeordnet[266] und die Sanktionsobergrenzen (§§ 16 Abs. 2 und 4 S. 1, 18 Abs. 1 S. 1 und 2, 105 Abs. 3 JGG) beträfen nur den Fall, dass in einem einzigen Verfahren über bestimmte Delikte zu urteilen sei.[267]

So hat es der BGH im **ersten Beispiel** gebilligt, wenn die frühere Verurteilung wegen der Diebstähle nicht einbezogen wurde, um dem J aufzuzeigen, dass er alleine wegen des Mordes die Höchststrafe verdiene.[268] Dem wird man jedenfalls wegen der Besonderheiten des Einzelfalls (Verübung des Mordes während einer Bewährungszeit, Verharmlosungstendenzen bei J, Verfahrenseinstellung im Hinblick auf weitere schwere Gewalttaten) beipflichten dürfen.

515 Prinzipiell bleibt ein Überschreiten der nach allgemeinen Grundsätzen vorgesehenen Strafrahmen gleichwohl **spezialpräventiv unzweckmäßig** und damit unstatthaft.[269] Denn der Gesetzgeber hat hierdurch verdeutlicht, wie er die Rechtsfolgen ihrem Ausmaß nach als zur Einwirkung auf den jungen Täter sinnvoll einschätzt.[270] Zudem darf eine günstige Wirkung einer mehr als zehnjährigen Jugendstrafe schwerlich als erwiesen gelten.[271] Besondere Zurückhaltung erscheint schließlich geboten, falls bei einem Heranwachsenden die Überschreitung der gem. § 105 Abs. 3 S. 2 JGG zulässigen Höchststrafe von 15 Jahren im Raum steht. Hat der Täter alle Taten bereits vor der ersten Verurteilung verübt, waren diese aber zu jenem Zeitpunkt noch nicht sämtlich entdeckt, erscheint eine Kumulation der Rechtsfolgen über das prinzipiell vorgesehene Höchstmaß hinaus kaum begründbar:[272] Anderenfalls wäre der Beschuldigte gezwungen, sich während des ersten Verfahrens selbst zu belas-

---

[265] KG, JR 1981, S. 307.

[266] Anders Ostendorf, 2013, § 31 Rdn. 15, dessen Auffassung nach § 31 Abs. 3 in Zusammenhang mit Abs. 2 gelesen werden muss, wobei durch die dortige Formulierung „in gleicher Weise" auch für Abs. 3 auf § 31 Abs. 1 S. 3 JGG verwiesen wird.

[267] So BGHSt. 36, S. 43; BGH, NStZ 2002, S. 207; Brunner/Dölling, 2011, § 31 Rdn. 24, 24b; Diemer/Schatz/Sonnen, 2011, § 31 JGG Rdn. 63; Streng, 2012, S. 141.

[268] BGHSt. 36, S. 44; vgl. auch Brunner, 1989, S. 523; Laubenthal, 2013, S. 72 ff.

[269] So Böhm, 1986, S. 71 f.; Böhm/Feuerhelm, 2004, S. 159; Ostendorf, 2013, § 31 Rdn. 15; Ranft, 1990, S. 467; v. Beckerath, 1997, S. 136 ff.; vgl. auch Eisenberg, 2014, § 31 Rdn. 33 f.

[270] Siehe BGH, StrVert 1986, S. 70.

[271] Näher Böhm, 1986, S. 71: Das erzieherische Optimum sei nach einem Aufenthalt in der Institution von fünf oder sechs Jahren überschritten; vgl. auch Ranft, 1990, S. 466.

[272] Vgl. auch BGH, StrVert 1996, S. 273.

ten, um der Gefahr einer Überschreitung der Grenze für die Einheitssanktionen zu begegnen. Dieses Argument lässt sich allerdings entkräften, indem man eine Ausnahme vom Prinzip einheitlicher Sanktionierung weiter auf Fälle beschränkt, in denen der Delinquent die vom ersten Urteil ausgehende Warnfunktion durch spätere Straftatbegehung missachtet hat.[273]

Im **zweiten Beispiel** erscheint die Anwendung von § 31 Abs. 3 JGG dagegen eher angebracht.[274] Denn müsste der bereits zur Höchststrafe verurteilte Täter mit zusätzlicher Sanktionierung nicht mehr rechnen, würde man ihm einen der positiven Beeinflussung äußerst abträglichen **Freibrief** für weitere Straftaten im Jugend- bzw. Heranwachsendenalter ausstellen.[275] Hiergegen findet sich zwar eingewandt, dass bei weiterer Delinquenz die Aussetzung eines Restes der Jugendstrafe zur Bewährung ausscheide und für zukünftige Straftaten deshalb allgemeines Strafrecht zur Anwendung kommen werde.[276] Das überzeugt jedoch nicht. Zwar vermindert der Strafvollzug die Zahl der Gelegenheiten für erneute Straffälligkeit; er hebt derartige Möglichkeiten jedoch – wie gerade das Beispiel zeigt – keineswegs auf. Hätte J etwa während seines Ausbruchsversuchs einen Vollzugsbeamten getötet, erschiene es völlig unangebracht, hierauf nicht mit einer zusätzlichen Sanktion zu reagieren.[277] Jedes andere Vorgehen wäre auch Opfern und Öffentlichkeit kaum zu vermitteln.[278]

516

6.6 Mehrheit von Straftaten in verschiedenen Alters- und Reifestufen, § 32 JGG

§ 31 JGG muss stets im Zusammenhang mit § 32 JGG gedacht werden. Letztgenannte Norm erstreckt den § 31 JGG immanenten Grundsatz der **einheitlichen Sanktionierung** auch auf Fälle, in denen „eigentlich" teils Jugendstrafrecht, teils allgemeines Strafrecht anzuwenden wäre. Je nach dem Schwergewicht der Taten gilt dann entweder Jugendstrafrecht oder allgemeines Strafrecht. Zur Anwendung von **Jugendstrafrecht** kommt man, wenn das Schwergewicht bei den nach ihm zu beurteilenden Taten liegt, § 32 S. 1 JGG. Lässt sich kein Schwerpunkt bilden[279] oder befindet sich dieser im Bereich der dem Erwachsenenrecht unterfallenden Normverstöße, gilt **allgemeines Strafrecht**, § 32 S. 2 JGG. Die Gegenauffassung, die auch im Falle des non liquet mit teleologischen Erwägungen zum jugendstrafrecht-

517

---

[273] Dazu BGH, NStZ 2000, S. 263; OLG Hamm, StraFo 2003, S. 205; anders Eisenberg, 2000, S. 484.
[274] Wie hier BGH, StrVert 1996, S. 273; KG, JR 1981, S. 307 f.; OLG Hamm, StraFo 2003, S. 205; Brunner, 1989, S. 523; HK-JGG/Buhr, 2014, § 31 Rdn. 31; Meier/Rössner/Schöch, 2013, S. 358 f.; Schaffstein/Beulke, 2002, S. 101; krit. Eisenberg, 2014, § 31 Rdn. 33; Petersen, 2008, S. 199.
[275] Dagegen Walter M., 2002, S. 209; Walter/Pieplow, 1989, S. 578.
[276] In diesem Sinne Böhm, 1986, S. 73; Böhm/Feuerhelm, 2004, S. 161; v. Beckerath, 1997, S. 144 f.
[277] Für diesen Fall auch Ostendorf, 2013, § 31 Rdn. 15.
[278] Vgl. Streng, 2012, S. 142.
[279] So BGHSt. 12, S. 134; BGHR JGG § 32 Schwergewicht 4; BGH, bei Böhm, 2000, S. 323; NStZ 2005, S. 645; NStZ-RR 2008, S. 324; Brunner/Dölling, 2011, § 32 Rdn. 3; HK-JGG/Buhr, 2014, § 32 Rdn. 11; Laubenthal, 2013, S. 27; Putzke/Feltes, 2012, S. 74; Schaffstein/Beulke, 2002, S. 82; Streng, 2012, S. 145.

lichen Rechtsfolgensystem gelangen will,²⁸⁰ bleibt mit dem Wortlaut des Gesetzes unvereinbar. Die Vorschrift des § 32 JGG wird über die von ihr ausdrücklich erfassten Konstellationen hinaus von der überwiegenden Ansicht in erweiternder Auslegung zusätzlich auf andere Fallgestaltungen angewendet. Denn ihr Zweck besteht darin, ein zur spezialpräventiven Einwirkung als nicht sinnvoll beurteiltes Nebeneinander jugendstrafrechtlicher Sanktionen und Strafen des Erwachsenenrechts zu vermeiden.²⁸¹ § 32 JGG lässt als Norm des **materiellen Rechts** die gerichtliche Zuständigkeit allerdings unberührt.²⁸²

6.6.1 Voraussetzungen der einheitlichen Sanktionierung

518 § 32 JGG setzt voraus, dass mehrere Straftaten in **verschiedenen Alters- bzw. Reifestufen** verübt wurden. Es versteht sich von selbst, dass für jede einzelne Tat die Voraussetzungen (jugend-)strafrechtlicher Sanktionierung erfüllt sein müssen, bevor die Anwendung des § 32 JGG geprüft werden darf. Folgende Sachverhaltsgestaltungen eröffnen dabei den Anwendungsbereich dieser Bestimmung:

- Eine oder mehrere Straftat(en) wurde(n) als Jugendlicher verübt, eine oder mehrere andere als Erwachsener.
- Eine oder mehrere Straftat(en) wurde(n) als Jugendlicher verübt, eine oder mehrere andere als Heranwachsender, ohne dass Jugendstrafrecht Anwendung findet.
- Eine oder mehrere Straftat(en) wurde(n) als Heranwachsender verübt, wobei Jugendstrafrecht nach § 105 Abs. 1 JGG eingreift, eine oder mehrere andere Delikte im Heranwachsendenalter, ohne dass Jugendstrafrecht zur Anwendung kommt.
- Eine oder mehrere Straftat(en) wurde(n) als Heranwachsender verübt und Jugendstrafrecht greift ein, eine oder mehrere andere als Erwachsener.

519 Bereits aus dem Regelungsprogramm des § 32 JGG lässt sich schließen, dass die Bestimmung auch auf Heranwachsende Anwendung findet, wie dies § 105 Abs. 1 JGG bekräftigt. Bei sämtlichen sonstigen Kombinationsmöglichkeiten (etwa Straftaten als Jugendlicher und als Heranwachsender, wobei auf letztere Jugendstrafrecht Anwendung findet) kommt man bereits zu einer einheitlichen Beurteilung der Rechtsfolgen, ohne auf § 32 JGG zurückgreifen zu müssen. Kann man nicht klären, in welcher Altersstufe sich der Beschuldigte bei einem der relevanten Vorgänge befand, streitet in dubio pro reo eine Vermutung für den günstigeren Zustand (etwa Heranwachsenden- statt Erwachsenenalter).²⁸³

---

[280] In diesem Sinne Diemer/Schatz/Sonnen, 2011, § 32 JGG Rdn. 33; Eisenberg, 2014, § 32 Rdn. 17; Ostendorf, 2013, § 32 Rdn. 14.

[281] Siehe Meier/Rössner/Schöch, 2013, S. 104; Schaffstein/Beulke, 2002, S. 82; Streng, 2012, S. 144.

[282] HansOLG Hamburg, StrVert 1985, S. 158; Eisenberg/Sieveking, 1992, S. 295 f.; Schaffstein/Beulke, 2002, S. 84 Fn. 4; a.A. Peters, 1985, S. 135.

[283] Vgl. BGH, StrVert 1998, S. 345.

Spricht das Gesetz von „mehreren Straftaten", meint dies nicht nur Fälle der   520
Tatmehrheit i. S. v. § 53 StGB. Darunter fallen darüber hinaus sämtliche Konstellationen, in denen mehrere Handlungen zu einer **Tat im juristischen Sinn** zusammengezogen werden,[284] etwa Dauerdelikte oder Fälle der natürlichen Handlungseinheit, sofern Teilakte in verschiedenen Alters- und Reifestufen stattfanden.[285] Die strafrechtliche Verantwortlichkeit nach § 3 JGG bleibt allerdings für einen Teilakt, der vor der Schwelle zum Heranwachsendenalter liegt, gesondert festzustellen.[286]

> **Beispiel:**[287]
> Ende 1994 und Anfang 1995 fragten Drogeninteressenten den am 28.1.1974 geborenen J nach Heroin, worauf er Mitte Januar 1995 80 Gramm Heroin erwarb, die er auf 130 Gramm streckte und zwischen Februar und April 1995 in zehn Vorgängen gegen Gewinn an verschiedene Abnehmer veräußerte. Da der Ankauf von Rauschgift und dessen späterer portionsweiser Verkauf eine Tat im Rechtssinne bilden und das Geschehen sich über zwei Altersstufen hinzog, hätte geprüft werden müssen, ob insgesamt Jugend- oder Erwachsenenstrafrecht zur Anwendung kommt.

6.6.2 Erfordernis gleichzeitiger Aburteilung

Darüber hinaus bildet es eine weitere Voraussetzung der Norm, dass die in verschiedenen Alters- oder Reifestufen begangenen Straftaten **gleichzeitig**, also in einem Verfahren **abgeurteilt** werden. Dafür reicht es aus, wenn mehrere getrennt angeklagte Verfahren nach § 2 Abs. 2 JGG i. V. m. §§ 4, 237 StPO – selbst nach Eröffnung des Hauptverfahrens – zur gemeinsamen Verhandlung vor dem Jugendgericht (vgl. §§ 103 Abs. 1, Abs. 2 S. 1, 112 S. 1 JGG) verbunden werden.[288] Ein solches Vorgehen bleibt sogar noch dann möglich, wenn ein Berufungsverfahren, in dem der Schuldspruch bereits in Rechtskraft erwachsen ist, mit einem erstinstanzlichen Verfahren zusammengefasst wird.[289]   521

Ob weiter gehend für die Staatsanwaltschaft eine **Pflicht zur gemeinsamen Anklage** aller Taten eines Beschuldigten besteht, ist umstritten. Insbesondere die Rechtsprechung verneint diese Frage mit der Begründung, § 32 JGG lasse die all-   522

---
[284] Dazu Rengier, 2013, S. 548 ff.; Wessels/Beulke/Satzger, 2013, S. 319 ff.
[285] Dafür BGHSt. 6, S. 6 f.; BGHR JGG § 32 Schwergewicht 1 (jeweils für eine – nach BGHSt. 40, S. 138 bedeutungslose – fortgesetzte Handlung); BGH, StrVert 1998, S. 345; StrVert 2008, S. 118; Brunner/Dölling, 2011, § 32 Rdn. 1; Diemer/Schatz/Sonnen, 2011, § 32 JGG Rdn. 27; Eisenberg, 2014, § 32 Rdn. 2, 13; Miehe, 1979, S. 250; Ranft, 2006, S. 468; Schaffstein/Beulke, 2002, S. 84.
[286] Näher Mitsch, 2002, S. 245.
[287] Nach BGH, StrVert 1998, S. 345.
[288] Vgl. Böhm/Feuerhelm, 2004, S. 67; Brunner/Dölling, 2011, § 32 Rdn. 13; Laubenthal, 2013, S. 20 f.; Ostendorf, 2013, § 32 Rdn. 17; Streng, 2012, S. 152.
[289] So BGHSt. 29, S. 67 f.; Brunner/Dölling, 2011, § 32 Rdn. 2a; Ostendorf, 2013, § 32 Rdn. 5; Streng, 2012, S. 152.

gemeinen Vorschriften über die Verbindung von Strafsachen unberührt.²⁹⁰ Im Hinblick auf den Zweck des Jugendstrafverfahrens, der in der Einwirkung auf den individuellen Täter liegt, sowie die Entscheidung des Gesetzgebers, auch Heranwachsende prinzipiell dem Jugendstrafverfahren zu unterwerfen, wird sich allerdings im Regelfall nur die Verbindung mehrerer Strafsachen als pflichtgemäße Ermessensausübung darstellen.²⁹¹ Bleiben gleichwohl Entscheidungen in mehreren Verfahren zu treffen, kommen – soweit ihre Voraussetzungen vorliegen – §§ 31 Abs. 2 und 3, 105 Abs. 2 JGG zur Anwendung.²⁹²

523 Auf Bedenken stößt es, wenn durch **Anwendung der Opportunitätsvorschriften** der §§ 154, 154a StPO entweder die im Erwachsenenalter begangenen oder die während der Adoleszenz verübten Taten der (gleichzeitigen) gerichtlichen Beurteilung entzogen werden. So lässt sich unter Umgehung der in § 32 JGG vorgesehenen Schwerpunktsetzung und einheitlichen Sanktionierung im ersten Fall die spätere zusätzliche Verhängung einer Erwachsenenstrafe ermöglichen bzw. in der zweiten Konstellation die Anwendung von Jugendstrafrecht ausschließen.²⁹³ Ein derartiges Procedere steht mit dem Geist der §§ 31, 32 JGG nicht in Einklang und vermag den Angeklagten zu benachteiligen.²⁹⁴

Beispiel

A hatte im Alter von 20 Jahren einen Mord begangen, dessen Verfolgung er sich zunächst zu entziehen vermochte. Als Erwachsener verübte er Einbruchdiebstähle. Da die Staatsanwaltschaft die Verhängung einer lebenslangen Freiheitsstrafe wegen des Mordes erwartete, stellte sie das Verfahren wegen der Erwachsenentaten nach § 154 Abs. 1 Nr. 1 StPO vorläufig ein. Nachdem A unter Anwendung von Jugendstrafrecht „nur" zu einer zehnjährigen Jugendstrafe verurteilt worden war, nahm die Staatsanwaltschaft das andere Verfahren wieder auf. Nach Anklageerhebung stellte die Strafkammer das Verfahren gem. § 260 Abs. 3 StPO mit der Begründung ein, es liege ein Verfahrenshindernis vor, weil eine einheitliche Verhandlung und Beurteilung verhindert worden sei.

Der BGH²⁹⁵ vermochte bei dieser Sachlage keinen ein Verfahrenshindernis begründenden Strafklageverbrauch zu erkennen, da kein Zwang zur Verbindung

---

²⁹⁰ Dafür BGHSt. 10, S. 101; 36, S. 296; vgl. Eisenberg, 2014, § 103 Rdn. 31.
²⁹¹ In diesem Sinne Albrecht P.-A., 2000, S. 114; Böhm/Feuerhelm, 2004, S. 67; Brunner/Dölling, 2011, § 32 Rdn. 13; HK-JGG/Buhr, 2014, § 32 Rdn. 18; Diemer/Schatz/Sonnen, 2011, § 32 JGG Rdn. 42; Laubenthal, 2013, S. 20; Walter/Pieplow, 1991, S. 5; weiter gehend Ostendorf, 2013, § 32 Rdn. 17; einschränkend Miehe, 1979, S. 241 ff.; v. Beckerath, 1997, S. 227; siehe auch BGHR JGG § 32 Schwergewicht 2; BGH, StraFo 2012, S. 156; Krauth, 1987, S. 1077 f.
²⁹² Näher zum Ganzen sowie zu Ausnahmen vom aufgezeigten Grundsatz Kap. 6.6.3.
²⁹³ Zu Letzterem Drees, 1995, S. 481.
²⁹⁴ Vgl. Streng, 2012, S. 152 f.; siehe auch HK-JGG/Buhr, 2014, § 32 Rdn. 18; Eisenberg, 2014, § 32 Rdn. 20; a.A. BGH, StraFo 2005, S. 470. Drees, 1995, S. 482 will den Tatrichter anhalten, zur Prüfung der Anwendbarkeit des § 32 JGG auch eingestellte Taten zu würdigen.
²⁹⁵ BGHSt. 36, S. 295; insoweit zustimmend HK-JGG/Buhr, 2014, § 32 Rdn. 18; Streng, 2012, S. 153; v. Beckerath, 1997, S. 230; Walter/Pieplow, 1991, S. 6; a.A. Ostendorf, 2013, § 32 Rdn. 19; zweifelnd ferner Eisenberg, 2014, § 32 Rdn. 20.

der Straftaten bestanden habe. Das überzeugt insofern nicht, als die Entscheidung der Staatsanwaltschaft auf Grund ihrer fehlerbehafteten Prognose hinsichtlich der zu erwartenden Rechtsfolgen keinen für § 32 JGG ermessensrelevanten Aspekt abgibt und ihr Vorgehen letztlich dazu führte, dass A dem Jugendgericht als gesetzlichem Richter (Art. 101 Abs. 1 S. 2 GG)[296] entzogen wurde.

6.6.3 Schwerpunktbildung

Die Entscheidung, welchem Gebiet einheitlich die Rechtsfolgen zu entnehmen bleiben, richtet sich danach, wo das Schwergewicht der Taten liegt. Es bedarf also der Erarbeitung von Kriterien, die diese Frage zu beantworten helfen. Die Rechtsprechung verlangt hierfür zunächst die **Klärung des Unrechtsgehalts** sowohl hinsichtlich der objektiven (Erfolgsunrecht) wie der subjektiven Tatseite (Handlungsunrecht).[297] Bedeutung erlangen somit etwa Schwere und Folgen des jeweiligen Rechtsverstoßes unter Berücksichtigung der betroffenen Rechtsgüter, ebenso die Beweggründe des Täters sowie das Ausmaß der von ihm ins Werk gesetzten rechtsfeindlichen Gesinnung einschließlich der Schuldform (Vorsatz oder Fahrlässigkeit). **Täterexternen Aspekten** wie Schwere und Anzahl der Delikte misst man allerdings zu Recht nur indizielle Bedeutung zu, um auf **täterinterne Faktoren** wie den verbrecherischen Willen schließen zu können.[298] Darüber hinaus bedarf es der Ermittlung der „Tatwurzeln",[299] um die Bedeutung jeder Tat in Beziehung zur **Persönlichkeitsentwicklung** des Täters setzen zu können. Handlungen, die auf Charakter- oder Erziehungsmängeln beruhen, wiegen schwerer als solche, die die Folge einer Konfliktsituation bilden.[300] Stellen sich spätere Taten danach als Ausfluss und Konsequenz der früheren dar, liegt das Schwergewicht bei den letztgenannten.[301] Der Weg zum Verbrechen und der Beginn eines solchen verlangen – jedenfalls außerhalb des Bereichs der Bagatelldelinquenz – vom Täter ein Mehr an Überwindung als das Fortschreiten auf der einmal eingeschlagenen Route.[302] Das

524

---

[296] Vgl. Ranft, 1990, S. 468.
[297] So BGHSt. 6, S. 7; vgl. auch Krauth, 1987, S. 1065; Miehe, 1979, S. 247 f.
[298] Dazu BGH, NStZ 1986, S. 219; Brunner/Dölling, 2011, § 32 Rdn. 3; Diemer/Schatz/Sonnen, 2011, § 32 JGG Rdn. 37; Eisenberg, 2014, § 32 Rdn. 11; Ostendorf, 2013, § 32 Rdn. 11; anders Krauth, 1987, S. 1071 ff.; vgl. ferner BGH, NStZ-RR 2003, S. 41; aber auch BGH, Urteil v. 24.5.2011 – 5 StR 565/10, Rdn. 21.
[299] BGHR JGG § 32 Schwergewicht 1 und 3; BGH, NStZ 1986, S. 219; BGH, bei Böhm, 1999, S. 290; AG Rudolstadt, NStZ-RR 2013, S. 387; HK-JGG/Buhr, 2014, § 32 Rdn. 12; Mitsch, 2002, S. 245; a.A. Hoffmann-Holland, 2007, S. 175.
[300] Vgl. Meier/Rössner/Schöch, 2013, S. 105; Schaffstein/Beulke, 2002, S. 82.
[301] Vgl. BGHSt. 6, S. 7; BGHR JGG § 32 Schwergewicht 3; BGH, NStZ 1986, S. 219; Eisenberg, 2014, § 32 Rdn. 12; Kerner, 1990, S. 366; Ostendorf, 2013, § 32 Rdn. 12; Streng, 2012, S. 145; aber auch BGH, bei Böhm, 2003, S. 259 für den Fall, dass bei den Erwachsenentaten die Altersgrenze deutlich überschritten war.
[302] Siehe Böhm/Feuerhelm, 2004, S. 66; Diemer/Schatz/Sonnen, 2011, § 32 JGG Rdn. 38; Laubenthal, 2013, S. 28; Schaffstein/Beulke, 2002, S. 82.

gilt zumal dann, sofern **Teilakte** bei einer Tat im Rechtssinne in unterschiedliche Altersstufen fallen.[303] Gerade im Hinblick auf die kriminologische Erkenntnis, der zufolge kaum ein (männlicher) Jugendlicher nicht mindestens einmal Strafnormen übertritt, das delinquente Verhalten sich allerdings im Wege der Spontanremission auch ohne Intervention wieder verliert,[304] können Delikte im Jugendalter aber auch auf eine vorübergehende und bereits abgeschlossene Phase hindeuten, bei der der Schwerpunkt nicht zu suchen ist. Als **Faustregel** kann man sich gleichwohl merken: Das Schwergewicht liegt regelmäßig auf den ersten (gravierenderen) Taten.[305]

525 Als maßgeblicher **Beurteilungszeitpunkt** wird aus Praktikabilitätsgesichtspunkten die Situation zur Zeit der letzten mündlichen Verhandlung gewählt, so dass die Entwicklung des Delinquenten nach der letzten Straftat Berücksichtigung findet.[306] Die Einschätzung des Tatrichters kann von der Revisionsinstanz nur eingeschränkt überprüft werden.[307]

526 § 32 JGG vermag also gerade solche Täter zu privilegieren, die bereits in jungen Jahren schwerste Delikte verübt und dieses Verhalten bis ins Erwachsenenalter beibehalten haben, bei denen es mithin – als Ausnahme von der Regel – eine regelrechte **kriminelle Karriere** zu konstatieren gilt. Dies findet sich zutreffend als Ungerechtigkeit gegenüber solchen Personen kritisiert, die erst als Erwachsene gravierende Straftaten begehen.[308]

Beispiel[309]

J hatte als Jugendlicher, als dem Jugendstrafrecht unterfallender Heranwachsender sowie als Erwachsener u. a. insgesamt vier ihm vorwerfbare Morde verübt, davon nur den letzten im Alter von mehr als 20 Jahren. Die Jugendkammer wandte bei ihrer gleichzeitigen Entscheidung über diese Delikte einheitlich Jugendstrafrecht an und verurteilte J zu einer Jugendstrafe von zehn Jahren. Diese Beurteilung teilte der BGH mit der Begründung, die Mordserie beruhe auf einer in der Jugend eingeleiteten kontinuierlichen Entwicklung. Hätte J nur einen Mord als Erwachsener begangen, hätte ihm lebenslange Freiheitsstrafe gedroht, so dass die Ausführung einer Vielzahl gravierendster Straftaten ihn letztlich begünstigte.

Müsste man den Fall heute entscheiden, wäre zu bedenken, ob bei besonderer Schuldschwere der Heranwachsendentat gem. § 105 Abs. 3 S. 2 JGG eine Jugendstrafe von maximal 15 Jahren verhängt und der eingangs festgestellte Wer-

---

[303] So Miehe, 1979, S. 250 f.; Ranft, 2006, S. 469; Streng, 2012, S. 145.
[304] Dazu Kap. 1.2.
[305] Vgl. Diemer/Schatz/Sonnen, 2011, § 32 JGG Rdn. 39.
[306] So Brunner/Dölling, 2011, § 32 Rdn. 4; Eisenberg, 2014, § 32 Rdn. 14; Hoffmann-Holland, 2007, S. 173; Streng, 2012, S. 145; krit. Albrecht P.-A., 2000, S. 115; a.A. HK-JGG/Buhr, 2014, § 32 Rdn. 13; Diemer/Schatz/Sonnen, 2011, § 32 JGG Rdn. 41; Ostendorf, 2013, § 32 Rdn. 13.
[307] Siehe BGH, StrVert 2008, S. 118; Eisenberg, 2014, § 32 Rdn. 21.
[308] Vgl. Krauth, 1987, S. 1060 f.; Schaffstein/Beulke, 2002, S. 83; Streng, 2012, S. 145 f.; ferner Hoffmann-Holland, 2007, S. 171 f.
[309] BGH, NStZ 1986, S. 219.

tungswiderspruch so abgemildert werden könnte oder ob dies im Hinblick auf § 18 Abs. 1 S. 2 JGG ausgeschlossen bliebe. Eine Lösung lässt sich § 32 JGG jedenfalls nicht direkt entnehmen.

6.6.4 Weitere Anwendungsfälle des § 32 JGG

§ 32 JGG ordnet eine einheitliche Rechtsfolgenentscheidung entweder nach Jugend- oder nach allgemeinem Strafrecht nur für den Fall an, dass eine Mehrzahl von Straftaten gleichzeitig abgeurteilt wird. Eine solch **strikt formale Betrachtungsweise**, die die Rechtsprechung unter Berufung auf den Wortlaut der Norm und ihren Charakter als Ausnahmevorschrift lange Zeit durchgehalten hat,[310] vermag aber dem Anliegen einer möglichst wirksamen spezialpräventiven Einwirkung nicht zu genügen. Auch die Vollstreckung von Sanktionen unterschiedlicher Natur, die auf mehreren Judikaten beruhen, soll aus diesem Grund in Ansehung des jungen Rechtsbrechers nicht in Betracht kommen. Deshalb diskutiert man für drei Konstellationen eine entsprechende Anwendung des § 32 JGG:

527

- Verurteilung eines Heranwachsenden nach Jugendstrafrecht gem. § 105 Abs. 1 JGG bei vorangegangener Aburteilung unter Anwendung allgemeinen Strafrechts,
- Verurteilung wegen einer im Jugendalter begangenen Tat nach früherer Aburteilung gemäß allgemeinem Strafrecht und
- Verurteilung eines Heranwachsenden nach Erwachsenenstrafrecht bei früherer Verurteilung unter Anwendung des Jugendrechts.

6.6.4.1 Analoge Anwendung des § 32 JGG nach Verurteilung eines Heranwachsenden gemäß allgemeinem Strafrecht

Liegt die Situation des **§ 105 Abs. 2 JGG** vor, ist also ein Heranwachsender früher bereits wegen anderer Taten nach allgemeinem Strafrecht verurteilt worden, während im aktuellen Verfahren unter Neubewertung seines Entwicklungszustands Jugendstrafrecht Anwendung findet, wird § 32 JGG weitihin entsprechend angewendet. In der Folge kommt es auf dem Weg über § 31 Abs. 2 S. 1, Abs. 3 i. V. m. § 32 JGG je nach Schwerpunktbildung zu einer **einheitlichen Festsetzung der Rechtsfolgen** entweder nach Jugend- oder nach Erwachsenenstrafrecht.[311] Das als spezialpräventiv ungünstig eingeschätzte Nebeneinander jugendtümlicher und allgemeiner Sanktionen wird auf diese Art und Weise vermieden. Eine Ausnahme gilt

528

---

[310] Etwa BGHSt. 36, S. 272 ff.; S. 295; BGHR JGG § 32 Aburteilung, getrennte 1; auch Krauth, 1987, S. 1061; krit. Ranft, 1990, S. 468 f.

[311] So BGHSt. 37, S. 36 ff.; 40, S. 2 f.; BGHR JGG § 31 Abs. 2 Einbeziehung 9; BGH bei Böhm, 1997, S. 483; StrVert 1998, S. 346; AG Rudolstadt, NStZ-RR 2013, S. 387; Albrecht P.-A., 2000, S. 154; Böhm/Feuerhelm, 2004, S. 68; Brunner/Dölling, 2011, § 32 Rdn. 5; HK-JGG/Buhr, 2014, § 32 Rdn. 9; Diemer/Schatz/Sonnen, 2011, § 32 JGG Rdn. 12 ff.; Dingeldey, 1981, S. 355; Eisenberg, 1990, S. 483; ders., 2014, § 32 Rdn. 9, § 105 Rdn. 44, 44b; Keiser, 2002, S. 1081; Meier/Rössner/Schöch, 2013, S. 106; Mitsch, 2002, S. 246; Schaffstein/Beulke, 2002, S. 84 f.; Streng, 2012, S. 146 f.

nur für den Fall, dass der Richter nach § 31 Abs. 3 JGG von der Einbeziehung Abstand nimmt. Dann bleibt eine **Kumulation** von Sanktionen aus dem Jugend- wie dem Erwachsenenstrafrecht statthaft.[312] Das setzt allerdings die Anwendung von Jugendstrafrecht und damit einen Schwerpunkt bei den nach Jugendstrafrecht zu beurteilenden Taten voraus. Im umgekehrten Fall, in dem die dem allgemeinen Strafrecht zu unterwerfenden Taten überwiegen, besteht die Rechtsfolge nach § 32 JGG (analog) ja gerade in der ausschließlichen Geltung der Grundsätze des allgemeinen Strafrechts, weshalb eine Gemengelage hier nicht auftreten kann. Die Judikatur verhängt deshalb unter den Voraussetzungen von §§ 54, 55 StGB eine **Gesamtstrafe**.[313]

> **Beispiel:**[314]
>
> A hatte 1992 als Erwachsener unerlaubt mit Betäubungsmitteln Handel getrieben und war dafür im selben Jahr zu einer Freiheitsstrafe verurteilt worden. 1993 stand er wegen eines entsprechenden Vergehens, dessen er sich 1991 im Alter von 20 Jahren schuldig gemacht hatte, erneut vor Gericht. Die Jugendkammer kam über § 105 Abs. 1 Nr. 1 JGG zur Anwendung von Jugendstrafrecht und verhängte – ohne Rekurs auf § 31 Abs. 3 JGG – eine Jugendstrafe von zwei Jahren, in die die frühere Verurteilung nicht einbezogen wurde, obwohl man der Erwachsenentat das Schwergewicht beigelegt hatte. Auf die Revision des A hob der BGH das Urteil in seinem Strafausspruch auf. Im Wege der analogen Anwendung des § 32 JGG hätte die Jugendkammer insgesamt Erwachsenenstrafrecht anwenden und unter Einbeziehung der früheren Freiheitsstrafe eine Gesamtstrafe bilden müssen.

529 Nach der **Gegenauffassung** darf die Anwendung des § 105 Abs. 2 JGG nur dazu führen, dass insgesamt Jugendstrafrecht angewendet wird, es sei denn, von der Einbeziehung einer nach Erwachsenenrecht ausgeworfenen Rechtsfolge wird aus erzieherischen Gründen gem. § 31 Abs. 3 JGG Abstand genommen.[315] Diese Sichtweise, die dem Wortlaut des nur in den Bereich des § 31 JGG verweisenden § 105 Abs. 2 JGG verhaftet bleibt, verzichtet also auf eine entsprechende Heranziehung des § 32 JGG. Eine solche Lösung bleibt vorzugswürdig. Dabei wird keineswegs ausgeblendet, dass §§ 31 und 32 JGG eine aufeinander bezogene Einheit von Normen darstellen. Auch sind sicher Fälle denkbar, in denen die einheitliche Anwendung von Erwachsenenstrafrecht sinnvoll erscheint, etwa beim Zusammentreffen einer mit einer empfindlichen Freiheitsstrafe belegten gravierenden Straftat und

---

[312] BGHSt. 37, S. 39; 40, S. 3; BGH, StrVert 1998, S. 346; Brunner/Dölling, 2011, § 32 Rdn. 7; Diemer/Schatz/Sonnen, 2011, § 32 JGG Rdn. 14.
[313] Siehe BGHSt. 37, S. 39; 40, S. 3; BGH bei Böhm, 1997, S. 483; Schaffstein/Beulke, 2002, S. 85; ferner Ostendorf, 2013, § 32 Rdn. 8; krit. Eisenberg, 2014, § 32 Rdn. 8.
[314] Nach BGHSt. 40, S. 1 ff.
[315] So Altenhain/Laue, in: MünchKomm-StGB, 2013, § 105 JGG Rdn. 53; Ostendorf, 1991a, S. 185; ders., 2013, § 32 Rdn. 9; v. Beckerath, 1997, S. 180.

einer späteren leichten Jugendverfehlung, wenn zwar das Interesse am gerechten Schuldausgleich, nicht aber spezialpräventive Aspekte gegen eine Einbeziehung der Freiheitsstrafe streiten und § 31 Abs. 3 JGG deshalb nicht hilft.[316] Diese Gesichtspunkte lassen sich aber nur de lege ferenda gegen die beschränkte Verweisung in § 105 Abs. 2 JGG ins Feld führen. Es fehlt bereits an einer planwidrigen Regelungslücke als Voraussetzung einer jeden Analogie[317] und § 32 JGG stellt seinerseits eine Ausnahmevorschrift von dem Grundsatz dar, dass die Rechtsfolgen sich für jede Tat nach dem Alters- und Reifezustand des Täters zur Tatzeit richten, weshalb man den Anwendungsbereich der Bestimmung nicht ausdehnen sollte. Zudem lässt es sich nicht nachvollziehen, warum die überwiegende Auffassung zwar in dieser, nicht aber in allen anderen diskutierten Fallkonstellationen zur Analogie bei § 32 JGG gelangt. Problemen des Vollzugs bei einem Nebeneinander der Sanktionen vermag durch Ausschöpfung der in §§ 89b, 114 JGG eröffneten Möglichkeiten begegnet zu werden.

6.6.4.2 Doppelte Analogie zu §§ 105 Abs. 2, 32 JGG?

In der zweiten in Frage stehenden Konstellation wird der Griff zum Mittel der analogen Anwendung des § 32 JGG auch von der Rechtsprechung zu Recht abgelehnt.[318] Es geht um die Sachgestaltung, in der die **Verurteilung als Jugendlicher** nach einer früheren Sanktionierung unter Anwendung allgemeinen Strafrechts in Rede steht. Zur Anwendung des § 32 JGG könnte man in diesem Fall nur über einen **doppelten Analogieschritt** kommen, weil es insoweit auch einer entsprechenden Heranziehung des § 105 Abs. 2 JGG bedürfte, der eigentlich nur Heranwachsende betrifft. Nach der hier vertretenen Auffassung erscheint das Ergebnis der Judikatur schon deshalb konsequent, weil es auch insoweit an den allgemeinen Voraussetzungen für einen Analogieschluss fehlt. Deswegen verdient auch diejenige Position im Schrifttum keinen Beifall, die ausschließlich § 32 S. 1 JGG für entsprechend anwendbar erklärt mit der Folge, dass eine einheitliche Sanktionierung nicht nach allgemeinem Strafrecht, wohl aber nach Jugendstrafrecht erfolgen darf: Denn der Gesetzgeber habe für Taten Jugendlicher die Anwendung der Hauptstrafen des allgemeinen Rechts ausgeschlossen.[319] Für eine derartige Besserstellung des Beschuldigten bei getrennter Aburteilung im Vergleich zu gleichzeitiger Sanktionierung unter Anwendung des § 32 JGG besteht kein Anlass. Scheidet die Bildung einer einheitlichen Strafe aus, so sollte aber – unterstellt, es handelte sich um zwei Strafen des allgemeinen Strafrechts und die Voraussetzungen der nachträglichen Gesamt-

---

[316] Vgl. Streng, 2012, S. 146 f.
[317] Treffend BGHSt. 36, S. 272 f.; Ostendorf, 2013, § 32 Rdn. 7.
[318] BGHSt. 27, S. 297; 36, S. 272 f.; Altenhain/Laue, in: MünchKomm-StGB, 2013, § 105 JGG Rdn. 45; a.A. Brunner/Dölling, 2011, § 105 Rdn. 25; Diemer/Schatz/Sonnen, 2011, § 32 JGG Rdn. 16; Eisenberg, 1990, S. 483; ders., 2014, § 105 Rdn. 44; Knüllig-Dingeldey, 1987, S. 226; Ostendorf, 2013, § 105 Rdn. 33.
[319] In diesem Sinne Diemer/Schatz/Sonnen, 2011, § 32 JGG Rdn. 17; Streng, 2012, S. 148.

strafenbildung nach § 55 StGB wären erfüllt – ein Abschlag bei der neuen Sanktion vorgenommen werden, um Unbilligkeiten zu vermeiden.[320]

6.6.4.3 Analogie zu § 32 JGG, wenn erst Jugendstrafrecht, dann Erwachsenenstrafrecht?

531   Äußerst umstritten ist die Entscheidung der Situation, in der bereits eine Verurteilung nach Jugendstrafrecht erfolgt ist und der Betroffene später – als Heranwachsender oder Erwachsener – nach Erwachsenenstrafrecht sanktioniert wird. Die Judikatur **lehnt eine analoge Anwendung des § 32 JGG ab** mit der Konsequenz, dass eine einheitliche Sanktionierung unterbleiben muss.[321] Der Weg zur einheitlichen Behandlung nach Jugendstrafrecht kann nicht beschritten werden. Aber auch eine **Gesamtstrafe nach § 55 StGB** unter Einbeziehung der Jugendstrafe in die nunmehr nach allgemeinem Strafrecht auszuwählende Sanktion lässt sich **nicht** verhängen. Weil sich die Bildung einer Gesamtstrafe für den Verurteilten meist als günstiger erweist als das Nebeneinander der Einzelstrafen, soll zur Kompensation ein „Abschlag" bei der Bemessung der späteren Sanktion erfolgen.[322] Nach neuerer Rechtsprechung hat die Kompensation in der Weise zu erfolgen, dass ein Teil der nicht gemilderten zweiten Sanktion für bereits vollstreckt zu erklären ist.[323] Zur Begründung beruft sich der BGH im Wesentlichen auf diejenigen Aspekte, die generell gegen eine analoge Anwendung des § 32 JGG sprechen: Fehlen einer planwidrigen Regelungslücke, Charakter des § 105 Abs. 2 JGG als auf einen speziellen Fall zugeschnittener Ausnahmevorschrift, Überschreiten der Grenzen richterlicher Rechtsfortbildung bei Ermöglichung der Bildung einer einheitlichen Strafe aus Jugend- und Freiheitsstrafe, Begünstigung desjenigen, der nicht nur nach Erwachsenen-, sondern bereits nach Jugendstrafrecht auffällig geworden ist.[324] Nach hier vertretener Auffassung verdient diese Judikatur aus den bereits erwähnten Gründen Zustimmung.

532   Die **Gegenposition** favorisiert eine analoge Anwendung von § 32 JGG in der Konstellation, in der eine rechtskräftige Verurteilung nach Jugendstrafrecht bereits existiert und nunmehr entweder wegen Straftaten des Heranwachsenden aufgrund des Fehlens der Voraussetzungen gem. § 105 Abs. 1 JGG oder gar im Falle einer Straffälligkeit des schon Erwachsenen bei isolierter Würdigung Erwachsenenstrafrecht

---

[320] Vgl. weiter gehend Ostendorf, 2013, § 32 Rdn. 8.
[321] Etwa BGHSt. 14, S. 290; 36, S. 270 ff.; S. 296 f.; BGHR JGG § 32 Aburteilung, getrennte 2; BGH, NStZ 1987, S. 24; StraFo 2006, S. 246; NStZ-RR 2007, S. 168; NStZ-RR 2008, S. 388; StraFo 2012, S. 156; OLG Schleswig, NStZ 1987, S. 225; ebenso Bringewat, 1991, S. 26; HK-JGG/Buhr, 2014, § 32 Rdn. 8; Diemer/Schatz/Sonnen, 2011, § 32 JGG Rdn. 26; Fischer Th., 2014, § 55 Rdn. 4; v. Heintschel-Heinegg, in: MünchKomm-StGB, 2012, § 55 Rdn. 32 f.; Krauth, 1987, S. 1061 f.; Mitsch, 2002, S. 246; Ostendorf, 2013, § 32 Rdn. 6 f.; Rissing-van Saan, in: LK-StGB, 2006 § 55 Rdn. 43; Schönke/Schröder/Sternberg-Lieben/Bosch, 2014, § 55 Rdn. 34; zweifelnd Lackner/Kühl, 2014, § 55 Rdn. 2; krit. Zieger, 2013, S. 103 f.
[322] Dazu BGHSt. 10, S. 103; 14, S. 290; 36, S. 274 ff.; S. 297; BGH, StraFo 2006, S. 246; NStZ-RR 2007, S. 169; NStZ-RR 2008, S. 388; Bringewat, 1991, S. 27; Schönke/Schröder/Lieben/Bosch, 2014, § 55 Rdn. 34; vgl. ferner BGHSt. 31, S. 103.
[323] Siehe BGHSt. 52, S. 136; Streng, 2012, S. 149; näher zum Ganzen Kap. 9.5.4.4.
[324] So BGHSt. 36, S. 272 ff.

6.6 Mehrheit von Straftaten in verschiedenen Alters- und Reifestufen, § 32 JGG

zur Anwendung kommen müsste. In der Konsequenz erfolgt je nach dem Schwergewicht eine einheitliche Ahndung nach Jugend- oder allgemeinem Strafrecht.[325] Zur Begründung wird vorgetragen, dass jede andere Lösung dem jugendstrafrechtlichen Einheitsprinzip und Erziehungsgedanken widerspreche, Zufälligkeiten hinsichtlich der gesonderten oder einheitlichen Aburteilung zu großes Gewicht erhielten und die Lösung der Judikatur, die einen „Strafrabatt" einräumt, systemwidrig erscheine. Zudem liege in Ansehung der Existenz der Bestimmung des § 55 StGB, die im allgemeinen Strafrecht den Beschuldigten benachteiligende Zufälligkeiten in der Reihenfolge der Verurteilungen ausschließen wolle, eine planwidrige Regelungslücke als Voraussetzung einer Analogie sehr wohl vor.[326] Dabei bleibt allerdings außer Acht, dass von der Planwidrigkeit einer Regelungslücke nicht allein deshalb gesprochen werden kann, weil in einem anderen Rechtsgebiet eine divergierende Lösung für vergleichbare Problemlagen gefunden wurde, und die Grenzen zwischen zulässiger Rechtsfortbildung und nur de lege ferenda beachtlichen Lösungsvorschlägen verwischt werden. Ferner sehen sich die Vertreter der hier abgelehnten Ansicht gezwungen, zur Vermeidung einer Besserstellung gegenüber der unmittelbaren Anwendung des § 55 StGB bei der Einbeziehung von Erwachsenenstraftaten die Zäsurwirkung einer früheren Verurteilung zu beachten.[327] Damit entfernt man sich wieder vom argumentativen Ausgangspunkt, Erziehungsaspekte forderten eine einheitliche Sanktionierung. Weiter müsste – über die in §§ 102 ff. JGG geregelten Fälle hinaus – u. U. ein Erwachsenengericht jugendstrafrechtliche Sanktionen verhängen[328] – eine weitere Abweichung von den Vorstellungen des Gesetzgebers.

Die Bedenken verstärken sich, wenn als Konsequenz aus der entsprechenden Anwendung des § 32 JGG nicht zugleich gefolgt wird, **§ 55 StGB** sei jedenfalls analog **einschlägig**.[329] Kommt man zur Geltung allgemeinen Strafrechts und lässt es bei § 32 JGG bewenden, müsste man die vorliegende jugendstrafrechtliche Sanktion nicht in eine Gesamtstrafe einfließen, sondern unberücksichtigt lassen und stattdessen eine – nur im Jugendstrafrecht vorgesehene – Einheitsstrafe unter Heranziehung der nach Erwachsenenstrafrecht vorgesehenen Reaktionsmöglichkeiten bilden.[330] Eine derartige Vermischung allgemeiner und jugendstrafrechtlicher Rechtsinstitute überschreitet eindeutig die Grenzen zulässiger Gesetzesauslegung und steht mit dem verfassungsrechtlichen Bestimmtheitsgrundsatz (Art. 103 Abs. 2

533

---

[325] In diesem Sinne Böhm/Feuerhelm, 2004, S. 69; Böhm/Büch-Schmitz, 1991, S. 132; Brunner/Dölling, 2011, § 32 Rdn. 11; Dingeldey, 1981, S. 355; ders., 1981a, S. 155; Eisenberg, 1990, S. 483; ders., 2014, § 32 Rdn. 7 ff.; Knüllig-Dingeldey, 1987, S. 226; Streng, 2012, S. 149.

[326] Vgl. Streng, 2012, S. 149 f.; ferner Böhm/Büch-Schmitz, 1991, S. 132; Dingeldey, 1981a, S. 151 ff.; Knüllig-Dingeldey, 1987, S. 226 f.

[327] Eisenberg, 2014, § 32 Rdn. 7; Schaffstein/Beulke, 2002, S. 84; Streng, 2012, S. 150.

[328] Vgl. Streng, 2012, S. 149 f.

[329] Für Analogie Brunner/Dölling, 2011, § 32 Rdn. 11; Streng, 2012, S. 149 f.; zwar gegen die analoge Anwendung von § 32 JGG, aber für die Möglichkeit der Bildung einer Gesamtstrafe ferner Altenhain/Laue, in: MünchKomm-StGB, 2013, § 105 JGG Rdn. 42 f.; Frister, in: NK-StGB, 2013, § 55 Rdn. 28 f.; Ostendorf, 2013, § 32 Rdn. 8; Schoreit, 1989, S. 463; ders., 1990, S. 176 f.; dazu ablehnend v. Beckerath, 1997, S. 185.

[330] Vgl. Streng, 2012, S. 150.

GG) nicht mehr in Einklang. Dieser Kritikpunkt lässt sich zwar umgehen, wenn man § 55 StGB seinem Rechtsgedanken nach berücksichtigt und aus den nach Jugendstrafrecht einerseits, Erwachsenenstrafrecht andererseits verhängten Sanktionen eine **Gesamtstrafe** bildet. Auch dies stößt aber auf gewichtige Bedenken: Ein solches Vorgehen erweist sich zunächst als kaum durchführbar, sofern nicht auf Jugendstrafe, sondern auf Erziehungsmaßregeln oder Zuchtmittel erkannt wurde, da sich aus §§ 53, 54 StGB für deren Umrechnung nichts ergibt. Insoweit würde nur ein Rückgriff auf § 31 Abs. 2 JGG helfen. Ist Jugendstrafe in Freiheitsstrafe einzubeziehen, fehlt ebenfalls ein Umrechnungsmaßstab[331] und es bedarf eines nach richterlichem Ermessen festzusetzenden Abschlags für den Verlust der nach Jugendstrafrecht (vgl. § 88 JGG) gegenüber § 57 StGB günstigeren Position im Rahmen der später denkbaren Aussetzung des Strafrestes zur Bewährung.[332] Soll eine für mehrere Straftaten gebildete Einheitsjugendstrafe einbezogen werden, müsste diese vor Anwendung von § 55 StGB durch Einzeljugendstrafen für die jeweiligen Verfehlungen ersetzt werden.[333] Das alles zeigt, dass letztlich ein nennenswerter Vorteil dieses Lösungswegs gegenüber dem vom BGH favorisierten „Abschlag" bei der Erwachsenenstrafe nicht konstatiert werden kann.

> **Beispiel**
>
> A hatte im Jahr 1984 als knapp 20-Jähriger einen Mord begangen. Erst im Dezember 1988 konnte er hierfür zu einer Jugendstrafe von zehn Jahren verurteilt werden, nachdem er sich der Strafverfolgung entzogen hatte. Im Februar 1989 wurde er wegen einer Reihe von Straftaten, u. a. Einbruchdiebstählen, angeklagt, die er 1987 und 1988 als Erwachsener verübt hatte. Der **BGH**[334] vertritt zu Recht die Auffassung, die Bildung einer einheitlichen Strafe für alle Taten sei nicht möglich. § 32 JGG finde auch keine analoge Anwendung. A könne wegen der nunmehr angeklagten Taten nur nach Erwachsenenstrafrecht verurteilt werden. Nur bei gleichzeitiger Aburteilung hätte es der Schwerpunktbildung mit der Folge einheitlicher Anwendung von Jugend- oder Erwachsenrecht bedurft. Grundsätzlich müsse der Nachteil, der aus dem Fehlen der Möglichkeit zur Bildung einer Einheitsjugend- oder Gesamtstrafe resultiere, zu einer Milderung der nunmehr verwirkten Strafe führen. Das erscheine vorliegend aber ausnahmsweise deshalb nicht veranlasst, weil anderenfalls mit A ein Täter privilegiert würde, der sich lange Zeit einer Verfolgung nach Jugendstrafrecht entzogen habe. Die wohl **herrschende Literaturauffassung** müsste in analoger Anwendung des § 32 JGG das Schwergewicht der Taten ausloten und einheitlich entweder Jugend- oder Erwachsenenstrafrecht anwenden. Vorliegend spricht vieles dafür, dass der Schwerpunkt auf dem nach Jugendstrafrecht zu beurteilenden Mord

---

[331] Dazu Böhm/Büch-Schmitz, 1991, S. 132; Schoreit, 1990, S. 175 f.
[332] So Frister, in: NK-StGB, 2013, § 55 Rdn. 28; Ostendorf, 2013, § 32 Rdn. 8; Schoreit, 1990, S. 176; Streng, 2012, S. 151; vgl. auch Dingeldey, 1981a, S. 153 f.
[333] Näher Bringewat, 1991, S. 25.
[334] BGHSt. 36, S. 294 ff.

liegt, nachdem dieser ein besonders gravierendes Delikt darstellt, welches sich als Einstieg in eine kriminelle Karriere interpretieren lässt, zumal es sich – angesichts der Verhängung der seinerzeitigen Höchstjugendstrafe – wohl nicht um eine milder zu beurteilende Konflikttat handelte. Dann stellt sich das Problem, ob eine Überschreitung der in § 105 Abs. 3 JGG vorgesehenen Höchststrafe statthaft bleibt. Diejenigen Vertreter des Schrifttums, die nicht § 32 JGG, wohl aber § 55 StGB für entsprechend anwendbar halten, müssten vorliegend eine Gesamtstrafe nach Erwachsenenstrafrecht bilden.

6.7 Methodische Grundzüge der Festsetzung der „richtigen" Rechtsfolge

Bei der Festsetzung der ihrer Art wie ihrer Höhe nach erforderlichen und angemessenen Sanktion muss der Richter das **künftige Verhalten des Täters** in der Gesellschaft in Rechnung stellen. Da es hierbei um die Einschätzung von Auswirkungen der Sanktionierung auf die Zukunft geht, bedarf es der Erarbeitung einer **Prognose**. Im allgemeinen Strafrecht kommt dies etwa in § 46 Abs. 1 S. 2 StGB zum Ausdruck, der dem Richter auferlegt, „die Wirkungen, die von der Strafe für das künftige Leben des Täters in der Gesellschaft zu erwarten sind", zu berücksichtigen. Ein weiteres Beispiel für das Erfordernis einer Prognose bildet die Voraussetzung der Strafaussetzung zur Bewährung, wonach zu erwarten sein muss, dass der Verurteilte auch ohne die Einwirkung des Strafvollzugs künftig straffrei leben wird, § 56 Abs. 1 S. 1 StGB.

534

6.7.1 Die besondere Bedeutung der Prognose im Jugendstrafrecht

Im Jugendstrafrecht bedarf es bei der Festsetzung der Rechtsfolgen und dem Treffen weiterer Entscheidungen verglichen mit dem allgemeinen Kriminalrecht in erheblich größerem Umfang prognostischer Beurteilungen. Zugleich werden an den Jugendrichter damit höhere Anforderungen gestellt, was seine diesbezüglichen Fähigkeiten betrifft.

535

Beispielhaft seien folgende Fälle genannt:
- Nach § 5 Abs. 2 JGG kommen Zuchtmittel oder Jugendstrafe nur in Betracht, wenn Erziehungsmaßregeln nicht ausreichen.
- Gemäß § 5 Abs. 3 JGG wird von Zuchtmitteln oder Jugendstrafe abgesehen, wenn eine jugendrichterliche Ahndung infolge einer Unterbringungsanordnung entbehrlich erscheint.
- Nach § 13 Abs. 1 JGG greift der Jugendrichter u. a. dann zu Zuchtmitteln, falls Jugendstrafe nicht geboten ist.
- § 16 Abs. 3 S. 1 JGG gestattet aus Gründen erzieherischer Zweckmäßigkeit die Wahl des Kurzzeitarrests.

- § 16a JGG gestattet die Verhängung von Jugendarrest neben einer Bewährungssanktion nur, wenn dies unter divergierenden Voraussetzungen geboten ist.[335]
- Gemäß § 17 Abs. 2 1. Alt. JGG wird wegen schädlicher Neigungen Jugendstrafe verhängt, wenn Erziehungsmaßregeln oder Zuchtmittel zur Einwirkung nicht ausreichen.
- § 21 Abs. 1 und 2 JGG ermöglicht die Aussetzung von Jugendstrafe zur Bewährung, sofern auch ohne Vollstreckung künftig vom Jugendlichen ein rechtschaffener Lebenswandel erwartet werden kann.
- § 88 Abs. 1 JGG gestattet die Strafrestaussetzung bei der Jugendstrafe erst bei günstiger Prognose bezüglich der Entwicklung des Delinquenten.

536   Indem das Gesetz auf die Bedeutung der jeweiligen Sanktion und ihrer Ausgestaltung (etwa § 11 Abs. 2 JGG) für die günstige Beeinflussung des jungen Rechtsbrechers abstellt, verleiht es also nicht nur dem Bestreben Ausdruck, im Sinne von Subsidiarität schwerere durch leichtere Reaktionsformen zu substituieren, sondern es manifestiert sich hierin zugleich die **spezialpräventive Grundausrichtung** des geltenden Jugendstrafrechts. Da die erforderlichen Einschätzungen den Entscheider vor schwierige Probleme stellen, wird in diesem Zusammenhang die Forderung des Gesetzes nach erzieherischer Befähigung und Erfahrung der Jugendrichter (§ 37 JGG) erklärlich. Zugleich erweisen sich für sie **kriminologische Kenntnisse** als nützlich, weil diese Wissenschaft sich der Prognoseforschung in erster Linie annimmt.

6.7.2 Prognosezwecke und -methoden im Überblick

537   Es existieren nicht nur verschiedene Methoden zur Ermittlung einer individuellen Prognose. Darüber hinaus verfolgt man mit der Erstellung einer Wahrscheinlichkeitsaussage über künftiges Verhalten je nach dem Stand des Verfahrens unterschiedliche Zwecke.

6.7.2.1 Aufgaben und Arten der Prognose

538   Eine erste Differenzierung lässt sich an der **Aufgabe** festmachen, welche die Prognose erfüllen soll. Man kann zwischen Urteils-, Entlassungs- und Wirkprognose unterscheiden.[336] Die **Wirkprognose** betrifft den möglichen Erfolg einer Maßnahme zur erzieherischen Einwirkung auf den Delinquenten. Die beiden anderen Formen der Prognose lassen sich letztlich als Untergruppen der Wirkprognose charakterisieren, die zusätzlich die Aufgabe des Wahrscheinlichkeitsurteils auf einer bestimmten Stufe der strafjustiziellen Tätigkeit zum Gegenstand haben. Bei der **Urteilsprognose** geht es um die zum Urteilszeitpunkt bestehenden Aussichten, wobei die Instrumente des Jugendstrafrechts Berücksichtigung finden, während die **Entlassungsprognose** die Legalbewährung des Delinquenten nach Beendigung einer stationären Einwirkung abzuschätzen sucht. Letztere ist in § 88 Abs. 1 JGG angesprochen.

---

[335] Dazu bereits Kap. 6.4.2.2.
[336] Vgl. Streng, 2012a, S. 314 m. w. Nachw.; ferner Meier, 2010a, S. 177.

Je spezieller die zu treffende Entscheidung ist, desto weniger Schwierigkeiten 539
bereitet die Stellung der Prognose. Das gilt etwa hinsichtlich der Entscheidung über
die Gewährung einer Vollzugslockerung bzw. vollzugsöffnenden Maßnahme, weil
diese als Beispiel einer Wirkprognose mit der Frage der Führung des Probanden
während der kurzen Zeit etwa des Hafturlaubs nur eine beschränkte Thematik betrifft.[337] Selbst wenn für die Urteilsprognose auf der Basis des Berichts der Jugendgerichtshilfe (vgl. § 38 Abs. 2 S. 1 und 2 JGG) die wesentlichen Aspekte bekannt
sein sollen, so wird die Entlassungsprognose unter Kenntnis des Vollzugsverhaltens
doch noch eine breitere Tatsachenbasis aufweisen.

6.7.2.2 Wichtigste Prognosemethoden

Die gängigen Methoden der individuellen Kriminalprognose kann man untergliedern in 540

- die intuitive Prognose,
- die klinische Prognose,
- die statistische Prognose sowie
- die idealtypisch-vergleichende Prognose.[338]

(1) Intuitive Prognose

Die intuitive Prognose lässt sich **nicht als** im eigentlichen Sinne **wissenschaftliches** 541
Verfahren einordnen,[339] obwohl sie in der Gerichtspraxis dominiert. Denn es fehlt
an einem auf Kommunikation und Publizität ausgerichteten, methodisch geordneten Vorgehen[340] unter systematischer Erfassung und Evaluation empirischer Daten.
Stattdessen basiert die Wahrscheinlichkeitsaussage auf dem gefühlsmäßigen Eindruck des Entscheiders vom Probanden, wobei er sich entweder auf seine eigene
Lebens- und Berufserfahrung bzw. Menschenkenntnis oder auf sog. Alltagstheorien stützt. Diese werden von der Allgemeinheit oder auch nur einem bestimmten
Personenkreis als gültig angesehen, müssen aber keineswegs wissenschaftliche Bestätigung erfahren haben oder mögen sogar widerlegt worden sein. An die Stelle wissenschaftlich gesicherter Erkenntnisse treten die eigenen Wertmaßstäbe der
prognostizierenden Person. Selbst Eintritt oder Nichteintritt der eigenen Entscheidungen werden vom Anwender der intuitiven Prognose regelmäßig nicht in einem
Umfang reflektiert, der eine Abweichung von den vorgefassten Überzeugungen gestatten könnte.[341]

Aufgrund der subjektiv von unterschiedlichen Individuen festgelegten divergierenden Bewertungsmaßstäbe lässt sich auch die **Gleichbehandlung** der Delinquenten kaum gewährleisten. Wenn sich die intuitive Prognose gleichwohl großer 542

---

[337] Dazu Streng, 2012, S. 157.
[338] Vgl. Laubenthal, 2013, S. 153 ff.; ablehnend Pollähne, 2011, S. 146 ff.
[339] Dazu Laubenthal, 2013, S. 154; Schneider, 1987, S. 313.
[340] Vgl. Britz, in: Dreier, 2013, Art. 5 Abs. 3 (Wissenschaft) Rdn. 19; Jarass/Pieroth, 2012, Art. 5 Rdn. 121.
[341] So Laubenthal, 2013, S. 154; Streng, 2012a, S. 386.

Beliebtheit erfreut, so vermag man dies einerseits damit zu erklären, dass sie weder kostspielige noch aufwendige Untersuchungen erfordert. Neben ihrer Einfachheit dürfte sie andererseits deshalb bevorzugt werden, weil sie dem Prognoseersteller ermöglicht, seine eigenen Vorstellungen in die Tat umzusetzen, mithin diesem letztlich Bestätigung verschafft. Schließlich fehlt es vielen in der Strafjustiz tätigen Personen an hinreichenden Kenntnissen auf dem Gebiet der wissenschaftlichen Prognoseforschung.

(2) Klinische Prognose

543 Die Erstellung einer klinischen Prognose beinhaltet die Anwendung wissenschaftlicher Methoden und Kenntnisse, namentlich aus den Gebieten von Medizin, Psychologie und Kriminologie. Sie obliegt nicht dem Richter, sondern in erster Linie einem entsprechend spezialisierten **Psychiater oder Psychologen** und erstreckt sich auf eine Untersuchung der Lebensgeschichte wie der sozialen Bezüge des Betroffenen. Ihre Durchführung gliedert sich in Aktenstudium zu Vorbereitungszwecken, Ermittlung der Vorgeschichte und der zur Tat hinführenden Entwicklungen (**Anamnese**), Gespräche mit dem Probanden unter Beachtung der Regeln der ärztlichen bzw. psychiatrischen Kunst (**Exploration**) und **Absolvierung psychodiagnostischer Untersuchungen** wie Intelligenz- und anderer Tests.[342] Auf dieser Basis erstellt der Sachverständige sodann ein Prognosegutachten.

544 Gegenüber der intuitiven Prognose besteht der Hauptvorteil darin, dass das Wahrscheinlichkeitsurteil nicht lediglich auf der Basis eines von subjektiven (Vor-) Urteilen geprägten Vorstellungsbilds ergeht. Gleichwohl gewinnen die speziellen Einschätzungen des jeweiligen Beurteilers erhebliche Bedeutung, nachdem je nach Fachrichtung (Psychiatrie als medizinische Wissenschaft oder Psychologie) und innerhalb einer solchen je nach Lehr- und Denkmodell („Schule") **verschiedene Untersuchungsansätze** propagiert werden.[343] An einer hinreichenden Kontrolle des Prognoseeintritts scheint es in der Praxis ebenso zu mangeln wie an einheitlicher Qualität der mit Untersuchungsaufgaben betrauten Forensiker.[344] Da den eigenen Angaben der Probanden keine geringe Bedeutung zukommt, vermögen diese die Prognosebildung durch Unterlassen der erforderlichen Zusammenarbeit oder durch die Schilderung unwahrer Angaben zu gefährden. Zudem gilt die Methode als weniger verlässlich, wenn der Untersuchte keiner kriminologischen Extremgruppe zugerechnet werden kann.[345] Zeitaufwand und Kosten sind schließlich relativ hoch, weshalb eine klinische Prognoseerstellung sich in den meisten Delinquenzfällen als unverhältnismäßig erweisen wird.[346]

(3) Statistische Prognose

545 Statistische Prognoseverfahren genügen ebenfalls den an wissenschaftliche Methodik zu stellenden Anforderungen. Der Untersucher bedient sich hierbei sog. **Pro-**

---

[342] Vgl. Laubenthal, 2013, S. 154.
[343] Dazu Streng, 2012a, S. 397; ders., 2012, S. 164 ff.
[344] Näher Streng, 2012, S. 166.
[345] So Eisenberg, 2005, S. 175.
[346] Dazu Eisenberg, 2005, S. 175; Laubenthal, 2013, S. 155.

6.7 Methodische Grundzüge der Festsetzung der „richtigen" Rechtsfolge 247

gnosetafeln. Diese erarbeitete man auf der Basis von Vergleichsuntersuchungen zwischen Straffälligen und Nicht-Delinquenten sowie zwischen Rückfälligen und Nicht-Rückfälligen. Faktoren persönlicher und sozialer Art, die sich gehäuft bei Delinquenten bzw. Rückfälligen feststellen lassen, kontrastieren mit solchen, die für unauffällige Personen typisch erscheinen, und sollen eine Einordnung des Probanden in die jeweilige Gruppe ermöglichen. Die relevanten Faktoren bezeichnet man auch als **Prädikatoren.**

Man differenziert vor allem zwischen folgenden Prognoseverfahren:

- einfache Schlechtpunktverfahren,
- Punktwertverfahren und
- Strukturprognosetafeln.[347]

Im Rahmen der **einfachen Schlechtpunktverfahren** beschränkt sich der Prognoseersteller auf die Ermittlung gleich bewerteter kriminovalenter Faktoren (etwa Kriminalität eines Aszendenten, Trunksucht bei den Eltern). Für jeden feststellbaren Faktor wird ein Negativpunkt festgesetzt.[348] Je mehr von diesen der Proband sammelt, desto skeptischer wird sein künftiges Legalverhalten beurteilt. Anhand der Summe der Punkte ordnet man den Probanden in eine Risikogruppe mit spezifischer Rückfallwahrscheinlichkeit ein. Die Aussagekraft des Verfahrens leidet allerdings daran, dass sich für die Mehrzahl der Untersuchten eine mittlere Rückfallhäufigkeit ergibt, mithin also weitere Delinquenz ebenso wie auch Legalbewährung möglich bleibt.[349] Weiter wurde die Methode vor längerer Zeit anhand der Daten junger männlicher, insbesondere inhaftierter Straftäter entwickelt, weshalb eine Übertragbarkeit auf geringer oder mit anderen, heute eher als früher vorherrschenden Taten vorbelastete Delinquenten und weitere Personengruppen zweifelhaft erscheint.[350] Zudem trägt man der divergierenden Wichtigkeit der einzelnen untersuchten Gesichtspunkte nicht ausreichend Rechnung.

546

Die **Punktwertverfahren** bemühen sich dagegen um eine differenzierte Würdigung der einzelnen Risikofaktoren entsprechend ihrer unterschiedlichen Bedeutung. Die Prädikatoren werden deshalb im Hinblick auf ihre Relevanz für abweichendes Verhalten gewichtet. Gerade für den Bereich der Jugenddelinquenz entwickelten zum Beispiel die amerikanischen Kriminologen Glueck/Glueck eine entsprechende Prognosetafel, die etwa die Verhältnisse in der Familie (Disziplinierung durch den Vater, Aufsicht seitens der Mutter, väterliche Zuneigung, Zusammenhalt) und Charakterzüge heranzieht.[351] Indes ist die praktische Anwendbarkeit derartiger Verfahren wegen der erforderlichen Fachkompetenz des die Informationen erhebenden

547

---

[347] Überblick über die Prognoseverfahren unter Nennung zahlreicher Arbeiten bei Eisenberg, 2005, S. 178 ff.; Streng, 2012a, S. 387 ff.; dazu ferner Dahle/Lehmann, 2012, S. 160 ff.
[348] Beispiel bei Meyer, 1965, S. 243 f.
[349] So Kaiser, 1996, S. 965.
[350] Vgl. Streng, 2012a, S. 389.
[351] Glueck/Glueck, 1950, S. 262 ff.; dazu Hußmann, 2011, S. 338 f.

und bewertenden Untersuchers beschränkt.[352] Ferner bleibt das Wissen um Ubiquität und Normalität von Jugenddelinquenz außer Acht, welches eine differenzierte Bewertung der Normverstöße junger Rechtsbrecher gebietet.[353]

548 **Strukturprognosetafeln** versuchen die Wechselwirkungen zwischen mehreren kriminovalenten Faktoren untereinander sowie ihren Einfluss auf die Legalbewährung zu erfassen. Es fehlt allerdings weithin an für die Praxis geeigneten und zudem hinreichend gesicherten Verfahren.[354]

(4) Idealtypisch-vergleichende Methode (MIVEA)

549 Den aufgezeigten Defiziten der bisher behandelten statistischen Prognoseverfahren soll die von Göppinger propagierte Erfassung des **Täters in seinen sozialen Bezügen** abhelfen.[355] Zu diesem Zweck finden zusätzlich Elemente der intuitiven und klinischen Prognose Verwendung.[356] Entwickelt wurde das auch als „Methode der idealtypisch vergleichenden Einzelfallanalyse" (MIVEA) bezeichnete Instrument im Rahmen der sog. „Tübinger Jungtäter-Vergleichsuntersuchung", bei der in der zweiten Hälfte der sechziger Jahre des 20. Jahrhunderts eine Gruppe junger männlicher Strafgefangener mit Angehörigen der Durchschnittsbevölkerung verglichen wurde. Drei Kriterien erlangen für die Prognose Bedeutung:

- Bedeutung der Tat im **Lebenslängsschnitt** des Probanden (kontinuierliche Entwicklung oder einmalige Auffälligkeit, sog. krimineller Übersprung),
- kriminovalente (Vernachlässigung des Leistungsbereichs, mangelhaftes Verhältnis zu Geld und Eigentum, keine geordnete Freizeitgestaltung, fehlende Lebensplanung) oder kriminoresistente Konstellation (Erfüllung der Leistungsanforderungen, wirklichkeitsgemäße Einstellung zu materiellen Dingen, Einbindung in Haus- und Familienleben, angemessenes Anspruchsdenken) im **Lebensquerschnitt**,
- Relevanzbezüge und Wertorientierung.

550 Die Prognoseerstellung läuft in **drei Schritten** ab: Als erstes kommt es zur Erstellung einer grundsätzlichen bzw. typischen Prognose, die sich um eine verallgemeinernde Einordnung des Falles bemüht. Darauf basiert die individuelle Basisprognose unter Berücksichtigung der Besonderheiten des jeweiligen Probanden. Den dritten Schritt bildet eine Behandlungs- bzw. Interventionsprognose, in deren Rahmen die möglichen Auswirkungen der zur Auswahl stehenden Interventionsformen abgeschätzt werden. Erscheint die Berücksichtigung von Aspekten aus der

---

[352] Vgl. Dahle/Lehmann, 2012, S. 163; Laubenthal, 2013, S. 156; Streng, 2012a, S. 392.
[353] Siehe Kaiser, 1996, S. 966.
[354] Dazu Streng, 2012a, S. 394 f.
[355] Zum Ganzen Göppinger, 1983; Bock, 2013, S. 107 ff.; Meier/Rössner/Schöch, 2013, S. 135 ff.; HK-JGG/Wulf, 2014, § 5 Rdn. 48 ff.; ferner Laubenthal, 2013, S. 156 f.; Streng, 2012a, S. 395 ff.; krit. Pollähne, 2011, S. 179 ff. m. w. Nachw.
[356] Zu weiteren neueren Kombinationsmodellen etwa Karanedialkova-Krohn/Fegert, 2007, S. 290 ff.

Zeit nach Prognoseabgabe auch verdienstlich,[357] so leidet die Methode insgesamt unter der relativ schmalen Basis des zugrunde liegenden empirischen Materials, den zwischenzeitlich allgemein eingetretenen sozialen Veränderungen, Zweifeln an ihrer Aussagekraft für alle Deliktsgruppen sowie den hohen Anforderungen an Ausbildung des Prognosestellers und erforderlichen Arbeitsaufwand.[358]

(5) Neuere Ansätze
Besondere Bedeutung wird in jüngerer Zeit der Entdeckung jugendlicher Intensivtäter beigemessen. Man geht nunmehr davon aus, dass eine kleine Gruppe junger Rechtsbrecher (ca. 5 %) keine jugendtypisch-ubiquitäre Kriminalität an den Tag legt, sondern sich durch ein in der Entwicklung konstantes und sehr früh einsetzendes delinquentes Verhalten auszeichnet. Mit Hilfe der **Entwicklungskriminologie**[359] versucht man für diesen Personenkreis typische Verhaltensmuster (Impulsivität, Hyperaktivität, Aggressivität) sowie Sozialisationsprobleme zu identifizieren. Wert gelegt wird dabei auf die Zusammenhänge zwischen Persönlichkeits- und Sozialisationsmerkmalen sowie die Beziehungen zu Peer-Groups. Auch insoweit bedarf es zur Ermittlung der kriminovalenten Faktoren der Erarbeitung von biographisch orientierten Studien[360] nach Art der idealtypisch-vergleichenden Methode sowie der Analyse von Einzelfällen.[361]

551

Schließlich gilt es zu konstatieren, dass in jüngeren Vorhersageinstrumenten die Trennung zwischen statistischer und klinischer Prognose zunehmend aufgehoben wird, indem Vorgehensweisen aus beiden Bereichen einfließen. Ferner bemüht man sich um die Erarbeitung individueller Verfahren für unterschiedliche Delikts- und Tätergruppen, insbesondere Gewalt- und Sexualtäter. Im Hinblick auf Entscheidungen über die Entlassung aus dem Straf- oder Maßregelvollzug finden zudem verstärkt die Möglichkeiten der Beeinflussung durch ambulante Betreuungsangebote wie Überwachungskompetenzen Beachtung.[362] Hierbei handelt es sich allerdings um Gesichtspunkte, für die speziell die Prognostik in Ansehung junger Rechtsbrecher noch am Anfang steht.

6.7.2.3 Bedeutung der Prognoseverfahren für die Praxis
Wie sich aus den Darlegungen zu den einzelnen Prognoseverfahren ergibt, genügt nicht jedes von diesen den an ein wissenschaftlich fundiertes Vorgehen zu stellenden Anforderungen (intuitive Prognose) oder sie lassen sich teilweise vom Jugendrichter oder -staatsanwalt, der nur über eine juristische Ausbildung verfügt, kaum einsetzen. Das Vorgehen der Rechtspraxis dürfte sich somit vielfach auf eine Er-

552

---

[357] Vgl. Laubenthal, 2013, S. 157.
[358] Zusammenfassend Streng, 2012, S. 169; ferner Hußmann, 2011, S. 340; Meier, 2010a, S. 190 f.
[359] Dazu Schneider, 1996, S. 399 f.; vgl. auch Bock, 2013, S. 261 ff.
[360] Beispiele bei Bannenberg/Rössner, 2000, S. 123 ff.; Rössner, 1998, S. 343 ff.
[361] Zum Ganzen Bock, 2006, S. 282 ff.; ders., 2013, S. 111 ff.; Göppinger/Bock, 2008, S. 248 ff.; Oetting, 2008, S. 124 ff.; Wulf, 2006, S. 147 ff.; krit. Graebsch/Burkhardt, 2006, S. 140 ff.
[362] Zum Ganzen Knauer, 2013, S. 560, 563 f.; ferner Meier, 2010a, S. 192 f.; Nedopil, 2010, S. 284 ff.; Walter M., 2010, S. 247 f.; zu jugendlichen Sexualstraftätern Dahle/Janka/Gallasch/Lehmann, 2008.

mittlung und Bewertung der als kriminogen erkannten Faktoren beschränken.[363] Über die Forderung nach erzieherischer Befähigung der in der Strafjustiz für junge Rechtsbrecher Tätigen gem. § 37 JGG bleibt deshalb eine kriminologische Qualifizierung dieser Personen anzustreben. Stets Berücksichtigung finden sollte eine Abschätzung der denkbaren Auswirkungen in Betracht kommender jugendkriminalrechtlicher Reaktionsmöglichkeiten, so dass über statisch-retrospektiv orientierte Prognoseverfahren hinausgegangen werden muss.[364] Lässt sich das Erfordernis für ein Ergreifen einer strengeren Sanktion nicht dartun, so ist schon im Hinblick auf den verfassungsrechtlichen Grundsatz der Verhältnismäßigkeit zu einem milderen Mittel zu greifen. Davon zu unterscheiden hat man die Frage, ob bei fehlender Abklärbarkeit der prognoserelevanten Tatsachen der Grundsatz **in dubio pro reo** Anwendung findet. Bei der Antwort spielt in erster Linie die vom Gesetzgeber in der jeweiligen prognoserelevanten Sanktionsnorm vorgenommene Risikoverteilung eine Rolle.[365]

6.8 Die Sanktionswahl in rechtstatsächlicher Hinsicht

553 Die folgenden Tabellen sollen einen – wenn auch unvollständigen – Eindruck von der in der Praxis vorgenommenen Sanktionswahl vermitteln. Als Quelle dient die vom Statistischen Bundesamt erarbeitete Strafverfolgungs-Statistik. Da diese erst seit dem Jahr 2007 flächendeckend alle Bundesländer erfasst, ist eine Vergleichbarkeit mit den Angaben aus früherer Zeit, die sich nur auf die alten Länder einschließlich Gesamt-Berlin erstreckten, nicht ohne weiteres gewährleistet. Es fällt auf, dass Erziehungsmaßregeln allein relativ selten verhängt werden, die Praxis vielmehr gem. § 8 JGG verschiedene Rechtsfolgen **kombiniert**. So entfallen in den letzten Jahren auf einen Verurteilten im Schnitt knapp über 1,5 Rechtsfolgen. Zudem bleibt zu berücksichtigen: Heimerziehung und Erziehungsbeistandschaft werden nicht stets durch die Jugend-, sondern auch durch die Familiengerichte angeordnet[366] und finden in der Strafverfolgungsstatistik dann keine Berücksichtigung.

554 Vergleicht man die Sanktionspraxis über die letzten Jahrzehnte hinweg, erscheint für die achtziger Jahre des 20. Jahrhunderts eine Tendenz hin zu ambulanten Rechtsfolgen und weg von den stationären Sanktionen charakteristisch.[367] Wie sich jedoch aus den insoweit symptomatischen aktuellen Zahlen ergibt, hat sich diese Entwicklung allerdings nicht linear fortgesetzt. Deutlich ist jedoch der Rückgang der Anzahl der Verurteilten insgesamt in jüngerer Zeit, worin sich auch der demografische Wandel manifestieren dürfte (Tab. 6.1 und 6.2).

---

[363] Dazu Schaffstein/Beulke, 2002, S. 98.

[364] Zu den von der Praxis an Prognosegutachten gestellten Anforderungen siehe Boetticher/Dittmann u. a., 2009, S. 478 ff.; Boetticher/Kröber u. a., 2006, S. 537 ff.

[365] Näher zum Problem Streng, 2012, S. 171 f.

[366] Siehe Reisenhofer, 2012, S. 176.

[367] Vgl. die Zahlen bei Ostendorf, 2013, Grdl. z. den §§ 5–8 Rdn. 4; Schaffstein/Beulke, 2002, S. 88.

6.8 Die Sanktionswahl in rechtstatsächlicher Hinsicht

Tab. 6.1 Jugendstrafrechtliche Sanktionen 2008–2012. (Quelle: Statistisches Bundesamt (Hrsg.), Rechtspflege Strafverfolgung Fachserie 10 Reihe 3: 2008, S. 56 f., 89, 280 f., 308 f.; 2010, S. 56 f., 91, 276 f., 304 f.; 2012, S. 56 f., 91, 280 f., 308 f.)

	2008	2010	2012
Abgeurteilte insgesamt (Jugendliche und nach Jugendstrafrecht abgeurteilte Heranwachsende):	175.556	163.416	138.386
Verurteilte insgesamt:	116.278	108.464	91.695
Verurteilte mit (auch nebeneinander):			
– Erziehungsmaßregeln	30.112	32.110	30.054
– Zuchtmitteln	89.472	81.775	67.723
Erziehungsmaßregeln insgesamt:	30.203	32.183	30.123
davon:			
– Heimerziehung	58	58	42
– Erziehungsbeistandschaft	270	201	167
– Weisungen	29.875	31.924	29.914
Zuchtmittel insgesamt:	129.066	118.262	97.205
davon:			
– Jugendarrest	21.411	19.892	16.470
– Auflage	73.337	66.718	54.250
– Verwarnung	34.318	31.652	26.485
Zuchtmittel plus Erziehungsmaßregeln	21.407	21.703	20.026
Jugendstrafe insgesamt:	19.255	17.241	14.803
davon:			
– Strafaussetzung zur Bewährung	11.990	10.858	8864
– Verhängung nach § 30 JGG	601	556	545
Jugendstrafe plus Zuchtmittel	273	230	151
Jugendstrafe plus Erziehungsmaßregeln	435	393	342
Jugendstrafe plus Zuchtmittel plus Erziehungsmaßregeln	223	168	183
Andere Entscheidungen:	59.278	54.952	46.691
davon:			
– Einstellung	54.388	50.609	43.194
Davon nach § 47 JGG	47.121	45.097	38.520
– Freispruch	4815	4232	3390
– Aussetzung der Verhängung der Jugendstrafe, § 27 JGG	2830	2603	2331
– Überweisung an Familiengericht, § 53 JGG	25	58	43
– Selbständige Maßregeln	50	53	64

Da u. U. mehrere Erziehungsmaßregeln oder Zuchtmittel gegen denselben Delinquenten verhängt wurden, übersteigt die Addition der einzelnen Erziehungsmaßregeln bzw. Zuchtmittel die Gesamtzahl der mit diesen Rechtsfolgen belegten Delinquenten.

Tab. 6.2 Maßregeln und Nebenstrafen/-folgen 2008–2012. (Quelle: Statistisches Bundesamt (Hrsg.), Rechtspflege Strafverfolgung Fachserie 10 Reihe 3: 2008, S. 360 ff.; 2010, S. 354 ff.; 2012, S. 362 ff.)

	2008		2010		2012	
	Jugendliche	Heranwachsende	Jugendliche	Heranwachsende	Jugendliche	Heranwachsende
Fahrverbot, § 44 StGB	1612	3225	1094	2691	879	2312
Entziehung der Fahrerlaubnis, §§ 69, 69a StGB	1473	9663	1090	7718	912	6843
Unterbringung in psychiatrischem Krankenhaus/Entziehungsanstalt	41	215	50	195	35	174
Führungsaufsicht	4	11	3	–	2	2
Verfall/Einziehung	354	2679	274	2402	263	2014

Erziehungsmaßregeln 7

Die Erziehungsmaßregeln finden sich in §§ 9 ff. JGG geregelt.[1] Sie gliedern sich auf in 556

- Weisungserteilung (§ 10 JGG) und
- Hilfe zur Erziehung (§ 12 JGG).

Letztere umfasst zwei Formen, nämlich

- Erziehungsbeistandschaft (§ 12 Nr. 1 JGG) sowie
- Heimerziehung oder Erziehung in einer betreuten Wohnform (§ 12 Nr. 2 JGG).

Nach § 5 Abs. 1 JGG können diese abschließend umschriebenen[2] Unrechtsreaktionen „aus Anlass" einer Straftat angeordnet werden. Wie sich aus § 5 Abs. 2 JGG ergibt, darf erst dann zu Zuchtmitteln oder Jugendstrafe gegriffen werden, sofern Erziehungsmaßregeln nicht ausreichen. Dieser **Vorrang** gegenüber den sonstigen Sanktionsmöglichkeiten erklärt sich aus der mit der spezialpräventiven Zielrichtung des Jugendstrafrechts verbundenen Zurückstellung ahndender wie strafender Reaktionsmöglichkeiten, lässt sich zugleich aber aus dem verfassungsrechtlichen **Verhältnismäßigkeitsgrundsatz** herleiten.[3] Zu beachten bleibt allerdings im Hinblick auf ihre Eingriffsintensität die bereits dargelegte Modifikation der Rangfolge der Reaktionsmöglichkeiten.[4] Daraus folgt, dass entgegen § 5 Abs. 2 JGG u. U. eher ein Zuchtmittel als eine Erziehungsmaßregel zu verhängen ist. 557

---

[1] Für deren Abschaffung de lege ferenda Kusch, 2006, S. 67; dagegen Meier/Rössner/Schöch, 2013, S. 163.

[2] Brunner/Dölling, 2011, § 9 Rdn. 1a; HK-JGG/Buhr, 2014, § 9 Rdn. 5; Schaffstein/Beulke, 2002, S. 105.

[3] Siehe auch Ostendorf, 2006, S. 322.

[4] Näher Kap. 6.2.1.

Anders als die Weisungen bildet die Inanspruchnahme der Hilfe zur Erziehung keine genuin jugendstrafrechtliche Handlungsform. Sie rührt vielmehr aus dem **Jugendhilferecht** her,[5] wie sich auch der heutigen Fassung des § 12 JGG mit seinen Verweisungen auf Bestimmungen des SGB VIII noch entnehmen lässt. Unberührt von den Bestimmungen des JGG bleiben die Möglichkeiten des **Familiengerichts** zur Unterstützung bei der Personensorge (§§ 1631 Abs. 3, 1631b BGB) sowie zum Einschreiten bei Gefahren für das Wohl eines Jugendlichen (§§ 1666, 1666a BGB), wobei das Verfahren in Familiensachen nach §§ 151 ff. FamFG einschlägig ist.

7.1 Zweck der Erziehungsmaßregeln

558 Mit den Erziehungsmaßregeln wird beabsichtigt, erneuter Straffälligkeit des Delinquenten durch Beeinflussung seiner Verhaltensmöglichkeiten entgegenzuwirken.[6] Aspekte von **Tatvergeltung und Schuldausgleich** sollen deshalb keine Rolle spielen.[7] Gleichwohl will man es dem Richter gestatten, die konkreten Rechtsfolgen so festzusetzen, dass sie von dem Jugendlichen auch als Strafe empfunden werden.[8] Das wirkt wenig plausibel und belegt erneut das prinzipielle Dilemma des Erziehungsstrafrechts. Umso mehr gilt dies, als gem. **§ 8 Abs. 1 S. 1 JGG** Erziehungsmaßregeln zusammen mit den ahndenden Zuchtmitteln angeordnet werden dürfen. Zudem erscheint es nicht ausgeschlossen, dass besonders eingriffsintensive Erziehungsmaßregeln den Betroffenen mehr belasten als manche Zuchtmittel. Verwischen dann auch noch die Grenzen zwischen den Kategorien (vgl. § 10 Abs. 1 S. 3 Nr. 4 JGG: Arbeitsweisung – § 15 Abs. 1 S. 1 Nr. 3 JGG: Arbeitsauflage), bleibt de lege ferenda eine an spezialpräventiven Erfordernissen ausgerichtete, vom Erziehungsgedanken befreite Sanktionsform unter **Aufhebung der Trennung** zwischen Erziehungsmaßregeln und Zuchtmitteln vorzugswürdig.[9]

7.2 Allgemeine Voraussetzungen der Erziehungsmaßregeln

559 Zu unterscheiden gilt es zwischen inhaltlichen Voraussetzungen für die Verhängung einer Erziehungsmaßregel und den Grenzen im Hinblick auf die Person des Delinquenten.

---

[5] Näher hierzu Ostendorf, 2013, Grdl. z. den §§ 9–12 Rdn. 2 f.; Schaffstein/Beulke, 2002, S. 105.
[6] Siehe BVerfGE 74, S. 123; 107, S. 117, 119; Diemer/Schatz/Sonnen, 2011, § 9 JGG Rdn. 3; Dölling, 2006, S. 310; Lenz T., 2007, S. 91; Ostendorf, 2013a, S. 139.
[7] Vgl. OLG Braunschweig, ZJJ 2012, S. 320; Brunner/Dölling, 2011, § 9 Rdn. 5; Meier/Rössner/Schöch, 2013, S. 161; Streng, 2012, S. 174; siehe aber Petersen, 2008, S. 155 f.
[8] So Böhm/Feuerhelm, 2004, S. 178; Brunner/Dölling, 2011, § 9 Rdn. 5; Schaffstein/Beulke, 2002, S. 106; Streng, 2012, S. 174; siehe auch Möller, in: Möller/Nix, 2006, § 52 Rdn. 2.
[9] Dafür etwa Albrecht H.-J., 2002, S. D 145 f.; Beulke/Dittrich/Mann, 2002, S. 124; Kreuzer, 2002, S. 2350; Laubenthal, 2002, S. 817 m. Nachw.; Ostendorf, 2013, Grdl. z. den §§ 9–12 Rdn. 4; Riechert-Rother, 2008, S. 103; Streng, 2012, S. 175; Walter M., 2001, S. 771; anders Dölling, 2006, S. 311; Lenz T., 2007, S. 155 f.

7.2.1 Sachliche Voraussetzungen

Verlangt das Gesetz in § 5 Abs. 1 JGG die Straftat eines Jugendlichen, setzt dies zunächst ein tatbestandsmäßiges, rechtswidriges und **schuldhaftes** Verhalten voraus. Lediglich aus Gründen erzieherischer Notwendigkeit darf also bei fehlender Verantwortungsreife nicht zu einer jugendstrafrechtlichen Reaktionsmöglichkeit gegriffen werden. Insoweit bleibt es bei den durch § 3 S. 2 JGG eröffneten Befugnissen.[10] Auf der anderen Seite muss auf der Basis des von der überwiegenden Auffassung propagierten Erziehungsstrafrechts zu dem Normverstoß **Erziehungsbedürftigkeit** hinzutreten, wobei sich die Straftat gerade als **Ausdruck der Erziehungsmängel** darzustellen hat.[11] Daran fehlt es, wenn das strafrechtlich relevante Verhalten nicht in Zusammenhang mit jenen steht.

560

> **Beispiel**
>
> Ein Minderjähriger verdingt sich ständig als Strichjunge. Macht er sich einer fahrlässigen Körperverletzung durch eine Unachtsamkeit als Verkehrsteilnehmer schuldig, manifestiert sich hierin nicht die aus der geschlechtlichen Verwahrlosung erwachsende Erziehungsbedürftigkeit.

Ergibt eine Prognose, dass auf den Betroffenen mittels Erziehungsmaßregeln nicht eingewirkt werden kann, fehlt es an der **individuellen Beeinflussbarkeit** (nach h.M.: Erziehungsfähigkeit), weshalb die Anordnung jener unverhältnismäßig wäre und zu unterbleiben hat.[12] Dabei spielt die Ursache keine Rolle, so dass auch die **Unwilligkeit** des Jugendlichen die Anwendung der Maßnahme hindert.[13] Keinesfalls darf die gewählte Erziehungsmaßregel außer Anlass zur Ursachentat stehen. Auch hierin zeigt sich wiederum die Geltung des Verhältnismäßigkeitsprinzips.[14]

561

7.2.2 Personelle Voraussetzungen

§§ 9 ff. JGG finden auf **Jugendliche** Anwendung. In Ansehung **Heranwachsender** bleibt zu beachten, dass § 105 Abs. 1 JGG nicht auf §§ 9 Abs. 2, 12 JGG verweist: Die Inanspruchnahme von Hilfe zur Erziehung kann ihnen nicht auferlegt werden, da Volljährige nicht mehr zwangsweise gebessert werden dürfen.[15] Die das elterliche Erziehungsrecht (Art. 6 Abs. 2 S. 1 GG) unterstützende oder ersetzende

562

---

[10] Dazu Kap. 3.2.2.
[11] Vgl. Böhm/Feuerhelm, 2004, S. 177; Brunner/Dölling, 2011, § 9 Rdn. 4; Eisenberg, 2014, § 9 Rdn. 9 f.; Laubenthal, 2006, S. 622.
[12] Dafür Brunner/Dölling, 2011, § 9 Rdn. 3; Ostendorf, 2013, § 9 Rdn. 7; Streng, 2012, S. 174.
[13] Wie hier Eisenberg, 2014, § 9 Rdn. 10; a. A. HK-JGG/Buhr, 2014, § 9 Rdn. 10; Diemer/ Schatz/Sonnen, 2011, § 9 JGG Rdn. 8; Hahn, 2004, Rdn. 526; Ostendorf, 2013, § 9 Rdn. 6.
[14] Vgl. Meier/Rössner/Schöch, 2013, S. 162; Schaffstein/Beulke, 2002, S. 106.
[15] In diesem Sinne BVerfGE 22, S. 219 f.; Diemer/Schatz/Sonnen, 2011, § 105 JGG Rdn. 30.

Einwirkungsbefugnis nach Art. 6 Abs. 2 S. 2 GG findet keinen Anknüpfungspunkt mehr.[16] Die Erteilung von Weisungen kommt dagegen nach dem Gesetz uneingeschränkt in Betracht. Insoweit bleiben jedoch ebenfalls Friktionen mit dem **Verbot der Zwangserziehung mündiger Personen** denkbar. Diesem Grundsatz widerspricht es, wenn unter Berufung auf einen vermeintlichen subsidiären Erziehungsauftrag des Staates selbst gegenüber jungen Volljährigen und deren unterschiedlichen Reifegrad die Problematik verharmlost wird.[17] Daran ändert auch die Tatsache nichts, dass nach § 41 SGB VIII jungen Volljährigen sogar über die Vollendung des 21. Lebensjahres hinaus Hilfe für die Persönlichkeitsentwicklung gewährt werden kann. Hierbei handelt es sich um ein Leistungsangebot der Jugendhilfe, aus dessen Existenz keine Schlüsse für die Möglichkeit einer im Strafverfahren oktroyierten Erziehung gezogen werden dürfen. Den Vorrang verdient deshalb die Position, die den strafrechtlichen Charakter der Weisungen herausstellt und für eine **Orientierung an** dem nach § 56c StGB als Bewährungsweisung Zulässigen plädiert.[18] In diesem Zusammenhang zeigen sich erneut die Vorzüge der Ersetzung des Anliegens erzieherischer Beeinflussung durch spezialpräventive Erwägungen, nachdem die wohl überwiegende Auffassung in der Literatur in der Sache zu genau demselben Schluss gelangt.

563 Besonderheiten gelten für solche Jugendliche (vgl. §§ 8 Abs. 1 Nr. 1, 11 Abs. 1 Nr. 1, 15 Abs. 1 Nr. 1, 23 Abs. 1 Nr. 1, 30 Abs. 1 Nr. 1, 34 Abs. 1 Nr. 1 SLV zur Begründung des Soldatenverhältnisses mit Vollendung des 17. Lebensjahres) oder Heranwachsende, die **Soldaten der Bundeswehr** sind. Nach § 112a Nr. 1 JGG kommt die Anordnung weder von Erziehungsbeistandschaft noch von Heimerziehung in Betracht, um eine Beeinträchtigung des militärischen Dienstbetriebs zu verhindern.

7.3 Rechtstatsächliches zu den Erziehungsmaßregeln

7.3.1 Erziehungsmaßregeln in der Rechtspraxis

564 Die Erziehungsmaßregeln nehmen im Vergleich zu den Zuchtmitteln nur eine **untergeordnete Rolle** ein. Wie sich aus den Angaben in Tab. 6.1[19] ergibt, hatten in den letzten Jahren etwa 25 bis 30% der Verurteilten die Anordnung (mindestens) einer Erziehungsmaßregel zu gewärtigen. Im Jahr 2012 wurde lediglich gegen 9503 Verurteilte ausschließlich mit einer oder mehreren Erziehungsmaßregeln vorgegangen.[20] Das sind 10,4% aller nach Jugendstrafrecht Verurteilten und 31,6% derjenigen, denen eine Erziehungsmaßregel überhaupt auferlegt wurde. In mehr als zwei Drittel der Fälle wird auf eine Erziehungsmaßregel also zusätzlich zu einem Zucht-

---

[16] Treffend Mrozynski, 1983, S. 397.
[17] So aber BVerfGE 74, S. 124 f.; BGH, NJW 2002, S. 77; Brunner/Dölling, 2011, Einf II Rdn. 11.
[18] Dazu Böhm/Feuerhelm, 2004, S. 179; Eisenberg, 2014, § 105 Rdn. 38; Streng, 2012, S. 173; i. Erg. auch Miehe, 1990, S. 268; Schaffstein/Beulke, 2002, S. 112.
[19] Kap. 6.8.
[20] Statistisches Bundesamt (Hrsg.), Rechtspflege Strafverfolgung, 2012, S. 91.

7.3 Rechtstatsächliches zu den Erziehungsmaßregeln

mittel oder – nur in relativ wenigen Verfahren – zusammen mit einer Jugendstrafe, eventuell wiederum in Kombination mit Zuchtmitteln, erkannt. Insoweit muss berücksichtigt werden, dass zahlreiche weniger gravierende Fälle nicht mehr im förmlichen Jugendstrafverfahren mit einer Erziehungsmaßregel, sondern im Wege der Diversion nach §§ 45, 47 JGG ihre Erledigung finden.

Innerhalb der Erziehungsmaßregeln **überwiegen** bei weitem die **Weisungen**, während die Gerichte von Erziehungsbeistandschaft oder Heimerziehung nur spärlich Gebrauch machen. Dabei gilt es zwar zu beachten, dass weder die nach § 3 S. 2 JGG bei fehlender Verantwortungsreife noch die nach Überweisung an das Familiengericht (§ 53 JGG) angeordneten Erziehungsmaßnahmen in die Strafverfolgungsstatistik einfließen; an der Tendenz würde aber auch deren Berücksichtigung letztlich wenig ändern.[21]

565

Nach einem starken Anstieg des Anteils der Weisungen an den ausgeworfenen jugendstrafrechtlichen Sanktionen während der siebziger und achtziger Jahre des 20. Jahrhunderts ist dieser seit Anfang der neunziger Jahre des 20. Jahrhunderts zunächst erheblich **zurückgegangen**, um in den letzten Jahren wieder leicht anzusteigen.[22] Diese Kurve lässt sich einerseits mit einer an Diversionserwägungen vergangener Tage orientierten, durch die Einrichtung von Modellprojekten beförderten Weisungseuphorie, andererseits mit dem Siegeszug der erst 1990 in das Gesetz eingefügten Arbeitsauflage erklären. Zudem belegen neuere Untersuchungen, dass die Praxis sich heute auf Kosten ambulanter Sanktionen wieder vermehrt des Jugendarrests bedient.[23] Eine Rolle spielt weiter die Tatsache, dass im Zusammenhang mit der Durchführung von Weisungsangeboten auftretende Kosten jedenfalls nach herkömmlicher Sichtweise in der Justizverwaltung nicht von dieser zu tragen sind, sondern anderweitig – etwa durch den Jugendlichen, die Unterhaltspflichtigen oder die Träger der sozialen Grundsicherung – übernommen werden müssen.[24]

7.3.2 Probleme bei Durchführung und Finanzierung

Beeinträchtigungen der richterlichen Möglichkeit, die Inanspruchnahme von Erziehungsmaßregeln aufzuerlegen, resultieren seit einigen Jahren zudem aus der Vorschrift des **§ 36a Abs. 1 S. 1 SGB VIII**.[25] Danach fallen dem Träger der öffentlichen Jugendhilfe[26] die **Kosten der Hilfe** grundsätzlich nur dann zur Last, wenn sie auf der Grundlage seiner Entscheidung erbracht wird; das gilt nach Halbs. 2 ausdrücklich auch in denjenigen Fällen, in denen Jugendliche oder junge Volljährige durch

566

---

[21] Zur geringen Anwendungshäufigkeit des Vorgehens nach § 53 JGG vgl. Kap. 6.8 Tab. 6.1.
[22] Siehe die Tabelle bei Streng, 2012, S. 178.
[23] Näher Çağlar, 2005, S. 127 ff.; Riechert-Rother, 2008, S. 369 ff.
[24] Zum Ganzen Brunner/Dölling, 2011, § 10 Rdn. 22a; Ostendorf, 2013, § 10 Rdn. 29 f.; ders., 2009, S. 340; Streng, 2012, S. 178 f.
[25] Eingefügt durch Gesetz zur Weiterentwicklung der Kinder- und Jugendhilfe v. 8.9.2005, BGBl. I 2005, S. 2729.
[26] Dazu Kap. 4.4.2.

den Jugendrichter zur Inanspruchnahme von Hilfen verpflichtet werden. Neben der Hilfe zur Erziehung i. S. d. § 12 JGG finden sich auf diese Weise insbesondere Weisungen gem. § 10 Abs. 1 S. 1 Nr. 2 und 4 bis 7 JGG (auch als Bewährungsweisungen, §§ 23 Abs. 1 S. 4, 29 S. 2, 57 Abs. 3 S. 1, 58 Abs. 1 S. 1, 61b Abs. 1 S. 1 JGG), ebenso Maßnahmen im Rahmen der Diversion nach § 45 Abs. 2 und 3 S. 1 JGG, die allesamt oftmals durch Mitarbeiter der Jugendhilfe durchgeführt werden (sollen), „unter faktischen Genehmigungsvorbehalt gestellt."[27]

567 Zwar kann das Jugendamt – auch konkludent durch Ausführung – die richterlich angeordnete Maßnahme im Nachhinein billigen.[28] Gleichwohl sieht sich der Richter praktisch gezwungen, im Voraus **Einverständnis mit dem Leistungsträger** zu erzielen, schon um beim Delinquenten den Anschein zu vermeiden, seine (dann nicht umgesetzten) Entscheidungen seien nicht ernst zu nehmen, und sich späteren Mehraufwand durch die Vornahme erforderlich werdender Weisungsänderungen (§ 11 Abs. 2 JGG) zu ersparen.[29] Aufgrund des Zwanges, auch und gerade bei Sozialleistungen Einsparungen vorzunehmen, mag diese Gemengelage schließlich zur Folge haben, dass aus **rein pekuniären Gründen** mildere zu Lasten härterer Unrechtsreaktionen (etwa Jugendarrest) unterbleiben, obwohl erstere nach richterlicher Überzeugung geboten, aber auch hinreichend erscheinen.[30]

568 Das BVerfG hat nach einer – auf die Verletzung der Justizkompetenzen in Art. 92 und 104 GG gestützten – Richtervorlage (Art. 100 Abs. 1 S. 1 GG)[31] diese für unzulässig erklärt und mithin **keinen Verfassungsverstoß** durch den jugendhilferechtlichen Leistungsvorbehalt festgestellt. Es behalf sich stattdessen mit der Möglichkeit einer Auslegung, der zufolge jugendrichterlich angeordnete Weisungsdurchführung nicht als sozialrechtliche Leistungserbringung und § 36a SGB VIII als reine Kostenvorschrift gelten soll. Diese Sichtweise mag zur Konsequenz haben, dass die Aufwendungen der Jugendgerichtshilfe insoweit als Verfahrenskosten anzusehen und u. U. von der **Justizkasse** zu tragen sind.[32] Auch die Justizverwaltung unterliegt aber dem allgemeinen Spardiktat, weshalb sie über einen zusätzlichen Kostenposten nicht erfreut sein kann. Zudem würde selbst die Kostenübernahme nichts an der im Sozialrecht vorherrschenden weitergehenden Sichtweise ändern, wonach die Leistungsträger grundsätzlich nicht einmal zur Abwicklung einer richterlich angeordneten Weisung verpflichtet seien, sondern deren Voraussetzungen und Sinnhaftigkeit **in**

---

[27] Streng, 2012, S. 179; vgl. Brandt M., 2007, S. 192; Goerdeler, 2005, S. 318; HK-JGG/Rössner, 2014, § 38 Rdn. 35 ff.; a. A. Beulke, 2008, S. 75 f.; Fieseler, in: GK-SGB VIII, 2008, § 36a Rdn. 21; Meier, 2006, S. 264 f. für ambulante Maßnahmen unter Rekurs auf § 36a Abs. 2 SGB VIII sowie Mrozynski, 2009, § 30 Rdn. 9, § 36a Rdn. 6 für die Fälle des § 12 JGG.

[28] Vgl. Brandt M., 2007, S. 912; Stähr, in: Stähr u. a., 2009, § 36a Rdn. 15 f.; Streng, 2012, S. 179.

[29] Zur Problematik Meier, 2006, S. 266.

[30] Siehe Brandt M., 2007, S. 192; Heinz, 2009, S. 56; Höynck/Goerdeler, 2006, S. 171; Ostendorf, 2005, S. 424; Sonnen, 2007a, S. 136; Trenczek, 2010, S. 302.

[31] AG Eilenburg, ZJJ 2006, S. 86 ff.; i. Erg. auch Bareis, 2006a, S. 14 f.; Czerner, 2008, S. 400; Möller/Schütz, 2007, S. 182 f.; Mrozynski, 2009, § 36a Rdn. 6; Ostendorf, 2006b, S. 160 f.; a. A. Fieseler, in: GK-SGB VIII, 2008, § 36a Rdn. 33; Goerdeler, 2006, S. 8 ff.; Meysen, in: Münder/Meysen/Trenczek, 2013, § 36a Rdn. 23; Riechert-Rother, 2008, S. 117; Schleicher, in: GK-SGB VIII, 2008, § 30 Rdn. 39; siehe ferner Beulke, 2008, S. 76; Brandt M., 2007, S. 192; Riekenbrauk, in: LPK-SGB VIII, 2011, § 52 Rdn. 43.

[32] Siehe BVerfG, ZJJ 2007, S. 213 ff.; krit. Eisenberg, 2014, § 10 Rdn. 81a; Franzen, 2008, S. 17 ff.; Möller/Schütz, 2007a, S. 282 f.; Ostendorf, 2013, § 38 Rdn. 2; dazu auch Wiesner, 2012, S. 541 f.

eigener Zuständigkeit prüfen dürften und müssten.³³ Das gilt umso mehr im Verhältnis gegenüber heranwachsenden Verurteilten, soweit es um die Abwicklung von Arbeits- und Täter-Opfer-Ausgleichs-Weisungen geht. Diese lassen sich höchstens als sonstige Erziehungshilfe i. S. d. § 27 Abs. 2 SGB VIII einordnen. Da in § 41 Abs. 2 SGB VIII für die Ausgestaltung der Hilfe für junge Volljährige eine Verweisung auf jene Norm gerade fehlt, wird hieraus gefolgert, derartige Angebote für Volljährige seien im Leistungsspektrum des Sozialrechts nicht inbegriffen.³⁴ Die flächendeckende Schaffung spezieller (justizinterner) Organisationsstrukturen zur Weisungsvollstreckung³⁵ auf der Basis von Verwaltungsvorschriften steht schon aus Kostengründen nicht zu erwarten. Es bleibt somit zu wünschen, dass durch eine Gesetzesänderung, sei es in § 36a SGB VIII, sei es im Rahmen des § 38 JGG, nicht nur die Kostenfrage eindeutig entschieden und damit die Stellung des Jugendrichters gegenüber der Jugendhilfe wieder gestärkt wird.³⁶

7.4 Die Erteilung von Weisungen nach § 10 JGG

7.4.1 Allgemeines

§ 10 Abs. 1 S. 1 JGG definiert Weisungen als Gebote und Verbote, die die Lebensführung des Jugendlichen regeln und dadurch seine Erziehung fördern und sichern sollen. § 10 Abs. 1 S. 3 und Abs. 2 S. 1 JGG enthalten elf Beispiele für zulässige Weisungen, wobei die beiden Weisungsformen nach § 10 Abs. 2 JGG in formeller Hinsicht besonderen Voraussetzungen unterliegen. Über diesen Katalog hinaus kann der Richter jedoch weitere Anforderungen an das Tun oder Unterlassen des Jugendlichen stellen: Wie sich aus der Verwendung des Wortes „insbesondere" in § 10 Abs. 1 S. 3 JGG ergibt, ist die Aufzählung des Gesetzes **nicht abschließend**. Dem Richter soll so die Möglichkeit eröffnet werden, gerade auf die **Lebensführung der individuellen Täterpersönlichkeit** abgestimmte Verhaltensmaßregeln aufzu-

569

---

³³ In diesem Sinne etwa DIJuF, 2007, S. 324; Fieseler, in: GK-SGB VIII, 2008, § 36a Rdn. 15; Goerdeler, 2007, S. 79; Häbel, in: GK-SGB VIII, 2006, § 27 Rdn. 88; Höynck/Goerdeler, 2006, S. 172; Meysen, 2008, S. 563; ders., in: Münder/Meysen/Trenczek, 2013, § 36a Rdn. 24, 27; Mrozynski, 2009, § 30 Rdn. 10, § 36a Rdn. 4 f.; Riechert-Rother, 2008, S. 114 ff.; Riekenbrauk, in: LPK-SGB VIII, 2011, § 52 Rdn. 43; ders., 2007, S. 165; Schellhorn/Fischer/Mann/Kern, 2012, § 36a Rdn. 11; Schleicher, in: GK-SGB VIII, 2008, § 30 Rdn. 38; Stähr, in: Stähr u. a., 2009, § 27 Rdn. 9, § 36a Rdn. 11; Trenczek, 2007, S. 36; ders., in: Münder/Meysen/Trenczek, 2013, § 52 Rdn. 55 f.; Wiesner, 2009, S. 325 ff.; a. A. Kunkel, 2006, S. 312 f.; Ostendorf, 2013, § 38 Rdn. 22; zum Ganzen Meier, 2006, S. 261 f.; vgl. auch OLG Oldenburg, Jugendamt 2008, S. 330.

³⁴ So Meysen, 2008, S. 564; Mrozynski, 2009, § 41 Rdn. 16; Schellhorn/Fischer/Mann/Kern, 2012, § 41 Rdn. 17; Tammen, in: Münder/Meysen/Trenczek, 2013, § 41 Rdn. 10; a. A. DIJuF, 2007, S. 325; Höynck/Goerdeler, 2006, S. 173; Riekenbrauk, 2007, S. 164; Stähr, in: Stähr u. a., 2006, § 41 Rdn. 17.

³⁵ Dafür Beulke, 2008, S. 77; siehe auch Ostendorf, 2009, S. 342 f.

³⁶ So auch Strafrechtsausschuss der Justizministerkonferenz, 2007, S. 449; vgl. ferner Goerdeler, 2007, S. 87 f.; Kolberg, 2012, S. 176 ff.; Schleicher, in: GK-SGB VIII, 2008, § 30 Rdn. 41; Werner, in: Jans/Happe/Saurbier/Maas, 2007, § 36a Art. 1 KJHG Rdn. 13; Wiesner, 2009, S. 331 ff.; a. A. Jung-Pätzold, 2009, S. 240 ff.

stellen.[37] Bedenken im Hinblick auf den **Bestimmtheitsgrundsatz** des Art. 103 Abs. 2 GG lässt man trotz des großen richterlichen Ermessens bei der Festlegung der konkreten Rechtsfolge nicht durchgreifen: Es wird nicht nur bezweifelt, dass Art. 103 Abs. 2 GG in Ansehung strafrechtlicher Auflagen und Weisungen überhaupt Geltung beanspruchen könne,[38] sondern jedenfalls im Hinblick auf die gesetzliche Definition der Weisung, das Verbot unzumutbarer Anforderungen (§ 10 Abs. 1 S. 2 JGG) sowie die in § 11 JGG festgelegten zeitlichen Grenzen ein Verstoß gegen Verfassungsrecht geleugnet.[39] Dieser Standpunkt erweist sich im Lichte des richtigerweise zu betonenden strafrechtlichen Charakters der Weisungen als keineswegs unproblematisch, nachdem dem Richter im Rahmen des gesetzlich Zulässigen ein weiter Spielraum verbleibt. Man vermag sich hier nur mit dem Aspekt zu behelfen, dass Erziehungsmaßregeln auf der untersten Stufe der förmlichen Reaktionsmöglichkeiten stehen und nach der Rechtsprechung des BVerfG die Anforderungen an die Präzisierung der Strafnorm mit der Schwere der Strafandrohung zunehmen.[40]

7.4.1.1 Voraussetzungen der Weisungserteilung

570 Weisungen regeln die Lebensführung des Delinquenten, um dadurch seine Erziehung (im Sinne einer spezialpräventiven Hinwendung zu Normtreue) zu fördern. Bedeutung erlangen insoweit das Alter des Betroffenen, die bei ihm vorhandenen Defizite und die Wertvorstellungen seines sozialen Umfelds, speziell der Bezugspersonen.[41] **Gebote** mögen sich dabei oftmals sinnvoller als Verbote darstellen.[42] Im Hinblick auf die Forderung nach einem inhaltlichen Bezug zwischen Tat und Art der Weisung[43] sollte die Gefahr einer **negativen Verstärkung**, indem dem Delinquenten sein Fehlverhalten beständig vor Augen geführt wird, nicht außer Acht bleiben. Weisungen dürfen weder gegen Grundrechte oder andere Rechtsgrundsätze verstoßen noch den Betroffenen unverhältnismäßig belasten oder sich sonst für ihn als **unzumutbar** erweisen (§ 10 Abs. 1 S. 2 JGG). Letzteres kommt insbesondere dann in Betracht, wenn Alter, Entwicklungs- und Bildungsstand, Möglichkeiten oder anderweitige Verpflichtungen des Täters keine hinreichende Berücksichtigung finden.[44] Unzumutbar ist ferner eine Weisung, durch deren Erfüllung dem Rechts-

---

[37] Vgl. Meier/Rössner/Schöch, 2013, S. 174; Schaffstein/Beulke, 2002, S. 106; zweifelnd Albrecht P.-A., 2000, S. 164.

[38] Etwa Degenhart, in: Sachs, 2011, Art. 103 Rdn. 58; Lenz T., 2007, S. 25; anders Jarass/Pieroth, 2012, Art. 103 Rdn. 46 m. w. Nachw.; BK-Rüping, 1990, Art. 103 Abs. 2 Rdn. 74; offen gelassen von BVerfGE 74, S. 126.

[39] Vgl. Diemer/Schatz/Sonnen, 2011, § 10 JGG Rdn. 4; Dölling, 2001, S. 188; Miehe, 1987, S. 117 ff.; Schaffstein/Beulke, 2002, S. 94; zweifelnd Albrecht P.-A., 2000, S. 160; Reisenhofer, 2012, S. 178.

[40] Vgl. BVerfGE 75, S. 342; 105, S. 155 f.

[41] Siehe Eisenberg, 2014, § 10 Rdn. 4a.

[42] So Nr. 1 S. 1 RiL zu § 10 JGG.

[43] Etwa Nr. 1 S. 2 RiL zu § 10 JGG; Ostendorf, 2013, § 10 Rdn. 4; zurückhaltend Petersen, 2008, S. 157.

[44] Dazu Brunner/Dölling, 2011, § 10 Rdn. 4, 7; HK-JGG/Buhr, 2014, § 10 Rdn. 15; Diemer/Schatz/Sonnen, 2011, § 10 JGG Rdn. 7; Eisenberg, 2014, § 10 Rdn. 14.

7.4 Die Erteilung von Weisungen nach § 10 JGG

brecher Kosten entstehen, sofern er über keine hinreichenden Mittel verfügt.[45] Auch die grundsätzlich mögliche **Kombination mehrerer Weisungen** darf den ihnen Unterworfenen nicht über Gebühr belasten.[46] Als wenig sinnvoll haben schließlich Weisungen zu gelten, welche das dem Delinquenten abverlangte Verhalten nicht **deutlich** genug erkennen lassen oder deren Einhaltung kaum **kontrolliert** werden kann.[47] Denn dann besteht die Gefahr, dass die Unrechtsreaktion nicht ernst genommen wird.

> **Beispiel**
>
> Dem jugendlichen Ladendieb von CDs wird die Weisung erteilt, ein Jahr lang keine Geschäfte zu betreten, in denen solche Tonträger verkauft werden. Hier bleibt angesichts der Fülle von Läden, die in ihrem Sortiment zumindest auch CDs führen, im Vorhinein nicht hinreichend deutlich erkennbar, welche Lokalitäten betroffen sind. Zudem lässt sich ein solches Verbot letztlich nicht überwachen.

7.4.1.2 Weisungen und elterliches Erziehungsrecht

Während einzelne Weisungen mit speziellen Grundrechten wie der Glaubens-, Meinungs- und Berufsfreiheit kollidieren mögen, gilt es stets den Bezug der Unrechtsreaktion zum elterlichen Erziehungsrecht nach Art. 6 Abs. 2 GG zu beachten. Weisungen dürfen dieses nicht in verfassungswidriger Weise beschneiden. Zudem können sich Weisungen als zwar verfassungsrechtlich haltbar, jedoch im Hinblick auf kollidierende elterliche Vorstellungen als **unzweckmäßig** erweisen. Das alles gilt selbstverständlich nur in Verfahren gegen Jugendliche; Heranwachsende unterstehen keiner elterlichen Erziehungsgewalt mehr.

571

Nach § 10 Abs. 2 S. 1 JGG unterliegen nur die besonders eingriffsintensiven Weisungen, sich einer heilerzieherischen Behandlung oder einer Entziehungskur zu unterziehen, einem Zustimmungsvorbehalt seitens des Erziehungsberechtigten. Zu anderen Weisungen darf also prinzipiell auch ohne die Zustimmung oder gar gegen den Willen der gesetzlichen Vertreter gegriffen werden. Denn das elterliche Erziehungsrecht wird zum einen generell durch die Belange einer **wirksamen Strafrechtspflege** begrenzt, wie aus der Existenz des JGG erhellt.[48] Zum anderen gestattet Art. 6 Abs. 2 S. 2 GG als Grundrechtsschranke Eingriffe im Hinblick auf das Wächteramt der staatlichen Gemeinschaft. Diese Norm ermöglicht ein Handeln der Jugendgerichte bei einem Versagen der Erziehungsberechtigten.[49] Kann diesen der

572

---

[45] OLG Hamm, NStZ-RR 2004, S. 151.
[46] Dazu Laubenthal, 2006, S. 623.
[47] So Brunner/Dölling, 2011, § 10 Rdn. 3; HK-JGG/Buhr, 2014, § 10 Rdn. 9; Laubenthal, 2006, S. 624; Meier/Rössner/Schöch, 2013, S. 188; Schaffstein/Beulke, 2002, S. 112.
[48] Dazu BVerfGE 107, S. 118 f.; VerfGH Rheinland-Pfalz, NStZ 2013, S. 293; Wedler, 2012, S. 299; anders Albrecht P.-A., 2000, S. 162; Eisenberg, 2005a, S. 431.
[49] Vgl. BVerfGE 74, S. 124 f.; VerfGH Rheinland-Pfalz, NStZ 2013, S. 294; Brodkorb, 1998, S. 686; Meier/Rössner/Schöch, 2013, S. 188; Reuther, 2008, S. 95 ff.; anders Wedler, 2011, S. 125 ff.; dies., 2012, S. 298 f.

Vorwurf, das kriminelle Verhalten durch Erziehungsfehler zumindest mitverursacht zu haben, nicht gemacht werden, bleibt ein staatliches Eingreifen durch die Erteilung von Weisungen nur zulässig, wenn deren spezifisch strafrechtlicher Charakter im Sinne einer spezialpräventiven Zielsetzung gewahrt bleibt.[50] In diesem Fall bedarf es allerdings einer **Abwägung** zwischen den berührten verfassungsrechtlich anerkannten Belangen.[51] Insbesondere darf die Erteilung der Weisung im Einzelfall gerade unter Berücksichtigung des Elternrechts nicht gegen den Verhältnismäßigkeitsgrundsatz verstoßen. Das gilt auch in Ansehung der Weisungen, die sich auf den Aufenthalts- oder Wohnort des Jugendlichen beziehen (§ 10 Abs. 1 S. 3 Nr. 1 und 2 JGG).[52] Dieses Ergebnis steht in Einklang mit **Art. 6 Abs. 3 GG**, dem zufolge eine Trennung der Kinder von der Familie nicht nur bei Versagen der Erziehungsberechtigten, sondern auch im Fall drohender Verwahrlosung der Kinder statthaft bleibt. Denn als Zeichen einer solchen Verwahrlosung kommt u. a. die Begehung von Straftaten in Betracht.[53]

573 Als nicht zweckmäßig erweisen sich solche Weisungen, die der Jugendliche nicht zu befolgen vermag, ohne in einen unauflösbaren **Konflikt zwischen Normtreue und elterlichen Vorstellungen** verstrickt zu werden. Weichen der Inhalt der richterlichen Weisung und die als nicht rechtsmissbräuchlich einzustufenden Vorgaben des Erziehungsberechtigten so voneinander ab, dass sich die divergierenden Verpflichtungen für den Jugendlichen nicht in Einklang bringen lassen, bleibt eine entsprechende Weisung untunlich.[54] Ungehorsamssanktionen nach § 11 Abs. 3 JGG[55] dürfen in diesem Fall nicht verhängt werden.

Beispiel

Im Raum steht die Weisung an den Delinquenten, sich um eine Ausbildungsstelle zu bemühen (§ 10 Abs. 1 S. 3 Nr. 3 JGG). Die Eltern des Betroffenen sprechen sich dagegen aus, weil sie wollen, dass er sie bei der ständig erforderlichen Pfle-

---

[50] Ähnlich HK-JGG/Buhr, 2014, § 10 Rdn. 11; Diemer/Schatz/Sonnen, 2011, § 10 JGG Rdn. 11; Feltes, 1988, S. 177 ff.; Ostendorf, 2013, § 10 Rdn. 5; Schaffstein, 1987, S. 503; Schaffstein/Beulke, 2002, S. 109; Streng, 2012, S. 177; für eine stärkere Berücksichtigung des Elternrechts Böhm/Feuerhelm, 2004, S. 182 f.; Eisenberg, 2014, § 10 Rdn. 12; Köhler, 1997, S. 683. Wolf, 1984, S. 215 setzt voraus, dass der Erziehungsberechtigte erforderliche Maßnahmen nicht treffen kann oder will.

[51] Vgl. BVerfGE 107, S. 104; VerfGH Rheinland-Pfalz, NStZ 2013, S. 293 f.; Wedler, 2012, S. 299; anders Goerdeler, 2006, S. 6 f.; Miehe, 1987, S. 122.

[52] Im Ergebnis auch Brunner/Dölling, 2011, § 10 Rdn. 8; Diemer/Schatz/Sonnen, 2011, § 10 JGG Rdn. 29; Ostendorf, 2013, § 10 Rdn. 9 f.; Reisenhofer, 2012, S. 181; anders Eisenberg, 2014, § 10 Rdn. 17; Schwer, 2004, S. 210; Streng, 2012, S. 180, die prinzipiell die Zustimmung des Inhabers des Aufenthaltsbestimmungsrechts verlangen.

[53] Siehe BVerfGE 107, S. 118; Coester-Waltjen, in: von Münch/Kunig, 2012, Art. 6 Rdn. 103; a. A. Wedler, 2011, S. 151 ff., 161.

[54] Vgl. Diemer/Schatz/Sonnen, 2011, § 10 JGG Rdn. 12; Streng, 2012, S. 177; dazu auch Wedler, 2011, S. 92 ff.

[55] Dazu näher Kap. 7.4.5.

ge der Großeltern unterstützt und ihnen im Haushalt hilft. Eine solche Vorgabe erscheint zwar im Hinblick auf die berufliche Zukunft des Jugendlichen weniger erstrebenswert. Sie lässt sich aber auch unter Berücksichtigung der Vorschrift des § 1619 BGB noch nicht als Missbrauch des Erziehungsrechts qualifizieren.[56] Um den Täter nicht in einen Loyalitätskonflikt zu stürzen, sollte die vorgesehene richterliche Weisung unterbleiben. Wird sie dennoch verhängt, kann ihre Missachtung ihm jedenfalls nicht zum Vorwurf gemacht werden.

7.4.2 Der gesetzliche Weisungskatalog

§ 10 Abs. 1 S. 3 Nr. 1 bis 9 JGG enthalten einen Katalog von möglichen Weisungen, denen – abgesehen von der spezialpräventiven Einwirkung auf den Jugendlichen – keine übergeordnete Systematik gemein ist. Teilweise geht es um die Vermeidung Gefahr begründender Verhältnisse (Nr. 1, 2, 8), teilweise um die Ausgestaltung der Lebensführung (Nr. 3, 4, 5, 6, 9).[57] § 10 Abs. 2 JGG umschreibt die besonderen Voraussetzungen für Weisungen, die psychologische oder medizinische Hilfestellungen betreffen.

574

7.4.2.1 Die Weisungen des § 10 Abs. 1 S. 3 JGG

Den in § 10 Abs. 1 S. 3 JGG aufgeführten Weisungen kommt **Priorität** vor eigenen Findungen des Rechtsanwenders zu. Es handelt sich nicht nur um einen unverbindlichen Kanon von Vorschlägen. Vielmehr bildet es ein Gebot der Vorhersehbarkeit staatlichen Handelns und damit der **Rechtssicherheit**, dass der Richter zunächst die Geeignetheit der vom Gesetzgeber besonders herausgestellten Reaktionsmöglichkeiten prüft.[58] Auf diese Weise lässt sich auch den im Hinblick auf den **Bestimmtheitsgrundsatz** geäußerten Bedenken[59] Rechnung tragen. Im Einzelnen bestehen folgende Weisungsmöglichkeiten:[60]

575

- Anordnungen bezüglich des Aufenthaltsorts (Nr. 1),
- Wohnen bei einer Familie oder in einem Heim (Nr. 2),
- Annahme einer Arbeits- oder Ausbildungsstelle (Nr. 3),
- Erbringung von Arbeitsleitungen (Nr. 4),
- Unterstellung unter einen Betreuungshelfer (Nr. 5),
- Teilnahme an einem sozialen Trainingskurs (Nr. 6),

---

[56] Anders wohl Kremer, 1984, S. 88.
[57] Vgl. Köhler, 1997, S. 682 f.
[58] Wie hier Diemer/Schatz/Sonnen, 2011, § 10 JGG Rdn. 26; Streng, 2012, S. 180; a. A. HK-JGG/Buhr, 2014, § 10 Rdn. 16; Eisenberg, 2014, § 10 Rdn. 15; Hahn, 2004, Rdn. 526; Reuther, 2008, S. 148.
[59] Dazu bereits Kap. 7.4.1.
[60] De lege ferenda für eine Zuordnung der Weisungen nach Nr. 4 und 7 ausschließlich zum Bereich der Auflagen Lenz T., 2007, S. 111 ff.

- Bemühen um Täter-Opfer-Ausgleich (Nr. 7),
- Verbot des Umgangs mit bestimmten Personen oder des Besuchs von Gast- oder Vergnügungsstätten (Nr. 8) sowie
- Teilnahme an einem Verkehrsunterricht (Nr. 9).

(1) Weisungen, die sich auf den Aufenthaltsort beziehen (Nr. 1)

576 Durch entsprechende Weisungen – und solche nach § 10 Abs. 1 S. 3 Nr. 2 JGG – wird der Schutzbereich des Grundrechts auf **Freizügigkeit** der Person (Art. 11 Abs. 1 GG) berührt. Der Richter kann Gebote wie Verbote aussprechen. Letzteres betrifft insbesondere den Aufenthalt an Orten, die mit der Anlasstat in Zusammenhang stehen, etwa während Fußballspielen im Sportstadion bei einem gewaltbereiten „Fan" oder an Treffpunkten der Drogenszene nach Verstößen gegen das BtMG.[61] Die Weisung muss hinsichtlich der betroffenen Räumlichkeiten und Zeiten möglichst konkret gefasst sein. Bezüglich des Besuchs von Gast- und Vergnügungsstätten findet sich eine Spezialregelung in § 10 Abs. 1 S. 3 Nr. 8 2. Alt. JGG. Das Ausmaß einer Freiheitsentziehung i. S. d. Art. 104 Abs. 2 S. 1 GG darf mit einer Aufenthaltsweisung nicht erreicht werden. Als problematisch würden sich deshalb ein generelles nächtliches Ausgangsverbot oder gar die Anordnung eines elektronisch überwachten Hausarrests[62] darstellen.

(2) Weisungen bezüglich der Wohnung

577 Die Weisung nach § 10 Abs. 1 S. 3 Nr. 2 JGG darf nicht dazu dienen, die Voraussetzungen der **Heimerziehung** nach § 12 Nr. 2 JGG, § 34 SGB VIII zu **umgehen**.[63] Zu denken bleibt deshalb an Weisungen der Art, in einem Wohnheim oder einer Wohngemeinschaft Aufenthalt zu nehmen. Ein Verbot, sich aus der Institution vorübergehend zu entfernen, wäre nicht von der richterlichen Befugnisnorm gedeckt. Sinnvoll erscheint die Weisung nur, wenn die Bereitschaft einer Familie oder eines Heims zur Aufnahme des Betroffenen ersichtlich ist. Bei der Familie im Sinne des Gesetzes kann es sich auch um diejenige des Delinquenten selbst handeln.[64] Die Abwicklung der Weisung, in einer anderen Familie Aufenthalt zu nehmen, kann sozialrechtlich als Vollzeitpflege nach § 33 SGB VIII erfolgen.[65]

(3) Weisungen bezüglich Arbeits- und Ausbildungsstelle

578 Eine Weisung nach § 10 Abs. 1 S. 1 Nr. 3 JGG darf nur unter Berücksichtigung des Gehalts der **Freiheit der Berufswahl und -ausübung** (Art. 12 Abs. 1 S. 1 GG) erteilt werden. Das BVerfG hat eine derartige Strafnorm als verfassungsrechtlich un-

---

[61] Vgl. Diemer/Schatz/Sonnen, 2011, § 10 JGG Rdn. 27; Streng, 2012, S. 180.
[62] Dazu Brunner/Dölling, 2011, § 10 Rdn. 8; Ostendorf, 2013a, S. 141 f.; allgemein Laubenthal, 2015, Rdn. 6 ff.
[63] Siehe Diemer/Schatz/Sonnen, 2011, § 10 JGG Rdn. 28; Eisenberg, 2014, § 10 Rdn. 18.
[64] Laubenthal, 2013, S. 4; Wedler, 2011, S. 41; zweifelnd HK-JGG/Buhr, 2014, § 10 Rdn. 18.
[65] Vgl. DIJuF, 2007, S. 325; Goerdeler, 2007, S. 79; a. A. Häbel, in: GK-SGB VIII, 1999, § 34 Rdn. 2; Stähr, in: Stähr u. a., 2009, § 36a Rdn. 13.

bedenkliche Grundrechtseinschränkung eingestuft.[66] Das gilt jedoch nur, soweit der Betroffene generell verpflichtet wird, einer Erwerbstätigkeit oder Berufsausbildung nachzugehen. Das staatliche Interesse an Kriminalprävention gestattet es **nicht**, den Delinquenten auf die Ausübung eines **bestimmten** Berufs oder die Absolvierung einer bestimmten Ausbildung festzulegen.[67] Statthaft ist es deshalb ebenso wenig, dem Jugendlichen die Kündigung eines Arbeitsverhältnisses oder den Abbruch einer Ausbildung zu verbieten.[68] In Betracht kommt allerdings die Verpflichtung, irgendeine sozialversicherungspflichtige Tätigkeit aufzunehmen.[69] Angesichts des nach wie vor nicht unbeträchtlichen Ausmaßes an **Arbeitslosigkeit** dürfte aber nur die Weisung Sinn ergeben, sich nach Kräften um eine Stelle zu bemühen, insbesondere durch Nutzung der Angebote der zuständigen Arbeitsagentur (vgl. auch § 68b Abs. 1 S. 1 Nr. 9 StGB für die Führungsaufsicht nach allgemeinem Strafrecht).

(4) Arbeitsweisung
Die Weisung nach § 10 Abs. 1 S. 3 Nr. 4 JGG, Arbeitsleistungen zu erbringen, stellt sich auf den ersten Blick als problematisch im Hinblick auf das durch Art. 12 Abs. 3 GG statuierte **Verbot von Zwangsarbeit** außerhalb einer gerichtlich angeordneten Freiheitsentziehung dar. Nach Auffassung des BVerfG verfolgte der Grundgesetzgeber jedoch nur den Zweck, für totalitäre Staaten typische Methoden des menschenwürdewidrigen Arbeitseinsatzes zu unterbinden. Die mit der Weisung verbundene Arbeitspflicht berühre deshalb nicht einmal den Schutzbereich des Grundrechts, weil durch sie in abgewogener Weise zu den Zwecken der Erziehung wie der Kriminalprävention nur punktuell in die Lebensführung des Betroffenen eingegriffen werde.[70] Dem ist allerdings entgegenzuhalten, dass es für den Gehalt einer Grundrechtsnorm keine Rolle spielen darf, zu welchem Zweck der Staat sie einschränkt.[71] Richtigerweise ist also von einem Eingriff in den Schutzbereich des Art. 12 Abs. 2 und 3 GG auszugehen, der aber durch die verfassungsimmanente Schranke der Belange einer effektiven Strafrechtspflege seine Rechtfertigung findet.[72]

579

Das Verfassungsgericht hat es ferner gebilligt, wenn mittels der Weisung nicht speziell die **Einstellung** des Verurteilten **zur Arbeit beeinflusst**, sondern auf diesen

580

---

[66] BVerfG, NStZ 1981, S. 22 für eine Weisung nach § 68b Abs. 2 StGB.

[67] Für alle Brunner/Dölling, 2011, § 10 Rdn. 8a; Diemer/Schatz/Sonnen, 2011, § 10 JGG Rdn. 30; Eisenberg, 2014, § 10 Rdn. 19; Ostendorf, 2013, § 10 Rdn. 11.

[68] Vgl. Diemer/Schatz/Sonnen, 2011, § 10 JGG Rdn. 31; Eisenberg, 2014, § 10 Rdn. 19; Ostendorf, 2013, § 10 Rdn. 11.

[69] So BVerfGE, NStZ 1981, S. 22.

[70] So BVerfGE 74, S. 118 ff.; bekräftigt durch BVerfGE 83, S. 126; BVerfG, NStZ 1988, S. 35; anders Mrozynski, 1983, S. 400, der Art. 12 Abs. 2 GG verletzt sieht; krit. auch Ostendorf, 2013, § 10 Rdn. 14.

[71] Treffend Manssen, in: v. Mangoldt/Klein/Starck, 2010, Art. 12 Abs. 2 Rdn. 306.

[72] Im Ergebnis auch Breuer, 2010, § 170 Rdn. 125 Fn. 505; Miehe, 1987, S. 129; Wieland, in: Dreier, 2013, Art. 12 Rdn. 106, die die Arbeitsweisung jedoch als milderes Mittel im Vergleich zum Arbeitszwang bei Freiheitsentziehung gutheißen.

generell erzieherisch eingewirkt werden soll.[73] Danach bedarf es in der Person des Betroffenen keiner – zumal für seine Delinquenz ursächlichen – Sozialisationsdefizite im Hinblick auf das Arbeitsverhalten, denen mit einer Art von Arbeitstherapie begegnet werden müsste. Für diese Auffassung spricht die Tatsache, dass manche in der Praxis üblichen Verrichtungen sich entweder kaum eignen, das Verhältnis des jungen Rechtsbrechers zur Arbeit zu verbessern (Reinigungs- oder einfache Hilfstätigkeiten) oder diesen zu überfordern drohen (Arbeiten in Krankenhäusern oder Altersheimen). Die Existenz der repressiv ausgerichteten **Arbeitsauflage** (§ 15 Abs. 1 S. 1 Nr. 3 JGG) lässt jedoch um einer klareren Abgrenzung willen die Gegenauffassung[74] als vorzugswürdig erscheinen.

> **Beispiel**
>
> J, der über eine Ausbildungsstelle verfügt und an dieser nicht negativ aufgefallen ist, hat durch Fahrlässigkeit im Straßenverkehr den Tod eines Menschen verursacht. Soll ihm die Weisung auferlegt werden, in einem genau festgelegten Ausmaß Hilfsdienste auf der Unfallstation eines Krankenhauses zu erbringen, bleibt dies nach hier vertretener Auffassung wegen der bei ihm in der Arbeitssphäre fehlenden Defizite unstatthaft. Nach der Gegenansicht bestehen gegen die Weisung keine Bedenken, weil sie in erzieherisch wertvoller Weise die Folgen von Unachtsamkeit im Straßenverkehr zu verdeutlichen sich eigne.

581 Ein Arbeitseinsatz zugunsten Geschädigter entspricht eher dem Inhalt einer Auflage (§ 15 Abs. 1 S. 1 Nr. 1 JGG) und sollte deshalb nicht als Weisung angeordnet werden.[75] In jedem Fall muss die Weisung hinsichtlich Einsatzort, Umfang und Dauer hinreichend konkretisiert werden. Um die **Zumutbarkeitsschwelle** des § 10 Abs. 1 S. 2 JGG nicht zu übersteigen, wird im Schrifttum eine Orientierung an den Grenzen des österreichischen Jugendstrafrechts mit der Folge empfohlen, dass die Arbeitsleistungen über eine Dauer von sechs Stunden täglich und (je nach herangezogener Gesetzesfassung) 60[76] oder 240 h insgesamt nicht hinausgehen dürfen.[77] Angebracht erscheint mit § 8 Abs. 2 JGG/Österreich eine Höchstdauer von **120 h**,[78]

---

[73] BVerfGE 74, S. 127 f.; so auch Arloth, 1984, S. 255; Böhm/Feuerhelm, 2004, S. 185; Brodkorb, 1998, S. 450; Brunner/Dölling, 2011, § 10 Rdn. 9a; HK-JGG/Buhr, 2014, § 10 Rdn. 21; Meier/Rössner/Schöch, 2013, S. 176 f.; Ostendorf, 2013, § 10 Rdn. 13; Schaffstein/Beulke, 2002, S. 116.

[74] In diesem Sinne BGH bei Holtz, MDR 1976, S. 634; BayObLG, StrVert 1984, S. 255; KG, JR 1965, S. 29; OLG Karlsruhe, Die Justiz 1988, S. 489; Diemer/Schatz/Sonnen, 2011, § 10 JGG Rdn. 32; Itzel, 1987, S. 187; Laubenthal, 2013, S. 7; siehe auch Streng, 2012, S. 180 f.

[75] Siehe Laubenthal, 2006, S. 624.

[76] Nach Meysen, in: Münder/Meysen/Trenczek, 2013, § 36a Rdn. 29 ist das Jugendamt weder verpflichtet noch berechtigt, Arbeitsstellen für mehr als 60 Stunden zu vermitteln.

[77] So Meier/Rössner/Schöch, 2013, S. 177; Ostendorf, 2013, Grdl. z. den §§ 9-12 Rdn. 6; Schaffstein/Beulke, 2002, S. 117; vgl. ferner Albrecht P.-A., 2000, S. 174 f.; Eisenberg, 2014, § 10 Rdn. 20a.

[78] § 8 Abs. 2 österreichisches JGG zieht folgendes Limit: sechs Stunden am Tag, 20 Stunden pro Woche, in toto 120 Stunden.

während 300 oder gar 750 h[79] sich i. d. R weder mit § 10 Abs. 1 S. 2 JGG vereinbaren lassen noch zur Spezialprävention sinnvoll sind. Aus der Praxis wird berichtet, 40 bis 50 h würden als erträglich akzeptiert.[80] Rechtsbrecher, die einer Ausbildung oder Arbeit nachgehen, müssen ferner die Gelegenheit erhalten, die Tätigkeiten an Wochenenden oder im Urlaub zu verrichten. Praktisch stellt sich wie stets bei der Erbringung (gemeinnütziger) Arbeitsleistungen das Problem, für den Einsatz der Betroffenen geeignete Plätze zu finden.[81] Insoweit bedarf es einer engen Zusammenarbeit der Justiz mit der Jugendgerichtshilfe, die Arbeitsweisungen als Jugendsozialarbeit nach § 13 SGB VIII oder als Erziehungshilfe sui generis durchführen kann,[82] sowie gemeinnützigen Organisationen. Die Auswahl der Einsatzstelle kann der Richter der Jugendgerichtshilfe überlassen; er muss aber die Zahl der Arbeitsstunden ebenso vorgeben wie den Zeitpunkt, bis zu dem der Weisung nachzukommen ist.[83]

(5) Betreuungsweisung
Die Weisung des § 10 Abs. 1 S. 3 Nr. 5 JGG beinhaltet die Unterstellung des Jugendlichen unter die Aufsicht eines sog. **Betreuungshelfers**. Die Maßnahme gilt als regelmäßig vorzugswürdige Handlungsform gegenüber der Anordnung von Erziehungsbeistandschaft nach § 12 Nr. 1 JGG.[84] Gegenüber Heranwachsenden steht nur sie zur Verfügung. Auch das Sozialrecht unterscheidet in § 30 SGB VIII – allerdings ohne inhaltliche Differenzierung – zwischen Erziehungsbeistand und Betreuungshelfer. Der Betroffene soll in erster Linie durch seinen Betreuungshelfer bei der Problembewältigung und der Einübung sozialer Kompetenz Unterstützung erfahren, ohne dass auf Elemente von Überwachung und Aufsicht verzichtet wird.[85] Aus Gründen der **Verhältnismäßigkeit**, aber auch im Hinblick auf die Gefahr einer Überforderung potenzieller Hilfspersonen kommt die Maßnahme erst bei über geringfügige Normverstöße hinausgehender Delinquenz in Betracht.[86]

582

Betraut der Richter keine andere Person (etwa eine geeignete Persönlichkeit aus dem Lebenskreis des Delinquenten) mit der Aufgabe, fungiert die **Jugendgerichtshilfe** kraft ausdrücklicher Regelung in § 38 Abs. 2 S. 7 JGG als Betreuungshelfer. Sie erbringt damit Hilfe zur Erziehung selbst dann, wenn sie die Voraussetzungen

583

---

[79] Dazu Höynck/Goerdeler, 2006, S. 173 Fn. 27; Winter, 2008, S. 54.
[80] So HK-JGG/Buhr, 2014, § 10 Rdn. 21 Fn. 40.
[81] Im Hinblick auf die Konkurrenz durch sog. Ein-Euro-Jobs vgl. Brandt M., 2007, S. 193; Mollik, 2005, S. 204; Ostendorf, 2006b, S. 162; Reisenhofer, 2012, S. 177.
[82] Dazu DIJuF, 2007, S. 325; Goerdeler, 2007, S. 79; Höynck/Goerdeler, 2006, S. 173; Meysen, in: Münder/Meysen/Trenczek, 2013, § 36a Rdn. 29; Sonnen, 2010, S. 288; a. A. Stähr, in: Stähr u. a., 2009, § 36a Rdn. 16a.
[83] Siehe OLG Braunschweig, ZJJ 2012, S. 320; vgl. ferner OLG Hamm, ZJJ 2014, S. 174.
[84] Näher Kap. 7.5.2.
[85] Vgl. Böttcher/Weber, 1990, S. 564; Diemer/Schatz/Sonnen, 2011, § 10 JGG Rdn. 37; Schleicher, in: GK-SGB VIII, 2008, § 30 Rdn. 33.
[86] Im Einzelnen Brunner/Dölling, 2011, § 10 Rdn. 10; Diemer/Schatz/Sonnen, 2011, § 10 JGG Rdn. 36; Meier/Rössner/Schöch, 2013, S. 178; Schaffstein/Beulke, 2002, S. 117.

von § 30 SGB VIII verneint.[87] Ihr darf mangels gesetzlich eingeräumter Kompetenz keinesfalls die Auswahl einer externen Hilfsperson überlassen bleiben.[88] Die Dauer der Betreuungshilfe soll nach § 11 Abs. 1 S. 2 Halbs. 2 JGG maximal ein Jahr betragen. Der Richter sollte dem Betreuer einzelne gebotene Maßnahmen an die Hand geben, etwa Schuldenregulierung oder Unterstützung bei der Beschäftigungssuche.[89] Als zweckmäßig wird es sich vielfach auch erweisen, wenn der Richter die Betreuungsweisung mit anderen Weisungen für die Lebensführung kombiniert. Weder sinnvoll noch statthaft erscheint dagegen die zu unbestimmte Weisung, der Delinquent habe die Anordnungen des Betreuungshelfers zu befolgen. Denn das Gesetz sieht für diesen keine Befugnis vor, dem Betroffenen verbindliche Vorschriften zu machen. Deshalb darf bei Unbotmäßigkeiten gegenüber der Betreuungsperson – anders als bei einer völligen Missachtung der Betreuungsweisung, etwa durch Verweigerung des Kontakts zu jener – auch nicht gem. § 11 Abs. 3 JGG vorgegangen werden.[90]

(6) Teilnahme an einem sozialen Trainingskurs

584   Zur Gruppe der mit dem 1. JGGÄndG 1990 eingeführten sog. **neuen ambulanten Maßnahmen**[91] zählt neben der Betreuungsweisung sowie dem Täter-Opfer-Ausgleich auch die Weisung, an einem sozialen Trainingskurs teilzunehmen (§ 10 Abs. 1 S. 3 Nr. 6 JGG). Derartige Veranstaltungen dienen dazu, im Wege der sozialen Gruppenarbeit „auf der Grundlage eines gruppenpädagogischen Konzepts die Entwicklung... durch soziales Lernen in der Gruppe zu fördern" (§ 29 S. 2 SGB VIII), und stellen ebenfalls eine Leistung der Jugendhilfe dar.[92] Beabsichtigt wird die Herausbildung von Fähigkeiten zum sozialadäquaten Umgang mit Konfliktsituationen ebenso wie diejenige von Selbstwertgefühl und Kommunikationsfähigkeit.[93]

---

[87] So Beulke, 2008, S. 74; Häbel, in: GK-SGB VIII, 2006, § 27 Rdn. 88; Möller/Schütz, 2007a, S. 283; Ostendorf, 2013, § 38 Rdn. 21; Schellhorn/Fischer/Mann/Kern, 2012, § 36a Rdn. 13; vgl. BVerfG, ZJJ 2007, S. 216; a. A. Kunkel, in: LPK-SGB VIII, 2011, § 30 Rdn. 15; Mrozynski, 2009, § 36a Rdn. 6; Schleicher, in: GK-SGB VIII, 2008, § 30 Rdn. 38; Stähr, in: Stähr u. a., 2009, § 30 Rdn. 14, § 36a Rdn. 15; Trenczek, in: Münder/Meysen/Trenczek, 2013, § 52 Rdn. 56; dazu auch Franzen, 2008, S. 18.

[88] Wie hier Albrecht P.-A., 2000, S. 177; Böttcher/Weber, 1990, S. 564; Eisenberg, 2014, § 10 Rdn. 24a; a. A. BT-Drs. 11/5829, S. 16; Brunner/Dölling, 2011, § 10 Rdn. 10a; HK-JGG/Buhr, 2014, § 10 Rdn. 32; Diemer/Schatz/Sonnen, 2011, § 10 JGG Rdn. 38; Ostendorf, 2013, § 10 Rdn. 17.

[89] Vgl. Meier/Rössner/Schöch, 2013, S. 178; Schaffstein/Beulke, 2002, S. 117 f.; ferner Fischer H., 2001, S. 146 ff.; aber auch Struck/Trenczek, in: Münder/Meysen/Trenczek, 2013, § 30 Rdn. 9.

[90] Dazu Albrecht P.-A., 2000, S. 177; Brunner/Dölling, 2011, § 10 Rdn. 10; HK-JGG/ Buhr, 2014, § 10 Rdn. 33 f.; Diemer/Schatz/Sonnen, 2011, § 10 JGG Rdn. 40 f.; Eisenberg, 2014, § 10 Rdn. 22a; Streng, 2012, S. 182.

[91] Umfassend zum Angebot an neuen ambulanten Maßnahmen Dünkel/Geng/Kirstein, 2000, S. 53 ff.; zur Anwendung in der Praxis Çağlar, 2005, S. 60 ff.

[92] Kritisch Mrozynski, 2009, § 29 Rdn. 4 f.

[93] Vgl. Streng, 2012, S. 182.

Auf der Hand liegt, dass es dabei einer zielgruppenspezifischen, insbesondere 585 am Alter orientierten Konzeption der Kurse bedarf. Sie werden von entsprechend ausgebildeten Fachkräften (z. B. Sozialpädagogen) geleitet und zeichnen sich in der Praxis durch eine erhebliche **Methodenvielfalt** aus. Das betrifft sowohl den zeitlichen Umfang als auch den favorisierten pädagogischen Ansatz: Erlebnisorientierte (durch gemeinsame Unternehmungen wie Radtouren) und verbal ausgerichtete Konzepte stehen sich gegenüber. In Betracht kommen auch Kurse für der deutschen Sprache nur in geringem Umfang mächtige ausländische Jugendliche, Drogenseminare oder Anti-Aggressions-Training.[94] Die Erfolgsmöglichkeiten der Angebote schätzt man überwiegend positiv ein.[95] Allerdings dürfte sich nicht jeder Delinquent für gruppenorientierte Behandlungsansätze eignen.[96]

Soziale Trainingskurse wurden von der Praxis als **Alternative zum Jugend-** 586 **arrest** entwickelt.[97] Dieser soll zwar nach § 90 Abs. 1 S. 2 JGG erzieherisch gestaltet werden. Daran fehlt es in der Praxis aufgrund knapper Ressourcen aber nicht selten,[98] weshalb man nach zur Einwirkung besser geeigneten Handlungsformen gesucht hatte. Wegen der nicht unerheblichen zeitlichen Belastung des Delinquenten (sowie dem mit der Maßnahme verbundenen personellen und finanziellen Aufwand) sollte die Teilnahme an sozialen Trainingskursen schon zur Vermeidung eines Net-Widening-Effekts nicht in Fällen ganz geringfügiger Delinquenz angeordnet werden.[99] Als geeignete Klientel gelten selbst Wiederholungstäter aus dem Bereich mittlerer Gewaltkriminalität, bei denen bereits stationäre Sanktionen in Erwägung zu ziehen bleiben.[100] Der Gesetzgeber geht davon aus, dass die Maßnahme für nicht mehr als sechs Monate andauern soll (§ 11 Abs. 1 S. 2 Halbs. 2 JGG). Der soziale Trainingskurs findet sich nunmehr ebenfalls im Erwachsenenstrafrecht (§ 59a Abs. 2 S. 1 Nr. 5 StGB, § 153a Abs. 1 S. 2 Nr. 6 StPO).

(7) Bemühen um Täter-Opfer-Ausgleich
Die Weisung an den Delinquenten, sich zu bemühen, einen Ausgleich mit dem Ver- 587 letzten zu erreichen (§ 10 Abs. 1 S. 3 Nr. 7 JGG), stellt das zunächst ohne ausdrück-

---

[94] Näher Brunner/Dölling, 2011, § 10 Rdn. 11; Dünkel/Geng/Kirstein, 2000, S. 139 ff.; Ostendorf, 2013, § 10 Rdn. 18; Schaffstein/Beulke, 2002, S. 119; vgl. auch Projektbeschreibungen bei HK-JGG/Buhr, 2014, § 10 Rdn. 36 f.; Cosmai/Hein, 2006, S. 402 ff.; Göppner, 2000, S. 277 ff.; Kessel, 2000, S. 373 ff.; Matt, 2009, S. 246 ff.; Radtke/Schröter, 2000, S. 338 ff.; Reimann, 1999, S. 485 ff.; krit. Meier, 2010, S. 511 ff.
[95] So Körner J., 2006, S. 273 f.; Kraus/Rolinski, 1992, S. 44; Sonnen, 2007, S. 927; Wellhöfer, 1995, S. 45; vgl. auch Heinz, 2008b, S. 371 f.; krit. Albrecht P.-A., 2000, S. 180.
[96] Zur Alternative des sozialkognitiven Einzeltrainings Körner J., 2006, S. 269 f.
[97] Vgl. BT-Drs. 11/5829, S. 11, 16; Eisenberg, 2014, § 10 Rdn. 26; Meier/Rössner/Schöch, 2013, S. 178; Streng, 2012, S. 182; aber auch Çaglar, 2005, S. 94 f.; Goerdeler, 2007, S. 83; Riechert-Rother, 2008, S. 399 f.; Sonnen, 2007, S. 930 zu gegenläufigen Tendenzen.
[98] Dazu Kap. 8.6.1.3.
[99] Siehe Meier/Rössner/Schöch, 2013, S. 179; zur Missachtung dieser Forderung in der Praxis aber Riechert-Rother, 2008, S. 386 f.; ferner Albrecht P.-A., 2000, S. 180.
[100] Vgl. Böhm/Feuerhelm, 2004, S. 187; Dünkel/Geng/Kirstein, 2000, S. 134 ff.; Körner J., 2006, S. 268.

liche gesetzliche Regelung in der Praxis erprobte bedeutendste Beispiel der neuen ambulanten Maßnahmen dar.[101] Entsprechende Gedanken haben mittlerweile auch Eingang in das allgemeine Strafrecht gefunden (vgl. in erster Linie § 46a StGB, § 153a Abs. 1 S. 2 Nr. 5 StPO). Denn das Bemühen um eine Minimierung ihrer Folgen mindert den Unrechts- und Schuldgehalt einer Tat (siehe § 46 Abs. 2 S. 2 a.E. StGB). An diesem Beispiel zeigt sich deutlich die **Schrittmacherfunktion** des Jugendstrafrechts.

588 Die Entwicklung des Täter-Opfer-Ausgleichs bildet einen Ausdruck der vermehrten Berücksichtigung der **Opferinteressen** im Strafrecht, das traditionell am Über-/Unterordnungsverhältnis Staat – Bürger ausgerichtet ist. Den in eine Straftat als Täter bzw. Deliktsopfer involvierten Personen sollen „ihre" Differenzen zur möglichst eigenverantwortlichen Ausräumung zurückgegeben werden. Man verspricht sich hiervon eine dauerhafte Lösung des der Delinquenzbegehung zugrunde liegenden Konflikts. Nach der Absicht des Gesetzgebers dient ein Täter-Opfer-Ausgleich damit beiden Seiten: Der Delinquent wird in der Konfrontation mit seinem Opfer gezwungen, **Verantwortung** für die Tat zu **übernehmen** und – z. B. im Rahmen eines Ausgleichgesprächs – die Opferperspektive kennen zu lernen. Weiter sind eine Entschuldigung des Täters oder sonstige Leistungen dem Opfer bei der Verarbeitung der Viktimisierung und der Wiedererlangung von Vertrauen in die Rechtsordnung hilfreich.[102] Eine **materielle Entschädigung** des Viktimisierten mag durch einen Täter-Opfer-Ausgleich ebenfalls gefördert werden. Zwar stehen jenem unbeschadet der strafrechtlichen Sachbehandlung ggf. zivilrechtliche Schadensersatz- und Schmerzensgeldansprüche zu. Durch deren Einbeziehung in die strafrechtliche Erledigung wird der Verletzte aber der Mühe, seine Ansprüche im Zivilrechtsweg einklagen zu müssen, und des Vollstreckungsrisikos enthoben.

589 Das Gesetz begnügt sich mit dem **Bemühen** des jungen Rechtsbrechers um einen Täter-Opfer-Ausgleich. Denn die Beteiligung hieran darf dem Opfer nicht aufgezwungen werden. Vielfach wird der von gravierender Kriminalität, insbesondere Gewaltdelinquenz, Betroffene froh sein, wenn der Staat ihm mittels Legalitätsprinzip die Reaktion auf eine Straftat abnimmt. Auf der anderen Seite braucht es dem Delinquenten nicht zum Nachteil zu gereichen, wenn etwa das Opfer unzumutbare Forderungen stellt.

590 Das alles ändert jedoch nichts daran, dass die Durchführung eines Täter-Opfer-Ausgleichs im Einzelfall nicht nur bei leichten Vergehen, sondern auch im Falle von Verbrechen gem. § 12 Abs. 1 StGB in Betracht kommt.[103] Man denke als Beispiel daran, wie leicht die Wegnahme einer Handtasche bei unerwartetem Festhalten sei-

---

[101] Umfassend hierzu Hartmann, 1995, S. 177 ff.; Taubner, 2008, S. 25 ff.; Werner-Eschenbach, 2005, S. 135 ff.; siehe ferner Dünkel, 2008, S. 104.

[102] Vgl. BT-Drs. 11/5829, S. 17; Brunner/Dölling, 2011, § 10 Rdn. 12; Ostendorf, 1999, S. 68; Schaffstein/Beulke, 2002, S. 120 f.; Schöch, 1992, S. 65 f.; Wiese, 2010, S. 361 ff.; generell ablehnend Albrecht P.-A., 2000, S. 184 ff.

[103] So Böttcher/Weber, 1990, S. 565; HK-JGG/Buhr, 2014, § 10 Rdn. 41; Eisenberg, 2014, § 10 Rdn. 27a; Ostendorf, 2013, § 10 Rdn. 19; vgl. auch die Angaben zur Deliktsstruktur der Anwendungsfälle in: Bundesministerium der Justiz, 2005, S. 35.

7.4 Die Erteilung von Weisungen nach § 10 JGG

tens der Besitzerin in einen Raub umschlagen kann. In der Praxis gibt teilweise bereits die Polizei eine Einschätzung darüber ab, ob sich eine Straftat für den Täter-Opfer-Ausgleich eignet. Da dieser in einem personalisierten Verhältnis erfolgen soll, scheiden jedoch alle **opferlosen Delikte** wie etwa solche gegen die Allgemeinheit aus dem Kreis der tauglichen Anknüpfungstaten aus, während Straftaten zum Nachteil juristischer Personen nicht per se aus dem Anwendungsbereich der Maßnahme herausfallen.[104] Der Sinn eines Täter-Opfer-Ausgleichs besteht jedoch nicht in einer Arbeitserleichterung für die Strafjustiz: Zu ihm darf nicht gegriffen werden, sofern Tatbegehung durch den und Schuld des Betroffenen in Zweifel stehen.[105] Die Garantien eines rechtsstaatlichen Verfahrens müssen ebenso gewahrt bleiben.

Hinsichtlich Durchführung und Inhalt des anzustrebenden Ausgleichs enthält das Gesetz keine weiteren Vorgaben. Es bedarf der Vermittlung durch eine geeignete Person, die im Idealfall nach einem **kommunikativen Prozess** in eine Ausgleichsvereinbarung zwischen Delinquent und Opfer mündet.[106] Hieraus ergibt sich, dass auch der junge Rechtsbrecher nicht gegen seinen Willen zur Beteiligung an einem Täter-Opfer-Ausgleich gezwungen werden darf.[107] In der Praxis übernimmt die Vermittlungsaufgabe oftmals das Jugendamt. Es handelt sich dabei um Erziehungshilfe i. S. d. §§ 27 Abs. 2, 41 SGB VIII.[108] Werden Sozialpädagogen oder -arbeiter mit der Aufgabe betraut, erscheint dies insofern aber nicht unproblematisch, als sich eine nach Grund und Höhe juristisch korrekte Bewertung der materiellen Ansprüche des Opfers durch die Angehörigen dieser Berufsgruppen nicht garantieren lässt. Zudem darf der Vermittler nicht der Versuchung erliegen, einseitig die Interessen des jungen Rechtsbrechers in den Vordergrund zu rücken und den Geschädigten

---

[104] Ebenso BGH, NStZ 2000, S. 205 für § 46a StGB; BT-Drs. 11/5829, S. 17; Böttcher/Weber, 1990, S. 565; Brunner/Dölling, 2011, § 10 Rdn. 12c; Diemer/Schatz/Sonnen, 2011, § 10 JGG Rdn. 49; Wiese, 2010, S. 371 f.; a. A. Ostendorf, 2013, § 10 Rdn. 19; krit. Albrecht P.-A., 2000, S. 182. Für eine Anwendung auch bei opferlosen Delikten Wiese, 2010, S. 372; ferner Fischer Th., 2014, § 46a Rdn. 8 m. w. Nachw. (zu § 46a StGB).

[105] BGHSt. 48, S. 134 verlangt für Gewaltdelikte und Taten gegen die sexuelle Selbstbestimmung ein Geständnis als Anwendungsvoraussetzung des § 46a StGB; a. A. HK-JGG/Buhr, 2014, § 10 Rdn. 40; Diemer/Schatz/Sonnen, 2011, § 10 JGG Rdn. 45; Eisenberg, 2014, § 10 Rdn. 27; Wiese, 2010, S. 369 f.

[106] Zum Ganzen Mühlfeld, 2002, S. 89 ff., 194 ff.; zur Zufriedenheit der Betroffenen Bals, 2006, S. 133 ff.

[107] Siehe HK-JGG/Buhr, 2014, § 10 Rdn. 40; Eisenberg, 2014, § 10 Rdn. 27; krit. im Hinblick auf die Verknüpfung freiwilliger Leistungen mit dem durch Zwang charakterisierten Strafverfahren Albrecht P.-A., 2000, S. 183; Böhm/Feuerhelm, 2004, S. 189; Rössner, 2001, S. 176 f.; Schöch, 2001, S. 1050; Streng, 2012, S. 183; a. A. Böttcher/Weber, 1990, S. 565; Schöch, 1992, S. 69 f.

[108] So DIJuF, 2007, S. 325; Goerdeler, 2005, S. 316; Häbel, in: GK-SGB VIII, 2006, § 27 Rdn. 87, 89; Höynck/Goerdeler, 2006, S. 173; Kunkel, in: LPK-SGB VIII, 2011, § 27 Rdn. 29; ders., 2006, S. 312; Meier, 2006, S. 263; Sonnen, 2010, S. 288; Strafrechtsausschuss der Justizministerkonferenz, 2007, S. 446; a. A. Göppinger/Bock, 2008, S. 621; Jans/Happe/Saurbier/Maas, 2000, § 52 Art. 1 KJHG Rdn. 109; Jung-Pätzold, 2009, S. 242; Meysen, in: Münder/Meysen/Trenczek, 2013, § 36a Rdn. 31; Ostendorf, 2006b, S. 161; Schellhorn/Fischer/Mann/Kern, 2012, § 27 Rdn. 36; Stähr, in: Stähr u. a., 2009, § 36a Rdn. 16a; Trenczek, 2007, S. 36; Wiesner, 2011, § 36a Rdn. 29.

letztlich gegen dessen Willen zu einem Ausgleich zu drängen. Diese Gefahr besteht, wenn der Verteidiger die Vermittlung übernimmt.[109]

592 Zur Durchführung des Täter-Opfer-Ausgleichs bedarf es schließlich nicht der Abhaltung des förmlichen Jugendstrafverfahrens. Nach § 45 JGG kann bereits im Wege der **Diversion** vorgegangen werden.[110] Dies dürfte in der Praxis den Regelfall darstellen.[111] Ein vergleichbarer Regelungsgehalt findet sich schließlich im Recht der Zuchtmittel mit den Auflagen, den Schaden wieder gutzumachen oder sich beim Verletzten zu entschuldigen (§ 15 Abs. 1 S. 1 Nr. 1 und 2 JGG). Deshalb wird die Einordnung des Täter-Opfer-Ausgleichs bei den Erziehungsmaßregeln als systemwidrig kritisiert.[112] Nichtsdestotrotz deutet eine Untersuchung auf eine günstige Legalbewährung nach durchgeführtem Täter-Opfer-Ausgleich hin.[113]

(8) Weisungen bezüglich des Verkehrs mit Personen oder des Besuchs von Lokalen

593 Die Weisungsmöglichkeit nach § 10 Abs. 1 S. 3 Nr. 8 JGG gestattet es einerseits, den Umgang mit bestimmten Personen, andererseits den Besuch von Gast- oder Vergnügungsstätten zu unterbinden. Sie erweist sich im Hinblick auf die regelmäßig fehlende Überwachungsmöglichkeit generell als problematisch.

594 Da es nicht die Aufgabe des Jugendstrafrechts darstellt, den Jugendlichen unabhängig von seiner Delinquenz zu erziehen, darf von der Befugnis nur Gebrauch gemacht werden, soweit dies der **Prävention weiterer Straftaten** dient.[114] Unbedenklich bleiben deshalb Kontaktverbote bezüglich potenzieller **Beteiligter** (z. B. früherer Mittäter)[115] **oder Opfer**. So verhält es sich etwa, wenn dem Betroffenen nach einer Verurteilung wegen eines Missbrauchsdelikts der Kontakt zu Kindern ohne Anwesenheit Erwachsener untersagt wird.[116] Maßnahmen, die auf eine Trennung des Täters von seiner Familie i. S. d. Art. 6 Abs. 1 GG hinauslaufen, darf der Jugendrichter aber nicht ergreifen.[117] Insoweit bleibt im Hinblick auf §§ 1666, 1666a BGB lediglich familiengerichtliches Handeln möglich. Als zulässig muss es dagegen gelten, den Umgang des Delinquenten mit einer Personengruppe als solcher, etwa einer kriminellen Jugendbande, zu untersagen,[118] sofern dadurch nicht der für die Entwicklung wichtige Kontakt des jungen Rechtsbrechers zu Altersgenossen

---

[109] Dafür Zieger, 2013, S. 49.
[110] Dazu Kap. 5.2.1.
[111] Siehe Çağlar, 2005, S. 68 f.; Meier/Rössner/Schöch, 2013, S. 180: Weisungsmöglichkeit als „totes Recht".
[112] Etwa Diemer/Schatz/Sonnen, 2011, § 10 JGG Rdn. 48; Rössner, 2001, S. 176; Schaffstein/Beulke, 2002, S. 122; a. A. HK-JGG/Buhr, 2014, § 10 Rdn. 38.
[113] Siehe Dölling/Hartmann/Traulsen, 2002, S. 185 ff.; vgl. auch Meier, 2010, S. 508 ff.
[114] Vgl. Diemer/Schatz/Sonnen, 2011, § 10 JGG Rdn. 51, 53; Streng, 2012, S. 183.
[115] Anders Kremer, 1984, S. 91 f., der dem Elternrecht auf Bestimmung des Kindesumgangs Vorrang einräumen will.
[116] Vgl. Diemer/Schatz/Sonnen, 2011, § 10 JGG Rdn. 51; Streng, 2012, S. 183.
[117] Brodkorb, 1998, S. 536 f.; Wedler, 2011, S. 46.
[118] Wie hier Brunner/Dölling, 2011, § 10 Rdn. 13; Ostendorf, 2013, § 10 Rdn. 20.

überhaupt verhindert wird.[119] Im Licht von Art. 4 und 9 GG bleibt schließlich die Weisung unzulässig, aus einem nicht verbotenen Verein bzw. einer entsprechenden religiösen oder politischen Vereinigung auszutreten.[120]

Als Gegenstand einer **objektbezogenen Weisung** lässt sich z. B. daran denken, im Zuge einer Verurteilung nach dem BtMG den Besuch einer Diskothek zu verbieten, die einen Treffpunkt der Drogenszene bildet.

(9) Teilnahme an einem Verkehrsunterricht
Die Weisung, an einem Verkehrsunterricht teilzunehmen (§ 10 Abs. 1 S. 3 Nr. 9 JGG), kommt in Betracht, sofern der junge Rechtsbrecher strafrechtlich relevantes Fehlverhalten **im Straßenverkehr** an den Tag gelegt hat. Zwar beschränkt das Gesetz den Anwendungsbereich der Unrechtsreaktion nicht auf derartige Fälle; sie wird den Täter bei fehlendem Verkehrsbezug der Delinquenz aber kaum individualpräventiv günstig beeinflussen können.[121] Reziprok handelt es sich allerdings nicht um die einzig zulässige Weisung gegenüber jungen Verkehrsstraftätern.[122] Im Hinblick auf die große Zahl von Verkehrsstraftaten ist die Vorschrift für die Praxis äußerst bedeutsam. Der Verkehrsunterricht kann die Einübung sowohl der Vorschriften des Straßenverkehrsrechts als auch allgemein der Gebote von Vorsicht und Rücksichtnahme (vgl. § 1 Abs. 1 StVO) beinhalten.[123] Häufig finden auch psychologische Nachschulungen alkoholauffälliger Kraftfahrer statt.[124]

7.4.2.2 Weisungen nach § 10 Abs. 2 JGG
§ 10 Abs. 2 JGG hält zwei weitere Möglichkeiten für Weisungen bereit, welche eine **medizinisch-therapeutische Einwirkung** auf den Delinquenten ermöglichen sollen. Es geht um die heilerzieherische Behandlung einerseits, die Entziehungskur andererseits. Die beiden Maßregeln weisen gemeinsame Voraussetzungen auf. Ihre praktische Bedeutung ist jedoch als gering einzuschätzen.[125] Ein Grund hierfür liegt sicher darin, dass es an einer eindeutigen Regelung über die Kostentragung fehlt.[126]

---

[119] Vgl. Brodkorb, 1998, S. 535; Diemer/Schatz/Sonnen, 2011, § 10 JGG Rdn. 51.
[120] So Diemer/Schatz/Sonnen, 2011, § 10 JGG Rdn. 52; Eisenberg, 2014, § 10 Rdn. 10; Meier/Rössner/Schöch, 2013, S. 186; Ostendorf, 2013, § 10 Rdn. 5; Streng, 2012, S. 183; a. A. Brunner/Dölling, 2011, § 10 Rdn. 6; Schaffstein/Beulke, 2002, S. 108.
[121] Im Ergebnis auch HK-JGG/Buhr, 2014, § 10 Rdn. 44; Ostendorf, 2013, § 10 Rdn. 21; Streng, 2012, S. 183 f.; vgl. AG Rudolstadt, ZJJ 2013, S. 423; anders Brunner/Dölling, 2011, § 10 Rdn. 14.
[122] Buckolt/Hoffmann, 2004, S. 714; Diemer/Schatz/Sonnen, 2011, § 10 JGG Rdn. 54; Eisenberg, 2014, § 10 Rdn. 29.
[123] Zu möglichen Themenkreisen Thomson, 1999, S. 426.
[124] Dazu Ostendorf, 2013, § 10 Rdn. 21; als unbenannte Weisung behandelt von Diemer/Schatz/Sonnen, 2011, § 10 JGG Rdn. 55.
[125] Ältere Zahlen bei Engstler, 1985, S. 82 ff.
[126] Ausführlich Eisenberg, 2014, § 10 Rdn. 39 f.; Ostendorf, 2013, § 10 Rdn. 30.

(1) Gemeinsame Voraussetzungen

597 Es bedarf für beide Weisungen bei minderjährigen Delinquenten – also nicht bei Heranwachsenden – zunächst der **Zustimmung** des Erziehungsberechtigten und des u. U. nicht personenidentischen gesetzlichen Vertreters, § 10 Abs. 2 S. 1 JGG. Das Einverständnis des Betroffenen soll eingeholt werden, sofern er das 16. Lebensjahr vollendet hat, § 10 Abs. 2 S. 2 JGG. Somit bleibt eine Anordnung gegen dessen Willen in Ausnahmefällen statthaft.[127] Zu berücksichtigen hat man insoweit auch die Tatsache, dass ein Erfolg der heilerzieherischen Behandlung ohne Mitwirkungsbereitschaft des Delinquenten kaum eintreten wird.[128] In Ansehung Heranwachsender gilt nichts anderes: Zwar vertritt das Schrifttum teilweise die Auffassung, deren eigene Zustimmung bilde eine zwingende Voraussetzung der Maßnahme, nachdem der Zustimmungsvorbehalt des gesetzlichen Vertreters leer läuft.[129] Der Gesetzgeber wollte mit dessen Hilfe aber nur dem Elternrecht für Fälle äußerst eingriffsintensiver Weisungen besonderes Gewicht beilegen, so dass von einer Substitution der elterlichen Zustimmung durch diejenige des Delinquenten nicht ausgegangen werden kann. Zustimmung bzw. Einverständnis können jederzeit zurückgenommen werden.[130]

598 Dem Richter fehlt regelmäßig eigene hinreichende Sachkunde zur Beurteilung von Erforderlichkeit und Erfolgsaussicht der Weisungen. Er hat deshalb vor ihrer Anordnung einen **Sachverständigen** zu hören.[131] Die Bestimmung des Therapeuten bzw. der Therapieeinrichtung nimmt der Richter aber auf der Basis der gutachterlichen Äußerung ebenso selbst vor, wie das Gericht die Dauer der Maßnahme festlegen muss.[132]

(2) Heilerzieherische Behandlung

599 Der vom Gesetz verwendete Begriff der Heilerziehung ist **methodenoffen**. Neben psychotherapeutisch orientierten kommen auch andere wissenschaftlich anerkannte Methoden der Heilpädagogik in Betracht, sei es als Einzel- oder als Gruppentherapie, etwa die Durchführung einer Verhaltenstherapie. Indiziert wird eine derartige Maßnahme in Ansehung solcher Jugendlicher sein, deren Delinquenz sich als Ausdruck psychischer Störungen darstellt und die willens und verstandesmäßig in der Lage sind, hiergegen anzugehen.[133]

---

[127] Vgl. HK-JGG/Buhr/Remschmidt, 2014, § 10 Rdn. 57; Diemer/Schatz/Sonnen, 2011, § 10 JGG Rdn. 60; Eisenberg, 2014, § 10 Rdn. 37; Ostendorf, 2013a, S. 148; a. A. LG Marburg, NStZ-RR 2006, S. 122.

[128] Vgl. Ostendorf, 2013, § 10 Rdn. 24; Streng, 2012, S. 186.

[129] So Ostendorf, 2013, § 10 Rdn. 24; Streng, 2012, S. 186.

[130] LG Marburg, NStZ-RR 2006, S. 122.

[131] Bereits Nr. 9 der RiL zu § 10 JGG; ferner Böhm/Feuerhelm, 2004, S. 191; Brunner/Dölling, 2011, § 10 Rdn. 16; HK-JGG/Buhr/Remschmidt, 2014, § 10 Rdn. 64; Bedenken bei Eisenberg, 2014, § 10 Rdn. 38.

[132] So auch Albrecht P.-A., 2000, S. 192.

[133] Vertiefend Albrecht P.-A., 2000, S. 191; Brunner/Dölling, 2011, § 10 Rdn. 15 f.; HK-JGG/Buhr/Remschmidt, 2014, § 10 Rdn. 61 f.; Eisenberg, 2014, § 10 Rdn. 44 ff.; Engstler, 1985, S. 50 ff.; Meier/Rössner/Schöch, 2013, S. 181 f.; Schaffstein/Beulke, 2002, S. 123.

(3) Entziehungskur

Die Weisung, sich einer Entziehungskur zu unterziehen, setzt einen Hang zum übermäßigen Alkohol- oder Drogenkonsum voraus. Ihre Missachtung soll nicht sanktionierbar sein, um nicht die Voraussetzungen der zwangsweisen Unterbringung in einer Entziehungsanstalt nach § 7 JGG, § 64 StGB zu umgehen.[134] Das überzeugt so nicht: Die **Unterbringung** als eingriffsintensivere Maßnahme ist nachrangig gegenüber der Erteilung einer Weisung gem. § 10 Abs. 2 JGG[135] und es bleiben immerhin Einzelfälle leichterer Suchtproblematiken denkbar, in denen schon eine Behandlung außerhalb stationärer Einrichtungen Erfolg verspricht. Dann erscheint es widersinnig, Verstöße gegen eine Weisung einfach hinzunehmen, obwohl das Gericht in Beachtung des Subsidiaritätsgrundsatzes bereits von einer weitergehenden Unterbringung Abstand genommen hatte. Es hat damit sein Bewenden bei der allgemeinen Regel des § 10 Abs. 2 S. 2 JGG. Dabei kann der Jugendliche seine Einwilligung auch nach Beginn der Maßnahme zurücknehmen.

600

Der Begriff der Entziehungskur ist **ergebnisorientiert** auszulegen. Da das Gesetz nicht von einer Entziehungsanstalt und damit den dort üblichen Methoden spricht, kommt etwa auch der Anschluss an eine Selbsthilfegruppe wie die Anonymen Alkoholiker als Gegenstand der Weisung in Betracht.[136]

601

> Die Weisung erlangt gleichwohl nur geringe praktische Bedeutung, weil sich in den meisten einschlägigen Fällen die Suchtprobleme als so gravierend darstellen, dass an einer Unterbringungsanordnung kein Weg vorbeiführt.[137]

7.4.3 Sonstige richterliche Weisungen

Zusätzlich zu den Katalogweisungen oder anstelle dieser kann der Richter dem Rechtsbrecher **selbst erfundene** Gebote oder Verbote auferlegen. Auch für diese gelten die allgemeinen Voraussetzungen.[138] Sie dürfen also nicht mit anderen Rechtsvorschriften, namentlich den Grundrechten, unvereinbar sein, an den jungen Menschen keine unzumutbaren Anforderungen stellen (§ 10 Abs. 1 S. 2 JGG) oder sich aufgrund mangelnder Kontrollierbarkeit zur Einwirkung nicht eignen.

602

Gerade die Möglichkeit eigener richterlicher Rechtsfolgenschöpfung gibt zu Überlegungen im Hinblick auf die **Vorhersehbarkeit und Berechenbarkeit** staatlicher Sanktionierung Anlass. Immerhin haben die Rechtsanwender auf diesem Weg die gesetzgeberische Rechtsfortbildung befördert, wie das Beispiel der zunächst in der Praxis entwickelten und erst dann in den Katalog des § 10 Abs. 1 S. 3 JGG aufgenommenen Weisungen zu sozialem Trainingskurs und Täter-Opfer-Ausgleich zeigt.

603

---

[134] In diesem Sinne Diemer/Schatz/Sonnen, 2011, § 10 JGG Rdn. 61; ferner BGHSt. 36, S. 99 für eine Weisung nach § 56c Abs. 3 StGB.
[135] Dazu Kap. 6.3.2.1.
[136] Treffend Meier/Rössner/Schöch, 2013, S. 183.
[137] Siehe Schaffstein/Beulke, 2002, S. 124.
[138] Dazu bereits Kap. 7.4.1.1.

7.4.3.1 Statthafte Weisungen

604 Als zulässige individuelle Weisungen kommen sämtliche Maßnahmen in Betracht, die sich zur günstigen spezialpräventiven Einwirkung auf den Betroffenen eignen, egal ob sie den Leistungs- oder den Freizeitbereich betreffen. Zu denken ist beispielsweise an folgende Anordnungen:

- Bestimmten Pflichten im Zusammenhang mit Schule, Ausbildung oder Unterhaltsgewährung nachzukommen,[139]
- Nachhilfeunterricht zu nehmen (bei Schülern) oder Maßnahmen zur Arbeitssuche zu ergreifen, etwa durch Aufsetzung eines Bewerbungsschreibens,[140]
- über Einnahmen und Ausgaben Buch zu führen und die Aufzeichnungen einer bestimmten Person zur Kontrolle vorzulegen,[141]
- Teilzahlungsgeschäfte oder sonstige mit Finanzierungshilfen unterfütterte Verträge (§§ 499 ff. BGB) nicht abzuschließen,[142]
- keine Betäubungsmittel zu konsumieren bzw. – bei Betäubungsmitteltätern – regelmäßige Urinkontrollen zu absolvieren[143] (vgl. auch § 68b Abs. 1 S. 1 Nr. 10 StGB für die Führungsaufsicht), wobei positive Ergebnisse nicht zu einer weiteren Strafverfolgung führen dürfen, aber auch
- das Grab eines getöteten Unfallopfers für einen nicht zu langen Zeitraum (sonst Unzumutbarkeit) zu pflegen.[144]

605 Als zulässig bewertet wird auch die Weisung, eine **Fahrerlaubnis zu erwerben**. Gerade bei wiederholtem Fahren ohne Fahrerlaubnis (§ 21 StVG) erscheine eine solche Anordnung sinnvoll, um den Verurteilten vor weiteren einschlägigen Straftaten zu bewahren.[145] Indessen bringt eine solche Weisung zahlreiche Probleme mit sich. Im Einzelfall bedarf nicht nur ihre Zumutbarkeit im Hinblick auf die nicht unerheblichen Kosten von Fahrunterricht und -prüfung genauerer Erörterung.[146] Es

---

[139] So Brunner/Dölling, 2011, § 10 Rdn. 14a; Eisenberg, 2014, § 10 Rdn. 30; Meier/Rössner/Schöch, 2013, S. 183; anders Ostendorf, 2013, § 10 Rdn. 22 für „Selbstverständlichkeiten".

[140] Siehe Eisenberg, 2014, § 10 Rdn. 31; Schaffstein/Beulke, 2002, S. 108.

[141] Vgl. Eisenberg, 2014, § 10 Rdn. 31, auch im Hinblick auf die Notwendigkeit der Erprobung finanzieller Eigenständigkeit; Meier/Rössner/Schöch, 2013, S. 183; Schaffstein/Beulke, 2002, S. 108; Streng, 2012, S. 184.

[142] Dazu Brunner/Dölling, 2011, § 10 Rdn. 14a; Eisenberg, 2014, § 10 Rdn. 31; Meier/Rössner/Schöch, 2013, S. 183; Ostendorf, 2013, § 10 Rdn. 23; Schöler, 1999, S. 976.

[143] So BVerfG, NStZ 1993, S. 482 für § 56c Abs. 1 StGB; Brodkorb, 1998, S. 393, 579; Brunner/Dölling, 2011, § 10 Rdn. 14a; HK-JGG/Buhr, 2014, § 10 Rdn. 10, 48; Eisenberg, 2014, § 10 Rdn. 30; Paul, 2005, S. 185 ff.; Zieger, 2013, S. 51; a. A. Hoferer, 1997, S. 173 f.; Ostendorf, 2013, § 10 Rdn. 5 im Hinblick auf den Nemo-tenetur-Grundsatz.

[144] Hierzu Böhm/Feuerhelm, 2004, S. 184; Brodkorb, 1998, S. 411; vgl. auch Eisenberg, 2014, § 10 Rdn. 35; ablehnend Streng, 2012, S. 185 f.

[145] In diesem Sinne AG Saalfeld, StrVert. 2005, S. 65; ferner Brunner/Dölling, 2011, § 10 Rdn. 14; Diemer/Schatz/Sonnen, 2011, § 10 JGG Rdn. 55; Streng, 2012, S. 184.

[146] Vgl. Brodkorb, 1998, S. 409 f.; Händel, 1977, S. 310 f.; Meier/Rössner/Schöch, 2013, S. 183; Ostendorf, 2013, § 10 Rdn. 8.

7.4 Die Erteilung von Weisungen nach § 10 JGG

bleibt auch zweifelhaft, ob die Weisung nach Straßenverkehrsrecht überhaupt zum Erfolg führen kann. Denn gem. § 2 Abs. 2 S. 1 Nr. 3, Abs. 4 S. 1 StVG erteilt die zuständige Behörde die Fahrerlaubnis nur, sofern der Bewerber zum Führen von Kraftfahrzeugen geeignet ist, woran es bei erheblichen oder wiederholten Verstößen gegen verkehrsrechtliche Vorschriften oder Strafgesetze fehlt. Man wird schwerlich annehmen können, dass die Fahrerlaubnisbehörde die Eignung allein im Hinblick auf die jugendrichterliche Entscheidung zu bejahen hat.[147] Eine derartige Bindungswirkung stünde nicht in Einklang mit der Tatsache, dass das Amt selbst nach Ablauf einer gerichtlich festgesetzten Sperrfrist für die Wiedererteilung der Fahrerlaubnis nach deren Entziehung (§§ 69, 69a StGB) in eigener Verantwortung ohne Präjudiz entscheidet.[148] Ferner darf der Jugendrichter nicht anstelle der Behörde die sonstigen Voraussetzungen der Fahrerlaubniserteilung (vgl. § 2 Abs. 2 und 4 StVG) beurteilen. Soll es schließlich Ungehorsamsfolgen auslösen, sofern der Kandidat – aus welchem Grund auch immer – die Prüfung nicht besteht?[149] Es kommt deshalb höchstens eine Weisung in Betracht, sich um die Erteilung der Fahrerlaubnis zu bemühen.[150] Bei der Festsetzung des zeitlichen Rahmens hierfür muss schließlich das für die jeweilige Gestattung vorgeschriebene Mindestalter (§ 2 Abs. 2 S. 1 Nr. 2 StVG, § 10 FeV) Berücksichtigung finden.

> Unter den genannten Voraussetzungen lässt sich auch daran denken, einem (bald) 17-Jährigen die Weisung zu erteilen, sich um eine Erlaubnis zum **begleiteten Fahren** gem. § 6e StVG, § 48a FeV zu bemühen, sofern eine i. S. d. § 48a Abs. 5 FeV geeignete Begleitperson vorhanden ist. Der Vorschlag, einen verkehrsauffälligen Heranwachsenden, der sich im Besitz einer Fahrerlaubnis befindet, anzuweisen, eine Zeit lang nur in Begleitung einer verkehrserfahrenen Vorbildperson zu fahren,[151] erscheint höchstens sinnvoll, wenn ein solcher Beifahrer zur Verfügung steht und sich vor Weisungserteilung mit seiner u. U. nicht unerheblichen Belastung einverstanden erklärt. Die Einhaltung der Weisung bleibt aber ebenso schwierig zu kontrollieren wie sie mit dem Verkehrsrecht harmoniert.

Differenziert zu betrachten hat man ferner die Weisung, bestimmte **Gegenstände abzugeben**. Es darf nicht zur Umgehung der Vorschriften über Verfall und Einziehung[152] kommen. Statthaft bleibt damit eine Anordnung, die sich nur auf einen bestimmten Zeitraum erstreckt, aber keine dauernden Wirkungen nach sich zieht. Möglich ist in diesem Rahmen auch die Weisung, ein Handy oder ein Fahrzeug bei der Polizei abzuliefern bzw. nicht zu benutzen. Ein generelles **Fahrverbot** oder die Weisung, den Führerschein als das die Fahrerlaubnis verkörpernde Papier zu den Akten zu geben, bilden demgegenüber auch bei erzieherischer Verbrämung eine

606

---

[147] So auch Händel, 1977, S. 311.
[148] Dazu Fischer Th., 2014, § 69a Rdn. 47 m. w. Nachw.
[149] Verneinend Ostendorf, 2013, § 7 Rdn. 16.
[150] Vgl. Laubenthal, 2013, S. 168; Meier/Rössner/Schöch, 2013, S. 183.
[151] Dafür Kühn, 2008, S. 132.
[152] Dazu Kap. 6.3.1.

verbotene Umgehung der §§ 44 bzw. 69, 69a StGB.[153] Zudem fügen sich derartige Anordnungen nicht in das der Strafnorm des Fahrens ohne Fahrerlaubnis (§ 21 StVG) zugrunde liegende System ein.

7.4.3.2 Unstatthafte Weisungen

607 Zu unterbleiben haben solche Weisungen, die mit anderen einfachgesetzlichen Vorschriften einschließlich der diesen zugrunde liegenden Rechtsgedanken[154] oder grundrechtlichen Garantien nicht in Einklang stehen.

(1) Unvereinbarkeit mit einfachgesetzlichen Regelungen

608 Als nicht statthaft muss man beispielsweise folgende Vorgaben ansehen:

- Mit der Weisung, einen bestimmten **Beruf** gänzlich **aufzugeben**, würde die aus § 7 Abs. 1 JGG zu entnehmende Entscheidung des Gesetzgebers umgangen, ein Berufsverbot im Jugendstrafrecht nicht vorzusehen.[155] Soll dem Jugendlichen lediglich eine bestimmte Art der Ausübung seines Berufs untersagt werden, etwa die Tätigkeit als Kellner in einem als Unterwelttreffpunkt anzusprechenden Lokal, ist dies keine im Zusammenhang mit der Verhängung eines unzulässigen Berufsverbots zu behandelnde Frage,[156] sondern direkt an Art. 12 Abs. 1 GG zu messen.[157]

609 - Die Weisung gegenüber einem ausländischen Jugendlichen, das **Bundesgebiet zu verlassen** und für eine bestimmte Zeit nicht wieder einzureisen, eignet sich nicht zur spezialpräventiven Einwirkung auf den Verurteilten, sondern dient lediglich dem Sicherheitsinteresse der Allgemeinheit.[158] Zudem enthalten §§ 154b Abs. 2 und 3, 456a Abs. 1 StPO Spezialregelungen für die Verknüpfung von Strafverfahren und aufenthaltsbeendenden Maßnahmen, die besondere Voraussetzungen vorsehen.

---

[153] Ähnlich Altenhain/Laue, in: MünchKomm-StGB, 2013, § 7 JGG Rdn. 7 Fn. 23; HK-JGG/Buhr, 2014, § 10 Rdn. 51; Diemer/Schatz/Sonnen, 2011, § 10 JGG Rdn. 17, 19, 56; Eisenberg, 2014, § 10 Rdn. 32; Meier/Rössner/Schöch, 2013, S. 185; Mrozynski, 1983, S. 402; Ostendorf, 2013, § 7 Rdn. 16; i. Erg. auch Halecker, 2009, S. 169 ff.; a. A. OLG Düsseldorf, NJW 1968, S. 2157; Böhm/Feuerhelm, 2004, S. 190 f.; Brunner/ Dölling, 2011, § 10 Rdn. 14; Miehe, 1987, S. 118; Schaffstein/Beulke, 2002, S. 110.

[154] Zur Umgehung von §§ 44, 69 StGB bereits Kap. 7.4.3.1 a.E.

[155] Vgl. Brunner/Dölling, 2011, § 10 Rdn. 6; Diemer/Schatz/Sonnen, 2011, § 10 JGG Rdn. 18; Hombrecher, 2008, S. 454; Schaffstein/Beulke, 2002, S. 110. Zur Nichtanwendbarkeit von § 70 StGB Kap. 6.3.2.1.

[156] Treffend Böhm/Feuerhelm, 2004, S. 184 f.

[157] Dazu sogleich Kap. 7.4.3.2 (2).

[158] So LG Freiburg, JR 1988, S. 524; Schaffstein/Beulke, 2002, S. 111; i. Erg. auch Diemer/Schatz/Sonnen, 2011, § 10 JGG Rdn. 20, 56; Eisenberg, 1988, S. 525; Ostendorf, 2013, § 10 Rdn. 6; zu § 56c StGB LG Landshut, StrVert 2008, S. 83 m. zahlr. Nachw.; a. A. OLG Köln, NStZ-RR 2010, S. 49; LG Berlin, NStZ 2005, S. 101.

- Ausscheiden müssen Weisungen auch dann, wenn durch das **Drohen von Ungehorsamsarrest** (§ 11 Abs. 3 S. 1 JGG) die Entscheidung umgangen würde, Verstöße gegen Anordnungen nicht gesondert zu sanktionieren. Damit kommt eine Weisung, die Verfahrenskosten zu tragen, selbst bei kraft Gesetzes eintretender Kostentragungspflicht nach Verurteilung (§ 2 Abs. 2 JGG i. V. m. § 465 StPO) nicht in Betracht, nachdem das Prozessrecht die Nichtzahlung mit einem derartigen Nachteil nicht bedroht.[159] Gleiches gilt für die Weisung, einen **Jugendarrest** (§ 16 JGG) pünktlich anzutreten, da anderenfalls Verstöße einen zusätzlichen Arrest nach sich ziehen würden, derlei in § 87 JGG aber nicht vorgesehen ist.[160] Unzulässig bleiben ferner Weisungen, die sich auf das Verhalten im Jugendarrest beziehen, weil das Gesetz eine – über § 11 Abs. 3 S. 1 JGG faktisch mögliche – Verlängerung der Arrestzeit wegen „schlechter Führung" heute nicht mehr kennt.[161]

610

(2) Unvereinbarkeit mit den Grundrechten
Weisungen müssen mit den Grundrechten des Grundgesetzes und denjenigen der jeweils einschlägigen Landesverfassung, ferner mit den Gewährleistungen der EMRK in Einklang stehen. Für die Entscheidung über die Einschränkbarkeit eines Grundrechts, dessen Schranken sowie die Schranken-Schranken sind die im Verfassungsrecht entwickelten Lösungsansätze heranzuziehen. Das hat u. a. folgende Konsequenzen:

611

- Die Weisung, eine Ehe einzugehen oder – umgekehrt – eine bestimmte Person nicht zu heiraten, verstößt gegen **Menschenwürde** und allgemeines Persönlichkeitsrecht (Art. 1 Abs. 1, 2 Abs. 1 GG).[162]
- Eine Weisung, Behandler von der ärztlichen Schweigepflicht zu entbinden, kollidiert mit dem Recht auf informationelle Selbstbestimmung als Bestandteil des **allgemeinen Persönlichkeitsrechts**.[163]
- Weisungen, regelmäßig den Gottesdienst zu besuchen oder die Beichte abzulegen, verstoßen gegen das Grundrecht der **Religionsfreiheit** (Art. 4 Abs. 1 GG), welches auch eine negative Komponente umfasst.[164] Mit der positiven Ausprägung des Grundrechts kollidiert die reziproke Weisung, etwa einer Moschee fernzubleiben.[165]

612

---

[159] Dazu Diemer/Schatz/Sonnen, 2011, § 10 JGG Rdn. 15; Ostendorf, 2013, § 10 Rdn. 6.
[160] Wie hier Diemer/Schatz/Sonnen, 2011, § 10 JGG Rdn. 6; Ostendorf, 2013, § 10 Rdn. 22; vgl. ferner Eisenberg, 2014, § 10 Rdn. 34; a. A. Brunner/Dölling, 2011, § 10 Rdn. 14c.
[161] Brunner/Dölling, 2011, § 10 Rdn. 14c; Diemer/Schatz/Sonnen, 2011, § 10 JGG Rdn. 6; Eisenberg, 2014, § 10 Rdn. 34.
[162] Für viele Böhm/Feuerhelm, 2004, S. 184; Diemer/Schatz/Sonnen, 2011, § 10 JGG Rdn. 9; Schaffstein/Beulke, 2002, S. 108; Streng, 2012, S. 184 f.
[163] Vgl. Schaffstein/Beulke, 2002, S. 109; ferner BVerfG, MedR 2006, S. 586; KG, NStZ-RR 2007, S. 169; OLG Nürnberg, StrVert 1999, S. 387 für § 68b StGB.
[164] Im Ergebnis HK-JGG/Buhr, 2014, § 10 Rdn. 10; Diemer/Schatz/Sonnen, 2011, § 10 Rdn. 9; Laubenthal, 2006, S. 624; Meier/Rössner/Schöch, 2013, S. 187; Streng, 2012, S. 184.
[165] HK-JGG/Buhr, 2014, § 10 Rdn. 10.

- Mit dem Grundrecht der Glaubensfreiheit bzw. der **Vereinigungsfreiheit** in seiner negativen Ausprägung (Art. 9 Abs. 1 GG) nicht zu vereinbaren wäre eine Weisung, in eine Religionsgemeinschaft oder eine Jugendgruppe einzutreten, selbst wenn die Wahl der konkreten Organisation dem Delinquenten vorbehalten bliebe.[166]

613 - Die Weisung, zwar nicht den Beruf als solchen, wohl aber eine bestimmte Tätigkeit im kriminellen Milieu aufzugeben (etwa die Arbeit als Kellner in einem zweifelhaften Lokal oder als Zeitschriftenwerber in einer „Drückerkolonne"), ist an Art. 12 Abs. 1 GG zu messen.[167] Denn für den Schutzbereich des Grundrechts der **Berufsfreiheit** spielt es keine Rolle, mit welcher Motivation sein Gewährleistungsgehalt tangiert wird. Im Gegenteil: Nach der Rechtsprechung des BVerfG handelt es sich bei einem solchen Verbot der freien Wahl des Arbeitsplatzes nicht um eine bloße Berufsausübungsregelung, sondern um einen einer objektiven Zulassungsschranke vergleichbaren Eingriff in die Freiheit der Berufswahl, welcher gemäß der zu Art. 12 Abs. 1 GG entwickelten Drei-Stufen-Theorie[168] nur zur Sicherung eines wichtigen Gemeinschaftsguts und unter Wahrung des Grundsatzes der Verhältnismäßigkeit zulässig bleibt.[169] Das Interesse der Allgemeinheit an der spezialpräventiven Beeinflussung des jungen Rechtsbrechers und der Prävention weiterer Normverstöße lässt sich zwar als der Berufsfreiheit gleichwertiges Rechtsgut charakterisieren. Es bedarf allerdings weiter einer umfassenden Abwägung der berührten Anliegen, in deren Rahmen sich der Richter keineswegs mit einem Hinweis auf die theoretisch bestehende Möglichkeit weiterer Delinquenz begnügen darf, sondern konkrete Anhaltspunkte hierfür benennen muss. Beachtung verdienen im Rahmen der Abwägung auch die Chancen des Betroffenen, einen anderen Arbeitsplatz zu finden, so dass die Weisung, eine bestimmte Stelle aufzugeben, angesichts der aktuellen Situation auf dem Arbeitsmarkt und der geringen Qualifikation vieler junger Straftäter lediglich in Ausnahmefällen in Betracht zu ziehen ist. Das Vorstehende gilt deshalb erst recht im Hinblick auf eine Weisung, eine Lehre zu beenden.[170]

7.4.3.3 Unzweckmäßige Weisungen

614 Unzweckmäßig sind insbesondere solche freien Weisungen, denen hinreichende Kontrollierbarkeit ermangelt. So kann die Verhängung eines Verbots, alkoholische Getränke zu konsumieren oder zu rauchen, nicht empfohlen werden, zumal der

---

[166] Siehe Böhm/Feuerhelm, 2004, S. 185; Ostendorf, 2013, § 10 Rdn. 5; nur bezogen auf den Eintritt in einen bestimmten Verein: Eisenberg, 2014, § 10 Rdn. 10; Meier/Rössner/Schöch, 2013, S. 186; Schaffstein/Beulke, 2002, S. 108. Zur Austrittsweisung bereits Kap. 7.4.2.1 (8).

[167] Treffend Brodkorb, 1998, S. 496 f.; Brunner/Dölling, 2011, § 10 Rdn. 6; anders Böhm/Feuerhelm, 2004, S. 184 f.; Streng, 2012, S. 185.

[168] Grundlegend BVerfGE 7, S. 377 ff.

[169] Vgl. BVerfGE 84, S. 148; Jarass/Pieroth, 2012, Art. 12 Rdn. 28 m. w. N. Nach Diemer/Schatz/Sonnen, 2011, § 10 JGG Rdn. 31 a.E.; Eisenberg, 2014, § 10 Rdn. 19 sind Weisungen zur Aufgabe einer Stelle keinesfalls zulässig.

[170] Generell ablehnend zu einer solchen Weisung Ostendorf, 2013, § 10 Rdn. 11; vgl. aber Eisenberg, 2014, § 10 Rdn. 11.

7.4 Die Erteilung von Weisungen nach § 10 JGG

Gesetzgeber entsprechende Anordnungen aus dem Katalog des § 10 Abs. 1 S. 3 JGG gestrichen hat.[171] Gegen die Weisung, einen Besinnungsaufsatz zu schreiben oder eine Bastelarbeit anzufertigen, findet sich vorgebracht, der Richter degradiere sich damit selbst zum Kindergärtner.[172] Die Weisung, ein **Buch zu lesen** (etwa ein populärwissenschaftliches Werk über den Nationalsozialismus bei rechtsgerichteten Tätern[173]) und sich hierüber mit einem Betreuer zu unterhalten bzw. eine Zusammenfassung zu verfertigen, erscheint zwar prinzipiell denkbar. Viele Rechtsbrecher dürften dies jedoch geistig überfordern, oder sie beziehen die benötigten Informationen einfach aus dem Internet.[174] Auch **tatbezogene Weisungen**, bei denen der Aspekt der Spezialprävention vernachlässigt wird, stoßen im Schrifttum heute überwiegend auf Ablehnung.[175]

> **Beispiel**
>
> J hat wiederholt Geld gestohlen, um sich Süßigkeiten leisten zu können. Er wird angewiesen, für eine bestimmte Zeit von seinem Taschengeld Schokolade für ein Kinderheim zu kaufen. Eine solche Weisung lässt einen hinreichenden Bezug zur Lebensführung des Delinquenten vermissen.

7.4.4 Verfahren und weitere Entscheidungen über Laufzeit und Änderung von Weisungen

7.4.4.1 Anordnung und Überwachung der Weisungen

Bevor der Richter Weisungen im Urteilstenor nach dem Schuldspruch ausspricht, muss er die Vertreter der **Jugendgerichtshilfe** hierzu hören, § 38 Abs. 3 S. 3 1. Halbs. JGG. Vor der Anordnung der Betreuungsweisung gem. § 10 Abs. 1 S. 3 Nr. 5 JGG sollen jene sich ferner zur Person des Betreuungshelfers äußern, § 38 Abs. 3 S. 3 2. Halbs. JGG. Das erscheint schon im Hinblick auf die mit Durchführung und Finanzierung von Weisungen verbundenen Schwierigkeiten[176] unabdingbar. Die Jugendgerichtshilfe hat den Richter auch bei der Überwachung der Weisungserfüllung nach §§ 82 Abs. 1 S. 1, 84 Abs. 1 und 2 JGG zu unterstützen (§ 38 Abs. 2 S. 5 JGG). Erhebliche Zuwiderhandlungen teilt sie dem Richter mit, § 38

615

---

[171] Siehe Brunner/Dölling, 2011, § 10 Rdn. 3, 7; Meier/Rössner/Schöch, 2013, S. 188; Ostendorf, 2013, § 10 Rdn. 3; Streng, 2012, S. 185; differenzierend Schaffstein/Beulke, 2002, S. 112; vgl. auch § 68b Abs. 1 S. 1 Nr. 10 StGB für die Führungsaufsicht.
[172] Dazu Böhm/Feuerhelm, 2004, S. 191; ferner Eisenberg, 2014, § 10 Rdn. 36; differenzierend HK-JGG/Buhr, 2014, § 10 Rdn. 52.
[173] Siehe Winter, 2008, S. 54; vgl. auch Jende/Speer, 2010, S. 170 ff. zum Besuch von Gedenkstätten.
[174] Zum Ganzen auch Eisenberg, 2014, § 10 Rdn. 36a; Mollik, 2007, S. 301 f.
[175] Vertiefend Böhm/Feuerhelm, 2004, S. 180 f.; Eisenberg, 2014, § 10 Rdn. 35; Streng, 2012, S. 185; zur früheren Praxis Holzschuh, 1957a, S. 80 ff.
[176] Dazu Kap. 7.3.2.

Abs. 2 S. 6 JGG, damit dieser über eine Änderung der Weisung(en) oder die Verhängung von Ungehorsamsarrest entscheidet. Bei **Zuwiderhandlungen** soll zunächst eine Lösung im Verhältnis Verurteilter/Jugendgerichtshilfe gefunden werden; die Information des Richters kommt prinzipiell nur als Ultima Ratio in Betracht.[177] Das gilt jedoch nicht, wenn es nach Einschätzung der Jugendgerichtshilfe einer – nur durch den Richter möglichen – Änderung der Weisung(en) bedarf.[178]

7.4.4.2 Laufzeit und Änderung von Weisungen

616 Der Richter entscheidet im Urteil auch über die Laufzeit der Weisungen. Diese darf **zwei Jahre** nicht übersteigen, § 11 Abs. 1 S. 2 1. Halbs. JGG.[179] Die begrenzte Dauer von Weisungen erklärt sich nicht nur aus der Geltung des Verhältnismäßigkeitsgrundsatzes, sondern sie beruht auch auf der Erwägung, dass sich die Situation bei noch in der Entwicklung befindlichen Menschen stets ändern kann.[180]

617 § 11 Abs. 2 JGG sichert die nötige Flexibilität des Richters, um Weisungen anzupassen, wenn dies aus erzieherischen Gründen geboten ist. Dabei eröffnet ihm das Gesetz zunächst die Gelegenheit zur **Verlängerung** der Laufzeit bis auf drei Jahre. Nur vor Ablauf der ursprünglich festgelegten Weisungsdauer kommt ein solches Vorgehen in Betracht. Möglich bleibt ferner eine nachträgliche **Änderung** der Weisungen. Hierfür spielt es keine Rolle, ob die Einschätzung des Einwirkungserfolgs aufgrund äußerer oder in der Person des Delinquenten liegender Umstände revidiert werden muss.[181] Das richterliche Ermessen wird in solchen Fällen pflichtgemäß so auszuüben sein, dass eine Änderung vorgenommen werden muss.[182] Ausdrücklich ordnet das Gesetz dies für den Fall an, in dem bereits erteilte Weisungen mit dem zwischenzeitlich angetretenen Wehrdienst und den aus dem Soldatenverhältnis erwachsenden Pflichten nicht in Einklang stehen (§ 112a Nr. 3 S. 2 JGG). Indem das Gesetz die Änderungsmöglichkeit an Gründe der spezialpräventiven Einwirkung knüpft, schließt es allerdings solche Neuentscheidungen aus, die bei im Übrigen unveränderten Umständen lediglich auf einer abweichenden Beurteilung desselben Sachverhalts – etwa in der Folge eines richterlichen Zuständigkeitswechsels – beruhen.[183]

Beispiel

Dem Jugendlichen wurde die Weisung erteilt, in einem Heim Aufenthalt zu nehmen. Stellt sich heraus, dass seine Mitbewohner ihn nachteilig beeinflussen, er-

---

[177] Vgl. Eisenberg, 2014, § 38 Rdn. 17; Höynck/Goerdeler, 2006, S. 172; Ostendorf, 2013, § 38 Rdn. 23.
[178] Siehe Brunner/Dölling, 2011, § 38 Rdn. 15.
[179] Zu den Sonderfällen von § 10 Abs. 1 S. 3 Nr. 5 und Nr. 6 JGG bereits Kap. 7.4.2.1 (5) und (6).
[180] So Streng, 2012, S. 187.
[181] Vgl. Brunner/Dölling, 2011, § 11 Rdn. 2; Diemer/Schatz/Sonnen, 2011, § 11 JGG Rdn. 4; Eisenberg, 2014, § 11 Rdn. 6; Ostendorf, 2013, § 11 Rdn. 6.
[182] Siehe Brunner/Dölling, 2011, § 11 Rdn. 2; Eisenberg, 2014, § 11 Rdn. 6.
[183] Vgl. Diemer/Schatz/Sonnen, 2011, § 11 JGG Rdn. 5.

7.4 Die Erteilung von Weisungen nach § 10 JGG

scheint es aber nach wie vor nicht angängig, ihn allein wohnen zu lassen, und steht eine Familie zu seiner Aufnahme bereit, ist die Weisung dahin abzuändern, bei dieser Familie zu wohnen. Unzulässig wäre es, wenn nach einem personellen Wechsel in der Justiz die Weisung nur deshalb geändert würde, weil der neue Jugendrichter die Weisung des § 10 Abs. 1 S. 3 Nr. 2 Alt. 2 JGG grundsätzlich als für eine straffreie Lebensführung kontraproduktiv bewertet.

Die **Rechtskraft des Urteils** steht der Möglichkeit einer Verlängerung oder Abänderung der Weisungen nicht entgegen. Wenig überzeugend erscheint zwar die Argumentation, nur die Entscheidung über die Verhängung von Weisungen per se, nicht aber deren Auswahl im Einzelnen erwachse in Rechtskraft.[184] § 11 Abs. 2 JGG gestattet jedoch – ähnlich wie § 31 Abs. 2 JGG – deren Durchbrechung. Deshalb dürfen die neuen Weisungen den Betroffenen auch stärker belasten als die ursprünglich angeordneten.[185] Ermöglicht das Gesetz die Änderung von Weisungen, folgt hieraus, dass nur solche Weisungen neu hinzukommen dürfen, die sich als **Ergänzung** der bisher verhängten darstellen.[186] Von einer Änderung lässt sich weiter nicht sprechen, wenn der Delinquent die ursprünglich verhängten Weisungen bereits vollständig erfüllt hat. Die Ersetzung von Weisungen durch Auflagen i. S. d. § 15 JGG bleibt schon nach dem Wortlaut des § 11 Abs. 2 JGG, aber auch im Hinblick auf die unterschiedlichen Voraussetzungen von Erziehungsmaßregeln und Zuchtmitteln unstatthaft.[187]

618

In Betracht kommt schließlich die **Befreiung** von noch nicht (vollständig) erfüllten Weisungen, sei es von einzelnen oder sämtlichen Anordnungen. Dieses Vorgehen bietet sich etwa an, sofern sich die Lebensverhältnisse des jungen Rechtsbrechers früher als vorgesehen normalisiert haben oder sich doch die Ungeeignetheit der prospektiv einzig Erfolg versprechenden Weisung herausgestellt hat.[188]

619

Sollen nachträgliche Entscheidungen gem. § 11 JGG ergehen, richtet sich das **Verfahren** nach § 65 JGG. Es entscheidet der Richter des ersten Rechtszugs durch Beschluss. Vor dessen Erlass muss er den Staatsanwalt und den Jugendlichen anhören (§ 65 Abs. 1 S. 1 JGG). Erforderlichenfalls sind weiter die Jugendgerichtshilfe, der nach § 10 Abs. 1 S. 3 Nr. 5 JGG bestellte Betreuungshelfer und der Leiter eines nach § 10 Abs. 1 S. 3 Nr. 6 JGG

620

---

[184] So aber Böhm/Feuerhelm, 2004, S. 192; Brunner/Dölling, 2011, § 11 Rdn. 2; HK-JGG/ Buhr, 2014, § 11 Rdn. 9; Diemer/Schatz/Sonnen, 2011, § 11 JGG Rdn. 5; Meier/Rössner/Schöch, 2013, S. 189 f.; Streng, 2012, S. 187; krit. Albrecht P.-A., 2000, S. 169; Eisenberg, 2014, § 11 Rdn. 5.

[185] In diesem Sinn Brunner/Dölling, 2011, § 11 Rdn. 3; HK-JGG/Buhr, 2014, § 11 Rdn. 13; Diemer/Schatz/Sonnen, 2011, § 11 JGG Rdn. 8; Meier/Rössner/Schöch, 2013, S. 189; Petersen, 2008, S. 159 f.; Streng, 2012, S. 187; a. A. Ostendorf, 2006a, S. 523 f.; ders., 2013, § 11 Rdn. 4 im Hinblick auf den Vertrauensgrundsatz; krit. auch Eisenberg, 2014, § 11 Rdn. 5 a.E.

[186] Treffend Diemer/Schatz/Sonnen, 2011, § 11 JGG Rdn. 7; siehe aber HK-JGG/Buhr, 2014, § 11 Rdn. 12.

[187] Im Ergebnis Brunner/Dölling, 2011, § 11 Rdn. 3; HK-JGG/Buhr, 2014, § 11 Rdn. 9; Diemer/ Schatz/Sonnen, 2011, § 11 JGG Rdn. 6; Eisenberg, 2014, § 11 Rdn. 8; Ostendorf, 2013, § 11 Rdn. 4; a. A. Böttcher/Weber, 1990, S. 566.

[188] Vgl. Brunner/Dölling, 2011, § 11 Rdn. 3; Eisenberg, 2014, § 11 Rdn. 9; Ostendorf, 2013, § 11 Rdn. 5; Streng, 2012, S. 187 f.

angeordneten sozialen Trainingskurses zu hören (§ 65 Abs. 1 S. 2 JGG). Einer mündlichen Anhörung bedarf es dabei nicht, wie im Umkehrschluss aus § 65 Abs. 1 S. 3 JGG folgt. Wenn der Jugendliche seinen Aufenthalt gewechselt hat, kann der Richter das Verfahren an den nunmehr örtlich zuständigen Jugendrichter abgeben (§ 65 Abs. 1 S. 4 JGG). Gegen die Änderung von Weisungen ist die einfache Beschwerde gem. § 2 Abs. 2 JGG, § 304 StPO statthaft (vgl. § 65 Abs. 2 S. 1 JGG). Insoweit bleibt aber § 55 Abs. 1 JGG zu beachten.[189]

7.4.5 Ungehorsamsarrest

621 Kommt der Jugendliche den ihm auferlegten Weisungen nicht nach, so weist das Gesetz keine Möglichkeit auf, deren Erfüllung unter Zwang zu vollstrecken. **§ 11 Abs. 3 S. 1 JGG** gestattet es in diesen Fällen jedoch dem Jugendrichter, Jugendarrest zu verhängen.[190] Auf diese Weise soll der Verurteilte mittelbar dazu gebracht werden, sich nach den Weisungen zu richten. Das zeigt sich an § 11 Abs. 3 S. 3 JGG, dem zufolge der Richter von der Vollstreckung des Arrests absieht, wenn der Jugendliche nach dessen Verhängung die Weisungen erfüllt. Gleichwohl entfällt ein beträchtlicher Anteil am Arrestvollzug auf den Ungehorsamsarrest; je nach Einrichtung beträgt er zehn bis 70 %.[191]

622 Der persönliche Anwendungsbereich des Ungehorsamsarrests erstreckt sich auch auf Heranwachsende. Umstritten ist es, ob sogar bereits **Erwachsene** ihm unterworfen werden dürfen, also Personen, die eine Weisung nicht erfüllt haben, welche ihnen für eine vor der Vollendung des 21. Lebensjahres begangene Tat auferlegt wurde. Für die Zulässigkeit eines solchen Vorgehens spricht, dass es sich nicht um eine Reaktion auf eine Verfehlung i. S. d. § 1 JGG handelt und nach der Gegenauffassung der Betroffene bei geschicktem Hinauszögern der Weisungserfüllung keine fühlbaren Folgen seiner Straftat zu tragen hätte.[192]

7.4.5.1 Rechtsnatur des Ungehorsamsarrests

623 Nach überkommener Auffassung bildet der Arrest einen spezifisch **jugendstrafrechtlichen Ungehorsamstatbestand**.[193] Daraus folgt, dass die ursprünglich ausgesprochene Weisung bestehen bleibt und trotz Verbüßung des Arrests nicht in Wegfall gerät. Bei Zugrundelegung dieser Meinung lässt sich allerdings nicht überzeugend begründen, warum Ungehorsamsarrest sogar noch gegen inzwischen Erwachsene verhängt werden darf. Die Gegenposition, die als Argument auch das

---

[189] Dazu Kap. 5.7.
[190] Kritisch dazu Diemer/Schatz/Sonnen, 2011, § 16 JGG Rdn. 16; Dünkel, 1991, S. 28; Eisenberg, 2014, § 11 Rdn. 13; Hinrichs, 1996, S. 63; Ostendorf, 2013a, S. 243; zu Fragen der Durchführung auch Seidl/Holthusen/Hoops, 2013, S. 293 ff.
[191] Siehe Seidl/Holthusen/Hoops, 2013, S. 293; Thalmann, 2011, S. 82.
[192] Wie hier i. Erg. Brunner/Dölling, 2011, § 11 Rdn. 6 a.E.; Diemer/Schatz/Sonnen, 2011, § 11 JGG Rdn. 10; Eisenberg, 2014, § 11 Rdn. 12a; Streng, 2012, S. 189; a. A. Ostendorf, 2013, § 11 Rdn. 14.
[193] So Brunner/Dölling, 2011, § 11 Rdn. 4; Dölling, 2014, S. 93; Schaffstein/Beulke, 2002, S. 114; wohl auch LG Kaiserslautern, ZJJ 2010, S. 430; Böhm/Feuerhelm, 2004, S. 73; Eisenberg, 2014, § 11 Rdn. 12a, 24.

7.4 Die Erteilung von Weisungen nach § 10 JGG

Verbot der Doppelbestrafung nach Art. 103 Abs. 3 GG ins Feld führt, fasst Ungehorsamsarrest deshalb als Ersatzmaßnahme auf: Durch seine Verbüßung wird die ursprünglich erteilte **Weisung substituiert**; sie entfällt.[194]

Gegen diese Sichtweise lässt sich allerdings vorbringen, dass sie mit dem Gesetz nicht in Einklang steht. Während nach Vollstreckung von Jugendarrest im Falle schuldhafter Nichterfüllung von Auflagen diese für erledigt erklärt werden dürfen (§ 15 Abs. 3 S. 3 JGG), fehlt im Recht der Weisungen eine entsprechende Möglichkeit. Vorzugswürdig erscheint es deshalb, den Ungehorsamsarrest als eine Art **Zwangsmittel** zu begreifen.[195] Dafür spricht insbesondere die in § 11 Abs. 3 S. 3 JGG enthaltene Regelung. Ebenso wenig kommt es zu einer Kollision mit Art. 103 Abs. 3 GG, da es sich bei Beugearrest gerade nicht um eine Strafe handelt.[196] Schließlich wird im Falle der Verhängung von Arrest nach einer Aussetzung der Jugendstrafe zur Bewährung gem. §§ 23 Abs. 1 S. 4, 11 Abs. 3 JGG nicht gegen den Grundsatz der Einspurigkeit freiheitsentziehender Maßnahmen verstoßen. In der Konsequenz führt die hier eingenommene Position zu identischen Ergebnissen wie die überkommene Auffassung: Der Bestand der Weisung selbst bleibt durch Verhängung und Vollstreckung des Ungehorsamsarrests unberührt.

624

7.4.5.2 Voraussetzungen des Ungehorsamsarrests

Ungehorsamsarrest weist gem. § 11 Abs. 3 S. 1 JGG folgende Voraussetzungen auf:

625

- Die Weisung ist in einem **rechtskräftigen Urteil** nach §§ 10, 11 Abs. 1 JGG oder vom Familiengericht gem. § 53 JGG ausgesprochen worden.[197] Im Wege der Diversion erteilte Weisungen genügen nicht, §§ 45 Abs. 3 S. 3, 47 Abs. 1 S. 6 JGG.
- Sie muss noch **Bestand** haben und befolgt werden können, also insbesondere klar genug formuliert sein.[198]
- Der Jugendliche muss über die Folgen des Ungehorsams, also über die Möglichkeit des Arrests belehrt worden sein. Die **Belehrung** erfolgt regelmäßig bereits bei der Verkündung des Urteils.

---

[194] Dafür Dünkel, 1991, S. 29; Feltes, 1993, S. 111; Ostendorf, 2013, § 11 Rdn. 11 f.; Schäffer, 2002, S. 46; de lege ferenda auch Meier/Rössner/Schöch, 2013, S. 190; ablehnend Wohlfahrt, 2012, S. 394 f.

[195] In diesem Sinne LG Mühlhausen, BeckRS 2011, 11930; Böttcher/Weber, 1991, S. 8; HK-JGG/Buhr, 2014, § 11 Rdn. 19; Diemer/Schatz/Sonnen, 2011, § 11 JGG Rdn. 11; Laubenthal, 2006, S. 625; ders., 2013, S. 159; Riechert-Rother, 2008, S. 31; Streng, 2012, S. 190; Wohlfahrt, 2012, S. 397.

[196] Siehe dazu BVerfG, NJW 1989, S. 2529.

[197] OLG Düsseldorf, MDR 1994, S. 505; Diemer/Schatz/Sonnen, 2011, § 11 JGG Rdn. 14; Eisenberg, 2014, § 11 Rdn. 15; Ostendorf, 2013, § 11 Rdn. 16.

[198] Siehe OLG Braunschweig, ZJJ 2012, S. 320; LG Bielefeld, StrVert 2001, S. 175; LG Kaiserslautern, ZJJ 2010, S. 430; LG Landau, StrVert 2003, S. 461 f.; Brunner/Dölling, 2011, § 11 Rdn. 6; Eisenberg, 2014, § 11 Rdn. 12a.

626
- Voraussetzung bleibt weiter ein **schuldhafter Verstoß**. Dies hat man zunächst an § 3 JGG wie an § 20 StGB zu messen. Sodann bedarf es der vorsätzlichen oder fahrlässigen Zuwiderhandlung. Das Verhalten des Delinquenten kann im Einzelfall gerechtfertigt oder entschuldigt sein. Bisweilen mag es auch an der **Zumutbarkeit normgemäßen Verhaltens** fehlen. So verhält es sich etwa in dem Fall, in dem dem Minderjährigen von seinen Eltern die Befolgung der Weisung verboten wurde.[199] Ob es sich hier um eine missbräuchliche Ausübung des Personensorgerechts handelt oder nicht, spielt für die Beurteilung des jugendlichen Weisungsverweigerers keine Rolle.[200]
- Wird eine nach § 10 Abs. 2 JGG zustimmungsbedürftige Weisung nicht befolgt, liegt darin eine Rücknahme der Zustimmung. Die Weisung wird unzulässig; Arrest darf nicht verhängt werden.[201]

7.4.5.3 Verhängung des Ungehorsamsarrests

627 Beugearrest darf wegen jeder einzelnen Zuwiderhandlung verhängt werden. Wie sich aus dem Wortlaut des § 11 Abs. 3 S. 1 JGG ergibt, steht dem Jugendrichter **Ermessen** zu. Dieses wird regelmäßig nur dann rechtsfehlerfrei ausgeübt, wenn der zur Verhängung von Ungehorsamsarrest führende Verstoß des Jugendlichen sich als gravierend darstellt.[202]

628 Mangels spezieller Regelung richtet sich die **Dauer** des jeweiligen Ungehorsamsarrests nach § 16 JGG. Der Jugendrichter kann also die Rechtsfolge aus dem Bereich zwischen einer Freizeit (§ 16 Abs. 2 JGG) und vier Wochen Dauerarrest (§ 16 Abs. 4 JGG) wählen. Zu beachten bleibt die Höchstgrenze des § 11 Abs. 3 S. 2 JGG: Bei einer Verurteilung darf insgesamt eine Dauer von vier Wochen nicht überschritten werden. Das gilt selbst in dem Fall, in dem in einem Urteil mehrere Weisungen verhängt wurden und der Delinquent diese sämtlich nicht erfüllt. Die wiederholte Arrestanordnung wegen eines erneuten Verstoßes gegen dieselbe oder eine andere in demselben Urteil auferlegte Weisung ist möglich.[203]

629 Der Richter sollte die **Höchstdauer von vier Wochen** daher keinesfalls sogleich ausschöpfen, damit er auf weitere Renitenz des Delinquenten nach Verbüßung eines

---

[199] Vgl. Böhm/Feuerhelm, 2004, S. 193; Brunner/Dölling, 2011, § 11 Rdn. 6; Schaffstein/Beulke, 2002, S. 114; Streng, 2012, S. 188. Diemer/Schatz/Sonnen, 2011, § 11 JGG Rdn. 15; Ostendorf, 2013, § 11 Rdn. 17 sprechen von Pflichtenkollision; Eisenberg, 2014, § 11 Rdn. 16a; Laubenthal, 2006, S. 625 behandeln die Nichtbefolgung der Weisung als rechtmäßig.

[200] Vgl. aber auch VerfGH Rheinland-Pfalz, NStZ 2013, S. 294 f. zur Bedeutung des fortschreitenden Alters des betroffenen Jugendlichen.

[201] LG Marburg, NStZ-RR 2006, S. 122; HK-JGG/Buhr, 2014, § 11 Rdn. 28; Diemer/Schatz/Sonnen, 2011, § 10 JGG Rdn. 61; Eisenberg, 2014, § 11 Rdn. 11; anders Paul, 2005, S. 209 (zu § 26 JGG).

[202] So Brunner/Dölling, 2011, § 11 Rdn. 4; Eisenberg, 2014, § 11 Rdn. 18; Schaffstein/Beulke, 2002, S. 113.

[203] Für viele LG Arnsberg, StrVert 2007, S. 1; HK-JGG/Buhr, 2014, § 11 Rdn. 20; Diemer/Schatz/Sonnen, 2011, § 11 JGG Rdn. 17; Eisenberg, 2014, § 11 Rdn. 21; a. A. Ostendorf, 2013, § 11 Rdn. 15.

Ungehorsamsarrests noch reagieren kann.²⁰⁴ Ist ein weiterer Arrest erforderlich, obwohl ein bereits rechtskräftig verhängter noch nicht (vollständig) verbüßt wurde, kommt es zu einer entsprechenden Anwendung von **§ 31 Abs. 2 JGG**, so dass unter Einbeziehung der früheren Arrestentscheidung nur ein Arrest verhängt und vollstreckt wird.²⁰⁵ Lässt sich ein wiederholter Weisungsverstoß jedoch nicht als Ausdruck der Renitenz des Verurteilten interpretieren, sondern indiziert er die Ungeeignetheit einer Weisung, sollte der Richter nach § 11 Abs. 2 JGG vorgehen, also die Weisung ändern oder von ihr befreien.²⁰⁶

Davon abgesehen hat man bei der Verhängung von Ungehorsamsarrest den **Verhältnismäßigkeitsgrundsatz** in der Form zu wahren, dass durch den Arrest auch in der Zusammenschau mit allen anderen ausgeworfenen Sanktionen keine übermäßige Belastung eintritt. Bedeutung erlangt dieser Grundsatz für die Konstellationen, in denen im Urteil verhängter **Jugendarrest** mit später festgesetztem **Ungehorsamsarrest zusammentrifft**. Hier ist umstritten, ob es zu einer Kumulation der Arrestarten kommen darf, die über die Dauer von vier Wochen hinausreicht,²⁰⁷ oder ob sich aus §§ 11 Abs. 3 S. 2, 16 Abs. 4 S. 1 JGG ergibt, dass maximal vier Wochen Arrest insgesamt statthaft bleiben.²⁰⁸ In der Diskussion wird allerdings vernachlässigt, dass der Anwendung des Prinzips der Verhältnismäßigkeit nur eine einzelfallbezogene Betrachtungsweise gerecht wird, weshalb sich die Frage nicht pauschal beantworten lässt. Eine Rolle spielen jedoch auch folgende generelle Gesichtspunkte: Je länger Jugendarrest dauert, desto mehr belastet er den Delinquenten. Ferner fehlt es bei seinem Vollzug vielfach an der vom Gesetz gewünschten spezialpräventiven Einwirkung.²⁰⁹ Deshalb erweist sich im Regelfall eine vier Wochen übersteigende Arrestdauer als unverhältnismäßig.

630

Hinsichtlich des **Verfahrens** gelten im Vergleich zu einem Vorgehen nach § 11 Abs. 2 JGG²¹⁰ folgende Besonderheiten: Vor Anordnung des Ungehorsamsarrests muss der Jugendliche zwingend²¹¹ die Gelegenheit erhalten, sich vor dem Richter mündlich zu äußern (§ 65 Abs. 1 S. 3 JGG). Schon deshalb ist eine Abgabe an den Richter des neuen Aufenthaltsorts nach § 65 Abs. 1 S. 4 JGG zweckmäßig.²¹² Weil junge Menschen im schriftlichen Verkehr mit Behörden u. U. wenig gewandt sind, reicht es nicht, wenn die mündliche Anhörung nur auf Wunsch des Betroffenen stattfindet.²¹³ Gegen die Verhängung von Jugendarrest steht das Rechtsmittel der **sofortigen Beschwerde** zur Verfügung (§ 65 Abs. 2 S. 2 JGG i. V. m.

631

---

²⁰⁴ Vgl. Meier/Rössner/Schöch, 2013, S. 190; aber auch Eisenberg, 2014, § 11 Rdn. 22.

²⁰⁵ Dazu Diemer/Schatz/Sonnen, 2011, § 11 JGG Rdn. 17; Eisenberg, 2014, § 11 Rdn. 21.

²⁰⁶ Vgl. Diemer/Schatz/Sonnen, 2011, § 11 JGG Rdn. 20; Eisenberg, 2014, § 11 Rdn. 24.

²⁰⁷ So LG Mühlhausen, BeckRS 2011, 11930; Brunner/Dölling, 2011, § 11 Rdn. 7; HK-JGG/Buhr, 2014, § 11 Rdn. 22; Diemer/Schatz/Sonnen, 2011, § 11 JGG Rdn. 18; Dölling, 2014, S. 94; Wohlfahrt, 2012, S. 395 f.

²⁰⁸ Dafür LG Zweibrücken, ZJJ 2012, S. 88; Eisenberg, 2014, § 11 Rdn. 21; ders., 2013e, S. 75 f.; Ostendorf, 2013, § 11 Rdn. 13; Reisenhofer, 2012, S. 192; Streng, 2012, S. 189.

²⁰⁹ Näher Kap. 8.6.1.3.

²¹⁰ Dazu Kap. 7.4.4.2 a.E.

²¹¹ Siehe LG Arnsberg, StrVert 2007, S. 1; Eisenberg, 2014, § 65 Rdn. 10a.

²¹² BGH, StraFo 2009, S. 437.

²¹³ LG Arnsberg, BeckRS 2010, 00371.

§ 2 Abs. 2 JGG, § 311 StPO). Dieser kommt aufschiebende Wirkung zu, § 65 Abs. 2 S. 3 JGG. Eine weitere Beschwerde ist nicht statthaft; es handelt sich bei der Arrestanordnung nicht um eine Verhaftung i. S. v. § 310 Abs. 1 Nr. 1 StPO.[214]

Wurde die Weisung nachträglich erfüllt und ist der verhängte **Arrest** deshalb gem. § 11 Abs. 3 S. 3 JGG **aufzuheben**, besteht hierfür nach § 65 Abs. 1 S. 1 JGG eine Zuständigkeit des Tatrichters. Dies gilt selbst dann, wenn die Angelegenheit bereits an den Jugendrichter am Ort des Vollzugs als Vollstreckungsleiter abgegeben wurde (§§ 85 Abs. 1, 90 Abs. 2 S. 2 JGG).[215]

7.5 Hilfe zur Erziehung gem. § 12 JGG

632 Als weitere Erziehungsmaßregeln führt das JGG in § 12 zwei aus dem SGB VIII entliehene Rechtsinstitute auf: Erziehungsbeistandschaft und Heimerziehung. Deren Voraussetzungen bestimmen sich deshalb weithin nach dem Kinder- und Jugendhilferecht. Dieses ist nicht an Zwang und Eingriff ausgerichtet, sondern als Kanon von **Leistungsangeboten** konzipiert, welche die Berechtigten beanspruchen dürfen. Deshalb müssen die im Sozialrecht ausschließlich als Leistungsempfänger benannten Eltern bzw. Personensorgeberechtigten (§ 27 Abs. 1 SGB VIII) mit der Erziehungshilfe einverstanden sein;[216] ein entgegenstehender Wille auch des Jugendlichen kann nicht mit Zwangsmitteln gebrochen werden; § 11 Abs. 3 JGG gilt nicht.[217] Scheitert die Hilfe, darf der Jugendrichter schließlich keine neuen Maßnahmen ergreifen.[218]

633 Mit dem Gedanken eines auf Zwang und Unterordnung basierenden Strafrechts lässt sich diese Situation kaum vereinbaren. Lautet das Urteil des Gerichts dahin, der Delinquent habe Hilfe in Anspruch zu nehmen, bedeutet dies letztlich, dass ihm vom Jugendamt geholfen werden soll. Das Strafurteil erlegt in diesem Fall also weniger dem Verurteilten als vielmehr einem Dritten etwas auf. Hierin wird ein Grund dafür gesehen, dass in der Praxis nur **wenige Anordnungen** gem. § 12 JGG

---

[214] OLG München, NStZ 2012, S. 166.

[215] So BGHSt. 48, S. 1; Brunner/Dölling, 2011, § 11 Rdn. 8; Diemer/Schatz/Sonnen, 2011, § 65 JGG Rdn. 9; Eisenberg, 2003a, S. 216 f.; Ostendorf, 2013, § 65 Rdn. 2; Streng, 2012, S. 190; Wohlfahrt, 2012, S. 395; anders (Anwendung von § 87 Abs. 3 JGG mit der Folge vollstreckungsrichterlicher Zuständigkeit) Böttcher/Weber, 1991, S. 8.; zum Ganzen ferner Landmann, 2003, S. 488 ff.

[216] Dazu Häbel, in: GK-SGB VIII, 2006, § 27 Rdn. 85; Jung-Pätzold, 2009, S. 241; Petersen, 2008, S. 161 f.; Schleicher, in: GK-SGB VIII, 2008, § 30 Rdn. 25; Streng, 2012, S. 191; Wedler, 2012, S. 297; a. A. Brunner/Dölling, 2011, § 12 Rdn. 7; Czerner, 2008, S. 150; Meier/Rössner/Schöch, 2013, S. 168; Ostendorf, 2013, § 12 Rdn. 8; Possin, 1995, S. 91; Reuther, 2008, S. 110; Schaffstein/Beulke, 2002, S. 128; Trenczek, in: Münder/Meysen/Trenczek, 2013, § 52 Rdn. 56.

[217] Vgl. HK-JGG/Buhr, 2014, § 12 Rdn. 4; Diemer/Schatz/Sonnen, 2011, § 12 JGG Rdn. 4; Eisenberg, 2014, § 12 Rdn. 8; Mrozynski, 2009, § 30 Rdn. 8; Ostendorf, 2013, § 12 Rdn. 11; Schaffstein/Beulke, 2002, S. 129; Streng, 2012, S. 191, 195 f.

[218] Mrozynski, 2009, § 30 Rdn. 8.

7.5 Hilfe zur Erziehung gem. § 12 JGG

ergehen.²¹⁹ Zudem stehen als Alternativen die Überweisung an das Familiengericht (§ 53 JGG)²²⁰ sowie die Verfahrenseinstellung gem. § 47 JGG nach Hilfegewährung durch das Jugendamt zur Verfügung.²²¹

> De lege ferenda findet sich deshalb die Forderung erhoben, § 12 JGG zu streichen.²²² Dieser Vorschlag verdient im Hinblick auf eine sinnvolle stärkere Differenzierung zwischen Jugendkriminal- und Jugendhilferecht Zustimmung. Die durch den Wegfall der Heimerziehung entstehende Lücke im Bereich der stationären Sanktionen könnte durch Schaffung eines speziellen jugendstrafrechtlichen Instituts ausgefüllt werden.²²³

634

7.5.1 Allgemeine Voraussetzungen der Erziehungshilfe

In persönlicher Hinsicht findet § 12 JGG **nur** auf **Jugendliche** Anwendung, nicht aber auf Heranwachsende (§ 105 Abs. 1 JGG). Insoweit kommt es allein auf das Alter des Betroffenen zum Zeitpunkt der Entscheidung an. Eine weitere Ausnahme vom Geltungsbereich betrifft Soldaten der Bundeswehr, § 112a Nr. 1 JGG. Der Anspruch auf Hilfe zur Erziehung endet nach §§ 27, 30, 34, 7 Abs. 1 Nr. 2 SGB VIII mit der Vollendung des 18. Lebensjahres, und über ihre Fortführung nach § 41 SGB VIII müsste die Sozialbehörde neu entscheiden. Mit dem 18. Geburtstag findet in jedem Fall die nach § 12 JGG angeordnete Maßnahme ihr Ende. Es ist deshalb nicht zu empfehlen, dass von ihr gegenüber einem kurz vor der Volljährigkeit stehenden jungen Menschen Gebrauch gemacht wird.²²⁴

635

Unabdingbar bleibt die einer Anordnung nach § 12 JGG vorangehende **Anhörung des Jugendamts**. Dieses soll sich nicht nur zu den bei dem Jugendlichen bestehenden Defiziten und der Eignung der Erziehungshilfe erklären. Es muss auch die Frage beantworten, ob es die ihm nach dem SGB VIII obliegende²²⁵ Leistung der Erziehungsbeistandschaft bzw. der Heimerziehung erbringen will. Denn – gerade im Sozialrecht – ist die Frage umstritten, ob das **Jugendamt** durch die richterliche Entscheidung – zur Ausführung wie zur Kostentragung – **verpflichtet** wird.²²⁶

636

---

²¹⁹ So Böhm/Feuerhelm, 2004, S. 176; Streng, 2012, S. 197. Zur Anwendungshäufigkeit von § 12 JGG siehe Tab. 6.1.

²²⁰ Siehe Eisenberg, 2014, § 12 Rdn. 35; Kunkel, in: LPK-SGB VIII, 2011, § 36 Rdn. 21; a. A. Possin, 1995, S. 140.

²²¹ Dazu Streng, 2012, S. 197.

²²² Etwa Albrecht H.-J., 2002, S. D 144 f.; Dölling, 2001, S. 188; Laubenthal, 2002, S. 817; Streng, 2012, S. 197; für § 12 Nr. 2 JGG ferner Nonninger, in: LPK-SGB VIII, 2011, § 34 Rdn. 39; Schmid-Oberkirchner, in: Wiesner, 2011, § 34 Rdn. 58; Wiesner, 2009, S. 328; ders., 2012, S. 539.

²²³ Vgl. Streng, 2012, S. 197.

²²⁴ So Diemer/Schatz/Sonnen, 2011, § 12 JGG Rdn. 3; Eisenberg, 2014, § 12 Rdn. 2; a. A. HK-JGG/Buhr, 2014, § 12 Rdn. 16; Göppinger/Bock, 2008, S. 616.

²²⁵ Siehe Miehe, 1997, S. 264 f.; Scholz, 1994, S. 238; Trenczek, 1996, S. 48 f.; ferner Kap. 7.3.2.

²²⁶ Bejahend Beulke, 2008, S. 70 ff.; HK-JGG/Buhr, 2014, § 12 Rdn. 4 f.; Czerner, 2008, S. 148; Eisenberg, 2014, § 9 Rdn. 9; Meier/Rössner/Schöch, 2013, S. 168; Möller/Schütz, 2007, S. 179 f.; Mrozynski, 2009, § 30 Rdn. 7 ff.; Ostendorf, 2013, § 12 Rdn. 8, 11; ders., 2013a, S. 148; verneinend Fieseler, in: GK-SGB VIII, 2008, § 36a Rdn. 15; Göppinger/Bock, 2008, S. 616; Häbel, in: GK-SGB VIII, 2006, § 27 Rdn. 85; Kunkel, in: LPK-SGB VIII, 2011, § 36 Rdn. 21, § 36a Rdn. 4;

Zwar lässt sie sich im Hinblick auf die dem Jugendrichter speziell eingeräumte Kompetenz, welche die verbindliche Prüfung der Voraussetzungen nach dem SGB VIII einbegreift, sowie die Öffnungsklausel in § 36a Abs. 1 S. 1 SGB VIII („... grundsätzlich...") in beiden Punkten bejahen. Gleichwohl besteht faktisch die Gefahr, dass der Jugendrichter Maßnahmen anordnet, die das Amt später nicht trifft; denn ihm gegenüber kann die gerichtliche Entscheidung nicht vollstreckt werden. Dies würde aber zu einem individualpräventiv unerwünschten Ansehensverlust für die Strafrechtspflege führen.[227] Aus dem Unterbleiben der Anhörung allein folgt aber nicht die Rechtswidrigkeit der angeordneten Erziehungshilfe.[228] Auch steht dem Jugendamt gegen die jugendrichterliche Entscheidung kein Rechtsmittel zur Verfügung.[229]

637 Hat der Jugendrichter Erziehungsbeistandschaft oder Heimerziehung angeordnet, richten sich Ausführung und Beendigung der Maßnahme nach den Vorschriften des SGB VIII. Allerdings vermag der Jugendrichter nicht nur die Wahrnehmung von Hilfe zur Erziehung aufzuerlegen, sondern als antizipierten actus contrarius auch deren **Ende** festzusetzen.[230] Das kommt allerdings nur in den wohl seltenen Fällen in Betracht, in denen sich die Dauer des Einwirkungsbedarfs schon im Urteilszeitpunkt hinreichend sicher prognostizieren lässt. In Ausnahmefällen dürfen die Maßnahmen auf dessen Wunsch hin selbst dem jungen Volljährigen noch belassen werden, § 41 Abs. 1 S. 2, Abs. 2 SGB VIII. Dann handelt es sich aber um reine Leistungen der Jugendhilfe, deren Bezug zur jugendrichterlichen Anordnung gänzlich in Wegfall gerät.

7.5.2 Die Erziehungsbeistandschaft

638 Die Erziehungsbeistandschaft gem. § 12 Nr. 1 JGG, § 30 SGB VIII bildet die weniger eingriffsintensive der beiden Maßnahmen aus dem SGB VIII. Dem Jugendlichen soll bei der Bewältigung von nicht näher umschriebenen[231] Entwicklungsschwierigkeiten – nach Möglichkeit unter Einbeziehung des sozialen Umfelds – sowie unter **Erhaltung des Lebensbezugs** zu seiner Familie geholfen werden, wobei dies seine Verselbstständigung zu fördern hat. Aus seinen sozialen Bezügen wird der Betroffene also gerade nicht herausgerissen. Nach § 27 Abs. 1 SGB VIII darf eine dem Wohl des Jugendlichen entsprechende Erziehung ohne die Maßnahme

---

Nix, in: Möller/Nix, 2006, § 34 Rdn. 8; Schellhorn/Fischer/Mann/Kern, 2012, § 36a Rdn. 11; Schleicher, in: GK-SGB VIII, 2008, § 30 Rdn. 24; Schmid-Oberkirchner, in: Wiesner, 2011, § 30 Rdn. 14; Stähr, in: Stähr u. a., 2009, § 36a Rdn. 11, 13; Struck/Trenczek, in: Münder/Meysen/Trenczek, 2013, § 30 Rdn. 8, § 34 Rdn. 16; Tammen, in: Münder/Wiesner/Meysen, 2011, S. 256, 261; Wedler, 2012, S. 296.

[227] Vgl. dazu Streng, 2012, S. 191 f.; enger Possin, 1995, S. 121 f.

[228] Diemer/Schatz/Sonnen, 2011, § 12 JGG Rdn. 8.

[229] Siehe Diemer/Schatz/Sonnen, 2011, § 12 JGG Rdn. 8; Eisenberg, 2014, § 12 Rdn. 47.

[230] Wie hier Brodkorb, 1998, S. 691; Eisenberg, 2014, § 12 Rdn. 6; Ostendorf, 2013, § 12 Rdn. 12.

[231] Kritisch deshalb Eisenberg, 2014, § 12 Rdn. 10, der Zurückhaltung bei der Annahme einer einschlägigen Problematik fordert; vgl. aber auch Struck/Trenczek, in: Münder/Meysen/Trenczek, 2013, § 30 Rdn. 2.

nicht gewährleistet sein, und die Erziehungsbeistandschaft muss sich gerade als das mildeste, gleichwohl Erfolg versprechende Mittel zur Abhilfe darstellen.

Nicht der Richter wählt den Erziehungsbeistand aus, sondern ein solcher wird vom **Jugendamt** bestimmt, nachdem dieses für die weitere Durchführung zuständig bleibt. Allerdings sollte bereits der Jugendrichter die Frage prüfen, ob überhaupt ein für den jeweiligen Delinquenten geeigneter Beistand zur Verfügung steht. Der Erziehungsbeistand muss eine natürliche Person sein, sei sie haupt- (Jugendgerichtshelfer) oder ehrenamtlich (Mitglied eines Betreuungsvereins, Lehrer, Angehöriger) tätig. Ihm vermag das Jugendamt zwar Ratschläge für seine Aufgabe an die Hand zu geben; er kann aber nicht zu Berichten an das Amt oder den Jugendrichter gezwungen werden.[232] Wie sich aus seinem in § 30 SGB VIII niedergelegten **Unterstützungs- und Förderauftrag** ergibt, darf er seinem Schützling oder gar dessen Erziehungsberechtigten keine bindenden Vorgaben machen. 639

Die Beibehaltung der Erziehungsbeistandschaft als jugendstrafrechtliche Reaktion erstaunt insofern, als sich ihr Zweck auch durch eine **Betreuungsweisung** nach § 10 Abs. 1 S. 3 Nr. 5 JGG erreichen lässt.[233] Ein wichtiger Unterschied zwischen den beiden Instituten liegt lediglich darin, dass fehlender Kooperation mit dem Betreuungshelfer nicht mit Ungehorsamsarrest (§ 11 Abs. 3 JGG) begegnet werden kann. Aus diesem Grund wird in der Literatur überwiegend der Betreuungsweisung der Vorzug eingeräumt: Die freie Form der Betreuung im Rahmen der Erziehungsbeistandschaft erscheine gerade bei bereits delinquenten jungen Menschen weniger gut geeignet.[234] Die Gegenauffassung betont demgegenüber die positiven entwicklungspsychologischen Aspekte, die sich mit der fehlenden Zwangsbewehrung der Maßnahme verbinden.[235] 640

Die Erziehungsbeistandschaft wird mangels spezieller gesetzlicher Zuständigkeitsregelung vom zu ihrer Durchführung berufenen Jugendamt und nicht vom Jugendrichter (in analoger Anwendung von § 11 Abs. 2 JGG) mit Erreichen des Erziehungszwecks **beendet**, da sie nach diesem Zeitpunkt unverhältnismäßig wäre.[236] 641

7.5.3 Die Erziehung in einer stationären Einrichtung

§ 12 Nr. 2 JGG verweist auf die in § 34 SGB VIII vorgesehene Möglichkeit, Hilfe zur Erziehung „in einer Einrichtung über Tag und Nacht (Heimerziehung) oder in einer sonstigen betreuten Wohnform" in Anspruch zu nehmen. Diese Maßnahme 642

---

[232] So Albrecht P.-A., 2000, S. 197; Streng, 2012, S. 192; a. A. Schaffstein/Beulke, 2002, S. 133.
[233] Anders Mrozynski, 2009, § 30 Rdn. 12, der die Betreuungshilfe für entbehrlich hält.
[234] Vgl. Brunner/Dölling, 2011, § 12 Rdn. 4; Meier/Rössner/Schöch, 2013, S. 169; Schaffstein/Beulke, 2002, S. 132; Streng, 2012, S. 193.
[235] So Eisenberg, 2014, § 12 Rdn. 8; ablehnend Ostendorf, 2013, § 12 Rdn. 5.
[236] Im Ergebnis auch Eisenberg, 2014, § 12 Rdn. 17; Reisenhofer, 2012, S. 193; Schaffstein/Beulke, 2002, S. 133; Stähr, in: Stähr u. a., 1992, § 30 Rdn. 15; Streng, 2012, S. 193; a. A. Meier/Rössner/Schöch, 2013, S. 170; Ostendorf, 2013, § 12 Rdn. 12.

hat die **Fürsorgeerziehung** ersetzt, die vor dem Erlass des SGB VIII verhängt werden konnte,[237] und will deren stigmatisierende Wirkungen nicht eintreten lassen.

> Bereits **vor Rechtskraft** des Urteils kann die einstweilige Unterbringung in einem Heim der Jugendhilfe angeordnet werden, um den Jugendlichen vor einer weiteren Gefährdung seiner Entwicklung, insbesondere der Begehung neuer Straftaten, zu bewahren, § 71 Abs. 2 S. 1 JGG. Gleiches gilt im Rahmen der Untersuchungshaft, § 72 Abs. 4 S. 1 JGG.[238]

7.5.3.1 Die Voraussetzungen der Heimerziehung

643 Leider hat es der Gesetzgeber versäumt, die Voraussetzungen der Heimerziehung im SGB VIII – abgesehen von ihrer Geeignetheit und Notwendigkeit für die Erziehung des Jugendlichen (§ 27 Abs. 1 SGB VIII) – näher zu umschreiben. Das erscheint insbesondere deshalb misslich, weil ein Vorgehen nach § 34 SGB VIII einen besonders **intensiven Eingriff** in die Rechte des Betroffenen bildet. Eine derartige stationäre Sanktion lässt sich durchaus in ihren Auswirkungen mit der Verhängung einer unbedingten Jugendstrafe vergleichen.[239]

644 Dass die Heimerziehung nicht recht in den Kanon der milden und nicht-strafenden Erziehungsmaßregeln passt, wird auch an dem Bemühen deutlich, ihren Anwendungsbereich von demjenigen der **Jugendstrafe wegen schädlicher Neigungen** (§ 17 Abs. 2 1. Alt. JGG) abzugrenzen, wobei man selbst solche Kriterien heranzieht, die weniger inhaltlicher als vielmehr pragmatischer Natur sind. Es wird etwa auf die durch Jugendliche mit ausgeprägten kriminellen Neigungen drohende Ansteckungsgefahr für andere Insassen der Erziehungsheime verwiesen,[240] ebenso auf die noch erforderliche längere Unterbringungsdauer trotz bevorstehender Volljährigkeit.[241] Auf das Maß der Tatschuld als Unterscheidungskriterium kann es im Falle des § 17 Abs. 2 1. Alt. JGG jedenfalls nicht in erster Linie ankommen.[242] Entscheidende Bedeutung sollte in Übereinstimmung mit §§ 5 Abs. 2, 17 Abs. 2 JGG die Frage erlangen, ob es zur individuellen Einwirkung auf den Täter seiner Unterwerfung unter das (etwa im Hinblick auf die Entlassungsmöglichkeiten) strengere Vollzugsregime der Jugendstrafe bedarf oder nicht.

645 Auf die strikte Wahrung des **Verhältnismäßigkeitsgrundsatzes** ist besonderes Augenmerk zu richten: Ambulante Maßnahmen dürfen sich bei der Prognosestellung als nicht ausreichend zur individualpräventiven Beeinflussung erweisen.[243] Als weiterer Ausfluss des Verhältnismäßigkeitsprinzips ist vor der Anordnung der Heimerziehung eine **erhebliche kriminelle Gefährdung** des Betroffenen zu for-

---

[237] Ausführlich zur geschichtlichen Entwicklung Jans/Happe/Saurbier/Maas, 1999, § 34 Art. 1 KJHG Rdn. 11 ff.
[238] Dazu näher Kap. 5.3.2.2.
[239] Siehe Streng, 2012, S. 193.
[240] Vgl. Schaffstein, 1999, S. 616 f.
[241] So Streng, 2012, S. 195.
[242] Anders Streng, 2012, S. 195.
[243] Vgl. Brunner/Dölling, 2011, § 12 Rdn. 5; Diemer/Schatz/Sonnen, 2011, § 12 JGG Rdn. 14; Eisenberg, 2014, § 12 Rdn. 30; Meier/Rössner/Schöch, 2013, S. 170; Ostendorf, 2013, § 12 Rdn. 4; Ranft, 1995, S. 749 f.

7.5 Hilfe zur Erziehung gem. § 12 JGG

dern. Selbst die wiederholte Begehung leichter Straftaten (z. B. Beleidigungsdelikte, Erschleichen von Leistungen) rechtfertigt einen der Einweisung in den Jugendstrafvollzug nahe stehenden Rechtseingriff nicht. In der Literatur bezieht man sich zur näheren Umschreibung in Anlehnung an die Voraussetzungen der Fürsorgeerziehung nach altem Recht auf eine zumindest drohende **Verwahrlosung** des jungen Rechtsbrechers.[244] Er muss dafür erheblich hinter dem durchschnittlichen geistigen und seelischen Erziehungszustand anderer in vergleichbaren Verhältnissen lebender Jugendlicher zurückgeblieben sein oder zurückzubleiben drohen, und ihm muss deshalb eine erhebliche geistige oder sittliche Gefährdung drohen.[245]

Diese Begrifflichkeit lässt jedoch den erforderlichen Bezug zu den Anlasstaten vermissen und ist deshalb abzulehnen. In Betracht kommt damit nur eine Orientierung an **indiziellen Verhaltensweisen**: Auffälligkeiten im Leistungsbereich, insbesondere Schuleschwänzen und Abbruch einer Berufsausbildung, aber auch unmotivierte Arbeitsplatzwechsel oder Aufgabe der Arbeitsplatzsuche bei Arbeitslosigkeit, ferner Wohnsitzlosigkeit, Abgleiten in die Prostitution, oftmaliges Randalieren, wiederholte Vermögensdelinquenz.[246] Man wird sich aus Gründen der Verhältnismäßigkeit allerdings nicht damit begnügen dürfen, dass nur ein einzelner dieser Aspekte in der Person des betroffenen Delinquenten vorliegt. 646

> **Ungeeignet** ist ein junger Rechtsbrecher für die Heimerziehung dann, wenn er aus medizinischen Gründen mit ihren Mitteln nicht beeinflusst werden kann, weil sein Verhalten den Ausfluss eines nicht beherrschbaren Triebes oder einer krankheitsbedingten schweren seelischen Abartigkeit bildet.[247] Im Übrigen soll der Grundsatz in dubio pro reo nicht gelten, so dass auch bei Zweifeln an der Erziehungsfähigkeit von der Anordnung der Heimerziehung Gebrauch gemacht werden darf.[248] 647

7.5.3.2 Die Durchführung der Heimerziehung

Hat der Richter Heimerziehung angeordnet, obliegt deren Realisierung nach Rechtskraft des Urteils dem **Jugendamt** (§ 82 Abs. 2 JGG, §§ 69, 85 f. SGB VIII). Es bestimmt, in welcher Art von Einrichtung oder betreuten Wohnform sowie in welcher konkreten Institution der Jugendliche unterkommen soll. Zeigt sich dieser nicht kooperationswillig, sieht das Jugendstrafrecht **keine Möglichkeiten** vor, die Befolgung der Anordnung **zwangsweise durchzusetzen**.[249] Insbesondere kommt die Anordnung von Ungehorsamsarrest nach § 11 Abs. 3 JGG nicht in Betracht. Es 648

---

[244] Kritisch im Hinblick auf das Stigmatisierungspotential des Begriffs Eisenberg, 2014, § 12 Rdn. 21; Schaffstein/Beulke, 2002, S. 125; Streng, 2012, S. 194.
[245] Vgl. Albrecht P.-A., 2000, S. 200 f.; Diemer/Schatz/Sonnen, 2011, § 12 JGG Rdn. 13; Eisenberg, 2014, § 12 Rdn. 21 f.; ablehnend Ostendorf, 2013, § 12 Rdn. 3.
[246] Dazu Eisenberg, 2014, § 12 Rdn. 24; Meier/Rössner/Schöch, 2013, S. 167.
[247] Siehe Diemer/Schatz/Sonnen, 2011, § 12 JGG Rdn. 15; Eisenberg, 2014, § 12 Rdn. 32.
[248] Dazu Eisenberg, 2014, § 12 Rdn. 33; Ostendorf, 2013, § 12 Rdn. 6; Streng, 2012, S. 194.
[249] A.A. Meier/Rössner/Schöch, 2013, S. 168; Schaffstein/Beulke, 2002, S. 129.

steht der Behörde lediglich der Weg offen, durch das Familiengericht die Unterbringung nach §§ **1666, 1666a, 1631b BGB** durchsetzen zu lassen.[250]

> Zur Überprüfung der Rechtmäßigkeit der jugendamtlich ergriffenen Maßnahmen in Vollzug einer Anordnung gem. § 12 Nr. 2 JGG ist nach § 40 VwGO der Verwaltungsrechtsweg eröffnet.[251]

649 Als taugliche Institutionen zur Unterbringung benennt § 34 SGB VIII Einrichtungen über Tag und Nacht und sonstige betreute Wohnformen. Darunter fallen zunächst einmal **geschlossene Heime** freiheitsentziehenden Charakters, wie sie für die Fürsorgeerziehung alten Schlags charakteristisch waren.[252] In Übereinstimmung mit neueren pädagogischen Erkenntnissen ist man von derartigen Einrichtungen zunächst abgerückt und favorisierte offener gestaltete Heime, in denen die Jugendlichen familienartigen Kleingruppen zugeteilt werden.[253] Im Zuge einer gegenläufigen Tendenz, die das Sicherheitsinteresse der Allgemeinheit stärker betont, findet sich die Abschaffung geschlossener Institutionen in jüngerer Zeit mit Verweis auf stark auffällige und gefährliche Jugendliche jedoch kritisiert.[254]

650 Als sonstige **betreute Wohnformen** kommen insbesondere sozialpädagogisch betreute selbständige Wohngemeinschaften in Betracht, aber auch die Unterbringung des Jugendlichen in einer Einzelwohnung bei ständiger Zugangsmöglichkeit zur Betreuungsperson oder bei einer geeigneten Familie.[255] Derartige modernere Arten der Unterbringung bilden in der Praxis allerdings noch den Ausnahmefall, was sich mit den durch den gesteigerten Personalbedarf bedingten hohen Kosten erklären lässt.[256]

---

[250] So Brunner/Dölling, 2011, § 12 Rdn. 2; Possin, 1995, S. 129 f.; Ranft, 1995, S. 748; Streng, 2012, S. 195 f.

[251] Siehe VG Hamburg, ZfJ 2000, S. 277.

[252] So Czerner, 2008, S. 139; Schellhorn/Fischer/Mann/Kern, 2012, § 34 Rdn. 22; Stähr, in: Stähr u. a., 2007, § 34 Rdn. 23; a. A. HK-JGG/Buhr, 2014, § 12 Rdn. 23; Häbel, in: GK-SGB VIII, 1999, § 34 Rdn. 21; Nix, in: Möller/Nix, 2006, § 34 Rdn. 2; Nonninger, in: LPK-SGB VIII, 2011, § 34 Rdn. 35 ff.; krit. zur geschlossenen Unterbringung Ehmann, 2013, S. 101 ff.; Kerner/Sonnen, 1997, S. 345; Kindler/Permien/Hoops, 2007, S. 44 ff.; Pankofer, 1998, S. 127 ff.; Sonnen, 1994, S. 281 ff.; Thiersch, 1994, S. 274 ff.; v. Wolffersdorff/Sprau-Kuhlen/Kersten, 1996, S. 333 ff.

[253] Vgl. Meier/Rössner/Schöch, 2013, S. 171; Schaffstein/Beulke, 2002, S. 129; Schmid-Oberkirchner, in: Wiesner, 2011, § 34 Rdn. 13; Stähr, in: Stähr u. a., 2007, § 34 Rdn. 17a; Streng, 2012, S. 195.

[254] Vgl. Ehmann, 2013, S. 103 f.; Eisenberg, 2014, § 12 Rdn. 42a; Meier/Rössner/Schöch, 2013, S. 171; Schmidt C., 2007, S. 50 ff., der zufolge seit 2000 elf neue geschlossene Heime eingerichtet worden sind; Streng, 2012, S. 195.

[255] Näher Albrecht P.-A., 2000, S. 202; Häbel, in: GK-SGB VIII, 1999, § 34 Rdn. 8; Jans/Happe/Saurbier/Maas, 1999, § 34 Art. 1 KJHG Rdn. 73 ff.; Schellhorn/Fischer/Mann/Kern, 2012, § 34 Rdn. 15; Schmid-Oberkirchner, in: Wiesner, 2011, § 34 Rdn. 23 ff; Stähr, in: Stähr u. a., 2007, § 34 Rdn. 19a; Struck/Trenczek, in: Münder/Meysen/Trenczek, 2013, § 34 Rdn. 2.

[256] Vgl. Schaffstein/Beulke, 2002, S. 130; Streng, 2012, S. 195.

Träger der Heime und sonstigen Einrichtungen sind im Regelfall karitative, insbesondere kirchliche Organisationen, nicht aber die öffentliche Hand.[257]

651 Die Heimerziehung endet entweder mit der Vollendung des 18. Lebensjahres oder durch frühere **Aufhebung**. Die Zuständigkeit hierfür ist wie auch diejenige für die vorzeitige Beendigung der Erziehungsbeistandschaft mangels anderweitiger Kompetenzzuweisung beim Jugendamt angesiedelt.[258]

> Über die Erfolgsquote der Heimerziehung liegen – sicher auch wegen der geringen Zahl der getroffenen Anordnungen – keine neueren Studien vor. Praktiker vermuten, mehr als die Hälfte der Betroffenen würden fortan „halbwegs unauffällig" leben.[259] Die **Legalbewährung** von Fürsorgezöglingen nach altem Recht wurde dagegen wiederholt untersucht. Man ging davon aus, dass ca. 60 % von ihnen sich im Leben bewähren. Die Erhebungen werden jedoch in methodischer Hinsicht kritisiert und ihre Ergebnisse lassen sich kaum auf die modernen Formen der Heimerziehung oder gar des betreuten Wohnens übertragen.[260]

---

[257] Siehe Eisenberg, 2014, § 12 Rdn. 42e; Meier/Rössner/Schöch, 2013, S. 171; Schaffstein/Beulke, 2002, S. 129.

[258] So Eisenberg, 2014, § 12 Rdn. 6; Scholz, 1994, S. 238; Streng, 2012, S. 196; Trenczek, 2000, S. 106; anders Schaffstein/Beulke, 2002, S. 130 (Vormundschaftsrichter, also nach Erlass des FamFG stattdessen Familiengericht gem. §§ 151 Nr. 6, 167 Abs. 1 S. 1, 312 S. 1 Nr. 1, 330 S. 1 FamFG); Meier/Rössner/Schöch, 2013, S. 172; Ostendorf, 2013, § 12 Rdn. 12 (Jugendrichter analog § 11 Abs. 2 JGG).

[259] Dazu Schmidt C., 2007, S. 52.

[260] Vertiefend Eisenberg, 2014, § 12 Rdn. 34 ff.; Ostendorf, 2013, § 12 Rdn. 6; Schaffstein/Beulke, 2002, S. 131; Streng, 2012, S. 196.

Zuchtmittel 8

Die Bestimmungen zu den Zuchtmitteln sind in **§§ 13 ff. JGG** zu finden. Das Gesetz zählt hierunter folgende Sanktionsmöglichkeiten: 652

- Verwarnung (§§ 13 Abs. 2 Nr. 1, 14 JGG),
- Auflagenerteilung (§§ 13 Abs. 2 Nr. 2, 15 JGG) sowie
- Jugendarrest (§§ 13 Abs. 2 Nr. 3, 16 JGG).

Als **Auflagen** kommen im Einzelnen in Betracht:

- Schadenswiedergutmachung (§ 15 Abs. 1 S. 1 Nr. 1 JGG),
- Entschuldigung (§ 15 Abs. 1 S. 1 Nr. 2 JGG),
- Arbeitsleistungen (§ 15 Abs. 1 S. 1 Nr. 3 JGG) und
- Geldbuße (§ 15 Abs. 1 S. 1 Nr. 4 JGG).

Im Rahmen des **Jugendarrests** existieren drei Formen (§ 16 Abs. 1 JGG):

- Freizeitarrest (§ 16 Abs. 2 JGG),
- Kurzarrest (§ 16 Abs. 3 JGG), ferner
- Dauerarrest (§ 16 Abs. 4 JGG).

Nach der Vorstellung des Gesetzgebers wird eine Straftat mit Zuchtmitteln „geahndet" (§§ 5 Abs. 2, 13 Abs. 1 JGG), wenn einerseits Erziehungsmaßregeln nicht mehr ausreichen, andererseits Jugendstrafe aber noch nicht geboten ist. Dem jungen Rechtsbrecher soll „eindringlich zum Bewusstsein gebracht werden..., dass er für das von ihm begangene Unrecht einzustehen hat" (§ 13 Abs. 1 JGG). Die Rechtswirkungen einer Strafe werden dieser Ahndung mit Zuchtmitteln nicht beigemessen, § 13 Abs. 3 JGG. 653

8.1 Rechtliche Einordnung der Zuchtmittel

654 Bei den Zuchtmitteln handelt es sich zwar nach § 13 Abs. 3 JGG nicht um Strafen im formellen Sinne, weshalb eine Eintragung im Bundeszentralregister – wohl aber im Erziehungsregister, § 60 Abs. 1 Nr. 2 BZRG – i. d. R nicht erfolgt und ein Betroffener weiterhin als nicht vorbestraft gilt.[1] Gleichwohl lässt sich ein **materieller Strafcharakter** der Zuchtmittel nicht leugnen,[2] so dass die Gefahr der Verhängung eines Zuchtmittels das Recht zur Aussageverweigerung gem. § 55 StPO begründet.[3] Denn über die mit den Erziehungsmaßregeln vergleichbare individualpräventive Zielsetzung hinaus zeichnen sich Zuchtmittel weiter durch **repressive Elemente** von Vergeltung und Schuldausgleich aus.[4] Wird den Zuchtmitteln darüber hinaus noch generalpräventive Funktion beigelegt,[5] so geht dies im Hinblick auf § 13 Abs. 3 JGG aber zu weit.

Eine Einordnung dergestalt, dass Zuchtmittel den Erziehungsmaßregeln näher stehen sollen als der Strafe,[6] erscheint ebenfalls nicht zutreffend. In Wirklichkeit sind die Unterschiede zwischen den verschiedenen Sanktionsformen – trotz mancher Annäherungen wie etwa durch Arbeitsweisung und Arbeitsauflage[7] – zu groß, um derartige Vermessungen vornehmen zu können.

655 Aufschluss über das Wesen der Zuchtmittel lässt sich auch aus ihrer **Geschichte** gewinnen. Sie sind insbesondere militärischen Disziplinarmaßnahmen nachgebildet.[8] Der Jugendarrest geht auf den Jugenddienstarrest als disziplinarische Regelung in der Hitler-Jugend zurück und wurde 1940 eingeführt, während die Kategorie der Zuchtmittel als solche 1943 geschaffen wurde.[9] Die **nationalsozialistischen Wurzeln** manifestieren sich noch heute in der abwertenden und stigmatisierenden Terminologie „Zuchtmittel".[10]

---

[1] Näher zu den registerrechtlichen Besonderheiten Kap. 12.1.
[2] Anders Schaffstein/Beulke, 2002, S. 135.
[3] BGHSt. 9, S. 34.
[4] Vgl. BVerfG, ZJJ 2005, S. 74; Brunner/Dölling, 2011, § 13 Rdn. 2; Diemer/Schatz/Sonnen, 2011, § 13 JGG Rdn. 2; Eisenberg, 2014, § 13 Rdn. 7 f.; HK-JGG/Linke, 2014, § 13 Rdn. 3; Schaffstein/Beulke, 2002, S. 135; a. A. Meier/Rössner/Schöch, 2013, S. 192; Ostendorf, 2013, Grdl. z. den §§ 13-16a Rdn. 4; Zieger, 2013, S. 55 f.; siehe auch Lenz T., 2007, S. 80 f.
[5] So Kaspar, 2010, S. 216; Schaffstein/Beulke, 2002, S. 134; dagegen Ostendorf, 2013, Grdl. z. den §§ 13-16a Rdn. 4; siehe ferner Petersen, 2008, S. 166 ff. sowie HK-JGG/Wulf, 2014, § 16 Rdn. 30 für den Jugendarrest.
[6] In diesem Sinne Schaffstein/Beulke, 2002, S. 135.
[7] Kremerskothen, 2001, S. 202 ff. vermochte bei einer empirischen Untersuchung weiter gehend keine Differenzierung zwischen Arbeitsweisungen und -auflagen festzustellen.
[8] Siehe Böhm/Feuerhelm, 2004, S. 196.
[9] Hierzu näher Eisenberg, 2014, § 13 Rdn. 3 ff.; Ostendorf, 2013, Grdl. z. den §§ 13-16a Rdn. 2.
[10] Kritisch etwa Dölling, 2001, S. 190; ders., 2006, S. 311.

8.2 Allgemeine Voraussetzungen der Ahndung mit Zuchtmitteln

In **persönlicher Hinsicht** können Zuchtmittel sowohl gegen Jugendliche als auch nach § 105 Abs. 1 JGG gegen Heranwachsende zur Anwendung gebracht werden. Die Voraussetzungen der Verantwortlichkeit nach § 3 JGG (bei Jugendlichen) müssen erfüllt sein, und es darf kein Fall der Zurechnungsunfähigkeit gem. § 20 StGB vorliegen.

656

Als **geeignete Adressaten** für die Ahndung mit einem Zuchtmittel wurden bis zur Neufassung der Richtlinien zum JGG im Jahre 1994 die „im Grunde gut gearteten Jugendlichen" benannt.[11] Versteht man hierunter diejenigen, die sich geringfügige Normverstöße haben zuschulden kommen lassen, aber keinesfalls einer nachhaltigen erzieherischen Einwirkung bedürfen,[12] zeigt sich die im Lichte neuerer Rechtsentwicklungen zu Tage getretene **Fragwürdigkeit** der Kategorie „Zuchtmittel" besonders deutlich. Denn es lässt sich zumal im Hinblick auf die Erkenntnisse zu Ubiquität und Normalität von Rechtsverstößen junger Menschen kaum begründen, warum man zum Nachteil gerade dieser relativ gefestigten Personengruppe eine Straftat ahnden soll, wenn andererseits für solche Fälle informelle Reaktionen nach §§ 45, 47 JGG zur Verfügung stehen. Handelt es sich bei den Zuchtmitteln zudem um die am häufigsten gewählte Kategorie der jugendstrafrechtlichen Sanktionen,[13] lässt dies nur den Schluss zu, dass sich in der Praxis die Akzente mittlerweile deutlich verschoben haben: **Nicht** mehr **die „gut gearteten"** Jugendlichen dürften in den Genuss der Ahndung mit Zuchtmitteln kommen, sondern diejenigen, bei denen die Verhängung einer Jugendstrafe aktuell noch nicht als angemessen gilt, dies für die Zukunft aber durchaus im Bereich des Möglichen liegt.

657

Nach § 5 Abs. 2 JGG scheinen Erziehungsmaßregeln den Zuchtmitteln stets vorzugehen. Dem ist jedoch nicht so; die Verhältnisse bedürfen vielmehr einer differenzierten Betrachtung. Das zeigt sich etwa daran, dass **Erziehungsmaßregeln** durchaus **vielfach belastender** wirken mögen als Zuchtmittel.[14] Man vergleiche nur die Folgen der Heimerziehung nach § 12 Nr. 2 JGG mit den Konsequenzen einer Verwarnung i. S. d. § 14 JGG. Im Lichte dieser Gegenüberstellung relativiert sich der Gehalt des § 5 Abs. 2 JGG. Er bleibt auf den **Verhältnismäßigkeitsgrundsatz** zurückzuführen mit der Konsequenz, dass es die Eignung von Verwarnung und Auflagen gleichzeitig mit derjenigen der Weisungen zu prüfen gilt und an Heimerziehung erst nach der Möglichkeit von Jugendarrest gedacht werden darf.[15] Der Anwendungsbereich der Zuchtmittel beschränkt sich damit auf Fälle, in denen eine

658

---

[11] So der Sache nach auch BGHSt. 18, S. 209 f.
[12] In diesem Sinne Schaffstein/Beulke, 2002, S. 134; Streng, 2012, S. 198; vgl. auch Dölling, 2006, S. 310 f.
[13] Näher Kap. 8.3.
[14] Zur Forderung nach einer Aufhebung der Trennung zwischen Erziehungsmaßregeln und Zuchtmitteln bereits Kap. 7.1.
[15] Vgl. Meier/Rössner/Schöch, 2013, S. 193; Schaffstein/Beulke, 2002, S. 136 f.; Streng, 2012, S. 198 f.

länger andauernde Einwirkung auf den Delinquenten entweder **nicht erforderlich oder nicht Erfolg versprechend** erscheint. Eine Grenze für die zeitliche Belastung zieht das Gesetz selbst, indem der Dauerarrest maximal vier Wochen beträgt (§ 16 Abs. 4 S. 1 JGG).

659 Aus dem strafähnlichen Charakter der Zuchtmittel folgt schließlich, dass sich Art und Ausmaß der Sanktion strikt an der Tatschuld zu orientieren haben.[16] Im Hinblick auf das **elterliche Erziehungsrecht** (Art. 6 Abs. 2 S. 1 GG) lassen sich gegen die im Gesetz vorgegebenen Zuchtmittel keine Bedenken vorbringen.[17]

660 Sie werden – abgesehen von den Fällen der Diversion (§§ 45, 47 JGG), der Strafaussetzung zur Bewährung (§§ 23 Abs. 1 S. 2, 58 Abs. 1 S. 1, 61b Abs. 1 S. 1 und 5 JGG), der Aussetzung des Restes einer Jugendstrafe (§ 88 Abs. 6 S. 1 und 3 JGG) sowie der Aussetzung der Verhängung der Jugendstrafe (§§ 29 S. 2, 62 Abs. 4 JGG) – im **Urteil** verhängt.

8.3 Rechtstatsächliches zu den Zuchtmitteln

661 Im Jahr 2012 kam es zu 67.723 Verurteilungen zu Zuchtmitteln bei insgesamt 91.695 Verurteilungen.[18] Das entspricht einem Anteil von 73,9 %. Nicht nur im Jahr 2012, sondern bereits in den Jahren vorher griffen die Jugendgerichte gegenüber Jugendlichen wie Heranwachsenden damit **am häufigsten** zu einer Sanktion aus dem Bereich der Zuchtmittel. Es lässt sich konstatieren, dass mittlerweile die Gesamtzahl der verhängten Zuchtmittel (97.205) die Zahl der Verurteilungen nach Jugendstrafrecht überhaupt übersteigt. Unter den drei Gruppen von Zuchtmitteln dominierten wiederum mit großem Abstand die Auflagen, die im Jahr 2012 nicht nur 80,1 % aller verhängten Zuchtmittel ausmachten, sondern in 59,2 % aller Verurteilungen nach Jugendstrafrecht Anwendung fanden. Dabei muss berücksichtigt werden, dass nur gegen 67.723 Verurteilte auf Zuchtmittel erkannt wurde, sich die Gesamtzahl der verhängten Zuchtmittel aber auf 97.205 summiert, auf einen mit Zuchtmitteln Sanktionierten also im Schnitt 1,44 Zuchtmittel entfallen. Von der nach § 8 Abs. 1 S. 1 JGG eröffneten Möglichkeit, mehrere **Zuchtmittel zu kombinieren**, macht die Praxis also durchaus Gebrauch. Gleiches gilt für die ebenfalls gem. § 8 Abs. 1 JGG prinzipiell statthafte Verbindung von Erziehungsmaßregeln und Zuchtmitteln. Hierzu kam es im Jahr 2012 in 20.026 Fällen. Das entspricht 29,6 % aller Verurteilungen zu Zuchtmitteln.

662 Die gewählten Zuchtmittel gliedern sich wie folgt auf, wobei sich die Angaben auf die Gesamtzahl der Zuchtmittel, nicht aber auf die (geringere Zahl der) Verurteilungen zu Zuchtmitteln beziehen (Tab. 8.1):

Es **dominieren** somit die **Auflagen**, wobei an erster Stelle die Arbeitsauflage steht, der – bezogen auf alle Auflagen – die größte praktische Bedeutung zukommt. In der Anwendungshäufigkeit folgen sodann die Verwarnung, der Jugendarrest ins-

---

[16] Streng, 2012, S. 199.
[17] Dazu Schwer, 2004, S. 238 ff.; anders Reuther, 2008, S. 140 ff. zum Jugendarrest.
[18] Siehe zum Folgenden Tab. 6.1.

Tab. 8.1 Zuchtmittel 2008-2012. (Quelle: Statistisches Bundesamt (Hrsg.): Rechtspflege Strafverfolgung Fachserie 10 Reihe 3, 2008, S. 308 f.; 2010, S. 304 f.; 2012, S. 308 f.)

	2008	2010	2012
Verwarnung:	34.318	31.625	26.485
Auflagen: davon:	73.337	66.718	54.250
Wiedergutmachung	3.331	3.264	2.797
Entschuldigung	232	221	187
Arbeitsleistung	51.685	47.461	37.191
Geldauflage	17.637	15.367	13.782
Arbeitsleistung plus Entschuldigung	416	405	293
Jugendarrest: davon:	21.411	19.892	16.470
Freizeitarrest	8.966	8.054	6.424
Kurzarrest	1.614	1.780	1.404
Dauerarrest	10 831	10.058	8.642

gesamt sowie die Geldauflage, die allerdings über die letzten Jahre hinweg an Relevanz eingebüßt hat: Sie wurde im Jahr 2001 – bezogen auf die alten Bundesländer einschließlich Gesamt-Berlin – noch in 19.891 Fällen verhängt[19] und damit sogar in absoluten Zahlen häufiger als während der letzten Jahre für Gesamtdeutschland. Kaum eine Rolle spielt die Auflage, sich zu entschuldigen. Bei der Verhängung von Jugendarrest machen die Gerichte am häufigsten vom Dauerarrest als schwerster Form Gebrauch.[20] Auch dies zeigt, dass es dabei eher nicht um einen kurzen Appell an denjenigen geht, der einmal gefehlt hat.

8.4 Verwarnung (§ 14 JGG)

8.4.1 Wesen und Voraussetzungen

Gemäß § 14 JGG soll dem jungen Delinquenten durch die Verwarnung „das Unrecht der Tat eindringlich vorgehalten werden". Es handelt sich also um eine an keine bestimmte Form gebundene **ausdrückliche Zurechtweisung**, die seitens des Jugendrichters erfolgt.[21] Sie bildet das mildeste der Zuchtmittel und erscheint deshalb prinzipiell nur bei geringfügigem Fehlverhalten[22] solcher Täter sinnvoll, die keiner länger einwirkenden Maßnahme bedürfen.

663

---

[19] Vgl. Statistisches Bundesamt (Hrsg.), Rechtspflege Strafverfolgung 2001, S. 68 f.
[20] Zu rechtstatsächlichen Feststellungen Heinz, 2014, S. 97 ff.
[21] Für ihre Abschaffung de lege ferenda Kusch, 2006, S. 67; Petersen, 2008, S. 169.
[22] Wie hier Diemer/Schatz/Sonnen, 2011, § 14 JGG Rdn. 2; Meier/Rössner/Schöch, 2013, S. 195; Schaffstein/Beulke, 2002, S. 137; anders Eisenberg, 2014, § 14 Rdn. 6; HK-JGG/Linke, 2014,

Unter diesen Voraussetzungen bleibt allerdings zu fragen, warum das Verfahren nicht bereits im Wege der Diversion beendet wurde. Denn nach § 45 Abs. 3 S. 1 JGG kann der Staatsanwalt eine **Ermahnung** durch den Richter anregen und nach deren Vornahme von der Verfolgung absehen, § 45 Abs. 3 S. 2 JGG. Ein inhaltlicher Unterschied zwischen Verwarnung und Ermahnung besteht nicht.[23] Es wird die Ermahnung lediglich ohne Urteil und als Voraussetzung der Verfahrenseinstellung ausgesprochen. Muss eine Zurechtweisung des Betroffenen als ausreichend gelten, sollte deshalb von der durch § 45 JGG eröffneten Möglichkeit Gebrauch gemacht werden.[24]

664 Regelmäßig dürfte jedoch die Wirkung der richterlichen Verwarnung zu gering sein, um den jungen Rechtsbrecher in ausreichender Weise zu beeindrucken, weshalb eine nach § 8 Abs. 1 S. 1 JGG statthafte **Kombination mit Weisungen** (§ 10 JGG) **oder Auflagen** (§ 15 JGG) vorzugswürdig bleibt.[25] Dies betrifft insbesondere Heranwachsende, weil gegenüber ihnen die Effizienz der bloßen Zurechtweisung als besonders zweifelhaft beurteilt wird.[26] An eine Ausnahme von dem beschriebenen Grundsatz ist in solchen Fällen zu denken, in denen die Durchführung des förmlichen Strafverfahrens den Delinquenten bereits nachhaltig beeindruckt hat.[27]

8.4.2 Vollstreckung

665 Wird durch Urteil auf Verwarnung erkannt, ist die Angelegenheit damit nicht bereits erledigt. Die Verwarnung muss noch **gesondert erteilt** werden. Das darf erst nach Rechtskraft des Urteils geschehen; eine „Verwarnung unter Vorbehalt der Rechtskraft" sieht das Gesetz nicht vor.[28] Eine Vollstreckung, wie sie im Ausspruch der Verwarnung liegt, ist unserem Strafrecht vor Eintritt der Rechtskraft zudem generell unbekannt (§ 449 StPO). Die Erteilung der Verwarnung kann sich deshalb nur dann an das Urteil anschließen, wenn die Beteiligten auf Rechtsmittel verzichten (§ 2 Abs. 2 JGG, § 302 Abs. 1 S. 1 StPO). Anderenfalls muss ein weiterer Termin anberaumt werden.

666 Da dieser keinen Bestandteil der Hauptverhandlung mehr bildet (§ 2 Abs. 2 JGG, § 260 Abs. 1 StPO) und spezielle Bestimmungen im Vollstreckungsrecht fehlen, kann der Ver-

---

§ 14 Rdn. 3; Ostendorf, 2013, § 14 Rdn. 4.
[23] HK-JGG/Linke, 2014, § 14 Rdn. 2; Meier/Rössner/Schöch, 2013, S. 196; Schaffstein/ Beulke, 2002, S. 137; vgl. aber Eisenberg, 2014, § 14 Rdn. 4; a. A. Ostendorf, 2013, § 14 Rdn. 2.
[24] Treffend Brunner/Dölling, 2011, § 14 Rdn. 3; Eisenberg, 2014, § 14 Rdn. 5; HK-JGG/Linke, 2014, § 14 Rdn. 2; Ostendorf, 2013, § 14 Rdn. 2; Streng, 2012, S. 200; a. A. Diemer/Schatz/Sonnen, 2011, § 14 JGG Rdn. 3.
[25] Vgl. Böhm/Feuerhelm, 2004, S. 197; Brunner/Dölling, 2011, § 14 Rdn. 3; Streng, 2012, S. 200; anders Albrecht P.-A, 2000, S. 207; Eisenberg, 2014, § 14 Rdn. 7; Göppinger/Bock, 2008, S. 625 f.; Ostendorf, 2013, § 14 Rdn. 3; Zieger, 2013, S. 56.
[26] Dazu Brunner/Dölling, 2011, § 14 Rdn. 4; Eisenberg, 2014, § 14 Rdn. 1; Reisenhofer, 2012, S. 194; a. A. Albrecht P.-A., 2000, S. 206; HK-JGG/Linke, 2014, § 14 Rdn. 4.
[27] Vgl. HK-JGG/Linke, 2014, § 14 Rdn. 5; Meier/Rössner/Schöch, 2013, S. 195.
[28] Anders Ostendorf, 2013, § 14 Rdn. 9; dagegen Diemer/Schatz/Sonnen, 2011, § 14 JGG Rdn. 6; HK-JGG/Linke, 2014, § 14 Rdn. 10.

urteilte hierzu aber **nicht zwangsweise vorgeführt** werden. Nachdem auch sonstige Sanktionen bei Nicht-Wahrnehmung des zweiten Termins nicht vorgesehen sind, bestehen gegen dessen Anberaumung keine Bedenken im Hinblick auf den Verhältnismäßigkeitsgrundsatz.[29] Zudem kann die nach einem Umzug des Jugendlichen erforderliche Anreise vermieden werden, indem die Vollstreckung durch Ausspruch der Verwarnung im Wege der Amtshilfe seitens eines anderen Jugendrichters erfolgt (§ 84 Abs. 2 JGG).

Hilft auch dies nicht weiter, bleibt nur die Möglichkeit einer **schriftlichen** Verwarnung. Eine solche ist zulässig. Sie gilt aber als spezialpräventiv wenig hilfreich.[30] Denn der Wert der Ermahnung wird selbst bei der für sie geeigneten Klientel regelmäßig vom **Geschick des Richters** abhängen, an den jeweiligen Täter zu appellieren, weshalb Sammeltermine, in denen eine größere Gruppe von Delinquenten kollektiv verwarnt wird, keinen Beifall verdienen.[31] In der Verwarnung sollten dem Rechtsbrecher sowohl die Tatfolgen vor Augen geführt als auch die Konsequenzen erneuter Straffälligkeit verdeutlicht werden.[32] Eine mehrmalige Verwarnung verbietet sich deshalb in der Regel.[33]

667

8.5 Erteilung von Auflagen (§ 15 JGG)

8.5.1 Allgemeines

Der **Zweck** der Auflagenerteilung besteht darin, dem Delinquenten durch den Zwang zur Erbringung bestimmter Leistungen und damit durch merkliche Verpflichtungen das Unrechtmäßige seines Verhaltens und dessen Auswirkungen besonders deutlich vor Augen zu führen. Durch eine sog. **tatbezogene Sühneleistung**[34] soll er in intensiverer Weise spezialpräventiv beeinflusst werden, als dies durch die bloße Verwarnung nach § 14 JGG möglich erscheint. Ein solcher Bezug darf allerdings nicht im Sinne einer die Tat spiegelnden Sanktion missverstanden werden. Bei Schadenswiedergutmachung oder Entschuldigung tritt er zudem deutlicher zutage als bei der Erbringung von Arbeitsleistungen oder der Zahlung eines Geldbetrages an eine gemeinnützige Einrichtung. Mit Schadenswiedergutmachung und Entschuldigung kann darüber hinaus auch dem durch die Straftat Verletzten **Genugtuung** verschafft werden.[35]

668

---

[29] A.A. Albrecht P.-A., 2000, S. 208; Eisenberg, 2014, § 14 Rdn. 10; vgl. auch Böhm/Feuerhelm, 2004, S. 198; Brunner/Dölling, 2011, § 14 Rdn. 5.

[30] So Diemer/Schatz/Sonnen, 2011, § 14 JGG Rdn. 7; HK-JGG/Linke, 2014, § 14 Rdn. 9; Meier/Rössner/Schöch, 2013, S. 197; Ostendorf, 2013, § 14 Rdn. 8; anders Brunner/Dölling, 2011, § 14 Rdn. 5; Eisenberg, 2014, § 14 Rdn. 8, 11.

[31] Siehe HK-JGG/Linke, 2014, § 14 Rdn. 9; Schaffstein/Beulke, 2002, S. 137.

[32] Vgl. Brunner/Dölling, 2011, § 14 Rdn. 1; Eisenberg, 2014, § 14 Rdn. 2.

[33] Diemer/Schatz/Sonnen, 2011, § 14 JGG Rdn. 5; HK-JGG/Linke, 2014, § 14 Rdn. 1.

[34] So Brunner/Dölling, 2011, § 15 Rdn. 1; Diemer/Schatz/Sonnen, 2011, § 15 JGG Rdn. 2; Streng, 2012, S. 200; zum Tatbezug auch Eisenberg, 2014, § 15 Rdn. 3.

[35] Vgl. Böhm/Feuerhelm, 2004, S. 198; Schaffstein/Beulke, 2002, S. 137.

Auflagen können nicht nur isoliert als Zuchtmittel, sondern auch im Wege der Diversion (§§ 45 Abs. 3 S. 1, 47 Abs. 1 S. 1 Nr. 3 JGG) sowie als Bewährungsauflagen (§§ 23 Abs. 1 S. 2, 29 S. 2, 61b Abs. 1 S. 1, 88 Abs. 6 S. 1 JGG) in Betracht kommen. Auch das allgemeine Strafrecht kennt Bewährungsauflagen, § 56b StGB.

669 Nach § 15 Abs. 1 S. 2 JGG dürfen Auflagen nicht zur Folge haben, dass an den Jugendlichen **unzumutbare Anforderungen** gestellt werden. Ähnlich formuliert dies § 10 Abs. 1 S. 2 JGG bezüglich der Weisungen. Die Verhältnismäßigkeit der Sanktionierung bleibt also strikt zu wahren und auf die berechtigten Belange und Interessen des Betroffenen muss Rücksicht genommen werden.

Beispiel

Unzumutbar wäre eine Geldbuße, durch die dem Jugendlichen für mehrere Monate seine verfügbaren Mittel vollständig entzogen werden, so dass ihm nicht einmal ein geringes Taschengeld für sozialadäquate Freizeitaktivitäten (etwa Kinobesuche mit seinem Freundeskreis) verbleibt.

670 Auffällig ist es jedoch, wenn § 10 JGG hinsichtlich der Unzumutbarkeit – anders als § 15 JGG – speziell auf die Unzumutbarkeit für die Lebensführung abstellt. Hierin zeigt sich der wesentliche, zumindest theoretische **Unterschied zwischen Auflagen und Weisungen**. Letztere sollen als länger andauernde Maßnahmen auf die Lebensgestaltung des Täters einwirken, während die Auflagen eine solche Dauerwirkung nicht aufweisen. Dabei wird die in der Theorie deutliche Scheidung allerdings insbesondere durch die Existenz der über einen nicht ganz kurzen Zeitraum hinweg zu erfüllenden Arbeitsauflage (§ 15 Abs. 1 S. 1 Nr. 3 JGG) aufgeweicht.

8.5.2 Einzelne Auflagen

671 § 15 Abs. 1 S. 1 JGG enthält einen **abschließenden Katalog** der vier zulässigen Auflagen. Das ergibt sich aus dem Wortlaut des Gesetzes. Während § 10 Abs. 1 S. 3 JGG für die Weisungen durch die Verwendung des Wortes „insbesondere" ausdrückt, dass der gesetzliche Kanon vom Richter ergänzt werden darf, fehlt eine entsprechende „Öffnungsklausel" in § 15 JGG. Deshalb kommt schon eine erweiternde Auslegung des § 15 Abs. 1 S. 1 JGG nicht in Frage.[36]

8.5.2.1 Schadenswiedergutmachung

672 Wird dem Jugendlichen auferlegt, den durch die Tat verursachten Schaden nach Kräften wieder gutzumachen (§ 15 Abs. 1 S. 1 Nr. 1 JGG), so sollen ihm durch die damit verbundenen Einbußen die Folgen seines Fehlverhaltens klar vor Augen geführt werden.[37] Daran ändert auch die Tatsache nichts, dass unabhängig von der Auflage eine **zivilrechtliche Verpflichtung** zum Schadensersatz besteht. Droht

---

[36] Dazu Diemer/Schatz/Sonnen, 2011, § 15 JGG Rdn. 2; HK-JGG/Linke, 2014, § 15 Rdn. 4.
[37] Siehe auch AG Rudolstadt, ZJJ 2013, S. 423.

nach §§ 15 Abs. 3 S. 2, 11 Abs. 3 S. 1 JGG bei Nichterfüllung der Auflage Jugendarrest, bildet dies einen besonderen Anreiz zur Wiedergutmachung. Eine zwangsweise Beitreibung des im Strafurteil festgelegten Ersatzes scheidet mangels gesetzlicher Grundlage allerdings sowohl seitens der Strafjustiz als auch seitens des Tatopfers aus, welchem in diesem Fall eine Zivilklage nicht erspart bleibt. Darin zeigt sich: Die Befriedigung der Ansprüche Geschädigter bildet nur den notwendigen Reflex der Auflage, deren Zweck in erster Linie nicht hierin, sondern in der spezialpräventiven Beeinflussung des Rechtsbrechers besteht.

Der Auflage zur Schadenswiedergutmachung steht im Recht der Erziehungsmaßregeln die Weisung, einen Täter-Opfer-Ausgleich zu erreichen (§ 10 Abs. 1 S. 3 Nr. 7 JGG), gegenüber. Selbst wenn dort den zivilrechtlichen Grundlagen der Opferansprüche geringere Bedeutung zukommt als hier, zeigt sich auch an dieser Stelle wiederum die schleichende Vermischung von Erziehungsmaßregeln und Zuchtmitteln.

Wiedergutzumachen ist der durch die Tat verursachte Schaden. Darunter fallen nur **unmittelbar beim Tatopfer** entstandene Schadenspositionen. Ob ein Schaden besteht und in welcher Höhe dieser auszugleichen ist, richtet sich nach den Vorschriften des Zivilrechts (§§ 823 ff., 249 ff. BGB).[38] Mitverschulden (§ 254 BGB) des Opfers bleibt zu berücksichtigen. **673**

> **Beispiel**
>
> Dem Täter darf nicht auferlegt werden, dem Opfer ein Geschenk zu machen, da dies die Bestimmungen des BGB nicht vorsehen.[39]

Bleibt eine **Schadensersatzpflicht** nach Grund oder Höhe **streitig**, darf der Jugendrichter hierüber nicht etwa von Amts wegen genaue Feststellungen treffen, sondern er kann von der Auflage nach § 15 Abs. 1 S. 1 Nr. 1 JGG keinen Gebrauch machen.[40] Denn anderenfalls würde zumindest gegenüber Jugendlichen die Entscheidung des Gesetzgebers konterkariert, das Adhäsionsverfahren auszuschließen (§ 81 JGG). Außerdem besteht die Gefahr, dass ein späteres widersprechendes Zivilurteil die individualpräventive Wirkung der Restitutionsauflage zunichtemacht.[41] Ferner wird befürchtet, es fehle an einer positiven Beeinflussung des Verurteilten, wenn dieser den zu erbringenden Schadensersatz nach Grund und Höhe nicht zu akzeptieren bereit sei.[42] Im Ergebnis gleich verhält es sich, falls vor dem Zivilgericht **674**

---

[38] So Böhm/Feuerhelm, 2004, S. 200; Brunner/Dölling, 2011, § 15 Rdn. 4; Diemer/Schatz/Sonnen, 2011, § 15 JGG Rdn. 6; HK-JGG/Linke, 2014, § 15 Rdn. 6; anders Frehsee, 1981, S. 1253 f. für § 56b StGB.
[39] Anders Böhm/Feuerhelm, 2004, S. 200 f., die hier an ein Erfüllungssurrogat denken.
[40] Im Ergebnis Brunner/Dölling, 2011, § 15 Rdn. 6a; Eisenberg, 2014, § 15 Rdn. 7; HK-JGG/Linke, 2014, § 15 Rdn. 8; Schaffstein/Beulke, 2002, S. 138.
[41] Vgl. Theißen, 1984, S. 547.
[42] In diesem Sinne Schaffstein/Beulke, 2002, S. 138; Streng, 2012, S. 201.

bereits eine Schadensersatzklage (ganz oder teilweise) abgewiesen wurde.[43] Beruft sich der Delinquent – zu Recht – auf den Eintritt der **Verjährung**, scheidet die Anordnung der Schadenswiedergutmachung trotz der sühnenden Funktion der Auflage ebenfalls aus.[44]

675 Aus dem Anliegen, den Delinquenten positiv zu beeinflussen anstatt die Vermögenspositionen der Betroffenen ins Lot zu bringen, folgt weiter: Schäden Dritter, etwa von **Versicherungen**, die bereits Ersatzleistungen an das Opfer erbracht haben, geben unbeschadet eines zivilrechtlichen Regressanspruchs der Versicherungsgesellschaft gegenüber dem jungen Rechtsbrecher ebenfalls keinen geeigneten Anknüpfungspunkt für die Wiedergutmachungsauflage ab.[45] Gleiches gilt in Ansehung einer Auflage, die **Verfahrenskosten** zu bezahlen. Insoweit enthält § 74 JGG eine abschließende Regelung.[46]

676 In Übereinstimmung mit den Vorschriften des bürgerlichen Rechts braucht der Schadensersatz nicht in Geld geleistet zu werden. Auch **Naturalrestitution**, etwa in Form von Arbeitsleistungen, kommt in Betracht. Da der Jugendliche den Schaden nur nach Kräften und im Rahmen des Zumutbaren (§ 15 Abs. 1 S. 2 JGG) wiedergutzumachen hat, kann die in der Auflage getroffene Verpflichtung der Höhe nach hinter dem zivilrechtlichen Anspruch zurückbleiben. Art und Höhe der zu erbringenden Leistung müssen in jedem Fall im Urteil schon im Hinblick auf die drohende Ungehorsamsfolge des Jugendarrests genau festgelegt werden.

8.5.2.2 Entschuldigung

677 Die Auflage, sich persönlich beim Verletzten zu entschuldigen (§ 15 Abs. 1 S. 1 Nr. 2 JGG), vermag in geeigneten Fällen dazu beizutragen, den Rechtsfrieden durch **Interaktion zwischen Opfer und Täter** wiederherzustellen.

Auf der Ebene der Weisungen kann ein derartiger Ansatz zur Aussöhnung den Bestandteil eines Täter-Opfer-Ausgleichs (§ 10 Abs. 1 S. 3 Nr. 7 JGG) bilden. Deshalb wird nicht ohne Berechtigung gefordert, eine Entschuldigung entweder im Weg der weniger belastenden Erziehungsmaßregel oder gar als Maßnahme der Diversion (§§ 45, 47 JGG) bewerkstelligen zu lassen.[47]

678 In persönlicher Hinsicht eignet sich die Auflage, sich zu entschuldigen, in erster Linie für Jugendliche, kann aber auch bei **Heranwachsenden** nicht als per se unge-

---

[43] Siehe Albrecht P.-A., 2000, S. 213; Brunner/Dölling, 2011, § 15 Rdn. 4; Eisenberg, 2014, § 15 Rdn. 6; LG Zweibrücken, NStZ 1997, S. 283 für § 56b StGB; anders Ostendorf, 2013, § 15 Rdn. 7; HK-JGG/Linke, 2014, § 15 Rdn. 6.
[44] Vgl. Eisenberg, 2014, § 15 Rdn. 6; a. A. Brunner/Dölling, 2011, § 15 Rdn. 5; Diemer/ Schatz/ Sonnen, 2011, § 15 JGG Rdn. 8; Ostendorf, 2013, § 15 Rdn. 7.
[45] Siehe Diemer/Schatz/Sonnen, 2011, § 15 JGG Rdn. 7; Eisenberg, 2014, § 15 Rdn. 6; a. A. Buckolt/Hoffmann, 2004, S. 714; Ostendorf, 2013, § 15 Rdn. 10.
[46] Für viele Brunner/Dölling, 2011, § 15 Rdn. 7; Diemer/Schatz/Sonnen, 2011, § 15 JGG Rdn. 9; Eisenberg, 2014, § 15 Rdn. 9; Schaffstein/Beulke, 2002, S. 138.
[47] So Ostendorf, 2013, § 15 Rdn. 11; Schaffstein/Beulke, 2002, S. 138; Streng, 2012, S. 201.

eignet gelten,⁴⁸ zumal die Entschuldigung auch im Rahmen eines Täter-Opfer-Ausgleichs nach allgemeinem Strafrecht (§ 46a Nr. 1 StGB) erfolgen darf.

Die Auflage kommt nur in Betracht, wenn der Verletzte bereit ist, eine Abbitte zu akzeptieren, da der junge Rechtsbrecher nicht unnötig vor den Kopf gestoßen werden soll.⁴⁹ Auch auf Seiten des Delinquenten muss **Bereitschaft** bestehen, Abbitte zu leisten, denn eine durch Ungehorsamsarrest erzwungene Entschuldigung erscheint wenig sinnvoll.⁵⁰

Nach dem Gesetzeswortlaut wie dem Charakter der Auflage muss die Entschuldigung von dem jungen Menschen **persönlich und mündlich** ausgesprochen werden; eine schriftliche Einlassung genügt nicht. Stellvertretung in der Erklärung ist unzulässig. Im Schrifttum wird überwiegend verlangt, die Entschuldigung solle in Gegenwart des Richters erfolgen.⁵¹ Das Gesetz verlangt dies jedoch nicht. Zudem lässt sich die Anwesenheit des Verletzten vor Gericht zu diesem Zweck nicht erzwingen.⁵² Es erscheint weder gem. § 2 Abs. 2 JGG, § 248 S. 1 StPO statthaft noch hilfreich, selbst dem als Zeugen geladenen Verletzten im Hinblick auf eine mögliche Entschuldigung im Anschluss an das Urteil nach seiner Aussage zu verbieten, sich zu entfernen. 679

8.5.2.3 Arbeitsleistungen

Die Auflage, Arbeitsleistungen zu erbringen (§ 15 Abs. 1 S. 1 Nr. 3 JGG), wurde durch das 1. JGGÄndG 1990 neu in den Katalog des § 15 JGG aufgenommen. Damit können dem Delinquenten auch dann Arbeitsleistungen abverlangt werden, wenn es nicht darum geht, seine Einstellung zur Arbeit positiv zu beeinflussen, sondern in erster Linie das verursachte **Unrecht gesühnt** werden soll.⁵³ Hat die Arbeitsauflage rasch die Spitzenposition unter den Auflagen eingenommen und die Geldauflage verdrängt,⁵⁴ verwundert dies nicht angesichts der Tatsache, dass junge Rechtsbrecher meist über mehr Freizeit als Geldmittel verfügen. Zudem können nicht erfüllte Geldauflagen (§ 15 Abs. 1 S. 1 Nr. 4 JGG) in Arbeitsauflagen umgewandelt werden, § 15 Abs. 3 S. 1 JGG.⁵⁵ 680

---

⁴⁸ Wie hier Diemer/Schatz/Sonnen, 2011, § 15 JGG Rdn. 15; Eisenberg, 2014, § 15 Rdn. 14; HK-JGG/Linke, 2014, § 15 Rdn. 13; anders Brunner/Dölling, 2011, § 15 Rdn. 9, § 105 Rdn. 21; Ostendorf, 2013, § 15 Rdn. 11.

⁴⁹ Etwa Böhm/Feuerhelm, 2004, S. 201; Eisenberg, 2014, § 15 Rdn. 14; Göppinger/Bock, 2008, S. 626; Schaffstein/Beulke, 2002, S. 138; Streng, 2012, S. 201; a. A. HK-JGG/ Linke, 2014, § 15 Rdn. 13; Meier/Rössner/Schöch, 2013, S. 199; Wolf, 1984, S. 310.

⁵⁰ So Albrecht P.-A., 2000, S. 214; Brunner/Dölling, 2011, § 15 Rdn. 9; Eisenberg, 2014, § 15 Rdn. 14; Streng, 2012, S. 201; weitergehend Ostendorf, 2013, § 15 Rdn. 11; a. A. Diemer/Schatz/Sonnen, 2011, § 15 JGG Rdn. 15; Wolf, 1984, S. 310.

⁵¹ So Diemer/Schatz/Sonnen, 2011, § 15 JGG Rdn. 15; Eisenberg, 2014, § 15 Rdn. 14; HK-JGG/Linke, 2014, § 15 Rdn. 14; Streng, 2012, S. 201.

⁵² Vgl. Schaffstein/Beulke, 2002, S. 138; aber auch Böhm/Feuerhelm, 2004, S. 201; Ostendorf, 2013, § 15 Rdn. 12.

⁵³ Vgl. BT-Drs. 11/5829, S. 18; ferner Kap. 7.4.2.1 (4).

⁵⁴ Bereits Kap. 8.3.

⁵⁵ Siehe BT-Drs. 11/5829, S. 18.

681 Im Schrifttum finden sich bisweilen Zweifel an der Vereinbarkeit der Arbeitsauflage mit den Regeln über das **Verbot der Zwangsarbeit** (Art. 12 Abs. 2 und 3 GG) vorgebracht.[56] Daraus wird die Folgerung abgeleitet, die Arbeitsauflage dürfe nur mit Zustimmung des Betroffenen verhängt werden.[57] Das überzeugt jedoch nicht. Für die Problematik gilt vielmehr das Gleiche, was bereits zur Arbeitsweisung festgestellt wurde:[58] Der Eingriff in den Schutzbereich des Art. 12 Abs. 2 und 3 GG[59] findet seine Rechtfertigung in der anerkannten Grundrechtsschranke der Belange einer effizienten Strafrechtspflege, die nicht nur die Existenz einer erzieherisch geprägten Arbeitsweisung, sondern auch diejenige einer sühnenden Arbeitsauflage duldet.

682 Bezüglich der Ausgestaltung des Arbeitseinsatzes kann auf die entsprechenden Ausführungen zur Arbeitsweisung verwiesen werden.[60] Aus einem Vergleich mit der Dauer des Jugendarrests wird im Schrifttum gefolgert, dass der Umfang der Arbeitsleistung bis zu 240 Stunden betragen[61] und damit über das bei der Arbeitsweisung empfohlene Maß hinausgehen dürfe. Die – gemeinnützige[62] – Arbeitsstelle sollte insbesondere den Fähigkeiten des Verurteilten entsprechen.[63] Auch wenn sie in der Praxis oft von der **Jugendgerichtshilfe** ausgewählt wird,[64] lehnt man im Sozialrecht fast einhellig eine Pflicht des Jugendamts zur Durchführung von Auflagen ab.[65]

8.5.2.4 Geldbuße

683 Die Auflage, einen Geldbetrag zugunsten einer gemeinnützigen Einrichtung zu zahlen (§ 15 Abs. 1 S. 1 Nr. 4 JGG), bildet einen Ausgleich dafür, dass das Jugendstrafrecht keine Geldstrafe kennt. Prinzipielle Einwände des Inhalts, mit Geld sei Fehlverhalten nicht aufzuwiegen, überzeugen angesichts der Belastung durch die Zahlungsverpflichtung und der Bedeutung der Geldstrafe im allgemeinen Strafrecht nicht.[66] Die Geldauflage weist im Vergleich zu den anderen Auflagen besondere

---

[56] Vgl. Eisenberg, 2003a, S. 217; ders., 2014, § 15 Rdn. 19; Ostendorf, 2013, § 15 Rdn. 13; Trenczek, 2004, S. 57 f.
[57] So Jung, 1992, S. 189; Streng, 2012, S. 202.
[58] Siehe Kap. 7.4.2.1 (4).
[59] A.A. Böttcher/Weber, 1990, S. 565; Meier/Rössner/Schöch, 2013, S. 200.
[60] Dazu Kap. 7.4.2.1 (4).
[61] So HK-JGG/Linke, 2014, § 15 Rdn. 17; Trenczek, 2004, S. 59; a. A. Ries, 2005, S. 281: 120 Stunden.
[62] So auch Göppinger/Bock, 2008, S. 626; a. A. Trenczek, 2004, S. 60: auch gewerbliche Arbeitgeber; ferner Brandt M., 2007, S. 193 f. zu öffentlich-privaten Partnerschaften.
[63] Näher Böhm/Feuerhelm, 2004, S. 201 f.; Hombrecher, 2008, S. 455.
[64] Dazu OLG Hamm, ZJJ 2014, S. 174.
[65] Etwa Jung-Pätzold, 2009, S. 242; Kunkel, 2006, S. 312; Meysen, in: Münder/Meysen/Trenczek, 2013, § 36a Rdn. 27; Ostendorf, 2006b, S. 161; differenzierend Goerdeler, 2007, S. 83; Höynck/Goerdeler, 2006, S. 172 f.; a. A. Strafrechtsausschuss der Justizministerkonferenz, 2007, S. 445.
[66] Wie hier Albrecht P.-A., 2000, S. 216; Böhm/Feuerhelm, 2004, S. 202 f.; anders Brunner/Dölling, 2011, § 15 Rdn. 10; Eisenberg, 2014, § 15 Rdn. 23; HK-JGG/Linke, 2014, § 15 Rdn. 18; Ries, 2005, S. 257 f.; krit. auch Ostendorf, 2013, § 15 Rdn. 14.

8.5 Erteilung von Auflagen (§ 15 JGG)

Voraussetzungen auf. § 15 Abs. 2 JGG gestattet die Verhängung einer Geldbuße **alternativ** in zwei Fällen:

- Zu ahnden ist eine leichte Verfehlung und man vermag anzunehmen, der Delinquent werde den Geldbetrag aus Mitteln zahlen, über die er selbständig verfügen darf (Nr. 1). Danach kommt die Geldauflage bei isolierten Normverstößen geringeren Gewichts, insbesondere solchen fahrlässiger Art, in Betracht, sofern eine Prognose dahin gehend möglich erscheint, der Delinquent selbst werde die Zahlung leisten. Die **Erfüllung durch Dritte**, namentlich die Eltern, ermangelt der angestrebten individualpräventiven Einwirkung. Die Geldauflage eignet sich deshalb besonders gut bei Heranwachsenden mit eigenem Arbeitseinkommen oder Jugendlichen mit ausreichendem Taschengeld.[67]
- Dem Jugendlichen soll der Gewinn, den er aus der Tat erlangt, oder das Entgelt, das er für sie erhalten hat, entzogen werden (Nr. 2). Die Bestimmung ergänzt insoweit die Möglichkeit, deliktischen Gewinn für verfallen zu erklären.[68]

684

Die Zahlung darf nur zugunsten einer **gemeinnützigen Einrichtung** angeordnet werden. Darunter ist nicht die Staatskasse zu verstehen, wie die Differenzierung in § 56b Abs. 2 S. 1 Nr. 2 und 4 StGB belegt.[69] Als gemeinnützig gelten vielmehr nur solche Einrichtungen, deren Tätigkeit darauf gerichtet ist, die Allgemeinheit selbstlos zu fördern (vgl. § 52 Abs. 1 S. 1 AO).[70] Im Hinblick auf die Grundrechte des Verurteilten sollte der Richter bei der Begünstigung kirchlicher oder politisch orientierter Zahlungsempfänger Vorsicht walten lassen.[71]

685

Mindest- und Höchstmaß der Geldbuße umreißt das Gesetz nicht. Während im Fall des § 15 Abs. 2 Nr. 2 JGG Gewinn bzw. Entgelt als Maßstab dienen, soweit sich die Vorteile noch im Vermögen des Jugendlichen befinden,[72] kommt es bei Anwendung von § 15 Abs. 2 Nr. 1 JGG auf das Maß der Schuld an. Zudem bleibt das Verbot einer unzumutbaren und damit unverhältnismäßigen Belastung gem. § 15 Abs. 1 S. 2 JGG zu beachten. Die Höhe der Geldauflage sowie der Zahlungsempfänger sind im Urteil genau festzusetzen. Die Gewährung von Ratenzahlung kommt in Betracht.[73] Eine **zwangsweise Beitreibung** des Geldbetrags, wie dies für die

686

---

[67] Vgl. Brunner/Dölling, 2011, § 15 Rdn. 10; Eisenberg, 2014, § 15 Rdn. 24; Meier/Rössner/Schöch, 2013, S. 201. Nach Hombrecher, 2008, S. 455 stellt sie in Ansehung der erstgenannten Gruppe in der Praxis die häufigste Sanktion dar.

[68] Dazu Kap. 6.3.1.

[69] So BGHR JGG § 15 Geldauflage 1; OLG Nürnberg, NStZ-RR 2008, S. 128; OLG Zweibrücken, NStZ 1992, S. 85; Ebner, 2008, S. 385.

[70] Siehe auch Putzke, 2009, S. 637: nicht ADAC oder Bauernverband.

[71] Siehe Diemer/Schatz/Sonnen, 2011, § 15 JGG Rdn. 22; Ostendorf, 2013, § 15 Rdn. 17.

[72] Vgl. Diemer/Schatz/Sonnen, 2011, § 15 JGG Rdn. 19; Eisenberg, 2014, § 15 Rdn. 27.

[73] Diemer/Schatz/Sonnen, 2011, § 15 JGG Rdn. 22; HK-JGG/Linke, 2014, § 15 Rdn. 20; Ostendorf, 2013, § 15 Rdn. 16; Schöler, 1999, S. 976.

Geldstrafe § 459 StPO mit den Bestimmungen der Justizbeitreibungsordnung ermöglicht, ist **nicht** vorgesehen.

8.5.3 Weitere Entscheidungen

687 Da die Auflagen nicht vollstreckt werden können, bleibt bei deren Nichterfüllung nur ein Vorgehen nach § 15 Abs. 3 JGG möglich. Handelt der Verurteilte schuldhaft der Auflage zuwider, kommt nach entsprechender Belehrung die Verhängung von **Jugendarrest** für die Dauer von maximal vier Wochen in Betracht (§§ 15 Abs. 3 S. 2, 11 Abs. 3 JGG).[74] Dieser wird nicht vollstreckt, wenn der Jugendliche nach seiner Verhängung der Auflage nachkommt (§§ 15 Abs. 3 S. 2, 11 Abs. 3 S. 3 JGG). Muss der Arrest vollstreckt werden, steht dem Richter – anders als nach Jugendarrest zur Durchsetzung von Weisungen – auch die Möglichkeit offen, die Auflage ganz oder zum Teil **für erledigt zu erklären**, § 15 Abs. 3 S. 3 JGG. Dies wird er tun, soweit die Straftat nunmehr als durch den Arrest ausreichend geahndet gelten darf.[75] Der Ungehorsamsarrest stellt sich insoweit als Ersatzmaßnahme dar,[76] weil es bei den Auflagen gerade nicht um eine dauerhafte Beeinflussung der Lebensführung des jungen Menschen geht.

688 Aus Gründen der Spezialprävention darf der Richter darüber hinaus – wie bei den Weisungen nach § 11 Abs. 2 JGG – nachträglich Auflagen **ändern oder** von ihrer Erfüllung ganz oder zum Teil **befreien** (§ 15 Abs. 3 S. 1 JGG). So lässt sich auch Änderungen in den Lebensumständen des Betroffenen Rechnung tragen.

> **Beispiele**
>
> Der Verurteilte ist arbeitslos geworden und kann seine Geldauflage nicht mehr erfüllen. Diese darf nunmehr dahin abgeändert werden, dass er Arbeitsleistungen zu erbringen hat. – Der Verurteilte unterlässt die ihm auferlegte Entschuldigung. Da deren Erzwingung wenig sinnvoll erscheint, kann jetzt etwa zu einer Geldauflage gegriffen werden.

Nachdem die Rechtskraft des Urteils der Änderung von Auflagen nicht entgegensteht,[77] dürfen die neuen Auflagen den Delinquenten stärker belasten als

---

[74] Zu den Voraussetzungen von § 11 Abs. 3 JGG näher Kap. 7.4.5.

[75] Weiter gehend Böhm/Feuerhelm, 2004, S. 205, die unter Verhältnismäßigkeitsgesichtspunkten von einer Pflicht ausgehen, die Auflage für erledigt zu erklären; i. Erg. auch Göppinger/Bock, 2008, S. 628; Ostendorf, 2013, § 15 Rdn. 20.

[76] So Streng, 2012, S. 204.

[77] Zur entsprechenden Problematik bei den Weisungen Kap. 7.4.4.2.

die ursprünglich ausgewählten.[78] Ein Wechsel von der Auflage zur Weisung bleibt aber angesichts des Urteilstenors ausgeschlossen.[79]

8.6 Jugendarrest (§ 16 JGG)

8.6.1 Zweck, Geschichte und Perspektiven

8.6.1.1 Zweck des Jugendarrests

Der Jugendarrest bildet dasjenige Zuchtmittel, welches am intensivsten in die – auch grundrechtlich geschützten (Art. 2 Abs. 2 S. 2 GG) – Rechtspositionen des Verurteilten eingreift, denn es handelt sich um **Freiheitsentzug** in Jugendarrestanstalten oder Freizeitarresträumen (§ 90 Abs. 2 S. 1 JGG). Er erstreckt sich als Freizeit- oder Kurzarrest[80] auf mindestens zwei Tage (§ 16 Abs. 2 und 3 JGG), als Dauerarrest auf höchstens vier Wochen (§ 16 Abs. 4 S. 1 JGG). Neben Jugendstrafe verhängter Arrest (§ 16a JGG) bildet keine zusätzliche Arrestart gegenüber den in § 16 JGG genannten Formen. Vielmehr wird in diesem Fall die Arrestanordnung von besonderen Voraussetzungen abhängig gemacht.[81] Jugendarrest enthält **für eine Strafe typische sühnende Elemente**[82] und wirkt damit für seine Dauer wie eine nicht zur Bewährung ausgesetzte Jugendstrafe, die allerdings der Verurteilung auf dem Fuß folgen soll, um den beabsichtigten Effekt zu erzielen. Deshalb bedarf es nach sechs Monaten erneuter Prüfung, ob die Vollstreckung noch erforderlich ist, und nach einem Jahr wird sie in jedem Fall unzulässig (§ 87 Abs. 3 S. 2 und Abs. 4 S. 1 JGG). Handelt es sich um gem. § 16a JGG neben Jugendstrafe verhängten Jugendarrest, darf drei Monate nach Eintritt der Rechtskraft mit dem Vollzug[83] nicht mehr begonnen werden (§ 87 Abs. 4 S. 2 JGG). In der Praxis stößt die Umsetzung des Postulats zeitnaher Arrestdurchführung allerdings aus organisatorischen Gründen auf Schwierigkeiten.[84]

689

Durch die im Vergleich zur Jugendstrafe kurze zeitliche Inanspruchnahme sowie die Einordnung als Zuchtmittel sollen die **nachteiligen Wirkungen** jener **vermieden** werden. Dem Arrest lag vielmehr ursprünglich die sog. **short-sharp-shock-Ideologie** zugrunde. Demzufolge waren bei seinem Vollzug zunächst „Schmälerung der Kost auf Wasser und Brot" und „hartes Lager" vorgesehen.[85] Der BGH

690

---

[78] Wie hier Diemer/Schatz/Sonnen, 2011, § 15 JGG Rdn. 24; HK-JGG/Linke, 2014, § 15 Rdn. 23; Meier/Rössner/Schöch, 2013, S. 202; Streng, 2012, S. 203; a. A. Böhm/Feuerhelm, 2004, S. 204; Eisenberg, 2014, § 15 Rdn. 31; Göppinger/Bock, 2008, S. 627 f.; Ostendorf, 2013, § 15 Rdn. 19.
[79] So Brunner/Dölling, 2011, § 15 Rdn. 13; Ostendorf, 2013, § 15 Rdn. 19; Streng, 2012, S. 203; a. A. Böttcher/Weber, 1990, S. 566; Petersen, 2008, S. 170.
[80] Ablehnend zu diesen beiden Formen Kobes/Pohlmann, 2003, S. 372.
[81] Dazu näher Kap. 6.4.2.2.; vgl. aber HK-JGG/Wulf, 2014, § 16a Rdn. 43 ff.
[82] Siehe BVerfGE 32, S. 40; BGHSt. 18, S. 209; dagegen Jaeger, 2010, S. 222 f.
[83] Zum Unterschied zwischen Vollstreckung und Vollzug Kap. 11.
[84] Näher Eisenberg, 2014, § 16 Rdn. 4.
[85] Vgl. Mellwitz, 1942, S. 13.

spricht in einer älteren Entscheidung von einem „eindringlichen und fühlbaren Ordnungsruf", einem „kurzen und harten Zugriff, der das Ehrgefühl anspricht und für die Zukunft eine eindringliche Warnung ist".[86] Deshalb darf die Arrestvollstreckung nach § 87 Abs. 1 JGG nicht zur Bewährung ausgesetzt werden.[87] Ein Pendant im allgemeinen Strafrecht kennt der Jugendarrest nach Ausgestaltung und Zielsetzung damit nicht.

8.6.1.2 Entstehung des Jugendarrests

691 Der erst 1940 neu geschaffene Jugendarrest kann einerseits seine Wurzeln in nationalsozialistischen Vorstellungen – sowohl rechtlicher wie pädagogischer Art – nicht verleugnen. Das zeigt sich darin, dass die Tätergruppen, für die sich diese Sanktion eignet, teilweise noch heute ähnlich wie in der Zeit des Dritten Reiches umschrieben werden.[88] Andererseits lässt sich eine fortschrittliche Zielsetzung des Arrests nicht in Abrede stellen. Denn es ging auch darum, die aus der Verhängung selbst kurzer Jugendstrafen resultierende Stigmatisierung der Betroffenen zu vermeiden und die mit einem Aufenthalt im Strafvollzug verbundenen Gefahren für „im Grunde gut geartete" junge Rechtsbrecher (etwa nachteilige Beeinflussung durch im höheren Grade kriminelle Mitgefangene, Gewöhnung an den Aufenthalt in der Institution) zu unterbinden.

> Befördert wurde die Einführung des Jugendarrests allerdings durch die Kriegssituation, weil man mit den Mitteln des Strafrechts auf Arbeitsverweigerung reagieren wollte.[89] Es liegt auf der Hand, dass gerade eine Freiheitsentziehung während der Freizeit den Erfordernissen der Kriegswirtschaft in besonderer Weise entsprach.

8.6.1.3 Perspektiven des Jugendarrests

692 Trotz der immerhin zum Teil als löblich zu beurteilenden Absichten bei seiner Einführung wird der Jugendarrest im Schrifttum weithin kritisch bewertet. Nicht wenige Autoren fordern seine gänzliche **Abschaffung**.[90] Dabei werden nicht nur diejenigen Gesichtspunkte herangezogen, die sich generell gegen kurzen Freiheitsentzug ins Feld führen lassen (etwa Abbruch der Sozialkontakte, nachteilige Folgen für Arbeits- oder Ausbildungsstelle, damit verbundenes Anwachsen des Schuldenbergs). Man bezweifelt darüber hinaus in grundlegender Weise eine den Arrest legitimierende Schockfunktion.[91] Auch die Ausgestaltung des Vollzugs, dessen vom Gesetz

---

[86] BGHSt. 18, S. 209; vgl. auch Brunner/Dölling, 2011, § 16 Rdn. 1.

[87] Krit. dazu Domzalski, 2012, S. 51 ff.; Eisenberg, 2014, § 16 Rdn. 4.

[88] Siehe Albrecht P.-A., 2000, S. 220 f.; Diemer/Schatz/Sonnen, 2011, § 16 JGG Rdn. 12; Pfeiffer Ch., 1981, S. 29 ff.; anders Göppinger/Bock, 2008, S. 629; zur Genese von § 16 JGG Breymann/Sonnen, 2005, S. 670; Jaeger, 2010, S. 23 ff.; Kolberg/Wetzels, 2012, S. 114 f.; Meyer-Höger, 1998, S. 35 ff.; Pieplow, 2014, S. 108 ff.; HK-JGG/Wulf, 2014, § 16 Rdn. 5 ff.

[89] Aus zeitgenössischer Sicht Mellwitz, 1942, S. 12 f. m. w. Nachw.

[90] Etwa Albrecht H.-J., 2002, S. D 148; Albrecht P.-A., 2000, S. 224 f.; Dünkel, 1991, S. 31; ders., 2002, S. 92; Meyer-Höger, 1998, S. 145; Pfeiffer/Strobl, 1991, S. 45; Schäffer, 2002, S. 47; Schwegler, 1999, S. 289; Viehmann, 2004, S. 142; dagegen Göppinger/Bock, 2008, S. 631.

[91] Siehe etwa Feltes, 1988, S. 172; Götting, 2010, S. 260; Kolberg/Wetzels, 2012, S. 117.

8.6 Jugendarrest (§ 16 JGG)

geforderte erzieherische Ausrichtung (§ 90 Abs. 1 S. 2 JGG) bisweilen nur auf dem Papier zu stehen scheint,[92] trägt zu der negativen Einschätzung bei. Schließlich kann man auf den Ausbau ambulanter Sanktionen in den letzten Jahrzehnten und insbesondere durch das 1. JGGÄndG verweisen. Im Lichte dieser Entwicklung bleibt in der Tat zu fragen, ob es einer eigenständigen stationären Sanktion unterhalb der Ebene der Jugendstrafe wirklich noch bedarf. Dabei bleibt allerdings zu beachten: Es gibt offensichtlich nicht wenige Fälle, in denen eine solche Unrechtsreaktion unabdingbar erscheint, Jugendstrafe aber unter Verhältnismäßigkeitsaspekten nicht verhängt werden soll.[93]

In der **Praxis** lässt sich denn auch der seitens der Wissenschaft vielfach geforderte Abschied von der Sanktion des Jugendarrests nicht konstatieren. Wie ein Vergleich der Zahlen belegt, kam es in den achtziger Jahren des 20. Jahrhunderts zwar sowohl absolut wie auf die Gesamtzahl der Verurteilungen bezogen zu einem Rückgang der Verhängung von Jugendarrest. Seitdem wurden Delinquenten jedoch wieder in vermehrtem Ausmaß mit Jugendarrest belegt. Ahndeten die Gerichte im Jahr 1980 noch 20,5 % aller Verurteilten und im Jahr 1991 nurmehr 15,9 % jener mit Jugendarrest,[94] so beträgt der Anteil im Jahr 2008 wieder 18,4 % und im Jahr 2012 immerhin 18,0 %.[95] Erklären kann man diese Entwicklung mit einem **Paradigmenwechsel** bei der Anwendung des Jugendarrests hin zum Einsatz von Dauerarrest als letztem Mittel vor der Verhängung von Jugendstrafe.[96]

693

Selbst manche unter denjenigen Autoren, die um der Erhaltung einer Alternative zur Verhängung kurzer Jugendstrafen willen nicht einer gänzlichen Abschaffung des Jugendarrests das Wort reden, plädieren für eine Umgestaltung der gegenwärtigen Rechtslage. So findet sich der Vorschlag, lediglich den Dauerarrest als einen „stationären sozialen Trainingskurs"[97] bzw. als „Jugendbildungsstätte"[98] beizubehalten, mithin für eine intensive individualpräventive Behandlung im Vollzug zu sorgen.

694

Eine – allerdings durch eine andere Studie nicht bestätigte – Erhebung deutet jedoch darauf hin, dass die Gerichte den Arrest keineswegs als Ersatz für soziale Trainingskurse begreifen, mithin wohl an der erzieherischen Ausrichtung seines Vollzugs generell zweifeln. Es wurde nämlich in dem untersuchten Bezirk bei den Sanktionen ein starker Anstieg der **Kombination aus Jugendarrest** (sowohl als Freizeit- wie auch als Dauerarrest) **und sozialem Trainingskurs** beobachtet.[99]

---

[92] Zum Problem zusammenfassend Göppinger/Bock, 2008, S. 630.

[93] Dazu Kap. 8.6.2 a. E.

[94] Vgl. Schaffstein/Beulke, 2002, S. 141; ferner Ostendorf, 2013, Grdl. z. den §§ 13-16a Rdn. 5.

[95] Siehe oben Tab. 6.1.

[96] Dazu Hombrecher, 2008, S. 455; Schaffstein/Beulke, 2002, S. 139 f.; ferner Brunner/Dölling, 2011, § 16 Rdn. 8; Heinz, 2011, S. 71 ff.

[97] So Sonnen, 2007, S. 927; Streng, 2012, S. 210; vgl. auch Böhm/Feuerhelm, 2004, S. 216; Eisenhardt, 1989, S. 141; ders., 2010, S. 105 ff.; Jende/Speer, 2010, S. 170; Koepsel, 1999, S. 631; Ostendorf, 2013, Grdl. z. den §§ 13-16a Rdn. 9, § 16 Rdn. 2; Riechert-Rother, 2008, S. 406; Walkenhorst, 2011, S. 95 ff.; Wulf, 2010, S. 191 ff.

[98] Bihs/Walkenhorst, 2009, S. 17 ff.; vgl. auch Ostendorf, 2013a, S. 168.

[99] So Çaglar, 2005, S. 78 ff. für den LG-Bezirk Flensburg; anders Riechert-Rother, 2008, S. 200, 206 f. für die AG-Bezirke Koblenz und Mainz.

695 Ein Wegfall des Jugendarrests dürfte jedoch nicht zu einem Entfallen der Möglichkeit führen, die **Befolgung von Weisungen und Auflagen zu erzwingen**. Denn anderenfalls bestünde die Gefahr, dass entsprechende Verurteilungen nicht mehr ernst genommen würden. Die durch §§ 11 Abs. 3 und 15 Abs. 3 S. 2 JGG eingeräumten Reaktionsmöglichkeiten müssen deshalb der Sache nach erhalten bleiben.[100] Indessen würde dieses Erfordernis nicht zur Beibehaltung des Jugendarrests als solchem nötigen. Eine spezielle Art Erzwingungsarrest oder -haft, bei dessen bzw. deren Ausgestaltung der Gesetzgeber nicht an den Jugendarrest gegenwärtiger Prägung gebunden bliebe, könnte seine jetzige Funktion als Reaktion auf Ungehorsam übernehmen.[101]

8.6.2 Zielgruppe des Arrests

696 Der BGH hielt Jugendarrest in einer **grundlegenden Entscheidung** aus dem Jahr 1963 für geboten bei „Verfehlungen aus Unachtsamkeit, jugendlichem Kraftgefühl oder Übermut, aus typisch jugendlichen Neigungen und jugendlichem Vorwärtsstreben, jugendlicher Trotzhaltung, jugendlicher Abenteuerlust, mangelnder Selbstständigkeit sowie bei Gelegenheits- und Augenblicksverfehlungen, die sich aus einer plötzlich auftretenden Situation ergeben, ohne dass der Täter sonst zu kriminellem Verhalten neigt..."[102] Diese Kriterien vermögen jedoch keine uneingeschränkte Geltung mehr zu beanspruchen. Das ergibt sich bereits aus der Tatsache, dass für manche der angeführten Fallgruppen selbst bei Anwendung allgemeinen Strafrechts eine stationäre Sanktion regelmäßig nicht in Betracht kommen wird, etwa bei den – fahrlässig begangenen – Rechtsverletzungen aus Unachtsamkeit oder bei geringfügigen Gelegenheits- und Augenblicksverfehlungen. Es wäre mit dem Verbot einer Schlechterstellung Jugendlicher in vergleichbarer Verfahrenslage[103] nicht vereinbar, wollte man anstatt der nach allgemeinem Strafrecht zu verhängenden Geldstrafe auf Jugendarrest erkennen. Im Hinblick auf die Vermehrung ambulanter Sanktionsmöglichkeiten nach Ergehen der wiedergegebenen Entscheidung bleibt zudem zu prüfen, ob solche zur Einwirkung auf den jungen Rechtsbrecher ausreichen.

697 Mehr Erfolg verspricht deshalb eine **Abgrenzung der Klientel ex negativo**: Die Schwere der Schuld darf nicht die Verhängung von Jugendstrafe gebieten (vgl. §§ 13 Abs. 1, 17 Abs. 2 2. Alt. JGG). Täter mit schweren Anlage- und Entwicklungsschäden, bei denen es einer länger andauernden individualpräventiven Beeinflussung entweder im Jugendstrafvollzug[104] oder durch Heimerziehung bedarf, kommen ebenso wenig für den Jugendarrest in Betracht wie Delinquenten, die bereits mit einer solch gravierenderen Rechtsfolge oder gar (als Heranwachsende, § 89b JGG) mit dem Erwachsenenstrafvollzug konfrontiert waren. Hier ist – anders

---

[100] Wie hier i. Erg. Göppinger/Bock, 2008, S. 628; Schaffstein/Beulke, 2002, S. 145; Streng, 2012, S. 210; einschränkend Ries, 2005, S. 282.
[101] Dafür etwa Albrecht H.-J., 2002, S. D 148 f.; Laubenthal, 2002, S. 817 f.
[102] BGHSt. 18, S. 210.
[103] Dazu näher Kap. 1.1.
[104] So bereits BGHSt. 18, S. 210; siehe auch Dölling, 2014, S. 92; HK-JGG/Wulf, 2014, § 16 Rdn. 14.

8.6 Jugendarrest (§ 16 JGG)

als möglicherweise im Fall einer vorangegangenen Bewährungssanktion – nicht damit zu rechnen, dass sich der Jugendarrest noch eignet, sie zu beeinflussen. Gleiches gilt regelmäßig auch dann, wenn ein Beschuldigter schon Jugendarrest verbüßt hat. Eine **wiederholte Verhängung** sollte im Normalfall unterbleiben, weil der Betroffene sich durch den erstmaligen Arrestvollzug offensichtlich nicht hat beeindrucken lassen.[105] Gleichwohl deuten unveröffentlichte behördeninterne Statistiken darauf hin, dass in nicht wenigen Fällen auch nach vorangegangener Verurteilung zu Arrest, Jugend- oder Freiheitsstrafe erneut von Jugendarrest Gebrauch gemacht wird.[106]

> Der zuletzt genannte Aspekt betrifft allerdings nicht den als Zwangsmittel einzustufenden Ungehorsamsarrest gem. §§ 11 Abs. 3, 15 Abs. 3 S. 2 JGG. Denn hierbei geht es nicht um die Beeinflussung des Arrestanten hin zur Normtreue allgemein, sondern lediglich um die Erzwingung der Befolgung von Weisungen und Auflagen.

Bereits aus Gründen der Verhältnismäßigkeit scheidet Jugendarrest aus bei **leichten Verfehlungen**, auf die entweder im Wege der Diversion gem. §§ 45, 47 JGG oder durch die Erteilung von Weisungen oder Auflagen angemessen reagiert werden kann.

698

Beispiele

Der bisher nicht auffällig gewordene J ist im Zuge einer Wette mit der Straßenbahn gefahren, ohne eine Fahrkarte zu lösen. Es wäre unverhältnismäßig, auf diese Beförderungserschleichung (§ 265a StGB) mit Jugendarrest zu reagieren. – A hat aus Unachtsamkeit mit seinem Mofa einen Passanten auf einem Fußgängerüberweg angefahren und verletzt. In Ansehung dieser fahrlässigen Körperverletzung (§ 230 StGB) reicht die Erteilung von Weisungen oder höchstens Auflagen aus. Anders verhält es sich möglicherweise, sofern A wiederholt im Straßenverkehr aufgefallen ist und dabei gegen weitere Strafnormen (Fahren ohne Fahrerlaubnis, Trunkenheit im Verkehr) verstoßen hat.

Wie Untersuchungen gezeigt haben, greift die **Praxis** allerdings auch in solchen Fällen zum Jugendarrest, in denen nach dem Gesagten diese Sanktion **nicht indiziert** wäre, etwa bei Angeklagten mit erheblichen Sozialisationsdefiziten oder vorangegangener Erfahrung mit stationären Sanktionen.[107] Diese Beobachtung erklärt man damit, dass die Jugendrichter Arrest auch dann zur Anwendung bringen, wenn Jugendstrafe wegen ihres sechsmonatigen Mindestmaßes (§ 18 Abs. 1 S. 1 JGG) zu hart erscheint, und seine Dauer gerade nicht nach dem Maß der Tatschuld, son-

699

---

[105] Vgl. Dölling, 2014, S. 93; Meier/Rössner/Schöch, 2013, S. 207; Schaffstein/Beulke, 2002, S. 144 f.; Streng, 2012, S. 205; zu Sonderfällen Eisenberg, 2014, § 16 Rdn. 16.
[106] Angaben bei Eisenberg, 2014, § 16 Rdn. 18; vgl. auch Eisenhardt, 2010, S. 90 f.
[107] Siehe insbesondere Heinz, 2011, S. 76; Pfeiffer Ch., 1981, S. 36 ff.; Riechert-Rother, 2008, S. 212 ff., 292 f., 380; krit. Eisenhardt, 2010, S. 31.

dern demjenigen der Sozialisationsdefizite bemessen.[108] Zu weit dürfte es führen, wenn diese Fälle dazu dienen sollen, eine eigenständige Legitimationsgrundlage für den Jugendarrest abzugeben.[109] Denn die Voraussetzung des § 13 Abs. 1 JGG, dem zufolge Jugendstrafe nicht geboten sein darf, findet sich missachtet, was sich auch durch die Anwendung des Verhältnismäßigkeitsgrundsatzes nicht rechtfertigen lässt.

> Vielmehr legt die Rechtspraxis die Vermutung nahe, dass der Gesetzgeber Jugendstrafe und arrest zu starr und unflexibel voneinander abgegrenzt hat. Abhilfe könnte hier entweder die Herabsetzung der Mindestdauer der Jugendstrafe schaffen,[110] wogegen allerdings das Bestreben spricht, kurze Freiheitsstrafen wegen ihrer stigmatisierenden Wirkung möglichst zu vermeiden, oder aber die Verlängerung des Maximums beim Dauerarrest[111] bzw. im Rahmen eines diesen substituierenden neuartigen Rechtsinstituts.

700 Ist der Täter zum Urteilszeitpunkt bereits **erwachsen**, kommt Jugendarrest nicht in Betracht.[112] Das ergibt sich aus der erzieherischen Intention des Vollzugs sowie der Tatsache, dass Regelungen – vergleichbar denjenigen bei der Jugendstrafe (§ 89b JGG) – darüber fehlen und angesichts eines Pendants zum Jugendarrest im Erwachsenenrecht auch fehlen müssen, wie mit Delinquenten jenseits des Heranwachsendenalters zu verfahren ist.

8.6.3 Arrestarten

701 Das JGG unterscheidet zwischen Freizeit-, Kurz- und Dauerarrest (§ 16 Abs. 1 JGG).

8.6.3.1 Freizeitarrest

702 Freizeitarrest (§ 16 Abs. 2 JGG) umfasst die wöchentliche Freizeit des Jugendlichen. Er kann für eine oder zwei Freizeiten angeordnet werden. Richtlinie Nr. 1 S. 1 zu § 16 JGG versteht unter Freizeit die Zeit von der Beendigung der Arbeit am Ende der Woche bis zum Beginn der Arbeit in der nächsten Woche. Unter Arbeit in diesem Sinne sind nach Sinn und Zweck des Freizeitarrests auch Schul- und Berufsausbildung zu verstehen. Freizeitarrest ist also i. d. R **Wochenendarrest**.

703 In den meisten Fällen beginnt die Freizeit heute am Freitagmittag oder -nachmittag. Das darf aber nicht dazu führen, dass Freizeitarrest von diesem Zeitpunkt an bis zum Montagmorgen angeordnet wird. Denn anderenfalls würde man den Umrechnungsmaßstab des § 16 Abs. 3

---

[108] Vgl. Feltes, 1988, S. 173; ders., 1993, S. 107; Reichenbach, 2005, S. 138; Streng, 2012, S. 205 f.; Zieger, 2013, S. 59.
[109] So aber Streng, 2012, S. 206.
[110] So Dünkel, 1991, S. 31; Feltes, 1993, S. 112; ablehnend Böhm/Feuerhelm, 2004, S. 216 m. w. Nachw.; Dölling, 2001, S. 191; Göppinger/Bock, 2008, S. 632.
[111] So Eisenhardt, 1989, S. 146; Koepsel, 1999, S. 626 ff.
[112] Wie hier Budelmann, 2005, S. 104 ff.; Eisenberg, 2014, § 105 Rdn. 38a; Ostendorf, 2013, § 16 Rdn. 1; vgl. auch HK-JGG/Wulf, 2014, § 16 Rdn. 12.

S. 2 JGG, der zwei Tage Kurzarrest einer Freizeit gleichstellt, missachten. Deshalb bleibt es zwingend geboten, die Dauer des Freizeitarrests auf maximal 48 Stunden zu beschränken, selbst wenn dies der Lebenswirklichkeit von Freizeit nicht mehr entspricht. Diese Probleme erwachsen daraus, dass das Gesetz aus einer Zeit herrührt, als am Samstag noch allgemein gearbeitet und Schulunterricht abgehalten wurde. Demgemäß bestimmt Richtlinie Nr. 1 S. 2 zu § 16 JGG zwar, dass bei Jugendlichen, die an Sonntagen beschäftigt werden, an die Stelle dieser Freizeit die entsprechende Freizeit während der Woche tritt, enthält sich aber einer Aussage zur Arbeit an Samstagen.

Könnte der Freizeitarrest nach dem Gesagten also je nach den Arbeitsverhältnissen der betroffenen Jugendlichen eigentlich **unterschiedlich lange andauern**, so dürfte in der Praxis regelmäßig nach wie vor als Arrestzeitraum die Periode von Samstag (08.00 oder 15.00 Uhr) bis Montag (07.00 Uhr) gewählt werden.[113] Eine Entlassung bereits am Sonntagabend kommt in Betracht, sofern der Betroffene (etwa in einem Flächenstaat ohne dezentrale Vollzugseinrichtungen) nur unter dieser Voraussetzung Schule oder Arbeitsplatz rechtzeitig am nächsten Morgen erreichen kann.

Mittels der Verhängung von Freizeitarrest sollen **nachteilige Folgen** für die Delinquenten in Schule, Ausbildung oder Beruf **vermieden** werden, während man gleichzeitig davon ausgeht, dass der Entzug gerade und ausschließlich der Freizeit sie besonders hart trifft; ein Gedanke, der in einer Spaß- und Konsumgesellschaft, deren Mitglieder sich auch über ihre privaten Aktivitäten definieren, einer gewissen Überzeugungskraft nicht entbehrt. Allerdings bringt der Vollzug für die mit ihm von Berufs wegen Befassten (Personal der Arresteinrichtungen, Jugendrichter als Vollzugsleiter, § 90 Abs. 2 S. 2 JGG) besondere Belastungen mit sich, da ihr Einsatz zu üblicherweise dienstfreien Zeiten gefordert ist.

8.6.3.2 Kurzarrest

Kurzarrest nach § 16 Abs. 3 JGG stellt die in der Praxis am seltensten gewählte Arrestform dar. Als **Substitut des Freizeitarrests** kommt ihm keine eigenständige Bedeutung zu. Man verhängt ihn anstelle von Freizeitarrest, wenn der zusammenhängende Vollzug zur Einwirkung auf den Delinquenten zweckmäßig erscheint und Ausbildung oder Arbeit hierdurch nicht beeinträchtigt werden, § 16 Abs. 3 S. 1 JGG. Das ist insbesondere bei Arbeitslosen der Fall.[114] Auch fehlende Betreuung am Wochenende lässt die Wahl des Kurzarrests als zweckmäßig erscheinen.[115] Zwei Tage Kurzarrest stehen einer Freizeit gleich, § 16 Abs. 3 S. 2 JGG. Da der Kurzarrest maximal zwei Freizeitarreste ersetzen darf, beträgt er höchstens vier Tage bzw. 96 Stunden. Der **Umrechnungsmodus** darf nicht zu formal aufgefasst werden, nachdem auch die Dauer des Freizeitarrests einer gewissen Flexibilität zugänglich bleibt; ein dreitägiger Kurzarrest ist also zulässig.[116]

---

[113] Vgl. Eisenberg, 2014, § 16 Rdn. 25; Ostendorf, 2013, § 16 Rdn. 10; HK-JGG/Wulf, 2014, § 16 Rdn. 20.
[114] Vgl. Meier/Rössner/Schöch, 2013, S. 206.
[115] Siehe Ostendorf, 2013, § 16 Rdn. 11; Putzke/Feltes, 2012, S. 91.
[116] Wie hier Diemer/Schatz/Sonnen, 2011, § 16 JGG Rdn. 21; Eisenberg, 2014, § 16 Rdn. 27; a. A. Ostendorf, 2013, § 16 Rdn. 11.

Nach § 86 JGG kann Freizeitarrest in Kurzarrest umgewandelt werden, sofern die Voraussetzungen des § 16 Abs. 3 JGG erst nachträglich eingetreten sind.

8.6.3.3 Dauerarrest

706 Bei Dauerarrest gem. § 16 Abs. 4 JGG handelt es sich um die am häufigsten vorkommende Arrestform. Er beträgt mindestens eine Woche, aber höchstens vier Wochen (§ 16 Abs. 4 S. 1 JGG) und wird **nach vollen Tagen oder Wochen** bemessen (§ 16 Abs. 4 S. 2 JGG). Als zulässig gilt danach ein Arrest von mindestens sieben, maximal 28 Tagen, wobei der Richter zwischen diesen Polen jeden beliebigen Zeitraum festsetzen kann, sofern er nur ganze Tage beträgt. Bei der Bemessung im konkreten Fall darf nicht über das tat- und schuldangemessene Ausmaß hinausgegangen werden. Rechtsstaatswidrige Verfahrensverzögerungen sind aber zu Gunsten des Delinquenten zu berücksichtigen.[117]

707 Die zur individualpräventiven Einwirkung **sinnvolle Dauer** ist prinzipiell umstritten. Überwiegend Einigkeit besteht nur insofern, als eine möglichst lange im Arrest zu verbringende Zeitspanne nicht die beste Lösung darstellt. Teilweise wird angenommen, dass erst nach zwei bis drei Wochen die heilsame Schockwirkung Gewöhnung und Abstumpfung Platz mache.[118] Die Gegenauffassung befürchtet solche negativen Auswirkungen bereits nach einem Arrestvollzug von einer oder maximal zwei Wochen und plädiert für einen entsprechend kurzen Dauerarrest.[119]

> Das Gesetz gibt der Praxis mit § 87 Abs. 3 S. 1 JGG ein Mittel an die Hand, den Arrest zu **verkürzen**, sofern eine weitere Vollstreckung dessen Zweck verfehlen würde: Der Vollstreckungsleiter, also der Jugendrichter (§ 82 Abs. 1 S. 1 JGG), sieht nach teilweiser Verbüßung von der Vollstreckung des Restes ab, wenn seit Urteilserlass Umstände hervorgetreten sind, die ein Absehen von der Vollstreckung aus erzieherischen Gründen rechtfertigen. Von dieser Möglichkeit muss Gebrauch gemacht werden, da es sich nach dem Wortlaut der Bestimmung nicht um eine Ermessensnorm handelt, wobei dem Jugendrichter allerdings bei der Beurteilung der erzieherischen Gründe und damit der Auslegung eines unbestimmten Rechtsbegriffs ein Beurteilungsspielraum zukommt.

8.6.4 Legalbewährung nach Jugendarrest

708 Ältere Rückfalluntersuchungen aus den fünfziger bis siebziger Jahren des 20. Jahrhunderts haben durchgängig eine Rückfallquote von 60 bis 70 % ergeben.[120] Die jüngere Forschung bestätigte zunächst eine Rate von 70 %, womit die Rückfallbelastung sich im Vergleich zur Jugendstrafe mit Bewährung als höher erweist und nur noch von derjenigen nach verbüßter Jugendstrafe übertroffen wird.[121] Die Fol-

---

[117] OLG Hamm, NStZ 2012, S. 576.
[118] So Schaffstein/Beulke, 2002, S. 143; siehe auch Keiner, 1989, S. 235.
[119] Vgl. Eisenberg, 2014, § 16 Rdn. 33; Meier/Rössner/Schöch, 2013, S. 207.
[120] Nachweise bei Eisenberg, 2014, § 16 Rdn. 20; Ostendorf, 2013, Grdl. z. den §§ 13–16a Rdn. 9; Schwegler, 1999, S. 104 ff.
[121] Siehe Heinz, 2008b, S. 373; Jehle/Heinz/Sutterer, 2003, S. 55.

8.6 Jugendarrest (§ 16 JGG)

geuntersuchung für im Jahr 2004 Verurteilte ergab eine Rückfallquote von 64,1 % binnen dreier Jahre.[122] Nach anderen neueren Studien, welchen allerdings zum Teil eine recht schmale Datenbasis zugrunde liegt, ist von einer nochmals erhöhten Rückfallwahrscheinlichkeit auszugehen, die 80 % oder mehr beträgt.[123] Dauerarrestanten fallen dabei häufiger erneut auf. Ein Grund hierfür könnte darin liegen, dass auch gegen eigentlich Arrestungeeignete noch solcher verhängt wird, um nicht von der Jugendstrafe Gebrauch machen zu müssen. Ob sich das Bild positiver darstellt, mithin von einer größeren Eignung des Arrests zur Stabilisierung in Normtreue ausgegangen werden kann, wenn man die rückfälligen Täter genauer betrachtet und nur diejenigen berücksichtigt, die als arrestgeeignet[124] gelten durften, ist mittlerweile ebenfalls umstritten.[125] Insgesamt bieten die berichteten Wirkungen des Jugendarrests **keinen Anlass für Euphorie**.

---

[122] Jehle/Albrecht/Hohmann-Fricke/Tetal, 2010, S. 61.
[123] Etwa Bruns, 1984, S. 147; Wellhöfer, 1995, S. 45.
[124] Zu den Kriterien Kap. 8.6.2.
[125] Dafür Schaffstein/Beulke, 2002, S. 148; dagegen Eisenhardt, 2010, S. 29; Schwegler, 1999, S. 281, 284; siehe auch Eisenberg, 2014, § 16 Rdn. 21; Heinz, 2009, S. 57; Lenz T., 2007, S. 75 ff.; Streng, 2012, S. 209; HK-JGG/Wulf, 2014, § 16 Rdn. 17 f.

Jugendstrafe

9.1 Grundlegendes

Jugendstrafe kann wegen schädlicher Neigungen oder wegen Schwere der Schuld verhängt werden (§ 17 Abs. 2 JGG). Sie wird nach § 17 Abs. 1 JGG durch Freiheitsentzug in einer hierfür vorgesehenen Einrichtung, also in einer Jugendstrafanstalt oder in eigens geschaffenen Institutionen freier Träger,[1] vollzogen und stellt damit den einzigen Fall einer **echten Kriminalstrafe** im Jugendstrafrecht dar.[2] Auch auf den vom jungen Täter verübten Verstoß gegen Strafnormen wird insoweit mit vergeltender Übelzufügung reagiert.[3] Hierin liegt der grundlegende dogmatische Unterschied zu den übrigen stationären Sanktionen des Jugendkriminalrechts, mit denen entweder ausschließlich (Heimerziehung, § 12 Nr. 2 JGG) oder doch überwiegend (Jugendarrest, § 16 JGG) eine Beeinflussung hin zu künftiger Normtreue beabsichtigt ist. Das gilt nicht nur für Jugendstrafe wegen Schwere der Schuld, sondern auch für solche aufgrund schädlicher Neigungen. Aus der Strafzumessungsvorschrift des § 18 Abs. 2 JGG ergibt sich jedoch, dass das Gesetz der gebotenen erzieherischen Einwirkung im Sinne positiver Individualprävention besondere Bedeutung beimisst.

Die allgemein anerkannten **Strafzwecke** bleiben prinzipiell zu beachten. Man diskutiert jedoch Ausnahmen im Hinblick auf die dem allgemeinen Strafrecht fremde Ausrichtung unseres Jugendstrafrechts an erzieherischen Anliegen. Das gilt umso mehr, als § 2 Abs. 1 S. 1 JGG i. S. einer Zielnorm fordert, durch seine Anwendung vor allem erneuten Straftaten entgegenzuwirken. Umstritten ist dabei insbesondere, ob auch die Belange der **Generalprävention** sowie des **Schutzes der Allgemeinheit** Geltung beanspruchen sollen. Die überwiegende Auffassung in der Literatur steht mit der Rechtsprechung auf dem Standpunkt, dass negative Generalprävention im Sinne einer Abschreckung der Allgemeinheit keinen für das Jugendstrafrecht

709

710

---
[1] Siehe BT-Drs. 16/6293, S. 10; Merckle, 2013, S. 358 ff.
[2] Radtke, in: MünchKomm-StGB, 2013, § 17 JGG Rdn. 3 ff.
[3] Vgl. Schaffstein/Beulke, 2002, S. 151; Streng, 2012, S. 211.

relevanten Aspekt abgibt.[4] Positive Generalprävention mit dem Inhalt einer Bestärkung der Bevölkerung in ihrer Rechtstreue durch Bekräftigung der Geltung der Strafnormen lässt sich allerdings von der Anwendung des Strafrechts kaum trennen und behält deshalb auch in einem der Spezialprävention verpflichteten Jugendstrafrecht ihre Gültigkeit.[5] Die **Sicherung der Allgemeinheit** durch Verwahrung des jungen Rechtsbrechers während der Dauer der Jugendstrafe als Ausfluss negativer Individualprävention stellt jedenfalls einen Reflex der Möglichkeit der Verhängung von Jugendstrafe dar. Man gibt allerdings zu bedenken, dieser Erfolg könne nur von vorübergehender Dauer sein und durch die schädlichen Auswirkungen von Freiheitsentzug mehr als aufgewogen werden.[6] Die mit dem Sicherungsaspekt in Verbindung stehende Debatte um grundrechtliche **Schutzpflichten**, welche den Staat im Interesse des Bürgers auch zum Einsatz des Strafrechts zwingen sollen,[7] hat das Jugendstrafrecht und seine individualpräventive Ausrichtung bisher zwar erst am Rande berührt. Gleichwohl zeigen die Vorschriften in §§ 7 Abs. 2 und 4, 106 Abs. 3 S. 2, Abs. 4 bis 7 JGG mit den Möglichkeiten der Anordnung der Sicherungsverwahrung deutlich, dass der Gesetzgeber dem Sicherungsgedanken auch zum Nachteil junger Rechtsbrecher verstärkte Bedeutung beimisst. Bei der Diskussion der beachtenswerten Strafzwecke handelt es sich jedenfalls nicht nur um praktisch irrelevante theoretische Gedankenspiele. Insbesondere bei der Bemessung der gebotenen Jugendstrafe[8] erlangen die vorstehenden Erwägungen Bedeutung.

711 In der Konsequenz wird Jugendstrafe den Strafen nach allgemeinem Recht weithin gleichgestellt. So erfolgt eine Eintragung im Bundeszentralregister (§ 4 Nr. 1 BZRG) statt im Erziehungsregister.[9] Man setzt zudem die Verurteilung zu und die Verbüßung von Jugendstrafe der Verurteilung zu und der Verbüßung von Freiheitsstrafe gleich, wenn es aufgrund späterer Delinquenz im Erwachsenenalter die formellen Voraussetzungen der Anordnung von **Sicherungsverwahrung** nach § 66 StGB zu beurteilen gilt.[10] Diese Würdigung der Jugendstrafe im Rahmen des § 66 StGB erscheint nicht nur im Hinblick auf die zweifelhafte Indizwirkung von Delinquenz in jungen Jahren für spätere Verfehlungen bedenklich,

---

[4] So BT-Drs. 16/6293, S. 10; BGHSt. 15, S. 226; BGH, StrVert 1982, S. 121; StrVert 1990, S. 505; NStZ 1994, S. 125; Eisenberg, 2014, § 17 Rdn. 5; Meier/Rössner/Schöch, 2013, S. 215, 221; Swoboda, 2013, S. 94; de lege ferenda anders Hinz, 2001a, S. 54 f.; ders., 2005, S. 193 f.

[5] Ähnlich Streng, 2012, S. 226 f.; i. Erg. auch BT-Drs. 16/6293, S. 10; Hackstock, 2002, S. 314; Kaspar, 2010, S. 215 ff.; Kurzberg, 2009, S. 114; Meier/Rössner/Schöch, 2013, S. 221 f.; Ostendorf, 2013, § 17 Rdn. 5 (vgl. aber Grdl. z. den §§ 17 und 18 Rdn. 3); Petersen, 2008, S. 185; Radtke, in: MünchKomm-StGB, 2013, § 17 JGG Rdn. 10; Reuther, 2008, S. 178; Swoboda, 2013, S. 94 f.; a. A. Brunner/Dölling, 2011, § 18 Rdn. 9a; Eisenberg, 2014, § 17 Rdn. 5; HK-JGG/Laue, 2014, § 17 Rdn. 8; Müller I., 2009, S. 419 f.; Strobel, 2006, S. 89 ff.; zum Problem ferner Jäger, 2003, S. 474 ff.

[6] Vgl. Eisenberg, 2014, § 18 Rdn. 9; Ostendorf, 2013, § 18 Rdn. 11; siehe auch Diemer/Schatz/Sonnen, 2011, § 18 JGG Rdn. 17.

[7] Grundlegend BVerfGE 88, S. 254 f.

[8] Dazu Kap. 9.5.

[9] Näher Kap. 12.1.

[10] Etwa BGHSt. 26, S. 153; 50, S. 293 f.; BGH, NStZ-RR 2014, S. 43; Brunner/Dölling, 2011, § 17 Rdn. 10; Fischer Th., 2014, § 66 Rdn. 26, 29; Streng, 2012, S. 204 f. m. w. Nachw.; a. A. Eisenberg, 2014, § 17 Rdn. 37; Flaig, 2009, S. 41; Knauer, 2012, S. 222; Laubenthal, 2004, S. 722.

sondern auch angesichts der Tatsache, dass Jugendstrafe wegen schädlicher Neigungen aus erzieherischen Gründen u. U. in Fällen verhängt wird, in denen nach allgemeinem Strafrecht keine Freiheitsstrafe in Betracht käme.[11] Jugendstrafe und Freiheitsstrafe stellen sich damit unbeschadet des Charakters der ersteren als Kriminalstrafe als alia dar.[12] Zudem bleibt gem. § 106 Abs. 3 S. 1 JGG selbst bei Anwendung allgemeinen Strafrechts auf Verfehlungen Heranwachsender die Anordnung von Sicherungsverwahrung ausgeschlossen, weshalb sich sogar im Licht des danach möglichen Ausspruchs ihres Vorbehalts[13] die Berücksichtigung der Verurteilung zu Jugendstrafe im Rahmen des § 66 StGB als Systembruch erweist.

Bereits aus Gründen des verfassungsrechtlich fundierten Verhältnismäßigkeitsgrundsatzes darf Jugendstrafe nur als **Ultima Ratio** verhängt werden. Das einfache Gesetz spiegelt dies in §§ 5 Abs. 2, 13 Abs. 1 und 17 Abs. 2 JGG wider: Auf Jugendstrafe zu erkennen ist nur statthaft, wenn Erziehungsmaßregeln oder Zuchtmittel zur spezialpräventiven Beeinflussung des Täters nicht ausreichen oder wenn seine Schuld durch die den Zuchtmitteln innewohnende Ahndungskomponente nicht gesühnt werden kann.[14]

712

Als weitere Konsequenz aus der **Subsidiarität** der Jugendstrafe als stationärer Rechtsfolge folgt, dass vorrangig Bewährungssanktionen (Aussetzung der Jugendstrafe, §§ 21 ff. JGG, sowie Aussetzung der Verhängung der Jugendstrafe, §§ 27 ff. JGG)[15] zu prüfen bleiben.

9.2   Rechtstatsächliches zur Jugendstrafe

Jugendstrafe wurde in den Jahren seit 2006 in **16 bis 17 % aller Verurteilungen** nach Jugendstrafrecht verhängt. Der Anteil der Jugendstrafe an allen Sanktionen des Jugendstrafrechts ist damit seit Jahren (mit geringen Unterschieden) gleichbleibend; auch diese Feststellung spricht gegen die Alltagsvermutung einer beständig krimineller und schwerere Taten verübenden Jugend. In der Mehrzahl der Fälle kam es zur Aussetzung der Jugendstrafe zur Bewährung, wobei gewisse Schwankungen zu konstatieren sind. In den Jahren 2001 wie 2010 erging in 63 % der Fälle, in denen auf Jugendstrafe erkannt wurde, eine Bewährungsentscheidung, während es sich im Jahr 2006 nur bei 60,5 % aller entsprechenden Urteile so verhielt. Dieser Wert wurde 2012 mit einer Aussetzungsquote von 59,9 % noch unterboten.[16] Wie sich aus der folgenden Tabelle ergibt, greifen die Richter in der Mehrzahl der Fälle zu niedrigen Strafen, selbst wenn der Anteil der Jugendstrafen von mehr als zwei Jahren Dauer sich seit Beginn des Jahrhunderts um fast vier Prozent-

713

---

[11] So Laubenthal, 2004, S. 722.
[12] Vgl. Eisenberg/Schlüter, 2001, S. 190.
[13] Dazu Kap. 6.3.3.2.
[14] Erziehungsmaßregeln sollen gerade keine vergeltende Komponente beinhalten, vgl. Kap. 7.1.
[15] Dazu Kap. 10.
[16] Vgl. Tabelle 9.1 sowie Statistisches Bundesamt (Hrsg.), Rechtspflege Strafverfolgung 2001, S. 64 f. und Voraufl., S. 311.

Tab. 9.1 Dauer der Jugendstrafe. (Quelle: Statistisches Bundesamt (Hrsg.), Rechtspflege Strafverfolgung Fachserie 10 Reihe 3: 2008, S. 280 f.; 2010, S. 276 f.; 2012, S. 280 f.)

Dauer der Jugendstrafe	2008		2010		2012	
	Anzahl	%	Anzahl	%	Anzahl	%
Sechs Monate	2.754	14,3	2.348	13,6	2.020	13,6
Mehr als sechs bis neun Monate	3.357	17,4	2.840	16,5	2.307	15,9
Mehr als neun bis zwölf Monate	4.106	21,3	3.427	19,9	2.904	19,6
Mehr als ein Jahr bis zwei Jahre	6.642	34,5	6.313	36,6	5.409	36,5
Mehr als zwei bis drei Jahre	1.626	8,4	1.588	9,2	1.405	9,5
Mehr als drei bis fünf Jahre	633	3,3	645	3,7	662	4,5
Mehr als fünf bis zehn Jahre	137	0,7	80	0,5	96	0,6
Jugendstrafe insgesamt	*19.255*	*100,0*	*17.241*	*100,0*	*14.803*	*100,0*

punkte erhöht hat: Im Jahr 2012 fielen in diese Kategorie 14,6 % aller Jugendstrafen im Vergleich zu nur 10,7 % im Jahr 2001 (Tab. 9.1).[17]

> Gleichwohl findet sich im Schrifttum die Sichtweise, junge Täter würden eher und mit höherer Strafe belegt als Erwachsene nach vergleichbaren Delikten.[18] Diese Vermutung einer **härteren Sanktionierung** adoleszenter Rechtsbrecher vermochten andere Untersuchungen jedoch nicht zu bestätigen.[19]

714 Nach § 21 JGG kann Jugendstrafe von nicht mehr als zwei Jahren zur Bewährung ausgesetzt werden. Die folgende Tabelle zeigt auf, in welchem Ausmaß hiervon Gebrauch gemacht wurde. Während bei Jugendstrafen bis zu zwölf Monaten in mehr als drei Viertel aller Entscheidungen Bewährung gewährt wird, ist dies bei längeren Strafen nur noch in reichlich der Hälfte aller Fälle so. Je kürzer die Strafe ausfällt, desto eher wird sie also auch zur Bewährung ausgesetzt (Tab. 9.2).

715 Im **Längsschnitt** der letzten Jahrzehnte zeigt sich zunächst ein Rückgang der Verhängung von Jugendstrafe bis Mitte der achtziger Jahre des 20. Jahrhunderts. Dann hat sich der Trend wieder umgekehrt.[20] Betrachtet man gar die Entwicklung seit 1960, wird deutlich, dass die Tendenz weg von Jugendstrafen kurzer Dauer (bis ein Jahr) hin zu einem höheren Strafmaß verläuft.[21] Diese Abkehr von der kurzen Freiheitsentziehung ist auf der einen Seite zu begrüßen. Auf der anderen Seite überwiegen nach wie vor kurze Jugendstrafen bis zu einem Jahr bzw. zwei Jahren. Selbst wenn diese zur Bewährung ausgesetzt werden, kommt es in einer nicht geringen Zahl von Fällen zu einem späteren Bewährungswiderruf, womit in der Folge kurzer Freiheitsentzug mit all seinen Nachteilen doch noch verbüßt

---

[17] Siehe Statistisches Bundesamt (Hrsg.), Rechtspflege Strafverfolgung 2001, S. 64 f.
[18] Dazu Diemer/Schatz/Sonnen, 2011, § 17 JGG Rdn. 7, § 18 JGG Rdn. 9; Kemme/Stoll, 2012, S. 32 ff.; Ostendorf, 2013, § 5 Rdn. 6; Walter/Wilms, 2007, S. 1, 4; zur europäischen Perspektive siehe Dünkel, 2012a, S. 389 ff.
[19] Vgl. Kurzberg, 2009, S. 187 ff., 200, 207 ff.; Streng, 2007, S. 437 ff.; siehe auch Heinz, 2012, S. 136 ff.
[20] Siehe Heinz, 2009, S. 58 ff.; ferner Schaffstein/Beulke, 2002, S. 150 f.
[21] Dazu Ostendorf, 2013, Grdl. z. den §§ 17 und 18 Rdn. 5.

9.2 Rechtstatsächliches zur Jugendstrafe

Tab. 9.2 Aussetzung der Jugendstrafe zur Bewährung. (Quelle: Statistisches Bundesamt (Hrsg.), Rechtspflege Strafverfolgung Fachserie 10 Reihe 3: 2008, S. 280 f.; 2010, S. 276 f.; 2012, S. 280 f.)

Dauer der Jugendstrafe	Absolute Zahlen und Aussetzungsquote					
	2008		2010		2012	
	Anzahl	%	Anzahl	%	Anzahl	%
Sechs Monate	2.415	87,7	2.074	88,3	1.751	86,9
Mehr als sechs bis neun Monate	2.762	82,3	2.383	83,9	1.927	83,5
Mehr als neun bis zwölf Monate	3.044	74,1	2.615	76,3	2.163	74,5
Mehr als ein Jahr bis zwei Jahre	3.769	56,7	3.786	60,0	3.023	55,9

werden muss.[22] In diesem Zusammenhang gilt es zu beachten: Die durch das 1. JGGÄndG 1990 erweiterten Möglichkeiten zur Aussetzung der Jugendstrafe im Bereich von einem Jahr bis zwei Jahren haben seitdem einen nicht unerheblichen Anstieg entsprechender Bewährungssanktionen mit sich gebracht.[23]

Die **Legalbewährung** nach verbüßter Jugendstrafe ist schlecht. Gemäß einer auf das gesamte Bundesgebiet bezogenen Studie zeigten sich 78 % der im Jahr 1994 Entlassenen während eines vierjährigen Folgezeitraums als wiederum straffällig und 45 % mussten erneut in den Vollzug.[24] Die auf das Jahr 2004 bezogene zweite Untersuchung dieser Art, die allerdings nur eine dreijährige Folgeperiode erfasst, ergab eine Rückfallquote von 69 %, wobei 36 % der Betroffenen erneut zu unbedingter Freiheits- oder Jugendstrafe verurteilt wurden.[25] Für männliche Erstverbüßer deutscher Nationalität zwischen 14 und 24 Jahren in Niedersachsen, Hamburg, Bremen und Sachsen-Anhalt ermittelte man seit 1998 Zahlen von 75,6 respektive 60,3 %.[26] Männliche Gefangene, die in den Jahren 2005 und 2006 aus dem thüringischen Jugendvollzug entlassen worden waren, zeigten sich zu 73 % rückfällig; mehr als 50 % erhielten wiederum einen Freiheitsentzug.[27] Die **Rückfallquote** insgesamt ist die **höchste** unter sämtlichen jugendstrafrechtlichen Sanktionen. Daran zeigt sich deutlich, dass gerade gegenüber adoleszenten Rechtsbrechern so wenig Strafe wie möglich sinnvoll bleibt, selbst wenn es sich bei den zu einer unbedingten Jugendstrafe Verurteilten vielfach um Personen handeln dürfte, die in Norm- und Verhaltensabweichung bereits stark gefestigt sind.

716

---

[22] Kritisch Schaffstein/Beulke, 2002, S. 151.
[23] Vgl. Diemer/Schatz/Sonnen, 2011, § 21 JGG Rdn. 2; Ostendorf, 2013, Grdl. z. den §§ 21–26a Rdn. 5; Schaffstein/Beulke, 2002, S. 151.
[24] Siehe Heinz, 2008b, S. 371; Jehle/Heinz/Sutterer, 2003, S. 55; allgemein zu Rückfallforschung nach Jugendstrafvollzug Kerner 2013, S. 354 ff.
[25] Siehe Jehle/Albrecht/Hohmann-Fricke/Tetal, 2010, S. 63.
[26] So Höynck/Hosser, 2007, S. 391.
[27] Giebel/Ritter, 2012, S. 304.

9.3 Existenz und Perspektiven der Jugendstrafe

717 Will man nicht einem vollständig an Intervention durch Hilfsangebote ausgerichteten Jugendrecht, welches sich allerdings nicht mehr als Strafrecht darstellen würde, das Wort reden, führt an der **Beibehaltung einer Kriminalstrafe** auch für junge Rechtsbrecher kein Weg vorbei. Die Sichtweise, der Vollzug der Jugendstrafe sei generell erziehungsfeindlich und verstoße deshalb gegen die Menschenwürde der Verurteilten, hat sich nicht durchsetzen können.[28]

718 Bis zur Entscheidung des BVerfG zum Erfordernis einer gesetzlichen Grundlage für den Jugendstrafvollzug[29] und zum Erlass der entsprechenden Ländergesetze waren eventuell sich aus dem Fehlen hinreichender Regelungen über den Jugendstrafvollzug ergebende Auswirkungen bereits auf die Möglichkeit der Verhängung von Jugendstrafe in den Blick geraten. Man erörterte, ob die Gerichte allein deshalb nicht mehr auf Jugendstrafe erkennen dürften, um die betroffenen Straftäter nicht einem verfassungswidrigen Vollzugsregime auszuliefern. Das BVerfG[30] hatte sich einer derartigen Argumentation von Untergerichten[31] verschlossen. Dafür sprach, dass man auch im Zeitraum zwischen der Beurteilung des Erwachsenenvollzugs als der Verfassung nicht entsprechend[32] und dem Erlass des StVollzG nicht auf den Gedanken verfallen ist, die Verhängung unbedingter Freiheitsstrafen habe nunmehr zu unterbleiben. Letztlich dürfte der Zweck der skizzierten Diskussion darin bestanden haben, auf besonders plakative und drastische Weise dem Unbehagen über das Fehlen eines Jugendstrafvollzugsgesetzes nach mehr als 25 Jahren seit Inkrafttreten des StVollzG Ausdruck zu verleihen.

719 In die Diskussion gerieten in der Folge eher die Rechtsfolgen der Jugendstrafe. Es wurde verschiedentlich propagiert, die **Strafrahmen anzuheben**, insbesondere in Ansehung Heranwachsender.[33] Dem ist der Gesetzgeber durch Anhebung der Höchststrafe für Mord auf 15 Jahre Jugendstrafe bei Heranwachsenden (§ 105 Abs. 3 S. 2 JGG) nachgekommen.[34] Generell entsprechen derartige Gedanken einem Zeitgeist, der sein Heil in immer mehr und immer härteren Strafen sucht und auf diesem Wege in Umsetzung von Alltagstheorien das Sicherheitsbedürfnis der Bevölkerung zu befriedigen sucht. Solche **populistischen Bestrebungen** lassen allerdings die Erkenntnis außer Acht, dass Freiheitsentzug bei jungen Menschen nach einer gewissen, jedenfalls erheblich kürzeren Zeitspanne eher schädliche Aus-

---

[28] Dazu OLG Schleswig, NStZ 1985, S. 475; Pedal, 2008, S. 415; Sonnen, 2007, S. 923 f.; siehe auch Radtke, in: MünchKomm-StGB, 2013, § 17 JGG Rdn. 11.

[29] BVerfGE 116, S. 69 ff.

[30] Siehe BVerfG, NJW 1995, S. 2215; StrVert 2002, S. 462; DVJJ-Journal 2002, S. 348 f.; NStZ-RR 2006, S. 323; i. Erg. auch Butz, 2004, S. 98.

[31] Etwa AG Herford, StrVert 2002, S. 455 ff.; DVJJ-Journal 2002, S. 347 f.; AG Rinteln, DVJJ-Journal 2002, S. 342.

[32] Durch BVerfGE 33, S. 1 ff.

[33] Etwa BT-Drs. 16/1027, S. 5, 9; BR-Drs. 77/08; Buckolt, 2009, S. 383; Kreuzer, 2002, S. 2350; Merk, 2008, S. 71; Schöch, 2001a, S. 137; wohl auch Pedal, 2008, S. 417; a. A. Albrecht H.-J., 2002, S. D 152; Çağlar, 2005, S. 149; Göppinger/Bock, 2008, S. 636 f.; Heinz, 2008, S. 56 f.; Kusch, 2006, S. 69; Ostendorf, 2006, S. 325.

[34] Ablehnend Dünkel/Flügge/Lösch/Pörksen, 2010, S. 177; Eisenberg, 2014, § 105 Rdn. 39; siehe auch Streng, 2012, S. 220; Swoboda, 2013, S. 89 ff.

9.3 Existenz und Perspektiven der Jugendstrafe

wirkungen zeitigt als resozialisierend wirkt, mithin die nachteiligen Konsequenzen entgegen § 2 Abs. 1 S. 1 JGG langfristig den durch „Wegsperren" erreichbaren Schutz zunichtemachen werden. In der Gesetzesbegründung wird dies verschleiernd dadurch umschrieben, dass der Gesetzgeber im Rahmen einer ethischen und gesellschaftlichen Wertung eine Grundentscheidung treffen könne, hinter der ggf. kriminologische Bedenken zurücktreten müssten.[35] Außerdem bestand nach den vorliegenden **empirischen Erkenntnissen** überhaupt **kein Anlass** für eine solche Gesetzesänderung. Ein Zusammenhang zwischen der Höhe der Strafandrohung und der Abschreckungswirkung ist nicht nachgewiesen und der Eintritt eines solchen Effekts ist bei eher spontan handelnden jungen Rechtsbrechern noch weniger zu erwarten als bei Erwachsenen.[36] Zudem fehlt es an einer vermehrten Begehung schwerster Taten durch Jugendliche und Heranwachsende. Das gilt auch für Mord seitens Heranwachsender, den die realisierte Strafrahmenerhöhung ausschließlich betrifft: In den Jahren seit 2007 sind maximal jeweils 17, im Jahr 2011 sogar nur neun und im Jahr 2012 zehn Heranwachsende wegen vollendeten Mordes nach Jugendstrafrecht verurteilt worden.[37] Eine Analyse aller bundesweit in den Jahren 1987 bis 1996 ergangenen (65) Urteile, in denen die höchstmögliche Jugendstrafe von zehn Jahren verhängt wurde, hat schließlich kein Bedürfnis der Praxis für härtere Strafen aufgezeigt, sondern im Gegenteil belegt, dass die Betroffenen ganz überwiegend vorzeitig aus der Haft entlassen und im Beobachtungszeitraum zumeist nicht – jedenfalls in gravierender Weise – rückfällig geworden sind.[38] Nunmehr wird aber befürchtet, die Gesetzesänderung könne auch höhere Jugendstrafen im Bereich bis zu zehn Jahren nach sich ziehen.[39]

Umgekehrt findet sich die Forderung nach einer **Absenkung** der Höchststrafe auf fünf Jahre[40] oder – gerade als Alternative zum Jugendarrest – des Mindeststrafrahmens der Jugendstrafe auf drei Monate erhoben.[41] Auch an die **Ersetzung der Einheitsstrafrahmen** des § 18 Abs. 1 JGG durch Anwendung der tatbestandlichen Strafandrohungen des Erwachsenenrechts zu festen Bruchteilen denkt man.[42] Ferner wird propagiert, die Verurteilung als nach Rechtskraft **abänderbar** umzugestalten (vgl. §§ 11 Abs. 2, 15 Abs. 3 S. 1, 87 Abs. 3 JGG für Weisungen und Zuchtmittel), um insbesondere auf eine später eintretende Abschwächung schädlicher Neigungen reagieren zu können.[43] Mit einer Umsetzung solcher Vorschläge ist aktuell nicht zu rechnen.

720

---

[35] BT-Drs. 17/9839, S. 8.
[36] Vgl. Eisenberg, 2013c, S. 51; Köhne, 2008, S. 370.
[37] Siehe BT-Drs. 17/9839, S. 20; Statist. Bundesamt (Hrsg.), Rechtspflege Strafverfolgung, 2011 und 2012, jeweils S. 33.
[38] Siehe Schulz, 2001, S. 310 ff.
[39] So Swoboda, 2013, S. 90; Verrel, 2013, S. 75.
[40] In diesem Sinne Çağlar, 2005, S. 150.
[41] So Albrecht H.-J., 2002, S. D 152; weitergehend Kusch, 2006, S. 69; a. A. Göppinger/Bock, 2008, S. 636 f.; Müller I., 2009, S. 424; Streng, 2007, S. 459; Walter/Wilms, 2007, S. 8.
[42] Siehe Streng, 2007, S. 459.
[43] Dafür Göppinger/Bock, 2008, S. 636.

721 Während gegenwärtig Jugendstrafe gegen alle Jugendlichen (und Heranwachsenden) verhängt werden darf, wird teilweise erwogen, in Zukunft **14- und 15-Jährige** von dieser Sanktion grundsätzlich auszunehmen.[44] Das verdient jedoch keinen Beifall, weil nicht ausgeschlossen werden kann, dass eine kleine Gruppe bereits sehr junger Rechtsbrecher existiert, auf die sich mit milderen Mitteln nicht mehr einwirken lässt. Außerdem zeigt die geringe Zahl entsprechender Insassen des Jugendstrafvollzugs, dass die Gerichte solche Täter nicht leichtfertig und übereilt den mit dem Aufenthalt in der Subkultur der geschlossenen Institution verbundenen Gefahren aussetzen.[45]

9.4 Formen der Jugendstrafe

722 Jugendstrafe darf nur verhängt werden wegen schädlicher Neigungen des Jugendlichen (§ 17 Abs. 2 1. Alt. JGG) oder wegen Schwere der Schuld (§ 17 Abs. 2 2. Alt. JGG). Allerdings ist „oder" in § 17 Abs. 2 JGG wie „oder/und" zu lesen. Die beiden Voraussetzungen stehen nicht in einem Exklusivitätsverhältnis, sondern können **kumulativ** angenommen werden.[46] Denn schwere Tatschuld mag oft ein Symptom schädlicher Neigungen darstellen.[47]

9.4.1 Jugendstrafe wegen schädlicher Neigungen (§ 17 Abs. 2 1. Alt. JGG)

723 Jugendstrafe wird verhängt beim Vorliegen schädlicher Neigungen, die in der Tat hervorgetreten sind. Der Zweck der Strafe besteht hier in der **individualpräventiven Einwirkung** auf den jungen Rechtsbrecher.[48] Aus dem Verhältnismäßigkeitsgrundsatz folgt, dass sonstige stationäre Sanktionen wie Heimerziehung gem. § 12 Nr. 2 JGG oder Dauerarrest (§ 16 Abs. 1 und 4 JGG) nicht ausreichen dürfen, um den Sozialisationsdefiziten des Jugendlichen entgegenzuwirken, es vielmehr einer intensiveren und möglicherweise länger andauernden Einwirkung auf ihn im Jugendstrafvollzug bzw. durch die Bewährungshilfe bedarf.

---

[44] Etwa Çağlar, 2005, S. 147 f.; Diemer/Schatz/Sonnen, 2011, § 17 JGG Rdn. 9; Ostendorf, 2013, Grdl. z. §§ 1 und 2 Rdn. 10; Zweite Jugendstrafrechtsreform-Kommission der DVJJ, 2001, S. 355; ablehnend Albrecht H.-J., 2002, S. D 150; Fischer A., 2000, S. 185; Laubenthal, 2002, S. 818; Streng, 2012, S. 38; Weber S., 2011, S. 208 f.

[45] Vgl. Brunner/Dölling, 2011, § 17 Rdn. 4; HK-JGG/Laue, 2014, § 17 Rdn. 7; Schaffstein/Beulke, 2002, S. 299.

[46] Vgl. Eisenberg, 2014, § 17 Rdn. 9; Streng, 2012, S. 212.

[47] In diesem Sinne Meier/Rössner/Schöch, 2013, S. 218; Schaffstein/Beulke, 2002, S. 154; siehe auch Pedal, 2008, S. 416.

[48] Siehe Dölling, 2003, S. 602; Schaffstein/Beulke, 2002, S. 153; a. A. Kurzberg, 2009, S. 106.

9.4.1.1 Vorliegen schädlicher Neigungen

Der Terminus „schädliche Neigungen" setzt erhebliche Anlage- oder Erziehungsmängel voraus, die ohne längere Gesamterziehung die Gefahr der Begehung weiterer Straftaten in sich bergen, welche nicht nur gemeinlästig sind oder den Charakter von Bagatelldelikten haben.[49] Es muss also eine Wahrscheinlichkeit dafür bestehen, dass die persönlichen Defizite (**subjektive Komponente**) sich in der Außenwelt durch weitere Delinquenz manifestieren (**objektive Komponente**). Bloße Erziehungsmängel, die keine Prognose weiterer Kriminalität gestatten, reichen deshalb für die Verhängung von Jugendstrafe als Kriminalstrafe nicht aus. Umstände, die eine Reifeverzögerung belegen, begründen noch nicht das Vorliegen schädlicher Neigungen.[50]

724

Die persönlichen Defizite brauchen **nicht** vom Betroffenen **selbst verschuldet** zu sein.[51] Sie können deshalb auf ererbten Anlagen oder neurotischer Fehlentwicklung ebenso basieren wie auf Erziehungsmängeln, schädlichen Einflüssen Dritter oder sonstigen Umweltschäden.[52]

725

> Nicht vereinbar mit der Konzeption des Gesetzes bleibt es trotz der Nicht-Berücksichtigung der Ursachen der Fehlhaltung, wenn Jugendstrafe wegen schädlicher Neigungen als Maßregel der Besserung und Sicherung interpretiert wird.[53] Denn die strafrechtliche Verantwortlichkeit (§ 3 S. 1 JGG, § 20 StGB) darf selbstverständlich nicht aufgehoben sein.

Im Einzelnen gilt: **Spontan-, Gelegenheits- oder Konfliktkriminalität** lassen einen Schluss auf schädliche Neigungen nicht zu,[54] weil sich hier die ungünstige Legalbewährungsprognose nicht stellen lässt. Hat die abzuurteilende Straftat ihre Ursache in **gruppendynamischen Zwängen** („falsch verstandene Kameradschaft"), handelt es sich um eine jugendtypische Erscheinung, die ebenfalls noch nicht zur Annahme schädlicher Neigungen zwingt.[55] Das gilt auch bei einer Kombination der vorgenannten Gesichtspunkte (spontane Mitwirkung an einer Gruppentat).[56] Die professionelle mag aber ebenso wie eine besonders rücksichtslose Begehungsweise erhebliche Persönlichkeitsmängel indizieren.[57]

---

[49] So BGH, NStZ 2002, S. 89; NStZ 2010, S. 280; OLG Hamm, NStZ 2007, S. 45; ZJJ 2008, S. 80; OLG Karlsruhe, StrVert 2007, S. 4; siehe auch Göppinger/Bock, 2008, S. 634; Radtke, in: MünchKomm-StGB, 2013, § 17 JGG Rdn. 19: nur wenn gegen Erwachsene mindestens sechs Monate Freiheitsstrafe verhängt werden müssten.

[50] BGH, StrVert 2011, S. 581.

[51] Kritisch Albrecht P.-A., 2000, S. 245 f.; Eisenberg, 2014, § 17 Rdn. 18b; Petersen, 2008, S. 177; vgl. auch BGH, ZJJ 2014, S. 47.

[52] Vgl. BGHSt. 11, S. 169; 16, S. 162; Ranft, 2006, S. 469.

[53] So aber Eisenberg, 2014, § 17 Rdn. 18c; Haffke, 2009, S. 21; vgl. auch Walter/Wilms, 2007, S. 1 ff.; dagegen Radtke, in: MünchKomm-StGB, 2013, § 17 JGG Rdn. 4; Weber S., 2011, S. 127.

[54] BGHSt. 12, S. 135 f.; 18, S. 210; OLG Hamm, NStZ-RR 1999, S. 378.

[55] Vgl. BGHR JGG § 17 Abs. 2 Schädliche Neigungen 1 und 3; BGH, StrVert 1993, S. 531; NStZ 2010, S. 281; Diemer/Schatz/Sonnen, 2011, § 17 JGG Rdn. 15; Schaffstein/Beulke, 2002, S. 154.

[56] Dazu BGH, StrVert 2010, S. 581.

[57] Vgl. BGH, NStZ 2002, S. 89; OLG Hamm, StrVert 2007, S. 3; Radtke, in: MünchKomm-StGB, 2013, § 17 JGG Rdn. 34.

726 Schädliche Neigungen setzen nicht voraus, dass der Betroffene wiederholt strafrechtlich in Erscheinung getreten oder gar als Serientäter auffällig geworden ist. Bereits in der **ersten** (ins Hellfeld gelangten) **Straftat** können sich ausreichende Defizite des jungen Rechtsbrechers manifestieren.[58] Das muss allerdings besonders sorgfältig aufgeklärt werden.[59] Bei vorsätzlichen Tötungsdelikten indiziert nach Auffassung des BGH aber bereits die Überwindung der von der Rechtsprechung postulierten hohen Hemmschwelle das Vorliegen schädlicher Neigungen.[60] Problematisch erscheint es, wenn die Annahme schädlicher Neigungen auf Delinquenz im strafunmündigen Kindesalter gestützt werden soll, weil es insoweit an einer einheitlichen Erfassung und an einer Ausermittlung des Sachverhalts fehlt.[61] Begründet das Gericht das Vorliegen schädlicher Neigungen mit Vorgängen im strafmündigen Alter, die zu anderweitigen Verurteilungen oder Verfahren geführt haben, bedarf es im Urteil ebenfalls näherer Darlegungen zu deren Grundlagen, Umständen und Auswirkungen.[62]

727 Als verhältnismäßig vermag man die Verhängung von Jugendstrafe nur zu beurteilen, wenn nicht bloß Straftaten nicht ganz unerheblicher Art drohen,[63] sondern mit **erheblicher Delinquenz** zu rechnen ist.[64] Darunter können auch extremistische Taten, etwa nach § 86a StGB, fallen.[65] Eine bloße Belästigung der Allgemeinheit übersteigt die Schädlichkeitsschwelle nicht.

Beispiele

Bleiben wiederholte Angriffe des Täters auf die Ehre seiner Mitmenschen zu besorgen, rechtfertigt dies nicht die Annahme schädlicher Neigungen und damit keine Verhängung von Jugendstrafe. – Gleiches gilt, wenn der Delinquent einen Hang zu Beförderungserschleichungen, Ladendiebstählen geringwertiger Sachen oder Fahren ohne Fahrerlaubnis (in fahrtüchtigem Zustand und ohne Gefährdung anderer Verkehrsteilnehmer) an den Tag legt. – Nach der neueren Rechtsprechung lässt nicht einmal wiederholtes unerlaubtes Handeltreiben mit Betäubungsmitteln (sogar in Form „harter" Drogen) einen sicheren Schluss auf

---

[58] Kritisch Diemer/Schatz/Sonnen, 2011, § 17 JGG Rdn. 14; Göppinger/Bock, 2008, S. 634; Jäger, 2003, S. 475 f.; siehe auch HK-JGG/Laue, 2014, § 17 Rdn. 15.
[59] Siehe BGHSt. 16, S. 261; BGH, NStZRR 1997, S. 22; StrVert 1998, S. 331; NStZ 2002, S. 89; NStZ 2013, S. 287; OLG Hamm, ZJJ 2004, S. 299; StrVert 2007, S. 2 f.; Eisenberg, 2014, § 17 Rdn. 21; Ranft, 2006, S. 469.
[60] So BGH, NStZ 2002, S. 89.
[61] Dazu Bottke, 1995, S. 290 f.; Putzke, 2009, S. 633.
[62] Siehe BGH, NStZ 2012, S. 289 f.; KG, StrVert 2011, S. 582 f.; NStZ 2013, S. 291; ZJJ 2013, S. 320.
[63] In diesem Sinne aber Schaffstein/Beulke, 2002, S. 154.
[64] Wie hier OLG Hamm, StrVert 2001, S. 177; LG Gera, StrVert 1999, S. 660; AG Rudolstadt, StrVert 2013, S. 36 f.; Meier/Rössner/Schöch, 2013, S. 218; Ostendorf, 2013, § 17 Rdn. 3.
[65] Siehe OLG Hamm, NStZ 2007, S. 45.

9.4 Formen der Jugendstrafe

schädliche Neigungen zu.⁶⁶ Anders muss allerdings entschieden werden, sofern der Umfang des Handels über denjenigen mit Kleinstmengen hinausgeht, insbesondere wenn der Täter selbst kein Konsument ist.

9.4.1.2 Tatbezug

Die schädlichen Neigungen müssen in der Tat, die den Gegenstand des Strafverfahrens bildet, hervorgetreten sein. Daran fehlt es, wenn dieser Anlasstat keine **symptomatische Bedeutung** für die bei dem Jugendlichen vorhandenen Defizite zukommt.⁶⁷ Auch eine für sich betrachtet als bagatellarisch zu beurteilende Tat kann sich als Ausdruck schädlicher Neigungen darstellen.⁶⁸ Die Verhängung von Jugendstrafe nur wegen jener würde sich aber als Verstoß gegen die Grundsätze der Verhältnismäßigkeit sowie der Tatproportionalität staatlichen Strafens darstellen. Sind mehrere Taten angeklagt, besteht das Erfordernis einer individuellen Prüfung, die zu unterschiedlichen Ergebnissen führen kann.

728

> **Beispiel**
>
> Der Jugendliche hat in der Vergangenheit mehrere Diebstähle verübt. Muss er sich nunmehr wegen Beteiligung an einer Schlägerei (§ 231 StGB) verantworten und liegt dem eine Festzeltprügelei zugrunde, fehlt es am erforderlichen Zusammenhang. Anders verhält es sich, wenn er bei einem Diebstahl auf frischer Tat betroffen wurde und in Beutesicherungsabsicht auf den Bestohlenen eingeschlagen hat (räuberischer Diebstahl, § 252 StGB).

Bedarf es eines Bezugs zwischen der Tat und den schädlichen Neigungen, so muss dieser auch zum **Urteilszeitpunkt** noch vorliegen. Die schädlichen Neigungen können vor der gerichtlichen Entscheidung in Wegfall geraten. Dann ist die Verhängung von Jugendstrafe nicht mehr erforderlich. Erkennt das Gericht gleichwohl hierauf, liegt ein Verstoß gegen den Verhältnismäßigkeitsgrundsatz vor. Zudem wird es an der Gefahr der Verübung weiterer erheblicher Straftaten fehlen.⁶⁹

729

> **Beispiel**
>
> A hat mit einem Mittäter zusammen eine Vielzahl von Einbruchdiebstählen begangen, die nunmehr zur Aburteilung anstehen. Die letzte Tat liegt zwei Jahre zurück. Zwischenzeitlich ist A nicht mehr auffällig geworden. Er hat vor einem

---

⁶⁶ Vgl. OLG Hamm, StrVert 2005, S. 69; NStZRR 2005, S. 245; ferner OLG Köln, StrVert 1993, S. 531; Paul, 2005, S. 200 f.
⁶⁷ Vgl. Brunner/Dölling, 2011, § 17 Rdn. 12c; Eisenberg, 2014, § 17 Rdn. 23c.
⁶⁸ Dazu Böhm/Feuerhelm, 2004, S. 221.
⁶⁹ Siehe BGHR JGG § 17 Abs. 2 Schädliche Neigungen 4 und 5; BGH, StrVert 1998, S. 331; NStZ 2010, S. 281; StrVert 2011, S. 581; NStZ 2013, S. 287; KG, StrVert 2003, S. 457; OLG Hamm, ZJJ 2004, S. 299; ZJJ 2008, S. 80; OLG Köln, StrVert 2003, S. 457; Eisenberg, 2014, § 17 Rdn. 23; Ostendorf, 2013, § 17 Rdn. 3; aber auch Petersen, 2008, S. 179 f.

Jahr geheiratet und geht seit kurzem einer geregelten Arbeit nach. Kontakt zu seinem früheren Komplizen besteht nicht mehr. Die Verhängung einer Jugendstrafe wegen schädlicher Neigungen kommt nicht in Betracht, weil solche sich jetzt nicht mehr feststellen lassen. Sofern nicht die Schwere der Schuld die Verhängung einer Jugendstrafe gebietet, kann nur mit Zuchtmitteln reagiert werden.

9.4.1.3 Erforderlichkeit der Jugendstrafe

730 Erziehungsmaßregeln oder Zuchtmittel dürfen zur individualpräventiven Beeinflussung des jungen Rechtsbrechers nicht ausreichen. In der Terminologie des dem Erziehungsgedanken verpflichteten Gesetzes muss also Jugendstrafe zur Erziehung erforderlich sein. Diese Prüfungsebene wird aber gar nicht betreten, sofern der Jugendliche für Jugendstrafe ungeeignet, mithin nicht **erziehungsfähig** ist. Die Praxis nimmt eine derartige Beeinflussbarkeit allerdings regelmäßig an, sofern nicht ausnahmsweise medizinische Aspekte entgegenstehen.[70]

9.4.1.4 Zukunft der Jugendstrafe wegen schädlicher Neigungen

731 Geht es nach den von zahlreichen Stimmen in der Literatur geäußerten Wünschen, ist der Jugendstrafe wegen schädlicher Neigungen **de lege ferenda keine Zukunft** mehr beschieden. Das betrifft nicht nur den Terminus selbst,[71] dem eine stigmatisierende Bedeutung innewohnt und der zudem die Gefahr mit sich bringt, betroffene Jugendliche könnten resignieren und sich im Sinne des labeling approach in ihr scheinbar unabänderliches kriminelles Schicksal fügen.[72] Weitergehend wird unter Hinweis auf die Episodenhaftigkeit jugendlicher Delinquenz die Existenz oder zumindest die Feststellbarkeit schädlicher Neigungen bestritten[73] bzw. im Rückgriff auf solche das Leugnen der Bedeutung der Einzeltatschuld zugunsten einer Lebensführungsschuld kritisiert.[74] In jüngerer Zeit findet sich demgegenüber verstärkt das Interesse betont, Sanktionslücken zu vermeiden und die Gesellschaft auch vor jungen, gleichwohl aber gefährlichen Rechtsbrechern nachhaltig – also durch stationäre Maßnahmen – zu sichern,[75] wobei dies entweder durch eine Neuinterpretation des Begriffs der schweren Schuld[76] oder – unter Beibehaltung der Jugendstrafe

---

[70] Vgl. Eisenberg, 2014, § 17 Rdn. 24; Streng, 2012, S. 214.

[71] So Dölling, 2001, S. 193; Göppinger/Bock, 2008, S. 633; HK-JGG/Laue, 2014, § 17 Rdn. 6; Radtke, in: MünchKomm-StGB, 2013, § 17 JGG Rdn. 27; Schaffstein/Beulke, 2002, S. 158; ausführlich zum Ursprung in der Ideologie des Nationalsozialismus Walter/Wilms, 2007, S. 2 f.

[72] Vgl. Böhm/Feuerhelm, 2004, S. 220.

[73] So i. Erg. etwa Albrecht H.-J., 2002, S. D 152 f.; Albrecht P.-A., 2000, S. 246 f.; Çağlar, 2005, S. 146; Diemer/Schatz/Sonnen, 2011, § 17 JGG Rdn. 9; Ostendorf, 2013, Grdl. z. den §§ 17 und 18 Rdn. 6; Walter/Wilms, 2007, S. 3; Zieger, 2013, S. 60; siehe auch Hinz, 2001a, S. 56; Ries, 2005, S. 281.

[74] Vgl. Bald, 1995, S. 73; Walter/Wilms, 2007, S. 4.

[75] Bereits Streng, 1984, S. 151, 165; siehe auch Göppinger/Bock, 2008, S. 636.

[76] In diesem Sinne Meier/Rössner/Schöch, 2013, S. 239.

wegen schädlicher Neigungen – durch Verbesserungen in der Vollzugspraxis[77] bewerkstelligt werden soll.

9.4.2 Jugendstrafe wegen Schwere der Schuld (§ 17 Abs. 2 2. Alt. JGG)

Liegen keine schädlichen Neigungen vor, so vermag auch die Schwere der Schuld des jungen Rechtsbrechers die Verhängung einer Jugendstrafe zu rechtfertigen. 732

9.4.2.1 Grundlegendes zur Schwere der Schuld

Setzt das Gesetz „Schwere der Schuld" bei dem Jugendlichen oder Heranwachsenden voraus, gilt es zur Beurteilung dieses Tatbestandsmerkmals eine Vielzahl von Kriterien zu berücksichtigen. Den Ausgangspunkt der Überlegungen bildet dabei stets der Zweck der Sanktionierung. Der Täter muss sich **so stark ins Unrecht gesetzt** haben, dass dessen **Ausgleich** nur im Wege der Verhängung einer echten **Kriminalstrafe** erfolgen kann. Beachtung erlangen dabei sowohl Handlungs- als auch Erfolgsunrecht. 733

Überwiegend wird allerdings angenommen, dass es in erster Linie nicht auf die Schwere der Tat und damit das äußere Unrecht, sondern auf die **innere Tatseite** im Sinne der charakterlichen Haltung und der Persönlichkeit des Delinquenten ankomme.[78] Gegen einen solchen **vom allgemeinen Strafrecht abweichenden Maßstab** wird zu Recht eingewandt, er befördere die Gefahr eines Gesinnungsstrafrechts bzw. – und noch dazu im Widerspruch zur unfertigen Persönlichkeit des jungen Menschen – der Anerkennung einer sog. Lebensführungsschuld.[79] Es liegt zudem auf der Hand, dass ein hohes Maß an subjektiver Vorwerfbarkeit sich allein nicht eignet, die Verhängung einer Jugendstrafe zu rechtfertigen. Denn anderenfalls dürfte man trotz geringen Erfolgsunrechts auch dort zu dieser Rechtsfolge gelangen, wo nach allgemeinem Strafrecht nicht auf Freiheitsstrafe erkannt würde. Mit einem solchen Vorgehen würde man gegen das Verbot der Schlechterstellung Jugendlicher in vergleichbarer Verfahrenslage und zugleich gegen den Verhältnismäßigkeitsgrundsatz verstoßen. 734

Die Frage der Schuldschwere kann deshalb nicht isoliert im Hinblick auf die Person des jeweiligen Rechtsbrechers beurteilt werden.[80] Ihre Beantwortung bestimmt 735

---

[77] Dafür Streng, 2007, S. 460; ders., 2012, S. 215; vgl. Walter/Wilms, 2007, S. 7 f.; krit. Löhr, 1997, S. 284.

[78] Vgl. BGHSt. 15, S. 226; 16, S. 263; BGH, NStZ 1996, S. 496; StrVert 1996, S. 270; NStZ-RR 2001, S. 216; NStZ 2010, S. 281; NStZ 2012, S. 164; NStZ 2013, S. 290; NStZ-RR 2013, S. 291; NStZ-RR 2014, S. 119; NStZ 2014, S. 408; BayObLG, StrVert 1985, S. 156; KG, StrVert 2013, S. 35; OLG Hamm, ZJJ 2004, S. 299; OLG Köln, StrVert 1999, S. 667; Brunner/Dölling, 2011, § 17 Rdn. 14; Buckolt, 2009, S. 42.

[79] In diesem Sinne Streng, 2012, S. 216; Weber M., 1990, S. 80 ff.; Weber S., 2011, S. 119 ff.; siehe auch Radtke, in: MünchKomm-StGB, 2013, § 17 JGG Rdn. 21.

[80] So auch Reisenhofer, 2012, S. 206; ferner das Ergebnis einer Praktikerumfrage bei Buckolt, 2009, S. 330 f.; vgl. weiter BGH, NStZ 2012, S. 163.

sich vielmehr zunächst anhand der vom Gesetzgeber – auch auf der Basis höherrangigen Rechts, etwa des Grundgesetzes – getroffenen Entscheidung über den mit den Mitteln des Strafrechts bezweckten **Rechtsgüterschutz**. Für die Einordnung des jeweiligen Rechtsguts erlangen die Strafrahmen des allgemeinen Strafrechts entscheidende Bedeutung.[81] Gegen den Grundsatz des § 18 Abs. 1 S. 3 JGG, dem zufolge die Strafrahmen des allgemeinen Strafrechts nicht gelten, wird durch eine solche Betrachtung nicht verstoßen, weil es auf dieser Prüfungsstufe nicht um die Strafhöhe, sondern erst um die Voraussetzungen von Jugendstrafe geht.

736 Darüber hinaus spielt die **Intensität oder Motivation des Rechtsgutsangriffs** eine Rolle, wie sich beispielhaft an der Qualifizierung bestimmter Begehungsweisen der vorsätzlichen Tötung als Mord einerseits, der geringeren Bestrafung fahrlässiger im Vergleich zu vorsätzlicher Begehung andererseits zeigt. Insofern ist der Judikatur weiter darin beizupflichten, dass die Schwere der Schuld nicht abstrakt nach dem verwirklichten Tatbestand, sondern nur in Beziehung zur konkreten Tat bestimmt werden darf.[82] Im Ergebnis lässt sich die Schwere der Schuld deshalb etwa eher bejahen, wenn ein vorsätzlicher Angriff auf das Leben als Höchstgut der Rechtsordnung oder auch die Fundamente des Gemeinwesens geführt wird, als in dem Fall, in dem sich die Tat nur gegen materielle Werte richtet.[83]

9.4.2.2 Jugendtümliche Besonderheiten und Schwere der Schuld

737 Steht fest, dass ein bestimmter Angriff auf ein bestimmtes Rechtsgut sich grundsätzlich eignet, die Schwere der Schuld zu bejahen, ist weiter zu prüfen, ob ein solcher Vorwurf auch gegen den konkreten Täter erhoben werden kann. Dabei darf man sich nicht damit begnügen, lediglich auf die Schwere des Rechtsverstoßes abzustellen. Denn insoweit sind folgende Aspekte kumulativ von Relevanz:

- Die vom Täter **in vorwerfbarer Weise herbeigeführten Tatfolgen** sowie das **Ausmaß seines Verschuldens**.[84] Dolus directus wiegt schwerer als bedingter Vorsatz, Leichtfertigkeit rechtfertigt eher die Annahme schwerer Schuld als einfache oder gar leichte Fahrlässigkeit. In diesem Zusammenhang spielt auch die Einordnung der Handlungsweise nach allgemeinem Strafrecht eine Rolle. Wäre bei dessen Anwendung von einem **minder schweren Fall** auszugehen, ist dies bei der Entscheidung über die Schuldschwere zu berücksichtigen.[85]

738 - Die **Motive** des jungen Rechtsbrechers.[86] Hat der Jugendliche die Tat aus einer jugendtypischen Motivation wie Imponiergehabe oder Gruppenzwang heraus verübt, kann dies ebenso der Annahme besonderer Schuldschwere entgegenstehen wie das Vorliegen eines wenn auch nicht billigenswerten, so doch mensch-

---

[81] Tendenziell BGH, StrVert 2005, S. 66; KG, StrVert 2013, S. 35; Jäckel, 2010, S. 540.
[82] Siehe BGH, StrVert 2009, S. 90; KG, StrVert 2009, S. 91; AG Rudolstadt, ZJJ 2013, S. 422.
[83] Vgl. auch Meier/Rössner/Schöch, 2013, S. 221 mit der Orientierung an § 41 Abs. 1 Nr. 1 JGG.
[84] Siehe Schaffstein/Beulke, 2002, S. 156; krit. Eisenberg, 2014, § 17 Rdn. 32.
[85] Dazu BGH, NStZ-RR 2013, S. 291; OLG Hamm, StrVert 2011, S. 583 ff.; AG Rudolstadt, ZJJ 2014, S. 52.
[86] Brunner/Dölling, 2011, § 17 Rdn. 14a; Schaffstein/Beulke, 2002, S. 156.

lich verständlichen Beweggrundes, etwa begründeter Eifersucht oder der Tötung des trunksüchtigen langjährigen Familientyrannen außerhalb einer Notwehr- oder Notstandslage.[87] Auch eine Mitwirkung des Opfers, etwa durch Schaffung einer „Verführungssituation" vor einer Vergewaltigung, kann der Schwere der Schuld entgegenstehen.[88]

- **Reifezustand und Grad der Schuldfähigkeit.** Liegen die Voraussetzungen des § 3 S. 1 JGG zwar vor, fehlt es aber in erheblichem Maß an der einem Erwachsenen abverlangten Willens- und Handlungsherrschaft, wird die Rechtsordnung auch durch nicht unerhebliche Taten noch nicht in einem Maß erschüttert, das die Verhängung einer Kriminalstrafe als unabdingbar erscheinen lässt.[89] Ist die Schuldfähigkeit wegen der in § 20 StGB aufgeführten biologisch-psychologischen Gesichtspunkte i. S. d. § 21 StGB vermindert, kann auch dies gegen Schwere der Schuld sprechen.[90]

739

- Das **Nachtatverhalten** entsprechend den im allgemeinen Strafrecht geltenden Strafzumessungserwägungen. Keine Rolle spielen dürfen insoweit aber prozessual statthafte Verhaltensweisen, etwa das Leugnen der Tatbegehung oder das Unterlassen von Bedauernsäußerungen.[91]

740

Beispiel

Das Jugendschöffengericht verurteilte den Angeklagten wegen Verstößen gegen das BtMG. Er hatte durch drei selbständige Handlungen in je zwei Fällen Betäubungsmittel in nicht geringer Menge unerlaubt erworben und in einem weiteren Fall Betäubungsmittel in nicht geringer Menge ohne Erlaubnis besessen. Als Rechtsfolge wurde Jugendstrafe wegen Schwere der Schuld verhängt, wobei das Jugendschöffengericht zur Begründung lediglich auf die große Menge an Drogen sowie die Anzahl der Taten verwies. Das OLG Hamm[92] hob dieses Urteil zu Recht auf. Die nur knappen Hinweise auf die Vielzahl der Handlungen und die große Menge Haschisch ließen befürchten, dass die Vorinstanz allein auf das Ausmaß des ihrer Ansicht nach vom Angeklagten verwirklichten Unrechts abgestellt, darüber hinaus aber jegliche Auseinandersetzung mit der Persönlichkeit des Täters und seiner Beziehung zu den ihm vorgeworfenen Taten unterlassen habe.

---

[87] Zu Letzterem Böhm/Feuerhelm, 2004, S. 223 f.; aber auch BGH, NStZ-RR 2008, S. 258.
[88] So BGH, StrVert 2009, S. 91.
[89] Vgl. Streng, 2012, S. 217.
[90] Dazu Eisenberg, 2014, § 17 Rdn. 30; Meier/Rössner/Schöch, 2013, S. 225.
[91] Siehe BGH, StrVert 1999, S. 657 f.; Eisenberg, 2014, § 17 Rdn. 30a; Schaffstein/Beulke, 2002, S. 157.
[92] StrVert 2001, S. 175; siehe auch Paul, 2005, S. 202 f.

9.4.2.3 Sonderfall Fahrlässigkeitsdelikte

741 Von nicht unerheblicher praktischer Bedeutung ist die Frage, ob und unter welchen Voraussetzungen nach fahrlässigen Rechtsverstößen, etwa im **Straßenverkehr**, die Verhängung von Jugendstrafe wegen Schwere der Schuld in Betracht kommt. Insoweit gilt es zu bedenken, dass an junge Menschen aufgrund ihrer geringeren Lebenserfahrung im Normalfall keine so hohen Anforderungen wie an Erwachsene gestellt werden können, was das Maß der zu beachtenden Sorgfalt angeht.[93] Angesichts der überragenden Bedeutung des Rechtsguts Lebens sind gleichwohl auch bei Verkehrsdelikten Konstellationen denkbar, in denen die Rechtsordnung allein durch die Verhängung von Jugendarrest nicht wieder hergestellt werden kann. Insoweit bedarf es allerdings zusätzlich eines besonders gravierenden Verhaltensvorwurfs, der regelmäßig **Leichtfertigkeit**, also gesteigerte Fahrlässigkeit, **von besonderem Ausmaß** voraussetzt.[94] Die Unterscheidung zwischen unbewusster und bewusster Fahrlässigkeit spielt dabei keine Rolle, weil Leichtfertigkeit und unbewusste Fahrlässigkeit sich nicht ausschließen.[95]

> **Beispiel**[96]
>
> Der 20-jährige A, der bereits ein Jahr zuvor mit überhöhter Geschwindigkeit einen richterlich geahndeten Verkehrsunfall verschuldet hatte, besuchte eine Tanzveranstaltung und trank dort Bier und Schnaps. Gegen 23 Uhr sollte im Kleinwagen der K der Heimweg angetreten werden, wobei neben A und K noch fünf weitere Jugendliche in dem Fahrzeug Platz nahmen. Weil K Schwierigkeiten beim Anfahren hatte, setzte sich A nach anfänglichem Widerstreben auf Bitten eines Mitfahrers ans Steuer. Er befuhr im Folgenden eine ihm nicht bekannte abschüssige Bundesstraße, auf der die zulässige Höchstgeschwindigkeit auf 80 km/h begrenzt ist. Beim Übergang in eine Rechtskurve kam das mit einer Geschwindigkeit von 121,5 km/h geführte Fahrzeug von der Fahrbahn ab und rutschte schließlich in ein am Straßenrand befindliches Buswartehäuschen aus Beton. Der Pkw durchbrach eine Seitenwand und kam zum Stehen, worauf das Dach herabfiel und den Wagen unter sich begrub. Dabei kamen fünf der Mitfahrer des A ums Leben. Das AG verurteilte A zu einer Jugendstrafe. Zur Begründung wurde auf das hohe Maß an Verantwortungslosigkeit und Gewissenlosigkeit rekurriert, das A durch sein grob leichtfertiges Verhalten an den Tag gelegt habe. Er sei vorsätzlich nach vorangegangenem Alkoholkonsum mit einem

---

[93] Dazu Streng, 2012, S. 217.

[94] Vgl. OLG Braunschweig, NZV 2002, S. 195; OLG Karlsruhe, NStZ 1997, S. 242; Brunner/Dölling, 2011, § 17 Rdn. 16; Eisenberg, 2014, § 17 Rdn. 32b; Meier/Rössner/Schöch, 2013, S. 225; Schaffstein/Beulke, 2002, S. 157; a. A. Ostendorf, 2013, § 17 Rdn. 6; Putzke/Feltes, 2012, S. 98; siehe auch AG Lübeck, StrVert 2013, S. 760 f.

[95] Treffend Böhm, 1985, S. 156; Radtke, in: MünchKomm-StGB, 2013, § 17 JGG Rdn. 71; Strobel, 2006, S. 113; anders wohl BayObLG, StrVert 1985, S. 156; Jäckel, 2010, S. 540; HK-JGG/Laue, 2014, § 17 Rdn. 32; allgemein zum Verhältnis Leichtfertigkeit/(un)bewusste Fahrlässigkeit BGH, StrVert 1994, S. 480; Fischer Th., 2014, § 15 Rdn. 20.

[96] Nach AG Dillenburg, NStZ 1987, S. 409 f.

9.4.2.4 Erforderlichkeit der Jugendstrafe

Erforderlich ist Jugendstrafe nur dann, wenn eine mildere Sanktionierung in einen unerträglichen Widerspruch zum allgemeinen Gerechtigkeitsgefühl treten würde.[97] In diesem Rahmen bleibt der **Verhältnismäßigkeitsgrundsatz** zu beachten. Bei der Entscheidung über die Erforderlichkeit kommt es wiederum zum einen auf die Bedeutung des verletzten Rechtsguts für die Gesamtrechtsordnung, zum anderen auf das subjektive Maß an Vorwerfbarkeit an.[98] Bei sog. **Kapitaldelikten** wie vorsätzlichen Tötungsverbrechen, aber auch erfolgsqualifizierten Delikten mit Todesfolge wird eine wegen Schwere der Schuld gebotene Jugendstrafe regelmäßig auch erforderlich sein.[99] Die Judikatur hat diese Voraussetzung aber auch schon für einen „brutalen" Raubüberfall auf offener Straße bejaht.[100]

742

Die Rechtsprechung will jedenfalls bislang darüber hinaus mit Blick auf § 18 Abs. 2 JGG, dem zufolge Jugendstrafe stets so zu bemessen bleibt, dass die erforderliche erzieherische Einwirkung möglich ist, Jugendstrafe wegen Schwere der Schuld nur dann verhängen, wenn diese **aus erzieherischen Gründen erforderlich**, mithin durch das „Wohl des Jugendlichen" geboten sei.[101] Diese auf eine Harmonisierung der beiden Formen von Jugendstrafe abzielende Position verdient jedoch keinen Beifall.[102] Sie vernachlässigt die unterschiedlichen Funktionen der beiden Möglichkeiten zur Verhängung von Jugendstrafe und lässt das Bedürfnis nach

743

---

[97] Vgl. Ostendorf, 2013, § 17 Rdn. 7; Schaffstein/Beulke, 2002, S. 156; krit. Buckolt/Hoffmann, 2004, S. 712.

[98] Wie hier Reisenhofer, 2012, S. 208.

[99] Siehe BGHR JGG § 17 Abs. 2 Schwere der Schuld 2; BGH, StrVert 2005, S. 66; KG, StrVert 2009, S. 91; StrVert 2013, S. 35; OLG Frankfurt, StrVert 2009, S. 92; OLG Hamm, NStZ-RR 2005, S. 245; ZJJ 2005, S. 447; Schaffstein/Beulke, 2002, S. 156; krit. Putzke, 2009, S. 634; vgl. auch Ostendorf, 2013, § 17 Rdn. 6; zu erfolgsqualifizierten Delikten Baumhöfener, 2011, S. 430.

[100] So LG Berlin, NStZ 2007, S. 46; vgl. aber KG, StrVert 2009, S. 91; OLG Schleswig, bei Döllel/Dreeßen, SchlHA 2004, S. 261.

[101] Etwa BGHSt. 15, S. 224; 16, S. 263; BGHR JGG § 17 Abs. 2 Schwere der Schuld 1; BGH, NStZ-RR 2001, S. 216; StrVert 2003, S. 458; NStZ-RR 2006, S. 27; StrVert 2008, S. 258; StrVert 2009, S. 93; weiter KG, StrVert 2013, S. 36; OLG Brandenburg, StrVert 1999, S. 658; StrVert 2001, S. 175 f.; OLG Düsseldorf, StraFo 2007, S. 475; OLG Frankfurt, StrVert 2009, S. 92; OLG Hamm, ZJJ 2004, S. 299; NStZ 2005, S. 645; NStZ-RR 2005, S. 245; ferner Buckolt, 2009, S. 47; Eisenberg, 2014, § 17 Rdn. 34 f.; Laubenthal, 2013, S. 10; Pedal, 2008, S. 416; Putzke, 2009, S. 634; Zieger, 2013, S. 65 ff.; wieder anders Jäger, 2003, S. 477 f.; zum Ganzen Radtke, in: MünchKomm-StGB, 2013, § 17 JGG Rdn. 53 ff.

[102] Wie hier Böhm/Feuerhelm, 2004, S. 226; Brunner/Dölling, 2011, § 17 Rdn. 14b; HK-JGG/Laue, 2014, § 17 Rdn. 28; Lenz T., 2007, S. 118 ff.; Schaffstein/Beulke, 2002, S. 157; Streng, 2012, S. 218; Swoboda, 2013, S. 98 ff.; i. Erg. auch Ostendorf, 2013, § 17 Rdn. 4; Petersen, 2008, S. 183; differenzierend Meier/Rössner/Schöch, 2013, S. 223 f.

angemessener Sühne auch schwerster Taten außer Acht.[103] Zudem ließe sich danach niemals die Verhängung von Jugendstrafe rechtfertigen, wenn eine Tat erst dann bestraft werden kann, nachdem der Rechtsbrecher bereits erwachsen ist. Denn die Erziehung Volljähriger verbietet sich von selbst. § 18 Abs. 2 JGG betrifft schließlich nur die Bemessung, nicht aber die Verhängung von Jugendstrafe. So setzt § 18 Abs. 1 S. 2 JGG das Höchstmaß der Jugendstrafe für besonders schwere Verbrechen auf zehn Jahre fest, obwohl man allgemein davon ausgeht, dass jedenfalls eine Vollstreckungsdauer von mehr als fünf Jahren sich nicht mehr eignet, den Betroffenen spezialpräventiv günstig zu beeinflussen.[104]

744 Die Rechtsprechung stellt sich jedoch nicht einheitlich dar. Der BGH trägt den Einwänden der Literatur in seiner neueren Judikatur vielfach insofern Rechnung, als er die Gedanken von **Sühne und Schuldausgleich** neben den Erziehungszweck stellt und bei äußerst gravierenden Taten damit auch die Verhängung einer Jugendstrafe toleriert, deren Dauer sich allein auf der Basis des Erziehungsgedankens nicht mehr begründen lässt.[105] Weitergehend wird in einer Entscheidung aus jüngster Zeit die Sichtweise geteilt, der zufolge Jugendstrafe bei hinlänglichem Schuldumfang auch ohne Erziehungsfähigkeit oder -bedürftigkeit des Täters verhängt werden dürfe.[106]

9.5 Strafzumessung (§ 18 JGG)

9.5.1 Jugendstrafe als Strafe von bestimmter Dauer

745 Wie sich aus §§ 18 Abs. 1 S. 1 und 2, 105 Abs. 3 JGG ergibt, muss das Gericht unter Berücksichtigung der jugendstrafrechtlichen Sonderregelungen eine bestimmte Dauer der Jugendstrafe festlegen.

> Bis zum 1. JGGÄndG 1990 sah § 19 JGG die Möglichkeit vor, eine Jugendstrafe von **unbestimmter Dauer** zu verhängen.[107] Mit diesem Instrument sollte die Möglichkeit eröffnet werden, die erzieherisch optimale Laufzeit der Jugendstrafe wegen schädlicher Neigungen zu erzielen, indem durch Urteil nur Mindest- und Höchstmaß der Strafe festgesetzt und die endgültige Strafdauer erst während der Vollstreckung bestimmt wurde. Diese Rechtsfolge hatte zuletzt allerdings nur noch geringe praktische Bedeutung. Im Hinblick auf die Gebote der Rechtssicherheit und der Vorhersehbarkeit nicht nur der möglichen Sanktionierung, sondern auch des Vollzugsendes ist die Abschaffung der Jugendstrafe von unbestimmter Dauer zu begrüßen. Das gilt erst recht, wenn man dem Erziehungsgedanken skeptisch gegenübersteht.

---

[103] Siehe auch BT-Drs. 16/6293, S. 9.
[104] Vgl. Streng, 2012, S. 218.
[105] In diesem Sinne BGHR JGG § 17 Abs. 2 Strafzwecke 1; BGH, StrVert 1981, S. 26 f.; StrVert S. 121 f.; NStZ 1996, S. 496; StrVert 1996, S. 270; NStZRR 1997, S. 22; NStZ 2007, S. 523; siehe auch OLG Hamm, StrVert 2005, S. 67; OLG Karlsruhe, NStZ 1997, S. 242; OLG Köln, StrVert 1999, S. 667.
[106] So BGH, NStZ 2013, S. 658; dazu Eisenberg 2013 f, S. 637 ff.
[107] Dazu Streng, 2012, S. 213; HK-JGG/Wulf, 2014, § 19 aF.

9.5.2 Die Strafrahmen des Jugendstrafrechts

Die **Strafrahmen des allgemeinen Strafrechts gelten nicht** im Jugendstrafrecht (§ 18 Abs. 1 S. 3 JGG), da diese nicht an individualpräventiven Notwendigkeiten, sondern an der Deliktsschwere orientiert sind. Der zweitgenannte Aspekt manifestiert sich nur noch in der Regelung der §§ 18 Abs. 1 S. 2, 105 Abs. 3 S. 2 JGG. Davon abgesehen wurden die Strafrahmen radikal vereinheitlicht. Eine weitere Differenzierung sieht das Gesetz zwischen Jugendlichen und Heranwachsenden vor. Im Einzelnen ist Folgendes bestimmt:

746

- Den **Normalfall** regelt § 18 Abs. 1 S. 1 JGG: Das Mindestmaß der Jugendstrafe beträgt sechs Monate, das Höchstmaß fünf Jahre.
- Das **Höchstmaß** wird durch § 18 Abs. 1 S. 2 JGG auf zehn Jahre **heraufgesetzt**, wenn es sich bei der Tat um ein Verbrechen (§ 12 Abs. 1 StGB) handelt, für das nach allgemeinem Strafrecht eine Höchststrafe von mehr als zehn Jahren Freiheitsstrafe angedroht ist. Das betrifft etwa Mord (§ 211 StGB) und Totschlag (§ 212 StGB), aber auch zahlreiche erfolgsqualifizierte Delikte. Bei der Prüfung der nach allgemeinem Strafrecht beachtlichen Strafdrohung bleiben **minder schwere oder besonders schwere Fälle außer Betracht**.[108] Keine Rolle spielt zudem die Frage, ob im konkreten Fall gegen einen Erwachsenen eine Strafe von mehr als zehn Jahren verhängt würde.[109] Es gilt somit ein rein abstrakter Betrachtungsmaßstab.
- Bei **Heranwachsenden** beträgt das Höchstmaß der Jugendstrafe grundsätzlich, also unabhängig von der Deliktsart oder den Strafrahmen des allgemeinen Strafrechts, zehn Jahre (§ 105 Abs. 3 S. 1 JGG).
- Nur in Ansehung Heranwachsender ist das Höchstmaß der Jugendstrafe bei **Mord** nunmehr auf 15 Jahre erhöht, sofern der Regelstrafrahmen wegen der besonderen Schwere der Schuld nicht ausreicht (§ 105 Abs. 3 S. 2 JGG).[110]

747

Diese sich in die Systematik des JGG nur schwer einfügende Regelung setzt wegen **Schwere der Schuld** für vollendeten Mord verhängte Jugendstrafe voraus; sie kommt weder bei Mordversuch noch in Ansehung von Jugendstrafe, die ausschließlich auf das Vorliegen schädlicher Neigungen gestützt wird, zur Geltung.[111] Ungeklärt bleibt vorerst die Anwendbarkeit auf Teilnahme namentlich in Form der Anstiftung (§ 26 StGB) zum Mord ebenso wie der Begriff der besonderen Schuldschwere; eine schematische Übernahme der zu § 57a Abs. 1 S. 1 Nr. 2 StGB entwickelten Kriterien[112] ohne Berücksichtigung jugendtümlicher Besonderheiten scheidet aber aus, zumal nach der Intention des Gesetzgebers erzieherische Erfordernisse leitend zu berücksichtigen sind.[113]

---

[108] Vgl. BGHSt. 8, S. 78; Brunner/Dölling, 2011, § 18 Rdn. 4; Eisenberg, 2014, § 18 Rdn. 9; Reuther, 2009, S. 446 f.
[109] Siehe Ostendorf, 2013, § 18 Rdn. 3.
[110] Zur Kritik bereits Kap. 9.3; zu Friktionen mit § 28 StGB Mitsch, 2013, S. 137 ff.
[111] So Ostendorf, 2013, § 105 Rdn. 32a.
[112] Dazu etwa Fischer Th., 2014, § 57a Rdn. 9 ff.; Streng, 2012a, S. 144 ff.
[113] Siehe BT-Drs. 17/9389, S. 20.

748 Der Wahl der beschriebenen Strafrahmen liegen folgende Vorstellungen zugrunde:

- Mit dem **Mindestmaß** der Jugendstrafe von **sechs Monaten** bezweckt der Gesetzgeber, die **schädlichen und stigmatisierenden Wirkungen** einer kürzeren Kriminalstrafe zu **vermeiden**. Er ging davon aus, dass das Erziehungsziel durch einen bloß ganz kurzfristigen stationären Aufenthalt nicht erreicht werden könne, während umgekehrt dessen negative Folgen in Form des Abbruchs sozialer Kontakte, des Verlusts von Arbeits- oder Ausbildungsstelle, des „Anlernens" durch erfahrenere Rechtsbrecher sowie der Brandmarkung als Vorbestrafter das Übergewicht gewännen.[114] Die Legislative hat die erhebliche Lücke zwischen dem Höchstmaß des Dauerarrests von vier Wochen (§ 16 Abs. 4 S. 1 JGG) und dem Mindestmaß der nur als Ultima Ratio einzusetzenden Jugendstrafe dabei bewusst in Kauf genommen.[115] In der Konsequenz bedeutet dies, dass keine Jugendstrafe verhängt werden darf, sondern es bei Dauerarrest, u. U. zusammen mit anderen Maßnahmen wie Betreuungsweisungen oder einem sozialen Trainingskurs, sein Bewenden haben muss, wenn selbst eine sechsmonatige Jugendstrafe im Hinblick auf die Schuld des Täters gegen das **Übermaßverbot** verstoßen würde.[116]

749 **In jüngerer Zeit** findet sich allerdings die Ablehnung kürzerer Jugendstrafe durch den historischen Gesetzgeber in Frage gestellt. Das gilt nicht nur im Hinblick auf eine internationale Tendenz (etwa in den Niederlanden, der Schweiz und Skandinavien) hin zu kurzzeitigem Freiheitsentzug.[117] Zudem ist die Vorzugswürdigkeit längerer Freiheitsentziehung empirisch bisher nicht belegt worden.[118] Eine Ursache hierfür kann allerdings auch darin liegen, dass Jugendstrafen (und dabei insbesondere solche im Bereich von sechs bis zwölf Monaten) vorzugsweise gegen Delinquenten verhängt werden, die bereits eine beachtliche Sanktionskarriere hinter sich haben und bei denen deshalb trotz der individualpräventiven Bemühungen im Jugendstrafvollzug Rückfälligkeit zu erwarten steht.[119]

750 - Das **Höchstmaß** der Jugendstrafe von im Normalfall **fünf Jahren** beruht auf der Annahme, dass eine längere Haftdauer keine positive spezialpräventive Beeinflussung mehr gestattet, sondern nur noch Haftdeprivationen generiert und Abstumpfungseffekte fördert. Deshalb können **längere Strafen** nicht mehr mit erzieherischen Notwendigkeiten, sondern nur mit der **Sühne der Tatschuld** begründet werden.[120] Wird zusätzlich das Sicherungsbedürfnis der Allgemeinheit

---

[114] Vgl. BT-Drs. I/4437, S. 5; Schaffstein/Beulke, 2002, S. 161.

[115] Siehe BT-Drs. I/4437, S. 5.

[116] So Böhm/Feuerhelm, 2004, S. 13; Schaffstein/Beulke, 2002, S. 161; Streng, 2012, S. 221; zum Problem auch Eisenberg, 2014, § 18 Rdn. 5 f.

[117] Vgl. dazu Diemer/Schatz/Sonnen, 2011, § 18 JGG Rdn. 5.

[118] Siehe Dünkel, 1990, S. 421 ff.; Ostendorf, 2013a, S. 185.

[119] Zum Ganzen Eisenberg, 2014, § 17 Rdn. 12 ff.; Streng, 2012, S. 221.

[120] Vgl. BGH, NStZ 1996, S. 233; NStZ-RR 2010, S. 291; Brunner/Dölling, 2011, § 18 Rdn. 3; Diemer/Schatz/Sonnen, 2011, § 18 JGG Rdn. 6; Eisenberg, 2014, § 18 Rdn. 9; Kaspar, 2010, S. 214; Lenz T., 2007, S. 123 f.; Petersen, 2008, S. 190 f.; Streng, 2007, S. 432; ders., 2012,

herangezogen,[121] erscheint dies jedenfalls bei einer Betrachtung zweifelhaft, welche die für die Gesellschaft möglicherweise negativen Auswirkungen haftbedingter Schäden nach Wiedererlangung der Freiheit durch langstrafige adoleszente Rechtsbrecher ins Kalkül zieht. Im Ergebnis lässt sich eine Jugendstrafe von mehr als fünf Jahren Dauer bei Jugendlichen nur wegen Schwere der Schuld, nicht aber wegen schädlicher Neigungen rechtfertigen.[122]

9.5.3 Keine Geltung der Strafrahmen des allgemeinen Strafrechts

Gemäß § 18 Abs. 1 S. 3 JGG gelten die Strafrahmen des allgemeinen Strafrechts nicht. Das betrifft zum einen die in den Deliktstatbeständen einschließlich der Privilegierungen und Qualifikationen obligatorisch festgelegten Strafrahmen sowie die fakultativen **Regelbeispiele** für besonders schwere (etwa § 243 StGB) oder minder schwere (z. B. § 213 StGB) Fälle. Zum anderen bleiben auch die im **Allgemeinen Teil des StGB** vorgesehenen **Strafrahmenverschiebungen** (etwa § 13 Abs. 2 für Unterlassen, § 21 für verminderte Schuldfähigkeit, § 23 Abs. 2 für den Versuch, § 27 Abs. 2 S. 2 für die Beihilfe, § 30 Abs. 1 S. 2 für den Versuch der Beteiligung) **zunächst außen vor**. Soweit (wie bei den Regelbeispielen oder der verminderten Schuldfähigkeit) sich die Bedeutung der genannten Vorschriften ausschließlich auf die Strafzumessung beschränkt, dürfen sie auch im **Urteilstenor** keine Berücksichtigung finden. Anders verhält es sich natürlich mit Qualifikations- und Privilegierungstatbeständen: Auch der junge Rechtsbrecher wird wegen Wohnungseinbruchsdiebstahls (statt bloß wegen Diebstahls) oder wegen Tötung auf Verlangen (statt wegen Totschlags) verurteilt. 751

Allerdings bleibt es **materiell** keinesfalls ohne Belang, wenn die Voraussetzungen einer Norm erfüllt sind, welche eine Strafrahmenverschiebung anordnet. Denn auch im Rahmen der nach § 18 Abs. 2 JGG vorzunehmenden Bemessung der Jugendstrafe hat man die **Aspekte, die** nach Erwachsenenstrafrecht **zu einer Strafrahmenverschiebung veranlassen, zu berücksichtigen**. Steht also z. B. eine Verminderung der Schuldfähigkeit gem. § 2 Abs. 2 JGG, § 21 StGB im Raum, muss dies aufgeklärt und ggf. der Strafzumessung ebenso zugrunde gelegt werden[123] wie das Vorliegen eines minder schweren Falls.[124] Dabei darf die im allgemeinen Strafrecht gezogene Strafrahmenobergrenze auch bei der Anwendung von Jugendstrafrecht nicht überschritten werden, weil das Schuldprinzip hier ebenfalls gilt und der 752

S. 222; Swoboda, 2013, S. 99; a. A. BGH, StrVert 1998, S. 333; StrVert 1998, S. 336; NStZRR 1998, S. 285.
[121] Vgl. Eisenberg, 2014, § 18 Rdn. 9; Schaffstein/Beulke, 2002, S. 162.
[122] Wie hier Meier/Rössner/Schöch, 2013, S. 235.
[123] Dazu BGH, StrVert 1992, S. 432; StrVert 1994, S. 598 f.; OLG Zweibrücken, StrVert 1994, S. 599 f.; Brunner/Dölling, 2011, § 18 Rdn. 6b; Petersen, 2008, S. 132.
[124] Siehe BGHR JGG § 18 Abs. 1 S. 3 minder schwerer Fall 1–3; BGH, StrVert 1986, S. 304; StrVert 1993, S. 532; NStZ-RR 2013, S. 50; NStZ 2014, S. 409; OLG Hamm, StrVert 2001, S. 178; Brunner/Dölling, 2011, § 18 Rdn. 6a; Reuther, 2009, S. 447.

Gesetzgeber durch die typisierende Fassung der Erwachsenenstrafrahmen zu erkennen gegeben hat, mit welcher Härte auf eine bestimmte Verfehlung bei einem noch dazu uneingeschränkt verantwortlichen Rechtsbrecher maximal reagiert werden darf.[125] Zudem würde man mit einer gegenteiligen Handhabung gegen das Verbot der Schlechterstellung junger Täter in vergleichbarer Verfahrenslage verstoßen.

> Allerdings verliert der letztgenannte Aspekt umso mehr an Bedeutung, je weiter die Strafrahmen des Erwachsenenstrafrechts gespannt und je höher die Obergrenzen festgesetzt werden. Kommt bereits für Vergehen wie Diebstahl oder einfache Körperverletzung theoretisch eine Freiheitsstrafe von fünf Jahren im Maximum in Betracht, entspricht dies schon dem in § 18 Abs. 1 S. 1 JGG festgesetzten Höchstmaß der Jugendstrafe bei Jugendlichen.

753 Bei der Anwendung von **§ 21 StGB** muss schließlich beachtet werden, dass mangelnde Alkoholgewöhnung und Reifedefizite die Wirkungen des Rauschmittels zu verstärken sich eignen, weshalb bei Jugendlichen und Heranwachsenden bereits unterhalb eines Wertes von 2 ‰ Blutalkoholkonzentration die Schuldfähigkeit erheblich vermindert sein kann.[126]

754 Auch in der gegenläufigen Fallgestaltung, in der nach allgemeinem Strafrecht von einem **besonders schweren Fall** auszugehen wäre, darf dieser Aspekt bei der Festsetzung der Jugendstrafe Berücksichtigung finden.[127]

Beispiele

Der 19-jährige H hat sein Opfer O so heftig körperlich misshandelt, dass dies den Verlust des Sehvermögens auf einem Auge nach sich gezogen hat. Diese schwere Folge wollte H nicht herbeiführen; er hätte ihren nahe liegenden Eintritt jedoch ohne weiteres vorhersehen können. H war durch schwere Beleidigungen des O zum Zorn gereizt und auf der Stelle zur Tat hingerissen worden. Verhängt die Jugendkammer eine Jugendstrafe von sechs Jahren, so ist dies nicht rechtmäßig. Zwar ist das Höchstmaß der Jugendstrafe für Heranwachsende auf zehn Jahre festgesetzt (§ 105 Abs. 3 JGG). Wegen der Tatprovokation wäre jedoch nach allgemeinem Strafrecht von einem minder schweren Fall der schweren Körperverletzung gem. § 226 Abs. 1 Nr. 1 StGB auszugehen, so dass § 226 Abs. 3 StGB die Strafrahmenobergrenze bei einer Freiheitsstrafe von fünf Jahren ziehen würde. Diese Sanktionshöhe darf auch als Jugendstrafe nicht überschritten werden. – Hat der 17-jährige J einen Einbruchdiebstahl (§§ 242, 243 Abs. 1 S. 2 Nr. 1 StGB) verübt, so darf die Verwirklichung des unrechtssteigernden Regelbeispiels – wenn überhaupt eine Jugendstrafe in Betracht zu ziehen ist – bei deren konkreter Bemessung zum Nachteil des J Berücksichtigung finden.

---

[125] Vgl. Eisenberg, 2014, § 18 Rdn. 11; Jäckel, 2010, S. 540; Lenz T., 2007, S. 219 ff.; Meier/Rössner/Schöch, 2013, S. 231; Radtke, in: MünchKomm-StGB, 2013, § 18 JGG Rdn. 4; Streng, 2012, S. 222; Zieger, 2013, S. 70.
[126] So BGH, NStZ 1984, S. 76; StrVert 1992, S. 432; StrVert 1997, S. 348; NStZ-RR 1997, S. 66.
[127] Vgl. Schaffstein/Beulke, 2002, S. 163.

9.5.4 Bemessung der Jugendstrafe

Nach § 18 Abs. 2 JGG hat das Gericht die Jugendstrafe so zu bemessen, dass „die erforderliche erzieherische Einwirkung möglich ist". Hierdurch wird der **Primat spezialpräventiv ausgerichteter Strafzumessung** ausgedrückt. Man darf dieses Postulat jedoch nicht dahin missverstehen, dass – im Gegensatz zu § 46 Abs. 1 S. 1 StGB, dem zufolge die Schuld des Täters die Grundlage für die Strafzumessung bildet – andere Aspekte bei der Rechtsfolgenentscheidung keine Rolle spielen. Denn auch das Jugendstrafrecht ist ein Teil des Strafrechts, weshalb allgemeine Grundsätze zu berücksichtigen bleiben.

755

9.5.4.1 Bedeutung der Tatschuld

Das betrifft zunächst die **straflimitierende Wirkung der Tatschuld**.[128] Selbst in Fällen, in denen die Jugendstrafe wegen schädlicher Neigungen (§ 17 Abs. 2 1. Alt. StGB) verhängt wird, darf die Strafhöhe **nicht** das durch die Tatschuld geforderte **Maß übersteigen**, auch wenn aus erzieherischen Gründen eine längere Einwirkung auf den Jugendlichen im Vollzug geboten erscheint.[129] Denn die Jugendstrafe bleibt eine Strafe; sie stellt keine Maßregel der Besserung und Sicherung dar, deren Dauer sich am Fortbestehen eines Gefahrenzustands orientiert.[130] Unzulässig wäre es auch, die Höhe der Jugendstrafe allein an dem für die Absolvierung einer Berufsausbildung erforderlichen Zeitraum festzumachen.[131] Allerdings hat der Tatrichter bei der Festsetzung der Strafe im Einzelfall einen **Spielraum**.[132] Hält er sich innerhalb der durch diesen vorgegebenen Koordinaten, kann seine Entscheidung von der Revisionsinstanz nicht beanstandet werden. Dieser Rahmen steht auch bei der Bemessung der Jugendstrafe zur Verfügung.

756

Umgekehrt bleibt fraglich, ob die durch die Schuld des Delinquenten gebotene Strafe ausgeschöpft werden muss oder ob das Gericht, wenn es dies aus Gründen der spezialpräventiven Einwirkung für geboten erachtet, dahinter **zurückbleiben** darf.[133] Zwar erweist sich der gerichtliche Spielraum insoweit als größer im Vergleich zu dem Fall, in dem eine Schuldüberschreitung droht. Es liegt jedoch weder im wohlverstandenen Interesse des betroffenen Jugendlichen noch in demjenigen der Allgemeinheit, wenn die Strafe sich als **inadäquat-verniedlichende Reaktion**

757

---

[128] Anders Haffke, 2009, S. 29 ff.
[129] Vgl. BGHR JGG § 18 Abs. 2 Erziehung 4 und Strafhöhe 1; BGH, NStZ 1986, S. 71; Brunner/Dölling, 2011, § 18 Rdn. 10; Meier/Rössner/Schöch, 2013, S. 231 f.; Schaffstein/Beulke, 2002, S. 163; ferner KG, StrVert 2013, S. 762; anders BGHSt. 8, S. 80.
[130] Vgl. BGH, NStZ 1987, S. 506; Diemer/Schatz/Sonnen, 2011, § 18 JGG Rdn. 23; Streng, 2012, S. 224.
[131] Dazu BGH, StrVert 1987, S. 306; Meier/Rössner/Schöch, 2013, S. 231; Ostendorf, 2013, § 18 Rdn. 12; vgl. aber Brunner/Dölling, 2011, § 18 Rdn. 7c.
[132] Allgemein dazu Streng, 2012a, S. 309 ff.; krit. Petersen, 2008, S. 125 ff.
[133] Befürwortend Diemer/Schatz/Sonnen, 2011, § 18 JGG Rdn. 26, 28; Göppinger/Bock, 2008, S. 635; Lenz T., 2007, S. 224 ff.; Ostendorf, 2013, § 18 Rdn. 7.

darstellt.[134] Das gilt umso mehr, wenn nicht eine Jugendstrafe wegen schädlicher Neigungen, sondern eine solche wegen Schwere der Schuld verhängt wird.

> **Beispiel**[135]
> Der bisher unbescholtene 17-jährige J, ein Bewohner der seinerzeit noch „neuen" Bundesländer, beschloss 1992 zusammen mit einer Gruppe Gleichaltriger, Asylbewerber zu misshandeln und auch zu töten. In einer Diskothek traf man auf den nigerianischen Asylbewerber A, auf den J und seine Kumpane unter nazistischen, fremdenfeindlichen und beleidigenden Äußerungen so lange einschlugen und traten, bis er bewusstlos am Boden lag. Sodann warfen sie ihn in einen nahen See. A wurde von einem Passanten gerettet, hat aber bleibende Schäden davongetragen. J wurde vom LG wegen versuchten Mordes (Xenophobie als sonstiger niedriger Beweggrund) und gefährlicher Körperverletzung zu einer zur Bewährung ausgesetzten Jugendstrafe von zwei Jahren verurteilt. Der BGH hat diese Strafzumessung zu Recht beanstandet. Eine zur Bewährung ausgesetzte Jugendstrafe stellt sich aufgrund des von J verwirklichten Unrechts als zu niedrig dar. Zudem erscheint eine spezialpräventive Einwirkung im Rahmen des Vollzugs angesichts der von J gepflegten und ausgelebten Einstellung (rassistische fremdenfeindliche Gewaltbereitschaft bis hin zu einem in einer Pogromstimmung verübten versuchten Tötungsdelikt) unumgänglich.

9.5.4.2 Berücksichtigung der allgemeinen Strafzwecke

758 Nicht nur bei der Entscheidung darüber, ob überhaupt Jugendstrafe verhängt werden soll,[136] sondern auch bei der Festlegung der konkreten Strafhöhe erhebt sich die Frage, inwieweit die **allgemeinen Strafzwecke** Berücksichtigung finden dürfen. Die Rechtsprechung und ein Teil des Schrifttums lehnen es in Übereinstimmung mit der zur Verhängung der Jugendstrafe eingenommenen Position ab, **generalpräventiven Aspekten** wie der Unterstreichung der Normgeltung gegenüber der Bevölkerung (positive Generalprävention) Bedeutung beizumessen.[137] Das erscheint jedoch insofern wenig überzeugend, als sich die für geboten erklärte Tatsühne oder der gewünschte Schuldausgleich letztlich nicht losgelöst von positiver Generalprävention praktizieren lassen.[138] Negative Generalprävention im Sinne einer **Abschreckung** anderer rechtfertigt dagegen nicht eine Strafschärfung, weil das Gesetz

---

[134] Siehe BGH, StrVert 2009, S. 93; Hackstock, 2002, S. 294; Meier/Rössner/Schöch, 2013, S. 234; Streng, 2012, S. 225; ferner HK-JGG/Laue, 2014, § 18 Rdn. 20.
[135] Nach BGH, NStZ-RR 1996, S. 120.
[136] Dazu Kap. 9.1.
[137] So BGHSt. 15, S. 224; 16, S. 263; BGHR JGG § 18 Abs. 2 Strafzwecke 2 und 3; Brunner/Dölling, 2011, § 18 Rdn. 9a; Buckolt, 2009, S. 120; Eisenberg, 2014, § 18 Rdn. 17; Meier/Rössner/Schöch, 2013, S. 232; Paul, 2005, S. 205; Schaffstein/Beulke, 2002, S. 164 f.; vgl. auch Reisenhofer, 2012, S. 210; a. A. Bottke, 1984, S. 7 f., 36 ff.; Hackstock, 2002, S. 294.
[138] Vgl. Diemer/Schatz/Sonnen, 2011, § 18 JGG Rdn. 16; Meyer-Odewald, 1993, S. 196; Radtke, in: MünchKomm-StGB, 2013, § 18 JGG Rdn. 21; Streng, 2012, S. 226 f.

9.5 Strafzumessung (§ 18 JGG)

als relevante Strafzwecke – wie die Gesamtschau der §§ 17 Abs. 2, 18 Abs. 2 JGG zeigt – nur die spezialpräventive Einwirkung auf den jungen Rechtsbrecher und den Schuldausgleich anerkennt.[139] Soweit die Rechtsprechung es gebilligt hat, bei der Bemessung der Jugendstrafe mit dem Mittel einer abschreckenden Einwirkung auf den Beschuldigten selbst zu argumentieren (negative Individualprävention), hat sie diesen Aspekt mit dem Erfordernis einer bessernden Einwirkung bzw. gerechten Sühne verbunden.[140]

9.5.4.3 Jugendspezifische Strafzumessungserwägungen

Im Hinblick auf § 18 Abs. 2 JGG bedarf es bei der Bemessung der Jugendstrafe der Heranziehung **jugendspezifischer Kriterien**. Das Gericht darf sich nicht mit der Berücksichtigung von Aspekten begnügen, die auch bei Erwachsenen Bedeutung erlangen würden.[141] Die Rechtsprechung verlangt, dass bei der Bemessung der Jugendstrafe – auch der wegen Schwere der Schuld verhängten – das Gewicht des Tatunrechts gegen die Folgen für die weitere Entwicklung des Delinquenten abgewogen wird.[142] Es stimmt deshalb bedenklich, sofern in der Praxis Tatschwere und Vorstrafenbelastung vielfach die bestimmenden Faktoren der Strafzumessung darstellen.[143] Je älter der Täter ist, desto weniger Gewicht kommt allerdings adoleszenzbezogenen Gesichtspunkten zu, insbesondere dann, wenn unter Anwendung von § 32 JGG bei der Bemessung der Jugendstrafe auch Taten im Erwachsenenalter Berücksichtigung finden.[144]

759

> **Beispiel**[145]
> Der Heranwachsende H war wegen Verstößen gegen das BtMG zu einer Jugendstrafe von zwei Jahren und sieben Monaten verurteilt worden. Der BGH billigte die Verhängung einer Jugendstrafe wegen schädlicher Neigungen dem Grunde

---

[139] Im Ergebnis auch BGH, StrVert 1982, S. 121; Brunner/Dölling, 2011, § 18 Rdn. 9, 9a; Diemer/Schatz/Sonnen, 2011, § 18 JGG Rdn. 16; Keiser, 2008, S. 64; Streng, 2012, S. 226; Weber M., 1990, S. 133; vgl. aber die bei Buckolt, 2009, S. 310 ff. mitgeteilte abweichende Einstellung vieler Praktiker.

[140] Vgl. BGHSt. 22, S. 42; BGHR JGG § 17 Abs. 2 Strafzwecke 1; ferner Diemer/Schatz/Sonnen, 2011, § 18 JGG Rdn. 17; Streng, 2012, S. 227.

[141] Siehe BGHR JGG § 18 Abs. 2 Erziehung 2 und 8; BGH, StrVert 1996, S. 269; DVJJ-Journal 2003, S. 79; StrVert 2011, S. 588; NStZ-RR 2011, S. 385; NStZ 2014, S. 408; OLG Köln, StrVert 1999, S. 667; StrVert 2001, S. 178; StrVert 2011, S. 590; Diemer/Schatz/Sonnen, 2011, § 18 JGG Rdn. 13; Streng, 2012, S. 227.

[142] BGHR JGG § 18 Abs. 2 Erziehung 10; BGH, NStZ-RR 2012, S. 187; StrVert 2013, S. 38; NStZ 2013, S. 287; NStZ 2013, S. 288; NStZ 2014, S. 407; OLG Karlsruhe, StraFo 2011, S. 365.

[143] Vgl. Höfer, 2003, S. 120 ff., 152; Kurzberg, 2009, S. 187 ff.; Petersen, 2008, S. 228 f.; Weber M., 1990, S. 173; siehe auch Knauer, 2012, S. 228 ff.

[144] Dazu BGH, NStZ 2006, S. 588; siehe ferner OLG Hamm, NStZ 2011, S. 527; LG Arnsberg, ZJJ 2010, S. 427 für die Strafzumessung gegenüber zum Entscheidungszeitpunkt erwachsenen Angeklagten.

[145] Nach BGHR JGG § 18 Abs. 2 Erziehung 2.

nach, beanstandete jedoch, dass das LG die mit dem Alter des H in Zusammenhang stehenden Besonderheiten bei der Strafzumessung zugunsten allgemeiner, wohl primär tatbezogener Erwägungen außer Acht gelassen habe. Das betraf etwa die fehlende Berücksichtigung des Beginns der strafbaren Aktivitäten noch im Jugendalter wie von deren (wenn auch durch die Untersuchungshaft erzwungener) Beendigung bald nach Überschreiten der Schwelle zum Heranwachsendenalter, des mit der Trennung der zerstrittenen Eltern verbundenen Schocks als Grund für die Wiederaufnahme des Drogenhandels sowie des erfolgreichen Beginns einer Lehre.

760 Berücksichtigung finden müssen also die **Persönlichkeit** des jungen Rechtsbrechers, seine bisherige Entwicklung sowohl vor als auch nach der Straftat sowie seine **Sozialprognose**, wobei auch die im Strafverfahren gesammelten Erfahrungen einschließlich der in einer eventuellen Untersuchungshaft vermittelten Eindrücke eine Rolle spielen.[146] Eine positive Entwicklung in der Untersuchungshaft[147] wirkt sich ebenso strafmildernd aus wie das Bemühen um Mitwirkung an der Aufklärung der Tat, etwa durch Ablegen eines Geständnisses.[148] Umgekehrt darf allerdings nicht strafschärfend berücksichtigt werden, dass sich der Beschuldigte durch Untersuchungshaft oder einstweilige Unterbringung nicht spezialpräventiv förderlich hat beeinflussen lassen.[149] Von besonderer Bedeutung ist es, wie sich eine Jugendstrafe auf die Zukunft des Delinquenten auswirken wird, ob etwa eine Berufsausbildung abgebrochen werden muss oder eine stabilisierende Beziehung zu einem Partner gefährdet wird.[150] Ausländerrechtliche Konsequenzen in Form drohender aufenthaltsbeendender Maßnahmen gilt es ebenfalls zu bedenken.[151]

761 Wurde die Verhängung von Jugendstrafe sowohl auf das Vorliegen schädlicher Neigungen als auch auf die Schwere der Schuld gestützt, hält die **Revisionsinstanz** aber nur eines dieser beiden Tatbestandsmerkmale für gegeben, kann die Strafzumessung regelmäßig keinen Bestand haben. Denn es lässt sich nicht ausschließen, dass die Strafe milder ausgefallen wäre, wenn man nur eine der beiden Voraussetzungen der Jugendstrafe bejaht hätte.[152] Auch floskelhafte Erwägungen zur Strafzumessung derart, dass die Jugendstrafe zur Einwirkung ausreichend, aber auch erforderlich sei, können eine Aufhebung des Strafausspruchs nach sich ziehen.[153] Zirkulär ist es, sich ausschließlich auf die in der Tatbegehung

---

[146] Vgl. BGH, StrVert 1993, S. 532; StrVert 1998, S. 335 f.; DVJJ-Journal 2003, S. 80; NStZ-RR 2008, S. 259; StrVert 2009, S. 93; KG, NStZ 2007, S. 224; Schaffstein/Beulke, 2002, S. 164.

[147] BGH, StrVert 1993, S. 532; StrVert 2011, S. 588; aber auch BGH, NStZ 2011, S. 525.

[148] Dazu BGHR JGG § 18 Abs. 2 Erziehung 6; BGH, NStZ 1998, S. 90.

[149] So BGH, NStZ 2007, S. 43.

[150] Zum Ganzen BGH, StrVert 1998, S. 375; StrVert 2009, S. 93; StrVert 2013, S. 758; Brunner/Dölling, 2011, § 18 Rdn. 7a; Diemer/Schatz/Sonnen, 2011, § 18 JGG Rdn. 21.

[151] Siehe OLG Frankfurt, StrVert 2003, S. 459.

[152] So BGHSt. 16, S. 262 f.; BGH, StrVert 1996, S. 268; Eisenberg, 2014, § 17 Rdn. 40; Schaffstein/Beulke, 2002, S. 164.

[153] Vgl. BGH, NStZ-RR 2010, S. 88; NStZ 2010, S. 281; OLG Celle, ZJJ 2012, S. 452.

hervorgetretenen Defizite zu stützen.[154] Erachtet das Revisionsgericht die nicht mangelfrei zugemessene Strafe als letztlich angemessen, darf es jedoch nach § 2 Abs. 2 JGG, § 354 Abs. 1a S. 1 StPO von einer Urteilsaufhebung absehen.[155]

9.5.4.4 Strafzumessung und Rechtsstaatsprinzip

Da Jugendstrafrecht einen Teilbereich des Strafrechts darstellt, behalten auch im Rahmen der Strafzumessung solche Gesichtspunkte ihre Bedeutung, deren Beachtung das Rechtsstaatsprinzip einfordert. Dieser Grundsatz darf nicht unter Berufung auf die gebotene spezialpräventive Einwirkung außer Kraft gesetzt werden. 762

(1) Verteidigungsverhalten
Dem jungen steht wie jedem anderen Beschuldigten das Recht zu, die Begehung der ihm zur Last gelegten **Tat zu leugnen**. Dies darf nicht zur Strafschärfung führen, auch nicht unter Rückgriff auf die Erwägung, der Angeklagte habe keine Reue oder Schuldeinsicht erkennen lassen bzw. sich unempfänglich für das Schicksal des Opfers gezeigt. Ein solches Verhalten kann man von einem leugnenden Beschuldigten – selbst bei schon rechtskräftigem Schuldspruch[156] – gerade nicht erwarten.[157] Auch die Weigerung, Leistungen im Wege der Diversion zu erbringen, gibt deshalb keinen rechtlich relevanten Strafzumessungsaspekt ab.[158] Dazu steht es nicht in Widerspruch, wenn man umgekehrt die in einem Geständnis oder einer Entschuldigung beim Opfer liegende **Verantwortungsübernahme** bei der Verurteilung strafmildernd berücksichtigt, weil hierdurch das Maß der Schuld vermindert wird. 763

(2) Verfahrensverzögerungen
Generell führt langer Zeitablauf zwischen Straftatbegehung und Aburteilung wegen nachlassenden Sanktionsbedürfnisses regelmäßig zu Strafmilderung.[159] Kommt es darüber hinaus aus den Strafverfolgungsbehörden und der **Justiz zurechenbaren Gründen** zu vermeidbaren Verfahrensverzögerungen, liegt hierin ein Verstoß gegen das allgemeine Persönlichkeitsrecht (Art. 2 Abs. 1 GG) i. V. m. dem Rechtsstaatsprinzip sowie gegen den Anspruch auf Verhandlung und Entscheidung über eine strafrechtliche Beschuldigung in angemessener Frist (Art. 6 Abs. 1 S. 1 EMRK).[160] Derartige staatliche Fehler können nach der Judikatur nur in Ausnahmefällen ein ungeschriebenes Verfahrenshindernis mit der Folge einer Verfahrenseinstellung be- 764

---

[154] Näher BGH, StrVert 2013, S. 37.
[155] Siehe BGH, NStZ-RR 2010, S. 56; NStZ-RR 2014, S. 92; aber auch Eisenberg, 2014, § 54 Rdn. 52 ff.
[156] Dazu BGH, StrVert 2009, S. 80.
[157] Vgl. BGH, StrVert 1993, S. 533; StrVert 1999, S. 657 f.; bei Böhm, 2003, S. 258; NStZ-RR 2010, S. 88; NStZ 2014, S. 397; Eisenberg, 2014, § 18 Rn. 16; Streng, 2012, S. 230; Zieger, 2013, S. 72.
[158] OLG Hamm, NStZ 2006, S. 520.
[159] Vgl. LG Arnsberg, ZJJ 2010, S. 427; Rose, 2013, S. 319.
[160] Siehe etwa EGMR, NVwZ-RR 2006, S. 516.

gründen.¹⁶¹ Keine der deutschen Justiz zurechenbare Defizite bilden aber Verzögerungen in einem fremden Staat, von dem das Ermittlungsverfahren übernommen wurde.¹⁶²

765 Nach **früherer Auffassung** des BGH zogen die Versäumnisse im allgemeinen Strafrecht lediglich eine **Strafmilderung** dergestalt nach sich, dass die eigentlich verwirkte Rechtsfolge unter Berücksichtigung der mit der Verfahrensverzögerung verbundenen Belastung, insbesondere im Hinblick auf ihre konkrete Dauer, herabgesetzt wurde.¹⁶³ Im Jugendstrafverfahren sollte die Kompensation aber nicht generell im Wege eines derartigen Abschlags vorzunehmen sein, sondern nur insoweit erfolgen, als Gedanken des Schuldausgleichs in die Strafzumessung einflossen.¹⁶⁴ In der Konsequenz durfte eine Berücksichtigung des rechtsstaatswidrigen Verhaltens ganz oder teilweise unterbleiben, falls die Dauer der Jugendstrafe (wegen schädlicher Neigungen) mit der **erforderlichen erzieherischen Einwirkung** auf den jungen Rechtsbrecher begründet wurde. Diese Position der Rechtsprechung überzeugte aus mehreren Gründen nicht: Sie missachtete nicht nur den Grundsatz, Jugendliche in vergleichbarer Verfahrenslage nicht schlechter zu stellen als Erwachsene, sondern ließ auch das besondere Beschleunigungsgebot des Jugendstrafrechts¹⁶⁵ sowie den Verhältnismäßigkeitsgrundsatz außer Acht. Soll um der wirksamen spezialpräventiven Einwirkung willen die Sanktion der Delinquenz möglichst zeitnah nachfolgen, müssen vermeidbare Verfahrensverzögerungen sich hier umso eher zugunsten des Beschuldigten auswirken.

766 Auch bei der Anwendung des Jugendstrafrechts ist somit die **Sanktionsbelastung allein im Hinblick auf** die größere Belastung des Delinquenten durch **das staatliche Fehlverhalten zu reduzieren**.¹⁶⁶ Das erfolgt nach dem Beschluss des Großen Senats für Strafsachen vom 17.1.2008¹⁶⁷ jedoch nicht mehr im Wege der Strafzumessungslösung durch Herabsetzung der Strafe, sondern in Anwendung der jüngeren **Vollstreckungslösung**. Es ist die ohne Berücksichtigung der Verfahrensverzögerung verwirkte Strafe festzulegen und sodann in der Urteilsformel auszusprechen, dass wegen der Verfahrensverzögerung ein genau beziffeter **Teil** der verhängten Sanktion **bereits als vollstreckt** gilt. Dieses Prinzip bleibt entgegen dem vom BGH meist angebrachten Vorbehalt, die Vollstreckungserklärung dürfe dem Erziehungsgedanken nicht widersprechen, mithin also nicht die zur Erziehung erforderliche Strafdauer unterschreiten,¹⁶⁸ aus den zur Strafzumessungslösung darge-

---

¹⁶¹ So BGHSt. 35, S. 137; BGH, NJW 1996, S. 2739; dazu Beulke, 2012, S. 28 f.; Fischer Th., 2014, § 46 Rdn. 130.
¹⁶² So BGH, NStZ 2012, S. 152.
¹⁶³ Grundlegend BGHSt. 45, S. 308 ff.; 46, S. 159 ff.
¹⁶⁴ So BGH, NStZ 2003, S. 364 f.; NStZ-RR 2007, S. 61; Böhm, 2003, S. 258.
¹⁶⁵ Siehe BGH, StrVert 1999, S. 661; StrVert 2003, S. 74; StrVert 2009, S. 93; OLG Stuttgart, Die Justiz 2004, S. 169; Eisenberg, 2014, § 55 Rdn. 37; Ostendorf, 2008, S. 115.
¹⁶⁶ So schon früher BGH, NStZ 1997, S. 29; StrVert 1999, S. 661; Krehl/Eidam, 2006, S. 8 f.; Ostendorf, 2003a, S. 389; Rose, 2003, S. 589 ff.; ders., 2007, S. 217 ff.; Scheffler, 2003, S. 510 f.; Waßmer, 2006, S. 195; wohl auch BVerfG, NJW 2003, S. 2227.
¹⁶⁷ BGHSt. 52, S. 124 ff.; dazu Fischer Th., 2014, § 46 Rdn. 131 ff.; Meyer-Goßner, 2014, Art. 6 MRK Rdn. 9a ff.; krit. Streng, 2012, S. 231 f.; ders., 2012a, S. 305 f.
¹⁶⁸ BGHSt. 52, S. 145 f.; BGH, StrVert 2009, S. 80; StrVert 2009, S. 94; ZJJ 2010, S. 330; NStZ 2012, S. 154; OLG Düsseldorf, NStZ 2011, S. 525; Meyer-Goßner, 2014, Art. 6 MRK Rdn. 9c; in der Tendenz ferner HK-JGG/Laue, 2014, § 18 Rdn. 24.

9.5 Strafzumessung (§ 18 JGG)

legten Gründen uneingeschränkt **auch im Jugendstrafrecht** anwendbar. Es spielt also keine Rolle, ob die Jugendstrafe wegen Schwere der Schuld oder wegen schädlicher Neigungen oder gestützt auf beide Aspekte verhängt wird.[169] Daran ändert die in dem für die Untersuchungshaft geltenden, hier entsprechend heranzuziehenden § 52a S. 2 und 3 JGG vorgesehene Möglichkeit nichts, aus erzieherischen Gründen die Anrechnung nicht durchzuführen.[170] Das Unterlassen einer Kompensation für staatliches Fehlverhalten würde auch von dem adoleszenten Rechtsbrecher als zutiefst ungerecht empfunden und wäre damit für die spezialpräventive Beeinflussung hin zu künftiger Normtreue nur kontraproduktiv. Zudem ist dem Gedanken „Viel hilft viel" im Zusammenhang mit der Jugendstrafe im Hinblick auf die hohe Rückfallbelastung generell skeptisch zu begegnen.

> In einer neuen Entscheidung hat der BGH sehr weitreichend von der Vollstreckungslösung Gebrauch gemacht. Erstinstanzlich war eine auf Schwere der Schuld gestützte Jugendstrafe von einem Jahr und drei Monaten verhängt und wegen überlanger Verfahrensdauer ein auf drei Monate bezifferter Teil jener für vollstreckt erklärt worden. Der BGH erachtete die Begründung für die Erforderlichkeit von Jugendstrafe als nicht tragfähig. Im Hinblick auf eine weitere rechtsstaatswidrige Verzögerung im Revisionsverfahren hat sich der Senat (auf der Grundlage von § 354 Abs. 1 StPO) als befugt gesehen, selbst den Verfahrensabschluss herbeizuführen, auf vierwöchigen Jugendarrest erkannt und ausgesprochen, dass dieser im Hinblick auf die Verfahrensverzögerung als vollstreckt gilt.[171]

Allerdings darf der **Umfang der Anrechnung** nicht mit dem Maß der Verzögerung gleichgesetzt werden; häufig wird sich nur ein verhältnismäßig geringer Teil der Strafe ausgleichen lassen.[172] Auch die bloße Feststellung der Verzögerung soll bisweilen schon zur Kompensation ausreichen.[173] Insoweit hat man im Jugendstrafrecht allerdings zu beachten, dass das **Zeitempfinden Jugendlicher** anders als dasjenige Älterer funktioniert,[174] mithin eher großzügiger als im allgemeinen Strafrecht bei der Berücksichtigung von Säumnis vorzugehen bleibt.   767

> Bestimmend für den Übergang von der Strafzumessungs- zur Vollstreckungslösung waren u. a. die **systematische Erwägung**, eine Verfahrensverzögerung weise keine Beziehung zur Strafzumessungsschuld auf, und die Parallele zur Anrechnung von ausländischer bzw. Untersuchungshaft gem. § 51 StGB (§ 52a JGG), ferner die unterschiedlichen und für den Verurteilten nach dem neuen Recht teilweise vorteilhaften Auswirkungen auf Aussetzungs- (im Jugendrecht nach § 88 JGG) und sonstige **Folgeentscheidungen**, etwa die Voraussetzungen späterer Sicherungsverwahrung. Zugleich bleiben aber auch **Nachteile** für die   768

---

[169] Wie hier BGH, NStZ 2011, S. 525; Brunner/Dölling, 2011, § 18 Rdn. 6d; Eisenberg, 2014, § 18 Rdn. 29 f.; Ostendorf, 2013, § 5 Rdn. 14; Radtke, in: MünchKomm-StGB, 2013, § 18 JGG Rdn. 44; Rose, 2013, S. 326 f.; Streng, 2012, S. 232.
[170] Dazu Kraatz, 2008, S. 192; Weber K., 2008, S. 38; vgl. allgemein OLG Hamm, StrVert 2007, S. 3; Eisenberg, 2014, § 52a Rdn. 8; Ostendorf, 2013, § 52a Rdn. 7.
[171] BGH, NStZ-RR 2014, S. 120; gegen eine Anwendung der Vollstreckungslösung auf Jugendarrest aber OLG Hamm, NStZ 2012, S. 576.
[172] Vgl. BGH, wistra 2008, S. 302; NStZ 2012, S. 153.
[173] Siehe BGH, NStZ 2012, S. 153.
[174] So BVerfGE 116, S. 87; ferner Ostendorf, 2008, S. 115; ders., 2013, § 5 Rdn. 14.

Betroffenen denkbar: Insbesondere kann die Vollstreckungslösung dazu führen, dass eine Bewährungsentscheidung (§ 21 JGG) nicht mehr in Betracht kommt.

> **Beispiel**
> Gegen den 17-jährigen J wird die Hauptverhandlung wegen versuchten Totschlags durchgeführt. Die Jugendkammer erachtet eine dreijährige Jugendstrafe als tat- und schuldangemessen sowie individualpräventiv geboten. Gleichzeitig stellt sie fest, dass das Verfahren insgesamt neun Monate lang aus den Strafverfolgungsbehörden zurechenbaren Gründen verzögert wurde: Für drei Monate waren die Akten infolge eines Büroversehens auf der Geschäftsstelle der Staatsanwaltschaft nicht auffindbar, und die Terminierung der Hauptverhandlung hätte sechs Monate früher erfolgen können, wenn nicht ein Vorsitzender Richter für eine Fernseh-Gerichtsshow beurlaubt worden wäre, ohne dass die Justizverwaltung für Ersatz an dem überlasteten LG gesorgt hatte. Die Kammer hält es für geboten, die Belastung des J in Höhe von vier Monaten zu kompensieren. Nach der alten Strafzumessungslösung wäre J deshalb zu einer Jugendstrafe von zwei Jahren und acht Monaten zu verurteilen gewesen. Entsprechend der Vollstreckungslösung wird jetzt eine Jugendstrafe von drei Jahren verhängt, zugleich aber ausgesprochen, dass hiervon bereits vier Monate als verbüßt gelten. Für den frühesten Aussetzungszeitpunkt gem. § 88 Abs. 2 S. 2 JGG ergibt sich daraus (wobei der Einfachheit halber unterstellt wird, dass keine Untersuchungshaft angeordnet worden war): Ein Drittel der Strafe, also zwölf Monate, muss verbüßt sein. Da bereits vier Monate als vollstreckt gelten, besteht theoretisch die Möglichkeit, dass J nur acht Monate in Haft verbringen muss. Nach der Strafzumessungslösung wäre mindestens ein Drittel von 32 Monaten, also fast elf Monate, zu verbüßen gewesen. – Eine Anrechnung der gesamten Verfahrensverzögerung von neun Monaten scheidet nach Auffassung der Judikatur aber auch bei der Vollstreckungslösung aus. – Hätte die Kammer eine Jugendstrafe von zwei Jahren und drei Monaten ohne Berücksichtigung der Verzögerung als angemessen bewertet, wäre nach dem alten Weg der Rechtsprechung (Verhängung einer Jugendstrafe von einem Jahr und elf Monaten) gem. § 21 Abs. 2 JGG noch eine Strafaussetzung zur Bewährung möglich gewesen, während eine solche nunmehr ausscheidet.

(3) Bedeutung des Doppelverwertungsverbots

769 Im Erwachsenenstrafrecht verbieten **§§ 46 Abs. 3, 50 StGB** die erneute Berücksichtigung von solchen Umständen bei der Strafzumessung, welche die Anwendbarkeit entweder eines Deliktstatbestands oder einer Strafschärfungs- bzw. Strafmilderungsvorschrift begründen. Der Richter darf also bei der Festlegung der Strafe nur solche Umstände heranziehen, die nach dem Vorgesagten noch nicht „verbraucht" sind.

> § 46 Abs. 3 StGB stellt mit dem **Verbot der mehrmaligen Berücksichtigung** von Tatbestandsmerkmalen eine rechtsstaatlich zwingend gebotene Norm dar, denn es geht letztlich

darum, die Begehung der Tat als solche nicht als strafschärfenden Umstand einzuordnen.[175] Das – für den Beschuldigten nachteilige – in § 50 StGB enthaltene **Verbot der doppelten Strafrahmenmilderung** im Hinblick auf identische Aspekte bildet dagegen den Ausdruck einer gesetzgeberischen Wertung, die auch unter Berücksichtigung höherrangigen Rechts anders hätte ausfallen können.

Im Jugendstrafrecht findet das Verbot der Doppelverwertung **keine Anwendung**. Hier fehlt es an einem entsprechenden Anknüpfungspunkt, weil die Voraussetzungen für die Verhängung einer Jugendstrafe § 17 Abs. 2 JGG zu entnehmen sind und die Umschreibungen des deliktischen Verhaltens in den allgemeinen Vorschriften für die Sanktionenwahl insoweit gerade keine Bedeutung erlangen.[176] Das gilt auch im Hinblick auf Heranwachsende unbeschadet des hier generell erhöhten Höchstmaßes der Jugendstrafe (§ 105 Abs. 3 S. 1 JGG).

770

> **Beispiel**
>
> Der 17-jährige J veranlasste das 6-jährige Kind K, seinen (des J) Penis in den Mund zu nehmen. Verhängt das Gericht wegen dieses Verstoßes gegen § 176 Abs. 1 StGB eine Jugendstrafe von einem Jahr und begründet es dies mit der Erwägung, auf J müsse in erheblichem Umfang spezialpräventiv eingewirkt werden, weil er keine Achtung vor Würde und freiem Willen anderer habe, sein Motiv allein die Befriedigung seines Geschlechtstriebs bilde und er seinen Vorteil unter Missachtung des Wohlergehens anderer in den Vordergrund rücke, so ist dies nicht zu beanstanden.[177] Zwar gehört es zu den regelmäßigen Begleitumständen des sexuellen Missbrauchs von Kindern, dass der Täter seine sexuellen Wünsche ohne Rücksichtnahme auf das Opfer befriedigt. Bei der Anwendung von Erwachsenenstrafrecht würden die Strafzumessungserwägungen deshalb gegen § 46 Abs. 3 StGB verstoßen. Das Doppelverwertungsverbot findet jedoch im Jugendstrafrecht gerade keine Anwendung.

Selbst wenn bei Jugendlichen **§ 18 Abs. 1 S. 2 JGG** mit der Folge eingreift, dass sich das Höchstmaß der Jugendstrafe auf zehn Jahre erhöht, bleibt es bei der **Nichtanwendbarkeit des Verbots der Doppelverwertung**.[178] Denn die Verschiebung des Strafrahmens beruht nicht auf den Deliktsmerkmalen bestimmter Verbrechen des allgemeinen materiellen Strafrechts, sondern auf der nach Erwachsenenstrafrecht vorgesehenen Rechtsfolge. Da diese von vornherein im Jugendstrafrecht kei-

771

---

[175] Dazu Fischer Th., 2014, § 46 Rdn. 76.
[176] So BGH, NStZ-RR 1997, S. 22; NStZ 2007, S. 523; NStZ 2008, S. 693; NStZ-RR 2009, S. 155; NStZ 2014, S. 410; Brunner/Dölling, 2011, § 18 Rdn. 8a; Diemer/Schatz/Sonnen, 2011, § 18 JGG Rdn. 13; Jäckel, 2010, S. 541; Ostendorf, 2013, § 18 Rdn. 5; Ott, 2010, S. 887; Radtke, in: MünchKomm-StGB, 2013, § 18 JGG Rdn. 5; Streng, 2012, S. 233 f.; a. A. OLG Hamm, StrVert 2005, S. 68; Eisenberg, 2014, § 17 Rdn. 21a, 32, § 18 Rdn. 14; ders., 2001, S. 335; ders., 2002a, S. 837 ff.; Petersen, 2008, S. 236 ff.; vgl. auch Schuster, 2010, S. 555.
[177] Anders BGH, NStZ 2014, S. 409 f.; OLG Hamm, StrVert 2005, S. 68.
[178] Im Ergebnis auch Ostendorf, 2013, § 18 Rdn. 5; Streng, 2012, S. 234; a. A. Eisenberg, 2002a, S. 838 f.

ne Anwendung findet, kann es wiederum nicht dazu kommen, dass bestimmte Umstände mehrfach verwertet werden müssten.

> Anders verhält es sich im Falle des § 105 Abs. 3 S. 2 JGG. Die Erhöhung des Strafrahmens erfolgt nur in Ansehung des Mordtatbestands, weshalb hier gerade die Verwirklichung von Mordmerkmalen strafschärfend wirkt. Gesichtspunkte, die hierfür konstitutiv sind, dürfen deshalb gem. § 2 Abs. 2 JGG, § 46 Abs. 3 StGB nicht noch einmal bei der Strafzumessung herangezogen werden.[179]

---

[179] Streng, 2012, S. 220 f., 234.

Bewährungssanktionen 10

Dem Ziel, **Jugendstrafe nur als Ultima Ratio** einzusetzen und dabei die vielfach schädlichen Wirkungen des länger andauernden stationären Freiheitsentzugs nach Möglichkeit zu vermeiden, entspricht es, wenn das Jugendkriminalrecht mehrere Möglichkeiten bereit hält, mit deren Hilfe die Verhängung bzw. Vollstreckung einer Jugendstrafe vermieden werden soll. Neben der Aussetzung des Restes einer Jugendstrafe nach Teilverbüßung gem. § 88 JGG[1] sieht das Gesetz folgende Bewährungssanktionen vor: 772

- die Aussetzung der Jugendstrafe zur Bewährung (§§ 21 ff. JGG),
- die sog. „Vorbewährung" (§§ 61 ff. JGG) sowie
- die Aussetzung der Verhängung der Jugendstrafe (§§ 27 ff. JGG).

Die Kombination mit kürzerem Freiheitsentzug ist nunmehr allerdings statthaft in Form des Koppelungsarrests (§§ 8 Abs. 2 S. 2, 16a Abs. 1, 61 Abs. 3 S. 1 JGG).[2]

Die **Voraussetzungen** der aufgezählten Sanktionsmöglichkeiten sind dabei **unterschiedlich**. Strafaussetzung zur Bewährung kommt in Betracht, wenn eine Jugendstrafe bis zu einer gewissen Dauer verhängt werden muss, besondere Umstände jedoch den Schluss gestatten, dass der Verurteilte sich auch ohne die Einwirkung des Strafvollzugs rechtstreu verhalten wird. Die „Vorbewährung" bildet einen Unterfall der Strafaussetzung zur Bewährung, wobei diese nicht bereits im Urteil, sondern nachträglich durch Beschluss angeordnet wird. Die Aussetzung der Verhängung von Jugendstrafe setzt dagegen voraus, dass im Urteilszeitpunkt nicht mit Gewissheit feststellbar bleibt, ob schädliche Neigungen des Täters Jugendstrafe gebieten.

---

[1] Dazu Kap. 11.1.3.1.
[2] Siehe Kap. 6.4.2.2.

10.1 Aussetzung der Jugendstrafe zur Bewährung

10.1.1 Allgemeines

773 Der Richter darf die Vollstreckung einer Jugendstrafe von bis zu einem Jahr unter den Voraussetzungen des § 21 Abs. 1 JGG zur Bewährung aussetzen. Für Jugendstrafe von längerer Dauer bis zu maximal zwei Jahren besteht diese Möglichkeit unter Beachtung der Anforderungen des § 21 Abs. 2 JGG ebenfalls. **Unzulässig** wäre es, die Strafaussetzung im Urteil nur auf einen **Teil der Jugendstrafe** zu beschränken (§ 21 Abs. 3 S. 1 JGG). Dabei spielt die Dauer der Jugendstrafe keine Rolle. Dem Richter ist es nicht nur verwehrt, eine längere Jugendstrafe als zwei Jahre in einen aussetzungsfähigen und einen nicht aussetzungsfähigen Teil aufzuspalten. Auch eine nach ihrer Dauer per se bewährungsgeeignete Jugendstrafe darf (außer durch Gnadenakt) nicht von vornherein teilweise ausgesetzt werden. Eine teilweise Aussetzung kommt gem. § 88 JGG nur hinsichtlich eines Strafrests nach partieller Verbüßung in Betracht. Wird nach § 52a JGG **Untersuchungshaft** oder eine andere Freiheitsentziehung bzw. eine Verfahrensverzögerung[3] **angerechnet**, ändert das nichts. Dies schließt eine Strafaussetzung zur Bewährung unter den Voraussetzungen von § 21 Abs. 1 und 2 JGG nicht aus (§ 21 Abs. 3 S. 2 JGG). Eine Jugendstrafe von mehr als zwei Jahren wird aber auch durch die Anrechnung von Untersuchungshaft nicht aussetzungsfähig.[4] Ist die Strafe allerdings durch die Anrechnung von Untersuchungshaft voll verbüßt, bleibt mangels eines Strafrests kein Raum mehr für die Aussetzung der Vollstreckung.[5]

Beispiele

A wird zu einer Jugendstrafe von zwei Jahren und einem Monat verurteilt. Es verbietet sich, einen Teil hiervon (etwa ein Jahr und einen Monat) zur Bewährung auszusetzen, da die bewährungsfähige Höchstdauer von zwei Jahren überschritten ist. – Verhängt das Gericht eine Jugendstrafe von einem Jahr und drei Monaten, darf im Hinblick auf eine Strafaussetzung ebenfalls nur nach dem Grundsatz „alles oder nichts" entschieden werden. – Eine Jugendstrafe von zwei Jahren kann auch dann zur Bewährung ausgesetzt werden, wenn auf die Strafe eine sechsmonatige Untersuchungshaft angerechnet oder gerade nicht angerechnet wird. – Durch die Anrechnung einer Untersuchungshaft von sechs Monaten Dauer wird eine Jugendstrafe von zwei Jahren und sechs Monaten nicht aussetzungsfähig. – Erkennt das Urteil auf sechs Monate Jugendstrafe und rechnet man

---

[3] Dazu Kap. 9.5.4.4 (2).
[4] Brunner/Dölling, 2011, § 21 Rdn. 5; Diemer/Schatz/Sonnen, 2011, § 21 JGG Rdn. 17; Radtke, in: MünchKomm-StGB, 2013, § 21 JGG Rdn. 16; a. A. HK-JGG/Meier, 2014, § 21 Rdn. 6.
[5] Siehe BGHR JGG § 21 Strafe, verbüßte 1; Brunner/Dölling, 2011, § 21 Rdn. 5; Eisenberg, 2014, § 21 Rdn. 11; Ostendorf, 2013, § 21 Rdn. 4; a. A. Westphal, 1995, S. 178; wie hier ferner BGHSt. 31, S. 25 für das Erwachsenenstrafrecht.

10.1 Aussetzung der Jugendstrafe zur Bewährung

hierauf die sechsmonatige Untersuchungshaft an, muss eine Aussetzung unterbleiben, da keine Reststrafe mehr zu verbüßen ist.

In persönlicher Hinsicht finden die Bestimmungen zur Strafaussetzung über § 105 Abs. 1 JGG **auch für Heranwachsende** uneingeschränkt Anwendung, und zwar nicht nur vor den Jugend-, sondern auch vor den für allgemeine Strafsachen zuständigen Gerichten (§§ 104 Abs. 1 Nr. 1, 112 S. 1 JGG). 774

Ihrer **Rechtsnatur** nach bildet die zur Bewährung ausgesetzte Jugendstrafe keine Strafe eigener Art,[6] sondern sie **gestaltet** lediglich **die Vollstreckbarkeit um**. Die Nichtvollstreckbarkeit steht unter der auflösenden Bedingung des Aussetzungswiderrufs. Der Strafcharakter zeigt sich in der mit Schuld- und Strafausspruch verbundenen sozialethischen Missbilligung des vom Verurteilten gezeigten Verhaltens. Nachdem das Gesetz – anders als im allgemeinen Strafrecht, vgl. §§ 56b Abs. 1 S. 1, 56c Abs. 1 S. 1, 56d Abs. 1 StGB – die spezialpräventive Beeinflussung durch Weisungen und Auflagen sowie die Unterstellung unter einen Bewährungshelfer als grundsätzlich geboten ansieht (§§ 23, 24 JGG), lässt sich die Strafaussetzung im Jugendrecht nichtsdestotrotz als „besondere ambulante Behandlungsart"[7] einordnen.[8] 775

> In der Konsequenz müsste bei der Urteilsfindung die **Strafzumessung** eigentlich abgeschlossen sein, bevor über die Frage der Bewährung entschieden wird. Gleichwohl hält man es im Hinblick auf § 18 Abs. 2 JGG für statthaft, bereits bei der Festsetzung der konkreten Strafhöhe die Möglichkeit der Aussetzung zu berücksichtigen.[9] Anders sieht dies in Übereinstimmung mit den im allgemeinen Strafrecht anerkannten Grundsätzen der BGH.[10]

Der Aussetzung der Jugendstrafe zur Bewährung kommt in der Rechtspraxis **große Bedeutung** zu, nachdem kurze Jugendstrafen bis zu neun Monaten in etwa 80 % der Fälle zur Bewährung ausgesetzt werden, die Aussetzungsquote bei Strafen von mehr als neun Monaten bis zu einem Jahr immer noch bei 70 % liegt und selbst mehr als die Hälfte aller Jugendstrafen von einer Dauer zwischen einem und zwei Jahren bedingt verhängt werden.[11] Die Aussetzungsquote bei Jugendlichen liegt dabei geringfügig über derjenigen für die nach Jugendstrafrecht verurteilten Heranwachsenden.[12] 776

---

[6] So aber Ostendorf, 2013, Grdl. z. den §§ 21–26a Rdn. 3; Petersen, 2008, S. 193; Westphal, 1995, S. 156 ff.; vgl. auch Diemer/Schatz/Sonnen, 2011, § 21 JGG Rdn. 5; a. A. Buckolt, 2009, S. 246 ff.; Eisenberg, 2014, § 21 Rdn. 4; HK-JGG/Meier, 2014, § 21 Rdn. 1.
[7] Streng, 2012, S. 235; vgl. auch BGHSt. 24, S. 43 für das allgemeine Strafrecht.
[8] Vgl. Böhm/Feuerhelm, 2004, S. 245; Brunner/Dölling, 2011, § 21 Rdn. 2; Meier/Rössner/Schöch, 2013, S. 242; Schaffstein/Beulke, 2002, S. 172 f.
[9] Siehe Eisenberg, 2014, § 21 Rdn. 4; Ostendorf, 2013, Grdl. z. den §§ 21–26a Rdn. 3; Schaffstein/Beulke, 2002, S. 172; Zieger, 2013, S. 69; so auch die Feststellungen von Buckolt, 2009, S. 243 f.
[10] BGH, NStZ 2008, S. 693; NStZ 2013, S. 288; ferner HK-JGG/Laue, 2014, § 18 Rdn. 22; Radtke, in: MünchKomm-StGB, 2013, § 21 JGG Rdn. 3; Meier/Rössner/Schöch, 2013, S. 243.
[11] Genaue Zahlen in Tab. 9.2.; zum Ganzen ferner Weigelt, 2009, S. 107 ff.
[12] Vgl. Böhm/Feuerhelm, 2004, S. 237.

777 Wie sich aus den Angaben zur Aussetzungspraxis bereits erschließt, darf nicht nur die wegen der Schuldschwere, sondern auch die angesichts **schädlicher Neigungen** verhängte Jugendstrafe zur Bewährung ausgesetzt werden. Der insoweit eröffnete **Widerspruch** zwischen den Voraussetzungen der Jugendstrafe, die an das Erfordernis einer längeren umfassenden spezialpräventiven Einwirkung anknüpfen, und denjenigen der Bewährungsentscheidung, wonach straffreie Führung zu erwarten sein muss, lässt sich wie folgt auflösen: Nur in dem Fall, in dem die schädlichen Neigungen in Umwelteinflüssen, nicht aber in einer verfestigten rechtsfeindlich-kriminellen Haltung ihren Grund finden, kommt eine Aussetzung in Betracht.[13] Das gilt umso mehr in Ansehung der durch §§ 23 und 24 JGG eröffneten Beeinflussungsmöglichkeiten.

10.1.2 Voraussetzungen der Strafaussetzung im Einzelnen

778 Hinsichtlich der Möglichkeit der Strafaussetzung zur Bewährung differenzieren die Absätze 1 und 2 von § 21 JGG nach der Dauer der verhängten Jugendstrafe. In beiden Fällen ist jedoch bei Vorliegen der jeweiligen Voraussetzungen im Urteilszeitpunkt dem Richter die Strafaussetzung **obligatorisch** vorgeschrieben, wie der Wortlaut zeigt („... setzt... aus..."); ein Ermessen besteht hier nicht.[14] Anders als im Erwachsenenstrafrecht kommt eine Versagung der Strafaussetzung aus generalpräventiven Erwägungen heraus („Verteidigung der Rechtsordnung", § 56 Abs. 3 StGB) mangels Aufnahme einer entsprechenden Regelung in § 21 JGG nicht in Betracht.[15]

10.1.2.1 Voraussetzungen des § 21 Abs. 1 JGG

779 Zunächst muss eine Verurteilung zu einer Jugendstrafe von **nicht mehr als einem Jahr** vorliegen, d. h. der Anwendungsbereich der Bestimmung wird eröffnet, wenn das Urteil auf genau ein Jahr Jugendstrafe oder weniger lautet. Darüber hinaus bedarf es einer **günstigen Prognose** in Form der Erwartung, der Delinquent werde „... sich schon die Verurteilung zur Warnung dienen lassen und auch ohne die Einwirkung des Strafvollzugs unter der erzieherischen Einwirkung in der Bewährungszeit künftig einen rechtschaffenen Lebenswandel führen..." (§ 21 Abs. 1 S. 1 JGG). Der Richter hat damit eine Prognose in zweifacher Hinsicht anzustellen, nämlich als Sozial- wie als Sanktionsprognose.[16]

780 Erwartet das Gesetz von dem Bewährungskandidaten einen **„rechtschaffenen Lebenswandel"**, so scheint es damit auf den ersten Blick mehr zu verlangen als das Erwachsenenstrafrecht, welches sich für die Strafaussetzung zur Bewährung

---

[13] Vgl. Brunner/Dölling, 2011, § 17 Rdn. 22; Streng, 2012, S. 235; anders Eisenberg, 2014, § 17 Rdn. 11; siehe ferner Meier/Rössner/Schöch, 2013, S. 248.

[14] BGH, StrVert 1991, S. 423.

[15] Siehe BGH, bei Böhm, 1994, S. 530; Böhm/Feuerhelm, 2004, S. 237; Brunner/Dölling, 2011, § 21 Rdn. 8; Diemer/Schatz/Sonnen, 2011, § 21 JGG Rdn. 16; Eisenberg, 2014, § 21 Rdn. 7.

[16] Vgl. Diemer/Schatz/Sonnen, 2011, § 21 JGG Rdn. 8.

10.1 Aussetzung der Jugendstrafe zur Bewährung

mit künftiger Straffreiheit begnügt (§ 56 Abs. 1 S. 1 StGB). Interpretiert man die jugendstrafrechtliche Begrifflichkeit dahin gehend, der Betroffene müsse die Rechtsordnung innerlich bejahen,[17] geht dies aber zu weit. Dadurch würde dem Richter nicht nur eine zweifelhafte Pflicht zu schwieriger Gewissenserforschung auferlegt, sondern auch das Wesen des Strafrechts unter Berufung auf den Erziehungsgedanken verkannt. Man muss sich also mit der **Erwartung zukünftiger Straffreiheit** begnügen.[18]

> Der Zeitraum, auf den sich die Prognose der Straffreiheit erstrecken muss, soll über die Bewährungszeit hinausreichen.[19] Das überzeugt jedoch nicht, da eine eindeutige Festlegung der relevanten Periode sich so nicht bewerkstelligen lässt und auch die flankierenden Unterstützungsmaßnahmen nach §§ 23, 24 JGG nur während der Bewährungszeit greifen.

Als **prognoserelevante Kriterien** nennt das Gesetz in einer nicht abschließenden Aufzählung („namentlich") die Persönlichkeit des Jugendlichen, sein Vorleben, die Umstände seiner Tat, sein Verhalten nach der Tat, seine Lebensverhältnisse und die Wirkungen, die von der Aussetzung für ihn zu erwarten sind (§ 21 Abs. 1 S. 2 JGG). Diese Aspekte stimmen mit den im allgemeinen Strafrecht in § 56 Abs. 1 S. 2 StGB genannten überein. Es bedarf damit einer **Gesamtwürdigung** von Tat und Täter unter besonderer Berücksichtigung der erst nach der Tat zu Tage getretenen sowie der erst infolge der Bewährungsentscheidung zu erwartenden Entwicklung.[20] Denn das Gesetz hebt die spezialpräventive Einwirkung in der Bewährungszeit (durch Weisungen und Auflagen, Unterstellung unter die Bewährungshilfe, aber auch das Damoklesschwert des drohenden Bewährungswiderrufs) besonders heraus. Der damit gebotene **zukunftsfixierte Blickwinkel** verbietet es, einer eventuellen Vorstrafenbelastung oder bisherigem Bewährungsversagen entscheidende Bedeutung beizulegen.[21]

> In die Würdigung **einzubeziehende Gesichtspunkte** bilden etwa die Umstände der und das Verhalten nach der Tat, die Lebensverhältnisse des Täters (insbesondere Beziehung zu den Eltern, Freundeskreis und andere Bezugspersonen, Wohnsituation, Freizeitverhalten) sowie positive Veränderungen in der Lebensführung (Aufnahme von Arbeit oder Ausbildung, Eingehung einer Ehe oder eines Verlöbnisses).[22] Auch die Beeinflussung durch den Vollzug der Untersuchungshaft bleibt zu beachten.[23] Maßgeblicher Zeitpunkt für die Beurteilung

---

[17] In diesem Sinne Brunner/Dölling, 2011, § 21 Rdn. 6c.
[18] So auch Albrecht P.-A., 2000, S. 265; Diemer/Schatz/Sonnen, 2011, § 21 JGG Rdn. 9; Meier/Rössner/Schöch, 2013, S. 249; Ostendorf, 2013, § 21 Rdn. 6; Streng, 2012, S. 236; Westphal, 1995, S. 183.
[19] So Eisenberg, 2014, § 21 Rdn. 14; Ostendorf, 2013, § 21 Rdn. 8; Westphal, 1995, S. 187.
[20] Vgl. BGHR JGG § 21 Abs. 2 Gesamtwürdigung 1 und 2; BGH, StrVert 1987, S. 306; StrVert 1996, S. 271; NStZ 2013, S. 288.
[21] Vgl. BGH, StrVert 1996, S. 270; Böhm/Feuerhelm, 2004, S. 238; Brunner/Dölling, 2011, § 21 Rdn. 6 f.; Eisenberg, 2014, § 21 Rdn. 20; Ostendorf, 2013, § 21 Rdn. 8.
[22] Näher Brunner/Dölling, 2011, § 21 Rdn. 6; Diemer/Schatz/Sonnen, 2011, § 21 JGG Rdn. 12 ff.; Eisenberg, 2014, § 21 Rdn. 22 ff.; HK-JGG/Meier, 2014, § 21 Rdn. 10 ff.; Ostendorf, 2013, § 21 Rdn. 9 ff.; Reisenhofer, 2012, S. 218 f.
[23] Siehe BGH, NStZ-RR 2007, S. 61.

ist derjenige der Urteilsfällung und nicht der der Tat, da es eine zwischenzeitlich u. U. eingetretene Entwicklung hin zum Positiven ins Kalkül zu ziehen gilt.[24]

783   Als weiteren prognoserelevanten Faktor benennt das Gesetz nunmehr die Auswirkungen eines neben der Bewährungsstrafe verhängten **Koppelungsarrests** i. S. d. § 16a JGG. Vermag erst dessen Verhängung die Erwartung künftiger Straffreiheit zu begründen, wird die Jugendstrafe bei Vorliegen der sonstigen Voraussetzungen ebenfalls zur Bewährung ausgesetzt (§ 21 Abs. 1 S. 3 JGG). Scheint die Formulierung des Gesetzes („erst") den prognostizierten Wirkungen des Arrests auch besondere Bedeutung beizumessen, ändert dies nichts am Erfordernis einer Gesamtabwägung.[25]

Das Gesetz verlangt, dass eine straffreie Lebensführung „… zu erwarten ist…". Damit meint es jedoch nicht richterliche Gewissheit, weil sich eine Prognoseentscheidung auf die Zukunft bezieht und zumal bei einem noch in der Entwicklung befindlichen jungen Menschen einen mehr oder minder großen Unsicherheitsfaktor beinhaltet. Es genügt deshalb die auf der Basis der festgestellten Tatsachen **überwiegende Wahrscheinlichkeit** zukünftiger straffreier Führung; ein gewisses Risiko nimmt das Gesetz in Kauf.[26]

10.1.2.2 Voraussetzungen des § 21 Abs. 2 JGG

784   Die Aussetzung einer Jugendstrafe, die auf **mehr als ein Jahr bis maximal zwei Jahre** lautet, kommt nach § 21 Abs. 2 JGG wie folgt in Betracht:

- Die **Voraussetzungen des § 21 Abs. 1 JGG** müssen vorliegen, d. h. es bedarf bei der hier ebenfalls erforderlichen Gesamtwürdigung von Tat und Täter – ggf. unter Berücksichtigung eines Koppelungsarrests – einer günstigen Sozialprognose und einer überwiegenden Wahrscheinlichkeit künftiger straffreier Lebensführung.

785 - Die Vollstreckung darf nicht „**im Hinblick auf die Entwicklung des Jugendlichen geboten**" sein. Der Sinn dieser Klausel bleibt im Hinblick auf die zunächst zu erfüllenden Voraussetzungen von § 21 Abs. 1 JGG dunkel. Denn es erscheint kaum einsichtig, dass man einerseits dem Delinquenten eine günstige Sozialprognose zu stellen vermag, andererseits die Vollstreckung zur spezialpräventiven Einwirkung gleichwohl erforderlich ist. Der Versuch, diesen Widerspruch aufzulösen, indem man sich auf Fälle bezieht, in denen Jugendliche trotz hoffnungsvoller Prognose die Strafaussetzung nach schweren Taten als unverständliche

---

[24] Vgl. BGH, StrVert 1991, S. 424; Albrecht P.-A., 2000, S. 266; Eisenberg, 2014, § 21 Rdn. 15; Ostendorf, 2013, § 21 Rdn. 8.

[25] Siehe BT-Drs. 17/9839, S. 14; krit. zum Ganzen Ostendorf, 2013, § 21 Rdn. 19a; Radtke, in: MünchKomm-StGB, 2013, § 21 JGG Rdn. 23.

[26] So Brunner/Dölling, 2011, § 21 Rdn. 6b; HK-JGG/Meier, 2014, § 21 Rdn.18; Ostendorf, 2013, § 21 Rdn. 26; Radtke, in: MünchKomm-StGB, 2013, § 21 JGG Rdn. 18; ähnlich Eisenberg, 2014, § 21 Rdn. 16; Streng, 2012, S. 236; großzügiger Diemer/Schatz/Sonnen, 2011, § 21 JGG Rdn. 11; Westphal, 1995, S. 205.

Milde empfinden würden,[27] überzeugt nicht. Denn die möglichen Wirkungen einer Aussetzung auf den Delinquenten bleiben bereits in die vorgängige Prognoseentscheidung mit einzubeziehen. Dem Hinweis auf die Entwicklungsbedürfnisse des Jugendlichen kommt im Ergebnis deshalb **keine eigenständige Bedeutung** zu; auch im Rahmen des § 21 Abs. 2 JGG muss somit bei guter Prognose die Strafe zur Bewährung ausgesetzt werden.[28] Ob diese Auslegung zur Folge hat, dass die Gerichte bei Befürwortung einer vollstreckbaren Jugendstrafe auf ein (eigentlich nicht gebotenes) Strafmaß von mehr als zwei Jahren ausweichen,[29] bedürfte noch empirischer Überprüfung.

Im Hinblick auf das gesteigerte Bedürfnis spezialpräventiver Einwirkung und die regelmäßig weniger günstige Legalbewährungsprognose findet sich im Schrifttum die Forderung, von der Aussetzungsmöglichkeit des § 21 Abs. 2 JGG bei Jugendstrafen, die wegen **schädlicher Neigungen** nötig werden, nur zurückhaltend Gebrauch zu machen.[30]

10.1.2.3 Perspektiven

Da der Verweis des Gesetzgebers auf den Entwicklungsbedarf des Jugendlichen in § 21 Abs. 2 JGG ins Leere geht,[31] erscheint es sinnvoll, die Vorschrift des § 21 JGG zu straffen und zu vereinfachen, indem in Absatz 1 die aussetzungstaugliche Jugendstrafe bei zwei Jahren festgelegt und **Absatz 2 gestrichen** wird.[32] Darüber hinaus wird vorgeschlagen, die Strafaussetzungsmöglichkeiten generell auszuweiten, etwa bis zur Grenze einer dreijährigen Jugendstrafe.[33] Es muss allerdings bezweifelt werden, ob insoweit Handlungsbedarf besteht:[34] Bei einer wegen schädlicher Neigungen verhängten Jugendstrafe von so langer Dauer wird sich die erforderliche günstige Legalbewährungsprognose oft nicht stellen lassen. Da die unter Schuldschwereerwägungen ausgeworfene Jugendstrafe von mehr als zweijähriger Dauer ein erhebliches Maß an Unrecht voraussetzt, besteht die Gefahr, dass eine zur Bewährung ausgesetzte Strafe nicht mehr ernst genommen wird oder dass es zu Strafmaßverschiebungen nach oben kommt. Zudem würde der Gleichlauf mit dem allgemeinen Strafrecht aufgegeben, was zwar per se – auch im Hinblick auf die Schrittmacherfunktion des Jugendstrafrechts – kein Argument abgibt, vorliegend angesichts der weithin identischen Voraussetzungen für die Bewährungsentscheidung aber nicht sinnvoll erscheint. Angezweifelt wird jüngst auch das Prinzip des Ganz oder gar nicht, mithin für die Schaffung einer Regelung plädiert, nach der ein geringerer Teil der Jugendstrafe vollstreckt

786

---

[27] So aber Böttcher/Weber, 1991, S. 8; Brunner/Dölling, 2011, § 21 Rdn. 11.
[28] Vgl. Böhm/Feuerhelm, 2004, S. 239; Diemer/Schatz/Sonnen, 2011, § 21 JGG Rdn. 19; Hombrecher, 2008, S. 456; Jäckel, 2010, S. 542; HK-JGG/Meier, 2014, § 21 Rdn. 21; Schaffstein/Beulke, 2002, S. 174; Westphal, 1995, S. 249; ferner Ostendorf, 2013, § 21 Rdn. 29; anders Pedal, 2008, S. 417; Ranft, 2006, S. 470.
[29] Vgl. Streng, 2012, S. 238.
[30] So Streng, 2012, S. 238.
[31] Siehe Kap. 10.1.2.2.
[32] Dafür auch Albrecht H.-J., 2002, S. D 156; Böhm/Feuerhelm, 2004, S. 239; Buckolt, 2009, S. 249; Dölling, 2001, S. 193.
[33] In diesem Sinne Beulke, 2012a, S. 30; Çağlar, 2005, S. 150; Schaffstein/Beulke, 2002, S. 175; Weidinger, 2011, S. 357 ff.; vgl. auch Buckolt, 2009, S. 250.
[34] Ablehnend auch Böhm/Feuerhelm, 2004, S. 239; Streng, 2002, S. N 86.

und der Rest bereits im Urteil (und nicht erst durch nachträglichen Beschluss gem. § 88 JGG) zur Bewährung ausgesetzt wird.[35]

10.1.3 Weitere Bewährungsentscheidungen

787 Wird eine Jugendstrafe zur Bewährung ausgesetzt, muss der Richter über die Bewährungszeit (§ 22 JGG), Weisungen und Auflagen (§ 23 JGG) und die Ausgestaltung der Bewährungshilfe (§§ 24, 25 JGG) befinden. Im ungünstigsten Fall bedarf es schließlich einer Widerrufsentscheidung (§ 26 JGG).

10.1.3.1 Bewährungszeit

788 Nach § 22 Abs. 1 S. 1 JGG hat der Richter mit der Strafaussetzung zur Bewährung die **Dauer** der Bewährungszeit zu bestimmen. Diese darf zwei Jahre nicht unterschreiten und drei Jahre nicht übersteigen (§ 22 Abs. 1 S. 2 JGG). Die Höchstdauer ist gegenüber der im Erwachsenenstrafrecht vorgesehenen Regelung (§ 56a Abs. 1 S. 2 StGB: fünf Jahre) nicht unerheblich kürzer. Diese Diskrepanz wird man nicht nur mit der Gefahr der Abstumpfung und Entmutigung durch eine zu lange Frist,[36] sondern auch mit der Erwartung entwicklungsbedingter Veränderungen bei jungen Rechtsbrechern erklären können. Dem Richter ist es gestattet, die Bewährungszeit **nachträglich** bis auf ein Jahr **zu verkürzen oder** – grundsätzlich vor dem Ablauf der ursprünglich festgesetzten Dauer[37] – bis auf vier Jahre **zu verlängern**, § 22 Abs. 2 S. 2 JGG. Wurde jedoch eine höhere Jugendstrafe von mehr als einem bis zu zwei Jahren Dauer nach § 21 Abs. 2 JGG zur Bewährung ausgesetzt, kommt eine nachträgliche Verkürzung der Bewährungszeit lediglich bis auf höchstens zwei Jahre in Betracht, § 22 Abs. 2 S. 3 JGG.

789 Bei der **Bemessung** der Bewährungsdauer hat das Gericht sich an den **spezialpräventiven** Erfordernissen unter Berücksichtigung des Verhältnismäßigkeitsgrundsatzes zu orientieren, wobei die Ausrichtung an der Mindestdauer erfolgen sollte.[38] Ebenfalls aus individualpräventiven Gründen, namentlich einer hinreichend nachhaltig bewiesenen Legalbewährung, lässt sich eine nachträgliche Verkürzung des ursprünglich festgelegten Zeitabschnitts rechtfertigen. Eine spätere Verlängerung der Bewährungszeit setzt stets erhebliche und neue Erkenntnisse voraus, etwa weitere Delinquenz, die aber eine Widerrufsentscheidung noch nicht rechtfertigt.[39]

790 Die Bewährungszeit **beginnt** nach § 22 Abs. 2 S. 1 JGG mit der **Rechtskraft** der Aussetzungsentscheidung. Ihr Ende richtet sich entweder nach dem terminlich festgelegten End-

---

[35] So Beulke, 2012a, S. 30 f.; Weidinger, 2011, S. 365 ff.
[36] So Böhm/Feuerhelm, 2004, S. 241; Meier/Rössner/Schöch, 2013, S. 252; Schaffstein/Beulke, 2002, S. 175.
[37] Zur Ausnahme nach § 26 Abs. 2 Nr. 2 JGG Kap. 10.1.5.2.
[38] Vgl. Diemer/Schatz/Sonnen, 2011, § 22 JGG Rdn. 2; HK-JGG/Meier, 2014, § 22 Rdn. 2; Ostendorf, 2013, § 22 Rdn. 2.
[39] Siehe Diemer/Schatz/Sonnen, 2011, § 22 JGG Rdn. 5; Ostendorf, 1987, S. 321.

datum oder jenes wird durch Anwendung von § 188 BGB ermittelt.[40] Nach § 4 JGG, § 79a Nr. 2 lit. b) StGB ruht während der Bewährungszeit die Vollstreckungsverjährung. Es kann also nicht passieren, dass die Jugendstrafe nach einem Bewährungswiderruf aufgrund des mit der Bewährung verstrichenen Zeitraums nicht mehr vollstreckt werden darf.

10.1.3.2 Weisungen und Auflagen in der Bewährungszeit

§ 23 JGG gestattet es dem Gericht, die Bewährungszeit durch Weisungen und Auflagen zu beeinflussen. Entsprechende Anordnungen dürfen auch nachträglich, also während der Bewährungszeit, ergehen, modifiziert oder aufgehoben werden, § 23 Abs. 1 S. 3 JGG. Das wird allerdings – zumal bei einer **Schlechterstellung des Probanden**[41] – eine Änderung in den Lebensumständen des Betroffenen oder das Bekanntwerden neuer Tatsachen voraussetzen. Willkür oder richterliche Experimentierfreude will § 23 Abs. 1 S. 3 JGG nicht befördern. Bei Zusagen des Verurteilten kann von Weisungen oder Auflagen abgesehen werden, § 23 Abs. 2 JGG.

791

(1) Weisungen

Der Richter soll für die Dauer der Bewährungszeit die Lebensführung des Jugendlichen durch Weisungen erzieherisch beeinflussen, § 23 Abs. 1 S. 1 JGG. Aus der Formulierung als **Soll-Vorschrift** ergibt sich, dass die Weisungserteilung den Regelfall bildet und nur in besonderen Ausnahmefällen davon abgesehen werden darf. Denn man geht davon aus, dass der junge, noch ungefestigte Rechtsbrecher eine solch spezialpräventive Einwirkung regelmäßig benötigt. Insofern besteht ein Unterschied zum Erwachsenenstrafrecht, in dem die Weisungserteilung nur dann erfolgt, wenn der Verurteilte ihr um künftiger Straffreiheit willen bedarf (§ 56c Abs. 1 S. 1 StGB).

792

Inhaltlich verweist § 23 Abs. 1 S. 4 JGG auf die Vorschrift des § 10 JGG, so dass zu allen danach statthaften Weisungen[42] gegriffen werden darf. Die gesetzliche Verweisung erstreckt sich weiter auf die in § 11 Abs. 3 JGG vorgesehene Möglichkeit, bei der schuldhaften Nichterfüllung von Weisungen **Ungehorsamsarrest** anzuordnen. Es handelt sich hierbei um eine im Vergleich zu § 8 Abs. 2 S. 1 JGG speziellere Regelung, so dass ein Verstoß gegen das – nach Einführung des Arrests neben Bewährungssanktionen nur noch eingeschränkt gültige – Verbot der Koppelung mehrerer stationärer Sanktionen nicht vorliegt. Bevor der Richter damit bei Weisungsverstößen die Strafaussetzung zur Bewährung widerrufen muss (§ 26 Abs. 1 S. 1 Nr. 2 JGG), kann eine Beeinflussung durch den Arrest versucht werden.

793

Nachdem der in § 10 Abs. 1 S. 3 JGG enthaltene Weisungskatalog nicht abschließend ist, kommen auch Weisungen in Betracht, die das **Verhältnis zum Bewährungshelfer** zum Gegenstand haben. Die Weisung, Kontakt zum Bewährungshelfer zu halten, ist zwar zulässig, aber überflüssig, da der Jugendliche der Aufsicht und Leitung des Bewährungshelfers unterstellt wird (§ 24 Abs. 1 S. 1 JGG) und schon

794

---

[40] Dazu Brunner/Dölling, 2011, § 22 Rdn. 2; Eisenberg, 2014, § 22 Rdn. 4, 6; gegen Datumsangabe im Hinblick auf fehlende Rechtskraft der Entscheidung Ostendorf, 2013, § 22 Rdn. 3.
[41] Vgl. Eisenberg, 2014, § 23 Rdn. 9 f.; Ostendorf, 2013, § 23 Rdn. 11.
[42] Näher Kap. 7.4.

deshalb die Verbindung zu ihm regelmäßig pflegen muss.[43] Eine Weisung, den Anordnungen des Bewährungshelfers stets Folge zu leisten, gilt als zu unbestimmt und damit unzulässig. Sie verletzt zudem die Kompetenzabgrenzung zwischen Bewährungshelfer und Richter, da das Gesetz unbeschadet der Aufsichts- und Leitungsfunktion der Bewährungshilfe nur dem Gericht Eingriffe in die Rechte des Verurteilten gestattet.[44] Unstatthaft sind deshalb auch Weisungen, mit denen der Delinquent verpflichtet wird, sich im Hinblick auf die Durchführung richterlicher Weisungen den Anweisungen des Bewährungshelfers zu unterwerfen.[45]

> **Beispiel**
> Dem Verurteilten wird die zulässige Weisung erteilt, sich um eine Wohnung zu bemühen. Unzulässig wäre die Verknüpfung mit der weiteren Weisung, die einmal gefundene Wohnung nur mit der Zustimmung des Bewährungshelfers zu wechseln.[46]

795 Die Weisung, sich einer **heilerzieherischen Behandlung** oder einer Entziehungskur zu unterziehen, kommt – anders als nach § 10 Abs. 2 JGG[47] – bei einem Jugendlichen, der das 16. Lebensjahr vollendet hat, nur mit dessen Einwilligung in Betracht (§ 57 Abs. 3 S. 2 JGG).

(2) Auflagen

796 Der Richter darf dem Jugendlichen Auflagen erteilen, § 23 Abs. 1 S. 2 JGG. Diese Bestimmung ist im Gegensatz zur Regelung über die Weisungen nur als **Kann-Vorschrift** formuliert, so dass das Gesetz Auflagen als eher verzichtbar einordnet. Hinsichtlich der näheren Ausgestaltung verweist § 23 Abs. 1 S. 4 JGG auf den Inhalt von § 15 Abs. 1, 2 und 3 S. 2 JGG. Das betrifft zunächst den abschließenden Katalog möglicher Auflagen, weshalb die Abgabe von Urinproben zum Zweck des Drogenscreenings jedenfalls nicht im Wege der Auflage verlangt werden darf,[48] ferner die speziellen Voraussetzungen für die Geldauflage sowie die Möglichkeit, bei schuldhafter Nichterfüllung Ungehorsamsarrest zu verhängen, nachdem § 15 Abs. 3 S. 2 JGG die entsprechende Regelung in § 11 Abs. 3 JGG für anwendbar

---

[43] Vgl. Schaffstein/Beulke, 2002, S. 177.

[44] Siehe Diemer/Schatz/Sonnen, 2011, § 23 JGG Rdn. 3; Eisenberg, 2014, § 23 Rdn. 14; HK-JGG/Meier, 2014, § 23 Rdn. 3; Meier/Rössner/Schöch, 2013, S. 253; Ostendorf, 2013, § 23 Rdn. 3; Schaffstein/Beulke, 2002, S. 175; Streng, 2012, S. 241.

[45] Wie hier Ostendorf, 2013, § 23 Rdn. 3; krit. auch Diemer/Schatz/Sonnen, 2011, § 23 JGG Rdn. 3; Streng, 2012, S. 241; anders Eisenberg, 2014, § 23 Rdn. 15; HK-JGG/Meier, 2014, § 23 Rdn. 3.

[46] So auch Eisenberg, 2014, § 23 Rdn. 16; a. A. Brunner/Dölling, 2011, § 23 Rdn. 2; Meier/Rössner/Schöch, 2013, S. 253.

[47] Siehe Kap. 7.4.2.2.

[48] Dazu LG Detmold, StrVert 1999, S. 662 f.; siehe aber Ostendorf, 2013, § 23 Rdn. 2.

erklärt. Auf diese Weise lässt sich ein Widerruf der Strafaussetzung zur Bewährung gem. § 26 Abs. 1 S. 1 Nr. 3 JGG u. U. vermeiden.[49]

Im Einzelfall bleibt zu prüfen, ob die Verhängung von Auflagen neben der obligatorischen Weisungserteilung noch **verhältnismäßig** ist. Keine Einigkeit besteht darüber, ob den Bewährungsauflagen ebenso wie den als Zuchtmittel verhängten Auflagen[50] **Ahndungsfunktion** zukommt. Man muss die Frage aber bejahen, nachdem in § 23 Abs. 2 JGG ausdrücklich von „Genugtuung für das begangene Unrecht" gesprochen wird und auch im Übrigen angesichts der Verweisung auf § 15 JGG keine Veranlassung besteht, den Charakter der Auflagen im vorliegenden Zusammenhang abweichend zu bestimmen.[51]

(3) Zusagen und Anerbieten des Jugendlichen
Der Richter soll **von Weisungen oder Auflagen** vorläufig **absehen**, wenn der Delinquent Zusagen für seine künftige Lebensführung macht oder sich zu angemessenen Leistungen erbietet, die der Genugtuung für das begangene Unrecht dienen, und wenn die Erfüllung der Zusagen oder des Anerbietens zu erwarten ist, § 23 Abs. 2 JGG. In geeigneten Fällen ist der Jugendliche hierüber zu befragen (§ 57 Abs. 3 S. 1 JGG). Man geht davon aus, dass freiwillig erbrachte Leistungen sich zur spezialpräventiven Beeinflussung besser eignen als solche, die von oben herab vom Richtertisch zur Pflicht gemacht werden. Fraglich bleibt dabei allerdings, ob der junge Rechtsbrecher in der Situation der Hauptverhandlung hiermit nicht überfordert ist und ob sich von Freiwilligkeit unter der drohenden Möglichkeit einer vollstreckbaren Jugendstrafe ernstlich sprechen lässt.[52]

> Zudem kann der leugnende Angeklagte schwerlich Erklärungen i. S. d. § 23 Abs. 2 JGG abgeben, ohne in Widerspruch zu seiner **Verteidigungsstrategie** zu geraten. In diesen Fällen sollte bezüglich der Bewährungsentscheidungen ggf. auf das nachträgliche Beschlussverfahren nach § 57 Abs. 1 S. 1 JGG ausgewichen werden.[53]

Kommt der Jugendliche seinem **Anerbieten nicht nach**, rechtfertigt dies mangels gesetzlicher Regelung weder die Verhängung von Ungehorsamsarrest noch den Widerruf der Strafaussetzung zur Bewährung. Vielmehr muss das Gericht gem. § 23 Abs. 1 S. 3 JGG nachträglich Auflagen oder Weisungen erteilen. Bei Verstößen hiergegen drohen sodann Ungehorsamsarrest (§§ 23 Abs. 1 S. 4, 11 Abs. 3, 15 Abs. 3 S. 2 JGG) bzw. Bewährungswiderruf (§ 26 Abs. 1 S. 1 Nr. 2 und 3 JGG).

---

[49] Näher Kap. 10.1.5.2.
[50] Dazu Kap. 8.5.1.
[51] Wie hier LG Detmold, StrVert 1999, S. 663; Böhm/Feuerhelm, 2004, S. 242; Brunner/Dölling, 2011, § 23 Rdn. 1; Laubenthal, 2013, S. 118; HK-JGG/Meier, 2014, § 23 Rdn. 5; Meier/Rössner/Schöch, 2013, S. 253; Schaffstein/Beulke, 2002, S. 176; Streng, 2012, S. 241; a. A. Eisenberg, 2014, § 23 Rdn. 5b; Ostendorf, 2013, § 23 Rdn. 2.
[52] Vgl. Diemer/Schatz/Sonnen, 2011, § 23 JGG Rdn. 13; Eisenberg, 2014, § 23 Rdn. 19; Ostendorf, 2013, § 23 Rdn. 7; Streng, 2012, S. 242; Zieger, 2013, S. 78.
[53] So Brunner/Dölling, 2011, § 23 Rdn. 8; Diemer/Schatz/Sonnen, 2011, § 23 JGG Rdn. 13; Eisenberg, 2014, § 23 Rdn. 20; anders Ostendorf, 2013, § 23 Rdn. 7, der ein informelles Schuldinterlokut favorisiert.

10.1.3.3 Ausgestaltung der Bewährungshilfe

(1) Unterstellungszeit

800 Die Unterstellung unter die Bewährungshilfe wird für **höchstens zwei Jahre** angeordnet, § 24 Abs. 1 S. 1 JGG, wobei der Zeitraum mit der Rechtskraft der Entscheidung beginnt, § 24 Abs. 1 S. 3 i. V. m. § 22 Abs. 2 S. 1 JGG. Die Unterstellungszeit entspricht damit nicht notwendigerweise der Dauer der Bewährungszeit nach § 22 Abs. 1 JGG.

> Der Proband kann also (etwa bei einer Bewährungszeit von mehr als zwei Jahren) für einen Teil dieser Periode ohne Bewährungshelfer bleiben. Das Gesetz ermöglicht es jedoch auch hier, **nachträglich weitere Anordnungen** zu treffen. So darf die Unterstellungszeit verlängert oder sogar nach deren Ablauf eine erneute Unterstellung beschlossen werden, solange die Bewährungszeit noch andauert (§ 24 Abs. 2 S. 1 JGG), selbst wenn dies das Überschreiten des in § 24 Abs. 1 S. 1 JGG vorgesehenen Höchstmaßes von zwei Jahren nach sich zieht, § 24 Abs. 2 S. 2 JGG.[54] Wird die Bewährungszeit gem. § 22 Abs. 2 S. 2 2. Alt. JGG auf bis zu vier Jahre verlängert, darf auch der Unterstellungszeitraum entsprechend ausgedehnt werden.[55]

801 Dieser differenzierten gesetzlichen Regelung liegt folgender Gedankengang zugrunde: Während der ersten zwei Jahre der Bewährungszeit erscheint die Unterstützung des Probanden durch einen Bewährungshelfer am vordringlichsten, weil neue Straftaten, die einen Bewährungswiderruf erforderlich machen könnten, am ehesten während dieses Zeitraums begangen werden, mithin der Proband zu Beginn der Bewährungszeit die Hilfe am dringendsten benötigt. Deshalb beginnt mit der Bewährungszeit zugleich die **obligatorische Unterstellung** unter den Bewährungshelfer; der Richter darf das letztgenannte Ereignis nicht auf einen späteren Zeitpunkt festsetzen. Die Unterstellungszeit dauert prinzipiell deshalb nur zwei Jahre, weil das Gesetz davon ausgeht, die Situation des Probanden habe sich nach dieser Zeit entweder stabilisiert oder ihm nütze auch Bewährungshilfe nichts. Insoweit dient die Regelung weiter der Entlastung der Institution Bewährungshilfe. Erweist sich aber, dass der Jugendliche zu einer späteren Zeit noch der Unterstützung durch die Bewährungshilfe bedarf, gestattet das Gesetz die Ausdehnung dieser Betreuungsleistung. Auf solche Weise kann selbst der Widerruf der Strafaussetzung vermieden werden (§ 26 Abs. 2 Nr. 2 und 3 JGG).[56]

(2) Person des Bewährungshelfers

802 Der junge Rechtsbrecher ist deshalb zwingend der Aufsicht und Leitung eines Bewährungshelfers zu unterstellen, weil er gerade im Hinblick auf seine noch nicht abgeschlossene Persönlichkeitsentwicklung derartiger Unterstützung bedarf. Die im Hinblick auf diesen Zweck erforderlichen Kenntnisse werden regelmäßig nur ent-

---

[54] De lege ferenda für eine Begrenzung der Bewährungszeit auf zwei Jahre Ostendorf, 2013, Grdl. z. den §§ 21–26a Rdn. 7.

[55] Vgl. Brunner/Dölling, 2011, § 25 Rdn. 1a; Streng, 2012, S. 243.

[56] Zum Ganzen Brunner/Dölling, 2011, § 25 Rdn. 1; Diemer/Schatz/Sonnen, 2011, §§ 24, 25 JGG Rdn. 9; Schaffstein/Beulke, 2002, S. 176.

sprechend ausgebildete **hauptamtlich tätige** Personen aufweisen, weshalb deren Bestellung gem. § 24 Abs. 1 S. 1 JGG den gesetzlichen Regelfall bildet. Nur soweit dies aus Gründen der spezialpräventiven Einwirkung zweckmäßig erscheint, darf stattdessen ein **ehrenamtlicher Bewährungshelfer** bestellt werden, § 24 Abs. 1 S. 2 JGG. Das betrifft etwa Fälle, in denen der Delinquent ausländischer Herkunft und der ehrenamtliche Bewährungshelfer mit dessen kulturellem Hintergrund besser vertraut ist und erforderliche Sprachkenntnisse mitbringt.[57] Eine Pflicht zur Übernahme des Amtes eines ehrenamtlichen Bewährungshelfers besteht nicht,[58] so dass die Bereitschaft hierzu vor der entsprechenden Entscheidung zu klären bleibt. Angehörige der Strafverfolgungsbehörden (Polizeibeamte, Staatsanwälte, Strafrichter) eignen sich als Bewährungshelfer nicht, da sie das Vertrauen des Probanden kaum gewinnen können und ihre Involvierung die Gefahr einer zusätzlichen Stigmatisierung des Verurteilten mit sich zu bringen vermag.[59]

Bei **jungen Soldaten** kann als ehrenamtlicher Bewährungshelfer ein anderer Soldat bestellt werden, § 112a Nr. 4 S. 1 JGG. Für dessen Tätigkeit gelten im Hinblick auf die Anforderungen des Soldatendienstverhältnisses ebenso Besonderheiten (§ 112a Nr. 4 S. 2 JGG) wie für die Aufgaben eines nichtsoldatischen Bewährungshelfers (§ 112a Nr. 5 JGG).[60] Problematisch erscheint es im Hinblick auf einen möglichen Rollenkonflikt, wenn ein militärischer Dienstvorgesetzter die Aufgabe des Bewährungshelfers übernehmen soll.[61]

803

Anders als die Jugendgerichtshilfe im Vergleich zur Gerichtshilfe nach der StPO kennt das JGG eine besondere Jugendbewährungshilfe nicht. **§ 113 JGG** schreibt lediglich vor, dass für den Bezirk eines jeden Jugendrichters mindestens ein hauptamtlicher Bewährungshelfer anzustellen ist, gestattet jedoch im Hinblick auf die Unverhältnismäßigkeit der Aufwendungen ein Abweichen von diesem Grundsatz, etwa indem ein Bewährungshelfer für mehrere Gerichtsbezirke zuständig wird.

804

Die hauptamtlichen Bewährungshelfer, die in der Regel als **Sozialarbeiter** ausgebildet sind, betreuen somit häufig jugendliche, heranwachsende und erwachsene Probanden gleichermaßen. Als problematisch gilt hierbei besonders die **Überlastung** der Bewährungshelfer. Während die Kapazitäten eines einzelnen Bewährungshelfers mit der Betreuung von 30 bis 40 Personen erschöpft sein dürften, kommt es in der Praxis zu einer weit ungünstigeren Betreuungsrelation von 65 bis 70 oder gar noch mehr Probanden pro Bewährungshelfer.[62] Mit Abhilfe ist hier in Zeiten knapper öffentlicher Mittel nicht zu rechnen.

805

---

[57] So Diemer/Schatz/Sonnen, 2011, §§ 24, 25 JGG Rdn. 8; Meier/Rössner/Schöch, 2013, S. 259; Streng, 2012, S. 242.
[58] Siehe Brunner/Dölling, 2011, § 25 Rdn. 12.
[59] Vgl. Ostendorf, 2013, §§ 24, 25 Rdn. 4.
[60] Näher Brunner/Dölling, 2011, § 25 Rdn. 13 ff.; Diemer/Schatz/Sonnen, 2011, § 112a JGG Rdn. 6 f.; Eisenberg, 2014, § 112a Rdn. 24 ff.; Ostendorf, 2013, § 112a Rdn. 12.
[61] Hierzu Brunner/Dölling, 2011, § 25 Rdn. 14; Ostendorf, 2013, §§ 24, 25 Rdn. 4.
[62] Vgl. Diemer/Schatz/Sonnen, 2011, §§ 24, 25 JGG Rdn. 5; Kurze, 1998, S. 234; Meier/Rössner/Schöch, 2013, S. 258 f.; Ostendorf, 2013, Grdl. z. den §§ 21–26a Rdn. 5; Schaffstein/Beulke, 2002, S. 187; Streng, 2012, S. 245.

(3) Aufgaben, Pflichten und Rechte des Bewährungshelfers

806 Dem vom Richter zu bestellenden (§ 25 S. 1 JGG) Bewährungshelfer obliegen folgende **Aufgaben**:

- Hilfe für den und Betreuung des Probanden, auch fördernde Einwirkung auf ihn (§ 24 Abs. 3 S. 1 und 3 1. Alt. JGG),
- vertrauensvolles Zusammenwirken mit dem Erziehungsberechtigten bzw. gesetzlichen Vertreter (§ 24 Abs. 3 S. 3 2. Alt. JGG),
- Überwachung der Erfüllung von Weisungen, Auflagen, Zusagen und Anerbieten (§ 24 Abs. 3 S. 2 JGG),
- Erstattung schriftlicher oder mündlicher Berichte über die Lebensführung des Jugendlichen an den Richter in den von Letzterem festgesetzten Zeitabständen (§ 25 S. 3 JGG) sowie
- Berichte an den Richter über gröbliche oder beharrliche Verstöße gegen Weisungen, Auflagen, Zusagen oder Anerbieten (§ 25 S. 4 JGG).

807 Hilfe für den **und Betreuung** des Probanden sind umfassend zu verstehen.[63] Der Bewährungshelfer soll steten Kontakt zu seinem Schützling halten und ihm mit Rat und Tat zur Seite stehen. Der Richter ist berechtigt, dem Bewährungshelfer insoweit nähere Anweisungen zu erteilen, § 25 S. 2 JGG. Die Unterstützungstätigkeit erstreckt sich sowohl auf den Leistungs- (Schule, Ausbildungs- oder Arbeitsstätte) als auch auf den Freizeitbereich und die Sozialkontakte des Probanden, was § 24 Abs. 3 S. 3 JGG für den familiären Bereich explizit ausspricht. Demgemäß gesteht das Gesetz dem Bewährungshelfer ein Recht auf Information selbst gegenüber Dritten zu: Er darf von Erziehungsberechtigten, gesetzlichen Vertretern, Schule und Ausbilder **Auskunft** über die Lebensführung des Jugendlichen **verlangen**, § 24 Abs. 3 S. 5 JGG. Zwangsweise durchsetzen kann der Bewährungshelfer dieses Recht nicht. Erteilen die verpflichteten Personen keine Auskunft, bleibt nur eine richterliche Vernehmung möglich, der sich die Betroffenen nicht entziehen dürfen.[64]

808 Damit der Bewährungshelfer seiner Hilfs- wie seiner Überwachungsfunktion zu genügen vermag, spricht das Gesetz ihm ein **Recht auf Zutritt zu dem Probanden** zu (§ 24 Abs. 3 S. 4 JGG). Dieses kann er auch Dritten gegenüber ausüben, wenn der Jugendliche sich bei ihnen aufhält, und er darf es sogar mit polizeilicher Hilfe durchsetzen.[65] Das gilt selbst im Verhältnis zu den Erziehungsberechtigten, wenn der vorrangige Versuch eines vertrauensvollen Zusammenwirkens erfolglos bleibt. Mit einem in Untersuchungshaft befindlichen Klienten kann der Bewährungshelfer ebenfalls – und zwar wie ein Verteidiger – verkehren, § 2 Abs. 2 JGG, § 119 Abs. 4 S. 1 und 2 Nr. 1 i. V. m. §§ 148, 148a StPO. Ein Weisungsrecht steht dem Bewäh-

---

[63] Beispiele bei Schaffstein/Beulke, 2002, S. 188 f.
[64] Vgl. Brunner/Dölling, 2011, § 25 Rdn. 10; a. A. Eisenberg, 2014, § 25 Rdn. 27; Ostendorf, 2013, §§ 24, 25 Rdn. 8.
[65] Vgl. Diemer/Schatz/Sonnen, 2011, §§ 24, 25 JGG Rdn. 19; Eisenberg, 2014, § 25 Rdn. 26.

rungshelfer gegenüber dem Jugendlichen aber nicht zu.[66] Verschließt dieser sich den Angeboten der Bewährungshilfe, muss gegebenenfalls der Richter einschreiten.

Mit dem erzwingbaren Umgangsrecht findet sich der **Rollenkonflikt** des Bewährungshelfers angedeutet. Er soll einerseits auf einer durch Freiwilligkeit geprägten Vertrauensbasis mit dem Probanden zusammenarbeiten, bleibt in seinen Handlungsmöglichkeiten auf ein solches einvernehmliches Zusammenwirken aber nicht beschränkt. Letztlich liegt der Rollenkonflikt in dem **Dualismus von Hilfe und Überwachung** begründet. Nicht ohne Berechtigung wird darauf hingewiesen, dass derjenige Bewährungshelfer, der sich besonders intensiv um seinen Probanden kümmere, auch vermehrt Gelegenheit erhalte, bei diesem solche Verhaltensweisen wahrzunehmen, die bei der Meldung an den Richter zum Widerruf der Strafaussetzung gem. § 26 Abs. 1 JGG führen können.[67] Hierbei handelt es sich allerdings um eine sämtlicher Hilfe im Strafverfahren – also auch der Erwachsenenbewährungs- wie der Jugendgerichtshilfe – innewohnende Unstimmigkeit. **Abmildern** lässt sich die Problematik, indem man den Bewährungshelfer verpflichtet, dem Probanden die aus der Überwachungsfunktion resultierenden Berichtspflichten deutlich vor Augen zu führen[68] und ihn hinsichtlich der Selbsterteilung nachteiliger Informationen auf sein Schweigerecht analog §§ 136 Abs. 1 S. 2, 163a Abs. 3 S. 2 und Abs. 4 S. 2 StPO hinzuweisen.[69]

809

Von Bedeutung ist es ferner, dass der Bewährungshelfer dem Richter nach § 25 S. 4 JGG nur „gröbliche oder beharrliche" **Verstöße mitzuteilen** hat. Auch im Hinblick auf den Bewährungswiderruf gilt also: minima non curat praetor. Die Mitteilungspflicht erstreckt sich auf den **Verdacht neuer Straftaten**, soweit es sich nicht nur um Bagatelldelikte handelt.[70] Denn deren (mögliche) Begehung ist Bestandteil der Lebensführung i. S. d. § 25 S. 3 JGG und zudem für die justiziellen Handlungsmöglichkeiten im Hinblick auf einen möglichen Bewährungswiderruf von eminenter Bedeutung (§ 26 Abs. 1 S. 1 Nr. 1 JGG). Sofern Verstöße nicht als gröblich oder beharrlich eingestuft werden können, steht es im Ermessen des Bewährungshelfers, ob er sie dem Gericht mitteilen oder ob er sich selbst um Abhilfe kümmern will; Letzteres dürfte i. d. R. vorzugswürdig sein.[71]

810

---

[66] Dazu bereits Kap. 10.1.3.2 (1).

[67] Generell zur Problematik Böttner, 2004, S. 122 ff.; Diemer/Schatz/Sonnen, 2011, §§ 24, 25 JGG Rdn. 14 ff.; Eisenberg, 2014, § 25 Rdn. 23; Hermann/Kerner, 1991, S. 229 ff.; Kurze, 1998, S. 224 ff.; Ostendorf, 2013, §§ 24, 25 Rdn. 6; Streng, 2012, S. 243 f.; zurückhaltend aber Göppinger/Bock, 2008, S. 640 f.

[68] Vgl. Eisenberg, 2014, § 25 Rdn. 19; Ostendorf, 2013, §§ 24, 25 Rdn. 6.

[69] So auch Albrecht P.-A., 2000, S. 281 i. V. m. 313; Böttner, 2004, S. 296 ff.; Ostendorf, 2013, §§ 24, 25 Rdn. 6; Schipholt, 1993, S. 471 f.; i. Erg. ferner Laubenthal, 1993, S. 69; anders wohl HK-JGG/Meier, 2014, § 24 Rdn. 8.

[70] Wie hier Brunner/Dölling, 2011, § 25 Rdn. 2a; HK-JGG/Meier, 2014, § 25 Rdn. 9; Ostendorf, 2013, §§ 24, 25 Rdn. 11, aber nicht bei bloßem Tatverdacht; Streng, 2012, S. 244; wohl auch Eisenberg, 2014, § 25 Rdn. 17a; differenzierend (nur bei erheblichen Straftaten) Schaffstein/Beulke, 2002, S. 190; enger (jede Straftat) Böttner, 2004, S. 61 ff.; Mutz, 2007, S. 144 f.; ablehnend Diemer/Schatz/Sonnen, 2011, §§ 24, 25 JGG Rdn. 26.

[71] Vgl. Brunner/Dölling, 2011, § 25 Rdn. 2a, 4; Eisenberg, 2014, § 25 Rdn. 15.

811 § 25 S. 3 JGG stellt sich als **bereichsspezifische Befugnis** zur Informationsweitergabe dar: Außerhalb der mit der Bewährungsaufsicht verknüpften Aufgabenwahrnehmung unterliegt der Bewährungshelfer grundsätzlich der Schweigepflicht, deren Verletzung für Sozialarbeiter bzw. -pädagogen sowie Amtsträger gem. § 11 Abs. 1 Nr. 2 StGB strafbewehrt ist (§ 203 Abs. 1 Nr. 5, Abs. 2 S. 1 Nr. 1 StGB).[72] Ausnahmen bestehen nur im Fall des § 138 StGB sowie bei der Zeugeneinvernahme: Ein **Zeugnisverweigerungsrecht** nach § 53 StPO steht dem Bewährungshelfer nicht zu.[73] Auch die Inanspruchnahme eines verfassungsunmittelbaren Zeugnisverweigerungsrechts gem. Art. 1 Abs. 1 i. V. m. Art. 2 Abs. 1 GG kommt aufgrund seiner Einbindung in die Justiz nicht in Betracht. Der hauptamtliche, im öffentlichen Dienst beschäftigte Bewährungshelfer darf allerdings nur bei Vorliegen einer Aussagegenehmigung als Zeuge gehört werden (§ 54 StPO). Findet eine neue Hauptverhandlung gegen den Probanden statt, ist dem Bewährungshelfer die Anwesenheit gestattet, § 48 Abs. 2 S. 1 JGG. Im Falle seiner Teilnahme soll der Bewährungshelfer zur Entwicklung des Jugendlichen in der Bewährungszeit gehört werden, § 50 Abs. 4 S. 1 JGG. Damit er in die Möglichkeit versetzt wird, von seinen Rechten Gebrauch zu machen, sind dem Bewährungshelfer in analoger Anwendung von § 50 Abs. 3 S. 1 JGG Ort und Zeit der Hauptverhandlung mitzuteilen.

(4) Bewährungsplan

812 Der Richter hat nach **§ 60 JGG** einen Bewährungsplan zu fertigen. Dieser enthält die erteilten Weisungen und Auflagen sowie den Namen des Bewährungshelfers (§ 60 Abs. 1 S. 1 und Abs. 2 JGG). Er wird dem Jugendlichen unter Belehrung über die Bewährungsentscheidungen vom Richter ausgehändigt, was regelmäßig nicht am Ende der Hauptverhandlung, sondern – im Hinblick auf den Eintritt der Rechtskraft und die Klärung von Einzelheiten – in einem gesonderten Termin erfolgt. Zugleich ist dem Probanden aufzugeben, jeden Wechsel seines ständigen Aufenthalts sowie von Ausbildungs- und Arbeitsplatz während der Bewährungszeit anzuzeigen, § 60 Abs. 1 S. 3 JGG. Die Belehrungspflicht lebt bei nachträglichen Änderungen des Bewährungsplans erneut auf, § 60 Abs. 1 S. 4 JGG. **Zuständig** ist der erkennende Jugendrichter oder im Fall einer Entscheidung durch die für allgemeine Strafsachen zuständigen Gerichte (§§ 104 Abs. 1 Nr. 8, 109 Abs. 2 S. 1, 112 JGG) aufgrund entsprechender Anwendung des § 104 Abs. 5 JGG der Jugendrichter, in dessen Bezirk sich der Verurteilte aufhält.[74]

Durch seine **Unterschrift** soll der Verurteilte schließlich bestätigen, dass er den Plan zur Kenntnis genommen hat, und versprechen, den Weisungen und Auflagen nachzukommen, § 60 Abs. 3 S. 1 JGG. Erzwungen werden kann dies ebenso wenig wie die gleichfalls vorgesehene Unterzeichnung durch Erziehungsberechtigte und gesetzliche Vertreter gem. § 60 Abs. 3 S. 2 JGG. Das der Unterzeichnung immanente vertragsähnliche Element soll die Akzeptanz der Bewährungsbedingungen steigern.[75]

---

[72] Gegen die Anwendbarkeit von § 203 Abs. 1 Nr. 5 StGB Schenkel, 1995, S. 68 ff.
[73] Vgl. Brunner/Dölling, 2011, § 25 Rdn. 9; Eisenberg, 2014, § 25 Rdn. 18; Meyer-Goßner, 2014, § 53 Rdn. 3.
[74] Vgl. Diemer/Schatz/Sonnen, 2011, § 60 JGG Rdn. 1; Eisenberg, 2014, § 60 Rdn. 1 f.
[75] Siehe Diemer/Schatz/Sonnen, 2011, § 60 JGG Rdn. 8; Streng, 2012, S. 244 f.

10.1.4 Verfahren bei Bewährungsentscheidungen

10.1.4.1 Zuständigkeit

Die Strafaussetzung zur Bewährung wird im Urteil oder – bis zum Beginn des Strafvollzugs – durch Beschluss angeordnet, § 57 Abs. 1 S. 1 JGG. Daran hat sich durch die Einfügung von §§ 61 ff. JGG nichts geändert; insoweit wurde ein dritter Weg eröffnet. Hat sich allerdings das Gericht im Urteil die Entscheidung über die Strafaussetzung nach § 61 JGG einem besonderen Beschluss vorbehalten, ist § 61a JGG zu beachten. Die **beiden Möglichkeiten** eines Vorgehens gem. § 57 Abs. 1 S. 1 JGG stehen nach der Rechtsprechung gleichberechtigt nebeneinander,[76] während die Literatur betont, pflichtgemäßem Ermessen werde regelmäßig die Entscheidung bereits im Urteil entsprechen.[77] § 57 Abs. 2 JGG gestattet dabei die nachträgliche Strafaussetzung zur Bewährung selbst dann, wenn eine solche Entscheidung im Urteil oder in einem nachträglichen Beschluss, auch im Rahmen des Verfahrens i. S. d. §§ 61 ff. JGG, ausdrücklich abgelehnt wurde. Es müssen nur Umstände hinzugetreten sein, die allein oder in Verbindung mit bereits bekannten Gesichtspunkten nunmehr eine positive Prognose gestatten. Insofern kann die **Rechtskraft** des Urteils bzw. des nachträglichen Beschlusses **durchbrochen** werden, wobei der Eintritt der Rechtskraft nach dem Gesetz aber keine Voraussetzung für den Aussetzungsbeschluss bildet.[78] Die Gefahr, dass der Aussetzungsbeschluss ins Leere geht, wenn nach seinem Erlass die erste Entscheidung über die Verhängung von Jugendstrafe durch eine höhere Instanz aufgehoben wird, reicht für eine andere Beurteilung nicht aus.

813

Zuständig für den nachträglichen Beschluss ist der Richter des ersten Rechtszugs, § 57 Abs. 1 S. 2 1. Halbs. JGG, es sei denn es liegt ein Fall des § 61 JGG vor. Dann gilt § 61a Abs. 2 JGG. Die Strafaussetzung ist in der Entscheidungsformel zu vermerken, § 57 Abs. 4 JGG i. V. m. § 260 Abs. 4 S. 4 StPO, und in den Gründen näher zu erläutern. Wurde entgegen einem gestellten Antrag keine Strafaussetzung gewährt, ist auch dies in der Entscheidung zu begründen, § 57 Abs. 4 JGG i. V. m. § 267 Abs. 3 S. 4 StPO.

814

Die mit der Strafaussetzung verbundenen Bewährungsentscheidungen trifft der Richter keinesfalls im Urteil selbst, sondern durch ergänzenden **Beschluss**, § 58 Abs. 1 S. 1 JGG, der gem. § 58 Abs. 1 S. 4 JGG der Begründung bedarf und nach § 2 Abs. 2 JGG, § 35 Abs. 2 S. 1 StPO in Schriftform zuzustellen ist.[79] Zuständig ist der Richter, der die Aussetzung angeordnet hat, § 58 Abs. 3 S. 1 JGG. Das kann auch das Landgericht als Berufungsinstanz sein, sofern das erstinstanzlich tätige

815

---

[76] So BGHSt. 14, S. 74.
[77] Brunner/Dölling, 2011, § 57 Rdn. 3; Diemer/Schatz/Sonnen, 2011, § 57 JGG Rdn. 16; Eisenberg, 2014, § 57 Rdn. 6; Ostendorf, 2013, § 57 Rdn. 2; Westphal, 1995, S. 253 f.
[78] So Diemer/Schatz/Sonnen, 2011, § 57 JGG Rdn. 16; HK-JGG/Meier, 2014, § 57 Rdn. 5; a. A. Brunner/Dölling, 2011, § 57 Rdn. 9; Eisenberg, 2014, § 57 Rdn. 22.
[79] Näher KG, ZJJ 2003, S. 303; Eisenberg, 2014, § 58 Rdn. 12; a. A. Ostendorf, 2013, § 65 Rdn. 5.

Amtsgericht die Aussetzung der Jugendstrafe zur Bewährung abgelehnt hatte.[80] Die Entscheidungen können jedoch ganz oder teilweise **dem Jugendrichter übertragen** werden, in dessen Bezirk sich der Jugendliche bzw. Heranwachsende (aber nur bei Anwendung materiellen Jugendstrafrechts, § 109 Abs. 2 S. 1 JGG[81]) aufhält, § 58 Abs. 3 S. 2 JGG. Daran ändert sich nichts, wenn der Aufenthaltsort am Sitz der Jugendkammer und damit auch an dem des Jugendrichters besteht.[82] Da bei der Übertragung vom gesetzlichen Regelbild abgewichen wird, darf diese jedoch nur nach pflichtgemäßem Ermessen und mit beachtlichen Gründen erfolgen.[83] Zudem kennt die gerichtliche Instanz, die die Aussetzungsentscheidung getroffen hat, den Verurteilten und seine persönlichen Verhältnisse besser als ein mit der Sache bisher noch gar nicht befasster Jugendrichter.[84] Hat ein Erwachsenengericht verurteilt, schreibt das Gesetz die Übertragung auf den Jugendrichter allerdings zwingend vor, § 104 Abs. 5 Nr. 1 JGG. Nicht möglich ist in jedem Fall eine Abgabe an das Jugendschöffengericht.[85] Bei Zuständigkeitsstreitigkeiten entscheidet das gemeinschaftliche obere Gericht, § 58 Abs. 3 S. 3 i. V. m. § 42 Abs. 3 S. 2 JGG.

> Beim Jugendrichter verbleibt die Bewährungsüberwachung hinsichtlich einer Jugendstrafe selbst dann, wenn der Betroffene zusätzlich zu einer oder mehreren **Freiheitsstrafen** verurteilt wurde und insoweit durch Verbüßung die Strafvollstreckungskammer gem. § 462a StPO für die Bewährungsaufsicht zuständig wurde.[86] Die Zuständigkeitskonzentration des Erwachsenenrechts gilt im Jugendstrafrecht nicht.

10.1.4.2 Anhörungspflichten

816 Der Grundsatz des rechtlichen Gehörs gebietet es, vor nachträglichen Entscheidungen den Betroffenen **anzuhören**. Das gilt auch im Fall des nachträglichen Beschlusses nach § 57 Abs. 1 S. 1 JGG. § 57 Abs. 1 S. 2 2. Halbs. JGG verpflichtet den Richter insoweit ferner zur Anhörung des Staatsanwalts. Geht es um weitere Entscheidungen gem. §§ 22, 23, 24, 26 und 26a JGG, schreibt § 58 Abs. 1 S. 2 JGG daneben auch die Anhörung des Bewährungshelfers vor. Gerade dessen Stellungnahme sollte dem Richter wertvolle Einsichten über den Sinn geplanter Änderungen der Bewährungsbedingungen verschaffen. Vor der Verhängung von Ungehorsamsarrest nach § 23 Abs. 1 Nr. 4 JGG muss dem Jugendlichen sogar Gelegenheit zur **mündlichen Äußerung** eingeräumt werden, § 58 Abs. 1 S. 3 JGG. Denn es besteht

---

[80] Vgl. BGHSt. 19, S. 170; BGH, NStZ 1987, S. 87; OLG Hamm, ZJJ 2008, S. 388; OLG Jena, NStZ 2010, S. 284; aber auch Eisenberg, 2014, § 58 Rdn. 35 f.

[81] Dazu BGH, StraFo 2007, S. 87.

[82] So OLG Dresden, NStZ-RR 2005, S. 219; OLG Stuttgart, NStZ 1990, S. 358; OLG Zweibrücken, NStZ 2002, S. 499; einschränkend OLG Frankfurt, NStZ 1989, S. 199; a. A. Ostendorf, 2013, § 58 Rdn. 5.

[83] BGH, Beschluss v. 7.6.2006 – 2 ARs 202/06; OLG Dresden, NStZ-RR 2005, S. 219; OLG Frankfurt, NStZ-RR 2005, S. 60; OLG Zweibrücken, NStZ 2002, S. 498; vgl. auch BGH, NStZ 1994, S. 205; Eisenberg/Krauth, 1989, S. 200.

[84] Dazu Brunner/Dölling, 2011, § 58 Rdn. 6a.

[85] Siehe BGHSt. 19, S. 170 ff.

[86] So BGH, NStZ-RR 2007, S. 190.

die Gefahr, dass der Proband sich schriftlich nicht hinreichend über die Gründe für sein Fehlverhalten auszudrücken vermag.⁸⁷ Erzwungen werden kann die mündliche Äußerung allerdings nicht.⁸⁸

10.1.4.3 Rechtsbehelfe

Die **Anfechtung** von Bewährungsentscheidungen bestimmt sich nach § 59 JGG. Soll eine Entscheidung, durch welche die Aussetzung der Jugendstrafe zur Bewährung angeordnet oder abgelehnt wird, allein deshalb angegriffen werden, ist gegen Urteil wie Beschluss **sofortige Beschwerde** (§ 2 Abs. 2 JGG i. V. m. § 311 StPO) statthaft, § 59 Abs. 1 S. 1 JGG. Das gilt auch, sofern zusätzlich gegen die Verhängung eines Koppelungsarrests (§ 16a JGG) vorgegangen werden soll. Hat man gleichwohl Berufung oder Revision eingelegt, bleibt dieser Irrtum in der Bezeichnung des auslegungsbedürftigen Rechtsmittels folgenlos (§ 2 Abs. 2 JGG, § 300 StPO). Wurde zulässigerweise Berufung oder Revision eingelegt (etwa um die Verhängung der Jugendstrafe als solche überprüfen zu lassen), und die Strafaussetzung zur Bewährung auch in zweiter Instanz abgelehnt, greift § 55 Abs. 2 JGG in entsprechender Anwendung ein: Die sofortige Beschwerde steht nicht mehr zur Verfügung, weil § 59 Abs. 1 JGG nicht bezweckt, den Rechtsmittelzug zu erweitern.⁸⁹

817

Die **einfache Beschwerde** (§ 2 Abs. 2 JGG, § 304 StPO) ist das richtige Rechtsmittel gegen Entscheidungen über die Dauer der Bewährungszeit (§ 22 JGG) bzw. der Unterstellungszeit (§ 24 JGG), die erneute Anordnung der Unterstellung unter den Bewährungshelfer in der Bewährungszeit gem. § 24 Abs. 2 JGG sowie über Weisungen und Auflagen i. S. d. § 23 JGG, § 59 Abs. 2 S. 1 JGG.⁹⁰ Der Überprüfung durch das Beschwerdegericht unterliegen jedoch nur die nachträgliche Verlängerung der Bewährungs- oder Unterstellungszeit, die erneute Anordnung der Unterstellung unter den Bewährungshelfer sowie die Gesetzmäßigkeit einer getroffenen Anordnung, § 59 Abs. 2 S. 2 JGG. Es besteht Einigkeit, dass die Rechtsmittelbeschränkung nach § 55 Abs. 2 JGG insoweit keine Anwendung findet.⁹¹

818

> **Beispiel⁹²**
>
> Das Jugendschöffengericht verurteilte A zu einer Jugendstrafe von neun Monaten, die es zur Bewährung aussetzte. Im Bewährungsbeschluss vom selben Tag wurde A eine Geldbuße von 1.500,- EUR, zahlbar in monatlichen Raten von

---

⁸⁷ Vgl. Ostendorf, 2013, § 58 Rdn. 11; Streng, 2012, S. 246.
⁸⁸ Siehe Brunner/Dölling, 2011, § 58 Rdn. 4.
⁸⁹ So OLG Bamberg, NStZ 2012, S. 166; OLG Celle, NStZ 1993, S. 401; OLG Düsseldorf, NStZ 1994, S. 198; OLG Frankfurt, NStZ-RR 2003, S. 27; Brunner/Dölling, 2011, § 59 Rdn. 3; Diemer/Schatz/Sonnen, 2011, § 55 JGG Rdn. 93; Streng, 2012, S. 246; krit. Eisenberg, 2014, § 59 Rdn. 8; a. A. Ostendorf, 2013, § 59 Rdn. 2.
⁹⁰ Teilweise einschränkend HK-JGG/Meier, 2014, § 59 Rdn. 10.
⁹¹ Siehe OLG Celle, NStZ 1993, S. 400; OLG Düsseldorf, NStZ 1994, S. 198; Brunner/Dölling, 2011, § 59 Rdn. 9; Streng, 2012, S. 247.
⁹² Nach OLG Düsseldorf, NStZ 1994, S. 198.

150,– EUR, auferlegt. Die Berufung des A verwarf die Jugendkammer als unbegründet, wobei sie unter Verhängung einer Geldbuße von 2.500,– EUR, zahlbar in monatlichen Raten zu je 250,– EUR, zugleich den Bewährungsbeschluss abänderte. Hiergegen richtet sich die (einfache) Beschwerde des A. Diese ist zulässig, weil die Sperrwirkung des § 55 Abs. 2 JGG im Falle des § 59 Abs. 2 JGG nicht greift.

819 Bei Einlegung einer zulässigen Revision gegen das Urteil selbst sowie einer Beschwerde gegen die Bewährungsentscheidungen ordnet § 59 Abs. 5 JGG zur Verfahrensvereinfachung und Beschleunigung eine **Zuständigkeitskonzentration** an: Es entscheidet insgesamt das Revisionsgericht.

10.1.5 Widerruf der Strafaussetzung

820 § 26 JGG enthält die näheren Regelungen für den Widerruf der Strafaussetzung zur Bewährung.

10.1.5.1 Widerrufsgründe

821 § 26 Abs. 1 S. 1 JGG sieht drei Widerrufsgründe vor, die nicht kumulativ erfüllt sein müssen. Ein Widerruf kommt in folgenden Fällen in Betracht:

- Der Jugendliche **begeht** in der Bewährungszeit (zu deren Beginn: § 22 Abs. 2 S. 1 JGG) **eine Straftat** und zeigt dadurch, dass die mit der Strafaussetzung verbundene Erwartung positiver Legalbewährung sich nicht erfüllt hat, § 26 Abs. 1 S. 1 Nr. 1 JGG. Auch erneute Delinquenz vor Beginn der Bewährungszeit, nämlich in der Periode zwischen der Entscheidung über die Strafaussetzung und deren Rechtskraft, vermag den Widerruf zu rechtfertigen, § 26 Abs. 1 S. 2 JGG. Handelt es sich um frühere Taten, verweist § 26 Abs. 1 S. 3 JGG für den Fall der nachträglichen Aussetzung durch Beschluss, sei es nach Vorbehalt gem. § 61 JGG, bei Entscheidung ohne solchen nach § 57 Abs. 1 S. 1 2. Alt. JGG oder der Aussetzung eines Strafrests (§ 88 Abs. 6 S. 1 JGG),[93] auf § 57 Abs. 5 S. 2 StGB. Neue Straftaten im Zeitraum zwischen der Verurteilung und der Aussetzungsentscheidung, die vom Gericht **aus tatsächlichen Gründen** nicht berücksichtigt werden konnten, etwa infolge mangelnder Kenntnis des Gerichts von der Delinquenz, gestatten damit nicht stets, sondern nur dann den Widerruf, sofern im Falle ihrer Berücksichtigung bereits die Strafaussetzung versagt worden wäre.[94] Durften seinerzeit Taten im Hinblick auf die Unschuldsvermutung (Art. 6 Abs. 2 EMRK) nicht herangezogen werden, handelt es sich aber nicht um eine fehlende

---

[93] Vgl. BT-Drs. 17/9389, S. 14; Ostendorf, 2013, §§ 26–26a Rdn. 4a.
[94] Dazu BT-Drs. 17/9389, S. 14; Ostendorf, 2013, §§ 26–26a Rdn. 4a; krit. Eisenberg, 2014, §§ 26, 26a Rdn. 4.

10.1 Aussetzung der Jugendstrafe zur Bewährung

Berücksichtigungsmöglichkeit aus tatsächlichen, sondern aus rechtlichen Gründen, so dass die Widerrufsmöglichkeit nicht eröffnet wird.[95]

Erhält das Gericht Kenntnis von weiterer Delinquenz vor dem von § 26 Abs. 1 S. 2 und 3 JGG bestimmten Zeitraum, etwa vor dem Urteilserlass, scheidet ein Widerruf aus. Es ist dann vielmehr nach § 31 Abs. 2 S. 1 JGG die Strafe für alle Verfehlungen neu festzusetzen.

Eine neue Straftat allein reicht jedoch auch in den Fällen von § 26 Abs. 1 S. 1 Nr. 1 u. S. 2 JGG nicht aus; sie muss sich vielmehr eignen, die ursprüngliche **Prognose zu erschüttern**. Es bedarf somit einer Aktualisierung der seinerzeitigen Prognose unter Berücksichtigung der zwischenzeitlich eingetretenen Entwicklung.[96] Dabei kommt es auf die objektive und subjektive Schwere des neuerlichen Fehlverhaltens ebenso an wie auf dessen Beziehung zur früheren Delinquenz. **822**

> **Beispiele**
> A wurde wegen Wohnungseinbruchsdiebstählen zu einer zur Bewährung ausgesetzten Jugendstrafe verurteilt. Unterläuft ihm mit seinem Mofa ein Fahrfehler, der zur Verletzung des Fußgängers F führt, ist die ursprüngliche Prognose nicht erschüttert; ein Bewährungswiderruf unterbleibt. – Bringt B eine Vorverurteilung wegen unter Alkoholeinfluss verübter Körperverletzungsdelikte mit sich, zeigt eine Straffälligkeit nach § 315c Abs. 1 Nr. 1 StGB, dass die günstige Prognose nicht mehr aufrechterhalten werden kann. Ein Widerruf der Strafaussetzung ist zulässig.

Früher wurde überwiegend die Ansicht vertreten, ein Widerruf komme trotz der Geltung der **Unschuldsvermutung** auch ohne rechtskräftige Verurteilung wegen der neuen Straftat in Betracht; es genüge die Überzeugung des widerrufenden Gerichts von der Schuld des Jugendlichen.[97] Im Hinblick auf die zum allgemeinen Strafrecht (§ 56 f. StGB) ergangene Judikatur des EGMR zu Art. 6 Abs. 2 EMRK[98] kann dieser Auffassung nicht mehr gefolgt werden, da auch die Jugendstrafe eine echte Kriminalstrafe darstellt und der besondere jugendstrafrechtliche Beschleunigungsgrundsatz die Garantien der Menschenrechtskonvention nicht zu überspielen vermag.[99] Ein Widerruf vor Rechtskraft[100] der neuen Verurteilung bleibt danach nur **823**

---

[95] Wie hier Ostendorf, 2013, §§ 26–26a Rdn. 4a; a. A. BT-Drs. 17/9389, S. 14; Eisenberg, 2014, §§ 26, 26a Rdn. 4.

[96] Vgl. BGH, NStZ 2010, S. 83; Eisenberg, 2014, §§ 26, 26a Rdn. 6; Ostendorf, 2013, §§ 26–26a Rdn. 8; ferner KG, StrVert 2010, S. 311 f. (zu § 56f StGB).

[97] So etwa LG Bückeburg, NStZ 2005, S. 170; Schaffstein/Beulke, 2002, S. 179; für § 56f StGB ferner BVerfG, NStZ 1991, S. 30; NJW 1994, S. 377; a. A. (rechtskräftige neue Aburteilung vonnöten) Diemer/Schatz/Sonnen, 2011, §§ 26, 26a JGG Rdn. 7; Eisenberg, 2014, §§ 26, 26a Rdn. 5; Reisenhofer, 2012, S. 224.

[98] EGMR, StrVert 2003, S. 82 ff.; zustimmend BVerfG, NStZ 2005, S. 204.

[99] Im Ergebnis auch Neubacher, 2004, S. 402; a. A. wohl Böhm/Feuerhelm, 2004, S. 244.

[100] Anders Berliner VerfGH, NStZ-RR 2013, S. 242, der sich mit der noch nicht rechtskräftigen, erstinstanzlichen Verurteilung begnügt; ebenso BVerfG, Beschluss v. 12.8.2008 – 2 BvR 1448/08,

möglich, sofern entweder der Betroffene nach Anklageerhebung ein glaubhaftes – und nicht vor Gericht bereits widerrufenes[101] – gerichtliches **Geständnis**[102] wegen der neuen Tat abgelegt hat oder das Widerrufsgericht auch für die Aburteilung dieser Tat zuständig ist und die Beweisaufnahme in der neuen Hauptverhandlung bereits durchgeführt hat; eine „Ersatzbeweisaufnahme" durch das für den Widerruf zuständige Gericht bleibt ausgeschlossen.[103] Verboten ist dem für die Widerrufsentscheidung zuständigen Gericht damit auch eine von der rechtskräftigen Verurteilung durch das Tatgericht abweichende rechtliche Würdigung des festgestellten Sachverhalts (etwa die Bewertung des abgeurteilten Diebstahls als räuberischer Diebstahl).[104] Die im neuen Verfahren erteilte Zustimmung des Beschuldigten zu einer Opportunitätseinstellung nach § 153 Abs. 2[105] oder § 153a StPO ohne hinreichende Sachaufklärung[106] vermag die Widerrufsentscheidung ebenso wenig zu tragen wie ein Schuldeingeständnis gegenüber dem Bewährungshelfer.[107]

> **Beispiel**
>
> Die Jugendkammer hat J zu einer zur Bewährung ausgesetzten Jugendstrafe verurteilt. Nunmehr wird gegen J wegen neuer Straftaten eine Anklage zum Jugendschöffengericht erhoben. J leugnet diese ihm vorgeworfenen Taten. Gleichwohl wird er verurteilt. Dagegen legt er Berufung ein, über die noch nicht entschieden ist. Die Jugendkammer, die nach § 58 Abs. 3 S. 1 JGG für die Widerrufsentscheidung zuständig ist, darf die Strafaussetzung zur Bewährung noch nicht widerrufen, selbst wenn sie die Beweisführung des Jugendschöffengerichts für überzeugend hält, nachdem weder J ein Geständnis abgelegt noch die Beweisaufnahme in der neuen Sache vor der Jugendkammer selbst stattgefunden hat.

Rdn. 15 (zu § 56f StGB).

[101] So auch OLG Oldenburg, StrVert 2010, S. 311 (zu § 56f StGB); HK-JGG/Meier, 2014, § 26 Rdn. 5; Ostendorf, 2013a, S. 200 f. (aber nur bei Mitwirkung eines Verteidigers); a. A. OLG Düsseldorf, NJW 2004, S. 790; OLG Zweibrücken, NStZ-RR 2005, S. 8 f. (jeweils zu § 56f StGB); Krumm, 2005, S. 1834; Peglau, 2004, S. 251.

[102] Siehe Berliner VerfGH, NStZ-RR 2013, S. 242; LG Saarbrücken, ZJJ 2005, S. 450; ferner OLG Dresden, StrVert 2007, S. 639; OLG Karlsruhe, NStZ 2012, S. 702 (zum StGB); a. A. Seher, 2006, S. 157; ferner Krumm, 2005, S. 1834 für Geständnisse vor Polizei oder Staatsanwaltschaft.

[103] Grundlegend EGMR, StrVert 2003, S. 84 f.; im Anschluss daran KG, NStZ-RR 2005, S. 95; OLG Celle, StrVert 2003, S. 575; OLG Hamm, StrVert 2004, S. 83 f.; OLG Jena, StrVert 2003, S. 574; OLG Köln, NStZ 2004, S. 685 f.; StrVert 2012, S. 737; OLG Nürnberg, NJW 2004, S. 2032; OLG Stuttgart, NJW 2005, S. 84 (jeweils zu § 56f StGB); ferner zum Ganzen Diehm, 2006, S. 479 ff.; Fischer Th., 2014, § 56f Rdn. 4 ff.; LK-StGB/Hubrach, 2008, § 56f Rdn. 6 ff.; Lackner/Kühl, 2014, § 56f Rdn. 3; Ostendorf, 2013, §§ 26–26a Rdn. 7; Pauly, 2003, S. 86.

[104] Wie hier Krumm, 2005, S. 1833; a. A. KG, NStZ-RR 2005, S. 95.

[105] Dazu AG Lüdinghausen, NJW 2005, S. 85 (zu § 56f StGB).

[106] Vgl. BVerfG, StrVert 1996, S. 163 zu § 56f StGB; siehe auch Krumm, 2005, S. 1834 f.; Seher, 2006, S. 157.

[107] Siehe OLG Schleswig, NStZ 2004, S. 628 zu § 56f StGB.

10.1 Aussetzung der Jugendstrafe zur Bewährung

- Es kommt zu gröblichen oder beharrlichen **Verstößen gegen** (rechtmäßige, also auch hinreichend bestimmte[108]) **Weisungen** oder der Verurteilte entzieht sich beharrlich der Aufsicht und Leitung des Bewährungshelfers und durch eine dieser Verhaltensweisen besteht Anlass zur Besorgnis erneuter Straffälligkeit, § 26 Abs. 1 S. 1 Nr. 2 JGG. Gröblich sind schwerwiegende Verfehlungen, während ein beharrlicher Verstoß nur wiederholt-nachdrückliche Verhaltensweisen erfasst. Zudem muss der Verstoß dem Jugendlichen subjektiv vorgeworfen werden können.[109] Insoweit wird der Nachweis erleichtert, wenn der Jugendrichter den Probanden vor dem Widerruf auf sein Fehlverhalten hinweist.[110] Der Aufsicht und Leitung des Bewährungshelfers entzieht sich derjenige Verurteilte, der die Kontaktaufnahme seitens des Bewährungshelfers zu vereiteln sucht, etwa durch einen Umzug ohne Information der Bewährungshilfe. Hinzutreten muss stets die **Besorgnis erneuter Straffälligkeit**. Diese setzt eine hinreichend konkrete, auf Verdachtstatsachen beruhende Negativprognose voraus.[111]

824

- Der Verurteilte **verstößt** gröblich oder beharrlich **gegen Bewährungsauflagen**, § 26 Abs. 1 S. 1 Nr. 3 JGG. Insoweit bedarf es wegen der sühnenden Funktion der Auflagen keiner Negativprognose im Hinblick auf die Legalbewährung des Delinquenten.[112]

825

10.1.5.2 Subsidiarität des Widerrufs

Nach § 26 Abs. 2 JGG sieht der Richter vom Widerruf der Strafaussetzung zur Bewährung ab, wenn auf andere Weise auf das Fehlverhalten des Jugendlichen reagiert und dieser durch **mildere Mittel** in Richtung zukünftiger Normtreue stabilisiert werden kann. Das gilt auch für ein Vorgehen nach § 26 Abs. 1 S. 3 JGG; selbst wenn in Kenntnis der Straftaten ursprünglich keine Bewährung zugesprochen worden wäre, bleiben vor dem Widerruf die alternativen Reaktionsmöglichkeiten zu prüfen.[113] In Betracht kommen insoweit

826

- die Erteilung weiterer Weisungen oder Auflagen (§ 26 Abs. 2 Nr. 1 i. V. m. § 23 Abs. 1 JGG),
- die – allerdings nicht durch Unterlassen von Erlass- oder Widerrufsentscheidungen stillschweigend mögliche[114] – Verlängerung der Bewährungs- oder der

---

[108] Dazu LG Saarbrücken, ZJJ 2005, S. 450; Möller O., 2005, S. 451.
[109] Vgl. Diemer/Schatz/Sonnen, 2011, §§ 26, 26a JGG Rdn. 11; Meier/Rössner/Schöch, 2013, S. 256 f.
[110] Vgl. Diemer/Schatz/Sonnen, 2011, §§ 26, 26a JGG Rdn. 11; Ostendorf, 2013, §§ 26–26a Rdn. 9; Reisenhofer, 2012, S. 225.
[111] Dazu LG Bückeburg, NStZ 2005, S. 171; Albrecht P.-A., 2000, S. 270; Eisenberg, 2014, §§ 26, 26a Rdn. 8; a. A. Schoene, 2000, S. 713.
[112] Vgl. Brunner/Dölling, 2011, § 26a Rdn. 5; HK-JGG/Meier, 2014, § 26 Rdn. 9; Streng, 2012, S. 248; krit. Eisenberg, 2014, §§ 26, 26a Rdn. 9; a. A. Ostendorf, 2013, §§ 26–26a Rdn. 10.
[113] Siehe BT-Drs. 17/9839, S. 14; Ostendorf, 2013, §§ 26–26a Rdn. 4a.
[114] Siehe BVerfG, StrVert 2010, S. 312; OLG Oldenburg, StrVert 2010, S. 312 (jeweils zu § 56f StGB).

Unterstellungszeit bis zu einem Höchstmaß von vier Jahren (§ 26 Abs. 2 Nr. 2 i. V. m. §§ 22 Abs. 2 S. 2 2. Alt., 24 Abs. 2 JGG) sowie
- die erneute Unterstellung unter einen Bewährungshelfer vor Ablauf der Bewährungszeit, auch unter deren Verlängerung (§ 26 Abs. 2 Nr. 3 i. V. m. §§ 24 Abs. 2 S. 1 2. Halbs., 22 Abs. 2 S. 2 2. Alt. JGG).

827 Die Verlängerungsmöglichkeit gemäß § 26 Abs. 2 Nr. 2 JGG soll nach der in der Literatur vorherrschenden Auffassung auch noch **nach Ablauf der ursprünglichen Bewährungszeit** bestehen.[115] Das erscheint zwar logisch-sprachlich fern liegend, denn eine bereits abgelaufene Zeit kann nicht verlängert werden. Gleichwohl verdient diese Ansicht Zustimmung: § 26 Abs. 2 JGG will den Widerruf der Strafaussetzung vermeiden und dieser bleibt auch noch nach Ablauf der Bewährungszeit möglich.[116] Zudem ergibt sich das Ergebnis aus einem Vergleich mit § 26 Abs. 2 Nr. 3 JGG, wo – anders als hier – ausdrücklich auf die noch laufende Bewährungszeit abgehoben wird.

828 Nicht ausdrücklich aufgeführt in § 26 Abs. 2 JGG ist die Möglichkeit, den Bewährungswiderruf durch **Verhängung eines Ungehorsamsarrests** zu vermeiden. Im Schrifttum wird deshalb teilweise vorgetragen, § 26 Abs. 2 JGG lasse es als abschließende Regelung nicht zu, bei Weisungs- oder Auflagenverstößen mit Jugendarrest statt eines Bewährungswiderrufs zu reagieren, und es sei widersprüchlich, bei einem Probanden, der sich in Freiheit bewähren sollte, zu einer stationären Maßnahme zu greifen.[117] Das überzeugt jedoch nicht. Bereits der Verhältnismäßigkeitsgrundsatz gebietet den kürzeren Arrest gegenüber dem längeren Vollzug der Freiheitsstrafe. Da der Ungehorsamsarrest ein Zwangsmittel darstellt,[118] läuft seine Verhängung nicht dem Grundsatz der Einspurigkeit freiheitsentziehender Maßregeln zuwider, zumal er nicht im Urteil angeordnet wurde. Zudem hat der Gesetzgeber durch die Verweisung auf § 11 Abs. 3 JGG in § 23 Abs. 1 S. 4 JGG klargestellt, dass Jugendarrest als Ungehorsamsarrest auch nach Verhängung einer zur Bewährung ausgesetzten Jugendstrafe möglich ist.[119]

10.1.5.3 Verfahren und weitere Regelungen

829 Der Widerruf der Strafaussetzung sowie die damit zusammenhängenden Entscheidungen erfolgen durch zu begründenden **Beschluss**, § 58 Abs. 1 S. 1 und 4 JGG. Die Zuständigkeit liegt prinzipiell bei dem Gericht, das die Strafaussetzung gewährt hatte, § 58 Abs. 3 S. 1 JGG. Dieses entscheidet außerhalb der Hauptverhandlung, so

---

[115] So Brunner/Dölling, 2011, § 26a Rdn. 7; Diemer/Schatz/Sonnen, 2011, §§ 26, 26a JGG Rdn. 16; Eisenberg, 2014, §§ 26, 26a Rdn. 11a; Ostendorf, 2013, §§ 26–26a Rdn. 14; ferner zu § 56f Abs. 2 . 1 Nr. 2 StGB OLG Jena, StrVert 2010, S. 311; Fischer Th., 2014, § 56f Rdn. 16 m. w. N.
[116] Dazu Kap. 10.1.5.3.
[117] Vgl. Eisenberg, 2014, §§ 26, 26a Rdn. 14; krit. ferner Diemer/Schatz/Sonnen, 2011, §§ 26, 26a JGG Rdn. 14.
[118] Siehe Kap. 7.4.5.1.
[119] Wie hier Böhm/Feuerhelm, 2004, S. 245; Brunner/Dölling, 2011, § 26a Rdn. 8; Laubenthal, 2013, S. 159 ff.; HK-JGG/Meier, 2014, § 26 Rdn. 13; Ostendorf, 2013, §§ 26–26a Rdn. 16; Reisenhofer, 2012, S. 226; Schaffstein/Beulke, 2002, S. 177 f.; Streng, 2012, S. 248 f.; Zieger, 2013, S. 79.

10.1 Aussetzung der Jugendstrafe zur Bewährung

dass Jugendschöffen nicht mitwirken, §§ 33a Abs. 2, 33b Abs. 7 JGG. Der Widerrufsbeschluss braucht **nicht innerhalb der Bewährungsfrist** zu ergehen, da der Jugendliche das für den Bewährungswiderruf relevante Fehlverhalten auch kurz vor Ablauf der Bewährungszeit zeigen kann. Zudem müssen die Anhörungspflichten nach § 58 Abs. 1 S. 2 und 3 JGG Beachtung finden.

> Die **mündliche Anhörung** des Verurteilten kann nicht durch die Einräumung einer Frist zur schriftlichen Äußerung ersetzt werden.[120] Teilweise wird in Abkehr von allgemein anerkannten Grundsätzen vertreten, das Beschwerdegericht dürfe in Umsetzung des jugendrechtlichen Beschleunigungsgrundsatzes die Anhörung eines jugendlichen oder heranwachsenden, also noch nicht mindestens 21 Jahre alten Betroffenen nachholen.[121]

Prinzipiell darf **bis zum Erlass der Jugendstrafe** gem. § 26a JGG widerrufen werden. Im Hinblick auf den jugendstrafrechtlichen Beschleunigungsgrundsatz sowie einen eventuell eingetretenen Vertrauensschutz erscheint allerdings eine engere zeitliche Begrenzung geboten. Eine Frist von 30 Tagen[122] ist im Hinblick auf die erwähnten Aspekte zu kurz, während ein Widerruf nach Ablauf von mehr als einem Jahr sich verbietet. Eine solch klare Linie lässt sich der Judikatur allerdings nicht entnehmen.[123]

830

Gegen den Widerruf der Aussetzung der Jugendstrafe kann das Rechtsmittel der **sofortigen Beschwerde** eingelegt werden, § 59 Abs. 3 JGG. § 59 Abs. 3 JGG sperrt als Sonderregelung i. S. d. § 2 Abs. 2 JGG die Anwendbarkeit von § 453 Abs. 2 bzw. § 304 StPO, so dass die Staatsanwaltschaft die Ablehnung ihres Antrags, die Aussetzung der Jugendstrafe zu widerrufen, nicht anfechten kann. Für dieses Ergebnis spricht auch eine Analogie zu den nicht angreifbaren Entscheidungen über den Straferlass gem. § 26a JGG (§ 59 Abs. 3 JGG) sowie im Zusammenhang mit § 27 JGG (§ 63 Abs. 1 JGG).[124]

831

> Bis zur Rechtskraft des Widerrufsbeschlusses dürfen **vorläufige Maßnahmen** ergriffen werden, mit deren Hilfe sich das Gericht der Person des Verurteilten versichert, § 58 Abs. 2 JGG i. V. m. § 453c StPO. Nur als Ultima Ratio ist an den Erlass eines Haftbefehls zu

832

---

[120] Vgl. LG Heidelberg, StrVert 2008, S. 119.
[121] So OLG Hamm, ZJJ 2008, S. 387; dagegen zu Recht LG Zweibrücken, ZJJ 2012, S. 209; Eisenberg, 2014, § 58 Rdn. 7; HK-JGG/Meier, 2014, § 58 Rdn. 7.
[122] Dafür Ostendorf, 2013, §§ 26–26a Rdn. 3; vgl. auch Diemer/Schatz/Sonnen, 2011, §§ 26, 26a JGG Rdn. 4.
[123] Übersicht über die uneinheitliche, überwiegend ältere Rechtsprechung bei Eisenberg, 2014, §§ 26, 26a Rdn. 19 ff.; Ostendorf, 2013, §§ 26–26a Rdn. 2; siehe auch LG München I, StrVert 2002, S. 434: zehn Monate; Brunner/Dölling, 2011, § 26a Rdn. 1.
[124] So KG, JR 1998, S. 389; LG Magdeburg, ZJJ 2013, S. 213; LG Potsdam, NStZ-RR 1996, S. 285; KK/Appl, 2013, § 453 Rdn. 5; Brunner/Dölling, 2011, § 59 Rdn. 5; Diemer/Schatz/Sonnen, 2011, § 59 JGG Rdn. 25; Eisenberg, 2014, § 59 Rdn. 27a; Ostendorf, 2013, § 59 Rdn. 15; Schaffstein/Beulke, 2002, S. 279; Sieveking/Eisenberg, 1996, S. 251 f.; Streng, 2012, S. 249; anders LG Bückeburg, NStZ 2005, S. 169 f.; LG Hamburg, NStZ 1996, S. 250; LG Osnabrück, NStZ 1991, S. 533; Brunner, 1991, S. 535; Heinrich, 2006, S. 418 ff.; HK-JGG/Meier, 2014, § 59 Rdn. 14.

denken; in erster Linie sollte zur Statuierung einer Meldepflicht oder zu anderen nicht-stationären Überwachungsmaßnahmen gegriffen werden.[125]

833 Im Falle des Bewährungswiderrufs werden **Leistungen**, die der Proband zur Erfüllung von Weisungen, Auflagen, Zusagen oder Anerbieten gem. § 23 JGG erbracht hat, **nicht erstattet**, § 26 Abs. 3 S. 1 JGG. Leistungen, die der Jugendliche zur Erfüllung von Auflagen oder entsprechenden Anerbieten gemacht hat, kann der Richter jedoch auf die Jugendstrafe **anrechnen**, § 26 Abs. 3 S. 2 JGG. Bei Geldbußen[126] und Ungehorsamsarrest, in Ansehung dessen die Norm analog angewendet wird, entspricht wegen des Verbots der Doppelbestrafung (Art. 103 Abs. 3 GG) nur die Anrechnung einer pflichtgemäßen Ermessensausübung.[127] Zwingend vorgeschrieben ist die Anrechnung von **Koppelungsarrest** gem. § 16a JGG im verbüßten Umfang, § 26 Abs. 3 S. 3 JGG, um Bedenken im Hinblick auf das Verbot der Doppelbestrafung oder eine Überschreitung des Schuldmaßes auszuräumen.[128] Für eine Anrechnung von Weisungsleistungen fehlt es jedoch an einer Rechtsgrundlage.[129]

10.1.6 Erlass der Jugendstrafe

834 Widerruft der Richter die Strafaussetzung zur Bewährung nicht, so erlässt er die Jugendstrafe nach Ablauf der Bewährungszeit, § 26a S. 1 JGG. Durch die Formulierung des Gesetzes ist klargestellt, dass es einer **zusätzlichen Überprüfung** des von dem Verurteilten gezeigten Verhaltens **nicht bedarf**. Leistungen, welche der Jugendliche zur Erfüllung von Weisungen, Auflagen, Zusagen oder Anerbieten i. S. d. § 23 JGG erbracht hat, werden nicht erstattet, §§ 26a S. 2, 26 Abs. 3 S. 1 JGG. Der Beschluss über den Straferlass ist nicht anfechtbar, § 59 Abs. 4 JGG. Das Gericht kann ihn auch nicht – wie dies im Erwachsenenrecht § 56 g Abs. 2 StGB gestattet – widerrufen.[130]

> Mit dem Erlass erklärt der Richter zugleich – unter der registerrechtlichen Folge des § 32 Abs. 2 Nr. 4 BZRG – den **Strafmakel** als **beseitigt**, sofern es sich nicht um eine Verurteilung wegen der Sexualstraftaten der §§ 174–180 oder 182 StGB handelt, § 100 JGG. Hierdurch sollen stigmatisierende Fernwirkungen der zur Bewährung ausgesetzten Jugendstrafe so weit als möglich vermieden werden.

---

[125] Ausführlich zur Problematik Diemer/Schatz/Sonnen, 2011, § 58 JGG Rdn. 28 ff.; Eisenberg, 2014, § 58 Rdn. 13 ff.; Ostendorf, 2013, § 58 Rdn. 14 ff.
[126] So Diemer/Schatz/Sonnen, 2011, §§ 26, 26a JGG Rdn. 19; Ostendorf, 2013, §§ 26–26a Rdn. 18; vgl. auch Streng, 2012, S. 249.
[127] Vgl. Diemer/Schatz/Sonnen, 2011, §§ 26, 26a JGG Rdn. 20; Eisenberg, 2014, §§ 26, 26a Rdn. 25; Ostendorf, 2013, §§ 26–26a Rdn. 18, allerdings unter entsprechender Anwendung von § 52a JGG; anders Brunner/Dölling, 2011, § 26a Rdn. 12.
[128] BT-Drs. 17/9389, S. 14.
[129] Für Therapiezeiten vgl. LG Offenburg, NStZ-RR 2004, S. 58 f.; a. A. Ostendorf, 2013, §§ 26–26a Rdn. 18; Reisenhofer, 2012, S. 226.
[130] Siehe BGH, StrVert 1992, S. 432; OLG Stuttgart, StrVert 1996, S. 272; Eisenberg, 2014, §§ 26, 26a Rdn. 31.

10.2 Vorbewährung

10.2.1 Wesen und Inhalt der Vorbewährung

Das Institut der „Vorbewährung"[131] war bis zum Inkrafttreten des Gesetzes zur Erweiterung der jugendgerichtlichen Handlungsmöglichkeiten nicht ausdrücklich geregelt. Die Praxis hatte es aus einer Abweichung gegenüber dem allgemeinen Strafrecht (§ 56 StGB) hergeleitet: Die Aussetzung der Jugendstrafe zur Bewährung (§ 21 JGG) muss der Richter nicht unbedingt im Urteil aussprechen, sondern sie kann auch noch **nachträglich durch Beschluss** angeordnet werden, wie sich aus dem im Wesentlichen beibehaltenen § 57 Abs. 1 und 2 JGG ergibt. Es ergeht zunächst nur ein Urteil, das auf (unbedingte) Jugendstrafe lautet; die Bewährungsentscheidung stellt der Richter zurück. Auf diese Weise sollte bei Zweifeln über die Bewährungseignung vermieden werden, den Jugendlichen sogleich in den Jugendstrafvollzug zu schicken, und der Betroffene stattdessen die Möglichkeit erhalten, sich für die festgesetzte Zeit in Freiheit tadellos zu führen und so die **Bewährung zu erarbeiten**. So vermochte die Möglichkeit der Vorbewährung durchaus dazu beizutragen, den Grundsatz des Nachrangs der zu vollstreckenden Jugendstrafe zu gewährleisten und einen schädlichen sowie stigmatisierenden Jugendstrafvollzug zu vermeiden.

835

> In der **Praxis** hat das Verfahren vorwiegend dann Anwendung gefunden, wenn Jugendstrafen im Bereich des § 21 Abs. 2 JGG gegen Wiederholungstäter bzw. Betäubungsmitteldelinquenten verhängt wurden und bei letzteren zusätzlich eine Weisung zur Absolvierung einer Entziehungskur (§ 10 Abs. 2 S. 1 JGG) erteilt wurde, der erforderliche Therapieplatz aber noch nicht zur Verfügung stand.[132]

Im Hinblick auf Bedenken von Teilen der Rechtslehre[133] und offene Detailfragen, insbesondere bezüglich der Dauer der Vorbewährungszeit, hat der Gesetzgeber mit **§§ 61 bis 61b JGG** nunmehr eine ausdrückliche gesetzliche Regelung getroffen, wobei das Institut nicht „Vorbewährung" genannt wird.

10.2.2 Voraussetzungen und Durchführung des Vorbehalts (§ 61 JGG)

§ 61 JGG spricht vom Vorbehalt der nachträglichen Entscheidung über die Aussetzung. Ein solcher Vorbehalt darf im Urteil in **zwei alternativen Fällen** ausge-

836

---

[131] Dazu ausführlich Flümann, 1983; Sommerfeld S., 2007; Werner-Eschenbach, 2005, S. 21 ff.; Westphal, 1995, S. 260 ff.; siehe auch BT-Drs. 17/9839, S. 8 f.; HK-JGG/Meier, 2014, § 61 Rdn. 2 f.

[132] Siehe Sommerfeld S., 2007, S. 98, 197; vgl. auch Diemer/Schatz/Sonnen, 2011, § 57 JGG Rdn. 10.

[133] Etwa Flümann, 1983, S. 36, 78, 277; Kruse, 1993, S. 223 ff.; Ostendorf, 2006a, S. 524; Radtke, 2009, S. 445; Schaffstein/Beulke, 2002, S. 180 f.; Sommerfeld S., 2007, S. 44, 199 ff.; Walter/Pieplow, 1988, S. 168; Werner-Eschenbach, 2005, S. 40 ff.; Westphal, 1995, S. 282 f.; generell ablehnend Albrecht P.-A., 2000, S. 272.

sprochen werden; das Gericht hat Ermessen. Beide Konstellationen haben gemein, dass in der Hauptverhandlung eine abschließende Entscheidung über die Strafaussetzung zur Bewährung noch nicht möglich erscheint.

10.2.2.1 Anwendungsvoraussetzungen

837 § 61 Abs. 1 JGG betrifft den Fall, dass sämtliche relevanten **Aspekte ermittelt** sind, eine abschließende Beurteilung aber noch nicht gestatten. Die Norm nennt als Voraussetzungen:

- Nach Erschöpfung aller Ermittlungsmöglichkeiten lässt sich die Erwartung zukünftiger Straffreiheit (§ 21 Abs. 1 S. 1 JGG) zum Entscheidungszeitpunkt noch nicht begründen (Nr. 1) und
- wegen der Ansätze in der Lebensführung des jungen Menschen oder sonstiger bestimmter Umstände besteht die Aussicht, dass die Erwartung künftiger Straffreiheit nach grundsätzlich spätestens sechs Monaten (§ 61a Abs. 1 S. 1 JGG) mit der erforderlichen Sicherheit zu bejahen sein wird (Nr. 2).

838 § 61 Abs. 2 JGG betrifft demgegenüber Fallgestaltungen, in denen sich in der Hauptverhandlung **weiterer Ermittlungsbedarf** zeigt, mithin also noch nicht alle entscheidungserheblichen Aspekte aufgeklärt sind. Insoweit ist aber zu beachten, dass durch die Norm nicht die Anforderungen an die gebotene Sorgfalt bei der Ausgestaltung des Vorverfahrens herabgesetzt werden sollen. Im Einzelnen müssen folgende Voraussetzungen erfüllt sein:

- Ansätze in der Lebensführung oder sonstige konkrete Umstände, die entweder allein oder zusammen mit bereits bekannten Gesichtspunkten zukünftige Straffreiheit erwarten lassen, sind in der Hauptverhandlung erkennbar geworden (Nr. 1),
- diese Aspekte bedürfen aber noch genauerer Feststellungen (Nr. 2) und
- die zu Ermittlungszwecken mögliche Unterbrechung oder Aussetzung der Hauptverhandlung (§ 2 Abs. 2 JGG i. V. m. §§ 228 f. StPO) würde zu erzieherisch nachteiligen oder unverhältnismäßigen Verzögerungen führen (Nr. 3). An ersteres ist etwa zu denken, wenn es geboten erscheint, alsbald durch Weisungen oder einen Bewährungshelfer stabilisierend auf den Angeklagten einzuwirken. Das ist gem. § 61b Abs. 1 JGG ab Rechtskraft des Vorbehaltsurteils möglich, nicht aber dann, wenn die Hauptverhandlung ausgesetzt und erst nach geraumer Zeit neu durchgeführt würde.

Beispiel

Erst in der Hauptverhandlung teilt der Angeklagte mit, dass er eine Ausbildungsstelle in Aussicht hat und eine strafrechtlich unauffällige junge Dame heiraten möchte. Begründet diese Entwicklung nach Meinung des Gerichts die Erwartung zukünftiger Straffreiheit, müssen die Behauptungen aber noch überprüft werden und ist dies nicht kurzfristig möglich, erscheinen gleichwohl jedoch flankierende Maßnahmen etwa durch die Erteilung von Weisungen unabdingbar, kann das Gericht nach § 61 Abs. 2 JGG vorgehen.

10.2.2.2 Inhalt der Vorbehaltsentscheidung und Rechtsmittel

Im Urteil wird Jugendstrafe verhängt. Der Vorbehalt der nachträglichen Bewährungsentscheidung ist in der Urteilsformel auszusprechen (§ 61 Abs. 3 S. 2 JGG), die für die Entscheidung des Gerichts bestimmenden Umstände müssen in der Begründung angeführt werden (§ 61 Abs. 3 S. 3 JGG). Wird statt der gesetzlich vorgesehenen Höchstfrist von sechs Monaten für die Folgentscheidung ein kürzerer Zeitraum festgelegt, muss auch dies mit dem Urteil erfolgen (§ 61a Abs. 1 S. 2 JGG).

839

Die Verhängung eines Koppelungsarrests im Urteil ist möglich (§ 61 Abs. 3 S. 1 JGG i. V. m. § 16a JGG). Darüber hinaus kommen **weitere Anordnungen** in Betracht. Diese trifft der erkennende Richter (§§ 61b Abs. 1 S. 6, 58 Abs. 3 S. 1 JGG) in einem ergänzenden Beschluss (§§ 61b Abs. 1 S. 6, 58 Abs. 1 S. 1 JGG). Für die Zeit zwischen Eintritt der Urteilsrechtskraft und Ablauf der Vorbehaltsfrist dürfen Weisungen und Auflagen erteilt werden; §§ 10, 15 Abs. 1 u. 2, 23 Abs. 1 S. 1 bis 3, Abs. 2 JGG gelten entsprechend (§ 61b Abs. 1 S. 1 JGG). Auf § 23 Abs. 1 S. 4 JGG wird nicht verwiesen, weil Ungehorsamsarrest bei Nichtbefolgung der Weisungen oder Auflagen im Hinblick auf die drohende Nichtaussetzung der Strafe unangemessen wäre.[134] Grundsätzlich ist der Jugendliche der Aufsicht und Betreuung eines Bewährungshelfers zu unterstellen, es sei denn die Jugendgerichtshilfe vermag Betreuung und Überwachung zu gewährleisten (§ 61b Abs. 1 S. 2 JGG). Für die Bewährungshilfe gelten §§ 24, 25 JGG (§ 61b Abs. 1 S. 3 JGG). Sie arbeitet eng mit der Jugendgerichtshilfe zusammen (§ 61b Abs. 1 S. 4 JGG), wobei das Gesetz mit § 61b Abs. 1 S. 5 JGG eine bereichsspezifische Regelung über den Datenaustausch enthält. Sowohl über die Bedeutung des Vorbehaltsurteils wie die sich hieraus für sein Verhalten ergebenden Konsequenzen (§ 61b Abs. 1 S. 4 JGG) als auch über die flankierenden Anordnungen (§§ 61b Abs. 1 S. 7, 60 JGG) ist der junge Rechtsbrecher in ihm verständlicher Weise zu **belehren**.

Das Urteil, in dem die Strafe vorerst nicht zur Bewährung ausgesetzt wurde, kann allein deshalb, auch im Hinblick auf die Anordnung eines Koppelungsarrests, mit der sofortigen Beschwerde **angefochten** werden (§ 59 Abs. 1 S. 2 JGG). Will die Staatsanwaltschaft erreichen, dass das Urteil vollstreckt wird, ist sie mithin mit der Einräumung der Vorbewährungsfrist nicht einverstanden, so steht ihr dieses Rechtsmittel im Hinblick auf den Regelungsumfang des § 59 Abs. 1 JGG aber nicht zu.[135] Sollen darüber hinaus der Schuldspruch oder die Verhängung der Jugendstrafe angegriffen werden, bleibt es bei der Statthaftigkeit von Berufung bzw. Revision nach allgemeinen Grundsätzen.[136]

840

---

[134] BT-Drs. 17/9839, S. 17 f.
[135] Im Ergebnis wie hier Eisenberg, 2014, § 59 Rdn. 6; differenzierend HK-JGG/Meier, 2014, § 59 Rdn. 4; a. A. (vor Einfügung der §§ 61 ff. JGG) OLG München, NStZ-RR 2005, S. 153; Walter/Pieplow, 1988, S. 170.
[136] Dazu Kap. 5.7.

10.2.3 Weiteres Verfahren

10.2.3.1 Dauer der Vorbewährungszeit und Folgeentscheidung

841 Besondere Bedeutung kommt der Dauer der Vorbewährungszeit zu. Diese darf schon aus rechtsstaatlichen Gründen nicht zu üppig bemessen werden, um die Ungewissheit für den Verurteilten nicht zu groß werden zu lassen. Das Gesetz zieht hier prinzipiell eine Grenze von **sechs Monaten** seit Urteilsrechtskraft (§ 61a Abs. 1 S. 1 JGG), wobei die Festsetzung einer kürzeren Frist möglich bleibt (§ 61a Abs. 1 S. 2 JGG). Aus besonderen Gründen und mit Einverständnis des Verurteilten kann die Frist durch späteren Beschluss auf maximal neun Monate verlängert werden (§ 61a Abs. 1 S. 3 JGG). Des Einverständnisses der Staatsanwaltschaft bedarf es nicht. Bis zum Fristende besteht prinzipiell ein Vollstreckungshindernis, § 89 JGG.

842 Spätestens nach Ablauf der Frist muss die vorbehaltene Entscheidung getroffen werden. Die Jugendstrafe wird zur Bewährung ausgesetzt oder das Gericht lehnt die Aussetzung zur Bewährung ab. Wird die Jugendstrafe nach Ablauf der Vorbewährungszeit zur Bewährung ausgesetzt, wird bei der **Bemessung der Bewährungszeit** i. S. d. § 22 JGG die Zeit vom Eintritt der Rechtskraft des Vorbehaltsurteils bis zum Eintritt der Rechtskraft der Aussetzungsentscheidung angerechnet (§ 61b Abs. 3 JGG). Der Betroffene soll nicht über Gebühr belastet und eine Überschreitung der gem. § 22 Abs. 1 JGG zulässigen Dauer vermieden werden.[137] Die Aussetzungsentscheidung darf schon nach dem Wortlaut des § 8 Abs. 2 S. 2 JGG nicht mit der Verhängung eines Jugendarrests gem. § 16a JGG kombiniert werden.[138]

843 Wird die Aussetzung der Jugendstrafe zur **Bewährung abgelehnt**, gilt § 61b Abs. 4 JGG. Nach S. 1 der Vorschrift steht die Anrechnung von Leistungen zur Erfüllung von Weisungen, Auflagen, Zusagen oder Anerbieten auf die Jugendstrafe im Ermessen des Gerichts. Würden die Rechtsfolgen der Tat aber ohne Anrechnung das Maß der Schuld überschreiten, ist die Anrechnung zwingend (§ 61b Abs. 4 S. 2 JGG). Stets anzurechnen ist verbüßter Koppelungsarrest (§§ 61b Abs. 4 S. 3, 26 Abs. 3 S. 3 JGG).

> Unterbleibt etwa durch ein gerichtliches Versehen die rechtzeitige Nachtragsentscheidung, hat der Gesetzgeber hierfür keine besondere Regelung getroffen. Er geht davon aus, die Staatsanwaltschaft werde die Entscheidung dann beantragen. Zudem besteht das Vollstreckungshindernis gem. § 89 JGG nicht mehr.[139]

10.2.3.2 Verfahrensfragen und Rechtsmittel

844 Zuständig für die vorbehaltene Entscheidung über die Aussetzung der Jugendstrafe ist das Gericht der letzten Tatsacheninstanz (§ 61a Abs. 2 JGG). Das kann auch das Berufungsgericht sein.[140] Entschieden wird durch Beschluss (vgl. § 61 Abs. 1 JGG). Gegen diesen **Beschluss**, durch den entweder die Aussetzung angeordnet

---

[137] Vgl. BT-Drs. 17/9389, S. 18; Ostendorf, 2013, § 61b Rdn. 5.
[138] BT-Drs. 17/9839, S. 16; Eisenberg, 2014, §§ 61, 61a Rdn. 7.
[139] Siehe BT-Drs. 17/9839, S. 17; dazu auch Eisenberg, 2014, §§ 61, 61a Rdn. 13.
[140] BT-Drs. 17/9839, S. 17.

oder abgelehnt wird, steht nach § 59 Abs. 1 S. 1 JGG die sofortige Beschwerde zur Verfügung.

> Zeigt sich bereits **vor Ablauf der** gem. § 61a Abs. 1 JGG bestimmten **Frist**, dass eine Aussetzung der Jugendstrafe zur Bewährung nicht in Betracht kommt, gilt § 61b Abs. 2 JGG. Der Richter, der die Aussetzung angeordnet hat (§ 58 Abs. 3 S. 1 JGG), trifft vorläufige Maßnahmen i. S. d. § 453c StPO, um sich des Verurteilten zur Durchführung der Strafvollstreckung zu versichern (§ 58 Abs. 2 JGG).

Der **Widerruf** der gewährten Strafaussetzung richtet sich schließlich nach § 26 JGG. Erfährt das Gericht während der Bewährungszeit von einer **in der Vorbewährungsperiode begangenen strafbaren Handlung**, kommt ein Widerruf unter den Voraussetzungen von § 26 Abs. 1 S. 3 JGG i. V. m. § 57 Abs. 5 S. 2 StGB in Betracht,[141] also nur wenn bereits bei rechtzeitiger Kenntnis die Strafe durch nachträglichen Beschluss nicht ausgesetzt worden wäre.

845

10.3 Strafaussetzung zur Bewährung und Rückfälligkeit

Strafaussetzung zur Bewährung bildet keine Garantie dafür, dass es nicht zu erneuter Delinquenz kommt. Stattdessen hat sich nicht selten rückblickend die **Prognose** zukünftiger straffreier Lebensführung der Probanden **nicht bewahrheitet**. Die letzten verfügbaren Zahlen für das Jahr 2011 (bezogen auf die alten Bundesländer einschließlich Gesamt-Berlin mit Daten von 2007, aber ohne Hamburg) besagen, dass etwa drei Viertel (76,4%) aller Unterstellungen unter Bewährung ohne Widerruf endeten. In lediglich 8,7% aller abgeschlossenen Fälle erfolgte ein Widerruf nur oder auch wegen einer neuen Straftat.[142] Insoweit spielt jedoch die maximale Dauer der Bewährungszeit von grundsätzlich drei Jahren (§ 22 Abs. 1 S. 2 JGG) eine Rolle, ferner die vom Gesetz eröffnete Möglichkeit, bei weniger gravierender oder einmaliger Rückfälligkeit sowie bei Weisungs- und Auflagenverstößen von einem Bewährungswiderruf abzusehen. Immerhin hat die Erfolgsquote sich über die letzten Jahrzehnte hinweg nicht unerheblich verbessert.[143]

846

Verfolgt man die Entwicklung der Probanden über einen **längeren Zeitraum** von fünf Jahren, so sind etwa 70 bis 80% von ihnen erneut in der Form auffällig geworden, dass sie mindestens einen neuen Eintrag im Strafregister erhalten haben. Insoweit wird allerdings nicht nach der Art der neuen Tat(en) und der Schwere ihrer Sanktionierung differenziert. Eine Studie über die im Jahr 1994 Verurteilten kommt zu folgenden Ergebnissen bei der zur Bewährung ausgesetzten Jugendstrafe: Circa 55% derjenigen, die eine solche Jugendstrafe von bis zu zwölf Monaten erhalten hatten, wurden während eines Vier-Jahres-Zeitraums erneut sanktioniert. Bei den

847

---

[141] Dazu Kap. 10.1.5.1.

[142] Siehe Statistisches Bundesamt (Hrsg.), Rechtspflege Bewährungshilfe, Fachserie 10 Reihe 5: 2011, S. 17, 19.

[143] Vgl. Statistisches Bundesamt (Hrsg.), Rechtspflege Bewährungshilfe, Fachserie 10 Reihe 5: 2011, S. 10; Böhm/Feuerhelm, 2004, S. 245 f.; Streng, 2012, S. 245.

Verurteilten mit längerer Jugendstrafe bis zu zwei Jahren machte der Anteil etwa 60 % aus. In beiden Gruppen entfiel der Löwenanteil der Neuverurteilungen allerdings auf Geldstrafe oder ambulante Sanktionen. Immerhin stellte sich die **Rückfälligkeit** gegenüber der Gruppe derjenigen, die Jugendstrafe verbüßen mussten, als **signifikant geringer** dar.[144] Solche Tendenzen hat die zweite Untersuchung dieser Art für die Verurteilten des Jahres 2004 bestätigt, auch wenn der Anteil der erneut Sanktionierten auf etwa 62 % angestiegen ist.[145] Das bedeutet allerdings nicht, dass die Verurteilung zu Jugendstrafe zur Bewährung größere Erfolge aufweist als die Verhängung vollstreckbarer Jugendstrafe. Berücksichtigung finden müssen die auf der Basis von Tat- und Tätermerkmalen ablaufenden Selektionseffekte, die der Entscheidung für oder gegen Bewährungssanktionen vorausgehen. Da es jedoch Spekulation bleibt, wie sich die zu unbedingter Jugendstrafe Verurteilten bei Verhängung von Bewährungssanktionen entwickelt hätten, lässt sich nicht einmal mit Sicherheit die generelle Richtigkeit der von den Gerichten erstellten Prognosen belegen, wenn auch eine solche Vermutung nahe liegt.[146]

848 Über die Erfolge der auf der Basis von § 57 JGG eingeräumten **Vorbewährung** schließlich ist wie über deren Praxis wenig bekannt; es fehlte weithin an neueren Untersuchungen.[147] Einer jüngeren Studie zufolge wurde in Schleswig-Holstein über zehn Jahre hinweg in 58 Fällen nach einer Vorbewährungsfrist die Jugendstrafe durch Beschluss zur Bewährung ausgesetzt, wobei die Probanden die nachfolgende Bewährungsperiode überwiegend erfolgreich bestanden. Die Dauer der Schwebezeit bemaßen die Gerichte dabei häufig mit sechs Monaten oder mehr.[148] Hieraus lässt sich – unbeschadet der recht geringen Fallzahlen – sowohl auf ein praktisches Bedürfnis für das Rechtsinstitut als auch seine generelle Erfolgsgeeignetheit schließen.

10.4 Aussetzung der Verhängung der Jugendstrafe (§§ 27 ff. JGG)

10.4.1 Allgemeines

849 § 27 JGG ermöglicht es dem Richter, unter bestimmten Voraussetzungen[149] zunächst **nur über die Schuld** des Jugendlichen oder Heranwachsenden (§ 105 Abs. 1 JGG) zu **entscheiden** und die Entscheidung über die Verhängung einer Jugendstrafe zurückzustellen. Der **Strafausspruch** wird insoweit für eine Bewährungszeit **ausgesetzt**.

---

[144] Dazu Heinz, 2004, S. 41 ff.; Jehle/Heinz/Sutterer, 2003, S. 55 ff.; Jehle/Weigelt, 2004, S. 163; ferner Weigelt, 2009, S. 198 ff., 231 ff.
[145] Siehe Jehle/Albrecht/Hohmann-Fricke/Tetal, 2010, S. 64 ff.
[146] Zum Ganzen Eisenberg, 2014, § 17 Rdn. 13 ff.; Ostendorf, 2013, Grdl. z. den §§ 21–26a Rdn. 6; Schaffstein/Beulke, 2002, S. 166 f.; Streng, 2012, S. 260 f.
[147] Siehe noch Flümann, 1983, S. 101 ff.
[148] Ausführlich Sommerfeld S., 2007, S. 145 ff.
[149] Als „zu eng" bezeichnet von Schaffstein/Beulke, 2002, S. 181.

Die Norm dient damit dem **Zweck**, die Ultima-Ratio-Funktion der Jugendstrafe zu gewährleisten, indem in manchen Zweifelsfällen auf die Verhängung einer stigmatisierenden Jugendstrafe verzichtet werden kann.[150] Die Bewährungszeit wird demzufolge spezialpräventiv ausgestaltet (§ 29 JGG); die Verhängung der Jugendstrafe droht zudem. Es handelt sich beim Schuldspruch nach § 27 JGG deshalb um eine Sanktionsnorm, die neben der Verhängung der unbedingten Jugendstrafe und deren Aussetzung zur Bewährung **eigenständigen Charakter** aufweist.[151]

Von der Aussetzung der Jugendstrafe zur Bewährung (§§ 21 ff. JGG) unterscheidet sich ein Vorgehen nach § 27 JGG dadurch, dass der Verurteilte im zweiten Fall nicht weiß, in welcher Höhe ihm beim Versagen in der Bewährungszeit Jugendstrafe droht. Denn diese wird ggf. erst zum späteren Zeitpunkt festgesetzt. Ob diese **Ungewissheit** als zur individualpräventiven Einwirkung günstig bewertet werden kann, ist umstritten.[152]

850

Das Gericht spricht zunächst (im Urteilstenor) aus, dass der Angeklagte eine tatbestandsmäßige, rechtswidrige und schuldhafte Tat verübt hat. Kann nach Erschöpfung aller Ermittlungsmöglichkeiten aber nicht mit Sicherheit i. S. v. Überzeugungsbildung nach § 261 StPO[153] festgestellt werden, ob in der Straftat **schädliche Neigungen** in einem solchen Umfang hervorgetreten sind, dass sie eine Jugendstrafe erforderlich machen, darf der Richter die Entscheidung über die Verhängung der Jugendstrafe zur Bewährung aussetzen, § 27 JGG. Nicht in Betracht kommt ein Vorgehen nach § 27 JGG somit in den Fällen, in denen Jugendstrafe wegen Schwere der Schuld verhängt werden kann; und zwar selbst dann, wenn darüber hinaus das Vorliegen schädlicher Neigungen in einem für Jugendstrafe hinreichenden Ausmaß fraglich bleibt.[154] Ferner enthebt § 27 JGG den Jugendrichter nicht von der Pflicht, zum frühestmöglichen Zeitpunkt unter Heranziehung gutachterlicher Hilfe alle möglichen Sachverhaltsfeststellungen zu treffen und Persönlichkeitserforschung zu betreiben, wie sich aus dem Wortlaut des § 27 JGG ergibt, der die Ausschöpfung der Erkenntnismöglichkeiten voraussetzt.

851

Als Anwendungsfall des § 27 JGG findet sich im Schrifttum deshalb vornehmlich auf die Konstellation verwiesen, in der ein bisher strafrechtlich unauffälliger Delinquent eine Mehrzahl erheblicher Straftaten verübt und sich dieses Verhalten nicht erklären lässt.[155]

---

[150] Vgl. HK-JGG/Meier, 2014, § 27 Rdn. 2; Ostendorf, 2013, Grdl. z. den §§ 27–30 Rdn. 3; krit. aber Heublein, 1995, S. 436.
[151] So auch Brunner/Dölling, 2011, § 27 Rdn. 2; Ostendorf, 1981, S. 379; ders., 2013, Grdl. z. den §§ 27–30 Rdn. 1; Streng, 2012, S. 272; a. A. Diemer/Schatz/Sonnen, 2011, § 27 JGG Rdn. 2; Meier/Rössner/Schöch, 2013, S. 261; Ries, 2005, S. 28; Schaffstein/Beulke, 2002, S. 181 (jeweils „bedingte Verurteilung").
[152] Bejahend Brunner/Dölling, 2011, § 27 Rdn. 1a; Eisenberg, 2014, § 27 Rdn. 6; zweifelnd Ostendorf, 2013, Grdl. z. den §§ 27–30 Rdn. 3; Schaffstein/Beulke, 2002, S. 182.
[153] Näher Diemer/Schatz/Sonnen, 2011, § 27 JGG Rdn. 9.
[154] Vgl. Diemer/Schatz/Sonnen, 2011, § 27 JGG Rdn. 8; Streng, 2012, S. 271.
[155] So Brunner/Dölling, 2011, § 27 Rdn. 6; Schaffstein/Beulke, 2002, S. 182.

852 Ein Streit besteht bei der Anwendung des § 27 JGG hinsichtlich **der Frage, ob die vom Gesetz vorausgesetzten Zweifel** sich **nur auf den Umfang** der schädlichen Neigungen beziehen oder ob sie auch hinsichtlich deren generellen Vorliegens bestehen dürfen. Sowohl im Hinblick auf den Wortlaut der Norm wie auf denjenigen von § 30 Abs. 1 S. 1 JGG als auch wegen des Grundsatzes in dubio pro reo, von dem mit § 27 JGG abgewichen wird, reicht es nicht aus, wenn bereits fraglich ist, ob bei dem Angeklagten überhaupt schädliche Neigungen vorliegen.[156]

853 Sind die Voraussetzungen des § 27 JGG gegeben, so steht es im **pflichtgemäßen Ermessen** des Richters, ob er von der durch die Bestimmung eröffneten Möglichkeit Gebrauch machen oder ob er sich mit Sanktionen unterhalb der Ebene der Jugendstrafe begnügen will.[157]

10.4.2 Verfahren beim Schuldspruch und weitere Entscheidungen

10.4.2.1 Die Ausgestaltung der Bewährungszeit

854 Der Richter bestimmt die **Bewährungszeit**, die mindestens ein Jahr dauern muss, zwei Jahre jedoch nicht überschreiten darf, § 28 Abs. 1 JGG. Die Zeitspanne ist damit kürzer als die in § 22 JGG vorgesehene, weil der Schwebezustand aus rechtsstaatlichen Gründen nicht allzu lange andauern soll.[158] Die Bewährungszeit beginnt mit der Rechtskraft des Urteils gem. § 27 JGG, § 28 Abs. 2 S. 1 JGG, und kann nachträglich bis auf ihre Mindestdauer verkürzt oder vor ihrem Ablauf bis auf die Höchstdauer verlängert werden, § 28 Abs. 2 S. 2 JGG. Auf diese Weise bleibt eine flexible Reaktion möglich, wenn die in § 27 JGG vorausgesetzte Unsicherheit früher als prognostiziert endet.[159] Für eine **Verlängerung** der Bewährungszeit reicht jedoch das Fortdauern der Ungewissheit nicht aus, weil diese jeder Prognose immanent ist. Es bedarf hierfür deshalb neuer Umstände, die es unmöglich machen, bereits nach Ablauf der ursprünglich vorgesehenen Periode abschließend zu entscheiden, z. B. einer Verschlechterung der Wohn- oder Arbeitssituation.[160]

855 Für die Dauer der Bewährungszeit oder auch nur für einen Teil von dieser wird der Jugendliche der Aufsicht und Leitung eines **Bewährungshelfers** unterstellt, § 29 S. 1 JGG. Die Unterstellung beginnt zwingend mit der Rechtskraft des Urteils, §§ 29 S. 2, 28 Abs. 2 S. 1 JGG. Für Bestellung und Pflichten des Bewährungshel-

---

[156] Wie hier OLG Oldenburg, ZJJ 2011, S. 91; Böhm/Feuerhelm, 2004, S. 271 Fn. 1; Diemer/Schatz/Sonnen, 2011, § 27 JGG Rdn. 7; Eisenberg, 2014, § 27 Rdn. 11; Keiser, 2002, S. 1080; Ostendorf, 2013, § 27 Rdn. 3; Streng, 2012, S. 271; a. A. OLG Düsseldorf, MDR 1990, S. 466; Brunner/Dölling, 2011, § 27 Rdn. 5; HK-JGG/Meier, 2014, § 27 Rdn. 6; Meier/Rössner/Schöch, 2013, S. 262; Schaffstein/Beulke, 2002, S. 182.
[157] Vgl. Diemer/Schatz/Sonnen, 2011, § 27 JGG Rdn. 12; Eisenberg, 2014, § 27 Rdn. 13; enger Ostendorf, 2013, § 27 Rdn. 6; krit. auch Heublein, 1995, S. 438.
[158] Vgl. Diemer/Schatz/Sonnen, 2011, § 28 JGG Rdn. 2; Eisenberg, 2014, § 28 Rdn. 3; Meier/Rössner/Schöch, 2013, S. 263; Ostendorf, 2013, § 28 Rdn. 1; Schaffstein/Beulke, 2002, S. 183.
[159] Vgl. Eisenberg, 2014, § 28 Rdn. 2.
[160] Wie hier Diemer/Schatz/Sonnen, 2011, § 28 JGG Rdn. 3; HK-JGG/Meier, 2014, § 28 Rdn. 2; a. A. Brunner/Dölling, 2011, § 28 Rdn. 1.

fers gilt die Vorschrift des § 25 JGG entsprechend, § 29 S. 2 JGG.[161] Die **Erteilung von Weisungen und Auflagen** kommt in gleicher Weise in Betracht wie nach der Aussetzung einer Jugendstrafe zur Bewährung, § 29 S. 2 i. V. m. §§ 23, 24 Abs. 1 S. 1 und 2, Abs. 2 und 3 JGG.[162] Bei Verstößen gegen Weisungen und Auflagen kann Ungehorsamsarrest verhängt werden, §§ 29 S. 2, 23 Abs. 1 S. 4, 11 Abs. 3, 15 Abs. 3 S. 2 JGG.

Unzulässig ist es demgegenüber, den Schuldspruch gem. § 27 JGG mit der Anordnung von **Heimerziehung** i. S. v. § 12 Nr. 2 JGG zu verbinden, während **Koppelungsarrest** gem. § 8 Abs. 2 S. 2 JGG unter den Voraussetzungen des § 16a JGG nunmehr verhängt werden darf.[163]   856

10.4.2.2 Besonderheiten des Verfahrens

Die Entscheidung nach § 27 JGG ergeht aufgrund einer Hauptverhandlung durch **Urteil**, § 62 Abs. 1 S. 1 JGG. Der Schuldspruch wie auch die Aussetzung der Verhängung der Jugendstrafe bedürfen als insgesamt nachteilige Entscheidung einer Zwei-Drittel-Mehrheit der Richterstimmen gem. § 2 Abs. 2 JGG i. V. m. § 263 Abs. 1 StPO.[164] Für die Begründung des Urteils gelten § 62 Abs. 1 S. 2 JGG, § 267 Abs. 3 S. 4 StPO. Die Aussetzung der Verhängung der Jugendstrafe gem. § 27 JGG kann vom Jugendgericht ebenso wie von einem für allgemeine Strafsachen zuständigen Gericht angeordnet werden. Letzteres trifft zwar ggf. die nach § 30 JGG erforderliche Entscheidung über die Festsetzung der Strafe oder die Tilgung des Schuldspruchs,[165] muss jedoch die Beschlussfassung über die Ausgestaltung der Bewährungszeit (§§ 28, 29 JGG) dem Jugendrichter übertragen, in dessen Bezirk sich der Jugendliche aufhält, §§ 104 Abs. 5 Nr. 2, 112 S. 1 JGG. **Angefochten** wird das Urteil nach § 27 JGG mit Berufung oder Revision.   857

Die prozessualen Bestimmungen über die Strafaussetzung zur Bewährung[166] gelten für das Verfahren bei Aussetzung des Strafausspruchs weithin entsprechend, §§ 62 Abs. 4, 63 Abs. 2, 64 S. 1 JGG. Folgende **Besonderheiten** sind anzumerken:
- Die Pflicht zur Belehrung des Jugendlichen bei Aushändigung des **Bewährungsplans**[167] wird im Hinblick auf den Inhalt der mit einem Schuldspruch verbundenen Nebenentscheidungen modifiziert, § 64 S. 2 JGG.
- Eine **Übertragung** der Bewährungsentscheidungen auf den Richter am Aufenthaltsort des Jugendlichen kommt – abgesehen von dem bereits angesprochenen Sonderfall der Urteilsfällung durch ein Erwachsenengericht – nicht in Betracht: § 58 Abs. 3 S. 2 JGG wird in § 62 Abs. 4 JGG nicht für anwendbar erklärt; auch § 42 Abs. 3 S. 1 JGG gilt nicht. Denn gerade der erkennende und auch gem. § 30 JGG später entscheidende Rich-   858

---

[161] Näher Kap. 10.1.3.3 (2) und (3).
[162] Siehe Kap. 10.1.3.2.
[163] Ausführlich Kap. 6.4.
[164] So Eisenberg, 2014, § 62 Rdn. 4; Ostendorf, 2013, § 62 Rdn. 1; anders Brunner/Dölling, 2011, § 62 Rdn. 1; Diemer/Schatz/Sonnen, 2011, § 62 JGG Rdn. 4.
[165] Dazu Kap. 10.4.3.
[166] Siehe Kap. 10.1.4.
[167] Zu diesem Kap. 10.1.3.3 (4).

ter soll einen Überblick über die Entwicklung des Verurteilten in der Bewährungszeit gewinnen.[168]
- Der Erlass von **Sicherungsmaßnahmen** nach § 453c StPO scheidet aus.[169]

10.4.3 Entscheidung nach § 30 JGG

859 Nach § 30 JGG **endet die Schwebezeit** entweder mit der Verhängung von Jugendstrafe oder der Tilgung des Schuldspruchs. Andere Entscheidungsmöglichkeiten bestehen nicht; so darf die Schuldspruchtilgung nicht etwa mit der Verhängung von Erziehungsmaßregeln oder Weisungen verbunden werden.[170]

10.4.3.1 Verhängung der Jugendstrafe

860 Erlaubt der Verlauf der Bewährungszeit den Schluss, dass die im Schuldspruch gem. § 27 JGG abgeurteilte Tat auf schädliche Neigungen in einem Umfang zurückzuführen ist, der Jugendstrafe erforderlich macht, erkennt der Richter auf die Strafe, die er im Zeitpunkt des Schuldspruchs bei sicherer Beurteilung der schädlichen Neigungen verhängt hätte, § 30 Abs. 1 S. 1 JGG. Als relevanten Aspekt für einen solchen Misserfolg bewertet das Gesetz vor allem die **schlechte Führung** des Jugendlichen. Diese wiederum wird in erster Linie durch die Verübung einer oder mehrerer neuer Straftaten oder den nachhaltigen Verstoß gegen die Bewährungsauflagen indiziert. Derartiges Fehlverhalten genügt allein aber noch nicht; es muss vielmehr die schädlichen Neigungen zweifelsfrei erkennen lassen. Die Zeit vor dem Schuldspruch hat sowohl im Hinblick auf den Wortlaut des § 30 Abs. 1 S. 1 JGG als auch wegen des rechtsstaatlichen Vertrauensgrundsatzes bei der Beurteilung außer Betracht zu bleiben.[171] Erst im Rahmen der Straffestsetzung kann und muss über eine Teilvollstreckungserklärung wegen rechtsstaatswidriger Verfahrensverzögerung befunden werden.[172]

861 Das Gesetz ordnet in § 30 Abs. 1 S. 1 JGG eine „Quasi-Rückverlagerung des Strafzumessungszeitpunktes"[173] an. Die **schlechte Führung** des Verurteilten in der Bewährungszeit soll sich also **nicht strafschärfend** auswirken; neue Straftaten sind gesondert abzuurteilen, wobei nach § 31 Abs. 2 S. 1 JGG auch eine einheitliche Reaktion unter Einbeziehung des Schuldspruchs i. S. d. § 27 JGG in Betracht kommt.[174] Damit will der Gesetzgeber eine Benachteiligung desjenigen vermeiden, der nicht gleich zu einer Jugendstrafe verurteilt wird, sondern die Chance erhält,

---

[168] Vgl. BGHR JGG § 28 Überwachung 1 und 2; Brunner/Dölling, 2011, § 62 Rdn. 6; Diemer/Schatz/Sonnen, 2011, § 62 JGG Rdn. 8; Eisenberg, 2014, § 62 Rdn. 9.
[169] Dazu Eisenberg, 2014, § 58 Rdn. 17; Heublein, 1995, S. 437; HK-JGG/Meier, 2014, § 29 Rdn. 2; Streng, 2012, S. 275.
[170] Vgl. BGHSt. 18, S. 211; Brunner/Dölling, 2011, § 30 Rdn. 3; Ostendorf, 2013, § 30 Rdn. 8.
[171] So Diemer/Schatz/Sonnen, 2011, § 30 JGG Rdn. 7; Ostendorf, 2013, § 30 Rdn. 1; a. A. Brunner/Dölling, 2011, § 30 Rdn. 7a; Eisenberg, 2014, § 30 Rdn. 4; HK-JGG/Meier, 2014, § 30 Rdn. 3.
[172] OLG Düsseldorf, NStZ 2011, S. 525; siehe allgemein Kap. 9.5.4.4 (2).
[173] Streng, 2012, S. 273.
[174] Siehe BGHSt. 51, S. 139; vgl. auch Kap. 6.5.1.

sich in Freiheit zu bewähren, dabei aber auch der Versuchung zu weiterer Delinquenz erliegen kann. Aus diesem Grund wird vom jugendstrafrechtlichen Prinzip abgewichen, dass die Sanktionierung sich nach dem zur spezialpräventiven Einwirkung gebotenen Maß im Zeitpunkt der Rechtsfolgenfestsetzung zu richten hat.[175] Dass die **Praxis** diesem Gebot gerecht zu werden vermag, findet sich im Schrifttum bezweifelt.[176] Sieht man von den psychologischen Schwierigkeiten des Richters ab, sich von der negativen Entwicklung des Probanden nicht nachteilig beeindrucken zu lassen, dürften sich als problematisch insbesondere diejenigen Fälle erweisen, in denen zwischenzeitlich ein Personenwechsel im Amt des Jugendrichters oder in der Besetzung des zuständigen Spruchkörpers vollzogen wurde. Die Forderung, das Nachverfahren dürfe nur unter Wahrung personeller Kontinuität durchgeführt werden, findet aber im Gesetz keine Stütze und erscheint auch nicht praktikabel.[177]

Wird nach § 30 Abs. 1 JGG auf Jugendstrafe erkannt, bedeutet dies nicht, dass es sich um eine vollstreckbare Jugendstrafe handeln muss. Die verhängte Jugendstrafe kann stattdessen nach § 21 JGG **zur Bewährung ausgesetzt** werden. Das gilt auch im Falle des § 31 Abs. 2 S. 1 JGG, wenn der Schuldspruch i. S. d. § 27 JGG einbezogen wird. War der Schuldspruch nach § 27 JGG mit Koppelungsarrest verbunden und wird im Nachverfahren auf zur Bewährung ausgesetzte Jugendstrafe erkannt, ist die erneute Verhängung eines Jugendarrests gem. § 16a JGG zwar nicht ausdrücklich untersagt. Ein solches Vorgehen erschiene jedoch unbeschadet § 16a Abs. 2 JGG im Hinblick auf das Verbot der Doppelbestrafung und den Ausnahmecharakter von §§ 8 Abs. 2 S. 2, 16a JGG zweifelhaft. Im Falle der Verurteilung zu unbedingter Jugendstrafe oder nach dem Widerruf der Strafaussetzung zur Bewährung wird **Koppelungsarrest** (§ 16a JGG) im verbüßten Umfang in jedem Fall auf die Jugendstrafe angerechnet, § 30 Abs. 1 S. 2 JGG i. V. m. § 26 Abs. 3 S. 3 JGG.

862

10.4.3.2 Tilgung des Schuldspruchs

Liegen die Voraussetzungen für die Verhängung von Jugendstrafe nach Ablauf der Bewährungszeit nicht vor, wird der Schuldspruch getilgt, § 30 Abs. 2 JGG.

863

> Als Konsequenz wird der nach § 13 Abs. 2 S. 1 BZRG in das **Bundeszentralregister** einzutragende Schuldspruch gem. § 27 JGG dort gestrichen, § 13 Abs. 2 S. 2 Nr. 1 BZRG.

10.4.3.3 Verfahrensfragen

Die **Verhängung der Jugendstrafe** gem. § 30 Abs. 1 S. 1 JGG erfolgt durch **Urteil** nach einer neuen Hauptverhandlung, § 62 Abs. 1 S. 1 JGG. In dieser muss der Richter den rechtskräftigen Schuldspruch i. S. d. § 27 JGG und ggf. auch die Bejahung der Voraussetzungen des § 105 Abs. 1 JGG als bindend zugrunde legen, selbst wenn er nunmehr die Richtigkeit des ersten Urteils bezweifelt. Ausnahmen von diesem Grundsatz sind nur anzuerkennen, falls beim Schuldurteil das Fehlen von Prozess-

864

---

[175] Vgl. Streng, 2012, S. 273; anders HK-JGG/Meier, 2014, § 30 Rdn. 7.
[176] Etwa Albrecht P.-A., 2000, S. 277; Ostendorf, 2013, § 30 Rdn. 5; Streng, 2012, S. 273 f.; Wenger, 1995, S. 81.
[177] Vgl. HK-JGG/Meier, 2014, § 62 Rdn. 3; a. A. Neubacher/Bachmann, 2013, S. 388 ff.

voraussetzungen oder der Schuldfähigkeit (§ 3 S. 1 JGG, § 20 StGB) übersehen wurde. In beiden Fällen kommt es zur Einstellung des Verfahrens (§ 2 Abs. 2 JGG i. V. m. §§ 260 Abs. 3, 206a StPO), selbst wenn das Fehlen der strafrechtlichen Verantwortlichkeit kein Prozesshindernis bildet.[178] Die zweite Hauptverhandlung kann bereits vor Ablauf der Bewährungszeit stattfinden, wie sich aus § 62 Abs. 3 JGG ergibt. Steht nach dem Ergebnis der während der Bewährungszeit durchgeführten Hauptverhandlung nicht fest, dass eine Jugendstrafe erforderlich ist, ergeht kein Urteil, sondern ein **Beschluss** des Inhalts, die Entscheidung über die Verhängung der Jugendstrafe bleibe ausgesetzt, § 62 Abs. 3 JGG.

865   Die **Tilgung des Schuldspruchs** nach § 30 Abs. 2 JGG kann entweder aufgrund einer neuen Hauptverhandlung durch Urteil vorgenommen werden (§ 62 Abs. 1 S. 1 JGG) oder – in unproblematischen Fällen – mit Zustimmung des Staatsanwalts im Beschlussweg angeordnet werden, § 62 Abs. 2 JGG.

866   **Zuständig** für die Entscheidungen nach § 30 JGG ist das Gericht, das den Schuldspruch gefällt hat, §§ 62 Abs. 4, 58 Abs. 3 S. 1 JGG. Eine Übertragungsmöglichkeit etwa auf den Richter am Aufenthaltsort des Betroffenen sieht das Gesetz nicht vor.[179] Es bleibt auch dann bei der Entscheidungskompetenz des Jugendgerichts, wenn dieses für das Schuldspruchverfahren gegen den in Wirklichkeit schon erwachsenen Angeklagten gar nicht zuständig war.[180] Reicht allerdings die Strafgewalt des ersten Richters wider Erwarten nicht aus, wird eine Verweisung an das höhere Gericht (§ 2 Abs. 2 JGG, § 270 Abs. 1 S. 1 StPO) erfolgen müssen.[181]

Hinsichtlich der **Anfechtungsmöglichkeiten** gilt Folgendes: Lehnt der zuständige Richter einen Antrag der Staatsanwaltschaft ab, Termin zur Hauptverhandlung nach § 30 JGG anzuberaumen, kann diese sich mit der einfachen Beschwerde (§ 2 Abs. 2 JGG, § 304 StPO) dagegen zur Wehr setzen; § 63 Abs. 1 JGG ist wegen der Divergenz der Verfahrenslagen nicht analog anwendbar.[182] Wird durch Urteil die Jugendstrafe verhängt oder der Schuldspruch getilgt, stehen Berufung bzw. Revision zur Verfügung. Beschlüsse gem. § 62 Abs. 2 JGG (Tilgung des Schuldspruchs) oder § 62 Abs. 3 JGG (Beibehaltung der Aussetzung) sind nicht anfechtbar, § 63 Abs. 1 JGG. Eine Ausnahme erkennt man aber für den Fall an, dass der Schuldspruch unzulässigerweise[183] vor Ablauf der Bewährungszeit getilgt wird: Hiergegen kann die Staatsanwaltschaft sofortige Beschwerde einlegen.[184] Gleiches gilt, sofern die Tilgung ohne ihre nach § 62 Abs. 2 JGG erforderliche Zustimmung erfolgt ist.[185] In beiden Fällen ist die Staatsanwaltschaft durch den jeweiligen Rechtsfehler beschwert.

---

[178] Im Ergebnis Brunner/Dölling, 2011, § 30 Rdn. 2, 10; Eisenberg, 2014, § 30 Rdn. 15, 17; HK-JGG/Meier, 2014, § 30 Rdn. 12; Ostendorf, 2013, § 30 Rdn. 3; teilweise anders Diemer/Schatz/Sonnen, 2011, § 30 JGG Rdn. 5 f.

[179] BGHSt. 8, S. 346 ff.; BGH, NStZ 2011, S. 524.

[180] OLG Hamm, NStZ 2011, S. 527.

[181] So etwa Diemer/Schatz/Sonnen, 2011, § 62 JGG Rdn. 8; Eisenberg, 2014, § 62 Rdn. 10; Ostendorf, 2013, § 62 Rdn. 4; a. A. Neubacher/Bachmann, 2013, S. 388.

[182] Wie hier Brunner/Dölling, 2011, § 63 Rdn. 3; Diemer/Schatz/Sonnen, 2011, § 63 JGG Rdn. 4; Eisenberg, 2014, § 63 Rdn. 6; Ostendorf, 2013, § 62 Rdn. 4.

[183] Kritisch Eisenberg, 2014, § 62 Rdn. 13.

[184] Siehe LG Hamburg bei Böhm, 1989a, S. 523; Ostendorf, 2013, § 63 Rdn. 1.

[185] Dazu Diemer/Schatz/Sonnen, 2011, § 63 JGG Rdn. 3; Eisenberg, 2014, § 63 Rdn. 4; HK-JGG/Meier, 2014, § 63 Rdn. 1.

10.4.4 Perspektiven

Dem Verfahren nach §§ 27 ff. JGG kommt in der Praxis **keine große Bedeutung** zu. Wie die Statistik erweist, wird von ihm nur in etwa 2% aller Verurteilungen nach Jugendstrafrecht Gebrauch gemacht.[186] Die Misserfolgsquote, charakterisiert durch den nachfolgenden Schuldspruch gem. § 30 Abs. 1 JGG, liegt für die letzten Jahre unter relativ starken Schwankungen zwischen etwa 15 und 35%, wenn man die innerhalb eines Jahres getroffenen Entscheidungen nach § 27 JGG einerseits, § 30 Abs. 1 JGG andererseits in Beziehung setzt.[187] Ein Vergleich mit den deutlich höheren Misserfolgszahlen bei der Strafaussetzung zur Bewährung nach § 21 JGG erscheint jedoch kaum möglich: Zu unterschiedlich sind Anwendungshäufigkeit der Normen und Dauer der Bewährungszeit.

867

> Wegen der geringen praktischen Relevanz des Verfahrens, der Unsicherheit für den schuldig Gesprochenen sowie des als überflüssig bewerteten Nebeneinanders zweier Strafaussetzungsverfahren findet sich im Schrifttum die **Forderung, §§ 27 ff. JGG zu streichen**.[188] Mit deren Realisierung ist zumal nach der gesetzlichen Verankerung des Einstiegsarrests aktuell keinesfalls zu rechnen.

---

[186] Siehe die Angaben in Tab. 6.1.
[187] Vgl. die Zahlen in Tab. 6.1.; siehe auch Böhm/Feuerhelm, 2004, S. 275; Ostendorf, 2013, Grdl. z. den §§ 27–30 Rdn. 4; Streng, 2012, S. 274.
[188] Etwa Albrecht P.-A., 2000, S. 278; a. A. Ostendorf, 2013, Grdl. z. den §§ 27–30 Rdn. 6; Wenger, 1995, S. 88 ff.

11 Vollstreckung und Vollzug

Ist ein Täter verurteilt worden und die gerichtliche Entscheidung in Rechtskraft erwachsen, bedarf es der **Realisierung der angeordneten Rechtsfolgen**. Alle zur Einleitung, Durchführung und Überwachung des rechtskräftigen Erkenntnisses notwendigen richterlichen und verwaltungsmäßigen Maßnahmen und Entscheidungen regelt das Strafvollstreckungsrecht. Die Strafvollstreckung stellt somit einen (letzten) Teil des Strafverfahrens dar.[1]

Freiheitsentziehende Reaktionen (Arrest, Jugendstrafe, stationäre Maßregeln der Besserung und Sicherung) werden nicht nur vollstreckt, sondern auch vollzogen.[2] Geht es bei der **Vollstreckung** um das „Ob" der Sanktionsverwirklichung, umfasst der **Vollzug** die Phase von der Aufnahme des Verurteilten in die Vollzugseinrichtung (namentlich Jugendarrestanstalt, Jugendstrafanstalt, psychiatrisches Krankenhaus bzw. Entziehungsanstalt) bis zu seiner Entlassung. Der Vollzug betrifft die Art und Weise der praktischen Durchführung der Freiheitsentziehung unter den organisatorischen Bedingungen der jeweiligen Institution – das **„Wie"**. Vollstreckungsrechtliche und vollzugsrechtliche Maßnahmen und Entscheidungen beeinflussen damit während der Dauer des Freiheitsentzugs auf **getrennten Ebenen** die Realisierung der angeordneten Unrechtsreaktion, wobei das Vollstreckungsrecht insbesondere in verfahrensrechtlicher Hinsicht gestaltend in den Reaktionsvollzug eingreift.

868

Unter dynamischen Aspekten stellt der Strafvollzug zwar eine Phase der Sanktionierung dar, die schon mit der gesetzlichen Strafdrohung beginnt und vom Ermittlungsverfahren über die Verurteilung des Täters sowie die Urteilsvollstreckung bis hin zum Vollzug der Sanktion reicht. Anders als die Strafvollstreckung gehört der Bereich des Strafvollzugs aber nicht zum Strafverfahrensrecht. Er bildet auch keinen Bestandteil des materiellen Strafrechts, denn das Strafgesetzbuch enthält keine Rechtsgrundlage des Sanktionsvollzugs, sondern rechtliche Voraussetzungen der Verhängung freiheitsentziehender Folgen. Das Strafvollzugsrecht bildet daher neben materiellem und formellem Strafrecht eine eigenständige Rechtsmaterie innerhalb des gesamten Kriminalrechts.

869

---

[1] Laubenthal/Nestler, 2010, Rdn. 1.
[2] Dazu Laubenthal, 2015, Rdn. 10 ff.

11.1 Jugendrichterliche Rechtsfolgendurchführung

870 Gemäß § 82 Abs. 1 S. 1 JGG ist der Jugendrichter **Vollstreckungsleiter**. Damit weicht das JGG vom allgemeinen Strafverfahrensrecht ab, wo die Strafvollstreckung nach § 451 StPO durch die Staatsanwaltschaft als Vollstreckungsbehörde und gem. § 462a StPO durch die Strafvollstreckungskammer bzw. subsidiär durch das Gericht des ersten Rechtszugs erfolgt. § 82 JGG beinhaltet dagegen eine – mit Abs. 3 allerdings durchbrochene[3] – einheitliche Vollstreckungsleitung, wobei Abs. 1 S. 2 der Norm dem Jugendrichter auch diejenigen Aufgaben zuweist, die nach den Regelungen der StPO der Strafvollstreckungskammer obliegen. Dies ist eine Auswirkung des gesetzgeberischen Bemühens, die Strafgerichtsbarkeit gegen junge Menschen beim Jugendrichter zu konzentrieren und eine **personelle Kontinuität** des Entscheidungsorgans während der Gesamtdauer des Jugendstrafverfahrens zu ermöglichen.[4] Deshalb soll bei Verurteilungen durch den Jugendrichter bzw. das Jugendschöffengericht auch der erkennende Richter die Vollstreckung leiten (§ 84 Abs. 1 JGG). Beim Vollzug freiheitsentziehender Maßnahmen gilt zudem der Grundsatz der Vollzugsnähe (§ 85 JGG i. V. m. § 90 Abs. 2 S. 2 JGG).

Die Regelungen über Vollstreckungsverfassung und Vollstreckungszuständigkeit der §§ 82 bis 85 JGG sind auf **Jugendliche** auch dann anzuwenden, wenn die Entscheidung durch ein für allgemeine Strafsachen zuständiges Gericht ergeht.[5] Sie betreffen **Heranwachsende**, sofern die Voraussetzungen von § 105 Abs. 1 JGG bejaht wurden und das Gericht deshalb materielles Jugendstrafrecht angewendet hat.

11.1.1 Zuständigkeitskonzentration

871 Mit der gesetzlichen Übertragung der Vollstreckungsleitung insgesamt auf den Jugendrichter obliegen diesem sowohl **verwaltungsmäßige** als auch **richterliche Tätigkeiten**. Er bestimmt, dass vollstreckt werden soll, und trifft die entscheidenden Anordnungen. Hinsichtlich seiner Zuständigkeit ist zwischen der ursprünglichen (§ 84 JGG) und der nachfolgenden Vollstreckungszuständigkeit (§ 85 JGG) zu differenzieren.

11.1.1.1 Ursprüngliche Zuständigkeit

872 Die ursprüngliche Zuständigkeit des Jugendrichters als Vollstreckungsleiter betrifft zum einen die rechtskräftigen **Entscheidungen**, die von ihm selbst als **Jugendrichter** oder unter seinem Vorsitz durch das **Jugendschöffengericht** getroffen wurden (§ 84 Abs. 1, 3 JGG). Sie bezieht sich auch auf die Vollstreckung von Entscheidungen übergeordneter Rechtsmittelgerichte, wenn vom Jugendrichter selbst oder unter seinem Vorsitz die Sache im ersten Rechtszug zu entscheiden war. Erging das Urteil in erster Instanz durch die Jugendkammer oder durch ein Erwachsenengericht, ist

---

[3] Näher Kap. 11.1.4.2 (1).
[4] Laubenthal/Nestler, 2010, Rdn. 46; krit. Kamann, 2009, S. 6; dazu Kap. 4.1.2.1.
[5] Eisenberg, 2014, § 104 Rdn. 29.

der Jugendrichter des Amtsgerichts zuständig, dem die familienrichterlichen Erziehungsaufgaben obliegen oder für einen volljährigen Verurteilten bei hypothetischer Minderjährigkeit oblägen (§ 84 Abs. 2, 3 JGG).

Über die Fälle des § 84 Abs. 1 und 2 JGG hinausgehend übernimmt der Jugendrichter als Vollstreckungsleiter die Aufgaben, für die im allgemeinen Strafvollstreckungsrecht die **Strafvollstreckungskammer** zuständig ist (§ 82 Abs. 1 S. 2 JGG). Dies sind gem. §§ 462a, 463 StPO bestimmte Vollstreckungsentscheidungen (z. B. über eine bedingte Entlassung zur Bewährung[6]) während des Freiheitsentzugs. 873

Nach § 82 Abs. 2 JGG veranlasst der Jugendrichter ferner als Vollstreckungsleiter die Durchführung von **Hilfe zur Erziehung** gem. § 12 JGG. Diese richtet sich dann nach den Vorschriften des SGB VIII, weshalb die Vollstreckungstätigkeit auf die Herbeiführung entsprechender Maßnahmen des Jugendamts beschränkt bleibt.[7]

Besondere Regelungen enthält der Abschnitt des JGG über die Vollstreckung zur Durchführung von **Jugendarrest** (§§ 86, 87 JGG) und **Jugendstrafe** (§§ 88 bis 89b JGG).[8]

Die Vollstreckungsleitung des Jugendrichters umfasst ferner bei Verurteilungen zu Jugendstrafe von nicht mehr als zwei Jahren Entscheidungen über die Zurückstellung der Strafvollstreckung bei betäubungsmittelabhängigen Jugendlichen und Heranwachsenden nach §§ 35 und 38 **BtMG**.[9]

Auch Jugendliche und Heranwachsende betreffende Vollstreckungsentscheidungen nach dem **OWiG** trifft gem. §§ 91, 97 Abs. 1, 98 Abs. 1 S. 1 u. Abs. 4 OWiG der Jugendrichter.[10]

11.1.1.2 Nachfolgende Zuständigkeit

Dem Grundsatz der **Vollzugsnähe** gemäß sieht § 85 JGG in Fällen von Freiheitsentzug die Möglichkeit eines **Vollstreckungswechsels** vor. Die nachfolgende sekundäre Vollstreckungszuständigkeit kann durch Abgabe der Zuständigkeit, Zuständigkeitsübergang kraft Gesetzes oder durch Ländervereinbarung erfolgen. Mit dem Zuständigkeitswechsel geht die Gesamtverantwortung des ursprünglichen Vollstreckungsorgans auf den nachfolgenden Vollstreckungsleiter über. 874

Eine **Abgabe der Vollstreckungszuständigkeit** erfolgt gem. § 85 Abs. 1 JGG bei der Vollstreckung von Jugendarrest. Hier kommt es zu einer Übertragung der Aufgabenerfüllung an den nach § 90 Abs. 2 S. 2 JGG zuständigen Jugendrichter als Vollzugsleiter, wenn ursprüngliche und nachfolgende Zuständigkeit nicht zusammenfallen. Umstände des Einzelfalls können gem. § 85 Abs. 5 JGG auch eine Abgabe an einen nicht zuständigen Jugendrichter – insbesondere aus Zweckmäßigkeitserwägungen[11] – notwendig machen (z. B. wenn der Verurteilte nach seiner 875

---

[6] Laubenthal/Nestler, 2010, Rdn. 59 ff.
[7] Dazu Possin, 1995, S. 51 ff.
[8] Näher in Kap. 11.1.2 und 11.1.3.
[9] BGH, NJW 1990, S. 2296 (bei Katholnigg); OLG Hamm v. 30.7.2013 – III-5 Ws 268/13, Rdn. 9; vgl. auch KG, NStZ-RR 2013, S. 377.
[10] Siehe Diemer/Schatz/Sonnen, 2011, § 82 JGG Rdn. 17; zur örtlichen Zuständigkeit BGH, NStZ 2012, S. 575.
[11] Eisenberg, 2014, § 85 Rdn. 14; Lissner, 2013, S. 489 f.

bedingten Entlassung im Bezirk eines anderen Jugendrichters wohnt). Ferner darf eine Abgabe der Vollstreckungsleitung durch den Jugendrichter an die Staatsanwaltschaft als allgemeine Vollstreckungsbehörde nach § 85 Abs. 6 JGG in denjenigen Fällen erfolgen, in denen die Jugendstrafe gem. § 89b Abs. 1 S. 2 JGG gegen einen inzwischen 24 Jahre alten Verurteilten im Erwachsenenstrafvollzug vollstreckt wird. Gleiches gilt, wenn eine nach Jugendstrafrecht sanktionierte Person dieses Alter im stationären Maßregelvollzug erreicht.

876 Nach der Aufnahme des Verurteilten in der Jugendstrafanstalt oder der i. S. v. § 17 Abs. 1 JGG vergleichbaren Institution findet gem. § 85 Abs. 2 JGG eine (endgültige[12]) **Zuständigkeitsübertragung kraft Gesetzes** auf den Jugendrichter statt, in dessen Bezirk die Vollzugseinrichtung liegt. Gleiches gilt bei dauerhafter Verlegung[13] in eine andere Einrichtung des Jugendstrafvollzugs. § 85 Abs. 2 JGG betrifft allerdings nicht die Aufnahme des zu Jugendstrafe Verurteilten in einer Anstalt des Erwachsenenvollzugs.[14] Um einen engeren Kontakt zwischen Vollstreckungsleitung und Jugendstrafvollzug herzustellen, kann ferner durch Rechtsverordnungen der Länder der Jugendrichter eines anderen Amtsgerichts als Vollstreckungsleiter bestimmt werden, wenn dies aus verkehrsmäßigen Gesichtspunkten günstiger erscheint (§ 85 Abs. 2 S. 2 JGG).[15]

877 Wird eine Jugendstrafe in der Vollzugseinrichtung eines Bundeslandes vollstreckt, die auf dem Gebiet eines anderen Bundeslandes liegt, kann eine nachfolgende Zuständigkeit gem. § 85 Abs. 3 JGG auf der Grundlage einer **Ländervereinbarung** erfolgen. In diesem Fall geht die Vollstreckungsleitung auf den Jugendrichter desjenigen Amtsgerichts über, in dessen Bezirk die für die Jugendstrafanstalt zuständige Aufsichtsbehörde ihren Sitz hat.

11.1.2 Vollstreckung von Jugendarrest

878 Zur Durchführung des Jugendarrestes enthält das Gesetz in **§§ 86, 87 JGG** einige partielle Sonderregelungen, die nach § 110 Abs. 1 JGG auch für Heranwachsende gelten. Darüber hinaus finden sich die Arrestvollstreckung betreffende Bestimmungen in der **Jugendarrestvollzugsordnung** (JAVollzO).

§ 4 JAVollzO geht vom **Prinzip der nachdrücklichen Vollstreckung** aus. Demnach ist der Jugendarrest möglichst unmittelbar nach Rechtskraft des Urteils zu vollziehen. Zugleich legt § 87 Abs. 4 S. 1 JGG fest, dass seine Vollstreckung dann unzulässig wird, wenn seit Eintritt der Rechtskraft ein Jahr verstrichen ist.[16] Bei Koppelungsarrest gem. § 16a JGG[17] darf im Hinblick auf den mit diesem verfolgten

---

[12] BGH, NStZ 2005, S. 167.
[13] Siehe BGHSt. 26, S. 278; Kamann, 2009, S. 8.
[14] OLG Frankfurt, NStZ-RR 2002, S. 381.
[15] Hiervon haben z. B. Baden-Württemberg, Bremen, Niedersachsen und Rheinland-Pfalz Gebrauch gemacht.
[16] Zur Fristberechnung Kamann, 2009, S. 28.
[17] Dazu Kap. 6.4.2.

Zweck der Vollzug bereits nach Ablauf von drei Monaten seit Urteilsrechtskraft nicht mehr begonnen werden, § 87 Abs. 4 S. 2 JGG. Es soll also durch eine rasche Arrestdurchführung zur Erzielung spezialpräventiver Effekte in zeitlicher Hinsicht für den Verurteilten noch eine Verbindung von Anlasstat und Unrechtsreaktion erkennbar sein.[18] In der Praxis beträgt die Zeitspanne zwischen Urteil und Arrestdurchführung allerdings drei bis vier Monate, bezogen auf den Zeitpunkt der Straftat sogar sieben bis zwölf Monate.[19]

> Umgekehrt ist der Verurteilte zum Arrestantritt innerhalb einer angemessenen Frist zu laden (RiL V Nr. 3 zu §§ 82 bis 85 JGG) und darf grundsätzlich nicht sofort nach der Hauptverhandlung in Gewahrsam genommen werden.[20]

Im Bereich der Arrestvollstreckung gibt es keine Aussetzung zur Bewährung (§ 87 Abs. 1 JGG). Möglichkeiten eines **Absehens von der Vollstreckung** regelt § 87 Abs. 3 JGG.[21] Daneben darf der Vollstreckungsleiter ganz oder teilweise von der Arrestdurchführung absehen, wenn dies aufgrund von seit Urteilserlass eingetretenen Umständen aus erzieherischen Gründen angebracht ist (bspw. der Arrest für eine zukünftige Legalbewährung eher schädlich wäre). Im Hinblick auf den Grundsatz der nachdrücklichen Arrestvollstreckung verzichtet der Jugendrichter gem. § 87 Abs. 3 S. 2 JGG bei erzieherischer Gebotenheit auf die Durchführung auch dann, wenn seit Rechtskrafteintritt sechs Monate verstrichen sind. Er kann ferner von der Vollstreckung absehen, wenn der Arrest seinen spezialpräventiven Zweck nicht mehr erfüllen kann (insbesondere nach § 87 Abs. 3 S. 3 JGG bei anderweitiger Sanktionierung zu Jugendstrafe oder zu Freiheitsstrafe).

879

> Eine Sonderregelung besteht wiederum in Ansehung des gem. § 16a JGG mit Jugendstrafe gekoppelten Arrests. Dieser wird nach § 87 Abs. 4 S. 3 JGG nicht mehr vollstreckt, sofern sich zeigt, dass der Betroffene doch Jugendstrafe verbüßen muss und damit das Ziel, ihn durch Arrest zu Rechtstreue anzuhalten, nicht erreicht wurde.

11.1.3 Vollstreckung von Jugendstrafe

Ist ein Jugendlicher oder Heranwachsender rechtskräftig zu einer Jugendstrafe verurteilt, leitet der Jugendrichter als ursprünglicher Vollstreckungsleiter i. S. d. § 84 JGG die Vollstreckung ein. Dabei ist der jugendstrafrechtliche Beschleunigungsgrundsatz[22] zu beachten.[23] Zur Durchführung der nicht zur Bewährung ausgesetzten oder infolge des Bewährungswiderrufs zu verbüßenden Jugendstrafe enthalten **§§ 88 bis 89a JGG** besondere Vollstreckungsbestimmungen. §§ 88, 89a JGG betreffen die Aussetzung des Restes einer Jugendstrafe zur Bewährung und regeln

880

---

[18] Krit. im Hinblick auf mangelnde Empirie Kolberg/Wetzels, 2012, S. 117.
[19] Vgl. Streng, 2012, S. 208.
[20] LG Oldenburg, StrVert 2008, S. 121.
[21] Dazu Dölling, 2014, S. 95; Hinrichs, 1999, S. 267 f.
[22] Dazu Kap. 5.
[23] BVerfG, ZJJ 2013, S. 315 ff.

Vollstreckungsfragen speziell beim Zusammentreffen von Jugendstrafe und Freiheitsstrafe. Hat der Jugendrichter in Fällen des § 89a Abs. 1 JGG die Vollstreckung der Jugendstrafe gegen einen mindestens 21-jährigen Verurteilten an die Staatsanwaltschaft abgegeben, wird für weitere richterliche Entscheidungen jedoch die Strafvollstreckungskammer zuständig, §§ 89a Abs. 3, 85 Abs. 6 JGG.[24] Zudem befindet der Jugendrichter als Vollstreckungsleiter auf der vollstreckungsrechtlichen Ebene gem. § 89b Abs. 2 JGG über die Ausnahme eines zu Jugendstrafe Verurteilten vom Jugendstrafvollzug. Die Vorschriften gelten nach § 110 Abs. 1 JGG auch für Heranwachsende, wenn das Gericht Jugendstrafrecht angewendet und Jugendstrafe verhängt hat.

§ 89 JGG bezieht sich auf den Vorbehalt der Entscheidung über die Aussetzung der Jugendstrafe zur Bewährung gem. § 61 JGG[25] und stellt durch Statuierung eines besonderen Hindernisses klar, dass die Vollstreckung bis zum Ende der Vorbewährungszeit (§ 61a Abs. 1 JGG) nicht beginnen darf, es sei denn über die Aussetzung wurde bereits vor Ablauf der festgesetzten Frist negativ entschieden.

11.1.3.1 Aussetzung des Restes der Jugendstrafe

881 Nach **Verbüßung eines Teils** der Jugendstrafe kann der Vollstreckungsleiter gem. § 88 Abs. 1 JGG den Rest der Sanktion zur Bewährung aussetzen. Eine solche **bedingte Entlassung** schon vor Ablauf der verhängten Strafdauer reduziert nicht nur die sich mit zunehmender Haftzeit vergrößernden Schwierigkeiten einer sozialen Wiedereingliederung. Sie gibt dem Inhaftierten auch Anreize zur Mitwirkung an der Gestaltung seiner Behandlung in der Vollzugseinrichtung und an der Vollzugszielerreichung. Die sich an eine Entlassung anschließende Bewährungszeit (einschließlich der Möglichkeit des Bewährungswiderrufs) übt auf den Betroffenen Druck aus, sich normtreu zu verhalten. Dabei leistet ihm die Unterstellung unter Leitung und Aufsicht eines Bewährungshelfers Unterstützung.

Eine Strafrestaussetzung zur Bewährung als jugendrichterliche Ermessensentscheidung setzt

- die Erfüllung einer Mindestverbüßungsdauer (vgl. § 88 Abs. 2 JGG) und
- das Stellen einer günstigen Legalprognose

voraus (§ 88 Abs. 1 JGG).

882 Da § 88 Abs. 1 JGG dem Vollstreckungsleiter aber **Ermessen** („kann") gewährt, darf das Gericht trotz Vorliegens dieser gesetzlichen Aussetzungskriterien im Einzelfall eine negative Entscheidung treffen, wenn es die Entlassung (noch) für unangebracht hält – etwa weil eine in der Anstalt begonnene Ausbildung zum Abschluss geführt werden soll.

---

[24] KG, NStZ 2014, S. 413.
[25] Dazu Kap. 10.2.

Die Entscheidung über eine bedingte Entlassung richtet sich auch nach § 88 JGG (und nicht nach § 57 StGB), wenn eine **Abgabe** der Strafvollstreckung **gem. § 85 Abs. 6 JGG** erfolgt ist. Zwar verbüßt der Verurteilte seine Jugendstrafe dann in einer Einrichtung für Erwachsene und es gelten für die Vollstreckung der Strafe die allgemeinen Vorschriften; die Strafvollstreckungskammer beim Landgericht wird gem. § 85 Abs. 6 S. 2 JGG zuständig. Selbst sofern sich aber die Modi der Vollstreckung insoweit verändern, bleibt die zu verbüßende Sanktion ihrer Art nach dennoch eine Jugendstrafe, für welche die Aussetzungsvorschrift des § 88 JGG gilt.[26]

(1) Mindestverbüßungsdauer
Gemäß § 88 Abs. 2 JGG erfordert eine bedingte Entlassung, dass bereits **mindestens ein Drittel** der Jugendstrafe, **wenigstens** aber **sechs Monate** verbüßt sind. Aus besonders wichtigen Gründen darf von der Sechs-Monats-Untergrenze des § 88 Abs. 2 S. 1 JGG abgewichen werden (z. B. bei besonderen Leistungen während des Vollzugs). Dagegen lässt das Gesetz für die Ein-Drittel-Verbüßung des § 88 Abs. 2 S. 2 JGG keine Ausnahme zu. Die gegenüber den Regelungen des allgemeinen Strafrechts deutlich geringere Mindestverbüßungsdauer ermöglicht eine an der individuellen Entwicklung der Persönlichkeit orientierte flexiblere Handhabung der vorzeitigen Entlassung.

883

Als Teilverbüßung gelten nicht nur die bereits verbüßte Jugendstrafe, sondern auch die nach § 52a JGG auf die Jugendstrafe **angerechnete** Untersuchungshaft oder ein sonstiger anrechenbarer Freiheitsentzug.[27] Werden bei einem vorangegangenen Widerruf der Strafaussetzung zur Bewährung gem. § 26 Abs. 3 S. 2 JGG erbrachte Leistungen zur Auflagenerfüllung auf die Jugendstrafe angerechnet, gilt dies insoweit ebenfalls als schon vollstreckte Strafe i. S. d. § 88 Abs. 1 JGG und wirkt sich auf das Erreichen der Mindestverbüßungsdauer des § 88 Abs. 2 JGG aus. Anderenfalls käme es angesichts der Regelung des § 57 Abs. 4 StGB im allgemeinen Strafrecht zu einer Schlechterstellung des jungen Inhaftierten gegenüber erwachsenen Verurteilten.[28]

884

---

[26] So i. Erg. auch OLG Hamm, NStZ-RR 2000, S. 92; OLG Frankfurt, NStZ-RR 2000, S. 95; OLG Karlsruhe, StraFo 2008, S. 264; OLG Dresden, NStZ-RR 2010, S. 156; OLG Celle, NStZ-RR 2012, S. 293; OLG Jena, StraFo 2012, S. 242; HansOLG Hamburg, StraFo 2013, S. 349; OLG Stuttgart, OLGSt. JGG § 88 Nr. 2; KK-Appl, 2013, § 454 Rdn. 3; Kamann, 2009, S. 11; Radtke/Hohmann/Baier, 2011, § 454 Rdn. 48 m. w. Nachw.; Brunner/Dölling, 2011, § 85 Rdn. 14; Diemer/Schatz/Sonnen, 2011, § 85 JGG Rdn. 16; Eisenberg, 2014, § 85 Rdn. 22; HK-JGG/Kern, 2014, § 85 Rdn. 10 Fn. 25; Laubenthal/Nestler, 2010, Rdn. 62; Meier/Rössner/Schöch, 2013, S. 291; Ostendorf, 2013, § 88 Rdn. 1; Röttle/Wagner, 2009, S. 403 f.; Rose, 2010, S. 95 f.; Streng, 2012, S. 267; a. A. OLG Düsseldorf, NStZ-RR 2008, S. 123; OLG München, StraFo 2009, S. 125 ff.; OLG Nürnberg, NStZ-RR 2010, S. 156; KG, NStZ-RR 2011, S. 357; StraFo 2012, S. 470; LR-Graalmann-Scheerer, 2010, § 454 Rdn. 105; Heinrich, NStZ 2002, S. 182 ff.; einschränkend OLG Celle, StraFo 2008, S. 310 f.; offen gelassen von KG, NStZ 2014, S. 413; zum Ganzen Neubacher, 2006, S. 737 ff.

[27] BVerfG, ZJJ 2013, S. 317; BGHSt. 6, S. 215; Kamann, 2009, S. 12 f.

[28] Diemer/Schatz/Sonnen, 2011, § 88 JGG Rdn. 6; Eisenberg, 2014, § 88 Rdn. 4; i. Erg. auch Brunner/Dölling, 2011, § 88 Rdn. 1; Ostendorf, 2013, § 88 Rdn. 2; Streng, 2012, S. 265.

Teilweise wird bei besonders gravierenden Straftaten hinsichtlich der bedingten Entlassung aus wegen der Schwere der Schuld verhängter Jugendstrafe (§ 17 Abs. 2 2. Alt. JGG) eine Ermessensausübung i. S. d. § 88 Abs. 1 JGG dahin gehend vorgeschlagen, unter Sühneaspekten die Aussetzung der Jugendstrafe zur Bewährung in Anlehnung an die Fristen des § 57 StGB durchzuführen.[29] Diese Ansicht ist jedoch abzulehnen, weil sie in § 88 JGG keine Stütze findet und der Gesetzgeber sich – im Hinblick auf eine möglichst erfolgreiche spezialpräventive Einwirkung – bewusst für die flexiblere Regelung im Jugendstrafrecht und gegen eine Übernahme der entsprechenden Voraussetzungen des § 57 StGB in § 88 Abs. 2 JGG entschieden hat.[30]

(2) Günstige Legalprognose

885 Neben der Erfüllung der Mindestverbüßungsdauer muss eine günstige Legalprognose gegeben sein. Eine bedingte Entlassung kann gem. § 88 Abs. 1 JGG nur erfolgen, wenn dies im Hinblick auf die **Entwicklung des Jugendlichen**, auch unter Berücksichtigung des **Sicherheitsinteresses der Allgemeinheit**, verantwortet werden kann. Damit sind die unter spezialpräventiven Gesichtspunkten für eine Aussetzung des Restes der Jugendstrafe zur Bewährung sprechenden Aspekte mit den Risiken abzuwägen, die sich für die Gesellschaft aus einer bedingten Entlassung des Verurteilten ergeben können.[31]

Umstritten ist, inwieweit bei wegen der Schwere der Schuld verhängter Jugendstrafe im Rahmen der Abwägung auch Sühneaspekte Berücksichtigung finden dürfen. Wegen des klaren, allein auf das künftige Verhalten des Verurteilten abstellenden Wortlauts wird man dies jedoch abzulehnen haben.[32]

886 Angesichts der Tatsache, dass es bislang keine absolut zuverlässigen Kriterien gibt, um aus zurückliegenden und gegenwärtigen Beobachtungen eines menschlichen Verhaltens die Frage der Rückfallwahrscheinlichkeit mit ausreichender Sicherheit zu beantworten[33], verlangt das Gesetz keine Gewähr für eine künftige Legalbewährung. Es nimmt vielmehr ein **verantwortbares Restrisiko**[34] in Kauf. Dabei bedingt die Schwere der einer Verurteilung zugrunde liegenden Tat(en) als ein Basiselement die Notwendigkeit einer Abstufung der Prognoseanforderungen. Das bei der bedingten Strafrestaussetzung vertretbare Prognoserisiko muss umgekehrt proportional zur Schwere möglicher zukünftiger Delikte sein. Es findet somit eine Abwägung statt zwischen dem Sozialisationsinteresse des jungen Inhaftierten und dem Sicherheitsinteresse der Allgemeinheit, wobei die Anforderungen an die Er-

---

[29] So OLG Düsseldorf, StrVert 2001, S. 183; LG Berlin, NStZ 1999, S. 103; Böhm/Feuerhelm, 2004, S. 236; Brunner/Dölling, 2011, § 88 Rdn. 8; HK-JGG/Kern, 2014, § 88 Rdn. 23d; siehe auch Streng, 2012, S. 266 f.
[30] OLG Karlsruhe, StrVert 2007, S. 13; Diemer/Schatz/Sonnen, 2011, § 88 JGG Rdn. 12; Eisenberg, 2014, § 88 Rdn. 19; Ostendorf, 2013, § 88 Rdn. 3.
[31] Brunner/Dölling, 2011, § 88 Rdn. 5; Diemer/Schatz/Sonnen, 2011, § 88 JGG Rdn. 14.
[32] Hoffmann, 2002, S. 450 f.; Kamann, 2009, S. 15; Zieger, 2013, S. 231 f.; a. A. LG Bonn, StrVert 1984, S. 256.
[33] Zu Methoden der Legalbewährungsprognose siehe Streng, 2012, S. 159 ff.; ders., 1995, S. 97 ff.
[34] BVerfG, NJW 1998, S. 2202.

folgswahrscheinlichkeit der Strafrestaussetzung mit dem Gewicht des bei einem etwaigen Rückfall bedrohten Rechtsguts[35] immer höher werden.[36]

Bei der **Gesamtwürdigung** hat das Gericht daher die Persönlichkeit des Verurteilten, die Umstände seiner Tat sowie die Bedeutung jenes Rechtsguts zu berücksichtigen. Eine Rolle spielen auch das Verhalten sowie die Entwicklung im Strafvollzug. Einzubeziehen sind ferner die Lebensverhältnisse, in die der Betroffene nach seiner Entlassung zurückkehren wird. Dies gilt auch für diejenigen Wirkungen, die von der Aussetzung für ihn zu erwarten sind.

(3) Das Aussetzungsverfahren
Die **Zuständigkeit** für die Entscheidung über die Aussetzung des Restes der Jugendstrafe zur Bewährung liegt bei dem zum Entscheidungszeitpunkt amtierenden Vollstreckungsleiter. Es handelt sich dabei gem. § 83 Abs. 1 JGG um eine jugendrichterliche Entscheidung, die weder einen Antrag des Verurteilten voraussetzt noch, dass dieser sich im Strafvollzug befindet.[37] Lediglich in den Fällen einer Abgabe der Strafvollstreckung nach § 85 Abs. 6 JGG an die nach den allgemeinen Vorschriften zuständige Vollstreckungsbehörde beschließt die Strafvollstreckungskammer über die bedingte Entlassung (§§ 454, 462a, 463 StPO). 887

Im Aussetzungsverfahren sind vom Vollstreckungsleiter **Anhörungspflichten** zu beachten. So haben gem. § 88 Abs. 4 S. 1 JGG der **Staatsanwalt** sowie der **Vollzugsleiter** Stellungnahmen abzugeben. Dies erfolgt in der Praxis regelmäßig schriftlich. Dabei kommt der Äußerung des Vollzugsleiters, welcher sich wiederum auch auf die Erkenntnisse der Vollzugsmitarbeiter stützt, besondere Bedeutung zu. Jene vermögen sich aufgrund ihrer täglichen Wahrnehmungen, ihres engen Kontakts zum Inhaftierten, ihres persönlichen Eindrucks und des spezifischen Fachwissens ein sachnäheres Bild von dem Betroffenen zu verschaffen. Anzuhören ist im Aussetzungsverfahren schließlich der **Verurteilte** selbst, was gem. § 88 Abs. 4 S. 2 JGG mündlich zu erfolgen hat. Dies gibt dem Richter die Möglichkeit, einen eigenen unmittelbaren Eindruck von dem Verurteilten zu gewinnen. Die Anhörung des Inhaftierten erfolgt zeitlich nach derjenigen von Staatsanwalt und Vollzugsleiter, damit der Inhaftierte sich zu deren Vorbringen äußern kann. Dem Grundsatz des fairen Verfahrens gemäß darf der Verurteilte sich bei der Anhörung eines Rechtsbeistands bedienen, insbesondere einen Verteidiger hinzuziehen.[38] Die Anhörungspflichten sind in § 88 Abs. 4 JGG abschließend geregelt.[39] Weiter gehende Anhörungsvorschriften des allgemeinen Verfahrensrechts zur Reststrafenaussetzung bleiben deshalb unanwendbar.[40] 888

---

[35] Dazu Laubenthal, 2015, Rdn. 655.
[36] Vgl. OLG Celle, StraFo 2008, S. 310 f.; Dessecker, 1999, S. 681; HK-JGG/Kern, 2014, § 88 Rdn. 26; Rose, 2010, S. 95 f.
[37] So BVerfG, ZJJ 2013, S. 317; s. aber auch Diemer/Schatz/Sonnen, 2011, § 88 JGG Rdn. 25; Pollähne/Woynar, 2014, Rdn. 527.
[38] BVerfG, MDR 1993, S. 678.
[39] Eisenberg, 2014, § 88 Rdn. 26.
[40] OLG Frankfurt, NStZ-RR 1999, S. 91.

889 Neben den Anhörungspflichten bestehen jedoch auch im Aussetzungsverfahren **Anhörungsrechte**. Da es sich bei der bedingten Entlassung i. S. d. § 88 JGG nach § 83 Abs. 1 JGG um eine jugendrichterliche Entscheidung handelt, gilt gem. § 83 Abs. 3 S. 2 JGG die Vorschrift des § 67 Abs. 1 JGG sinngemäß. Infolgedessen steht das Anhörungsrecht aus § 88 Abs. 4 S. 2 JGG auch den Erziehungsberechtigten und dem gesetzlichen Vertreter zu. Ihre Äußerung muss jedoch – anders als diejenige des Verurteilten – nicht mündlich erfolgen.

890 Nach § 88 Abs. 3 S. 1 JGG soll der Vollstreckungsleiter einen derart frühen **Entscheidungszeitpunkt** anstreben, dass die notwendigen Maßnahmen zur Entlassungsvorbereitung rechtzeitig eingeleitet und durchgeführt werden können. Dementsprechend gibt § 88 Abs. 3 S. 2 JGG ihm auch eine Wiederaufhebungsbefugnis, wenn bis zur Entlassung die als positiv gewertete Legalprognose durch neu eingetretene oder neu bekannt gewordene Tatsachen eine negative Veränderung erfährt.

Wird die bedingte Entlassung angeordnet, gelten gem. § 88 Abs. 6 S. 1 JGG die wesentlichen Regelungen der §§ 22 ff. JGG über die Strafaussetzung zur Bewährung entsprechend.[41] Für die insoweit zu treffenden **Nebenentscheidungen** ist der Vollstreckungsleiter zuständig (§ 88 Abs. 6 S. 2 JGG). Dieser befindet über die Dauer der Bewährungszeit, die Erteilung von Weisungen bzw. Auflagen sowie die Unterstellung des Betroffenen unter die Aufsicht und Leitung eines Bewährungshelfers. Er entscheidet ferner über die Notwendigkeit eines Aussetzungswiderrufs ebenso wie über einen Erlass der Jugendstrafe.

11.1.3.2 Herausnahme aus dem Jugendstrafvollzug

891 Zu den vollstreckungsrechtlichen Entscheidungen gehört auch diejenige über eine Herausnahme des **zu Jugendstrafe verurteilten Erwachsenen** aus dem Jugendstrafvollzug. Hierüber befindet nach § 89b Abs. 2 JGG der Vollstreckungsleiter.

Zwar kann gem. § 89b Abs. 1 S. 1 JGG die Jugendstrafe in Jugendstrafanstalten vollzogen werden. Nachdem sich aber die Verhängung von Jugendstrafe an Alter und Reifezustand des Täters bei der Tatbegehung orientiert, darf sie auch gegen Heranwachsende oder gar Erwachsene verhängt werden bzw. mit Jugendstrafe Sanktionierte erreichen während der Dauer des Vollzugs das Erwachsenenalter. Auf solche Personen sind die speziellen Einwirkungsmöglichkeiten des Jugendstrafvollzugs nicht zugeschnitten. § 89b Abs. 1 JGG trägt daher dem Erfordernis Rechnung, Jugendstrafe unter bestimmten Voraussetzungen **in Anstalten des Erwachsenenstrafvollzugs** durchzuführen. Nach § 89b Abs. 1 S. 1 JGG **kann** die Strafe an einem Verurteilten, der das **18. Lebensjahr vollendet** hat und sich nicht (mehr) für den Jugendstrafvollzug eignet, nach den Vorschriften des Strafvollzugs für Erwachsene vollzogen werden. Eine mangelnde Eignung im Sinne der Vorschrift ist dann anzunehmen, wenn eine Einwirkung auf den Betroffenen mit den Mitteln des Jugendstrafvollzugs nicht möglich erscheint oder er durch sein Verhalten gegenüber den Mitinhaftierten die Erreichung des Vollzugsziels bei diesen gefährdet, wobei die Gründe eng auszulegen sind.[42] Nach **Vollendung** des **24. Lebensjahres soll**

---

[41] Dazu Kap. 10.1.3.
[42] Brunner/Dölling, 2011, § 89b Rdn. 2; Diemer/Schatz/Sonnen, 2011, § 89b JGG Rdn. 2; Eisenberg, 2014, § 89b Rdn. 3; Reisenhofer, 2012, S. 242; teilweise a. A. Zieger, 2013, S. 245; zu § 92

Jugendstrafe gemäß den für den Erwachsenenstrafvollzug geltenden Regelungen vollzogen werden, § 89b Abs. 1 S. 2 JGG.

Während Verurteilte, die mindestens im 25. Lebensjahr stehen, von Anfang an im Rahmen der nach § 89b Abs. 2 JGG zu treffenden **Ermessensentscheidung**[43] in eine Anstalt des Erwachsenenstrafvollzugs eingewiesen werden dürfen, hat für die Verurteilten im Alter zwischen 18 und 24 Jahren anderes zu gelten. Zwar wird vertreten, auch sie dürften von Beginn an aus dem Jugendstrafvollzug herausgehalten werden, wenn sie sich für diesen offensichtlich nicht mehr eignen.[44] Dagegen spricht jedoch, dass die Entscheidung über die Eignung von Verurteilten im Heranwachsenden- bzw. Jungerwachsenenalter für die speziellen Einwirkungsmöglichkeiten des Jugendstrafvollzugs erst nach Beobachtung und Erprobung von gewisser Dauer getroffen werden kann. Zudem bestehen im Hinblick auf die divergierenden richterlichen Zuständigkeiten bei der Überprüfung von Maßnahmen im Jugend- und Erwachsenenstrafvollzug[45] gegen eine großzügige Handhabung der Einweisung direkt in den Erwachsenenstrafvollzug Bedenken im Hinblick auf die grundgesetzliche Garantie des gesetzlichen Richters (Art. 101 Abs. 1 S. 2 GG).[46]

892

> Hat der Jugendrichter als Vollstreckungsleiter die Herausnahme eines zu Jugendstrafe Verurteilten beschlossen, bleibt er auch nach Aufnahme bzw. Verlegung des Betroffenen in die Einrichtung des Erwachsenenstrafvollzugs weiterhin für die Vollstreckung **zuständig**. Es kann jedoch eine **Abgabe** der Zuständigkeit nach § 85 Abs. 5 JGG an denjenigen vollzugsnäheren Jugendrichter erfolgen, in dessen Bezirk die Justizvollzugsanstalt liegt. Hat der Verurteilte das 24. Lebensjahr vollendet und dauert die Vollstreckung noch länger an, darf deren Abgabe gem. § 85 Abs. 6 JGG endgültig an die nach den allgemeinen Vorschriften zuständige Vollstreckungsbehörde erfolgen.
>
> Erfolgt eine Abgabe jedoch nicht, können Probleme entstehen, wenn gegen einen Verurteilten Jugendstrafe sowie Freiheitsstrafe zu vollstrecken sind und die Jugendstrafe nach den Vorschriften des Strafvollzugs für Erwachsene vollzogen wird. In diesem Fall sind für die Vollstreckung der Strafen zunächst verschiedene Gerichte zuständig: die Strafvollstreckungskammer für die Freiheitsstrafe und der Jugendrichter für die Jugendstrafe.[47]

Die Fälle einer **Herausnahme aus dem Jugendstrafvollzug** gem. § 89b Abs. 1 JGG stellen in der Praxis keine seltene Ausnahme dar. Vielmehr erfolgt diese bei mehr als einem Viertel der zu Jugendstrafe Verurteilten, die ihre Strafe auch verbüßen müssen.[48]

893

Mit der Anordnung der Herausnahme eines Betroffenen aus dem Jugendstrafvollzug weist der Jugendrichter als Vollstreckungsleiter diesen in die zuständige Justizvollzugsanstalt für den Vollzug von Freiheitsstrafen ein. Die Anordnung nach

---

JGG a.F. vgl. Franze, 1997, S. 73.
[43] Eisenberg, 2014, § 89b Rdn. 6; zu § 92 JGG a.F. vgl. LG Rottweil, StrVert 2001, S. 185. § 3 Abs. 3 S. 2 HessJStVollzG verpflichtet gleichwohl den Vollzug, auf eine solche Entscheidung hinzuwirken.
[44] So RiL zu § 92 JGG a.F. S. 3; Brunner/Dölling, 2011, § 89b Rdn. 2.
[45] Siehe Kap. 11.3.7.
[46] Hierzu Eisenberg, 2014, § 89b Rdn. 8.
[47] Ausführlich Maaß, 2008, S. 129 ff.
[48] Am 31.3.2013: 1 919 Verurteilte gegenüber 5 234 im Jugendstrafvollzug Befindlichen.

§ 89b Abs. 2 JGG wirkt sich dann auf die Art und Weise der **Vollzugsgestaltung** aus.[49] Sie erfolgt in diesem Fall nach den **Vorschriften der Strafvollzugsgesetze** des Bundes bzw. der Länder. Dadurch wird vermieden, dass innerhalb einer Strafvollzugseinrichtung gleichartige Maßnahmen von der Vollzugsbehörde je nach Person des Inhaftierten auf unterschiedliche rechtliche Grundlagen zu stützen sind.

894   Den umgekehrten Fall regelt **§ 114 JGG**. Danach kann eine **Hereinnahme in den Jugendstrafvollzug** zur Verbüßung von Freiheitsstrafe nach dem StGB erfolgen, wenn der Verurteilte das 24. Lebensjahr noch nicht vollendet hat und sich für die besonderen erzieherischen Angebote der Einrichtung eignet. Es handelt sich um einen im Verfahren nach §§ 23 ff. EGGVG überprüfbaren Verwaltungsakt, für den sich eine Zuständigkeit des Jugendrichters als Vollstreckungsleiter schon wegen § 110 Abs. 1 JGG nicht begründen lässt.[50] RiL Nr. 7 zu § 114 JGG spricht die Letztentscheidungskompetenz der Leitung der Jugendstrafanstalt zu.

11.1.4 Vollstreckung von Maßregeln der Besserung und Sicherung

895   Die stationären Maßregeln der Besserung und Sicherung (Unterbringung im psychiatrischen Krankenhaus, in der Entziehungsanstalt sowie der Sicherungsverwahrung) finden auch im Jugendstrafrecht prinzipiell Anwendung. Von den nicht-stationären Maßregeln gilt dies nur für die Führungsaufsicht sowie die Entziehung der Fahrerlaubnis.[51] Hat das Gericht rechtskräftig auf eine Maßregel der Besserung und Sicherung erkannt, wird diese ebenfalls vollstreckt.

> Hinsichtlich der **nicht-stationären Maßregeln** finden sich keine Besonderheiten im Vergleich zur Vollstreckung gegen Erwachsene.[52] Für Vollstreckungsmaßnahmen im Zusammenhang mit der Führungsaufsicht gilt § 82 Abs. 1 JGG.[53] Bei der Entziehung der Fahrerlaubnis wird grundsätzlich die Urkunde Führerschein eingezogen (§§ 69 Abs. 3 S. 2, 69b Abs. 2 S. 1 StGB); die Vollstreckung erfolgt ggf. durch ihre Wegnahme (§§ 463 Abs. 1, 459g Abs. 1 StPO).

11.1.4.1 Unterbringung im psychiatrischen Krankenhaus oder in der Entziehungsanstalt

896   Die Unterbringung im psychiatrischen Krankenhaus (§§ 61 Nr. 1, 63 StGB) darf nicht vom **Jugendrichter** angeordnet werden (§ 39 Abs. 2 Halbs. 2 JGG),[54] jedoch die Unterbringung in der Entziehungsanstalt (§§ 61 Nr. 2, 64 StGB). Gleichwohl amtiert er in beiden Fällen als **Vollstreckungsleiter** (§ 82 Abs. 1 JGG), wobei sich die örtliche Zuständigkeit nach § 84 JGG richtet.[55] Mit der Aufnahme des Verurteil-

---

[49] Dazu Kap. 11.3.3.
[50] Wie hier Brunner/Dölling, 2011, § 114 Rdn. 5; Eisenberg, 2014, § 114 Rdn. 9, 12; a. A. Ostendorf, 2013, § 114 Rdn. 5; HK-JGG/Verrel/Linke, 2014, § 114 Rdn. 6.
[51] Siehe Kap. 6.3.2.1.
[52] Röttle/Wagner, 2009, S. 410; zum Ganzen Laubenthal/Nestler, 2010, Rdn. 371 ff.
[53] Eisenberg, 2014, § 7 Rdn. 70.
[54] Zur Zuständigkeit des Jugendschöffengerichts Kap. 4.1.2.2.(2).
[55] Siehe Röttle/Wagner, 2009, S. 410.

ten in die für den Vollzug zuständige Einrichtung kommt es ggf. kraft Gesetzes zu einem Zuständigkeitswechsel (§ 85 Abs. 4 i. V. m. Abs. 2 JGG). Die Abgabe der Vollstreckung an die Staatsanwaltschaft bleibt wie bei der Vollstreckung von Jugendstrafe[56] möglich, sofern der Verurteilte das 24. Lebensjahr vollendet hat (§ 85 Abs. 6 JGG). Die Zuständigkeit für gerichtliche Entscheidungen geht damit auf die Strafvollstreckungskammer (§ 78a Abs. 1 S. 1, 2 Nr. 1 GVG i. V. m. §§ 462a, 463 StPO) über.

(1) Gemeinsame Vorschriften für die Vollstreckung
Wird die Unterbringung neben einer Verurteilung zu Jugendstrafe angeordnet, gilt für die **Vollstreckungsreihenfolge** § 67 StGB.[57] Gemäß Abs. 1 dieser Bestimmung wird die Maßregel vor der Strafe vollzogen, während dieses Verhältnis unter den Voraussetzungen von Abs. 2 ganz oder teilweise umzukehren ist. Im zweiten Fall muss vor Beginn der Unterbringung geprüft werden, ob der Zweck der Maßregel die Unterbringung noch erfordert, § 67c Abs. 1 S. 1 Nr. 1 StGB. Die Anordnungen über die Vollstreckungsreihenfolge dürfen erforderlichenfalls auch nachträglich getroffen, geändert oder aufgehoben werden, § 67 Abs. 3 StGB.

897

Nach § 67a Abs. 1 StGB kann das zuständige Gericht um einer besseren Förderung der Resozialisierung willen den im psychiatrischen Krankenhaus Untergebrachten nachträglich in eine Entziehungsanstalt überweisen und umgekehrt; die Entscheidung über eine solche **Überweisung in den Vollzug einer anderen Maßregel** darf aus demselben Grund geändert oder aufgehoben werden (§ 67a Abs. 3 S. 1 StGB).

Mit der beschriebenen Entscheidungsflexibilität will das Gesetz die am ehesten Erfolg versprechende Behandlung und damit die bestmögliche Resozialisierung gewährleisten. Soweit der Jugendrichter als Vollstreckungsleiter zur Entscheidung berufen ist, handelt es sich um **jugendrichterliche Entscheidungen** i. S. v. § 83 Abs. 1 JGG.

(2) Beendigung der Unterbringung im psychiatrischen Krankenhaus
Die Unterbringung erfolgt **unbefristet**. Mindestens jährlich (§ 67e Abs. 1 S. 2, Abs. 2 2. Var. StGB) hat deshalb das Gericht zu überprüfen, ob sie noch erforderlich oder ob sie zur Bewährung auszusetzen (§ 67d Abs. 2 S. 1 StGB) bzw. für erledigt zu erklären (§ 67d Abs. 6 StGB) ist. Wegen dieser Kautelen verstößt die fehlende Befristung nicht gegen Art. 37 lit. a) des Übereinkommens über die Rechte des Kindes[58], dem zufolge für Straftaten, die Personen vor Vollendung des 18. Lebensjahres begangen haben, eine lebenslange Strafe (i. S. v. Sanktion) nicht ohne die Möglichkeit vorzeitiger Entlassung verhängt werden darf.[59]

898

---

[56] Näher Kap. 11.1.3.2.
[57] BGH, NJW 2009, S. 2695; dazu Rose, 2010, S. 168.
[58] Vom 20.11.1989, BGBl. 1992 II, S. 121.
[59] Dazu BVerfG, Beschluss v. 5.7.2013 – 2 BvR 708/12, Rdn. 24.

Das bei der Überprüfung zu beachtende Verfahren bestimmt sich über § 2 Abs. 2 JGG nach der (sehr unübersichtlichen) Norm des § 463 Abs. 1, 3, 4 und 6 StPO. Wichtig ist, dass nach jeweils fünf Jahren der Unterbringung i. d. R das Gutachten eines externen, d. h. bisher nicht mit dem Verurteilten befassten Sachverständigen zur Entscheidungsfindung verlangt wird, § 463 Abs. 4 StPO. Ist die Unterbringung zur Bewährung ausgesetzt worden, gilt für **Folgeentscheidungen** § 58 JGG entsprechend. Diese dürfen insbesondere dem Jugendrichter übertragen werden, in dessen Bezirk der Jugendliche sich aufhält (§ 58 Abs. 3 S. 2 JGG).[60]

899 **(3) Beendigung der Unterbringung in der Entziehungsanstalt**
Die Unterbringung dauert **maximal zwei Jahre**, § 67d Abs. 1 S. 1 StGB. Gleichwohl ist auch hier regelmäßig zu überprüfen, ob sie bei Erwartung von rechtstreuem Verhalten zur Bewährung ausgesetzt werden kann (§ 67d Abs. 2 S. 1 StGB) oder für erledigt zu erklären ist, weil sich das Fehlen von Erfolgsaussicht gezeigt hat (§ 67d Abs. 5 StGB). Die regelmäßige Frist für derartige Entscheidungen beträgt sechs Monate, § 67e Abs. 1 S. 2, Abs. 2 1. Var. StGB. Das Verfahren richtet sich nach § 463 Abs. 1 und 3 bzw. 6 StPO.

11.1.4.2 Unterbringung in der Sicherungsverwahrung

900 Für die Vollstreckung der Sicherungsverwahrung gegen junge Täter finden grundsätzlich die allgemeinen Regeln Anwendung. Erst recht gilt dies in Ansehung von Heranwachsenden, die nach Erwachsenenstrafrecht verurteilt wurden. Allerdings hat man einige Besonderheiten zu beachten, die im Wesentlichen den gesetzlichen Neuerungen in Erfüllung der vom BVerfG mit Urteil vom 4. Mai 2011 aufgestellten Vorgaben[61] geschuldet sind. Denn das Gericht hatte insbesondere **Defizite bei Vollstreckung und Vollzug** dieser Maßregel angeprangert.

(1) Verfahren und Zuständigkeit

901 Vor Beginn der Unterbringung in der Sicherungsverwahrung bedarf es einer Prüfung der Voraussetzungen des § 67c Abs. 1 S. 1 StGB. Nr. 1 der Norm hat im Jugendstrafrecht, welches die originäre Anordnung der Maßregel gleich im Ersturteil nach wie vor nicht kennt, kaum Bedeutung; denn die insoweit verlangte Würdigung ist entbehrlich, sofern die Unterbringung im ersten Rechtszug weniger als ein Jahr vor Ende des Strafvollzugs angeordnet wurde (§ 67c Abs. 1 S. 2 StGB). Anzustellen bleibt die Untersuchung der **Unverhältnismäßigkeit wegen mangelnder Betreuung** im vorangegangenen Strafvollzug, § 67c Abs. 1 S. 1 Nr. 2 StGB. Gem. § 66c Abs. 2 i. V. m. Abs. 1 Nr. 1 StGB muss dem Verurteilten auch bei vorbehaltener Sicherungsverwahrung bereits während des vorangegangenen Strafvollzugs unter ständiger Motivierung eine individuell zugeschnittene, gefährlichkeitsminimierende Behandlung angeboten werden. Hat es daran gefehlt, setzt das Gericht die Unterbringung in der Sicherungsverwahrung zur Bewährung aus, falls sich der Vollzug der Maßregel wegen der Defizite als unverhältnismäßig darstellt. Dabei ist allerdings der Verlauf des Strafvollzugs zur Gänze zu würdigen. Einzelne Mängel

---

[60] OLG Jena, NStZ 2010, S. 284; OLG Nürnberg, NStZ 2012, S. 164.
[61] Siehe BVerfGE 128, S. 379 ff.

vermögen die Unverhältnismäßigkeit bei einem insgesamt noch angemessenen Angebot nicht zu begründen. Im Rahmen der Verhältnismäßigkeitsprüfung sind zudem die vom Betroffenen drohenden Gefahren zu berücksichtigen.[62]

> Das einzuhaltende Verfahren bestimmt sich nach §§ 463 Abs. 3, 454 Abs. 1, 3 und 4 StPO. Gem. § 463 Abs. 3 S. 5 StPO bedarf es der Mitwirkung eines Verteidigers.

§ 82 Abs. 3 JGG **durchbricht** hier **den Grundsatz** der jugendrichterlichen Zuständigkeit für Vollstreckungsentscheidungen.[63] Der Jugendrichter ist in Ansehung von § 7 Abs. 2 und 4 JGG mit jenen nur bis zur Vollendung des 21. Lebensjahres des Betroffenen befasst. Danach fungiert die Staatsanwaltschaft als Vollstreckungsbehörde (§ 451 StPO) und für gerichtliche Entscheidungen wird die Strafvollstreckungskammer zuständig (§§ 463 Abs. 1, 462a StPO). Das betrifft zunächst jugendliche Verurteilte und über § 110 Abs. 1 i. V. m. § 82 Abs. 1 JGG weiter nach materiellem Jugendstrafrecht verurteilte Heranwachsende. Verweist § 110 Abs. 1 JGG nicht auf § 82 Abs. 3 JGG, dürfte es sich hierbei um ein gesetzgeberisches Redaktionsversehen handeln. Für die Vollstreckung gegen einen nach allgemeinem Strafrecht verurteilten Heranwachsenden bleibt es von Anfang an bei den allgemeinen Bestimmungen.

902

(2) Beendigung der Unterbringung
Ist die Unterbringung in der Sicherungsverwahrung erfolgt, dauert sie **prinzipiell unbefristet** an. Allerdings ist gem. § 67d Abs. 3 StGB die Maßregel nach zehn Jahren für erledigt zu erklären, es sei denn vom Untergebrachten geht weiter ein Risiko erheblicher Straftaten mit schweren seelischen oder körperlichen Schäden aus. Dafür muss die hochgradige Gefahr schwerer Gewalt- oder Sexualdelikte positiv festgestellt sein.[64]

903

Ist zu erwarten, dass der Untergebrachte keine rechtswidrigen Taten mehr begehen wird, wird die Maßregel – u. U. schon vor Ablauf der Zehn-Jahres-Frist – **zur Bewährung ausgesetzt**, § 67d Abs. 2 S. 1 StGB. Zudem bleibt während des Vollzugs der Unterbringung laufend zu überprüfen, ob dem Betroffenen hinreichende Betreuung i. S. v. § 66c Abs. 1 Nr. 1 StGB[65] angeboten wurde. War dies nicht der Fall, setzt das Gericht unter Bezeichnung der erforderlichen Maßnahmen eine Frist zur Abhilfe von höchstens sechs Monaten. Verstreicht dieser Zeitraum ungenutzt, setzt das Gericht die Unterbringung ebenfalls zur Bewährung aus, sofern sie wegen der Behandlungsdefizite **unverhältnismäßig** geworden ist, § 67d Abs. 2 S. 2 StGB. Mindestens jährlich, nach zehn Jahren Sicherungsverwahrung sogar alle neun Monate muss geprüft werden, ob die Voraussetzungen der Unterbringung noch vorliegen, § 67e Abs. 1 und 2 Var. 3 StGB. Wurde die Sicherungsverwahrung auf der Basis von § 7 Abs. 2 oder 4 JGG angeordnet, verkürzt sich die Regelüberprüfungs-

904

---

[62] Zum Ganzen Fischer Th., 2014, § 66c Rdn. 7 ff., § 67d Rdn. 13a; Peglau, 2013, S. 253; Pollähne, 2013, S. 252 ff.; Renzikowski, 2013, S. 1640; Schäfersküpper/Grote, 2013, S. 448 f.
[63] Krit. Eisenberg, 2014, § 82 Rdn. 51; Ostendorf, 2013, § 82 Rdn. 13.
[64] Vgl. BT-Drs. 17/9874, S. 16; EGMR, NJW 2013, S. 1793; BGH, NStZ 2013, S. 524; NJW 2013, S. 3735; Fischer Th., 2014, § 67d Rdn. 15a.
[65] Näher Kap. 11.1.4.2 (1).

frist auf sechs Monate, solange der Betroffene bei Beginn des jeweiligen Fristlaufs das 24. Lebensjahr noch nicht vollendet hat (§ 7 Abs. 5 JGG).

> Zuständig ist die Strafvollstreckungskammer, § 463 Abs. 1 i. V. m. § 462a StPO (vgl. auch § 82 Abs. 3 JGG). Bestimmungen über das Verfahren finden sich vor allem in § 463 Abs. 3 StPO. Der Betroffene wird durch einen Verteidiger unterstützt, § 463 Abs. 8 StPO. Hat das Gericht die Unterbringung zur Bewährung ausgesetzt oder für erledigt erklärt, tritt kraft Gesetzes **Führungsaufsicht** ein, § 67d Abs. 2 S. 3, Abs. 3 S. 2 StGB. Die Aussetzung zur Bewährung ist gem. § 67g Abs. 1 StGB bei Fehlverhalten zu widerrufen.

11.1.5 Rechtsschutz gegen Vollstreckungsentscheidungen

905 Zwar bestimmt § 82 Abs. 1 JGG im Hinblick auf die personelle Kontinuität des Entscheidungsorgans während der Gesamtdauer des Jugendstrafverfahrens den **Jugendrichter** zum Vollstreckungsleiter. Dieser nimmt jedoch zum einen Aufgaben der Vollstreckungsverwaltung (also nicht jugendrichterliche Entscheidungen) wahr. Zum anderen trifft er auf der Grundlage gerichtlicher Verfahren jugendrichterliche Vollstreckungsentscheidungen in richterlicher Unabhängigkeit.

> § 92 JGG regelt nunmehr den Rechtsschutz in vollzuglichen Angelegenheiten. Für die Strafvollstreckung betreffende Fragen gilt die Norm indes nicht; hier bleibt es auch nach Inkrafttreten von § 92 JGG (n.F.) bei der bisherigen Regelung.[66]

11.1.5.1 Vollstreckungsverwaltung

906 Der Jugendrichter agiert im Rahmen seiner Vollstreckungstätigkeit grundsätzlich als **Organ der Justizverwaltung**.[67] Zu den Verwaltungsaufgaben gehören etwa die Ladung des Verurteilten zum Strafantritt oder die Anordnung von Fahndungsmaßnahmen. Der Richter ist insoweit weisungsgebunden, er unterliegt der Dienstaufsicht.

(1) Beschwerdeverfahren

907 Anordnungen und Entscheidungen des Jugendrichters im Bereich der Justizverwaltung stellen **Verwaltungsakte** dar und sind dementsprechend – abgesehen von den Sonderfällen wie §§ 455, 456 StPO – im **Verwaltungsweg** anfechtbar.[68]

Der Jugendrichter unterliegt einer zweifachen **Dienstaufsicht**:

- in Fragen der Vollstreckung der Dienstaufsicht durch den Generalstaatsanwalt[69] sowie

---

[66] Zum Rechtsschutz bei der Vollstreckung von Jugendstrafe Kamann, 2009, S. 77 ff.
[67] OLG Hamm, NStZ-RR 2002, S. 21; Brunner/Dölling, 2011, § 83 Rdn. 1.
[68] Dazu Kamann, 2009, S. 73 ff.; Pollähne/Woynar, 2014, Rdn. 337; Röttle/Wagner, 2009, S. 380.
[69] So OLG Celle, StraFo 2014, S. 173; OLG Hamm, NStZ-RR 2002, S. 21; Brunner/Dölling, 2011, § 83 Rdn. 1; Eisenberg, 2014, § 83 Rdn. 2; a. A. Diemer/Schatz/Sonnen, 2011, § 83 JGG Rdn. 2; Ostendorf, 2013, § 83 Rdn. 2: Präsident des LG.

- im Rahmen von § 26 DRiG der Dienstaufsicht durch den Präsidenten des Landgerichts (oder des Amtsgerichts, wenn dieses Gericht von einem Präsidenten geleitet wird).

Die verwaltungsmäßigen Vollstreckungsmaßnahmen des Jugendrichters können zudem im **förmlichen Beschwerdeverfahren** gem. § 21 Abs. 1 Nr. 1 StVollstrO angefochten werden. Über die Vollstreckungsbeschwerde entscheidet der Generalstaatsanwalt.

(2) Allgemeiner gerichtlicher Rechtsbehelf
Gegen die Vollstreckungsmaßnahmen des Jugendrichters als Organ der Justizverwaltung gibt es prinzipiell keinen unmittelbaren Rechtsbehelf. Erst gegen die Entscheidung des Generalstaatsanwalts nach § 21 Abs. 1 Nr. 1 StVollstrO steht dem Betroffenen ein Rechtsmittel zu. Bleibt seine Beschwerde erfolglos, ist ihm der **Rechtsweg nach §§ 23 ff. EGGVG** eröffnet.[70] Das Vorgehen gem. § 21 StVollstrO stellt insoweit ein Vorschaltverfahren i. S. d. § 24 Abs. 2 EGGVG dar.[71] Über den Antrag auf gerichtliche Entscheidung des Verurteilten entscheidet der Strafsenat des Oberlandesgerichts.

908

> **Exkurs: Vereinfachtes Prüfungsschema**
> Zulässigkeitsvoraussetzungen eines Antrags auf gerichtliche Entscheidung gem. §§ 23 ff. EGGVG:
> 1. Kein spezieller Rechtsweg zu den ordentlichen Gerichten (Subsidiaritätsklausel des § 23 Abs. 3 EGGVG).
> 2. Rechtswegeröffnung, § 23 Abs. 1 S. 2 EGGVG:
>   Anordnungen, Verfügungen oder sonstige Maßnahmen der Justizverwaltung zur Regelung eines Einzelfalls.
> 3. Antragsart:
>   – Anfechtungsantrag, § 23 Abs. 1 EGGVG.
>   – Verpflichtungsantrag, § 23 Abs. 2 EGGVG.
>   – Untätigkeitsantrag, §§ 23 Abs. 2, 27 EGGVG.
>   – Feststellungsantrag, § 28 Abs. 1 S. 4 EGGVG.
> 4. Antragsbefugnis, § 24 Abs. 1 EGGVG:
>   Geltendmachung einer Verletzung in eigenen Rechten.
> 5. Zuständigkeit des Oberlandesgerichts, § 25 EGGVG.
> 6. Formalien:
>   – Schriftform oder zur Niederschrift des Gerichts, § 26 Abs. 1 EGGVG.
>   – Frist bei Anfechtungs- und Verpflichtungsantrag, § 26 Abs. 1 EGGVG:
>   Innerhalb eines Monats nach Zustellung oder schriftlicher Bekanntgabe des Bescheids (keine Frist bei mündlicher Bekanntgabe).
>   – Frist bei Untätigkeitsantrag, § 27 Abs. 1 EGGVG:
>   Drei Monate nach vergeblichem Antrag an Behörde.

---

[70] Ausführlich Kamann, 2009, S. 79 ff.
[71] Kissel/Mayer, 2013, § 24 EGGVG Rdn. 6.

(3) Sonderfälle: Anrufung des Gerichts

909 §§ 458 Abs. 2, 462 Abs. 1 StPO bestimmen, dass in einigen Fällen von vollstreckungsrechtlichen Verwaltungsentscheidungen nicht der Verwaltungsweg zu beschreiten ist, sondern eine **Nachprüfung** der Maßnahmen durch das **Gericht des ersten Rechtszugs** erfolgt. Dies betrifft insbesondere Entscheidungen über den Vollstreckungsaufschub gem. §§ 455, 456 StPO. Befindet über Einwendungen nach § 458 Abs. 2 StPO hiergegen das Gericht des ersten Rechtszuges (§ 462 Abs. 1 StPO), so könnte dies bei der jugendstrafrechtlichen Vollstreckung zu einer **Personenidentität** des Jugendrichters als Gericht des ersten Rechtszugs und als Vollstreckungsleiter führen. Dies wird durch § 83 Abs. 2 Nr. 1 JGG verhindert. Demnach entscheidet in Fällen der Identität von Vollstreckungsleiter und erstinstanzlichem Gericht die Jugendkammer über Einwendungen.

910 Gegen den Beschluss der Jugendkammer ist gem. § 83 Abs. 3 JGG das Rechtsmittel der **sofortigen Beschwerde** zum Oberlandesgericht gegeben.

> Für die **Zulässigkeit** der sofortigen Beschwerde gelten über § 2 Abs. 2 JGG die Bestimmungen der StPO. Sie ist binnen einer Woche nach Bekanntgabe der Entscheidung einzulegen (§ 311 Abs. 2 StPO) und muss zum iudex a quo schriftlich oder zu Protokoll der Geschäftsstelle erfolgen (§ 306 Abs. 1 StPO). Daneben steht einem inhaftierten Betroffenen auch die Möglichkeit offen, das Rechtsmittel mit Frist wahrender Wirkung zu Protokoll der Geschäftsstelle des Amtsgerichts zu geben, in dessen Bezirk sich die Vollzugseinrichtung befindet. Die Einlegung der Beschwerde kann von einem Verteidiger vorgenommen werden (§ 297 StPO).

11.1.5.2 Jugendrichterliche Entscheidungen

911 § 83 Abs. 1 JGG durchbricht den Grundsatz der Tätigkeit des Vollstreckungsleiters als Organ der Justizverwaltung. Für den Bereich des Jugendstrafrechts werden in dieser Vorschrift einige wesentliche Vollstreckungsentscheidungen zu jugendrichterlichen Entscheidungen in dem Sinne qualifiziert, als der Vollstreckungsleiter **im Rahmen** seiner **richterlichen Unabhängigkeit** agiert. Zudem trifft er nach Durchführung eines gerichtlichen Verfahrens unter Beachtung der Mitwirkungsrechte und -notwendigkeiten Beschlüsse gem. §§ 67 bis 69 JGG (§ 83 Abs. 3 S. 2 JGG).

912 **Jugendrichterliche Entscheidungen**, bei denen der Richter unabhängig von Weisungen der Justizverwaltung bleibt, sind:
- Umwandlung des Freizeitarrests in Kurzarrest (§ 86 JGG),
- ganz oder teilweise Absehen von der Jugendarrestvollstreckung (§ 87 Abs. 3 JGG),
- Aussetzung des Restes der Jugendstrafe zur Bewährung einschließlich der Neben- und Folgeentscheidungen (§ 88 JGG),
- Unterbrechung und Vollstreckung der Jugendstrafe neben Freiheitsstrafe (§ 89a JGG),
- Absehen von der Vollstreckung des Jugendarrestes gegenüber Soldaten der Bundeswehr (§ 112c i. V. m. § 83 JGG),
- Ausnahme vom Jugendstrafvollzug (§ 89b Abs. 2 JGG),
- Entscheidungen nach §§ 462a, 463 StPO, welche die StPO der Strafvollstreckungskammer zuweist, etwa im Bereich der Maßregelvollstreckung.

(1) Sofortige Beschwerde

913 Die jugendrichterlichen Entscheidungen des Vollstreckungsleiters i. S. d. § 83 Abs. 1 JGG sind gem. § 83 Abs. 3 S. 1 JGG – wenn nichts anderes bestimmt ist – mit dem

Rechtsmittel der sofortigen Beschwerde anfechtbar. Soweit der Jugendrichter die Vollstreckungsentscheidung getroffen hat, ist gem. § 83 Abs. 2 Nr. 1 JGG die **Jugendkammer** des Landgerichts zur Entscheidung über die sofortige Beschwerde zuständig.

Ihre Zuständigkeit ergibt sich auch aus § 83 Abs. 2 Nr. 2 JGG, wenn der Jugendrichter als Vollstreckungsleiter Aufgaben der Strafvollstreckungskammer wahrnimmt (§ 82 Abs. 1 S. 2 JGG). Hat der Jugendrichter eine Anordnung getroffen, fiele die gerichtliche Kontrolle hierüber nach allgemeinem Strafverfahrensrecht gem. § 462a Abs. 1 StPO in die Zuständigkeit der Strafvollstreckungskammer. Damit nicht der Jugendrichter wegen § 82 Abs. 1 S. 2 JGG selbst über die Rechtmäßigkeit seiner eigenen Anordnung befinden muss, weist § 83 Abs. 2 Nr. 2 JGG diese Aufgabe der Jugendkammer zu. Über eine sofortige Beschwerde nach § 83 Abs. 3 S. 1 JGG gegen den landgerichtlichen Beschluss entscheidet dann das Oberlandesgericht.

(2) Einfache Beschwerde
Zu den jugendrichterlichen Entscheidungen des § 83 Abs. 1 JGG gehören auch die **Neben- und Folgeentscheidungen** einer **Aussetzung des Strafrestes** der Jugendstrafe zur Bewährung (§ 88 Abs. 6 S. 1 JGG). Insoweit verweist § 88 Abs. 6 S. 3 JGG bezüglich der Anfechtungsmöglichkeiten auf § 59 Abs. 2 bis 4 JGG. Gemäß § 59 Abs. 2 JGG ist nur die einfache Beschwerde gegen Entscheidungen über die Bewährungszeit, die Dauer der Unterstellung unter die Leitung und Aufsicht eines Bewährungshelfers sowie über Weisungen und Auflagen gegeben. Nach § 59 Abs. 4 JGG bleibt ein Beschluss über den Straferlass (§ 26a JGG) unanfechtbar.

914

11.2 Jugendarrestvollzug

Über die Art und Weise der praktischen Durchführung des Jugendarrestes in Vollzugseinrichtungen enthält das Gesetz in **§ 90 JGG** einige **Grundsätze**. Einzelregelungen beinhaltet die aufgrund der – mittlerweile aufgehobenen – Ermächtigungsnorm des § 115 Abs. 1 JGG erlassene **Jugendarrestvollzugsordnung** (JAVollzO).[72] Zu dieser haben die Landesjustizverwaltungen ferner bundeseinheitliche Richtlinien (RiJAVollzO) erlassen. Im Hinblick auf Art. 19 Abs. 4 S. 1 GG stehen einem Betroffenen gegen Maßnahmen des Arrestvollzugs Rechtsschutzmöglichkeiten zur Seite.

915

Diese Situation erscheint unter rechtsstaatlichen Gesichtspunkten insgesamt unbefriedigend. Zwar zieht der Jugendarrestvollzug wegen seiner kürzeren Dauer geringere Belastungen im Vergleich zum Vollzug der Jugendstrafe nach sich. Gleichwohl stellt er einen nicht unerheblichen Eingriff in die Grundrechte der Arrestanten dar, weshalb eine Regelung nicht nur in Verwaltungsvorschriften, sondern in einem **förmlichen Gesetz** geboten bleibt.[73] Berufen zur Schaffung entsprechender Normen sind die Länder (Art. 70 Abs. 1 GG).[74] Als erste Bundesländer haben Nord-

916

---

[72] Dazu Jaeger, 2010, S. 50 ff., die (S. 197) § 115 JGG a.F. als verfassungswidrig ansieht.
[73] Ausführlich Jaeger, 2010, S. 125 ff., 193 ff.
[74] A.A. Jaeger, 2010, S. 226; krit. auch Wulf, 2011, S. 104.

rhein-Westfalen im Jahr 2013 sowie Brandenburg und Schleswig-Holstein 2014 Jugendarrestvollzugsgesetze erlassen;[75] weitere Gliedstaaten werden folgen.[76]

> In Baden-Württemberg, Berlin und Rheinland-Pfalz ist bereits der Umgang mit Daten für den Bereich des Jugendarrestvollzugs durch Normen über den Schutz personenbezogener Daten im Justizvollzug formell geregelt (§ 27 Abs. 2 S. 2 JVollzGB I BW; §§ 2 Nr. 2, 4 Abs. 1 Nr. 1, 65, 70–72 JVollzDSG Bln; § 1 Abs. 2 und 3 LJVollzDSG RLP[77]).

11.2.1 Vollzugsgestaltung

917 Gemäß § 90 Abs. 2 S. 1 JGG, § 26 Abs. 1 JAVollzG NRW wird der Jugendarrest in Jugendarrestanstalten oder Freizeitarresträumen der Landesjustizverwaltung vollzogen, in Brandenburg und Schleswig-Holstein in einer eigenen Anstalt, § 39 Abs. 1 BbgJAVollzG, §§ 1 S. 1, 61 Abs. 1 JAVollzG SH. Zu beachten ist das **Trennungsprinzip**. § 1 Abs. 2 JAVollzO, § 26 Abs. 2 JAVollzG NRW, § 61 Abs. 2 S. 1 JAVollzG SH stellen klar, dass die sog. Arrestlokale nicht in Straf- oder Untersuchungshaftanstalten, auch nicht in Teilbereichen solcher Einrichtungen, errichtet werden dürfen.

> Gleichwohl existieren Bestimmungen, welche den Grundsatz der Trennung von Arrestanten und (jungen) Strafgefangenen aufweichen. So gestatten es § 171 Abs. 2 S. 2 NJVollzG, § 61 Abs. 2 S. 4 JAVollzG SH umgekehrt die Jugendstrafe in einer Jugendarrestanstalt zu vollziehen.

Die **Vollzugsleitung** wird dem Jugendrichter am Ort des Vollzugs übertragen (§ 90 Abs. 2 S. 2 JGG, § 29 Abs. 1 S. 1 JAVollzG NRW, § 41 Abs. 3 BbgJAVollzG, § 63 Abs. 2 JAVollzG SH). Dieser besitzt eine dem Anstaltsleiter im Erwachsenenvollzug vergleichbare Stellung. Er ist zugleich Vollstreckungsleiter (§ 85 Abs. 1 JGG), so dass die Durchführung des Jugendarrestes in einer Hand liegt.

918 Das **Vollzugsziel** beschreibt § 90 Abs. 1 JGG. Gemäß Satz 1 der Norm soll der Arrestvollzug „das Ehrgefühl des Jugendlichen wecken und ihm eindringlich zum Bewusstsein bringen, dass er für das von ihm begangene Unrecht einzustehen hat". Diese Zielvorgabe entspricht inhaltlich den materiellen Voraussetzungen des § 13

---

[75] Gesetz zur Regelung des Jugendarrestvollzuges in Nordrhein-Westfalen (Jugendarrestvollzugsgesetz Nordrhein-Westfalen – JAVollzG NRW) v. 30.4.2013, GVBl. Nr. 13/2013, S. 203; dazu Goeckenjan, 2013, S. 70 ff.; Justizvollzugsbeauftragter des Landes Nordrhein-Westfalen, 2013, S. 88 ff.; Kolberg/Wetzels, 2012, S. 130 f.; Gesetz über den Vollzug des Jugendarrestes im Land Brandenburg (Brandenburgisches Jugendarrestvollzugsgesetz - BbgJAVollzG) v. 10.7.2014, GVBl. Nr. 34/2014, S. 1; Gesetz über den Vollzug des Jugendarrestes in Schleswig-Holstein (Jugendarrestvollzugsgesetz - JAVollzG SH), LT-Drs. 18/891, 18/2342; dazu Goerdeler, 2013, S. 352 ff.; Kolberg/Wetzels, 2012, S. 132 ff.

[76] Für Hamburg Gesetzesentwurf des Senats, Bürgerschafts-Drucksache 20/12815; für Hessen Gesetzesentwurf der Landesregierung, LT-Drs. 19/1108; generell zu möglichen Gesetzesinhalten Jaeger, 2010, S. 231 ff.; Ostendorf, 2010, S. 20 ff.; Roos, 2011, S. 100 ff.; HK-JGG/Wulf, 2014, § 90 Rdn. 22 ff.

[77] Gesetzbuch über den Justizvollzug in Baden-Württemberg (Justizvollzugsgesetzbuch – JVollzGB BW) v. 10.11.2009 (GBl. Nr. 19/2009, S. 545); Gesetz zum Schutz personenbezogener Daten im Justizvollzug und bei den Sozialen Diensten der Justiz des Landes Berlin (Justizvollzugsdatenschutzgesetz Berlin – JVollzDSG Bln) v. 21.6.2011 (GVBl. Nr. 16/2011, S. 287); Landesjustizvollzugsdatenschutzgesetz Rheinland-Pfalz (LJVollzDSG RLP) v. 8.5.2013 (GVBl. Nr. 7/2013, S. 120).

Abs. 1 JGG für die Anwendung von Zuchtmitteln.[78] § 1 Abs. 1 JAVollzG NRW löst sich von dieser etwas altväterlich anmutenden Formulierung und benennt in teilweiser Anlehnung an die Bestimmungen über den Strafvollzug als Ziel die Befähigung des jungen Menschen, künftig eigenverantwortlich und ohne Straftaten zu leben, die Vermittlung von Verantwortungsbewusstsein für sozialwidriges Verhalten sowie Hilfe bei der Bewältigung delinquenzauslösender Schwierigkeiten. § 2 BbgJAVollzG, § 2 JAVollzG SH haben einen vergleichbaren Inhalt.

Nach § 90 Abs. 1 S. 2 und 3 JGG soll der Vollzug des Jugendarrestes **erzieherisch** gestaltet sein und dem Betroffenen **Hilfestellung** bieten. § 10 JAVollzO geht von einer Förderung der Entwicklung des Jugendlichen (bzw. Heranwachsenden) in körperlicher, geistiger und sittlicher Hinsicht aus und beschreibt soziale Einzelhilfe, Gruppenarbeit und Unterricht als Behandlungsmaßnahmen. Die Soll-Vorschriften des § 90 Abs. 1 S. 2 und 3 JGG haben bislang jedoch in der Praxis des Arrestvollzugs wenig Umsetzung erfahren.[79]

919

Das sollte sich ändern, denn § 2 Abs. 1 und 2 JAVollzG NRW, §§ 4 f. BbgJAVollzG, §§ 3 f. JAVollzG SH verpflichten weitergehend zu entsprechender Vollzugsausrichtung, wobei nach § 5 JAVollzG NRW, § 10 BbgJAVollzG, § 12 JAVollzG SH ein Erziehungs- bzw. Förderplan zu erarbeiten ist. Als **Elemente** der erzieherischen Gestaltung finden sich soziale Trainingskurse, Gruppenarbeit, Einzelgespräche, Gemeinschaftsveranstaltungen, gemeinnützige Tätigkeit, Freizeitgestaltung, Sport sowie die Vermittlung von außervollzuglichen Kontakten und Anlaufstellen genannt (§ 3 Abs. 1 JAVollzG NRW; ähnlich § 10 Abs. 3 BbgJAVollzG, § 5 JAVollzG SH).

§§ 6–9 JAVollzG NRW, §§ 6 f. BbgJAVollzG regeln Einzelheiten hierzu. Weiter umfassen die Gesetze etwa Bestimmungen über Unterbringung und Verpflegung (§§ 12 f. JAVollzG NRW, §§ 15 ff. BbgJAVollzG, §§ 18 ff JAVollzG SH), Außenkontakte (§§ 10, 15 f. JAVollzG NRW, §§ 13 Abs. 2, 14, 22 BbgJAVollzG, §§ 14, 27 ff. JAVollzG SH) sowie Verhaltensvorschriften einschließlich nicht disziplinarisch, sondern erzieherisch ausgerichteter Konfliktbewältigung (§§ 18–22 JAVollzG NRW, §§ 31 f. BbgJAVollzG, § 38 JAVollzG SH). Im sog. **Ungehorsamsarrest**[80] sollen die Betroffenen um der Vermeidung weiteren Vollzugs willen zur Erfüllung der Weisungen oder Auflagen angehalten werden, § 34 S. 1 JAVollzG NRW, § 12 Abs. 2 BbgJAVollzG, § 17 JAVollzG SH.

Für die Anwendung **unmittelbaren Zwanges** bleibt § 178 StVollzG zu beachten. Nach Abs. 1 der Vorschrift gelten insoweit §§ 94 bis 101 StVollzG auch für Bedienstete im Vollzug des Jugendarrests,[81] wobei gem. § 178 Abs. 3 S. 1 StVollzG zur Fluchtvereitelung oder Wiederergreifung keine Schusswaffen gebraucht werden dürfen. Bayern, Hamburg, Hessen, das Saarland, Sachsen und Thüringen haben die

---

[78] Dazu Kap. 8.1.; siehe auch Jaeger, 2010, S. 47 ff.
[79] Vgl. Franzen, 2014, S. 114 ff.; Hinrichs, 1999, S. 270 ff.; Kolberg/Wetzels, 2012, S. 121 ff.; zur Vollzugspraxis ferner Eisenhardt, 2010, S. 83 ff.; Goeckenjan, 2013, S. 68 ff.; Jaeger, 2010, S. 59 ff.; Kobes/Pohlmann, 2003, S. 372 ff.; Pütz, 2011, S. 83 ff.; Thalmann, 2011, S. 79 ff.; zu speziellen Aspekten Benninghoff-Giese/Wes-sipe, 2012, S. 99 ff.; Bihs, 2014, S. 120 ff.; Coerdt, 2011, S. 90 ff.; Goerdeler, 2013, S. 351 f.; Höll, 2011, S. 86 f.; Köhler/Bauchowitz, 2012, S. 272 ff.; McKendry/Otte, 2014, S. 137 ff.; Schmidt Th., 2011, S. 87 ff.; Witteck, 2009, S. 99 ff.
[80] Dazu Kap. 7.4.5.
[81] Jaeger, 2010, S. 45 f.

Weitergeltung dieser Bestimmungen ausdrücklich angeordnet (Art. 208 a.E. BaySt-VollzG, § 130 Nr. 7 HmbStVollzG, § 83 Nr. 7 HStVollzG, § 118 Nr. 5 SLStVollzG, § 120 S. 2 Nr. 6 SächsStVollzG, § 142 S. 2 Nr. 6 ThürJVollzGB). Eigenständige Regelungen finden sich in §§ 28 ff. BbgJAVollzG, §§ 43 ff. JAVollzG SH.

11.2.2 Rechtsschutz

920 Will der Verurteilte gegen eine ihn betreffende Maßnahme eines Vollzugsmitarbeiters vorgehen, so kann er sich gem. § 24 JAVollzO, § 23 Abs. 1 JAVollzG NRW, § 37 Abs. 1 BbgJAVollzG, § 49 Abs. 1 JAVollzG SH mit einer **Beschwerde** an den Jugendrichter als Vollzugsleiter wenden. In Betracht kommt zudem die Erhebung einer Dienstaufsichtsbeschwerde (so ausdrücklich § 23 Abs. 4 JAVollzG NRW, § 37 Abs. 3 BbgJAVollzG, § 49 Abs. 4 JAVollzG SH). Richtet sich diese gegen den Vollzugsleiter selbst, entscheidet die in der Justizverwaltung übergeordnete Stelle.

Der Arrestant hat darüber hinaus die Möglichkeit, um **gerichtlichen Rechtsschutz** zu ersuchen. Ihm stehen zu diesem Zweck die Rechtsschutzmöglichkeiten gem. § 92 JGG offen. Der zu Jugendarrest Verurteilte kann somit gem. § 92 Abs. 1 S. 1, 2 JGG i. V. m. §§ 109 ff. StVollzG Antrag auf gerichtliche Entscheidung stellen.[82]

921 Da es sich beim Vollzug des Jugendarrestes um einen Freiheitsentzug von nur kurzer Dauer handelt, stellt sich die Frage nach der Effektivität eines Vorgehens des Betroffenen nach § 92 JGG i. V. m. §§ 109 ff. StVollzG insbesondere bei Verpflichtungsanträgen. Die Möglichkeit, gem. § 92 Abs. 1 S. 2 JGG i. V. m. § 114 Abs. 2 S. 2 1. Halbs. StVollzG den Erlass einer **einstweiligen Anordnung** zu beantragen, dürfte somit von gewisser praktischer Relevanz sein.

11.3 Jugendstrafvollzug

922 Bei Nichtaussetzung der Jugendstrafe zur Bewährung (§§ 21 ff. JGG) bzw. bei Widerruf der Strafaussetzung (§ 26 JGG) oder einer Strafrestaussetzung (§ 88 Abs. 6 S. 1 i. V. m. § 26 JGG) und dem Fehlen von Strafaufschubgründen (§§ 455, 456 StPO)[83] lädt der Jugendrichter als Vollstreckungsleiter (§ 82 Abs. 1 S. 1 JGG) den auf freiem Fuß befindlichen Verurteilten zum Strafantritt, sobald ein geeigneter Haftplatz zur Verfügung steht. Stellt sich der Betroffene nicht, ist der Richter nach § 457 Abs. 2 S. 1 StPO befugt, einen Vorführungs- oder Haftbefehl zu erlassen. Befindet sich der Verurteilte bereits in behördlicher Verwahrung (z. B. in Untersuchungshaft), veranlasst der Richter dessen Überführung in die zuständige Vollzugseinrichtung. Dort verbüßt der Inhaftierte dann von seiner Aufnahme an bis zur Entlassung seine Strafe im **Vollzug**.[84]

---

[82] Sogleich Kap. 11.3.7.1.
[83] Dazu Laubenthal/Nestler, 2010, Rdn. 221 f.
[84] Zur historischen Entwicklung des Jugendstrafvollzugs siehe Cornel, 1984, S. 48 ff.; gänzlich ablehnend zum Institut Nickolai, 2013, S. 371 f.

Tab. 11.1 Inhaftierte im Vollzug der Jugendstrafe 1992–2013, jeweils am 31.3. (Quelle: Statistisches Bundesamt, Rechtspflege – Bestand der Gefangenen und Verwahrten in den deutschen Justizvollzugsanstalten nach ihrer Unterbringung auf Haftplätzen des geschlossenen und offenen Vollzugs, 2013)

Jahr	Inhaftierte	Männlich	Weiblich
1992	3898	3789	109
1993	4284	4165	119
1994	4757	4622	135
1995	4980	4851	129
1996	5253	5142	111
1997	5742	5592	132
1998	6438	6247	191
1999	7150	6953	197
2000	7326	7192	204
2001	7482	7250	232
2002	7455	7178	277
2003	7276	7010	266
2004	7304	7000	304
2005	7061	6797	264
2006	6995	6705	290
2007	6989	6685	304
2008	6326	6075	251
2009	6180	5937	243
2010	6008	5807	201
2011	5920	5674	246
2012	5603	5389	214
2013	5234	5060	174

11.3.1 Inhaftierte in Jugendstrafanstalten

In den deutschen Jugendstrafanstalten[85] befanden sich am 31.3.2013 insgesamt 5234 Inhaftierte. Hiervon waren 5060 männlich (= 96,68 %) und nur 174 weiblich. Im Jahr 1992 betrug am gleichen Stichtag die Zahl der Gefangenen des Jugendstrafvollzugs 3898 Verurteilte. Damit ist die Menge der Insassen seitdem stark angestiegen (Tab. 11.1).

Allerdings bleibt ein stetiger Rückgang der Anzahl im Jugendstrafvollzug Inhaftierter in den vergangenen zwölf Jahren zu verzeichnen. Der Höchststand des Jahres 2001 mit 7482 Jugendstrafgefangenen wurde seither nicht mehr erreicht. Die

---

[85] Dazu eingehend Dünkel, 2002, S. 67 ff.; ders., 2007, S. 65 ff.; Dünkel/Geng, 2011, S. 137 ff.; dies., 2012, S. 117 ff.; Jehle/Werner, 2012, S. 430 ff.; Lobitz/Giebel/Suhling, 2013, S. 340 ff.; Ostendorf, 2012, S. 41 ff.; Streng, 2012, S. 259 ff.; Walter J., 2011, S. 144 ff.; Werner, 2012, S. 55 ff.; zu Baden-Württemberg Stelly/Thomas, 2013, S. 344 ff.; für Bayern Markert, 2012, S. 323 ff.; zu Niedersachsen Jesse, 2013, S. 361 f.; für Nordrhein-Westfalen Bredlow, 2013, S. 362 ff.; Wirth, 2013, S. 349 ff.; zu Heranwachsenden Steitz, 2011, S. 225 ff.; zu Russlanddeutschen Stelly/Walter, 2011, S. 50 ff.

Tab. 11.2 Zu Jugendstrafe verurteilte Inhaftierte am 31.3.2013 nach Art der Straftat. (Quelle: Statistisches Bundesamt, Strafvollzug – Demographische und kriminologische Merkmale der Strafgefangenen zum Stichtag 31.3., Fachserie 10 Reihe 4.1, 2014, S. 22 f.)

Straftatengruppe	Jugendstrafe verbüßende Gefangene	Prozent
Straftaten gegen den Staat, die öffentliche Ordnung und im Amt (§§ 80–168, 331–357 StGB)	57	1,04
Straftaten gegen die sexuelle Selbstbestimmung (§§ 174–184g StGB)	224	4,1
Beleidigung (§§ 185–189 StGB)	13	0,23
Straftaten gegen das Leben (§§ 211–222 StGB)	205	3,75
Körperverletzungen (§§ 223–231 StGB)	1295	23,7
Straftaten gegen die persönliche Freiheit (§§ 232–241a StGB)	59	1,08
Sonstige Straftaten gegen die Person (§§ 169–173, 201–206 StGB)	–	–
Diebstahl und Unterschlagung (§§ 242–248c StGB)	1174	21,48
Raub, Erpressung, räuberischer Angriff auf Kraftfahrer (§§ 249–255, 316a StGB)	1768	32,35
Begünstigung, Hehlerei (§§ 257–261 StGB)	13	0,24
Betrug, Untreue (§§ 263–266b StGB)	228	4,17
Urkundenfälschung (§§ 267–281 StGB)	50	0,91
Sonstige Straftaten gegen das Vermögen (§§ 283–305a StGB)	45	0,82
Gemeingefährliche Straftaten (§§ 306–323c, ohne 316a StGB)	77	1,41
Straftaten gegen die Umwelt (§§ 324–330a StGB)	–	–
Straftaten im Straßenverkehr	51	0,93
Straftaten nach anderen Gesetzen (ohne StGB, StVG)	206	3,77

Zahl der jungen weiblichen Inhaftierten nahm seit dem Jahr 1992 bis 2007 beinahe um das Dreifache zu, um danach ebenfalls abzusinken; im Jahr 2013 findet sich verglichen mit 1992 nicht einmal mehr die doppelte Anzahl.[86]

924   Eine Aufteilung der Gefangenen des Jugendstrafvollzugs nach dem Gesichtspunkt der Deliktsstruktur (Tab. 11.2) macht deutlich, dass – ähnlich wie bei den Verurteilten im Erwachsenenstrafvollzug – Vermögensdelikte an erster Stelle stehen. Allerdings dominieren aktuell bei den jungen Gefangenen im Unterschied zu den Erwachsenen nicht Diebstahl und Unterschlagung, sondern Raub und Erpressung. Körperverletzungsdelikte bildeten im Jahr 2013 zudem in etwas größerem Ausmaß die Grundlage der Inhaftierung als Diebstahl und Unterschlagung. Die Straftaten nach anderen Gesetzen betreffen ganz überwiegend Betäubungsmitteldelikte; wegen solcher saßen 194 der 206 jungen Gefangenen ein.

---

[86] Zu jungen Frauen im Jugendstrafvollzug etwa Kraft, 2011, S. 378 ff.; Neuber/Apel/ Zühlke, 2011, S. 371 ff.; Werner, 2012, S. 183 ff., 254 ff.; speziell zu Schwangeren Linnartz/Sütterlin-Müsse, 2013, S. 407 ff.

11.3.2 Gesetzliche Regelung des Jugendstrafvollzugs

Bis zu Beginn des Jahres 2008 war das Erfordernis einer gesetzlichen Regelung des Jugendstrafvollzugs Dauerthema des fachlichen Diskurses. Ohne ausdrückliche gesetzliche Rechtsgrundlage gestaltete sich die Situation für die im Jugendstrafvollzug Inhaftierten als höchst unbefriedigend und blieb darüber hinaus aus verfassungsrechtlicher Sicht äußerst bedenklich.

11.3.2.1 Reformversuche
Vorarbeiten für ein Jugendstrafvollzugsgesetz fanden schon seit den siebziger Jahren des 20. Jahrhunderts statt und haben in **Kommissionsberichten** und **Arbeitsentwürfen** ihren Niederschlag gefunden.

So erarbeitete ab dem Jahr 1976 eine Jugendstrafvollzugskommission aufgrund einer Entschließung des Bundestags von 1975 Vorschläge für eine gesetzliche Regelung des Jugendstrafvollzugs.[87] Diese sahen insbesondere vor: eine Verzahnung der Jugend- und Sozialhilfe mit der Jugendkriminalrechtspflege. Zu diesem Zweck sollte der Jugendstrafvollzug an Jugendlichen und Heranwachsenden durch ambulante und stationäre Einrichtungen der Jugendhilfe und durch ambulante Maßnahmen der Jugendkriminalrechtspflege eingeschränkt werden. Es wurde eine stärkere Einbeziehung der Durchführung des Vollzugs von Jugendstrafe in die Kette anderer Sozialisationshilfen und Erziehungshilfen angestrebt. Der Jugendstrafvollzug sollte so weiterentwickelt werden, dass er eindeutig der Erziehung, der Behandlung und dem sozialen Training diente. Ein Arbeitsentwurf des Bundesjustizministeriums 1980[88] entwickelte eine Art Stufenplan, um diese Kommissionsvorschläge mittel- und langfristig umzusetzen. Der Entwurf wollte den Erziehungsgedanken des JGG verstärken. Darüber hinaus lagen ihm aber – gemessen an personellen und finanziellen Kapazitäten – eher realitätsferne Standards zugrunde.

Die Konzeptionen der Jugendstrafvollzugskommission und des Arbeitsentwurfs 1980 wurden dann mit dem Arbeitsentwurf eines Jugendstrafvollzugsgesetzes des Bundesministeriums der Justiz 1984 aufgegeben.[89] Dieser Entwurf lehnte sich stark an das StVollzG an. Es fehlte ihm insoweit an einer eigenständigen jugendrechtlichen Profilierung, als er der Autonomie des Jugendstrafvollzugs gegenüber dem Erwachsenenstrafvollzug nicht genügend Rechnung trug.

Mit der Vorlage eines weiteren Entwurfs reagierte die Bundesregierung dann 1991[90] auf verfassungsrechtliche Bedenken. Dieser griff das schon in den vorherigen Entwürfen angedachte Modell eines eigenständigen Jugendstrafvollzugsgesetzes auf. Während dieser Ansatz zwar die Gefahr einer zu großen Verselbstständigung des Jugendstrafvollzugs in sich barg, betonte er andererseits die Eigenständigkeit[91] des Jugendstrafvollzugs und die besondere Verantwortung des Jugendstrafrechts als Täterstrafrecht.[92] Im Ergebnis wurde aber auch dieser Entwurf der Realität und den besonderen Aufgaben des Jugendstrafvoll-

---

[87] Zum Schlussbericht der Kommission siehe Ayass, 1980, S. 167 ff.
[88] Dazu Ayass, 1980a, S. 359 ff.
[89] Dazu Ayass, 1984, S. 350 f.; ders., 1985, S. 178 f.; Busch, 1985, S. 126 ff.; Eisenberg, 1985, S. 41 ff.
[90] Siehe hierzu Dünkel, 1992, S. 176, 180 f.; Sonnen, 1992, S. 307 ff.
[91] Ayass, 1980a, S. 359 f.
[92] Siehe Ayass, 1980a, S. 359 f.; Claßen, 1984, S. 85 ff.; Eisenberg, 1985, S. 41, 44 f.; vgl. ferner Bereswill/Höynck, 2002.

zugs nur partiell gerecht.[93] Obwohl sich der Erziehungsgedanke in der Vollzugspraxis nicht überzeugend durchsetzte, hielt der Entwurf an diesem Leitprinzip fest. Als Vollzugsziel war vorgesehen: „Im Vollzug der Jugendstrafe sollen die jungen Gefangenen zu einem eigenverantwortlichen Leben in der Gemeinschaft unter Achtung der Rechte anderer erzogen werden." Zwar wurde aus verfassungsrechtlichen Gründen die Schaffung einer gesetzlichen Grundlage für den Jugendstrafvollzug als immer dringlicher erachtet. Dennoch setzte die Legislative auch den Entwurf von 1991 nicht um.

927 Im Jahr 2004 leitete das Bundesministerium der Justiz den Bundesländern sowie einschlägigen Fachverbänden den Referentenentwurf eines Gesetzes zur Regelung des Jugendstrafvollzugsgesetzes zur Stellungnahme zu.[94] Dieser hielt daran fest, die Regelung der Ausgestaltung des Jugendstrafvollzugs in einem eigenständigen Gesetz vorzusehen. In der Entwurfsbegründung[95] wurde die Notwendigkeit einer präzisen gesetzlichen Regelung von Eingriffen in die Grundrechte junger Strafgefangener anerkannt. Es erfolgte weiter eine ausdrückliche Bezugnahme auf die Grundsatzentscheidung des BVerfG von 1972.[96] Zudem sollte mit der Neuregelung des Jugendstrafvollzugs den Vorgaben auf europäischer und internationaler Ebene[97] Rechnung getragen werden. Es wurde angestrebt, ein neues Jugendstrafvollzugsgesetz in den Gesamtkontext der für junge Menschen bedeutsamen nationalen Regelungen wie das Kinder- und Jugendhilferecht einzufügen.

11.3.2.2 Die Verfassungsgerichtsentscheidung 2006

928 In seinem Urteil vom 31.5.2006 stellte das Bundesverfassungsgericht[98] fest, dass für den Jugendstrafvollzug die verfassungsrechtlich notwendigen, auf die spezifischen Anforderungen des Strafvollzugs an Jugendlichen zugeschnittenen gesetzlichen Grundlagen fehlten. Zugleich setzte das Gericht dem Gesetzgeber eine Frist bis zum Ablauf des Jahres 2007, eine verfassungsrechtlich konforme gesetzliche Regelung zur Durchführung des Jugendstrafvollzugs zu schaffen.[99]

In seinen Entscheidungsgründen wies das Bundesverfassungsgericht darauf hin, dass **Eingriffe in die Grundrechte** von Strafgefangenen einer **gesetzlichen Grundlage** bedürfen, welche die Eingriffsvoraussetzungen in hinreichend bestimmter Weise normiert, und dass es keinerlei Grund gibt, weshalb für den Jugendstrafvollzug insoweit etwas anderes gelten sollte als im Vollzug der Freiheitsstrafe an Erwachsenen. Das Gericht zeigte auf, dass bislang für beinahe den gesamten Bereich des Jugendstrafvollzugs zureichende gesetzliche Eingriffsgrundlagen fehlten und dieser Mangel sich nicht durch Rückgriff auf Rechtsgedanken des den Erwachsenenstrafvollzug betreffenden Strafvollzugsgesetzes beheben ließ. Denn Ausgangsbedingungen und Folgen strafrechtlicher Zurechnung sind bei Jugendlichen in wesentlichen Aspekten anders als bei Erwachsenen. Freiheitsentzug wirkt

---

[93] Ayass, 1992, S. 212.
[94] Dazu Dünkel, 2006, S. 565 ff.; Eisenberg, 2004a, S. 353 ff.; Schwirzer, 2008, S. 25 ff.; Tierel, 2008, S. 97 ff.; Walter J., 2004, S. 397 ff.; ders., 2005a, S. 17 f.
[95] EGJVollz 2004, Begründung S. 3.
[96] BVerfGE 33, S. 1 ff.; dazu Ostendorf, 2006d, S. 2073; ferner Streng, 2012, S. 251 ff.
[97] Hierzu Dünkel, 2011, S. 147 ff.; Feest, 2004, S. 69 ff.; Kühl J., 2012, S. 26 ff.; Laubenthal, 2002a, S. 169 ff.; Ostendorf, 2012, S. 34 ff.; Tierel, 2008, S. 34 ff.
[98] BVerfGE 116, S. 69 ff.
[99] Dazu Goerdeler/Pollähne, 2007, S. 55 ff.; Markert, 2012, S. 86 ff.; Schneider R., 2010, S. 37 ff.; Schwirzer, 2008, S. 12 ff.; Sußner, 2009, S. 47 ff.; Walter J., 2007, S. 186 f.

sich zudem in verschiedener Hinsicht für Jugendliche besonders einschneidend aus. Ihr Vollzug berührt gerade auch Grundrechte der Erziehungsberechtigten. Ein der Achtung der Menschenwürde und dem Grundsatz der Verhältnismäßigkeit staatlichen Strafens verpflichteter Strafvollzug muss diesen Besonderheiten Rechnung tragen. Das Erfordernis gesetzlicher Grundlagen, welche den Besonderheiten des Jugendstrafvollzugs angepasst sind, bezieht sich – so das Bundesverfassungsgericht – auf den Bereich unmittelbar eingreifender Maßnahmen ebenso wie auf die Ausgestaltung des gerichtlichen Rechtsschutzes. Das Bundesverfassungsgericht konstatierte, dass dessen Ausgestaltung als Rechtsweg zu den Oberlandesgerichten gem. §§ 23 ff. EGGVG den verfassungsrechtlichen Anforderungen nicht gerecht wird.

Das Erfordernis gesetzlicher Regelung betraf auch die Ausrichtung des Vollzugs auf das Ziel der sozialen Reintegration. Das Bundesverfassungsgericht wies darauf hin, für den Jugendstrafvollzug besitze das Ziel der Befähigung zu einem straffreien Leben in Freiheit besonders hohes Gewicht. Die Legislative war deshalb verpflichtet, ein **wirksames Resozialisierungskonzept** zu entwickeln und den Vollzug der Jugendstrafe darauf aufzubauen. Zwar hatte der Gesetzgeber für die Ausgestaltung dieses Konzepts einen weiten Spielraum. Er musste jedoch durch gesetzliche Festlegung hinreichend konkretisierter Vorgaben dafür Sorge tragen, dass für allgemein als erfolgsnotwendig anerkannte Vollzugsbedingungen und -maßnahmen die erforderliche Ausstattung mit personellen und finanziellen Mitteln kontinuierlich gesichert blieb. Das betraf vor allem die Bereitstellung zureichender Bildungs- und Ausbildungsmöglichkeiten, geeignete Formen der Unterbringung und Betreuung sowie eine mit angemessenen Hilfen für die Phase nach der Entlassung verzahnte Entlassungsvorbereitung. Mit Rücksicht auf das besonders hohe Gewicht der grundrechtlichen Belange, welche durch den Jugendstrafvollzug berührt werden, wurde der Gesetzgeber schließlich zur Beobachtung sowie nach Maßgabe der Beobachtungsergebnisse zur Nachbesserung verpflichtet. Der Gesetzgeber musste deshalb sich selbst und den mit der Anwendung eines Jugendstrafvollzugsgesetzes befassten Behörden die Möglichkeit sichern, aus Erfahrungen mit der jeweiligen gesetzlichen Ausgestaltung des Vollzugs und der Art und Weise, wie die gesetzlichen Vorgaben angewendet werden, zu lernen.

11.3.2.3 Bundesrechtliche Regelungen

Bundesrechtliche Regelungen zu „Vollstreckung und Vollzug jugendstrafrechtlicher Sanktionen" finden sich in §§ 82 ff. JGG. Diese Vorschriften enthalten allerdings keine konkreten Bestimmungen zur Durchführung des Jugendstrafvollzugs; deren Normierung blieb nach verwirklichter Föderalismusreform[100] vielmehr den jeweiligen Landesgesetzgebern überlassen. Einzig die vollstreckungsrechtliche Regelung der Herausnahme aus dem Jugendstrafvollzug (§ 89b JGG)[101] sowie die hinsichtlich vollzuglicher Maßnahmen zur Verfügung stehenden Rechtsbehelfe (§ 92 JGG)[102] waren im Bundesrecht zu verorten.

---

[100] Dazu Kap. 2.4.4.
[101] Näher Kap. 11.1.3.2.
[102] Siehe Kap. 11.3.7.

11.3.2.4 Landes-Jugendstrafvollzugsgesetze

931 Überwiegend zum 1.1.2008 sind in 13 Bundesländern jeweils deren separate Landes-Jugendstrafvollzugsgesetze in Kraft getreten.[103] In Bayern,[104] Hamburg[105] und Niedersachsen[106] hingegen wurden Gesetze verabschiedet, die als Landes-Strafvollzugsgesetz bzw. Landes-Justizvollzugsgesetz die Bestimmungen zum Jugendstrafvollzug integrieren.[107] Hamburg hat jedoch schon 2009 das Kombinationsgesetz reformiert und ein eigenständiges Jugendstrafvollzugsgesetz[108] geschaffen. In Baden-Württemberg wurde umgekehrt der Jugendstrafvollzug im selben Jahr als viertes Buch in das Justizvollzugsgesetzbuch[109] integriert. In Brandenburg trat das Jugendstrafvollzugsgesetz vom 18.2.2007 mit Inkrafttreten des Brandenburgischen Justizvollzugsgesetzes am 1.6.2013[110] außer Kraft. Dort gilt seitdem das Gesetz

---

[103] Gesetz über den Vollzug der Jugendstrafe in Baden-Württemberg (Jugendstrafvollzugsgesetz – JStVollzG BW) v. 3.7.2007 (GBl. Nr. 11/2007, S. 298); Gesetz über den Vollzug der Jugendstrafe in Berlin (Berliner Jugendstrafvollzugsgesetz – JStVollzG Bln) v. 15.12.2007 (GVBl. Nr. 33/2007, S. 653); Gesetz über den Vollzug der Jugendstrafe im Land Brandenburg (Brandenburgisches Jugendstrafvollzugsgesetz – BbgJStVollzG) v. 18.12.2007 (GVBl. I Nr. 20/2007, S. 348); Gesetz über den Vollzug der Jugendstrafe im Land Bremen (Bremisches Jugendstrafvollzugsgesetz – BremJStVollzG) v. 27.3.2007 (GBl. Nr. 19/2007, S. 233); Hessisches Jugendstrafvollzugsgesetz (HessJStVollzG) v. 19.11.2007 (GVBl. I Nr. 25/2007, S. 758); Gesetz über den Vollzug der Jugendstrafe (Jugendstrafvollzugsgesetz Mecklenburg-Vorpommern – JStVollzG M-V) v. 14.12.2007 (GVBl. Nr. 19/2007, S. 427); Gesetz zur Regelung des Jugendstrafvollzuges in Nordrhein-Westfalen (Jugendstrafvollzugsgesetz Nordrhein-Westfalen – JStVollzG NRW) v. 20.11.2007 (GVBl. Nr. 27/2007, S. 539); Gesetz über den Vollzug der Jugendstrafe (Saarländisches Jugendstrafvollzugsgesetz – SJStVollzG) v. 30.10.2007 (Abl. 2007, S. 2370); Sächsisches Gesetz über den Vollzug der Jugendstrafe (Sächsisches Jugendstrafvollzugsgesetz – SächsJStVollzG) v. 12.12.2007 (Sächs. GVBl. Nr. 16/2007, S. 558); Thüringer Gesetz über den Vollzug der Jugendstrafe (Thüringer Jugendstrafvollzugsgesetz – ThürJStVollzG) v. 20.12.2007 (GVBl. Nr. 13/2007, S. 221); Landesjugendstrafvollzugsgesetz Rheinland-Pfalz (LJStVollzG RLP) v. 3.12.2007 (GVBl. Nr. 16/2007, S. 252); Gesetz über den Vollzug der Jugendstrafe in Sachsen-Anhalt (Jugendstrafvollzugsgesetz Sachsen-Anhalt – JStVollzG LSA) v. 7.12.2007 (GVBl. LSA Nr. 30/2007, S. 368); Gesetz über den Vollzug der Jugendstrafe in Schleswig-Holstein – Jugendstrafvollzugsgesetz – (JStVollzG S-H) v. 19.12.2007 (GVBl. Nr. 21, S. 563); zu den Wirkungen der Gesetze Haderlein, 2013, S. 367 f.; Vogel, 2013, S. 365 f.

[104] Gesetz über den Vollzug der Freiheitsstrafe, der Jugendstrafe und der Sicherungsverwahrung (Bayerisches Strafvollzugsgesetz – BayStVollzG) vom 10.12.2007 (BayGVBl. Nr. 28/2007, S. 866); dazu Markert, 2012, S. 126 ff.; Schwirzer, 2008, S. 309 ff.; Sußner, 2009, S. 189 ff.

[105] Gesetz über den Vollzug der Freiheitsstrafe, der Jugendstrafe und der Sicherungsverwahrung (Hamburgisches Strafvollzugsgesetz – HmbStVollzG) vom 14.12.2007 (HmbGVBl. Nr. 47/2007, S. 471).

[106] Gesetz zur Neuregelung des Justizvollzuges in Niedersachsen (Niedersächsisches Justizvollzugsgesetz – NJVollzG) vom 14.12.2007 (Nds.GVBl. Nr. 41/2007, S. 720).

[107] Dazu Dünkel/Pörksen, 2007, S. 55.

[108] Gesetz über den Vollzug der Jugendstrafe in Hamburg (Hamburgisches Jugendstrafvollzugsgesetz – HmbJStVollzG) v. 14.7.2009 (HmbGVBl. Nr. 35/2009, S. 280); dazu Dressel, 2009, S. 146 ff.

[109] Gesetzbuch über den Justizvollzug in Baden-Württemberg (Justizvollzugsgesetzbuch – JVollzGB BW) v. 10.11.2009 (GBl. Nr. 19/2009, S. 545).

[110] Gesetz über den Vollzug der Freiheitsstrafe, der Jugendstrafe und der Untersuchungshaft im Land Brandenburg (Brandenburgisches Justizvollzugsgesetz – BbgJVollzG) v. 24.4.2013 (GVBl. Nr. 14/2013 I, S. 1).

über den Vollzug der Freiheitsstrafe, der Jugendstrafe und der Untersuchungshaft. Seit 1.6.2013 gilt auch in Rheinland-Pfalz ein Landesjustizvollzugsgesetz,[111] welches die Bereiche des Freiheitsstrafenvollzugs, desjenigen der Jugendstrafe sowie von Untersuchungshaft umfasst und damit sogleich das dortige Jugendstrafvollzugsgesetz abgelöst hat. Ein ähnliches Vorhaben hat Thüringen umgesetzt: Mit Inkrafttreten des Thüringer Justizvollzugsgesetzbuches am 7.3.2014[112] wurde das Jugendstrafvollzugsgesetz aus dem Jahr 2007 obsolet. Einige andere Länder haben die Gesetze mittlerweile in zum Teil extensiver Weise geändert.[113]

Um einer Rechtszersplitterung entgegenzuwirken, entschieden sich die Gesetzgeber der Länder Berlin, Brandenburg, Bremen, Mecklenburg-Vorpommern, Rheinland-Pfalz, Sachsen-Anhalt, Saarland, Sachsen, Schleswig-Holstein und Thüringen zunächst dafür, eine möglichst einheitliche Fassung der Jugendstrafvollzugsgesetze zu verabschieden. Gleichwohl weisen auch die Jugendstrafvollzugsgesetze dieser Länder Einzelfragen betreffend zum Teil gravierende Abweichungen voneinander auf. Im Übrigen präsentieren sich die Jugendstrafvollzugsgesetze durchaus als Realisierung landespolitischer Autonomie.[114]

11.3.3 Vollzugsgrundsätze und Vollzugsorganisation

Die Landes-Jugendstrafvollzugsgesetze regeln zunächst Ziel und Aufgabe des Jugendstrafvollzugs. Ferner werden vorab Gestaltungsgrundsätze und Stellung des Gefangenen normiert, ebenso das Trennungsprinzip.

932

---

[111] Landesjustizvollzugsgesetz (LJVollzG RLP) v. 8.5.2013 (GVBl. Nr. 7/2013, S. 79).

[112] Thüringer Justizvollzugsgesetzbuch (ThürJVollzGB) v. 27.2.2014 (GVBl. Nr. 2/2014, S. 13).

[113] Namentlich durch folgende Vorschriften: Baden-Württemberg: Art. 5 Gesetz zur Schaffung einer grundgesetzkonformen Rechtsgrundlage für den Vollzug der Sicherungsverwahrung in Baden-Württemberg v. 14.11.2012 (GBl. Nr. 17/2012, S. 604); Bayern: Art. 99 BaySvVollzG v. 22.5.2013 (BayGVBl. Nr. 10/2013, S. 295); Berlin: § 80 JVollzDSG Bln; Hamburg: Art. 3 HmbSVVollzG v. 21.5.2013 (HmbGVBl. Nr. 19/2013, S. 238); Hessen: Art. 3 Gesetz zur Schaffung und Änderung hessischer Vollzugsgesetze v. 28.6.2010 (GVBl. Nr. 12/2010 I, S. 226) sowie Art. 3 Zweites Gesetz zur Schaffung und Änderung hessischer Vollzugsgesetze v. 5.3.2013 (GVBl. Nr. 4/2013 I, S. 73); Niedersachsen: Art. 2 Gesetz zur Neuregelung des Vollzuges der Unterbringung in der Sicherungsverwahrung in Niedersachsen v. 12.12.2012 (Nds.GVBl. Nr. 32/2012, S. 585); Nordrhein-Westfalen: Gesetz zur Änderung des JStVollzG NRW v. 8.12.2009 (GVBl. Nr. 36/2009, S. 762); Saarland: Art. 2 Gesetz Nr. 1804 zur Neuregelung des Vollzuges der Freiheitsstrafe im Saarland v. 24.4.2013 (Abl. Nr. 11/2013, S. 141); Sachsen: Art. 3 Gesetz über den Vollzug der Untersuchungshaft sowie zur Änderung weiterer Gesetze v. 14.12.2010 (GVBl. Nr. 17/2010, S. 431) sowie Art. 2 Gesetz über den Vollzug der Freiheitsstrafe und des Strafarrests im Freistaat Sachsen sowie zur Änderung weiterer Gesetze v. 16.5.2013 (GVBl. Nr. 5/2013, S. 274); Schleswig-Holstein: Art. 3 Gesetz über den Vollzug der Sicherungsverwahrung und zur Änderung weiterer Gesetze v. 15.5.2013 (GVBl. Nr. 7/2013, S. 199).

[114] Eisenberg, 2008b, S. 251; siehe auch Feest/Bammann, 2011, S. 535 ff.; Höynck/Hagemann u. a., 2008, S. 159 ff.; zur Gefahr eines „Gefangenentourismus" Ostendorf, 2008b, S. 14.

11.3.3.1 Vollzugszielvorgabe

933 Nach den meisten Landes-Jugendstrafvollzugsgesetzen dient der Vollzug der Jugendstrafe dem Ziel, die Gefangenen zu befähigen, künftig in sozialer Verantwortung ein Leben ohne Straftaten zu führen.[115] Damit zusammen hängt das in § 2 Abs. 1 S. 2 JGG verankerte Prinzip, das Jugendstrafrecht insgesamt einschließlich des Jugendstrafvollzugs am **Erziehungsgedanken** zu orientieren.[116] Der Grundsatz betrifft alle Mitarbeiter des Vollzugs und dient ihnen als Leitlinie bei der Erfüllung ihrer Aufgaben. Der **Ausrichtung auf künftiges Legalverhalten** kommt im Rahmen des Jugendstrafvollzugs eine noch größere Bedeutung zu als im Erwachsenenvollzug. Jedoch gilt es auch im Vollzug der Jugendstrafe, die Einwirkung dem Subsidiaritätsprinzip sowie dem Verhältnismäßigkeitsgrundsatz entsprechend insoweit zu beschränken, als dies ein Leben ohne künftige deliktische Handlungen erfordert.[117] Anzutreffen sind im Jugendstrafvollzug allerdings überwiegend Jugendliche, die bereits mehrfach in strafrechtlicher Hinsicht in Erscheinung getreten sind. Deren abweichendes Verhalten lässt sich nicht bloß auf Erziehungsmängel zurückführen. Die Gründe sind stattdessen vielschichtig, so dass ein schwerpunktmäßiges Ansetzen an jenen Defiziten zwar hilfreich, jedoch keineswegs ausreichend ist.[118]

> Abweichend von den übrigen Landesgesetzen normiert Bayern in Art. 121 S. 2 BayStVollzG lediglich einen **Erziehungsauftrag** mit derselben Zweckrichtung, ohne diesen als „Vollzugsziel" zu bezeichnen. § 2 S. 1 HmbJStVollzG spricht zwar vom Vollzugsziel, stellt dieses jedoch unter die – auch in Bayern gewählte – Überschrift „Aufgaben des Vollzuges". § 1 JVollzGB IV BW, § 2 Abs. 1 HessJStVollzG und § 2 Abs. 1 SJStVollzG bezeichnen den Vollzugszweck als „Erziehungsziel".[119] Skurril im Hinblick auf die Vollzugspopulation wie das Gebot staatlicher Zurückhaltung in Glaubensfragen wirkt § 2 Abs. 2 JVollzGB IV BW, wenn dort die Erziehung u. a. in Ehrfurcht vor Gott, im Geist der christlichen Nächstenliebe und in der Liebe zu Volk und Heimat propagiert wird.[120] Auch in Sachsen soll zu Nächsten- und Heimatliebe erzogen werden, ferner u. a. zum Frieden, zur Erhaltung der Umwelt, zu sittlichem und politischem Verantwortungsbewusstsein sowie zu freiheitlicher demokratischer Haltung (§ 3 Abs. 1 S. 3 SächsJStVollzG).

934 Daneben benennen die meisten Landes-Jugendstrafvollzugsgesetze als **Aufgabe** des Jugendstrafvollzugs den **Schutz der Allgemeinheit** vor weiteren Straftaten (bspw. § 2 S. 2 JStVollzG Bln). Dieses Postulat wird dabei der Zielvorgabe des Jugendstrafvollzugs bzw. dem Erziehungsauftrag von einigen Ländern ausdrücklich

---

[115] § 1 JVollzGB IV BW, § 2 S. 1 JStVollzG Bln, § 2 S. 1 BbgJVollzG, § 2 S. 1 BremJStVollzG, § 2 Abs. 1 HessJStVollzG, § 2 S. 1 JStVollzG M-V, § 113 S. 1 NJVollzG, § 2 Abs. 1 JStVollzG NRW, § 2 S. 1 LJVollzG RLP, § 2 Abs. 1 SJStVollzG, § 2 S. 1 SächsJStVollzG, § 2 S. 1 JStVollzG LSA, § 2 S. 1 JStVollzG S-H, § 2 Abs. 1 S. 1 ThürJVollzGB.

[116] Walter J., 2006, S. 95; zum Erziehungsgedanken im Jugendstrafrecht siehe Dünkel, 2008a, S. 2; Schlüchter, 1994, S. 31 ff.; Sonnen, 2007, S. 51; Streng, 1994, S. 60 ff.

[117] Dünkel, 1990a, S. 131 f.; Dünkel/Pörksen, 2007, S. 57; Eisenberg, 2008, S. 251; ders., 2014, § 5 Rdn. 5.

[118] Walter J., 2006, S. 95; vgl. ferner ders., 2003a, S. 139 f. zur Erweiterung sozialer Kompetenzen im Jugendstrafvollzug.

[119] Zur Terminologie Ostendorf, 2008b, S. 15; ders., 2012, S. 101 ff.

[120] Krit. etwa Diemer/Schatz/Sonnen, 2011, § 3 JStVollzG Rdn. 5; Streng, 2012, S. 254.

gleichgestellt,[121] in Baden-Württemberg und Bayern sogar vorangestellt[122] und in Baden-Württemberg sowie in Niedersachsen zudem nicht nur als Aufgabe, sondern als Ziel des Vollzuges bezeichnet.[123] Mit dem Erziehungsgedanken des Jugendstrafrechts sowie mit dem verfassungsgerichtlichen Leitmotiv, den Jugendstrafvollzug auf das Sozialisierungsziel auszurichten, erscheint eine derartige Entwertung der Vollzugszielvorgabe indes kaum vereinbar.[124]

11.3.3.2 Gestaltungsgrundsätze und Stellung des Gefangenen

Auch im Vollzug der Jugendstrafe gelten als Gestaltungsprinzipien[125] die **Grundsätze der Angleichung, Gegensteuerung und Integration**.[126] Wie beim Vollzug der Freiheitsstrafe an Erwachsenen gewähren diese den Inhaftierten allerdings keine unmittelbaren Rechte, sondern richten sich in erster Linie an die Vollzugsbehörde.

Insbesondere der Gegensteuerungsgrundsatz gewinnt im Jugendstrafvollzug verstärkt an Bedeutung, weil die in ihrem Charakter noch nicht gefestigten Jugendlichen in besonderem Maße anfällig für die negativen und schädlichen mit dem Strafvollzug einhergehenden Folgen sind.[127] Die Gestaltungsgrundsätze müssen als eine Mindestgrenze begriffen werden, welche die Bedingungen optimaler Förderung der jungen Inhaftierten herstellen soll. Hierzu zählt vor allem die Schaffung eines gewaltfreien Vollzugsklimas, das ein positives Lernen begünstigt.[128] Dabei schreibt die überwiegende Mehrzahl der Landesgesetze eine erzieherische Gestaltung des Jugendstrafvollzugs explizit vor (beispielhaft § 3 Abs. 1 JStVollzG Bln, § 9 BbgJVollzG, § 114 Abs. 1 NJVollzG, § 9 LJVollzG RLP, § 9 ThürJVollzGB), wobei manche Länder in diesem Zusammenhang vom „Erziehungsauftrag" sprechen (etwa § 3 JStVollzG Bln, § 3 HmbStVollzG, § 3 SJVollzG, § 3 SächsJStVollzG, § 3 JStVollzG LSA, jeweils in der Überschrift).

Darüber hinaus wird eine **Mitwirkungspflicht** des jungen Inhaftierten bei der Erreichung des Vollzugsziels sowie – in Brandenburg, Rheinland-Pfalz und Thü-

---

[121] So z. B. vom BbgJVollzG, BremJStVollzG, HmbJStVollzG, HessJStVollzG, JStVollzG M-V, NJVollzG, JStVollzG NRW, LJVollzG RLP, SJVollzG, SächsJStVollzG, JStVollzG LSA, JStVollzG S-H, ThürJVollzGB.
[122] § 2 Abs. 1 S. 1 JVollzGB I BW, Art. 121 Abs. 1 BayStVollzG.
[123] Siehe die amtlichen Überschriften von § 2 JVollzGB I BW n.F. und 131 NJVollzG.
[124] Vgl. Dünkel, 2008a, S. 2; Feest/Bammann, 2011, S. 536 f.; Kühl J., 2012, S. 55 ff.; Markert, 2012, S. 128 ff.; Meier/Rössner/Schöch, 2013, S. 296; Ostendorf, 2008b, S. 15; Sonnen, 2007b, S. 52 f.; Streng, 2012, S. 254; a. A. Schneider R., 2010, S. 83 ff.
[125] Dazu Laubenthal, 2015, Rdn. 138.
[126] § 2 Abs. 3 u. 4 JVollzGB IV BW; Art. 5 Abs. 1–3, 122 BayStVollzG; § 3 Abs. 3 JStVollzG Bln; §§ 7 Abs. 1 u. 2, 8 Abs. 2, 3 u. 5 BbgJVollzG; § 3 Abs. 3 BremJStVollzG; § 3 Abs. 2 HmbJStVollzG; § 3 Abs. 2 HessJStVollzG; § 2 NJVollzG; § 3 Abs. 2 JStVollzG NRW; §§ 7 Abs. 1 u. 2 S. 1, 8 Abs. 2 u. 5 LJVollzG RLP; § 3 Abs. 3 SJVollzG; § 3 Abs. 4 SächsJStVollzG; § 3 Abs. 3 JStVollzG LSA; § 3 Abs. 3 JStVollzG S-H; §§ 7, 8 Abs. 2 u. 4 ThürJVollzGB.
[127] Vgl. etwa Süddeutsche Zeitung vom 24.10.2007, S. 37.
[128] Ausdrücklich etwa § 2 Abs. 4 S. 2 JVollzGB IV BW, § 3 Abs. 3 S. 3 JStVollzG Bln, § 7 Abs. 3 2. Alt. BbgJVollzG, § 3 Abs. 3 S. 3 HmbJStVollzG, § 3 Abs. 3 S. 5 JStVollzG LSA; siehe auch § 44 Abs. 1 S. 3 HessJStVollzG, § 83 Abs. 1 S. 2 LJVollzG RLP, § 62 Abs. 1 S. 2 SJVollzG, § 64 Abs. 1 S. 3 SächsJStVollzG, § 83 Abs. 1 ThürJVollzGB.

ringen – speziell an den im Vollzugsplan für erforderlich erklärten Maßnahmen normiert; Baden-Württemberg gesteht ihm zudem ein Mitwirkungsrecht zu.[129] Das sächsische Gesetz spricht zurückhaltender von einer Obliegenheit (§ 4 Abs. 1 SächsJStVollzG).

Indes verleiten derartige Mitwirkungspflichten die jungen Inhaftierten oftmals zu oberflächlichen und der Erreichung des vollzuglichen Erziehungs- bzw. Sozialisationsziels nicht förderlichen Anpassungsstrategien. Zudem bleibt es verfassungsrechtlich bedenklich, solche Pflichten zur Mitwirkung an der eigenen Bestrafung festzuschreiben. Jedem Gefangenen muss insoweit das Recht zustehen, die Kooperation daran zu verweigern,[130] vor allem weil Pflichtverletzungen die Verhängung von Disziplinarmaßnahmen nach sich ziehen können. Indes bleibt die allgemeine Mitwirkungspflicht inhaltlich zu unbestimmt, als dass an ihre Verletzung disziplinarische Folgen geknüpft werden könnten.[131] Hamburg hat diesen Bedenken durch § 86 Abs. 2 S. 2 HmbJStVollzG Rechnung getragen; Sachsen durch die Bezeichnung nicht als Pflicht, sondern als Obliegenheit. Es erscheint ferner zweifelhaft, auf welche Weise der Jugendliche zur Mitwirkung motiviert werden soll, ohne selbst dabei zum bloßen Objekt staatlichen Handelns zu werden.

937   Die Rechtsstellung des Jugendstrafgefangenen regeln die Landes-Jugendstrafvollzugsgesetze in einer weithin dem Erwachsenenvollzug vergleichbaren Art und Weise.[132] Der Gefangene unterliegt nur den gesetzlich vorgesehenen Beschränkungen für die Dauer seiner Inhaftierung. Die meisten Landesgesetze normieren hier eine **Generalklausel**, nach der andere als die ausdrücklich geregelten Beschränkungen dem Inhaftierten allein insoweit auferlegt werden dürfen, als dies zur Abwendung schwerwiegender Störungen der Sicherheit oder Ordnung der Anstalt unerlässlich ist.

11.3.3.3 Trennungsprinzip

938   Dem Trennungsprinzip folgend bestimmen die Landesgesetze eine grundsätzliche **Trennung der Jugendstrafgefangenen von erwachsenen Inhaftierten** im Vollzug der Freiheitsstrafe und damit einhergehend den Vollzug der Jugendstrafe in **besonderen Jugendstrafanstalten**.[133] Für junge weibliche Inhaftierte sehen z. B.

---

[129] § 3 Abs. 1 JVollzGB IV BW; Art. 123 Abs. 2 BayStVollzG; § 4 S. 1 JStVollzG Bln; §§ 6 Abs. 2, 15 Abs. 3 S. 1 BbgJVollzG; § 4 Abs. 1 BremJStVollzG; § 5 Abs. 1 S. 1 HmbJStVollzG; § 4 Abs. 1 HessJStVollzG; § 4 S. 1 JStVollzG M-V; § 4 Abs. 1 JStVollzG NRW; § 114 Abs. 2 NJVollzG; §§ 6 Abs. 2, 15 Abs. 3 S. 1 LJVollzG RLP; § 4 S. 1 SJStVollzG; § 4 S. 1 JStVollzG LSA; § 5 S. 1 JStVollzG S-H; §§ 6 Abs. 2, 15 Abs. 3 ThürJVollzGB.

[130] Ostendorf, 2008b, S. 16; dazu ferner Dünkel/Pörksen, 2007, S. 64; Kühl J., 2012, S. 93 ff.; Pollähne/Woynar, 2014, Rdn. 642.

[131] Vgl. Diemer/Schatz/Sonnen, 2011, § 4 JStVollzG Rdn. 2, 7; Eisenberg, 2014, § 92 Rdn. 44 f.; Ostendorf, 2012, S. 104 ff.; Schneider R., 2010, S. 96.

[132] § 3 Abs. 2 JVollzGB IV BW, Art. 125 BayStVollzG, § 6 JStVollzG Bln, § 4 BbgJVollzG, § 6 BremJStVollzG, § 5 Abs. 3 HmbJStVollzG, § 6 HessJStVollzG, § 6 JStVollzG M-V, § 3 NJVollzG, § 4 Abs. 2 JStVollzG NRW, § 4 LJVollzG RLP, § 6 SJStVollzG, § 6 SächsJStVollzG, § 6 JStVollzG LSA, § 6 JStVollzG S-H, § 4 ThürJVollzGB.

[133] § 3 Abs. 4 Var. 1 JVollzGB I BW, Art. 166 Abs. 1 BayStVollzG, § 98 Abs. 1 S. 1 JStVollzG Bln, § 17 Abs. 1 Nr. 2 BbgJVollzG, § 93 Abs. 2 HmbJStVollzG, § 68 Abs. 1 S. 1 1. Alt. HessJStVollzG,

§ 4 Abs. 4 S. 3 1. Alt. JVollzGB I BW, Art. 139 Abs. 2 S. 1 u. 2 BayStVollzG, § 112 Abs. 2 S. 1 1. Halbs. JStVollzG NRW und § 98 Abs. 4 2. Alt. JStVollzG S-H eine Unterbringung in getrennten Abteilungen einer Justizvollzugsanstalt für Frauen vor,[134] wobei § 4 Abs. 4 S. 3 2. Alt. JVollzGB I BW alternativ die Unterbringung in einer Jugendstrafanstalt für männliche Gefangene gestattet.

Während Bremen auf die Einrichtung besonderer Jugendstrafanstalten verzichtet und in § 98 Abs. 1 S. 1 1. Alt. BremJStVollzG den Vollzug der Jugendstrafe in Teilanstalten einer Anstalt des Erwachsenenvollzugs vorsieht, normieren andere Landesgesetze[135] diese Möglichkeit alternativ zum Vollzug in separaten Jugendstrafanstalten. Einige landesrechtliche Regelungen stellen diesbezüglich beide Möglichkeiten gleich. Bayern, Berlin, Brandenburg, Hamburg, Hessen, Niedersachsen, Nordrhein-Westfalen, Rheinland-Pfalz, das Saarland, Sachsen-Anhalt und Thüringen sehen den Vollzug in Teilanstalten hingegen nicht vor. Die meisten Landes-Jugendstrafvollzugsgesetze eröffnen darüber hinaus die Möglichkeit, Jugendstrafgefangene unter bestimmten Voraussetzungen statt in selbständigen Jugendstrafanstalten in Einrichtungen des Erwachsenenvollzugs unterzubringen – dort allerdings in den meisten Ländern in abgetrennten Abteilungen.[136] Als einzige Vollzugsgesetze enthalten das HmbJStVollzG und das SJStVollzG keinerlei derartige Ausnahmeregelungen, sowohl was den Vollzug in Teilanstalten als auch in gesonderten Abteilungen betrifft, weshalb es beim Grundsatz des Vollzugs ausschließlich in besonderen Jugendstrafanstalten verbleibt. Tatsächlich privilegiert das SJStVollzG insoweit aufgrund des in Rheinland-Pfalz erfolgenden Vollzugs an saarländischen weiblichen Betroffenen aber nur die männlichen Gefangenen, während umgekehrt trotz gesetzlicher Öffnungsmöglichkeit infolge der Vollzugsorganisation die Eigenständigkeit des Jugendstrafvollzugs auch in Mecklenburg-Vorpommern gewahrt bleibt.[137]

Für Fälle der Unterbringung von Jugendstrafgefangenen in Einrichtungen des Erwachsenenvollzugs gibt z. B. § 98 Abs. 1 S. 6 JStVollzG Bln[138] vor, dass dann der Strafvollzug an den jungen Gefangenen nach den Vorschriften des Jugendstrafvollzugsgesetzes erfolgen muss. Art. 139 Abs. 2 S. 4 BayStVollzG und § 112 Abs. 2 S. 2 JStVollzG NRW treffen dieselbe Anordnung für die Unterbringung weiblicher Jugendlicher in Justizvollzugsanstalten für Frauen. Trotz der Möglichkeit des Vollzugs in anderen Anstalten als solchen des Jugendstrafvollzugs enthalten dagegen das HessJStVollzG, das JStVollzG M-V und das NJVollzG keine diesbezügliche Klarstellung. Hamburg und das Saarland benötigen man-

939

940

---

§ 98 Abs. 1 1. Alt. JStVollzG M-V, § 112 Abs. 1 S. 1 JStVollzG NRW, § 170 Abs. 2 1. Alt. NJVollzG, § 17 Abs. 1 Nr. 2 LJVollzG RLP, § 98 Abs. 1 S. 1 Var. 1 SächsJStVollzG, § 108 Abs. 1 S. 1 1. Alt. JStVollzG LSA, § 98 Abs. 1 S. 1 Var. 1 JStVollzG S-H, § 17 Abs. 1 Nr. 2 ThürJVollzGB; vgl. dazu auch Kamann, 2009, S. 47 f.

[134] Dazu Kamann, 2009, S. 48; Ostendorf, 2008b, S. 15.

[135] § 3 Abs. 4 Var. 2 JVollzGB I BW, § 98 Abs. 1 2. Alt. JStVollzG M-V, § 98 Abs. 1 S. 1 Var. 2 SächsJStVollzG, § 98 Abs. 1 S. 1 Var. 2 JStVollzG S-H.

[136] §§ 3 Abs. 4 Var. 3, 4 Abs. 5 S. 1 JVollzGB I BW; Art. 139 Abs. 2 S. 3 BayStVollzG; § 98 Abs. 1 S. 2 JStVollzG Bln; § 17 Abs. 3 BbgJVollzG; § 98 Abs. 1 S. 1 2. Alt. BremJStVollzG; § 68 Abs. 1 S. 1 2. Alt. HessJStVollzG; § 170 Abs. 2 2. Alt. NJVollzG; § 17 Abs. 3 LJVollzG RLP; § 98 Abs. 1 S. 1 Var. 3 SächsJStVollzG; § 108 Abs. 1 S. 1 2. Alt. JStVollzG LSA; § 98 Abs. 1 S. 1 Var. 3 JStVollzG S-H; § 17 Abs. 1 S. 2 ThürJVollzGB; krit. Jehle/Werner, 2012, S. 428.

[137] Hierzu näher Walter/Kirchner, in: Ostendorf, 2012, S. 708.

[138] Ebenso § 4 Abs. 5 S. 2 JVollzGB I BW, Art. 139 Abs. 2 S. 4 BayStVollzG, § 98 Abs. 1 S. 4 BremJStVollzG, § 98 Abs. 1 S. 4 SächsJStVollzG, § 108 Abs. 1 S. 2 2. Halbs. JStVollzG LSA, § 98 Abs. 1 S. 3 JStVollzG S-H, § 17 Abs. 3 S. 2 ThürJVollzGB; vgl. auch § 17 Abs. 3 S. 2 BbgJVollzG, § 17 Abs. 3 S. 2 LJVollzG RLP.

gels Zulässigkeit des Vollzugs der Jugendstrafe in anderen Anstalten als Jugendstrafanstalten eine derartige Regelung nicht.

Die strengste Einhaltung des Trennungsgrundsatzes sehen folglich das HmbJStVollzG und das SJStVollzG vor, welche – weil sie weder den Vollzug in Teilanstalten noch in separaten Abteilungen von Anstalten des Erwachsenenvollzugs zulassen – keine andere Unterbringung als diejenige in besonderen Jugendstrafanstalten kennen. Im Rahmen einer Soll-Vorschrift strebt schließlich Baden-Württemberg im Jugendstrafvollzug die Binnen-Differenzierung zwischen Jugendlichen, Heranwachsenden und jungen Erwachsenen an, § 4 Abs. 4 S. 1 JVollzGB I BW.

941 Die schwerwiegendsten **Ausnahmen** vom Grundsatz der Trennung erlaubt u. a. § 171 Abs. 2 S. 3 NJVollzG,[139] denn diese Norm lässt die Möglichkeit einer gemeinsamen Unterbringung von Jugendlichen und Erwachsenen zu.

942 Die in Jugendstrafanstalten gegenüber dem Freiheitsstrafenvollzug regelmäßig bestehende Möglichkeit intensiverer Betreuung gibt aber den Betroffenen dort ein höheres Maß an sozialer Sicherheit. Durch die Trennung soll ein wesentlicher Teil der schädlichen Einflüsse des allgemeinen Strafvollzugs von den jungen Inhaftierten ferngehalten werden – durch den Sondervollzug von Jugendstrafen vor allem die unerwünschte Beeinflussung seitens der erwachsenen Gefangenen im Vollzug von Freiheitsstrafen. Um dem Trennungsgebot faktisch gerecht zu werden, reicht es deshalb regelmäßig nicht aus, die Trennung der jungen Verurteilten durch die Einrichtung von besonderen Unterkunftsabteilungen für junge Strafgefangene in allgemeinen Justizvollzugsanstalten realisieren zu wollen, in denen auch Erwachsene ihre Freiheitsstrafe nach den Vorschriften der Strafvollzugsgesetze verbüßen.

943 Es genügt auch nicht den mit dem Trennungsgrundsatz verbundenen Anforderungen, die Jugendstrafe in einem separaten Gebäude oder einem Gebäudetrakt auf dem Gelände einer Anstalt für Erwachsene durchzuführen, wenn nicht eine strikte Trennung der erwachsenen Gefangenen von den Jugendstrafgefangenen in allen Lebensbereichen innerhalb der Anstalt, also vor allem bei Arbeit und Freizeit, ärztlicher Versorgung, Kirchgang, dem Aufenthalt im Freien und beim Sport, erfolgen kann. Nur sofern diese Trennung möglich ist, dürfen räumlich eine Jugendstrafanstalt und eine Erwachsenenstrafanstalt auf einem Gelände mit einer für beide nutzbaren Infrastruktur betrieben werden. Denn mit dem besonderen Jugendstrafvollzug wird den spezifischen Bedürfnissen und Hilfenotwendigkeiten Rechnung getragen, die verurteilte junge Menschen haben.

Deshalb stellen alle Landes-Jugendstrafvollzugsgesetze – im Gegensatz zum Erwachsenenvollzug – auch an das vollzugliche Personal in Jugendstrafanstalten besondere Anforderungen. Die Bediensteten müssen für die Erziehungsaufgabe geeignet und ausgebildet sein.[140] Die sorgfältige Auswahl des entsprechenden Perso-

---

[139] Daneben Art. 139 Abs. 2 S. 2 u. 3 BayStVollzG, § 17 Abs. 3 S. 1 BbgJVollzG, § 98 Abs. 1 S. 2 BremJStVollzG, § 98 Abs. 1 S. 2 SächsJStVollzG, § 17 Abs. 3 S. 1 LJVollzG RLP und § 17 Abs. 3 S. 1 ThürJVollzGB.

[140] § 12 Abs. 3 JVollzGB I BW, Art. 157 BayStVollzG, § 110 Abs. 1 S. 2 BbgJVollzG, § 102 S. 2 JStVollzG Bln, § 102 S. 2 BremJStVollzG, § 101 Abs. 2 S. 2 HmbJStVollzG, § 72 Abs. 3 S. 1 HessJStVollzG, § 102 S. 2 JStVollzG M-V, § 177 Abs. 2 S. 1 NJVollzG, § 119 Abs. 1 S. 2 JStVollzG NRW, § 107 Abs. 1 S. 2 LJVollzG RLP, § 102 S. 2 SJStVollzG, § 102 Abs. 2 S. 2 SächsJStVollzG, § 112 S. 2 JStVollzG LSA, § 102 S. 2 JStVollzG S-H, § 108 Abs. 2 S. 2 ThürJVollzGB.

nals anhand spezifischer Kriterien allein ist jedoch nicht geeignet, über die mit einer gemeinsamen Unterbringung von Jugendlichen und Erwachsenen verbundenen Risiken hinwegzuhelfen.

11.3.4 Vollzugsablauf

Zur Regelung des Vollzugsablaufs, also der Zeitspanne von Haftantritt bis zur Entlassung einschließlich vollzuglicher Nachsorge, treffen die Gesetze der Länder Bestimmungen weitgehend zu denselben Gegenständen. 944
Hierzu gehören:

- Strafantritt, Aufnahmeverfahren inklusive Vollzugsplanung;
- Unterbringung und Versorgung der Inhaftierten;
- Schule, Ausbildung und Weiterbildung;
- Freizeit und Sport;
- Religionsausübung;
- Besuche, Schriftwechsel und Telekommunikation;
- Entlassung, Entlassungsvorbereitung und vollzugliche Nachsorge.

11.3.4.1 Haftantritt und Entlassung

Der Jugendstrafvollzug beginnt, wie auch der Erwachsenenvollzug, mit der **Eingangsuntersuchung**, der Behandlungsuntersuchung (Hamburg) bzw. – so die meisten Gesetze – dem Diagnoseverfahren, wobei die hierbei gewonnenen Ergebnisse maßgebend für die Erstellung des **Vollzugsplans** (bzw. Erziehungsplans in Baden-Württemberg oder Förderplans in Hessen und Niedersachsen) sind.[141] 945

> Die Landes-Jugendstrafvollzugsgesetze regeln die Inhalte des zu erstellenden Vollzugsplans allerdings recht unterschiedlich. Bspw. machen § 5 JVollzGB IV BW, § 117 Abs. 1 S. 2 NJVollzG bestimmte Mindestvorgaben, über die etwa § 11 Abs. 3 JStVollzG Bln, § 10 Abs. 4 HessJStVollzG, § 15 Abs. 1 S. 1 BbgJVollzG, § 12 Abs. 3 JStVollzG NRW, § 15 Abs. 1 S. 1 LJVollzG RLP, § 11a Abs. 1 S. 1 SächsJStVollzG, § 15 Abs. 1 S. 1 ThürJVollzGB noch hinaus gehen. In Bayern verweisen dagegen Art. 130 Abs. 1 i. V. m. Art. 9 Abs. 1 S. 3 BayStVollzG für Einzelheiten auf Verwaltungsvorschriften.

Mit dem Jugendlichen wird ein Aufnahme-, Erst- oder Zugangsgespräch geführt.[142] 946
Dieses dient dazu, die gegenwärtige Lebenssituation des Jugendlichen zu erörtern

---

[141] § 5 JVollzGB IV BW, Art. 129 f. BayStVollzG, §§ 10 f. JStVollzG Bln, §§ 13–15 BbgJVollzG, §§ 10 f. BremJStVollzG, §§ 7 f. HmbJStVollzG, §§ 9 f. HessJStVollzG, §§ 10 f. JStVollzG M-V, § 117 NJVollzG, §§ 11 f. JStVollzG NRW, §§ 13–15 LJVollzG RLP, §§ 10 f. SJStVollzG, §§ 10–11a SächsJStVollzG, §§ 10 f. JStVollzG LSA, §§ 10 f. JStVollzG S-H, §§ 13–15 ThürJVollzGB; dazu auch Walter J., 2013, S. 177 ff.

[142] Art. 7 Abs. 2 S. 2, 128 S. 1 BayStVollzG; § 9 Abs. 1 S. 1 JStVollzG Bln; § 12 Abs. 1 S. 1 BbgJVollzG; § 9 Abs. 1 S. 1 BremJStVollzG; § 6 Abs. 1 S. 1 HmbJStVollzG; § 8 Abs. 1 S. 1 1. Halbs. HessJStVollzG; § 9 Abs. 1 S. 1 JStVollzG M-V; §§ 8 Abs. 2 S. 2, 116 S. 2 NJVollzG; §§ 8, 10 Abs. 2 S. 1 JStVollzG NRW; § 12 Abs. 1 S. 1 LJVollzG RLP; § 9 Abs. 1 S. 1 SJStVollzG; § 9

und ihn über seine Rechte und Pflichten zu informieren. Andere Gefangene dürfen bei dem Gespräch nicht zugegen sein (vgl. etwa § 4 Abs. 1 S. 3 JVollzGB IV BW[143]).

Im Rahmen der Behandlung kommt insbesondere eine **Sozialtherapie** in Betracht.[144] Einige Ländergesetze sehen diese für junge Gefangene oder zumindest für bestimmte Tätergruppen (Sexual- bzw. Gewalttäter) in teilweise großzügigerer Weise vor, als dies nach den Vorschriften über den Erwachsenenvollzug[145] der Fall ist.[146] Am weitesten reichen insgesamt die Regelungen in Sachsen und Sachsen-Anhalt, denen zufolge bei Indikation sogar alle jungen Gefangenen – in Sachsen-Anhalt allerdings nur mit ihrer Zustimmung – in die Sozialtherapie verlegt werden sollen (§ 14 Abs. 3 SächsJStVollzG, § 14 Abs. 2 JStVollzG LSA).[147] Neuere Gesetze (§ 26 BbgJVollzG, § 25 LJVollzG RLP, § 14a SächsJStVollzG, § 25 ThürJVollzGB) enthalten gesonderte Bestimmungen zur Psychotherapie.[148]

947 Steht der Haftantritt am Beginn des Vollzugs der Jugendstrafe, so endet dieser mit der **Entlassung**. Maßnahmen der Eingliederungs- (Brandenburg, Hamburg, Rheinland-Pfalz, Sachsen) bzw. **Entlassungsvorbereitung** nehmen angesichts der besonderen Bedeutung des Vollzugsziels eine herausgehobene Position ein. Jüngere Normen tragen dem durch spezielle Vorgaben für die Anpassung des Vollzugsplans Rechnung (§ 15 Abs. 4 BbgJVollzG, § 15 Abs. 4 LJVollzG RLP, § 11a Abs. 3 SächsJStVollzG, § 15 Abs. 4 ThürJVollzGB). Die Anstalt ist daher dazu verpflichtet, bereits im Vorfeld der Entlassung[149] Maßnahmen zu ergreifen, um dem Jugendlichen die Rückkehr in die Freiheit zu erleichtern. In Betracht kommen dabei:

Abs. 1 S. 1 SächsJStVollzG; § 9 Abs. 1 S. 1 JStVollzG S-H; § 12 Abs. 1 S. 1 ThürJVollzGB; nicht ausdrücklich geregelt in § 4 JVollzGB IV BW, § 10 JStVollzG LSA.

[143] Ebenso § 9 Abs. 2 JStVollzG Bln; § 12 Abs. 2 BbgJVollzG; § 8 Abs. 1 S. 1 2. Halbs. HessJStVollzG; §§ 8 Abs. 3 S. 1, 116 S. 2 NJVollzG; § 10 Abs. 1 JStVollzG NRW; § 12 Abs. 2 LJVollzG RLP; § 9 Abs. 3 SächsJStVollzG; § 9 Abs. 1 JStVollzG LSA; § 12 Abs. 2 ThürJVollzGB; großzügiger § 9 Abs. 2 BremJStVollzG, § 6 Abs. 3 HmbJStVollzG, § 9 Abs. 2 JStVollzG M-V, § 9 Abs. 2 SJStVollzG, § 9 Abs. 2 JStVollzG S-H; nicht ausdrücklich geregelt in Bayern.

[144] Allgemein zur Sozialtherapie im Jugendstrafvollzug etwa Hüdepohl, 2011, S. 383 ff.; Ostendorf, 2012, S. 131 ff.; Suhling, 2008, S. 330 ff. Legaldefinitionen bieten § 25 Abs. 1 BbgJVollzG, § 24 Abs. 1 LJVollzG RLP, § 24 Abs. 1 SächsJStVollzG und § 24 Abs. 1 ThürJVollzGB.

[145] Dazu Laubenthal, 2015, Rdn. 591 ff.

[146] Zwingende Regelungen in Art. 132 Abs. 1 BayStVollzG, § 25 Abs. 2 BbgJVollzG, § 10 Abs. 1 HmbJStVollzG, § 132 Abs. 1 i. V. m. § 104 Abs. 1 NJVollzG, § 14 Abs. 1 JStVollzG NRW (nur mit Zustimmung des Gefangenen), § 24 Abs. 2 LJVollzG RLP, § 14 Abs. 2 SächsJStVollzG, § 14 Abs. 1 JStVollzG LSA, § 24 Abs. 2 ThürJVollzGB; ausschließlich Kann-Bestimmungen enthalten § 8 JVollzGB IV BW, § 14 JStVollzG Bln, § 14 BremJStVollzG, § 12 Abs. 1 HessJStVollzG, § 14 JStVollzG M-V, § 14 SJStVollzG, § 14 JStVollzG S-H; siehe auch Schneider R., 2010, S. 160 ff.

[147] Eine weitere Soll-Vorschrift, freilich nur bezogen auf eine spezielle Gruppe, findet sich in Art. 132 Abs. 2 BayStVollzG.

[148] Zu deren Bedeutung Eisenberg, 2014, § 92 Rdn. 59; HK-JGG/Jung-Silberreis, 2014, Anhang Rdn. 147 ff.; zur Gestaltung Kröper, 2008, S. 118.

[149] Die Landes-Jugendstrafvollzugsgesetze sehen hier durchaus verschiedene Fristen und Zeiträume vor: bspw. sechs Monate nach § 83 Abs. 1 JVollzGB IV BW, § 19 Abs. 1 S. 1 JStVollzG Bln sowie § 16 Abs. 1 S. 1 HessJStVollzG, sogar ein Jahr nach § 15 Abs. 4 S. 1 BbgJVollzG, § 15 Abs. 4 S. 1 LJVollzG RLP, § 11a Abs. 3 S. 1 SächsJStVollzG und § 15 Abs. 4 S. 1 ThürJVollzGB,

11.3 Jugendstrafvollzug

- Zusammenarbeit mit Organisationen und Vereinen. Dem zu Entlassenden werden Wohnung bzw. Unterbringung sowie Ausbildungs- bzw. Arbeitsstelle vermittelt (z. B. § 83 Abs. 1 JVollzGB IV BW, Art. 136 Abs. 1 BayStVollzG, § 19 Abs. 1 JStVollzG Bln, § 50 Abs. 2 und 6 BbgJVollzG, § 21 Abs. 1 JStVollzG NRW, § 49 Abs. 2 LJVollzG RLP, § 50 Abs. 2 ThürJVollzGB);
- Verlegung in den (heimatnahen, § 19 Abs. 4 S. 3 SächsJStVollzG) offenen Vollzug oder (so Bayern und Brandenburg) in eine Entlassungs- bzw. Eingliederungsabteilung (Art. 136 Abs. 4 BayStVollzG, § 50 Abs. 3 BbgJVollzG);
- Aufenthalt in Übergangseinrichtungen außerhalb des Vollzugs (§ 50 Abs. 4 S. 1 BbgJVollzG, § 49 Abs. 3 S. 1 LJVollzG RLP, § 19 Abs. 3 S. 1 SächsJStVollzG) sowie
- besondere Formen des Urlaubs von der Haft.

So normieren – bei unterschiedlicher Terminologie – bezogen auf den Hafturlaub bzw. die Entlassungsfreistellung oder den Langzeitausgang z. B. § 19 Abs. 3 JStVollzG Bln und § 83 Abs. 2 JVollzGB IV BW bis zu vier Monate, während nach § 50 Abs. 4 S. 2 BbgJVollzG, § 16 Abs. 3 HessJStVollzG, § 119 Abs. 2 NJVollzG, § 49 Abs. 3 S. 3 LJVollzG RLP, § 19 Abs. 3 S. 1 2. Alt. SächsJStVollzG sowie § 50 Abs. 3 S. 1 ThürJVollzGB bis zu sechs Monate möglich sind. Hingegen lässt Art. 136 Abs. 5 BayStVollzG nur bis zu einem Monat zu, § 21 Abs. 3 S. 1 JStVollzG NRW mit zusätzlichen Möglichkeiten gem. S. 2 bis zu zwei Wochen.[150]

Dem Inhaftierten wird darüber hinaus im Rahmen der **Nachsorge** etwa bei der Schuldenregulierung zur Seite gestanden oder sonstige finanzielle Unterstützung geleistet (z. B. Art. 122 i. V. m. Art. 74 ff. BayStVollzG[151]). Zudem können auch bereits im Vollzug begonnene Ausbildungs- oder Behandlungsmaßnahmen nach der Entlassung fortgeführt werden. Dazu – in einigen Ländern wie Baden-Württemberg, Bayern, Brandenburg, Niedersachsen, Nordrhein-Westfalen und Rheinland-Pfalz zudem zur Krisenintervention bzw. aus erzieherischen Gründen – kommen Verbleib oder Wiederaufnahme in der Einrichtung auf freiwilliger Basis in Betracht (etwa § 85 Abs. 3 JVollzGB IV BW, Art. 137 Abs. 2 BayStVollzG, § 22 JStVollzG Bln, § 53 BbgJVollzG, § 22 BremJStVollzG, §§ 18 Abs. 2 u. 3, 35a HmbJStVollzG, § 28 Abs. 1 HessJStVollzG, § 22 JStVollzG M-V, § 126 NJVollzG, § 24 JStVollzG NRW, § 52 LJVollzG RLP, § 22 SJStVollzG, § 22 SächsJStVollzG, § 22 JStVollzG LSA,

948

„frühzeitig" (§ 19 Abs. 1 S. 1 BremJStVollzG, § 19 Abs. 1 S. 1 JStVollzG M-V, § 19 Abs. 2 S. 1 SächsJStVollzG, § 19 Abs. 1 S. 1 JStVollzG LSA), aber gem. Art. 136 Abs. 1 S. 1 BayStVollzG nur „rechtzeitig"; dazu Ostendorf, 2008b, S. 17.

[150] Vgl. i.Ü. Art. 136 BayStVollzG, § 19 JStVollzG Bln, § 50 BbgJVollzG, § 19 BremJStVollzG, §§ 15 f. HmbJStVollzG, § 16 HessJStVollzG, § 19 JStVollzG M-V, § 119 NJVollzG, § 21 JStVollzG NRW, § 49 LJVollzG RLP, § 19 SJStVollzG, § 19 SächsJStVollzG, § 19 JStVollzG LSA, § 19 JStVollzG S-H, § 50 ThürJVollzGB.

[151] Siehe auch §§ 39 Abs. 2, 84 JVollzGB IV BW; §§ 8, 21 JStVollzG Bln; §§ 11, 51 Abs. 4, 52 BbgJVollzG; §§ 8, 21 BremJStVollzG; §§ 17 Abs. 5, 18 Abs. 1 HmbJStVollzG; § 17 Abs. 2 u. 3 HessJStVollzG; §§ 8, 21 JStVollzG M-V; § 132 Abs. 1 i. V. m. § 68 ff. NJVollzG; § 22 JStVollzG NRW; §§ 11, 50 Abs. 4, 51 LJVollzG RLP; §§ 8, 21 SJStVollzG; §§ 8, 21 SächsJStVollzG; §§ 8, 21 JStVollzG LSA; §§ 8, 21 JStVollzG S-H; §§ 11, 51 Abs. 4, 52 ThürJVollzGB.

§ 22 JStVollzG S-H, § 53 ThürJVollzGB). Diese Maßnahmen betreffen unmittelbar die Phase der Entlassung und sind daher von besonderer Bedeutung. Denn mit dem Ende des Strafvollzugs endet zugleich auch die Zuständigkeit der Jugendstrafanstalt, weshalb bis zu diesem Zeitpunkt prinzipiell sämtliche persönlichen, sozialen sowie wirtschaftlichen Angelegenheiten des Inhaftierten abgewickelt sein müssen.

Eine nachgehende Betreuung im Anschluss an die Entlassung wird in erster Linie (nur in Sachsen-Anhalt ausschließlich, § 21 Abs. 1 S. 2 JStVollzG LSA) von außervollzuglichen Stellen wahrgenommen. Solche Hilfestellungen kommen in Betracht, sofern das Vollzugsziel während der Dauer der Haft noch nicht vollständig erreicht werden konnte.[152]

11.3.4.2 Unterbringung und Kleidung

949 Ganz überwiegend bestimmen die Landesgesetze den **Wohngruppenvollzug** für geeignete Gefangene als Regelfall (z. B. § 26 Abs. 1 JStVollzG Bln[153]). Dies trägt der erhöhten Belastung Rechnung, die der Strafvollzug für die Jugendlichen im Vergleich zu Erwachsenen bedeutet.

Die Voraussetzungen der Aufnahme in den Wohngruppenvollzug werden von den meisten Landesgesetzen allerdings nur unbestimmt umschrieben, indem diese an die „Geeignetheit" oder „Gruppenfähigkeit" des Jugendlichen anknüpfen. Indes hat die Beurteilung dieser Frage für die Einstufung des Inhaftierten entscheidende Bedeutung, so dass hier eine klarere Grenzziehung durch Herausbildung von Fallgruppen erforderlich erscheint.[154] Art. 140 Abs. 3 BayStVollzG benennt insofern die Gefährdung der Sicherheit oder Ordnung der Anstalt sowie den wiederholten Missbrauch der Freiräume der Wohngruppe, § 12 Abs. 2 S. 1 JVollzGB IV BW und § 18 Abs. 2 S. 1 HessJStVollzG zusätzlich die Gefährdung von Mitgefangenen.

Die Ausgestaltung der Wohngruppen regeln die meisten Landes-Jugendstrafvollzugsgesetze nicht, die übrigen in unterschiedlicher Weise. Die Größe der Gruppen reicht dabei von acht bis zehn (§ 68 Abs. 4 S. 3 u. 4 HessJStVollzG) über zwölf (§ 20 Abs. 2 S. 1 HmbJStVollzG, § 26 S. 2 SächsJStVollzG) bis zu maximal 15 (§ 23 Abs. 2 S. 1 BbgJVollzG, § 20 Abs. 2 S. 2 HmbJStVollzG, § 20 Abs. 2 S. 3 LJVollzG RLP, § 20 Abs. 2 S. 1 ThürJVollzGB) Personen.[155]

---

[152] Diemer/Schatz/Sonnen, 2011, § 21 JStVollzG Rdn. 2; dazu auch HK-JGG/Jung-Silberreis, 2014, Anhang Rdn. 101 ff.; Matt E., 2011, S. 422 ff.
[153] Ebenso § 12 Abs. 1 JVollzGB IV BW, § 23 Abs. 3 BbgJVollzG, § 26 BremJStVollzG, § 20 Abs. 1 HmbJStVollzG, § 18 Abs. 1 HessJStVollzG, § 26 JStVollzG M-V, § 120 Abs. 1 S. 3 NJVollzG, § 25 Abs. 4 JStVollzG NRW, § 20 Abs. 3 LJVollzG RLP, § 26 SJStVollzG, § 26 SächsJStVollzG, § 26 JStVollzG LSA, § 26 JStVollzG S-H, § 20 Abs. 3 ThürJVollzGB; Art. 140 Abs. 1 BayStVollzG indes stellt die Entscheidung in das Ermessen der Anstalt.
[154] Eisenberg, 2008b, S. 254; siehe auch Werner, 2012, S. 36.
[155] Näher Feest/Bammann, 2011, S. 537; Schneider R. 2010, S. 231 ff.; Walter/Kirchner, in: Ostendorf, 2012, S. 197 ff.

Den Normalfall während der Ruhezeit bildet die Unterbringung in **Einzelhafträumen**. Hierbei kennen die Gesetze allerdings eine nicht geringe Zahl nach Bundesländern unterschiedlicher Ausnahmen.[156]

Die Unterbringung im **offenen Vollzug** sehen die Landesgesetze überwiegend nicht als Regelfall vor.[157] Die meisten Gesetze belassen es bei der Normierung von Soll-Vorschriften.[158] Die fehlende Vorgabe exakter Kriterien durch die Landesgesetze erschwert allerdings an dieser Stelle eine eingehende Prüfung der Voraussetzungen. Bei der Entscheidung über die Verlegung in den offenen bzw. geschlossenen Vollzug bleibt ferner zu bedenken, dass der geschlossene Vollzug die Rückfallgefahr für den Gefangenen erhöht. So liegen die Rückfallquoten bei den im geschlossenen Vollzug untergebrachten Jugendlichen um ein Vielfaches höher als unter denjenigen, die sich im offenen Vollzug befanden.[159]

950

> Für das Saarland etwa, das mit § 13 Abs. 2 SJStVollzG die Unterbringung im offenen Vollzug bei Erfüllung der entsprechenden Voraussetzungen als Soll-Vorschrift ausgestaltet, werden in VV zu § 13 SJStVollzG sehr ausführlich Negativvoraussetzungen normiert. Bei deren Vorliegen bleibt ein Inhaftierter vom offenen Vollzug ausgeschlossen. Einen ähnlichen Katalog enthält VV Nr. 9 zu § 13 JStVollzG LSA.

Teilweise folgt bei Eignung der Gefangenen zwingend deren Unterbringung im offenen Vollzug, sofern der Aufenthalt im geschlossenen Vollzug nicht aus erzieherischen Gründen angebracht bleibt (so z. B. § 22 Abs. 3 BbgJVollzG, § 15 Abs. 2 u. 3 JStVollzG NRW). Andere Landesgesetze betrachten den **geschlossenen Vollzug** als Regelfall (z. B. Art. 133, 12 BayStVollzG[160]).

Die meisten Bundesländer verpflichten die Gefangenen zum Tragen von **Anstaltskleidung**, wobei die Anstaltsleitung Ausnahmen von diesem Grundsatz zulassen kann.[161] Lediglich in Baden-Württemberg, Bremen und Hamburg ist das Verhältnis umgekehrt, so dass das Tragen privater Kleidungsstücke den gesetzlichen Regelfall darstellt (§ 14 JVollzGB IV BW, § 30 BremJStVollzG, § 23 HmbJStVollzG). § 30 Abs. 1 SächsJStVollzG n.F. überlässt die Entscheidung ohne Statuierung eines Vorrangs dem Anstaltsleiter.

951

---

[156] Dazu näher § 12 Abs. 4 JVollzGB IV BW, Art. 139 Abs. 1 i. V. m. Art. 20 BayStVollzG, § 25 JStVollzG Bln, § 18 BbgJVollzG, § 25 BremJStVollzG, § 19 Abs. 1 HmbJStVollzG, § 18 Abs. 4 HessJStVollzG, § 25 JStVollzG M-V, § 120 Abs. 3 NJVollzG, § 25 Abs. 1 bis 3 JStVollzG NRW, § 18 LJVollzG RLP, § 25 SJStVollzG, § 24 SächsJStVollzG, § 25 JStVollzG LSA, § 25 JStVollzG S-H, § 18 ThürJVollzGB; krit. Feest/Bammann, 2011, S. 537 f. wegen fehlender Mindestgrößen; Jehle/Werner, 2012, S. 429; dazu auch Kühl J., 2012, S. 157 ff.

[157] Eine synoptische Zusammenstellung findet sich bei Dünkel/Pörksen, 2007, S. 59.

[158] § 7 Abs. 2 JVollzGB IV BW, § 13 Abs. 2 JStVollzG Bln, § 13 Abs. 2 BremJStVollzG, § 11 Abs. 2 HmbJStVollzG, § 13 Abs. 2 JStVollzG M-V, § 22 Abs. 3 LJVollzG RLP, § 13 Abs. 2 SJStVollzG, § 13 Abs. 2 SächsJStVollzG, § 13 Abs. 2 JStVollzG LSA, § 13 Abs. 2 JStVollzG S-H, § 22 Abs. 3 ThürJVollzGB; krit. dazu Feest/Bammann, 2011, S. 539; Jehle/Werner, 2012, S. 428 f.; Kühl J., 2012, S. 126 ff.

[159] Vgl. Ostendorf, 2008a, S. 150; Verrel/Käufl, 2008, S. 178.

[160] Ebenso §§ 132 Abs. 1, 12 NJVollzG sowie § 13 Abs. 1 HessJStVollzG; dazu OLG Frankfurt, NStZ-RR 2012, S. 358.

[161] Etwa Art. 142 i. V. m. Art. 22 BayStVollzG, § 30 JStVollzG Bln, § 21 HessJStVollzG, § 122 NJVollzG, § 26 JStVollzG NRW, § 61 Abs. 1 LJVollzG RLP, § 62 Abs. 1 ThürJVollzGB; ferner § 62 Abs. 1 BbgJVollzG für den geschlossenen Vollzug.

11.3.4.3 Vollzugslockerungen

952 Wie das Bundes-Strafvollzugsgesetz sehen auch die Landesgesetze Vollzugslockerungen (in Baden-Württemberg und Hessen: vollzugsöffnende Maßnahmen) vor.[162] Zum Teil wird bei der Ausgestaltung dem Erziehungsgedanken Rechnung getragen, indem zusätzlich etwa zu den nach dem Bundes-Strafvollzugsgesetz für Erwachsene normierten Lockerungsarten spezielle Möglichkeiten der Lockerung durch die Landesgesetze bereitgehalten werden. Geregelt sind dabei

- als Vollzugslockerungen i. e. S.:
  - Verlassen der Anstalt für eine bestimmte Zeit mit Aufsicht (**Ausführung**) oder ohne eine solche (**Ausgang**) bzw. – in neueren und neu gefassten Gesetzen[163] – in Begleitung einer Bezugs- oder von der Anstalt hierfür zugelassenen Person (**Ausgang in Begleitung**),
  - regelmäßige Beschäftigung außerhalb der Anstalt mit Aufsicht (**Außenbeschäftigung**) oder ohne eine solche (**Freigang**),
- sowie als Vollzugslockerungen i. w. S.:
  - die Unterbringung in einer besonderen Erziehungseinrichtung oder einer Übergangseinrichtung freier Träger (etwa gem. § 15 Abs. 1 S. 1 Nr. 3 JStVollzG Bln, § 46 Abs. 1 S. 1 Nr. 5 BbgJVollzG, § 12 Abs. 1 S. 1 Nr. 4 HmbJStVollzG, § 13 Abs. 3 Nr. 1 HessJStVollzG, § 15 Abs. 1 S. 1 Nr. 3 JStVollzG M-V, § 45 Abs. 1 S. 1 Nr. 5 LJVollzG RLP, § 46 Abs. 1 S. 1 Nr. 5 ThürJVollzGB; ähnlich § 7 Abs. 1 JVollzGB IV BW). Die jeweiligen landesrechtlichen Vorschriften, welche die Unterbringung in einer besonderen Erziehungseinrichtung normieren, sind dabei angelehnt an § 91 Abs. 3 JGG a.F.[164]
  - die Freistellung aus der Haft, Langzeitausgang bzw. Urlaub für eine bestimmte – je nach anzuwendendem Landes-Jugendstrafvollzugsgesetz divergierende – Anzahl an Urlaubstagen (z. B. 24 Kalendertage gem. § 9 Abs. 2 Nr. 3 JVollzGB IV BW, § 12 Abs. 1 S. 1 Nr. 4 HmbJStVollzG[165]). Vorausgesetzt bleibt jedoch, dass keine Flucht- oder Missbrauchsgefahr besteht.[166]

---

[162] § 9 JVollzGB IV BW; Art. 134 i. V. m. Art. 13 Abs. 1 BayStVollzG; § 15 JStVollzG Bln; §§ 46 f., 49 Abs. 1 u. 4 BbgJVollzG; § 15 BremJStVollzG; §§ 12–14 HmbJStVollzG; § 13 Abs. 3 HessJStVollzG; § 15 JStVollzG M-V; § 132 Abs. 1 i. V. m. §§ 13 f. NJVollzG; § 16 JStVollzG NRW; §§ 45 f., 48 Abs. 1 u. 4 LJVollzG RLP; § 15 SJStVollzG; §§ 15 f., 18 Abs. 1 u. 2 SächsJStVollzG; § 15 JStVollzG LSA; § 15 JStVollzG S-H; §§ 46, 49 Abs. 1 u. 4 ThürJVollzGB; siehe Dünkel, 2012, S. 19 ff.; DVJJ, 2007, S. 5.

[163] § 9 Abs. 2 Nr. 2 Var. 3 JVollzGB IV BW, § 46 Abs. 1 S. 1 Nr. 1 BbgJVollzG, § 12 Abs. 1 S. 1 Nr. 2 HmbJStVollzG, § 13 Abs. 3 Nr. 4 Var. 3 HessJStVollzG, § 45 Abs. 1 S. 1 Nr. 1 LJVollzG RLP, § 15 Abs. 1 Nr. 1 SächsJStVollzG, § 46 Abs. 1 S. 1 Nr. 1 ThürJVollzGB.

[164] Diemer/Schatz/Sonnen, 2011, § 15 JStVollzG Rdn. 3.

[165] 21 Kalendertage nach Art. 135 Abs. 1 BayStVollzG (dort allerdings nicht als Vollzugslockerung bezeichnet), ebenso 21 Tage nach § 132 Abs. 1 i. V. m. § 13 Abs. 1 Nr. 3 NJVollzG; 24 Tage etwa gem. § 16 Abs. 1 JStVollzG Bln, § 13 Abs. 3 Nr. 5 HessJStVollzG, § 17 JStVollzG NRW; § 46 Abs. 1 S. 1 Nr. 3 BbgJVollzG, § 45 Abs. 1 S. 1 Nr. 3 LJVollzG RLP, § 15 Abs. 1 Nr. 3 SächsJStVollzG, § 46 Abs. 1 S. 1 Nr. 3 ThürJVollzGB sprechen nur vom Verlassen der Einrichtung „für mehrere Tage", ohne dies nach oben zu begrenzen.

[166] Etwa § 9 Abs. 1 JVollzGB IV BW; Art. 134 Abs. 2 BayStVollzG; §§ 16 Abs. 3, 15 Abs. 2 JStVollzG Bln; § 46 Abs. 2 S. 1 BbgJVollzG; § 12 Abs. 1 S. 2 HmbJStVollzG; § 13 Abs. 2 S. 2 HessJStVollzG;

Ein unmittelbarer Anspruch auf die Gewährung von Vollzugslockerungen steht 953
den Jugendstrafgefangenen jedoch nicht zu; eingeräumt wird lediglich ein **Anspruch auf ermessensfehlerfreie Entscheidung**.[167] In Sachsen immerhin sollen die Lockerungen bei Vorliegen der Voraussetzungen gewährt werden, § 15 Abs. 2 SächsJStVollzG. Zum Teil stellen die Gesetze für die Gewährung von Vollzugslockerungen auch auf die Erfüllung der Mitwirkungspflichten durch die Inhaftierten ab (etwa § 46 Abs. 2 S. 2 BbgJVollzG[168]). In Rheinland-Pfalz und Thüringen soll Langzeitausgang erst nach mindestens sechsmonatigem Aufenthalt im Jugendstrafvollzug gewährt werden (§ 45 Abs. 3 S. 1 LJVollzG RLP, § 46 Abs. 4 S. 1 ThürJVollzGB). Sofern die Voraussetzungen ihrer Gewährung nicht vorliegen, sind die Lockerungen zu versagen.

Um der herausgehobenen Bedeutung des Vollzugsziels im Jugendstrafvollzug Rechnung zu tragen, dürfen Sicherheitsaspekte jedoch bei der Entscheidung über die Gewährung von Vollzugslockerungen nur eine weniger maßgebende Rolle spielen als im Strafvollzug an Erwachsenen.[169] Möglich bleiben die Erteilung von Weisungen sowie der Widerruf der gewährten Lockerung im Falle der Nichtbefolgung in weitgehender Entsprechung zu den Regelungen des Bundes-Strafvollzugsgesetzes (etwa § 11 JVollzGB IV BW, Art. 134 Abs. 3 i. V. m. Art. 16 BayStVollzG, § 17 BremJStVollzG). Bei den Weisungen handelt es sich um Verhaltensanordnungen für die Zeit, welche der Inhaftierte außerhalb der Anstalt verbringt. In Frage kommen dabei etwa die Weisung, weder Alkohol noch Drogen zu konsumieren, oder Kontakte zu bestimmten Personengruppen zu unterlassen.[170]

> Einen Katalog negativer Kriterien der Bewilligung von Vollzugslockerungen enthält z. B. für das Saarland VV zu § 15 SJStVollzG. Dabei wird eine Unterscheidung zwischen von Vollzugslockerungen gänzlich ausgeschlossenen Inhaftierten und in der Regel ungeeigneten Gefangenen getroffen.

11.3.4.4 Kommunikation mit der Außenwelt

Die Landesgesetze erlauben den Jugendlichen den Empfang von Besuchen, Schrift- 954
wechsel mit Personen außerhalb der Anstalt, Telefongespräche sowie teilweise den Empfang von Paketen. Insgesamt enthalten die Regelungen dabei weniger strenge Voraussetzungen als die entsprechenden Bestimmungen des Erwachsenenvollzugs.

---

§ 132 Abs. 1 i. V. m. § 13 Abs. 2 NJVollzG; § 45 Abs. 2 S. 1 LJVollzG RLP; § 15 Abs. 2 S. 1 JStVollzG LSA; § 46 Abs. 2 S. 1 ThürJVollzGB.

[167] Siehe etwa § 9 Abs. 1 JVollzGB IV BW, Art. 134 Abs. 2 BayStVollzG, § 15 Abs. 2 JStVollzG Bln, § 46 Abs. 1 S. 1 BbgJVollzG, § 12 Abs. 1 S. 1 HmbJStVollzG, § 13 Abs. 2 S. 2 HessJStVollzG, § 132 Abs. 1 i. V. m. § 13 Abs. 2 NJVollzG, § 16 Abs. 1 JStVollzG NRW, § 45 Abs. 1 S. 1 LJVollzG RLP, § 15 Abs. 2 S. 1 SJStVollzG, § 46 Abs. 1 S. 1 ThürJVollzGB; vgl. dazu Dünkel/Pörksen, 2007, S. 60; Eisenberg, 2008b, S. 256.

[168] Ähnlich in §§ 4 Abs. 2, 15 Abs. 2 S. 3 BremJStVollzG; § 12 Abs. 2 HmbJStVollzG; § 15 Abs. 2 S. 2 JStVollzG M-V; § 16 Abs. 3 JStVollzG NRW; § 45 Abs. 2 S. 2 LJVollzG RLP; § 15 Abs. 2 S. 2 SJStVollzG; § 15 Abs. 2 S. 2 JStVollzG LSA; § 15 Abs. 2 S. 2 JStVollzG S-H; § 46 Abs. 2 S. 2 ThürJVollzGB.

[169] Eisenberg, 2008b, S. 256.

[170] Diemer/Schatz/Sonnen, 2011, § 17 JStVollzG Rdn. 1.

Zudem gestatten die Landes-Jugendstrafvollzugsgesetze eine Kommunikation in zum Teil sehr viel weiter gehendem Umfang.

(1) Besuche

955 In den meisten Landes-Jugendstrafvollzugsgesetzen wird eine Besuchszeit von **mindestens vier Stunden monatlich** vorgesehen (z. B. § 17 Abs. 2 JVollzGB IV BW[171]). Brandenburg gewährt sogar sechs Stunden (§ 34 Abs. 1 S. 1 2. Halbs. BbgJVollzG).[172] Daneben werden Besuche von Rechtsanwälten und Beiständen überwiegend separat normiert.[173] Hinzu kommt in den meisten Ländern die besondere Förderung des Kontakts zu eigenen Kindern, deren Besuche weder auf die Regelbesuchszeit angerechnet werden, noch auf diese begrenzt sind (bspw. § 17 Abs. 5 JVollzGB IV BW, Art. 144 Abs. 3 BayStVollzG, § 47 Abs. 2 JStVollzG Bln, § 26 Abs. 2 S. 2 HmbJStVollzG, § 30 Abs. 2 JStVollzG NRW).[174] Sachsen-Anhalt trifft eine solche Regelung zudem für Besuche der Eltern minderjähriger Gefangener (§ 54 Abs. 2 JStVollzG LSA). Zudem enthalten die meisten Landes-Jugendstrafvollzugsgesetze Bestimmungen, welche über die Regelbesuchszeit hinausgehende Besuche zulassen, soweit dies der Erziehung oder Eingliederung des Gefangenen dient oder der Regelung seiner persönlichen Angelegenheiten förderlich ist. Letztere Normen sind ganz überwiegend als Soll-Vorschriften ausgestaltet (etwa § 17 Abs. 3 JVollzGB IV BW, Art. 144 Abs. 1 i. V. m. Art. 27 Abs. 2 BayStVollzG, § 47 Abs. 3 JStVollzG Bln, § 34 Abs. 3 BbgJVollzG, § 26 Abs. 3 HmbJStVollzG, § 33 Abs. 2 HessJStVollzG, § 123 Abs. 1 S. 1 NJVollzG, § 30 Abs. 3 JStVollzG NRW, § 33 Abs. 4 LJVollzG RLP, § 54 Abs. 3 JStVollzG LSA, § 34 Abs. 4 ThürJVollzGB).[175]

Die gegenüber dem Erwachsenenvollzug erweiterten Besuchsmöglichkeiten zur Festigung familiärer Kontakte tragen der auf Art. 6 Abs. 2 GG gegründeten Forderung des Bundesverfassungsgerichts hiernach Rechnung.[176] Ein Rechtsanspruch auf die Zulassung weiterer Besuche besteht indes nicht; der Inhaftierte hat lediglich einen Anspruch auf ermessensfehlerfreie Entscheidung.[177]

---

[171] So auch in § 47 Abs. 1 JStVollzG Bln, § 26 Abs. 1 S. 2 HmbJStVollzG, § 33 Abs. 1 HessJStVollzG, § 123 Abs. 2 NJVollzG, § 30 Abs. 1 JStVollzG NRW, § 33 Abs. 1 S. 1 2. Halbs. LJVollzG RLP, § 34 Abs. 1 S. 2 ThürJVollzGB; anders aber etwa § 54 Abs. 1 JStVollzG LSA, der nur eine Stunde, außer „für Angehörige", vorsieht. Nach Art. 144 Abs. 2 S. 1 u. 2 BayStVollzG können auf die vier Stunden Ausführungen oder Ausgänge angerechnet werden.

[172] Vgl. auch § 47 Abs. 1 SächsJStVollzG: vier Stunden, darüber hinaus zwei weitere Stunden Besuch von Angehörigen, wobei Ausführungen oder Ausgänge zur Kontaktpflege mit Angehörigen oder Bezugspersonen angerechnet werden können.

[173] Etwa § 20 Abs. 1 S. 1 JVollzGB IV BW, Art. 144 Abs. 1 u. 4 i. V. m. Art. 29 BayStVollzG, § 49 JStVollzG Bln, § 34 Abs. 5 BbgJVollzG, § 28 Abs. 1 HmbJStVollzG, § 32 Abs. 3 HessJStVollzG, § 123 Abs. 6 i. V. m. § 27 NJVollzG, § 32 JStVollzG NRW, § 33 Abs. 6 LJVollzG RLP, § 47 Abs. 4 SächsJStVollzG, § 56 JStVollzG LSA, § 34 Abs. 6 ThürJVollzGB.

[174] § 33 Abs. 2 LJVollzG RLP beschränkt die Nichtanrechnung auf die Besuchszeit auf zwei Stunden; in Brandenburg und Niedersachsen etwa fehlen besondere Bestimmungen.

[175] Vgl. auch die Synopse bei Dünkel/Pörksen, 2007, S. 61.

[176] BVerfGE 116, S. 87 f.

[177] Diemer/Schatz/Sonnen, 2011, § 47 JStVollzG Rdn. 3.

11.3 Jugendstrafvollzug

Soweit die Landesgesetze **Langzeitbesuche** – in Baden-Württemberg nur für Kinder – nicht wie z. B. § 17 Abs. 5 JVollzGB IV BW, § 34 Abs. 4 BbgJVollzG, § 123 Abs. 3 S. 2 NJVollzG, § 33 Abs. 5 LJVollzG RLP, § 47 Abs. 3 SächsJStVollzG, § 34 Abs. 5 ThürJVollzGB ausdrücklich regeln, können solche jedenfalls unter Gesichtspunkten der Erziehung und Wiedereingliederung zulässig sein.[178] In Nordrhein-Westfalen folgt die Möglichkeit von Langzeitbesuchen mittelbar aus § 29 S. 3 JStVollzG NRW, dem zufolge im geschlossenen Vollzug entsprechende Räume vorgesehen werden sollen.

956

Die Landes-Jugendstrafvollzugsgesetze enthalten wie die Strafvollzugsgesetze Regelungen, wonach Besuche von der Absuchung oder Durchsuchung der Besucher abhängig gemacht werden können (z. B. §§ 17 Abs. 4, 20 Abs. 1 S. 3 JVollzGB IV BW[179]). Damit soll der Gefahr begegnet werden, dass diese unerlaubt Gegenstände in die Anstalt einbringen.[180]

Besuche dürfen zudem **optisch überwacht** werden.[181] Als Gründe nennen die jeweiligen Normen meist eine Gefährdung der Sicherheit oder Ordnung der Anstalt oder die Beeinträchtigung einer Vollzugszielerreichung bzw. der Erziehung (bspw. § 50 Abs. 1 S. 1 JStVollzG Bln, § 50 Abs. 1 S. 1 BremJStVollzG). Darüber hinaus lassen die Landesgesetze sogar eine akustische Überwachung des Gesprächs zu, wobei hier überwiegend strengere Voraussetzungen einzuhalten sind oder dies eine Ausnahme bleiben soll (bspw. § 50 Abs. 1 S. 2 JStVollzG Bln, § 50 Abs. 1 S. 2 BremJStVollzG: „im Einzelfall").[182] Zum Teil kann von der Überwachung abgesehen werden, sofern diese im Einzelfall nicht erforderlich erscheint. Eine akustische Überwachung darf nur ausnahmsweise erfolgen und bildet damit nicht den Regelfall.[183] In Schleswig-Holstein dürfen mit Angehörigen und „engsten Vertrauten" nicht überwachte Gespräche geführt werden, § 50 Abs. 1 S. 4 JStVollzG S-H. Man-

957

---

[178] Etwa § 17 Abs. 3 JVollzGB IV BW, § 47 Abs. 3 JStVollzG Bln, § 26 Abs. 3 HmbJStVollzG, § 33 Abs. 2 HessJStVollzG, § 30 Abs. 3 JStVollzG NRW; Art. 144 Abs. 3 BayStVollzG will keine Langzeitbesuche zulassen, vgl. Markert, 2012, S. 262; Schneider R., 2010, S. 309; Sußner, 2009, S. 231; zum Ganzen weiter Kühl J., 2012, S. 218 ff.

[179] Ebenso Art. 144 Abs. 1 i. V. m. Art. 27 Abs. 3 BayStVollzG, § 47 Abs. 4 JStVollzG Bln, § 36 Abs. 1 BbgJVollzG, § 47 Abs. 4 BremJStVollzG, § 26 Abs. 4 HmbJStVollzG, § 33 Abs. 3 HessJStVollzG, § 47 Abs. 4 JStVollzG M-V, § 132 Abs. 1 i. V. m. § 25 Abs. 3 1. Alt. NJVollzG, § 30 Abs. 4 JStVollzG NRW, § 35 Abs. 1 LJVollzG RLP, § 47 Abs. 4 SJVollzG, § 49 Abs. 1 SächsJStVollzG, § 54 Abs. 4 JStVollzG LSA, § 47 Abs. 4 JStVollzG S-H, § 36 Abs. 1 ThürJVollzGB.

[180] Diemer/Schatz/Sonnen, 2011, § 47 JStVollzG Rdn. 4.

[181] Etwa § 19 Abs. 1 S. 1 JVollzGB IV BW, Art. 144 Abs. 1 i. V. m. Art. 30 Abs. 1 BayStVollzG, § 36 Abs. 2 S. 1 u. 2 BbgJVollzG, § 33 Abs. 4 S. 1 HessJStVollzG, § 132 Abs. 1 i. V. m. § 28 Abs. 1 S. 1 NJVollzG, § 33 Abs. 1 S. 1 u. 2 JStVollzG NRW, § 35 Abs. 2 S. 1 u. 2 LJVollzG RLP, § 49 Abs. 2 S. 1 u. 2 SächsJStVollzG, § 57 Abs. 1 S. 1 JStVollzG LSA, § 36 Abs. 2 S. 1 u. 2 ThürJVollzGB.

[182] Dazu Diemer/Schatz/Sonnen, 2011, § 50 JStVollzG Rdn. 1 ff.

[183] Weiter etwa § 19 Abs. 1 S. 2 JVollzGB IV BW, Art. 144 Abs. 1 i. V. m. Art. 30 Abs. 2 BayStVollzG, § 37 BbgJVollzG, § 27 Abs. 2 HmbJStVollzG, § 33 Abs. 4 S. 2 HessJStVollzG, § 132 Abs. 1 i. V. m. § 28 Abs. 1 S. 2 NJVollzG, § 33 Abs. 1 S. 3 JStVollzG NRW, § 36 Abs. 1 S. 1 LJVollzG RLP, § 50 S. 1 SächsJStVollzG, § 57 Abs. 1 S. 2 JStVollzG LSA, § 37 Abs. 1 ThürJVollzGB.

che Gesetze gestatten ausdrücklich die Verwendung technischer Hilfsmittel bei der optischen und/oder der akustischen Überwachung.[184]

958   **Nicht überwacht** werden Besuche von Verteidigern und – außer in Baden-Württemberg sowie Nordrhein-Westfalen – Beiständen i. S. d. § 69 JGG (etwa § 20 Abs. 2 S. 1 JVollzGB IV BW; Art. 144 Abs. 1, Abs. 4 S. 2 u. 3, jeweils i. V. m. Art. 30 Abs. 5 BayStVollzG; § 50 Abs. 4 JStVollzG Bln; §§ 36 Abs. 3, 37 Abs. 2 BbgJVollzG; § 28 Abs. 2 HmbJStVollzG; § 32 Abs. 3 S. 1 HessJStVollzG; §§ 132 Abs. 1, 123 Abs. 6 S. 1, jeweils i. V. m. § 28 Abs. 4 NJVollzG; § 33 Abs. 2 JStVollzG NRW; §§ 35 Abs. 3, 36 Abs. 2 LJVollzG RLP; §§ 49 Abs. 5 S. 1, 50 S. 2 SächsJStVollzG; § 50 Abs. 4 S. 1 JStVollzG LSA; § 37 Abs. 2 ThürJVollzGB), in einigen Ländern weitergehend auch die Besuche von Rechtsanwälten und Notaren (§ 28 Abs. 2 HmbJStVollzG, § 32 Abs. 3 S. 3 i. V. m. S. 1 HessJStVollzG, §§ 49 Abs. 5 S. 1, 50 S. 2 SächsJStVollzG). Bayern trifft eine entsprechende Regelung für Angehörige der Jugendgerichtshilfe, Art. 144 Abs. 4 S. 2 u. 3 i. V. m. Art. 30 Abs. 5 BayStVollzG.

959   Unter bestimmten, von den Landes-Jugendstrafvollzugsgesetzen näher umschriebenen Voraussetzungen können Besuche (z. B. durch Trennvorrichtungen gem. Art. 144 Abs. 1 i. V. m. Art. 30 Abs. 3 BayStVollzG[185]) eingeschränkt oder gar abgebrochen werden (bspw. nach § 19 Abs. 4 JVollzGB IV BW, Art. 144 Abs. 5 BayStVollzG, § 50 Abs. 2 u. 3 JStVollzG Bln, § 36 Abs. 4 BbgJVollzG, § 27 Abs. 3 HmbJStVollzG, §§ 28 Abs. 3, 123 Abs. 5 S. 1 NJVollzG, § 33 Abs. 3 JStVollzG NRW, § 35 Abs. 4 LJVollzG RLP, § 49 Abs. 3 SächsJStVollzG, § 57 Abs. 2 u. 3 JStVollzG LSA, § 36 Abs. 4 S. 1 u. 3 ThürJVollzGB). Darüber hinaus bleibt in Einzelfällen das gänzliche **Verbot von Besuchen** möglich, wobei als Besonderheit gegenüber dem Erwachsenenstrafvollzug in den meisten Gesetzen[186] als Grund auch das fehlende Einverständnis der Personensorgeberechtigten des minderjährigen Gefangenen genannt wird (im Einzelnen etwa § 18 JVollzGB IV BW; Art. 144 Abs. 2 S. 3, 28 BayStVollzG; § 48 JStVollzG Bln; § 35 BbgJVollzG; § 26 Abs. 5 HmbJStVollzG; § 32 Abs. 2 HessJStVollzG; §§ 26, 123 Abs. 4 S. 1 NJVollzG; § 31 JStVollzG NRW; § 34 LJVollzG RLP; § 48 SächsJStVollzG; § 55 JStVollzG LSA; § 35 ThürJVollzGB). Ein solches Verbot kann sich dabei entweder auf einen einzelnen Besuch beziehen, für jeden Besuch eines bestimmten Inhaftierten gelten oder hinsichtlich des Besuchs einer bestimmten Person bezogen auf sämtliche Insassen erteilt werden.[187]

---

[184] Etwa § 19 Abs. 2 S. 1 JVollzGB IV BW; Art. 144 Abs. 1 i. V. m. Art. 30 Abs. 1 S. 2 BayStVollzG; §§ 20, 22 JVollzDSG Bln; § 36 Abs. 2 S. 3 BbgJVollzG; § 27 Abs. 1 S. 2 HmbJStVollzG; § 33 Abs. 5 S. 1–3 HessJStVollzG; §§ 35 Abs. 2 S. 3 u. 4, 36 Abs. 1 S. 2 LJVollzG RLP; § 50 Abs. 1 S. 3 SJStVollzG; § 49 Abs. 2 S. 3 u. 4 SächsJStVollzG; § 50 Abs. 1 S. 2 JStVollzG S-H; § 36 Abs. 2 S. 3 ThürJVollzGB.

[185] So auch § 19 Abs. 2 S. 3 JVollzGB IV BW, § 36 Abs. 6 BbgJVollzG, § 27 Abs. 4 S. 2 HmbJStVollzG, § 33 Abs. 5 S. 4 u. 5 HessJStVollzG, § 132 Abs. 1 i. V. m. § 28 Abs. 2 NJVollzG, § 35 Abs. 6 LJVollzG RLP, § 50 Abs. 6 SJStVollzG, § 49 Abs. 7 SächsJStVollzG, § 36 Abs. 6 ThürJVollzGB.

[186] Eine ausdrückliche Regelung hierzu fehlt z. B. in Baden-Württemberg.

[187] Diemer/Schatz/Sonnen, 2011, § 48 JStVollzG Rdn. 2.

(2) Schriftwechsel und Paketempfang

Die Landes-Jugendstrafvollzugsgesetze gestatten den Inhaftierten den **Schrift-** 960
wechsel mit Personen außerhalb der Anstalt.[188] Dieses Recht ist verfassungsrechtlich geschützt, wobei vor allem Art. 5, 6 und 10 GG Bedeutung erlangen.[189] Die Kosten für die Versendung der Schreiben tragen die Gefangenen dabei prinzipiell selbst; falls sie hierzu nicht in der Lage sind, kann nach einigen Gesetzen die Anstalt die Kosten „in begründeten Fällen in angemessenem Umfang" übernehmen (etwa § 21 Abs. 3 JVollzGB IV BW, Art. 144 Abs. 1 i. V. m. Art. 31 Abs. 3 BayStVollzG, § 39 Abs. 2 BbgJVollzG, § 29 Abs. 3 HmbJStVollzG, § 32 Abs. 5 HessJStVollzG, § 38 Abs. 2 LJVollzG RLP, § 52 Abs. 2 SächsJStVollzG, § 39 Abs. 2 ThürJVollzGB).

Als **Versagungsgründe** kommen – wie im Erwachsenenvollzug – die Gefähr- 961
dung der Sicherheit oder Ordnung der Anstalt sowie bei nicht angehörigen Personen die Befürchtung eines schädlichen Einflusses auf den Inhaftierten oder seine Eingliederung in Betracht. Zusätzlich normieren die meisten Landes-Jugendstrafvollzugsgesetze die Möglichkeit der Untersagung, sofern bei minderjährigen Gefangenen die Personensorgeberechtigten nicht einverstanden sind (z. B. Art. 144 Abs. 6 BayStVollzG, § 40 Abs. 1 Nr. 4 BbgJVollzG, § 51 Abs. 2 Nr. 3 BremJStVollzG, § 29 Abs. 2 Nr. 3 HmbJStVollzG, § 32 Abs. 2 Nr. 4 HessJStVollzG, § 123 Abs. 4 S. 2 i. V. m. S. 1 NJVollzG, § 39 Nr. 4 LJVollzG RLP, § 53 Nr. 4 SächsJStVollzG, § 58 Abs. 2 Nr. 3 JStVollzG LSA, § 40 Nr. 4 ThürJVollzGB; beschränkt auf „nachvollziehbare Gründe" § 34 Abs. 2 lit. c JStVollzG NRW).[190] § 53 Nr. 3 SächsJStVollzG enthält eine besondere Regelung für die Untersagung des Schriftwechsels mit minderjährigen Tatopfern (vgl. auch § 40 Nr. 3 BbgJVollzG, § 39 Nr. 3 LJVollzG RLP, § 40 Nr. 3 ThürJVollzGB).

Ferner lassen die Gesetze eine **Überwachung** des Schriftwechsels aus Gründen 962
der Erziehung oder Behandlung bzw. zur Erhaltung von Sicherheit und/oder Ordnung der Anstalt zu.[191] Ausnahmen bestehen für den Verteidiger sowie – außer in Baden-Württemberg und nunmehr Sachsen sowie Thüringen[192] – den Beistand nach § 69 JGG, in Hamburg zudem für extramurale Ärzte, die mit der Untersuchung oder Behandlung der Gefangenen befasst sind (§ 30 Abs. 3 Nr. 8 HmbJStVollzG). Einige Länder privilegieren zusätzlich Rechtsanwälte und Notare, sofern sie für die Ge-

---

[188] § 21 JVollzGB IV BW; Art. 144 Abs. 1, 31 Abs. 1 BayStVollzG; § 51 Abs. 1 JStVollzG Bln; § 39 Abs. 1 BbgJVollzG; § 51 Abs. 1 BremJStVollzG; § 29 Abs. 1 HmbJStVollzG; § 34 Abs. 1 S. 1 HessJStVollzG; § 51 Abs. 1 JStVollzG M-V; §§ 132 Abs. 1, 29 Abs. 1 S. 1 NJVollzG; § 34 Abs. 1 JStVollzG NRW; § 38 Abs. 1 LJVollzG RLP; § 51 Abs. 1 SJStVollzG; § 52 Abs. 1 SächsJStVollzG; § 58 Abs. 1 JStVollzG LSA; § 51 Abs. 1 JStVollzG S-H; § 39 Abs. 1 ThürJVollzGB.
[189] Dazu Gusy, 1997, S. 673 ff.
[190] Nicht geregelt in § 22 Abs. 2 JVollzGB IV BW.
[191] Etwa § 22 Abs. 1 JVollzGB IV BW, Art. 144 Abs. 1 i. V. m. Art. 32 Abs. 3 BayStVollzG, § 52 Abs. 3 JStVollzG Bln, § 42 Abs. 1 BbgJVollzG, § 30 Abs. 1 HmbJStVollzG, § 34 Abs. 2 S. 1 HessJStVollzG, § 132 Abs. 1 i. V. m. § 30 Abs. 1 NJVollzG, § 35 Abs. 3 S. 1 JStVollzG NRW, § 41 Abs. 1 LJVollzG RLP, § 55 S. 1 SächsJStVollzG, § 59 Abs. 3 JStVollzG LSA, § 42 Abs. 1 ThürJVollzGB.
[192] Vgl. § 22 Abs. 2 S. 1 JVollzGB IV BW, § 54 Abs. 3 SächsJStVollzG n.F., § 42 Abs. 2 S. 1 ThürJVollzGB.

fangenen in Rechtsangelegenheiten tätig sind (§ 30 Abs. 2 S. 1 HmbJStVollzG, § 32 Abs. 3 S. 3 i. V. m. S. 1 HessJStVollzG, §§ 55 S. 2, 54 Abs. 3 S. 1 SächsJStVollzG). Schriftwechsel mit diesen Personen unterliegt nach den Landesgesetzen nicht der Überwachung. Darüber hinaus gelten mit § 29 StVollzG vergleichbare Überwachungsverbote. Des Weiteren dürfen Schreiben unter verschiedenen Voraussetzungen angehalten werden.[193] Diese Bestimmungen korrespondieren weitgehend mit der Vorschrift des § 31 StVollzG.[194]

963 Den Empfang von **Paketen** regeln die Landesgesetze zum Teil recht unterschiedlich.[195] Nicht gestattet wird in den meisten Fällen, Pakete mit Nahrungs- und Genussmitteln zu empfangen;[196] das Verbot ist umfassend ausgestaltet und erstreckt sich auf sämtliche derartigen Pakete.[197] Zum Ausgleich für die fehlende Berechtigung, Nahrungs- oder Genussmittel über Pakete zu empfangen, normieren manche Landesgesetze die Möglichkeit eines **Sondereinkaufs** für die Inhaftierten (etwa Art. 122 i. V. m. Art. 25 BayStVollzG, § 25 Abs. 2 HmbJStVollzG, § 31 Abs. 5 S. 1 SächsJStVollzG). Kompensiert wird das Verbot zusätzlich in einigen Ländern durch Vorschriften, die es Außenstehenden gestatten, dem Gefangenen in begrenztem Umfang Geldmittel für den Sondereinkauf zur Verfügung zu stellen (z. B. §§ 49 Abs. 1, 16 Abs. 1 S. 1 JVollzGB IV BW; Art. 150 i. V. m. Art. 53 S. 1 1. Alt. BayStVollzG; § 48 Abs. 4 S. 1 HmbJStVollzG; §§ 43 Abs. 2 1. Halbs., 22 Abs. 2 S. 1 HessJStVollzG; § 31 Abs. 5 S. 3 SächsJStVollzG).

Im Übrigen, d. h. soweit Pakete einen anderen Inhalt als Nahrungs- oder Genussmittel haben, hängt die Befugnis zu deren Empfang meist von einer vorherigen Erlaubniserteilung durch die Anstalt ab (etwa gem. § 26 Abs. 1 S. 1 JVollzGB IV BW, Art. 144 Abs. 1 i. V. m. Art. 36 Abs. 1 S. 1 BayStVollzG, § 56 Abs. 1 S. 2 JStVollzG Bln, § 33 Abs. 1 S. 1 HmbJStVollzG, § 36 Abs. 1 S. 1 HessJStVollzG, § 132 Abs. 1 i. V. m. § 34 Abs. 1 S. 2 NJVollzG, § 39 Abs. 1 S. 1 JStVollzG NRW; anders § 44 Abs. 1 S. 1 LJVollzG RLP).

(3) Telefongespräche

964 Im Ermessen der Anstaltsleitung steht es, den im Jugendstrafvollzug Inhaftierten die Erlaubnis zu **Telefongesprächen** zu erteilen (z. B. § 25 Abs. 1 JVollzGB IV

---

[193] Bspw. § 24 JVollzGB IV BW, Art. 144 Abs. 1 i. V. m. Art. 34 BayStVollzG, § 54 JStVollzG Bln, § 43 BbgJVollzG, § 31 HmbJStVollzG, § 34 Abs. 3 S. 2 HessJStVollzG, § 132 Abs. 1 i. V. m. § 32 NJVollzG, § 37 JStVollzG NRW, § 41 Abs. 1 LJVollzG RLP, § 55a SächsJStVollzG, § 61 JStVollzG LSA, § 43 Abs. 1 ThürJVollzGB.

[194] Dazu Laubenthal, 2015, Rdn. 496 ff.

[195] § 26 JVollzGB IV BW; Art. 144 Abs. 1 i. V. m. Art. 36 BayStVollzG; § 56 JStVollzG Bln; § 45 BbgJVollzG; § 56 BremJStVollzG; § 33 HmbJStVollzG; § 36 HessJStVollzG; § 56 JStVollzG M-V; §§ 132 Abs. 1, 34 NJVollzG; § 39 JStVollzG NRW; § 44 LJVollzG RLP; § 56 SJStVollzG; § 56 SächsJStVollzG; § 63 JStVollzG LSA; § 56 JStVollzG S-H; § 45 ThürJVollzGB.

[196] Anders verhält sich dies in Brandenburg und Hamburg; § 56 Abs. 1 S. 1 SächsJStVollzG erstreckt das Verbot auch auf Körperpflegemittel.

[197] Verfassungskonform nach OLG Saarbrücken, ZJJ 2011, S. 329 f.; krit. Eisenberg, 2014, § 92 Rdn. 92b; Schady, 2011, S. 331 ff.; Sußner, 2009, S. 235.

BW[198]). Die Kosten hat dabei der Inhaftierte prinzipiell selbst zu tragen. In Bayern und Niedersachsen hingegen beschränken Art. 144 Abs. 1 i. V. m. Art. 35 Abs. 1 BayStVollzG, § 132 Abs. 1 i. V. m. § 33 Abs. 1 S. 1 NJVollzG das Telefonieren auf dringende Fälle,[199] wobei §§ 132 Abs. 1, 33 Abs. 2 NJVollzG eine weitergehende Gestattung ermöglichen. Sachsen sieht ausdrücklich die Befugnis vor, Telefongespräche mit Tatopfern zu versagen (§ 51 Abs. 1 S. 3 SächsJStVollzG).

Die Überwachung der Telefonate ermöglichen die Jugendstrafvollzugsgesetze, wobei dem Inhaftierten die beabsichtigte Überwachung vor und dem Gesprächspartner unmittelbar nach Herstellung der Verbindung mitzuteilen ist (z. B. § 25 Abs. 2 JVollzGB IV BW, § 55 S. 2–4 BremJStVollzG, § 32 Abs. 1 S. 2–5 HmbJStVollzG, § 55 Abs. 1 S. 2–4 JStVollzG M-V, §§ 132 Abs. 1, 33 Abs. 1 S. 2–4 NJVollzG, § 38 S. 2–4 JStVollzG NRW, § 37 Abs. 1 S. 2 u. 3 LJVollzG RLP, § 51 Abs. 1 S. 2 u. 4 SächsJStVollzG, § 38 Abs. 1 S. 2 u. 3 ThürJVollzGB; ähnlich § 35 Abs. 2 S. 1 u. 2 HessJStVollzG).

Der Besitz von **Mobiltelefonen** ist in Baden-Württemberg, Berlin, Brandenburg, Hessen, Rheinland-Pfalz, Sachsen und Thüringen prinzipiell auch den jungen Gefangenen ausdrücklich verboten (§ 22 Abs. 1 JVollzGB I BW, § 1 MFunkVG,[200] § 118 Abs. 1 BbgJVollzG, § 35 Abs. 3 S. 1 HessJStVollzG, § 115 Abs. 1 LJVollzG RLP, § 51 Abs. 4 SächsJStVollzG, § 116 Abs. 1 ThürJVollzGB). Neuere Normen (Brandenburg, Rheinland-Pfalz, Thüringen, ähnlich Hessen) tragen dem technischen Fortschritt Rechnung und sprechen allgemein von Geräten zur funkbasierten Informationsübertragung. Zudem gestatten etliche Gesetze den Betrieb technischer Geräte zur Störung der unerlaubten Nutzung von Mobiltelefonen bzw. zur Auffindung solcher Kommunikationsmittel (§ 22 Abs. 2 JVollzGB I BW, Art. 144 Abs. 1 i. V. m. Art. 35 Abs. 3 BayStVollzG, § 2 MFunkVG, § 118 Abs. 2 BbgJVollzG, § 32 Abs. 3 HmbJStVollzG, § 35 Abs. 3 S. 2–4 HessJStVollzG, § 55 Abs. 2 JStVollzG M-V, § 132 Abs. 1 i. V. m. § 32 Abs. 4 NJVollzG, § 1 JVollzSVG NRW,[201] § 115 Abs. 2 LJVollzG RLP, § 51 Abs. 5 SächsJStVollzG, § 116 Abs. 2 ThürJVollzGB).

Insbesondere jüngere Gesetze sehen die Möglichkeit vor, in Zukunft weitere Formen der Telekommunikation (etwa E-Mail-Verkehr) zuzulassen (§ 44 BbgJVollzG, § 32 Abs. 2 HmbJStVollzG, § 43 LJVollzG RLP, § 55 Abs. 2 SJStVollzG, § 55b Sächs-JStVollzG, § 44 ThürJVollzGB; vgl. auch § 132 Abs. 1 i. V. m. § 33 Abs. 3 NJVollzG, § 38 S. 1 JStVollzG NRW).

11.3.4.5 Arbeit und Freizeit

Für die Jugendstrafgefangenen stellen die Länder **Bildungs-, Ausbildungs- und Arbeitsmöglichkeiten** bereit. Baden-Württemberg, Hamburg und das Saarland statuieren sogar ein Recht auf Ausbildung und Arbeit (§ 40 Abs. 1 JVollzGB IV BW, § 34 Abs. 1 HmbJStVollzG, § 37 Abs. 1 SJStVollzG). Diese Maßnahmen sollen den

---

[198] Ebenso etwa § 55 JStVollzG Bln, § 38 BbgJVollzG, § 32 Abs. 1 S. 1 HmbJStVollzG, § 35 Abs. 1 S. 1 HessJStVollzG, § 38 S. 1 JStVollzG NRW, § 37 LJVollzG RLP, § 55 Abs. 1 SJStVollzG, § 51 Abs. 1 u. 2 SächsJStVollzG, § 62 JStVollzG LSA, § 38 ThürJVollzGB.

[199] Krit. Sußner, 2009, S. 234 f.

[200] Gesetz zur Verhinderung des Mobilfunkverkehrs in Justizvollzugsanstalten (Mobilfunkverhinderungsgesetz) v. 3.7.2009 (GVBl. für Berlin Nr. 17/2009, S. 305).

[201] Gesetz zur Verbesserung der Sicherheit in Justizvollzugsanstalten des Landes Nordrhein-Westfalen v. 27.10.2009 (GVBl. Nr. 27/2009, S. 552).

Inhaftierten dazu befähigen, nach der Entlassung einer Erwerbstätigkeit nachzugehen.[202] Das setzt voraus, dass die Vollzugsanstalten mit entsprechenden (finanziellen) Mitteln ausgestattet werden.[203]

967 Schulische und berufliche Bildungsmaßnahmen genießen in fast allen Ländern den **Vorrang** gegenüber der Arbeit,[204] in Sachsen nur bei ausdrücklicher Festlegung im Vollzugs- und Eingliederungsplan (§ 11a Abs. 2 S. 2, Abs. 1 S. 1 Nr. 11 u. 12 SächsJStVollzG). Gleichzeitig normieren fast alle Landes-Jugendstrafvollzugsgesetze die Pflicht zur Teilnahme an Ausbildungsmaßnahmen bzw. zur Arbeit.[205] In Brandenburg, Rheinland-Pfalz und Sachsen soll Arbeit nur noch auf Antrag oder mit Zustimmung des Jugendstrafgefangenen zugewiesen werden (§§ 30 Abs. 1, 15 Abs. 3 S. 2 BbgJVollzG, §§ 29 Abs. 1, 15 Abs. 3 S. 2 LJVollzG RLP, § 37 Abs. 3 SächsJStVollzG n.F.). Viele der im Jugendstrafvollzug Inhaftierten sind mit dem regelmäßigen Besuch schulischer Einrichtungen nicht oder nicht mehr vertraut. Vielmehr handelt es sich oftmals um Abbrecher oder zumindest um „Schwänzer".[206] Dem entsprechende Bedeutung kommt den Bildungs-, Ausbildungs- und Arbeitsmöglichkeiten zu. Sie tragen wesentlich zur Erreichung des Vollzugsziels bei, indem sie den Gefangenen wieder an eine „normale" Arbeitszeit- bzw. Freizeitgestaltung heranführen. Diesem Zweck dienen in den meisten Ländern zudem arbeitstherapeutische Maßnahmen oder Arbeitstraining.[207]

968 Teilweise können dem Inhaftierten unter bestimmten (je nach Landesrecht divergierenden) Voraussetzungen auch Ausbildung oder Arbeit in einem freien Beschäftigungsverhältnis gestattet werden.[208] Diese Regelungen entsprechen weitgehend

---

[202] § 37 Abs. 1 S. 1 JStVollzG Bln, § 37 Abs. 1 S. 1 BremJStVollzG, § 34 Abs. 3 HmbJStVollzG, § 27 Abs. 1 S. 2 HessJStVollzG, § 37 Abs. 1 S. 1 JStVollzG M-V, § 124 Abs. 1 NJVollzG, § 37 Abs. 2 S. 1 SJVollzG, § 37 Abs. 1 SächsJStVollzG, § 44 Abs. 1 S. 1 JStVollzG LSA, § 37 Abs. 1 S. 1 JStVollzG S-H; ähnlich § 40 Abs. 1 JVollzGB IV BW, Art. 145 Abs. 1 BayStVollzG, § 29 Abs. 1 S. 1 BbgJVollzG, § 40 Abs. 1 JStVollzG NRW, § 28 Abs. 1 S. 1 LJVollzG RLP, § 29 Abs. 1 S. 1 ThürJVollzGB.

[203] BVerfGE 116, S. 89 f.; Diemer/Schatz/Sonnen, 2011, § 37 JStVollzG Rdn. 1.

[204] Etwa § 40 Abs. 1 JVollzGB IV BW, Art. 145 Abs. 1–3 BayStVollzG, § 37 Abs. 2 JStVollzG Bln, § 29 Abs. 3 S. 1 BbgJVollzG, § 34 Abs. 2 Nr. 1 HmbJStVollzG, § 27 Abs. 2 S. 1 HessJStVollzG, § 124 Abs. 2 NJVollzG, § 40 Abs. 2 S. 1 JStVollzG NRW, § 28 Abs. 2 LJVollzG RLP, § 44 Abs. 2 JStVollzG LSA, § 28 Abs. 2 ThürJVollzGB.

[205] Z. B. § 40 Abs. 2 JVollzGB IV BW, Art. 123 Abs. 3 BayStVollzG, § 37 Abs. 2 JStVollzG Bln, § 34 Abs. 2 Nr. 1 u. 2 HmbJStVollzG, § 27 Abs. 2 S. 1 u. 2 HessJStVollzG, § 124 Abs. 2 NJVollzG, § 40 Abs. 2 S. 1 JStVollzG NRW, § 44 Abs. 2 S. 2 JStVollzG LSA, §§ 28 Abs. 2, 29 Abs. 1 S. 1 ThürJVollzGB.

[206] Diemer/Schatz/Sonnen, 2011, § 37 JStVollzG Rdn. 2; Willsch/Sandmann, in: Ostendorf, 2012, S. 243 f.; dazu ferner Gudel, 2013, S. 250 ff.

[207] Siehe etwa § 40 Abs. 4 JVollzGB IV BW, Art. 123 Abs. 3 S. 1 BayStVollzG, § 37 Abs. 2 S. 2 JStVollzG Bln, §§ 27 f. BbgJVollzG, § 34 Abs. 2 Nr. 3 HmbJStVollzG, § 27 Abs. 2 S. 2 HessJStVollzG, § 124 Abs. 3 NJVollzG, § 40 Abs. 2 S. 1 JStVollzG NRW, §§ 26 f. LJVollzG RLP, § 37 Abs. 1 SächsJStVollzG, § 44 Abs. 1 u. Abs. 2 S. 2 JStVollzG LSA, §§ 26 f. ThürJVollzGB.

[208] Etwa § 42 JVollzGB IV BW, Art. 147 BayStVollzG, § 37 Abs. 4 JStVollzG Bln, § 31 BbgJVollzG, § 36 HmbJStVollzG, § 27 Abs. 6 HessJStVollzG, § 132 Abs. 1 i. V. m. § 36 NJVollzG, § 40 Abs. 4 JStVollzG NRW, § 30 LJVollzG RLP, § 37 Abs. 5 SJVollzG, § 37 Abs. 4 SächsJStVollzG, § 44 Abs. 4 JStVollzG LSA, § 30 ThürJVollzGB.

§ 39 StVollzG. Ein Rechtsanspruch auf die Gestattung steht dem Inhaftierten nicht zu, lediglich ein Anspruch auf ermessensfehlerfreie Entscheidung.[209]

Sofern der Jugendstrafgefangene zur **Arbeit** verpflichtet wird, sind Differenzierungen nach dessen Anlagen, Neigungen, Fähigkeiten und Fertigkeiten vorzunehmen.[210] Das gilt deshalb, weil die Arbeit, zu welcher der Jugendliche herangezogen wird, ihm eine Perspektive auf dem Arbeitsmarkt vermitteln soll. Aus diesem Grund darf dem Gefangenen nur eine bezogen auf das Vollzugsziel sinnvolle Tätigkeit zugewiesen werden.[211]

Die Landes-Jugendstrafvollzugsgesetze sehen in unterschiedlicher Dauer sportliche Betätigung während der **Freizeit** vor (z. B. § 53 Abs. 3 JVollzGB IV BW[212]). Daneben werden zum Teil andere Aktivitäten wie handwerkliche Tätigkeiten, Malen, Schreiben oder musische Fähigkeiten gefördert (etwa § 55 Abs. 2 JStVollzG NRW), auch der Erwerb von Medienkompetenz (z. B. § 53 Abs. 2 JVollzGB IV BW, Art. 152 Abs. 1 S. 2 1. Halbs. a.E. BayStVollzG, § 38 S. 2 JStVollzG Bln, § 128 Abs. 2 S. 3 1. Halbs. a.E. NJVollzG, § 53 Abs. 3 S. 2 1. Alt. JStVollzG NRW, § 38 S. 4 1. Halbs. a.E. SächsJStVollzG).[213] Die Freizeitgestaltung stellt einen wichtigen Faktor der Sozialisation dar und ist somit von fundamentaler Bedeutung für die Erreichung des Vollzugsziels. In Freiheit weicht allerdings das Freizeitverhalten Jugendlicher deren materieller Fixierung entsprechend vom Angebot in der Anstalt deutlich ab. Im Vordergrund stehen im Vollzug vielmehr die Motivierung und Interessenorientierung der Inhaftierten.

969

Im Ermessen der Anstaltsleitung steht überwiegend die Erteilung einer Erlaubnis zur Nutzung **elektronischer Geräte bzw. Unterhaltungsmedien**. Dabei sehen, soweit es um die Zulassung solcher Geräte in Haftäumen geht, manche Gesetze jeweils eine Ermessensentscheidung über die Zulassung im Einzelfall vor (z. B. §§ 41 Abs. 2, 42 Abs. 3 JStVollzG Bln[214]), während andere generelle Regelungen treffen (etwa Art. 152 Abs. 2 S. 2 u. 3 i. V. m. Art. 71 BayStVollzG[215]). Besonders restriktiv bleibt die Handhabung in Sachsen: Fernsehgeräte werden im Haftraum in der Regel nicht zugelassen, es sei denn dies dient der Erreichung des Vollzugsziels (§ 41 Abs. 2 SächsJStVollzG). Der Zugang zu Zeitungen und Zeitschriften wird durch die Landes-Jugendstrafvollzugsgesetze weitestgehend dem Bundes-Strafvollzugsgesetz entsprechend geregelt.[216]

---

[209] Diemer/Schatz/Sonnen, 2011, § 37 JStVollzG Rdn. 7.

[210] Bspw. § 40 Abs. 3 JVollzGB IV BW, Art. 146 Abs. 3 i. V. m. Art. 39 Abs. 2 S. 1 BayStVollzG, § 37 Abs. 1 S. 2 JStVollzG Bln, § 37 Abs. 1 S. 2 BremJStVollzG, § 34 Abs. 2 Nr. 2 HmbJStVollzG, § 27 Abs. 5 S. 1 HessJStVollzG, § 124 Abs. 2 S. 2 NJVollzG, § 40 Abs. 2 S. 3 JStVollzG NRW, § 37 Abs. 2 S. 2 SJVollzG, § 44 Abs. 1 S. 2 JStVollzG LSA, § 29 Abs. 1 S. 1 ThürJVollzGB.

[211] Diemer/Schatz/Sonnen, 2011, § 37 JStVollzG Rdn. 5.

[212] Siehe auch Art. 153 Abs. 3 BayStVollzG, § 39 S. 3 JStVollzG Bln, § 65 Abs. 2 S. 2 BbgJVollzG, § 50 Abs. 3 S. 2 HmbJStVollzG, § 30 S. 3 HessJStVollzG, § 128 Abs. 2 NJVollzG, § 54 S. 3 JStVollzG NRW, § 64 Abs. 2 S. 2 LJVollzG RLP, § 39 SächsJStVollzG, § 46 JStVollzG LSA, § 65 Abs. 2 u. 3 ThürJVollzGB.

[213] Zum Ganzen Pöge, 2014, S. 87 ff.

[214] Ferner §§ 52 Abs. 1 S. 2–4, 53 Abs. 3 S. 1 HmbJStVollzG; § 29 Abs. 4 S. 3 HessJStVollzG; § 132 Abs. 1 i. V. m. §§ 66 Abs. 2, 67 NJVollzG; § 41 Abs. 2 S. 2 SächsJStVollzG; §§ 48 Abs. 2, 49 Abs. 3 JStVollzG LSA.

[215] Ebenso § 54 Abs. 3 JVollzGB IV BW; § 61 Abs. 2 BbgJVollzG; § 29 Abs. 4 S. 1 u. 2 HessJStVollzG; §§ 57 Abs. 2, 58 JStVollzG NRW; § 60 Abs. 2 LJVollzG RLP; § 61 Abs. 2 ThürJVollzGB.

[216] Etwa § 56 JVollzGB IV BW, Art. 152 Abs. 2 S. 1 i. V. m. Art. 70 BayStVollzG, § 40 JStVollzG Bln, 60 Abs. 1 u. 2 BbgJVollzG, § 51 HmbJStVollzG, § 29 Abs. 2 S. 2–5 HessJStVollzG, § 132

11.3.5 Sicherheit und Ordnung

970 Wie in Anstalten des Erwachsenenvollzugs erfordert ein funktionsfähiger Vollzug auch in Jugendstrafanstalten **Aufsichtsmaßnahmen**.[217] Der wesentliche Zweck dieser Maßnahmen liegt dabei aber nicht in der Ahndung von Straftaten und ihrer Sanktionierung, sondern gemäß der erzieherischen Zielsetzung präventiv in ihrer Verhinderung.[218]

Überwiegend sehen die Landesgesetze äußere und innere Sicherheit und Ordnung als die Grundlage des Anstaltslebens an oder verlangen zumindest die Förderung des Verantwortungsbewusstseins für ein geordnetes Zusammenleben als Grundsatz (bspw. Art. 154 i. V. m. Art. 87 Abs. 1 BayStVollzG[219]). Dabei bleibt jedoch das Prinzip der Verhältnismäßigkeit für die Auferlegung von Pflichten und Beschränkungen zur Aufrechterhaltung der Sicherheit und Ordnung zu beachten, da diese Grundrechtseingriffe darstellen.

Die in den Landesgesetzen enthaltenen allgemeinen, der Sicherheit und Ordnung dienenden **Verhaltensvorschriften** korrespondieren weitgehend mit denen des § 82 StVollzG.[220]

> Strengere Regelungen enthalten bspw. § 63 Abs. 1 JStVollzG Bln, § 85 Abs. 1 S. 1 BbgJVollzG, § 63 Abs. 1 BremJStVollzG, § 83 Abs. 1 S. 1 LJVollzG RLP, § 64 Abs. 1 SächsJStVollzG, § 72 Abs. 1 JStVollzG LSA, § 84 Abs. 1 S. 1 ThürJVollzGB. Diese beschränken sich nicht darauf, Störungen des geordneten Anstaltslebens zu verbieten, sondern erlegen den Inhaftierten weitergehende Mitwirkungspflichten an dessen Erhalt und Förderung auf, so dass hier ein Unterlassen zur Verhängung von Sanktionen führen kann.[221]

11.3.5.1 Allgemeine Sicherungsmaßnahmen

971 Die in den Landesgesetzen enthaltenen allgemeinen Sicherungsmaßnahmen entsprechen überwiegend denjenigen des Strafvollzugsgesetzes. Allerdings gestatten einige Landesgesetze zudem Kontrollen in Form **optischer Überwachung** mittels elektronischer Einrichtungen außerhalb (§ 23 JVollzGB I BW, §§ 18–20, 22 JVollzDSG Bln, § 126 Abs. 2 BbgJVollzG, § 115 Abs. 2 S. 1 HmbJStVollzG, §§ 44 Abs. 2 S. 2, 58 Abs. 6 HessJStVollzG, § 190 Abs. 2 S. 4 NJVollzG, § 2 Abs. 1 JVollzSVG NRW, §§ 18–20 LJVollzDSG RLP, § 94b Abs. 1 S. 1 u. 2 SJStVollzG,

---

Abs. 1 i. V. m. § 65 NJVollzG, § 56 JStVollzG NRW, § 59 Abs. 1 u. 2 LJVollzG RLP, § 47 JStVollzG LSA, § 60 ThürJVollzGB.

[217] Walter J., 2010, S. 60.
[218] Walter J., 2010, S. 60 f.
[219] So auch bspw. § 62 Abs. 1 JStVollzG Bln, § 62 Abs. 1 S. 1 SJStVollzG, § 63 SächsJStVollzG, § 71 Abs. 1 JStVollzG LSA; ähnlich § 57 Abs. 1 JVollzGB IV BW, § 84 Abs. 1 BbgJVollzG, § 44 Abs. 1 HessJStVollzG, § 132 Abs. 1 i. V. m. § 74 NJVollzG, § 71 Abs. 1 JStVollzG NRW, § 82 Abs. 1 LJVollzG RLP, § 83 Abs. 1 ThürJVollzGB.
[220] Etwa § 58 JVollzGB IV BW, Art. 154 i. V. m. Art. 88 Abs. 1 BayStVollzG, § 68 HmbStVollzG, § 44 Abs. 3 u. 4 HessJStVollzG, § 132 Abs. 1 i. V. m. § 75 NJVollzG, § 72 JStVollzG NRW.
[221] Dazu Diemer/Schatz/Sonnen, 2011, § 63 JStVollzG Rdn. 1.

§ 68a Abs. 1 SächsJStVollzG, § 67 JStVollzG S-H, § 124 Abs. 2 ThürJVollzGB) oder sogar innerhalb der Hafträume (§ 32 JVollzGB I BW, § 21 Abs. 2 S. 1 JVollzDSG Bln, § 2 Abs. 2 u. 4 JVollzSVG NRW, § 21 Abs. 2 S. 1 LJVollzDSG RLP, § 70 Abs. 2 Nr. 5 JStVollzG S-H).

Die Landes-Jugendstrafvollzugsgesetze treffen Anordnungen, welche in weiten Teilen § 82 StVollzG gleich kommen. So haben die Inhaftierten die Tageseinteilung einzuhalten, Anordnungen von Bediensteten zu befolgen sowie einen ihnen zugewiesenen Bereich nicht zu verlassen. Zudem ist der Haftraum in Ordnung zu halten; Gefahren sind zu melden (z. B. § 58 JVollzGB IV BW, Art. 154 i. V. m. Art. 88 BayStVollzG, § 63 Abs. 2–5 JStVollzG Bln, § 63 Abs. 2–5 BremJStVollzG, § 68 Abs. 2 HmbJStVollzG, § 72 JStVollzG NRW).

Die Landesgesetze enthalten Regelungen zur **Durchsuchung** von Insassen so- 972 wie ihrer Sachen und Hafträume.[222] Dabei wird teilweise – etwa in Berlin, Bremen, Brandenburg, Hessen, Mecklenburg-Vorpommern, Rheinland-Pfalz, im Saarland, in Sachsen-Anhalt und Thüringen – zwischen der Absuchung und der Durchsuchung unterschieden. Die Absuchung stellt eine allgemeine Überwachungsmaßnahme dar, bei welcher der Inhaftierte lediglich äußerlich ohne Eingriffe in seinen Intimbereich betroffen ist. Dagegen bedeutet die sich auf Gefangene, deren Sachen oder Hafträume erstreckende Durchsuchung einen Eingriff in die Privat- und Intimsphäre des Inhaftierten. Bezogen auf die Person des Gefangenen ist dabei zwischen der einfachen Durchsuchung, welche nicht mit einer Entkleidung verbunden ist, und der qualifizierten Durchsuchung, die Maßnahmen der Entkleidung einschließt und daher nur von Vollzugsbeamten desselben Geschlechts vorgenommen werden darf, zu unterscheiden.[223] Ergänzend zur Durchsuchung von Sachen gestatten neuere Regelungen das Auslesen von Datenspeichern, etwa bei unerlaubt besessenen Mobiltelefonen (§ 25 JVollzDSG Bln, § 126 Abs. 4 BbgJVollzG, § 23 LJVollzDSG RLP, § 94a SJStVollzG, § 69a SächsJStVollzG, § 124 Abs. 4 ThürJVollzGB). Des Weiteren werden zum Teil Maßnahmen zur Feststellung von Drogenkonsum vorgesehen (bspw. Art. 154 i. V. m. Art. 94 BayStVollzG[224]). Dies ist insofern von besonderer Bedeutung, als die Drogenproblematik auch im Jugendstrafvollzug eine herausgehobene Rolle spielt. Die Regelungen erlauben den Anstalten, entsprechende Kontrollen durchzuführen, gehen in ihren Auswirkungen dabei allerdings zum Teil relativ weit.

---

[222] Bspw. § 60 Abs. 1–3 JVollzGB IV BW, Art. 154 i. V. m. Art. 91 BayStVollzG, § 64 JStVollzG Bln, § 86 BbgJVollzG, § 70 HmbJStVollzG, § 45 HessJStVollzG, § 132 Abs. 1 i. V. m. § 77 NJ-VollzG, § 74 JStVollzG NRW, § 84 LJVollzG RLP, § 65 SächsJStVollzG, § 73 JStVollzG LSA, § 85 ThürJVollzGB.

[223] Diemer/Schatz/Sonnen, 2011, § 64 JStVollzG Rdn. 2 f.; ferner HK-JGG/Jung-Silberreis, 2014, Anhang Rdn. 226 f.

[224] Ebenso etwa § 60 Abs. 4 JVollzGB IV BW, § 68 JStVollzG Bln, § 88 BbgJVollzG, § 72 HmbJStVollzG, § 46 HessJStVollzG, § 77 JStVollzG NRW, § 86 LJVollzG RLP, § 69 SächsJStVollzG, § 77 JStVollzG LSA, § 87 ThürJVollzGB.

Verlegungen in andere Einrichtungen sind zulässig bei erhöhter Fluchtgefahr oder sonstigen Gefahren für die Sicherheit und Ordnung.[225] Im Falle von Entweichungen besteht ein Festnahmerecht der Einrichtung.[226]

Geregelt wird auch die Durchführung **erkennungsdienstlicher Maßnahmen** zur Sicherung des Vollzugs sowie die Verwendung der dabei erhobenen Daten (z. B. Art. 154 i. V. m. Art. 93 BayStVollzG[227]).

11.3.5.2 Besondere Sicherungsmaßnahmen

973 Die Landesgesetze enthalten den §§ 88 ff. StVollzG bzw. dem jeweiligen Landesrecht vergleichbare Bestimmungen zu besonderen Sicherungsmaßnahmen.[228] Dabei finden – zumindest teilweise – die Besonderheiten des Jugendstrafvollzugs Berücksichtigung, so etwa im Rahmen der Verhängung von **Einzelhaft** (z. B. § 64 Abs. 2 S. 1 JVollzGB IV BW, § 71 S. 2 u. 3 JStVollzG Bln, §§ 74 Abs. 3 S. 4, 76 Abs. 4 HmbJStVollzG, § 49 Abs. 7 u. 8 HessJStVollzG, § 80 Abs. 5 JStVollzG NRW, § 71 S. 2–4 SJStVollzG, §§ 71 Abs. 4–6 SächsJStVollzG).[229]

Als besondere Sicherungsmaßnahmen sind zulässig:

- der Entzug oder die Vorenthaltung von Gegenständen,
- die Beobachtung des Gefangenen,
- die Absonderung des Gefangenen,
- der Entzug oder die Beschränkung des Aufenthalts im Freien,[230]
- die Unterbringung in einem besonders gesicherten Haftraum sowie
- die Fesselung.

---

[225] Bspw. § 61 JVollzGB IV BW, Art. 154 i. V. m. Art. 92 BayStVollzG, § 65 JStVollzG Bln, § 87 BbgJVollzG, § 9 Abs. 2 HmbJStVollzG, § 75 JStVollzG NRW, § 85 LJVollzG RLP, § 66 SächsJStVollzG, § 74 JStVollzG LSA, § 86 ThürJVollzGB; vgl. auch Art. 131 Abs. 1 S. 1 2. Var. BayStVollzG, § 11 Abs. 1 Nr. 3 u. Abs. 2 1. Alt. HessJStVollzG.

[226] Z. B. § 62 JVollzGB IV BW, Art. 154 i. V. m. Art. 95 BayStVollzG, § 69 JStVollzG Bln, § 89 BbgJVollzG, § 73 HmbJStVollzG, § 48 HessJStVollzG, § 132 Abs. 1 i. V. m. § 80 NJVollzG, § 78 JStVollzG NRW, § 87 LJVollzG RLP, § 70 SächsJStVollzG, § 78 JStVollzG LSA, § 88 ThürJVollzGB.

[227] Ferner etwa in §§ 31 Abs. 1 S. 2, 34 Abs. 3 JVollzGB IV BW; §§ 17, 26 JVollzDSG Bln; §§ 126 Abs. 1, 132 Abs. 2 BbgJVollzG; §§ 66 f. BremJStVollzG; §§ 71, 116 Abs. 1 S. 2 HmbJStVollzG; §§ 47, 58 Abs. 2 HessJStVollzG; § 132 Abs. 1 i. V. m. §§ 78 f. NJVollzG; §§ 76, 99 Abs. 1 S. 2 JStVollzG NRW; §§ 17, 25 LJVollzDSG RLP; §§ 67 f. SächsJStVollzG; §§ 75 f. JStVollzG LSA; § 66 JStVollzG S-H; §§ 124 Abs. 1, 128 Abs. 2 ThürJVollzGB.

[228] Bspw. §§ 63 ff. JVollzGB IV BW, Art. 154 i. V. m. Art. 96 ff. BayStVollzG, §§ 70 ff. JStVollzG Bln, §§ 90 ff. BbgJVollzG, §§ 74 ff. HmbJStVollzG, § 49 f. HessJStVollzG, § 132 Abs. 1 i. V. m. §§ 81 ff. NJVollzG, §§ 79 ff. JStVollzG NRW, §§ 88 ff. LJVollzG RLP, §§ 71 ff. SächsJStVollzG, §§ 79 ff. JStVollzG LSA, §§ 89 ff. ThürJVollzGB.

[229] Ablehnend zur Einzelhaft Feest/Bammann, 2011, S. 540.

[230] Brandenburg und Sachsen kennen nur noch die Beschränkung des Aufenthalts im Freien; nach § 90 Abs. 3 a.E. BbgJVollzG, § 88 Abs. 3 a.E. LJVollzG RLP, § 90 Abs. 3 a.E. ThürJVollzGB kommt der Entzug bzw. die Beschränkung des Aufenthalts im Freien gegenüber jungen Gefangenen nur unter im Vergleich zu Erwachsenen eingeschränkten Voraussetzungen in Betracht, die allerdings denjenigen der meisten Jugendstrafvollzugsgesetze entsprechen.

Die meisten Landes-Jugendstrafvollzugsgesetze mit Ausnahme von Sachsen und **974** Niedersachsen schließen bezüglich der Maßnahme der Beobachtung den Einsatz technischer Mittel zu jeder Tages- und Nachtzeit ein.[231] Die **Fesselung** als am weitesten gehende Maßnahme wird genauer geregelt und beschränkt (bspw. § 65 JVollzGB IV BW, § 72 BremJStVollzG, § 74 Abs. 6 HmbJStVollzG, § 49 Abs. 5 HessJStVollzG, § 81 JStVollzG NRW, § 71 Abs. 5 SächsJStVollzG).

Angeordnet werden die besonderen Sicherungsmaßnahmen in aller Regel vom Anstaltsleiter. Ausschließlich bei Gefahr im Verzug dürfen Bedienstete der Anstalt **vorläufige Anordnungen** treffen, sofern unverzüglich die Entscheidung der Anstaltsleitung eingeholt wird. Diese Verfahrensregelung ist aufgrund der hohen Belastung derartiger Maßnahmen für den jungen Inhaftierten erforderlich.[232]

Überwiegend den §§ 94 ff. StVollzG entsprechen die Normen der Landes-Jugendstrafvollzugsgesetze zur Anwendung unmittelbaren Zwangs (z. B. Art. 122 i. V. m. Art. 101 ff. BayStVollzG). Etliche Länder (Brandenburg, Nordrhein-Westfalen, Rheinland-Pfalz, Sachsen) verzichten allerdings nunmehr auf eine Bestimmung über das Handeln auf Anordnung wie in § 97 StVollzG; es gilt dann das jeweilige Beamtengesetz. Es finden sich auch – vom StVollzG teilweise abweichende – Vorschriften zum Gebrauch von (Schuss-)Waffen durch Vollzugsbedienstete (z. B. §§ 74 f. JVollzGB IV BW, § 81 JStVollzG Bln, § 83 HmbJStVollzG, § 53 HessJStVollzG, § 129 NJVollzG, §§ 89 f. JStVollzG NRW, § 81 JStVollzG S-H), wobei die allgemeinen Gesetze in Brandenburg, Rheinland-Pfalz und Thüringen den Einsatz von Schusswaffen gegenüber minderjährigen Gefangenen ebenfalls beschränken (§ 97 Abs. 5 S. 2 BbgJVollzG, § 95 Abs. 5 S. 2 LJVollzG RLP, § 96 Abs. 5 S. 2 ThürJVollzGB). In Sachsen-Anhalt ist der Gebrauch von Schusswaffen durch Vollzugsbedienstete untersagt (§ 90 S. 1 JStVollzG LSA), in Sachsen sind nur Hiebwaffen zugelassen (§ 77 Abs. 4 SächsJStVollzG).[233] Überwiegend ist die Subsidiarität des Einsatzes unmittelbaren Zwangs festgelegt.[234] Dieser kann nur insoweit rechtmäßig angewendet werden, als er die **Ultima Ratio** darstellt.[235]

---

[231] § 32 Abs. 1 S. 2 JVollzGB I BW; Art. 154 i. V. m. Art. 96 Abs. 2 Nr. 2 BayStVollzG; § 21 Abs. 2 JVollzDSG Bln; § 90 Abs. 2 Nr. 2 BbgJVollzG; § 70 Abs. 2 Nr. 2 BremJStVollzG; §§ 74 Abs. 2 Nr. 2, 115 HmbJStVollzG; § 49 Abs. 2 Nr. 2 u. Abs. 6 HessJStVollzG; § 70 Abs. 2 Nr. 2 JStVollzG M-V; § 79 Abs. 2 Nr. 2 JStVollzG NRW; § 88 Abs. 2 S. 2 LJVollzG RLP; § 21 Abs. 2 LJVollzDSG RLP; § 70 Abs. 2 Nr. 2 SJStVollzG; § 79 Abs. 2 Nr. 2 JStVollzG LSA; § 70 Abs. 2 Nr. 2 JStVollzG S-H; § 89 Abs. 2 Nr. 2 ThürJVollzGB.

[232] Diemer/Schatz/Sonnen, 2011, § 73 JStVollzG Rdn. 1; nach § 89 Abs. 5 S. 2 LJVollzG RLP, § 74 Abs. 5 S. 1 SächsJStVollzG ist unter bestimmten Voraussetzungen auf Wunsch des Gefangenen sein Verteidiger, in Rheinland-Pfalz zudem sein Beistand (§ 69 JGG) zu benachrichtigen.

[233] Näher Eisenberg, 2014, § 92 Rdn. 135a; Ostendorf, 2012, S. 536 ff.; Schneider R., 2010, S. 293 ff.; krit. Feest/Bammann, 2011, S. 541.

[234] § 69 Abs. 1 JVollzGB IV BW; Art. 122, 101 Abs. 1 BayStVollzG; § 77 Abs. 1 JStVollzG Bln; § 94 Abs. 1 BbgJVollzG; § 77 Abs. 1 BremJStVollzG; § 79 Abs. 1 HmbJStVollzG; § 52 Abs. 2 S. 1 HessJStVollzG; § 77 Abs. 1 JStVollzG M-V; §§ 132 Abs. 1, 87 Abs. 1 NJVollzG; § 85 Abs. 1 JStVollzG NRW; § 92 Abs. 1 LJVollzG RLP; § 77 Abs. 1 SJStVollzG; § 78 Abs. 1 SächsJStVollzG; § 86 Abs. 1 JStVollzG LSA; § 77 Abs. 1 JStVollzG S-H; § 93 Abs. 1 ThürJVollzGB.

[235] Diemer/Schatz/Sonnen, 2011, § 77 JStVollzG Rdn. 1.

11.3.5.3 Erzieherische Maßnahmen und Disziplinarmaßnahmen

975 Die Landes-Jugendstrafvollzugsgesetze sehen ein **abgestuftes System** erzieherischer Maßnahmen und Disziplinarmaßnahmen vor (z. B. Art. 155 f. i. V. m. Art. 110 ff. BayStVollzG). Der Vollzugszielvorgabe gemäß bleiben Disziplinarmaßnahmen dabei **subsidiär** gegenüber einvernehmlicher Konfliktlösung.[236] Den Vorrang auch vor erzieherischen Maßnahmen hat stets das erzieherische Gespräch, sofern ein solches durch die Landesgesetze vorgesehen wird. Das gestufte System entspricht internationalen Vorgaben, wie etwa Nr. 56.1 und 56.2 der Empfehlungen des Europarats zu den Strafvollzugsgrundsätzen 2006.[237] Auch der Entscheidung des Bundesverfassungsgerichts vom 31.5.2006 lässt sich eine dahin gehende Beschränkung der Verhängung von Disziplinarmaßnahmen entnehmen. So muss durch positive Motivation der Gefangenen darauf hingewirkt werden, dass die für einen geordneten Anstaltsbetrieb notwendigen Verhaltensregeln eingehalten sind.[238]

976 Auf der ersten Stufe steht damit das **erzieherische Gespräch**, in welchem versucht werden soll, die Pflichtverstöße aufzuarbeiten. Ein solches kennen als primäre Reaktion die meisten Landesgesetze.[239] Die Gesetze sehen hier etwa eine Entschuldigung, Schadensbeseitigung oder Schadenswiedergutmachung als erzieherische Maßnahmen vor (z. B. § 82 Abs. 1 S. 3 JStVollzG Bln).[240] Brandenburg, Rheinland-Pfalz und Thüringen nennen als zusätzliche Stufe ein Verfahren der einvernehmlichen Streitbeilegung, in dem der junge Gefangene entsprechende Maßnahmen durch Vereinbarung übernimmt. Erfüllt er diese, dürfen erzieherische Maßnahmen nicht mehr seitens der Anstalt angeordnet werden (§ 98 Abs. 2 i. V. m. § 99 Abs. 1 BbgJVollzG, § 96 Abs. 2 LJVollzG RLP, § 97 Abs. 2 ThürJVollzGB).

Die Landesgesetze enthalten Vorschriften zur Anwendung erzieherischer Maßregeln, selbst wenn sie ein erzieherisches Gespräch nicht vorsehen.[241] Diese sollen nach den meisten Normen mit der Verfehlung in Zusammenhang stehen (spiegeln-

---

[236] Eisenberg, 2008b, S. 258.
[237] In Bundesministerium der Justiz u. a., 2007, S. 25.
[238] BVerfGE 116, S. 93 f.
[239] § 77 Abs. 1 JVollzGB IV BW, § 82 Abs. 1 S. 1 JStVollzG Bln, § 98 Abs. 1 S. 1 BbgJVollzG, § 82 Abs. 1 S. 1 BremJStVollzG, § 85 S. 1 HmbJStVollzG, § 82 Abs. 1 S. 1 JStVollzG M-V, § 92 Abs. 1 S. 1 JStVollzG NRW, § 96 Abs. 1 S. 1 LJVollzG RLP, § 82 Abs. 1 S. 1 SJStVollzG, § 81 Abs. 1 S. 1 SächsJStVollzG, § 92 Abs. 1 S. 1 JStVollzG LSA, § 82 Abs. 1 S. 1 JStVollzG S-H, § 97 Abs. 1 S. 1 ThürJVollzGB; der Sache nach auch § 54 HessJStVollzG; kein erzieherisches Gespräch sehen BayStVollzG und NJVollzG vor.
[240] Etwa § 77 Abs. 1 S. 2 JVollzGB IV BW, Art. 155 Abs. 1 S. 2 BayStVollzG, § 98 Abs. 1 S. 3 BbgJVollzG, § 82 Abs. 1 S. 3 BremJStVollzG, § 85 Abs. 1 S. 3 HmbJStVollzG, § 82 Abs. 1 S. 3 JStVollzG M-V, § 130 Abs. 1 S. 2 NJVollzG, § 92 Abs. 1 S. 4 JStVollzG NRW, § 82 Abs. 1 S. 3 SJStVollzG, § 81 Abs. 1 S. 3 SächsJStVollzG, § 92 Abs. 1 S. 3 JStVollzG LSA, § 82 Abs. 1 S. 3 JStVollzG S-H, § 97 Abs. 1 S. 3 ThürJVollzGB.
[241] § 77 Abs. 1 JVollzGB IV BW; Art. 155 BayStVollzG; § 82 JStVollzG Bln; § 98 Abs. 1, 3 u. 4 BbgJVollzG; § 82 BremJStVollzG; § 85 HmbJStVollzG; § 54 HessJStVollzG; § 82 JStVollzG M-V; § 130 Abs. 1 NJVollzG; § 92 JStVollzG NRW; § 96 Abs. 1, 3 u. 4 LJVollzG RLP; § 82 SJStVollzG; § 81 SächsJStVollzG; § 92 JStVollzG LSA; § 82 JStVollzG S-H; § 97 ThürJVollzGB; krit. Rose, in: Ostendorf, 2012, S. 562 ff.; siehe auch Eisenberg, 2014, § 92 Rdn. 137a ff.

der Charakter, etwa § 82 Abs. 3 JStVollzG Bln),²⁴² in ihrer Intensität als Reaktion auf Pflichtverstöße der Inhaftierten hinter den Disziplinarmaßnahmen zurückbleiben und damit eine dem Erziehungsgedanken entsprechende Sanktionierung ermöglichen. In Betracht kommen dabei etwa die Erteilung von Weisungen und Auflagen, die Beschränkung oder der Entzug einzelner Gegenstände für die Freizeitbeschäftigung sowie der Ausschluss des jungen Inhaftierten von gemeinsamer Freizeit oder einzelnen Freizeitveranstaltungen (z. B. § 82 Abs. 1 S. 3 BremJStVollzG).

Bei der Normierung der zulässigen Disziplinarmaßnahmen nehmen die Landesgesetze auf die Besonderheiten des Jugendstrafvollzugs Rücksicht.²⁴³ Dies zeigt sich schon in der meist recht kurz gehaltenen Anordnungsdauer.

977

Zum Teil werden in den Landesgesetzen die Pflichtverstöße enumerativ aufgezählt.²⁴⁴ So kommen als Grundlage der Verhängung von Disziplinarmaßnahmen in Betracht:

- Straftaten oder Ordnungswidrigkeiten;
- verbale oder tätliche Angriffe gegen andere Personen;
- die Beschädigung oder Zerstörung von Lebensmitteln oder fremdem Eigentum;
- die Weigerung, zugewiesene Aufgaben zu erfüllen;
- das Einbringen verbotener Gegenstände in die Anstalt bzw. die Beteiligung hieran sowie deren Besitz;
- Entweichungsversuche;
- sonstige, ähnlich schwer wiegende Beeinträchtigungen des geordneten Zusammenlebens in der Anstalt.²⁴⁵

Sachsen-Anhalt benennt die vorbezeichneten Verhaltensweisen nur als Beispiele („insbesondere"), § 93 Abs. 1 JStVollzG LSA. Andere Landesgesetze verzichten gänzlich auf eine abschließende Auflistung der maßgeblichen Pflichtverstöße und beschränken sich stattdessen auf die Normierung eines (schuldhaften) Pflichtverstoßes als Voraussetzung der Verhängung (z. B. Art. 156 Abs. 1 BayStVollzG²⁴⁶).

---

²⁴² Nicht vorgeschrieben in Bayern, Hamburg, Niedersachsen und Nordrhein-Westfalen; zum Ganzen Rose, in: Ostendorf, 2012, S. 560 f.

²⁴³ §§ 77 ff. JVollzGB IV BW; Art. 156 i. V. m. Art. 109 Abs. 3, 110 Abs. 2 u. 3, 111 ff. BayStVollzG; §§ 83 ff. JStVollzG Bln; §§ 100 ff. BbgJVollzG; §§ 83 ff. BremJStVollzG; §§ 86 ff. HmbJStVollzG; §§ 55 f. HessJStVollzG; §§ 83 ff. JStVollzG M-V; §§ 130 Abs. 2, 94 ff. NJVollzG; §§ 93 ff. JStVollzG NRW; §§ 97 ff. LJVollzG RLP; §§ 83 ff. SJStVollzG; §§ 82 ff. SächsJStVollzG; §§ 93 ff. JStVollzG LSA; §§ 83 ff. JStVollzG S-H; §§ 98 ff. ThürJVollzGB.

²⁴⁴ § 83 Abs. 2 JStVollzG Bln, § 100 Abs. 1 BbgJVollzG, § 83 Abs. 2 BremJStVollzG, § 86 Abs. 2 HmbJStVollzG, § 55 Abs. 2 HessJStVollzG, § 83 Abs. 2 JStVollzG M-V, § 97 Abs. 1 LJVollzG RLP, § 83 Abs. 2 SJStVollzG, § 82 Abs. 2 SächsJStVollzG, § 83 Abs. 2 JStVollzG S-H, § 98 Abs. 1 ThürJVollzGB.

²⁴⁵ In Brandenburg, Hamburg, Hessen, Rheinland-Pfalz, Sachsen und Thüringen werden weiter Herstellung bzw. unerlaubter Konsum von Betäubungsmitteln oder anderen berauschenden Stoffen sowie – außer in Hessen und Sachsen – der Verstoß gegen Weisungen für Vollzugslockerungen aufgezählt. Hessen und Sachsen sprechen insoweit allgemein von wiederholten oder schwerwiegenden Verstößen gegen aus dem Jugendstrafvollzugsgesetz resultierende Pflichten.

²⁴⁶ Ebenso § 77 Abs. 1 S. 1 JVollzGB IV BW, § 130 Abs. 1 S. 1 NJVollzG, § 93 Abs. 1 S. 1 i. V. m. § 92 Abs. 1 S. 1 JStVollzG NRW.

Dies stellt einen Verstoß gegen Nr. 94.3 der Europäischen Grundsätze für die von Sanktionen betroffenen jugendlichen Straftäter (2008) dar.[247] Notwendig für die Anordnung einer Disziplinarmaßnahme bleibt ein **tatbestandsmäßiger, rechtswidriger** und **schuldhafter Pflichtverstoß** eines Gefangenen.[248] Dabei sind in den Landesgesetzen sowohl die Aufzählung der zur Verhängung von Disziplinarmaßnahmen führenden Pflichtverstöße wie auch diejenige der zulässigen Disziplinarmaßnahmen selbst abschließend.

978 Als Disziplinarmaßnahmen kennen die Landes-Jugendstrafvollzugsgesetze (wobei deren Zusammenstellung jeweils divergiert):

- den Verweis (nur in Hessen und Niedersachsen),
- die Beschränkung oder den Entzug des Hörfunk oder Fernsehempfangs,
- die Beschränkung oder den Entzug von Gegenständen für die Freizeitbeschäftigung,
- den Ausschluss von der gemeinsamen Freizeit oder von einzelnen Freizeitveranstaltungen,
- die getrennte Unterbringung während der Freizeit,
- die Kürzung der Bezüge (in Brandenburg, Rheinland-Pfalz und Thüringen) bzw. den Entzug zugewiesener Arbeit oder Beschäftigung unter Wegfall der Bezüge,
- die Beschränkung des Verkehrs mit Personen außerhalb der Anstalt (nur in Baden-Württemberg, Bayern und – ähnlich – Hessen),
- die Beschränkung des Einkaufs sowie
- Arrest.

979 Bei der Verhängung von Disziplinarmaßnahmen gilt es stets den **Verhältnismäßigkeitsgrundsatz** zu beachten. Damit muss der Arrest als eingriffsintensivste Maßnahme auf Ausnahmefälle begrenzt bleiben (etwa § 78 Abs. 2 JVollzGB IV BW, § 83 Abs. 6 JStVollzG Bln).[249]

Der **Vollzug** von Disziplinarmaßnahmen erfolgt in der Regel **sofort**. Dies ist erforderlich, um Zeitnähe zu dem vom Inhaftierten begangenen Pflichtverstoß zu wahren und damit die Grundlage einer erzieherischen Wirkung zu schaffen. Zuweilen ergeben sich aus der sofortigen Vollstreckung allerdings Probleme hinsichtlich des Rechtsschutzes, denn der junge Gefangene bleibt in solchen Fällen auf nachträglichen Schutz angewiesen. Zum Teil schränken die Landes-Jugendstrafvollzugsgesetze aus diesem Grund die sofortige Vollstreckung ein (§ 101 Abs. 1 S. 2 BbgJVollzG, § 98 Abs. 1 S. 1 LJVollzG RLP, § 83 Abs. 1 S. 2 SächsJStVollzG, § 99 Abs. 1 S. 2 ThürJVollzGB). In allen Ländern kann ferner der Vollzug der Disziplinarmaßnahme zur Bewährung ausgesetzt werden.[250] In Brandenburg,

---

[247] In Bundesministerium der Justiz u. a., 2009, S. 36 f.; näher dazu Dünkel, 2011, S. 150; Kühl J., 2012, S. 279 f.
[248] Diemer/Schatz/Sonnen, 2011, § 83 JStVollzG Rdn. 2.
[249] Diemer/Schatz/Sonnen, 2011, § 83 JStVollzG Rdn. 11.
[250] § 79 Abs. 2 JVollzGB IV BW, Art. 156 Abs. 4 i. V. m. Art. 111 Abs. 2 BayStVollzG, § 84 Abs. 2 JStVollzG Bln, § 101 Abs. 2 S. 1 BbgJVollzG, § 84 Abs. 2 BremJStVollzG, § 87 Abs. 2 HmbJSt-

Rheinland-Pfalz und Thüringen bleibt zudem auch die Verhängung von Disziplinarmaßnahmen subsidiär zu einvernehmlicher Streitbeilegung (§ 99 i. V. m. § 1 Abs. 3 BbgJVollzG, § 100 Abs. 2 i. V. m. § 1 Abs. 6 LJVollzG RLP, § 101 Abs. 2 ThürJVollzGB). Ein Bedürfnis für eine derartige (nach dem Landesrecht vierte, erst vorletzte) Stufe erscheint fraglich.

11.3.6 Datenschutz

Die meisten Bundesländer haben in den Jugendstrafvollzugsgesetzen eigenständige Regelungen über den Datenschutz getroffen. Diese entsprechen im Wesentlichen den §§ 179 ff. StVollzG bzw. den einschlägigen Normen im jeweiligen Landesstrafvollzugsgesetz.[251] 980

Im Einzelnen handelt es sich um folgende Bestimmungen:

- §§ 88 bis 96 BremJStVollzG,
- §§ 114 bis 124 HmbJStVollzG,
- §§ 58 bis 65 HessJStVollzG,
- §§ 88 bis 96 JStVollzG M-V,
- §§ 98 bis 107 JStVollzG NRW,
- §§ 88 bis 96 SJStVollzG,
- §§ 88 bis 96 SächsJStVollzG,
- §§ 98 bis 106 JStVollzG LSA sowie
- §§ 88 bis 96 JStVollzG S-H.

Für Baden-Württemberg ordnet § 27 Abs. 2 S. 1 JVollzGB I BW die Geltung der datenschutzrechtlichen Vorschriften (§§ 27–55 JVollzGB I BW) auch für den Jugendstrafvollzug an. Entsprechendes ergibt sich für die Länder, die umfassende Justizvollzugsdatenschutzgesetze geschaffen haben (§ 1 Abs. 1 S. 1, Abs. 2 und 3 LJVollzDSG RLP), wobei sich in Berlin einige Spezialbestimmungen finden (§§ 65 Abs. 3 S. 1, 70, 71 JVollzDSG Bln). Auch in den Bundesländern Bayern, Brandenburg, Niedersachsen und Thüringen gelten die Regelungen der Landes-Strafvollzugsgesetze für alle von ihnen erfassten Vollzugsformen (Art. 1 i. V. m. Art. 195–205 BayStVollzG, § 1 Abs. 1 i. V. m. §§ 121–140 BbgJVollzG, § 1 i. V. m. §§ 190–200 NJVollzG, § 1 Abs. 1 i. V. m. §§ 119–140 ThürJVollzGB).

Maßnahmen im Geltungsbereich der datenschutzrechtlichen Bestimmungen im Jugendstrafvollzug können gerichtlich im Verfahren nach § 92 JGG[252] überprüft werden.

VollzG, § 56 Abs. 3 S. 2 HessJStVollzG, § 84 Abs. 2 JStVollzG M-V, § 130 Abs. 2 S. 4 i. V. m. § 96 Abs. 2 NJVollzG, § 94 Abs. 2 JStVollzG NRW, § 98 Abs. 2 S. 1 LJVollzG RLP, § 84 Abs. 2 SJStVollzG, § 83 Abs. 2 S. 1 SächsJStVollzG, § 94 Abs. 2 JStVollzG LSA, § 84 Abs. 2 JStVollzG S-H, § 99 Abs. 2 ThürJVollzGB.

[251] Dazu ausführlich Laubenthal, 2015, Rdn. 990 ff.; siehe ferner Diemer/Schatz/Sonnen, 2011, §§ 88–96 JStVollzG; Goerdeler/Weichert, in: Ostendorf, 2012, S. 638 ff.

[252] Sogleich Kap. 11.3.7.1.

11.3.7 Rechtsschutz

981 Will der eine Jugendstrafe verbüßende Inhaftierte sich gegen eine vollzugliche Gestaltungsentscheidung oder das Unterlassen einer Maßnahme wenden, stehen ihm vollzugsinterne Überprüfungsmöglichkeiten sowie ein gerichtliches Kontrollverfahren zur Verfügung. Zu differenzieren ist danach, ob der Gefangene die Jugendstrafe in einer Jugendstrafanstalt oder in einer Einrichtung des Strafvollzugs für Erwachsene verbüßt.

11.3.7.1 Rechtsbehelfe im Jugendstrafvollzug

982 Die Landes-Jugendstrafvollzugsgesetze geben dem jungen Gefangenen einerseits Möglichkeiten vollzugsinterner Kontrolle an die Hand. Andererseits existiert der gerichtliche Rechtsweg nach dem Bundesrecht.

Als **vollzugsinterne Kontrollmöglichkeit** normieren die Landes-Jugendstrafvollzugsgesetze ein **Beschwerderecht** beim Anstaltsleiter.[253] Mitunter wird die Einrichtung von Sprechstunden zu diesem Zweck ausdrücklich von den Gesetzen vorgesehen (z. B. von § 86 Abs. 1 S. 2 JVollzGB IV BW, Art. 122 i. V. m. Art. 115 Abs. 1 S. 2 BayStVollzG, § 97 Abs. 1 S. 2 JStVollzG NRW). Sofern sich die Beschwerde gegen den Anstaltsleiter selbst richtet, entscheidet nach der Mehrzahl der Landes-Jugendstrafvollzugsgesetze die Aufsichtsbehörde. Einige Landesgesetze eröffnen dem Inhaftierten zudem die Möglichkeit, sich mit seinem Begehren an einen Vertreter der Aufsichtsbehörde zu wenden, wenn dieser die Anstalt besucht (etwa Art. 122 i. V. m. Art. 115 Abs. 2 BayStVollzG, § 87 Abs. 2 JStVollzG Bln). Ferner kann der Anstaltsbeirat eingeschaltet werden (z. B. § 111 JStVollzG Bln, § 77 HessJStVollzG). Nordrhein-Westfalen kennt als weiteren Ansprechpartner die Ombudsperson für den Landesstrafvollzug (§ 97 Abs. 2 JStVollzG NRW).[254] Hinzu kommt noch der Rechtsbehelf der **Dienstaufsichtsbeschwerde**. Die Beschwerde zum Anstaltsleiter stellt keinen förmlichen Rechtsbehelf dar. Sie bildet vielmehr ein Gesprächs- und Anhörungsrecht, das der Aufarbeitung von Konflikten dient.[255]

983 Die Normierung eines **gerichtlichen Kontrollverfahrens** für den Vollzug der Jugendstrafe fällt auch nach der Föderalismusreform[256] nicht in den Bereich der Gesetzgebungskompetenz der Länder. Zuständig hierfür bleibt der Bund. Wie das Bundesverfassungsgericht in seiner Entscheidung vom 31.5.2006 konstatierte, genügte der Rechtsweg zu den Oberlandesgerichten nach §§ 23 ff. EGGVG nicht den Erfordernissen eines effektiven Rechtsschutzes.[257] Daher hat der Bundesgesetzgeber in **§ 92 Abs. 1 bis 6 JGG** Normierungen zum gerichtlichen Rechtsschutz ge-

---

[253] § 86 JVollzGB IV BW, Art. 122 i. V. m. Art. 115 Abs. 1 BayStVollzG, § 87 JStVollzG Bln, § 105 BbgJVollzG, § 87 BremJStVollzG, § 91 HmbJStVollzG, § 57 HessJStVollzG, § 87 JStVollzG M-V, § 132 Abs. 1 i. V. m. § 101 NJVollzG, § 97 JStVollzG NRW, § 102 LJVollzG RLP, § 87 SJStVollzG, § 87 SächsJStVollzG, § 97 JStVollzG LSA, § 87 JStVollzG S-H, § 103 Abs. 1 ThürJVollzGB; dazu eingehend Kamann, 2009, S. 83 ff.

[254] Näher Ostendorf, 2013, § 92 Rdn. 22.

[255] Diemer/Schatz/Sonnen, 2011, § 87 JStVollzG Rdn. 1.

[256] Siehe dazu Kap. 2.4.4.

[257] BVerfGE 116, S. 88.

troffen. Die Norm gilt auch in Ansehung Heranwachsender bei der Anwendung von Jugendstrafrecht, § 110 Abs. 1 JGG.

Der junge Inhaftierte kann eine gerichtliche Entscheidung beantragen, wobei gem. § 92 Abs. 1 S. 2 1. Halbs. JGG die §§ 109, 111 bis 120 Abs. 1 StVollzG entsprechende Anwendung finden.[258] Zuständig für die Entscheidung über den Antrag ist nach § 92 Abs. 2 S. 1 JGG die **Jugendkammer**, in deren Bezirk die beteiligte Vollzugsbehörde ihren Sitz hat. Der Gesetzgeber ging davon aus, dass diesem Spruchkörper eine besondere erzieherische Kompetenz zukommt. Wegen seiner Nähe zum Vollzug und der damit zusammenhängenden Befürchtung der Befangenheit aus Sicht der Inhaftierten wurde von einer Erteilung der Zuständigkeit an den Jugendrichter als Vollstreckungsleiter abgesehen.[259] Die Jugendkammer entscheidet gem. § 92 Abs. 3 S. 1 JGG über den Antrag durch Beschluss. § 92 Abs. 1 S. 2 1. Halbs. JGG verweist auch auf § 116 StVollzG. Damit ist gegen die Entscheidung der Jugendkammer das Rechtsmittel der **Rechtsbeschwerde** statthaft.

Gemäß § 92 Abs. 1 S. 2 1. Halbs. JGG i. V. m. § 109 Abs. 1 StVollzG ist der Antrag auf gerichtliche Entscheidung **statthaft**, wenn es sich bei der Beanstandung und dem Begehren des Antragstellers um eine Maßnahme zur Regelung einzelner Angelegenheiten auf dem Gebiet des Jugendarrestes, der Jugendstrafe oder der Maßregeln der Unterbringung in einem psychiatrischen Krankenhaus bzw. einer Entziehungsanstalt oder in der Sicherungsverwahrung handelt. Ebenso ist der Antrag statthaft, sofern es um die Ablehnung oder das Unterlassen einer solchen Maßnahme geht. Die §§ 92 Abs. 1 S. 2 1. Halbs. JGG, 109, 111 ff. StVollzG lassen anderweitig gegebene Rechtswege jedoch unberührt. Macht ein jugendlicher oder heranwachsender Inhaftierter etwa Schadensersatzansprüche aus einer Amtspflichtverletzung (Art. 34 GG, § 839 BGB) geltend, so hat es hierfür mit dem Rechtsweg zu den Zivilgerichten sein Bewenden.[260] Handelt es sich nicht um eine Streitigkeit i. S. d. § 92 Abs. 1 S. 2 1. Halbs. JGG, § 109 Abs. 1 StVollzG und ist auch kein besonderer Rechtsweg vorgegeben, bleibt der subsidiäre Rechtsbehelf nach den §§ 23 ff. EGGVG möglich.[261]

984

Die statthaften **Antragsarten**[262] sind im Gesetz nicht abschließend aufgezählt. Insoweit gilt jedoch nichts anderes als für den Erwachsenenvollzug, so dass dem jungen Inhaftierten im vollzuglichen Hauptsacheverfahren

985

- Anfechtungsantrag,
- Verpflichtungsantrag,
- Vornahmeantrag,
- Unterlassungsantrag sowie
- Feststellungsantrag

---

[258] Dazu ausführlich Laubenthal, 2015, Rdn. 760 ff.
[259] Diemer/Schatz/Sonnen, 2011, § 92 JGG Rdn. 4; Ostendorf, 2013, § 92 Rdn. 24; krit. aber Eisenberg, 2014, § 92 Rdn. 166; HK-JGG/Wulf, 2014, § 92 Rdn. 31.
[260] Vgl. zum Erwachsenenvollzug LG Hamburg, ZfStrVo 1995, S. 245.
[261] Vgl. z. B. BGH, NStZ-RR 2002, S. 26 f.; OLG Frankfurt, NStZRR 2006, S. 253; OLG Schleswig, NStZ-RR 2008, S. 126 zum Erwachsenenvollzug.
[262] Ausführlich hierzu Laubenthal, 2015, Rdn. 773 ff.

zur Verfügung stehen. Mit dem Anfechtungsantrag begehrt der Antragsteller die Aufhebung einer belastenden Maßnahme (§ 92 Abs. 1 S. 2 1. Halbs. JGG i. V. m. §§ 109 Abs. 1 S. 1, 115 Abs. 2 S. 1 StVollzG). Es handelt sich um einen Gestaltungsantrag zur Abwehr rechtswidriger Eingriffe seitens der Vollzugsbehörde.

> Als Annexantrag zum Anfechtungsantrag lässt § 115 Abs. 2 S. 2 StVollzG einen Folgenbeseitigungsantrag zu, sofern die vom Betroffenen angefochtene Maßnahme bereits vollzogen ist.[263]

Der Verpflichtungsantrag (§ 92 Abs. 1 S. 2 1. Halbs. JGG i. V. m. § 109 Abs. 1 S. 2 StVollzG) als spezialisierter Leistungsantrag richtet sich gegen die eine beantragte Maßnahme ablehnende Entscheidung der Vollzugsbehörde. Zudem verfolgt er das Ziel, die Anstaltsleitung zum Erlass der abgelehnten Maßnahme zu zwingen (§ 115 Abs. 4 S. 1 StVollzG) oder wenigstens eine Neubescheidung unter Berücksichtigung der Rechtsansicht des Gerichts zu veranlassen (Neubescheidungsantrag, § 115 Abs. 4 S. 2 StVollzG).

Hat die Vollzugsbehörde eine Maßnahme unterlassen bzw. auf einen entsprechenden Antrag des Inhaftierten nicht wunschgemäß reagiert, kann der Antragsteller sich mittels eines Vornahmeantrags als Unterfall des allgemeinen Leistungsantrags gegen die Untätigkeit der Anstalt wenden (Untätigkeitsantrag, § 92 Abs. 1 S. 2 1. Halbs. JGG i. V. m. §§ 109 Abs. 1 S. 2, 113 StVollzG).

Daneben stehen ein vorbeugender Unterlassungsantrag als Variante des allgemeinen Leistungsantrags sowie ein Feststellungsantrag (§ 92 Abs. 1 S. 2 1. Halbs. JGG i. V. m. § 115 Abs. 3 StVollzG) zur Verfügung.

986 Die **Antragsbefugnis** folgt für den Inhaftierten aus § 92 Abs. 1 S. 2 1. Halbs. JGG i. V. m. § 109 Abs. 2 StVollzG. Der Antragsteller muss in der Begründung seines Antrags geltend machen, durch eine Maßnahme, deren Ablehnung oder Unterlassung in seinen Rechten verletzt zu sein. Es muss daher zugunsten des Antragstellers ein subjektives Recht oder zumindest ein solches auf ermessensfehlerfreie Entscheidung bestehen und der Antragsteller hat die Möglichkeit eine entsprechende Rechtsverletzung durch die strittige Maßnahme anzumahnen. Zudem können außerhalb des Vollzugsverhältnisses stehende Dritte von Maßnahmen der Vollzugsbehörde, ihrer Ablehnung oder Unterlassung unmittelbar in ihren eigenen Rechten betroffen sein. Neben einer möglichen Verletzung ihres Rechts auf freie Entfaltung der Persönlichkeit nach Art. 2 Abs. 1 GG kommt eine Antragsbefugnis gem. § 92 Abs. 1 S. 2 1. Halbs. JGG i. V. m. § 109 Abs. 2 StVollzG für Außenstehende in Betracht, denen eine persönliche Kontaktaufnahme zu einem Inhaftierten durch Besuchsverbote oder Behinderungen in der Korrespondenz untersagt oder erschwert wird. Für die Erziehungsberechtigten, in der Regel die Eltern des Verurteilten, ist hierbei insbesondere Art. 6 Abs. 2 GG von Relevanz.

Zulässigkeitsvoraussetzung bildet gem. § 92 Abs. 1 S. 2 2. Halbs. JGG zudem, dass ein entsprechendes Schlichtungsverfahren zur gütlichen Streitbeilegung erfolglos verlaufen ist, sofern das Landesrecht dies vorsieht.[264]

---

[263] Dazu Laubenthal, 2015, Rdn. 774.
[264] So § 87 Abs. 4 SJStVollzG, nach dessen Satz 2 das Schlichtungsverfahren vom Vollstreckungsleiter durchgeführt wird; siehe auch HK-JGG/Wulf, 2014, § 92 Rdn. 29.

Die **Zuständigkeit** für die Entscheidung über den Antrag liegt bei der Jugendkammer, § 92 Abs. 2 S. 1 JGG. Sie ist dabei grundsätzlich mit einem Richter besetzt; die mit drei Berufsrichtern besetzte Kammer (§ 33b Abs. 1 1. Halbs., Abs. 7 i. V. m. § 33a Abs. 2 JGG) wird nur bei besonderen Schwierigkeiten rechtlicher Art oder grundsätzlicher Bedeutung involviert (§ 92 Abs. 4 JGG). Hinsichtlich der Formalia gelten §§ 112, 113 StVollzG analog, so dass der Antrag schriftlich oder zur Niederschrift des Gerichts binnen einer Frist von zwei Wochen nach Zustellung bzw. schriftlicher Bekanntgabe der Maßnahme oder ihrer Ablehnung gestellt werden muss; für den Vornahmeantrag gilt die Drei-Monats-Frist des § 113 Abs. 1 StVollzG entsprechend.[265]

987

> **Exkurs: Vereinfachtes Prüfungsschema**
> **Zulässigkeit eines Antrags auf gerichtliche Entscheidung**
> **gem. § 92 Abs. 1 S. 2 1. Halbs. JGG i. V. m. §§ 109, 111 bis 120 Abs. 1 StVollzG**
> 1. Rechtswegeröffnung, § 109 Abs. 1 S. 1 StVollzG:
>   – Maßnahme
>   – auf dem Gebiet des Strafvollzugs
>   – zur Regelung
>   – einzelner Angelegenheiten.
> 2. Antragsart:
>   – Anfechtungsantrag, §§ 109 Abs. 1 S. 1, 115 Abs. 2 S. 1 StVollzG,
>   – Verpflichtungsantrag, §§ 109 Abs. 1 S. 2, 115 Abs. 4 StVollzG,
>   – Vornahmeantrag, §§ 109 Abs. 1 S. 2, 113 StVollzG,
>   – Unterlassungsantrag,
>   – Feststellungsantrag, § 115 Abs. 3 StVollzG.
> 3. Antragsbefugnis, § 109 Abs. 2 StVollzG:
>   Möglichkeit der Verletzung eines subjektiven Rechts.
> 4. Schlichtungsverfahren, § 92 Abs. 1 S. 2 2. Halbs. JGG:
>   sofern nach Landesrecht erforderlich.
> 5. Zuständigkeit der Jugendkammer, § 92 Abs. 2 S. 1 JGG.
> 6. Formalien:
>   – Schriftform oder zur Niederschrift des Gerichts, § 112 Abs. 1 StVollzG.
>   – Frist bei Anfechtungs- oder Verpflichtungsantrag, § 112 Abs. 1 StVollzG:
>   zwei Wochen nach Zustellung oder schriftlicher Bekanntgabe der Maßnahme
>   oder ihrer Ablehnung.
>   – Frist bei Vornahmeantrag, § 113 Abs. 1 1. Halbs. StVollzG:
>   drei Monate nach vergeblichem Antrag an Behörde.
> 7. Beteiligtenfähigkeit, § 111 Abs. 1 StVollzG:
>   – Antragsteller (Nr. 1),
>   – Vollzugsbehörde, die die angefochtene Maßnahme angeordnet oder die
>   beantragte abgelehnt oder unterlassen hat (Nr. 2).

---

[265] Ausführlich zu den Voraussetzungen Laubenthal, 2015, Rdn. 763 ff.

Ob die **Schlechterstellung** der Jugendstrafgefangenen durch die Neufassung des § 92 JGG nunmehr behoben werden konnte, bleibt zweifelhaft. Weil Jugendliche in besonderem Maße ungeübt im Schriftverkehr mit Behörden sind, bedeutet die bloße Verweisung auf eine analoge Anwendung der Vorschriften des Erwachsenenvollzugs für sie eine ungleich größere Herausforderung, als der Rahmen des Art. 19 Abs. 4 GG zulässt.[266] Daran vermögen auch die im Vergleich zu § 115 Abs. 1 S. 1, Abs. 1a StVollzG erweiterten Möglichkeiten mündlichen Vorbringens (§ 92 Abs. 3 S. 2–5 JGG) sowie die Beteiligung von Erziehungsberechtigtem und gesetzlichem Vertreter (§ 92 Abs. 1 S. 2 1. Halbs. a.E. i. V. m. § 67 Abs. 1–3 u. 5 JGG) letztlich nichts zu ändern. Ungeklärt bleibt ferner die Frage der Rechtsbehelfe bei manchen anderen Formen des Freiheitsentzugs – etwa der Unterbringung in geschlossenen Einrichtungen der Jugendhilfe.[267]

11.3.7.2 Rechtsbehelfe im Erwachsenenvollzug

988 Verbüßt der zu Jugendstrafe Verurteilte nach Herausnahme aus dem Jugendstrafvollzug gem. § 89b JGG diese in einer Justizvollzugsanstalt für den Vollzug der Freiheitsstrafe, richten sich nicht nur Fragen der Vollzugsgestaltung, sondern auch seine (vollzugsinternen) Rechtsschutzmöglichkeiten nach den Vorschriften des jeweiligen Strafvollzugsgesetzes;[268] keine Anwendung findet dagegen der gerichtliche Rechtsschutz nach § 92 Abs. 1 bis 5 JGG i. V. m. §§ 109, 111 bis 120 StVollzG (vgl. § 92 Abs. 6 S. 2 JGG).

§ 92 Abs. 6 S. 2 JGG stellt folglich eine besondere Rechtswegeröffnung für den **gerichtlichen Rechtsschutz** dar, welche die §§ 109 ff. StVollzG zur Anwendung gelangen lässt. Dies wirkt sich insbesondere bei der Zuständigkeit aus, die damit nicht mehr bei der Jugendkammer liegt. Der Inhaftierte kann sich vielmehr an die **Strafvollstreckungskammer** beim Landgericht (§ 110 StVollzG) wenden, wenn es sich bei der Beanstandung oder dem Begehren um eine ihn betreffende Maßnahme zur Regelung einzelner Angelegenheiten auf dem Gebiet des Straf- oder Maßregelvollzugs oder um die Ablehnung oder das Unterlassen einer solchen Maßnahme handelt (§ 109 Abs. 1 StVollzG). Gegen eine Entscheidung der Strafvollstreckungskammer (§ 115 StVollzG) besteht gem. § 116 StVollzG das Rechtsmittel der Rechtsbeschwerde.

989 Dass § 92 Abs. 6 S. 2 JGG ausdrücklich die §§ 109 ff. StVollzG in Bezug nimmt, nicht aber wie § 92 Abs. 2 S. 2 JGG a.F. auf die Regelungen zum Erwachsenenvollzug insgesamt verweist, bedeutet keinen Ausschluss der Möglichkeit der **vollzugsinternen Kontrolle** nach § 108 StVollzG, § 92 JVollzGB III BW, Art. 115 BayStVollzG, § 105 BbgJVollzG, § 91 HmbStVollzG, § 57 HStVollzG, § 91 StVollzG M-V, § 101 NJVollzG, § 102 LJVollzG RLP, § 91 SLStVollzG, § 95 SächsStVollzG, § 103 ThürJVollzGB. Das Fehlen einer Verweisung auf die vollzugsinternen Kontrollmöglichkeiten in § 92 Abs. 6 S. 2 JGG stellt eine Folge der Kompetenzzuweisung an die Landesgesetzgeber dar. Eine Einschränkung des Rechtsschutzes für diejenigen Inhaftierten, deren Strafe in einer Einrichtung für Erwachsene vollzogen wird, ist mit dieser Änderung nicht verbunden. Sind zu Jugendstrafe Verurteilte

---

[266] Dazu Eisenberg, 2008b, S. 260 f.; vgl. auch Markert, 2012, S. 312 f. zur geringen Nutzung der Rechtsschutzmöglichkeit im bayerischen Jugendstrafvollzug.
[267] Siehe Dünkel, 2008a, S. 3.
[268] Dazu Laubenthal, 2015, Rdn. 760 ff.

demnach aus dem Jugendstrafvollzug herausgenommen, so stehen ihnen auch die vollzugsinternen Rechtsbehelfe nach den genannten Normen zu.

11.3.8 Besonderheiten bei möglicher Sicherungsverwahrung

Um dem ultima-ratio-Charakter der Sicherungsverwahrung zu genügen, müssen schon während des vorgelagerten Strafvollzugs alle Möglichkeiten ausgeschöpft werden, die Gefährlichkeit des Verurteilten zu reduzieren. Mit entsprechenden Maßnahmen ist rechtzeitig zu beginnen, zumal erforderliche psychiatrische, psycho- oder sozialtherapeutische Behandlungen mehrere Jahre in Anspruch nehmen können.[269]

990

11.3.8.1 Vollzugsziel und Vollzugsgestaltung

Gem. § 7 Abs. 3 S. 5 JGG gilt für den Vollzug der Jugendstrafe § 66c Abs. 2 StGB entsprechend; bei Verhängung von Freiheitsstrafe gegen einen Heranwachsenden bleibt letztere Norm unberührt (§ 106 Abs. 5 S. 5 JGG). Sie schreibt vor, dass nach Anordnung der Maßregel der Sicherungsverwahrung, d. h. zum Ende des Strafvollzugs, oder bei Aufnahme eines entsprechenden Vorbehalts im Urteil dem Täter **bereits im Strafvollzug Betreuung und Behandlung** i. S. v. § 66c Abs. 1 Nr. 1 StGB **anzubieten** ist. Das dient dem Zweck, den Vollzug bzw. die Anordnung der Maßregel nach Möglichkeit entbehrlich zu machen. Hierbei handelt es sich um ein **eigenes Betreuungsziel**, das ergänzend neben das Vollzugsziel des jeweiligen Landes-Strafvollzugs- bzw. Jugendstrafvollzugsgesetzes[270] tritt.[271] Zudem wird in den korrespondierenden landesrechtlichen Regelungen die Therapieausrichtung des Strafvollzugs betont.[272] Diese Grundsätze gelten auch für den Vollzug der Jugendstrafe (§ 88 Abs. 1 JVollzGB IV BW, Art. 164 S. 1 BayStVollzG, § 8 Abs. 4 BbgJVollzG, § 5a Abs. 1 HmbJStVollzG, § 17a HJStVollzG, § 132 Abs. 2 S. 1 NJVollzG, § 8 Abs. 3 LJVollzG RLP, §§ 5 Abs. 2 S. 2, 10 Abs. 2 S. 4, 11 Abs. 1 S. 2 SJStVollzG, §§ 3 Abs. 3, 10 Abs. 2 S. 2, 11a Abs. 1 S. 2, 14 Abs. 2 u. Abs. 4 S. 2 SächsJStVollzG, § 128 SVVollzG LSA, §§ 22a bis 22e JStVollzG S-H, §§ 2 Abs. 2, 8 Abs. 3, 13 Abs. 2 u. 4, 15 Abs. 1 S. 2, 24 Abs. 4 S. 2 ThürJVollzGB). Zudem gehen bereits §§ 7 Abs. 3 S. 1, 106 Abs. 5 S. 1 JGG vom Vorrang des Strafvollzugs in einer sozialtherapeutischen Einrichtung aus, sofern der Verurteilte das siebenundzwanzigste Lebensjahr noch nicht vollendet hat.

991

> Ferner kommt nach § 67a Abs. 2 S. 2 StGB die **Überweisung** in ein psychiatrisches Krankenhaus oder eine Entziehungsanstalt in Betracht, sofern eine Heilbehandlung bzw. Entziehungskur angezeigt erscheint. Das gilt im Vollzug der Jugend- wie der Freiheitsstrafe, §§ 7 Abs. 3 S. 5, 106 Abs. 5 S. 5 JGG.

---

[269] BVerfGE 128, S. 379.
[270] Dazu Kap. 11.3.3.1.
[271] Vgl. Schäfersküpper/Grote, 2013, S. 452.
[272] Näher Laubenthal, 2015, Rdn. 962, 965 f., dort auch zu weiteren Sonderregelungen.

11.3.8.2 Gerichtliche Kontrolle

992 Abgesichert wird die Einhaltung der Anforderungen an die Gestaltung der Strafhaft durch eine neue Art gerichtlicher Kontrolle gem. § 119a StVollzG.[273] Sie wird **von Amts wegen** seitens der mit drei Richtern besetzten Jugendkammer ausgeübt, § 92 Abs. 2 S. 2, Abs. 4 S. 1 JGG n.F., es sei denn die Voraussetzungen des § 92 Abs. 6 S. 1 JGG[274] liegen vor. Dann gilt § 119a StVollzG direkt mit der Folge der Zuständigkeit der Strafvollstreckungskammer, § 92 Abs. 6 S. 2 JGG.

Mit dieser zeitnahen und periodischen gerichtlichen Kontrolle soll **Rechtssicherheit** bei den Beteiligten **geschaffen** und „Überraschungen" am Ende des Strafvollzugs vorgebeugt werden.[275] Das Gericht muss grundsätzlich nach jeweils zwei Jahren Strafvollzug (§ 119a Abs. 3 StVollzG) überprüfen, ob die Vollzugsbehörde dem Verurteilten ein den gesetzlichen Vorschriften entsprechendes Betreuungsangebot unterbreitet hat (§ 119a Abs. 1 Nr. 1 StVollzG). Ist dies nicht der Fall, stellt die Kammer fest, welche konkreten Maßnahmen die Vollzugsbehörde dem Gefangenen künftig anzubieten hat (§ 119a Abs. 1 Nr. 2 StVollzG). Unabhängig von den im Gesetz festgesetzten Fristen vermag die Vollzugsbehörde jederzeit bei Vorliegen eines berechtigten Interesses eine entsprechende Entscheidung zu beantragen, insbesondere wenn ein Vollzugsplan erstmalig aufgestellt oder später wesentlich geändert wurde (§ 119a Abs. 2 S. 1 u. 2 StVollzG). An rechtskräftige Feststellungen der Jugend- oder der Strafvollstreckungskammer nach § 119a Abs. 1 u. Abs. 2 S. 2 StVollzG sind alle Gerichte bei späteren Entscheidungen, namentlich solchen gem. § 67c Abs. 1 S. 1 Nr. 2 StGB[276], gebunden, soweit sich die Sachlage nicht wesentlich geändert hat.

> Dem jungen Gefangenen ist von Amts wegen ein Rechtsanwalt für das gerichtliche Verfahren beizuordnen (§ 119a Abs. 6 S. 1 StVollzG). Er besitzt allerdings im Verfahren nach § 119a StVollzG **kein eigenes Antragsrecht**, sondern bleibt darauf beschränkt, einzelne Behandlungs- oder Betreuungsmaßnahmen mit einem Antrag gem. § 92 JGG i. V. m. §§ 109 ff. StVollzG anzufechten oder einzufordern.[277] In diesem Fall ist ihm ebenfalls prinzipiell ein Rechtsanwalt beizuordnen (§ 109 Abs. 3 StVollzG n.F.).[278] Gegen die gerichtliche Entscheidung i. S. d. § 119a StVollzG kann Beschwerde eingelegt werden, § 119a Abs. 5 StVollzG. Hierüber entscheidet ein Strafsenat des OLG, §§ 119a Abs. 6 S. 3, 117 StVollzG.

---

[273] Ausführlich Laubenthal, 2015, Rdn. 963 f.; Lesting/Feest, 2013, S. 278 ff.; Schäferskupper/ Grote, 2013, S. 453 f.; Wolf Th., 2013, S. 366 f., 368.
[274] Siehe Kap. 11.3.7.2.
[275] BT-Drs. 17/9874, S. 28.
[276] Näher Kap. 11.1.4.2 (1).
[277] So BT-Drs. 17/9874, S. 28 f.; Lesting/Feest, 2013, S. 279; Schäferskupper/Grote, 2013, S. 453; krit. dazu Eisenberg, 2014, § 92 Rdn. 176.
[278] Dazu Lesting/Feest, 2013, S. 280; Pollähne, 2013, S. 256.

11.4 Vollzug von Maßregeln der Besserung und Sicherung

Wird gegen jugendliche oder heranwachsende Abgeurteilte eine Maßregel der Besserung und Sicherung vollzogen, hat es grundsätzlich mit den allgemeinen Vorschriften sein Bewenden, obwohl altersentsprechende Behandlungsprogramme vonnöten sind.[279] Nur für die Unterbringung in der Entziehungsanstalt (§ 64 StGB) findet sich eine Sonderregelung im JGG. Es erscheint mangels Vergleichbarkeit von Strafe und Maßregel keineswegs angängig, Lücken in der Ausgestaltung des Maßregelvollzugs durch analoge Anwendung der Jugendstrafvollzugsgesetze zu schließen.[280] **Gerichtlicher Rechtsschutz** gegen Maßnahmen im Vollzug der Unterbringung im psychiatrischen Krankenhaus (§ 63 StGB), in der Entziehungsanstalt sowie in der Sicherungsverwahrung wird im Verfahren nach § 92 JGG i. V. m. §§ 109 ff. StVollzG gewährt.[281] Sobald der Betroffene das 24. Lebensjahr vollendet hat, gelten §§ 109 ff. StVollzG direkt mit der Folge der Zuständigkeit der Strafvollstreckungskammer, § 92 Abs. 6 JGG.

993

11.4.1 Unterbringung im psychiatrischen Krankenhaus und in der Entziehungsanstalt

Wenige Vorschriften hierzu enthalten §§ 136–138 StVollzG bzw. einige Landes-Strafvollzugsgesetze. Sofern diese wie die gerade genannten Normen des Bundes-Strafvollzugsgesetzes unmittelbar nur für Erwachsene gelten, ist ihre analoge Heranziehung zu erwägen.[282] Im Übrigen finden die Unterbringungs- bzw. Maßregelvollzugsgesetze der Bundesländer Anwendung (vgl. § 138 Abs. 1 S. 1 StVollzG).[283] Soweit sie Bestimmungen zur medizinischen Behandlung gegen den Willen des Betroffenen[284] aufweisen, genügen jene nicht den von Verfassungs wegen hieran zu stellenden Anforderungen.[285] Die Gesetze lassen ferner eine i. S. d. **Trennungsprinzips** gebotene Differenzierung zwischen Jugendlichen, Heranwachsenden und Erwachsenen sowie zwischen den Geschlechtern[286] vielfach vermissen; auch in der

994

---

[279] HK-JGG/Wulf, 2014, § 93a Rdn. 11, 26. Mindestanforderungen formulieren Häßler/Keiper/Schläfke, 2004, S. 27 f.; Schepker/Huck, 2008, S. 90 ff.; Schniedermeyer, 1985, S. 242; Tondorf/Tondorf, 2009, S. 56; Weissbeck/Günter, 2010, S. 16 f.; siehe auch Stöver/Weissbeck/Wendt, 2008, S. 260. Ausführlich zu den Einrichtungen und den von ihnen verfolgten Konzepten Weissbeck, 2009, S. 62 ff.; ferner Häßler/Keiper/Schläfke, 2008, S. 188 ff.; Weissbeck/Brünger, 2008, S. 145 ff.

[280] Eisenberg, 2014, § 93a Rdn. 7.

[281] Siehe Kap. 11.3.7.; ferner KG, OLGSt. JGG § 92 Nr. 1.

[282] Vgl. AK-Pollähne, 2012, vor § 136 Rdn. 41.

[283] Näher zu diesen Laubenthal, 2015, Rdn. 906 ff. m. Nachw. des Landesrechts in Fn. 182; siehe auch Ostendorf, 2012, S. 87; Tessenow, 2002, S. 103 ff., 139.

[284] Dazu Kammeier/Wagner, 2010, Rdn. D 146 ff.

[285] Grundlegend BVerfGE 128, S. 282 ff.; ferner BVerfGE 129, S. 269 ff.; BVerfG, NJW 2013, S. 2337 ff.; BGH, HRRS 2013 Nr. 1086, S 146 f.; OLG Köln, StrVert 2013, S. 223 ff.

[286] Speziell dazu Tondorf/Tondorf, 2009, S. 55.

Praxis findet eine getrennte Unterbringung nicht überall statt.[287] Unterhält ein Bundesland keine auf junge Menschen spezialisierte Einrichtung, muss der Vollzug in einem anderen Land erwogen werden.[288]

> Wie viele Personen, gegen die die Maßregel als Jugendliche oder Heranwachsende verhängt wurde, im psychiatrischen Krankenhaus untergebracht sind, kann man nach den vorhandenen Statistiken nicht präzise feststellen. Am 31.3.2013 befanden sich 472 Personen im Alter bis einschließlich 24 Jahre aufgrund strafrichterlicher Anordnung im psychiatrischen Krankenhaus, darunter nur 32 Frauen;[289] angesichts der prinzipiell nicht begrenzten Verweildauer mag aber auch gegen ältere Untergebrachte die Anordnung auf der Basis des Jugendstrafrechts ergangen sein. (Nicht umfassende) Erhebungen im Jahr 2000 bzw. 2006 ergaben bundesweit 216 respektive 282 Unterbringungen auf der Basis des JGG, die ganz überwiegend Männer betrafen.[290]

995 Für die Unterbringung in der **Entziehungsanstalt** ordnet § 93a Abs. 1 JGG die Berücksichtigung der besonderen Erfordernisse an, welche die therapeutische Kunst an die Behandlung junger Menschen stellt. Der Vollzug braucht nicht unter der üblicherweise am Anfang einer Entziehungskur stehenden strikten Trennung von der Außenwelt zu erfolgen (§ 93a Abs. 2 JGG). Die Gruppe der entsprechend spezialisierten Einrichtungen ist nach wie vor klein; sie wird mit drei beziffert.[291]

> Am 31.3.2013 befanden sich 407 Personen im Alter bis einschließlich 24 Jahre in einer Entziehungsanstalt, davon waren lediglich 21 Frauen. 259 Betroffene, darunter 13 weiblichen Geschlechts, waren nicht wegen Trunksucht untergebracht.[292] Letzteres betrifft insbesondere Fälle von Betäubungsmittelabhängigkeit.

11.4.2 Unterbringung in der Sicherungsverwahrung

996 Besondere Vorschriften für den Vollzug der Sicherungsverwahrung an relativ jungen Betroffenen existieren nicht.[293] Das lässt sich neben der noch geringen Anwendungshäufigkeit damit erklären, dass ein Verurteilter erst nach Vollverbüßung der gem. § 7 Abs. 2 S. 1 Nr. 1 JGG mindestens siebenjährigen Jugendstrafe[294] und damit nicht vor Vollendung des 21. Lebensjahres in der Sicherungsverwahrung

---

[287] Kammeier/Pollähne/Rzepka, 2010, Rdn. J 44, 47; Stöver/Weissbeck/Wendt, 2008, S. 256; Tessenow/Ostendorf, 2003, S. 60; Weissbeck, 2009, S. 112 ff.; Weissbeck/Günter, 2010, S. 12 f.
[288] So Thüringer VerfGH, NJ 2003, S. 195; dazu Artkämper, 2003, S. 106.
[289] Statistisches Bundesamt, Strafvollzug – Demographische und kriminologische Merkmale der Strafgefangenen zum Stichtag 31.3., Fachserie 10 Reihe 4.1, 2014, S. 32.
[290] Tessenow, 2002, S. 179 ff.; Weissbeck/Günter, 2010, S. 12; siehe ferner die Untersuchung von Stöver/Weissbeck/Wendt, 2008, S. 257 ff.
[291] Streng, 2012, S. 130; Weissbeck, 2009, S. 114; HK-JGG/Wulf, 2014, § 93a Rdn. 7; siehe auch Paul, 2005, S. 262 ff.
[292] Statistisches Bundesamt, Strafvollzug – Demographische und kriminologische Merkmale der Strafgefangenen zum Stichtag 31.3., Fachserie 10 Reihe 4.1, 2014, S. 32.
[293] Vgl. Streng, 2012, S. 283.
[294] Eine Strafrestaussetzung nach § 88 Abs. 1 JGG wird in solchen Fällen im Hinblick auf das Sicherheitsinteresse der Allgemeinheit ausscheiden; vgl. BT-Drs. 16/6562, S. 11.

untergebracht werden kann. In den Jahren 2009 bis 2012 befand sich zum Stichtag 31. März dann auch maximal eine Person im Alter von 20 bis 29 Jahren in der Sicherungsverwahrung und lediglich im Jahr 2009 ein mit einem Vorbehalt gem. § 106 Abs. 3 JGG versehener Gefangener im Strafvollzug.[295] Einschlägig sind also § 66c Abs. 1 StGB sowie die von den Ländern mittlerweile erlassenen detaillierten Gesetze über den Vollzug der Sicherungsverwahrung;[296] §§ 129–135 StVollzG sind obsolet. In § 66c Abs. 1 StGB ist der Rahmen für die Ausgestaltung der Unterbringung vorgegeben: Ihr Ziel besteht in der **aufenthaltsbeendenden Minimierung der Gefährlichkeit**. Dazu bedarf es umfassender, individualisierter Behandlungsangebote und der beständigen Ermunterung, jene anzunehmen. Die Unterbringung muss getrennt vom Strafvollzug erfolgen und so weit wie möglich den allgemeinen Lebensverhältnissen angepasst sein. Es bedarf vollzugsöffnender Maßnahmen nebst Entlassungsvorbereitung und nachsorgender Betreuung.

Sollten zukünftig vermehrt verhältnismäßig junge Maßregelvollzugsinsassen auf eine steigende Zahl älterer Sicherungsverwahrter ab 60 Jahre treffen,[297] wird dies zumindest bei der Binnendifferenzierung in der jeweiligen Einrichtung zu berücksichtigen sein.

---

[295] Siehe Ansorge, 2013, S. 41, 44.
[296] Ausführlich dazu Laubenthal, 2015, Rdn. 931 ff.; ferner Arloth, 2013, S. 218 ff.; Bartsch, 2013, S. 211 ff.; Schäferskupper/Grote, 2013, S. 449 ff.
[297] Vgl. BT-Drs. 16/9643, S. 5; zur Altersstruktur der Betroffenen Ansorge, 2013, S. 40 ff.; zum Ganzen ferner Brettel, 2009, S. 332 ff.

12 Registerrecht und Strafmakelbeseitigung

Im allgemeinen Strafrecht spielt gem. § 46 Abs. 2 StGB das Vorleben des Straftäters eine bedeutende Rolle für die Strafzumessung. Strafgerichtliche Verurteilungen und weitere der in § 3 BZRG[1] abschließend aufgezählten Entscheidungen, Vermerke und Feststellungen werden deshalb in das gem. § 1 Abs. 1 BZRG vom Bundesamt für Justiz geführte **Bundeszentralregister** eingetragen.[2] Durch diese Registrierung wird der Betroffene nicht mit einem zusätzlichen Makel versehen. Vielmehr erhalten Träger späterer Entscheidungen die Möglichkeit, sich zu informieren. Zugleich bleibt jedoch das Resozialisierungsinteresse des Einzelnen zu beachten. Deshalb normiert das BZRG Einschränkungen hinsichtlich der Auskunftserteilung an Behörden und Privatpersonen und sieht Fristen für eine Tilgung von Eintragungen über Verurteilungen vor.

997

Im Bereich des Jugendstrafrechts besteht ein besonderes Spannungsverhältnis zwischen dem **Informationsinteresse** auf der einen und der **Vermeidung stigmatisierender Registrierungswirkungen** auf der anderen Seite.[3] Eine täterorientierte Reaktion auf Normverletzungen junger Menschen erfordert noch mehr als im Erwachsenenstrafrecht Kenntnisse über das Vorliegen früherer strafrechtlich relevanter Auffälligkeiten und über die Reaktion der Kontrollinstanzen auf Fehlverhalten. Der bei einer aktuellen Straftat entscheidende Jugendstaatsanwalt oder -richter muss wissen, welche Maßnahmen zuvor bereits ergriffen wurden und nicht zu einer positiven Legalbewährung geführt haben. Auch muss im Einzelfall erkennbar sein, ob es sich bei einem Tatverdächtigen tatsächlich um einen Ersttäter handelte, auf dessen Verhalten dann bei Vorliegen der entsprechenden Voraussetzungen informell zu reagieren ist. Die Straffälligkeit junger Menschen bleibt aber häufig eine Episode[4], so dass das Registrierungsinteresse bei ihnen in zeitlicher Dimension weniger

998

---

[1] Abgedruckt in Schönfelder Nr. 92.
[2] Dazu eingehend Götz/Tolzmann, 2000; dies., 2003; Hase, 2003.
[3] Meier/Rössner/Schöch, 2007, S. 305 f.; Schaffstein/Beulke, 2002, S. 307; Streng, 2012, S. 293 f.
[4] Siehe Kap. 1.2.

Gewicht besitzt. Bei den noch in der Entwicklung befindlichen Tätern kann die Registrierung von Auffälligkeiten eine nachhaltigere Behinderung etwa für die berufliche Zukunft darstellen und Lebenschancen reduzieren.

999 Das BZRG enthält deshalb Regelungen, die junge Straftäter gegenüber Erwachsenen bevorzugen. Allerdings wird zugleich ein besonderes **Erziehungsregister** geführt mit Eintragungen von Maßnahmen, hinsichtlich derer keine Aufnahme in das Bundeszentralregister erfolgt. Speziell für die Verurteilungen zu Jugendstrafe sehen §§ 97 ff. JGG die Möglichkeit vor, in Durchbrechung der Tilgungsfristen des BZRG vorzeitig den sog. Strafmakel zu beseitigen.

12.1 Bundeszentralregister

1000 Bei Anwendung von Jugendstrafrecht werden gem. § 4 BZRG **im zentralen Strafregister** folgende rechtskräftige Ahndungen **eingetragen**:

- Jugendstrafe (ohne oder mit Strafaussetzung zur Bewährung),
- Feststellung der Schuld und Aussetzung der Verhängung von Jugendstrafe zur Bewährung i. S. d. § 27 JGG,
- Maßregeln der Besserung und Sicherung.

Nicht im Bundeszentralregister (sondern in einem besonderen Erziehungsregister) vermerkt sind Erziehungsmaßregeln und Zuchtmittel.[5] Allerdings erfolgt gem. § 5 Abs. 2 BZRG dann die Eintragung solcher Reaktionen sowie Nebenstrafen und Nebenfolgen im Bundeszentralregister, wenn sie mit einer Jugendstrafe, einem Schuldspruch nach § 27 JGG oder der Anordnung einer Maßregel der Besserung und Sicherung verbunden wurden. § 20 BZRG verpflichtet Gerichte und Behörden, der Registerbehörde die einzutragenden Entscheidungen mitzuteilen.

1001 **Auskunft** über Eintragungen im Bundeszentralregister können Behörden und Privatpersonen erhalten. Dabei kommt bestimmten **Gerichten** und **Behörden** nach § 41 Abs. 1 BZRG ein fast unbeschränktes Informationsrecht zu. Sie erhalten sogar Kenntnis von Eintragungen, die nicht in ein Führungszeugnis aufgenommen werden. Strafgerichten und Staatsanwaltschaften sind gem. § 41 Abs. 3 BZRG für ein Strafverfahren gegen den Betroffenen selbst Verurteilungen zu Jugendstrafe mitzuteilen, bei denen der Strafmakel bereits für beseitigt erklärt wurde.

1002 Auf ihren Antrag hin erhält gem. § 30 BZRG auch jede Person, die das 14. Lebensjahr vollendet hat, Auskunft über die sie betreffenden Inhalte des Bundeszentralregisters. Solche sog. **Führungszeugnisse** können ferner Behörden zur Erledigung ihrer hoheitlichen Aufgaben anfordern (§ 31 BZRG). Enthalten sind in einem Führungszeugnis jedoch nicht sämtliche Registereintragungen; **nicht aufgenom-**

---

[5] Laubenthal/Nestler, 2010, Rdn. 505.

men werden hinsichtlich der jugendstrafrechtlichen Reaktion gem. § 32 Abs. 2 BZRG insbesondere:

- der Schuldspruch nach § 27 JGG (Nr. 2),
- eine Verurteilung zu Jugendstrafe von nicht mehr als zwei Jahren, wenn die Vollstreckung der Strafe oder eines Strafrestes zur Bewährung ausgesetzt und dies nicht widerrufen wurde (Nr. 3),
- eine Verurteilung zu Jugendstrafe, wenn der Strafmakel beseitigt ist (Nr. 4).

Soweit Eintragungen nicht in das Führungszeugnis aufgenommen werden, darf der Verurteilte sich nach § 53 BZRG als **unbestraft** bezeichnen und muss nicht den zugrunde liegenden Sachverhalt offenbaren. Zu beachten bleibt aber, dass ein Teil der Ausnahmen von § 32 Abs. 2 BZRG bei Sanktionierungen wegen bestimmter Sexualdelikte nicht gilt (§ 32 Abs. 1 S. 2 JGG).

Günstiger als bei den nach allgemeinem Strafrecht Verurteilten sind bei der Jugendstrafe im Interesse einer sozialen Integration auch die **Tilgungsfristen**. Insoweit differenziert § 46 BZRG in Nrn. 1 bis 4 zwischen fünf, zehn, zwanzig und fünfzehn Jahren. Während die 20-Jahres-Frist (§ 46 Abs. 2 Nr. 3 BZRG) gleichermaßen für zu mehr als einem Jahr verurteilte jugendliche und erwachsene Sexualstraftäter (§§ 174 bis 180 oder § 182 StGB) gilt, beträgt die Tilgungsfrist bei Verurteilungen zu Freiheitsstrafen von mehr als einem Jahr regelmäßig fünfzehn Jahre (§ 46 Abs. 2 Nr. 4 BZRG). Dagegen normiert § 46 Abs. 1 Nr. 1 BZRG eine Fünf-Jahres-Frist

- bei Jugendstrafe von nicht mehr als einem Jahr,
- bei Jugendstrafe von nicht mehr als zwei Jahren, wenn die Vollstreckung der Strafe oder des Strafrestes zur Bewährung ausgesetzt wurde,
- bei Jugendstrafe von mehr als zwei Jahren bei erfolgtem Strafresterlass,
- bei jeder Verurteilung zu Jugendstrafe, sobald der Strafmakel als beseitigt erklärt worden ist.

Bei den übrigen Fällen der Jugendstrafe sowie im Fall der Verurteilung wegen einer Straftat nach §§ 171, 180a, 181a, 183 bis 184f, 225, 232 bis 233a, 234, 235 oder § 236 StGB beträgt die Tilgungsfrist gem. § 46 Abs. 1 Nr. 2 lit. c) bzw. d) BZRG **zehn Jahre**.

Die **Tilgungswirkungen** ergeben sich zum einen aus § 53 BZRG. Der Verurteilte unterliegt dann keiner Offenbarungspflicht mehr und kann sich als unbestraft bezeichnen. Ferner darf gem. § 51 BZRG die Tat prinzipiell nicht mehr zum Nachteil des Betroffenen verwertet werden. Besondere Ausnahmefälle lässt insoweit nur § 52 BZRG zu.

12.2 Strafmakelbeseitigung

Der **Reduzierung stigmatisierender Registerwirkungen** dient das jugendstrafrechtliche Rechtsinstitut der Beseitigung des Strafmakels gem. §§ 97 ff. JGG. Es durchbricht die im BZRG vorgegebenen Tilgungsfristen bei Verurteilungen zu Jugendstrafe und bewirkt eine vorzeitige Rehabilitation des Betroffenen.[6] Es soll den Verurteilten zudem motivieren, sich insbesondere durch positives Legalverhalten diese Vergünstigung zu verdienen. Von jeglicher Strafmakelbeseitigung ausgenommen hat der Gesetzgeber allerdings durch §§ 97 Abs. 1 S. 3, 100 S. 2 JGG bestimmte Sexualstraftäter (§§ 174 bis 180 oder 182 StGB).

1006 Eine **automatische Strafmakelbeseitigung** ohne gerichtliche Ermittlungen sieht § 100 JGG vor. Das setzt voraus, dass bei Verurteilung zu Jugendstrafe von nicht mehr als zwei Jahren die Strafe oder der Strafrest nach Aussetzung zur Bewährung erlassen wird. Ein solcher Erlass ist bedingt durch eine nach § 26a bzw. gem. § 88 Abs. 6 S. 1 i. V. m. § 26a JGG insofern erfolgreich verlaufene Bewährungszeit, als kein Aussetzungswiderruf erfolgen musste. Die gerichtliche Erklärung der Strafmakelbeseitigung ergeht zugleich in dem Beschluss über den Erlass der Strafe bzw. des Strafrestes.[7] Entscheidungen nach § 100 JGG bleiben entsprechend § 59 Abs. 4 JGG unanfechtbar.[8] Eigenständige Folge des § 100 JGG ist, dass gem. § 41 Abs. 3 S. 1 BZRG über die Verurteilung künftig ausschließlich den Strafgerichten bzw. Staatsanwaltschaften für ein Strafverfahren gegen den Sanktionierten, nicht aber sonstigen Behörden Auskunft erteilt werden darf.

1007 In den von § 100 JGG nicht betroffenen **anderen Fällen** einer Verurteilung zu Jugendstrafe einschließlich deren Vollverbüßung bedarf die Strafmakelbeseitigung gem. § 97 JGG der gerichtlichen Überzeugung, dass der Verurteilte sich durch **einwandfreie Führung** als **rechtschaffener Mensch** erwiesen hat (§ 97 Abs. 1 S. 1 JGG). Hierfür eine die Rechtsordnung bejahende Gesinnung zu verlangen,[9] erscheint jedoch als zu weitgehend; vielmehr genügt bereits das Vorliegen eines Lebenswandels ohne weitere Straftaten.[10]

Die Voraussetzungen der Strafmakelbeseitigung i. S. d. § 97 JGG werden in einem in §§ 98, 99 JGG geregelten **gerichtlichen Verfahren** festgestellt. Dieses kann gem. § 97 Abs. 1 S. 1, 2 JGG von Amts wegen oder auf Antrag des Verurteilten, des Erziehungsberechtigten, des gesetzlichen Vertreters, des Staatsanwalts oder der Jugendgerichtshilfe eingeleitet werden.

1008 Aus § 97 Abs. 2 S. 1 JGG ergibt sich, dass die Beseitigungserklärung eine Strafverbüßung oder einen Straferlass voraussetzt und prinzipiell ein **Zeitablauf** von zwei Jahren seit Verbüßung bzw. Erlass notwendig ist. Nur ausnahmsweise darf bereits vor Ablauf der Zwei-Jahres-Frist eine Tilgung des Strafmakels erfolgen, wenn der Verurteilte sich der Beseitigung des Strafmakels besonders würdig gezeigt hat (§ 97 Abs. 2 S. 1 JGG). Verlangt wird hierfür ein über den straffreien Lebenswandel hinausgehendes positives Verhalten.[11] Allerdings muss dann der Betroffene bereits entlassen und seine Bewährungszeit beendet sein.

---

[6] Schaffstein/Beulke, 2002, S. 309 f.
[7] Diemer/Schatz/Sonnen, 2011, § 100 JGG Rdn. 1.
[8] Eisenberg, 2014, § 100 Rdn. 7.
[9] So aber Brunner/Dölling, 2011, § 97 Rdn. 7; Diemer/Schatz/Sonnen, 2011, § 97 JGG Rdn. 21; Eisenberg, 2014, § 97 Rdn. 11.
[10] Ostendorf, 2013, § 97 Rdn. 7; Streng, 2012, S. 295.
[11] Ostendorf, 2013, § 97 Rdn. 6.

1009 Neben den bereits zu § 100 JGG ausgeführten **Wirkungen** gem. § 41 Abs. 3 S. 1 BZRG hat die Tilgung nach § 97 JGG zur Folge, dass die Verurteilung nicht mehr in das Führungszeugnis aufgenommen wird (§ 32 Abs. 2 Nr. 4 BZRG). Der Verurteilte ist von seiner Offenbarungspflicht gem. § 53 BZRG hinsichtlich des der Verurteilung zugrunde liegenden Sachverhalts – außer gegenüber den Strafverfolgungsbehörden in Fällen des § 41 Abs. 3 S. 1 BZRG – befreit. Die zentralregisterrechtliche Tilgungsfrist reduziert sich nach § 46 Abs. 1 Nr. 1f BZRG auf fünf Jahre. Dies zeigt: Die Strafmakelbeseitigung des § 97 JGG ist nicht mit der vollständigen Tilgung i. S. d. § 45 BZRG vergleichbar.

1010 Ist ein Vermerk über die Verurteilung zu Jugendstrafe im Bundeszentralregister noch nicht getilgt, der Strafmakel jedoch schon gem. § 97 bzw. § 100 JGG für beseitigt erklärt, kann bei erneuter Verurteilung wegen eines Verbrechens oder eines vorsätzlichen Vergehens zu Freiheitsstrafe oder Jugendstrafe nach § 101 JGG ein **Widerruf der Strafmakelbeseitigung** erfolgen. Dabei bleibt es gleichgültig, wann die der Verurteilung zugrunde liegende Tat begangen wurde.[12] Die Zuständigkeit für die Widerrufsentscheidung liegt bei dem Gericht des neuen Strafverfahrens.

12.3 Erziehungsregister

1011 Soweit jugendstrafrechtliche Unrechtsreaktionen nicht in das Bundeszentralregister einzutragen sind[13], erfolgt deren **Aufnahme** gem. § 60 BZRG **in das Erziehungsregister**. Dies betrifft insbesondere

- Maßnahmen nach § 3 S. 2 JGG (Nr. 1),
- Erziehungsmaßregeln, Zuchtmittel, Nebenstrafen und Nebenfolgen (Nr. 2),
- Überlassung von Auswahl und Anordnung von Erziehungsmaßregeln an den Familienrichter sowie die von diesem getroffene Entscheidung (Nr. 4 und 5),
- Verfahrensbeendigungen wegen fehlender Verantwortungsreife (Nr. 6),
- Verfahrenseinstellungen nach §§ 45, 47 JGG (Nr. 7),
- bestimmte familien- und vormundschaftsrichterliche Maßnahmen (Nr. 9).

1012 § 63 Abs. 1 BZRG schreibt vor, dass eine **Entfernung** von Eintragungen im Erziehungsregister zu erfolgen hat, sobald der Betroffene das 24. Lebensjahr vollendet hat. Sie unterbleibt jedoch ausnahmsweise, solange im Bundeszentralregister ein Eintrag wegen Verurteilung zu Freiheitsstrafe, militärischem Strafarrest, Jugendstrafe oder zu freiheitsentziehender Maßregel der Besserung und Sicherung besteht.

Auskunft aus dem Erziehungsregister erhalten die in § 61 BZRG genannten Gerichte und Behörden. Andere Stellen (z. B. die Polizei) oder gar Privatpersonen sind von der Auskunftserlangung ausgeschlossen. Gemäß § 64 Abs. 1 BZRG ist der von der Eintragung Betroffene selbst prinzipiell nicht offenbarungspflichtig (Ausnahme: § 64 Abs. 2 BZRG). Damit wird bezweckt, dass dem Eingetragenen hieraus keine Nachteile in persönlicher oder beruflicher Hinsicht erwachsen.

---

[12] Eisenberg, 2014, § 101 Rdn. 3.
[13] Dazu Kap. 12.1.

1013   Während die nach den Vorschriften des allgemeinen Verfahrensrechts erfolgenden **Einstellungen** gem. §§ 153, 153a StPO nicht in das Bundeszentralregister eingetragen werden, besteht nach § 60 Abs. 1 Nr. 7 BZRG dagegen eine Eintragungspflicht für Verfahrensbeendigungen nach den §§ 45, 47 JGG. Deren Registrierung stellt letztlich eine Schlechterstellung Jugendlicher und Heranwachsender dar,[14] selbst wenn diese angesichts der Eintragungen von Entscheidungen nach §§ 153, 153a StPO in das staatsanwaltschaftliche Verfahrensregister etwas abgemildert wird.[15]

12.4 Staatsanwaltschaftliches Verfahrensregister

1014   Gemäß § 492 Abs. 1 StPO wird bei dem Bundeszentralregister ein zentrales staatsanwaltschaftliches Verfahrensregister geführt. Dort erfolgt nach § 492 Abs. 2 S. 1 StPO die Speicherung von Daten aller **staatsanwaltschaftlichen Ermittlungsverfahren**, die gegen einen bestimmten und identifizierten Täter gerichtet sind. Diese umfassen nicht nur Verfahrenseinleitungen, sondern auch Verfahrenserledigungen. Speicherung bzw. Veränderung der Daten (§ 492 Abs. 2 S. 2 StPO) ist ebenso nur für Strafverfahren zulässig wie deren Mitteilung (§ 492 Abs. 3 S. 2 StPO) und Verwendung (§ 492 Abs. 6 StPO). Dabei schließt der Begriff des Strafverfahrens Strafverfolgung, Strafvollstreckung, Gnadenwesen, internationale Rechtshilfe und Dienstaufsicht ein.[16]

Das zentrale staatsanwaltschaftliche Verfahrensregister betrifft auch die **Jugendstrafverfahren**.[17] Bis zur Datenlöschung gem. § 494 StPO können sich die Strafverfolgungsorgane damit in diesem Register über Verfahrensangaben informieren, die ihnen nach den Regelungen des BZRG über das Bundeszentralregister und das Erziehungsregister eigentlich verwehrt bleiben (z. B. Einstellungen gem. § 170 Abs. 2 bzw. §§ 153 ff. StPO).

---

[14] Dazu Kap. 5.2.4.
[15] Siehe auch Eisenberg, 2014, § 45 Rdn. 10.
[16] Pfeiffer G., 2005, § 492 Rdn. 5.
[17] Brunner/Dölling, 2011, vor § 97 Rdn. 31a; Schaffstein/Beulke, 2002, S. 312.

Literatur

Ackermann, L.: Die Altersgrenzen der Strafbarkeit in Deutschland, Österreich und der Schweiz. Frankfurt a. M. u. a. 2009.
Adam, H./Albrecht, H.-J./Pfeiffer, Ch.: Jugendrichter und Jugendstaatsanwälte in der Bundesrepublik Deutschland. Freiburg 1986.
Albrecht, H.-J.: Ist das deutsche Jugendstrafrecht noch zeitgemäß? in: Verhandlungen des 64. Deutschen Juristentages, Band I. München 2002, S. D 1 ff.
Albrecht, P.-A.: Jugendstrafrecht. 3. Aufl., München 2000.
Albrecht, P.-A.: Wider besseres Wissen – Gegenreform im Jugendstrafrecht, in: Festschrift für Lüderssen. Baden-Baden 2002, S. 153 ff.
Albrecht, P.-A.: Der politische Gebrauchswert des Jugendstrafrechts, in: StrVert 2008, S. 154 ff.
Albrecht, P.-A./Schüler-Springorum, H. (Hrsg.): Jugendstrafe an Vierzehn- und Fünfzehnjährigen. München 1983.
Alex, M.: Nachträgliche Sicherungsverwahrung – ein rechtsstaatliches und kriminalpolitisches Debakel. 2. Aufl., Holzkirchen 2013.
Alex, M./Feltes, Th.: Nachträgliche Sicherungsverwahrung – Anmerkungen zur aktuellen Diskussion, in: FS 2010, S. 159 ff.
Altenhain, K.: Anmerkung zum Urteil des BGH v. 17.6.2010, in: NStZ 2011, S. 272 ff.
Altermann, Ch.: Medienöffentliche Vorverurteilung – strafjustizielle Folgerungen für das Erwachsenen- und das Jugendstrafverfahren? Berlin 2009.
Ansorge, N.: Sicherungsverwahrung in Zahlen, in: KrimPäd Heft 49, 2013, S. 38 ff.
Appelius, H.: Die Behandlung jugendlicher Verbrecher und verwahrloster Kinder. Berlin 1892.
Arbeiterwohlfahrt Bundesverband e. V.: Vorschläge für ein erweitertes Jugendhilferecht. Denkschrift zur Reform und Vereinheitlichung von Jugendwohlfahrtsgesetz und Jugendgerichtsgesetz. 3. Ausgabe, Bonn 1970.
Arloth, F.: Anmerkung zum Beschluss des BayObLG v. 23.11.1983, in: StrVert 1984, S. 255.
Arloth, F.: Länderumfrage zur Neuregelung und dem Vollzug der Sicherungsverwahrung, in: FS 2013, S. 218 ff.
Artkämper, H.: Anmerkung zum Beschluss des Thüringer VerfGH v. 23.10.2002, in: NJ 2003, S. 196.
Ayass, W.: Schlussbericht der Jugendstrafvollzugskommission, in: BewHi 1980, S. 167 ff.
Ayass, W.: Jugendhilfegesetz vom Bundestag beschlossen und vom Bundesrat abgelehnt – Arbeitsentwurf zur Änderung des Jugendgerichtsgesetzes in der Anhörung, in: BewHi 1980a, S. 358 ff.
Ayass, W.: Regierungsentwurf eines Strafrechtsänderungsgesetzes, in: BewHi 1984, S. 350 f.
Ayass, W.: Ablehnende Stellungnahme zum Arbeitsentwurf eines Jugendstrafvollzugsgesetzes (vom 1.6.84), in: BewHi 1985, S. 178 f.

Ayass, W.: Hilfen zur Erziehung für straffällige junge Menschen in Heimen, in: BewHi 1992, S. 212 ff.
Baernreither, J.: Jugendfürsorge und Strafrecht in den Vereinigten Staaten von Nordamerika. Leipzig 1905.
Baier, H.: Strafprozessuale Zeugnisverweigerungsrechte außerhalb der Strafprozessordnung als Ergänzung der §§ 52 ff. StPO. Frankfurt a. M. u. a. 1996.
Baier, H.: Grenzenlose Sicherheit? Die Unterbringung gefährlicher Straftäter zwischen Bundes- und Landesrecht, in: Jura 2004, S. 552 ff.
Baier, H.: Anmerkung zum Beschluss des BVerfG v. 9.12.2004, in: JA 2005, S. 687 f.
Bald, S.: Jugendstrafe wegen schädlicher Neigungen. Diss. Würzburg 1995.
Bals, N.: Täter-Opfer-Ausgleich – Cui bono? in: MschrKrim 2006, S. 131 ff.
Bammann, K.: Ist der Jugendstrafvollzug rechtswidrig? in: RdJB 2001, S. 24 ff.
Bammann, K.: Der Jugendstrafvollzug vor neuen Herausforderungen – rechtlicher und tatsächlicher Art, in: UJ 2002, S. 30 ff.
Bandemer, D.: Die Anordnung von Jugendarrest neben der Aussetzung der Verhängung der Jugendstrafe nach § 27 JGG, in: ZfJ 1990, S. 421 ff.
Banike, K.: Haftvermeidungsprojekt für jugendliche Straftäter als Alternative, in: ZJJ 2004, S. 290 ff.
Bannenberg, B./Rössner, D.: Hallenser Gewaltstudie – Die Innenwelt der Gewalttäter, in: DVJJ-Journal Nr. 168/2000, S. 121 ff.
Bareis, F.: Nebenstrafen und Nebenfolgen jugendstrafrechtlicher Verurteilungen, in: ZJJ 2006, S. 272 ff.
Bareis, F.: Verstößt § 36a Abs. 1 SGB VIII gegen die richterliche Unabhängigkeit? in: ZJJ 2006a, S. 11 ff.
Barnikol, K.M.C.: Unterstellt statt überprüft? Das richterliche Vorgehen bei der Verantwortlichkeitsbeurteilung nach § 3 JGG. Zusammenhänge zwischen kognitionspsychologischen Einflussfaktoren im Beurteilungsprozess und dem Beurteilungsergebnis. Hamburg 2012.
Bartsch, T.: Neue bundes- und landesrechtliche Vorschriften über die Vollstreckung und den Vollzug der Sicherungsverwahrung – ein Überblick, in: FS 2013, S. 208 ff.
Bartsch, T.: Eine verpasste Chance?! Zur Reform der Vorschriften über die Sicherungsverwahrung im JGG, in: ZJJ 2013a, S. 182 ff.
Baumann, L.: Das strafprozessuale Verbot der reformatio in peius und seine Besonderheiten im Jugendstrafrecht. Aachen 1999.
Baumhöfener, J.: Schwere der Schuld i.S.d § 17 Abs. 2 Alt. 2 JGG bei erfolgsqualifizierten Delikten, in: ZJJ 2011, S. 428 ff.
Bayerisches Staatsministerium der Justiz: Justizvollzug in Bayern. München 2004.
v. Beckerath, M.: Jugendstrafrechtliche Reaktionen bei Mehrfachtäterschaft: Analysen zur Dogmatik der Gesamtsanktionierung im Jugendstrafrecht. Diss. Tübingen 1997.
Bender, S.: Die nachträgliche Sicherungsverwahrung. Frankfurt a. M. u. a. 2007.
Benninghoff-Giese, H./Wessiepe, K.: Evaluation im Jugendarrest, in: FS 2012, S. 99 ff.
Bereswill, M./Hoynck, Th. (Hrsg.): Jugendstrafvollzug in Deutschland. Mönchengladbach 2002.
Berthel, R.: Immer jünger, immer schlimmer? Jugendkriminalität in Deutschland, in: Kriminalistik 2004, S. 686 ff.
Berwanger, J.: Fahrverbotsausweitung – Ein kriminalpolitischer Wiedergänger, in: ZRP 2014, S. 89 f.
Bessler, M.: Zur Verteidigung und Beistandschaft von straffällig gewordenen Jugendlichen. Tübingen 2000.
Beulke, W.: Die gerichtliche Bestellung eines Verteidigers, Interpretation der §§ 140 ff. StPO unter jugendrechtlichen Gesichtspunkten, in: Bundesministerium der Justiz (Hrsg.): Verteidigung in Jugendstrafsachen. Bonn 1987, S. 170 ff.
Beulke, W.: Brauchen wir eine Wende im Jugendstrafrecht? in: Gedächtnisschrift für Meyer. Berlin 1990, S. 677 ff.
Beulke, W.: Die notwendige Verteidigung in der rechtlichen Entwicklung, in: Walter, M. (Hrsg.): Strafverteidigung für junge Beschuldigte. Pfaffenweiler 1997, S. 37 ff.

Beulke, W.: Die notwendige Verteidigung im Strafverfahren – Land in Sicht? in: Festschrift für Böhm. Berlin – New York 1999, S. 647 ff.
Beulke, W.: Beschleunigungstendenzen im Jugendstrafverfahren, in: DVJJ (Hrsg.): Jugend, Gesellschaft und Recht im neuen Jahrtausend. Mönchengladbach 2003, S. 311 ff.
Beulke, W.: § 36a SGB VIII und seine Auswirkungen auf die Sanktionspraxis der Jugendgerichte, in: Festschrift für Kreuzer. Frankfurt 2008, S. 60 ff.
Beulke, W.: Strafprozessrecht. 12. Aufl., Heidelberg 2012.
Beulke, W.: Die Liberalisierung der Strafaussetzung zur Bewährung im Jugendstrafrecht, in: Liber Amicorum für Schurig. München 2012a, S. 17 ff.
Beulke, W./Dittrich, N./Mann, H.: Erste Vorüberlegungen zu den Vorschlägen für eine Reform des Jugendstrafrechts, in: DVJJ-Journal Nr. 176/2002, S. 122 ff.
Bihs, A.: Pädagogisches Personal im Jugendarrest: Verkannte „Schwerstarbeiter" in einem unterschätzten Job, in: ZJJ 2014, S. 120 ff.
Bihs, A./Walkenhorst, Ph.: Jugendarrest als Jugendbildungsstätte? in: ZJJ 2009, S. 11 ff.
Binder, D.: Verfassungswidrigkeit des Jugendstrafvollzuges, in: StrVert 2002, S. 452 ff.
Bittscheidt, D./Lindenberg, M.: Zero Tolerance im Umgang mit Jugenddelinquenz? in: NK 3/1998, S. 23 ff.
Block, T./Kohlberg, J.H.: Teen Court – Viel Lärm um Nichts? Hintergründe eines „neuen" jugendstrafrechtlichen Ansatzes, in: ZJJ 2007, S. 8 ff.
Blumenthal, P.: Was können wir von Amerika bei der Behandlung unserer verwahrlosten und verbrecherischen Jugend lernen? Berlin 1909.
Bock, M.: Je weniger desto besser. Wie im Jugendstrafrecht kriminologische Torheiten dogmatisch geadelt werden, in: Festschrift für Hanack. Berlin – New York 1999, S. 625 ff.
Bock, M.: MIVEA als Hilfe für die Interventionsplanung im Jugendstrafverfahren, in: ZJJ 2006, S. 282 ff.
Bock, M.: Kriminologie. 4. Aufl., München 2013.
Bockemühl, J.: Anmerkung zum Beschluss des BayObLG v. 19.6.1998, in: StraFo 1999, S. 52 ff.
Bode, K.-C.: Das Wahlrechtsmittel im Strafverfahren. Frankfurt a. M. 2000.
Böhm, A.: Aus der neueren Rechtsprechung zum Jugendstrafrecht, in: NStZ 1983, S. 448 ff.
Böhm, A.: Anmerkung zum Beschluss des BayObLG v. 9.4.1984, in: StrVert 1985, S. 156 ff.
Böhm, A.: Anmerkung zum Urteil des BGH v. 5.3.1985, in: StrVert 1986a, S. 70 ff.
Böhm, A.: Jugendstrafrecht – Stiefkind der Strafverteidigung, in: StrVert 1986b, S. 132 f.
Böhm, A.: Anmerkung zum Urteil des BGH v. 17.5.1988, in: JR 1989, S. 297 ff.
Böhm, A.: Aus der neueren Rechtsprechung zum Jugendstrafrecht, in: NStZ 1989a, S. 521 ff.
Böhm, A.: Aus der neueren Rechtsprechung zum Jugendstrafrecht, in: NStZ 1994, S. 528 ff.
Böhm, A.: Aus der neueren Rechtsprechung zum Jugendstrafrecht, in: NStZ 1997, S. 480 ff.
Böhm, A.: Aus der neueren Rechtsprechung zum Jugendstrafrecht, in: NStZ-RR 1999, S. 289 ff.
Böhm, A.: Aus der neueren Rechtsprechung zum Jugendstrafrecht, in: NStZ-RR 2000, S. 321 ff.
Böhm, A.: Aus der neueren Rechtsprechung zum Jugendstrafrecht, in: NStZ-RR 2003, S. 257 ff.
Böhm, A.: Aus der neueren Rechtsprechung zum Jugendstrafrecht, in: NStZ-RR 2004, S. 257 ff.
Böhm, A.: Aus der neueren Rechtsprechung zum Jugendstrafrecht, in: NStZ-RR 2005, S. 289 ff.
Böhm, A./Büch-Schmitz, C.: Anmerkung zum Urteil des BGH v. 12.10.1989, in: NStZ 1991, S. 131 f.
Böhm, A./Feuerhelm, W.: Einführung in das Jugendstrafrecht. 4. Aufl., München 2004.
Boers, K./Reinecke, J./Bentrup, Ch./Kanz, K./Kunadt, S./Mariotti, L./Pöge, A./Pollich, D./Seddig, D./Walburg, Ch./Wittenberg, J.: Jugendkriminalität – Altersverlauf und Erklärungszusammenhänge, in: NK 2/2010, S. 58 ff. (zit.: Boers u. a.).
Boers, K./Walburg, Ch./Reinecke, J.: Jugendkriminalität – Keine Zunahme im Dunkelfeld, kaum Unterschiede zwischen Einheimischen und Migranten, in: MschrKrim 2006, S. 63 ff.
Böttcher, R.: Die Bedeutung des Erziehungsgedankens für das Jugendstrafverfahren, in: Böttcher, R./Huther, E./Rieß, P. (Hrsg.): Verfassungsrecht – Menschenrechte – Strafrecht. Berlin 2004, S. 21 ff.
Böttcher, R./Weber, K.: Erstes Gesetz zur Änderung des Jugendgerichtsgesetzes, in: NStZ 1990, S. 561 ff. (1. Teil); NStZ 1991, S. 7 ff. (2. Teil).

Boetticher, A./Dittmann, V./Nedopil, N./Nowara, S./Wolf, Th.: Zum richtigen Umgang mit Prognoseinstrumenten durch psychiatrische und psychologische Sachverständige und Gerichte, in: NStZ 2009, S. 478 ff.
Boetticher, A./Kröber, H.-L./Müller-Isberner, R./Böhm, K. M./Müller-Metz, R./Wolf, Th.: Mindestanforderungen für Prognosegutachten, in: NStZ 2006, S. 537 ff.
Böttner, S.: Der Rollenkonflikt der Bewährungshilfe in Theorie und Praxis. Baden-Baden 2004.
Bohlander, M.: Einleitung der Vollstreckung rechtskräftiger Jugendstrafen nach Einbeziehung gemäß § 31 II JGG, aber vor Rechtskraft der einbeziehenden Entscheidung? in: NStZ 1998, S. 237 ff.
Bohnert, J.: Strafmündigkeit und Normkenntnis, in: NStZ 1988, S. 249 ff.
Bohnert, J.: Die Erziehungsberechtigten in der jugendstrafrechtlichen Hauptverhandlung, in: ZfJ 1989, S. 232 ff.
Bottke, W.: Das Jugendamt als ermittelnde Jugendgerichtshilfe – ein Unding? in: ZfJ 1980, S. 12 ff.
Bottke, W.: Generalprävention und Jugendstrafrecht aus kriminologischer und dogmatischer Sicht. Berlin – New York 1984.
Bottke, W.: Berücksichtigung kinderdelinquenten Vorverhaltens, in: Festschrift für Geerds. Lübeck 1995, S. 263 ff.
Brandt, M.: Zukunft ambulanter jugendstrafrechtlicher Maßnahmen vor dem Hintergrund von § 36a SGB VIII, in: NStZ 2007, S. 190 ff.
Brandt, R.: Sicherheit durch nachträgliche Sicherungsverwahrung? Konstanz 2008.
Braum, St.: Nachträgliche Sicherungsverwahrung: In dubio pro securitate? in: ZRP 2004, S. 105 ff.
Bredlow, K.-H.: Erfahrungen eines Anstaltsleiters mit einem neuen Gesetz, in: FS 2013, S. 362 ff.
Brettel, H.: Der Vollzug der Sicherungsverwahrung nach § 7 Abs. 2 JGG, in: ZJJ 2009, S. 331 ff.
Brettel, H.: Gesetzeslücken bei der Sicherungsverwahrung nach Verurteilung zu Jugendstrafe, in: ZRP 2010, S. 121 ff.
Brettel, H.: Anmerkung zum Urteil des BGH v. 12.6.2013, in: StrVert 2013, S. 768 ff.
Breuer, R.: Freiheit des Berufs, in: Isensee, J./Kirchhof, P. (Hrsg.): Handbuch des Staatsrechts der Bundesrepublik Deutschland, Band VIII. 3. Aufl., Heidelberg 2010, S. 63 ff.
Breymann, K.: Schülergerichte – für wen eigentlich? in: ZJJ 2007, S. 4 ff.
Breymann, K./Sonnen, B.-R.: Wer braucht eigentlich den Einstiegsarrest? in: NStZ 2005, S. 669 ff.
Bringewat, P.: Das Nebeneinander von Jugend- und Freiheitsstrafe und angemessener Härteausgleich – BGHSt. 36, 270, in: JuS 1991, S. 24 ff.
Bringewat, P.: Das Absehen von Erziehungsmaßregeln: ein Absehen von Strafe? in: NStZ 1992, S. 315 ff.
Brocke, H.: Justiz unter Beobachtung – Das Urteil des BVerfG zur Verständigung in Strafsachen und seine Auswirkungen auf die staatsanwaltliche und strafrichterliche Praxis, in: StraFo 2013, S. 441 ff.
Brodkorb, D.: Verfassungsrechtliche Grenzen bei der Erteilung von Erziehungsmaßregeln und Zuchtmitteln gegenüber Jugendlichen und Heranwachsenden. Frankfurt a. M. u. a., 1998.
Bruhn, D.: Die Sicherungsverwahrung im Jugendstrafrecht. Hamburg 2010.
Brunner, R.: Anmerkung zum Urteil des LG Augsburg v. 22.1.1986, in: NStZ 1986, S. 508 f.
Brunner, R.: Anmerkung zum Urteil des BGH v. 6.12.1988, in: JR 1989, S. 521 ff.
Brunner, R.: Anmerkung zum Beschluss des LG Osnabrück v. 12.6.1991, in: NStZ 1991, S. 534 f.
Brunner, R.: Anmerkung zum Beschluss des BayObLG v. 26.6.1991, in: JR 1992, S. 389 f.
Brunner, R.: Anmerkung zum Urteil des BGH v. 9.12.1992, in: JR 1993, S. 515 f.
Brunner, R.: Überlegungen zur Strafmündigkeit, in: JR 1997, S. 492 ff.
Brunner, R./Dölling, D.: Jugendgerichtsgesetz: Kommentar. 12. Aufl., Berlin u. a. 2011.
Bruns, B.: Jugendliche im Freizeitarrest. Frankfurt a. M. u. a. 1984.
Buckolt, O.: Die Zumessung der Jugendstrafe. Baden-Baden 2009.
Buckolt, O./Hoffmann, K.: Der folgenschwere Verkehrsunfall, in: Jura 2004, S. 710 ff.
Budelmann, H.: Jugendstrafrecht für Erwachsene? Frankfurt a. M. u. a. 2005.
Bundesarbeitsgemeinschaft Jugendgerichtshilfe in der DVJJ: Grundsätze für die Mitwirkung der Jugendhilfe in Verfahren nach dem Jugendgerichtsgesetz. Hannover 2003.
Bundesminister für Jugend, Familie und Gesundheit: Referentenentwurf eines Jugendhilfegesetzes. Bonn 1974.

Bundesministerium der Justiz (Hrsg.): „Diversion" im deutschen Jugendstrafrecht. Bonn 1989.
Bundesministerium der Justiz (Hrsg.): Täter-Opfer-Ausgleich in der Entwicklung. Berlin 2005.
Bundesministerium der Justiz u. a. (Hrsg.): Europäische Strafvollzugsgrundsätze. Die Empfehlung des Europarates REC(2006)2. Mönchengladbach 2007.
Bundesministerium der Justiz u. a. (Hrsg.): Freiheitsentzug. Die Empfehlungen des Europarates REC(2006)13 und REC(2008)11. Mönchengladbach 2009.
Bundesministerium für Familie, Senioren, Frauen und Jugend (Hrsg.): Zwölfter Kinder- und Jugendbericht. Bericht über die Lebenssituation junger Menschen und die Leistungen der Kinder- und Jugendhilfe in Deutschland. Berlin 2005.
Burgstallter, M./Grafl, Ch.: Fünf Jahre allgemeine Diversion, in: Festschrift für Miklau. Innsbruck 2006, S. 109 ff.
Burscheidt, U.: Das Verbot der Schlechterstellung Jugendlicher und Heranwachsender gegenüber Erwachsenen in vergleichbarer Verfahrenslage. Baden-Baden 2000.
Busch, M.: Erziehung junger Gefangener, in: UJ 1985, S. 126 ff.
Busch, M./Hartmann, G.: Soziale Trainingskurse im Rahmen des Jugendgerichtsgesetzes. 2. Aufl., Bonn 1984.
Busch, Th. P.: Rechtspsychologische Begutachtung delinquenter Heranwachsender. Berlin 2006.
Busch, Th. P.: Evidenzbasierte Entscheidungsalgorithmen zur strafrechtlichen Zuweisung gemäß § 105 JGG, in: ZJJ 2006a, S. 264 ff.
Busch, Th./Scholz, O.: Neuere Forschung zum § 105 JGG, in: MschrKrim 2003, S. 421 ff.
Bussmann, K.-D./England, P.: Vermeidung von U-Haft an Jugendlichen und Heranwachsenden, in: ZJJ 2004, S. 280 ff.
Butz, K.: Die Verhängung von Jugendstrafe vor dem Hintergrund der Verfassungswidrigkeit des Jugendstrafvollzuges. Aachen 2004.
Çağlar, O.: Neue ambulante Maßnahmen in der Reform. Frankfurt a. M. u. a. 2005.
Calliess, R.-P./Müller-Dietz, H.: Strafvollzugsgesetz. 10. Aufl, München 2005.
Chan Mora, G.: Kritik des Schuldbegriffs im Jugendstrafrecht. Eine metadogmatische Begründung des Schuldfähigkeits- und Verbotsirrtumsbegriffs. Frankfurt a. M. 2012.
Claßen, H.: Die Problematik des Sanktionierens im erziehungsorientierten Jugendstrafvollzug, in: ZfStrVo 1984, S. 85 ff.
Coerdt, E.: Mädchen und junge Frauen im Arrest – nur Strafe oder auch Chance? in: FS 2011, S. 90 ff.
Constien, O.: Die Anwendung von Jugendstrafrecht auf Heranwachsende gem. § 105 Abs. 1 JGG, in: Das Jugendamt 2011, S. 634 ff.
Cornel, H.: Geschichte des Jugendstrafvollzugs. Weinheim – Basel 1984.
Cosmai, A./Hein, K.-Ch.: Anti-Aggressivitäts-Training mit jungen Gewalttätern, in: BewHi 2006, S. 396 ff.
Czerner, F.: Vorläufige Freiheitsentziehung bei delinquenten Jugendlichen zwischen Repression und Prävention. Baden-Baden 2008.
Dähn, G.: Die Beteiligung des Verletzten am Strafverfahren gegen Jugendliche, in: Festschrift für Lenckner. München 1998, S. 671 ff.
Dahle, K./Janka, Ch./Gallasch, F./Lehmann, R.: Jugendliche Sexualstraftäter: Spezialfälle der Prognoseerstellung? in: Forensische Psychiatrie, Psychologie, Kriminologie 2008, S. 213 ff.
Dahle, K.-P./Lehmann, R. J. B.: Grundlagen und Methoden der Kriminalprognose, in: Egg, R. (Hrsg.), Psychologisch-psychiatrische Begutachtung in der Strafjustiz. Wiesbaden 2012, S. 151 ff.
d'Alquen, F./Daxhammer, Ch./Kudlich, H.: Wirksamkeit des Rechtsmittelverzichtes eines jugendlichen Angeklagten unmittelbar im Anschluß an die Urteilsverkündung? in: StrVert 2006, S. 220 f.
Dessecker, A.: Kriminalitätsbekämpfung durch Jugendstrafrecht? in: StrVert 1999, S. 678 ff.
Deutsches Institut für Jugendhilfe und Familienrecht: Jugendhilfe und Jugendgerichtsbarkeit: Die Unterschiede als Chance verstehen! Kommunikation, Kooperation und der § 36a SGB VIII, in: ZJJ 2007, S. 323 ff.
Deutsche Vereinigung für Jugendpsychiatrie: Arbeitstagung über die Probleme der §§ 105, 21, 43, 3, 10 II des Jugendgerichtsgesetzes v. 4.8.1953, in: MschrKrim 1955, S. 58 ff.

Diehm, D.: Die Menschenrechte der EMRK und ihr Einfluss auf das deutsche Strafgesetzbuch. Berlin 2006.
Diemer, H./Schatz, H./Sonnen, B.-R.: Jugendgerichtsgesetz: Kommentar. 6. Aufl., Heidelberg 2011.
Dietlein, M.-G.: Bilder des GULag im baden-württembergischen Jugendstrafvollzug von heute (Beobachtungen über Gesetze, Organisationsstrukturen und Tätowierungen bei russlanddeutschen Jugendstrafgefangenen), in: ZfStrVo 2002, S. 151 ff.
Dingeldey, Th.: Anmerkung zum Urteil des BGH v. 21.10.1980, in: NStZ 1981, S. 355.
Dingeldey, Th.: Zur analogen Anwendung von § 32 JGG, in: ZfJ 1981a, S. 150 ff.
Dirnaichner, U.: Der nordamerikanische Diversionsansatz und rechtliche Grenzen seiner Rezeption im bundesdeutschen Jugendstrafrecht. Frankfurt a. M. u. a. 1990.
Dölling, D.: Junge Mehrfachtäter und präventive Möglichkeiten der Jugendstrafrechtspflege, in: DVJJ (Hrsg.): Mehrfach Auffällige – Mehrfach Betroffene. Bonn 1990, S. 666 ff.
Dölling, D.: Der anwaltliche Beistand für den Verletzten im Jugendstrafverfahren, in: Weißer Ring (Hrsg.): Täterrecht – Opferrechte – neue Gewichtung im Strafprozeß. Mainz 1996, S. 72 ff.
Dölling, D.: Anmerkung zum Beschluss des BGH v. 14.11.1996, in: NStZ 1998, S. 355 f.
Dölling, D.: Die Rechtsfolgen des Jugendgerichtsgesetzes, in: ders. (Hrsg.): Das Jugendstrafrecht an der Wende zum 21. Jahrhundert. Berlin – New York 2001, S. 181 ff.
Dölling, D.: Zur spezialpräventiven Aufgabe des Strafrechts, in: Festschrift für Lampe. Berlin 2003, S. 597 ff.
Dölling, D.: Das Verhältnis zwischen Erziehungsmaßregeln und Zuchtmitteln, in: ZJJ 2006, S. 310 f.
Dölling, D.: Anmerkung zum Beschluss des BGH v. 25.10.2006, in: NStZ 2008, S. 694 f.
Dölling, D.: Zur strafrechtlichen Behandlung der Heranwachsenden, in: Festschrift für Kreuzer. Frankfurt 2008a, S. 117 ff.
Dölling, D.: Aus der neueren Rechtsprechung zum Jugendstrafrecht, in: NStZ 2009, S. 193 ff.
Dölling, D.: Rechtliche Grundlagen des Jugendarrestes, in: ZJJ 2014, S. 92 ff.
Dölling, D./Duttge, G./Rössner, D. (Hrsg.): Gesamtes Strafrecht StGB/StPO/Nebengesetze. 3. Aufl., Baden-Baden 2013 (zit.: HK-GS/Bearbeiter).
Dölling, D./Hartmann, A./Traulsen, M.: Legalbewährung nach Täter-Opfer-Ausgleich im Jugendstrafrecht, in: MschrKrim 2002, S. 185 ff.
Dörner, Ch.: Erziehung durch Strafe. Die Geschichte des Jugendstrafvollzugs von 1871–1945. München – Weinheim 1991.
Dolde, G./Grübl, G.: Verfestigte „kriminelle Karriere" nach Jugendstrafvollzug? Rückfalluntersuchungen an ehemaligen Jugendstrafgefangenen in Baden-Württemberg, in: ZfStrVo 1988, S. 29 ff.
Dolde, G./Grübl, G.: Jugendstrafvollzug in Baden-Württemberg. Untersuchungen zur Biographie, zum Vollzugsverlauf und zur Rückfälligkeit von ehemaligen Jugendstrafgefangenen, in: Kerner, H.-J./Dolde, G./Mey, H.-G. (Hrsg.): Jugendstrafvollzug und Bewährung. Bonn 1996, S. 219 ff.
Dolzer, R./Vogel, K./Graßhof, K. (Hrsg.): Bonner Kommentar zum Grundgesetz. Heidelberg 1950 ff. (zit.: BK-Bearbeiter).
Domzalski, L.: Jugendarrestaussetzung zur Bewährung – Wird Potrykus Recht behalten? in: ZJJ 2012, S. 51 ff.
Drees, R.: Einfluss von Teileinstellungen nach § 154 StPO auf die Anwendbarkeit von formellem und materiellem Jugendstrafrecht, in: NStZ 1995, S. 481 f.
Dreier, H. (Hrsg.): Grundgesetz: Kommentar, Band I. 3. Aufl., Tübingen 2013 (zit.: Bearbeiter, in: Dreier).
Dressel, B.: Die Irrwege des Hamburger Strafvollzugsgesetzes, in: ZRP 2009, S. 149 ff.
Dünkel, F.: Freiheitsentzug für junge Rechtsbrecher. Bonn 1990.
Dünkel, F.: Freiheitsentzug für junge Rechtsbrecher. Situation und Reform von Jugendstrafe, Jugendstrafvollzug, Jugendarrest und Untersuchungshaft in der Bundesrepublik Deutschland und im internationalen Vergleich. Bonn 1990a.
Dünkel, F.: Zur Situation des Jugendarrestes in der Bundesrepublik Deutschland vor und nach der Vereinigung, in: DVJJ-Journal Nr. 134/1991, S. 23 ff.

Dünkel, F.: Brauchen wir ein Jugendstrafvollzugsgesetz? in: ZRP 1992, S. 176 ff.
Dünkel, F.: Jugendstrafvollzug zwischen Erziehung und Strafe, in: Festschrift für Böhm. Berlin – New York 1999, S. 99 ff.
Dünkel, F.: Jugendstrafrecht – Streit um die Reform, in: NK 3/2002, S. 90 ff.
Dünkel, F.: Heranwachsende im Jugendstrafrecht in Deutschland und im europäischen Vergleich, in: DVJJ-Journal Nr. 179/2003, S. 19 ff.
Dünkel, F.: Sicherungsverwahrung (erneut) auf dem Prüfstand, in: NK 2/2004, S. 42 ff.
Dünkel, F.: Die Reform des Jugendstrafvollzuges in Deutschland, in: Festschrift für Schwind. Heidelberg 2006, S. 549 ff.
Dünkel, F.: Jugendstrafrecht im europäischen Vergleich im Licht aktueller Empfehlungen des Europarats, in: NK 3/2008, S. 102 ff.
Dünkel, F.: Rechtsschutz im Jugendstrafvollzug – Anmerkungen zum Zweiten Gesetz zur Änderung des Jugendgerichtsgesetzes vom 13.12.2007, in: NK 2008a, S. 2 ff.
Dünkel, F.: Die Europäischen Grundsätze für die von Sanktionen oder Maßnahmen betroffenen jugendlichen Straftäter und Straftäterinnen, in: ZJJ 2011, S. 140 ff.
Dünkel, F.: Vollzugsöffnende Maßnahmen – Wandel durch Landesgesetze im Licht internationaler Standards, in: KrimPäd Heft 48, 2012, S. 14 ff.
Dünkel, F.: Neue Punitivität im Jugendstrafrecht? Anmerkungen aus europäisch vergleichender Perspektive, in: Festschrift für Heinz. Baden-Baden 2012a, S. 381 ff.
Dünkel, F.: Jugendgerichtsbarkeit im europäischen Vergleich, in: Festschrift für Kühne. Heidelberg u. a. 2013, S. 647 ff.
Dünkel, F./Flügge, Ch./Lösch, M./Pörksen, A.: Plädoyer für verantwortungsbewusste und rationale Reformen des strafrechtlichen Sanktionensystems und des Strafvollzugs – Thesen des Ziethener Kreises, in: ZRP 2010, S. 175 ff.
Dünkel, F./Geng, B./Kirstein, W.: Soziale Trainingskurse und andere neue ambulante Maßnahmen nach dem JGG in Deutschland. 2. Aufl., Mönchengladbach 2000.
Dünkel, F./Geng, B.: Neues aus der (Jugend-)Anstalt. Folgen des Urteils des BVerfG zur Verfassungsmäßigkeit des Jugendstrafvollzugs – 5 Jahre danach, in: NK: 2011, S. 137 ff.
Dünkel, F./Geng, B.: Die Entwicklung des Jugendstrafvollzugs in Deutschland nach dem Urteil des BVerfG von 2006 – Befunde einer empirischen Erhebung bei den Jugendstrafanstalten, in: BewHi 2012, S. 115 ff.
Dünkel, F./Pörksen, A.: Stand der Gesetzgebung zum Jugendstrafvollzug und erste Einschätzungen, in: NK 2007, S. 55 ff.
Duensing, F.: Das Zusammenwirken des Jugendgerichts mit Verwaltungsbehörden und freiwilligen Fürsorgeorganisationen, in: Deutsche Zentrale für Jugendfürsorge (Hrsg.): Verhandlungen des 1. Deutschen Jugendgerichtstages 1909, nachgedruckt in: DVJJ-Journal Nr. 139/1992, S. 166 ff.
Duttge, G./Hörnle, T./Renzikowski, J.: Das Gesetz zur Änderung der Vorschriften über die Straftaten gegen die sexuelle Selbstbestimmung, in: NJW 2004, S. 1065 ff.
DVJJ-Kommission zur Reform des Jugendkriminalrechts: Vorschläge für ein neues Jugendgerichtsgesetz, in: DVJJ-Journal Nr. 138/1992, S. 4 ff.
Ebner, M.: Zweimal „Null" im Jugendstrafrecht, in: ZJJ 2008, S. 385 ff.
Ehmann, Ch.: Freiheitsentziehende Maßnahmen – Die neue Lust am Wegsperren, in: RdJB 2013, S. 101 ff.
Eisenberg, U.: Aufgaben (ergänzender) gesetzlicher Regelungen des Jugendstrafvollzugs, in: ZRP 1985, S. 41 ff.
Eisenberg, U.: Anmerkung zum Beschluss des LG Freiburg v. 11.7.1986, in: JR 1988, S. 524 f.
Eisenberg, U.: Anmerkung zum Urteil des BGH v. 2.5.1990, in: JR 1990, S. 483 f.
Eisenberg, U.: Horror-Video-Konsum und Voraussetzungen von § 3 JGG bzw. §§ 20, 21 StGB? in: NJW 1997, S. 1136 ff.
Eisenberg, U.: Zur verfahrensrechtlichen Stellung der Jugendgerichtshilfe, in: StrVert 1998, S. 304 ff.
Eisenberg, U.: Anmerkung zum Urteil des BGH v. 6.11.1996, in: NStZ 1998a, S. 53 ff.

Eisenberg, U.: Anmerkung zum Beschluss des OLG Karlsruhe v. 25.6.1997, in: NStZ 1998b, S. 104.
Eisenberg, U.: Anwendungsmodifizierung bzw. Sperrung von Normen der StPO durch Grundsätze des JGG, in: NStZ 1999, S. 281 ff.
Eisenberg, U.: Anmerkung zum Urteil des BGH v. 14.12.1999, in: NStZ 2000, S. 484 f.
Eisenberg, U.: Anmerkung zum Beschluss des BGH v. 7.6.2000, in: NStZ 2001, S. 334 f.
Eisenberg, U.: Anmerkung zum Beschluss des BGH v. 15.3.2001, in: NStZ 2001a, S. 556 f.
Eisenberg, U.: Geschäftsverteilungen im Jugendstrafverfahren – Bestrebungen zu neuerlichen Konflikten der Jugendstrafjustiz mit dem Gesetz, in: GA 2002, S. 579 ff.
Eisenberg, U.: Zur Anwendbarkeit des Doppelverwertungsverbotes auch im Jugendstrafrecht, in: Festschrift für Rieß. Berlin – New York 2002a, S. 829 ff.
Eisenberg, U.: Streitfragen in der Judikatur zum Jugendstrafrecht – 1998–2002 –, in: NStZ 2003, S. 124 ff.
Eisenberg, U.: Anmerkung zum Beschluss des BGH v. 4.9.2002, in: JR 2003a, S. 216 f.
Eisenberg, U.: Anmerkung zum Beschluss des BGH v. 3.3.2004, in: JZ 2004, S. 687 f.
Eisenberg, U.: Zum RefE eines JStVollzG des BMJ vom 28.4.2004, in: MschrKrim 2004a, S. 353 ff.
Eisenberg, U.: Kriminologie. 6. Aufl., München 2005.
Eisenberg, U.: Entwicklungen im Jugend(straf)verfahrensrecht in den Jahren 2003–2005, in: ZfJ 2005a, S. 425 ff.
Eisenberg, U.: Tatort Schulhof, in: DRiZ 2006, S. 120 ff.
Eisenberg, U.: Zur Tragweite psychiatrischer Gutachten bei der Anwendbarkeit materiellen Jugendstrafrechts auf Heranwachsende (§ 105 I Nr 1 JGG) – erörtert an Hand von zwei Originalfällen, in: JA 2006a, S. 140 ff.
Eisenberg, U.: Nachträgliche Sicherungsverwahrung bei zur Tatzeit Jugendlichen bzw. Heranwachsenden? in: JZ 2007, S. 1143 f.
Eisenberg, U.: Tötung in staatlich organisierter Unentrinnbarkeit – Anmerkung zum Urteil des BGH vom 13.08.2008, in: ZJJ 2008, S. 381 ff.
Eisenberg, U.: Anmerkung zum Urteil des BGH v. 12.3.2008, in: NStZ 2008a, S. 698 f.
Eisenberg, U.: Jugendstrafvollzugsgesetze der Bundesländer – eine Übersicht, in: NStZ 2008b, S. 250 ff.
Eisenberg, U.: Zur (Nicht-)Geeignetheit psychiatrischer Gutachten vor Anordnung nachträglicher Sicherungsverwahrung, in: DRiZ 2009, S. 219 ff.
Eisenberg, U.: „Feindliche Übernahme" im Jugendstrafrecht? in: NJW 2010, S. 1507 ff.
Eisenberg, U.: Anmerkung zum Urteil des BGH v. 17.6.2010, in: StrVert 2010a, S. 580 f.
Eisenberg, U.: Anmerkung zum Beschluss des BGH v. 15.3.2011, in: ZJJ 2011, S. 202 ff.
Eisenberg, U.: Anmerkung zum Beschluss des OLG Köln v. 13.10.2010, in: ZJJ 2011a, S. 205 ff.
Eisenberg, U.: Zum Unvermögen mordmerkmalsspezifischer Motivationsbeherrschung bei (normalpsychologisch) nicht erklärbarem exzeptionellen Anerkennungsbedürfnis, in: HRRS 2012, S. 23 ff.
Eisenberg, U.: Dysfunktionales Verhältnis zwischen Sachverständigem und (Jugend-) Strafjustiz, in: HRRS 2012a, S. 466 ff.
Eisenberg, U.: Anmerkung zum Urteil des LG Berlin v. 12.12.2011, in: ZJJ 2012b, S. 204 ff.
Eisenberg, U.: Voraussetzungen (jugend-)strafrechtlicher Verurteilung wegen Mordes – erörtert anhand des Urteils des BGH vom 19.10.2011 – 1 StR 273/11, in: JA 2013, S.34 ff.
Eisenberg, U.: Zu den Voraussetzungen strafrechtlicher Verantwortlichkeit Jugendlicher, in: ZKJ 2013a, S. 347 ff.
Eisenberg, U.: Anmerkung zum Beschluss des BGH v. 19.12.2012, in: StraFo 2013b, S. 167 ff.
Eisenberg, U.: Das Gesetz zur Erweiterung jugendgerichtlicher Handlungsmöglichkeiten vom 04.09.2012, in: StrVert 2013c, S. 44 ff.
Eisenberg, U.: Anmerkung zu den Urteilen des LG Münster, AG Nürnberg, AG Plön und AG Döbeln, in: ZJJ 2013d, S. 328 ff.
Eisenberg, U.: Anmerkung zum Beschluss des LG Zweibrücken vom 4.7.2011, in: ZJJ 2013e, S. 75 e.

Eisenberg, U.: Erziehungsbedürftigkeit und -fähigkeit als Voraussetzungen der Verhängung von Jugendstrafe wegen der Schwere der Schuld (§ 17 II Alt. 2 i. V. m. § 2 I 2 JGG), in: NStZ 2013f, S. 636 ff.
Eisenberg, U.: Jugendgerichtsgesetz. 17. Aufl., München 2014.
Eisenberg, U./Haesler, Ch.: KG v. 27.9.2005 – 4 Ws 128/05, Öffentliche Zustellung der Ladung eines Jugendlichen, in: JR 2006, S. 301 ff.
Eisenberg, U./Krauth, S.: Anmerkung zum Beschluss des OLG Frankfurt v. 10.10.1988, in: NStZ 1989, S. 199 f.
Eisenberg, U./Schlüter, S.: Extensive Gesetzesauslegung bei Anordnung von Sicherungsverwahrung, in: NJW 2001, S. 188 ff.
Eisenberg, U./Schmitz, L.: Anmerkung zum Beschluss des BGH v. 16.4.2007, in: NStZ 2008, S. 94 ff.
Eisenberg, U./Sieveking, R.: Anmerkung zum Beschluss des BGH v. 3.5.1991, in: NStZ 1992, S. 295 ff.
Eisenberg, U./Wolski, S.: Anmerkung zum Beschluss des OLG Stuttgart v. 15.10.1985, in: NStZ 1986, S. 220 ff.
Eisenberg, U./Zötsch, B.: Elternverantwortung für jugendliche Angeklagte, in: GA 2003, S. 226 ff.
Eisenhardt, Th.: Gutachten über den Jugendarrest. Klosters 1989.
Eisenhardt, Th.: Der Jugendarrest. Frankfurt a. M. u. a. 2010.
Ellbogen, K./Wichmann, R.: Bandendelinquenz bei Strafunmündigkeit einzelner Beteiligter, in: JuS 2007, S. 114 ff.
Emig, O./Goerdeler, J. u. a.: Leitfaden für Jugendschöffen. Arbeitshilfe für die ehrenamtlichen Richterinnen und Richter in der Jugendkriminalrechtspflege. Hannover 2004.
Endres, J./Breuer, M. M.: Warnschuss oder Wegweiser? Konzeptionelle Überlegungen zur Ausgestaltung des Jugendarrests nach § 16a JGG, in: ZJJ 2014, S. 127 ff.
Engel, E.: Stellungnahme zu den Schleswig-Holsteinischen Richtlinien zur Förderung der Diversion bei jugendlichen und heranwachsenden Beschuldigten v. 24.6.1998, in: DVJJ-Journal Nr. 3/1998, S. 257 f.
Engstler, H.: Die heilerzieherische Behandlung gemäß § 10 Absatz 2 Jugendgerichtsgesetz in der jugendstrafrechtlichen Praxis. Diss. Göttingen 1985.
Erb, V.: Legalität und Opportunität. Berlin 1999.
Erb, V./Esser, R./Franke, U./Graalmann-Scheerer, K./Hilger, H./Ignor, A. (Hrsg.): Die Strafprozessordnung und das Gerichtsverfassungsgesetz, Großkommentar. 26. Aufl., Berlin 2006 ff. (zit.: LR-Bearbeiter).
Eschelbach, R./Geipel, A./Weiler, E.: Anhörungsrügen, in: StrVert 2010, S. 325 ff.
Esser, G./Fritz, A./Schmidt, M.: Die Beurteilung der sittlichen Reife Heranwachsender im Sinne des § 105 JGG – Versuch einer Operationalisierung, in: MschrKrim 1991, S. 356 ff.
Esser, R.: Examensklausur – Wahlfachgruppe Kriminologie, Jugendstrafrecht, Strafvollzug, in: Jura 2003, S. 782 ff.
Esser, R.: Schwerpunktbereichsklausur – Strafvollzug, Jugendstrafrecht, Kriminologie, in: JuS 2010, S. 142 ff.
Fahl, Ch.: Verbot der Schlechterstellung Jugendlicher gegenüber Erwachsenen? in: Festschrift für Schreiber. Heidelberg 2003, S. 63 ff.
Fahl, Ch.: Der Deal im Jugendstrafverfahren und das sog. Schlechterstellungsverbot, in: NStZ 2009, S. 613 ff.
Faltermeier, J.: Zur Rolle und Funktion der Jugendhilfe in der Arbeit mit straffälligen Jugendlichen – Anmerkungen zum Verhältnis von Jugendhilfe und Justiz, in: BMJ (Hrsg.): Jugendgerichtshilfe – Quo vadis? Bonn 1991, S. 28 ff.
Feest, J.: Internationale Standards für den Jugendstrafvollzug, in: Pollähne H./Bammann K./Feest J. (Hrsg.): Wege aus der Gesetzlosigkeit: Rechtslage und Regelungsbedürftigkeit des Jugendstrafvollzugs, 2004, S. 69 ff.
Feest, J./Bammann, K.: Jugendstrafvollzugsgesetze: Anspruch und Umsetzung, in: Dollinger, B./Henning, S.-S. (Hrsg.), Handbuch Jugendkriminalität. 2. Aufl., Wiesbaden 2011, S. 535 ff.

Feest, J./Lesting, W. (Hrsg.): Kommentar zum Strafvollzugsgesetz (AK-StVollzG), 6. Aufl. Köln 2012 (zit: AK-Bearbeiter).
Feigen, J. P.: Staatsanwaltschaftliche Diversion in Theorie und Praxis, in: ZJJ 2008, S. 351 ff.
Feltes, Th.: Jugendarrest – Renaissance oder Abschied von einer umstrittenen jugendstrafrechtlichen Sanktion? in: ZStW 1988, S. 158 ff.
Feltes, Th.: Der Jugendarrest, in: NStZ 1993, S. 105 ff.
Feltes, Th./Putzke, H.: Kriminologische Betrachtungen zur Jugendkriminalität, in: Kriminalistik 2004, S. 529 ff.
Feuerhelm, W.: Geschichte, Probleme und Chancen der Kooperation zwischen Jugendhilfe, Polizei und Justiz im Umgang mit Jugendkriminalität, in: BFG (Hrsg.): Kooperation von Jugendhilfe, Polizei und Justiz – Projekte und Standpunkte, Nr. 6 (Sondernummer 4) 2001, S. 15 ff.
Fezer, G.: Anmerkung zum Urteil des BGH v. 12.3.2008, in: JZ 2008, S. 1059 f.
Fiebrandt, J.: Führungsaufsicht kraft Gesetzes nach vollständiger Verbüßung von Jugendstrafe, in: ZJJ 2008, S. 278 f.
Fieseler, G./Herborth, R.: Recht der Familie und Jugendhilfe. 7. Aufl., Köln 2010.
Fieseler, G./Schleicher, H./Busch, M./Wabnitz, R. J.: Kinder- und Jugendhilferecht. Gemeinschaftskommentar zum SGB VIII. Köln 1998 ff. (zit.: Bearbeiter, in: GK-SGB VIII).
Findeisen, S.: Der Einstiegs- bzw. Warnschussarrest – ein Thema in der Diskussion, in: ZJJ 2007, S. 25 ff.
Fischer, A.: Strafmündigkeit und Strafwürdigkeit im Jugendstrafrecht. Frankfurt a. M. u. a. 2000.
Fischer, H.: Leistungs- und Qualitätsentwicklungsbeschreibung, Projektförderung, in: DVJJ-Journal Nr. 172/2001, S. 141 ff.
Fischer, Th.: Strafgesetzbuch und Nebengesetze. 61. Aufl., München 2014.
Flaig, A.: Die nachträgliche Sicherungsverwahrung. Frankfurt a. M. 2009.
Flümann, B.: Die Vorbewährung nach § 57 JGG. Freiburg 1983.
Fraenkel, E.: Der Doppelstaat. Recht und Justiz im „Dritten Reich". Frankfurt a. M. 1984.
Francke, H.: Das Jugendgerichtsgesetz vom 16. Februar 1923. 2. Aufl., Berlin 1926.
Frankenberger, H.: Offener Jugendstrafvollzug, Vollzugsbedingungen und Legalbewährung von Freigängern aus der Jugendstrafanstalt in Rockenberg/Hessen. Frankfurt a. M. 1999.
Franze, K.: Probleme des Jugendstrafvollzugs nach Erwachsenenrecht, in: Jura 1997, S. 73 ff.
Franzen, R.: Anregungen zum praktischen Umgang mit § 36a SGB VIII aus jugendrichterlicher Perspektive, in: ZJJ 2008, S. 17 ff.
Franzen, R.: Gehört der Arrest geschlossen? in: ZJJ 2014, S. 114 ff.
Frehsee, D.: Wiedergutmachungsauflage und Zivilrecht, in: NJW 1981, S. 1253 f.
Frehsee, D.: „Strafverfolgung" von strafunmündigen Kindern, in: ZStW 1988, S. 290 ff.
Frehsee, D.: Strafreife – Reife des Jugendlichen oder Reife der Gesellschaft? in: Festschrift für Schüler-Springorum. Köln u. a. 1993, S. 379 ff.
Freudenthal, B. (Hrsg.): Das Jugendgericht in Frankfurt a. M. Berlin 1912.
Freuding, St.: Das Sanktionssystem des § 106 JGG bei Schwerstverbrechen heranwachsender Täter, in: NStZ 2010, S. 251 ff.
Frommel, M./Maelicke, B.: Für ein normverdeutlichendes und liberal-rechtsstaatliches Jugendstrafrecht, in: NK 3/1994, S. 28 ff.
Fuchs, S.: Der Verteidiger im Jugendstrafverfahren. Frankfurt a. M. 1992.
Gabber, S.: Das Verhältnis von § 3 JGG zu den §§ 20, 21 StGB, in: ZJJ 2007, S. 167 ff.
Gadow, T./Holthusen, B./Hoops, S.: JGH als One-Man-Show? Fachliche Herausforderung „Ein-Personen-Jugendgerichtshilfe", in: ZJJ 2012, S. 303 ff.
Gau, P. J.: Drohende Jugendstrafe – ein Fall notwendiger Verteidigung? in: StraFo 2007, S. 315 ff.
Gehb, J./Drange, G.: Heranwachsende im Strafrecht – Quo vaditis? in: DRiZ 2004, S. 118 ff.
Geisler, C.: Reformbedarf im Jugendstrafrecht? Anmerkungen aus der Praxis zur „notwendigen" Verteidigung im Jugendstrafverfahren bei Verbrechensvorwurf, in: NStZ 2002, S. 449 ff.
Gercke, B./Julius, K.-P./Temming, T./Zöller, M. A. (Hrsg.): Strafprozessordnung. 6. Aufl., Heidelberg 2012 (zit.: HK-StPO/Bearbeiter).
Gerken, J.: Bürger als Richter. Über Jugendschöffen und den Erziehungsanspruch des Jugendstrafrechts, in: Gerken, J./Schumann, K. (Hrsg.): Ein trojanisches Pferd im Rechtsstaat. Der Erziehungsgedanke in der Jugendgerichtspraxis. Pfaffenweiler 1988, S. 101 ff.

Gernbeck, U./Höffler, K./Verrel, T.: Der Warnschussarrest in der Praxis – Erste Eindrücke, in: NK 2013, S. 307 ff.
Gerstein, H.: Die Aufgabe von Jugendschöffen im Strafprozess, in: ZfJ 1997, S. 47 ff.
Giebel, St./Ritter, St.: Rückfalluntersuchung im Jugendstrafvollzug in Thüringen, in: FS 2012, S. 302 ff.
Glueck, S./Glueck, E.: Unraveling Juvenile Delinquency. New York 1950.
Goeckenjan, I.: Der Vollzug des Jugendarrests, in: ZJJ 2013, S. 67 ff.
Göppinger, H.: Der Täter in seinen sozialen Bezügen. Ergebnisse aus der Tübinger Jungtäter-Vergleichsuntersuchung. Berlin u. a. 1983.
Göppinger, H./Bock, M.: Kriminologie. 6. Aufl., München 2008.
Göppner, H.-J.: Integrierte Qualitätssicherung sozialer Trainingskurse: Qualitätsmanagement und methodische Fachlichkeit, in: DVJJ-Journal Nr. 169/2000, S. 277 ff.
Goerdeler, J.: Sicherungsverwahrung auch für Heranwachsende? in: ZJJ 2003, S. 185 ff.
Goerdeler, J.: Der Bundesrat verabschiedet das Gesetz zur Weiterentwicklung der Kinder- und Jugendhilfe, in: ZJJ 2005, S. 315 ff.
Goerdeler, J.: The never ending story: das Verhältnis von Jugendhilfe und Justiz im Jugendstrafrecht. Einige Anmerkungen zur „Steuerungsverantwortung des öffentlichen Jugendhilfeträgers", in: ZJJ 2006a, S. 4 ff.
Goerdeler, J.: Jugendhilfe und Justiz Organisationsbedingungen einer Gesamtverantwortung, in: ZJJ 2006b, S. 155 ff.
Goerdeler, J.: Das KICK und seine Folgen für die Jugendstrafrechtspflege, in: ArchWissPraxsozArb 2007, S. 78 ff.
Goerdeler, J.: Das „Ziel der Anwendung des Jugendstrafrechts" und andere Änderungen des JGG, in: ZJJ 2008, S. 137 ff.
Goerdeler, J.: Ein Jugendarrestvollzugsgesetz für Schleswig-Holstein, in: SchlHA 2013, S. 350 ff.
Goerdeler, J./Pollähne, H.: Das Urteil des Bundesverfassungsgerichts vom 31. Mai 2006 als Prüfmaßstab für die neuen (Jugend-)Strafvollzugsgesetze der Länder, in: Goerdeler, J./Walkenhorst, Ph. (Hrsg.): Jugendstrafvollzug in Deutschland. Mönchengladbach 2007, S. 55 ff.
Götting, B.: Überlegungen zur Einführung eines Warnschussarrests aus statistischer Sicht, in: Festschrift für Schöch. Berlin/New York 2010, S. 245 ff.
Götz, A./Tolzmann, G.: Bundeszentralregistergesetz: Kommentar. 4. Aufl., Stuttgart 2000.
Götz, A./Tolzmann, G.: Bundeszentralregistergesetz: Kommentar. Nachtrag zur 4. Aufl., Stuttgart 2003.
Graebsch, Ch.: Sicherungsverwahrung im Jugendstrafrecht, in: ZJJ 2008, S. 284 ff.
Graebsch, Ch./Burkhardt, S.-U.: MIVEA – Young Care? Prognoseverfahren für alle Altersgruppen, oder doch nur Kosmetik?, in: ZJJ 2006, S. 140 ff.
Graf, J. P. (Hrsg.): Strafprozessordnung. Mit Gerichtsverfassungsgesetz und Nebengesetzen. 2. Aufl., München 2012 (zit.: Graf/Bearbeiter).
Grosse-Brömer, M.: Rechtspolitische Schwerpunkte der CDU/CSU in der 17. Wahlperiode, in: ZRP 2010, S. 65 f.
Grote, Ch.: Diversion im Jugendstrafrecht. Wiesbaden 2006.
Grübl, G./Walter, J.: „Russlanddeutsche" im Jugendstrafvollzug, in: BewHi 1999, S. 360 ff.
Grünhut, M.: Strafprozessuale Fragen der sozialen Gerichtshilfe unter Verwertung der Erfahrungen der Jugendgerichtshilfe, in: Deutsche Zeitschrift für Wohlfahrtspflege 1928, S. 392 f.
Grundies, U.: Verfahrenseinstellungen nach §§ 45, 47 Jugendgerichtsgesetz. Freiburg i. Br. 2004.
Grunewald, R.: Der Individualisierungsauftrag des Jugendstrafrechts – Über die Reformbedürftigkeit des JGG, in: NStZ 2002, S. 452 ff.
Grunewald, R.: Die besondere Bedeutung des Erziehungsgedankens im Jugendstrafverfahren, in: NJW 2003, S. 1995 ff.
Grunewald, R.: Die De-Individualisierung des Erziehungsgedankens im Jugendstrafrecht. Berlin 2003a.
Gudden, H.: Die Behandlung der jugendlichen Verbrecher in den Vereinigten Staaten von Nordamerika. Nürnberg 1910.

Gudel, J.: Schule im Jugendstrafvollzug: Überlegungen und Untersuchungen zu ihrer Ausrichtung als Instrument im Rahmen der Prävention, in: NK 2013, S. 249 ff.
Günter, M.: Der § 105 JGG: Entwicklungspsychologische Erkenntnisse und gutachterliche Praxis, in: Forensische Psychiatrie, Psychologie, Kriminologie 2008, S. 169 ff.
Gusy, Ch.: Verfassungsrechtliche Probleme der §§ 28 ff. StVollzG, in: Festschrift für Bemmann. Baden-Baden 1997, S. 673 ff.
Gusy, Ch.: Möglichkeiten und Grenzen der Privatisierung des Jugendstrafvollzugs, in: JZ 2006, S. 651 ff.
Hackstock, Th.: Generalpräventive Aspekte im österreichischen und deutschen Jugendstrafrecht. Tübingen 2002.
Haderlein, N.: Veränderungen nach Inkrafttreten der Jugendstrafvollzugsgesetze der Bundesländer? in: FS 2013, S. 367 f.
Haeckel, H.: Jugendgerichtshilfe. Berlin 1927.
Händel, K.: Richterliche Weisung, eine Fahrerlaubnis zu erwerben, in: DAR 1977, S. 309 ff.
Häßler, F.: Die Einbeziehung Heranwachsender in das Jugendstrafrecht aus kinder- und jugendpsychiatrischer Sicht, in: DVJJ-Journal Nr. 179/2003, S. 15 ff.
Häßler, F./Keiper, P./Schläfke, D.: Maßregelvollzug für Jugendliche, in: ZJJ 2004, S. 24 ff.
Häßler, F./Keiper, P./Schläfke, D.: Maßregelvollzug für Jugendliche, in: Brünger, M./Weissbeck, W. (Hrsg.): Psychisch kranke Straftäter im Jugendalter. Berlin 2008. S. 185 ff.
Haffke, B.: Die straftheoretische Bedeutung der Pforte des § 3 JGG, in: Festschrift für Amelung. Berlin 2009, S. 17 ff.
Hahn, D.: Kindheits-, Jugend- und Erziehungsrecht. München 2004.
Halecker, D.-M.: Der „Denkzettel" Fahrverbot. Eine kritische Bestandsaufnahme seines straf-, jugendstraf- und ordnungswidrigkeitrechtlichen Anwendungsbereiches. Baden-Baden 2009.
Hanft, Ch.: Ausbildungsrelevante Besonderheiten in Strafverfahren gegen Jugendliche und Heranwachsende, in: Jura 2008, S. 368 ff.
Hannich, R. (Hrsg.): Karlsruher Kommentar zur Strafprozessordnung mit GVG, EGGVG und EMRK. 7. Aufl., München 2013 (zit.: KK/Bearbeiter).
Happe, G.: Die Jugendgerichtshilfe in der Jugendhilferechtsreform, in: Festschrift für Schaffstein. Göttingen 1975, S. 333 ff.
Hartmann, A.: Die Strafrechtspflege in Amerika. Mit Ausführungen zur deutschen Strafprozessreform. Berlin 1906.
Hartmann, A.: Schlichten oder Richten: der Täter-Opfer-Ausgleich und das (Jugend-)Strafrecht. München 1995.
Hase, P.: Bundeszentralregistergesetz. München 2003.
Hasenclever, Ch.: Jugendhilfe und Jugendgesetzgebung seit 1900. Göttingen 1978.
Hassemer, E.: Praktische Erfahrungen mit dem Täter-Opfer-Ausgleich – Befunde und Konsequenzen, in: Dölling, D. u. a. (Hrsg.): Täter-Opfer-Ausgleich in Deutschland. Bestandsaufnahme und Perspektiven. Bonn 1998.
Hauber, R.: Der Beistand als Sachwalter des Jugendlichen im Strafprozess, in: ZfJ 1982, S. 215 ff.
Hauser, H.: Der Jugendrichter – Idee und Wirklichkeit, in: MschrKrim 1980, S. 1 ff.
Hein, K.-Ch.: Rechtliche Grenzen von Anti-Aggressivitäts-Trainings. Berlin 2007.
Heinrich, M.: Die Strafrestaussetzung nach Abgabe der Vollstreckung gem. § 55 VI JGG, in: NStZ 2002, S. 182 ff.
Heinrich, M.: Zur Anfechtbarkeit der den Widerruf einer Strafaussetzung zur Bewährung ablehnenden Entscheidung im Jugendstrafverfahren, in: NStZ 2006, S. 417 ff.
v. Heintschel-Heinegg, B./Stöckel, H.: Kommentar zur Strafprozessordnung. Neuwied, Stand: 2010 (zit.: KMR-Bearbeiter).
Heinz, W.: Neue ambulante Maßnahmen nach dem Jugendgerichtsgesetz, in: BMJ (Hrsg.): Neue ambulante Maßnahmen nach dem Jugendgerichtsgesetz – Erfahrungen und Perspektiven. Bonn 1986, S. 22 ff.
Heinz, W.: Recht und Praxis der Untersuchungshaft in der Bundesrepublik Deutschland, in: BewHi 1987, S. 5 ff.

Heinz, W.: Jugendkriminalität und Jugendgerichtsbarkeit, in: Eser, H./Kaiser, G. (Hrsg.): Drittes deutsch-sowjetisches Kolloquium über Strafrecht und Kriminologie. Baden-Baden 1987a, S. 187 ff.
Heinz, W.: Jugendstrafrechtsreform durch die Praxis – Eine Bestandsaufnahme, in: BMJ (Hrsg.): Jugendstrafrechtsreform durch die Praxis – Informelle Reaktionen und neue ambulante Maßnahmen auf dem Prüfstand. Bonn 1989, S. 13 ff.
Heinz, W.: Diversion im Jugendstrafrecht und im allgemeinen Strafrecht. Teil 1, in: DVJJ-Journal Nr. 161/1998, S. 245 ff.
Heinz, W.: Diversion im Jugendstrafrecht und im allgemeinen Strafrecht. Teile 2 und 3, in: DVJJ-Journal Nr. 163 und 164/1999, S. 11 ff.; S. 131 ff.
Heinz, W.: Kinder- und Jugendkriminalität – ist der Strafgesetzgeber gefordert? in: ZStW 2002, S. 519 ff.
Heinz, W.: Kriminologische Variationen über ein Thema von Shakespeare, in: Festschrift für Jesionek. Wien – Graz 2002a, S. 103 ff.
Heinz, W.: Die neue Rückfallstatistik – Legalbewährung junger Straftäter, in: ZJJ 2004, S. 35 ff.
Heinz, W.: Zahlt sich die Milde aus? Diversion und ihre Bedeutung für die Sanktionspraxis, in: ZJJ 2005, S. 166 ff., 302 ff.
Heinz, W.: „Bei der Gewaltkriminalität junger Menschen helfen nur härtere Strafen!", in: NK 2008, S. 50 ff.
Heinz, W.: Bekämpfung der Jugendkriminalität durch Verschärfung des Jugendstrafrechts? in: ZJJ 2008a, S. 60 ff.
Heinz, W.: Jugendkriminalität, Jugendgewalt und jugendstrafrechtliche Sanktionierungspraxis, in: RdJB 2008b, S. 352 ff.
Heinz, W.: Zunehmende Punitivität in der Praxis des Jugendkriminalrechts? Analysen aufgrund von Daten der Strafrechtspflegestatistiken, in: Bundesministerium der Justiz (Hrsg.). Das Jugendkriminalrecht vor neuen Herausforderungen. Mönchengladbach 2009, S. 29 ff.
Heinz, W.: Jugendarrest im Aufwind? Einige rechtstatsächliche Betrachtungen, in: FS 2011, S. 71 ff.
Heinz, W.: Jugendstrafrechtliche Sanktionierungspraxis auf dem Prüfstand, in: ZJJ 2012, S. 129 ff.
Heinz, W.: Jugendarrest im Kontext freiheitsentziehender Sanktionen, in: ZJJ 2014, S. 97 ff.
Heinz, W./Spieß, G./Storz, R.: Prävalenz und Inzidenz strafrechtlicher Sanktionierung im Jugendalter, in: Kaiser, G./Kury, H./Albrecht, H.-J. (Hrsg.): Kriminologische Forschung in den 80er Jahren. Freiburg 1988, S. 631 ff.
Heinz, W./Storz, R.: Diversion im Jugendstrafverfahren der Bundesrepublik Deutschland. Bonn 1992.
Heitlinger, C.: Die Altersgrenze der Strafmündigkeit. Hamburg 2004.
Heller, M. S.: Das Gesetz zur Regelung der Verständigung im Strafverfahren – No big deal? Unter Berücksichtigung des Jugendstrafrechts und der Rechtspraxis. Hamburg 2012.
Henninger, S.: Nichtdeutsche Beschuldigte im Jugendstrafverfahren. Herbolzheim 2003.
Hering, E./Sessar, K.: Praktizierte Diversion – Das „Modell Lübeck" sowie die Diversionsprogramme in Köln, Braunschweig und Hamburg. Pfaffenweiler 1990.
Hermann, D./Kerner, H.-J.: Zwischen zwei Stühlen: Rollenkonflikte der Bewährungshilfe, in: BewHi 1991, S. 229 ff.
Herrmann, J.: Überlegungen zur Reform der notwendigen Verteidigung, in: StrVert 1996, S. 396 ff.
Hessler, M.: Vermeidung von Untersuchungshaft bei Jugendlichen. Mönchengladbach 2001.
Heublein, J.: § 27 JGG – eine ungeliebte Vorschrift? in: ZfJ 1995, S. 436 ff.
Hilger, H.: Über das Opferrechtsreformgesetz, in: GA 2004, S. 78 ff.
Hinrichs, K.: Weisungen auf Auflagen im JGG brauchen keinen Zwang durch Jugendarrest, in: DVJJ-Journal Nr. 151/1996, S. 59 ff.
Hinrichs, K.: Auswertung einer Befragung der Jugendarrestanstalten in der Bundesrepublik Deutschland, in: DVJJ-Journal Nr. 165/1999, S. 267 ff.
Hintz, St.: Untersuchungshaft und Erziehung. Herbolzheim 2004.
Hinz, W.: Strafmündigkeit ab vollendetem 12. Lebensjahr? in: ZRP 2000, S. 107 ff.
Hinz, W.: Jugendstrafrecht auf dem Prüfstand, in: ZRP 2001, S. 106 ff.

Hinz, W.: Erziehung, Generalprävention und Opferschutz, in: JR 2001a, S. 50 ff.
Hinz, W.: Reformbedarf im Jugendstrafrecht, in: ZRP 2004, S. 90 f.
Hinz, W.: Soziales Gebot oder „Lebenslüge"? – Der Erziehungsgedanke bei der Jugendstrafe, in: ZRP 2005, S. 192 ff.
Hinz, W.: Nachträgliche Sicherungsverwahrung bei jungen Menschen auf dem internationalen und verfassungsrechtlichen Prüfstand, in: ZRP 2007, S. 276.
Höfer, S.: Sanktionskarrieren. Freiburg i. Br. 2003.
Höll, St.: Neuordnung des Jugendarrestvollzugs in Baden-Württemberg, in: FS 2011, S. 86 f.
Hörnle, T.: Der Streit um die Sicherungsverwahrung, in: NStZ 2011, S. 488 ff.
Höynck, Th.: Jugendgerichtshilfe, in: Schröer, W./Struck, N./Wolff, M. (Hrsg.): Handbuch Kinder- und Jugendhilfe. Weinheim u. a. 2002, S. 801 ff.
Höynck, Th.: Stärkung der Opferrolle im Jugendstrafverfahren? in: ZJJ 2005, S. 34 ff.
Höynck, Th./Goerdeler, J.: Kooperation auf Augenhöhe oder „Schwarzer Peter"? in: Das Jugendamt 2006, S. 170 ff.
Höynck, Th./Hagemann, N. u. a.: Jugendstrafvollzugsgesetze der Länder – Eine Auswahl wichtiger Regelungsbereiche in synoptischer Darstellung, in: ZJJ 2008, S. 159 ff.
Höynck, Th./Hosser, D.: Jugendstrafvollzugsgesetzgebung im „empirischen Blindflug"? in: BewHi 2007, S. 387 ff.
Hoferer, Ch.: Zur Frage der Rechtmäßigkeit von Weisungen nach dem Jugendgerichtsgesetz, sich des Umganges mit Betäubungsmitteln zu enthalten und zum Nachweis der Drogenfreiheit für eine bestimmte Zeit Urinproben abzugeben, in: NStZ 1997, S. 172 ff.
Hoffmann, K.: Restaussetzung der Jugendstrafe und Schwere der Schuld – zugleich eine Besprechung von OLG Düsseldorf StV 2001, 183, in: StrVert 2002, S. 449 ff.
Hoffmann-Holland, K.: Das Schwergewicht bei Straftaten in verschiedenen Alters- und Reifestufen nach § 32 JGG, in: Festschrift 400 Jahre Universität Gießen. Tübingen 2007, S. 167 ff.
Holste, H.: Der § 16a-Arrest, das strafrechtliche Rückwirkungsverbot und der Umgang mit fehlerhaften Urteilen, in: ZJJ 2013, S. 289 ff.
Holste, H.: „Warnschussarrest" und Rückwirkungsverbot, in: StrVert 2013a, S. 660 ff.
Holthusen, B.: Kinder und Jugendliche als so genannte Intensivtäter, in: FPR 2013, S. 417 ff.
Holzschuh, K.: Geschichte des Jugendstrafrechts bis zum Ende des neunzehnten Jahrhunderts. Mainz 1957.
Holzschuh, K.: ... aber ihr klagt uns an. Ein Jugendrichter erzählt. Frankfurt a. M. 1957a.
Hombrecher, L.: Die Rechtsfolgen der Jugendstraftat, in: JA 2008, S. 452 ff.
Hombrecher, L.: Die Einstellung des Verfahrens in Jugendstrafsachen (§§ 45, 47 JGG), in: JA 2009, S. 889 ff.
Hombrecher, L.: Das Verfahren in Jugendstrafsachen – Teil 2, in: JA 2009a, S. 373 ff.
Hommes, W./Lewand, M.: Zur empirischen Fundierung des strafrechtlichen Eintrittsalters, in: ZfJ 2003, S. 7 ff.
Hotter, I.: Untersuchungshaftvermeidung für Jugendliche und Heranwachsende in Baden-Württemberg. Freiburg i. Br. 2004.
Hübner, G./Kerner, S./Kunath, W./Planas, H.: Mindeststandards polizeilicher Jugendarbeit, in: DVJJ-Journal Nr. 155/1997, S. 27 ff.
Hüdepohl, S.: Sozialtherapie mit jungen Frauen – Erfahrungen mit der Wiederbelebung früher Beziehungsmuster, in: ZJJ 2011, S. 383 ff.
Hügel, Ch.: Quo vadis Jugendarrest? in: Festschrift für Heinz. Baden-Baden 2012, S. 415 ff.
Hüls, S.: Die Rolle des Opferzeugen im Strafverfahren gegen Jugendliche, in: ZJJ 2005, S. 22 ff.
Hußmann, M.: Diagnose und Individualprognose als Kernproblem des Umgangs mit Jugendkriminalität, in: Dollinger, B./Henning, S.-S. (Hrsg.), Handbuch Jugendkriminalität. 2. Aufl., Wiesbaden 2011, S. 335 ff.
Itzel, P.: Die Abgrenzung der Weisungen von den Auflagen nach dem Jugendgerichtsgesetz. Heidelberg 1987.
Jäckel, H.: Aussetzung der Verhängung einer Jugendstrafe, Strafaussetzung zur Bewährung und Vorbewährung im Jugendstrafrecht, in: JA 2010, S. 539 ff.

Jaeger, A.: Zur Notwendigkeit und Ausgestaltung eines Jugendarrestvollzugsgesetzes. Hamburg 2010.
Jäger, Ch.: Jugend zwischen Schuld und Verantwortung, in: GA 2003, S. 469 ff.
Jahn, M./Müller, M.: Das Gesetz zur Regelung der Verständigung im Strafverfahren – Legitimation und Reglementierung der Absprachepraxis, in: NJW 2009, S. 2625 ff.
Janssen, H.: Diversion: Entstehungsbedingungen, Hintergründe und Konsequenzen einer veränderten Strategie sozialer Kontrolle, in: Kerner, H.-J. (Hrsg.): Diversion statt Strafe? Heidelberg 1983, S. 15 ff.
Jarass, H. D./Pieroth, B.: Grundgesetz für die Bundesrepublik Deutschland: Kommentar. 12. Aufl., München 2012.
Jehle, J.-M.: Entwicklung der Untersuchungshaft. Bonn 1995.
Jehle, J.-M./Albrecht, H.-J./Hohmann-Fricke, S./Tetal, C.: Legalbewährung nach strafrechtlichen Sanktionen. Eine bundesweite Rückfalluntersuchung 2004 bis 2007. Mönchengladbach 2010.
Jehle, J.-M./Heinz, W./Sutterer, P.: Legalbewährung nach strafrechtlichen Sanktionen. Eine kommentierte Rückfallstatistik. Berlin 2003.
Jehle, J.-M./Weigelt, E.: Rückfall nach Bewährungsstrafe, in: BewHi 2004, S. 149 ff.
Jehle, J.-M./Werner, J.: Jugendstrafvollzug – eine Bestandsaufnahme, in: Festschrift für Heinz, Baden – Baden 2012, S. 426 ff.
Jende, S./Speer, D.: Gedenkstättenbesuche mit jugendlichen Gewaltstraftätern, in: ZJJ 2010, S. 170 ff.
Jesse, Ch.: Veränderungen des Jugendstrafvollzuges aus der Sicht einer Anstaltsleiterin, in: FS 2013, S. 361 f.
Jeßberger, F./Kreß, C.: Diskussionsbeiträge der Strafrechtslehrertagung 2001 in Passau, in: ZStW 2001, S. 827 ff.
Joecks, W./Miebach, K. (Hrsg.): Münchener Kommentar zum Strafgesetzbuch. 2. Aufl. München 2012 ff. (zit.: Bearbeiter, in: MünchKomm-StGB).
Jung, H.: Zur Reform des Jugendstrafrechts – eine Zwischenbilanz, in: JuS 1992, S. 186 ff.
Jung-Pätzold, U.: § 36a SGB VIII und die Folgen, in: ZJJ 2009, S. 238 ff.
Justizvollzugsbeauftragter des Landes Nordrhein-Westfalen: Tätigkeitsbericht 2012. Köln 2013.
Kaiser, G.: Jugendkriminalität. Rechtsbrüche, Rechtsbrecher und Opfersituation im Jugendalter. Weinheim – Basel 1977.
Kaiser, G.: Kriminologie. Ein Lehrbuch. 3. Aufl., Heidelberg 1996.
Kaiser, G.: Strafen statt Erziehen? in: ZRP 1997, S. 451 ff.
Kaiser, G.: Erziehung und Strafe in der Postmoderne, in: Festschrift für Böttcher, Berlin 2007, S. 283 ff.
Kamann, U.: Vollstreckung und Vollzug der Jugendstrafe. Verteidigung und Rechtsschutz. Münster 2009.
Kammeier, H. (Hrsg.): Maßregelvollzugsrecht. 3. Aufl., Berlin – New York 2010 (zit: Kammeier/Bearbeiter).
Karanedialkova-Krohn, D./Fegert, J. M.: Prognoseverfahren und Prognosepraxis im Jugendstrafverfahren, in: ZJJ 2007, S. 285 ff.
Karmrodt, K.: Sicherungsverwahrung bei Verurteilungen nach Jugendstrafrecht. Berlin 2012.
Kaspar, J.: Jenseits von Erziehung: Generalprävention als komplementärer Sanktionszweck des Jugendstrafrechts, in: Festschrift für Schöch. Berlin/New York 2010, S. 209 ff.
Kaufmann, F.: Befugnisse der Staatsanwaltschaft im Zusammenhang mit Ermittlungshandlungen in Jugendämtern, in: ZfJ 2005, S. 433 ff.
Keiner, E.: Jugendarrest: zur Praxis eines Reform-Modells. Wiesbaden 1989.
Keiser, C.: Grundfälle zum Jugendstrafrecht, in: JuS 2002, S. 981 ff., 1077 ff.
Keiser, C.: Jugendliche Täter als strafrechtlich Erwachsene? Das Phänomen der „Adulteration" im Lichte internationaler Menschenrechte, in: ZStW 2008, S. 25 ff.
Kemme, St.: Sicherungsverwahrung nach Jugendstrafrecht – materiell-, verfassungs- und menschenrechtliche Probleme, in: Praxis der Rechtspsychologie 2011, S. 93 ff.
Kemme, St./Stoll, K.: Bestehende Benachteiligungen junger Straftäter im Lichte der Forderungen nach Verschärfungen im Jugendstrafrecht, in: MschrKrim 2012, S. 32 ff.

Kerner, H.-J.: Diversion – Eine wirkliche Alternative? in: Kury, H./Lerchenmüller, H. (Hrsg.): Diversion – Alternativen zu klassischen Sanktionsformen, Band 2. Bochum 1981, S. 688 ff.
Kerner, H.-J.: Unbeabsichtigte und unerwünschte Nebenfolgen der JGG-Reform durch die Praxis, insbesondere am Beispiel der Ausweitung des Netzes sozialer Kontrolle? in: BMJ (Hrsg.): Jugendstrafrechtsreform durch die Praxis – Informelle Reaktionen und neue ambulante Maßnahmen auf dem Prüfstand. Bonn 1989, S. 265 ff.
Kerner, H.-J.: Jugendkriminalrecht als „Vorreiter" der Strafrechtsreform? in: Nörr, K. W. (Hrsg.): 40 Jahre Bundesrepublik Deutschland – 40 Jahre Rechtsentwicklung. Tübingen 1990, S. 347 ff.
Kerner, H.-J.: Überlegungen zu einer differenzierten Rückfallforschung: Das Beispiel Jugendstrafvollzug, in: FS 2013, S. 354 ff.
Kerner, H.-J./Galaway, B./Janssen, H. (Hrsg.): Jugendgerichtsbarkeit in Europa und Nordamerika – Aspekte und Tendenzen. München 1986.
Kerner, H.-J./Sonnen, B.-R.: Jugendkriminalität und Jugendstrafrecht – eine Anregung zur Besonnenheit bei Änderungsplänen, in: DVJJ-Journal Nr. 158/1997, S. 339 ff.
Kessel, E.: Integrierte Qualitätssicherung sozialer Trainingskurse: Qualitätsmanagement und methodische Fachlichkeit, in: DVJJ-Journal Nr. 170/2000, S. 373 ff.
Kiesswetter, E.: Altersgrenzen im Jugendstrafrecht – Argumente für die Anhebung der Altersgrenze auf das 24. Lebensjahr, in: Arbeitsgemeinschaft Strafrecht des Deutschen Anwaltvereins (Hrsg.), Strafverteidigung im Rechtsstaat. Baden-Baden 2009, S. 305 ff.
Kindhäuser, U.: Strafprozessrecht. 3. Aufl., Baden-Baden 2013.
Kindhäuser, U./Neumann, U./Paeffgen, H.-U. (Hrsg.): Strafgesetzbuch. 4. Aufl., Baden-Baden 2013 (zit.: Bearbeiter, in: NK-StGB).
Kindler, H./Permien, H./Hoops, S.: Geschlossene Formen der Heimunterbringung als Maßnahme der Kinder- und Jugendhilfe, in: ZJJ 2007, S. 40 ff.
Kinzig, J.: Umfassender Schutz vor dem gefährlichen Straftäter? – Das Gesetz zur Einführung der nachträglichen Sicherungsverwahrung, in: NStZ 2004, S. 655 ff.
Kinzig, J.: Entwicklung, Stand und Perspektiven einer Sicherungsverwahrung für Jugendliche und Heranwachsende, in: RdJB 2007, S. 155 ff.
Kinzig, J.: Die Legalbewährung gefährlicher Rückfalltäter. Berlin 2008.
Kinzig, J.: Die Einführung der nachträglichen Sicherungsverwahrung für Jugendliche, in: ZJJ 2008a, S. 245 ff.
Kinzig, J.: Jugendstrafrecht: ein milderes Recht? in: Festschrift für Eisenberg. München 2009, S. 379 ff.
Kinzig, J.: Das Recht der Sicherungsverwahrung nach dem Urteil des EGMR in Sachen M. gegen Deutschland, in: NStZ 2010, S. 233 ff.
Kinzig, J.: Anmerkung zum Urteil des BGH v. 9.3.2010, in: JZ 2010a, S. 689 ff.
Kinzig, J.: Die Neuordnung des Rechts der Sicherungsverwahrung, in: NJW 2011, S. 177 ff.
Kinzig, J./ Schnierle, R.: Der neue Warnschussarrest im Jugendstrafrecht auf dem Prüfstand, in: JuS 2014, S. 210 ff.
Kirchhoff, G.: Diversionsprogramme in den USA – Diversion zwischen Entdeckung und vor Verurteilung im Juvenile Justice System, in: Kury, H./Lerchenmüller, H. (Hrsg.): Diversion – Alternativen zu klassischen Sanktionsformen, Band 1. Bochum 1981, S. 246 ff.
Kirsch, St.: Die gesetzliche Regelung der Verständigung im Strafverfahren, in: StraFo 2010, S. 96 ff.
Kissel, O./Mayer, H.: Gerichtsverfassungsgesetz. 7. Aufl., München 2013.
Kleimann, T.: Das Reichsjugendgerichtsgesetz vom 6.12.1943. Eine Fortführung des JGG 1923 oder Teil des NS-Strafrechts? in: ZJJ 2013, S. 397 ff.
Klosinski, G.: Zu den Voraussetzungen des § 3 JGG aus jugendpsychiatrischer Sicht, in: Forensische Psychiatrie, Psychologie, Kriminologie 2008. S. 162 ff.
Knauer, F.: Absprachen im Jugendstrafverfahren, in: ZJJ 2010, S. 15 ff.
Knauer, F.: Die Verwertung jugendstrafrechtlicher Vorverurteilungen bei Sanktionierungen nach Erwachsenenstrafrecht, in: ZStW 2012, S. 204 ff.
Knauer, F.: Der Straftäter als „tickende Zeitbombe"? Kriminologische Betrachtungen zu einem kriminalpolitischen Unwort, in: JZ 2013, S. 558 ff.

Knell, B.: Zahnärztliche Altersdiagnostik zur Frage nach dem 18. Altersjahr, in: Kriminalistik 2012, S. 122 ff.
Knüllig-Dingeldey, B.: Anmerkung zum Beschluss des OLG Schleswig v. 15.9.1986, in: NStZ 1987, S. 226 ff.
Kobes, A./Pohlmann, M.: Jugendarrest – zeitgemäßes Zuchtmittel? in: ZJJ 2003, S. 370 ff.
Köhler, D./Bauchowitz, M.: Was wissen Psychologen und Sozialarbeiter eigentlich über Jugendarrestanten? Zur psychischen Gesundheit, Diagnostik und Behandlung von Arrestanten, in: ZJJ 2012, S. 272 ff.
Köhler, M.: Strafrecht Allgemeiner Teil. Berlin u. a. 1997.
Köhne, M.: (Nichts) Neues zum Jugendstrafrecht? in: JR 2008, S. 369 ff.
Köhnken, G./Bliesener, Th./Ostendorf, H. u. a.: Die Beurteilung der Verantwortlichkeit jugendlicher Straftäter nach § 3 JGG in der Justizpraxis, in: Egg, R. (Hrsg.), Psychologisch-psychiatrische Begutachtung in der Strafjustiz. Wiesbaden 2012, S. 131 ff.
Kölbel, R.: Zur Verkehrsdelinquenz der Heranwachsenden. Empirische und jugendstrafrechtliche Anmerkungen, in: ZfJ 1998, S. 10 ff.
Koepsel, K.: Jugendarrest – Eine zeitgemäße Sanktionsform des Jugendstrafrechts? in: Festschrift für Böhm. Berlin – New York 1999, S. 619 ff.
Körner, J.: Wirksamkeit ambulanter Arbeit mit delinquenten Jugendlichen, in: ZJJ 2006, S. 267 ff.
Körner, S.: Die Kostentragung im Jugendstrafverfahren. Hamburg 2004.
Kolberg, J. H.: Scheitert ein drittes Gesetz zur Änderung des Jugendgerichtsgesetzes am Konnexitätsprinzip? in: ZKJ 2012, S. 176 ff.
Kolberg, J. H./Wetzels, P.: Jugendarrestvollzug: Ungesund, unwirksam und ungesetzlich? Reformbedarf, Reformansätze und Regelungsvorschläge, in: Praxis der Rechtspsychologie 2012, S. 113 ff.
Kornprobst, H.: Ist das deutsche Jugendstrafrecht noch zeitgemäß? in: JR 2002, S. 309 ff.
Kowalzyck, M.: Geschlossene Unterbringung als Alternative der Untersuchungshaftvermeidung bei Jugendlichen? in: DVJJ-Journal 2002, S. 300 ff.
Kraatz, E.: Die neue „Vollstreckungslösung" und ihre Auswirkungen, in: JR 2008, S. 189 ff.
Kraft, B.: Tendenzen in der Entwicklung des Jugendstrafrechts seit der Jugendgerichtsbewegung. Frankfurt a. M. u. a. 2004.
Kraft, B.: Erfahrungsbericht aus der Praxis mit jungen erwachsenen Frauen in Haft, in: ZJJ 2011, S. 378 ff.
Kraus, L./Rolinski, K.: Rückfall nach sozialem Training auf der Grundlage offiziell registrierter Delinquenten, in: MschrKrim 1992, S. 32 ff.
Krauth, H.: Mehrere Straftaten in verschiedenen Alters- und Reifestufen, in: Festschrift für Lackner. Berlin – New York 1987, S. 1057 ff.
Krehl, Ch./Eidam, L.: Die überlange Dauer von Strafverfahren, in: NStZ 2006, S. 1 ff.
Krekeler, W./Löffelmann, M./Sommer, U. (Hrsg.): StPO. Strafprozessordnung, 2. Aufl., Bonn 2010 (zit.: AnwK-StPO/Bearbeiter).
Kremer, B.: Der Einfluss des Elternrechts aus Art. 6 Abs. II, III GG auf die Rechtmäßigkeit der Maßnahmen des JGG. Diss. Mainz 1984.
Kremerskothen, H.: Arbeitsweisungen und Arbeitsauflagen im Jugendstrafrecht. Herbolzheim 2001.
Kreuzer, A.: Ist das deutsche Jugendstrafrecht noch zeitgemäß? in: NJW 2002, S. 2345 ff.
Kreuzer, A.: Nachträgliche Sicherungsverwahrung – rote Karte für gefährliche Gefangene oder für den rechtsstaatlichen Vertrauensschutz? in: ZIS 2006, S. 145 ff.
Kreuzer, A.: Sicherungsverwahrung nach Jugendstrafrecht angesichts divergierender Urteile des BGH und EGMR, in: NStZ 2010, S. 473 ff.
Kreuzer, A.: Neuordnung der Sicherungsverwahrung: Fragmentarisch und fragwürdig trotz sinnvoller Ansätze, in: StrVert 2011, S. 122 ff.
Kreuzer, A.: „Warnschussarrest": Ein kriminalpolitischer Irrweg, in: ZRP 2012, S. 101 f.
Kreuzer, A./Bartsch, T.: Zu einer neuen Strukturierung des Sicherungsverwahrungsrechts, in: GA 2008, S. 655 ff.

Kröper, C.: Therapiemöglichkeiten in der Jugendstrafanstalt, in: Brünger, M./Weissbeck, W. (Hrsg.): Psychisch kranke Straftäter im Jugendalter. Berlin 2008. S. 115 ff.
Kropp, Ch.: Ursachen und Wirkungen von Jugendkriminalität, in: NJ 2003, S. 238 ff.
Krumm, C.: Bewährungswiderruf trotz Unschuldsvermutung? in: NJW 2005, S. 1832 ff.
Kruse, M.: Zum Anwendungsbereich des § 57 I JGG, in: ZRP 1993, S. 221 ff.
Kudlich, H.: Besonderheiten des jugendstrafgerichtlichen Verfahrens, in: JuS 1999, S. 877 ff.
Kühl, J.: Die gesetzliche Reform des Jugendstrafvollzugs in Deutschland im Licht der European Rules for Juvenile Offenders Subject to Sanctions or Measures (ERJOSSM). Mönchengladbach 2012a.
Kühl, K.: Strafrecht Allgemeiner Teil. 7. Aufl., München 2012b.
Kühn, D.: Jugendtypisches Fehlverhalten im Straßenverkehr, in: NK 2008, S. 129 ff.
Kühn, H. Ch.: Jugendkriminalität gestern und heute. Anmerkungen zur aktuellen Reformdebatte, in: ZIS 2010, S. 257 ff.
Kühne, H.-H.: Strafprozessrecht. 8. Aufl, Heidelberg 2010.
Kuhn, A./Rudolph, M./Wandrey, M./Will, H.-D.: „Tat-Sachen" als Konflikt. Täter-Opfer-Ausgleich in der Jugendstrafrechtspflege – Forschungsbericht zum Modellprojekt „Handschlag". Bonn 1989.
Kunkel, P.-C.: Steuerungsverantwortung des Jugendamtes – § 36a SGB VIII – und eventuelle Auswirkungen auf das Jugendstrafverfahren, in: ZJJ 2006, S. 311 ff.
Kunkel, P.-C.: Jugendhilferecht. 7. Aufl., Baden-Baden 2013.
Kunkel, P.-C. (Hrsg.): Sozialgesetzbuch VIII. Kinder- und Jugendhilfe Lehr- und Praxiskommentar. 5. Aufl., Baden-Baden 2014 (zit.: Bearbeiter, in: LPK-SGB VIII).
Kury, H.: Diversion – Möglichkeiten und Grenzen am Beispiel amerikanischer Programme, in: Kury, H./Lerchenmüller, H. (Hrsg.): Diversion – Alternativen zu klassischen Sanktionsformen, Band 1. Bochum 1981, S. 165 ff.
Kurzberg, B.: Jugendstrafe aufgrund schwerer Kriminalität. Eine Untersuchung zur Strafzumessung bei Jugendlichen, Heranwachsenden und jungen Erwachsenen im Hinblick auf den Erziehungsgedanken im Jugendstrafrecht. Berlin 2009.
Kurze, M.: Das berufliche Selbstverständnis der Bewährungshilfe, in: BewHi 1998, S. 211 ff.
Kusch, R.: Plädoyer für die Abschaffung des Jugendstrafrechts, in: NStZ 2006, S. 65 ff.
Lackner, K./Kühl, K.: Strafgesetzbuch mit Erläuterungen. 28. Aufl., München 2014.
Lammel, M.: Kritische Anmerkungen zur Einweisung von Jugendlichen und Heranwachsenden in den Maßregelvollzug, in: Forensische Psychiatrie, Psychologie, Kriminologie 2010, S. 248 ff.
Lamneck, S.: Sozialisation und kriminelle Karriere, in: Schüler-Springorum, H. (Hrsg.): Mehrfach auffällig. Untersuchungen zur Jugendkriminalität. München 1982, S. 13 ff.
Landau, H.: Referat, in: Verhandlungen des 64. Deutschen Juristentages, Band II/1. München 2002, S. N 37 ff.
Landmann, W.: Ist Ungehorsamsarrest weiterhin vorläufig vollstreckbar? in: Rpfleger 2003, S. 483 ff.
Laubenthal, K.: Aufgabenwandel der Jugendgerichtshilfe als Folge kriminologischer Erkenntnisse über abweichendes Verhalten Jugendlicher, in: Festschrift für Spendel. Berlin – New York 1992, S. 795 ff.
Laubenthal, K.: Jugendgerichtshilfe im Strafverfahren. Köln u. a. 1993.
Laubenthal, K.: Erziehung und Betreuung im Spannungsfeld zwischen KJHG und JGG, in: DVJJ-Nordbayern (Hrsg.): Einrichtungen der Jugendhilfe im Spannungsfeld zwischen KJHG und JGG. Erlangen 1995, S. 7 ff.
Laubenthal, K.: Vollzugliche Ausländerproblematik und Internationalisierung der Strafverbüßung, in: Festschrift für Böhm. Berlin – New York 1999, S. 307 ff.
Laubenthal, K.: Ist das deutsche Jugendstrafrecht noch zeitgemäß? in: JZ 2002, S. 807 ff.
Laubenthal, K.: Schutz der Gefangenenrechte auf europäischer Ebene, in: Festschrift 600 Jahre Würzburger Juristenfakultät. Berlin 2002a, S. 169 ff.
Laubenthal, K.: Die Renaissance der Sicherungsverwahrung, in: ZStW 2004, S. 703 ff.
Laubenthal, K.: Migration und Justizvollzug, in: AWR-Bulletin 3/2004a, S. 33 ff.
Laubenthal, K.: Sucht- und Infektionsgefahren im Strafvollzug, in: Hillenkamp, Th./Tag, B. (Hrsg.): Intramurale Medizin – Gesundheitsfürsorge zwischen Heilauftrag und Strafvollzug. Heidelberg 2005, S. 195 ff.

Laubenthal, K.: „Der Ladendieb und sein Weg in den Arrest", in: JA 2006, S. 621 ff.
Laubenthal, K.: Fallsammlung zu Kriminologie, Jugendstrafrecht, Strafvollzug. 5. Aufl., Berlin u. a. 2013.
Laubenthal, K.: Strafvollzug. 7. Aufl., Berlin u. a. 2015.
Laubenthal, K./Nestler, N.: Strafvollstreckung. Berlin u. a. 2010.
Laubenthal, K./Nevermann-Jaskolla, U.: Die Rechte des Kindes als Zeuge im Strafverfahren, in: JA 2005, S. 294 ff.
Laue, Ch.: Der Fall „Jason" – LG Passau NJW 1997, 1165, in: Jura 1999, S. 634 ff.
Laue, Ch.: Die Sicherungsverwahrung auf dem europäischen Prüfstand, in: JR 2010, S. 198 ff.
Laufhütte, H. W./Rissing-van Saan, R./Tiedemann, K. (Hrsg.): Strafgesetzbuch. Leipziger Kommentar. 12. Aufl., Berlin 2006 ff. (zit.: Bearbeiter, in: LK-StGB).
Laun, V.: Wahlfach-Klausur – Kriminologie: Jugendstrafrecht oder nicht Jugendstrafrecht, in: JuS 2005, S. 625 ff.
Lemert, E.: Diversion in Juvenile Justice: What has been Wrought? in: Journal of Research in Crime an Delinquency 1981, S. 34 ff.
Lemke, M.: Schnelle Strafverfahren, in: Festschrift für Schreiber. Heidelberg 2003, S. 249 ff.
Lenz, A.: Die Fürsorgebewegung und das Strafverfahren gegen Jugendliche, ZStW 1907, S. 835 ff.
Lenz, T.: Die Rechtsfolgensystematik im Jugendgerichtsgesetz (JGG). Berlin 2007.
Lesting, W./Feest, J.: Die Neuregelungen des StVollzG durch das Gesetz zur bundesrechtlichen Umsetzung des Abstandsgebots im Recht der Sicherungsverwahrung, in: StrVert 2013, S. 278 ff.
Lindemann, M.: Anmerkung zum Urteil des BGH v. 12.3.2008, in: JR 2009, S. 82 ff.
Linnartz, A./Sütterlin-Müsse, M.: Jung, weiblich, schwanger, inhaftiert – und nun? in: ZJJ 2013, S. 407 ff.
Lissner, St.: Die Jugendstrafvollstreckung – das Mysterium, in: StraFo 2013, S. 485 ff.
v. Liszt, F.: Die Kriminalität der Jugendlichen, in: Strafrechtliche Aufsätze und Vorträge, 2. Band. Berlin 1905, S. 331 ff.
Lobitz, R./Giebel, St./Suhling, St.: Strukturelle Merkmale des Jugendstrafvollzuges in Deutschland – erste Ergebnisse einer länderübergreifenden Bestandsaufnahme durch die Kriminologischen Dienste, in: FS 2013, S. 340 ff.
Löhr, H.: Kriminologisch-rationaler Umgang mit jugendlichen Mehrfachtätern, in: ZRP 1997, S. 280 ff.
Lohmann, H.: Arbeit und Arbeitsentlohnung des Strafgefangenen. Frankfurt a. M. – Berlin u. a. 2002.
Ludwig, W.: Diversion: Strafe im neuen Gewand. Berlin – New York 1989.
Lüders, Ch.: Ist Prävention gegen Jugendkriminalität möglich? Ansätze und Perspektiven der Jugendhilfe, in: ZfJ 2000, S. 1 ff.
Lüderssen, K.: Grenzen der „Sachkunde" des Gerichts (§ 244 Abs. 4 Satz 1 StPO) für die Beurteilung der inneren Tatseite bei jugendlichen Tätern, speziell mit Blick auf den bedingten Vorsatz, in: Festschrift für Schreiber. Heidelberg 2003, S. 289 ff.
Lühring, F.: Die Berichtspflicht des Jugendgerichtshelfers und ihre Grenzen. Frankfurt a. M. u. a. 1992.
Maaß, H.: Vollstreckung einer Jugendstrafe neben einer Freiheitsstrafe: Zuständigkeitskonzentration bei Staatsanwaltschaft und Strafvollstreckungskammer? in: NStZ 2008, S. 129 ff.
Mager, St.: Strafverteidigung in Jugendsachen. Hat der Erziehungsgedanke des JGG Auswirkungen auf die Tätigkeit des Verteidigers? in: BRJ 1/2009, S. 14 ff.
v. Mangoldt, H./Klein, F./Starck, Ch. (Hrsg.): Kommentar zum Grundgesetz, Band 1. 6. Aufl., München 2010.
Markert, S.: Der bayerische Jugendstrafvollzug in Theorie und Praxis, Frankfurt a. M. 2012.
Marks, E.: Entstehung und Praxis des Projektes Brücke Köln e. V., in: BewHi 1982, S. 126 ff.
Marks, E./Rössner, D. (Hrsg.): Täter-Opfer-Ausgleich. Vom zwischenmenschlichen Weg zur Wiederherstellung des Rechtsfriedens. Bonn 1990.
Marschner, R./Volckart, B.: Freiheitsentziehung und Unterbringung. 4. Aufl., München 2001.
Maschke, W.: Kinder- und Jugenddelinquenz, in: Der Bürger im Staat I/2003, S. 19 ff.

Matt, E.: Übergangsmanagement, in: ZJJ 2011, S. 422 ff.
Matt, R.: Anti-Gewalt-Training für Mädchen und junge Frauen, in: ZJJ 2009, S. 246 ff.
McKendry, U./Otte, V.: Die Jugendarrestabteilung bei der Jugendstrafvollzugsanstalt Regis-Breitingen in Sachsen, in: ZJJ 2014, S. 137 ff.
Meffert, S./Hegemann, U.: Polizeiliche Jugendsachbearbeitung im Kontext des JGG, in: DVJJ-Journal Nr. 179/2003, S. 40 ff.
Meier, B.-D.: Der Täter-Opfer-Ausgleich vor dem Aus? in: ZJJ 2006, S. 261 ff.
Meier, B.-D.: Strafrechtliche Sanktionen. 3. Aufl., Berlin u. a. 2009.
Meier, B.-D.: Was nützt, was schadet, was ist ohne Effekt? – Die jugendstrafrechtlichen Sanktionen auf dem Prüfstand, in: Festschrift für Maiwald. Berlin 2010, S. 501 ff.
Meier, B.-D.: Kriminologie. 4. Aufl., München 2010a.
Meier, B.-D./Rössner, D./Schöch, H.: Jugendstrafrecht. 3. Aufl., München 2013.
Meier, B.-D./Rössner, D./Trüg, G./Wulf, R. (Hrsg.): Jugendgerichtsgesetz. Handkommentar. 2. Aufl., Baden-Baden 2014 (zit.: HK-JGG/Bearbeiter).
Mellwitz, A.: Die Bestimmungen über den Jugendarrest nebst ergänzenden Vorschriften. Berlin u. a. 1942.
Merckle, T.: 10 Jahre Jugendstrafvollzug in freien Formen, in: FS 2013, S. 358 ff.
Merk, B.: Verschärfung des Jugendstrafrechts? in: ZRP 2008, S. 71.
Merkel, G.: Anmerkung zum Beschluss des BVerfG v. 20.6.2012, in: ZIS 2012, S. 521 ff.
Mertin, H.: Verfassungswidrigkeit des Jugendstrafvollzugs, in: ZRP 2002, S. 18 ff.
Meyer, F.: Der gegenwärtige Stand der Prognoseforschung in Deutschland, in: MschrKrim 1965, S. 225 ff.
Meyer-Goßner, L./ Schmitt, B.: Strafprozessordnung. 57. Aufl., München 2014 (zit.: Meyer-Goßner).
Meyer-Höger, M.: Der Jugendarrest: Entstehung und Weiterentwicklung einer Sanktion. Baden-Baden 1998.
Meyer-Odewald, U.: Die Verhängung und Zumessung der Jugendstrafe gemäß § 17 Absatz 2 2. Alt. JGG im Hinblick auf das ihm zugrundeliegende Antinomieproblem. Frankfurt a. M. u. a. 1993.
Meysen, Th.: Steuerungsverantwortung des Jugendamts nach § 36a SGB VIII: Anstoß zur Verhältnisklärung oder anstößig? in: FamRZ 2008, S. 562 ff.
Miehe, O.: Eine Tat oder mehrere Taten in Adoleszenz und Erwachsenenalter, in: Festschrift für Stutte. Köln u. a. 1979, S. 237 ff.
Miehe, O.: Verfassungsrechtliche Grenzen jugendrichterlicher Weisungen, in: Schöch, H. (Hrsg.): Wiedergutmachung und Strafrecht. München 1987, S. 112 ff.
Miehe, O.: Erziehung unter dem Grundgesetz, in: Mußgnug, R. (Hrsg.): Rechtsentwicklung unter dem Bonner Grundgesetz. Heidelberg 1990, S. 249 ff.
Miehe, O.: Zur Anordnung von Hilfen zur Erziehung nach §§ 27 bis 35 SGB VIII durch Vormundschafts- und Jugendrichter, in: DVJJ-Journal Nr. 157/1997, S. 260 ff.
Miehe, O.: Entwicklungstendenzen im Jugendstrafverfahren, in: Dölling, D. (Hrsg.): Das Jugendstrafrecht an der Wende zum 21. Jahrhundert. Berlin – New York 2001, S. 141 ff.
Milde, O.: Mit Vollrausch in die Sicherungsverwahrung, in: StraFo 2006, S. 217 ff.
Milde, O.: Die Entwicklung der Normen zur Anordnung der Sicherungsverwahrung in den Jahren von 1998 bis 2004. Hamburg 2006a.
Mitsch, W.: Nebenklage im Strafverfahren gegen Jugendliche und Heranwachsende, in: GA 1998, S. 159 ff.
Mitsch, W.: Die Anwendbarkeit des Jugendstrafrechts auf Heranwachsende, in: Jura 2002, S. 242 ff.
Mitsch, W.: Teilnahme und versuchte Beteiligung am Mord im Jugendstrafrecht, in: GA 2013, S. 137 ff.
Möller, O.: Anmerkung zum Beschluss des LG Saarbrücken v. 11.5.2005, in: ZJJ 2005, S. 450 f.
Möller, O.: Rückwirkende Pflichtverteidigerbeiordnung bei anderweitig in U-Haft inhaftierten Minderjährigen. Besprechung von LG Saarbrücken, in: ZJJ 2007, S. 417 ff.
Möller, W./Nix, Ch. (Hrsg.): Kurzkommentar zum SGB VIII – Kinder- und Jugendhilfe. München/Basel 2006 (zit.: Bearbeiter, in: Möller/Nix).

Möller, W./Schütz, C.: Jugendrichterliche Kompetenz versus Steuerungsverantwortung des öffentlichen Jugendhilfeträgers, in: ZKJ 2007a, S. 178 ff.
Möller, W./Schütz, C.: „Die Akte zu und alle Fragen offen", in: ZKJ 2007b, S. 282 f.
Mohr, Ch.: Zur Problematik der Verbindung von Jugend- und Erwachsenenstrafverfahren – zugleich Anmerkung zum BGH-Beschluss – 1 StR 57/06– vom 9.5.2006, in: JR 2006, S. 499 ff.
Mollik, R.: Hartz IV und die Folgen für die Jugendhilfe im Strafverfahren, in: ZJJ 2005, S. 204.
Mollik, R.: „Lesen statt Fegen" – Der „Dresdner-Bücher-Kanon", in: ZJJ 2007, S. 301 f.
Momsen, C.: Der rechtliche Rahmen für die Verschiebung der Altersgrenzen im Jugendstrafrecht, in: ZJJ 2005, S. 179 ff.
Mrozynski, P.: Zur Problematik strafrechtlicher Weisungen, in: JR 1983, S. 397 ff.
Mrozynski, P.: SGB VIII Kinder- und Jugendhilfe. 5. Aufl., München 2009.
Mühlfeld, St.: Mediation im Strafrecht. Frankfurt a. M. u. a. 2002.
Müller, E./Kraus, F.: Erziehungsberechtigte und Rechtsstaatlichkeit im Jugendstrafverfahren, in: JA 2003, S. 892 ff.
Müller, H. E.: Diversion im Jugendstrafrecht und rechtsstaatliches Verfahren, in: DRiZ 1996, S. 443 ff.
Müller, H. E.: Anmerkung zum Beschluss des BGH v. 3.3.2004, in: JR 2004, S. 392 f.
Müller, H. E.: Die Sicherungsverwahrung, das Grundgesetz und die Europäische Menschenrechtskonvention, in: StrVert 2010, S. 207 ff.
Müller, I.: Die Mindeststrafe im Jugendstrafrecht im Vergleich zum allgemeinen Strafrecht, in: Festschrift für Eisenberg. München 2009, S. 415 ff.
Müller, J. L./Stolpmann, G./Fromberger, P. u. a.: Legalbewährung nach Gutachten zur nachträglichen Sicherungsverwahrung, in: MschrKrim 2011, S. 253 ff.
Müller-Dietz, H.: Jugendhilfe und Jugendkriminalrechtspflege. Zum Beitrag der Jugendhilfe zur Einschränkung jugendstrafrechtlicher Konfliktlösungen, in: Festschrift für Pongratz. München 1986, S. 102 ff.
Müller-Piepenkötter, R./Kubink, M.: „Gelbe Karte" für junge Straftäter – Ein Projekt der rationalen Kriminalpolitik, in: ZRP 2007, S. 61 ff.
Müller-Piepenkötter, R./Kubink, M.: „Warn(schuss)arrest" als neue Sanktion – rationale Perspektiven für eine ewige Kontroverse, in: ZRP 2008, S. 176 ff.
v. Münch, I./Kunig, P. (Hrsg.): Grundgesetz-Kommentar, Band 1. 6. Aufl., München 2012.
Münchhalffen, G./Gatzweiler, N.: Das Recht der Untersuchungshaft. München 2009.
Münder, J./Wiesner, R./Meysen, Th. (Hrsg.): Kinder- und Jugendhilferecht, 2. Aufl., Baden-Baden 2011 (zit.: Bearbeiter, in: Münder/Wiesner/Meysen).
Münder, J./Meysen, Th./Trenczek, Th. (Hrsg.): Frankfurter Kommentar zum SGB VIII: Kinder- und Jugendhilfe. 7. Aufl., Baden-Baden 2013 (zit.: Bearbeiter, in: Münder/Meysen/Trenczek).
Mushoff, T.: Strafe – Maßregel – Sicherungsverwahrung. Frankfurt a. M. u. a. 2008.
Mutz, J.: Berichte und Mitteilungen des Bewährungshelfers, in: BewHi 2007, S. 140 ff.
Nedopil, N.: Risiko und Sicherheit – Prognoseforschung zur bedingten Entlassung aus Straf- und Maßregelvollzug, in: ZJJ 2010, S. 283 ff.
Nestler, N./Wolf, Ch.: Sicherungsverwahrung gem. § 7 Abs. 2 JGG und der Präventionsgedanke im Strafrecht – kritische Betrachtungen eines legislativen Kunstgriffs, in: NK 2008, S. 153 ff.
Neubacher, F.: „Trau keinem unter 30!" – Wie bedrohlich ist die Jugendkriminalität wirklich? in: ZRP 1998, S. 429 ff.
Neubacher, F.: Der Bewährungswiderruf wegen einer neuen Straftat und die Unschuldsvermutung, in: GA 2004, S. 402 ff.
Neubacher, F.: Die Aussetzung des Strafrestes zur Bewährung nach Abgabe der Vollstreckung gemäß § 85 VI JGG, in: GA 2006, S. 737 ff.
Neubacher, F.: Internationale Menschenrechtsstandards zum Jugendkriminalrecht – Quellen, Inhalte, Relevanz, in: Bundesministerium der Justiz (Hrsg.): Das Jugendkriminalrecht vor neuen Herausforderungen? Mönchengladbach 2009, S. 275 ff.
Neubacher, F./Bachmann, M.: Person oder Amt? – Wer ist im Nachverfahren zuständig für die Verhängung einer Jugendstrafe wegen schädlicher Neigungen gemäß §§ 30 I, 62 I JGG? in: NStZ 2013, S. 386 ff.

Neuber, A./Apel, M./Zühlke, J.: „Hier drinne kriegste schon ingendwann ne Krise" – das Hafterleben junger Frauen im Jugendstrafvollzug, in: ZJJ 2011, S. 371 ff.
Nibbeling, J.: Vermögensstrafe – eine neue Sanktion auch des Jugendstrafrechts? in: NStZ 1997, S. 63 ff.
Nickolai, W.: Warum der Jugendstrafvollzug abgeschafft gehört, in: FS 2013, S. 371 f.
Niemöller, M./Schlothauer, R./Weider, H.-J.: Gesetz zur Verständigung im Strafverfahren. Kommentar. München 2010.
Nix, Ch.: § 3 JGG – eine immer wieder neu vergessene Rechtsvorschrift, in: ZJJ 2011, S. 416 ff.
Noak, T.: Urteilsabsprachen im Jugendstrafrecht, in: StrVert 2002, S. 445 ff.
Nothacker, G.: „Erziehungsvorrang" und Gesetzesauslegung im Jugendgerichtsgesetz. Berlin 1984.
Nowak, N.: Die Zulässigkeit der öffentlichen Zustellung im Sinne von § 40 Abs. 3 StPO im Jugendstrafverfahren, in: JR 2008, S. 234 ff.
Nowak, N.: Zur Zulässigkeit einer Verständigung im Jugendstrafverfahren, in: JR 2010, S. 248 ff.
Nunner-Winkler, G.: Die Entwicklung des moralischen und rechtlichen Bewusstseins von Kindern und Jugendlichen, in: Forensische Psychiatrie, Psychologie, Kriminologie 2008, S. 146 ff.
Oberwittler, D./Köllisch, T.: Nicht die Jugendgewalt, sondern deren polizeiliche Registrierung hat zugenommen – Ergebnisse einer Vergleichsstudie nach 25 Jahren, in: NK 4/2004, S. 144 ff.
Ostendorf, H.: Bewährung ohne Freiheitsstrafe – eine Falltür im Jugendstrafrecht? in: NJW 1981, S. 378 ff.
Ostendorf, H.: Die Prüfung der strafrechtlichen Verantwortlichkeit nach § 3 JGG – der erste Einstieg in die Diversion, in: JZ 1986, S. 664 ff.
Ostendorf, H.: Die Bewährungszeit im Jugendstrafrecht und ihre Abänderung, in: StrVert 1987, S. 320 f.
Ostendorf, H.: Jugendgerichtshilfe in der Rolle der „Doppelagentin" – Chance oder programmiertes Versagen? in: ZfJ 1991, S. 9 ff.
Ostendorf, H.: Anmerkung zum Urteil des BGH v. 2.5.1990, in: NStZ 1991a, S. 185 f.
Ostendorf, H.: Das deutsche Jugendstrafrecht – zwischen Erziehung und Repression, in: StrVert 1998, S. 297 ff.
Ostendorf, H.: Kommunikation und Interaktion im Strafrechtssystem, in: DRiZ 1999, S. 63 ff.
Ostendorf, H.: Formalisierung der entformalisierten Verfahrensbeendigung im Jugendstrafrecht (Diversion)? in: Festschrift für Böhm. Berlin – New York 1999a, S. 635 ff.
Ostendorf, H.: Persönlichkeitsschutz im (Jugend-)Strafverfahren bei mehreren Angeklagten, in: Festschrift für Rieß. Berlin – New York 2002, S. 845 ff.
Ostendorf, H.: Anmerkung zum Beschluss des BGH v. 3.12.2002, in: StrVert 2003, S. 389.
Ostendorf, H.: Das Heranwachsenden-Strafrecht in der Bundesrepublik Deutschland, in: ÖJZ 2003a, S. 121 ff.
Ostendorf, H.: Anmerkung zum Beschluss des OLG München v. 25.2.2002, in: ZJJ 2004, S. 199.
Ostendorf, H.: Rückzug der Jugendhilfe aus dem Jugendstrafverfahren? Kooperation versus Rollenrückzug und Rollenverwischung, in: NK 2004a, S. 101 ff.
Ostendorf, H.: Der Erziehungsgedanke zwischen Rigidität und Diktat leerer Kassen, in: ZfJ 2005, S. 415 ff.
Ostendorf, H.: Gegen die Abschaffung des Jugendstrafrechts oder seiner Essentialia, in: NStZ 2006, S. 320 ff.
Ostendorf, H.: Flexibilität versus Rechtsstaatlichkeit im Jugendstrafrecht, in: GA 2006a, S. 515 ff.
Ostendorf, H.: Jugendhilfe und Justiz. Organisationsbedingungen einer Gesamtverantwortung, in: ZJJ 2006b, S. 155 ff.
Ostendorf, H.: Härtere Bestrafung bei höheren Straferwartungen junger Menschen? in: Festschrift für Schwind. München 2006c, S. 383 ff.
Ostendorf, H.: Gesetzliche Grundlage für den Jugendstrafvollzug verfassungsrechtlich geboten! in: NJW 2006d, S. 2073 f.
Ostendorf, H.: Das Verbot einer strafrechtlichen und disziplinarrechtlichen Ahndung der Gefangenenbefreiung, in: NStZ 2007, S. 313 ff.
Ostendorf, H.: Anmerkung zum Beschluss des BGH v. 26.10.2006, in: StrVert 2008, S. 114 f.

Ostendorf, H.: Jugendstrafrecht – Reform statt Abkehr, in: StrVert 2008a, S. 148 ff.
Ostendorf, H.: Jugendstrafvollzugsgesetz: Neue Gesetze – neue Perspektiven? in: ZRP 2008b, S. 14 ff.
Ostendorf, H.: Zunehmende Hemmnisse einer wirkungsvollen Kooperation von Jugendhilfe und Justiz in der Rechtswirklichkeit, in: Bundesministerium der Justiz (Hrsg.): Das Jugendkriminalrecht vor neuen Herausforderungen. Mönchengladbach 2009, S. 335 ff.
Ostendorf, H.: Mindeststandards zum Jugendarrestvollzug, in: ZRP 2010, S. 20 ff.
Ostendorf, H. (Hrsg.): Jugendstrafvollzugsrecht, 2. Aufl., Baden-Baden 2012, (zit: Bearbeiter in: Ostendorf).
Ostendorf, H.: Warnung vor dem neuen „Warnschussarrest", in: ZIS 2012a, S. 608 ff.
Ostendorf, H.: Jugendgerichtsgesetz: Kommentar. 9. Aufl., Baden-Baden 2013.
Ostendorf, H.: Jugendstrafrecht. 7. Aufl., Baden-Baden 2013a.
Ostendorf, H./Bochmann, Ch.: Nachträgliche Sicherungsverwahrung bei jungen Menschen auf dem internationalen und verfassungsrechtlichen Prüfstand, in: ZRP 2007, S. 146 ff.
Ostendorf, H./Petersen, S.: Nachträgliche Sicherungsverwahrung im Jugendstrafrecht, in: ZRP 2010, S. 245 ff.
Oetting, J.: Das wahre Leben pocht zwischen den Idealtypen – Über die „Methode der idealtypisch-vergleichenden Einzelfallanalyse" (MIVEA) in der Praxis der Strafrechtspflege, in: NK 2008, S. 124 ff.
Ott, G.: Probleme des Jugendstrafrechts, in: JA 2010, S. 886 ff.
Pankiewicz, K.: Absprachen im Jugendstrafrecht. Berlin 2008.
Pankofer, S.: Wundermittel geschlossene Unterbringung? in: DVJJ-Journal Nr. 160/1998, S. 125 ff.
Paul, A.: Reform der Altersstufen im Jugendstrafrecht, in: ZRP 2003, S. 204 ff.
Paul, A.: Drogenkonsumenten im Jugendstrafverfahren. Münster 2005.
Pauly, J.: Anmerkung zum Urteil des EGMR v. 3.10.2002, in: StrVert 2003, S. 85 f.
Payandeh, M./Sauer, H.: Menschenrechtskonforme Auslegung als Verfassungsmehrwert: Konvergenzen von Grundgesetz und EMRK im Urteil des Bundesverfassungsgerichts zur Sicherungsverwahrung, in: Jura 2012, S. 289 ff.
Pedal, A.: Die Voraussetzungen der Jugendstrafe, in: JuS 2008, S. 414 ff.
Peglau, J.: Bewährungswiderruf und Unschuldsvermutung, in: NStZ 2004, S. 248 ff.
Peglau, J.: Das Gesetz zur Reform der Führungsaufsicht und zur Änderung der Vorschriften über die nachträgliche Sicherungsverwahrung, in: NJW 2007, S. 1558 ff.
Peglau, J.: Das Gesetz zur bundesrechtlichen Umsetzung des Abstandsgebots im Recht der Sicherungsverwahrung, in: JR 2013, S. 249 ff.
Pelster, D. M.: Die nichtöffentliche Verhandlung in der Jugendgerichtsbarkeit, in: MschrKrim 2006, S. 420 ff.
Peters, K.: Reichsjugendgerichtsgesetz vom 6. November 1943. Berlin 1944.
Peters, K.: Die Grundlagen der Behandlung junger Rechtsbrecher, in: MschrKrim 1966, S. 49 ff.
Peters, K.: Strafprozess: ein Lehrbuch. 4. Aufl., Heidelberg 1985.
Petersen, A.: Sanktionsmaßstäbe im Jugendstrafrecht. Baden-Baden 2008.
Peukert, D./Münchmeier, R.: Historische Entwicklungsstrukturen und Grundprobleme der Deutschen Jugendhilfe, in: Sachverständigenkommission 8. Jugendgericht (Hrsg.): Jugendhilfe – Historischer Rückblick und neuere Entwicklungen. Materialien zum 8. Jugendbericht. Band 1, Weinheim – München 1990, S. 1 ff.
Pfeiffer, Ch.: Jugendarrest – für wen eigentlich? Arrestideologie und Sanktionswirklichkeit, in: MschrKrim 1981, S. 28 ff.
Pfeiffer, Ch.: Diversion – Alternativen zum Freiheitsentzug. Entwicklungstrends und regionale Unterschiede, in: BMJ (Hrsg.): Jugendstrafrechtsreform durch die Praxis – Informelle Reaktionen und neue ambulante Maßnahmen auf dem Prüfstand. Bonn 1989, S. 74 ff.
Pfeiffer, Ch.: Kriminalprävention im Jugendgerichtsverfahren. 2. Aufl., Köln u. a. 1989a.
Pfeiffer, Ch.: Die Jugend wird friedlicher, in: Süddeutsche Zeitung v. 23.6.2005, S. 2.
Pfeiffer, Ch./Strobl, R.: Abschied vom Jugendarrest? in: DVJJ-Journal Nr. 134/1991, S. 35 ff.
Pfeiffer, G.: Strafprozessordnung. 5. Aufl., München 2005.

Philipp, B.: Neue Anforderungen an die Jugendgerichtshilfe – Beschreibung eines möglichen Standortes, in: ZfJ 1990, S. 500 ff.
Pieplow, L.: Erziehung als Chiffre, in: Walter, M. (Hrsg.): Beiträge zur Erziehung im Jugendkriminalrecht. Köln u. a. 1989, S. 5 ff.
Pieplow, L.: Die Einführung des Jugendarrests in Deutschland – Kontinuität oder Zäsur? in: ZJJ 2014, S. 108 ff.
Plöd, J. M.: Die nachträgliche Sicherungsverwahrung im Erwachsenen- und Jugendstrafrecht, in: Festschrift für Stöckel. Berlin 2010, S. 443 ff.
Pöge, A.: „Freie Zeit gestalten" – Eine Untersuchung der Freizeitmaßnahmen und Behandlungsprogramme im Jugendstrafvollzug, in: BewHi 2014, S. 87 ff.
Pollähne, H.: Anmerkung zum Beschluss des OLG Hamm vom 1.7.2004, in: ZJJ 2005, S. 79 ff.
Pollähne, H.: Führungsaufsicht nach Vollverbüßung einer Jugendstrafe? in: ZJJ 2008, S. 4 ff.
Pollähne, H.: Kriminalprognostik. Berlin/Boston 2011.
Pollähne, H.: Vollstreckung und Vollzug der Sicherungsverwahrung nach Inkrafttreten des Gesetzes zur bundesrechtlichen Umsetzung des Abstandsgebots im Recht der Sicherungsverwahrung, in: StrVert 2013, S. 249 ff.
Pollähne, H./Woynar, I.: Verteidigung in Vollstreckung und Vollzug. 5. Aufl., Heidelberg u. a. 2014.
Poseck, R.: Das Gesetz zur Einführung der nachträglichen Sicherungsverwahrung, in: NJW 2004, S. 2559 ff.
Possin, U.: Heimerziehung gemäß §§ 27, 34 SGB VIII als jugendstrafrechtliche Intervention. Baden-Baden 1995.
Preuss, U.: Geschlechterunterschiede der Dissozialität im Jugendalter. Biologische, psychologische, psychiatrische und soziologische Ansätze zur Erklärung der unterschiedlichen Häufigkeit dissozialen Verhaltens im Jugendalter, in: Kriminalistik 2004, S. 781 ff.
Pruin, I. R.: Gereift in 53 Jahren? Die Reformdebatte über die deutsche Heranwachsendenregelung, in: ZJJ 2006, S. 257 ff.
Pruin, I. R.: Die Heranwachsendenregelung im deutschen Jugendstrafrecht. Mönchengladbach 2007.
Pruin, I. R.: Heranwachsende im Strafrecht, in: BewHi 2011, S. 213 ff.
Pütz, E.: Jugendarrest. Die Praxis, in: FS 2011, S. 83 ff.
Putzke, H.: Beschleunigtes Verfahren bei Heranwachsenden. Holzkirchen 2004.
Putzke, H.: Schwierige Jugend, in: Jura 2009, S. 631 ff.
Putzke, H./Feltes, Th.: Jugendstrafrecht. Holzkirchen/Obb. 2012.
Radbruch, G.: Jugendgerichtsgesetz vom 16.2.1923, in: Zentralblatt für Vormundschaftswesen, Jugendgerichte und Fürsorgeerziehung 1923, S. 249 ff.
Radtke, E.-M./Schröter, I.: Soziale Trainingskurse – Soziale Gruppenarbeit, in: Bundesarbeitsgemeinschaft für ambulante Maßnahmen nach dem Jugendrecht in der DVJJ (Hrsg.): Neue Ambulante Maßnahmen: Grundlagen – Hintergründe – Praxis. Mönchengladbach 2000, S. 326 ff.
Radtke, H.: Der sogenannte Warnschussarrest im Jugendstrafrecht – Verfassungsrechtliche Vorgaben und dogmatisch-systematische Einordnung, in: ZStW 2009, S. 416 ff.
Radtke, H./Hohmann, O. (Hrsg.): Strafprozessordnung. Kommentar. München 2011 (zit.: Radtke/Hohmann/Bearbeiter).
Ranft, O.: Zur Frage der Strafenkumulation im Jugendstrafrecht, in: Jura 1990, S. 463 ff.
Ranft, O.: Die Anordnung von Heimerziehung gem. § 12 Nr. 2 JGG, in: Festschrift für Gitter. Wiesbaden 1995, S. 745 ff.
Ranft, O.: „Das Falschgeld der Geliebten", in: Jura 2006, S. 466 ff.
Rau, I./Zschieschack, F.: Anmerkung zum Urteil des BGH v. 13.8.2008, in: JR 2009, S. 39 ff.
Rautenberg, E. C.: Schülergerichte: Kriminalpolitischer Verhältnisblödsinn! in: NJW 2006, S. 2749 f.
Reichenbach, P.: Über die Zulässigkeit der Verbindung eines Schuldspruches nach § 27 JGG mit Jugendarrest, in: NStZ 2005, S. 136 ff.
Reichert, F.: Jugendkriminalität: „Media-Hype" und unterbelichtet im Boulevard? in: MschrKrim 2010, S. 69 ff.

Reichling, U.: Juristische Voraussetzungen der strafrechtlichen Verantwortlichkeit bei Jugendlichen – Möglichkeiten und Grenzen des Sachverständigen, in: Brünger, M./Weissbeck, W. (Hrsg.): Psychisch kranke Straftäter im Jugendalter. Berlin 2008, S. 67 ff.

Reimann, G.: Erfahrungsbericht zum Einsatz des Trainings zur Förderung des Arbeits- und Sozialverhaltens, in: ZfJ 1999, S. 485 ff.

Reinecke, P.: Im Namen des Volkes ..., in: DVJJ-Journal Nr. 146/1994, S. 194 f.

Reisenhofer, M.: Jugendstrafrecht in der anwaltlichen Praxis. 2. Aufl., Bonn 2012.

Rengier, R.: Strafrecht Allgemeiner Teil. 5. Aufl., München 2013.

Renzikowski, J.: Anmerkung zum Urteil des BGH v. 1.7.2005, in: NStZ 2006, S. 280 ff.

Renzikowski, J.: Das Elend mit der rückwirkend verlängerten und der nachträglich angeordneten Sicherungsverwahrung, in: ZIS 2011, S. 531 ff.

Renzikowski, J.: Abstand halten! – Die Neuregelung der Sicherungsverwahrung, in: NJW 2013, S. 1638 ff.

Repp, N./Köhler, D./Hinrichs, G.: Psychotherapeutische Angebote in den Jugendanstalten, in: ZfStrVo 2004, S. 199 ff.

Reuther, Ch.: Elternrecht bei Trennung aufgrund stationärer jugendstrafrechtlicher Sanktionen. Berlin 2008.

Reuther, Ch.: Die verfahrensrechtliche Behandlung der minder und besonders schweren Fälle im allgemeinen Strafrecht und im Jugendstrafrecht, in: Festschrift für Eisenberg. München 2009, S. 441 ff.

Richmann, A.: Die Beteiligung des Erziehungsberechtigten und des gesetzlichen Vertreters am Jugendstrafverfahren. Frankfurt a. M. 2003.

Riechert-Rother, S.: Jugendarrest und ambulante Maßnahmen. Hamburg 2008.

Rieder-Kaiser, A.: Vollzugliche Ausländerproblematik und Internationalisierung der Strafverbüßung. Frankfurt a. M. 2004.

Riekenbrauk, K.: Straffällige Heranwachsende und Volljährigenhilfe nach § 41 SGB VIII, in: ZJJ 2007, S. 159 ff.

Ries, M.: Jugendstrafrechtliche Sanktionen in der Bundesrepublik Deutschland, Österreich, Schweiz und den USA. Frankfurt a. M. 2005.

Röchling, W.: Die Reform des SGB VIII durch das Gesetz zur Weiterentwicklung der Kinder- und Jugendhilfe (Kinder- und Jugendhilfeweiterentwicklungsgesetz – KICK), in: FamRZ 2006, S. 161 ff.

Röhling, Übertragbarkeit der Rechtsmittelbeschränkung des § 55 II JGG auf das Erwachsenenstrafrecht? in: ZRP 2009, S. 17 ff.

Roesler, S.: Die Diskussion über die Herabsetzung der Strafmündigkeitsgrenze und den Umgang mit Kinderdelinquenz. Diss. Köln 2008.

Rössner, D.: Familiale Sozialisation und Gewalt, in: Festschrift für Kaiser. Berlin 1998, S. 339 ff.

Rössner, D.: Das Jugendkriminalrecht und das Opfer der Straftat, in: Dölling, D. (Hrsg.): Das Jugendstrafrecht an der Wende zum 21. Jahrhundert. Berlin – New York 2001, S. 165 ff.

Röttle, R./Wagner, A.: Strafvollstreckung. 8. Aufl., München 2009.

Roos, H.: Eckpunkte im Jugendarrest, in: FS 2011, S. 100 ff.

Rose, F.: Die Berücksichtigung von Verfahrensverzögerungen bei der Jugendstrafe wegen schädlicher Neigungen, in: NStZ 2003, S. 588 ff.

Rose, F.: Anmerkung zum Beschluss des BGH v. 26.10.2006, in: ZJJ 2007, S. 217 ff.

Rose, F.: Das Verhältnis von Jugendstrafe und Unterbringung in einer Entziehungsanstalt, in: ZJJ 2010, S. 196 ff.

Rose, F. G.: Wenn die (Jugend-)Strafe der Tat nicht auf dem Fuße folgt: Die Auswirkung von Verfahrensverzögerungen im Jugendstrafverfahren, in: NStZ 2013, S. 315 ff.

Rose, G.: Anmerkung zum Beschluss des OLG Celle v. 6.5.2008, in: NStZ 2010, S. 95 f.

Roth, S.: Intensivtäter. Einheitliche Sprachregelungen überfällig, in: Kriminalistik 2004, S. 318 ff.

Roxin, C.: Strafrecht Allgemeiner Teil. Band II, München 2003.

Rudolphi, H.-J./Horn, E./Günther, H.-L. u. a. (Hrsg.): Systematischer Kommentar zum Strafgesetzbuch. 6. Aufl., Neuwied 1995 ff. (zit.: Bearbeiter, in: SK-StGB).

Rüfner, W.: Zum neuen Kinder- und Jugendhilfegesetz, in: NJW 1991, S. 1 ff.

Rüter, A.: Nachträgliche Sicherungsverwahrung im Jugendstrafrecht. Marburg 2011.
Rupp-Diakojanni, Th.: Die Schuldfähigkeit Jugendlicher innerhalb der jugendstrafrechtlichen Systematik. Pfaffenweiler 1990.
Ruscheweyh, H.: Die Entwicklung des deutschen Jugendgerichts. Weimar 1918.
Rzepka, D.: Die §§ 91, 92, 115 JGG in der Rechtsprechung, in: Pollähne H./Bammann K./Feest J. (Hrsg.): Wege aus der Gesetzlosigkeit: Rechtslage und Regelungsbedürftigkeit des Jugendstrafvollzugs, 2004, S. 27 ff.
Sabaß, V.: Schülergremien in der Jugendstrafrechtspflege – ein neuer Diversionsansatz. Münster 2004.
Sachs, M. (Hrsg.): Grundgesetz: Kommentar. 6. Aufl., München 2011.
Sättele, A.: Anmerkung zum Beschluss des LG Hamburg v. 17.2.1997, in: StrVert 1998, S. 328 ff.
Satzger, H.: Überlegungen zur Anwendbarkeit des § 357 StPO auf nach Jugendstrafrecht Verurteilte – gibt es einen abweichenden Maßstab für Gerechtigkeit gegenüber Jugendlichen? in: Festschrift für Böttcher. Berlin 2007, S. 175 ff.
Satzger, H.: Sicherungsverwahrung – Europarechtliche Vorgaben und Grundgesetz, in: StrVert 2013, S. 243 ff.
Satzger, H./Schluckebier, W./Widmaier, G. (Hrsg.): Strafgesetzbuch. Kommentar. 2. Aufl., Köln 2014 (zit.: Bearbeiter, in: Satzger/Schluckebier/Widmaier).
Schady, J.: Anmerkung zum Beschluss des OLG Saarbrücken vom 1.7.2010, in: ZJJ 2011, S. 331 ff.
Schäfer, H.: Das Berufungsverfahren in Jugendsachen, in: NStZ 1998, S. 330 ff.
Schäfer, H.: Die Untersuchungshaftvermeidung in Deutschland, in: DVJJ-Journal Nr. 177/2002, S. 313 ff.
Schäferskupper, M./Grote, J.: Vollzug der Sicherungsverwahrung – Aktuelle Entwicklungen –, in: NStZ 2013, S. 447 ff.
Schäffer, P.: Jugendarrest – eine kritische Betrachtung, in: DVJJ-Journal Nr. 175/2002, S. 43 ff.
Schäuble, Th./Schneider, D.: Steigende Jugendkriminalität – eine Herausforderung nicht nur für Justiz und Polizei, in: Gedächtnisschrift für Keller. Tübingen 2003, S. 227 ff.
Schaffstein, F.: Überlegungen zur Diversion, in: Festschrift für Jescheck. Berlin 1985, S. 937 ff.
Schaffstein, F.: Anmerkung zum Beschluss des BVerfG v. 13.1.1987, in: NStZ 1987, S. 502 f.
Schaffstein, F.: Anmerkung zum Beschluss des OLG Karlsruhe v. 30.9.1991, in: NStZ 1992, S. 252 f.
Schaffstein, F.: Jugendhilfe, Jugendgerichtshilfe und Jugendgerichtsbarkeit in ihrem wechselseitigen Verhältnis, in: Festschrift für Grünwald. Baden-Baden 1999, S. 607 ff.
Schaffstein, F./Beulke, W.: Jugendstrafrecht: Eine systematische Darstellung. 14. Aufl., Stuttgart 2002.
Scheffler, U.: Anmerkung zum Beschluss des BayObIG v. 26.6.1991, in: NStZ 1992, S. 491 f.
Scheffler, U.: Anmerkung zum Urteil des BayObLG v. 12.12.2002 und zum Beschluss des BGH v. 3.12.2002, in: JR 2003, S. 509 ff.
Schellhorn, W./Fischer, L./Mann, H./ Schellhorn, H./Kern, Ch.: SGB VIII: Kinder- und Jugendhilfe. 4. Aufl., Neuwied 2012 (zit.: Bearbeiter, in: Schellhorn/Fischer/Mann).
Schenkel, H.: Keine berufsbezogene Schweigepflicht hauptamtlicher Bewährungshelfer nach § 203 I Nr. 5 StGB, in: NStZ 1995, S. 67 ff.
Schepker, R./Huck, W.: Erwartungen an den Maßregelvollzug aus gutachterlicher Sicht – Kriterien für die Empfehlung von § 63/64 StGB, in: Brünger, M./Weissbeck, W. (Hrsg.): Psychisch kranke Straftäter im Jugendalter. Berlin 2008, S. 83 ff.
Scherer, I.: Aufenthalts- und Umgangsbestimmungsrecht der Eltern contra Selbstbestimmungsrecht des Kindes? in: ZfJ 1999, S. 86 ff.
Schipholt, P.: Der Umgang mit einem zweischneidigen Schwert, in: NStZ 1993, S. 470 ff.
Schlink, B.: Jugendgerichtshilfe zwischen Jugend- und Gerichtshilfe, in: BMJ (Hrsg.): Jugendgerichtshilfe – Quo Vadis? Bonn 1991, S. 51 ff.
Schlüchter, E.: Plädoyer für den Erziehungsgedanken. Berlin – New York 1994.
Schmeling, A./Olze, A./Reisinger, W./Geserick, J.: Medizinische Grundlagen der Altersschätzung bei Lebenden im Strafverfahren, in: NJW 2000, S. 2720 ff.
Schmidt, C.: Jugendhilfe. Die letzte Chance, in: Der Spiegel 28/2007, S. 50 ff.

Schmidt, Eb.: Einführung in die Geschichte der deutschen Strafrechtspflege. 3. Aufl., Göttingen 1965.
Schmidt, Th.: Jugendarrest in Hamburg, in: FS 2011, S. 87 ff.
Schmitz, H. A.: Der § 105 JGG in jugendpsychiatrischer Sicht, in: MschrKrim 1955, S. 150 ff.
Schneider, H. J.: Kriminologie. Berlin New York 1987.
Schneider, H. J.: Ursachen der Kriminalität – Neue Entwicklungen in der internationalen kriminologischen Theoriediskussion, in: Jura 1996, S. 397 ff.
Schneider, R.: Strafvollzug und Jugendstrafvollzug im Bayerischen Strafvollzugsgesetz. Baden-Baden 2010.
Schniedermeyer, P.: Vergessene? – Jugendliche im Maßregelvollzug, in: Praxis der Kinderpsychologie und Kinderpsychiatrie 1985, S. 239 ff.
Schöch, H.: Die Gerichtshilfe aus kriminologischer und verfahrensrechtlicher Sicht, in: Festschrift für Leferenz. Heidelberg 1983, S. 127 ff.
Schöch, H.: Empfehlen sich Änderungen und Ergänzungen bei den strafrechtlichen Sanktionen ohne Freiheitsentzug? in: Verhandlungen des 59. Deutschen Juristentages. Band I, München 1992, S. C 1 ff.
Schöch, H.: Wege und Irrwege der Wiedergutmachung im Strafrecht, in: Festschrift für Roxin. Berlin – New York 2001, S. 1045 ff.
Schöch, H.: Wie soll die Justiz auf Jugendkriminalität reagieren? in: Dölling, D. (Hrsg.): Das Jugendstrafrecht an der Wende zum 21. Jahrhundert. Berlin – New York 2001a, S. 125 ff.
Schöch, H.: Problematische Mutter-Sohn-Beziehung und verminderte Schuldfähigkeit eines jugendlichen Mörders, in: Jura 2005, S. 883 ff.
Schöch, H.: Das Urteil des Bundesverfassungsgerichts zur Sicherungsverwahrung, in: GA 2012, S. 14 ff.
Schöch, H./Traulsen, M.: Kriminalpädagogische Schülerprojekte in Bayern, in: Festschrift für Böttcher. Berlin 2007, S. 379 ff.
Schöch, H./Traulsen, M.: Legalbewährung nach Schülerverfahren („Kriminalpädagogisches Schülerprojekt Aschaffenburg"), in: GA 2009, S. 19 ff.
Schöler, Th.: Die Rechtsfolgen der Jugendstraftat, in: JuS 1999, S. 973 ff.
Schoene, H.: Sollte § 26 I JGG geändert werden? in: NJW 2000, S. 713.
Schönke, A./Schröder, H.: Strafgesetzbuch: Kommentar. 29. Aufl., München 2014 (zit.: Schönke/Schröder/Bearbeiter).
Scholz, Ch.: Justiz und Jugendhilfe – Wer erzieht wozu? in: DVJJ-Journal Nr. 147/1994, S. 237 ff.
Scholz, Ch.: Wegschließen – Lösung oder Hilflosigkeit? in: DVJJ-Journal 2000, S. 235 ff.
Schoreit, A.: Zur Frage der Bildung einer Gesamtstrafe aus einer Jugendstrafe und einer Freiheitsstrafe, in: NStZ 1989, S. 461 ff.
Schoreit, A.: Gesamtstrafenbildung unter Einbeziehung einer Jugendstrafe, in: ZRP 1990, S. 175 ff.
Schreckling, J.: Täter-Opfer-Ausgleich nach Jugendstraftaten in Köln. 2. Aufl., Bonn 1991.
Schroer, B.: Erweiterung des Sanktionenkatalogs für junge Erwachsene, in: Gedächtnisschrift für Meurer. Berlin 2002, S. 305 ff.
Schüler-Springorum, H.: Hundert Jahre Jugendgerichtsbarkeit, in: Festschrift für Müller-Dietz. München 2001, S. 821 ff.
Schulz, H.: Die Höchststrafe im Jugendstrafrecht (10 Jahre) – eine Urteilsanalyse, in: MschrKrim 2001, S. 310 ff.
Schulz, H.: Sicherungsverwahrung im Wandel – Entwicklung zur gegenwärtigen Rechtslage und Ausblicke unter dem Stichwort „Vorrang der Sicherheit", in: SchlHA 2005, S. 247 ff.
Schumann, K./Berlitz, C./Guth, H.-W./Kaulitzki, R.: Jugendkriminalität und die Grenzen der Generalprävention. Neuwied – Darmstadt 1987.
Schuster, F. P.: Die Spielkonsole mit Zubehör, in: Jura 2010, S. 551 ff.
Schweckendieck, H.: Zur Anwendbarkeit von § 31 II JGG in der Berufungsinstanz, in: NStZ 2005, S. 141 f.
Schwegler, K.: Dauerarrest als Erziehungsmittel für junge Straftäter. München 1999.
Schwer, Ch.: Die Stellung der Erziehungsberechtigten und gesetzlichen Vertreter im Jugendstrafverfahren. Hamburg 2004.

Schwind, H.-D.: Kriminologie. 22. Aufl., Heidelberg 2013.
Schwirzer, St.: Jugendstrafvollzug für das 21. Jahrhundert? Frankfurt a. M. 2008.
Seeliger, M.: Entwicklung der Kinderdelinquenz und Folgerungen im Hinblick auf eine Änderung der Strafmündigkeitsgrenze. Frankfurt a. M. 2003.
Seher, G.: Bewährungswiderruf wegen Begehung einer neuen Straftat, in: ZStW 2006, S. 101 ff.
Seidl, C./Holthusen, B./Hoops, S.: Ungehorsam? – Arrest! Ungehorsamsarrest als vergessene Herausforderung im Jugendstrafverfahren, in: ZJJ 2013, S. 292 ff.
Seidler, U./Hering, R.-D.: Gerichtshilfe – Probates und unverzichtbares Instrument zur Entscheidungshilfe, in: NK 2005, S. 31 ff.
Seiser, K.-J.: Die Untergrenze der Einheitsjugendstrafe nach Einbeziehung eines früheren Urteils, in: NStZ 1997, S. 374 ff.
Sessar, K.: Zum Problem von Aussöhnung und Sühne am Beispiel von Täter-Opfer-Ausgleich und Nebenklage im Jugendstrafverfahren, in: Cornel, H./Kawamura-Reindl, G./Maelicke, B./Sonnen, B.-R. (Hrsg.): Resozialisierung. Baden-Baden 2009, S. 561 ff.
Siegismund, E.: Zur Verbesserung des Opferschutzes im Jugendstrafverfahren, in: Festschrift für Rieß. Berlin – New York 2002, S. 857 ff.
Sieveking, R./Eisenberg, U.: Anmerkung zum Beschluss des LG Hamburg v. 4.1.1995, in: NStZ 1996, S. 251 f.
Sieveking, R./Eisenberg, U./Heid, U.: Politische Bestrebungen zu Lasten des Jugendstrafrechts, in: ZRP 2005, S. 188 ff.
Simon, K.: Der Jugendrichter im Zentrum der Jugendgerichtsbarkeit. Mönchengladbach 2003.
Sobota, S.: Anmerkung zum Urteil des LG München I v. 17.10.2011, in: ZJJ 2012, S. 211 f.
Sommerfeld, M.: Führungsaufsicht nach vollständiger Vollstreckung einer Einheitsjugendstrafe, in: NStZ 2009, S. 247 ff.
Sommerfeld, S.: „Vorbewährung" nach § 57 JGG in Dogmatik und Praxis. Mönchengladbach 2007.
Sonnen, B.-R.: Entwurf eines Jugendstrafvollzugsgesetzes (Stand: 24.9.1991). Reform oder Rückschritt? in: BewHi 1992, S. 307 ff.
Sonnen, B.-R.: Geschlossene Unterbringung von Kindern und Jugendlichen im Rahmen pädagogischer Intervention – Versuch einer Bestandsaufnahme, in: DVJJ-Journal Nr. 147/1994, S. 281 ff.
Sonnen, B.-R: Die Mitwirkung der Jugendhilfe in Verfahren nach dem Jugendgerichtsgesetz – Vom Wort zur Tat, in: Bundesarbeitsgemeinschaft Jugendgerichtshilfe (Hrsg.): Mitwirkung der Jugendgerichtshilfe in Verfahren nach dem Jugendgerichtsgesetz. Hannover 2004, S. 167 ff.
Sonnen, B.-R.: Jugendkriminalpolitik zwischen Glauben und Wissen – zur Bedeutung der im Februar 2004 vorgelegten neuen Rückfallstatistik, in: StrVert 2005, S. 94 ff.
Sonnen, B.-R.: Die jugendrichterlichen Entscheidungen: Anspruch und Wirklichkeit, in: Festschrift für Jung. Baden-Baden 2007, S. 921 ff.
Sonnen, B.-R.: Stand und Entwicklung des Jugendkriminalrechts, in: RdJB 2007a, S. 128 ff.
Sonnen, B.-R.: Fördern, Fordern, Fallen lassen, in: NK 2007b, S. 51 ff.
Sonnen, B.-R.: Blick zurück nach vorn: Jubiläen der Jugendkriminalrechtspflege in ihrer Bedeutung für die aktuelle Jugendkriminalität, in: ZJJ 2009, S. 4 ff.
Sonnen, B.-R.: Zum Verhältnis von Sicherheit – Freiheit – Kindeswohl, in: RdJB 2010, S. 274 ff.
Sonnen, B.-R.: Aktuelle Rechtsprechung im Jugendstrafrecht, in: ZJJ 2014, S. 38 ff.
Spahn, A.: Anmerkung zum Urteil des AG Meppen v. 9.2.2004, in: ZJJ 2004, S. 204 f.
Spahn, A.: Die notwendige Verteidigung in Jugendstrafverfahren, in: StraFo 2004a, S. 82 ff.
Spahn, A.: Anmerkung zum Beschluss des OLG Hamm v. 26.4.2004, in: ZJJ 2004b, S. 300 f.
Stähr, A./Bieritz-Harder, R./Bohnert, C./Greßmann, M. u. a.: SGB VIII Kinder- und Jugendhilfe: Kommentar. Berlin 1991 ff. (zit.: Bearbeiter, in: Stähr u. a.).
Steffen, W.: Junge Intensivtäter – Kriminologische Befunde, in: BewHi 2004, S. 62 ff.
Steinhilper, M.: Bericht über einen Modellversuch in Uelzen mit Empfehlungen für den Aufbau ambulanter Betreuungsprogramme, in: Niedersächsischer Minister der Justiz (Hrsg.): Neue ambulante Maßnahmen nach § 10 Jugendgerichtsgesetz in Niedersachsen. Hannover 1985, S. 1 ff.

Steitz, T.: Heranwachsende im Justizvollzug – am Beispiel Rheinland-Pfalz, in: BewHi 2011, S. 225 ff.
Stelly, W./Thomas, J.: Strukturevaluation des baden-württembergischen Jugendstrafvollzugs, in: FS 2013, S. 344 ff.
Stelly, W./Walter, J.: Russlanddeutsche im Jugendstrafvollzug – was ist aus ihnen geworden? in: NK 2011, S. 50 ff.
Stöver, A./Weissbeck, W./Wendt, F.: Wo steht der Jugendmaßregelvollzug in Deutschland aktuell? in: Forensische Psychiatrie, Psychologie, Kriminologie 2008, S. 255 ff.
Strafrechtsausschuss der Justizministerkonferenz: Auswirkungen des § 36a SGB VIII auf die jugendstrafrechtliche Sanktionspraxis, in: ZJJ 2007, S. 439 ff.
Streng, F.: Die Jugendstrafe wegen „schädlicher Neigungen" (§ 17 II 1. Alt. JGG), in: GA 1984, S. 149 ff.
Streng, F.: Der Erziehungsgedanke im Jugendstrafrecht, in: ZStW 1994, S. 60 ff.
Streng, F.: Strafrechtliche Folgenorientierung und Kriminalprognose, in: Dölling, D. (Hrsg.): Die Täter-Individualprognose. Heidelberg 1995, S. 97 ff.
Streng, F.: Die Einsichts- und Handlungsreife als Voraussetzung strafrechtlicher Verantwortlichkeit, in: DVJJ-Journal Nr. 158/1997, S. 379 ff.
Streng, F.: Referat, in: Verhandlungen des 64. Deutschen Juristentags. Band II/1, München 2002, S. N 69 ff.
Streng, F.: Sanktionswahl und Strafzumessung im Jugendstrafrecht – Ergebnisse einer empirischen Studie, in: Festschrift für Böttcher. Berlin 2007, S. 431 ff.
Streng, F.: Ansätze zur Gewaltprävention bei Kindern und Jugendlichen, in: ZIS 2010, S. 227 ff.
Streng, F.: Die Zukunft der Sicherungsverwahrung nach der Entscheidung des Bundesverfassungsgerichts, in: JZ 2011, S. 827 ff.
Streng, F.: Jugendstrafrecht. 3. Aufl., Heidelberg 2012.
Streng, F.: Strafrechtliche Sanktionen. 3. Aufl., Stuttgart 2012a.
Strewe, U.: Ausweitung der Zuständigkeit des Jugendrichters, in: ZRP 2003, S. 287 f.
Strobel, S.: Verhängung und Bemessung der Jugendstrafe – eine Analyse unter besonderer Berücksichtigung der Strafzwecke. Aachen 2006.
Suhling, St.: Sozialtherapie im Jugendstrafvollzug: Prinzipien wirksamer Behandlung, in: ZJJ 2008, S. 330 ff.
Sußner, Ch.: Jugendstrafvollzug und Gesetzgebung. Hamburg 2009.
Swoboda, S.: Zur Frage einer Revisionserstreckung trotz Revisionsausschlusses im Jugendstrafverfahren, in: HRRS 2006, S. 376 ff.
Swoboda, S.: Die Bemessung der Jugendstrafe bei Mordtaten von Heranwachsenden – Die Reform des § 105 Abs. 3 JGG und ihre Bedeutung für den jugendstrafrechtlichen Konflikt zwischen Erziehungsgedanke und positiver Generalprävention, in: ZStW 2013, S. 86 ff.
Taubner, S.: Einsicht in Gewalt. Reflexive Kompetenz adoleszenter Straftäter beim Täter-Opfer-Ausgleich. Gießen 2008.
Tenckhoff, J.: Assessorklausur WF Jugendstrafrecht/Strafprozessrecht, in: Jura 1994, S. 362 ff.
Tessenow, A.: Jugendliche und Heranwachsende im psychiatrischen Maßregelvollzug. Frankfurt a. M. 2002.
Tessenow, A./Ostendorf, H.: Maßregelvollzug bei Jugendlichen in Deutschland – erste Einblicke in eine verborgene Praxis, in: NK 2003, S. 59 ff.
Thalmann, D.: Kritische Anmerkungen zum Jugendarrest und seiner praktischen Umsetzung, in: FS 2011, S. 79 ff.
Theiß, Ch.: Anmerkung zum Beschluss des OLG Hamm v. 26.4.2004, in: StrVert 2005, S. 58 ff.
Theißen, R.: Die kriminalrechtliche Auflage der Schadenswiedergutmachung – Bestandsaufnahme und Ausblick, in: ZfJ 1984, S. 543 ff.
Thiem-Schräder, B.: Normalität und Delinquenz. Sozialarbeit zwischen Resozialisierung und Nonintervention. Bielefeld 1989.
Thier, St.: Gerichtshilfe – auf halbem Wege? Gerichtshilfe als Teil der Sozialen Dienste der Justiz, in: NK 2004, S. 67 ff.
Thiersch, H.: Geschlossene Unterbringung, in: DVJJ-Journal Nr. 147/1994, S. 274 ff.

Thomson, U.: Verkehrserziehungskurse im Rahmen der Jugendgerichtshilfe, in: DVJJ-Journal Nr. 166/1999, S. 425 ff.
Tierel, St.: Vergleichende Studie zur Normierung des Jugendstrafvollzugs. Berlin 2008.
Tondorf, G./Tondorf, B.: Brauchen wir Gesetze zum Jugend- und Frauenmaßregelvollzug? in: ZJJ 2009, S. 54 ff.
Trenczek, Th.: Jugend(gerichts)hilfe im Umbruch, in: DVJJ-Journal Nr. 137/1991, S. 360 ff.
Trenczek, Th.: Alle in einem Boot? Aufgaben und Verantwortlichkeiten von Jugendhilfe und Justiz, in: DVJJ-Journal Nr. 151/1996, S. 41 ff.
Trenczek, Th.: Rechtliche Grundlagen der Neuen Ambulanten Maßnahmen und sozialpädagogischen Hilfsangebote für straffällige Jugendliche, in: Bundesarbeitsgemeinschaft für ambulante Maßnahmen nach dem Jugendrecht in der DVJJ (Hrsg.): Neue Ambulante Maßnahmen: Grundlagen – Hintergründe – Praxis. Mönchengladbach 2000, S. 17 ff.
Trenczek, Th.: Die Mitwirkung der Jugendhilfe im Strafverfahren. Konzeption und Praxis der Jugendgerichtshilfe. Weinheim u. a. 2003.
Trenczek, Th.: Jugendstrafrechtliche Arbeitsleistungen – Grenzen der Zulässigkeit und Beteiligung der Jugendhilfe, in: ZJJ 2004, S. 57 ff.
Trenczek, Th.: Jugendgerichtshilfe: Aufgaben und Steuerungsverantwortung, in: ZJJ 2007, S. 31 ff.
Trenczek, Th.: Auszug aus dem Souterrain – 20 Jahre danach. Zum spannenden Verhältnis von Jugendhilfe(recht) und Strafrecht/Strafjustiz und den Möglichkeiten einer gelingenden Kooperation, in: RdJB 2010, S. 293 ff.
Ullenbruch, Th.: Nachträgliche Sicherungsverwahrung – ein legislativer „Spuk" im judikativen „Fegefeuer"? in: NStZ 2007, S. 62 ff.
Ullenbruch, Th.: Das „Gesetz zur Einführung der nachträglichen Sicherungsverwahrung bei Verurteilungen im Jugendstrafrecht" – ein Unding? in: NJW 2008, S. 2609 ff.
Verrel, Th.: Der Anstaltsleiter als Garant für die Verfolgung von Straftaten während des Strafvollzugs? in: GA 2003, S. 595 ff.
Verrel, T.: „When the green flag drops, the bullshit stops": Anmerkungen zum Gesetz zur „Erweiterung der jugendgerichtlichen Handlungsmöglichkeiten", in: NK 2013, S. 67 ff.
Verrel, T./Käufl, M.: „Warnschussarrest" – Kriminalpolitik wider besseres Wissen? in: NStZ 2008, S. 177 ff.
Viehmann, H.: Das Jugendkriminalrecht im Zugriff populistischer Politik oder kann der Jugendarrest Deutschland vor den Neo-Nazis retten? in: Kohlmann, G./Nestler, C./Seier, J./Walter, M./Walther, S./Weigend, Th. (Hrsg.): Entwicklungen und Probleme des Strafrechts an der Schwelle zum 21. Jahrhundert. Berlin 2004, S. 141 ff.
Vietze, R.: Der Einstiegsarrest – eine zeitgemäße Sanktion? Berlin 2004.
Vogel, K. – D.: Jugendvollzug auf dem Prüfstand, in: FS 2013, S. 365 f.
Voß, M.: Über das keineswegs zufällige Zusammentreffen von Gefängnisausbau und der Einrichtung ambulanter Alternativen, in: Kerner, H.-J. (Hrsg.): Diversion statt Strafe? Heidelberg 1983, S. 95 ff.
Wabnitz, R./Wiesner, R.: Zum gegenwärtigen Stand der Umsetzung des neuen Kinder- und Jugendhilfegesetzes in der Praxis, in: ZfJ 1992, S. 497 ff.
Walburg, Ch.: Jung, fremd und gefährlich? – Migration und Jugendkriminalität, in: NK 2007, S. 142 ff.
Walkenhorst, Ph.: Überlegungen zum pädagogischen Handeln im Jugendstrafvollzug, in: DVJJ-Journal Nr. 160/1998, S. 130 ff.
Walkenhorst, Ph.: Jugendstrafvollzug als „Gute Schule"? in: DVJJ-Journal Nr. 177/2002, S. 290 ff.
Walkenhorst, Ph.: Pädagogische Perspektiven des Jugendarrests, in: FS 2011, S. 95 ff.
Walter, J.: Die Situation junger Aussiedler, in: NK 1998, S. 5 f.
Walter, J.: Formelle Disziplinierung im Jugendstrafvollzug. Frankfurt a. M. 1998a.
Walter, J.: Ist der Jugendstrafvollzug verfassungswidrig – ggf. mit welchen Folgen? in: DVJJ-Journal Nr. 177/2002, S. 349 ff.
Walter, J.: Jugendstrafvollzug in der Krise? in: DVJJ-Journal Nr. 176/2002a, S. 127 ff.
Walter, J.: Demokratie und Moralentwicklung im Jugendstrafvollzug? in: NK 2003, S. 138 ff.

Walter, J.: Der neue Entwurf eines Gesetzes zur Regelung, in: ZfJ 2004, S. 397 ff.
Walter, J.: Jugendstrafvollzugsgesetz: Ein Schritt nach vorn oder zurück in die Kleinstaaterei? in: NK 2005, S. 17 f.
Walter, J.: Optimale Förderung oder was sollte Jugendstrafvollzug leisten? in: NK 2006, S. 93 ff.
Walter, J.: Bedingungen bestmöglicher Förderung im Jugendstrafvollzug, in: Goerdeler, J./Walkenhorst, Ph. (Hrsg.): Jugendstrafvollzug in Deutschland. Mönchengladbach 2007, S. 184 ff.
Walter, J.: Die Jugendstrafanstalt – pädagogische Institution oder Ort für die Akquisition von Strafanzeigen? in: NStZ 2010, S. 57 ff.
Walter, J.: Das „Soziotop" Jugendstrafanstalt und seine Subkultur, in: NK 2011, S. 144 ff.
Walter, J.: Defizit- oder ressourcenorientierte Planung und Gestaltung des Jugendstrafvollzuges? in: ZJJ 2013, S. 176 ff.
Walter, M.: Die Verteidigung junger Menschen im Spannungsfeld zwischen rechtsstaatlichen Erfordernissen und empirischen Befunden, in: Walter, M. (Hrsg.): Strafverteidigung für junge Beschuldigte. Pfaffenweiler 1997, S. 11 ff.
Walter, M.: Strafvollzug. 2. Aufl., Stuttgart u. a. 1999.
Walter, M.: Die Krise der Jugend und die Antwort des Strafrechts, in: ZStW 2001, S. 743 ff.
Walter, M.: Anmerkung zum Urteil des BGH v. 9.8.2001, in: NStZ 2002, S. 208 ff.
Walter, M.: Probleme einer kriminalpolitischen Gewalttäter-Typisierung: das Beispiel jugendlicher Intensivtäter, in: Lamneck, S./Boatca, M. (Hrsg.): Geschlecht – Gewalt – Gesellschaft. Opladen 2003, S. 318 ff.
Walter, M.: Heranwachsende als kriminalrechtliche Problemgruppe, in: GA 2007, S. 503 ff.
Walter, M.: Verfeinerung der Prognoseinstrumente in einer neuen Kontrollkultur: Fortschritt oder Gefahr? in: ZJJ 2010, S. 245 ff.
Walter, M./Kubink, M.: § 3 JGG – § 17 StGB: gleiche Tatbestandsstruktur? in: GA 1995, S. 51 ff.
Walter, M./Neubacher, F.: Ist der Jugendstrafvollzug verfassungswidrig, in: ZfJ 2003, S. 1 ff.
Walter, M./Neubacher, F.: Jugendkriminalität. 4. Aufl., Stuttgart u. a. 2011.
Walter, M./Pieplow, L.: Zur Zulässigkeit eines Vorbehalts der Vollstreckbarkeitsentscheidung, insbesondere einer „Vorbewährung" gemäß § 57 Jugendgerichtsgesetz, in: NStZ 1988, S. 165 ff.
Walter, M./Pieplow, L.: Anmerkung zum Urteil des BGH v. 6.12.1988, in: NStZ 1989, S. 576 ff.
Walter, M./Pieplow, L.: Anmerkung zum Urteil des BGH v. 31.10.1989, in: StrVert 1991, S. 5 ff.
Walter, M./Wilms, Y.: Kriminalrechtlicher Erziehungsgedanke und elterliches Erziehungsrecht – Zur Zulässigkeit und den Voraussetzungen jugendrechtlicher Weisungen gemäß § 10 I JGG, in: NStZ 2004, S. 600 ff.
Walter, M./Wilms, Y.: Künftige Voraussetzungen für die Verhängung der Jugendstrafe: Was kommt nach einem Wegfall der „schädlichen Neigungen"? in: NStZ 2007, S. 1 ff.
Wapler, F.: Anmerkung zum Urteil des AG Bernau v. 3.8.2007, in: ZJJ 2007, S. 424 ff.
Waßmer, M. P.: Rechtsstaatswidrige Verfahrensverzögerungen im Strafverfahren als Verfahrenshindernis von Verfassungs wegen, in: ZStW 2006, S. 159 ff.
Waterkamp, St.: Anmerkung zu den Urteilen des BVerfG v. 5.2.2004 und 10.2.2004, in: StrVert 2004, S. 267 ff.
Weber, K.: Anmerkung zum Beschluss des BGH v. 23.8.2007, in: JR 2008, S. 36 ff.
Weber, M.: Die Anwendung der Jugendstrafe. Frankfurt a. M. u. a. 1990.
Weber, S.: Die Bedeutung des Schuldprinzips im Jugendstrafrecht. Unter besonderer Berücksichtigung des Zielkonflikts mit dem Erziehungsgrundsatz. Frankfurt a. M. 2011.
Wedler, S.: Weisungen nach § 10 Abs. 1 JGG und elterliches Erziehungsrecht. Berlin 2011.
Wedler, S.: Die Erteilung von Weisungen nach § 10 I JGG gegen den Willen der Eltern, in: NStZ 2012, S. 293 ff.
Weidinger, S.: Die Strafaussetzungsmöglichkeiten zur Bewährung im deutschen Jugendstrafrecht. Hamburg 2011.
Weigelt, E.: Bewähren sich Bewährungsstrafen? Eine empirische Untersuchung des Erfolgs der Strafaussetzung von Freiheits- und Jugendstrafen. Göttingen 2009.
Weissbeck, W.: Jugendmaßregelvollzug in Deutschland. Basisdokumentation, Einrichtungen, Konzepte. Berlin 2009.

Weissbeck, W./Brünger, M.: Konzeption der Sozialtherapeutischen Abteilung im Pfalzinstitut Klingenmünster – ein Organisationsmodell des Maßregelvollzugs und der Sozialtherapeutischen Behandlung innerhalb der Kinder- und Jugendpsychiatrie, in: Brünger, M./Weissbeck, W. (Hrsg.): Psychisch kranke Straftäter im Jugendalter. Berlin 2008, S. 145 ff.

Weissbeck, W./Günter, M.: Maßregelvollzug bei Jugendlichen und Heranwachsenden, in: Recht und Psychiatrie 2010, S. 10 ff.

Weißer Ring: Rechtspolitische Forderungen des Weißen Rings zur Verbesserung des Opferschutzes. Mainz 2004.

Wellhöfer, P.: Soziale Trainingskurse und Jugendarrest. Versuch einer vergleichenden Erfolgskontrolle, in: MschrKrim 1995, S. 42 ff.

Wenger, P.: Steht die Aussetzung der Verhängung der Jugendstrafe nach § 27 JGG vor der Renaissance? in: Festschrift für Härringer. Pfaffenweiler 1995, S. 64 ff.

Wenn, A.: Begutachtung der Schuldfähigkeit von jugendlichen Straftätern. Aachen 1995.

Werle, G.: Justiz-Strafrecht und polizeiliche Verbrechensbekämpfung im Dritten Reich Berlin – New York 1989.

Werner, J.: Jugendstrafvollzug in Deutschland. Eine rechtstatsächliche Betrachtung zum Jugendstrafvollzug an besonders jungen Gefangenen, Ausländern und Aussiedlern sowie weiblichen Inhaftierten. Frankfurt a. M. 2012.

Werner-Eschenbach, S.: Jugendstrafrecht. Ein Experimentierfeld für neue Rechtsinstitute. Frankfurt a. M. u. a. 2005.

Werwigk-Hertneck, C./Rebmann, F.: Reformbedarf im Bereich des Jugendstrafrechts? in: ZRP 2003, S. 225 ff.

Wessels, J./Beulke, W/Satzger, H.: Strafrecht Allgemeiner Teil. 43. Aufl., Heidelberg 2013.

Westphal, K.: Die Aussetzung der Jugendstrafe zur Bewährung gemäß § 21 JGG. Frankfurt a. M. u. a. 1995.

Weyel, F.: Im Jugendstrafrecht brauchen wir weder Erziehung noch Verschärfung, in: ZJJ 2003, S. 406 ff.

Wiese, K.K.: Family Group Coferencing – Mehr gemeinschaftliche und familiäre Verantwortungsübernahme im Jugendstrafrecht? Eine rechtsvergleichende Betrachtung des deutschen und des neuseeländischen Jugendstrafrechts. Frankfurt a. M. 2010.

Wiesner, R.: Über die Indienstnahme der Jugendhilfe für das Jugendstrafrecht, in: BMJ (Hrsg.): Grundfragen des Jugendkriminalrechts und seiner Neuregelung. Bonn 1992, S. 144 ff.

Wiesner, R. (Hrsg.): SGB VIII. Kinder- und Jugendhilfe. 4. Aufl., München 2011 (zit.: Bearbeiter, in: Wiesner, mit Ausnahme der von Wiesner selbst bearbeiteten Passagen).

Wiesner, R.: Jugendhilfe und Justiz – Möglichkeiten und Grenzen der Kooperation aus der Sicht der Jugendhilfe, in: Bundesministerium der Justiz (Hrsg.): Das Jugendkriminalrecht vor neuen Herausforderungen. Mönchengladbach 2009, S. 323 ff.

Wiesner, R.: 20 Jahre KJHG – Zur Zusammenarbeit von Jugendhilfe und Jugendgericht, in: Festschrift für Heinz. Baden-Baden 2012, S. 531 ff.

Windoffer, A.: Die Maßregel der Sicherungsverwahrung im Spannungsfeld von Europäischer Menschenrechtskonvention und Grundgesetz, in: DÖV 2011, S. 590 ff.

Winter, St.: „Gewisse Laschheit", in: Der Spiegel 3/2008, S. 54.

Wirth, W.: Die Evaluation des Jugendstrafvollzuges in Nordrhein-Westfalen: Bedarfsanalysen und Erfolgskontrollen im Fokus, in: FS 2013, S. 349 ff.

Witteck, L.: Aktuelle Entwicklungen im Jugendarrest am Beispiel der JAA Friedberg, in: FS 2009, S. 137 ff.

Wölfl, B.: Die Geltung der Regelvermutung des § 69 II StGB im Jugendstrafrecht, in: NZV 1999, S. 69 ff.

Wölfl, B.: Anmerkung zum Urteil des BGH v. 25.2.1998, in: JR 1999a, S. 172 f.

Wölfl, B.: Die Einschränkung der strafprozessualen Verletztenrechte durch das Jugendstrafverfahren, in: Jura 2000, S. 10 ff.

Wölfl, B.: Wann wird der Jugendstrafvollzug verfassungswidrig? in: ZRP 2000a, S. 511 ff.

Wölfl, B.: Zur Verfassungswidrigkeit der Gesetzlosigkeit, in: Pollähne H./Bammann K./Feest J. (Hrsg.): Wege aus der Gesetzlosigkeit: Rechtslage und Regelungsbedürftigkeit des Jugendstrafvollzugs, 2004a, S. 77 ff.
Wölfl, B.: Die Reichweite der Rechtsmittelbeschränkung durch § 55 I JGG, in: JA 2004b, S. 55 ff.
Wohlfahrt, P.: Zur Rechtsnatur des Beschlussarrestes nach § 11 Abs. 3 JGG, in: ZJJ 2012, S. 392 ff.
Wolf, G.: Strafe und Erziehung nach dem Jugendgerichtsgesetz. Marburg 1984.
Wolf, Th.: Sicherungsverwahrung – neue Regelungen für Rechtspfleger, in: Rpfleger 2013, S. 365 ff.
Wolff, J.: Jugendliche vor Gericht im Dritten Reich. München 1992.
Wolff, J.: Föderalismus und Exekutive im Kaiserreich – Chance oder Hemmnis für die Entstehung des Jugendstrafrechts? in: Festschrift für Schüler-Springorum. Köln u. a. 1993, S. 279 ff.
v. Wolffersdorff, Ch./Sprau-Kuhlen, V./Kersten, J.: Geschlossene Unterbringung in Heimen: Kapitulation der Jugendhilfe? 2. Aufl., Weinheim/München 1996.
Wollmann, B.: Wie konventionswidrig ist die nachträgliche Sicherungsverwahrung? in: NK 2007, S. 152 ff.
Wollweber, H.: Beistand in allen Lebens- und Prozesslagen, in: NJW 1999, S. 620 f.
Wolter, J. (Hrsg.): Systematischer Kommentar zur Strafprozessordnung. Mit GVG und EMRK. 4. Aufl., Köln 2010 ff. (zit.: SK-StPO/Bearbeiter).
Wüstenhagen, P.: Sicherungsverwahrung gegen Heranwachsende und Jugendliche. Marburg 2008.
Wulf, R.: Einzelfall-Kriminologie in der Jugendstrafrechtspflege, in: ZJJ 2006, S. 147 ff.
Wulf, R.: Diskussionsentwurf für ein Gesetz über stationäres soziales Training („Jugendarrestvollzugsgesetz"), in: ZJJ 2010, S. 191 ff.
Wulf, R.: Jugendarrestvollzug: Quo vadis? In: FS 2011, S. 104 ff.
Zieger, M.: Verteidigung in Jugendstrafsachen. 6. Aufl., Heidelberg 2013.
Zimmermann, T.: Das neue Recht der Sicherungsverwahrung (ohne JGG), in: HRRS 2013, S. 164 ff.
Zweite Jugendstrafrechtsreformkommission der DVJJ: Vorschläge für eine Reform des Jugendstrafrechts, in: DVJJ-Journal Nr. 174/2001, S. 345 ff.
Zweite Jugendstrafrechtsreformkommission der DVJJ: Abschlussbericht, in: DVJJ-Journal Nr. 178/2002, S. 227 ff.

Sachverzeichnis

A
Absehen von Strafe 473 ff.
Absprache im Strafverfahren 364 ff.
Adhäsionsverfahren 381
Akteneinsicht 383
Alkohol 81, 436, 600 f., 753, 953
Allgemeine Vorschriften 63
Altersberechnung 60 f.
Amtsgericht 121, 125 ff., 145
Änderung der Altersgrenzen 105 ff.
Analoge Anwendung von § 32 JGG 528 ff.
Anklageschrift 344 f.
Anordnung über die Erziehung 315
Anrechnung von Jugendarrest 503
Anwendung unmittelbaren Zwangs 919, 974
Anwesenheitspflicht 358 ff.
Anwesenheitsrecht 382
Anzeigebereitschaft 9
Arbeitsauflage 580, 680 ff.
Arbeits- und Ausbildungsweisungen 578
Arbeitsentwurf 926
Aufenthaltsweisungen 576
Aufklärungspflicht 204, 210, 267
Auflagenerteilung 668 ff., 796 f.
Auslegung 64
Aussagegenehmigung 219
Ausschluss der Öffentlichkeit 348 ff.
Aussetzung der Jugendstrafe zur Bewährung 714, 773 ff.
Aussetzung der Verhängung der Jugendstrafe 849 ff.
Aussetzung des Restes der Jugendstrafe 881 ff.

B
Bedingte Entlassung 881 ff.
Bedingte Strafmündigkeit 65 ff.

Begutachtung 266, 269, 271 f.
Beistand 110, 259 ff.
Bekanntgabe der Verurteilung 431
Beobachtungsunterbringung 276, 316
Berufsfreiheit 571, 613
Berufsverbot 433 f., 606
Berufung 303, 394, 397 ff.
Beschleunigtes Verfahren 344
Beschleunigungsgrundsatz 264, 385, 394
Beschränkung der Rechtsmittelmöglichkeiten 395 ff.
Beschuldigtenvernehmung 278, 312
Bestimmtheitsgrundsatz 569, 575
Besuch 955 ff.
Besuchsverbot 959, 986
Betreuungshelfer 168 f., 187, 582 f.
Betreuungsweisung 582 ff., 615, 640
Bewährungsentscheidungen 787 ff.
Bewährungshilfe 787, 800 ff.
Bewährungsplan 812, 858
Bewährungszeit 827, 842, 849 f., 854 ff.
Bezirksjugendgericht 145
Bundesgerichtshof 113
Bundeszentralregister 997, 999, 1000 ff.

D
Datenschutz 195 ff.
Dauerarrest 652, 706 f.
Deliktsspezifität 101 f.
Dienstaufsicht 906 f.
Dienstaufsichtsbeschwerde 920, 982
Diversion 37 ff., 167, 281 f., 305 ff., 698
Doppelverwertungsverbot 769 ff.
Drogen 600, 953, 972
Dunkelfeld 13 f.
Durchsuchung 956, 972

E

Einbeziehung früherer Urteile 497 ff.
Eingangsuntersuchung 945
Einsichtsfähigkeit 68 ff.
Einstellung 265, 279 ff.
Einstiegsarrest 483, 486, 867
Einstweilige Unterbringung 313, 318, 341 f.
Einzelrichter 121, 123 ff.
Einziehung 430
Elterliches Erziehungsrecht 571 ff., 659
Entformalisierung 264
Entlassung 947 f.
Entschuldigung 652, 668, 677 ff.
Entwicklungsstand des Heranwachsenden 83, 89 f.
Entziehung der Fahrerlaubnis 439
Entziehungsanstalt 600 f., 895 ff., 994 f.
Entziehungskur 596, 600 f., 795
Ermahnung 663, 667
Erzieherische Maßnahmen 285
Erziehungsbeistandschaft 556, 638 ff.
Erziehungsberechtigter 231 ff., 572 f.
Erziehungsgedanke 4
Erziehungsmaßregeln 28, 556 ff., 654, 658
Erziehungsregister 282, 309, 311, 999, 1011 ff.

F

Fahrerlaubniserwerb 605
Fahrlässigkeitsdelikte 741
Fahrverbot 429, 606
Familienrichterliche Aufgaben 129 f.
Familien- und vormundschaftsrichterliche Maßnahmen 1011
Fehlen der Verantwortlichkeit 73 f.
Freie Jugendhilfe 177
Freier Träger 197
Freiheitsstrafe 82
Freizeitarrest 652, 702 ff.
Führungsaufsicht 437 f.
Führungszeugnis 1001 ff.

G

Geldbuße 652, 683 ff.
Generalprävention 710, 758
Gerichtsdiversion 305 ff.
Gerichtsgeher 201
Gerichtshilfe 161
Gesamtstrafe 421, 495
Gesamtstrafenbildung 497, 528 ff.
Geschäftsverteilung 115 f.
Gesetzlicher Vertreter 110, 231 ff.
Grundsatz einheitlicher Rechtsfolgen 421, 593 ff., 509 ff., 517

H

Haftalternativen 328 f.
Haftbetreuung 171, 223 f.
Haftentscheidungshilfe 161, 220 ff.
Haftgrund 323 ff.
Haftraum 969, 971
Hafturlaub 947
Haftverkürzungshilfe 224
Haftvermeidung 329 ff.
Haftvermeidungshilfe 331
Handlungsfähigkeit 71 f.
Hauptverhandlung 124, 131, 200 ff., 243, 262, 347 ff.
Heilerzieherische Behandlung 596, 599, 795
Heimerziehung 556, 643 ff.
Heimunterbringung 315, 318 ff.
Heranwachsende 82 ff.
Herausnahme aus dem Jugendstrafvollzug 891 ff., 930, 988
Hilfe zur Erziehung 556 f., 632 ff., 873
Höchstgrenzen von Rechtsfolgen 493, 513 ff.

I

Intensivtäter 18, 551

J

Jugend 3
Jugendamt 175 f., 636, 639, 641, 648
Jugendarrest 652, 689 ff., 873, 878 f.
Jugendarrestvollzug 915 ff.
Jugendarrestvollzugsgesetz 916
Jugendarrestvollzugsordnung 878, 915
Jugendgericht 111 ff., 148 ff.
Jugendgerichtsbewegung 23 ff.
Jugendgerichtshilfe 29, 35, 110, 160 ff., 268, 289, 330, 538, 615
Jugendgerichtsverfassung 113, 119
Jugendhilfe 52 ff., 160, 162, 174 ff., 321
Jugendhilfeleistungen 290
Jugendkammer 113, 114 f., 137 ff.
Jugendkriminalität 2, 7 f.
Jugendpolizei 157
Jugendrichter 111, 122 ff., 872
Jugendschöffengericht 111, 131 ff., 872
Jugendschutzsachen 120, 153, 355
Jugendstaatsanwalt 153 ff.
Jugendstrafanstalten 891, 923, 938 ff.
Jugendstrafe 709 ff., 873, 880 ff., 922, 981
Jugendstrafe von unbestimmter Dauer 745
Jugendstrafvollzug 922 ff.
Jugendstrafvollzugsgesetz 926 f.
Jugendstrafvollzugskommission 926
Jugendverfehlung 84 f., 97 ff.
Jugendwohlfahrtspflege 22

K
Kind(er) 2, 62, 190
Kombination von Maßnahmen und Jugendstrafe 476 ff.
Kommunikation 954 ff.
Konkurrenzen 494 f., 520
Koppelungsarrest 483 ff.
Koppelungsverbot 476, 479, 481, 512
Kosten der Jugendhilfe 167, 214 ff., 566 ff.
Kostenauferlegung 214 ff., 675
Kostenentscheidung 373
Kriminalitätsbelastung 7, 11
Kurzarrest 652, 705

L
Laienrichter 132
Landes-Jugendstrafvollzugsgesetz 931 ff.
Landgericht 121
Legalbewährung 5, 592, 651, 708, 716
Legalitätsprinzip 279 ff.

M
Marburger Richtlinien 93
Maßregeln der Besserung und Sicherung 432 ff., 993 ff.
Maßregelvollzug 993 ff.
Mehrheit von Straftaten 492 ff.
Mehrfachtäter 18
Mitteilung der Urteilsgründe 368

N
Nachreife 67
Nachtatverhalten 740
Nachträgliche Einbeziehungsentscheidung 505 ff.
Nachträgliche Sicherungsverwahrung 460 ff.
Nebenklage 378 f.
Nebenstrafe 429 ff.
Negative Verstärkung 570
Nichtdeutsche 61, 93, 101
Non-Intervention 284
Normalität 13

O
Oberlandesgericht 113
Offener Vollzug 947, 950
Öffentlichkeitsgrundsatz 348 ff.
Opferanwalt 383
Opferbeteiligung 374 ff.
Opportunitätsprinzip 280
Optische Überwachung 957 f., 971
Ordnungswidrigkeiten 56, 417
Örtliche Zuständigkeit 141 ff.

P
Paketempfang 963
Partielle Reifeverzögerung 96
Persönlichkeitserforschung 35, 267 f., 271, 313
Persönlichkeitsermittlung 164, 195, 223, 225, 234
Pflichtverteidiger 247, 253, 259
Polizei 156 ff., 180
Polizeidiversion 159, 312
Privatklage 376 f.
Probationssystem 24
Prognose 534 ff.
Prognosemethoden 537 ff.
Prozesshindernis 62
Prozesspfleger 242
Psychiatrisches Krankenhaus 896 ff., 994

R
Reaktionsüberlassung 370 ff.
Rechtsbehelfe im Erwachsenenvollzug 988 f.
Rechtsbehelfe im Jugendstrafvollzug 982 ff.
Rechtsfolgenkompetenz 123, 126, 136, 393
Rechtsgüterschutz 735
Rechtsmittelgericht 140, 303, 406, 414 f.
Rechtsstaatsprinzip 762 ff.
Reformatio in peius 408 ff.
Reifekriterien 94 ff.
Revision 204, 212, 394
Richterliches Erziehungsverfahren 45, 298 ff.
Richterliche Weisungen 602 ff.
Rückfälligkeit 846 f.

S
Sachverständigengutachten 230
Sachverständiger 269 ff.
Schadenswiedergutmachung 652, 672 ff.
Schädliche Neigungen 644, 723 ff., 851 f.
Schlechte Führung 860 f.
Schlechterstellungsverbot 6, 264, 311
Schöffenwahl 133
Schriftwechsel 944, 954, 960 ff.
Schuldenregulierung 169, 583, 948
Schuldfähigkeit 78 ff., 739, 751 ff.
Schutz der Allgemeinheit 710
Schwere der Schuld 732 ff.
Sicherungsmaßnahmen 971 ff.
Sicherungsverwahrung 432 f., 441 ff., 900 ff., 990 ff., 996
Soldaten 61, 563, 635, 803
Sondereinkauf 963
Soziale Trainingskurse 170, 575, 584 ff.
Sozialgeheimnis 195, 197

Sozialisationsprozess 1 ff., 13
Sozialprognose 437, 760
Spezialprävention 5
Spontanremission 16, 524
Staatsanwalt 153 ff., 376, 392
Staatsanwaltliches Verfahrensregister 1014
Staatsanwaltschaft 148, 180, 294 ff.
Strafbefehlsverfahren 344
Straferlass 834
Strafmakelbeseitigung 1005 ff.
Strafmündigkeit 35, 65 ff., 105 f., 309
Strafrahmen 746 ff.
Strafrahmenverschiebung 751 ff.
Straftaten in verschiedenen Alters- und Reifestufen 517 ff.
Strafvollstreckungskammer 873, 988
Strafzumessung 745 ff.
Subsidiaritätsprinzip 264, 281, 291, 319, 327, 329

T
Taschengeld 288, 614, 669, 684
Tatbestandsirrtum 76
Täter-Opfer-Ausgleich 292 ff., 374, 381, 587 ff.
Tatschuld 750, 756 f.
Tatzeitpunkt 59, 61 f., 87 f.
Teilnahme an Verkehrsunterricht 575, 595
Teilrechtskraft 411 f.
Teilvollstreckung 411 ff.
Telefongespräch 954, 964 f.
Tilgung des Schuldspruchs 857, 859, 863 ff.
Trennungsgrundsatz 333
Trennungsprinzip 917, 932, 938 ff.

U
Ubiquität 13
Ultima-Ratio-Funktion der Jugendstrafe 420, 424, 712, 772
Umweltbedingungen 86, 92, 96
Unbrauchbarmachung 430
Ungehorsamsarrest 301, 306, 371, 610, 621 ff., 793, 796, 828
Unschuldsvermutung 821, 823
Unterbringung im psychiatrischen Krankenhaus 426, 432, 435, 895 ff., 984, 994
Unterbringung in Entziehungsanstalt 426, 436, 501, 895 ff., 984, 993 f.
Unterbringungsanordnung 426 f.
Unterbringungsbefehl 318 ff., 342, 466 f.
Untersuchungshaft 322 ff., 488, 504
Urteil 367 ff., 660
Urteilsauszug 368

V
Verbindung mehrerer Strafsachen 146 ff.
Verbotsirrtum 77
Vereinfachtes Jugendverfahren 279, 343 f., 384 ff.
Verfahrensverzögerungen 764 ff.
Verfall 430
Verhältnismäßigkeit 268, 274, 422 ff.
Verhältnismäßigkeitsgrundsatz 230, 268, 424, 557, 630, 645, 658, 742
Verjährung 63, 674
Verletztenrechte 382 f.
Verlust der Amtsfähigkeit und der Wählbarkeit 431
Verschlechterungsverbot 408 ff.
Verteidiger 110, 185, 241, 244 ff., 391
Verteidigung 245 ff., 275
Verteidigungsverhalten 763
Verwarnung 652, 663 ff.
Vollstreckung 868
Vollstreckungsbehörde 153
Vollstreckungsentscheidung 905 ff.
Vollstreckungsleiter 870, 896
Vollstreckungsverwaltung 906 ff.
Vollstreckung von Jugendstrafe 880 ff.
Vollstreckung von Sicherungsverwahrung 900 ff.
Vollstreckungslösung 766 ff.
Vollstreckungswechsel 874
Vollstreckungszuständigkeit 871 ff.
Vollzug 868
Vollzug der Sicherungsverwahrung 996
Vollzugsleiter 888
Vollzugsleitung 917
Vollzugslockerung 952 ff.
Vollzugsplan 945, 947
Vollzugsziel 918, 933 ff., 991
Vorbewährung 835 ff.
Vorbehalt der Sicherungsverwahrung 451 ff.
Vorläufige Anordnungen 315 ff.
Vorübergehende Ausschließung 361 ff.

W
Warnschussarrest 483 ff.
Weisungen 565, 569 ff., 791 ff., 824
Widerklage 377
Widerruf der Strafaussetzung zur Bewährung 820 ff., 845
Widerruf der Strafmakelbeseitigung 1010
Wohngruppen 949
Wohnungsweisungen 577

Z

Zeugenschutzregelungen 382
Zeugnisverweigerungsrecht 218 f., 227, 811
Zivilrechtliche Verantwortlichkeit 418
Zuchtmittel 652 ff.
Zugangsgespräch 946
Zumutbarkeit von Weisungen 570
Zusagen und Anerbieten 798 f.
Zwischenverfahren 303, 345, 387

The manufacturer's authorised representative in the EU is Springer Nature Customer Service Centre GmbH, Europaplatz 3, 69115 Heidelberg, Germany. If you have any concerns regarding our products, please contact ProductSafety@springernature.com

Printed and bound by CPI Group (UK) Ltd, Croydon, CR0 4YY

25/03/2026

02078190-0010